서평들

"『바울과 하나님의 신실하심』은 신약성서, 특히 여기에서는 바울의 서신들을 아주 상세한 역사적이고 신학적인 맥락들 속에서 이해하는 일에 수십 년을 바쳐 온 위대한 지성과 지칠 줄 모르는 끈기를 지닌 한 학자의 (분명히 최종적인 작품은 아니겠지만) 최고의 작품(summa)이다. 이 책은 모든 사람이 적어도 다음 십 년 동안 바울을 연구하고 논증하며 바울에 관한 자신의 생각을 수정하고자 할 때에 사용하게 될 표준적인 교과서, 곧 우리 시대에 있어서 불트만 같은 작품이 될 것이 분명하다."

Daniel Boyarin, Professor of Talmudic Culture
University of California, Berkeley

"놀랍고 경이로운 책! 이 책은 고전의 모든 특징들을 지니고 있다. 톰 라이트는 역사적이고 문학적이며 철학적이고 신학적인 접근방법들을 아주 훌륭하게 통합해서, 바울을 둘러싼 대단히 흥미롭고 어려운 쟁점들과 씨름함으로써, 우리를 최초의 도시 그리스도인들의 저 복합한 세계 속으로 깊이 이끌어 들인다. 그는 바울이 신학과 기도와 정치와 공동체 건설과 즉석에서 영감 받은 것들을 하나로 엮어서, 십자가에 못 박혔다가 다시 살아난 메시야인 예수를 중심으로 당시의 유대교를 놀라운 솜씨로 개작해낸 것을 천착해 나간다. 톰 라이트는 바울처럼 신선하고 강렬하며 종종 전투적인 언어를 사용하여, "메시야적인 새로움"을 우리에게 전해 준다. 그는 우리에게 낯선 주후 1세기의 세계를 제대로 설명해 줌과 동시에, 바울로 하여금 오늘날에도 호소력이 있는 강력한 언어로 말할 수 있게 해 주는 방식으로, 바울과 오늘날의 간격을 메워준다. 무엇보다도, 그는 바울의 사고와 실천의 중심에 있었던 다중적인 차원의 화해 – 하나님과의 화해, 인간 상호 간의 화해, 모든 피조세계와의 화해 – 를 조명해서, 모든 것 중에서 가장 근본적인 신비인 예수 안에서의 하나님의 사랑을 열어 보여준다."

David F. Ford, Regius Professor of Divinity
University of Cambridge

"『바울과 하나님의 신실하심』은 그것이 다루는 규모와 범위와 중요성으로 보아 한 세대에 한 번 나올까 말까 한 책이다. 바울의 세계(들), 세계관, 주도적인 이야기들, 신학은 톰 라이트의 탁월한 연구와 영감 어린 글을 통해 생생하게 살아난다. 톰 라이트는 바울의 사상이 서사적으로나 신학적으로나 통일성을 갖추고 있다는 것을 논증함으로써, 최근의 바울 연구의 특징이 되어 왔던 수많은 이분법들을 극복하고자 한다. 독자들은 그의 논증에 온전히 동의하지 못할 때에라도 이 책의 모든 곳에서 풍성한 보상을 얻고 도전을 받게 될 것이다. 가장 중요한 것은 이 책의 각각의 장은 메시야 예수 안에서 계시되고 성령을 통해서 바울의 공동체들과 우리에게 전해진 하나님의 놀라우신 신실하심에 관한 심오한 내용을 드러내 주고 있다는 것이다."

Michael J. Gorman, Professor of Biblical Studies and Theology
St Mary' s Seminary and University, Baltimore, Maryland

"숨 막히고, 사고를 확장해 주며, 획기적인 책 – 톰 라이트가 신약성서의 역사와 신학에 관하여 쓴 자신의 여러 권의 책들을 통해 이미 이룬 업적을 설명해 줄 수 있는 형용사들을 찾아내기는 쉽지 않다. 이 총서의 네 번째 책에 해당하는 이 책도 마찬가지로 무엇보다도 사도의 유대 세계, 로마 세계, 헬라 세계를 아주 철저하게 융합한 것을 배경으로 삼아 바울의 "사고체계"와 신학을 과감하게 제시하고 있다는 점에서 게임의 법칙을 바꾸어 놓고 있다. 이 책은 역사가이기도 하고, 석의자이기도 하며, 신학자이기도 하고, 교육자이기도 한 톰 라이트가 자신의 모든 것을 쏟아부어 만들어 낸 최고의 책이다."

Joel B. Green, Professor of New Testament Interpretation
Fuller Theological Seminary, California

"우리가 오랫동안 기다려 왔던 이 책은 톰 라이트가 30년 이상 동안 사도 바울을 사랑하여 강렬한 열정으로 함께 살아온 세월의 결정판이다. 그는 바울 서신들에 대한 거장다운 읽기를 통해서, 그동안 하나하나 공들여 해왔던 석의를 통합하여, 바울을 고대 지중해 세계의 지도 위에 올려놓고 새롭고 때로는 놀라운 방식들로 전면적으로 해석해 나간다. 그가 묘사하는 사도는 이스라엘의 신앙에 깊이 뿌리를 박고 있던 인물이고, 아울러 이스라엘의 메시야 예수의 복음을 당시의 이교 세계에 전하는 데 열정적이었던 인물이다. 이 책을 읽는 독자들은 누구나 바울이라는 역사적 인물에 대한 깊이 있고 도전적인 성찰로 빠져 들어가게 될 것이지만, 그것보다 더 중요한 것은 톰 라이트의 읽기들을 진지하게 이해하고자 하는 독자들은 반드시 바울이 선포한 세계를 변화시키는 메시지에 직면하지 않을 수 없게 된다는 것이다."

Richard B. Hays, Professor of New Testament
The Divinity School, Duke University, North Carolina

"사람들은 바울에 관한 톰 라이트의 대작을 오랫동안 간절히 고대해 왔는데, 드디어 이렇게 나오게 되었다! 진정한 의미에서 방대한 이 책은 『신약성서와 하나님의 백성』에서 개략적으로 제시된 주요한 범주들을 사용해서, 바울을 종합적이고 학문적이고 포괄적으로 분석하여, 로마제국의 한 유대인이었던 바울이 유일신론과 선민사상과 종말론을 예수와 성령을 중심으로 어떻게 개작하였는지를 보여준다. 우아하고 유머있게 씌어지고, 상세한 석의로 가득하며, 오늘날의 연구를 광범위하게 포괄하고 있는 이 책은 앞으로 오랜 세월 동안 바울 연구 분야에서 주요한 업적으로서 이정표로서의 역할을 하게 될 것이다."

David G. Horrell, Professor of New Testament Studies
University of Exeter

"이 책을 보증하는 말을 하는 것은 쓸데없는 일일 것이다. 톰 라이트의 『바울과 하나님의 신실하심』에 필적할 만한 책은 존재하지 않는다고 말하는 것조차도 뻔한 얘기를 하는 것일 뿐이다."

Bruce W. Longenecker, Professor of Religion
Baylor University, Texas

"숨이 막힐 정도로 대단한 책이다! 사도와 그의 21세기의 해석자가 공동으로 보여주는 신학적인 상상력은 그저 놀라울 뿐이다."

Brian Walsh, Adjunct Professor of Theology of Culture
Wycliffe College, University of Toronto

"톰 라이트는 거장다운 비전과 열정적인 연구와 투명한 예시를 통해서, 바울의 신학적 상상력의 신비들의 베일을 벗겨낸다. 강력한 설득력을 지니고서 사람들을 끌어들이는 그의 논증과 탐구는 오랫동안 바울 연구를 지배해 왔던 구원과 참여라는 이분법 너머로 우리를 데려다준다. 아우구스티누스의 열정과 바르트의 원대한 포부가 결합된 톰 라이트의 『기독교의 기원』 총서는 성경에 토대를 둔 신학의 정경에 편입되어 앞으로 여러 세대 동안 기억될 것이다."

Samuel Wells, Vicar of St Martin-in-the-Fields,Trafalgar Square
and Visiting Professor of Christian Ethics at King's College
London

"우리가 오랫동안 기다려 왔던 톰 라이트의 아주 자세한 바울 연구서는 그 어떤 점에서도 이 책을 둘러싸고 그동안 모아져 온 높은 기대감들을 결코 실망시키지 않을 것이다. 그는 첫 문장부터 엄청난 분량의 연구와 포괄적인 신학적 지성을 토대로 강력하고 설득력 있고 통일적이며 신선한 논증을 선보임으로써 독자들의 마음을 사로잡는다. 이 책은 신약성서의 신앙이 권위와 사회적 정체성에 관한 우리의 이해 전체를 십자가에 못 박혔다가 다시 살아나신 예수를 중심으로 재창조하고자 하는 하나님의 목적에 초점을 맞추고 있다는 것을 또다시 아주 극명하게 생생하고 열정적이며 건설적으로 논증하고 있다는 점에서, 그가 이전에 하나님의 나라와 부활이라는 주제들에 관하여 쓴 대작들의 후속작으로서 전혀 손색이 없다."

Rowan Williams, Master of Magdalene College, Cambridge

바울과 하나님의 신실하심

톰 라이트
박문재 옮김

상

PAUL AND THE FAITHFULNESS OF GOD

크리스찬다이제스트간

국립중앙도서관 출판시도서목록(CIP)

바울과 하나님의 신실하심 (상) / N.T.라이트 [지음]
; 박문재 옮김. -- 파주 : 크리스챤다이제스트,
2015
p. ; cm

원표제: Paul and the faithfulness of God
원저자명: N. T. Wright
영어 원작을 한국어로 번역
ISBN 978-89-447-0402-4 94230 : ₩32000
ISBN 978-89-447-0398-1 (세트)

바울(인명)[Paulus]
그리스도[Jesus Christ]

232-KDC5
232-DDC21 CIP2014038585

| 전권 차례 |

상권

제1부: 바울과 그의 세계

제2부 : 사도의 사고체계

하권

제3부 바울의 신학

제4부 역사 속에서의 바울

| 차 례 |

제2부 사도의 사고체계

서문

이 정도 크기의 책을 읽고자 하는 사람은 누구든지 시작하기 전에 먼저 전체적인 지도를 알아두는 것이 좋을 것이기 때문에, 나는 여기에 그 지도를 제시한다:

제1부	제2부	제3부	제4부
바울의 세계	**바울의 사고체계**	**바울의 신학**	**당시 세계 속에서의 바울**
	6, 7, 8	9, 10, 11	
5: 주후 1세기의 제국			12: 바울과 제국
4: 고대의 종교			13: 바울과 종교
3: 고대의 철학			14: 바울과 철학
2: 바울의 유대 세계			15: 유대 세계 속에서의 바울
1: 서론			16: 결론

이 지도에서 올라가는 길과 내려가는 길은 동일하다. 이 책의 진정한 정점은 제3부(제9-11장)이고, 거기에서 나는 바울 시대와 우리 시대의 유대교 내에서의 세 가지 주된 신학적 주제들을 대조 범주들(controlling categories)로 사용하여, 바울의 신학 전체는 그가 이 주제들을 메시야와 성령의 빛 아래에서 재작업하였다는 관점에서 보면 가장 잘 이해된다는 것을 제시함으로써, 바울의 신학에 대한 새로운 해석을 시도하였다. 그러나 그것이 바울에게 어떤 의미였는지를 이해하기 위해서는, 우리는 그를 역사적으로, 즉 그의 시대의 복잡하고 미묘한 세계, 아니 세계들 안에서 이해하지 않으면 안 된다. 제1부에서는 바울이 처해 있던 다중적인 맥락들(contexts) – 유대, 헬라, 로마 – 을 지면이 허락하는 한에서 될 수 있는 한 상세하게 서술하고자 하였다. 나는 이 작업을 필수적인 것으로 본다. 이 작업이 없으면, 너무나 많은 일반화된 말들이 끼어들고, 너무나 많은 것들을 마구잡이로 볼모로 잡아 버린다. 제2장에서는 당시의 유대 세계와 관련해서 몇 가지 새로운 주장들을 제시하고 있지만, 제3, 4, 5장의 대부분에서는 아주 새로운 개념들을 제시하고 있지는 않다(로마의 구원사[Roman Heilsgeschichte]라는 개념은 통상적으

로 아주 새로운 개념이라고 할 수 있지만). 그러나 바울을 당시의 실제적인 맥락 속에서 이해하고자 한다면, 우리는 몇몇 특징들을 반드시 적재적소에 배치하지 않으면 안 된다.

루이스(C. S. Lewis)는 자신이 문헌사가들로부터 배운 것에 대하여 얘기하는 가운데, 제1부의 서술을 통해서 내가 얻고자 하는 효과를 설명하면서, 이렇게 말한다:

> 문헌사가들은 저작들을 원래의 상황 속에 둠으로써, "그 저작들이 어떤 요구들을 충족시키고자 하였고, 독자들의 사고 속에 이미 존재하는 어떤 것들을 전제하고 있었다는 것을 내게 보여 주었다. 그들은 내가 그릇된 접근방법들을 사용하는 것을 차단시켜 주었고, 무엇을 찾아야 하는지를 내게 가르쳐 주었으며, 나로 하여금 어느 정도 내 자신을 그 저작들이 상대하였던 사람들의 사고의 틀 속에 둘 수 있게 해주었다."[1]

내가 서술하는 제1부가 바울을 읽는 독자들에게 그런 효과를 낳는다면, 나는 기쁠 것이다. 다음으로, 내가 본서의 중심인 제2부와 제3부에서 바울의 세계관(worldview)과 신학(theology)을 검토하고자 한 목적은 바로 그와 같은 맥락들을 배경으로 해서 살펴보았을 때, 그 모든 맥락들과 관련해서 바울이 속해 있던 지점에 대해서 무엇이라고 말할 수 있는지를 적어도 잠정적이고 예비적인 방식으로나마 알아보는 것이다. 물론, 본서의 전체적인 논증의 일부는 바울은 여전히 결정적이고 단정적으로 유대적인 사상가로 남아 있다는 것이기 때문에, 유대적인 맥락에 대한 그의 관계는 그가 살았던 다른 "세계들"에 대한 그의 관계와는 다른 성격을 지닌다. 그러나 그 지점에 도달했을 때에 우리가 직면하게 되는 한층 더 중요한 쟁점들이 있다.

여기서 나는 제1부와 제4부 간에는 교차대구법적인 대비가 존재하지만, 제2부(바울의 세계관에 관한 제6, 7, 8장)와 제3부(바울의 신학에 관한 제9, 10, 11장) 간에는 그런 대비가 존재하지 않는다는 말을 첨가해 두어야 할 것 같다. 그러나 나는 내가 설정한 이러한 전체적인 구조가 용기 있는 독자가 계속해서 균형을 잘 잡은 채로 본서의 논증과정을 따라가는 데 도움이 되기를 희망한다. 이 구조의 목적 중의 하나는 다음과 같이 간략하게 서술될 수 있는 이 책의 주된 논지를 수사학적

1) Lewis, 1961, 121f. 루이스가 역사적 예수 (historical-Jesus)를 알아내고자 하는 접근방법을 거부하고, 노골적으로 시대착오적인 본문 읽기를 선호하는 등 (Lewis 1955, Letter 23), 자신이 충고한 것을 스스로 늘 실행에 옮긴 것이 아니었다고 해서, 이것이 훼손되는 것은 물론 아니다.

으로 부각시키는 것이다: 바울은 당시의 유대 세계의 핵심적인 신념들을 근본적으로 변형시켜서, 우리가 그의 "신학"이라고 부르는 것을 발전시켰는데, 이것은 그가 그렇게 했을 때에만, 그는 자기가 견지하고 있었을 뿐만 아니라 그의 교회들이 견지하기를 바랐던 것, 즉 우리가 "세계관"이라고 부르는 것을 지탱할 수 있었기 때문이었다. 다른 세계관들은 자신을 지탱해 주고 형성시켜 주는 실천들(practices)을 가지고 있었지만, 바울은 그러한 표지들(할례, 음식법 등등)을 새로운 메시야 시대와 새로운 메시야 백성을 위해서 부적절한 것으로 여겨서 배제시켰기 때문에, 오직 유대적 신념들에 대해 강력하고도 철저히 재해석하여 자신의 것으로 만드는 작업(reappropriation) – 유일신론, 선민사상, 종말론을 메시야와 성령을 중심으로 전면적으로 다시 생각하는 것 – 만이 그에게는 유일한 해법이 될 수 있었다. 교회가 수많은 문화적 압력들 속에서 표류하지 않고 하나로 연합되어 거룩함을 유지하기 위해서는, 좀 더 넓은 비(非)유대 세계에서 알려져 있지 않은 것은 아니지만 전에는 이런 식의 무게감을 지닌 적이 없었던 범주인 "신학"이 절실하였다. 나의 제안은 바울은 실제로 이러한 구체적인 목적을 위해서(즉, 새로운 메시야 백성의 존립을 유지하기 위해서) 이와 같은 구체적인 방식으로(즉, 하나님에 관한 유대적인 신념들을 메시야와 성령을 중심으로 재편함으로써) 우리가 "기독교 신학"이라 부르는 것을 만들어 내었다는 것이다. 달리 말하면, 우리는 제2부를 이해하였을 때에만, 비로소 제3부의 필요성을 이해하게 되고, 제1부와 제4부에 묘사된 좀 더 넓은 세계 내에서 볼 때에만, 제2부와 제3부를 한데 결합시켜서 진정으로 이해할 수 있게 된다는 것이다.

여기서 우리는 이러한 제안의 하나의 구체적인 결과를 제시할 수 있다. "바울 신학"에 대한 대부분의 저작들은 칭의(justification)를 포함한 구원론을 중심으로 삼아 왔다. 어떤 의미에서는 본서도 마찬가지이다. 그러나 유대적 맥락 속에서 보게 되면, "구원론"은 하나님의 백성에 대한 이해 속에 견고히 자리 잡고 있다. 하나님은 아브라함의 권속을 부르시고, 그들을 애굽에서 구출한다. 이것이 이 이야기가 작동하는 방식이고, 이것이 바울이 예수와 성령을 중심으로 재작업 한 바로 그 이야기이다. 이것은 "선민사상"을 다루는 제10장이 왜 현재와 같은 방식으로 서술되었고 이 책에서 가장 긴 장이 되었는지를 설명해 준다. 그 장을 읽는 독자들은 알게 되겠지만, 내가 여기서 얼른 덧붙이고 싶은 말은 그렇다고 해서 구원론이 와해되어서 교회론으로 바뀌는 것은 아니라는 것이다(어떤 이들은 그렇게 주장해 왔지만). 도리어, 그것은 바울 자신이 확고하게 지지하고 있는 유대적 신념, 즉 세계의 곤경에 대한 하나님의 해법은 아브라함의 부르심에서 시작된다는 것을 환기시킨다. 또한, 이것은 어떤 이들이 자신만만하게 주장하는 것과는 달리, "하나님의 백성"이 단순히 구원의 수혜자들(beneficiaries)로 정의된다는 것을 의미하지도 않는다. 유대인들의 소명에 대한 바울의 이해의 핵심은 그들이 세상의 나머지 사람들에 대한 구원의 담지자들(bearers)이 되었다는 것이었다. 또한, 이것은 바울 자신의 소명의 핵심에 자리 잡고서, 그의 독특한 실천을 낳았다.

나의 이전의 저작들을 읽은 독자들은 이 책이 나오는 데 너무 오랜 시간이 걸리고 있다는 것을 내게 꽤 오랫동안 상기시켜 주어 왔다. 본서는 『기독교의 기원과 하나님의 문제』 총서 중에서 네 번째 "책"으로서 두 권으로 간행되었다. 이 총서는 1990년에 런던의 SPCK에서 내게 의뢰하였고, 그 첫 세 권, 곧 『신약성서와 하나님의 백성』(*The New Testament and the People of God*), 『예수와 하나님의 승리』(*Jesus and the Victory of God*), 『하나님의 아들의 부활』(*The Resurrection of the Son of God*)은 각각 1992년, 1996년, 2003년에 출간되었으며, 미국에서는 Minneapolis에 있는 Fortress Press가 출간을 맡았다. 언제나 이 책들은 "신약성서 신학"이나 "신약사"를 서술하기 위한 것이 아니라, 이 둘 간의 일종의 대화를 통해서 이론적이면서도 실천적인 종합을 목표로 하고 있다. 첫 번째 책을 낸 이래로 다음번의 책을 출간한 간격이 4년, 7년, 10년으로 점점 길어지게 된 것은 처음에는 나의 삶을 커피 스푼으로 재다가, 세월이 흐르면서 점점 더 큰 국자로 재게 되었기 때문이라고 변명하고 싶다. 나는 내가 오래 살아서 이 총서를 끝낼 수 있기를 희망하지만, 이 출판 기획과 관련해서 나의 가장 초기의 의도는 일차적으로 예수와 바울에 대한 글을 쓰는 것이었기 때문에, 이정표 상으로는 중요한 지점에 이미 도달한 것이라고 말할 수 있을 것 같다. 나는 무엇보다도 먼저 이 일이 진행되어 오는 동안에 오래 참고 기다려 준 SPCK와 Fortress에 있는 나의 친구들과 동료들에게 감사의 말을 전하지 않을 수 없다.

본서가 실제로 이 총서의 일부에 속한다는 사실을 아는 것은 중요하다. 달리 말하면, 본서를 이해하기 위해 예비적으로 알아야 할 모든 것들은 내가 이전에 출간한 이 총서의 책들, 특히 『신약성서와 하나님의 백성』에서 다 말을 하였다는 것이다. 본서의 제2장에서는 『신약성서와 하나님의 백성』 제3부에 나오는 내용을 좀 더 세밀하게 서술하고 치밀하게 논증하고 있지만, 나는 저 이전의 서술에서는 많은 것들을 단순히 전제하고 전개해 나갔었다(예컨대, "바리새인들은 누구였는가?"라는 질문). 또한, 이런저런 내용은 이전의 책들을 참조하라고 끊임없이 말하는 것은 가능한 일도 아니고 바람직한 일도 아니기 때문에, 나는 본서가 그 자체로 완결된 책이 되게 하고자 하였다(그렇게 한 데에는, 내가 다른 책들에서 다룬 내용들이어서 이 책에서 생략해 버리면, 서평을 쓰는 사람들로부터 흔히 "왜 이것 또는 저것은 다루지 않았는가?" 라는 말을 듣게 된다는 이유도 부분적으로 작용하였다). 동일한 이유에서, 바울의 부활관은 『하나님의 아들의 부활』 제2부의 주된 주제였기 때문에, 본서에서 바울의 부활관에 관한 서술은 상당히 줄어들었다. 논란이 되고 있는" 세계관" 이라는 용어, 그리고 그것과 밀접하게 연관된 "사고 체계" (mindset)라는 용어(나는 공동체들과 관련해서는 "세계관" 이라는 용어를 사용하고, 공동체들 내에서의 개개인과 관련해서는 "사고 체계" 라는 용어를 사용하였다)는 본서의 구조와 내용에서 아주 중요하기 때문에, 나는 그 용어들이 무엇을 의미하는지에 대한 내용을 상당 부분 본서에 다시 서술해 놓았다. 그러나 기본적인 원리들은 『신약성서와 하나님의 백성』 제1부와 제2부에 제시되어 있고, 여전히 변함이 없다. 새로운 세대는 근본적인 질문들을 다시 묻기 때문에, 이러한 논의들은 여기저기에서 나름대로의 형태를 띠고 등장하고 있다. 오늘날의 성서학계에서 큰 어려움들 중의 하나는 목표들, 방법론들, 접근방법들의 폭발적인 증가로 인하여 논쟁을 시작할 확고한 지점들이 점점 줄어들어서 진정한 논쟁이 어렵게 되고 있다는 것이다. 자신의 출발점을 분명히 하는 것이 중요한데, 나의 이전의 저작들에 나오는 서술들은 바로 그러한 목적을 위한 것이었다.

특히, 나는 바울의 복합적인 세계, 즉 유대적 세계와 비유대적 세계에 관한 나의 그림은 내가 수십 년 동안 고대와 현대의 분문들을 다양하게 읽으면서, 서로 다른 요소들을 여러 가지로 조합해서 강조점을 달리해 여러 시기에 대입해 봄으로써 내 사고 속에서 맞춰진 것임을 강조하고자 한다. 비평가들은 종종 내가 어떤 특정한 그림, 또는 "대조표본이 되는 이야기" 를 먼저 만들어 놓고서, 그것을 기독교 초기의 저자들에게 덧씌우고 있다고 비난해 왔다. 그것은 순진한 생각이다. 사람들은 누구나 자신의 그림들과 대조표본이 되는 이야기들을 가지고서, 그러니까 실제로는 철학적이고 신학적이며 문화적이고 사회적이며 정치적인 가정들 (assumptions)과 전제들(presuppositions)을 가지고서 분문에 다가간다. 문제는 그러한 가정들과 전제들이 논의를 위해 제공되고 있느냐의 여부와, 탐구되고 있는 소재에 대하여 반박하거나 다시 답변할 기회가 주어지고 있느냐의 여부이다. 단지 바울의 유대 세계만이 아니라, 그의 다중적이며 서로 중복되는 세계들에 대한 나의 그림은 필연적으로 복잡할 수밖에 없기 때문에(현실만큼 복잡한 것은 그 어디에도 없을 것이고, 이것은 고대와 현대의 모든 역사의 저주이다), 나는 여러 해 동안 분문 자체와의 끊임없는 대화 속에서 그 그림을 발전시켜 왔다. 내가 하나의 개념에서 시작해서 단순하게 본문들을 거기에 억지로 꿰어 맞추었다는 주장은 심심하면 반복해서 들려오는 그런 종류의 비난이다.

그러한 비난은 많은 부분 내가 전에 설명하고 정당화한 바 있는 논증 방법론, 즉 개략적으로 "비판적 실증주의"(critical realism)라 부를 수 있는 방법론과 연관되어 있다. 내가 채택한 이 방법론은 본래의 과학에서 사용되고 있는 것과 동일한 전체적인 증명 절차를 역사에 적용하는 것으로서, "사실들"을 단순히 취합해서 나열하는 것이 아니라, 가설들을 세운 후에 증거들에 비추어서 실험한 후에 그 가설들이 맞는지 틀리는지를 확인하려는 시도이다.[2] 우리가 이 점을 명확히 하지 않는다면, 주석자들은 다른 사람들의 주장들을 의미 있게 만들어 주는 상위 가설들은 살펴보지도 않은 채로, 그들의 주장들에 대해서는 "설득력이 없다"고 공격하고, 남들이 듣든지 말든지 단지 자기가 하고 싶은 말만을 하는 일을 반복하게 될 위험이 상존한다.

하지만 상위 가설들을 찾아내고 나서는, 일대일로 육박전을 벌이는 것이 아니라, 우회해서 측면을 공격하여 무너뜨리는 것이 종종 최선의 조치일 때가 있다. 나는 본서가 최근에 제기되어 온 몇몇 다른 주요한 주장들에 대하여 그러한 효과를 갖게 되기를 희망한다. 물론, 문제는 (공학이나 수학과 대비되는) 일반 인문과학들에서는 그러한 조치만을 취한 채 구체적이고 세부적으로 반박하지 않으면, 사람들은 대체로 자기가 공격당하여 무너졌다는 사실을 눈치 채지 못한다는 것이다. (분석철학의 장점들 중의 하나는 그런 철학을 하는 사람들은 상황이 어떻게 돌아가고 있는지를 너무나 분명하게 본다는 것이다. 나는 20세기 중엽의 논리 실증주의자들의 대부였던 에이어[A. J. Ayer]가 연로했을 당시에 그의 철학의 문제점이 무엇이었느냐는 질문을 받고서 한 신선한 대답을 지금도 기억하고 있는데, 그는 자신의 철학은 기본적으로 잘못되었다고 말하였다.) 흔히 치열하게 논쟁할 공간이 없기 때문에, 우리는 참을 수밖에 없다. 어떤 잡초들은 한 번에 뿌리까지 뽑을

2) Malina and Neyrey, 1996, ix-x을 보라. 그들은 "개연적 삼단논법" (abduction, 이것은 연역법이나 귀납법과 대조된다)을 다루는 가운데 이것에 대하여 언급한다. "개연적 삼단논법"이라는 용어는 Peirce, 1958, 89-164가 자신이 "발견의 논리"라고 부른 것과 연구조사의 경제를 다루기 위하여 도입하였다. 이 절차를 가리키는 또 하나의 친밀한 용어는 아서 코난 도일 (Arthur Conan Doyle)이나 아가사 크리스티 (Agatha Christie)의 작품들 같은 탐정소설들에서 잘 보여주는 "최선의 설명을 위한 추론" (inference to the best explanation)이다. "비판적 실증주의" (나는 이 표현을 Meyer, 1989에서 빌려와서, 발견학습적인 수준에서 사용하고 있는 것이고, R. W. Sellars와 A. O. Lovejoy 같은 철학자들에 의해서 사용된 이 동일한 전문용어가 지닌 의미를 전폭적으로 환기시키고자 하는 의도는 없다)에 대해서는 *NTPG*, 332-7을 보라.

수 있는 반면에, 시간이 흐르면 또다시 슬금슬금 자라나는 잡초들도 있다. 그러한 잡초들에 대하여 우리가 할 수 있는 것은 다시 잘라내고서 완전히 죽기만을 바라는 것뿐이다 – 물론, 그 중 일부는 그런 와중에서 결국에는 꽃으로 인정받기도 하는 것이 현실이기는 하지만.

우리는 바울에 대한 통시적인 읽기와 공시적인 읽기라는 문제, 달리 말하면 우리가 먼저 그의 서신들을 하나씩 연구하고(시대를 따라 통시적으로), 나중에 가서야 전체적인 단일한 서술을 시도해야(모든 다른 "시대들"을 종합하여 공시적으로) 하는지의 여부에 대해서도 똑같은 말을 할 수밖에 없다. 최근에 바울의 신학을 아주 철저하게 파헤친 책들 중의 하나는 정확히 그런 시도를 하고 있다.[3] 그러한 일련의 과정 배후에는 고귀한 이상이 존재하지만, 본서의 분량을 보면, 자연스럽게 그런 과정의 실용성에 관한 의문이 들게 된다. 어쨌든 나는 지난 40년 동안 바울을 연구하고 가르치고 설교하면서, 신약성서의 모든 책에 대한 일련의 대중적인 주석서들을 펴냈고, 골로새서와 로마서에 대해서는 좀 더 무게 있는 주석서들을 출간하였으며, 개별적인 책들과 구절들에 대해서 수많은 논문들을 쓰고 난 후에, 내 나이 60대에 본서를 썼다. 따라서 나는 이러한 통시적인 연구를 가시적으로 취합해서 본서를 위한 토대로 삼지는 않았지만, 실질적으로는 그렇게 한 것이나 마찬가지라고 생각한다.

하지만 어쨌거나 통시적으로 시작한다는 이상에는 두 가지 문제점이 존재한다. 첫째, 우리는 바울이 자신의 서신들을 쓴 정확한 순서를 알지 못한다. 물론, 우리가 알고 있는 것들도 얼마간 있기는 하다. 우리는 모두 데살로니가전서는 초기에(아마도 가장 초기는 아니겠지만?) 씌어졌고, 로마서는 후기에(아마도 가장 후기는 아니겠지만?) 씌어졌다고 생각한다. 고린도전서는 고린도후서 이전에 씌어진 것으로 추정된다. 그러나 이것 이상으로 더 나아가는 것은 힘들다. 둘째, 대부분의 학자들은 모든 "주요" 서신들이 아주 짧은 기간, 곧 적어도 30년에 걸친 선교 활동 중에서 최대로 길게 잡아도 십 년이라는 기간 내에 씌어진 것으로 본다. (a) 바울이 복음전도자, 교사, 선교사, 목회자로서 오랫동안 일한 후에야 지금도 우리에게 현존하는 서신들을 썼고, (b) 그의 거의 모든 시간은 서신을 쓰는 일이 아니라, 저 복잡하고 끝없는 개인적인 사역, 특히 가르치는 일에 사용되었다는 것을 감안하더라도, 그가 지속적인 실험을 통해서 최종 "결과물들"을 얻어내는 과학자처럼 시간

3) Schnelle, 2005 [2003].

을 두고서 연속적으로 써낸 "보고서들" 또는 "간행물들"이 바로 그의 서신들이었다고 보는 것은 잘못이다. 이것은 사도들을 자신의 생각을 따라 그려내는 학자들의 문제점들 중의 일부이다.[4] 목회자들도 동일한 잘못을 범할 수 있다. 주후 1세기에 장막을 만드는 점포에서 생각한 "목회 사역"은 21세기에 목회자의 서재에서 생각한 것과는 판이하게 다를 수 있다. 그럼에도 불구하고, 많은 목회자들은 자신들이 처한 구체적인 상황으로 인해서 새로운 방식으로 사고하지 않을 수 없기는 하지만, 여러 해에 걸쳐서 연구하고 훈련하고 경험해야 할 것들을 짧은 면담이나 서신, 또는 이메일을 활용해서 빨리 해결해 버리고자 하는 것이 보통이다. 아래 제11장에서 논증하고 있듯이, 나는 바울이 로마서 전체, 특히 9-11장에서 다루는 문제들에 스스로 무수히 직면하였고 수없이 숙고를 거듭할 수밖에 없었다는 것을 부정하는 것은 불가능하다는 것을 발견한다. 그는 하나의 난제에서 또 다른 난제로 이어가는 방식으로 자신의 서술을 진행해 나갔지만, 그것은 그가 로마서를 쓰는 동안에 그러한 난제들이 그에게 문득 새롭게 생각났기 때문이 아니었을 것임을 나는 확신한다. 그것은 그가 그의 청중들로 하여금 그러한 난제들을 그런 식으로 철저하게 숙고해서, 자신이 논증하고 있는 드라마를 깨닫게 하고자 하였기 때문이었다. 그의 서신들은 깊은 샘에서 길은 몇 양동이의 물로 이루어져 있고, 그는 그 물을 특정한 청중과 사례에 적절하다고 생각되는 그릇들에 붓는다.

따라서 우리는 바울이 다른 곳에서는 좀 더 상세하게 설명하고 있는 것을 어떤 곳에서는 암호처럼 간략하게 적고 있는 것을 발견하게 될 것이라고 기대할 수 있다. 그리고 우리는 각각의 서신에 고유한 논증의 흐름을 존중하는 가운데, 하나의 서신을 또 다른 서신의 도움을 받아 해석할 수 있을 것이라고 기대할 수 있다. 달리 말하면, 통시적인 연구가 중요하고 모든 곳에서 전제되어야 하지만, 적어도 가설들을 만들어내는 데 있어서는 공시적인 서술도 언제나 필수적이라는 것이다. 따라서 아주 단호하게 통시적인 연구를 고집하는 학자조차도 어떤 서신을 현미경 아래 놓고서 들여다볼 때에, 예컨대 갈라디아서를 쓴 바울과 빌립보서를 쓴 바울 간에 사고에 있어서 어느 정도의 유사성이 존재한다는 것을 전제할 수밖에 없다. 우리 중 몇몇은 십 수 년 전에 바울의 개별 서신들 하나하나의 신학을 마치 다른 서신들은 존재하지 않는 것처럼 여기는 상황 속에서 논의하는 실험을 진행하였었다. 그것은 유익하고 중요한 실험이었지만, 나는 그 결과물들은 공시적인 가설들을 세

4) cf. Hooker, 1975.

우는 작업을 병행해야 할 필요성에 의문을 제기하는 것이었다고 생각하지 않는다.[5]

우리가 여기서 탐구하고 있는 주제는 물론 방대하고, 이 주제를 둘러싼 연구 결과물도 엄청나다. 이것은 전혀 새로운 분야가 아니다. 베르길리우스(Virgil)는 2천여 년 전에 아우구스투스(Augustus) 황제에게 편지를 써서, 자신이 다루는 주제가 너무 방대해서 그 작업을 시작할 엄두가 나지 않을 지경이라고 자신의 심경을 토로하였었다. 그것은 인쇄술과 인터넷이 존재하기 오래 전의 일이었다.[6] 오늘날에도 수많은 분야의 학자들이 내가 본서를 저술하는 과정에서 매일 같이 겪었던 고충을 토로한다:

> 서지 자료가 … 엄청나서, 만일 내가 여러 다양한 견해들을 일일이 다 다루고 논의하였다면, 이 책의 분량은 지금보다 두세 배는 더 늘어났을 것이다… 어쨌든 그런 식으로 해서 분량을 늘렸다면, 나는 모든 문장에서는 아닐지라도 모든 단락에서 여러 학자들의 견해에 대하여 찬반을 분명히 하며 논증할 수 있었을 것이다.[7]

이것과 관련해서, 나는 우리가 2010년 여름에 오클랜드 성(Auckland Castle)에서 파이프(Fife) 연안으로 이사를 가게 되어서, 무뚝뚝한 스코틀랜드인에게 나의 책들을 3일에 걸쳐서 짐으로 묶는 작업을 맡겼던 일이 생각난다. 그는 "이 모든 책들이 다 한 분야의 책이라서, 도무지 뭐가 뭔지 모르겠네요"라고 말하였다. 거기에 아주 중요한 핵심이 있다. "모든 것"을 읽으려면, 아니 대충이라도 훑어보려면, 많은 시간이 흘러가 버린다. 다른 많은 분야들에서와 마찬가지로, 성서학 분야에서도, 몇몇 대화 상대들을 선택하지 않으면 안 되고, 그것이 내가 이 책에서 해왔던 일이다. 길을 가다가 특히 중요한 길목들에서는 좀 더 광범위하게 다루고자 한 순간들도 있지만, 나는 주제들과 구절들을 상세히 설명하고, 각주에서 가볍게 부연설명하는 데 많은 시간을 들여서 집중하였다. 나는 사실 이 분야의 전문가들인 나의 친구들과 동료들의 연구를 좀 더 깊이 다루고 싶었지만, 실제로는 그렇게 할 수 없었던 것에 대하여 사과한다. 최근의 바울연구사에 대해서는 원래는 한두

5) 1990년대에 SBL의 바울 신학 세미나를 통해서 출간된 일련의 책들을 보라: Bassler, 1991; Hay, 1993; Hay and Johnson, 1995; Johnson and Hay, 1997. 바울의 종합들에 관한 문제 전체와 그의 사상이 발전한 정도에 대해서는 Sanders, 2008b의 흥미로운 논문을 보라

6) Macrobius, *Saturnalia* 1.24에서 재인용.

7) Galinsky, 1996, ix.

장을 할애해서 다룰 계획이었지만, 아예 별도의 책(『바울과 그의 최근의 해석자들』[*Paul and his Recent Interpreters*])으로 내게 되었고, 그런데도 어떤 최근의 저작 – 예컨대, 더글라스 캠벨(Douglas Campbell)의 방대한 작품 – 에 대해서는 내가 원하는 만큼 충분히 다룰 수 없었다. 물론, 전 세계에서 간행된 모든 문헌들을 다 담을 수는 없는 노릇이지만, 거의 매일 같이 원칙적으로 이 책에서 이루어지는 논의에 포함시킬 만한 새로운 연구서나 논문이 내 눈에 들어왔다.

글을 쓰는 사람이 어떤 주제를 다룰 때의 또 하나의 문제점은 반복이 불가피하다는 것이다. 집필자는 모든 본문에 대한 일련의 주석을 쓰고자 하는 경우에는, 본문에서 주요한 주제들이 등장할 때마다 거기에 필요한 일반적인 서술들을 반복하지 않으면 안 된다(그렇게 하지 않으려면, 그 주제들을 모아서 "보론들"에서 다루어야 한다). 또는, 집필자가 자신이 선택한 주제들을 설명하고자 하는 경우에는, 이런저런 구절과 관련된 석의(exegesis)의 요소들을 부득이 반복하지 않으면 안 된다. 나는 후자의 노선을 택하였다. 본서의 색인을 얼핏 보기만 해도(여러 번 언급된 구절에 대한 주된 논의가 이루어진 곳은 고딕체로 표시되어 있다), 어디에서 석의상의 설명의 중복이 불가피했는지가 잘 드러난다.[8] 나는 이렇게 종종 중복적인 설명을 할 수밖에 없었던 것을 유감스럽게 생각하지만, 어떤 특정한 주제가 어떻게 다루어지고 있는지를 알아보기 위해서 이 책을 참조하는 사람들은 관련된 내용을 한 자리에서 볼 수 있어서 기뻐할 것이다.[9]

이와 같은 기획에서는 온갖 종류의 언어적인 도전들이 등장한다. 우리는 "유대교"나 "기독교"라는 말을 아무렇지도 않게 사용하고 있지만, 이제 사람들은 당시에 "유대교"라고 했을 때에 그 의미는 지금 유대교가 의미하는 것과는 달랐고, 주후 1세기에 "그리스도인"이나 "기독교"라는 표현들은 시대착오적인 말들이라고 경고한다. 그래서 무게감 있는 책들은 그런 단어들을 표제로 사용하는 것을 중단해 왔고, 우리도 그 점을 신중하게 고려할 필요가 있기 때문에, 나는 주후 1세기에 대해서 역사적으로 사고하고, 이후 시대와의 지나친 연속성을 함축하는 말들을 사용하지 않으려고 애써 왔다. 특히, "-주의"(-ism)라는 접미사는 온갖 종류의 19세기적인 뉘앙스를 지니고 있기 때문에, 우리는 그런 말들을 피하는 것이 좋을 것이

8) Fee, 1994, 10f.에 나오는 성찰들을 보라.

9) 주요한 예외는 로마서 9:30-10:13인데, 이 대목은 10장에 나오는 "칭의" 아래에 포함시켜 달라고 소리치지만, 11장 전체와 함께 다루어져야 한다.

10) Meeks, 2001을 보라; 그리고 예를 들어, Lang, 2004.

다.[10] 나사렛 예수가 이스라엘의 메시야라는 것을 믿지 않았던 바울과 동시대의 유대인들을 지칭하는 우리의 방식에도 문제가 있다. 그들은 "비기독교 유대인들" 또는 "믿지 않는 유대인들"이라 불려 왔지만, 어떤 이들은 전자는 시대착오적인 용어이고, 후자는 경멸적인 용어라고 인식한다. 나는 우리 모두가 우리 나름대로의 이러한 도전들에 직면해 있다는 것을 인식하고서, 그런 용어들을 대체할 수 있는 여러 가지 다양한 표현들을 사용하고자 시도해 왔다.[11] 또한, 나는 나의 다른 글들에서와 마찬가지로 "이교도"(pagan)라는 단어가 간단해서 편의상 사용하고 있기는 하지만(다양한 배경을 지닌 다른 많은 학자들이 그러하듯이), 어떤 이들에게는 "이교도"라는 단어도 경멸적인 말로 들린다. "주후"(AD)와 "주전"(BC)이라는 약어들, "구약"이라는 어구, 주후 1세기의 유대교와 기독교의 용법을 반영해서 한 분 하나님을 "그"(he)라고 지칭하는 것도 마찬가지이다.

또한, 한 분 하나님(one God)이라고 지칭하는 것이 과연 적절한가? 나는 이전의 책들에서는 "우리가 어떤 신에 대하여 말하고 있는가"라는 논점을 교묘히 피해 나가지 않기로 결정하고서, 첫 글자가 소문자로 되어 있는 "신"(god)이라는 단어를 통상적으로 사용하였다. 하지만 우리가 바울 자신의 사고를 이해하고자 할 때에는, 그렇게 하는 것은 별 의미가 없다. 바울이 이스라엘의 하나님을 언급하였을 때, 그는 자기가 "하나님"(God)이라는 단어를 사용하는 것이 적절한 한 분 유일하신 존재에 대하여 말하고 있다고 믿었다. 물론, 그는 "다른 신들"에 대해서 알고 있었다. 그러나 나는 그 신들을 가리킬 때에는 소문자로 된 "신"이라는 단어를 사용함으로써, 바울 자신의 관점을 반영하기로 결정하였다.[12]

나는 다메섹 사건 이전의 바울을 "다소의 사울"로 지칭하였는데, 적어도 그만은 이런 호칭을 개의치 않기를 희망한다.[13]

별도의 언급이 없는 경우에, 나는 내 자신이 2011년에 신약성서를 번역한 판본(런던의 SPCK에서 간행된 『*The New Testament for Everyone*』, 또는 미국의 샌프란시스코에 있는 HarperOne에서 간행된 『*The Kingdom New Testament*』)을

11) 예컨대, Nanos, 2010a에 나오는 정교한 의역들을 보라.

12) Barclay, 1996, 15 n. 6은 동일한 문제에 직면해서, 모든 신들을 지칭하는 데 "하나님"이라는 용어를 사용하기로 하는 관대한 결정을 내리면서, 이 용어는 "관례적으로 해당 예배자들의 믿음과 실천을 존중해 주는 용어이기 때문이라고" 그 이유를 밝힌다. 정반대로, Longenecker, 2010, 14f.는 고대의 다른 신들과 마찬가지로 "이스라엘의 신"도 "신"으로 지칭한다.

13) 바울이 사울이라는 자신의 이전의 이름을 버린 이유들을 파헤친 Leary, 1992의 연구는 흥미롭다. 바울은 로마서 11.1f.에서 말하고 있듯이, 자신이 베냐민 지파였기 때문에, 자기와 같은 지파 사람이었던 사울 왕을 염두에 둔 것일 수도 있다(본서 제11장 제6절을 보라).

사용하였다. 하지만 내가 그 판본에서는 종종 아주 자유롭게 작업을 해서, 헬라어 '크리스토스' (Christos)를 "왕" 으로 번역하였던 반면에(나는 여전히 그렇게 번역하는 것이 적절하다고 생각한다), 본서에서는 통상적으로 "메시야" 로 번역하였고, 종종 그 판본을 다른 방식들로 개작해서 사용하기도 하였다. 구약성서와 외경은 대체로 NRSV를 따랐지만, "주" (the Lord) 대신에 "야웨" (YHWH)를 사용하였다.

본서를 집필하는 동안에 나를 격려해 준 모든 사람의 이름을 열거하자면, 서너 페이지는 족히 필요할 것이다. 내가 한 번도 만난 적이 없는 많은 분들이 내게 이메일을 보내 와서, 이 책을 간절히 기다리고 있다고 말해 주었는데, 나는 그분들이 이제 실망하지 않기를 희망한다. 많은 사람들이 나를 위해(그리고 아마도, 내 아내와 가족, 이 총서를 펴내는 데 큰 수고를 하고 있는 분들을 위해) 기도하고 있다고 내게 말해 주었다. 많은 사람들이 이 책의 어떤 장절이나 부, 어떤 경우에는 거의 이 책 전체를 읽고서, 내게 날카롭고 유익한 평이나 조언을 해주었고, 나는 거기로부터 유익을 얻고자 애써 왔다. 이제 본서에 대한 모든 책임과 짐은 내가 지는 것이 마땅하지만, 그들은 나를 도와 내 짐을 덜어 주었다. 나는 어떤 사람들이 위에서 언급한 일들 중에서 어떤 일로 나를 도와주었는지를 구체적으로 명시하지 않고, 단지 그 이름들만을 밝힘으로써 큰 감사를 표하고자 한다: 앤드류 에인절(Andrew Angel), 존 바클레이(John Barclay), 마이클 버드(Michael Bird), 마커스 보크뮬(Markus Bockmuehl), 리처드 버리지(Richard Burridge), 마틴 드 보어(Martin de Boer), 마이클 고먼(Michael Gorman), 스콧 헤이프먼(Scott Hafemann), 리처드 헤이스(Richard Hays), 사이먼 킹스턴(Simon Kingston), 크리스토퍼 커원(Christopher Kirwan), 마이클 로이드(Michael Lloyd), 브루스 론지네커(Bruce Longenecker), 그랜트 매커스킬(Grant Macaskill), 고든 맥콘빌(Gordon McConville), 스콧 맥나이트(Scot McKnight), 캐리 뉴먼(Carey Newman, 그는 내게 어떤 것들은 빼고 어떤 것들은 더했으면 좋겠다고 조언해 주었다), 올리버 오도너번(Oliver O' Donovan), 윌리엄 퓨(William Pugh), 존 리처드슨(John Richardson), 피터 로저스(Peter Rodgers, 그는 내 옆구리를 찔러서 제4장을 쓰게 하였다), 캐빈 로우(Kavin Rowe), 필립 세든(Philip Seddon), 데이비드 시무스(David Seemuth), 엘리자베스 쉬블리(Elizabeth Shively), 데이비드 스탈링(David Starling), 캐티 토머스(Katie Thomas), 빌 투먼(Bill Tooman), 앨런 토랜스(Alan Torrance), 브라이언 월쉬(Brian Walsh), 프랜시스 왓슨(Francis Watson), 숀 윈터(Sean Winter), 줄리언 라이트(Julian Wright, 그는 제16장에 대한 새로운 접근방식을 제안해 주었다). 60대의 학자가 이러한 명단에 자신의 학부 시절의 지도교수 두 분의 이름을 포함시키는 것은 극히 이례적인 일이다. 나는 크리스토퍼 커원과 존 리처드슨이 1971년에 나의 지도교수직을 그만두었다가 잠시 동안 다시 맡아준 것에 대하여 특별히 감사한다. (또한, 이 기회를 빌려서 나는 바울에 대하여 내게 너무나 많은 것을 가르쳐 주신 조지 케어드[George Caird]와 찰리 물[Charlie Moule]에게도 경의를 표한다. 조지는 이 총서를 기획하기 한참 전에 돌아가셨고, 찰리는 그의 특유의 날카롭고 매서운 눈썰미로 나의 첫 세 권의 책을 읽어 주었는데, 나의 초고들에 빼곡히 씌어 있는 그의 손글씨들은 나의 보배들이다. 하지만 그가 이 책도 그렇게 읽어 주셨으면 얼마나 좋았을지를 생각하면, 애석한 마음뿐이다.) 나는 여기 세인트 앤드루스(St Andrews)에 있는 세인트 메리 대학(St Mary' s College)의 대학원생들에게 특히 감사한다. 그들은 2013년 봄학기에 특히 제3부의 많은 부분들을 온 힘을 다해 철저히 파헤쳐서, 다수의 오탈자들을 찾아내 주었을 뿐만 아니라, 많은 통찰력 있는 평들과 도전적인 질문들을 해 주었다. 어니스트 클락(Ernest Clark), 앤드루 코원(Andrew Cowan), 존 던(John Dunne, 그도 검증 단계에서 중요한 도움을 주었다), 존 프레더릭(John Frederick), 핼리 고런슨(Haley Goranson), 크리스토프 하일리히(Christoph Heilig), 케이스 재거(Keith Jagger), 박장훈(Janghoon Park), 노리오 야가무치(Norio Yagamuchi)에게 특히 감사한다. 또 다른 의미에서 내가 감사드리고 싶은 사람은 내 친구 스튜어트 라이온즈 훈작사(Stuart Lyons CBE)이다. 훌륭한 산업 이력도 모자라서, 로마의 시인 호라티우스에 대한 지극히 혁신적인 연구 성과(이것은 제5장에 가볍게 반영되어 있다)도 이룬 그는 이 총서에 속한 이전의 책들을 아주 깊고 철저하게 읽은 "평신도" 독자들 중의 한 사람이었는데, 나는 그가 이 책도 그렇게 읽어 주기를 바란다.

나는 계속해서 케빈 부쉬(Kevin Bush)에게 고마움을 표하고자 한다. 그는 지금까지 여러 해 동안 "나의" 웹 사이트(www.ntwrightpage.com)를 운영해 왔고, 나는 이름으로, 또는 얼굴로 알고 있는 많은 사람들로부터 이 웹 사이트를 통해서 감사하다는 인사를 받아 왔다. 나는 오랜 세월에 걸쳐 이 책을 계획하고 저술하면서, 아주 훌륭한 연구 조교들의 도움을 받아 왔는데, 그들의 지칠 줄 모르는 활력과 흔쾌한 지원은 내게 실제적으로 큰 도움이 되었을 뿐만 아니라 진정한 격려가 되었다. 나는 지금도 여전히 그들 모두와 연락하며 지내는 것이 기쁘고, 그들 모두가 함께 참여하여 이루어낸 이 수고의 열매를 그들 자신도 누려 주기를 희망한다. 웨스트민스터 대학교(Westminster)에서는 닉 페린(Nick Perrin), 더럼 대학교

(Durham)에서는 아치 라이트(Archie Wright)와 벤 블랙웰(Ben Blackwell), 프린스턴 대학교(Princeton)에서는 채드 마샬(Chad Marshall)이 나를 위해 수고해 주었고, 지금 세인트 메리 대학(St Mary's)에서는 제이미 데이비스(Jamie Davies)가 막바지 작업의 힘든 짐을 져 주었다. 그들 모두에게 따뜻한 감사 인사를 전한다.

나는 『예수와 하나님의 승리』를 쓸 때도 그랬지만, 내 인생의 대부분을 본서를 쓰는 데 바쳤다고 해도 과언이 아니다.[14] 내가 1978년에 「Tyndale Bulletin」에 기고한 바울에 관한 나의 최초의 논문을 시작으로 해서, 1980년에 완성한 나의 박사 논문을 거쳐, 본서에 엮어 놓은 것들에 이르기까지는 일련의 분명한 계보가 존재한다. 하지만 아울러 엄청난 변화와 성장, 발전과 변형도 있었음은 물론이다. 만일 내가 원했던 대로 1980년대에 이 책을 썼더라면, 이 책은 지금과는 상당히 달라져 있었을 것이다. 내가 지금 아주 중요하다고 생각하는 것들 중 대부분은 당시에는 거의 생각조차 할 수 없었던 것들이었다. 이제 나는 원래 계획보다 시간이 많이 지체되고, 그 사이에 다른 책들과 논문들을 통해서 예비적인 작업을 했던 것이 이 저작이 나올 수 있는 탄탄한 토대를 구축하는 데 도움이 되었기를 희망한다. 내가 그동안 바울에 관하여 쓴 거의 모든 논문들(『*The Climax of the Covenant*』[Edinburgh and Minneapolis: T. / T. Clark and Fortress Press, 1991/1992]에 실린 것들과는 다른)을 수록해서 『바울을 보는 관점들』(Pauline Perspectives)이라는 제목의 책이 이 책의 자매서로서 출간 준비 중에 있는 것은 기쁜 일이다. 그 책은 지난 세대의 가장 위대한 독일 학자들 중의 한 분인 에른스트 케제만(Ernst Käsemann)에 대한 나의 경의의 표시이다.

내가 깊이 감사를 느끼는 사람이 다섯 분 더 있다. 첫 번째는 발행인들이다. SPCK의 필립 로(Philip Law)는 거의 25년 전에 이 총서를 기획해서 내게 의뢰하였다. 내 생각에는, 우리 두 사람은 어느 쪽이든 이렇게 오랫동안 이 작업을 계속해 나가게 되리라고는 예상하지 못하였지만, 그는 따뜻한 격려와 날카로운 조언의 원천으로 내 곁에 있어 주었다. 사이먼 킹스턴(Simon Kingston)과 조안나 모라이어티(Joanna Moriarty)는 늘 변함없이 나를 전폭적으로 지지해 주고 격려해 왔다. 그들의 편집부 직원들(특히, 이밴절린 디벌[Evangeline Deavall]), 교정 담당자들(몰리 바커[Mollie Barker]와 조안 힐[Joanne Hill]), 홍보 담당자들, 영업팀(특히, 앨런 모듀[Alan Mordue])은 내게 오로지 최고의 도움과 열정만을 주어 왔다. 미국

14) cf. *JVG*, xiv.

에서는 Fortress Press의 윌 버그캠프(Will Bergkamp)와 새로운 팀을 알게 된 것이 내게 늘 기쁨이었다. 그들도 이렇게 시간이 지체 될 줄은 예상할 수 없었을 것이지만, 우리는 서로 사정이 허락하는 한에서 서로 협력해서 즐겁게 일해 왔다. 또한, 나는 그들의 훌륭한 소프트웨어를 사용해서 이 책의 실제 페이지들을 출력해 내는 데 도움과 조언을 준 「Nota Bene」의 스티븐 시버트(Steven Siebert)와 그의 동역자들에게 감사한다. 많은 사람들이 증언해 왔듯이, 그들의 소프트웨어를 따라갈 제품이 없다는 것은 두말할 필요도 없지만, 거기에서 더 나아가 스티브는 직접 자신의 시간을 들여서, 우리가 잘못한 것들을 교정하는 데 전문적인 도움을 주어 왔다. 그의 우정과 지원은 이 책이 출간되는 데 없어서는 안 되었던 요소였다.

두 번째는 나의 동료들이다. 내가 이 책을 본격적으로 쓰기 시작한 것은 2009년 가을에 프린스턴 대학교에서 안식년을 보내고 있을 때였다. 나는 내가 없는 동안 더럼(Durham) 교구를 보살펴 준 나의 사랑하는 친구이자 동료이고 재로우(Jarrow)의 주교인 마크 브라이언트(Mark Bryant) 신부에게 이루 말할 수 없이 감사한다. 우리 두 사람 중 어느 쪽도 그로부터 1년 후에 내가 세인트 앤드루스로 떠난 후에(이 책을 쓰기 위해서), 그가 그 일을 다시 하게 될 줄은 상상도 하지 못하였다. 분명히 우리 두 사람 중 어느 쪽도 나의 단명했던 후임자가 캔터베리(Canterbury)의 대주교가 되어 영전해 간 후에, 그가 다시 그 일을 해야 할 처지가 될 것이라고는 단 한순간도 생각하지 못하였다. 나는 내가 장기간에 걸쳐 떠나 있는 동안에 나를 지지해 준 내 친구 마크 브라이언트 주교와 대집사들, 나를 보좌했던 분들을 비롯한 모든 분들에게 나의 감사를 전한다. 또한, 나는 프린스턴 대학교의 신학연구소에 근무하는 윌리엄 스토라(William Storrar) 박사와 그의 동료들과 임직원들에게 감사한다. 그 곳에서 나는 4개월 동안 바울 연구의 세계에 젖어들어서 행복하고 생산적인 시간을 보냈다. 그것은 내 삶을 바꾸어 놓은 시간이었다. 교회와 국가를 위한 여러 해의 힘든 사역 후에 숨을 돌리며 맛보게 된 휴식의 시간, 말 그대로 문을 열고 나가면 바로 거기에 있는 프린스턴 신학대학원의 훌륭한 도서관, 그 기간 동안에 그 곳에 머물러 있던 다른 연구자들과의 친밀한 교제 - 이 모든 것은 기억에 남을 만한 풍요로운 경험이었다. 그 후에 세인트 앤드루스에 있는 세인트 메리 대학(St Mary's College)에서 나를 따뜻하게 맞아준 것은 내게 너무나 놀랍고 기쁜 일이었다. 이 곳에서 나의 위축되었던 학문에 대한 열정은 어느 정도 푸른빛으로 회복되었고, 이 대학의 학장인 아이버 데이비드슨(Ivor Davidson) 교수가 앞장서고 다른 동료 교수들의 협조로 행복한 공동연구의 분위기가 조성되었다. 이것은 나와 내 가족에게 너무나 중요하고 전혀 예상하지 못했던 것이었다. 지금 나는 포스 만(Firth of Forth)을 바라보며 이 글을 쓰면서, 오직 감사하는 마음밖에 없다.

내가 세 번째이자 가장 많이 감사해야 할 사람들은 나의 가족이다. 나의 자녀들과 손주들은 그들이 살아 온 세월 동안에 내내 나의 글쓰기 습관들을 참아 주어 왔고, 계속해서 격려와 지지를 아끼지 않아 왔다. 매기(Maggie)는 늘 고결한 인품을 지니고 있어서, 내가 나의 일을 결코 실제보다 더 중요하게 생각하지 못하게 막아 왔고, 그러면서도 언제나 내 옆구리를 찔러서 이 일을 계속해 나가게 하였으며, 마침내 끝을 맺게 해주었다. 그녀는 내가 추구해 온 이 낯선 소명으로 인해서 야기된 무거운 짐들의 한 쪽을 짊어져 왔고, 사람들로부터 상당한 정도의 비난의 집중포화를 나와 함께 맞아 왔다. 나는 그 동안 나의 가족들, 특히 내 아내 매기가 내게 준 온갖 사랑과 재미와 도전과 즐거움에 대하여 이루 말할 수 없이 감사한다.

이 책을 대충 훑어보는 사람들은 한 가지 눈에 띄는 특징을 보고서 의외라고 생각할지도 모르겠다. 나는 오랜 세월 동안 미홀 오 쉴(Micheal O' Siadhail)과 교류하며 그의 시를 좋아해 왔는데, 내가 프린스턴에 있던 초기에, 그가 내게 이메일을 보내왔다. 나는 이 책의 중간쯤에, 그러니까 제2부와 제3부 사이에 들어가는 빈 페이지에 넣을 시나 그림 같은 것이 필요하다고 생각하고 있었기 때문에, 미홀에게 즉흥적으로 조언을 구하였다. 채 몇 분이 안 되어서, 그는 자기가 곧 출간하게 될 『언어들』(*Tongues*)에 실리게 될 시를 한 편도 아니고 세 편을 내게 보내 주었다.[15] 이 놀라운 시들은 일본어 문자들에 담겨 있는 속뜻들, 즉 그 문자들이 서로 결합되어서 새로운 의미를 만들어내는 방식을 천착하고 있다. 미홀은 실제로 이 책이 4부로 이루어져 있어서, 그가 보내준 세 편의 시를 순서대로 각 부 사이의 세 장의 빈 페이지에 넣으면 정확히 맞아떨어질 것이라는 사실을 알고 있지 않았다. (이 책을 두 권으로 내게 되었을 때, 우리는 두 번째로 들어가는 시를 제1권의 끝과 제2권의 처음에 두 번 넣기로 결정하였다 – 이상적으로는, 이 시를 두 권 사이에 위치시키는 것이 제격이겠지만.) 또한, 그는 나무에 앉아 있는 세 마리 새들에 관한 시들(지금은 한 편의 시로 합쳐졌다)을 내게 보냈을 때, 내가 바울을 그가 살았던 세 개의 세계, 즉 유대, 헬라, 로마와 연결시킬 방법들을 생각해 왔다는 것을 알지 못하고 있었다. 그리고 그는 자기가 새와 밤나무에 관한 자신의 첫 번째 시를 이메

15) O' Siadhail, 2010, 144-6.

일로 내게 보내기 직전에, 프린스턴 신학대학원의 도서관 옆에 살고 있던 큰 붉은 매가 내 방의 창문 밖에 있는 밤나무로 날아와서, 그 눈동자로 1분여 동안 나의 눈동자를 응시하였었다는 사실을 알지 못하고 있었다. 다른 선택의 여지가 없었다. 나는 한 위대한 예술가에게서 온 위대한 선물을 칭송하며, 그의 세 마리 새에게 이 예기치 않았던 나무를 새로운 거처로 제공하는 특권을 누렸다.[16)]

내가 가장 크게 빚진 분의 이름은 헌사에 나와 있다. 리처드 헤이스(Richard Hays)와 나는 1983년 11월에 댈러스(Dallas)에서 열린 SBL 학술대회에서 처음으로 만났다. 거기에서 그는 로마서 4:1에 관한 논문을 발표하였고, 나는 바울 신학에 있어서의 아담에 관한 논문을 발표하였다.[17)] 그가 논문 발표를 마치고 나자마자, 우리는 신약성서가 펴져 있고 아주 큼지막한 진토닉이 놓여 있는 탁자 앞에 앉아 있었다. 그 후로 우리는 인생과 학문의 우여곡절들을 겪으며, 가족처럼 편안하게 함께 많은 시간을 보냈고, 성경 본문을 놓고 껄끄러운 논쟁을 수없이 벌여 왔다. 물론, 우리의 견해가 늘 같았던 것은 아니었다. 그러나 내가 그와는 전혀 다른 노선을 취했을 때조차도(예컨대, 그가 로마서 10장에 나오는 신명기에 대한 바울의 석의를 "터무니없다"고 한 것[18)]), 나는 그가 그 길을 막고 있던 녹슨 문을 열지도 않고서 거기에 도달했으리라고는 생각하지 않는다. 한편, 그가 가 보지 않은 곳들로 통하는 어두운 길들을 내가 종종 탐색할 수 있었다면, 그것은 부분적으로 그가 먼저 자신의 횃불을 내게 빌려 주었기 때문이다. 우리가 걸어 온 길은 판이하게 달랐다. 나는 어둠 속에 있는 토끼를 사냥하면서 그 중에 한 발이라도 맞기를 기대하며 산탄총을 마구 쏘아대는 사람처럼 많은 책들을 써 왔고, 리차드는 오랫동안 숙고해서, 논의 전체를 바꾸어 놓는 걸작들을 가끔씩 내놓았다. 나는 본서를 30년간에 걸쳐 바울과 대화 후에 나온 전반절 같은 것이라고 보고, 이 문장의 나머지 부분이 고무적이고 열매 있는 것이 되기를 희망한다.

앞에서 나는 내 인생의 대부분 동안 이 책에 대한 작업을 계속해 왔었다고 말하였다. 공백 기간이 있었는데, 나는 다섯 살에서 열다섯 살에 이르는 시기 동안에는 바울에 대하여 별로 생각하지 않았다. 하지만 바울은 내가 신학에 입문하게 된

16) 나는 내게 예기치 않게 찾아온 방문자의 정체를 알아내는 데 도움을 준 비범한 조류학자인 나의 조카 로벗 크로프튼(Robert Crofton) 신부에게 감사한다.

17) Hays, 1985(Hays, 2005, 61-84에 재수록)를 보라. 나는 1983년에 간행된 *SBL Seminar Papers*(ed. K. H. Richards), 359-89에 수록되었던 "아담"에 관한 나의 논문을 수정하고 확대해서 Wright, 1991 [*Climax*], ch. 2에 다시 실었다.

18) Hays, 1989a, 82.

통로였다. 다른 곳에서 나는 성경에 대한 나의 첫 체험에 관한 글을 쓴 적이 있다.[19] 그 날은 내 어머니의 생신이자 엘리자베스 2세(Elizabeth II) 여왕의 대관식 날이었던 1953년 6월 2일이었다. 나의 부모님들은 나의 여자 형제와 내게 대관식 때에 사용되는 성경책(물론, 흠정역)을 한 권씩 주셨다. 내가 받은 성경책은 당시의 나처럼 작고 땅딸막하였다. 나의 여자 형제와 나는 우리의 침실로 가서 방바닥에 앉아, 이 특별한 물건을 책장을 넘겨가며 대충 훑어보았다. 당시에 나는 글자 읽는 법을 막 뗀 후여서, 로마서를 읽을 준비가 전혀 되어 있지 않았다. 그러나 우리는 실화 같은 글이 한 페이지에 적혀 있는 빌레몬서에 이르자, 함께 소리 내어 읽었다. 이것이 내가 시작한 지점이었다. 그리고 그것이 이 책을 시작한 유일한 이유는 아닐지라도 여러 이유들 중의 하나이다. 그 여왕은 여전히 보위에 계시고, 내 어머니는 또 한 번의 의미심장한 생신을 맞고 계시며, 빌레몬서는 여전히 시작하기에 좋은 지점이다.

니콜라스 토머스 라이트(N. T. Wright)
세인트 메리 대학에서
스코틀랜드의 세인트 앤드루스
2013년 6월 2일에

19) *Perspectives*, 407f.를 보라.

무엇보다도 오, 그대, 온갖 성전들보다도
바르고 순전한 마음을 사랑하시는 성령이시여,
그대는 아시오니, 나를 가르치소서. 그대는 애초부터
계셔서, 권능의 날개를 펴시고
저 광대한 심연 위를
비둘기처럼 앉아 계셔
그 심연으로 하여금 만물을 낳게 하셨사오니,
내 속에 있는 어두운 것을 비추시고,
비천한 것을 들어올려 떠받쳐 주셔서,
나로 하여금 이 큰 일을 행하신 영원한 섭리를
높이 선포하게 하시고,
하나님의 길들이 옳음을 사람들에게 알리게 하소서. John Milton, *Paradise Lost*, 1.17-26

하나님의 일은 완전하고
그의 모든 길은 올바르다.
하나님은 신실하시고 거짓이 없으시니
주는 의로우시고 곧으시도다. 신명기 32:4 LXX

…성 바울은 오늘날의 사람들에 의해서
자주 비판을 받는데,
그들은 그의 회심에 짜증을 내면서,
프로이트가 그 모든 것을 이미 다 설명하지 않았느냐고 말한다.
그러나 그들은 그의 회심에서 진짜 중요한 것을 빼먹고 있는데,
그것은 그 회심이 어떻게 이루어졌는가 하는 것이 아니라,
바울이 무엇을 믿었느냐 하는 것이다… Betjeman 1982, 68 (강조는 저자의 첨가)

우리의 사랑하는 형제 바울은 자신의 모든 서신들에서 자기에게 주어진 지혜를 따라 썼고, 거기에는 이해하기 어려운 것들이 더러 있는데, 무지하고 견고하지 못한 자들이 성경의 다른 구절들처럼 그것들을 곡해해서 스스로 파멸에 이르고 있다. 베드로후서 3:15-16

제 1 부
바울과 그의 세계

제 1 장

도망자의 복귀?

1. 서로 다른 세계

1) 플리니우스와 바울

나사렛 예수의 죽음과 부활이 있은 지 대략 70여년이 흐른 후에, 로마의 한 원로원 의원이 자신의 사회적 신분과 윗사람이라는 입장을 생각해서, 곤경에 처한 사회적 하층민인 제3자와 관련해서 한 친구에게 편지를 썼다:

> 일전에 자네는 자네의 노예였다가 해방된 한 사람에 대하여 화가 나 있다고 내게 말했는데, 지금 그 사람이 나를 보러 왔다네! 그는 마치 내가 자네라도 되는 것처럼 내 발 앞에 엎드려서 내게 매달렸네. 그는 많은 것들에 대해서 침묵하기도 하였지만, 많이 울었고, 많은 것들을 청하였네. 요점만 말하자면, 그는 나로 하여금 그가 진정으로 뉘우치고 있다는 것을 믿게 만들었네. 그가 자신이 잘못했다는 것을 진심으로 느끼고 있는 것으로 보아서, 나는 그가 이전과는 다른 사람이 되었다고 생각한다네.
>
> 물론, 나는 자네가 화가 나 있다는 것을 알고, 자네가 화를 낼 만하다는 것도 아네. 그러나 화내는 것이 지극히 정당한데도, 그런 때에 자비를 베푸는 것은 지극히 칭송 받을 만한 일이지 않는가. 자네가 한때 이 사람을 사랑했으니, 나는 자네가 다시 한 번 그를 사랑해 주기를 바라네. 이번만 자네가 화를 푸는 것으로 충분할 것일세. 그가 또다시 잘못을 저지르면, 자네는 언제라도 화를 낼 수 있지 않은가. 지금 자네가 화를 푼다면, 나중에 그가 잘못했을 때, 자네가 화를 낸다고 하여도, 그는 아무런 할 말이 없지 않겠는가. 그는 젊고, 이렇게 눈물로 호소하고 있으니, 너그러운 마음을 지닌 자네가 이 모든 것들을 고려해 주는 것이 어떻겠는가. 그를 괴롭히지도 말고, 자네 자신을 괴롭히지도 말게. 화를 낸다는 것은 자네 같은 인자한 마음을 지닌 사람에게는 늘 고문이지 않은가.
>
> 내가 그 사람 대신 자네에게 이렇게 부탁하는 것이 단지 부탁하는 것이 아니라 자네에게 압력을 넣고 있는 것처럼 보일까봐 걱정이 되네. 그러나 나는 이미 그를 아주 따끔하고 호되게 야단쳤고, 다시는 그런 부탁을 들어주지 않겠노라고 분명히 경고를 해두었기 때문에, 한층 더 간곡하게 자네의 선처를 부탁할 수밖에 없게 되었다네. (내가 그에게 그런 경고를 한 것은 내가 부탁하면 언제든지 자네가 들어줄 것이라고 생각해서, 그가 나중에라도 또다시 내게 부탁해 오고, 자네가 그 부탁을 들어주어야 할 가능성이 있기

때문에, 다시는 그럴 일이 없을 것이라고 미리 경각심을 불러일으켜 줄 필요가 있었기 때문이네.)

자네의 진실한 벗 …

이 서신을 쓴 사람은 플리니우스(Pliny) 2세였다. 훌륭한 박물학자 플리니우스 1세의 조카였던 그는 자신의 또 다른 서신에서 삼촌의 죽음(주후 79년에 베수비우스 화산의 폭발로 죽음)을 인상적으로 서술하였다.[1] 이 플리니우스 2세는 법정 변호사, 원로원 의원, 관리로서, 신관직을 비롯한 여러 공직들을 맡고 있었고, 주후 100년 가을에는 집정관으로 선출되기도 하였다. 당시의 집정관이라는 직책은 공화정 때만큼 요직은 아니었지만, 여전히 최고위직이었다. 그는 법정과 원로원과 공직에서 한동안 일하다가, 트라야누스(Trajan) 황제에 의해서 오늘날의 터키 북부에 있는 비두니아(Bithynia, '비튀니아')와 본도(Pontus, '폰투스')에 특사로 파견되었고, 거기에서 죽은 것으로 보인다. 그러나 그는 죽기 전에 "그리스도인들"이라 불리던 저 이상한 사람들을 어떻게 해야 하느냐고 본국에 있는 자신의 주인에게 두 편의 곤혹스러운 서신을 썼고, 우리는 이 총서의 이전의 책에서 그 서신들을 통해 그를 접한 바 있다.[2]

이 서신은 여러 가지 점에서 주목할 만하다. 우리는 이 서신에 등장하는 플리니우스의 친구가 사비니아누스(Sabinianus)라는 이름을 지닌 사람으로서, 그가 플리니우스의 부탁을 들어주었고, 그래서 이 위대한 인물로부터 "나의 권위를 받아들여 주어서," 또는 "나의 청을 들어 주어서" 고맙다는 말과 함께, 비록 지금 어떤 사람에게 자비를 베풀 일이 없다고 할지라도, 언제라도 또다시 기꺼이 자비를 베풀 준비를 하고 있었으면 좋겠다는 간곡한 조언이 담긴 또 한 편의 서신을 받았다는 것 외에는, 이 친구에 대해서 더 이상 아는 것이 없다.[3] 그러나 이 정도만 알고 있어도, 우리는 둘 사이에 무슨 일이 진행되고 있었는지를 충분히 알 수 있다. 즉, 이 해방노예(달리 말하면, 사비니아누스가 해방시켜 주었지만, 여전히 그를 의지해서 살아가고 있던 노예)는 곤경에 처해 있었고, 플리니우스가 자신의 주인의 친구라는 것을 알고 있었던 터라 그에게 도움을 청하러 갔다는 것이다.

그런 후에, 천연덕스러운 유머가 결여되어 있다는 점만 빼고는 거의 제인 오스틴(Jane Austen)과 맞먹을 정도의 한 편의 작고 멋진 풍속 코미디가 벌어진다. 등장인물인 세 명의 춤꾼은 모두 각자 암묵적인 사회적 위계질서 속에서 자신의 자

1) Pliny, *Ep.* 9.21; 그가 자신의 삼촌의 죽음에 대하여 설명하는 부분은 6.16, 20에 나온다.
2) 10.96; cf. *NTPG*, 348-50.
3) 9.24.

리를 지키는 가운데 자신의 자리에 걸맞은 동작들을 만들어 나간다.

"플리니우스"는 이 사회적 구조물(the social pile)의 꼭대기에 자리하고서, 자기는 단지 부탁을 하고 있는 것일 뿐이라고 말함으로써, 웃어른으로서 아랫사람에게 가르침을 베풀며, 자신의 지위를 과시한다. "사비니아누스"는 중간 지점에 자리하고서, 이 해방노예를 좌지우지하는 가운데, 사회적으로 대단한 인물이었던 플리니우스에게는 일정 정도의 위압감을 느끼고서, 그런 인물과의 친분을 몹시 유지하고 싶어 한다.[4] 이 서신에 그 이름이 나와 있지 않은 "해방노예"는 더 이상 노예가 아니지만, 사회적으로 이 구조물의 거의 밑바닥에 자리하고서, 자신의 윗사람들에 의해서 좌지우지된다. 플리니우스는 당시의 철학적이고 심지어 심리학적인 지혜를 활용해서, 그와 같은 지위에 있는 사람이 할 것이라고 예상되는 행동을 한다: "자네가 화를 낼 만한 데도 자비를 베푼다면 한층 더 우아해 보이겠지만, 화를 낸다는 것은 자네 같이 온유한 마음을 지닌 사람에게는 지독한 고문이 될 걸세!" 플리니우스는 해방노예가 주인의 화를 돋울 만한 짓을 했고, 자기가 직접 그를 호되게 야단치고 경고해서 정신을 차리게 하였다는 것을 분명히 한다. 그의 부탁은 해방노예의 진정한 회개에 근거하고 있다. 그러나 그 회개에 진정성이 있는 것으로 보인다는 플리니우스의 단언에도 불구하고, 그가 이어서 해방노예에게 경고해 두었다고 말한 것으로 보아서, 그는 그 회개가 지속되지 않을 수도 있다고 의심했던 것 같다. 플리니우스는 곤경에 처한 해방노예에게는 이렇게 말하고, 사비니아누스에게는 저렇게 말함으로써, 다른 두 사람을 마치 (서로 판이하게 다른) 한 쌍의 악기처럼 연주하는 가운데, 또다시 자기가 높은 자리에서 이 상황을 지배하고 있는 자라는 것을 과시한다.

사비니아누스는 플리니우스의 명령 또는 부탁을 들어주는데, 그 명령 또는 부탁에는 현재의 사회 질서를 뒤흔드는 요소가 전혀 없다. 그는 어쩔 수 없이 플리니우스의 말대로 해야 했지만, 어쨌든 그의 용서는 비록 해방노예의 현재적인 참회와 장래에 잘할 것이라는 약속을 조건으로 하고 있을지라도, 해방노예에 대한 그의 우월성을 이전보다 한층 더 분명하게 확인시켜 주는 것이었다. "그가 아랫사람(그의 해방노예)을 용서한 것은 윗사람(플리니우스)에 대한 합당한 순복을 보여주는 것이었기 때문에, 그의 행동은 그의 품위를 손상시키지 않았다."[5]

우리가 추측하건대, 앞서 눈물을 흘리며 참회하는 모습을 보였고, 이제 플리니

4) 그 세계에서 "우정"의 역학에 대해서는 예컨대 Aristotle, *Nic. Eth.* 8; Cicero, *Amic.*, 그리고 Herman, 1987을 참조하라.

5) Barclay, 2004 [1997], 106. 거기에 나오는 논의 전체는 시사해 주는 바가 많다.

우스의 경고를 통해서 다시 한 번 경각심을 갖게 된 해방노예는 이 두 사람에게 깊이 감사했을 것이고, 적어도 또다시 주의를 받거나 도발을 하게 될 때까지는, 자신의 자리를 깨닫고서, 사회적 하층민으로서의 역할을 충실히 수행하기로 결심하였을 것이다.

당시의 관행에 비추어 볼 때, 이 익명의 해방노예는 정말 운이 좋았다. 해방노예가 된 것이 현실적으로 그에게 그리 의미 있는 변화를 가져다주지는 않았을지라도 (그는 아마도 원칙적으로는 사비니아누스를 떠나 다른 곳으로 가서 자신의 생업을 추구할 자유가 있었을 것이지만, 많은 해방노예들은 그렇게 할 수 있는 형편이 되지 못하였다),[6] 적어도 그는 노예가 아니라 자유민이었다. 하지만 그의 주인은 그의 삶을 매우 고달프게 만들 수 있을 것이었다. 그는 도망노예에게 가해지는 극단적인 위험에 처하게 되지는 않을 것이었지만, 그가 돌아가면, 여러 가지 처벌과 박탈이 그를 기다리고 있을 수도 있었다. 이 모든 것들로 인해서, 그는 더욱더 꼬리를 내린 채로 돌아가서, 자신을 최대한 낮추고 살아가는 법을 배우지 않으면 안 되었다.

사회적 신분이 정밀한 눈금들처럼 촘촘하게 정해져 있던 플리니우스의 세계로부터 그런 것과는 판이하게 다른 세계로 눈을 돌려보자. 시간상으로 예수의 부활과 플리니우스의 서신 사이의 대략 중간 지점에서, 우리는 그 서신과 표면상으로는 유사하지만 현격하고 충격적인 차이(dissimilarity)를 감추고 있는 또 하나의 서신을 만난다. 다음은 이 서신의 핵심 부분이다:

> 내가 메시야 안에서 아주 담대하게 네게 옳은 일을 하라고 명령할 수도 있지만, 도리어 연장자이자 또 메시야 예수의 포로인 나 바울이 사랑으로써 간구하노니, 내가 갇힌 중에 낳은 나의 자녀 오네시모를 위하여 네게 간구하노라. 그가 전에는 네게 무익하였으나, 이제는 나와 네게 유익하도다. 내가 네게 나의 심장인 그를 돌려보내노라. 사실, 나는 그를 내 옆에 머물러 있게 하여, 왕의 선포를 위하여 갇힌 자 된 나를 위하여 네 대신 나를 섬기게 하고자 하지만, 다만 네 승낙이 없이는 내가 아무 것도 하기를 원하지 아니하노니, 이는 너의 선한 일이 억지 같이 되지 아니하고 자의로 되게 하려 함이라.
>
> 아마 그가 잠시 너를 떠나게 된 것은 너로 하여금 그를 영원히 둘 수 있게 함이리니,

6) 해방 노예들이 직면한 난관들, 그리고 그들이 얼마나 자신의 이전의 상태로 돌아가고자 했는지에 대해서는 Epict. *Disc.* 4.1.33-40을 참조하라. 잘 알다시피, Epictetus는 원로원 의원이라는 신분조차도 비록 가장 빛나는(liparōtatē — '리파로타테') 종류의 것이긴 하여도, 일종의 "노예생활"로 보았다. 예를 들면, Rapske, 1991, 198 n. 63는 *Digest* 38.1-5를 인용해서, "해방 노예들과 그들의 이전의 주인들 — 이제는 후견인들인 된 — 간의 계약 조건들로 인해서 흔히 그들의 삶은 이전에 노예 생활을 하던 때보다 더 나아진 것이 없었다"고 말한다. 또한, de Vos, 2001을 참조하라.

이후로는 종과 같이 대하지 아니하고, 종 이상으로 곧 사랑 받는 형제 — 내게 특별히 그러하거든 하물며 육신적으로나 주 안에서나 상관이 있는 네게랴 — 로 둘 수 있게 하기 위한 것이리라.

그러므로 네가 나를 동역자로 알진대, 그를 영접하기를 내게 하듯 하고, 그가 만일 네게 잘못하였거나 네게 어떤 것을 빚진 것이 있으면, 그것을 내 앞으로 계산하라. 나 바울이 갚겠노라. 나는 이것을 내 친필로 쓰고 있다! (네가 네 목숨을 내게 빚진 것은 내가 말하지 아니하노라 …). 오, 형제여, 나로 주 안에서 너로 말미암아 유익을 얻게 하고, 내 마음이 메시야 안에서 시원하게 하라.

나는 네가 순종할 것을 확신하고 이렇게 쓰고 있노니, 네가 내가 말한 것보다 더 행할 줄을 아노라. 아울러, 너는 나를 위하여 숙소를 마련하라. 너희 기도로 내가 너희에게 나아갈 수 있기를 바라노라 …

바울의 빌레몬서는 플리니우스가 사비니아누스에게 보낸 서신과 몇몇 흥미로운 유사점들을 지니고 있는데, 이 인용문은 빌레몬서 8절부터 22절까지를 발췌한 것이다. 가장 분명한 유사점은 표준적인 수사학적 책략이다: 나는 당신에게 강요하고 있는 것이 절대로 아니고, 당신에게 어떻게 해야 한다고 말하고 있는 것도 아니다, 그렇지 않은가? 물론, 사비니아누스와 빌레몬은 씁쓸한 미소를 지으며 절대로 그렇게 생각하지 않는다고 손사래를 친다. 단지 당신이 나를 궁지로 몰아넣고 있을 뿐이다! 다양한 수준에서 우정(friendship)에 대한 빈번한 언급은 고대 서신의 세계에서 폭넓게 나타나는 표준적인 주제이다.[7] 또한, 바울은 플리니우스와 마찬가지로 거침없이 "순종"을 언급한다. 그는 자기가 원하기만 한다면 얼마든지 명령을 내릴 수 있는 위치에 있다는 것을 플리니우스보다 한층 더 명시적으로 밝히고 있거나, 밝히고 있는 것으로 보인다(물론, 자기는 그런 식으로 명령을 내리는 것을 원하지 않는다고 역설하고 있기는 하지만). 하지만 다소 충격적인 첫 번째 차이는 바울은 감옥에 있었고, 그러한 사실은 그의 사회적 지위를 깎아내리는 것이 자연스러운 일이었을 것인데도, 마치 그런 사실이 자신의 지위를 끌어내리는 것이 아니라 도리어 더 높여 준다는 듯이 말하고 있다는 데 있다.

이 두 서신을 나란히 놓고서 연구해 보면, 우리가 받는 주된 인상은 두 서신이 서로 다른 공기를 숨 쉬고 있다는 것이다. 이 두 서신은 서로 분리된 별개의 세계이다. 우리에게 현존하는 바울의 모든 서신 중에서 가장 짧은 이 서신은 역사적 설명을 요구함과 동시에 신학적 해명을 요구하는 현상을 들여다볼 수 있는 선명하고 투명한 작은 창문을 우리에게 제공해 주는데, 실제로 별로 그럴 것 같아 보이지 않는

7) Herman, 1987; Kumitz, 2004; 대부분의 주석자들을 보라.

이 지점이 본서가 시작된 지점의 일부이다. 만일 나중에 기독교라 불리게 되었던 운동과 관련된 주후 1세기의 다른 증거들이 전혀 없었다면, 우리는 이 서신을 보고서 다음과 같이 생각할 수밖에 없었을 것이라고 말하게 된다: 이 지점에서 무슨 일인가가 진행되고 있다. 그 일은 뭔가 다르다. 당시 사람들은 그런 식으로 말하지 않는다. 그것은 당시의 세계가 작동하는 방식이 아니다. 새로운 방식의 삶, 즉 당시에 이미 존재하던 것과 결코 전적으로 단절되지는 않았을지라도, 사물들을 새로운 방식으로 바라보고, 새로운 길을 모색하는 삶이 시도되고 있다. 결국, "나의 친구여, 이제 나는 자네에게 자네의 어리석은 해방노예를 어떻게 해야, 우리 모두가 안전하게 제자리로 돌아오게 될 것인지에 대하여 말해 주고자 하네"라고 말하는 세계와 "나의 형제이자 동역자여, 이제 나는 내가 새로 낳은 자녀를 자네에게 소개하면서, 자네가 그와 자네 자신과 나를 동역자이자 형제로 생각해 주기를 청하네"라고 말하는 세계, 이렇게 서로 다른 세계가 존재한다는 것이다. 본서가 다루고자 하는 것은 바로 이 다른 세계를 지탱해 주는 새로운 방식의 삶과 새로운 유형의 사고이고, 나는 바울의 사진첩에서 나온 이 선명한 작은 사진 한 장을 출발점으로 선택하였다. 왜냐하면, 어떤 주제를 고상한 일반론으로 접근하는 것보다는 차라리 단번에 진흙탕 속에 뛰어드는 편이 더 나을 때가 종종 있기 때문이다.

그러나 새로운 방식의 삶이라니? 우리는 플리니우스와 바울 간의 그러한 차이를 얘기하는 것을 들을 때, 이미 그 배후에서 포스트모더니즘적인 상상력 속에서 톱니바퀴의 기어들이 윙윙거리며 돌아가는 소리를 들을 수 있다. "그렇다, 바로 그거야, 이것은 단지 바울이 조작의 대가라는 것을 보여주는 것일 뿐이야." 많은 독자들은 그렇게 생각한다. 의심의 해석학(hermeneutic of suspicion)은 모든 것을 돈과 성, 특히 권력의 서사들로 재해석하는 것 외의 다른 모든 가능성들을 그 통상적인 젖은 담요로 덮어 버리기 때문에, 사람들은 흔히 여기에서 권력이 작동하고 있다고 본다.[8] 종종 그러한 시각은 바울을 단지 또 한 명의 헬레니즘적인 사상가이자 저술가로 치부해 버리고자 하는 오늘날의 경향의 일부이다. 사람들은 이렇게 생각한다: "그는 절대로 다를 수 없다. 새로운 방식의 삶이라는 것은 '실제로는' 사회적 조작일 뿐임에 틀림없다 …"

이러한 생각에 대하여 유일하게 현실적인 대답은 "어떻게 하면 그것을 알 수 있는가?"라는 것이고, 그 해답은 "역사와 신학만이 아니라, 거기에서 표면에 등장하는 세계관 전체에 대한 좀 더 철저한 연구를 통해서"라는 것이다. 그러한 연구는

8) 예를 들어, Shaw, 1983를 포함하고 적어도 Nietzsche까지 거슬러 올라가는 Polaski, 1999을 참조하라(Polaski, 1999, 21). Punt, 2010; Botha, 2010 등에 나오는 최근의 논의들을 보라.

세계관 전체만큼이나 폭넓고, 우리가 할 수 있는 한 본문에 대한 실제적이고 치밀한 읽기에 깊이 뿌리 내리지 않으면 안 된다. 바울의 이 본문을 치밀하게 읽으면, 우리는 앞에서 충분히 지적하지 않은 두 가지 특징에 초점을 맞추지 않을 수 없게 된다. 하나는 사람들이 흔히 말해 온 것과는 달리 분명하고 투명한 바울의 실제적인 요청이고, 다른 하나는 그가 자신의 요청을 밑받침하기 위하여 제시하는 논거인데, 이것도 마찬가지로 분명하고 투명하다. 이 둘은 이 책의 바울의 신념들(beliefs)과 목표들(aims)의 핵심을 볼 수 있는 창문을 열어 준다.

2) 도망노예?

최근의 연구들은 빌레몬서에서 바울이 실제로 무엇을 요구하고 있었는지에 관한 문제를 논쟁할 때에 끊임없이 다람쥐 쳇바퀴를 돌아 왔다. 빌레몬서는 종종 자기가 회심시킨 빌레몬에게 또 다른 회심자인 오네시모를 노예에서 해방시켜 줄 것을 요구한 철두철미 노예폐지론자로서의 "실제의 바울"을 보여주는 너무나 분명한 예로 갈채를 받는다.[9] 그러나 이 서신에 내재된 암묵적 서사(implicit narrative)는 그것보다 더 복잡하다. 그리고 우리가 카툴루스(Catullus)의 한 편의 시이든, 플라톤의 소품이든, 제인 오스틴의 소설이든, 바울의 한 서신이든, 어떤 본문을 이해하고자 한다면, 암묵적 서사들 – 본문 자체에서 사고의 흐름을 구성하는 "표면적 진행"(poetic sequence)과 대비되는 것으로서 무슨 일이 진행되고 있는지를 설명해 주는 "이면적 진행"(referential sequence) – 은 아주 중요하다.[10] 일단 우리가 빌레몬서의 암묵적 서사를 파악하게 되면, 이 서신의 진정한 핵심, 즉 단지 바울의 요청 자체만이 아니라, 바울이 요청을 행하는 방식도 드러난다.[11]

그러나 논증에 앞서서 해결되어야 할 것이 있는데, 그것은 오네시모는 과연 도망노예였는가 하는 것이다. 물론, 적어도 크리소스토무스(Chrysostom) 이래로 대다수의 견해는 오네시모가 도망노예였다는 것이다. 이 견해에 의하면, 빌레몬은

9) 예를 들어, Borg and Crossan, 2009, ch. 2. 그런 후에, 그들은 선명하게 노예폐지론자로 드러난 바울을 다른 서신들에 나타난 "바울"과 대비시킨다. 아래의 설명을 보라.

10) "표면적 진행"과 "이면적 진행"의 구별에 대해서는 Petersen, 1985, 특히 ch. 1을 보라(이것에 대한 최근의 논의로는 Wendland, 2010이 있다). Petersen은 빌레몬서에 대하여 자세하고 철저한 논의를 제시하는데, 나는 대체로 그의 견해에 동의하지만, 대부분의 학자들과 마찬가지로, 궁극적으로는 가장 중요한 점을 놓치고 있다고 생각한다.

11) 어떤 사람이 저 옛적에 Chrysostom와 Jerome이 제기하였던 것과 같은 질문을 한다면, 이러한 결합은 왜 이 서신이 기독교의 정경의 일부인지를 설명해 준다; 이것에 대해서는 Lohse, 1971, 188; Kumitz, 2004, 214f. n. 953 등을 보라.

바울의 (아마도 에베소에서의) 사역에 의해서 회심한 (아마도 골로새에서 살았던) 한 가문의 가장이었다. 바울은 직접 골로새에 간 적은 없었지만, 그 성읍에 사는 많은 사람들이 리코스(Lycus) 계곡을 따라 80마일(130km) 가량을 여행해서, 그 지역의 대도시이자 항구였던 에베소로 오곤 하였다. 빌레몬의 노예들 중의 한 사람이었던 오네시모는 당시에 도망노예들이 흔히 그러하였듯이 아마도 약간의 돈을 몸에 지니고서는 도망을 쳤다. 이 가설적인 서사에 따르면, 오네시모는 의도적으로 십중팔구 도움을 청하기 위하여 감옥에 갇혀 있던 바울을 찾아 간 것이 된다. 이러한 가설은 어떤 이들의 주장처럼 문제가 있는 것이 아니라, 도리어 오네시모도 어떻게 하다 보니 감옥에 갇히게 되어서 아주 우연히 감옥에서 바울을 만나게 되었다는 설명보다 그 가능성이 상당히 크다고 할 수 있다. 그가 바울에게 간 것은 큰 위험을 감수해야 하는 일이었다는 점을 감안하더라도 말이다. 플리니우스를 생각해 보라. 사실, 오네시모는 자기가 도망친 순간 이미 모든 위험을 감수할 수밖에 없었다.

다른 견해들을 살펴보기 전에, 나는 바울이 당시에 갇혀 있던 곳은 에베소였다고 생각하는 오늘날의 대다수의 학자들 편에 나도 서 있다는 것을 강조해 두고자 한다. 그렇게 에베소에서 감옥에 갇히게 된 사건이 사도행전이나 바울의 그 어느 서신에도 언급되어 있지 않다는 사실은 이러한 극히 개연성 높은 가설을 가로막는 장애가 되지 않는다. 나는 바울이 가까운 장래에 빌레몬을 방문하고 싶다는 생각을 밝힌 것(22절)이 이 문제를 확실하게 매듭지어 준다고 본다. 그가 에베소에 갇혀 있었다면, 골로새에 살고 있던 빌레몬을 방문하기는 쉽고 자연스러운 일이었을 것이다. 바울이 가이사랴에서 감옥에 갇혀 있을 때에는, 로마에 갈 계획을 세우고 있었기 때문에, 골로새를 방문하는 일은 그 여정의 일부가 될 수 없었고, 로마에서 가택연금 되어 있던 동안에는, 계속해서 스페인으로 가고자 하는 소망을 지니고 있었다.[12] 따라서 바울이 (고린도를 마지막으로 방문하기 전에) 에베소에서 사역하고 있던 동안에 빌레몬서를 썼다고 보는 것이 간단하고 자연스러울 것이기 때문에, 빌레몬서의 저작연대는 주후 50년대 초반 또는 중반이 될 것이다.[13]

12) 롬 15:23f.

13) 이 모든 것에 대해서는 Reinmuth, 2006, 15-18을 보라. Reinmuth는 현존하는 많은 고전 자료들을 동원해서, 에베소가 "아데미" 신전으로 인해서 특히 도망 노예들에게 잘 알려져 있던 성소였다는 것을 지적한다(Wilson, 2005, 318도 마찬가지이다): 그는 오네시모가 하나의 성소로서 바울을 선택한 것이라고 말한다. Barclay, 1991, 163는 이 서신이 에베소에서 씌어졌다는 것이 "현재의 통설"이라고 말한다(비슷한 견해로는 Arzt-Grabner, 2010, 134f.; Bird, 2009b, 12-15; Müller, 2012, 81; 또한, Fitzmyer 2000, 10; Osiek, 2000, 126; Wilson, 2005, 318f.; Ryan, 2005, 179-81에 나오는 상세한 설명; Wolter, 2010, 174). 반대 견해로는 Nordling, 2004, 7; Moo, 2008, 363f. 등이 있다.

이러한 설명은 "도망노예" 가설에 대한 몇몇 반론들을 배제시킨다. 우리는 오네시모가 로마로 가는 길고도 험한 여정을 시작해서, 자신의 주인을 회심시켰던 사도를 로마에서 기가 막히도록 놀라운 우연에 의해서 만날 수 있었다고 생각해서는 안 된다. 골로새 사람들은 리코스 계곡을 오르내리며 수시로 에베소에 드나들었다. 에베소에는 빌레몬 소유의 집이 있었을 수 있고, 오네시모는 처음에는 에베소에서 자랐을 수도 있다. 고대 세계에서는 매우 부유한 자들과 농아로 태어난 노예들을 제외하면 사생활 같은 것이 존재하지 않았다. 따라서 오네시모가 어디에 가야 바울을 만날 수 있을지를 알았거나 알아내었을 가능성은 없다.

그렇다면, 오네시모는 도망을 쳤는가? 지금까지 이 문제와 관련해서 역사적으로 가능한 대답들이 자주 되풀이되어 왔다. 어떤 이들은 빌레몬이 그를 바울에게 심부름을 보내었고, 바울은 단지 그를 자신의 동역자로 자기 옆에 두는 것을 허락해 줄 것을 빌레몬에게 요청한 것뿐이었다고 주장하였다.[14] 심지어 어떤 저술가는 빌레몬과 오네시모는 주인과 노예의 관계가 아니라, 서로 사이가 틀어진 진짜 형제들이었다고까지 주장하였지만, 지지를 받지 못하였다.[15] 지금 몇몇 학자들의 지지를 받고 있는 좀 더 가능성 있는 대안은 오네시모가 도망친 것이 아니라, 주인과의 사이에서 어떤 문제가 생겨서, 자기가 알고 있는 주인의 친구에게 도움을 청할 필요가 있었기 때문에, 앞에서 익명의 해방노예가 플리니우스를 찾아갔듯이, 그는 바울을 찾아갔다는 것이다.[16] 이 견해는 오네시모가 이미 도망쳐서 떠돌다가 어느 정도 시간이 지난 후에 바울을 찾아간 것이라는 견해와 결합될 수 있다.[17] 그렇다면, 그는 정확히 도망노예였던 것이 아니라, "유랑노예" 였던 셈이다.

이 견해에는 문제점들이 있다. 문제점으로 종종 제기되는 것은 만일 오네시모가 심각한 문제를 일으키고 도망친 노예였다면, 우리는 바울이 그가 지금은 뉘우치고 있다는 내용을 이 서신에 적었을 것이라고 예상할 수 있다는 것이다. 그러나 플리니우스의 서신에 근거해서 유추해 볼 때, 우리가 정확히 그런 것을 기대할 수 있는

14) 이 주제에 대한 변종들, 특히 Knox, 1935의 견해와 Winter, 1987의 견해에 대해서는 Fitzmyer, 2000, 17-19; Wilson 2005, 322-5 등에 나오는 요약들과 반박들을 보라.

15) Callahan, 1993; 또한, Fitzmyer, 2000, 18f.; Moo, 2008, 366을 보라.

16) 예를 들면, Lampe, 1985(오네시모가 바울을 amicus domini, 즉 "주인의 친구"로 여기고서 호소하러 갔다는 견해를 지지함); Rapske, 1991; Fitzmyer, 2000, 20-3(주후 6세기의 유스티니아누스에 의해서 인용된 주후 1세기의 법률가였던 Proculus의 법률적인 견해를 제시함: *Digesta* 21.1.17.4-5와 21.1.43.1); Bird, 2009b, 27-9; Cousar, 2009, 98; Harrill, 1999; 2009a; 2009b. Harril에 대한 반응은 Nicklas, 2008에 의해서 제시되고 있다. Barclay, 2004 [1997], 101f.는 이 견해로 돌아왔다. 아마도 배후의 쟁점들에 관한 가장 도움이 되는 최근의 논의는 Llewelyn, 1998, 1-46에 나온다.

17) Arzt-Grabner, 2001; 2003, 157-9; 2004; 2010.

것은 도망노예와 관련된 서신(이 경우에는 도망노예가 아무리 진심 어린 사과를 해도, 주인에게 고유하게 주어져 있을 뿐만 아니라 사회적으로도 요구되는 법적 조치를 면할 수는 없었을 것이다)이 아니라, 주인의 친구(amicus domini)가 주인과 노예 간의 다툼을 중재하는 서신에서라는 것이다. 따라서 뉘우치고 있다는 내용의 부재는 "주인의 친구"설에 유리하게가 아니라 불리하게 작용한다. 그리고 더 중요한 것은 만일 바울이 오네시모로부터의 깊은 사과를 전달한다면, 사비니아누스에게 보낸 플리니우스의 서신의 경우처럼, 그것은 기존의 관계를 재확인해 주는 역할만을 할 것이라는 점이다. 바울은 무엇인가 근본적으로 다른 것을 시도하고 있다.[18] 이것은 바울이 18절에서 오네시모가 빌레몬에게 잘못하거나 빚진 것에 대하여 언급할 때 – 만일 그런 문제가 존재하지 않았다면, 바울은 이런 언급을 하지 않았을 가능성이 높다 – 이 잠재적인 시한폭탄의 뇌관을 제거시켜 줄 범주들을 이미 설정한 이유이다.

바울이 끝내 오네시모를 "도망자"로 지칭하지 않는 이유도 거기에 있다. 바울은 빌레몬이 이전에 노예였던 오네시모를 단 한순간이라도 "도망자"라는 범주에서 바라보기를 원하지 않는다. 오네시모는 "도망자"가 아니다. 그는 바울의 사랑하는 아들이고, 따라서 빌레몬의 사랑하는 형제이다. 이 서신 속에 담긴 심오하면서도 지극히 혁명적인 신학을 못 본 채로 이 서신을 읽었던 사람들은 바울이 촉발시키고자 시도하고 있는 사회적·문화적 지각변동, 아니 그가 메시야 안에서의 하나님의 역사를 통해서 이미 촉발되었다고 믿는 지각변동을 다시 숙고하지 않으면 안 된다. 바울이 이 서신보다 대략 몇 주 또는 몇 달 후에 씌어졌을 가능성이 높은 고린도후서에서 밝히고 있듯이, 자신의 정체성에 대한 그의 인식은 "메시야 안에서 세계를 자기와 화해시키고 계시는" 한 분 유일하신 하나님이 "화해의 메시지를 자기에게 부탁하셨다"는 주장에 초점이 맞춰져 있다.[19] 이 서신은 바로 그러한 소명을 구체적으로 뚜렷하게 부각시켜 준다.

또한, 15절("아마 그가 너를 잠시 떠나게 된 것은 너로 하여금 그를 영원히 둘 수 있게 하기 위한 것이다")은 오네시모가 주인과의 문제가 해결되고 나면, 다시 빌레몬에게 영원히 돌아가기 위하여, 그 일을 중재해 달라고 요청하려고 바울을 찾아

18) Llewelyn, 1998, 42은 "이 장르가 참회에 대한 어느 정도의 명백한 표현이나 암시를 포함하는 것은 거의 본질적인 것으로 보인다"고 주장하지만, 나는 그의 견해에 동의하지 않는다. 만일 그의 견해가 옳다면, 바울은 이 장르를 뒤집어엎고 있는 것이 된다 — 참회가 중요하지 않기 때문이 아니라, 그가 단지 현상을 회복하는 것을 넘어서서 더 큰 상을 바라보고 있기 때문에.

19) 고후 5:19.

왔었다는 것을 암시해 준다는 주장도 설득력이 없다.[20] 만일 바울이 주인과의 문제에 개입해 달라고 요청하기 위하여 자기를 찾아온 노예에 대하여 글을 쓰고 있는 것이었다면, "아마"(tacha – '타카')라고 하지 않고, "실제로, 그는 너에게 영원히 돌아가려고 나를 찾아 온 것"이라고 썼을 것이 틀림없다. 왜냐하면, "아마"라는 표현은 즉각적으로 오네시모의 입장의 진정성에 대한 의심을 불러일으킬 것이었기 때문이다(아래를 보라). 이 한 단어는 이 절에 대한 좀 더 전통적인 이해, 즉 이 절은 이 사건의 전 과정 속에는 섭리적인 뜻이 작용하고 있을 것이라는 바울의 소망을 표현하고 있다는 견해가 옳다는 것을 꽤 확실하게 보여준다. 아무튼, 나는 곧 바울의 사고의 근저에 있는 완전히 다른 서사를 지시해 주고 있는 "영원히"라는 어구에 대한 판이하게 다른 해석을 제시할 것이다.

어쨌든 우리는 500년 후의 한 법률이론가가 묘사한 것 같이, 로마에 있는 자신의 서재에 앉아 있는 한 법률가가 내린 법률적인 구별이 에베소의 뒷골목이나 리코스 계곡의 소로에서 실제로 통할 수 있는 구별이 되기에 충분할 정도로 정확했을까 하는 것에 대해서는 의문을 제기하여야 한다. 도망노예인가, 아니면 주인의 허락도 없이 "주인의 친구"(amicus domini)를 찾아온 노예인가를 구별함에 있어서 유일한 법률적 차이는 해당 노예의 사적인 "의도"이다.[21] 어느 쪽이든, 외적인 정황은 동일해 보인다. 의심할 여지 없이, 실제로 도망쳐 나온 많은 노예들이 붙잡힌 경우에는 "나는 단지 도움을 청하러 나왔을 뿐이다"라고 말하였을 것이다. 그 진실을 누가 알 수 있었겠으며, 누가 그들의 말을 믿어 주었겠는가? 존 바클레이(John Barclay)가 지적하듯이, "로마법이 사회적 편견이라는 현실을 어느 정도로 반영해야 하는지는 미해결의 문제점이었다."[22] 물론, 어떤 의미에서 바울은 실제로 이 특정한 사안에서 "주인의 친구"였지만, 빌레몬서는 그러한 관점을 반영하고 있지 않다. 앞에서 말했듯이, 만일 그러한 관점을 반영했더라면, 이 서신은 기존의 사회적 범주들을 뒤흔드는 서신이 되지는 않았을 것이다. 바울은 전적으로 좀 더 크고 값지고 귀중한 것을 추구하고 있었다.

3) 바울의 요청

그렇다면, 바울은 무엇을 부탁하고 있는 것인가? 오네시모는 바울을 찾아 왔고, 회

20) 예를 들어, Arzt-Grabner, 2010, 124.
21) Llewelyn, 1998, 41-3을 보라.
22) Barclay, 2004 [1997], 102.

심하였으며, 이제 그의 주인에게로 다시 돌려보내질 것이었다. 바울의 요청은 무엇인가?

사람들은 바울이 정확히 어떤 요청을 하고 있는지가 불분명하다고 주장해 왔지만, 나는 그의 핵심적인 요청이 확실하고 결코 모호하지 않다고 본다. 그의 요청은 17절에 나온다. 17절은 실질적으로 새로운 단락의 시작으로 보아야 한다: "그러므로 네가 나를 동역자로 안다면, 그를 영접하기를 내게 하듯 하라."[23] 바울이 요청하고 있는 주된 것은 오네시모가 집으로 돌아가거든, 빌레몬이 그를 마치 바울 자신인 것처럼 대해 달라는 것이다: "네가 나를 동역자(koinōnos – '코이노노스')로 안다면, 그를 영접하기를(proslabou auton – '프로스라부 아우톤') 내게 하듯 하라." 빌레몬이 오네시모를 그리스도 안에서 "형제"로 여길 준비가 되어 있다면(16절), 분명히 그는 그렇게 하게 될 것이고, 최소한 십자가형에 의한 사형까지 포함해서 예상되는 그 어떤 처벌도 오네시모에게 가하는 일은 없게 될 것이다. 그러나 바울이 원하는 것은 그것 이상의 것이다. 즉, 그는 빌레몬이 오네시모를 "사랑 받는 형제"로 대해 주기를 원한다.

여기에서 두 개의 핵심어는 '코이노노스'("동역자")와 '프로스라부'("영접하다")이다. 이 서신 전체는 바울의 핵심적인 주제인 '코이노니아'(koinōnia, "교제, 친교, 동역")의 표현이자 권면이다. '코이노니아'는 영리를 추구하는 세계(거기에서는 사업상의 제휴를 의미할 수 있다)와 개인 및 가족과 관련된 수많은 환경들(물론, 바울의 세계에서는 많은 사업들이 가족 단위로 이루어졌다)에서 다양한 울림을 지닌 단어이다. 또한, 이 단어는 예배자가 신과의 '코이노니아'에 참여한다는 식으로, "종교적" 의미라고 부를 수 있는 것으로도 강력한 울림을 지니고 있었다. 바울은 메시야의 생명 자체에 "참여하는" 지극히 인격적이고 신학적인 경험은 물론이고, 메시야의 백성 가운데서 자원들, 특히 돈을 "나누는" 지극히 실천적인 일에 이르기까지, 이 단어가 지닌 그러한 모든 의미를 다 사용한다.[24] 여기 빌레몬서

23) 이 서두의 어구는 헬라어로 '에이 운'(ei oun)이다. 바울의 글들에서 이 어구는 이 곳 외에 다른 곳에 단 한 번 나오는데(골 3:1), 거기에서도 새로운 단락의 처음에 나와서, 앞에 나온 것들을 요약하면서 실천적인 결론들을 이끌어내는 데 사용된다. 예를 들어, "17절을 "이 서신의 본질적인 중심"이라고 말한 Arzt-Grabner, 2003, 275와 Nordling, 2004, 260을 참조하라.

24) 신약성서에서 '코이노니아'(koinōnia)를 어근으로 하는 단어들은 대부분 바울의 글들에 나온다(사도행전 2:42에 사용된 이 단어는 초대 교회에서 공동체가 물건들을 유무상통하던 것을 가리키기는 하지만). 우리가 현재 다루고 있는 서신 외에서, 바울은 '코이노니아'라는 단어를 메시야(고전 1:9; 10:16; 빌 3:10), 성령(고후 13:13; 빌 2:1; cf. 갈 2:9), 복음(빌 1:15; cf. 갈 2:9)과 관련해서 사용하고, 연보와 관련해서는 자주 사용한다(롬 15:16; 고후 8:4; 9:13; 그리고 롬 12:13; 15:27; 갈 6:6; 빌 4:15에서는 이 어근에

에서는 6절에 나오는 "네 믿음의 교제"(koinōnia tēs pisteōs sou – '코이노니아 테스 피스테오스 수')라는 어구에 실질적인 강조점이 두어져 있는 서두에서 핵심적인 바울의 기도가 빌레몬이 자기를 "동역자"(koinōnos – '코이노노스')로 여기고 있다는 사실에 호소하고 있는 17절이 마치 탯줄처럼 서로 연결되어 있다. 이것은 이 서신의 핵심적인 취지이고, 실제로는 메시야의 백성이라는 것이 무엇을 의미하는지에 대한 바울의 이해에 있어서도 핵심을 점하고 있다. 다른 점들에서와 마찬가지로 이 점에서도, 바울이 빌레몬에게 보낸 이 짧은 서신은 앞으로 우리가 본서 전체에 걸쳐서 파헤치게 될 바울의 좀 더 폭넓은 관심들을 가리켜 보여주는 정확한 이정표를 제공해 준다.

바울이 메시야의 권속에 속한 둘 이상의 지체들 사이에서 반드시 행해져야 한다고 여긴 의무를 나타내기 위하여 사용한 표현인 서로를 "영접하여야"(proslambanesthai – '프로스람바네스타이') 한다는 어구는 '코이노니아' 보다 덜 알려져 있기는 하지만, 그 중요성이 결코 덜 하지는 않다. 이것은 로마서 14장과 15장에 나오는 상호 간의 영접에 관한 긴 단락 속에서 자세하게 다루어지고 있다: "믿음이 연약한 자들을 너희가 영접하고 그들의 의견을 비판하지 말라 … 하나님이 그들을 영접하셨음이라"; "그러므로 메시야께서 우리를 영접하여 하나님께 영광을 돌리심과 같이, 너희도 서로 영접하라."[25] 바울이 로마서에서 상정하고 있는 상황에 대한 정확한 재구성을 우리가 어떤 식으로 제시하든, 그 요지는 분명하다. 즉, 그의 사역의 핵심에는 전통적인 경계선들을 뛰어넘는 메시야적 연합을 위한 열망과 분투가 있다는 것이다. 그것은 메시야 안에서 유대인과 이방인의 연합(이것은 갈라디아서의 주된 취지이다)일 수도 있고, 이교적인 제국의 환경 속에서 메시야를 주로 모시고서 교회가 연합하는 것(이것은 빌립보서의 주된 취지의 일부로서, 2:1-4에 기억할 만한 표현이 나온다)일 수도 있으며, 여기 빌레몬서에서처럼, "메시야 안에"(en Christō – '엔 크리스토') 있다는 것이 무엇을 의미하는지를 보여주는 주인과 노예의 연합일 수도 있다. "그러므로 네가 나를 동역자('코이노노스')로 안다면, 그를 영접하기를('프로스라부 아우톤') 내게 하듯 하라."[26] 바울은 이것을 갈라디아

서 파생된 동사가 동일한 의미로 사용된다). 또한, 그는 이 어근에서 파생된 명사인 '코이노노스'(koinōnos, "동역자")를 비슷한 의미 범위 안에서 사용한다(고전 10:18, 20; 고후 1:7; 8:23). 이것에 대한 논의로는 O' Brien, 1993에 나오는 요약과 참고문헌을 보라.

25) 롬 14:1, 3; 15:7.

26) 몬 1:17; 어떤 사본들에는 이 단어가 12절에 나와서, 절정인 17절의 호소를 미리 예감하게 하는 역할을 한다; Metzger, 1994 [1971], 589; Wilson, 2005, 351을 보라. 어떤 사람을 마치 자신인 것처럼 환영하거나 영접한다는 관념에 대해서는 예컨대 갈 4:14(그리고 그 배후에 있는 마 10:40 등)을 참조하라.

서에서는 이렇게 표현한다: "너희는 유대인이나 헬라인이나 종이나 자유민이나 남자나 여자나 다 메시야 예수 안에서 하나이니라."[27] 이러한 연합은 바울에게 있어서 기독교적 세계관의 중심적인 상징이었는데, 이것에 대해서는 본서의 제2부에서 논증할 것이다. 그리고 그러한 연합은 메시야 예수에 뿌리를 두고 성령으로 말미암아 활성화되는 새롭게 정립된 신학을 통해서만 도달될 수 있고 유지될 수 있었는데, 이것에 대해서는 우리가 제3부에서 논증하게 될 것이다.

이렇게 17절은 바울의 핵심적인 요청을 구성할 뿐만 아니라, 우리가 빌레몬을 지도로 활용해서 어떻게 바울의 더 폭넓은(그리고 아마도 더 잘 알려진) 주제들로 나아갈 수 있는지를 분명하게 볼 수 있는 지점이기도 하다. 또한, 17절이 지닌 이러한 광범위한 함의는 바울에게 있어서 "메시야 안에" 있는 모든 사람들의 화해(reconciliation)와 상호 간의 영접(mutual welcome)이 다른 모든 것들보다 우위에 있었다는 사실을 설명해 준다. 바울이 빌레몬에게 오네시모를 해방시켜 달라고 요청하였는지의 여부와 관련해서, 나는 존 바클레이(John Barclay)에 의해서 제시된 논점, 즉 바울이 단도직입적으로 "그를 해방시켜 주기를 부탁한다"고 말할 수도 없었고 말하고자 하지도 않았던 합당한 이유들이 있었다는 견해를 진지하게 받아들인다. 물론, 바울이 그렇게 하지 않은 것은 우리 같은 계몽주의 이후의 도덕주의자들을 좌절시키는 일일 것이다. 그들에게 있어서 노예제도는 도덕적인 시금석 같은 것이 되어 있는데, 그것은 특히 19세기의 대규모의 노예제도 폐지 운동 때문이고, 당시에 폐지된 노예제도가 식민주의 및 인종차별과 연결되어 있었기 때문이었다. 하지만 바울의 세계에서 노예제도는 식민주의나 인종차별과는 아무런 상관이 없었다.[28] 바울은 자유를 소중히 여겼지만, 그에게는 메시야에 속한 사람들의 상호적인 화해가 다른 어떤 것보다 더 중요하였다. 만일 빌레몬이 바울의 서신을 받아보고서 격노하여, 그의 요청대로 오네시모에게 자유를 주기는 하면서도, 다시는 그를 보고 싶지 않다고 선언하는 반응을 보였다면, 그것은 바울에게 실패를 의미

27) 갈 3:28.

28) 노예 제도가 사회체제의 모든 면에 얽혀 짜여 있었다는 것을 강조하는 Barclay, 1991, 특히 176f., 183을 보라. 바울의 세계에서는 나라나 민족, 사회적 신분을 불문하고 누구나 노예가 될 수 있었고, 노예들이 자유를 얻어 독립하는 경우도 많았다. 또한, Byron, 2003과 2004도 보라. 노예제도에 관한 미국의 견해들에 대해서는 지금은 특히 Atkins, 2010을 보고, 미국의 사례에 비추어 신약성서를 해석하는 것이 타당한지에 대해서는 Meeks, 1996을 보라. 대체로 오늘날의 미국적인 질문들에 비추어서 빌레몬서를 읽는 논문들을 모아 놓은 것으로는 Johnson, Noel and Williams, 2012가 있다. 이것들은 중요한 질문들이기는 하지만, 많은 흥미로운 시각들에도 불구하고, 나는 그러한 논문들이 빌레몬서 본문에 대하여 아주 많은 역사적인 조명을 해주었다고 보지 않는다.

하였을 것이다. 중요한 것은 화해였고, 그것이 바울이 이 서신을 쓴 이유였다.

사도는 자기가 원하기만 했다면 얼마든지 자신의 뜻을 아주 분명하고 단도직입적으로 밝힐 수 있었다. 따라서 그가 불분명한 태도를 취하고 있는 듯이 우리에게 보인다면, 그것은 그가 우리의 예상과는 다른 어떤 것을 말하고 있는 것임과 동시에, 당시에 수사학적으로 예상될 수 있는 것들만이 아니라, 실제적인 상황에 맞추기 위하여 우회적으로 완곡하게 말하는 방법을 알고 있었다는 것을 보여주는 것일 가능성이 크다.[29] 그러한 상황에서 바울이 오네시모의 해방을 요청하였다고 기뻐하는 사람들이나 그렇게 하지 않았다고 혹평하는 사람들 중 대부분은 주후 1세기의 도덕주의자가 노예들에 관하여 해야 할 유일한 말은 "그들 모두를 해방시키라!"는 말뿐이었다고 생각하는 흑백논리의 세계를 전제한다. 실제의 상황은 다소 달랐다. 많은 이들이 지적해 왔듯이, 노예들이 해방되었을 때에 그들의 형편이 언제나 더 나아진 것은 결코 아니었다. 목회적이고 정치적인 현실들을 매일 같이 다루는 사람들은 흔히 학자들이 그들에게 어떻게 해야 한다고 말하거나, 바울 같은 목회자들이 분명히 어떻게 해야 했다고 말하는 것을 짜증스럽게 느낀다. 이제 보게 되겠지만, 나는 사실 바울이 21절의 끝부분에서 완곡한 표현으로 넌지시 오네시모를 노예에서 해방시켜 줄 것을 암시하고 있다고 생각하지만, 그것이 이 서신의 주된 취지라고 생각하지는 않는다.

우리가 철저히 바울적인 분명한 요청을 담고 있는 17절을 이 서신의 핵심으로 보고서 거기에 초점을 맞추면, 다른 두 가지 암묵적인 요청들이 자신의 원래의 자리, 즉 부차적인 자리를 잡을 수 있게 되는데, 나는 바울이 바로 이 두 가지를 14절("네 승락이 없이는 내가 그 어떤 것도 하기를 원하지 않는다"), 20절("나로 유익을 얻게 하고 내 마음을 시원하게 하라"), 21절("네가 내가 말한 것보다 더 행할 줄을 아노라")의 암호 같은 표현 속에서 암시하고 있다고 생각한다. 이 두 관심은 무엇이었는가?

어떤 이들은 바울이 빌레몬에게 오네시모를 다시 자기에게 보내 주어서, 그가 자신의 "왕적 선포"(13절)의 사역을 위해 일할 수 있게 해 달라고 요청하고 있다는 것은 너무나 분명하다고 주장한다.[30] 그런 주장은 바울은 빌레몬이 오네시모에게 자유를 줄 것을 요청하고 있거나 적어도 암시하고 있는 것이라는 두 번째 주장에

29) 에베소서나 골로새서와 더불어서 이 서신이 지닌 "아시아적인" 양식에 대해서는 Witherington, 2007을 보라.

30) 예를 들어, Marshall, 1993, 188.

의해서 종종 빛이 바래기는 하지만, 분명히 가능성이 있다. 물론, 이 두 가지 주장을 결합해서, 12절과 14절은 오네시모를 다시 보내 달라고 하는 요청이고, 21절은 오네시모를 노예에서 해방시켜서 자유민으로 자기에게 보내 달라는 요청이라고 말하는 것도 가능하다.

나는 다수설이 어느 정도 정확하다고 생각한다. 즉, 바울은 실제로 오네시모가 다시 돌아와서 자신의 동역자가 되어 주기를 바랐고, 그를 노예에서 해방해 주었으면 좋겠다고 암시하였다.[31] 그러나 나는 거기에 덧붙여서, 상호 간의 화해에 대한 강조 같이, 이 서신의 작은 지평을 뛰어넘어서, 바울이 다른 곳들에서 묘사한 좀 더 큰 세계관을 지향하는 어떤 다른 일이 진행되고 있었다고 생각하고 싶다.

빌레몬이 "그를 영원히 두게"(15절) 될 것이라는 암호 같은 언급은 어떤 종이 제7년에 합법적으로 종의 신분에서 벗어날 권리를 포기하고서 주인 곁에 "영원히" 머물 수 있도록 허용한 오경의 율법을 의도적으로 간접인용한 것일 수 있다.[32] 우리는 연주회에서 피아니스트가 베토벤의 소나타들을 연주하는 경우와 마찬가지로, 바울은 이스라엘의 성경을 익히 알고 있어서, 자신의 기억 속에 저장된 내용들을 언제라도 꺼내서 사용할 수 있었다는 것을 알고 있다. 바울은 노예와 주인에 관한 딜레마에 직면해서, 우리에게 익숙한 계몽주의 이후의 노예 해방의 서신들이 아니라, 그가 잘 알고 있었던 이야기, 즉 노예들이었던 이스라엘 민족 전체의 해방에 관한 그들 자신의 대서사시였던 이스라엘의 성경 속에 있는 이 주제에 관한 내용을 자연스럽게 떠올리게 되었을 것이다. 이것은 바울의 사고가 작동하는 아주

31) 예를 들어, Nordling, 1991을 보라. Barclay, 1991, 172는 이 서신이 오네시모를 다시 보내줄 것을 요청하고 있다는 것은 "꽤 분명하다"고 말한다.

32) 출 21:6; 신 15:17(이 율법은 이스라엘 사람의 가족에 있는 이스라엘인 노예에 관한 것이기는 하지만). 또한, "영원토록"(eis ton aiōna – '에이스 톤 아이오나') 붙잡아둘 수 있는 외국인 노예들에 관한 다른 "예외" 조항(25:46)을 둔 "희년" 법인 레 25:39-41도 참조하라. 나는 나의 주석서에서 이 가능성에 대해서 언급하였지만(Wright, 1986b, 192), 거기에서 이 주제를 발전시키지는 않았다(마찬가지로, Wilson, 2005, 355). 예를 들어, *TDNT* 1.209에 실린 Sasse의 견해를 따라서, 이 헬라어 어구의 "세속적인" 의미는 현세적인 의미에서 "영원토록"이었다는 것을 지적하는 Harris, 1991, 266과 비교해 보라. 이렇게 "성경적인" 의미와 "세속적인" 의미의 구별(*TDNT*의 항목에서의 구별에 따른)은 고린도전서 8:13 같은 병행본문들과 더불어서, 바울이 "죽음 이후"라는 의미에서 "영원토록"이라고 말하였을 가능성이 거의 없다는 것을 보여준다(Fitzmyer, 2000, 113 등을 비롯한 많은 사람들은 이 견해에 반대한다; Moo, 2008, 420 n. 89에 열거된 명단을 보라). 출애굽기와 신명기에 나오는 이 핵심적인 어구가 욥기 40:28 LXX(= EVV 41:4)에 직접적으로 반영되어 있다는 것은 아주 잘 알려져 있는 사실이다. 거기에서 하나님은 욥에게 "리워야단이 너와 계약을 맺어서 네가 그를 영원히 종으로(doulon aiōnion – '둘론 아이오니온') 삼겠느냐"고 반문하는데, 우리는 하나님이나 욥이 리워야단을 내세에서도 노예로 삼아 부릴 생각을 했을 것이라고는 도저히 생각할 수 없다.

자연스러운 방식이었다. 특히, 이것은 그가 궁극적인 "출애굽"이 예수로 말미암아 일어났다고 믿었고, 반복적으로 가르쳤기 때문에,[33] 더더욱 그러하였다.

틀림없이 어떤 이들은 여기에서 율법에 대한 간접인용을 거론하는 것은 잘못된 것이고, 오직 바울이 의도한 청중이 분명히 알고 있었을 그러한 성경적 반향들만이 허용될 수 있다고 주장할 것이다.[34] 그러나 (솔직히 말해서) 그것은 대부분의 저술가들이 글을 쓰는 방식도 아니고, 바울이 사고한 방식도 아니었다고 우리는 자신 있게 말할 수 있다. 만일 그들이 주장하는 노선을 따른다면, 달빛 아래에서 우리가 볼 수 있는 것은 아무것도 남지 않게 될 것이다. 하지만 우리가 어떤 본문들의 발자취들 속에는 어릴 적부터 그 본문들에 익숙했던 사람의 기억이 반영되어 있고, 어떤 어구 속에 반영된 사고가 실제로 형성되었던 시기가 존재한다고 전제하는 위험을 감수한다면, 우리는 바울의 사고가 작동하는 방식에 대한 통찰력만이 아니라, 그가 이 특정한 예 속에서 실제로 말하고 있는 것이 무엇인지가 갑자기 명확해지는 보상을 얻을 수 있게 된다.[35] 15절과 16절에 내포된 이러한 간접인용은 바울이 17절에서 자신의 핵심적인 요청을 할 수 있는 토대가 된다. 그는 오네시모를 해방시키는 문제는 말할 것도 없고, 오네시모를 다시 자기에게 보내 주는 문제를 다루기 전에, 이 모든 상황을 성경 속에서 활용가능한 가장 근접한 배경 가운데 둔다.

그러나 그것은 바울 자신의 좀 더 큰 요청을 하기도 전에 일을 망쳐 놓고 있는 것은 아닌가? 그것은 오네시모가 빌레몬의 노예이고 앞으로도 영원히 그럴 것이라는 기존의 사회적 상황을 단지 강화시켜 주게 되는 것은 아닌가(빌레몬이 바로 그러한 성경적 근거를 들어서 바울에게 항변하는 경우를 가정한다면)? 만일 바울이 이 문제를 여기에서 그만두었다면, 실제로 그렇게 되었을지도 모르지만, 그는 그렇게 하지 않고, 한 단계씩 차근차근 밟아나간다. 바울이 어떤 식으로 진행해 나가고 있는지를 알기 위해서는, 우리는 오네시모가 골로새로 돌아간 실제적인 상황(골로새서 4:7-9에 묘사된 것이 바로 이 여정이라고 한다면, 두기고와 함께 일행을

33) 본서의 제16장과 *Perspectives*, ch. 32에 나오는 바울과 성경에 관한 글을 보라.

34) 예를 들어, 아래 제15장에서 논의된 Stanley, 2004를 보라.

35) 바울이 자신의 말을 처음 듣는 청중들이 이해할 수 없는 많은 것들을 썼을 가능성에 대해서는 베드로후서 3:15f.를 보고, Hays, 2005, 30을 참조하라. 생명력 넘치는 글에 대해서는 생명력 넘치는 석의가 절대적으로 필요하다는 것(텍스트가 너무도 분명하게 생명력에 넘쳐 있는데도, 지루하고 무미건조하게 석의를 하는 것이 잘못된 일일 것임에 틀림없다)에 대해서 Wright, 2005 [*Fresh Perspectives*], 17f., 45f.; "학문적으로 의심할 여지 없이 증명될 수 있는 것들만을 말하려고 우리 자신을 지나치게 제한하고 절제하고자 하는 유혹"에 대하여 말하는 Martyn, 1997, 120 n. 100; Hays 2002 [1983], xxxiv를 보라.

이루어서)을 상정하지 않으면 안 된다. 그 상황을 상정할 때, 바울이 무엇을 하고 있는 것인지가 세밀하게 드러난다.

그는 오네시모로 하여금 득의의 눈빛과 거드름 피우는 걸음으로 빌레몬에게 가서, 여봐란듯이 뻔뻔스럽게 "바울이 당신에게 나를 해방시키라고 요구하고 있어요"라고 말하도록 하기 위해서가 아니라, 오네시모가 위험하고 어려운 상황에 처할 줄을 알면서 그를 돌려보내고자 하고 있는 것이다. 왜냐하면, 주인에게 돌아갔을 때, 오네시모는 자기가 잘못한 일에 대하여 합당한 사죄를 하고 나서 납작 엎드린 채로, "제발 저를 벌하지 마시고 다시 바울에게 보내 주셔서, 저로 하여금 주인을 '영원히' 섬길 수 있게 해주십시오"라고 청하여야 할 판이었기 때문이다. 바울이 15절에서 출애굽기 21:2-6과 신명기 15:12에 나오는 율법을 간접인용하고 있는 것은 그가 가장 먼저 목표로 하고 있는 것이 자원해서 이루어지는 행복한 화해라는 것을 보여준다. 우리의 사고 속에 떠오르는 성경 속의 장면이 있을 수 있는데, 그것은 "나를 품꾼의 하나로 보소서"라는 고백이다. 바울은 오네시모가 진심에서 우러나와서 회개한 탕자 같이 행동하고, 빌레몬이 탕자를 용서하고 받아들인 아버지 같이 행동하기를 바랐을 것이다.[36)]

바울은 빌레몬의 결정이 준사법적인 효력을 지니게 될 것임을 알고 있었다. 이것은 그가 12절에서 사용한 동사(anapempō – '아나펨포') 속에 이미 함축되어 있다. 이 동사는 단순히 "돌려보낸다"는 것을 의미하는 것이 아니라, "재판을 받게 하기 위해서 '올려' 보낸다"는 것을 의미한다.[37)] 따라서 바울은 13절과 14절에 함축되어 있는 것으로 보이는 요청, 즉 일단 화해가 이루어지면(앞에서 말했듯이, 이것은 그의 핵심적인 취지이다), 오네시모가 다시 사도에게 돌아와서 그와 함께 사

36) 눅 15:19. 바울이 이러한 이야기들을 염두에 두고서 이런 말들을 하였을 것이고 추정하는 것은 매력적인 일이기는 하지만, 그것을 확인하는 작업은 우리의 현재의 목적을 넘어서는 일이다. 우리는 플리니우스가 사비니아누스에게 그의 해방 노예가 자신의 잘못을 얼마나 뉘우치고 있는지에 대하여 말한 반면에, 바울은 오네시모를 위해서 빌레몬에게 그런 식으로 말해 주고자 하지 않고, 도리어 오네시모가 자신의 잘못을 뉘우치고 있다는 것을 행동으로 보여 주기를 기대한다는 것에 주목한다. Wall, 1993, 210f.은 크리소스토무스가 오네시모에 관한 이야기와 창세기의 요셉 이야기 간의 병행에 대하여 언급하였다는 것을 지적한다.

37) Moule 1957, 145; Derrett 1988, 87은 수사학적인 기지들이 넘치는 논문 속에서 이 점만은 분명하게 지적한다. BDAG 70은 여기에서와 누가복음 23:11, 15에 나오는 이 단어를 "돌려보내다"로 번역함으로써, 후자의 구절에서 분명하게 드러나는 사법적 배경을 무시하고 있는 것으로 보인다. LSJ는 현재의 본문을 "더 높은 권위에게 넘기다, 이첩하다"라는 항목의 한 예로 인용한다. 이렇게 이 단어의 이러한 의미는 바울이 8, 14, 20f.에서 자신의 권위를 주장하는 것과 훌륭한, 그리고 의심할 여지 없이 의도적인 수사학적 긴장관계를 형성한다.

역하는 일을 재개하게 해 달라는 요청을 암시한 것일 가능성이 높다.

그렇다면, 21절에 나오는 추가적인 암시("네가 내가 말한 것보다 더 행할 줄을 아노라")는 실제로 노예해방을 가리키는 것으로 보는 것이 지극히 자연스럽다. 우리는 출애굽기 21장과 신명기 21장의 좀 더 큰 서사적 맥락은 출애굽기에서는 정확히 하나님이 자신의 노예 백성을 해방시켰다는 것이고, 신명기에서는 그것을 동기부여의 원리로 삼고 있다는 것을 다시 한 번 지적하고자 한다: "너는 애굽 땅에서 노예가 되었던 것과 네 하나님 야웨께서 너를 속량하셨음을 기억하라. 그것으로 말미암아 내가 오늘 이같이 네게 명령하노라"(15:15). 그러므로 역설적으로, 바울이 자신의 첫 번째이자 주된 요청, 즉 오네시모를 사랑하는 권속(여전히 노예이기는 하지만)으로 다시 받아 달라는 요청을 밑받침하기 위하여 간접적으로 인용하고 있는 바로 그 구절들은 내가 바울의 세 번째이자 암호적인 성격이 짙은 요청이라고 말한 것("네가 내가 말한 것보다 더 행할 줄을 아노라")을 가리켜 보여준다.

따라서 빌레몬에 대한 바울의 세 가지 요청은 이런 것들이 될 것이다: 첫째, 오네시모가 여전히 노예로서 미천하지만, 그리스도 안에서 화해한 형제로 다시 받아들이고, 처벌하지 말라. 둘째, 그를 내게 다시 보내 주어 나를 돕게 하라. 셋째, 그렇게 할 때에 그에게 자유를 주었으면 좋겠다. 성경에 대한 간접인용의 이중적인 효과는 한편으로는 "아마도 네가 그를 영원히 두게 되리라"(첫 번째 요청)고 말하고 있는 것이고, 다른 한편으로는 "아마도 네가 내가 말한 것보다 더 행하리라"(세 번째 요청)고 말하고 있는 것이다. 내가 옳다면, 바울은 빌레몬, 그리고 오네시모에게 성경적 서사 내에서 생각하여, 그들 자신을 당시에도 진행 중인 성경의 드라마 안에서의 배우들로 여기고서, 그들의 이전의 이교적 사고방식을 성경에 토대를 둔 갱신된 사고로 바꾸도록 가르치고 있는 것이다(리처드 헤이스[Richard Hays]에 의하면, 바울은 고린도 교회에게도 이것을 가르치고자 하였다).[38] 여기에서 우리는 플리니우스와 바울 간의 가장 근본적인 차이들 중의 하나를 본다. 앞에서 보았듯이, 플리니우스가 한 요청은 기존의 사회적 역학관계를 강화하는 것이었던 반면에, 빌레몬에 대한 바울의 요청은 그 역학관계를 전복시키는 것이었다.

두 번째와 세 번째의 암묵적인 요청들에 관한 이러한 추가적인 주장들을 확실하게 입증하는 것은 불가능하다. 바울은 워낙 신중하게 생각하고 말을 아꼈기 때문에(그가 "헌금"에 관한 두 개의 장인 고린도후서 8장과 9장 전체에 걸쳐서 "돈"이라는 단어를 사용하고자 하지 않은 것을 생각해 보라), 그러한 것을 입증하는 것은

38) Hays, 1997, passim; Hays, 2005, 1-24, 특히 23을 보라.

가능하지 않겠지만, 이 서신을 그런 식으로 읽는 것이 바람직한 것으로 보인다. 만일 오네시모라 불리는 청년이 실제로 주후 50년대 중반에 에베소로 다시 돌아와서 바울 곁에서 사역을 하였다면, 그 때로부터 60년 후에 에베소의 감독이었던 이그나티우스(Ignatius)에 의해 언급된 사람이 바로 그였을 가능성도 완전히 배제할 수는 없다 - 물론, 이 이름이 당시에 흔히 사용되었기 때문에, 이 둘이 동일 인물이었는지는 지극히 불확실하기는 하지만.[39)]

4) 핵심적인 논증

앞에서 말했듯이, 주석자들은 당시의 실제적인 상황과 바울이 요청한 것을 둘러싼 이러한 논의들에 집중하다 보니, 바울이 무엇을 요청하였는지에 관한 문제만큼 중요하다고 할 수 있는 논점, 즉 그가 이 핵심적인 요청을 밑받침하기 위하여 사용한 논증이 어떤 것이었느냐에 관한 논의를 간과하는 경향이 있어 왔다. 바울이 자신의 세 가지 요청을 아주 조심스럽고 신중하게 해나가기 위해서 채택한 전략은 사회적이고 문화적인 함의들에 있어서 대단히 놀랍고, 수사학적 호소력에 있어서 지극히 강력하며, 아주 분명한 신학적인 토대를 지니고 있기 때문에, 고대와 현대의 거부하는 목소리들의 합창에도 불구하고, 이 서신은 『나니아 연대기』에서 "말하는 곰들"이나 "코끼리들"과 함께 활약하는 "리피치프'(Reepicheep)라는 쥐와 같이, 고참이기는 하지만 신학적으로 우월하지 않은 사촌들인 로마서, 갈라디아서를 비롯한 다른 서신들과 어깨를 나란히 할 수 있다.[40)]

바울의 전략은 이 서신을 통해서 자기가 무엇을 요청하고 있는지에 관하여 고도로 압축되어 있지만 궁극적으로는 분명한(나는 그렇게 믿는다) 6절의 진술을 통해서, 자기가 부각시키려고 하는 주제가 이 서신 전체로 흘러넘치게 하는 것이다. 그가 늘 그랬듯이, 서두에 나오는 인사말과 기도 속에는 씨앗이 담겨 있고, 이 서신

39) Ign. *Eph.* 1.3; 2.1; 6.2를 보라. 이 이름이 당시에 흔하였다는 것에 대해서는 Fitzmyer, 2000, 107 등을 보라.

40) Harrill, 2009a, 499은 여기에서 무슨 일이 벌어지고 있는지를 간과한 많은 사람들의 전형이다: "이 서신은 일반적인 신학이나 교리, 복음 메시지를 담고 있지 않다 …" Cousar, 2009, 104 등에 의해 지지를 받고 있는 Barclay, 1991, 175, 183는 바울은 어떻게 하라고 권면해야 할지를 알지 못했기 때문에, "여러 가지 다양한 제안들을 제시하는 것 이상의 것을 거의 할 수 없었다"고 주장한다; 나는 그러한 주장도 문제의 핵심을 놓치고 있는 것이라고 생각한다. 예를 들어, Wolter, 2010과 대비해 보라. Reepicheep the Mouse에 대해서 잘 모르는 사람들은 C. S. Lewis의 나니아 연대기 시리즈, 특히 *The Voyage of the Dawn Treader*(Lewis, 1952)를 참조하라.

은 그 씨앗으로부터 점점 자라나서 꽃을 활짝 피우게 될 것이다. 앞에서 이미 말했듯이, 이 모든 것의 핵심은 믿는 자들의 공동체로 하여금 함께 자라나서 인류의 전통적인 구분들을 뛰어넘어 연합을 이룰 수 있게 해줄 결코 정적이지 않은 '코이노니아' (koinōnia, "교제, 친교, 동역")이다.[41] 이것은 다름 아닌 예수 그리스도와 그의 백성의 연합이고, 예수 그리스도가 자기 백성을 위해서 자신을 그들과 동일시하여, 그의 죽음과 부활을 통하여 그들과 하나님 간의 화해를 낳음으로써 얻어낸 연합이다. 이것은 6절에서 바울이 기도하고 있는 것이고, 이 서신의 절정을 형성하는 17-20절에서 기독론을 토대로 해서 극적인 방식으로 그가 요청하고 있는 것이다.

그는 "주 예수와 모든 성도에 대한" 빌레몬의 "사랑과 믿음"을 인하여 하나님께 감사한다고 말함으로써(4절과 5절), 6절의 기도로 나아가기 위한 정지작업을 한다. 학자들은 통상적으로 여기에서 그가 "모든 성도에 대한 사랑"이라는 어구로 "주 예수에 대한 믿음"을 감싸는 형태가 되도록 의도적으로 주의 깊게 교차대구법적(ABBA) 구조를 사용한 것으로 본다. 이러한 수사학적 장치는 단지 장식용이 아니다. 예수에 대한 믿음은 사랑을 토대로 한 공동체의 삶에 동력을 제공하는 심장이다. 그런 후에, 이것은 바울이 4절에서 언급한 기도의 주된 내용을 보여주는 6절로 이어진다. 그는 자기가 "네 믿음에 수반된 교제가 우리 가운데서 [역사하는] 모든 선한 일을 깨닫게 하여 우리를 메시야에게로 인도하는 강력한 효과를 지닐 수 있게 되기를" 기도하고 있다고 말한다.[42] 불행히도, 이 절의 내용은 너무나 압축되어 있어서, 어떤 잘 알려져 있지 않은 바울의 주제들을 알고 있을 것을 요구하기 때문에, 주석자들과 번역자들을 포함한 많은 이들이 이 절에 여러 다양한 방향으로 구체적인 형태를 부여해서 해석하거나 번역해 왔다. 하지만 바울이 말하고자 한 핵심적인 요지를 파악하기만 하면, 학자들이 흔히 생각하는 것과는 달리,[43] 이 절은 사실 불분명하거나 부정확하지 않다. 현재로서는 우리는 그 핵심적인 요지들

41) '코이노니아 테스 피스테오스' (koinōnia tēs pisteōs)의 중심성에 대해서는 Nicklas, 2008, 210을 보라.

42) "역사하는"은 내가 일곱 단어 앞에 나오는 '에네르게스' (energēs)를 토대로 해서, "우리 가운데서 [역사하는] 모든 선한 일을 깨닫게 하여 우리를 그리스도에게로 인도하는"의 의미를 분명하게 드러내기 위하여 덧붙인 것이다. "우리를 인도하는"이라는 번역은 바울의 간결한 표현의 취지를 제대로 살리지 못하는 것이기는 하지만, "그리스도에게로"가 실제로 무엇을 의미하는지를 설명해 주는 이점이 있다. 아래의 논의를 보라. 몇몇 좋은 사본들의 읽기는 "우리 가운데서" 대신에 "너희 가운데서"로 되어 있다. 그런 읽기가 이 구절의 의미에 큰 영향을 미치지는 않지만, 아래 각주 50을 보라.

43) 예를 들면, Weima, 2010, 41 n. 37.

을 다음과 같이 간단하게 요약해 볼 수 있을 것이다.

먼저, "네 믿음에 수반된 교제"라는 어구를 살펴보자. 이 어구는 직역하면 "네 믿음의 교제"가 된다. 여기서 '코이노니아'(koinōnia, "교제")는 빌레몬이 다른 모든 그리스도인들과 더불어 지니고 있는(이것이 단수형 "네"의 취지이다) 믿음에 의해서 생성되고 정의되는 "교제" 또는 동반자 관계를 지칭한다. 그리고 이 '코이노니아'는 정태적인 사실(static fact)이 아니라, 동력으로 작용하는 원리(energizing principle)이다. 그것은 그것이 대변하고 있는 온전한 실체를 생산해 내기 위한 것이다.

바울의 기도는 이 '코이노니아'가 강력하게 이루어져서 "메시야와 합하게"(eis Christon – '에이스 크리스톤') 되리라는 것이다. 여기서 우리는 대부분의 번역들과는 달리, '에이스 크리스톤'이라는 어구를 "'그리스도에 대한 우리의 관계'와 관련된 어떤 것으로"라는 식으로 밋밋하고 김빠지게 번역해서는 안 된다. 나중에 보게 되겠지만, 바울이 메시야라는 단어를 사용할 때는, 이스라엘의 왕 메시야가 자기 백성 및 그들의 이야기를 자기 자신에게로 수렴시키는 세계를 환기시키고 있는 것이다. 아브라함이 부르심을 받은 때로부터 예수의 때에 이르기까지 2천 년의 역사는 마치 분광기의 빛처럼 그 역사의 의미와 목적을 성취해 낸 왕적인 대표자에게로 그 초점이 맞춰지고 수렴된다. 바울은 이 서신 직후에 쓴 또 다른 서신에서 "하나님의 약속들은 얼마든지 메시야 안에서 '예'가 된다"[44]고 썼다. 그래서 바울은 여기에서와 그 밖의 다른 몇몇 주요한 구절들에서 메시야를 일종의 집합명사, 즉 메시야와 그의 백성이라는 의미로 사용할 수 있었다(이 점을 놓치게 되면, 이 구절들은 흔히 잘못 이해된다). 이것이 의미하는 바는 흔히 메시야, 특히 그의 죽음과 부활, 그리고 그 두 사건이 만들어내고 환기시키는 "믿음/신실함"으로 인해서 온갖 부류의 사람들(유대인과 헬라인, 노예와 자유민, 남자와 여자)이 단일한 권속, 곧 메시야의 권속이 되었다는 것이다.[45]

44) 고후 1:20. 저작 연대의 연결관계는 빌레몬서를 쓴 곳이 에베소인지 아닌지에 달려 있다.

45) 여기에 나오는 '에이스 크리스톤'(eis Christon)은 전통적으로 주석자들에게 수수께끼 같은 어구이다; 예를 들어, Riesenfeld, 1982, 257; Wilson, 2005, 342(그는 Moule 1957, 142를 인용해서, "우리를 그리스도와 [더 가까운] 관계로 인도하는"이라는 번역을 제시하고, "우리가 그리스도를 위하여 행할 수 있는 모든 선한 일"이라는 NRSV의 번역이나 "우리를 그리스도께로 인도하는"이라는 NEB의 난외주 번역을 추천하기도 한다)를 보라. Moo, 2008, 394는 "그리스도를 위하여"를 선호하고, Bird, 2009b, 135는 "그리스도인들이 믿음의 형제자매들을 향하여 너그럽고 관용할 때에 메시야에 의해 구현된 가치들이 유지되고 존귀하게 된다"고 설명한다. Still, 2011, 169은 이 어구는 모호하지만, 아마도 "신자들이 그리스도 안에서 받은 것들과 그들이 그리스도를 위하여 행하여야 할 것들을 둘 다" 가리키는 것 같다고 말한다.

그러므로 바울의 기도는 빌레몬의 믿음에 수반된 활발한 '코이노니아'가 골로새에서 메시야의 권속(Christos, '크리스토스')을 만들어내는 데 "강력하게 효력을 발휘하게" 해주시라는 것이다. 물론, 이 경우에 바울은 이 새로운 백성 중에서 "노예와 자유민"이라는 요소를 부각시키고자 한다. 그러나 이 시점에서 그가 바라보고 있는 것은 더 폭넓은 것이다. 즉, 그는 원칙적으로 많은 교회들과 많은 상황들을 염두에 두고서 이 기도를 하고 있는 것이라는 말이다.

이 주목할 만한 용법(이것은 바울에게 있어서 모호하거나 추상적이지 않고 매우 정확한 것이었다)과 가장 가까운 병행은 에베소서 4장에 나온다. 거기에서 그는 연합에 대한 폭넓은 호소 속에서, 교회의 서로 다른 지체들에게 주어진 아주 다양한 은사들은 메시야의 몸을 세워서, 모든 지체들이 "온전한 사람을 이루어 그리스도의 장성한 분량이 충만한 데까지 이르게" 하기 위한 것이라고 선언한다.[46] 따라서 그는 "우리가 … 사랑 안에서 참된 것을 말하여 범사에 그에게까지, 즉 머리이신 메시야에게까지 자라야 한다"[47]고 말한다. 여기서 핵심 어구는 '에이스 아우톤'(eis auton, "그에게까지")이고, 추가적으로 "그"는 "메시야"로 정의된다. 우리는 여기에 나타나 있는 전체적인 사고의 흐름을 바울이 빌레몬서 1:6에서 압축해서 간단하게 쓴 것을 사실상 크게 확대시키고 재적용한 판본으로 이해할 수 있다. 바울에게 있어서 사람들은 세례를 통해서 "메시야와 합하게"(into) 되기 때문에, 메시야의 백성 전체는 메시야 안에서 수렴된다고 말할 수 있는데, 그는 이것을 '크리스토스'(Christos)라는 한 단어로 나타낸다.[48] 메시야의 백성 가운데서 나뉨이 있는 상황에서 그들이 해야 할 일이자 바울의 열망은 그들이 "그에게까지" 자라서 강력한 사랑의 연합을 이루는 것이다. 이것이 빌레몬과 오네시모를 위한 그의 기도였다.

이러한 "믿음의 교제"가 그러한 강력한 효과를 발휘해서 이 궁극적인 목표를 이루어가는 방식은 "우리 가운데 있는(en hēmin – '엔 헤민') 온갖 선한 것을 알게" 되는 것을 통해서이다. 이러한 표현 방식과 가장 가까운 유비는 아마도 빌립보서에서 '코이노니아'를 다루는 서두의 인사말과 감사와 기도 속에 나오는 1:6이다: "너희 안에서 선한 일을 시작하신 이가 메시야 예수의 날까지 그 일을 이루실 줄을

또한, 최근에 이 어구의 의미가 무엇인지를 도무지 모르겠다고 고백한 Tilling, 2012, 113을 보라. "공동체적인 메시야직"이라는 주제 전체에 대해서는 본서의 제10장 제3절을 보라.

46) 엡 4:12f.

47) 엡 4:15.

48) 예를 들면, 고전 1:13; 갈 3:16(이 구절에 대해서는 본서의 제10장 제3절을 보라).

우리는 확신하노라."[49] 빌립보서의 "선한 일"과 빌레몬서의 "온갖 선한 것"은 성령에 의해서 일어나는 성품의 변화를 일반화해서 표현한 것들이다. 이 선한 일은 언제나 궁극적으로는 메시야의 날을 지향하지만, 그 궁극적인 장래로 가는 중간과정에 있는 목표들을 지향하고 있기도 하다. 바울은 자신의 공동체들이 뒤로 물러나 앉아 팔짱을 끼고서 저 최후의 날을 기다리는 것이 아니라, 장래에 완성될 '코이노니아'를 현재 속에서 이루어 나가기를 원한다.[50] 빌레몬이 '코니노니아'에 대한 온전한 실천적 지식에 이르게 될 때,[51] 그 '코이노니아'는 강력히 역사해서, 성품을 변화시키는 역사의 목표인 그리스도 안에서의 온전한 연합을 이루어 나가게 될 것이다.

이 모든 것은 우리를 다시 17절로 인도한다. 앞에서 보았듯이, 17절은 이 서신의 수사학적 절정이자 이 서신을 통해 말하고자 하는 주된 취지이고, 6절이 온전한 효과를 발휘하였을 때에 생겨나는 열매이다. 여기에 나타나 있는 바울의 주된 요청은 모호하지도 않고 불분명하지도 않다: "그를 영접하기를 내게 하듯 하라." 우리가 이제 살펴보아야 할 것은 바울이 어떻게 이 절정에 도달해서 자신의 주된 요청을 밑받침하고 있는가 하는 것이다. 이것은 이 서신이 출애굽기와 신명기를 반영하고 있다는 사실을 보여줌과 동시에, 이 서신에 다른 세계의 냄새를 부여하는데, 그 세계는 물론 플리니우스의 세계와 서로 겹치기는 하지만, 완전히 다른 세계관을 구현함으로써, 복음과 자신의 소명에 대한 바울의 기본적인 인식을 담고 있는 세계이다.

바울은 빌레몬 및 오네시모와의 자신의 인격적인 연합을 아주 강력하고 의미심장한 단어들을 사용해서 표현하는 방식으로 이 서신의 절정을 설정한다.[52] 빌레몬

49) '호 에나륵사메노스 엔 휘민 에르곤 아가톤 에피텔레세이 아크리 헤메라스 크리스투 예수'(ho enarxamenos en hymin ergon agathon epitelesei achri hēmeras Christou Iēsou). 빌립보서도 에베소에서 씌어졌다면—나는 그럴 가능성이 높다고 생각한다—빌레몬서가 비슷한 시기에 씌어졌다고 할 수 있다—물론, 이 두 본문에 표현된 사상은 바울의 저작 전체에서 중심적이었던 주제를 반영하고 있는 것이기는 하지만.

50) 빌레몬서 1:6의 "우리 가운데서"는 이렇게 빌립보서 1:6의 "너희 가운데서"와 정확히 병행이 된다(만약 빌립보서의 이 구절에 대한 이독이 옳다면, 서로 동일하다고 말할 수 있다); 예를 들어, Harris, 1991, 252; Metzger, 1994 [1971], 588; Nordling, 2004, 214 n. 140; Kumitz, 2004, 132f. n. 611에 나오는 논의들을 보라. Kumitz 등이 "더 어려운 읽기"(lectio difficilior)인 "우리 가운데서"를 선택한 것은 분명히 옳다.

51) "realization"이라는 영어는 "깨닫게 되는 것"과 "실현하는 것"이라는 두 가지 의미를 지닌다. 이것은 이 헬라어의 의미를 조금 왜곡시킬 우려도 있기는 하지만, 어쨌든 바울이 말하고자 한 궁극적인 의미를 드러내 준다.

은 그의 "사랑을 받는 동역자"이고(1절), 자신의 "믿음"과 "사랑"과 남들에게 위로를 주는 사역을 통해서 감옥에 갇혀 있는 바울에게 "유익"을 선사한 사람이다(5-7절). 한편, 오네시모는 바울이 "갇힌 중에서 낳은 자녀"이고(10절), 바울 자신의 "심장"이며(12절), "사랑 받는 형제"이다(16절). 이렇게 이 두 사람은 바울 안에서 서로 결합되어 있고, 이것은 '코이노니아 테스 피스테오스' (koinōnia tēs pisteōs), 즉 "믿음의 교제"가 강력하게 효과를 발휘할 때에 생겨나는 열매이다:[53]

> "그러므로 네가 나를 동역자로 안다면, 그를 영접하기를 내게 하듯 하고, 그가 만일 네게 잘못하였거나 어떤 것을 빚진 것이 있다면, 그것을 내 앞으로 계산하라. 나 바울이 갚겠다. 나는 이것을 친필로 쓰고 있다! (네가 네 자신의 목숨을 내게 빚진 사실은 내가 말하지 아니하노라.) 오, 형제여, 나로 주 안에서 너로 말미암아 유익을 얻게 하고, 내 마음이 메시야 안에서 시원하게 하라."

빌레몬이 오네시모를 만나게 될 때, 그것은 바울 자신을 만나는 것이기 때문에, 마치 바울 사도가 친히 왕림한 것처럼, 이 노예를 영접하여야 한다는 말[54]도 이미 충분히 충격적인데, 이후에 이어지는 말, 즉 오네시모가 빌레몬에게 잘못한 일이나 빚진 것이 있다면(나는 우리가 그러한 잘못들과 빚들이 있었던 것으로 보아야 한다고 생각하는데, 만일 그렇지 않았다면, 바울이 여기에서 이런 말을 했을 가능성은 거의 없었을 것이다), 그것들을 모두 다 바울 앞으로 계산하라는 말은 한층 더 충격적이다. "계산하다"로 번역된 단어는 '엘로가' (elloga, "여기다")인데, 바울이 사용한 더 유명한 표현들인 "의롭다고 여기다"와 "네 자신을 죄에 대하여 죽은 것으로 여기다"도 이것과 동일한 어근에서 나온 어구들이다.[55] 잘못하거나 도망친 노예에 대한 한 가지 가능한 처벌이 십자가 형이었다는 것을 고려하면, 우리는 바울이 여기서 오네시모가 십자가 처형을 당해야 할 그런 죄를 졌다면, 내가 오네시모 대신에 십자가 형을 받겠다고까지 암시한 것이라고 생각할 수 있다. 그런

52) 많은 주석자들이 이 점을 잘 밝혀준다: 예컨대, Gorman, 2004, 460f.를 보라. 바울과 오네시모에 대해서 자세한 것은 Horrell, 2005, 127을 보라. '파르레시아' (parrēsia)와 '필리아' (philia)에 대해서는 Malherbe, 1989b, 47f.를 보라.

53) 이것은 "그리스도 안에서의 교류"에 관한 Morna Hooker의 중요한 통찰들에 추가적인 무게를 더해준다; 사실, Hooker, 1990에 빌레몬서가 언급되고 있지 않은 것이 좀 놀랍다.

54) 물론, 이것은 플리니우스가 저 불행한 해방노예에 대하여, 그가 "내가 마치 자네인 것처럼 내게 매달렸다"고 쓴 내용 속에 반영되어 있다. 그러나 그것과는 다른 현실관과 인격관을 토대로 한 바울의 요청은 훨씬 더 깊다.

55) 롬 4:3-12; 6:11.

후에, 빌레몬이 속으로 '좋아요, 이번에 바울, 당신은 내게 큰 빚을 진 거요' 라고 생각할 수도 있을 것이었기 때문에, 바울은 아주 중요한 삽입구를 통해서, "내가 말하지 아니하노라"는 점잖은 수사학적인 표현을 덧붙여, "하지만 빌레몬이여, 네가 이미 네 자신의 목숨을 내게 빚지고 있다는 것을 기억하라"고 말한다.[56] 달리 말하면, 바울은 이미 빌레몬에게 투자를 해 놓았고, 이제 그 투자에 대한 보상을 원한다는 것이다: "나로 너로 말미암아 유익을 얻게 하라."

여기에 이 서신의 논증의 핵심이 나오는데, 그것은 바울의 추가적인 암시들의 의도적인 불명확성에도 불구하고 종소리처럼 선명하다. 즉, 그것은 '코이노니아'가 "활발하고 강력하게" 역사해서 우리를 "메시야에게까지 이르게" 하는 것이 무엇을 의미하는지를 분명하게 보여준다. 여기에서도 플리니우스의 세계관과 바울의 세계관 간의 아주 뚜렷한 대비가 드러난다. 바울은 자기가 다른 곳에서 "화해의 사역"(고후 5:18, 한글개역개정에서는 "화목하게 하는 직분")이라고 부른 것을 강력히 요청하고 촉구하고 있을 뿐만 아니라, 실제로 구현하고 있다. 그는 고린도후서 5:19에서 하나님이 메시야 안에서 세계를 자기와 화해시키고 있다고 말하지만, 우리는 여기서 하나님이 바울 안에서 오네시모와 빌레몬을 서로 화해시키고 있다고 감히 말할 수 있다. 바울은 당시의 수사학 학파들과 그들의 관행들로부터 아주 많은 것을 배웠을 것이 틀림없지만, 여기서 그의 설득 기법의 핵심은 메시야 자신으로부터 배운 신학적 신념, 즉 메시야와 자기 백성의 동일시는 메시야가 그들의 죄를 자신의 것으로 "여기고" 자기 앞으로 계산하고, 자신의 죽음과 부활을 그들의 것으로 "여긴" 것이었다.[57] 플리니우스와는 달리, 바울은 "그가 진심으로 뉘우치는 것 같으니, 자네가 그를 용서해 주는 것이 좋을 듯 싶네"라고 말하지 않고, "그것을 내 앞으로 계산하라"고 말한다.

여기서 우리는 사실상 바울이 자신의 십자가 신학 – 이 주제는 빌레몬서 이후에 오래지 않아 쓴 고린도후서 5장에도 나타나 있다 – 을 구체적으로 행동에 옮기고 있는 것을 본다. 그 밖에도 이것과 유사한 병행본문들이 존재하고, 특히 그 중의 하나인 갈라디아서 2:15-21은 우리가 본서에서 앞으로 자주 언급하게 될 것이

56) Wall, 1993, 216은 바울이, 오네시모가 빌레몬 대신에 자기를 섬김으로써(13절) 빌레몬이 바울에게 진 빚을 이미 다 갚았다는 것을 암시하고 있는 것이라고 주장하지만, 나는 그런 주장은 별로 설득력이 없다고 본다.

57) 고린도후서 5:11-21 전체는 사람들의 죄를 메시야에게 "돌리는 것"을 정점으로 하는 "화해의 사역"에 관한 것이다; 그의 죽음과 부활을 "그 안에" 있는 자들에게 "돌리는 것"에 대해서는 로마서 6:6-11을 참조하라.

다. 바울이 에베소 감옥에서 풀려나서, 골로새에 있는 빌레몬을 방문한 후에(우리는 이렇게 추정하여야 한다), 고린도후서를 썼다고 생각하고, 5장의 마지막 단락을 정독해 보면, 그것은 우리에게 많은 것을 시사해 준다. 그는 5:16에서 "우리가 이제부터는 어떤 사람도 육신을 따라 알지 아니하노라"고 말한다. 사람들을 "육신을 따라 아는" 것은 플리니우스와 사비니아누스가 행하고 있던 것이었지만, 바울은 그것과는 완전히 다른 관점을 지니고 있다: "누구든지 메시야 안에 있으면 새로운 피조물이다"(5:17). 그렇고 말고다. 빌레몬도 "새로운 피조물"이고, 오네시모도 마찬가지이기 때문에, 그들의 사회적 신분은 근본적으로 아무런 문제가 되지 않는다. 어떻게 이런 일이 일어나게 되었는가? 메시야의 십자가로 말미암아서다: "하나님께서 메시야 안에서 세계를 자기와 화목하게 하시며," "그들의 죄를 그들에게 돌리지 아니하시고"(바울이 빌레몬에게 오네시모의 죄를 그에게 돌리지 말도록 요청한 것처럼) "화해의 메시지를 우리에게 부탁하셨다"(5:19). 이것은 우리에게도 그대로 적용된다. 이것은 바울이 이 짧은 서신을 통해서 행하고 있는 사역이다. 그리고 5:21에 대한 나의 읽기가 옳다면, 우리는 이 구절 속에서 바울이 이러한 논증을 통해서 위험을 감수하고서 쓰고자 하였던 것이 무엇이었는지를 보여 주는 그의 진술, 신학적으로 대단히 압축되어 있지만 깊고 풍부한 뜻을 담고 있는 그의 진술을 다시 한 번 보게 된다: "하나님이 우리를 대신하여 [메시야를] 죄로 삼으신 것은 우리로 하여금 메시야 안에서 계약에 대한 하나님의 신실하심을 구현하게 하려 하심이라." 바울이 두 팔을 벌리고 서서, 한 팔로는 빌레몬을, 다른 한 팔로는 오네시모를 껴안을 때, 그의 사도적 사역은 그 정점들 중의 하나에 도달한다. 이것은 화해 사역이 어떤 것인지를 구체적으로 보여준다. 십자가 자체는 빌레몬서에 명시적으로 언급되고 있지는 않지만, 감옥에 갇힌 사도의 사역 속에서 구현되는 가운데, 목회적 요청의 신학적 토대로 여기에 등장하면서, 이 짧은 저작 전체의 인격적 목표들과 수사학적 전략에 동력과 색채를 부여한다.[58]

이것은 빌레몬에게 보낸 바울의 서신이 플리니우스가 사비니아누스에게 보낸 서신과는 다른 공기를 숨 쉬고 있음을 아주 극명하게 보여주는 것이다. 십자가에 못 박힌 메시야를 중심으로 근본적으로 재형성된 바울의 유대적 세계관은 하나님의 신실하심을 보여주는 구체적인 증표들을 통해서 고대의 이교 세계에 도전한다. 이것이 빌레몬서와 본서 전체의 요약이다.[59]

58) Gorman, 2004, 462. 하지만 Gorman은 바울이 여기에서 이룬 것 전체를 다루지는 않는다.
59) 나는 이렇게 Wolter, 2010의 유익한 제안들을 넘어서서, 이 서신의 표면에서 별로 깊지 않은 곳

바울의 수사학적 전략은 흔히 얘기되는 일련의 단어 유희들을 포함하는데, 이러한 단어 유희들은 바울이 부차적으로 말하고자 하는 것들이 무엇인지를 보여준다. 사도는 수사학적 기법들을 사용하는 데 노련하였지만, 그것들 자체를 목적으로 거기에 매몰되어 있었던 것이 아니라, 자기가 말하고자 한 것들을 구현하고 부각시키기 위하여 그것들을 사용하였다고 나는 생각한다. "오네시모"라는 이름은 기본적으로 "유익한"을 의미한다. (우리는 바울과 플리니우스 간의 차이를 이미 지적한 바 있다: 바울은 자신의 서신의 주된 인물의 이름을 밝히지만, 플리니우스는 그렇게 하지 않는다.) 고대 세계에서 노예들은 자신이 맡은 역할이나 그들의 능력을 반영하는 이름을 지닌 경우가 많았다. 분명히 빌레몬은 오네시모라는 이름은 "유익한"을 의미하는데, 실제로 이 노예는 "무익한" 자라고 생각해서, 그의 이름이 잘못 붙여졌다고 여겼을 것이다.[60] 그러나 바울은 "그가 전에는 네게 무익하였으나 이제는 나와 네게 유익하다"고 말하기 위해서, '아크레스톤' (achrēston, "무익한")과 '유크레스톤' (euchrēston, "유익한")이라는 단어들을 선택하는데, 이 단어들은 어떤 동일한 것의 유익성이나 무익성을 말하는 방식들이기는 하지만, '크리스토스' (Christos, 통상적으로 '-리-'가 길게 발음된 것으로 추정된다)를 강력하게 암시하는 단어들이기도 하다.[61] 오네시모는 전에는 "무익하였으나 이제는 유익하다." 그가 전에는 그리스도인이 아니었지만, 지금은 너무나 훌륭한 그리스도인이다. 이것은 말장난을 하기 위한 단어 유희가 아니라, 그 근저에 있는 신학에 기여하기 위한 수사이다: 오네시모는 그리스도 안에 있고, 그리스도는 자신의 영으로

에 중요한 신학적 하부구조가 있다는 것을 지적하고자 한다. 즉, 바울은 거기에서 특히 "믿음으로 말미암은 '코이노니아' (koinōnia)"를 낳는다는 점에서 중요한 "이신칭의"라는 개념만을 제시하는 것이 아니라, 유대적인 범주들을 좀 더 폭넓게 수정해서 온 세계에 대한 선교를 강조하는 데 사용하고 있다는 것이다.

60) 노예들의 이름에 대해서는 Lightfoot, 1876, 310f.; Fitzmyer, 2000, 107 등을 보라.

61) '크레스투스' (Chrēstus)는 그 자체가 노예의 이름이고, 많은 사람들은 이것이 로마에 있던 유대인들 가운데서의 폭동들이 "크레스투스의 선동으로"(impulsore Chresto) 일어났다고 쓴 Suetonius의 저 유명한 글 속에 반영되어 있다고 주장한다: Suet. *Claud.* 25.4. Cf. *NTPG*, 355. 여기서 단어유희가 사용되었다는 것은 일찍부터 지적되었다: Lohse, 1971, 200f.는 Justin(*Apol.* 1.4.1, 5)와 Tertullian(*Apol.* 3.5)를 인용한다. 파피루스 증거들에 대해서는 Arzt-Grabner, 2003, 206-8을 보라. Fitzmyer, 2000, 109는 단어유희가 "광범위하게" 사용되고 있다고 단언하면서, "비그리스도인"을 가리키는 고유한 단어는 '아크리스티아노스' (achristianos)였을 것이라고 말한다. 처음은 아니지만 여기에서도 Fitzmyer는 자신의 멀어버린 눈에 망원경을 대고 있다고 나는 생각한다. 또한, Wilson, 2005, 323을 보라. '크리스토스' (Christos)/크레스토스' (Chrēstos)에 대해서는 BDAG, 1091을 보고, 베드로전서 4:15에 대한 이독(무엇보다도 [알레프 사본]의 이독)을 참조하라. 마카베오2서 1.24에서는 '크레스토스' (Chrēstos)를 하나님을 나타내는 형용사로 사용한다.

오네시모 안에 있다는 것 – 이것이 바울이 빌레몬에게 하고 있는 호소의 토대가 되고 있다.[62] 오네시모의 이름에 대한 암시는 20절에도 나온다: "오, 형제여, 나로 주 안에서 너로 말미암아 유익을 얻게 하라(egō sou onaimēn – '에고 수 오나이멘')." 오네시모가 지금 실제로 "유익하다면," 너도 마찬가지로 내게 "유익하여야" 하는 것이 마땅하지 않겠느냐는 것이다.

이 모든 것은 우리가 플리니우스의 서신과 바울의 서신 사이에서 살펴보았던 "서로 다른 세계"의 심장부로 우리를 데려다 준다: 이 드라마에 등장하는 네 번째 인물의 존재. 이 무대에 등장하는 인물들은 바울, 빌레몬, 오네시모가 전부가 아니다. 네 번째 등장인물은 '크리스토스'(Christos, "메시야" 또는 "왕")라 지칭되는 인물이다. 바울의 권위는 자기가 "메시야 예수의 포로"(1, 9절)가 된 데서 나오는 것이고, 이 권위가 그에게 "메시야 안에서의 담대함"(8절)을 주고 있다. 나중에 좀 더 자세하게 논증하겠지만, '크리스토스'는 유대인과 헬라인, 노예와 자유민, 남자와 여자를 한데 묶은 메시야의 백성을 지칭하는 집합명사이기도 하다. 바울이 적절히 사용하는 수사학적 전략을 설명하고 이해할 수 있는 유일한 방법은 바울 서신의 다른 곳들에서 이 메시야에 관하여 말하고 있는 것들, 특히 메시야의 죽음 및 바울이 그 죽음 안에서 보고 있는 의미를 철저하게 숙고하고 고려하는 것뿐이다. 플리니우스와 바울의 주된 차이는 바울의 논증의 핵심은 한편으로는 우리가 그의 사고의 핵심을 차지하고 있다는 것을 다른 서신들을 통해서 알고 있는 암묵적인 유대적 이야기, 즉 출애굽에 관한 이야기이고, 다른 한편으로는 유대인과 이방인, 그리고 이 경우에는 노예와 주인을 한데 아우르는 인간과 하나님을 화해시키기 위하여 오신 메시야에 관한 이야기이다.[63] 바울의 세계관과 그의 신학은 이러한 핵심을 중심으로 재편된 다른 세계이다.

'크리스토스'(Christos)가 왜 여전히 "메시야"를 의미하고, "메시야" 자체가 바울에게 무엇을 의미했는지(이것도 마찬가지로 중요하다)를 이해하기 위해서는, 우리는 이 길을 따라서 한참 멀리 나아가지 않으면 안 될 것이기 때문에, 지금으로

62) 마찬가지로, Gorman, 2004, 457.

63) 내가 너무나 뻔한 반론을 미리 방지하기 위하여 말해두고자 하는 것은 나는 바울의 글들에 나오는 모든 것들이 철저하게 "유대적이고" 좀 더 넓은 헬레니즘 세계의 영향을 받은 것은 아무것도 없다는 식으로 극단적으로 단순화해서 설명하는 쪽으로 회귀하는 데 찬성표를 던지고 있는 것이 아니라는 것이다. 본서 제2-5장을 보라. 바울 시대에 이르러서는, 모든 유대교는 이미 "헬레니즘적인 유대교"의 변종이라는 특성을 지니고 있었지만, 이것은 유대적인 고유한 특징들이 존재하지 않았다는 것을 의미하는 것은 아니었다. 나는 바로 그것이 우리가 여기에서 볼 수 있는 것이라고 생각한다.

서는 흥미로운 주제가 사람의 손바닥만한 구름처럼 떠올랐다는 것, 즉 플리니우스와 바울 간의 이러한 차이의 핵심에는 주인(master)의 차이가 자리 잡고 있다는 것만을 지적해 두고자 한다. 그 지점에서 두 길이 갈렸다. 로마 제국의 한복판에서 사회적 세계만이 아니라 그 사회를 움직였던 권력의 세계에도 온갖 차이를 만들어 낸 어떤 일이 일어난 것이었다.[64] 유대인 바울의 지배적인 이야기(controlling story)는 언제나 살아 계신 하나님이 애굽의 폭군을 무찌르고서 자신의 노예 백성을 해방시켰다는 서사를 포함하고 있었기 때문에, 그는 다중적인 고대 전승들이 온 세계의 참된 주가 될 것이라고 얘기하였던 이스라엘의 메시야의 도래 속에서 이 위대한 이야기가 하나님이 정하신 정점에 도달하였다고 믿게 되었다. 즉, 하나님은 자기 백성에 대하여 신실함으로써 피조세계 전체에 대하여 신실하였다는 것이다. 바울은 이 "주"(lord), 이 "메시야"의 권위 아래 살았고, 그 동일한 믿음에 참여하게 된 공동체들의 삶 속에서 바로 그 메시야의 권위가 효력을 발휘하게 하는 데 헌신하였다. 하지만 이 "메시야"와 "주"는 십자가에 못 박혔다가 부활한 예수였기 때문에, 이 "권위" 자체는 근본적으로 재정의되었다. 바울은 예수로 인해서 모든 것을 다르게 이해하게 되었다 – 하나님, 세계, 하나님의 백성, 하나님의 미래, 이 모든 것 속에서의 하나님의 신실하심. 본서가 이제 탐구하고자 하는 것은 이 다른 세계, 즉 플리니우스의 세계와 겹치기는 하지만 그 세계를 근본적으로 변화시키는 또 다른 세계이다.

2. 빌레몬서와 바울 연구

1) 서론

빌레몬서라 불리는 작은 걸작에 대한 이 짤막한 연구는 실제적인 사례를 통해서, 우리가 바울 및 그의 세계관과 신학에 대한 본격적인 설명으로 나아가고자 할 때에 부딪치게 되는 주제들의 대부분으로 우리를 안내해 주었다. 구체적인 사례, 게다가 작은 사례를 미리 사고 속에 넣어 두고서 연구를 진행해 나갈 때의 이점들 중의 하나는 우리가 이제 설명해 나가야 하는 많은 추상적인 쟁점들을 방금 결론이

64) 사도행전과 관련하여 이 주제 전체를 다루고 있는 것으로는 Rowe, 2009, 특히 ch. 5을 참조하라. 노예제도에 관한 Seneca의 견해들에 대해서는 *Ep.* 47.11; *Ben.* 3.18-24(Thorsteinsson, 2006, 153)를 보라. Dio Chrysostom과 관련해서는 *Or.* 14를 보라.

난 논의를 참조해서 좀 더 구체적인 관점에서 그려볼 수 있다는 것이다.

하지만 그렇게 하기 전에, 먼저 우리는 빌레몬서 자체에 의해서 제기되는 질문들을 살펴보지 않으면 안 된다. 앞에서 논의를 시작할 때에 잠깐 상정해 보았듯이, 빌레몬서가 초기 기독교 문헌 중에서 현존하는 유일한 문헌이었다고 하더라도, 우리는 기존의 세계가 행하는 방식과는 판이하게 다른 어떤 일이 일어나고 있다는 것을 알았을 것이다. 따라서 우리는 무엇이 그런 일을 일어나게 한 것이냐고 물을 수 있다. 이 서신의 저자에게 아주 중요한 인물이었던 것으로 보일 뿐만 아니라, 그의 존재가 이 서신의 실질적인 내용만이 아니라 수사학적 기법들의 사용에까지도 영향을 미친 '크리스토스'(Christos)는 과연 누구였는가? 이 서신은 단지 늘상 있어서 특별한 것이라고 할 수 없는 한 호의의 행위를 보여주는 것인가, 아니면 어떤 좀 더 깊은 것, 즉 인간과 세계와 신에 대한 좀 더 크고 포괄적인 관점을 표현하고 구현하고 있는 것인가? 이 서신은 어떤 종류의 세계관을 표현하고 있는 것인가? 우리는 어떻게 해야 그 세계관에 대하여 온전하면서도 균형 잡힌 설명을 할 수 있는가? 우리는 어떻게 해야 그 세계관의 역사적 위치를 알아낼 수 있는가? 그 세계관은 고대의 철학적 성찰 내에서의 세 가지 표준적인 주제들, 즉 물리학("무엇이 존재하는가"), 윤리학("어떻게 행하여야 하는가"), 인식론("우리는 어떻게 사물들을 아는가")과 어떤 관계에 있는가?[65] 그 세계관은 예루살렘 성전 및 토라에 대한 연구와 실천을 중심으로 정향되어 있던 주후 1세기 유대적인 삶 내에서의 주요한 주제들과는 어떤 관계에 있는가? 현재의 장면은 다른 추가적인 요소 없이 그러한 것들의 견지에서 표현될 수 있는가, 아니면 추가적인 어떤 것이 진행되고 있었던 것인가?

이러한 질문들은 사실 바울의 어떤 서신을 예비적으로 읽더라도 서로 다른 형태로 제기될 일련의 질문들이다. 우리가 이 질문들에 대답하기 위해서는, 본서의 연구가 기여하고자 하는 특정한 논쟁들은 물론이고, 그 근저에 있는 분과학문들(disciplines)과 구조들(frameworks)도 분명하게 해명할 필요가 있다. 즉, 우리는 역사와 신학, 그리고 한편으로는 역사와 신학이 서로 판이하게 다른 석의의 과제들과 맺고 있는 관계, 다른 한편으로는 역사와 신학의 "적용" 또는 "적용타당성"에 대해서 말할 필요가 있고, 세계관들과 사고체계들에 대해서도 말할 필요가 있다는 것이다. 우리는 오늘날 이 질문들에 대하여 대답하고 있는 방식을 일별하는 가운

65) 고대 철학에서 "물리학"은 우리가 "신학"이라고 부르는 것을 포함한다. 고전적으로, 물리학은 "자연"(physis - '퓌시스')에 관한 설명이었고, 스토아학파에서 "자연"은 신을 비롯한 모든 것을 포괄하는 개념이었다. 본서 제3장을 보라.

데, 이 두 가지 – 역사와 신학 및 세계관과 사고체계 – 를 서로에 대한 원래의 적절한 관계 속에 배치할 필요가 있다.[66]

나는 이러한 여러 주제들을 본서의 전체적인 구조 속에서 그것들이 등장하는 순서대로, 즉 세계관과 사고체계("사고체계"는 개인이 자기가 속한 공동체의 "세계관"을 모체로 해서 구체화시킨 것이다)를 먼저 다루고, 다음으로는 신학, 마지막으로는 역사를 다루고자 한다. 이것은 "역사"를 다루는 것이 다른 모든 것의 토대가 되는 예비적인 작업이라고 생각하는 데 익숙해져 있는 사람들의 직관과는 반대인 것처럼 보이겠지만, 이 모든 요소들은 어느 경우이든 지속적인 해석학적 순환 속에 포함되어 있고, 내가 본서 전체에서 제시하고자 하는 논증은 역사에 대한 예비적인 검토 (우리는 역사에 대한 좀 더 큰 그림을 그리는 대신에, 그 일부인 빌레몬서를 택해서 대표적으로 짤막하게 살펴보는 것으로 그 작업을 가름하였다)가 끝나는 지점에서 시작되고, 우리가 방금 제기한 질문들을 가지고 그 지점으로부터 앞으로 나아가게 된다.[67]

그러면, 이제 『신약성서와 하나님의 백성』 제2부에 나오는 설명을 토대로 세계관들에 대해서 살펴보도록 하자.

2) 세계관들 가운데서의 빌레몬서

성서학계가 지난 수십 년 간의 연구를 통해서 얻은 큰 소득들 중의 하나는 내가 계속해서 "세계관"이라 부르는 것 – 비록 이것에 대한 명칭과 접근방법은 학자들마다 다르지만 – 이 주요한 주제로 등장하게 된 것이다. 어떤 명칭을 사용하느냐는 여기에서 지나치게 신경 쓸 필요가 없다. 왜냐하면, 어떤 명칭을 사용하든, 그것들은 모두 복잡하지만 결정적으로 중요한 현상을 발견해내기 위한 이정표로서의 역할을 하기 때문이다. 그런 이유로, 나 역시 본다는 의미를 강조하는 듯이 보이는 "세계관"이라는 단어를 사용했을 때의 위험성에 대해서 그리 염려하지 않는다. 일단 내가 "세계관"이라는 단어를 통해서 말하고자 하는 바를 자세하게 설명하고 나

66) 본서와 관련해서 이 주제들에 대한 적절한 "서론"은 *NTPG* 제2부이다. 왜냐하면, 그것은 원래부터 이 총서의 제2권과 제3권은 물론이고 본서를 위한 토대를 놓기 위한 것이기 때문이다. 애석하게도, 신약학계에서는 이러한 질문들에 대하여 많은 관심을 보여 오지 않았고, 그 결과 내가 이 총서에 속한 이전의 책들에서 지적한 문제들 중 다수는 지금도 여전히 지속되고 있다. 따라서 내가 아래에서 설명하는 것은 바울 연구의 방향을 제시하기 위하여 꼭 필요한 것들을 요약하고 발전시킨 것이다.

67) 바울에 관한 나의 다른 연구서들도 보라: Wright, 1991, 1997, 2005a[*Fresh Perspectives*], 2009와 특히 the Romans commentary(2002).

면, "본다"는 요소는 하나의 비유로서, 비록 그 의미가 다 제거되는 것은 아닐지라도 지배적이지 않게 되어서 걸림돌이 되지 않고, 유익하게 사용될 수 있을 것이다. 어쨌든 "세계관"이라는 명칭을 계속해서 사용할 때, 우리는 이러한 논의들을 좀 더 크고 긴 일련의 탐구들 내에 위치시킬 수 있다는 이점을 갖게 된다.[68]

세계관들을 연구하는 것이 중요한 이유는 인간의 삶은 혼란스러울 정도로 복잡하고 다면적이며 흔히 뭐가 뭔지 모를 정도로 헷갈리는 것이고, 사실 바울의 서신들도 마찬가지이기 때문이다. 신약성서의 바울에 대한 연구를 비롯해서 그 밖의 다른 많은 연구들은 너무나 오랫동안 (철학적으로) 관념론적인 세계 속에서 이루어져 왔기 때문에, 거기에서는 사고들과 신념들이 마치 육체 없는 지성들처럼 왔다 갔다 해서, 그 결과 많은 혼란들이 초래되었고, 특히 바울에게는 아무런 어려움이 없었던 것으로 보였던 "신학"에서 "윤리"로의 이행은 계몽주의 및 종교개혁과 관련된 이유들로 인해서 서구의 해석자들에게 상당한 난관을 초래해서 어색하고 엉성한 것이 되고 말았다. 그러나 일단 우리가 실체가 없는 관념들의 일차원적인 세계에서 인간의 평범한 삶을 고스란히 담고 있는 삼차원적인 세계로 옮겨가면, 우리는 모든 새로운 요소들에 의해서 야기된 최초의 혼란을 벗어나서, 명료성, 미묘한 차이, 관점, 그리고 심지어 적용타당성까지도 얻을 수 있게 된다.[69]

인간이 행하고 말하고 사고하는 것들의 상당수는 저 깊은 곳에 묻혀 있는 원천들로부터 생겨나는 것으로 보인다. 정신분석학은 모든 위대한 사상가들과 저술가들이 인식해 왔던 것들을 그런 관점에서 탐구하는 한 가지 방식이다. 그러나 병실에서의 정신분석 치료자의 내면의 여정은 사랑, 수면, 쇼핑, 성, 질병, 일, 여행, 정치, 어린 아기들, 죽음, 음악과 예술, 산과 바다, 음식과 음료, 새들과 동물들, 햇빛

68) 기본적인 책들로는 Berger and Luckman, 1966; Geertz, 2000 [1973]; Taylor, 2007; Bourdieu, 1977[1972]이 있고, 또한 Sire, 2004; J. K. A. Smith, 2009(아래 각주 80에서 간략하게 다루어진); Brown, 1999; Naugle, 2002; Christian Smith, 2003 and 2010; Hiebert, 2008도 보라. Engberg-Pedersen이 다른 것들에 대해서는 아주 상세하게 다루면서도, "세계관"에 대한 자신의 언급들 속에서 왜 이 담론을 다루지 않은 것인지 나는 영문을 모르겠다: 예컨대, Engberg-Pedersen, 2010, 9f.은(a) "세계관" — 나는 대부분의 학자들과 마찬가지로, 어떤 사람이 바라보는 어떤 대상들이 아니라, 그 대상들을 보게 해주는 안경이라는 의미로 이 단어를 이해한다 — 을 구체적인 신념들이나 관념들과 혼동하고 있고,(b) 모든 것을 세속화하는 태도를 취하는 가운데 "신학"을 책상에서 쓸어서 없애 버린 후에, "바울의 진술들에 더 정확한 의미를 부여하는 데" 도움이 될 고대의 철학 텍스트들을 책상 위에 올려놓고서, 우리는 "구체적인 세계관의 정확한 세부적인 것들을 가능한 한 많이" 찾아내어야 한다고 선언한다. 본서 제14장의 논의를 보라.

69) Watson, 2007[1986], 10을 보라. 거기에서 그는 Berger와 Luckman의 글을 읽은 것으로부터 받은 영향을 이렇게 설명한다: "나는 전에는 텍스트들과 관념들을 알고 있었지만, 이제는 그 텍스트들과 관념들을 모두 다 그것들과 관련된 사회적 역학에 비추어서 다시 생각하지 않으면 안 되었다."

과 달빛 같은 좀 더 넓은 현실의 삶의 세계 속으로의 외적인 여정과 짝을 이룰 필요가 있다. 이러한 사실을 깨닫고서, 삶의 모든 것은 겉으로 분명하게 드러난 표면적인 사건들과 진술들과 의미들을 통해서 이해될 수 있다고 상정하는 것보다는 수수께끼 같은 현상들을 지도로 그려 보고자 하는 지속적인 시도를 하는 것이 더 낫다. 인간의 삶 가운데서 서로 이질적으로 보이는 요소들은, 경험하기는 쉽고 설명하기는 어렵지만 매우 중요한 것으로 생각되는 방식들로 서로 결합되어 있다. 그런 까닭에, 인간의 모든 담론은 원래부터 은유적 성격을 지닐 수밖에 없고, 소설이나 연극, 영화는 문화적으로 중요할 수밖에 없다.[70] 많은 것들이 서로 얽혀 있는 이 세계로부터 특정한 요소들 – 예컨대, "무슨 일이 일어났는가?" 같은 가장 기본적인 역사적 질문들이나, "신은 존재하는가?" 같은 가장 기본적인 신학적 질문들 – 을 추출해 내서, 현실의 삶 속에서 그런 질문들에 수반되는 다른 모든 것들을 차단한 채로, 그런 질문들과 그 유사한 것들을 연구의 "실제" 대상들로 삼는 것은 기껏해야 그 가치가 제한적이고 잠정적인 것이 될 수밖에 없다. 최근 수십 년 동안에 행해져 온 초기 기독교 운동에 대한 훨씬 폭넓은 사회문화적 탐구들을 환영할 수밖에 없는 이유 중의 일부는 그러한 탐구들은 우리에게 역사나 신학은 둘 다 중요하지만 어느 하나만이 독자적으로 설 수 없다는 것을 깨우쳐 주어서, 우리의 균형감각을 바로잡는 데 도움을 준다는 것이다.[71]

다양한 종류의 세계관 모형들이 시도되어 왔다. 중요한 것은 추상적이고 이론적인 정교함 – 그것은 여기에서 우리가 말한 모든 것들을 대놓고 우롱하는 짓이 될 것이다 – 이 아니라, 비록 늘 잠정적이기는 하겠지만, 지극히 실제적으로 우리가 원하는 것들을 발견해 내는 데 효과가 있느냐 하는 것이다. 즉, 우리가 어떤 세계의 전경을 지도로 그렸을 때, 그 세계를 좀 더 효과적으로 탐구하고 이해할 수 있느냐가 관건이라는 것이다. 나의 시도들은 그러한 좀 더 폭넓은 사회과학적 시도 내에 위치해 있다고 할 수 있다 – 우리가 그런 시도를 "사회적 표상"(social imagi-nary), 사회화된 주체성을 의미하는 "하비투스"(habitus), "세계관"(worldview), 또는 무엇이라고 부르든. 이러한 명칭들이 의미하는 것들 간에는 도출해낼 수 있는 차이들이 존재하는 것은 분명하지만, 중요한 것은 직접 자료들을 다루어 보고 난 후에, 뒤로 물러나서 그 효과들을 지켜보고, 그런 다음에 또다시

70) 비유에 대해서는 Soskice, 1985의 기본적인 연구를 보라.

71) 이것은 Meeks, 1983와 그의 계승자들이 바울의 사회사를 천착한 전체적인 운동이 기여한 핵심적인 지점이다. 그들이 기여한 것은 "신학"의 대안을 제시하는 것(어떤 사람들은 그들의 연구를 이런 식으로 잘못 받아들일 수도 있기는 하지만)이 아니라, 신학에 꼭 필요한 틀을 제공하는 것이었다.

덤벼드는 것이다. 나의 관심사는 아주 깊이 묻혀 있어서 통상적인 수단들을 사용해서는 발견해낼 수 없는 것들을 단순화 함이 없이 명확하게 밝혀내어서 상투적이 아닌 방식으로 질서를 부여하는 데 필요한 도구들을 찾는 것이다. 우리에게 필요한 것은 오늘날 유명해진 어구인 클리포드 기어츠(Clifford Geertz)의 "두터운 묘사"(thick description), 즉 사람들이 일반화들을 피하고 상호적인 연관관계들을 파악할 수 있도록 가능한 한 아주 자세하게 그림을 그리는 것이다.[72] 이것은 흔히 역사와 신학에 대한 이전의 연구를 다소 일차적인 것으로 보이게 만드는 결과를 낳는다.[73] 물론, 오늘날 서구의 "학자들"은 세계와는 상관없이 상아탑에 갇혀서 아무것도 모른 채 고상한 삶을 살기 때문에, 다른 모든 요소들은 다 배제해 버리고, 바울과 그의 동료들은 오로지 연구하고 가르치며 글 쓰는 삶을 산 것이라고 생각해 왔다는 것은 결코 아니다. "신학"이 이러한 다른 요소들과 분리되게 된 것은 단지 우연이었을 것임에 틀림없다 – 그렇지 않았을 수도 있겠지만. 어쨌든, 지금은 "신학"의 자리를 재배치해야 할 때이다. 그것만이 마치 다른 모든 것(특히, 사회학)에 대한 연구는 "현실적인" 반면에, 신학은 현실과 동떨어진 이론으로서 배척되어야 할 것인 양, 신학을 주변화시키는 것을 막는 길이다. 앞으로 보게 되겠지만, 그렇게 하지 않는다면, 그것은 특히 바울 연구와 관련해서 재앙 수준의 잘못을 저지르는 것이 되고 말 것이다. 사실, 바울의 놀라운 업적들 중의 하나는 "신학"을 유대인이나 이교도들의 세계에 이전에 존재하지 않았던 전혀 다른 것으로 변화시킨 것이었다. 본서의 중심적인 논증들 중의 하나는 바울의 "신학"은 그의 세계관에 일어난 변화의 직접적이고 필연적인 결과였다는 것이다. 실제로 바울은 이전에는 알려져 있지 않던 필요를 충족시키고, 당시까지는 필수적이지 않았던 일을 하기 위하여 "기독교 신학"을 만들어 내었다.

세계관들을 연구하는 이유가 인간의 삶이 복잡하고 다층적이며 흔히 감춰진 동력들에 의해서 추진된다는 인식 때문이라면, 그러한 연구를 위한 방법론도 연구 대상에 걸맞은 것이 되어야 하는 것은 당연한 일이다. 이러한 연구에 관여하고 있는 사람들은 "상징의 세계"(symbolic universe)라 불릴 수 있는 것, 즉 인공물들(건축물, 화폐, 의복, 선박)과 관습적인 행위들(내가 "실천"[praxis]이라 불러 온

72) Geertz, 2000[1973] ch. 1: 바울과 그의 세계를 연구하는 데 흔히 문화들을 설명하는 과제에 대한 인식이 결여되어 왔다는 사실을 명확하게 알기 위해서 이 장을 여러 번 읽는 것이 좋다. 연구에 있어서 일반화나 분자화의 위험성을 피하는 것과 관련해서는 Malherbe, 1989b, 18의 영리한 지적을 보라. 바울의 세계에 적용된 "촘촘한 묘사"를 보여주는 최근의 아주 탁월한 예는 Oakes, 2009이다.

73) Meeks, 1983, 5f.: 신학적 환원주의의 위험성이 있기 때문에, "사회적 설명"의 필요성이 있는 것이다. 물론, 정반대의 환원주의의 위험성도 존재하고, 지금까지 거기에서 완전히 자유로운 사람은 아무도 없었다.

것)의 세계 – 사람들은 이 세계 속에 있을 때에 편안함을 느끼고, 이 세계 밖에 있을 때에는 위험스러울 정도로 방향감각을 잃어버리고 혼란을 느끼게 된다 – 가 인간의 삶에서 중심적인 위치를 차지하고 있다고 점점 더 역설한다. 또한, 세계관에 대한 연구는 언어학과 그 사회학적 · 문화적 · 정치적 함의들에 관한 최근의 연구로부터 강력한 지지를 받는 가운데, 근저에 있는 서사들, 사람들의 삶에 질서를 부여하는 대본들, 사람들이 그들 자신을 등장인물들로 여기는 "희곡들"의 중요성을 역설해 왔다.[74] 세계관들은 상징과 실천과 이야기로 이루어진 이러한 모체 내에서, 러드야드 키플링(Rudyard Kipling)이 "자기가 알고 있는 모든 것을 자기에게 가르쳐 준 자신의 여섯 명의 정직한 심복들"이라고 말했던 기본적인 질문들, 즉 "무엇을," "왜," "언제," "어떻게," "어디에서," "누가"를 사용해서 표현될 수 있다.[75] 내가 이 총서에서 지금까지 이 질문들을 사용해 온 방식은 다음과 같다(그리고 연속성을 위해서 앞으로도 이러한 사용 방식을 고수하는 것이 좋다고 본다): "우리는 누구인가?" "우리는 어디에 있는가?" "무엇이 잘못되었는가?" "해법은 무엇인가?(= "어떻게," 즉 "우리가 어떻게 해야 이 난국에서 빠져나올 수 있는가?"), "지금은 어느 때인가?" (="언제?").[76]

이 목록에 빠져 있는 한 가지 질문은 "왜?"이다. 우리가 "왜?"라는 질문을 하게 될 때, 그 대답들은 점점 더 기본적인 대답들로 깊이 들어갈 수 있다. 어린아이가 "왜?"라는 질문을 계속해 나갈 때(부모가 어떤 것을 금지했을 때의 반응으로서), 부모의 궁극적인 대답은 종종 "엄마가 하지 말라고 하면 하지 않는 거야"가 될 수 있고, 성인들의 경우에는 그 궁극적인 대답이 "그것이 바로 사물이 돌아가는 이치야" 같은 것이 될 수 있다. 그러나 서로 다른 많은 세계관들에서 주어지는 좀 더 온전한 대답이 우리가 "신학"이라고 부를 수 있는 어떤 것, 즉 신이나 신들, 특히 세계와 인간에 대한 신 또는 신들의 관계에 대한 이런저런 설명을 포함하고 있는 것은 정확히 바로 그 지점이고, 바울이 우리가 회고적으로 "기독교 신학"이라고 부르는 이 새로운 분과학문을 만들어내고 발전시킨 것도 바로 그 지점이다. 그와 그의 회심자들이 속한 이 근본적으로 새로운 세계관은 모든 점에서 "왜"라는 질문에 직면할 수밖에 없었고, 그는 스스로 그 질문에 대답하고, 자신의 교회들을 가르쳐서 자체적으로 그 질문에 대답하도록 하기 위하여, 한 특정한 하나님과 세계에 대

74) Meeks, 1986a는 역사/신학의 구분을 위한 Lindbeck의 "문화언어학적" 모델의 타당성을 지적한다.

75) Kipling, 1927, 585.

76) 나는 *JVG*에 "지금은 어느 때인가"를 추가하였다. 앞으로 보게 되겠지만, 이것은 바울 연구에서 특히 중요하다. Martyn, 1997과 본서 제2부를 보라.

하여 이전에 아무도 말하지 않았던 방식으로 말하지 않을 수 없었다.[77]

그 중요한 결과는 바울이 사고의 삶 자체를 삶의 복잡미묘한 문제들을 음미하고 숙고할 여유가 있는 사람들을 위한 부차적인 사회적 활동에서 끌어올려서, 모든 메시야 백성을 위한 주요한 사회문화적 활동으로 격상시켰다는 것이다. 내 생각에는, 어떤 사람의 사고가 새로운 방식의 행동을 낳게 되는 것인지, 아니면 어떤 사람의 행동이 새로운 방식의 사고를 낳게 되는 것인지에 관한 흥미로운 질문은 그 질문에 대답하고자 하는 자들을 계속해서 괴롭힐 것 같다(이 질문은 재귀적이기 때문에 특히 그러하다: 당신은 사고를 통해서 거기에 대답해야 하느냐, 아니면 행동을 통해서 거기에 대답해야 하느냐?).[78] 바울에게 있어서는 메시야를 따르는 백성의 실천(praxis)이 그가 자신의 회심자들에게 촉구한 혁명적인 사고들을 의미 있게 만드는 맥락을 창출해 내었다는 것은 의문의 여지가 없다. 그러나 그가 성령의 역사를 통하여 갱신된 사고가 새로운 행동패턴들을 생성해 내고 유지해 나가게 될 것이라고 믿었다는 것도 마찬가지로 의심의 여지가 없다. 사고의 삶을 격상시키고 민주화시킬 때, 바울은, 앞에서 보았듯이, 오늘날의 그의 추종자들이 빠져들기가 너무나 쉬웠던 관념론적인 준거틀을 사용하지 않았다. 세계관은 신학을 위한 맥락을 만들어내지만, 세계관을 유지시키는 데에는 신학이 필수적이다. 이 둘은 함께 아주 다양한 "현실의 삶"을 만들어내고, 그 "현실의 삶"에 의해서 강화되거나 수정된다.

내가 사용하는 세계관 모형은 특히 브라이언 월쉬(Brian Walsh)가 리처드 미들턴(Richard Middleton)과 행하였던 연구로부터 도출해 낸 결과물을 참조해서 내가 발전시킨 것이다. 이 새로운 판본은 (a) 일부 전통적인 용법들 속에서 "세계관"이 지나치게 관념들에 초점이 맞춰져 왔다는 반론을 해소시키고, (b) 클리포드 기어츠(Clifford Geertz)를 비롯한 학자들이 문화와 상징 등등의 관점에서 연구해 온 인간의 삶의 토대가 되는 그 밖의 다른 측면들을 통합하기 위한 것이다.[80]

77) 세계관과 신학에 대해서는 Furnish, 1990, 25f를 보라.

78) Scroggs, 1989, 142를 보라.

79) 예컨대, 본서 제11장 제5절에서 논의된 로마서 12:1-2을 보라.

80) Walsh and Middleton, 1984; Geertz 2000 [1973], 5: "의미의 그물망들"; 그는 "세계관"과 "풍조"(ethos)를 구별한다. 최근에는 J. K. A. Smith, 2009는 "세계관"이라는 용어는 단지 "본다"는 은유만이 아니라 지적인 요소가 지나치게 강조되는 용어이기 때문에, "사회적 표상들"(social imaginaries)이라는 용어로 대체하는 것이 좋을 것이라고 주장하였다(Taylor, 2007, 특히 171-6을 따라서). 나는 그 핵심—특히, Smith가 "욕망," "사랑," "예배"를 일차적인 범주들로 강조하고 있는 것—에 동의하지만, "세계관"이라는 개념을 버리고 다른 용어를 사용하는 것보다는 다른 요소들까지 포괄하는 의미로 확장해서 사용하는

말하자면, 이것은 다른 사람들이 "사회과학"이라 불리는 것을 통해서 접근해 온 역사 기술(historiography)의 측면들에 대한 내 나름대로의 접근방식이다. (나는 어떤 것이 자신을 "과학"이라고 부른다면, 그것은 그것이 과학이 아니기 때문이라는 경고를 기억한다.) "사회과학"을 이용한 접근방법은 지난 세대 전체에 걸쳐서 성서학에서 엄청나게 중요한 요소가 되어 왔지만, 늘 석의와 신학으로 통하는 적절한 길을 개척해 온 것은 아니었다. 궁극적으로, "사회과학"은 단지 역사학의 한 분과이고, 역사학은 그 등장인물들이 두 다리가 달린 "두뇌들"이거나 두 다리가 달린 "야심들"이 아니라, 전인으로서의 인간들이었다는 사실을 진지하게 받아들인다. "사회과학"은 특히 시대착오적인 사고를 피할 수 있는 방법이고, 시대착오적인 사고를 탈피하는 것은 내가 세계관 분석을 행할 때에 시도하고자 하는 것의 일부이다. 사회과학이 세계관 분석 너머에 있는 실체에 도달할 수 있다고 생각해서, 환원 모델(reductive model)을 제시하여, "실제로 진행되고 있던 것"은 단지 "사회적" 세력들의 암투이고, 등장인물들이 다루었던 신학과 영성은 그 암투를 암호화하거나 은폐하는 것들이었다고 넌지시 속삭인다면, 우리는 그런 사회과학을 환원주의로 취급하지 않으면 안 된다. 왜냐하면, 사회과학은 종종 어떤 관점을 지닐 수 있기는 하지만, 자신이 마음대로 축소시켜 버린 세계를 선험적으로 전제해서는 안 되기 때문이다.[81]

우리는 "세계관"은 여러분이 통상적으로 보고 있는 것 자체가 아니라, 여러분으로 하여금 그런 식으로 통상적으로 보게 만드는 그 무엇이라는 것을 상기하여야 한다. (이것은 "본다"는 비유적인 의미가 어느 정도 유지되고 있는 지점이다.) 우리가 지금 논의하고자 하는 것은 사람들이 관행적으로 얘기하거나 의식적으로 관여하고 있는 그런 것이 아니라, 사람들이 어떤 주제들에 대하여 얘기하거나 어떤 활동들에 의식적으로 관여할 때에 관행적으로 전제하는 그런 것이다. 이것은 어떤 이들이 "선행적으로 주어져 있는 것들"(prior commitments)이라 불러 왔던 것으로서, 어떤 종잡을 수 없는 행위 패턴들을 설명해 주는 일련의 기본적인 신념들이

쪽을 택하였다. Barclay, 1996, 404는 나의 세계관 분석이 불완전하다고 불평만 하고, 어떻게 해야 부족한 것을 채워 넣을 수 있는지에 대한 제안들을 제시하지 않는다. Adams, 2000, 1-3는 한편으로는 사람이 자신을 위해 "구축하는" "세계" 또는 "세계관"을 탐구하고, 다른 한편으로는 바울이 '코스모스'(kosmos)나 '크티시스'(ktisis)라는 표현을 통해서 말하고자 한 것이 무엇이었는지에 대하여 말함으로써, 한 번에 두 가지를 하고자 하는 것으로 보이지만, 이 둘은 동일한 것이 아니다. 즉, 바울이 '코스모스'라는 표현을 통해서 말하고자 한 것은 사람이 자신을 위해 구축하는 그런 것이 아니었다.

81) 특히, Horrell 1999; Malina(예컨대, Malina, 1993)와 Neyrey(예컨대, Neyrey and Stewart, 2008)의 여러 저작들을 보라. 이시기의 진지한 역사 서술에서 사회과학을 사용한 것은 긴 계보를 갖고 있다: 예컨대, Judge, 1960; 2008a를 보라.

다.[82] 세계관들은 안경과 같다. 통상적으로 여러분은 자기가 안경을 끼고 있다는 사실을 인식하지 않고 살아가다가, 안경이 깨지거나 더러워지거나 초점이 맞지 않을 때에만 그 사실을 인식하게 된다. 게다가, "(세계)관"이라는 말은 "보는 것과 보이는 것"(이것은 실제로 중요한 차원임과 동시에, 유익하고 더할 나위 없이 도움이 되는 은유이다)을 함축하고 있지만, 내가 수정하고 발전시킨 세계관 모형에서는 "조우"(encounter) 또는 "경험"(experience)도 함축하고 있다. 따라서 다시 한 번 말하지만, 세계관은 순전히 사람들의 사고 속에서의 관념들의 배열에 관한 것이 아니라, 삶 전체의 패턴(pattern)과 의미(meaning)에 관한 것이다.

내가 제안한 모형에는 네 가지 주된 요소가 있고, 각각의 요소는 다른 요소들과 연결되어 있다. 나는 이 모형을 여러 곳에서 이미 설명한 바 있지만, 여기에서도 다시 한 번 간단하게 설명해 두는 것이 도움이 될 것 같다.[83] 이 모형이 취하고 있는 가설은 집단이든 개인이든 모든 인간의 삶은 전제적인 수준에서 이 각각의 요소들을 포함하고 있고, 이 요소들은 통상적으로 눈에 보이지 않고 의식적인 사고에서 벗어나 있기 때문에 인간의 삶에 한층 더 강력한 힘을 발휘한다는 것이다. 각각의 요소는 다른 요소들과 복합적인 방식들로 상호작용을 하고 서로 결합해서, 한편으로는 "기본적 신념들"과 "부수적 신념들," 다른 한편으로는 "목표들"과 "의도들"을 생성해 내고 유지시킨다. 이러한 것들은 이번에는 구체적인 행위들과 말들을 낳는다. 역사가들은 통상적으로 행위들과 말들은 무작위적인 것이 아니라고 추정하는데, 이 모형은 세계관과 사고체계에 뿌리를 둔 가운데, 공적인 영역 속으로 나오는 행위들과 말들의 배후에 자리 잡고 있는 신념들과 동기들을 분별해 내고자 하는 통상적인 역사적 과제를 더욱 정확하게 수행하는 방식이다.

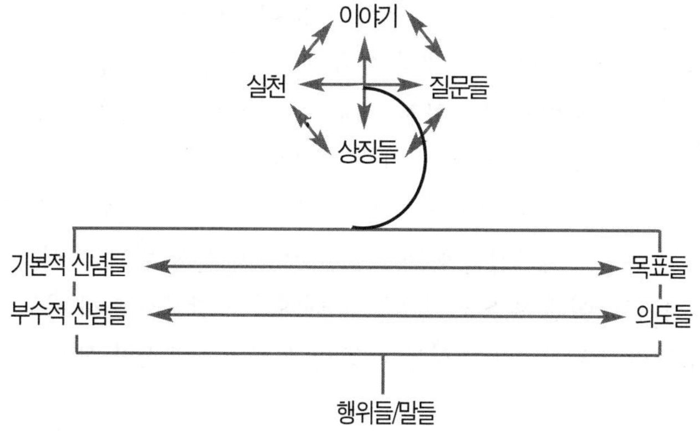

82) White, 2003, 127을 보라.
83) 특히, cf. *NTPG*, 122-6; *JVG*, 137-44.

이 모형은 우리로 하여금 본서 제1부의 나머지 부분에서 바울이 태어나서 살며 활동하였던 세 개의 "세계들"에 대하여 분석한 후에, 제2부에서는 그 결과를 가지고서 바울에 대한 "두터운 묘사"를 시작할 수 있게 해줄 것이다. 우리가 이러한 수단들을 통해서 최선을 다해 추적하고자 하는 것은 당시 사람들이 어떤 점들에서는 우리와 비슷하지만 어떤 점들에서는 우리와 판이하게 다른 세계와 문화 속에서 어떤 것들을 왜 행하였는지를 설명해 줄 좌표가 될 세계관 요소들의 망(nexus)이다. 달리 말하면, 우리는 당시 사람들은 별 노력 없이 쉽게 알고 있던 것들이지만, 우리에게는 요원해서 그 "지식"을 갖거나 재구성하기 어려운 그런 것들을 분별해 내고자 하는 것이다.[84] 제2부의 취지 중의 일부는 바울이 원래 지니고 있었던 세계관 중에서 어떤 요소들이 강화되거나 폐기된 방식들을 살펴보는 것이 될 것이다. 그것은 정말 과격한 것이었기 때문에, 바울 당시의 사람들을 혼란스럽게 만들었을 뿐만 아니라, 지금도 여전히 사람들을 혼란스럽게 만들고 있다. 거기에서 질문의 일부는 그러한 과격함이 단지 무작위적이고 기발한 것이었던 것일 뿐이냐, 아니면 적어도 바울의 의도 속에서는 충분히 숙고해서 용의주도하게 행해진 변혁이었느냐 하는 것이다.

우리가 예비적으로 이러한 좌표를 토대로 해서 빌레몬서를 본다면, 어떻게 될 것인가? 가장 중요한 대답은 그 서신에서 바울의 지배적인 목표는 그가 다른 곳들에서는 화해(reconciliation)라 부르는 바로 그것이다. 그것은 새로운 것이었다. 그가 자신이 태어난 유대 세계의 상징들과 실천에 호소하고 있거나 사용하고 있다는 증표는 전혀 없다. 또한, 그는 플리니우스의 세계에서 통용된 것과 같은 사회적 관습의 암묵적 세계에 호소하고 있지도 않고, 이전에 정립되어 있던 그 어떤 철학적(이 경우에는 윤리적) 사고 체계를 활용하고 있지도 않다. 그는 유대 세계라는 배에서 내린 것은 분명하지만, 비유대적 세계에서 제공한 어떤 감춰진 디딤돌들을 딛고 있었던 것도 아니었다. 그는 완전히 새로운 세계관의 물 위를 걷고 있는 것처럼 보인다. 여기서 초점을 좁혀서 이 작은 서신에 집중했을 때, 우리는 본서의 크고 중심 되는 주장들 중의 하나를 얼핏 보게 된다. 즉, 바울의 세계관은 그가 이전에 지니고 있던 유대적 세계관을 어떤 요소들(상징적 실천)에 대해서는 그 의미를 철저히 축소시키고, 어떤 요소들(서사들)에 대해서는 철저히 다시 사고해서 근본적으로 다시 그린 판본이었다는 것이다. 그의 갱신된 세계관의 심장부에 자리 잡

84) 아우구스투스의 세계에 대해서는 Judge, 2008a, Part I; Champlin, 2003을 보라. 또한, 바울의 세계와 우리의 세계 간의 차이들에 대해서는 Williams, 1997, 15-17을 보라.

고 있던 새로운 상징적 실천(symbolic praxis)은 메시야 백성의 연합이었다. 그는 그것을 아주 세밀하게 한 글자 한 글자 또박또박 설명하지만, 여기 빌레몬서에서는 그것이 한 가지 문제를 중심으로 집중적으로 부각되고 있는데, 그것은 노예와 자유민의 연합이라는 문제였다. 바울은 이 연합을 하나의 현실로 만들기 위해서 자기가 가진 모든 것을 거기에 쏟아붓는다.

바울은 왜 그렇게 하고 있는 것인가? 그는 왜 빌레몬과 오네시모에게 이 값비싼 대가를 치러야 하는 사회적으로 도전적인 계획을 따르라고 설득하려고 하는 것인가? 그 대답은 그의 암묵적 신학 때문이고, 하나님이 누구인가 하는 것 때문이며, 메시야 때문이고, 그의 죽음 때문이며, "그 안에서" 우리가 누구인가, 또는 우리가 누구이기에 "그에게까지" 함께 자라가고 있는 것인가 하는 것 때문이고, 소망 때문이라는 것이다. 바울의 세계관에 대한 연구는 아주 주목할 만하고 극적인 결론으로 이어진다. 즉, 이 세계관이 유지되기 위해서는 특정한 "신학"이 요구될 뿐만 아니라, "신학" 자체가 세계관과 통합되어서 새로운 역할을 할 것이 요구된다는 것이다. 사회과학과 신학 간의 전통적인 구분이라는 관점에서 볼 때에는, 역설적이게도, 우리는 "세계관" 범주들 내에서 바울을 연구함으로써, 그의 만개된 신학 내에서 진정으로 중요했던 것이 무엇인지를 볼 수 있을 뿐만이 아니라, 신학이라는 것 자체가 유대인이나 이교도의 세계 내에서보다 그에게, 그리고 나중에는 예수를 따르는 자들의 공동체 내에서 더 중요하게 된(이것은 오늘날도 마찬가지이다) 이유를 알 수 있는 새로운 길을 얻게 된다. 좀 더 통전적인 방식으로 바울을 연구할 때, 우리는 적어도 바울의 관점 속에서는, "기독교 신학"으로 알려지게 된 분과학문의 뿌리와 그 분과학문이 왜 중요한지를 발견하게 된다. 이것이 본서의 중심적인 주제이다.

이러한 전환의 효과는 엄청나다. 적어도 서구 전통에서는 너무나 오랫동안, "신학"의 과제와 목표는 모든 것들을 동원해서 결국에는 관념들과 신념들을 서로 짜맞추어 하나의 체계를 구성하는 것이라는 전제가 지배해 왔다. 사회학을 비롯해서 다양한 종류의 유물론적 관점들에 대한 반발은 이해할 수 있는 일이었지만, 중요한 것은 어느 진영도 기존의 양극화된 입장으로부터 물러나지 않는다는 것이다. 내가 이 책에서 시도하고자 하는 것은 바울과 그의 공동체들에 대한 역사적이고 사회적인 분석이 왜 그가 "신학," 곧 메시야와 성령을 중심으로 한 분 유일하신 하나님과 이 한 분 하나님의 백성의 연합에 강조점을 둔 그러한 종류의 신학을 발전시킬 필요가 있었는지를 설명하는 데 어떻게 도움이 되는지를 보여주는 것이다. 이 신학은 많은 관념들을 제시하고, 그 관념들은 실제로 서로 연결되어서 하나의 통일적이고 우아한 전체를 이루고 있다고 단언하고 있기는 하지만, 하나의 관념들의 체계로 환원될 수는 없는데, 이것은 이 세계관 분석이 바울의 서신들 속에 나타나 있는 사회적이고 문화적인 체계들에 관한 많은 증거들을 포함하고 있고, 그 체계들은 나름대로 의미를 지니기는 하지만, 그러한 체계들의 상호작용으로 환원될 수 없는 것과 마찬가지이다. 또한, 바울은 단지 적절한 상징적 실천이 신학을 요구하였기 때문에 "신학"(사회학의 시녀로서의 신학)을 발전시킨 것도 아니다. 바울의 상징적 실천이 적절해 보였던 이유는 먼저 그가 예수와 관련해서 믿고 있었던 것들 때문이었다.

특히, 이 문제를 이러한 방식으로 접근할 때, 그것은 왜 서구 교회에서 적어도 중세 시대 이래로 바울의 개념들을 그의 "구원관"을 중심으로 구성하고자 한 경향이 좀 더 큰 그림을 왜곡시켜 왔고, 그에게 중심적이고 결정적으로 중요했던 요소들을 주변화시켜 왔으며, 바울과 그의 구원론을 그의 역사적 맥락에서 놀라울 정도로 희한하게 분리시켜서 보는 연구 모형을 촉진시켜 왔는지(흔히 "구원"을 이원론적으로, 즉 플라톤적인 방식으로 이해해서)를 설명해 준다. 사람들은 이렇게 상정한다: 바울은 다메섹으로 가는 길 위에서 "구원"을 경험하였다. 그의 사고 체계 전체는 그 시점으로부터 성장하였기 때문에, 우리는 그가 이스라엘의 세계나 헬라 세계, 또는 로마 세계에 대하여 어떤 관계성을 맺고 있었는지를 고려할 필요가 없다! 이것은 얼마나 편의적인 생각이고, 얼마나 사실과 거리가 먼 생각인가. 우리가 그러한 노선을 취한다면, 소위 "바울의 구원론"은 원래 의도되지 않은 분량으로 부풀려져서, 마치 몸집이 너무 비대한 여행자가 비행기에 탄 경우처럼, 결국은 자신의 자리만이 아니라 좌우에 있는 자리들까지도 차지하게 될 것이다. 특히, 그러한 노선은 그 자체가 준거가 될 위험성이 농후하다: 사람이 구원 받는 길은 믿는 것이다. 그런데 바울이 가르친 주된 신학적 핵심은 구원론이다. 따라서 사람이 구원 받는 길은 바울의 구원론("이신칭의")을 믿는 것이다. 바울에게 있어서 이러한 논리는 결론이 잘못된 것(reductio ad absurdum)이다. 사람이 구원 받는 길은 자기가 구원 받은 것을 믿는 것이 아니다. 바울에게 있어서 사람이 구원 받는 길은 십자가에 못 박혔다가 부활한 주인 예수를 믿는 것이다.

세계관과 신학을 이런 식으로 분석하면, 우리가 논의를 진행해 나감에 따라 등장하게 될 오늘날의 논쟁들과 관련해서 온갖 긍정적인 결과들이 도출된다. 여기서는 한 가지만 언급해 보자. 이미 유명해진 바울에 관한 더글라스 캠벨(Douglas Campbell)의 최근의 저서에서, 그가 끈질기게 반박하고자 한 주된 대상은 소위 "칭의 신학"인데, 그는 "칭의 신학"을 서구가 아무런 근거도 없이 바울에게 덧씌운 것으로 보고서, "그리스도 안에 있는 것"의 의미를 천착하는 데 훨씬 더 큰 관심을 가졌다.[85] 알버트 슈바이처(Albert Schweitzer)의 주장의 이 극단적인 판본(캠벨의 주장을 듣다 보면, 슈바이처의 주장은 온건하게 느껴진다)은 이해할 수 있는 것이기는 하지만, 내 생각에는 불필요한 것이다. 일단 내가 제시한 방법을 따라 이 문제를 접근하게 되면, 서구 신학이 상상해 왔던 것보다 실제로는 훨씬 더 복잡하고 다면적인(그러면서도 통일적인) 전체적인 체계 내에서, "칭의" 문제는 자신의 고유한 자리를 잡아서 정착할 수 있게 된다.

그렇다면, 세계관 모형은 실제에 있어서는 어떻게 작동하는가? 우리는 계속해서 빌레몬서를 하나의 사례로 사용해서, 그러한 탐구가 어떻게 시작될 수 있는지를 살펴보기로 하자. 가장 분명한 것에서 출발한다면, 노예제도는 빌레몬이나 바울 두 사람에게 있어서 세계관의 일부 그 자체였다. 노예제도는 당시의 세계가 돌아가는 방식이었고, 고대 세계의 전기 같은 것이었다. 여러분이 살고 있는 집이나 마을에 전기 콘센트가 없어서 전기 기구들을 켤 수 없다고 상상해 보라. 여러분은 당시 사람들이 노예 없는 세계를 생각할 수도 없었다는 것을 깨닫게 될 것이다. 우리가 알고 있는 한, 고대 세계에서 노예 없이 삶을 영위해 나갔던 유일한 공동체들은 다른 거주지들로부터 아주 멀리 떨어져서 독자적인 집단을 이루어 마치 수도원처럼 살아간 그런 공동체들뿐이었다.[86] 대부분의 사람들에게 노예제도는 그들의 세계관의 실천의 일부 그 자체였고, 어떤 사람들에게는 — 특히, 노예들 자신 — 자신의 이야기 속에서 아주 큰 부분을 차지하는 것이었다. 많은 노예들이 그랬듯이, 한때는 자유민이었다가, 전쟁에서 잘못된 편에 섰거나 매매되어서 노예가 된 경우에는 특히 그러하였다. 그런 경우에, 노예제도는 "무엇이 잘못되었는가?"라는 질문에 대한 대답을 구성하는 배경 이야기(back story)의 일부로 등장할 수도 있었고, "그 해법은 무엇인가?"라는 질문에 대한 대답의 일부로서 노예해방이라는 형태로 등장할 수도 있었다. 노예제도는 노예들을 많이 소유하고 있는 것 자체가 사회적인 지위와 부를 나타내 주는 것임을 알고 있었던 부유한 사람들의 경우를 제외하고는, 그렇게 자주 상징 역할을 하지는 않았을 것이다.

당시 서부 터키에 살았던 부유한 이교도들의 세계관에 속해 있던 빌레몬의 사고체계에서는 노예제도가 중심을 차지하고 있지는 않았을 것이고, 기껏해야 그의 "실천"의 아주 작은 한 부분이었을 것이다. 실제로 그의 사고 체계의 중심에 있었던 것들은 사업과 가족, 신들과 축제들, 여행(통상적으로 그는 에베소에서 바울을

85) Campbell, 2009. *Interpreters*에 나오는 Campbell에 관한 나의 논의를 보라.
86) Philo, *Vit. Cont.*에 언급된 "치유자들"(Therapeutae)에 대해서는 Taylor, 2010을 보라.

만난 것으로 추정된다), 제국(그는 비록 자신의 지갑에 있는 동전을 통해서이긴 하지만, 누가 세계를 경영하고 있는지를 알고 있었을 것임에 틀림없다), 계절들과 수확, 인간의 통상적인 희망들과 두려움들이었을 것이다. 우리는 제3장에서 빌레몬 같은 사람들의 전형적인 세계관을 좀 더 살펴보게 될 것이다. 빌레몬서를 읽을 때에 중요한 것은 바울은 빌레몬의 세계관이 예수에 관한 메시야적 선포의 영향으로 무너지고 전복되어 있었다는 것을 추정할 수 있었다는 것이다.

또한, 우리는 오네시모의 세계관도 그의 실천이 노예의 실천이었다는 분명한 차이를 제외하고는 비슷한 변화를 겪었을 것이라고 추정할 수 있다. 그 결과, 우리가 방금 말한 대로, 그의 상징 세계(노예들은 어떤 종류의 표지나 낙인을 지니고 있었을 것이다)만이 아니라, 그의 세계관 이야기, 그의 개인적인 사고 체계와 관련해서도 판이하게 다른 요소가 존재하였을 것이다. 그는 "나는 전에 자유민이었지만, 지금은 노예"라고 생각하였을 것이고, 거기에서 "지금 나는 노예이지만, 언젠가는 자유민이 될 것" 이라는 추가적인 서사가 쉽게 생겨난다.[87] 그런 후에, "그 해법은 무엇인가?" 또는 "어떻게 하면 우리가 이 난국에서 벗어날 수 있는가?" 라는 질문이 생겨나고, 거기에 대한 다음과 같은 대답이 등장한다: "나는 돈을 모아서 자유를 살 수 있다. 아니면, 나는 내 행운을 믿고 도망치는 것을 감행해 볼 수도 있다 …" 따라서 빌레몬서에 대한 통상적인 읽기가 옳다고 가정하면, 오네시모가 바울을 만난 시점은 복음에 의해서 생성된 세계관의 위기가 시작된 시점일 뿐만 아니라, 그의 서사에 구체적인 변화가 시작된 시점이기도 하다: "나는 자유를 얻고자 시도해 왔지만, 이제는 다시 돌아가서, 평생 노예로 살 가능성에 직면하지 않으면 안 된다." 바울이 오네시모에게 요청하고 있는 것은 그가 빌레몬에게 요청하고 있는 것과 마찬가지로 가혹하고 힘든 것이었다.

그렇다면, 그것은 바울 자신에게는 무엇이었는가? 물론, 이것은 본서 전체의 주제이기는 하지만, 우리는 이렇게 말할 수 있다: 바울은 노예제도가 사람들의 삶 자체였던 세계(그의 유대적 세계를 포함해서)에서 살고 있었지만, 그와 동시대의 유대인들은 그들의 조상들이 노예들이었고, 그들의 하나님이 그들을 해방시켜 주었다는 이야기를 말하며 송축하였다. 앞으로 보게 되겠지만, 이것은 사도 바울의 성숙된 세계관 속에서 아주 중요했던 대조표본의 서사로 남아 있었다. 그러나 우리는 그것과는 다른 또 하나의 서사를 주목하여야 한다. 바울이 다른 곳에서 "화해의

87) 오네시모는 태어날 때부터 노예였을 가능성이 무척 높지만, 나는 그의 가족이 노예로 전락한 때로 거슬러 올라갈 수 있는 암묵적인 서사들에 대하여 말하기 위한 목적으로, 그가 자유민으로 태어났을 가능성에 대하여 말하고 있는 것일 뿐이다.

메시지"(고후 5:19)라고 부른 것이자 예수가 메시야로서 십자가에서 죽은 사건에 뿌리를 둔 것으로 보았던 그 화해의 메시지는 그의 세계관에 깊이 뿌리를 내리고서 아주 큰 부분을 차지하고 있었기 때문에, 빌레몬서에 "화해"라는 단어가 한 번도 나오지 않고 십자가 자체도 전혀 언급되고 있지 않음에도 불구하고, 이 두 가지 실체는 이 짧은 본문 속에 인격적으로 생생하고 깊게 배어 있다. 바울이 예수에 대하여 "그가 나를 사랑하셔서 나를 위해 자신을 주셨다"고 말할 수 있었던 것과 마찬가지로, 오네시모는 나중에 "바울이 나를 사랑해서 나를 위해 자신을 주었다"고 말할 수 있었을 것이다. 우리 중 다수가 여전히 빌레몬서의 자매편이라고 단호하게 추정하는 골로새서에서 실제로 바울은 거의 그런 식의 말을 하고 있다.[88]

이야기, 실천, 상징은 세계관과 관련된 특유한 "질문들"에 의해서 서로 결합된다: "우리는 누구인가?", "우리는 어디에 있는가?", "무엇이 잘못되었는가?", "그 해법은 무엇인가?", "지금은 어느 때인가?" 다시 한 번 말하지만, 이러한 것들은 가족이나 문화 속에서 통상적인 대화의 주제들이 될 가능성은 없는 것들로서, 사람들로 하여금 다른 모든 것들을 이해하게 해주는 전제들이다. 당시 서부 터키에 살던 평균적인 이교도들에게 있어서, 그러한 질문들에 대한 암묵적인 대답들은 사회적인 신분, 가족과 사업, 지역과 도시의 문제들, 기근이나 전염병, 또는 지진과 그 여파, 어떤 신들을 어떤 결과를 바라고 어떤 방식으로 섬겨야 하느냐 하는 지속적인 문제와 연관되어 있었을 것이다. 다소의 사울의 세계관은, 앞으로 보게 되겠지만, 그가 아주 큰 열심을 내었던 이스라엘의 고대 전승들에 의해서 형성되었고, 메시야를 중심으로 개혁되었기 때문에, 그런 것과는 달랐다. 그러한 인물이 왜 그러한 서신을 쓰게 되었는가, 또는 그는 왜 빌레몬이나 오네시모가 자신의 제안들과 요청들을 따를 것이라고 생각하였는가 하는 질문은 기독교가 왜 시작되었으며, 왜 그런 형태를 띠게 되었는가 하는 좀 더 큰 역사적 질문의 일부이다. 그러므로 이것도 본서 전체가 추구하는 탐구의 일부이다. "'신'에 관한 질문"은 여전히 "기독교의 기원"에 관한 질문과 지속적이고 복잡한 대화 가운데 있다.

"세계관들"이 작동하는 방식은 이렇다. 이야기, 실천, 상징은 위의 다섯 가지 질문들에 대한 일련의 암묵적인 대답들을 생성해내고 유지시킨다. 통상적으로 사람들은 자신들의 세계관을 구성하는 이 네 가지 요소들(이야기, 실천, 상징, 질문들)에 대하여 말하지 않는다. 어떤 일이 잘못되었거나, 외부인인 사람들로 하여금 "그것이 세상이 돌아가는 이치야"라는 상투적인 대답을 할 수밖에 없게 만드는 도전

88) 골 1:24f. 골로새서에 대해서는 본서 제1장 제2절을 보라.

이나 새로운 질문을 해올 때에만, 이 요소들은 논의를 위해 표면으로 떠오르게 된다. 여러분이 자신의 안경을 영원히 벗어 던져 버리고 사물을 바라보게 되면, 여러분은 자신의 남은 인생을 잘 살아갈 수 없게 된다. 사실, 안경과 관련된 문제점들 중의 하나는 여러분이 안경을 깨버리면 제대로 볼 수가 없어서 스스로 안경을 수리할 수 없게 된다는 것이다. 세계관들의 경우도 마찬가지이다. 여러분이 자신의 세계관의 일부 또는 전부에 대하여 의문을 품고서, 그 세계관을 벗어 던지고서, 무슨 일들이 진행되고 있는지를 보기 위하여, 그 세계관을 살펴보고자 하면, 여러분은 지금까지 바로 그 세계관을 통해서 다른 모든 것들을 살펴보아 왔기 때문에, 그 세계관을 면밀하게 살펴볼 수 없게 된다. 그 결과, 방향감각을 상실하게 되어서, 여러분은 고통을 겪게 되고, 근본적인 변화에 이를 수 있다. 그것은 사람들과 사회들의 토대 자체를 뒤흔들어 놓는다. 그것은 종종 박해자들을 사도들로 바꾸어 놓기도 한다 …

바로 그것이 정확히 다메섹으로 가는 길 위에서 바울에게 일어났던 일이라는 것은 두말할 필요가 없다. 사도행전에서 3번 보도되고, 바울 자신에 의해서 간략하게 언급된 이 사건의 정확한 전말이 어떤 것이었든지 간에, 그 이야기 속에 언급된 눈이 멀어 버린 일(blindness)은 그에게 여러 차원에서 동시적으로 일어났던 것으로 보인다.[89] 말하자면, 그는 자신의 세계관을 완전히 벗어 던지고서, 어쩔 수 없이 그 세계관을 가장 깊은 차원에서 검토할 수밖에 없었다. 이 책의 질문 중의 일부는 그가 자신의 옛 세계관에 대하여 근본적이고 철저한 조정들을 가한 것이냐, 아니면 완전히 다른 세계관으로 대체한 것이냐 하는 것이지만, 여기서의 논점은 이것이다: 세계관들과 개개인들의 "사고 체계"(거듭 말하지만, 나는 "사고 체계"라는 용어를 집단적인 성격을 지니는 "세계관"의 개인적 판본이라는 의미로 사용하고 있고, 거기에는 모태가 되는 세계관 내에 지역적이거나 개인적인 변용들이 존재한다는 뉘앙스가 내포되어 있다)에 대한 연구는 특정한 본문들과 역사적 증거들의 기저에 도달해서, 역사가로서의 우리로 하여금 "왜?"라는 질문, 즉 "왜 그는 그런 식으로 행동하였는가? 왜 그들은 그렇게 하고자 하였는가? 왜 이 장수는 저 성을 공격하였는가" 등등의 질문에 대답할 수 있게 해줄 그 근저에 있는 통일성(coherence)에 관한 가설들을 제시하는 데 탁월한 방법이다. "왜?"라는 질문에 대한 궁극적인 대답은 통상적으로 아마도 언제나 – 정의에 따라 거의 언제나 – 세

89) 갈 1:11-17; 고전 9:1; 15:8-11; 고후 4:6; 행 9:3-9; 22:6-11; 26:12-19을 보라. *RSG*, ch. 8에 나오는 논의를 보라.

계관의 하나 이상의 측면과 연관되어 있는 것이 된다. 앞에서도 말했듯이, 이러한 질문으로 압박하면, 우리가 "신학"이라고 부르는 분야에 속한 대답이 나오게 될 것이다.

이 세계관 모형 내에서 우리는 두 가지 서로 다른 차원을 구분할 수 있다. 첫 번째 차원은 "문화"이다. 다소 두루뭉술하게 사용되고 있지만 사실은 중요한 "문화"라는 단어를 나는 특정한 패턴의 서사와 실천과 상징을 한데 결합시켜서, 흔히 그 기저에 있는 이야기들에 속한 여러 부분들을 반영하는 새로운 이야기들(수많은 연극, 소설, 영화, 라디오나 텔레비전의 드라마 등등에 나오는 것과 같은)을 만들어 내고, 그 자체로 특정한 생활 방식의 상징들이 되는 인공물들(생선용 나이프, 신용카드, 아이폰 등등)을 만들어내며, 이야기와 실천과 상징 사이의 공간들 속에서 살면서, 마치 다른 차원에 속해 있는 것처럼 전체적인 세계관에 대한 인식, 아주 흔히 그 세계관에 깊이 자리 잡고 있는 내적인 문제점들과 난관들에 대한 인식을 사람들에게 제시하는 미술과 음악 작품들을 낳는 인간의 공유된 삶의 측면들을 가리키는 데 사용한다. 아마도 문화의 가장 중요한 특징들 중의 하나는 기존의 세계관을 더욱 강화시키거나 그 세계관 내에서 의문과 도전을 제기하는 신념들과 인식들을, 말로 분명하게 표현하는 언어 이외의 다른 언어로 표현한다는 것이다. 심지어 말들이 음악과 결합되는 경우에도, 통상적으로 그 말들은 거기에 결합된 음악으로 인해서 단독적으로 사용되었을 때에 의미하는 것을 훨씬 뛰어넘는 어떤 것을 "말하고" "의미하게" 된다 – 그 말들이 "들에는 목자들이 밤에 밖에서 자기 양 떼를 지키고 있었다" 같은 성경 말씀이든, 아니면 "당신에게서 내 눈을 뗄 수 없어요"라는 유행가 가사이든 상관없이. 이렇게 "문화"는 이야기와 실천과 상징을 한데 결합시키는 또 다른 차원의 세계관 모형 내에 둥지를 틀고 있다.

이러한 것들을 도표로 나타내기는 쉽지 않지만, 개략적으로 나타내 본다면, 다음과 같은 것이 될 것이다. 이상적으로는 세 가지 차원이 필요할 것이고, 실제로 "문화" 자체가 종종 생산해 내는 것도 바로 그런 종류의 것이지만, 현재로서는 나는 그러한 정교한 것은 독자들의 상상력에 맡기고자 한다:

바울과 빌레몬과 오네시모의 세계 속에서, 우리가 느슨하게 사용하는 단어인 "문화"에 상응하는 것들이 무엇인지를 알아보는 것도 좋을 것이다. 그들이 소포클레스(Sophocles)의 연극을 보러 극장에 갔었는지, 또는 빌레몬이 검투사들이 사나운 짐승들과 싸우는 것을 구경하러 지금과는 다소 다른 종류의 극장에 가곤 하였는지에 대해서는 우리는 알지 못한다. 또한, 우리는 그들이 어떤 악기들을 연주하거나 들었고, 골로새에서는 어떤 종류의 도기들이나 보석들이 사용되었으며, 자신들의 집과 건축물들을 어떤 식으로 장식하였는지에 대해도 알지 못한다. (고고학적인 발굴이 나중에 진행된다는 소문이 들리기 때문에,[90] 아마도 언젠가는 우리가 그런 것들을 알게 될 것이다.) 또한, 우리는 그들이 어떤 종류의 시를 썼는지 – 바울의 몇몇 글들이 그 중요한 단서들이 될 가능성이 있긴 하지만 – 에 대해서도, 우리가 원하는 만큼 알지 못한다. 그러나 세계관에 대한 연구를 완결하기 위해서는, 세계관의 표지들(markers)인 이야기와 실천과 상징을 모호하게 담고 있는 중요한 그릇이자 그러한 표지들을 생성해 내는 것으로서의 "문화"를 주목하지 않으면 안 된다.

우리가 "문화"에 대하여 말한 내용들은 또 다른 차원에서 "예배"에도 그대로 적용된다. 계몽주의 이후의 문화는 이 대목에서 "종교"라는 말을 사용하였을 것이지만, 본서에서 나의 목표 중의 일부는 계몽주의가 갈라놓은 세계들을 다시 합치는 것이고, 우리가 이미 보았듯이, "종교"라는 단어는 적어도 오늘날의 대부분의 서구 세계에서는 "통상적인 삶에서 벗어난 분야"(not-ordinary-life), "문화 외적인 분야"(not-culture), 특히 "정치와는 무관한 분야"(not-politics)라는 의미를 함축하는 것으로 들릴 수밖에 없기 때문에 문제가 있다. 이와는 대조적으로, 주후 1세기에서 "종교"라고 불릴 수 있었던 것들은 어떤 것이든 통상적인 삶, 문화, 정치와 매우 견고하게 엮어져 있었고, 우리가 범할 수 있는 가장 분명하고 광범위한 시대착오적인 잘못들 중의 하나는 그 점을 무시하고, 마치 "종교"가 "실제로" 바울과 그의 공동체들의 삶의 나머지와는 동떨어지고 분리된 어떤 것이었던 것처럼, 바울을 연구하는 것이 될 것이다. 빌레몬에게 있어서 그의 회심 이전에 "예배"는 일상적인 삶의 한 특징이 되어 있었기 때문에, 지역적이고 국가적인 신들, 그리고 나중에는 국제적인 신들(이것에 대해서는 앞으로 살펴보게 될 것이다)은 사업과 결혼, 가정, 죽음과 출생, 여행과 축제 같은 삶의 모든 요소들과 연결되어 있었다. "예배"

90) 최근의 것으로는 Cadwallader and Trainor, 2011, 특히 ch. 1(9-47, 참고문헌은 41-7에 나온다)을 보라.

는 실천에 색채를 입히고, 서사에 형태를 부여하고 영향을 미치며, 상징들을 생성하고, 흔히 핵심 질문들에 대한 대답들을 제시하는("무엇이 잘못되었는가?" "우리가 아폴론 신에게 범죄한 것 같아!" "그 해법은 무엇인가?" "그의 신전으로 가서 화목제사를 드려라") 등 세계관의 다른 요소들이 서로 얽혀 있는 특별한 활동이다. 사람들은 피조물들을 숭배하고 있고, 심지어 의식적으로든 무의식적으로든 그 어떤 종류의 신을 숭배하지 않을 때조차도, 모두 그들 자신보다 더 큰 어떤 것을 경배하는 일에 연루되어 있다. 여러분은 자신이 숭배하는 대상을 닮기 때문에, 숭배는 늘 인간인 우리 모두를 변화시킨다: 돈이나 권력, 또는 성(性)을 숭배하는 자들의 성품은 그러한 이상한 힘들에 의해서 변화되기 때문에, 점차로 돈을 숭배하는 자는 금전적 이득을 얻을 기회냐 손해를 입게 될 위험들이냐 하는 관점에서 세계를 바라보고 경험하게 되고, 권력에 굶주린 사람은 권력을 얻을 기회들이냐 기존의 권력에 대한 위협들이냐 하는 관점에서 세계 및 다른 사람들을 바라보고 경험하게 되며, 성을 숭배하는 자는 정복할 수 있는 자들이냐(그들은 정복이라는 단어 자체에 홍미를 갖는다) 경쟁자들이냐 하는 관점에서 세계를 바라보게 된다. 의식적으로, 그리고 의도적으로 이러한 신들을 숭배하지 않기로 선택하는 자들도 여전히 광범위하게 퍼져 있는 다른 신들 중에서 어떤 신을 선택해서 살아가고, 그 각각의 신들은 여러 다양한 방식으로 자기를 숭배하는 자의 성품을 변화시킨다. 이러한 광범위한 영역의 중간쯤에서 우리는 주후 1세기 중반에 어떤 사람들에 의해서 예수라 불린 사람 안에서 자기 자신을 독특하고 결정적으로 계시하였다고 믿어진 하나님에 대한 예배를 발견하고, 이 사람들 가운데서 바울이라 불린 이 사람을 발견한다. 우리가 바울의 세계관을 이해하고자 하면, 그의 세계관의 특징을 이루는 상징적 실천과 서사들, 그리고 그것들이 세계관적 질문들에 대하여 생성한 대답들을 탐색할 필요가 있고, 그런 후에 다른 차원들, 즉 그의 세계관에 수반되었을 뿐만 아니라, 사도의 특정한 사고 체계에 기여한 문화(우리가 할 수 있는 한)와 예배도 탐색하여야 한다.

3) 세계관에서 신학으로

제2부에서 제3부로 이행해 나가도록 본서의 체계를 구성한 것 속에 담겨 있는 본서의 주장은 우리는 사도 바울의 세계관을 이해하게 되었을 때, 그의 세계관은 어떤 것들을 담고 있고 어떤 것들을 담고 있지 않는 까닭에, (어떤?) 다른 세계관들과는 다른 방식의 신학을 필요로 하게 되었다는 것을 깨닫게 된다는 것이다. 그의 세계

관은 "한 분 참 하나님이 실제로 누구이고, 이 하나님이 이제까지 무엇을 행해 왔고 지금은 무엇을 행하고 있으며, 이 모든 것은 메시야의 공동체와 그 메시야를 따르는 자의 삶에 무엇을 의미하는가"라는 질문을 끊임없는 기도와 사고를 통해서 분명히 함으로써만 유지될 수 있다. 바울이 자신의 로마서 청중에게 "사고를 새롭게 함으로써 변화를 받아야" 한다고 강력히 권하였을 때(롬 12:2), 그것은 단지 자신들의 믿음을 조금 더 잘 이해하고서 실천하고자 한 사람들을 위한 한 마디 좋은 조언이었던 것이 아니었다. 그가 주창하고 역설하고 있었던 세계관이 온전히 제대로 뿌리를 내리고 꽃피우기 위해서는, 그것은 결정적으로 중요한 것이었다.

이 논점은 25년 전에 웨인 믹스(Wayne Meeks)가 자신의 획기적인 연구서인 『최초의 도시 그리스도인들』(*The First Urban Christians*)에서 제시한 것이다.[91] 그는 특히 유대적인 형태의 유일신론(하지만 기독론적으로 재편된)을 바울의 세계관이 유지될 수 있게 해준 핵심적인 요소로 부각시켰으면서도, 자신을 잘 드러내지 않는 조심스러운 성격으로 인해서, 그러한 논증을 더욱 발전시키지 못한 것으로 보인다. 나는 본서가 바로 그 논점을 출발점으로 삼아서, 믹스(Meeks)의 통찰과 일치하면서도, 믹스의 저작이 쳐놓은 경계를 허무는 차원으로 그 통찰을 세부적으로 발전시킨 바울의 세계관과 신학에 관한 그림을 제시하고 있는 것이라고 본다. 그럼에도 불구하고, 믹스는 그 이후에 사람들이 거의 채택하지 않은 것으로 보이는 방식으로 바울의 사회학과 신학을 망설임 없이 단호하게 결합시켰다. 내가 생각하기에, 바울 "신학자들"은 그의 책을 신학이 아니라 사회학을 다루고 있다고 여겼고, 그의 책에 열광하였던 사회학자들은 그 책 속에 내내 들어 있던 신학에는 별 관심이 없었다. 나는 본서가 어느 쪽에서든 그러한 잘못 그어진 선들을 자유롭게 넘나들면서 풍성한 성과를 거두는 데 일조할 수 있기를 희망한다.

"바울 신학"에 관심을 가진 사람들이 대체로 믹스의 주장을 간과해 버리게 된 한 가지 이유는 그가 바울에게서 중심적인 것이었다고 제시하였던 특정한 신학적 주제, 즉 유대적인 형태의 유일신론(하지만 기독론적으로 재정의된)이 당시의 학계에서 논의되고 있던 주제가 아니었다는 것이다. 그 주제는 그 때로부터 얼마 되지 않아서 특히 논란을 불러온 제임스 던(J. D. G. Dunn)의 저작으로 인해서 학계의 주목을 받게 되었지만,[92] 1980년대 초까지만 해도, 유일신론은 말할 것도 없고, 바울의 "하나님론"에 관한 연구는 거의 찾아볼 수 없었다.[93] 지금 나는 시대가 더

91) Meeks, 1983.
92) Dunn, 1980 and 1982; 최근의 것으로는 Dunn, 2010.

좋은 쪽으로 변하였다고 믿는다. 따라서 나는 믹스의 노선을 따라서, 유일신론이야말로 바울 신학의 핵심에 자리 잡고 있었고, "그가 하나님에 관하여 믿었던 것들"은 그가 다른 주제들(특히, 구원)에 관하여 믿었던 것들과 분리될 수 있었던 것이 아니라, 도리어 다른 모든 주제들을 통합해서 설명해 주고 깊이를 더해 주는 주제였다는 주장을 본서 제3부의 토대로 삼고자 한다.

실제로 지난 2백여 년 동안 이루어진 바울의 신학에 대한 주요한 연구들은 유일신론에 대해서 말하지 않은 것이 그 특징이었다고 할 수 있다. 나는 "바울 신학" 연구를 둘러싼 길고 복잡한 이야기, 그리고 그 연구가 학자들이 직면한 일련의 질문들, 따라서 오늘날 설교자들과 교사들과도 직결되는 질문들에 대하여 어떠한 대답들을 내놓았는지를 다룬 자매서를 썼는데, 여기에서 그 내용을 간단하게 요약해서 소개하고자 한다.[94]

종교개혁 이후로 서구 교회사의 상당 기간에 걸쳐서, 바울 신학의 주된 주제는 구원론, 즉 사람들이 어떻게 구원 받는가에 관한 그의 이론이었다고 전제되어 왔다. 이것은 특히 칭의, 율법, 예수의 죽음이 지닌 의미, 최후의 심판에 관한 문제들을 포함해 왔고, 이 각각의 문제들은 그 자체로, 또는 다른 것들과 결합해서 서로 대립하는 학파들 간의 엄청난 분량의 논의를 생성해 왔다. 슈바이처(Schweitzer)가 한 세기 전에 지적하였듯이, "바울 신학들"은 일반적으로 종교개혁자들이 자신들의 근거로 삼았던 사도인 바울을 분석하는 데에는 종교개혁의 교의학이 사용했던 범주들이 가장 적절하다고 전제될 수 있다는 가정 위에 구축되어 왔다.[95] 그러한 연구를 통해서 생겨난 질문들은 많은 세대들이 계속해서 활발한 논쟁을 벌이기에 충분한 소재를 제공해 주었고, 학자들에 의해서 흔히 무시되긴 하였지만, 그러한 논쟁 속에서 ("두 왕국론"과 율법에 대한 강력한 비판을 들고 나온) 루터교 신학과 (통전적인 세계관과 율법에 대한 강력한 긍정을 들고 나온) 개혁파 신학 간의 기나긴 싸움은 중요한 요소였다. 제2차 바티칸 공의회 이후에는 로마 가톨릭의 석의도 이러한 논쟁에 더욱 적극적으로 가세해서, 개신교에서는 대체로 주변적인 것으로 취급되어 왔던 바울의 교회론을 집중적으로 부각시켰고, 이것은 충분히 예상할 수 있는 것이기는 하였지만, 어쨌든 이 논쟁에 도움이 되었다. 본서 제1장의 앞부분에서 내가 제시한 설명들은 빌레몬서의 중심적인 논증이 예수의 죽음과 그 의

93) 주된 예외는 짤막한 글인 Dahl, 1977, ch. 10이었다.

94) Engberg-Pedersen의 질문들(2000, 5)은 타당하기는 하지만, 완전하다고 할 수 없고, 사실은 제대로 만들어진 것도 아니다.

95) Schweitzer, 1912, 2, 33f.

미에 관한 바울의 견해 및 바울의 교회론, 즉 노예들과 자유민들이 서로 형제와 자매가 되어 있는 공동체에 관한 그의 비전과 유기적으로 연결되어 있다는 것을 보여주고 있는데도, 지금까지 빌레몬서는 몇몇 역사적인 문제들로 인해서 그러한 논쟁 속에서 거의 소외되어 왔다.

하지만 주류 종교개혁 전통들에 의해서 "칭의"에 그 초점이 맞춰지고, 종종 사법적인 사고의 견지에서 총칭적으로 명명된 바울 신학의 전통적인 주제들은 이제까지의 진지한 신학적 연구의 유일한 초점이었던 것은 아니었다. 알버트 슈바이처(Albert Schweitzer)를 비롯해서 그 이전과 최근의 여러 신학자들에게, 그러한 문제들은 여전히 중요하긴 하지만, 중심적인 것들은 아니다. 그들은 "그리스도 안에 있는 것"(슈바이처는 이 어구를 "신비주의"와 연관시켜 언급함으로써 혼란을 야기시켰다)이 바울의 삶과 사고의 중심이었고, 칭의, 심지어 "구원"에 관한 문제들은 부차적인 것들이었다고 본다. 좀 더 최근에 와서는, 이것은 참여(participation), 즉 사람들이 예수 그리스도와 그가 이룬 일들에 "참여한다"는 관점에서 언급되어 왔다. 우리는 많은 고전적인 개신교 신학자들, 특히 존 칼빈(John Calvin)이 이미 "그리스도 안에 있는 것"과 "이신칭의"를 꽤 철저하게 통합시켜 놓았고, 나중에 슈바이처가 등장해서 행하였던 것처럼, "이신칭의"를 "그리스도 안에 있는 것"이라는 좀 더 큰 원 안에 위치시켜 놓았다는 것을 주목하지 않으면 안 된다(슈바이처는 이것을 알고 있었을까?) – 이것은 중요한 주제이기 때문에, 나중에 다시 살펴보게 될 것이다.[96] 학계의 한 특정한 흐름, 이 경우에는 왕성한 연구욕으로 대량의 저작들을 펴낸 독일의 여러 루터파 신학자들은, 찬반양론을 불러일으켰으면서도 양극화된 반응을 유발하지는 않을 수 있었던 방식으로 질문들을 제시할 수 있었다. 물론, 이것은 처음도 아니었고, 마지막도 아니었다. 이 논쟁의 기본적인 형태는 이미 지난 백 년 간에 걸쳐서 형성되어 왔다: 바울은 기본적으로 칭의에 대하여 쓰고 있는 것인가, 아니면 그리스도 안에 있는 것에 대하여 쓰고 있는 것인가? 그의 사고는 "사법적인" 것인가, 아니면 "참여적인" 것인가? 따라서 우리는 로마서 1-4장과 5-8장 중에서 어느 쪽에 무게를 두어야 하는가(이것은 이 문제가 로마서 석의에 미친 가장 분명한 부산물이다)? 우리가 "둘 다"라고 말하고자 한다면, 우리는 이 둘을 어떤 식으로 설명해서, 이 둘이 서로 통합되어 있다는 것을 보여 주어야 하는가(다른 곳들, 특히 갈라디아서 3장과 4장을 보면, 바울의 사고 속에서 이 둘은 통합되어서 자유롭게 서로 뒤엉켜 있는 것을 분명히 알 수 있다)? 그리고 이 질문에는

96) "합체"(incorporation)와 "칭의"(justification)에 대해서는 이제 Vanhoozer, 2011을 보라.

상당히 중요한 상위 질문(meta-question)이 수반된다: 바울에게 있어서 무엇이 중심적이었고 무엇이 주변적이었는가? 바울의 사고의 "심장"은 무엇인가?[97]

따라서 이러한 주제들을 도표로 표시한다면, 다음과 같이 될 것이다:

칭의	그리스도 안에 있음
율법	"신비주의"
은혜, 믿음	세례, 공동체적 삶

이것을 하나의 관점(고전적인 루터파의 관점)에서 설명하면, 이렇게 된다:

(그리스도 안에 있음, 신비주의) (칭의, 율법, 은혜, 믿음) (세례, 공동체적 삶)(윤리)

그리고 이것을 또 다른 관점(개혁파의 관점, 또는 슈바이처, 샌더스 등에 의해 제시된 관점)에서 설명하면, 이렇게 된다:

(칭의, 율법) (그리스도 안에 있음, "신비주의", 세례, 공동체적 삶) (은혜, 믿음)

여기서의 질문은 다음과 같은 것들이다: 어느 것이 중심적이고, 어느 것이 주변적인가? 우리는 그것을 어떻게 아는가? 왜 이것이 중요한가? 이 모든 것은 석의와 관련해서 어떤 역할을 하는가? 사실, 이것은 그동안 바울에 대한 소위 "옛 관점"과 "새 관점"이 맞붙어 격렬한 폭풍들을 일으켜 왔던 것 — 이것에 대해서는 나를 비롯한 많은 학자들이 이미 아주 많은 글을 써 왔다[98] — 에 신학적인 의미를 부여해 줄 수 있는 좀 더 오래된 논쟁이다.

그러나 이 시점에서 그림은 좀 더 복잡해진다. 이 논의를 분명히 해서 통찰을 줄 수도 있고, 진흙탕 싸움으로 이끌어서 더욱 혼란스럽게 만들 수도 있는 엄청난 잠재력을 지닌 세 가지 개념들이 추가로 이 논의 속에 도입되어 왔다.

첫째, 이제까지는 "사법적" 관점의 학파와 "참여적" 관점의 학파가 각각 로마서 1-4장과 로마서 5-8장을 부각시켜 왔다면, 지금은 로마서 9-11장이 환영을 받으며 복귀하였다. "구원사"(salvation history)라는 어구는 굴곡진 파란만장한 역사를 지

97) 최근의 연구들 가운데서, E. P. Sanders와 Campbell이 각기 다른 방식으로 기여한 이 논쟁은 지금도 지속되고 있는데, 이 두 사람은 "참여파"에 확고하게 서 있다.

98) *Interpreters*에 나오는 논의를 보라.

닌 어구이기 때문에, 바울을 해석하는 데 사고의 도구로서 유용하게 사용되기 위해서는, 먼저 그 개념을 명확하게 하는 것이 절실히 필요하다. 그러나 이 어구는 바울의 사고 속에 존재하지 않았다고는 절대로 말할 수 없는 한 요소를 가리키는 일반적인 표지 역할을 할 수 있기 때문에, 그동안 몇 가지 시각으로 재도입되어 왔고, 몇몇 독자적인 새로운 질문들을 제기해 왔다.[99] 루터파만이 아니라 상당수의 서구 신학 내에서 로마서 9-11장이 그동안 주변적인 것으로 취급되어 온 것은 신학이 일부가 잘려나간 불구의 틀을 가지고 작업할 때에 석의에 무슨 일이 일어나는지를 잘 보여주는 사례였다.

둘째, "묵시적"(apocalyptic) 관점의 등장이다. 이 복잡하고 여전히 어려운 문제에 대해서는 지금까지 많은 연구가 행해져 왔다.[100] 사람들은 종종 이 관점에 손을 대었다가도 두 손을 털고 일어나서, 이 단어는 모든 것을 의미할 수 있고, 따라서 아무것도 의미하지 않기 때문에, 무익한 정도를 넘어서서 해악이 되는 것으로 규정하고서 폐기되는 것이 마땅하다고 선언한다. 그러나 그 핵심에 있어서 이 단어는 여전히 바울이 실제로 중심적인 것으로 삼았던 것으로 보이는 어떤 것을 가리켜 보여준다. 일부 학자들은 이 단어(어떤 식으로 해석되든)를 바울의 모든 사고의 열쇠로 보는 관점을 계속해서 밀어부쳐 왔다.[101]

세 번째 개념인 "계약"(covenant)은 나를 비롯한 여러 학자들이 나사렛 예수에 관한 사건들은 실제로 하나님이 옛적에 행한 계약에 속한 약속들에 대한 성취였다는 바울의 믿음을 환기시키고 부각시키기 위해 편의상 사용해 왔다. 이 개념은 종종 바울은 "계약"을 가리킬 때에 통상적으로 사용되는 헬라어 '디아테케'(diathēkē)라는 단어를 거의 사용하고 있지 않다는 근거 위에서 비판을 받는데, 거기에 대한 답변은 다음과 같다: (a) 바울은 여기저기에서, 흔히 분명한 문맥을 통해서 "계약"을 암시하고 있다. (b) 샌더스(Sanders)가 랍비들과 관련해서 지적하였듯이, 사람들이 어떤 단어를 반복해서 말하지 않는 이유는 종종 그 단어가 모든 곳에서 전제되기 때문이다. (c) 바울은 "사법적" 또는 "참여적"이라는 단어나 "구원사"라는 용어를 사용하고 있지 않고, "묵시론"이나 그 파생어들도 단지 이따금 사용하고 있을 뿐이다. 달리 말하면, 우리가 논의하고자 하는 본문이나 역사, 또는

99) 일부 해석자들에게는 "구원사" 또는 "역사에 있어서의 의미"라는 개념이 이상하고 이질적인 것으로 보였기 때문에, 그 개념은 그 그림에서 배제되어 뒷전으로 밀려나게 되었다. 예컨대, Kee, 1980[1973], 100-14.

100) cf. *NTPG*, 280-99; *JVG*, 95-7, 207-14, 311-6, 513-5.

101) Beker, Martyn, de Boer, Campbell 등에 대해서는 *Interpreters*에 나오는 논의를 보라.

신학과 관련된 자료들은 그 자체로는 너무나 복잡하기 때문에, 거기에 나오는 것들을 집약해서 지칭할 수 있는 어떤 명칭들이 필요한데, 이 개념들이나 용어들은 오늘날 그런 용도로 사용되는 약어들이라는 것이다. 우리가 모든 분과학문들이 약어들을 만들어서 사용하고 있다는 사실을 있는 그대로 받아들여서, 그 약어들을 맞닥뜨릴 때마다, 그것들이 가리키는 온전한 내용, 특히 본문에 토대를 둔 내용으로 현금화할 준비가 되어 있기만 한다면, 그것들을 사용하는 데 아무런 문제가 없을 것이다.

방금 앞에서 언급한 세 가지 개념들 간의 관계, 그리고 그것들과 처음에 언급된 두 가지 개념들 간의 관계는 복잡할 수밖에 없지만, 우리는 그 개념들이 흔히 서로 뒤엉켜서 상호작용한 결과라는 관점에서 오늘날의 바울 연구사에 관한 이야기를 풀어갈 수 있을 것이다. 고대의 유대적인 "묵시" 문헌은 늘 계약과 깊은 관계 속에 있었고, 구원사 속에 견고히 뿌리를 내리고 있기는 하였지만, "계약"과 "구원사"의 상호연관성은 "묵시"와의 연관성보다 더 뚜렷하다. 그래서 논쟁은 종종 후퇴해서, "묵시"가 "칭의"와 손을 잡고서, "참여," "구원사," "계약"과 집단적인 난투극을 벌임으로써, 종교개혁 이후의 주된 논의를 재연하는 일이 벌어져 왔다. 하지만 어떤 학자들은 "묵시"를 "참여" 또는 심지어 "구원사"와 한데 묶어서, 전방위적으로 "사법적" 사고와 싸워 오기도 하였다.[102)] 이 총서의 중심적인 목표들 중의 하나는 사실 지금까지 이렇게 다양하게 설명되어 온 중심적인 문제들에 대한 대안적인 설명을 제시하는 것이다. "참여"가 바울의 사고에서 중심적이라고 역설해 왔던 학자들까지도 "참여"라는 개념이 바울에게서 정확히 무엇을 의미하는지에 대하여 곤혹스러움을 표출해 왔다는 점에서,[103)] 이것은 더욱 절박한 것으로 보인다.

우리가 이 모퉁이를 돌 때, 또 하나의 연관된 문제가 시야에 들어오게 된다: 이 모든 신학적 분석들과 제안들은 역사적 질문들에 대한 실제적이거나 암묵적인 대답들과 어떻게 연결되는가? 칭의와 묵시의 결합은 언제나는 아니지만 종종 바울의 칭의론은 유대 율법의 공로 사상에 대하여 반론을 제기하고 있거나(고전적인 루터파의 견해), 그의 "묵시적" 신학은 구원의 역사의 연속성을 주장하는 유대적 묵시 사상과의 분명한 단절을 보여주기 때문에, 바울은 실제로 헬레니즘화된 인물로 다루어지지는 않더라도 적어도 지극히 유대적인 사상가는 아닌 것으로 다루어져야 한다는 역사적 주장과 손을 잡아 왔다. 계약, "그리스도 안에 있음," 구원사의 결합

102) Campbell, 2009.

103) Sanders, 1977, 549는 이것을 "종교 체험"이라는 관점에서 다루는데, 이것에 대해서는 본서 제13장을 보라.

은 언제나는 아니지만 종종 좀 더 분명한 근거들 위에서 바울을 기본적으로 유대적인 사상가로 다루어야 한다고 역설하는 역사적 주장(데이비스, 쿨만)과 연합해 왔다. 실제로, 이것은 동시대의 유대인들에 대한 바울의 지속적인 비판을 상세하게 설명하거나 알아내기 위해서 두 번째 노선을 택하는 학자들이 소기의 목적을 달성하는 데 실패하는 것 속에서 종종 아주 분명하게 드러난다.[104)]

내가 보기에는, 이러한 입장들 중에서 그 어떤 것도 바울의 서신들이나 그가 그 서신들을 통해서 분명하게 말하고자 했던 개념들을 단 하나라도 제대로 다루기 시작한 것은 없다. 우리는 바울의 서신들이라는 자료들을 단지 신학에 관한 자료인 것이 아니라 역사에 관한 자료로 여겨서, 종파적인 선전 문구(slogan)에 토대를 둔 신학적이고 역사적인 논쟁에 대하여 잠깐 멈출 것을 요구하고 자신이 스스로 답변할 권리와 그 기본적인 문제들을 정렬할 다른 방식들을 생성해 내고 찾아낼 기회를 그 자료들에게 주어야 한다.

그렇게 하였을 때, 이제 질문은 다음과 같이 된다:

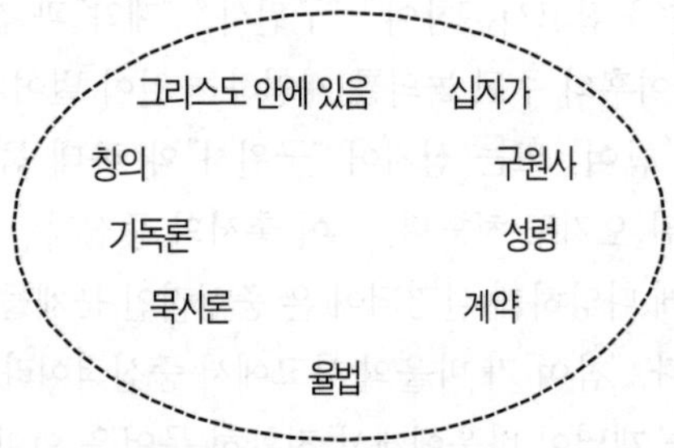

여기서 핵심적인 쟁점은 이런 것들이 된다: 이 모든 것들은 서로 어떻게 연결되어 있는가? 우리는 그러한 범주들을 서로와 관련해서, 그리고 바울의 서신들에 나오는 특정한 구절들 및 우리가 지금까지 암시해 온 좀 더 큰 역사적 질문들과 관련해서 어떻게 설명하거나 배제하여야 하는가? 우리가 보지 못하고 놓쳐 온 것들은 어떤 것들인가? 유일신론은 어떻게 된 것이고, 부활은 어떻게 된 것인가?

물론, 문제의 일부는 바울에 대한 많은 연구(모든 연구는 아닐지라도)가 바울을 이상적인 인물이자 신앙의 위대한 교사로 신봉하는 진영들 내에서 수행되어 왔다는 데 있다. 그런 까닭에, 역사적 논쟁들에서 바울은 연구자가 속한 특정한 종파의 전통이 가르쳐 온 것을 가르친 것으로 전제되어 왔다. 하지만 플라톤이나 세익스피어와 마찬가지로, 바울도 아주 많은 면모를 지니고 있기 때문에, 최근에 데리다

104) 이것은 Davies, 1980[1948]에 가장 분명하게 등장하고, Harink, 2003에 다시 등장한다.

(Derrida) 이후의 대륙 철학자들 사이에서, 특히 포스트모더니즘적인 한 명의 유대 사상가에게서 바울에 대한 관심이 급상승하고 있다는 사실이 보여 주듯이, 신학이나 윤리만이 아니라, 문화와 철학에 있어서도 온갖 종류의 쟁점들과 관련해서 이런저런 서로 다른 방식으로 다양하게 인용될 수 있는 것이다.[105]

하지만 신학과 윤리에 대한 언급은 추가적인 구분을 도입하는 것이다. 관례적으로 이러한 구분은 적어도 바울 자신에게로 거슬러 올라가는 것으로 여겨져 왔지만(그는 자신의 몇몇 서신들을 "교리" 부분과 "윤리" 부분으로 구분한 것으로 여겨진다), 그 오늘날의 형태는 임마누엘 칸트(Immanuel Kant), 그리고 종교개혁에서 "믿음"과 "행위"를 날카롭게 대비시킨 것에 훨씬 더 많은 빚을 지고 있다. (종교개혁자들이 말하는 의미에서의 "믿음"을 이렇게 "신학" 또는 "교리"와 구별하는 것은 결코 언제나 분명하게 이루어져 왔던 것은 아니지만, 앞에서 우리가 보았듯이, "이신칭의"가 "칭의 교리 자체를 믿음으로써 의롭다 하심을 얻는다"는 것을 의미하게 된 문제점을 낳았는데, 이러한 입장은 자신의 꼬리를 삼키고자 시도함으로써 특정한 유형의 신학적 소화불량, 그리고 아마도 문화적 소화불량을 낳게 된다.) 비교적 최근까지만 해도, 학자들은 바울의 사고 내에서 "윤리"에 관한 교리가 "교회"에 관한 교리와 아울러서 주변적인 위치에 있다고 생각했기 때문에, 바울의 윤리에 대한 연구들은 대체로 바울 신학에 대한 저작의 끝부분에 할당되었다.[106] 그러나 최근에 와서, 좀 더 폭넓은 신학 진영들이 윤리에 눈을 돌리게 되면서, 단지 개별적인 "윤리적 주제들"에 관한 문제만이 아니라, 교회 공동체들의 생활 방식과 관련된 바울의 전체적인 태도 및 그것과 고대 후기의 여러 세계들에서의 생활 방식의 관계에 관한 문제도 어떤 때에는 그의 유대적 배경과 관련해서, 어떤 때에는 그의 비유대적 세계들과 관련해서 논의의 주된 주제가 되어 왔다.[107] 이것은 최근의 학계에서 잃어버린 시간을 다시 탐색하기 위한 목적으로 빌레몬서에 대한 관심이 돌풍을 일으키고 있는 이유를 설명해 준다 – 물론, 앞에서 지적한 대로, 최근의 연구는 바울을 사회정치적 관점에서 모종의 급진적인 사회사상가로 위치시키려고 하거나, 반대로 그러한 위치에서 끌어내리고자 하는 동기로 이루어져 왔기 때

105) 세속적인 철학자들(Agamben, Badiou, Taubes, Žižek)과 관련해서는 *Interpreters*에 나오는 논의를 보고, 포스트모더니즘적인 탈무드 학자인 Boyarin에 대해서는 *Interpreters*와 *Perspectives*, ch. 8에 나오는 논의를 보라.

106) 그 분명한 예는 Dunn, 1998이다.

107) 유대적 맥락 속에서의 바울의 윤리: 예컨대, Tomson, 1990; Bockmuehl, 2000; 그리고 다른 시각에서는 Hays, 1996b(본서 제11장 제6절을 보라). 비유대적 맥락 속에서의 바울의 윤리: Meeks, 1986b; Horrell, 2005.

문에, 바울에게서 더 중심적인 것이라고 할 수 있는 신학적 관심들이 차단되고 가려지고 있는 것은 아닌가 하는 우려가 있지만.

이렇게 학계가 공동체의 윤리로 눈을 돌리면서 등장한 구체적인 주제들 중의 하나는 바울의 정치적 태도와 과제들에 관한 문제였다. 아주 최근까지만 해도, 바울은 "정치적인" 문제들에 대해서는 관심이 없었기 때문에, 단지 "권세들에게 복종하고 조세를 바치라"(롬 13:1-7)고 말하는 것으로 충분하였다고 안이하게 전제하였던 것에 반해서, 지금은 그의 글들 중에서 상당 부분은 당시의 제국 이데올로기를 의도적이고 명시적으로 전복시키고자 하는 것들이었다는 주장이 널리 제기되어 왔고, 이 주장에 대한 심한 반발도 이미 형성되어 있다.[108] 학자들은 흔히 이 논쟁을 "역사적" 연구(바울은 로마의 제국 이데올로기, 그리고 계몽주의 이후의 우리의 전제들과는 판이하게 달랐던 당시의 여러 정치 철학들과 관련해서 어디에 속해 있었는가?)와 "신학적" 연구(바울이 "예수가 주이다"라고 말했을 때, 거기에는 "카이사르는 주가 아니다"라는 의미가 함축되어 있었던 것인가? 그렇지 않다면, 그 이유는 무엇인가? 정말 그런 것이었다면, 이러한 정치적 강조점은 예수가 지닌 주로서의 지위가 아주 중요한 역할을 하는 바울 신학의 통상적인 주제들과 어떻게 통합될 수 있는 것인가?), 이 둘 속에 위치시킬 필요가 있다고 지적한다. 따라서 오늘날의 사고의 이러한 움직임들은 일련의 추가적인 질문들을 생성해 낸다: 우리는 "직설법" 대 "명령법"이라는 구분된 세계들 내에 영원히 머물러 있어야 하는가, 아니면 바울 자신이 믿음과 삶을 새롭게 통합할 수 있는 길들을 제시해 주고 있는 것인가? 우리는 "신학"을 좀 더 큰 "세계관"이라는 모형 내에 위치시킬 때, 바로 이런 종류의 논의에 대하여 좀 더 세밀하게 대답할 수 있을 것이고, 특히 이제까지 중세 후기 또는 종교개혁 시기의 구원론적인 범주들을 바울에게 투사한 것을 회개하고자 하는 지금 이 마당에서, 또다시 후기 모더니즘 또는 포스트모더니즘의 정치적 관념들을 바울에게로 투사하는 것을 지금까지와는 다른 방식으로 획기적으로 피할 수 있을 것이라는 희망을 갖고 있다.

이렇게 해서, 우리가 살피고자 하는 무대는 이전보다 훨씬 더 복잡해졌다. 명백하게 신학적인 논쟁들(칭의, "그리스도 안에 있음," 구원사, 묵시론, 계약, "옛 관점," "새 관점")은 "윤리적인" 논쟁들 및 "정치적인" 논쟁들과 전면적으로 대화하여야 한다: 바울은 자신의 공동체들이 어떻게 살아가고 운영되기를 바라는가? 그는 노예제도에 대해서는 무엇이라고 말하는가? 성에 대해서는? 분노에 대해서는?

108) 본서 제12장에 나오는 논의를 보라.

가족 생활에 대해서는? 제국에 대해서는? 이 모든 것은 그의 사고 내에서 어떤 역할을 하는가? "신학"은 통상적으로 다른 것을 밑받침하는 부차적인 역할을 하는 것으로 인식되고 있다는 점에서, 이 모든 것은 진정한 추진력이었는가, 아니면 그 반대였는가? 이 모든 것은 진정으로 "신학적"인 것이었고, 진정으로 "정치적인" 것이었으며, 진정으로 "공동체적인" 것이었는가? 그리고 이 모든 질문들은 위에서 언급한 질문들 중 그 어느 것 속으로 통합되는 것이 아니라 독자적인 생명력을 지니는 경향을 보여 주어온 다른 엄청난 질문들과 마침내 상봉하여야 한다: 기독론은 어떠한가? 우리는 메시야 예수의 정체성과 죽음과 부활에 관한 바울의 견해를 어떤 식으로 설명하고, 그러한 설명을 다른 모든 주제들과 어떤 식으로 통합하여야 하는가? 그가 말하는 성령은 무엇인가? 우리가 적어도 원칙적으로 다른 모든 주제들과 어떤 식으로 연결되어 있는지를 보여줌이 없이도, 이러한 주제들 중의 어느 하나에 대하여 공정하게 제대로 설명하는 것이 과연 가능한가? 이 주제들을 한데 통합해서 그 가운데서 각각의 주제들이 독자적으로, 그리고 다른 주제들과의 관계성 속에서 의미 있게 해주는 어떤 종류의 체계나 틀(framework)이 존재하는가?

이러한 질문들은 통상적으로 동시에 모두 논의되지 않는다. 그러나 이 모든 각각의 질문들은 바울의 글들에서 중심적인 주제들과 아주 밀접하게 연관되어 있기 때문에, 동일한 그림 퍼즐에 속한 각각의 조각 그림들이 서로 완전히 분리되어 있다가 다시 자신의 원래의 자리를 찾아 들어가야 하는 것과 마찬가지로, 또다시 서로 잘 결합되어서 하나의 통일적인 그림을 만들어 내어야 한다. 그 질문들이 다시 서로 결합되어서 얼핏 보면 혼란스러워 보이지만 실제로는 단일한 전체를 이루게 될 때에만, 우리는 그 질문들을 통합해서 좀 더 복잡하지만 더욱 설득력 있는 단일한 그림을 만들어낼 수도 있고, 또다시 적절하게 해체할 수도 있게 된다. 기본적으로, 이것이 본서에서 수행하고자 하는 작업이다.

그러한 과정의 일부로서, 이 모든 질문들은 통상적으로 수행되는 것보다 훨씬 더 명시적으로 "적용타당성" 또는 "적용"(앞에서 보았듯이, 이것은 역사적인 과제들과 신학적인 과제들을 둘 다 추진해 나가는 동력이다)과 관련된 질문들만이 아니라, 좀 더 깊고 풍부한 형태의 표준적인 종교사적 질문들과도 연결되어야 한다. "바울은 유대적인 사상가인가, 헬라적인 사상가인가, 아니면 로마적인 사상가인가?"라고 말하고서는, 그 질문에 대하여 이런저런 방식으로 대답함으로써, 일련의 관련된 문제들을 해결하였다고 생각하는 것으로는 충분하지 않다. 나는 전에 "어떤 관념이 어디에서 왔는가"라는 질문과 "그 관념이 어디를 향하고 있는가"라는 질문을 구별하는 것이 중요하다고 쓴 바 있다. 달리 말하면, 우리는 유래

(derivation)와 대결(confrontation)을 분리하여야 한다는 것이다. 내가 자주 드는 예는 통상적으로 "복음" 또는 "좋은 소식"으로 번역되는 '유앙겔리온'(euangelion)이라는 단어에 대한 바울의 용법이다. 바울이 이 단어를 사용할 때에는 이사야 40:9과 52:7에 나오는 동일 어원의 동사를 환기시키고 있다는 것은 내 생각으로는 의문의 여지가 없다: 메시야 예수의 "좋은 소식"은 저 중심적인 예언 본문에 제시된 "좋은 소식"의 성취이다. 바울의 이 관념은 그를 둘러싸고 있던 문화로부터 "유래한" 것이 아니었다. 그러나 바울은 적어도 갈라디아서와 로마서에서 이 단어를 사용하였을 때, 자신의 청중들 중 다수가 가장 먼저 일차적으로 카이사르의 "복음"을 떠올리게 되리라는 것을 알고 있었고, 제국의 과장되고 과시적인 주장들을 그런 것들보다 훨씬 더 우월한 예수의 주장들로 맞서고 대결하고자 결심한 것이었다는 것도 마찬가지로 내 생각으로는 의문의 여지가 없다(물론, 이것을 의심하는 학자들도 일부 있기는 하지만).

이러한 양자택일식 논리를 적용해서 좀 더 말해 본다면, 이전의 종교사적인 연구가 수행하고자 시도하였던 것과는 달리, 단지 바울의 관념들의 유래에 대해서만 탐구하는 것이 아니라, 바울이 자신의 여러 세계들과 어떤 식으로 관여하였는지에 대해서도 더 구체적으로 탐구할 필요가 있다. 여기서 나는 의도적으로 "관여"(engagement)라는 모호한 용어를 사용하였는데, 다음과 같은 것들의 일부 또는 전부를 포함하는 것을 "관여"로 표현하였다: 차용(어느 방향으로든); 두 개의 흐름이 각각 출신은 다르지만 공통의 조상으로 거슬러 올라갈 수 있는 "사촌" 관계가 있음을 보여주는 병행적 사고; 긍정과 부정, 유래와 대결, 전복과 변혁, "예, 그러나"와 "아니요, 그러나" 또는 "예, 그리고"와 "아니요, 그리고"의 관계에 속한 영역 전체가 풍부하게 뒤섞여 있는 것. 바울을 제대로 진지하게 연구하고자 한다면, 유치한 대립구조를 지양하고, 그의 서신들이 실제로 보여주는 좀 더 깊고 다면적인 세계를 포용하지 않으면 안 된다.[109]

달리 말하면, 우리는 다음과 같은 질문들을 제기하여야 한다는 것이다. 당시의 유대적 세계관들은 자신들의 이야기들과 상징들과 실천들, 그리고 세계관 질문들에 대한 암묵적인 대답들을 지니고 있었는데(우리가 재구성할 수 있는 한도 내에서), 바울은 그 세계관들과 어떤 관계를 맺고 있었는가? 특히, 그는 자신의 성경을 어떻게 읽었는가(그는 유대 성경에 깊은 관심을 지니고 있는 것으로 보이기 때문

109) Meeks, 2001과 Martin, 2001에 의한 섬세한 글들을 보라. 하지만 나는 그 책 전체(Engberg-Pedersen, 2001)의 방향이 제2성전 시대의 유대교라는 풍부한 세계를 떠나서 암묵적인 헬레니즘을 지향하는 쪽으로 기울어 있는 느낌을 받는다.

에)? 그가 실제로 성경을 사용한 방식은 아브라함과 율법 등등에 관한 그의 주장들과 부합하는가? 그는 유대 세계에서 신성한 공간과 시간으로서 극히 중요하였던 성전 및 안식일과 어떤 관계에 있었는가? 또한, 좀 더 큰 이교의 세계관들도 그들 나름대로의 이야기들과 상징들과 실천과 대답들을 지니고 있었는데, 바울은 그 세계관들과는 어떤 관계를 맺고 있었는가? 특히, 그는 당시의 도덕적인 전통들과 논쟁들을 어떻게 이해하였는가(그는 자신의 공동체들의 생활양식에 깊은 관심을 갖고서, 그 생활양식이 지닌 온갖 반향들을 그들의 비유대적인 문화 속으로 전파하고자 하였기 때문에)? 예컨대, 그는 스토아학파의 전통들을 비롯해서 당시의 철학적 운동들에 대하여 얼마나 잘 알고 있었는가? 그는 명시적으로든 암묵적으로든 그러한 철학들에 관여하였는가? 만약 그랬다면, 어떻게 어느 정도로 관여하였고, 그 결과는 무엇이었는가? 그의 사상과 그들의 사상은 동일선상에서 각각 어느 지점에 놓여 있었고, 어떤 점들에서 서로 갈렸는가?

달리 말하면, 그것은 두 가지 서로 대립하는 대안들 중 어느 하나를 선택해서, 바울은 유대적 사상가로서 자신의 성경을 해석해서 그 부스러기들을 비유대적 세계 속에 떨어뜨린 인물이었다고 보거나, 이방인들에게 보냄을 받은 사도로서 자신의 사도직을 수행하기 위해서 당시의 이교 문화에 관여해서 자신의 이전의 삶으로부터 관념들과 분문들을 거의 무작위적으로 긁어모은 인물이었다고 보는 그런 문제가 아니다.[110] 이제까지 이루어진 너무도 많은 논쟁들을 위한 원판 역할을 하였던 저 해묵은 대립구조들은 이미 유통기한이 한참이나 지났다. 바울이 이방 세계 속에서 전진해 나가고자 했다면, 그는 초기의 유대적인 메시지를 비유대적인 범주들로 "번역해서," 좀 더 폭넓은 청중들이 자신의 메시지를 금방 이해하고 받아들일 수 있게 하였을 것이라고 생각하는 것은 언제나 심각한 오해였다(비록 대단한 족보를 지닌 생각이라고 할지라도). 우리는 그의 섬세하면서도 주의 깊은 성경 사용과 비유대적인 철학 전통들에 대한 분명한 관여가 그리스도와 성령에 기반을 둔 그의 실제적인 목표들과 목적들에 대한 새로운 설명 내에서 통합될 수 있는 그의 포괄적인 프로젝트에 대한 좀 더 큰 그림을 얻고자 애써야 한다.

제3부에 제시된 본서의 주된 제안은 이러한 몇몇 다층적인 이분법들을 단순화시키는 방식이 아니라, 서로 다른 맥락들 및 다양한 문체들과 어조들로 여러 주제들을 다루어 나가는 심오한 사상가들에게서 흔히 볼 수 있는 특징인 그런 종류의 조화를 만들어 가는 방식으로 풀어갈 수 있도록, 바울을 분석하고 이해하는 길이

110) 예를 들면, Schnelle, 2005 [2003], 111을 보라.

실제로 존재한다는 것이다. 따라서 이것은 바울의 신학을 얼기설기 엮어서 통일성을 주장하는 값싼 시도도 아니고, 매력적인 속사포 같은 말로 청중을 홀려놓아서 자신의 소매나 모자 속에 감추어 둔 카드나 토끼를 눈치 채지 못하게 하는 마술사의 속임수 같은 것이 아니다. 또한, 이것은 베커(J. C. Beker)가 시도한 것과 같이, 여러 서신들 속에서 "상황에 따라" 서로 다르게 표현된 것들을 뛰어넘어서 바울의 사상을 하나로 "통일시켜 주는" 중심을 분리해 내고자 하는 시도도 아니다.[111] 적절한 단순성을 가지고서 모든 자료들에 접근해서, 주된 주제만이 아니라 그것과 아울러서 다른 분야들도 조명하는 것은 진지한 학문적 연구에서는 필수이다.[112] 그 자료들은 여러 시각들로부터의 탐구를 요구하는 짧지만 깊은 뜻을 담고 있는 문서들이고, 그 문서들 중에는 서구적인 사고 체계에서는 여전히 너무나 낯선 것들도 많기 때문에, 주제별 설명(하나님 - 인간 - 죄 - 구원 - 교회 - 윤리!)은 무리 없이 순조롭게 진행될 수 없다. 자신의 책 속에 일련의 별개의 노래들을 담아 놓는 사람들에게는 미안한 말이지만, 거기에는 교향악 같은 것을 담아내는 것이 마땅하다. 우리는 바울의 사고 세계(그의 세계관을 풀어서 설명해 놓는다는 의미에서)의 "중심"을 찾고 있는 것이 아니라, 우리로 하여금 그의 서신들과 그 서신들의 암묵적인 세계들을 형성하고 있는 좀 더 작은 산들과 계곡들, 오솔길들과 시내들을 조망하며 낱낱이 살펴볼 수 있게 해줄 거점이 되는 "정상"(summit)을 찾고 있다. 또한, 항공사진만으로는 충분하지 않다. 위에서 바라보면, 높낮이 등과 같은 윤곽들을 제대로 보기 힘들다. 바울의 서신들의 지형 속에서 우리가 확보해야 하는 것은 우리로 하여금 거기에서 내려가서 낮은 언덕들을 살펴보고 다시 돌아와서, 이번에는 거기에서 올라가서 정상의 산등성을 살펴보고 나서 새로운 시각을 얻은 후에, 차례차례로 계곡이나 암반 같은 것들을 조사해 볼 수 있게 해줄 그런 거점들이다.

내가 이 책에서 제시하는 가설은 바울은 태생적으로 지니고 있던 자신의 유대적 신학의 모든 측면들을 그에게 이방인의 사도로 부르심을 받았다는 자기 이해를 가져다준 메시야와 성령의 빛 속에서 다시 사고하고 재작업한 철저하게 유대적인 신학자로 남아 있었다는 전제를 가지고 시작할 때, 우리는 방금 말한 그러한 거점을 발견해낼 수 있다는 것이다. 그가 이방인의 사도로 부르심을 받았다는 자기 이해는 아주 중요한 지점이기는 하지만, 출발점이 될 수는 없다. 바울의 이교적 배경을 출발점으로 삼는 경우에는, 대대로 전해져 내려 온 유대 전승들과 그 배후에 있는

111) 이것은 Beker, 1980의 주된 주제들 중의 하나이다. 그는 바울 신학에 있어서 어떤 "통일적인" 중심이나 형태에 대하여 말하고자 하는 시도가 널리 배척되고 있던 때에 그런 글을 썼다.

112) *NTPG*, II, 특히 ch. 2에서 방법론에 대하여 설명한 부분을 보라.

하나님에 대한 그의 철저한 충성과 긍정에 입각한 지금까지의 많은 실제적인 논증들을 제대로 다루는 것이 불가능해진다(지금까지 나온 연구 문헌들이 풍부하게 예시해 주고 있듯이!) 예컨대, 지금까지 학자들이 성경에 대한 바울의 간접인용들과 메시야적인 초점을 차단한 채로 빌레몬서를 읽고자 했을 때에 생겨날 수밖에 없었던 공백들이 그 점을 분명하게 보여준다. 하지만 바울의 유대적 배경을 출발점으로 삼는다면 – 비록 그는 자신이 전하는 복음이 자신의 동포인 유대인들에게 걸림돌이 되었다는 것을 알고 있었지만 – 우리는 그의 유대적 신학이 다름아닌 창조의 유일신론에 뿌리를 두고 있었기 때문에, 철학과 제국, 가정과 시장, 인간의 삶의 수많은 차원들, 온 세계의 실제적인 삶이라는 더 넓은 세계들에게 다양한 방식으로 말하지 않을 수 없었고, 빌레몬서도 그 중의 하나였다는 것을 발견하게 될 것이다. 그러므로 바울의 태생적인 유대적 세계를 출발점으로 삼아서 신학적인 과제들을 설정할 때 – 흥미롭게도, 이것은 바울을 "유대적인" 사상가로 복권시키려고 최선을 다해 온 학자들조차도 시도한 적이 없었다 – 우리는 바울이 "유대적 신학"이라 부를 수 있는 것(내가 앞에서 이미 말한 이유들로 인해서, 유대인들은 바울과 그 이후의 모든 기독교에 필요했던 것 같은 그런 "신학"을 갖고 있지 않았다는 점에서)의 세 가지 주된 거점들을 메시야와 성령을 중심으로 실질적으로 재해석하고 재작업하였다는 것을 볼 수 있게 된다.

그 세 가지 범주들은 유일신론, 선민론, 종말론이다: 한 분 유일하신 하나님, 하나님의 한 백성, 하나님의 세계를 위한 하나의 미래. 바울은 자신이 수행하는 "재해석" 또는 "재작업"을 고대의 전승들에 대한 새롭거나 기발하거나 대담한 시도가 아니라, 이스라엘의 성경에 대한 좀 더 최근의 읽기들 및 그러한 읽기들이 핵심적인 역할을 하였던 삶과 문화의 운동들이 간과하거나 왜곡해 왔던 그 고대 전승들의 참된 의미를 복원하고자 하는 것이라고 보았다. 이 세 가지 기본적인 신학 범주들에 대한 바울의 재작업은 본서 제3부에서 다루고 있는데, 거기에서 나는 바울의 신학 사상에 관한 나의 기본적인 가설을 지면이 허락하는 한 최대한으로 자세하게 제시하였다. 다른 모든 가설들과 마찬가지로, 이 가설은 모든 관련된 자료들을 아주 정확하게 포괄할 수 있어야 하고, 다른 관련 분야들에 대해서도 빛을 비춰줄 수 있는 것이어야 하는데, 나는 내가 세운 가설이 그러한 일들을 성공적으로 해내고 있다는 것을 보여 주고자 한다.

사물들을 이런 식으로 거꾸로 보는 것의 중요성의 일부는 바울이 세계를 향한 메시지를 전하기 위해서 유대인이기를 포기하거나 유대인의 방식으로 사고하고 말하는 것을 포기할 필요가 없었고, 도리어 정반대였다는 것을 확실히 할 수 있다는 것이다. 세계를 향한 그의 메시지는 아브라함과 이삭과 야곱의 하나님이 전에 약속하였던 것을 마침내 행하여서 세계에 합법적인 주를 주었다는 메시지였다. 우리가 유대식의 창조의 유일신론(creational monotheism)을 바울의 사고의 중심으로 복권시킬 때, 그에게 특유한 기독교적 사고와 좀 더 넓은 세계의 도덕적 · 문화적 사고 간의 포괄적이고 필연적인 중복을 설명할 수 있는 새로운 가능성이 열리기 때문에, 우리는 좀 더 넓은 사회적 "적용"과 관련된 쟁점들에 대하여, 이제까지 통상적으로 그래 왔듯이, 창조의 유일신론을 무시했을 경우에는 쉽게 획득될 수 없고, 적어도 안전하게 확보될 수 없는 그런 방식으로 대답할 수 있게 된다. 역으로, 바울은 자신의 기본적인 유대성(Jewishness)을 재확인하기 위해서, 좀 더 넓은 세계와 연루되어 있었던 자신의 배경에 등을 돌릴 필요가 없었다. 성경 중에서 바울이 애호하던 창세기, 출애굽기, 이사야서, 시편 같은 책들만을 보아도, 그 책들은 이미 이스라엘의 하나님이 온 세계를 주관하고 있고, 그 하나님은 자신이 다름아닌 이스라엘 안에서, 이스라엘로 말미암아서, 그리고 이스라엘을 위해서 행하고 있는 일들을 통해서 온 세계에 대하여 말하고 있다고 분명하게 확인해 준다. 바울에게 있어서 이러한 전승 전체는 시편들과 선지자들이 미리 온 세계의 주로 환호하였던 이스라엘의 메시야 안에 집약되어 있었기 때문에, 바울이 이스라엘의 전승들에 충성하는 가운데, 아울러 이러한 유대적 메시지를 가지고 좀 더 넓은 세계와 접전하는 데 헌신하게 된 것은 기괴한 행보였거나, 어깨를 으쓱해 보이는 실용주의("그래, 유대인들이 복음을 듣고자 하지 않는다면, 어쩔 수 없는 일이니, 이교도들에게 가서 전하자")였던 것이 아니라, 아주 깊은 유대적 통찰들로부터 자연스럽게 흘러나온 것이었다. 바울이 자신을 둘러싸고 있던 이교적 환경과 접전하게 된 것을 접근하기 위한 적절한 시각은 바로 그에게 깊이 뿌리박혀 있던 유대적 이해이고, 마찬가지로 그의 깊은 유대적 뿌리를 살펴보기 위한 적절한 시각은 이제 메시야 시대가 도래하였기 때문에 지금은 이방인들의 세계와 대결해야 할 때라고 보았던 그의 인식이다. 이 모든 것들, 그리고 학계가 지금까지 얘기해 왔던 칭의, 그리스도 안에 있음, 묵시론, 계약, 옛 "관점"과 새 "관점," 신학과 윤리, 영성과 정치 같은 좀 더 세부적인 이분법들을 한데 묶는 것은 메시야와 성령이다. 일단 우리가 바울이 서 있는 정상의 산등성이 및 메시야와 성령이라는 빛 아래에서 새롭게 이해되고 떠오른 유일신론, 선민론, 종말론이라는 세 개의 신학적 봉우리들을 얼핏 보게 된다면, 그러한 양자택일식의 구분들, 즉 동일한 지도 속에 서로 아무런 갈등이나 문제 없이 그려져 있는 서로 다른 계곡들과 시내들을 만들어낸 산 전체를 보지 않고 오직 이 계곡 안이나 저 시내 곁에서만 살겠다고 고집하는 것이 과연 무엇인지를 적나라하게 보는 것이 비교적 쉬워질 것이다. 지도 자체는 물론 실제의 그 지역인 것은 아니지만, 지도 없이는 흔히 실제의 지역이 어떻게 생겼는지를 몰라서 갈피를 잡을 수 없게 된다. 어떤 지역에 정착하고자 하는 사람들은 지도를 오랜 시간 주의 깊게 연구하면 상당한 도움을 받을 수 있다.

4) 배경과 관련된 질문들: 역사, 석의, "적용"

우리가 방금 개략적으로 살펴본 두 가지 질문 – 바울의 세계관과 그의 신학 – 은 학계에서 서로 다른 족보를 갖고 있다. 바울의 신학은 주후 1세기 말 이래로 계속해서 논의되어 온 반면에, 그의 세계관을 좌표로 나타내고자 하는 시도는 아주 최근에야 시작되었다. 바울을 연구할 때에 통상적으로 다루어진 그 밖의 다른 과제들은 어떠한가?

이러한 과제들은 세 가지 서로 밀접하게 연관된(그러나 원칙적으로는 분리될 수 있는) 주제들로 이루어져 있다: 역사, 석의, "적용" 또는 "적용타당성." 이 각각의 주제들은 상호 간에, 그리고 "신학"과 결합되어 있을 뿐만 아니라, 그들 자신의 내적 동력을 지니고 있다. 다시 한 번 빌레몬서를 예로 든다면, 우리는 이 주제들에 대하여 다음과 같이 말할 수 있다:

(1) 역사. 빌레몬서는 주후 1세기의 사회적 세계, 노예제도, 감옥에 갇힌 사람들과 밖에 있는 사람들 간의 관계들, 바울의 "사회적 위치"에 관한 질문들을 불러일으킨다. 만일 이 서신이 우리에게 현존하는 바울의 유일한 서신이었다면, 우리는 당혹스러워하며 이런 질문들을 던졌을 것이다: 그가 어떻게, 그리고 왜 이러한 관념들에 도달하게 되었는가? 무엇이 그로 하여금 자기가 어떤 사람에게 이런 식으로 호소할 수 있다고 생각하게 만들었는가? 우리는 기도 및 분명히 그에게 중심적인 개념이었던 것으로 보이는 '코이노니아'(koinōnia)를 준거로 삼고 있는 그의 영성에 대해서 무엇이라고 말할 수 있는가? 이 서신은 우리가 단지 사회적으로만이 아니라, "종교"의 견지에서도, 즉 (아마도) 당시의 유대적 또는 이교적 "종교"의 세계와 관련해서도 바울이 어떤 "위치"에 있었는지를 알아내는 데 도움이 되는가? 이후의 세기들에서 사람들이 바울을 읽어온 방식들을 연구하는 것(최근에 유행되어 온 "수용사"라는 개념)이 아무리 중요하다고 할지라도, 역사적 과제를 그러한 연구로 대체할 수는 없다. 우리는 바울이 왜 그런 서신을 썼고, 그 서신을 통해서 전달하고자 한 것이 무엇이었는지(그것이 성공하였는지의 여부와는 상관없이)를 계속해서 탐구할 필요가 있다. 그는 그것을 경험을 통해서 안 것이었기 때문에, 자

신의 의도를 제대로 전달하기 위해서는, 종종 여러 번 반복해서 설명을 할 필요가 있었다.[113)]

(2) 석의. 석의는 역사와 신학이 서로 만나서 하나의 구체적인 과제와 씨름하는 지점이다. 그 서신의 내용들은 어떤 식으로 서로 결합되어 있는가(본문 자체의 "표면적 진행")? 개개의 문장들과 전체, 개개의 단어들과 문장들은 서로 어떻게 연결되어 있는가? 우리는 그 서신 자체를 충분히 이해할 수 있게 해줄 "배후의 이야기"("표면적 진행"과 대비되는 "이면적 진행")를 말할 수 있는가?[114)] 이러한 분석에서 우리는 역사와 신학을 어떻게 결합하여야 하는가? 석의는 모든 것이 시작되고("여기에 서신들이 있는데, 우리는 그것들로 무엇을 하지?") 끝나는("모든 것이 말해지고 행해졌을 때, 우리는 그 본문을 이해하게 되었는가?") 곳에 실제적으로 존재한다. 그러나 언제나 환원주의("우리는 최소한도로 그 본문을 설명해냈다")의 위험이 존재하기 때문에, 석의는 자신의 세 자매, 즉 역사와 신학과 "적용" – 물론, 이것들 자체도 서로 밀접하게 연결되어 있다 – 과 분리될 수 없다.

(3) "적용" 또는 "적용 가능성." 바울의 동시대인들은 노예제도를 당연한 것으로 받아들였지만, 오늘날 서구 세계에서는 노예제도는 폐지되어야 한다는 것을 당연한 것으로 받아들인다. 그렇다면, 우리는 바울이 빌레몬에게 오네시모를 노예에서 해방시켜 줄 것을 요청한 것으로 보고서, 오늘날의 세계가 노예제도의 폐지를 마침내 받아들이게 된 것에 비추어서, 바울의 그런 행위를 칭송하여야 하는가? 아니면, 우리는 그가 빌레몬에게 오네시모를 노예에서 해방시켜 주라고 직설적으로 요청하고 있지 않은 것을 문제삼아서, 그를 비판해야 하거나 비판할 수 있는 것인가? 좀 더 깊은 차원에서, 우리는 바울이 화해를 위해 일하고 있고, 그것도 너무나 매력적인 방법으로 그 일을 해내고 있는 것으로부터, 우리 자신의 삶과 관련해서 개인적이고 교회적이고 문화적이고 사회적으로 무엇을 배울 수 있는가? 좀 더 넓게 보아서, 우리는 바울이 메시야나 공동체의 형성, 믿음과 사랑과 소망에 관하여 말하고 있는 것들을 읽을 때, 우리가 그것들을 믿고 행할 일종의 의무 아래 있다고 생각하는가(대부분의 교회에서 대부분의 사람들이 그런 것처럼)? 아니면, 우리는 서구 세계의 부패와 몰락을 야기시킨 것이 무엇이었는지를 이제야 알게 되었다고 생각하는가(니체를 비롯해서 기독교를 부정하는 일련의 유명한 사람들처럼)? 바

113) 고린도전서 5장과 고린도후서 2:1-11, 그리고 아마도 데살로니가전서와 데살로니가후서의 관계가 그 분명한 예들이 될 수 있을 것이다.

114) "표면적 진행"(poetic sequence)과 "이면적 진행"(referential sequence)에 대해서는 위에서 논의한 Petersen을 보라.

울을 읽으면서, 중립적인 입장을 취하기는 무척 어렵다. 바울을 읽으면서, 어떤 사람이 마치 고대의 군소 철학자들 중의 한 명의 글을 읽는 것처럼 중립적이거나 초연한 입장을 취할 수 있다면, 그 사람은 바울이 말하고자 하는 핵심을 놓치고 읽은 것이고, 지난 2천 년 동안 바울이 얼마나 큰 영향을 끼쳐 왔고, 그 이유가 무엇이었는지를 전혀 파악하지 못한 것이라고 스스로 선언하고 있는 것과 다름없다.

이러한 질문들 중에서 오직 세 번째 질문만이 "서술"을 뛰어넘어 일종의 "평가"로 옮겨가는 것처럼 보일 수 있지만, 그렇게 생각하는 것은 순진한 것이다. 신학과 역사와 석의는 서로 복잡하게 뒤엉켜 있다. 모든 신학자들, 모든 역사가들, 모든 석의자들에게는 그들 나름대로의 과제들과 전제들이 있다. 앞으로 보게 되겠지만, 이것은 그 어떤 진전도 이루어낼 수 없다는 것을 의미하는 것이 아니다. 우리는 단지 우물의 밑바닥에 투영된 우리 자신을 보아서는 안 된다. 이것이 "비판적 실재론"(critical realism)의 핵심이다.[115] 비판적 실재론은 서로 다른 세 등장인물들이 무대 위에서 자신의 대사를 읊어나가는 동안에, "적용"의 과정(우리가 "바울이 이렇게 말하기 때문에, 우리는 그것을 믿어야 한다"고 말하고자 하든지, 아니면 "바울이 이렇게 말하는 것은 그가 얼마나 잘못 되었는지를 보여주는 것이다"라고 말하고자 하든지)은 날개를 접고서 조용히 기다리지 않는다는 것을 보여준다. 이미 "적용"의 과정은 무대 위에 올라가서, 그 세 명의 등장인물들의 옆구리를 살짝 찌르기도 하고, 그들의 귀에 속삭이기도 하며, 심지어는 그들의 입을 틀어막고자 하기도 한다. 바울을 연구할 때에 수행되어야 하는 이 다양한 과제들은 한데 뒤섞이게 되기 때문에, 우리가 계속해서 이어지는 화음, 또는 불협화음 속에서 서로 다른 목소리들을 듣는 법을 배우는 것은 중요하다. 케제만(Käsemann)의 로마서 주석을 제대로 읽어 본 사람이라면 누구나 알겠지만, 지난 두 세대 동안에 바울에 대하여 행해진 가장 흥미진진한 연구들 중 몇몇은 신학과 역사와 석의와 "적용"을 한데 결합시켜서 강력한 혼합물을 만들어낸 것들이었다.

그렇다면, 우리가 주목해야 할 역사적 쟁점들은 무엇인가? 우리는 빌레몬서와 관련해서, 역사적 과제가 어떤 것인지에 대한 축소판을 이미 본 바 있다. 역사가는 온갖 원자료들 – 책, 동전, 금석문, 인공물, 고대 성읍들의 구조와 건축물들에 관한 고고학적 발견들 등등 – 로부터 가능한 한 많은 증거들을 끌어모아서, 당시의 삶이 어떠하였는지에 관한 크고 작은 그림과 무슨 일이 일어났는지에 관한 짧거나 긴 서사, 특히 그 이야기 속에 등장하는 인물들의 목표들과 동기들에 관한 깊거나

115) 또다시 *NTPG*, Part II와 특히 ch. 2을 보라.

얕은 통찰을 만들어내고자 한다. 이것이 우리가 플리니우스와 사비니아누스와 익명의 해방노예에 대해서, 그리고 바울과 빌레몬과 오네시모에 대해서 수행하고자 하는 것이다.

물론, 이러한 작업을 위해서, 역사가는 그 장소와 시간에 살았던 사람들이 통상적으로 어떻게 사고하였고, 세계를 어떻게 보았으며, 그들 자신과 주변 사람들을 어떤 식으로 이해하였는지를 알 필요가 있다.[116] 이것은 결코 단순한 지적 구성물로 남아 있을 수 없다. "종교들에 관한 역사"("종교사")라 불려온 것이 중요한 것과 마찬가지로, "관념들에 관한 역사"("관념사")도 중요하다. 그러나 관념사는 언제나 솥과 냄비, 결혼과 전쟁, 신들과 악귀들, 공공생활과 가정생활 등과 같은 무수한 일들을 포함한 좀 더 큰 "역사"의 일부이다. 그러므로 역사가는 가능한 한 많은 정보를 숙고해서, 인류학자들이 얘기한 "두터운 설명"을 해나가야 한다.

역사가 진정으로 역사가 되려면, 이런 종류의 작업은 필수적이다. 역사가는 시대착오적 사고(anachronism)와 "장소착오적 사고"라는 이중적인 위험을 항상 경계한다(전자가 시간과 관련된 것이라면, 후자는 장소와 관련된 것이다). 주후 1세기 터키는 20세기의 터키와는 달랐을 뿐만 아니라, 주후 1세기의 예루살렘이나 로마와도 상당한 정도로 달랐다.[117] 역사가 흥미진진하고 매력적인 이유는 우리와는 다른 시대와 장소에 살던 사람들이 우리와 너무나 비슷하기 때문이고, 역사가 어려운 이유는 다른 시대와 장소에 살던 사람들이 우리와 너무나 다르기 때문이다. 그런 의미에서 역사는 지나치게 초연해서도 안 되고 지나치게 빠져들어서도 안 되는 양극화된 위험성을 안고 있는 결혼생활과 비슷하다. 우리는 냉정하게 거리를 두고서 역사를 바라보아서도 안 되지만, 우리가 기대하거나 원한 결과들이 나와야 한다는 집착을 가지고서 역사를 바라보아서도 안 된다.

그러나 역사에 접근하는 것은 가능하다. 우리는 오늘날의 포스트모더니즘적인 분위기에 떠밀려 두 손을 들고 항복해서, 우리가 과거의 자료들을 볼 때, 그 자료들은 우리로 하여금 우리와는 다른 시대와 장소에 접근할 수 있게 해주는 듯이 보이지만, 실제로는 우리 자신의 선입관들이나 편견들을 그대로 반영해서 우리에게

116) 나는 Briggs, 2011을 읽고서, 제2차 세계대전 중에 역사가들이 자신과 판이하게 다르게 사고하는 사람들의 생각을 읽는 훈련이 되어 있다는 이유로, 영국 정보국의 암호해독팀의 요원들로 흔히 발탁되었다는 사실을 알고(78) 흥미로웠다.

117) 그런 까닭에, Barclay, 1996; Trebilco, 1991 and 2004 같은 연구들이 중요하다. 초기 기독교에 대한 지리학적인 설명을 시도한 Koester의 *Introduction*(Koester, 1982a and b)은 권할 만하기는 하지만, 몇 가지 주요한 전제들 때문에 상당한 결함이 있다.

다시 들려주는 역할만을 하기 때문에, 우리 자신의 목소리들의 메아리만을 들을 수 있는 것이 우리가 할 수 있는 것의 전부라고 생각하지 않아야 한다. 물론, 우리는 모두 우리 자신의 질문들을 가지고서 역사를 대면한다. 우리가 알고자 하는 것은 바울이 노예제도에 찬성하였는가, 아니면 반대하였는가 하는 것이다. 이것은 서구 세계, 특히 아메리카 세계에 있어서 지난 2백 년 동안 그들의 세계관을 형성하는 데 아주 중요한 질문이었기 때문에, 우리는 바울이 그러한 중대한 문제에 대해서 명확한 대답을 주지 않고 그냥 넘어갔을 수 있으리라는 것을 도저히 믿을 수 없다(우리의 계몽되고 개화된 높고 위대한 지성적 수준에서 볼 때). 우리 앞에는 바울이 무작위적으로 쓴 것 같이 보이는 일련의 서신들이 있고, 그 각각의 서신은 다른 서신들에서는 발견되지 않는 상당히 충격적인 내용을 담고 있다는 것을 우리는 상기할 필요가 있다. 바울은 자신이 생각할 수 있었던 모든 "주제들"을 포괄적으로 다루고자 하는 의도를 가지고서 체계적인 글을 써내려간 것이 아니었다. 한편으로는 우리가 그의 현존하는 서신들로부터 알고 있고 본문에만 국한된 "바울," 다른 한편으로는 만일 어떤 교회가 그에게 어떤 문제들에 대하여 묻는 서신을 보냈더라면 그가 이렇게 대답하였을 것이라고 추정되는 가설에 따른 좀 더 폭넓은 "바울," 이 둘 간에는 언제나 적어도 암묵적인 간격이 존재한다. 그러나 조상들로부터 물려 받은 우리의 도덕적 감수성으로 인해서 우리는 어떤 문제들과 관련해서는 그 이상을 넘어서는 바울을 상정하고자 한다. 예를 들면, 우리는 노예제도와 아울러서, 그가 자신의 동포인 유대인들에 대해서는 무엇이라고 말하였는지에 관심을 갖는다. 우리의 도덕적 감수성은 20세기의 사건들에 의해서 심하게 두들겨 맞아 왔기 때문에, 우리는 그러한 질문들 속으로 한 걸음을 내디딜 때마다, 또 두들겨 맞게 될까봐 겁이 나서, 사람들이 몇 걸음 뒤로 물러나서 넌지시 바울을 끔찍한 범죄들의 공범으로 몰아갈 때에도, 바울이 실제로 무엇을 말했는지에 대하여 진실을 말하려고 하지 않게 되었다.

우리가 그런 식으로 당혹해하는 것은 어쩔 수 없는 일이다. 그러나 우리는 잘못된 전제들을 가지고서 본문들을 보기 때문에 도저히 갈피를 잡을 수 없는 결과물들을 다시 받게 될 수밖에 없는 처지에 놓여 있고, 우리가 그러한 처지를 뛰어넘는 것은 불가능하다고 생각하지만, 그것은 단선적인 얕은 생각일 뿐이다. 우리는 이대로 계속해서 순진한 상태에 머물러 있어서는 안 된다. 우리가 본문들(나는 여기서 "본문들"을 다른 시대들과 장소들로부터 온 모든 자료들을 가리키는 가장 넓은 의미로 사용한다)을 읽을 때에 어떤 점들에서 풀리지 않는 난제들을 만나서 갈피를 잡을 수 없는 것은 당연한 일이다. 그것은 정상적인 현상이기 때문에, 우리는 그것을 예상하여야 하고 기꺼이 환영하여야 한다. 그러므로 중요한 것은 "그렇다면, 다음으로 우리는 무엇을 해야 하는가?" 하는 것이다. 바로 이 지점에서 우리는 우리가 통상적으로 사용해 왔던 전제들을 잠시 보류해 두고서, 우리로 하여금 "아, 내가 이 본문(또는, 모자이크화나 개선문)을 이해할 수 없었던 것은 이 본문이 사실은 이런 것을 전제하고 있었는데, 나는 이 본문이 저런 것을 전제하고 있다고 생각했기 때문이구나"라고 말할 수 있게 해줄 다른 증거들, 또는 기존의 증거들 속에서 우리가 미처 보지 못했던 요소들을 찾아내고자 하는 것이 현명한 일이다. 우리가 그렇게 한 후에 그 본문을 다시 연구해 보면, 우리는 종종 그 본문을 온전히 파악할 수 있게 되기도 하지만, 더 흔히는 새로운 난제들을 만나서 새롭게 추가적인 연구를 하게 되고, 운이 좋은 경우에는 새로운 통찰도 얻게 된다.

내가 『신약성서와 하나님의 백성』에서 말한 "비판적 실재론"(critical realism)이라는 것은 우리가 신의 눈으로 사물을 바라보고 있다고 단순하게 생각하는 순진한 실재론도 거부하고, 우리가 인식한다고 하는 모든 것들은 사실은 투영일 뿐이고, 모든 것은 실제로 우리 자신의 머리 내부에서 진행되고 있다고 생각하는 자기도취적인 환원주의도 거부하는 자기비판적인 인식론(selfcritical epistemology)이다. 비판적 실재론은 자료 그 자체 및 그 자료와 씨름하는 다른 사람들(학자들을 포함해서)과의 다면적인 대화에 아주 적극적으로 참여한다. 물론, 이러한 대화의 목적은 인간이 도달할 수 없는 "객관성"에 도달하고자 하는 것이 아니라, "진실"에 도달하고자 하는 것이다. 즉, 우리는 그러한 대화 과정 가운데서 우리가 사용하는 단어들과 이야기들을 통해 점점 더 또 다른 세계(역사가의 경우에는 과거의 세계)에 근접하고자 한다는 것이다. 우리는 예루살렘이 주후 70년에 멸망당했다는 것을 안다. 우리는 나사렛 예수가 로마의 십자가 형틀 위에서 죽었다는 것을 안다. 그리고 우리는 바울이라 불리는 어떤 사람이 빌레몬이라 불리는 친구에게 그들이 공통적으로 섬기는 '크리스토스'(Christos)라는 인물을 상기시키며 한 노예와 화해할 것을 권유하는 날카롭고 지혜로운 작은 서신을 썼다는 것을 안다. 우리는 우리 자신의 전제들을 과거로 투영시킬 위험성에 대하여 합당한 경계와 주의를 기울이는 것이 마땅하지만, 우리가 재구성한 것들은 우리 식으로 재구성한 것일 수밖에 없기 때문에, 우리가 과거에 대하여 안다는 것은 실제로 불가능하다고 생각함으로써, 문제를 복잡하게 만들어서는 안 된다.

이 모든 것은 특히 대략 19세기 중반과 20세기 중반 사이에 신약성서를 읽는 방식을 극적으로 만들어 내었던 저 대단한 영향력을 지닌 학문분과인 "종교사"라 불려 온 것에 적용된다. 오늘날의 논의들은 여전히 어느 정도는 적어도 그러한 논의들의 화법에 의해 영향을 받고 있고, 종종 그러한 논의들의 실질적인 내용에 의해서 영향을 받기도 하기 때문에, 이 점을 분명히 해두는 것은 중요하다. 저 유명한 종교사학파(Religionsgeschichtliche Schule)는 당시의 독일 개신교에 만연되어 있던 헤겔적인 분위기에 의해서 엄청난 영향을 받고 등장해서, 자연계에 대한 과학적 연구가 그 자료들을 처리해 나가는 방식을 종교에 도입하여, 종교적인 관념들과 실천들을 분석하고 분류하고자 시도하였다. 그러나 그들의 연구대상이었던 "종교들"은 그러한 분류를 기다리며 누워 있는 중립적인 대상들이 아니었다. 적어도 바울 연구에 영향을 준 종교사 운동의 중심적인 모티프는 바울의 관념들을 그의 모든 중요한 서신들과 반대되고 시간적으로도 앞서는 것으로 여겨졌던 두 가지 범주에서 해방시키는 과제가 절실하고 중요하다는 것이었다: (a) 바울의 회심 이전에 꽃피웠고, 안디옥에서의 갈등이 보여주듯이, 바울의 견해들과 반대되는 것으로 여겨졌던 유대적 신념들과 "유대적 기독교"; (b) 바우어(F. C. Baur)의 상상력의 산물로서, 교회를 단지 기능적으로만 바라보는 관점과 역사 속에서의 하나님의 활동을 단지 부수적인 것으로만 바라보는 관점을 넘어서는 어떤 내용들을 제공하는 듯이 보였던 모든 자료에 꼬리표를 붙여서 바울과 관련된 무대에서 밀어내는 데 아주 편리한 수단이라는 것이 입증된 "초기 가톨릭." 따라서 종교사적인 평가를 담아낸 초기 기독교에 대한 암묵적인 이야기는 다음과 같은 것이 되었다: 예수(좋음 – 우리는 그에 대하여 많은 것을 알 수 없지만, 그의 죽음과 부활[부활이 무엇을 의미하는 지와는 상관없이]이 토대를 이룸); 초기 유대적 기독교(위험함 – 바울이 등장하자, 그의 일거수일투족을 감시함); 바울(진정으로 위대한 인물); 초기 가톨릭(타락한 모습 – 낙담). 이 도식 전체와 관련해서 말할 수 있는 두 가지 가장 중요한 것은 이 도식은 엄청난 영향을 미쳐 왔다는 것과 엄청나게 진실을 오도해 왔다는 것이다. 그것은 모든 가능성을 열어두고서 수행된 진정한 역사적 탐구의 결과물이 결코 아니었다. 그것은 언제나 제1세대의 예수 추종자들에 관한 증거들을 자신들이 짜놓은 각본 속에 강제로 집어넣어서, 핵심적인 본문들에 대한 다른 읽기들을 철저히 배척하고, 오직 특정한 읽기만을 강요하고자 한 시도였는데도, 사람들에게 제대로 먹혀들어간 시도였다! 그들의 전제들이나 결론들이 공식적으로는 더 이상 받아들여지지 않는 곳에서조차도, 그들이 만들어낸 결과물들, 즉 어떤 서신들이 진정한 것들이고, 어떤 것들이 진정한 것이 아닌지에 대한 판단(이 점에 대해서는 우리가 곧 다시 살펴보게 될 것이다)이나 엄청나게 많은 구절들과 주제들에 대한 암묵적인 해석 같은 것들은 대다수의 경우에는 검증되지 않은 편견들인데도, 여전히 일반적으로 인정되는 "통설"이라는 미명 하에 바울 연구에서 상당한 영향력을 지속적으로 행사하고 있다.

종교사학파가 남긴 좀 더 일반적인 유산은 바울이 기본적으로 유대적인 사상가였는지, 아니면 기본적으로 이방적인 사상가였는지, 아니면 유대적인 사상가였다가 나중에 이방적인 사상가로 바뀌었는지에 대한 좀 더 큰 질문인데, 이것은 지금도 여전히 중요한 것으로서, 본서는 그 질문에 대하여 정확하고 명확한 답변을 제시할 것이다. 물론, 바울은 그 용어들을 재정의할 것이지만, 이 질문은 특히 우리가 그의 신학을 읽는 방식, 그리고 "적용"과 아주 밀접하게 연결되어 있기 때문에 여전히 중요한 의미를 지닌다. 그러나 이 질문들이 중요한 것은 무엇보다도 그 질문들이 우리가 바울의 각각의 서신들의 개별적인 절들을 읽는 방식에 영향을 미치기 때문이다. 달리 말하면, 그 질문들은 모두 석의와 직결되어 있다는 것이다.

석의는 역사의 한 분과이다. (또한, 본문들은 자신의 내적인 삶을 갖고 있기 때문에, 석의는 문학적 연구의 분과이기도 하다. 그러나 철새들이 지구 온난화의 영향으로 늘 도래하던 곳이 아닌 잘못된 장소에 기착하듯이, 우리의 문학적인 상상력들은 역사에 닿을 내리지 않을 때에 그 의미를 상실하게 될 수 있다.) 이것은 우리가 읽고 있는 것이 아리스토텔레스냐, 제인 오스틴이냐, 바울이냐, 도스토예프스키냐와는 상관없이 모든 읽기에 다 적용된다. 우리 자신이 우리가 고대나 현대의 작가들의 글 속에서 무엇을 읽느냐에 의해서 영향을 받는 것은 의심의 여지가 없다. 그러나 작가가 자신의 글을 통해서 무엇을 의도한 것인가를 묻는 것은 언제나 의미가 있다. 어휘 연구도 역사의 한 분과이다. 어원에 관한 연구만이 아니라, 현실의 사람들이 실제의 문장들 속에서 단어들을 실제로 사용한 방식에 대한 연구는 폭넓은 역사적 지식을 요구한다. 성경에 대한 학문적인 연구는 모름지기 "잘 모르는 독자와 본문을 이어주는" 역할을 하여야 하고, 성경 외적인 본문들을 성경과 나란히 한 상에 놓는 것은 정경으로 얻어질 수 있는 "순수한" 결과물들을 어느 정도 왜곡시키게 될 것이라고 생각하며 우리의 연구를 이해하지 못하겠다는 듯이 곤혹스러워하는 낭만주의자들에게 내가 종종 해주고 싶은 말은 어휘 연구 없이는 번역이라는 것이 있을 수 없고, 좀 더 폭넓은 역사적 연구 없이는 어휘 연구도 존재할 수 없다는 것이다. 우리는 "바울 같은 사람이 '크리스토스'(Christos) 같은 단어를 사용하였을 때, 그의 의도는 정확히 무엇이었을까?" "주후 1세기에 에베소나 골로새에 살던 어떤 사람이 과연 그가 무엇을 의도하는지를 생각해낼 수 있었을까?" 등등의 질문들을 할 준비도 갖추지 않은 채로 빌레몬 같은 서신을 읽을 수 없고, 읽어서도 안 된다. 지난 수 세기 동안 서구에서 성경을 읽는 독자들의 사고를 조용히 잠식해 왔던 전제들은 그러한 질문들에 대한 참된 대답들을 은폐해 왔다고 할 수 있다. 우리는 그러한 전제들에 도전하여야 한다. 그렇게 하지 않을 때, 우리는 귓속말 잇기 놀이를 하는 어린아이들처럼 되어서, 우리 자신이 바울의 서신들이 말하고 있는 것들을 듣고 있다고 생각하지만, 실제로는 대를 이어서 계속해서 점점 더 많이 왜곡되어 전해져서 최종적으로 가장 최근에 들려진 것들을 듣게 될 것이다.

이렇게 대를 이어 왜곡되게 전해진 것들을 제거하는 일은 바람직할 뿐만 아니라 원칙적으로 가능하다. 우리는 저자(author)는 죽었다고 역설하는 포스트모더니즘의 음성에 항복해서는 안 된다. 어떤 단어들이 어제 씌어진 것이든, 아니면 2천 년 전에 씌어진 것이든, 그 단어들을 읽을 때, 통상적으로 저자들은 최선을 다해서 자기가 의도한 것을 말하려고 그 단어들을 사용한 것이라고 전제하는 것이 바람직한 일이다. 본문들은 이후의 세대들 속에서 새로운 삶을 이어가면서, 서로 다른 사람들에게 서로 다른 것들을 "의미한다"는 포스트모더니즘의 고유한 주장이 일리가 있다는 것은 성경 본문, 특히 바울을 서로 다르게 읽어 온 역사가 잘(그리고 흔히 서글프게도) 보여준다. 그러나 이 지점에서 비판적 실재론자는 그것은 우리가 실제의 저자가 무엇을 말하고자 했는지를 질문할 수도 없고 질문해서도 안 된다는 것을 의미하지는 않는다고 말한다. 사실, 포스트모더니즘적인 전환에도 불구하고, 대부분의 통상적인 역사가들과 대다수의 통상적인 주석자들은 그러한 질문들을 던지고서 더 나은 대답들을 얻어내고자 하는 시도를 멈추지 않아 왔다. 포스트모더니즘은 토끼는 절대로 거북이를 따라잡을 수 없다고 계속해서 주장하지만, 통상적으로 역사가들은 토끼가 거북이보다 먼저 목표지점에 도착하는 것을 지켜보고서는, 그런 일이 일어나는 것은 불가능하다고 말하는 회의주의자들을 보며 미소를 짓는다. 역사적 지식에 있어서 진정한 진보는 가능하고, 그러한 진보는 늘 일어나고 있다. 그것을 보여주는 분명한 예는 오늘날 바울 연구가 혼란 가운데 있고 심지어 혼돈 속에 빠져 있는데도, 지금은 주후 1세기, 특히 그 시기의 유대 세계에서 행해진 수많은 일들에 대하여 무지해서는 바울에 관한 진지한 책을 쓰는 것은 거의 불가능하다는 것이다. 지금부터 50년 전에 나온 연구서들을 생각해 보면, 그 현저한 대비는 충격적이다.

"더 나은 대답들"과 "진정한 진보"를 판단하는 기준들은 내가 『신약성서와 하나님의 백성』에서 자세하게 제시한 그대로이다. 역사적 가설은 과학적 가설과 마찬가지로 (a) 자료들을 수집하되, (b) 적절한 단순성을 가지고 그렇게 하여야 하고, (c) 탐구 중인 기본적인 주제 밖의 영역들에 대해서 빛을 비쳐 주어야 한다.[118] 빌레몬서 전체, 특히 6절과 17-20절에 대하여 내가 제안한 읽기는 이 세 가지 조건을 충족시키고 있다고 말할 수 있다. 물론, 이러한 조건들에 대해서는 논란이 있을 수 있지만, 이 조건들은 내가 근거로 삼는 기준들이고(모든 역사가들이 적어도 암묵적으로 그렇게 하고 있는 것처럼), 우리의 가설들을 평가하고 판단할 때에 사용되기를 기대하는 기준들이다. 우리는 저자들이 자신이 쓴 본문들을 통해서 어떤 것을 말하고자 하는 의도를 지니고 있었다고 전제하고(어떤 저자가 말도 안 되는 글을 쓴 극단적인 경우에 있어서도, 작곡가가 의도적으로 말도 안 되는 불협화음들을 사용해서 작곡한 경우와 마찬가지로, 그 저자도 말도 안 되는 글을 쓰기로 의도한 것이라는 점에서, 이 전제는 옳다), 그 의도를 발견해 내고자 하는 시도도 원칙적으로 가능하다고 전제한다.[119]

달리 말하면, 어떤 본문이 아리스토텔레스의 것이든, 바울의 것이든, 아니면 다른 누구의 것이든, 그 저자가 말한 것들 중에서 우리의 마음에 드는 것은 그대로 두고, 우리의 마음에 들지 않는 것은 배제시키는 방식으로 그 본문을 해석한다면, 그것은 옳지 않을 것이다. 오늘날의 대다수의 주석자들과 마찬가지로, 나는 바울이 노예제도라는 비인간적인 관행과 노예제도를 폐지하려고 노력할 필요성에 대하여 훨씬 더 분명하게 말할 수 있었기를 원한다. 그러나 나는 한 사람의 역사가로서, 바로 그것이 그가 이 서신에서 실제로 말하였던 것이었음에 틀림없다고 말하는 안이한 주장에 동조할 수는 없다. 마찬가지로, 나는 내가 존경하는 아리스토텔레스가 여자는 인류의 열등한 형태라고 말하지 않았기를 바란다.[120] 그러나 그는 분명히 그렇게 말하였기 때문에, 나는 모든 일들에 대하여 내가 동의하는 말들을 한 사람들은 좋은 사람들이고, 내가 생각한 것과 반대되는 말들을 한 사람들은 나쁜 사람이라고 분류할 수 있을 정도로, 인생이라는 것은 그리 단순하지 않다는 것을 배우지 않으면 안 된다. (우리는 사람들로 하여금 바울을 신뢰하도록 하기 위하여, 그가 모든 사람이 기뻐할 말들을 한 것으로 만드는 것만큼이나, 우리가 다른 영역들에서 바울과 거리를 두기 위한 방법으로, 바울이 누구나 듣고 비웃을 만한

118) Käsemann, 1980[1973], 406을 보라: "역사는 복원의 장이고, 그 복원이 옳으냐 그르냐의 여부는 그렇게 역사를 원할 때에 제기되는 문제점들을 어느 정도나 극복하느냐에 달려 있다." 지당한 말이다. Dodd는 자신의 일련의 관찰과 분석, 가설과 성찰에 있어서 지금도 여전히 깊이와 가치를 지니고 있는 상식적인 접근방식을 제시하였다(Matlock, 1996, 166에 나오는 Dodd, 1946에 관한 논의를 보라) — 하지만 Dodd가 그런 접근방식을 통해서 "객관성"에 도달할 수 있다고 믿은 것은 내가 보기에는 잘못된 것이다.

119) 의도적으로 말도 안 되는 글을 쓴 좋은 예로는 Pablo Picasso와 Gertrude Stein 사이에 오고간 서신을 들 수 있을 것이다: Madeline, 2008을 보라.

120) cf. Aristotle, *Pol.* 1.12f.

그런 말을 한 것으로 만드는 것도 마찬가지로 쉬운 일이다.) 솔제니친(Solzhenitsyn)이 말한 대로, 선과 악을 가르는 기준선은 우리 각자와 각각의 인간 공동체를 관통해 있다.[121]

사실, 우리가 역사를 하는 이유들 중의 하나는 역사가 우리 자신의 생각들에 대한 우리의 무조건적인 고집에 대하여 제동을 걸어 주는 하나의 통제수단으로서의 역할을 하기 때문이다. 선악을 가르는 선을 긋는 일은 통상적으로 인간이 실패한 일이지만, 계몽주의 이후의 서구 문화의 일부 영역들 내에서는 하나의 예술로 승화되어서, 거기에서는 우리의 발견들, 우리의 정치적 통찰들, 결혼과 가족에 대한 우리의 평등주의적 관점, 우리의 건축물 등과 같은 우리의 모든 것이 우월한 것으로 전제되고, 다른 모든 시대와 장소들을 판단함에 있어서 잣대이자 척도가 되었다. 석의의 밑받침을 받은 역사는 잠깐만 기다리라고 말한다: 고대 아테네의 공공 건축물들은 건축과 관련한 오늘날의 대부분의 시도들을 그 무대에서 완전히 밀어내 버리고, 고대 로마의 웅장한 저택들(그런 저택들에 살 수 있을 만큼 여유가 있었던 사람들을 위한)은 여전히 우리에게 한두 수를 가르쳐 주고 있으며, 고대 이스라엘 사람들은 찬송시나 애가를 어떻게 써야 하는지에 대하여 우리가 앞으로 계속해서 배워야 할 것들을 많이 알고 있었다. 그리고 초기 그리스도인들은 어떠한가? 사실, 이것이 여기에서의 핵심적인 쟁점이다. 역사가 요구하고 석의가 촉구하는 것은 지혜를 배우기 위해서는 판단을 중지하여야 한다는 것이다. "결과물들이나 실제적인 적용에만 관심이 있는 참을성 없는 사람들은 석의에서 손을 떼는 것이 마땅하다. 그런 사람들은 석의와 관련해서 아무런 가치도 없고, 올바르게 행해진 석의는 그들에게 아무런 가치도 없다." 이것은 저 위대한 에른스트 케제만(Ernst Käsemann)이 40여년 전에 자신의 로마서 주석에 대한 서문에서 한 말이다.[122] 다시 한 번 말하지만, 그가 한 말은 자신들이 이미 생각하고 있는 것들을 바울이 옳다고 말해주기를 바라고서 바울을 찾는 사람들은 물론이고, 바울이 얼마나 잘못되었는지를 보여주기 위하여 바울을 찾는 사람들에게도 그대로 적용된다. 역사적 작업은 여전히

121) Wright, 2006a [*Evil*], 18f.(UK edn.); 38f.(US edn.)을 보라.

122) Käsemann, 1980 [1973], viii(이 책의 서문은 본서의 최초의 초안이 나오기 30년 전인 1979년 12월 15일에 씌어진 것으로 되어 있지만, 원문에서는 한층 더 날카로운 이 문장은 독일어 제3판(1974)의 서문에 나온다): "… Er [exegesis] taugt nicht für sie, rechtshaffen betrieben sie nicht für ihn." Käsemann의 위대한 저작은 이른바 "새로운 관점"(new perspective)이 무대에 갑자기 등장하기 이전에 완료되었지만, 그럼에도 불구하고 다른 많은 사람들을 훨씬 앞질러서, 특히 Bultmann을 거쳐 Schweitzer로 거슬러 올라갔기 때문에, 오늘날의 역사적이고 신학적인 강조점들 중 다수를 미리 제시할 수 있었다. 이 모든 것에 대해서는 *Interpreters*와 *Perspectives*, chs. 1, 4에 실려 있는 논의를 보라.

중심적인 위치를 차지하고 있고, 거기에는 그 어떤 타협도 있을 수 없으며, 우리가 이런저런 결과를 간절히 원하는 바로 그러한 쟁점들에서 역사적 작업은 가장 절실히 필요하다. 우리는 일차적으로 어떤 글을 통해서 역사적인 문제를 알게 되는데, 이 때에 석의는 역사적 작업의 핵심적인 도구이고, 그 글이 말하고 있는 것을 받아들여서 거기에 의거하여 행하고자 하는 것을 주된 목적으로 삼고 석의 작업에 뛰어든 사람들이든 아니든, 그들에게 역사는 석의의 시녀이다.

역사가 절대로 "중립적이지" 않다는 것은 두말할 필요가 없다. 지금도 여전히 몇몇 "종교학과들"은 배가 난파되어 물에 빠진 선원이 물에 둥둥 떠다니는 나뭇조각들을 붙잡는 식으로 "중립성"이라는 신화에 매달리고 있기는 하지만, 그러한 신화 자체는 계몽주의가 만들어낸 허구였고, 거기에서 우리는 소위 중립적인 "역사"를 통해서 신약성서에 접근할 수 있고, 그렇게 해서 "사실들" 또는 적어도 "자료들"을 역사적으로 속속들이 다 밝혀낸 후에는, "신학적" 읽기라는 후속작업으로 나아갈 수 있다는 허황된 신념이 생겨났다. 일은 결코 그렇게 간단한 것이 아니었다. "신약 개론"에 관한 많은 책들이 양산해낸 "역사"에 관한 수많은 평결들은 신학적이거나 심지어 이데올로기적인 전제들, 특히 방금 전에 다룬 종교사학파에서 유래한 것들에 깊이 뿌리박고 있다. 어쨌든, 나는 먼저 본서의 제1부에서 하나의 작고 첨예한 역사적 사건인 빌레몬서와 그 서신을 둘러싸고 있던 역사적 서사와 맥락을 살펴본 후에, 바울의 삶과 활동에 관한 역사적 질문들은 제2부에서 다루어 나가고자 한다. 이것은 사람들이 무엇을 하였느냐만이 아니라 왜 그것을 하였느냐에 대해서도 연구함으로써, 실제로 역사적 과제의 핵심을 매우 진지하게 다루는 것이다. 우리는 바울의 세계관을 이해했을 때에만, 그의 신학이 왜 현재와 같은 모습을 지니게 되었고, 그 신학이 그러한 세계관 내에서 정확히 어떤 역할을 하였는지를 이해할 수 있게 된다. 또한, 우리는 바울의 신학을 이해했을 때에만, 왜 그가 자신이 현재와 같은 그런 일을 하도록 부르심을 받았다고 믿었고, 왜 자신의 그러한 과제들을 현재와 같은 그런 식으로 수행하였는지를 이해할 수 있게 된다. 오직 그렇게 했을 때에만, 실제로 우리는 전반적인 것에 대한 깊은 이해를 가지고서, 개별 서신들에 대하여 석의 자체를 진행해 나가고 지속가능한 연구를 해나갈 수 있는 위치에 있게 된다. 물론, 바울의 서신들은 우리의 탐구의 모든 단계에서 일차적인 자료들이기 때문에, 우리는 바울의 세계관과 신학에 관한 결론을 다른 자료들에서 먼저 이끌어내어서, 나중에 최종 단계에서만 거기에 비추어서 그 서신들을 검토하고자 하는 것은 결코 아니다. 도리어, 나의 제안은 우리는 주후 1세기 중반과 관련해서 우리가 이미 확보한 기본적인 출발점을 발판으로 해서(제1부), 바울의 세계관(제2부)과 신학(제3부)을 연구하고, 이 두 가지 큰 연구들에 비추어서, 바울이 그런 식으로 행한 이유를 이해하기 위한 작업(제4부)을 해나가야 한다는 것이다.

앞에서 나는 특정한 연구 방법론들, 특히 종교사학파의 연구과제들이 전통적으로 바울에게 돌려진 서신들의 진정성 여부에 관한 문제와 사도행전이 자료로서 가치가 있는지에 관한 문제를 접근하는 학자들의 시각을 어떤 식으로 규정하여 왔는지를 간단하게 언급한 바 있다. 이러한 문제들은 여전히 중요하고, 우리가 지금까지 얘기해 온 많은 것들을 집약하고 있다. 따라서 나는 빌레몬서와 관련된 역사와 신학의 몇 가지 추가적인 질문들을 다루는 것으로 이 서두의 장을 마무리하기 전에, 먼저 그러한 문제들을 간단하게 다루고자 한다.

5) 자료들

대부분의 역사가들이 묻는 첫 번째 질문은 자료들과 관련되어 있다. 여기서 우리는 역사적 실체에 관한 문제만이 아니라 연구방법에 관한 문제에도 직면한다. 본서는 바울을 역사적 및 신학적으로 이해하는 "통상적인" 방법들에 대하여 대단히 급진적인 방식으로 도전하고 재형성하고자 하고 있고, 또한 "진정성"에 관하여 행해져 온 판단들은 내가 도전하고 있는 바로 그 관점들로부터 생겨나서 그 관점들을 반영하고 지속시키는 역할을 하고 있기 때문에, 그들의 몇몇 핵심적인 주장들을 제대로 반박할 수 있는 논거들이 내게 있는데도, 그것들이 지배적인 가설이라는 이유로, 내가 거기에 동조한다면, 그것은 너무나 어이없는 일이 될 것이다.

오늘날 "바울"의 서신들 중에서 7개의 서신의 진정성에 대해서 의문을 제기하는 사람은 거의 아무도 없다: 로마서, 고린도전후서, 갈라디아서, 빌립보서, 데살로니가전서, 빌레몬서 – 물론, 이 7개의 서신들도 모두 이런저런 단계에서 도전을 받아 왔고, 19세기의 튀빙겐 학파의 창시자였던 바우어(F. C. Baur)는 처음 네 서신의 진정성만을 인정하고, 다른 모든 서신들의 저작연대를 상당히 폭넓은 시기에 걸쳐 배치시켰다는 것을 기억하는 것도 유익하기는 할 것이지만. 그러한 입장은 이미 한 세기 전에 사망하였다. 그러나 앞으로 보게 되겠지만, 바우어의 전제들 중의 일부는 지금도 여전히 다른 형태를 띠고서 잔존해 있다.

내가 보기에는, 지금은 이 목록에서 분명히 빠져 있는 세 개의 서신, 즉 에베소서, 골로새서, 데살로니가후서를 재고해야 할 절호의 기회이다. 많은 학자들은 사실 이 서신들, 특히 다른 두 서신보다 골로새서에 대한 기존의 입장에 반발해 왔다.[123] 기존의 입장은 흔히 문체와 관련된 이유들을 들어서 이 세 개의 서신의 진정성을 의심해 왔다(아래를 보라). 그러나 나는 에베소서와 골로새서가 바울의 진정한 서신들로 인정받지 못하고 "제2바울 서신"이라는 다소 거창한 이름으로 불려온 주된 이유는 여러 세대 동안 학계를 지배해 오다가 지난 수십 년 사이에 대체로 전방위적으로 공격을 받아 상당 부분 훼손되어 온 바울에 대한 읽기와 관련된 개신교의 자유주의적인 패러다임이 이 서신들과 정면으로 충돌하기 때문이라고 생각하게 되었다. 아주 간단하게 말해서, 특히 에베소서는 그러한 패러다임을 지닌 학자들이 허용할 준비가 되어 있는 것보다 훨씬 더 강력하고 높은 수위의 교회관 – 그리고 실제로는 예수 자신에 대한 관점에 있어서도 – 을 담고 있는 것으로 보이고, 이것은 골로새서와 관련해서도 상당 부분 그대로 해당된다. 이 학자들은 원래의 바울은 "이신칭의"를 가르쳤다고 전제하였고, 이것은 교회를 중시하는 관점(그리고 종종 예수를 중시하는 관점)으로 볼 수 있는 것과 근본적으로 양립할 수 없는 것으로 받아들였기 때문에, 바울이 그런 서신들을 썼을 리가 없다고 생각하였다. 실제로, 이 서신들은 에베소서 2:8이라는 단 한 절을 제외하고는, "이신칭의"를 가르치는 것으로 보이지 않았고, 그 한 구절도 "제2바울"이 자신이 흉내 낸 저 위대한 인물에게 정중히 예를 갖추기 위한 것으로 치부될 수 있었다. 그러나 프로크루스테스의 침대들(Procrustean beds)이 언제까지나 통용될 수는 없다. 지금은 그러한 교조주의적인 편견들에 정면으로 도전할 때이다.[124]

그러나 분명히 이렇게 반문할 사람이 있다: "저 개신교의 자유주의적인 패러다임은 지난 세대 내내 '새 관점'(new perspective)에 의해서 아주 강력하게 도전을 받아온 바로 그것이 아닌가?" "또한, 바울에 대한 새로운 '정치적' 및 '사회학적' 읽기는 어떻게 된 것인가?" 그러한 관점들을 지닌 사람들은 바울이 그리스도를 권력들을 주관하는 자로 보았다는 것을 부각시켰고, 바울이 초기 공동체들을 형성하는 데 관심을 쏟았다는 것을 깨달았기 때문에, 그것은 자료들에 대한 평가에도 영향을 미칠 수 있지 않았겠는가? 또한, "묵시론"의 유행은 어떻게 된 것인가? 그것도 상황을 변화시켰어야 하지 않는가?[125]

123) 최근의 논의들 가운데서는 Lincoln, 1990, lix-lxxiii(Eph.); Moo, 2008, 28-41(Col.); Malherbe, 2000, 349-75(2 Thess.)를 보라.

124) 마음에 들지 않는 글을 "위작"이라고 선언해 버리는 전략은 멀리까지 거슬러 올라간다. 주전 2세기의 스토아학파 철학자였던 Posidonius는 플라톤의 *Phaedo*가 영혼불멸을 가르치고 있다는 이유로 플라톤 자신이 쓴 진정한 글이라는 것을 부정하고 "위작"으로 여겼다: 스토아학파는 플라톤을 권위 있는 인물로 내세우고자 하였지만, 단지 그들 자신의 관점에서 그렇게 하고자 한 것일 뿐이었다. Sedley, 2003, 21에 나오는 논의를 보라.

당연히 이 세 가지 움직임들은 모두 그러한 결과를 가져왔어야 했다. "새 관점"은 로마서와 갈라디아서에 관한 자신의 연구로부터 드러난 주된 강조점이 정확히 에베소서 2:11-21에 나오는 것과 동일하다는 것, 그리고 알버트 슈바이처(Albert Schweitzer)에게 이미 너무나 중요하였고 샌더스(Ed Sanders)와 더글라스 캠벨(Douglas Campbell)의 저작들에서 중심적인 주제로 다시 등장해 온 "그리스도에의 참여"(participation in Christ)에 대한 강조도 마찬가지로 에베소서에서 엄청나게 강조되고 있다는 것을 알아차렸어야 했다. 또한, 호슬리(Horsley)를 비롯한 여러 학자들이 주창한 "정치적 바울"은 모든 정사와 권세를 다스리는 예수 그리스도의 왕권과 그리스도가 십자가에서 승리하여 그러한 어중이떠중이 같은 정사와 권세들을 무찌르고서 포로로 사로잡았다는 것을 강조한 것으로 생각될 수 있었기 때문에, 그들은 그런 사상을 에베소서와 골로새서에서도 볼 수 있었어야 하였다. 그러나 그들은 그런 조치를 전혀 취하지 않았다. 그 결과, 지금도 여전히 에베소서와 골로새서는 "진정성이 의심스러운 서신들"의 목록에 실려 있고, 놀랍게도 심지어 기존의 사회와 영합해서 부르조아적인 안락한 실존에 안주한 "초기 가톨릭"의 성향을 보여주는 서신들로 종종 인용되기도 한다. (하지만 부르조아적인 안락한 실존이라는 측면에서는, 결코 우리가 에베소서가 보여주는 것보다 덜하다고 생각하기는 어렵다.[126]) 마찬가지로, 학자들은 바울을 "묵시론적으로" 읽었을 때, 바울이 빌레몬에게 오네시모를 노예에서 해방시켜 주기를 원하였던 것처럼, 데살로니가후서의 족쇄를 풀어 주고서 두 팔을 벌리고 환영하는 가운데 바울의 진정한 서신이라는 권속으로 다시 반갑게 맞아들였어야 하였다. 또한, "묵시론적" 시각에 열광하였던 사람들은 십자가의 우주적 승리와 그 이후로 지속된 우주적 전쟁을 얘기한 후에, 에베소서와 골로새서를 즉시 바울 서신의 중심으로 복권시키는 것이 옳다는 것을 알아차렸어야 하였다. 그들은 엄청난 독창성과 노력을 들여서 갈라디아서를 "묵시론적인" 본문으로 이미 복권시켰기 때문에, 다음으로 이 두 서신에 눈을 돌렸더라면, 상당히 적은 노력을 들이고도 동일한 결과를 얻어낼 수 있었을 것

125) 이 모든 운동들에 대해서는 *Interpreters*에 실린 논의를 보라.

126) 또한, 초대 교회에서 가장 분명하게 비전을 제시하고 있는 것으로 생각되었을 두 서신인 골로새서와 에베소서를 먼저 다루고 있는 "비전이 사라지다"라는 제목의 글이 나오는 Dunn 1975a, 345-50을 보라. 자유분방한 "카리스마적인" 공동체에 관한 Dunn의 "비전"은 후대에 일종의 영적인 동맥경화가 있기 이전에 자발성이 지배하였던 초대 교회에 관한 낭만적인 관념의 전형을 구체화하고 있다. 나는 그 책이 출간된 지 30년 후에 James Dunn이 그러한 비전을 전혀 잃지 않은 가운데 Durham 대성당의 예배에 꼬박꼬박 참석하는 것을 보고 기뻤다.

이었다.[127)]

그런데 왜 그런 일이 일어나지 않았던 것인가? 나는 그 이유들 중 하나는 에베소서와 골로새서의 배척을 초래하였던 이전의 이유들이 제거되자마자, 완전히 새로운 이유들이 전면에 등장하였기 때문이라고 생각한다. 학자들은 바울을 19세기 개신교 자유주의자 같은 인물이었다고 말해서는 안 된다고 생각하였으면서도, 그가 포스트모더니즘적인 평등주의자였다는 것이 드러나기를 몹시 희망하였기 때문에, 에베소서와 골로새서에 나오는 남편들과 아내들, 자녀들과 노예들에게 주는 교훈들을 담은 "가정 규범"(Haustafeln)이 그들을 곤란하고 난처하게 만든다고 여겼다.[128)] 그들은 바울을 자신들이 좋아하는 신학을 설교한 인물로 만드는 것은 포기하였을지라도, 여전히 자신들이 지니고 있는 이데올로기를 밑받침해 주는 그런 인물이기를 원하였다. 그런데 바울이 심지어 "위계질서"라고까지 부를 수 있는 그런 내용을 가지고서 가족의 구성원들에게 경고하며 그들에 대한 차별적인 사고를 표출하고 있는 것은 그들에게는 도저히 받아들이기 힘든 것이었다. 이러한 생각은 당시에 비록 일부 저자들의 글에서만 명시적으로 등장하지만, 나는 그러한 생각이 당시의 다른 많은 저자들의 글 속에도 잠재되어 있다고 본다.[129)]

아울러, 유행과 편견의 문제가 존재하였다 — 이런 말을 하기는 힘들기는 하지만, 그래도 말해둘 필요가 있을 것 같다. 여러분은 19세기 말에 독일에 있었다면 어느 정도 바우어(F. C. Baur)의 추종자가 되지 않을 수 없었을 것이고, 20세기 중반에 옥스퍼드에 있었다면 어느 정도 Q문서의 존재를 믿지 않을 수 없었을 것임과 마찬가지로, 여러분이 오늘날 북미에 있으면서, 존슨(Luke Timothy Johnson)처럼,[130)] 여러분의 학문적 신뢰성을 아주 엄청나게 견고하게 쌓아서, 여러분이 에베

127) Martyn, 1997; de Boer, 2011.

128) Meeks, 1996을 보라.

129) Borg and Crossan, 2009를 보라. 나는 최근에 이 서신들을 배제하기 위한 또 하나의 엉터리 "이유"가 출현한 것을 보았는데, 그것은 바울의 모든 진정한 서신들은 "바울의 선교를 위한 재정적인 문제"를 언급하는 반면에, 논란이 되는 서신들은 그렇지 않다는 것이다: Downs, 2006, 50(Friesen, 2009, 45도 여기에 동조하고 있고, Downs는 Kiley, 1986, 46f.를 인용하고 있다). 이것은 무엇을 의미하는가? 갈라디아서에는 연보나 바울 자신이 교회에서 받는 돈에 대한 언급이 전혀 나오지 않는다; 6:6-10은 거의 반론의 증거가 될 수 없다. 빌레몬서에서도 오네시모가 얼마간의 돈을 훔쳤을 가능성을 시사하는 것을 제외하고는, 돈에 대한 언급이 전혀 없다. 이 서신들에 나오는 진정으로 중요한 주제들 중 다수는 단지 오직 하나에만 나온다(고린도전서에 나오는 성찬이 그 분명한 예이다). 침묵으로부터의 논증의 위험성에 대해서는 Hengel, 1991, 27 등을 보라.

130) 예를 들어, Johnson, 1986을 보라; Gorman, 2004도 또 하나의 예일 수 있다. 나는 Dennis Nineham이 1970년대 초에 옥스포드 대학의 한 강의에서 자기가 여전히 마가 우선설과 Q의 존재를 믿는

소서와 골로새서를 전적으로 바울의 서신으로 받아들이는 것이 학문적으로 중대한 결함이 아니라, 허용될 수 있는 학문적 일탈로 받아들여질 수 있는 경우가 아니라면, 어느 정도는 그 두 서신을 바울 이후에 씌어진 것들로 여긴다고 말하지 않을 수 없다. 이런 일이 발생하게 된 것은 부분적으로는 아이러니하게도 이 문제가 성경 자체를 둘러싼 "보수주의" 대 "자유주의"의 대립이라는 전혀 다른 논쟁과 얽혀 버렸기 때문이었다. 물론, 성경 자체에서 바울이 썼다고 말하는 모든 것을 그대로 믿는 "보수주의자들"이 있지만(흠정역에 나오는 표제에도 불구하고, 히브리서가 바울이 쓴 서신이라는 것을 믿는 것은 대다수가 주저하긴 하지만), 정통적인 "자유주의자"이냐를 판단하는 시금석(이것 자체가 다른 모든 것들처럼 험악하고 철저하게 감시적인 것이다) 가운데는 여러분이 예수의 말씀들 중에서 얼마나 많은 것들을 진정성이 없는 것으로 여기느냐만이 아니라, 바울의 서신들 중에서 얼마나 많은 것들을 진정성이 없는 것으로 여기느냐도 포함되어 있다. 그런데 동일하게 "보수적인" 독자들이 자기가 성경에 대한 특정한 견해를 지지한다는 사실과 관련된 이유들로 인해서 에베소서를 바울이 쓴 서신으로 인정한다고 하더라도, 자신들이 통상적으로 원해 온 것보다 더 강화된 에베소서의 교회론만이 아니라, 에베소서가 "새 관점"이 옳다는 것을 상당히 분명하게 드러내 주고 있는 듯이 보인다는 사실을 마지못해 받아들이는 일이 벌어지지 않도록 하기 위하여, 에베소의 진정성을 자신들이 인정한다는 것이 바울에 대한 자신들의 견해에 영향을 못미치게 세심한 주의를 기울일 때(이 두 가지는 서로 연관되어 있는 것인데도), 아이러니가 발생한다. 반대로, 여전히 지배적인 정통 "자유주의"가 정치적이고 사회학적으로 "적용된"(relevant) 온갖 종류의 바울 읽기들을 포용하면서도, 그들이 그러한 문제들에 있어서 에베소서와 골로새서, 데살로니가후서로부터 이루 말할 수 없이 큰 도움을 받을 수 있다는 사실을 눈치 채지 못할 때도, 동일한 아이러니가 발생한다.[131]

것은 "그 견해들을 증명해 주는 어떤 타당한 논거들이 존재하기 때문이 아니라, 그것과는 다른 견해를 밑받침해 줄 수 있는 타당한 논거들을 아직 보지 못했기 때문"이라고 말하는 것을 듣고서 받은 충격을 아직까지도 생생하게 기억한다. 나는 내가 1980년대 말에 옥스퍼드 대학에서 가르칠 때에는 신약 교수들 중에서 "Q"의 존재를 확고하게 믿는 사람은 거의 아무도 없었다는 것을 말할 수 있어서 행복하다—그후에 또다시 상황이 바뀌었다는 말을 듣긴 하였지만. 유행은 돌고 도는 법이다.

131) 이 모든 것의 배후에는 통상적인 아이러니가 존재한다: 사람들은 소위 "자유주의적인" 견해들은 "전제들"(예컨대, 자신이 지지하거나 몸담고 있는 신학이나 교파로 말미암아 생겨나는 것들)의 영향을 덜 받기 때문에, 좀 더 "객관적이고" 사실일 가능성이 높다고 생각한다. 하지만 우리는 이러한 생각의 배후에 있는 두 가지 전제—한편으로는 인식론적인 중립성의 가능성, 다른 한편으로는 (오늘날의 지성의) 역사에 대한 암묵적으로 휘그당적인(Whig) 견해—에 대해서, 소박한 "보수주의"의 전제들과 마찬

에베소서와 골로새서에 대한 편견은 일부 진영들에서 아주 강력해져서, 젊은 학자들이 비학문적인 것이라는 말을 듣지 않으려면 바울에 대한 연구에서 그 서신들을 사용하지 말라는 경고를 받는 지경까지 이르게 되었다. 이것은 신약성서에 대한 서구의 연구 내에서 신학대학원들의 성격을 규정짓는 데 사용되었던 이전의 교리적 시금석들 대신에 자리를 잡아 온 독선들 중의 하나이다. 그래서 이제 면접관들은 삼위일체나 성육신에 대한 신학생들(또는, 교수 지망자들)의 견해를 점검하는 대신에, 에베소서의 바울 저작설을 배척하는지의 여부를 가지고서, 그들의 신학의 건전성을 조심스럽게 따진다. 이렇게 여러 가지 상황에서 다양하게 아이러니들이 발생하고 있다는 사실 자체가 지금이 이 문제를 재고할 때라는 것을 이미 시사해 준다고 할 수 있다. 나는 학문적인 문헌들로부터 생산적인 관념들을 얻는 것이 아니라 수명이 다한 관념들을 얻는 것이 문제라고 말한 클리포드 기어츠(Clifford Geertz)를 생각하게 된다.[132] 로버트 모건(Robert Morgan)이 다른 맥락에서 제안하였듯이, 적어도 우리는 때때로 장기판을 허물고 말들을 다시 벌려놓을 필요가 있다.[133]

문체를 근거로 한 논증들은 원칙적으로 분명히 중요하지만, 실제에 있어서 그런 식으로 논증을 하기는 어렵다. 바울의 글들은 그 분량이 얼마 되지 않기 때문에, 저자 문제에 관한 명확한 결론을 밑받침해 줄 만한 정도의 진지한 문체 분석에 적절한 데이터베이스가 될 수 없다고 보아야 한다. 바울의 문체에 대한 컴퓨터 분석들을 수행해 온 학자들은 우리가 예상한 것보다 더 "보수적인" 결론들을 얻어 왔

가지로 도전할 필요가 있다.

132) Geertz, 2000 [1973], 27 n. 5. Geertz는 우리가 기꺼이 우리의 현재의 맥락으로 가져올 수 있는 갑절이나 아이러니컬한 언어로 계속해서 이렇게 말한다: "이 분야가 진보할수록, 우리는 이런 종류의 지성적인 잡초 제거작업은 우리의 활동들 중에서 덜 두드러지는 일이 될 것이다. 그러나 현재로서는 옛 이론들은 사멸하기보다는 제2판으로 나아가는 경향을 보여준다는 것은 여전히 사실이다." 바울이 에베소서를 쓰지 않았다고 단호하게 말하면서도, 정작 적절한 논거들은 제시하지 않는 최근의 예는 Eisenbaum, 2009, 16-22이다: 그녀는 결국 문체와 내용을 문제 삼는 것으로 나아가지만, 그녀가 처음에 문제점들로 제시하였던 것들은 (a) 몇몇 사본들에는 "에베소에 있는 자들에게"가 없고, 이것은 "바울이 에베소서를 쓰지 않았다는 학문적인 의구심을 불러일으킨 한 요인"이었다는 것(17)과 (b) 에베소서는 특정한 배경과는 관련 없이 누구나 읽을 수 있도록 씌어진 "일반 서신으로 읽혔고," 이것은 "바울이 이 서신을 쓰지 않았음을 보여주는 또 하나의 지표"라는 것이었고, 그녀가 제시한 그러한 논거들은 정말 당혹스러운 것들이다. 설령 이 두 가지가 타당한 고찰들이라고 할지라도, 많은 사람들은 이 두 가지는 서로 양립할 수 없는 것이라고 말할 것이다.

133) Morgan, 1973, 43f.: "신학적인 해석이라는 게임을 하고 나서는 전승의 모든 조각들은 다시 장기판 위에 올려놓아진다." 우리는 내용비평(Sachkritik)에 관한 Morgan의 설명에 동의하지 않고서도, 이 말의 가치를 받아들일 수 있다.

다.[134] 사실, 우리가 원하는 문체상의 차이들로 말한다면, 내 생각에, 가장 두드러지는 것은 고린도전서와 고린도후서 간의 문체의 현격한 차이라고 말할 수 있다. 고린도후서는 그 흐름이 상당히 확확 바뀌고, 문장들은 압축되고 복잡하게 뒤엉켜 있으며, 하나님과 예수 그리스도와 바울의 사역에 관한 내용들이 앞뒤로 서로 왔다 갔다 하면서 변화무쌍하게 전개되고, 내용의 구성도 별로 분명하지 않다. 고린도전후서 간의 문체상의 차이는 갈라디아서와 로마서에 비추어 보았을 때에 에베소와 골로새서가 보여주는 문체상의 차이보다 훨씬 더 크다. 하지만 그 이유를 들어서 고린도후서의 진정성을 의심하는 학자는 아무도 없다. 한 세대 전에 존 로빈슨(John A. T. Robinson)이 자신의 개인적인 경험에 의거해서 지적하였듯이, 한 사람의 할 일 많고 바쁜 교회 지도자는 서로 다른 여러 상황들과 청중들을 염두에 두고서 얼마든지 판이하게 다른 문체들을 구사해서 글을 쓸 수 있다. 즉, 그는 한편으로는 깊이 숙고해서 아주 세심한 문장들로 방대한 학문적인 글을 쓸 수도 있고, 다른 한편으로는 주일학교 학생들을 위해서 마치 빠르게 소묘하듯이 쓱쓱 써 내려가는 그런 글을 쓸 수도 있다는 말이다. 심지어 오랜 세월 성경을 연구해 온 학자들이 어린 아이들을 위한 동화를 쓴 경우도 있었다.[135] 지금 우리가 논의하는 문제와 좀 더 직접적으로 관련되는 얘기를 하자면, 에베소서와 골로새서에는 바울이 서부 터키에 살고 있던 독자들을 위하여 의도적으로 "아시아적인" 문체를 채택해서 사용하였음을 보여주는 증거들이 존재한다는 주목할 만한 주장이 제기되어 왔다.[136] 나는 바울의 동료나 동역자 같은 어떤 다른 사람이 그의 문체를 일정 정도 비슷하게 흉내 내서 그러한 서신들을 썼을 가능성보다는 바울의 문체 자체에 상당한 정도의 편차가 존재하였을 가능성이 훨씬 더 높다고 본다. 이 장르에 속한 역사상의 다른 예들을 보더라도, 우리는 그런 식으로 비슷하게 흉내 낸 경우에 성공할 가능성이 거의 없다고 볼 수밖에 없게 된다.

에베소서와 골로새서는 서로 자매 서신임을 꽤 분명하게 보여주고 있고, 골로새서가 빌레몬서와 분명히 연결되어 있는 상황에서, 지금은 우리가 이 두 서신을 적어도 바울의 진정한 서신들의 울타리 안으로 다시 받아줄 수 있는 가능성을 열어

134) 예를 들어, cf. Kenny, 1986; Neumann, 1990.

135) Robinson, 1976, 70f.은 얇게 휘장으로 가려진 자전적인 말이라고 할 수 있는 것과 관련해서 이렇게 말한다: "바울은 자신이 성직자로서 말할 때에 사용한 문체(그리고 실제로는 다루는 소재)가 좀 더 폭넓은 청중들을 위하여 말하거나 글을 쓸 때에 상황에 따라 사용한 아주 다양하고 다채로운 문체와 상당히 달랐던 마지막 교회 지도자는 아니었을 것이다." C. H. Dodd와 R. J. Bauckham은 신약학자들인데도 동화를 쓴 사람들이었다.

136) Witherington, 2007, 1-6, 17-19.

둘 때라고 나는 믿는다. 다시 한 번 말해 두지만, 이 책의 목적 중의 일부는 바울에 대하여 사람들이 이전에 지니고 있던 온갖 종류의 견해들을 근본부터 철저하게 다시 생각해 보는 것이기 때문에, 그런 작업을 시작하기도 전에, 다른 반증이 없는 한 바울로부터 나왔다고 보아야 할 그런 자료들을 다른 많은 사람들이 그렇게 보지 않는다는 이유만으로 책상에서 치워 버린다면, 그것은 어리석은 짓이 될 것이다.

데살로니가후서의 진정성과 관련된 문제는 에베소서 및 골로새서의 문제와 관련되어 있기는 하지만 좀 다르다. 나는 사람들이 이 서신의 진정성을 부인하는 실제적인 이유는 특히 이 서신의 2장에서 발견되는 일종의 "묵시론적인" 글이 바울과는 전혀 어울리지 않고 상관도 없는 것이라고 생각하기 때문이라고 본다.[138] 그러나 이 점과 관련해서도 학문적인 연구의 기조가 변한 지 오래 되었는데도, 그러한 편견은 학계에서 사라지지 않고 여전히 어른거려 왔다. "묵시론적" 관점은 신약학 전반, 특히 바울 연구에서 이미 복권되어 활동해 왔다. 게다가, 데살로니가후서에 나오는 것과 같은 "묵시론적인" 언어는, 우리가 해석하기 어렵다는 것은 의문의 여지가 없긴 하지만, 적어도 다니엘서 이래로 오늘날 우리가 "정치적" 사건들과 인물들이라 부를 수 있는 것들을 언급하면서, 거기에 신학적인 의미를 부여하는 표준적인 방식이었다.[139] 묵시론자이자 정치 사상가로서의 바울에 대한 관심이 고조되어 가고 있는 지금, 우리가 이 두 가지 주제가 핵심적인 역할을 하고 있는 한 서신을 주로 학문적 전통이나 유행과 관련된 이유들로 인해 계속해서 연구 대상에서 아예 배제해 버리고 깊이 숙고해 볼 생각을 하지 않는다면, 그것은 아이러니가 될 것이다.

또한, 목회 서신들의 진정성과 관련된 문제는 앞에서 언급한 서신들의 문제와 또 다르다. 내 자신의 견해는 우리가 지금 디모데후서라 부르는 서신이 우리에게 현존하는 바울의 유일한 "목회" 서신이었다면, "목회 서신의 문제"는 처음부터 생

137) 나는 Wright, 1986b, 34에서 Süssmaier가 Mozart의 *Requiem*을 완성한 것을 예로 들었다. 바울이 특정한 서신의 직접적인 저자가 되는 것을 막으려고 애쓰면서도, 그 서신과 바울의 다른 진정한 서신 간의 유사성을 드러내 보이는 것도 간절히 원하여서, 디모데나 다른 동료가 바울을 대신해서 그 서신을 썼을 것이라고 주장하는 학자들도 동료들 간에 문체가 비슷할 수 있다는 이러한 논점을 통상적으로 지적하지 않는다.

138) 예를 들어, Koch 등을 참조하라. 데살로니가후서를 배척하는 사람들은, 예컨대 로마서 8:19-26에서 무엇이 진행되고 있는지에 대해서도 아울러 알지 못하는 것은 흥미로운 일이다.

139) *NTPG*, 280-98; 본서 제2장 제4절을 보라.

겨나지 않았으리라는 것이다.[140] 내가 보기에는, 문체와 분위기와 정취에 있어서는 디모데후서가 디모데전서보다 "바울"의 다른 서신들과 훨씬 더 많이 닮았다. 하지만 디모데전후서 간의 편차는 고린도전후서 간의 편차보다 더 크지 않아 보인다. 한편, 디도서의 진정성과 관련된 문제는 약간 다른 범주에 속한다.

이 책의 목적을 위해서 나는 세 가지를 전제하고자 한다. 첫째, 골로새서는 바울의 진정한 서신임이 확실하기 때문에, 그 어떤 해명이나 변증 없이 사용될 수 있다. 둘째, 에베소서와 데살로니가후서는 바울과 가까운 어떤 사람이 최선을 다해 그를 흉내 내서 쓴 것이라고 할지라도(내 자신은 그럴 가능성이 희박하다고 보지만, 좀 더 약한 형제들을 생각하여 양보해서), 그 내용은 고도로 바울적인 것이라고 할 수 있기 때문에, 그 내용을 전적으로 다 신뢰하고 받아들일 수는 없겠지만, 증거로는 사용될 수 있을 것이다. 하지만 내가 이렇게 하는 것에 대하여 양심에 거리낌을 갖는 약한 형제들을 생각하여 한 걸음 더 양보해서, 나는 논거들을 제시할 때에 바울의 진정한 서신으로 인정 받고 있는 7개의 서신에 대부분의 무게를 둘 것이고, 에베소서와 데살로니가후서에 대해서는, 윈스턴 처칠(Winston Churchill)이 고전어들을 현대의 학교 교과과정으로 도입하고자 했을 때에 말했던 것처럼 다루고자 한다: 그 때에 그는 "영리한 학생들로 하여금 공경하는 마음으로 라틴어를 배우고, 대접하는 마음으로 헬라어를 배우게 하자"고 말하였다.

셋째, 목회 서신과 관련해서는, 디모데후서는 바울이 다른 분위기와 환경 속에서 쓴 서신일 가능성이 높기 때문에, 우리가 합당한 주의를 기울이기만 한다면, 앞에서 말한 서신들과 마찬가지로 증거로 사용할 수 있을 것이다. 디모데전서 및 디도서의 진정성과 관련된 문제는 디모데후서의 경우와는 다른 범주에 속하기 때문에, 술 취한 사람이 가로등을 조명의 용도가 아니라 자신의 몸을 기대는 용도로 사용하는 것과 마찬가지로, 이 두 서신도 다른 서신들을 통해서 증명된 것을 뒷받침하는 용도로 사용될 수 있을 것이다.

우리가 자료들과 관련해서 반드시 짚고 넘어가야 할 또 하나의 문제는 사도행전을 바울 연구에 사용할 수 있느냐 하는 것이다. 여기서 우리는 다시 한 번 양방향으로 편견을 만난다: "보수적인" 학자들은 사도행전의 "역사성"을 옹호하는 성향을 보여주어 온 반면에, "급진적인" 학자들은 그 역사성을 의심하는 경향을 보여주어 왔다. 그래도 여기까지는 우리가 그렇게 놀랄 만한 일은 아니다. 그러나 이러한 사실의 이면에는 다소 다른 문제가 숨어 있다. 사복음서 전반, 그리고 특히 누가복음

140) 이 가능성에 대해서는 Murphy-O'Connor, 1991; Prior, 1989를 보라.

의 글은 초기 교회의 "낙담"을 보여준다는 주장, 즉 초기 교회는 "파루시아"(재림)가 예정대로 도래하지 않았기 때문에, 앞이 아니라 뒤를 바라보았다는 주장은 바로 신약학에 있어서 이전의 개신교 자유주의자들의 지배적인 패러다임에 내재되어 있던 암묵적 세계의 일부였다.[141] 이러한 주장은 누가복음에 대한 매우 부정적인 판단으로 이어졌다. 즉, 그들은 즉시 "구원사"를 가장 사악한 신학적인 과오로 보고서, 누가복음을 초기 교회의 등을 떠밀어서 "초기 가톨릭 사상"이라는 운명적인 길로 내려가도록 한 주범으로 지목하였다.

나는 사물들을 이런 식으로 바라보는 방식 전체는 몇몇 상당히 중대한 잘못들에 의거하고 있다는 것을 다른 곳에서 강력하게 논증한 바 있다.[142] 사도행전을 역사적인 자료로 인정하고자 하지 않는 편견은 부분적으로 초기 기독교의 역사 서술은 범주 오류(category mistake)였다는 이상한 관념에 토대를 두고 있다. 일반적으로 인정 받고 있는 "지혜"는 사도행전의 저작연대를 주후 80년나 90년대, 또는 그 이후로 보지만, 실제로 그런 식으로 저작연대를 설정하는 것을 밑받침해 줄 수 있는 확실한 증거는 전혀 없고, 이전의 학자들은 대체로 우리가 앞에서 이미 의심을 품고 살펴보았던 그들의 선험적인 판단들에 의거해서 그러한 저작연대를 도출해 낸 것일 뿐이다.[143] 달리 말하면, 그들은 자신들의 신학적이고 이데올로기적인 이유들로 인해서, 사도행전이 기록한 사건들의 역사성을 인정하지 않았다는 것이다. 이제 우리는 초기 기독교와 관련된 너무나 많은 것들이 오늘날과는 너무나 판이하게 달랐다는 것을 알게 되었기 때문에, 지금은 사복음서와 사도행전에 대한 그들의 그러한 판단 배후에 있는 이유들을 다시 돌아보고서, 비판적인 문제 의식을 가지고서 재검토할 때이다.[144]

마찬가지로, 그들은 사도행전에 나오는 바울에 관한 묘사는 흔히 그의 서신들 속에서 묘사된 것과 너무나 달라서 이 두 사람이 동일 인물이라고는 도저히 믿을 수 없다고 주장한다. 어떤 사람에 관하여 쓴 책이 그 사람 자신이 실제로 쓴 서신들(또는, 오늘날에는 이메일들)과 상당한 차이를 보일 가능성은 얼마든지 있다. 우선 아우구스투스(Augustus)에 관한 타키투스(Tacitus)의 서술을 이 위대한 인물이 스스로 쓴 자신의 공적비(Res Gestae)에 나오는 내용과 비교해 보라. 바울의 서신들은 사도행전이 언급하지 않은 많은 것들을 포함하고 있고, 그 반대도 마찬가지

141) 특히, Conzelmann, 1960 [1953]을 보라.
142) *NTPG*, ch. 13 part 2, ch. 15 part 6. 범주들("초기 가톨릭 사상" 등등)에 대해서는 아래를 보라.
143) 최근에 저작연대를 주후 115년경으로 보고 논증을 펼치고 있는 Pervo, 2009를 보라.
144) 특히, Hengel의 저작, 예컨대 Hengel, 1979를 보라.

이다. 바울은 고린도후서에서 난파 당한 일을 비롯해서 자기가 겪은 온갖 험한 일들을 우리에게 말해 주지만, 사도행전에는 그런 얘기들이 나오지 않는다. 마찬가지로, 사도행전은 바울이 주기적으로 열심히 서신들을 쓴 사람이었다는 암시조차 주지 않는다. 바울 서신들을 보면, 디도는 바울의 꽤 중요한 동료들 중의 한 사람이었던 것으로 보이지만, 사도행전에는 언급조차 되지 않고, 우리의 친구들인 빌레몬과 오네시모도 사도행전에 등장하지 않는다. 하지만 우리가 우선 말해 두고자 하는 것은 일이 그렇게 간단하지 않다는 것이다. 이전의 학자들이 바울에 관한 묘사에 있어서 사도행전과 서신들의 차이를 주장하며 그 증거로 당당하게 내놓곤 했던 핵심적인 구절들 중 몇몇은 바울에 대한 좀 더 최근의 연구, 특히 "새 관점"이 등장한 이후에 바울에 대한 재평가를 이루어낸 연구들이 우리로 하여금 그 일들을 다르게 볼 수 있게 해줄 때에 근거로 사용한 바로 그 구절들이다. 따라서 우리는 실제로 바울의 서신들 속에 나와 있는 것들이었지만, "옛 관점"의 어떤 부분들이 신학이나 이데올로기와 관련된 이런저런 이유들로 인해서 차단하고서 보지 않았던 것들을, 사도행전이 부각시킨 것은 아닌가 하고 물을 수 있다.[145] 끝으로, 우리가 사도행전과 바울을 조화시키고자 할 때에 생겨나는 연대기적인 난점들은 주후 1세기에 씌어진 글들이 거의 다 없어지고 오직 작은 분량의 증거만 살아남아 있다는 것을 감안하면 충분히 예상할 수 있는 것이다. 자기 자신의 활동들에 관한 요세푸스(Josephus)의 서로 다른 기사들을 조화시키기는 쉽지 않지만, 그런 이유로 우리는 그 중의 어느 한 판본은 완전히 허구라고 추정하지는 않는다.[146] 특히, 우리는 사도행전과 갈라디아서의 상호연관성은 이미 결론이 난 것으로 여겨서는 안 된다. 학자들은 한때 유행처럼 갈라디아서 2:1-10은 사도행전 15장에 나오는 바울의 예루살렘 방문을 언급하고 있는 것이라고 단정적으로 말하였지만, 오직 그것만이 이 문제를 해결하는 유일한 해법인 것은 결코 아니다.[147] 성서학 분야에서 출현했던 다른 몇몇 유행들과 마찬가지로, 이러한 유행도 전혀 다른 목적에서 기인했다고 할 수 있는데, 이 경우에는 우리가 위에서 언급했던 저 잘못된 이데올로기적인 관점의 일환으로서, 누가복음을 불순한 의도로 씌어진 책, 또는 단지 어이없는 책으로 만들어 버리거나, "초기 기독교"를 "유대 기독교"(베드로)와 "이방 기독교"(바

145) 고전적인 글인 Vielhauer, 1966은 이제 조용히 쉬게 할 때가 되었다. Rowe, 2009의 다면적인 저작, 그리고 이제 특히 Keener, 2012, 221-57을 보라.

146) 표준적인 글은 여전히 Cohen, 1979의 글이다. 또한, Mason, 2001, xxvii-xli도 보라. 나는 이 전거를 알려준 Andrew Cowan에게 감사한다.

147) Longenecker, 1990, lxxiii-lxxxiii을 보라.

울) 간의 헤겔적인 변증법적 종합을 구현하고 있는 것이라고 본 바우어(F. C. Baur)의 그림으로 돌아가고자 온갖 노력을 기울인 결과물이었다. 일단 우리가 이러한 특정한 목적들로부터 한 발자국 뒤로 물러나게 되면, 이러한 "확실한 결과물"은 다른 수많은 결과물들과 아울러서 재검토되어야 할 대상이 된다.

그렇다고 해서, 이 모든 것들은 사도행전이 현재의 모습 그대로 순진하게 역사적인 자료로 사용될 수 있다는 것을 의미하는 것은 물론 아니지만, 우리가 사도행전을 부정적으로 바라보는 독단과 거리를 두고서, 실제적인 증거들을 새롭게 바라보아야 한다는 것을 의미하는 것이기는 하다. 본서의 목적을 따라서, 나는 사도행전에 대해서도 내가 에베소서와 데살로니가후서에 대하여 취했던 노선을 그대로 적용할 것이다. 즉, 나는 많은 것들을 사도행전에 의지하지는 않을 것이지만, 때때로 우리가 사도행전에 묘사된 새로운 시각들을 통해서 바울을 바라볼 때에 어떤 새로운 가능성들이 출현하는지를 보는 것은 흥미로운 일이 될 것이라는 말이다.

6) 세계관, 신학, 역사

우리에게는 바울에 관한 일련의 질문들(역사, 신학, 석의, "적용," 그리고 상당수의 그 각각의 하위분야들)과 그 질문들에 대답하기 위한 일련의 세계관적 탐구들(이야기, 실천, 상징, 질문들, 그리고 거기에 덧붙여서 "문화"와 "예배")이 준비되어 있다. 그렇다면, 이 둘의 관계는 어떤 식으로 설정되고, 이 둘은 어떤 식으로 통합되는가?

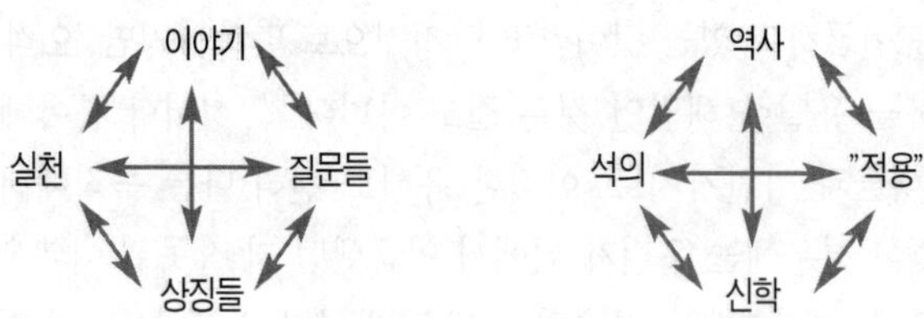

내가 『신약성서와 하나님의 백성』에서 자세하게 개념화하여 그 책의 후반부에서 적용하였고 『예수의 하나님의 승리』에서 좀 더 구체적으로 적용하였던 세계관 모형은 세계관들은 공동체에게 있어서나 개개인에게 있어서나 특정한 공동체(그리고 개인)가 의식하고 있고 자주 언급하며 논의하고 수정하며 거기에 의지해서 의식적으로 일하는 "신념들" 및 "목적들"과 연관되어 있다는 것을 제시하는 것으로

끝이 났다.[148] 그런 후에, 나는 신념들과 목적들을 다시 세부적으로 구별해 나갔다. 첫째, 나는 세계관에 좀 더 가깝고 훨씬 더 중심적이며 타협이 불가능한 것으로 여겨지는 기본적 신념들(basic beliefs)과 "기본적 신념들"만큼 무게를 지니지는 않지만 거기에 수반되고 그 결과로 생겨나는 부수적 신념들(consequent beliefs)을 구별하여야 한다고 제안하였다. (나는 북반구에서 해가 왼쪽에서 오른쪽으로 움직인다고 믿기 때문에, 저 구름 뒤에서 해가 곧 나오게 될 것이라고 믿는다. 이 경우에 아주 중요한 첫 번째 신념이 기본적 신념이고, 첫 번째 신념보다 덜 확실하다고 믿는 것은 아니지만 거기에서 부수적으로 파생되고 오직 일시적인 중요성만을 지니는 두 번째 신념이 부수적 신념이다.) 둘째, 나는 "목표들"(aims)과 "의도들"(intentions)을 구별할 것을 제안하였는데(이것은 아리스토텔레스의 『니코마코스 윤리학』[*Nicomachean Ethics*]에 나오는 비슷한 구별과 전혀 연관이 없는 것은 아니다), "목표들"은 "기본적 신념들"과 마찬가지로 한 사회나 개인이 달성하고자 하거나 희망하는 것들의 핵심을 이루는 것들이고, "의도들"은 "부수적 신념들"과 마찬가지로 그 사회나 개인이 좀 더 근본적인 성격을 띠는 목표들에 기여할 것이라고 믿고서 이루고자 하거나 열망하는 좀 더 작은 것들이다. 그리고 나는 역사가의 임무는 자기가 연구하고 있는 사회나 개인과 관련해서 이 네 가지 모두를 설명해 내기 위한 작업을 행하는 것이라고 제안하였다:[149]

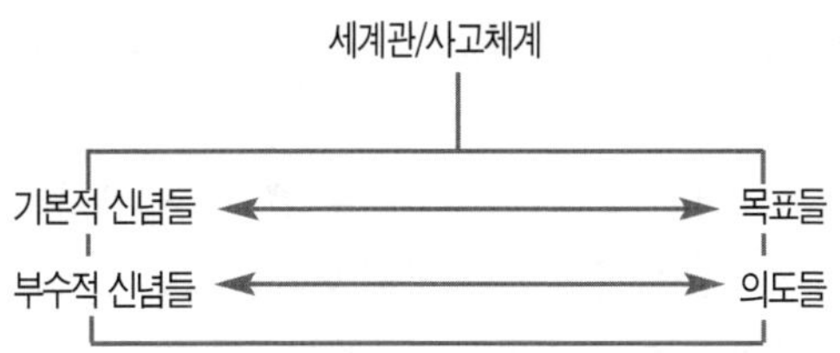

이제 나는 "역사"는 통상적으로 이러한 전체적인 주제를 오른쪽에서(우리가 바라볼 때) 접근하고, "신학"은 왼쪽에서 접근한다고 제안함으로써, 이 모형을 조금 더 진전시키고 풍부하게 하고자 한다. 역사적 서술이 온전한 것이 되려면 거기에 신념들에 대한 설명이 포함되어야 하고, 신학적 서술이 온전한 것이 되려면 거기에 목표들과 의도들에 대한 설명이 포함되어야 한다는 것을 역사와 신학은 잘 알

148) 이것은 Engberg-Pedersen가 말한 "세계관"에 좀 더 가까운 것으로 보인다: 토대가 되기는 하지만, 아주 의식적으로 견지하고 있는 일련의 신념들.

149) *NTPG*, 126에 나오는 원래의 도표를 보라.

고 있다. 그러나 "신학"의 통상적인 영역은 신념들 및 그 상호관계를 설명하는 것이고, "역사"의 통상적인 영역은 특정한 역사적 사건들과 운동들을 생성해낸 흔히 실타래처럼 뒤엉켜 있는 동기들이다. 이 모든 것들을 다음과 같은 도표로 나타내 보면 유익할 것이다:

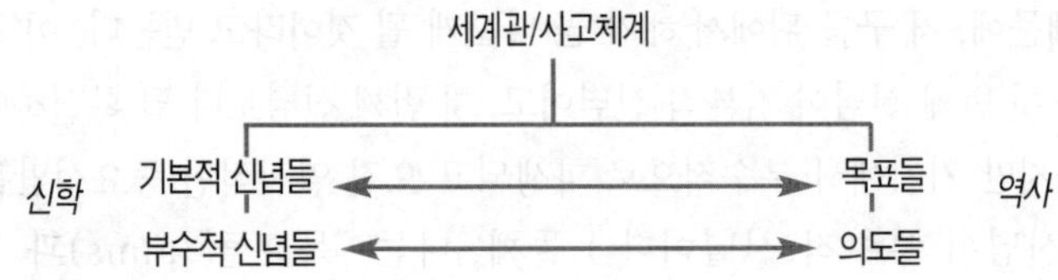

또는, 이것을 좀 더 완전하게 표현해 본다면, 다음과 같이 될 것이다:

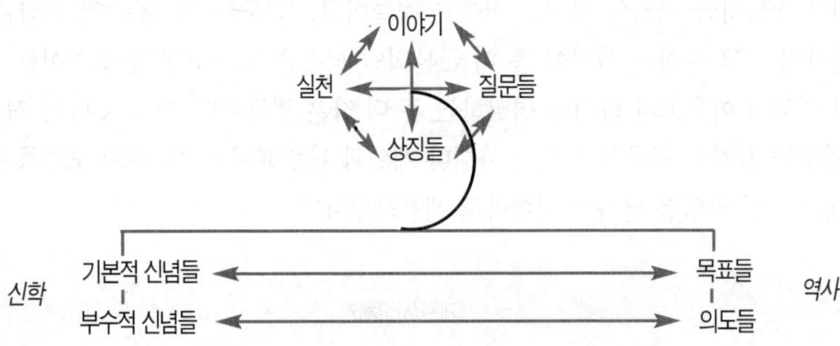

그런 후에, 우리는 세계관과 동일선상에 "문화"와 "예배"라는 요소들을 포함시킬 필요가 있는데, 이 요소들의 존재는 하위 단계들에도 영향을 미친다. 물론, 이 두 요소는 이 그림 전체와 연관되지만, "문화"는 "역사"와, "예배"는 "신학"과 좀 더 밀접한 연관을 맺고 있다고 볼 수 있을 것이다:

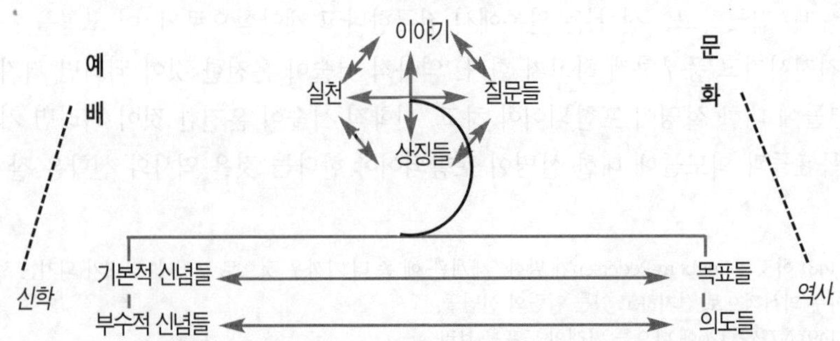

이렇게 하는 목표 – 적어도 역사가이자 신학자의 목표 – 는 언제나처럼 여기에서도 다시 한 번 다른 연관 분야들에 빛을 던져 주기 위하여 타당한 가설을 세운다는 세 번째 과제를 잊지 않는 가운데, 첫 번째 과제인 적절한 단순성을 확보하고서, 두 번째 과제로서 자료들을 포함시키는 것이다. 역사상에 등장했던 수많은 인물들, 특히 기독교 역사상의 등장인물들에 대한 수많은 연구들이 지닌 문제점은 우리가 방금 말한 것들의 너무나 많은 부분을 언급하지 않은 채로 내버려 두어서, 결과적으로 너무나 많은 자료들이 간과되어 왔다는 것이다. 그 결과, 흔히 "기본적 신념들," "부수적 신념들," "신학"이라는 세 명의 주연배우가 무대의 중앙을 독차지하고서, 다른 모든 배우들을 무대에서 밀어내거나 아예 선술집으로 쫓아 보냈고, 그렇게 쫓겨난 배우들인 "목표들," "의도들," "역사"는 따로 극단을 차려서, 자신들만이 등장하는 일종의 반신학적인 "사회학" 연극들만을 무대에 올리는 일까지 벌어졌다.[150] 이 책의 취지 중의 일부는 그렇게 쫓겨난 배우들을 다시 불러들여서, 모든 배우들이 다 무대에 나와서 함께 공연했을 때에 실제로 그것이 어떤 연극이 되는지를 보여주는 것이다.

그렇게 하면 사람이 감당할 수 없을 정도로 일이 복잡해지는 것이 아니냐고 생각하는 사람이 혹시 있다면, 우리는 오늘날의 학자들도 마찬가지로 바로 우리가 앞에서 설명한 것과 비슷한 복잡다단한 세계 속에서 살아가고 있다는 말을 해 두는 것이 공평할 것이다. 사실, 해석학의 임무는 언제나 우리가 할 수 있는 한 우리 자신의 세계들과 세계관들을 알아내고, 우리로 하여금 다른 시대들과 장소들에서 어떤 일들이 진행되고 있는지를 보지 못하게 만드는 우리 자신의 일련의 색안경들이라고 할 수 있는 것들이 어떤 것들인지를 찾아내는 것이다.[151] 이것이 내가 "적용"(application)이라고 불러온 것이 작용하는 지점이고, 우리 자신의 상황이 사회윤리학에 관한 관심(따라서 우리 시대에 있어서 노예제도라는 문제가 무게를 지니고 있는 상황)과 관련된 것이든, 아니면 바울의 교리적/복음적/목회적 가르침에 관한 관심(따라서 칭의와 "새 관점들"에 맞서 싸우고 있는 상황)과 관련된 것이든, 우리로 하여금 바울에 대한 전체적인 그림 중에서 어떤 부분들은 부각시키고 다른 모든 부분들은 평가절하하거나 완전히 무시하도록 이끄는 지점이라는 것은 두말할 필요가 없다.

150) Engberg-Pedersen, 2010, 245에 나오는 많은 것을 밝혀주는 평을 보라: "하지만 사람이 구원론, 기독론, 칭의, 은혜, 행위 등과 같은 전통적인 신학 개념들 전체를 괄호로 묶어 놓고자 할 때까지는 과연 진보의 가능성이 있는지는 의심스럽다." 본서 제14장에 나오는 논의를 보라.

151) 예를 들어, Thiselton, 1980; 1992; 2007을 보라.

게다가, 우리는 교회에 속하여 살아가든 교회와는 상관없이 살아가든, 바울의 서신들이 서구 문화, 그리고 일정 정도는 지구촌의 문화를 형성하는 데 엄청난 영향력을 지녀 왔고, 지금도 여전히 영향을 미치고 있다는 사실을 무시할 수 없다. 오늘날의 몇몇 철학자들이 문화적으로 중요한 다른 분문들과 아울러서 바울의 서신들을 논의한다는 것은 그러한 사실을 아주 잘 보여주는데, 신학자들과 주석자들은 그때마다 그런 사람들에게 고마움을 표시하는 것이 옳을 것이다. 하지만 어쨌든 엄연한 현실은 한편으로는 첫 번째 도표에서처럼 바울의 세계관, 다른 한편으로는 오늘날의 독자들의 세계관, 이렇게 두 개의 세계관이 단지 해석학적 분수령의 양쪽 끝에 서서 서로를 불편한 심기 속에서 바라보고 있는 것이 아니라는 것이다:

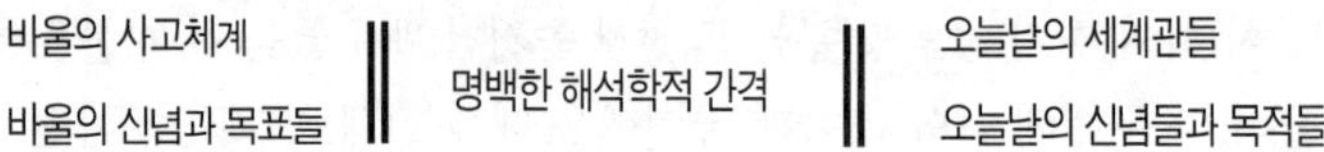

두 번째 도표에서처럼 평생을 바쳐야 풀어내거나 분석해 낼 수 있을 정도로 무수히 많은 다양한 방식들로 이미 서로 얽혀 있는 것이 엄연한 현실이다:

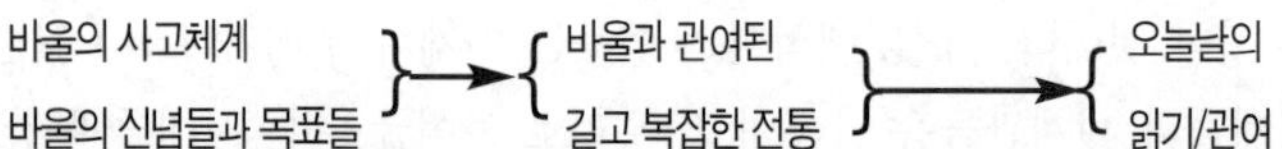

이것이 오늘날 우리가 처한 해석학적 상황이며, 우리에게는 다른 대안이 없기 때문에, 우리는 이러한 상황을 흔쾌히 받아들여서 사이좋게 살아가는 법을 배우는 것이 좋다. 물론, 어느 한 개인이나 공동체가 이 그림을 구성하고 있는 모든 요소들을 온전히 다 알게 되는 것은 불가능하다. 그러나 해석 전통은 존재하고, 지금으로서는 우리가 도저히 복원할 수 없는 방식들로 바울 및 다른 해석 전통들 및 자신의 동시대인들과 복합적이고 다면적인 대화들을 했을 그 해석 전통 중에서 우리가 불완전하게 기억하고 있는 편린들은 많은 점들에서 우리를 여전히 끈질기게 따라다닐 것이다. 또한, 그 해석 전통 이외의 다른 전통들은 그 길이 아니라 이 길로 가는 것이 더 안전하거나 지혜로운 일이고, 이 주제를 피하고 저 주제를 부각시키는 것이 옳다는 등과 같은 말들을 우리에게 끊임없이 속삭여 댈 것이다. 특히, 어떤 특정한 해석 전통이 자신이 재구성해 낸 어떤 요소들을 "바울이 말한 것"이라고 규정했을 때, 이후에 바울을 읽는 사람들은 그러한 재구성이 만들어낸 안경들을 끼고서 읽을 수밖에 없는 일이 흔히 벌어지게 되고, 이런 일들은 계속해서 반복된다. 분명한 예를 한 번 들어보자. 오늘날의 세계에는 루터, 칸트, 불트만 등이 물려준 일련의 안경들을 통해서 진지한 마음으로 바울을 읽은 후에, 자신들이 바울에게서 찾아낸 모순들과 난제들이 그들 자신이 쓴 안경들이 만들어낸 왜곡된 효과들이 아니라, 마치 실제로 바울의 글들 속에 그런 것들이 존재하기라도 한다는 듯이, 바울에게 따져 묻는 사람들이 많다. 이 점에서도 다시 한 번 오직 철저한 세계관 모형, 그리고 신념들과 목표들에 대한 철저한 연구만이 우리로 하여금 그러한 덫을 피할 수 있게 해줄 것이다.

물론, 이 지점에서 확고한 비판적 실재론은 자신있게 이렇게 말할 것이다: "좋다, 우리는 원칙적으로 모든 것을 다 연구선상에 올려놓고 따져볼 준비가 되어 있다. 하지만 다행히도 우리에게는 바울의 본문이 있어서, 주후 1세기에 그 본문이 무엇을 의미했는지를 알아내고자 하는 시도를 제대로 할 수 있는 수단이 갖추어져 있기 때문에, 우리는 그렇게 해나가고자 한다." 그렇다. 그것은 실제로 사실이고, 우리가 곧 해나가고자 하는 것이다. 그러나 내가 앞에서 해석학과 관련해서 주의할 점에 대하여 말한 것은 여전히 적절한 것으로 생각될 수 있고, 본서의 이후의 페이지들을 괴롭힐 것이며, 역사가가 역사적 승리를 거두는 순간조차도 그 옆에서서, "당신도 해석학적인 제약 가운데 있다는 것을 기억하라"고 속삭일 것이다.

그러나 우리가 제약 가운데서 작업할 수밖에 없다는 이러한 언급은 우리를 다시 역사와 신학 및 둘 간의 복잡한 관계라는 문제로 데려다준다. 이 책은 어느 하나가 와해되어 다른 하나 속으로 흡수되어 버리는 것을 피하고자 시도해 온 프로젝트, 즉 역사가 신학의 노예가 되거나 신학이 역사의 노예가 되는 것을 피하고자 시도해 온 프로젝트의 일부이다. 양쪽 진영의 사람들이 나의 이러한 시도가 실패하였다고 비난해 왔다는 사실은 내가 완전하지는 않겠지만 올바른 균형 지점에 상당히 근접했을 가능성을 보여준다고 나는 생각한다. (그런 식으로 비난만 하는 것은 논의에 별 도움이 되지 않는 것은 두말할 필요가 없다. 다른 사람에게 돌을 던지는 일은 누구나 할 수 있다. 그러나 정작 논의에 중요한 도움이 되는 것은 나를 비롯해서 어느 누가 구체적으로 어떤 식으로 자신의 신학적 관심들로 인하여 실제로 역사적 작업을 제대로 해내고 있지 못하다거나, 반대로 자신의 역사적 관심들로 인하여 신학적 작업을 제대로 해내지 못하고 있는지를 지적해 주는 것이다.) 물론, 유물론자들에게는 모든 신학이 진실을 혼란에 빠뜨리는 위험하기 짝이 없는 것이고, 플라톤주의자들에게는 모든 역사가 위험하기 짝이 없는 왜곡이다. 이 총서의 취지 중의 일부는 신약성서, 특히 예수와 바울과 복음서들이 유물론적인 세계관이나 플라톤주의적인 세계관(또는, 신학계와 교회에 존재하는 그 변종들) 중 어느 한 쪽으로 완전히 경도되어서 바라보는 것에 대하여 어떤 식으로 저항하는지를 세밀하게 좌표화하는 것이다. 그렇다면, 역할은 종종 뒤바뀌어 왔기 때문에, 신학이 주인이 되고 역사가 노예가 되어 있을 때, 이제 빌레몬서를 우리가 직면한 과제들의 한 예로 읽는 것이 아니라, 그 대신에 알레고리로 읽는다면, 어떤 일이 벌어지게 될까?

3. 알레고리로서의 빌레몬서: 신학, 역사, 화해

지금부터 아래에서 내가 서술하고자 하는 것은 바울을 어느 정도 우스꽝스러운 인물로 희화화시키는 일종의 해학이기 때문에, 나는 독자들에게 이 점에 대하여 양해와 용서를 구한다. 이것은 논증으로서의 무게는 지니고 있지 않고, 우리가 지금까지 다루어 왔던 아주 진지한 질문들에 현실감을 부여해서 독자들로 하여금 곰곰이 생각해 볼 수 있게 하고자 하는 의미가 강하다. 신학과 역사가 성경 연구의 탁자를 사이에 두고 서로 눈살을 찌푸리며 사사건건 충돌하는 모습을 보면, 현실적으로는 현대의 서구적 세계관 내에서는 하늘과 땅처럼 서로 화해하기가 불가능해 보이지만, 그럼에도 불구하고 신학과 역사를 화해의 가능성이 있는 한 쌍이라고 생각하는 것은 논리적이고 이성적인 연구로부터 도출된 것이라기보다는 직감의 문제이다. 빌레몬서는 자신들이 속한 문화로 인해서 서로 갈기갈기 찢어지게 된 사람들 간의 화해에 관한 것이고, 내가 앞에서 이미 언급하였듯이, 화해 및 화해를 토대로 한 하나님 백성의 연합이 바울의 사역 전체에서 상당히 중심적인 것이었기 때문에, 바울이 옛적에 자신의 두 친구를 위해서 하고자 했던 일을 우리가 바울에 대한 연구를 통해서 분노가 가득한 눈으로 서로를 적대적으로 노려보고 있는 이 한 쌍(즉, 역사와 신학)을 위해서 과연 해낼 수 있을지를 묻는 것은 의미가 있을 것이다. 이것은 아무런 문제가 없는 본문에 포스트모더니즘이라는 색안경을 끼고서 의문을 제기하는 것은 어리석은 일이라고 말하는 것이다.

분명히 이 문제는 『예수와 하나님의 승리』를 괴롭혔던 문제와 맥을 같이한다. 날카로운 눈을 가진 사람들은 이미 눈치 챘겠지만, 사실 내가 빌레몬서를 현재의 작업을 위한 근간으로 삼은 것은 나의 이전의 책에서 탕자의 비유를 근간으로 삼은 것과 균형을 맞추기 위한 것이다. 또한, 나는 그 책에서 탕자의 비유로 하여금 예수의 입술에서 나왔던 때보다 더 많은 것을 말하게 하였다(그러나 더 온전한 의미[sensus plenior]를 찾는 석의가 어디까지 허용될 수 있는지를 누가 말할 수 있겠는가?). 즉, 거기에서 나는 아버지의 재산 중 절반을 가지고 가출했다가 다시 집으로 돌아온 탕자인 "역사"를 자신의 형인 "신학"이 이 고양이가 또 무엇을 물어가려고 왔는가 하고 경멸하듯이 내려다 보는 것으로 묘사하였다.

거기에서와 동일한 질문, 즉 이 총서의 기저에 있는 질문을 가져와서 빌레몬과 오네시모에게 적용하는 것은 그리 어렵지 않다. 여기서 빌레몬은 정통주의 신학을 나타낸다: 그는 자기가 무엇이 옳은 것인지를 알고 있다고 생각하기 때문에, 자신의 집을 거기에 따라서 다스려나가고, 자신의 모든 권속은 거기에 따라야 한다. 여기서 오네시모는 계몽주의적 역사 서술을 나타낸다: 그는 자기가 선실이나 헛간 같이 작고 숨 막히는 이 신학적인 세계 속에 갇혀 있기 때문에, 우리 자신의 일을 하고, 우리 나름대로의 질문들을 제기하기 위해서, 집안에 있는 금붙이 같은 것들을 챙겨서 그 곳을 탈출해 멀리 도망가야 한다고 생각한다. 계몽주의적 역사 서술에서 바울을 찾아가야 하겠다고 생각하기 오래 전에 예수에게로 직행하였던 도망노예는 바울을 역사적 관점에서 다시 기술함으로써, 이전의 노예 주인이었던 "신학"이 "역사"를 원래의 노예의 위치에 계속해서 붙잡아 두는 수단으로 사용해 왔던 저 괘씸한 복음을 중화시키고자 하는 희망을 품고서, 결국 사도를 찾아 왔다. 그렇다면, 감옥에 갇혀 있는 사도에게는 자신의 소매 속에 숨겨둔 한두 가지 계책이 있었는가?

그것은 훌륭한 계책이어야 했다. 왜냐하면, 감옥 밖에는 일단 도망노예에게 적절한 벌을 가한 후에 엄격한 조건을 붙여서 다시 자신의 집에서 종살이 하게 하고자 하는 의도만을 지닌 빌레몬들, 곧 정통주의적 바울 신학의 수호자로 자처하는 사람들이 많기 때문이다. 그들은 이렇게 말한다: "우리에게 이런 역사를 제시하지 마라. 바울을 이해하기 위해서는 그의 배경을 연구해서, 주후 1세기의 유대 세계를 알아야 하고, 바울이 자주 사용하였던 단어들이 바울 이전 시대에 지니고 있던 의미들을 찾아내야 한다고 우리에게 말하지 마라. 신학을 바리새파에 관한 각주들로 꽃장식을 하고, 종파들에 관한 사변으로 도배한다면, 신학이 어떻게 좋은 소식을 말할 수 있겠는가? 우리가 그러한 이방 땅에서 어떻게 시온의 노래를 부를 수 있겠는가? 네가 요구하는 것은 우리에게 본문으로부터 떠나라고 하는 것이 아닌가? 하지만 우리의 소명(독실한 성경 신봉자들, 또는 칼 바르트 같은 후기자유주의자들로서의 소명)은 본문을 다루는 것이고, 다른 모든 것들을 배제하고서 오직 본문만을 다루는 것이 아니던가? 주후 1년에서 30년까지의 시기는 다른 모든 시기들과는 다른 특별한 때였기 때문에, 우리가 알아할 모든 것은 그 때에 하나님이 이 땅 위를 두루 다니시다가 우리의 죄를 위하여 죽으셨고 다시 부활하신 것뿐이지 않은

가?" 또는, 그들 중에서 비슷한 관점을 지니고 있는 또 다른 목소리는 이렇게 말한다: "신조들과 교회법을 비롯한 교회의 위대한 전통들은 모든 성경에 대한 지혜롭고 권위 있는 읽기가 무엇인지를 잘 가르쳐 주어 왔기 때문에, 우리는 주후 1세기의 좀 더 폭넓은 세계에 토대를 둔 역사적 재구성들보다는 그 전통들에 더 주의를 기울여야 하는 것이 맞지 않는가?" 또는, 그들에게 속한 어느 분파는 이런 목소리를 낸다: "스토아학파의 철학과 황제 숭배를 비롯해서 우리가 아무 짝에도 쓸모없는 '스퀴발라'(skybala, "배설물," 빌 3:8)로 여겨서 내던져 버린 저 이교의 온갖 종교사를 연구해야 한다면, 어떻게 우리가 유대적인 색채가 짙은 바울의 신학적인 메시지를 계속해서 송축할 수 있겠는가?" 오늘날의 이 모든 빌레몬들은 이렇게 반문한다: "너무나 큰 악행을 저질러 온 역사라 불리는 이 노예가 우리 집에 어떤 기여를 할 수 있겠는가? 우리가 이 노예를 써먹을 수 있는 유일한 일은 우리를 도와서 사전에서 단어들을 찾아 주는 일뿐이고, 사실 그 일에서조차도 이 노예는 별 쓸모가 없다. 루터와 칼빈(또는, 아퀴나스와 아우구스티누스, 심지어 교회의 위대한 보편적인 신조들)이 우리에게 그 단어들의 의미를 말해 주어서, 우리는 그 단어들이 무엇을 의미하는지를 이미 알고 있기 때문에, 이 노예가 만들어내는 한 줌의 어원학조차도 우리를 귀찮게 하는 것일 뿐이다."

역사의 바울(Paul of History)은 자신의 감방에서 그들이 제시하는 믿음의 사도(Apostle of Faith)를 생각하며 한숨을 쉬면서, 역사와 신학을 다시 통합해서 자신의 전체적인 원래의 모습을 되찾아주기를 열망한다. 바울은 엄연히 역사상의 인물이었고, 자부심이 대단했던 고린도 교인들을 나무라기 위하여 제시하였던 저 "어리석은" 논증(이 본문은 그의 가장 탁월하고 눈부신 수사 단편들 중 하나이고, 고린도후서의 정점인 이 본문이 수사가 얼마나 쓸데없는 시간 낭비인지를 잘 보여준다는 점에서 더더욱 그러하다)은 여기에도 적용된다:

> 누가 감히 어떤 것을 자랑한다면, 나도 (어리석은 말인 줄을 알지만) 자랑하리라. 그들이 히브리인이냐? 나도 그러하다. 그들이 이스라엘인이냐? 나도 그러하다. 그들이 아브라함의 씨이냐? 나도 그러하다. 그들이 메시야의 종들이냐? 내가 미친 놈처럼 말하자면, 나는 더욱 그러하다. 내가 수고를 넘치도록 하고, 옥에 갇히기도 더 많이 하고, 매도 수없이 맞고, 여러 번 죽을 뻔하였으니, 유대인들에게 사십에서 하나 감한 매를 다섯 번 맞았으며, 세 번 태장으로 맞고, 한 번 돌로 맞고, 세 번 난파를 당하였고, 하루 밤낮을 깊은 바다에서 지냈으며, 여러 번 여행하면서 강의 위험과 강도의 위험과 동족의 위험과 이방인의 위험과 시내의 위험과 광야의 위험과 바다의 위험과 거짓 형제 중의 위험을 당하고, 또 수고하며 애쓰고, 여러 번 자지 못하고, 주리며 목마르고 여러 번 굶고 춥고 헐벗었노라.

> 이 모든 일은 고사하고라도, 아직도 날마다 내 속에 눌리는 일이 있으니, 모든 교회를 위하여 염려하는 것이라. 누가 약하면 내가 약하지 아니하며, 누가 실족하게 되면 내가 애타지 아니하더냐.
>
> 내가 부득불 자랑하여야 한다면, 나의 약한 것들을 자랑하리라. 주 예수의 아버지, 영원히 찬송 받으실 하나님이 내가 거짓말을 하는 것이 아님을 아시나니, 다메섹에서 그 지방의 통치자인 아레다 왕이 나를 잡으려고 다메섹 성을 지켰으나, 나는 광주리를 타고 창문으로 성벽을 내려가 그 손아귀에서 벗어났노라.[152]

이 모든 것은 실제로 이렇게 말하고 있는 것이다: 너희가 바울을 이해하고자 한다면, 그가 엉망진창인 현실이라는 땅을 자신의 발로 딛고 있었던(또는, 엉망진창인 현실이라는 차꼬에 자신의 발이 묶여 있었던) 인물이었고, 마음이 높아져서 자신들을 고귀한 자들로 여긴 교만하기 짝이 없던 고린도 교인들과 오늘날 그들의 계보를 잇고 있는 사람들이 너무나 분명하게 볼 수 있는 부끄럽고 수치스러운 고난들을 겪고 살아온 인물이었다는 것을 깨달아야 한다. “역사”는 위험들의 연속이다: 전혀 뜻하지 않은 일을 겪을 위험성, 일들이 예상과는 다르게 전개될 가능성, 아무렇게나 널려 있는 자료들의 바다 위에서 밤낮으로 표류할 가능성, 역사적 현실이라는 엄격한 잣대로 “신학”을 평가해서 부풀려진 부분들을 가차없이 잘라내는 다른 증거들이나 다른 세계관들에 의해서 채찍이나 매나 돌로 맞을 가능성. 만일 바울이 다소나 안디옥에 신학교를 설립해서 장래의 지도자들을 자신의 문하로 받아들여 매일 같이 가르치는 일을 하고 살았더라면, 그는 너무나 안전한 삶을 살았을 것이다. 그러나 바울이 그러한 삶을 살았다면, 그것은 계약에 대한 하나님의 신실하심에 대하여 전할 소명만이 아니라, 실제로 자신의 삶 속에서 실천해 나가야 할 소명을 받은 사도에게는 너무나 어울리지 않는 삶이었을 것이다.[153]

따라서 바울은 노예 주인이 자신의 문화에 비추어서 도망노예를 완전히 내칠 가능성이 농후한데도 불구하고, 이전에 말썽을 부렸던 노예인 “역사”를 그의 주인인 “신학”에게 다시 돌려보내야 한다는 것을 알고 있다. 과연 그는 이 문제를 어떻게 처리하고자 하는 것인가? “기독교의 기원”에 관한 질문에 있어서 가장 중심적인 계기들 중의 하나인 사도 바울에 관한 역사는 “하나님 문제”라는 전체적인 질문과 어떤 관계에 있는 것인가?[154]

본서의 취지는 우리가 앞에서 제시한 세계관 모형을 사용해서, 바울과 그의 사

152) 고린도후서 11:21b-33.

153) 고린도후서 5:21; 본서 제10장 제3절을 보라.

154) Watson, 2007 [1986], 350의 지혜로운 언급을 보라.

고체계에 대한 좀 더 "두터운 묘사"를 아울러 수행해서, 그의 중심적인 신학적 개념들에 대한 새로운 분석으로 들어가는 길목으로 삼아, 새로운 통합된 전체를 발견해 내는 것이다. 좀 더 구체적으로 말하자면, 우리가 그런 식으로 연구하면, 바울과 그의 서신들과 교회들에 관한 역사가 바울이 자신의 서신들 속에서 상세하게 서술하였던 신학과 아주 깊이 유기적으로 연결되어 있다는 것을 이해할 수 있게 된다는 것이다. 우리는 어느 한 쪽을 와해시켜서 다른 쪽에 완전히 종속시킬 필요가 없다. 즉, 우리는 일부 사회학자들의 경우처럼, 신학을 역사에 종속시켜서, 빌레몬으로 표상된 신학을 노예로 삼아서 다시 집으로 돌아오게 하여 꼭두각시로 삼아서 오직 자신의 명령에만 절대적으로 복종해서 움직이게 하거나, 정통주의를 표방하는 설교자들과 학자들의 경우처럼, 역사를 신학에 종속시켜서, 역사를 노예로 삼아서 다시 집으로 데려오기는 하되, 그 노예의 손과 발을 묶어 놓고, 장차 그 노예가 어떻게 일해야 하는지를 주입시켜서 그 범위 내에서만 일하게 할 필요가 없다는 것이다. 그리고 바울이 주인과 노예를 화해시키는 방식이 자기 자신을 두 사람 모두와 완전히 동일시하여, 두 사람 모두에게 손을 내밀어 보듬어 안음으로써, 각자가 상대방에게 빚진 것이 있다면, 그것들을 모두 자기 앞으로 계산하게 하여, 두 사람이 자기 안에서 하나가 되게 하는 것이었던 것과 마찬가지로, 본서는 창조에 대하여 신실하시고 계약에 대하여 신실하신 분인 하나님, 즉 세계와의 화해를 이루기 위하여 자기 아들을 팔레스타인 땅에 보내어서 그의 말과 행위와 로마의 십자가 위에서의 죽음을 통해서 자신의 신실하심을 증언하게 한 하나님을 선포하고 실제의 삶을 통해 구현한 바울을 중심으로 삼아서, 역사와 신학, 또는 기독교의 기원과 하나님 문제 간의 화해의 길을 모색해 나간다. 실제로 여기서 우리의 연구의 중심은 구조적으로나 내용적으로나 십자가가 될 것이고, 이 연구의 근저에 있는 암묵적인 제안 중의 일부는 예수의 죽음의 의미에 대한 바울의 이해 – 물론, 예수의 죽음은 우리가 빌레몬서에서 발견하는 것보다 더 잘 알려진 다른 의미들을 지니고 있다 – 는 우리가 우리의 분열된 세계의 두 요소 간의 화해라는 문제와 씨름하는 데에도 도움을 줄 수 있으리라는 것이다.

바울에게 있어서 예수의 죽음과 부활이 현실의 공간과 시간과 물질 속에서 일어났다는 것은 대단히 중요하였다. 만일 그러한 것들이 역사적 사건들이 아니라면, 우리의 믿음은 "헛된" 것이 되고, 우리는 "여전히 죄 가운데 있을 것"이라고 그는 쓴다.[155] 바울이 핵심적인 내용들에서 구조적으로나 내용적으로 창세기에 깊이 의

155) 고린도전서 15:17. *RSG*, 332를 보라.

존하고 있다는 사실이 우리에게 상기시켜 주듯이, 그는 결국 창조 신학자이다. 바울에게 있어서는 신학적인 의미는 오직 잠깐동안만 역사적 사건들과 조우해서 함께 하다가(불트만의 저 유명한 "-라는 것"[Dass]!), 더럽혀질 것을 우려해서 또다시 서둘러 역사적 사건들로부터 떠나서, 허공 중에서 맴도는 것으로 충분한 그런 것이 아니었다. 바울은 도망노예였던 오네시모를 다시 그가 속한 집으로 돌려 보낸다. 오직 그렇게 했을 때에만, 오네시모는 노예에서 해방되어 자유롭게 바울의 복음 사역을 도울 수 있다.

물론, 그렇게 하는 데에는 위험부담이 있다. 오네시모는 새로운 미래에 대한 실제적인 소망만이 아니라, 탕자처럼 자신이 이전에 저질렀던 어리석은 짓들을 뉘우치고서 진심으로 낮아진 마음을 지니고서, 집으로 돌아가야 한다. 그러나 마찬가지로 빌레몬에게도 위험부담이 있다. 신학은 "우리의 마음 한구석에 지난날에 일어난 일들 때문에 여전히 경계하는 마음이 남아 있기는 하지만, 우리는 바울을 보아서 역사의 도전을 받아들일 것이다"라고 말할 준비가 되어 있어야 한다. 문제는 이것이다: 이전에 "무익했던" 것이 지금은 어떻게 "유익한" 것이 될 수 있는가? 이 책은 바로 그 문제에 대한 대답을 제시하고자 한다.

그러나 포스트모더니즘적인 방식으로 우리가 어제의 희생양들이 오늘의 희생양들과 동일하다고 전제할 수 없음은 물론이다. 현대 이전의 많은 시기 동안 "신학"이 노예 주인이 되어서, "역사"라 불리는 쓸모없는 도망노예를 경멸해 왔고, 그리고 이것이 많은 진영들 속에서는 오늘날까지도 여전히 현실이긴 하지만, 지금은 어떤 의미에서 그러한 역할은 상당히 그리고 실제적으로 역전되어 있다. 지난 세대 동안에 성서학의 지리적/개념적 구심점은 상당한 변화를 겪어 왔다. 이전에는 서구 성서학의 세계는 독일이 선두에서 이끌고 영국과 프랑스, 이탈리아와 미국을 비롯한 여러 나라들이 그 뒤를 따랐던 반면에, 지금은 미국이 세계의 나머지 국가들의 연구 성과를 다 합한 것보다도 더 많은 연구 성과를 내고 있는 것으로 보인다. 이것은 영어권 세계가 다른 언어들로 된 연구들을 주변으로 밀어내는 데 사실상의 결정권을 쥐고 있는 실제적인 위험성, (안타깝게도) 본서도 완전히는 피할 수 없었을 것으로 보이는 위험성을 만들어내고 있을 뿐만 아니라, 과거에 무수한 성서 연구, 특히 바울 연구를 위한 암묵적이고 때로는 명시적인 틀을 제공하였던 루터파의 신학적 세계관(흔히 신칸트주의적인 세계관을 비롯해서 후대에 발전된 여러 가지 것들이긴 하지만)이, 미국의 "종교학과들"에게 그 세계관에 속한 저 위험한 신학적이고 영적인 충동들에 의해서 부패하여 자신들의 역사적 시도들을 왜곡시키고 망쳐 놓는 일이 있어서는 안 된다고 경고하고 있는 그런 문화에 뿌리를 둔 암묵적이고 때로는 명시적인 세속적 세계관으로 대체될 위험성도 만들어내고 있다.[156] 그렇게 된다면, 바울 연구는 사회학자들과 수사학자들, 세속의 역사가들이 접수하게 될 것이고, 반면에 신학자들은 이제 도망노예들로 취급받게 될 것이다. 그들은 본질적으로 신앙에 의해서 추진되고 편견에 묶여 있는 자신들의 연구들에 타당성의 외관을 부여하기 위해서, 역사가들의 집안 물건들만이 아니라, 심지어 가문을 지켜주는 수호신들(사전류들, 고전 본문들 등등)까지 가로채서, 자신들의 교단 신학교로 도망쳐서, 본문들에 대한 연구에 들어가기 전에 기도하는 행태 — 그렇게 하는 것이 이미 시작도 하기 전에 증거들을 왜곡시키는 조리법이라는 것을 아는지 모르는지 — 를 보임으로써, 역사가들을 기겁하게 만든다. 따라서 지금은 "신학"이 영원히 바울 곁에 머물게 되기를 바라는 소망을 품고서, 감옥에 갇혀 있는 바울을 찾아가서, 그렇게 할 수 있으려면, 먼저 어려운 여정, 즉 새로운 오네시모(아마도 이제는 유익하게 된 신학자)가 해내기도 어렵고, 새로운 빌레몬(교만한 세속주의자)이 받아들이기도 어려운 과정을 거쳐야 한다는 말을 경청해야 할 차례이다. 그렇다면, 바울은 그런 식으로 해서 어떻게 화해를 이끌어내고자 하는 것인가?

바울은 가장 먼저 그 두 사람이 다 자신의 사역에 전폭적으로 동참하고 있는 동역자들이라고 말함으로써 양 측을 안심시킨다. 앞으로 우리가 바울의 세계관을 검토할 때에 보게 되겠지만, 거기에 기여하는 상징들, 실천, 이야기들은 그 어느 것도 단지 "관념들"과 "신념들"만을 다루는 것이 아니라, 창조주 하나님과 그의 세계와 그의 백성도 다룬다 — 그리고 이 세계와 이 백성은 바로 이 세계 안에서 및 이 세계를 위한 삶의 방식을 택하여, 창조주가 지은 만유와 그 안에 있는 인간 존재의 선함을 선포하면서, 아무런 부끄러움 없이 공개적인 삶을 살아가는 공간과 시간과 물질의 피조물들이기 때문에, 정의상으로 역사적 연구에 열려 있다. 그래서 바울은 의구심을 품고 있는 노예 주인인 "역사"를 향해서 이렇게 말한다: "나는 너의 동역자이고, 너와 나는 하나로 묶여 있다!"

그러나 그런 후에, 바울은 역사가인 빌레몬에게 계속해서 이렇게 말한다: "이제 나는 내가 '갇힌 중에서 낳은 자녀' 인 신학을 위하여 네게 부탁한다. 사실, 네가 아는 '신학' 이라는 학문 전체는 역사에 토대를 둔 나의 사역, 즉 내가 전한 말씀들, 내가 세운 공동체들, 나의 서신들에서 시작되었다고 할 수 있다. 신학은 내 마음으

156) 물론, 이러한 작업 전체는 계몽주의 이후의 서구 세계에 국한되고 있고, 이것은 심히 유감스러운 일이다. 우리는 진정한 통찰력과 지혜를 멀리서가 아니라, 아프리카, 동남아시아, 일본에서 찾을 수 있다는 것을 알고 있다. 누가 현재의 상황에 만족하는가? "세속적인" 성서학을 해야 한다는 집요한 요구에 대해서는 최근에 나온 Boer, 2010을 보라.

로 하여금 노래하게 만드는 것이다. 나는 밤을 새워서라도 신학에 대하여 말할 수 있고, 실제로 종종 그렇게 하고 있다. 너는 신학은 언제나 네게 잘못된 질문이라고 보여지는 것들에 대한 대답들을 원하고, 언제나 자신들이 선포해야 할 것들로 미리 정해 놓은 것들에 도움이 되는 내용들만을 역사에게 강요하기 때문에, 너무나 지긋지긋한 존재라고 종종 생각해 왔다. 좋다, 그런 점들에 대해서 비난하고자 한다면, 나를 비난하라. 그러나 네가 나의 동역자가 되고자 하고, 장래에 나와 함께 열매 있는 일을 하고자 한다면, 이제 내가 네게로 돌려보내는 노예를 영접하기를 '내게 하듯' 하라. 나는 네가 내가 말한 것보다 더 행할 줄을 아노라 …"

물론, 일은 그렇게 간단하거나 단순하지 않다. 빌레몬이라는 역사가는 이제까지와는 달리 최근에는 그렇게 "중립적이고 객관적이지" 않아 왔다. "신학"이 앞문으로 도망쳐 버리자, 다른 영향력 있는 목소리들이 세속적인 "윤리"라는 형태, "일치와 차이"에 관한 포스트모더니즘적인 질문들이라는 형태, 바울을 교회와 그 선포(고맙게도, 세속의 역사가는 이것들이 도망쳤고, 어쨌든 우리에게 언제나 별 유익이 되지 못하였다고 생각한다)가 아니라, 오늘날 사회적/문화적 위기 가운데 있는 서구 세계의 주된 관심사들과 "관련시키고자" 하는 도전들이라는 형태를 띠고서 뒷문으로 들어왔다.[157] 역사는 진공 속에서는 번성할 수 없기 때문에, 탈근대성(postmodernity) 속에서 어른거리는 난제들과 그들이 종종 높고 날카로운 목소리로 내는 새로운 도덕들은 옛 본문들을 다시 읽고(아마도 잘못 읽고) 이전의 탐구들을 다시 검토하는(아마도 잘못 이해하는) 새로운 배경들을 만들어 내고 있다.

우리가 이 모든 말들을 빌레몬이라는 역사가에게 해준다면, 그는 우리를 안 좋아하게 될 것이고, 결국 오네시모라는 신학자를 다시 자신의 집으로 받아들이고자 하는 마음이 그에게서 사라지게 될 것이다. 그러나 역사적 연구에 있어서 동역자로 자처하는 바울이 빌레몬이라는 역사가에게 자기와 친구가 되고자 한다면, 오네시모라는 "신학"과도 친구가 되어야 한다는 점을 강조한다면, 빌레몬은 오네시모와 화해하지 않을 수 없게 될 것이다. 어떻게 하면 이런 일이 일어날 수 있을까?

다시 한 번 말하지만, 거기에 대한 대답은 지금까지 행해져 온 역사와 지금까지 행해져 온 신학 간의 간격(정확히 레싱[Lessing]이 말한 것과 같은 "시궁창"은 아니

157) 우리는 여기서 이 텍스트를 자신과는 별 상관없는 것으로 여긴 채 사용하는 세속적인 철학자들(Badiou, Taubes 등; *Interpreters*를 보라)의 시각에 푹 빠져 있는 Horrell, 2005로부터, 역사를 폐기처분하고서 단지 이 텍스트를 이용하여 자신의 관심사들을 말하는 데 관심을 두는 것으로 보이는 학자들(예컨대, Seesengood, 2010; 그리고 Marchal, 2012에 실린 논문들 중 적어도 일부)에 이르기까지 여러 부류의 저자들을 들 수 있을 것이다.

지만, 시궁창과 별반 다르지 않은)을 메우고자 시도하는 세계관 모형을 활용하면 가능하다는 것이다.[158] 가능한 한 최대한으로, 바울을 다차원적으로 연구하고자 하는 시도가 행해져야 한다. 우리는 성 밖의 성 바울 성당(St Paul' s Without the Walls)에 있다고 하는 바울의 무덤으로 사람들을 감질나게 하는 것이 아니라, 어떤 확실한 인공물들이나 틀림없는 증거들, 심지어 바울이 하루 동안 밤낮으로 매달려 있었다고 하는 배의 파편이라도 얻게 되기를 얼마나 간절히 바라고 있는지 모른다! 그러한 시도 가운데서, 역사가 자신이 밝혀내고자 하는 질문, 즉 이 기이하고 놀라울 정도로 활동적인 사람으로 하여금 그런 식으로 행하도록 만든 정확한 동기가 무엇이었는지를 알아내기 위해서, 탐조등을 켜고서 구석구석을 샅샅이 비쳐보면 볼수록, 역사는 "왜 그가 그렇게 행하였는지를 알고자 한다면, 신학을 이해해야 할 것이다"라는 목소리를 계속해서 점점 더 크게 듣게 된다. 그리고 신학자들이 어떻게 "사법적인"(judicial) 주제들과 "합체적인"(incorporative) 주제들이 서로 결합되어 있을 수 있고, 어떻게 "묵시론적" 관점과 "구원사"와 "계약" 같은 범주들이 실제로는 동일하지만 서로 다른 시각에서 보고 있는 것을 가리키는 이정표들이 될 수 있으며, 어떻게 "종교"와 "정치"가 서로 결합되어 있고, 무엇보다도 이 모든 것이 메시야 예수이자 십자가에 못 박혔다가 다시 부활한 이와 무슨 상관이 있는 것인지를 이해하려고 애쓰면 애쓸수록, 그들은 "이 모든 것을 어떻게 이해해야 하는지를 알고자 한다면, 역사를 이해해야 할 것이다"라는 목소리를 계속해서 점점 더 크게 듣게 된다.

따라서 바울을 연구하려면, 빌레몬과 오네시모가 다시 한 번 연합되어야 하는 것과 마찬가지로, 기독교의 기원에 관한 연구는 필연적으로 하나님에 관한 질문으로 이어질 수밖에 없고, 하나님에 관한 질문은 기독교의 기원에 관한 연구로 이어질 수밖에 없다. 그리고 바울이 자기가 약속한 대로 빌레몬을 방문한다면, 그는 단지 이미 이루어진 화해에 대해서만이 아니라, 그 화해로부터 생겨난 새로운 자유들에 대해서도 말하고자 할 것이다. 그는 그 일이 한 인물에게 일어났던 일을 구체화시킨 것이라는 것을 말하고자 할 것이고, 자기만이 그렇게 말하는 것이 아니라, 우리도 계속해서 그렇게 말하기를 바랄 것이다. 이 경우에는 바울 자신이 그 인물의 역할을 맡는다. 즉, 그는 자기 자신을 메시야의 사람으로 이해하고서, 서로 으

158) 이것과 관련해서, 최근에 Richard Hays를 위한 기념논총의 제목이 담고 있는 함의들이 흥미롭다: *The Word Leaps the Gap*(Wagner, Rowe and Grieb 2008). 이 논총의 편집자들은 이 제목에서 말하는 "간격"(gap)은 주후 1세기와 우리 자신의 시대 간의 "간격"을 가리키는 것이라고 말하지만(xxi), 이 제목의 암묵적인 수사는 다른 간격들도 암시하고 있을 수 있다.

르렁거리며 싸우는 두 분파 모두에게 팔을 내밀어서, 그를 사이에 두고서 두 분파를 화해시키고, 그에게 있어서 화해의 계기이자 수단이었으며 하나님의 신실하심의 증표이자 내용물이었던 사건을 가리키는 인간 이정표로서 행할 것이라는 말이다.

제 2 장

머리 위에서 맴도는 새들처럼: 이스라엘의 하나님의 신실하심

1. 서론

복잡한 시대에 태어나 활동하였던 복잡한 인물. 바울은 세 개의 큰 길이 교차하는 지점에 서서, 그 길들로부터 사람들이 잘 다니지 않는 또 하나의 길, 기존의 세 개의 길과는 완전히 다른 또 하나의 길을 만들어내었다. 우리는 마치 의식(consciousness)이라는 핵폭탄이 폭발했을 때에 생겨나는 부산물인 낙진을 수거하듯이, 또는 탁월한 인물이 그러한 상황에서는 이렇게 행동할 것이라고 미리 예상하고서 그 예상 경로를 따라서 바울의 삶과 사역을 "설명한다." 그러나 그러한 설명은 역사(또는, 신학)가 요구하는 것을 우리에게 말해 주기보다는, 우리 자신의 틀에 대해서 더 많이 말해 준다. 우리는 절반 정도는 짐작이 되는 암시들과 절반 정도는 이해가 되는 것들을 염두에 두는 가운데, 그가 서 있던 곳에 서 보기도 하고, 그가 걸어갔을 것으로 보이는 길을 따라 걸어 보기도 하고, 다른 발소리들에 귀를 기울여 보기도 하고, 우리의 기억 속에서 끊임없이 반추해 보기도 하면서, 천천히 걸어가야 한다.

바울은 서로 공존하면서도 각각 구분될 수 있는 적어도 세 개의 세계 속에서 살아가고 사역하였다. 그의 삶과 사역은 종종 그러한 세계들을 재구성해서 그를 이해하고자 시도하는 우리에게와 마찬가지로 그 세계들 속에서 살았던 사람들에게도 당혹스러운 것으로 보였을 것임에 틀림없고, 사실 실제로는 훨씬 더 당혹스러운 것이었다. 우리에게는 두 가지 위험스러운 이점이 있게 되는데, 그것은 다루어야 할 자료는 부족하고 뒷궁리는 길어진다는 것이다. 우리는 비교적 단순한 패턴들과 일련의 순서를 "볼" 수 있다고 생각하거나, 보고 있다고 생각한다. 주후 1세기 중반에 예루살렘이나 에베소, 또는 로마에 살았던 사람들은 일들이 결국 어떤 것으로 밝혀지게 될지를 알지 못하였다. 그들은 우리보다 훨씬 더 많은 정보를 가지고 있었다. 그들에게는 동전들과 금석문들, 시가들과 이야기들, 길거리에 떠도는 수많은 풍문들과 여기저기에서 볼 수 있는 낙서들, 여행자들이 들려주는 얘기들과 법정 비화들이 있었지만, 그 모든 것들은 지금은 거의 다 영원히 사라지고 없다. 그들이 평생은 고사하고 하루나 한 주간을 살아가는 데에도, 적어도 인쇄물과 전자 장치들이 넘쳐나는 세계 속에서 시민들(그리고 때로는 노예들)로 살아가는 우리에게 요구되는 것과 같은 정도의 빠른 사고와 다면적인 판단들이 그들에게 요구되었을 것이다.[1] 우리는 옛 사진첩 속에서 다양한 표정을 짓고 있는 사람들을 보면서도, 왜 저 사람이 약간 시무룩해 보이고, 무엇이 저 두 사람을 웃게 만들었으며, 1년 전의 저 사진 속에는 네 명의 아이가 있었는데 이 사진에는 왜 세 명의 아이만 있는지를 알 수 없는 것과 마찬가지로, 주후 1세기의 자료들은 우리를 자극하고 매료시키며 좌절하게 만드는 데에는 충분하지만, 개략적인 것 이상의 것을 우리에게 보여주는 데에는 결코 충분하지 않다. 우리는 바울의 세계를 개략적으로 그려볼 수는 있지만, 그 세계 안에서 배를 타고 항해하거나 잠을 잘 수는 없다. 우리는 조금 남아 있는 단편적인 것들 가운데로 조심스럽게 다녀볼 수는 있지만, 위병소에 있는 군인들이나 장막을 만드는 사람을 만나기 위해 줄을 서서 기다리고 있는 고객들에게 말을 붙여볼 수는 없다. 고대 역사는 꼭 필요하긴 하지만, 언제나 부족한 그런 것이다.

그러나 고대 역사가 꼭 필요한 이유는 바울의 사고체계를 누가 보아도 주후 1세기의 것으로 생각할 수 없을 정도로 시대착오적이고 허구적으로 재구성해서, 중세 말기로부터 불어온 교리적인 논쟁들, 또는 좀 더 최근으로부터 불어온 윤리적인 논쟁들의 무수한 바람을 통해서 역사라는 작은 배를 이리저리 흔들어 놓을 위험성이 상존하기 때문이다. 우리는 항해를 시작하기도 전에 좌초를 당하는 일을 겪지 않으려면, 가능한 한 최선을 다해서 우리가 확보할 수 있는 확고한 역사적 자료들을 바닥짐으로 사용해서, 우리의 배가 계속해서 똑바로 서 있게 만들지 않으면 안 된다. 그리고 이것은 가능한 한 최선을 다해서 주후 1세기의 세 개의 세계들, 즉 유대인, 헬라인, 로마인의 세계들 속으로 거슬러 올라가야 한다는 것을 의미한다. 먼저, 유대인의 세계는 바울이 출발하였던 지점이기 때문에, 우리가 출발점으로 삼

1) 우리는 플리니우스 2세가 자신의 삼촌이자 수백 권의 책을 쓴 저술가이기도 하였던 플리니우스 1세 — 그 중에서 오직 *Natural History*만이 남아 있지만, 이 책만 해도 방대하다 — 에게 쓴 서신(*Ep.* 3.5)을 들 수 있다. 하지만 우리는 그들의 삶의 자락들만을 추적할 수 있을 뿐이다.

아야 하는 지점이기도 하다. 그런 후에, 우리는 고대 이교 세계들, 특히 헬라의 철학과 로마의 제국적인 권력이라는 좀 더 크고 흉용한 바다들만이 아니라, 그 두 바다 사이에서 소용돌이쳤던 종교적/문화적 격류들 속으로 나아가야 한다.

이 세 개의 세계는 온갖 종류의 방식들로 서로 중복되어 있고 맞물려 있는데, 이것은 그 세계를 혼란스럽게 만들고 바울을 지극히 복잡한 인물로 만들고 있는 요인 중의 일부이다. 알렉산더 대왕이 3세기 전에 변화시켜 놓은 세계 속에서 마치 "유대 사상"과 "헬레니즘"이 서로 분리될 수 있다는 듯이, 학자들이 이런저런 자료나 관념을 이 둘 중 어느 하나에 마음 편하게 귀속시킬 수 있었던 시기는 이미 지나갔다.[2] 로마에 의한 잠식은 좀 더 서서히 일어났다. 로마의 정치가들과 제국 건설자들은 그들의 군사들과 마찬가지로 한 발자국씩 서서히, 그러나 무자비하게 점령해 들어 갔다. 기독교의 제1세기에 이르러서는 로마는 알렉산더 대왕과 그의 후계자들이 그랬던 것보다 훨씬 더 도처에 존재하였다. 특히 바울 시대에 로마는 인구가 많이 늘어났지만 일자리는 부족하였기 때문에, 식량 공급원으로 이집트를 아주 많이 의존하였던 까닭에, 중동은 로마에게 중요한 지역이었다. 또한, 이전 세기로부터의 기억들도 중요하였다. 사람들은 이집트의 여왕이었던 클레오파트라(Cleopatra)가 그녀의 마지막 배우자였던 안토니우스(Antony)와 강력한 연합을 이루어서 로마의 젊은 황제였던 옥타비아누스(Octavian)를 위협하면서, 이집트가 한동안 로마의 심각한 정치적 라이벌로 부상하였던 일을 기억하고 있었다. 이 부부 속에는 동방의 신비, 헬레니즘 종교(그들은 점점 더 이런저런 신이나 여신의 모습으로 그들 자신을 가장하였다), 로마의 비정한 정치, 늘 빠짐없이 등장하는 돈과 성과 권력의 결합 등이 서로 뒤섞여 있기 때문에, 사실 그들은 바울만큼이나 복잡한 인물들이다. 한 마디로 말해서, 그것은 소요들을 유발시킬 소지가 농후하였던 그런 결합이었다. 그리고 그러한 소요의 기운은 바울의 신변에도 늘 따라다녔던 것으로 보인다: 사도행전의 역사성에 대하여 얼마간이라도 알고 있다면, 우리는 바울이 끊임없이 성난 무리들과 곤혹스러워하는 관리들을 맞닥뜨린 것으로 묘사한 것은 누가가 만들어낸 것이 아니라는 것을 분명하게 알게 된다. 바울은 누가가 들려주는 이야기의 주인공이고, 우리는 사도행전을 주후 60년대에 바울이 겪은 시

2) 학자들은 이것이 머지않아 당연한 것으로 받아들여지게 될 것이라는 소망을 자주 피력한다. 예를 들어, Hengel, 1974 등과 그들의 뒤를 따르고 있는 Skarsaune, 2002, 75f., 나아가 Meeks, 2001과 Martin, 2001(그는 기본적으로 내가 *NTPG*, 342에서 말한 것을 좀 더 자세하게 말하고 있다)을 보라. "유대교"라는 단어 및 그 단어의 의미가 바울 당시에는 우리 시대에서와는 상당히 다른 의미를 지니고 있었다는 것에 대해서는 Mason, 2007을 보라(본서의 서문과 아래의 설명을 보라).

련을 보여주기 위한 문서로 씌어진 것으로 생각하든, 아니면 주후 90년대나 그 이후에 이전 세대의 한 인물에 대한 회고록으로 씌어진 것으로 생각하든, 누가가 바울을 실제보다 훨씬 더 사람들에게 인기가 없고 분규를 많이 일으킨 인물로 만들고자 애썼을 것이라고는 생각할 수 없다. 나는 강의할 때에 종종 당시에는 바울이 가는 곳마다 사람들이 차를 마셨듯이, 그가 가는 곳마다 소요가 있었다고 탄식하였던 주교에 대한 얘기를 들려준다. 누가도 차를 마시는 것을 좋아하였을 것이지만, 그가 보도한 것은 소요들이었다.

이 장에서는 『예수와 하나님의 승리』와 본서, 둘 모두에 대등한 서론으로 의도된 『신약성서와 하나님의 백성』 제3부를 서술할 때의 균형을 조정하거나, 심지어 수정할 필요가 있다. 거기에서 나는 특히 예수에 초점을 맞추었고, 바울을 이해하기 위한 유대적 배경에 지대한 관심을 갖고 있었기 때문에, 거의 모든 지면을 주후 1세기의 유대 세계에 집중적으로 할애해서, 제7장에서는 본서에서도 여전히 극히 중요한 바리새파와 혁명 운동들을 구체적으로 조명한 후에, 제8장에서는 이스라엘의 세계관을 구성하는 여러 요소들(이야기, 상징, 실천)을 살펴보고, 본서의 토대가 되는 이스라엘의 신념들과 소망들을 다루는 제9장과 제10장으로 끝을 맺었다. 거기에서 그러한 장들을 쓴 취지는 여기에서 그런 내용을 쓰지 않아도 되게 하기 위한 것이었기 때문에, 나는 거기에서 다룬 내용들을 여기에서 되풀이해서 말하지 않겠지만, 그 장들을 숙지해 두는 것은 독자들이 본서를 읽어 가기 위한 필수적인 예비작업의 일부이다. 특히, 내가 『신약성서와 하나님의 백성』에서 바리새파를 다룬 부분은 바울이 자기가 속해 있었다고 주장한 저 운동조직에 대하여 알기 위해서 우리가 사용한 자료들을 제시하고, 어떻게 하면 우리가 그 자료들을 주의 깊게 비판적으로 사용할 수 있는지를 논의하고 있기 때문에, 독자들이 꼭 읽어둘 필요가 있다. 내 사고 속에서는, 『신약성서와 하나님의 백성』 제3부 전체는 실질적으로 본서의 일부이고, 본서의 모든 페이지 위에 위치해서 지침 역할을 하는 일종의 축소 사진이기 때문에, 나는 독자들도 그런 식으로 생각해 주기를 바란다. 내가 그 부분을 쓴 때가 대략 20여 년 전이었고, 나는 그 주제와 관련해서 그동안에 나온 글들을 읽을 수 있는 데까지는 읽었지만, 그 내용을 많이 고치고 싶은 마음은 들지 않았다. 물론, 그동안에 특정한 본문들이나 배경들을 다룬 글들이 엄청나게 쏟아져 나왔기 때문에, 당시에는 내가 그 부분을 200페이지 분량으로 썼지만, 지금은 당시와 비슷한 내용으로 2,000페이지를 쓸 수 있을 것이다. 여기서 내가 좀 더 관심을 갖는 것은 주후 1세기의 유대인들에 관한 이야기의 상당 부분을 다시 고쳐 쓰거나, 그들의 세계관과 신념들과 소망들의 상당 부분을 다시 새롭게 묘사하는 것이 아니라, 몇몇 강조점들과 시각들이다.

특히, 나는 이스라엘의 하나님의 신실하심이 그 시기의 상당 기간에 걸쳐서 하나의 주제로서 기능한 방식을 밝혀내고자 한다. 이스라엘의 하나님의 신실하심은 바리새파 가운데서 특히 그런 기능을 하였다. 바리새파는 하나님의 신실하심이 결국에는 이스라엘에게는 구원을 가져다주고, 좀 더 넓은 세계에서는 정의와 영광을 이루어낼 것이라고 믿고서, 복잡하지만 본질적으로 단일한 서사, 즉 하나님의 신실하심에 관한 길고도 흔히 기이한 이야기를 생성해내고 유지해 나갔다. 이사야는 "머리 위에서 맴도는 새들처럼 만군의 야웨가 예루살렘을 보호하리니, 그가 그것을 보호하고 건지며, 살려내고 구조하리라"(사 31:5)고 썼다. 이 위대한 이야기는 분명히 결정적으로 중요한 장이었던 신명기 32장을 반영하고 있고, 시편에 나오는 여러 본문들도 가져와서 사용하고 있다.[3] 이런 것들을 반영하고 있는 지점들 아래에서, 우리는 피조세계를 탄생시키기 위하여 어두운 수면 위에서 그 물들을 품고서 감추어진 날개들로 부드럽고 천천히 날개짓 하던 소리를 들을 준비가 되어 있어야 한다.[4]

이 총서의 제1권에서 나는 고대 후기의 헬라-로마 세계에 관하여 별로 많은 얘기를 하지 않았기 때문에, 우리는 이 장 이후에 나오는 세 개의 장(제3~5장)에서 그러한 균형을 바로잡고자 한다. 사실, 헬라-로마 세계에 대해서도 2,000페이지의 글을 쓴다고 해도 너무 짧을 것이다. 특히, 그렇게 방대한 분량의 몇몇 책들이 나의 서재에 앉아서 나를 보고 웃으면서, 내게 어디 한 번 자신들의 방대한 학식을 몇 페이지로 요약해서, 이런저런 식으로 왜곡함이 없이 어떤 것들이 적절한 것들인지를 찾아내서 부각시키고자 애써 보라고 말하기 때문에, 나는 그런 고민 없이 그냥 방대한 책을 쓰고자 하는 유혹을 받는다. 문제는 "어떤 것들이 적절한 것들인지"를 알아내는 것이다. 하나의 고전적인 분문을 무작정 반복해서 읽다 보면, 예컨대 "아, 바울이 빌립보서에서 말하고자 한 것이 바로 이것이로구나!"라고 생각되는 어떤 단락이나 구절을 만나게 된다. 우리를 위해서 많은 기초작업을 수행해 온 방대한 학술서적들이 있지만, 특히 이전에 기초작업을 행한 학자들은, 우리 모두가 그런 것처럼, 어떤 것들이 적절한 것들인지에 관한 그들 자신의 기대들을 가지고서 그 작업을 하였고, 그러한 기대들 자체가 다른 모든 것들과 마찬가지로 각각의 세대에서 재평가되어야 하기 때문에, 여전히 더 살펴보아야 할 것들은 언제나 존

3) 사 31:5; 신 32:10f.; 시 17:8; 36:7; 57:1; 61:4; 63:7; 91:4.
4) cf. 창 1:2.

재한다.[5)]

따라서 나는 이 장에서 바울 시대의 유대 세계를 다시 살펴보면서, 내가 이 총서의 제1권에서 썼던 것을 보완하고자 한다.[6)] 이것은 이후에 이어지는 장들에서 바울이 살았던 다른 두 세계, 즉 헬라 철학의 세계와 로마의 제국적인 권력의 세계를 살펴보고, 이 두 세계 중간에서 우리가 "문화"라고 부르는 좀 더 폭넓고 막연한 것 내에 위치한 소위 헬라-로마의 "종교"의 세계를 살펴보기 위한 정지작업이 될 것이다. 물론, 이러한 세계들은 완전히 서로 뒤엉켜 있어서, 헬라어는 아테네에서와 마찬가지로 로마에서도 많이 사용되었고, 로마의 군대는 서바나(스페인)만이 아니라 수리아에도 많이 주둔해 있었다. 우리가 바울의 헬라 세계를 철학이라는 관점에서 생각하고, 그의 로마 세계를 정치라는 관점에서 생각하고자 하는 것은 순전히 우리가 서술할 내용에 어느 정도 형태를 부여하기 위한 것이고, 실제로 그의 유대 세계가 이러한 세계들의 혼합 속에서 "종교적" 구성요소의 의미만을 지니고 있었던 것이 아니라 그것보다 훨씬 더 많은 의미를 지니고 있었던 것과 마찬가지로, 헬라 세계와 로마 세계도 서로 분리될 수 없는 것이었다. 본서의 질문 중의 일부이자 바울이 그토록 도전적이고 매력적인 이유 중의 일부는 우리에게는 상당히 다르게 보이지만 그들에게는 완전히 결합되어 있었던 "철학," "정치," "종교"라는 저 세 가지 요소가 그들 자신의 문화(들) 및 바울 자신의 세계관과 사고체계, 그의 신념들과 목표들 내에서 서로 맞물린 가운데 어떻게 자신의 역할들을 해냈는가 하는 질문이다. 이미 제1장에서 암시하였듯이, 우리는 바울이 살았던 세계들의 세계관, 그들의 신학과 목표들에 대한 철저한 분석(우리가 해낼 수 있는 한에서)을 배경으로 해서, 바울의 세계관, 그의 신학과 목표들을 철저하게 살펴볼 때에만, 우리를 당혹시키는 이율배반적인 것들을 뛰어넘어서, 통일적이고 포괄적인 그림을 향하여 움직여 갈 수 있다.

이러한 세계들은 서로 맞물려서 뒤엉켜 있긴 하지만, 다소의 사울과 사도 바울

5) 예를 들어, 저 방대한 *Neuer Wettstein*을 보라; 좀 더 대중적인 수준에서는 Keener, 1993; Evans and Porter, 2000을 보라. 유대교에 대한 연구 같은 이런 종류의 작업에서는 흔히 "병행집착증"(parallelomania)의 위험성이 있다고 Sandmel가 경고한 것은 유명하지만(Sandmel 1962), 연구를 위해서는 어디에서 출발해야 할지를 결정하지 않으면 안 된다. 텍스트를 읽는 거인들의 어깨 위에 올라서는 것은, 비록 그 거인들이 종종 잘못 읽는 경우가 있더라도, 땅바닥을 기어다니는 것보다는 더 낫다.

6) 마카베오로부터 바르 코크바에 이르기까지의 역사적 서사는 늘 끝없는 사람들을 끌어당기는 매력이 있기는 하지만, 여기에서 그 서사를 재현할 필요는 굳이 없을 것이다. 거기에 대해서는 내가 이전에 글을 쓴 바 있고, 다른 사람들의 글도 꽤 많이 있다: 예컨대, Grabbe, 1992; Mendels, 1992; Skarsaune, 2002.

에게 세계는 여전히 유대인의 세계와 비유대인의 세계, 이렇게 두 개의 세계로 구분되었다. 그는 비유대인들을 "열방"(ta ethnē – '타 에트네')이라고 불렀는데, 이것은 아마도 유대인들을 하나의 "나라"라고 말할 수 있었기 때문에, "다른 나라들"("이방")이라는 의미로 그러한 호칭을 사용한 것으로 보인다.[7] 또는, 그는 비유대인들을 "헬라인들"이라고 부르기도 하지만, 당시에 비유대인들의 대다수는 인종적으로 헬라인이 아니었고, 팔레스타인의 유대인과 마찬가지로 많은 사람들은 헬라어를 자신의 모국어로 사용하지 않았음은 물론이다. 그는 종종 상당히 명확한 제유법을 사용해서, 유대인들에게 있어서 할례는 단지 하나님의 명령에 순종해서 한 일이었던 것이 아니라, 문화적/민족적 정체성의 증표였다는 사실을 부각시키기 위하여, 세계의 나머지 사람들을 이 증표를 소유하지 않은 자들이라는 관점에서 보아서, 비유대인들을 "무할례자"(hē akrobustia, '헤 아크로뷔스티아,' 원래는 "포피"라는 뜻)로 지칭하였다. 이것은 오늘날 마치 시크교도가 모든 비(非)시크교도들을 "터번을 두르지 않은 자들"이라고 부르는 것과 같은 것이었다.

오늘날의 우리는 비유대인들을 지칭하기에 적절한 용어들을 찾아내는 데 더 큰 어려움을 겪는다. 어떤 이들은 비유대인들에게 경멸적이거나 욕하는 말로 들린다는 이유로 "이교도"(pagan)라는 호칭을 피해 왔다.[8] 내가 다른 곳에서 말했듯이, 세속의 고전을 연구하는 많은 사람들이 "이교도"라는 호칭을 중립적인 의미로 사용하고 있고, 일부 고대 로마인들 자신도 결국에는 그런 호칭을 사용하게 되었기 때문에, 나도 이 단어를 중립적인 의미로 사용하고자 한다. 그러나 우리가 바울이 보았던 방식으로 세계를 보고자 한다면, "이교도"라는 용어는 엄연한 차별을 내포하고 있고, 엄밀하게 말해서 우리 시대에는 맞지 않기는 하지만, 거추장스러운 완곡한 표현을 사용하는 것보다는 그 용어를 사용하는 편이 더 나을 것이다. 바울은 메시야 안에서는 유대인이나 헬라인이 없다고 역설하였지만, 유대적인 배경에서 "메시야에게로" 나아온 사람들과 비유대적인 배경에서 메시야에게로 나아온 사람들은 회심의 종류 자체가 서로 다르다(물론, 서로 연관되어 있기는 하지만)는 것을 여전히 인식하고 있었다. 결말과 목표는 동일한 것이었지만, 서로 다른 출발점은 입문의 성격에 차이를 만들어내었다.[9] 어쨌든, 바울 연구에 있어서 실제적으로 문

7) 예를 들어, 마카베오2서 14:34.

8) 예를 들어, Barclay, 1996, 15.

9) 로마서 3:30을 보라: 하나님은 믿음과 믿음으로 말미암은 "베어버림"을 토대로 해서 할례자를 의롭다고 하실 것이다; Wright, 2002 [*Romans*], 483을 보라. 갈라디아서 3장 전체에는 이 미묘한 차이가 반영되어 있다; 또한, cf. 엡 2:11-21.

제가 되는 중요한 것들 중 다수는 유대인과 비유대인을 나눈 잘못된 경계선을 따라 분포되어 있었다. 이것은 중요하다. 따라서 우리는 비유대인에게 눈을 돌리기 전에, 이 총서의 이전의 책들에 나오는 내용에 대한 기억을 새롭게 떠올리는 가운데 유대인을 먼저 바라보지 않으면 안 된다.

우리는 우리가 그렇게 하는 동기가 일차적으로 역사적인 것임을 분명히 알아야 한다. 즉, 우리는 바울이 살았던 복합적인 세계를 이해해서, 그가 무엇을 의도하였고, 자신의 청중들이 무엇을 이해하기를 바랐으며, 그들이 실제로 무엇을 이해하였고, 자신의 유명하지만 끝없이 감질나게 하는 서신들을 언제 썼는지를 가능한 한 분명하게 보기 위해서, 이 작업을 하는 것이라는 말이다. 이것은 키케로나 세네카 같은 이 시기의 다른 위대한 서신 저자들의 경우처럼, 바울의 사고와 그의 잠재적 청중들의 사고가 어떤 식으로 작동하였던 것인지에 관한 역사적 설명을 제시하는 것을 의미한다. 달리 말하면, 우리는 단지 바울의 종교에 관한 "비교학적" 설명을 제시하고자 하는 것이 아니라, 그의 신학, 즉 그가 실제로 무엇을 생각하였고 무엇을 믿었는지에 관한 역사적 설명을 제시하고자 한다. 전자는 물론 우리가 하고자 하는 것과 관련되어 있는 것이기는 하지만 서로 다른 작업이다.[10] 따라서 이 네 개의 장의 목적은 바울의 사상과 생활 양식이 유래된 자료들의 목록을 제시하는 것(이 자료들은 우리가 적절한 방식으로 문제를 제기하는 데 도움이 되긴 하겠지만)도 아니고, 바울의 종교나 문화와 서로 비교해 볼 수 있는 다른 종교들이나 문화들을 설명하는 것(우리의 탐구 과정에서 서로 비교되는 점들이 자연스럽게 드러나기는 하겠지만)도 아니다. 이 장들에서 우리의 목적은 본서의 지면이 허락하는 한도 내에서 바울이 몸담고 살면서 자신의 구체적인 세계관을 표현하였던 세계를 오늘날 우리가 흔히 당혹스러워하며 "종교"라고 부르는 것과 아울러서 가능한 한 두텁게 설명함으로써(제2부), 바울의 "신학"이라고 할 수 있는 것의 윤곽과 강조점들을 더 잘 식별해낼 수 있게 되는 것이다(제3부). 그렇게 하고 나면, 우리는 제4부에서 단순히 "비교"에 의해서나 "종교"를 중심으로 해서 밝혀낸 것들이 아니라, 그런 것들을 포함해서, 바울이 저 좀 더 넓은 세계와 관계를 맺은 방식들에 대한 통합적이고 통일적인 설명을 제시할 수 있게 될 것이다.

우리가 시작해야 할 곳은 바울 자신이 우리에게 자기가 거기에서 시작하였다고 말한 바로 그 지점, 즉 강한 정치적 성향을 지니고 있었고 종교적으로 열심이 있었으며 상당한 지성이 요구되었던 주후 1세기의 바리새인의 세계이다.

10) 내가 본서 제13장과 *Interpreters*에서 Sanders, 1977에 대하여 한 말들을 보라.

2. 바리새인들은 누구였는가?

지금으로부터 20여 년 전에, 바리새인들은 정확히 어떤 사람들이었는가 하는 문제를 놓고서 수많은 논쟁이 일어났다.[11] 샌더스(Ed Sanders)와 제이콥 뉴스너(Jacob Neusner) 같은 중량감 있는 학자들이 이 논쟁에 참여하였고, 우리 같은 나머지 학자들은 옆으로 물러나 지켜보고 있다가, 마치 쥐가 고양이와 개의 싸움에 감히 끼어들듯이, 아주 조심스럽게 그 논쟁에 개입하곤 하였다. 지금은 그 논쟁이 일단락 되었지만, 나는 『신약성서와 하나님의 백성』 제7장에서 당시에 내가 도출해내었던 기본적인 결론들을 수정하기로 나의 마음을 바꿀 만한 타당한 이유를 발견하지 못하였다. 거기에서 나의 결론들은 이런 것들이었다: 바리새파는 정한 음식과 부정한 음식의 구별을 엄격히 지키는 소규모 동호회였던 것이 아니라, 그것보다 훨씬 더 광범위하고 강력한 집단이었다; 그들은 그들 자신의 성결을 촉진시키는 일(반드시 제사장이 될 필요는 없고, 집에서 살아가기는 하지만, 마치 실제로 성전에서 복무하듯이 살아가고자 함으로써)만이 아니라,[12] 다른 유대인들로 하여금 자신들과 동일하게 행하도록 설득하는 일에도 적극적이었다;[13] 그들은 주후 1세기의 전반기 동안에 백성들 가운데서 큰 인기와 영향력이 있었다;[14] 특히 중요했던 것은 그들 중에는 우리가 정치라고 부를 수 있는 것에 아주 적극적으로 참여하는 사람들이 많았다는 것이다.

하지만 우리는 그 점을 논의해 나가기 전에, 분문들과 자료들에 대해서 한 마디 해둘 필요가 있다.[15] 나는 이하의 서술에서 상당히 폭넓고 다양한 제2성전 시대의 유대 자료들을 사용할 것인데, 그 자료들 중에는 "이것이 바리새파의 문서이다"라고 씌어진 표찰을 달고 있는 것이 하나도 없다는 반론이 당연히 제기될 수 있을 것이다. 어떤 분문들을 사용할 수 있느냐(솔로몬의 시편? 필로 위서? 에스라4서?) 하는 문제에 관한 논의는 위험스러운 순환논리가 될 수 있다. 즉, 우리는 어떤 본문이 바리새파가 어떤 사고를 했는지에 관한 우리의 개념과 합치한다는 이유로 그

11) 나는 *NTPG*, 181-203에서 기본적인 논증을 제시하였고, *JVG*, 369-83에서 그것을 발전시켰다.

12) Neusner, 1973, 83는 하나님이 이스라엘을 "제사장들의 나라와 거룩한 민족"으로 부른 것에 대하여 말하는 출애굽기 19:6을 인용한다. 그러나 이것과는 미묘한 차이를 보이는 Schwartz, 1992 ch. 3의 견해를 보라.

13) Philo, *De Spec. Leg.* 2.253(나는 이것을 *JVG*, 379f.와 아래에서 다루었다).

14) Deines, 2001, 503.

15) cf. *NTPG*, 181-4; 최근의 것으로는 Deines, 2010에 나오는 요약; 내게는 Deines가 극단적인("열심 있는") 바리새주의와 Josephus의 "제4의 철학"이 서로 중복되는 것을 최소화하는 것으로 보인다.

본문을 바리새파의 것이라고 판단하고 난 후에, 그 본문을 사용해서 우리의 그러한 재구성을 밑받침하고 강화하게 된다는 것이다.[16] "부드러운 것들을 말하는 자들"에 대하여 언급한 쿰란 문서들의 변증으로부터 바리새파의 입장을 읽어내는 문제도 마찬가지로 흥미롭지만 아주 큰 위험이 수반된다.[17] 하지만 다음과 같은 두 가지 요인은 그렇다고 해서 우리가 절망해서는 안 된다는 것을 보여준다. 첫째, 잠시 후에 보게 되겠지만, 어떤 문서들이 바리새파의 문서라는 표찰을 달고 있지 않다고 할지라도, 우리는 바리새파 운동이 무엇인지를 밝혀주는 증표들을 알아낼 수 있게 해주는 확실한 증거들을 통해서 그 운동을 충분히 정확하게, 또는 아주 흡사하게 재구성해낼 수 있다. 둘째, 바리새인들은 자신들이 오직 유대의 중심적인 실천들과 신념들만을 전파한다고 주장하였기 때문에, 우리는 다른 문서들 속에서 그러한 실천들이나 신념들을 발견하게 될 때, 바리새인들은 그들 자신이나, 어떤 식으로든 자신들이 영향을 끼칠 수 있는 사람들로 하여금 그러한 것들을 엄격하게 지켜나가게 하였을 것이라고 추정한다고 해도, 그것이 그렇게 아주 틀린 생각은 아닐 것이다. 물론, 어떤 것들이 중심적인 것들이었는지, 그리고 그것들이 어떤 식으로 지켜졌는지에 대해서는 각 진영마다 견해가 서로 다르지만, 우리가 논증하고자 하는 것들은 그 어떤 것도 마카베오 가문과 헤롯 대왕 사이의 시기에서 가설에 의한 바리새파와 가설에 의한 에세네파가 정확히 어떻게 달랐느냐 하는 것에 의해서 좌지우지되지 않는다.

실제로 신약성서에서 "바리새파"에 대한 가장 초기의 언급은 바울 자신이 이전의 자기 자신을 설명하기 위해서 이 단어를 사용한 본문에 나온다. 또한, 사도행전에서 바울이 한 것이라고 말하는 강론들 중 두 편에도 이 단어가 나온다.[18] 그런 후에, 복음서들에서 이 단어가 대량으로 사용되지만, 복음서들의 역사성과 관련해서 제기되어 온 여러 가지 문제점들, 특히 복음서 기자들이 지니고 있었던 분명한 저작 의도들에 비추어 볼 때, 그러한 구절들을 자료로 사용하기는 어렵다. 주후 1세기의 자료들 중에서 또 하나의 주된 자료는 요세푸스(Josephus)의 글들이지만, 이것들도 마찬가지로 조심스럽게 다루어지지 않으면 안 된다.[19] 다음으로는, 바리새파 가운데서 벌어졌던 이전 시대의 논쟁들, 특히 힐렐(Hillel)과 샴마이(Shammai)

16) R. B. Wright, 1985, 642에서 Charlesworth가 조심스럽게 덧붙인 단락을 보라.

17) Deines, 2001, 461-74; Flusser, 1996, 400을 보라.

18) 빌 3:5; 행 23:6; 26:5. 사도행전도 5:34과 15:5에서 바리새파를 언급하고, 23:1-10에서는 이 사건을 좀 더 폭넓게 다룬다.

19) *NTPG*, 182f., 186을 보라.

간에 벌어졌던 논쟁들을 자주 언급하는 랍비들의 글들이 있다.[20] 그러나 랍비 본문들은 두 번에 걸친 큰 폭동(주후 66-70년과 132-135년) 이후의 시기에 씌어진 것인데, 이것은 그들이 다소의 사울에게 결정적으로 중요하고 중심적이었던 것, 즉 "토라에 대한 열심"이라는 전통 – 비느하스와 엘리야를 되돌아보면, 토라에 대한 이러한 열심은 제멋대로인 유대인들에게 강제로 토라를 준수하게 하고자 하거나, 비유대인들에 맞서서 토라를 옹호하고자 할 때에는 폭력을 사용할 준비가 되어 있었다 – 을 거의 전적으로 배제하였을 것임을 의미한다. 그 노선은 주후 135년에 바르 코크바(bar-Kochba)에서 끝이 났다. 이 시기 이후에 나온 본문들은 그 시점까지 아주 중요했던 것으로 보이는 두 가지를 상실하였다. 즉, "정치적" 또는 "군사적" 폭력 행위라는 관점에서의 "열심"에 대한 헌신만이 아니라, 지속적으로 이어져 왔던 서사(narrative)가 대략 우리가 주후 1세기라 부르는 시기에 영광스러운 절정에 달할 것이라고 생각하였던 인식도 본문들에서 사라졌다(아래를 보라).[21]

사실, "정치에서 경건으로의" 변화(그것은 종종 이런 식으로 표현된다)는 헤롯 대왕 시대에 힐렐이 보여준 "온건한" 태도 속에서 이미 일어나고 있었다. 그러나 "열심"이 축적되어 오다가 결국 주후 66-70년의 전쟁이 일어났고, 이어서 주후 132년의 폭동에서도 위대한 랍비였던 아키바(Akiba)가 바르 코크바를 지지한 것을 보면, 그러한 변화는 후자의 폭동이 재앙으로 끝날 때까지는 소수 의견으로 남아 있었던 것으로 보인다.[22] 별로 이상한 일도 아니지만, 주후 132년의 폭동이 있은 후에, 랍비들은 역사에 대한 관심, 실제로는 하나님의 나라가 하늘에서 이루어진 것 같이 이 땅에서도 이루어지게 될 것이라는 기대를 버렸다. 이것은 케제만

20) 한동안 많은 학자들은 랍비들의 자료의 저작 연대를 확정하기가 매우 어렵다는 이유로 그런 자료들을 사용하는 것을 꺼렸다(예컨대, Schnabel, 2009, 488은 여전히 이런 태도를 취한다). Instone-Brewer, 1992는 다른 주장을 제기하였다. 그는 대규모 프로젝트의 시작이 된 Instone-Brewer, 2004(예컨대, 28-40을 보라)에서, 랍비 자료들의 저작 연대를 좀 더 명확하게 알아내는 법을 제시하였다고 주장한다. 하지만 서평을 쓴 사람들은(온건하게 표현하자면) 그 주장을 확신하지 못하였다(예컨대, Hezser, 2005). Segal, 2003, 162은 신약성서 전체에 걸쳐서 랍비 문헌들과의 "병행들"을 찾아내고자 하는 Strack-Billerbeck 같은 프로젝트보다는, 미쉬나(Mishnah)에 관한 주석서를 쓰면서, 신약에서 그 병행들을 발견하여, 초기 전승들의 연대를 알아내는 편이 더 나을 것이라고 주장한다. 그것은 Instone-Brewer의 프로젝트와 완전히 다른 것 같지 않기 때문에, 마찬가지로 많은 사람들에게 환영받지 못할 것으로 보인다. *NTPG*와 마찬가지로 Sanders의 이상한 주장들로부터 물러서서 나의 견해와 아주 비슷한 입장을 강력하게 밑받침하고 있는 최근의 아주 유익한 연구로는 Deines, 2001이 있다.

21) Thiessen, 2011, 108, 145f.이 하나의 특정한 문제("개종자의 회심"이라는 문제)와 관련해서 제2성전 시대와 랍비 시대를 주의 깊게 구별하고 있는 것을 보라.

22) 이것은 *NTPG*, 161-6에 자세히 나와 있다.

(Käsemann)이 자기 세대가 독일 제3제국이 저지른 끔찍한 일들을 겪은 후에 "구원사"를 거부하게 된 것을 한 번 불에 덴 아이들이 다시는 불 가까이에 가고자 하지 않는 것이라고 표현한 것과 비슷한 현상이었다.[23] 그들은 과거에 있었던 일은 과거지사일 뿐이고, 현재에는 더 이상 적용될 수 없다고 말하고서,[24] 비록 이전의 견해들의 많은 단편들이 여기저기 흩어져서 잔존해 있긴 하였지만, 완전히 다른 식으로 판을 짜야 했고, 아래에서 보게 되겠지만, 그것은 주후 70년 이전의 세계와의 아주 광범위한 단절을 보여주는 것이었다.

이러한 자료들을 사용할 때의 난점에도 불구하고, 우리는 특히 바리새파에 대하여 확실하게 말하고 있는 본문들이 제시하는 확실한 사실들을 토대로 하고, "바리새파"라는 단어 자체를 사용하지 않는 가운데서도 실제로는 바리새파의 신념들과 실천들에 대하여 말하는 다른 본문들을 참조하여, 그림을 그려나감으로써, 주후 1세기의 전반기에 활동하였던 바리새파에 대한 비교적 명확한 그림을 재구성해낼 수 있다. 사실, 우리는 빌립보서 3:5-6에 나오는 바울 자신의 증언(여기서 그는 자신을 율법을 따르는 바리새인이라고 설명한 직후에, 자신의 "열심"의 증거로 교회를 박해한 일을 제시한다)을 갈라디아서 1:13-14에 나오는 증언, 즉 먼저 자기가 교회를 박해한 것에 대하여 말하고 나서, 조상들의 전통에 대한 자신의 지극한 "열심"에 대한 언급을 통해서 자신의 "유대교" 신앙이 어떤 것이었는지를 말하고 있는 증언과 결합시킬 때, 아주 자연스럽게 그렇게 하고 있는 것이다.[25] 달리 말하면, "바리새파"라는 단어가 후자의 구절에는 나오지 않지만, 우리는 바울이 다른 곳에서 "바리새파"에 속한 것이라고 밝히고 말한 것에 비추어서, 후자의 구절이 "바리새파"의 모습이 어떤 것인지를 설명하고 있는 것임을 절대적으로 확신할 수 있다는 것이다.

그런 식으로 해서, 우리는 "바리새파"라는 명시적인 표찰을 달고 있지 않지만 실제로는 그들의 활동을 설명하고 있는 본문들 속에서 그들의 모습을 찾아낼 수 있다(아마도 이것은 "바리새파"라는 호칭이 일종의 선전문구 같은 별칭으로 느껴졌기 때문인 것인가?). 옛부터 내려온 율법을 어기는 사람이 직면하게 되는 위험에 대한 필로(Philo)의 설명을 잘 눈여겨보라:

23) Käsemann, 1971 [1969], 64; *Interpreters*와 *Perspectives*, chs. 1, 4에 실린 논의를 보라.

24) 예를 들어, jKil. 1.4(27a); bPesah. 108a; Reif, 2006, 323에 나오는 논의를 보라.

25) Mason, 2007에 의하면, 유대인들에게 토라에 기초한 높은 기준들을 지키라고 압력을 가하고, 이교의 침투에 맞서서 적극적으로 조상 대대로의 삶의 방식을 지키고자 하였던 운동이 엄밀한 의미에서의 주후 1세기 "유대교"였다.

> 옛부터 내려온 율법에 대한 열심으로 가득하고, 조상들이 물려준 제도들을 엄격히 수호하고자 하여, 그런 것들을 조금이라도 전복시키는 행위를 하는 자들에게 무자비한 사람들의 눈총이 그 사람에게 쏟아진다.[26]

우리는 여기서 필로가 바리새파, 게다가 다소의 사울 같은 "열심"이 있는 바리새인들에 대하여 언급하고 있다는 것을 의심할 수 없을 것이다. 또한, 우리가 자신들의 "열심"을 강령적으로 선언하고 있는 마카베오1서를 조금 후에 살펴보면 알게 되겠지만, 우리는 그런 책들이 자료로 적절하다는 것에 대해서도 결코 의심할 수 없을 것이다. 그리고 솔로몬의 시편도 바리새파에서 나온 것이라고 흔히 추정되는데, 나는 그러한 추정이 올바르다고 본다. 왜냐하면, 거기에서 기자는 "의에 충만한" 자들을 언급하면서, 이교도들에게 야합하여 성소를 더럽히고 계명들을 짓밟은 유대인들의 악을 성토하고, 장차 도래할 심판의 날에 전자에 속한 자들의 의는 드러나게 될 것이고 후자에 속한 자들은 벌을 받게 될 것이라고 말하고 있기 때문이다.[27] 따라서 우리는 이것과 비슷한 관심들을 표현하고 있는 다른 본문들을 만나게 될 때, 조심스럽게 그것들을 자료로 사용해서, 반드시 "이것이 엄격한 바리새인이 말했을 바로 그런 것이다"라고 말할 필요는 없지만(모든 엄격한 정치적/종교적 운동들에서와 마찬가지로, 엄격한 바리새주의 내에도 어느 정도의 편차들이 존재하였으리라는 것은 의심의 여지가 없기 때문에), 적어도 다소의 사울 같은 바리새인의 신념들과 열망들과 행동강령들과 방법론들을 의미 있게 만든 배후에 관한 그림을 얻는 데에 도움을 얻을 수는 있다.

이것을 간단하게 표현해 본다면, 개략적으로 말해서, 아마도 바리새파는 정결(purity)에 지대한 관심을 지녔던 분파로 이해되어야 하는 것이 아닌가 하는 것이다. 정결에 대하여 관심을 갖고서 정한 음식과 부정한 음식을 가려 먹는 '하베림'(Haberim)으로 알려진 무리들이 있었고, 바리새파에는 그러한 무리들에 속한 사람들도 있었을 것이지만, 어쨌든 정결에 대한 관심으로 인해서 바리새파는 정결에 대하여 무관심하였던 "땅의 사람들"과 확연하게 구별되었다.[28] 하지만 "정결"은 언어적으로 및 한 문화 내에서 그것이 지닌 상징적 의미를 통해서, 유대인들이 자신들을 특별한 사람들로 의식한 것과 그러한 의식이 단지 제의적인 엄격함만이 아

26) *De Spec. Leg.* 2.253.
27) 예를 들어, Ps. Sol. 1:2f.; 2:2-4; 4:14-25; 8:1-34.
28) Deines, 2001, 498을 보라.

니라 사회적이고 정치적인 영역에 있어서의 엄격함까지도 가져오게 된 것을 나타내는 하나의 상징적인 단어로서의 기능을 하였다는 점을 제외하면, 우리가 살펴보고 있는 시기에서 바리새파의 유일하거나 일차적인 관심사가 아니었다.

사실, 내가 최근의 연구들에서 보아 온 모든 징후들은 주후 70년의 대재앙 이전에 바리새파가 당면했던 주된 문제는 단지 "어떻게 해야 자신의 개인적인 정결을 유지할 수 있는가"가 아니라, "어떻게 하면 밖으로부터의 이교도들의 압제와 안으로부터의 충성스럽지 못한 유대인들과 맞서서 충성스러운 유대인이 될 수 있는가" 하는 것이었다는 나의 이전의 결론을 강화시켜 주고 있다. 정결은 그러한 관심의 증표이자 보증이었다. 우리가 살펴보고 있는 시기에서 바리새파를 주도하고 있던 진영은 혁명파였고, 그들은 좀 더 조심스러웠던 동료들에 의해서 약간의 제지를 받기도 했지만, 주후 70년에 예루살렘 도성과 성전이 함락되어 초토화될 때까지는 확고하게 바리새파의 운전대를 장악하고 있었다. 그리고 앞에서 논증했듯이, 주후 70년 이후에도 바리새파의 혁명적 흐름은 아마도 지하로 내려가긴 하였겠지만 완전히 사라지지 않았다. 엘리에셀 벤 히르카누스(Eliezer ben Hyrcanus) 같은 인물들에 의해서 대표된 이 흐름은 다음 세대에서 아키바(가장 위대한 랍비라는 말을 들어도 아깝지 않을 인물)가 시므온 벤 코시바(Simeon ben-Kosiba)를 "그 별의 아들"("바르 코크바"), 즉 민수기 24:17에 약속된 메시야로 옹립하여 일으킨 대규모의 반란을 통해서 수면 위로 떠올랐다. 물론, 아키바는 주후 135년에 자신의 영웅과 동료들과 자기 백성의 꿈과 함께 스러졌다. 그러나 다소의 사울이 유대적 세계관들 중에서 가장 엄격한 세계관으로 훈련을 받은 때는 이 세계 전체 내에서 하스모네 왕조(the Hasmoneans) 말기 아래에서 바리새파가 누렸던 초기의 전성기와 주후 70년과 135년의 사건들을 계기로 바리새파가 변화를 겪게 된 시기 사이의 대략 중간 시점이었다.[29)]

이것은 무엇보다도 특히 헤롯 시대에 바리새파가 주도하였던 혁명적 유대교와 이데올로기적으로 직접적이고 강력하게 연결되어 있었고, 결국 재앙으로 끝난 로마와의 전쟁(주후 66-70년)에서 소위 "열심당" 운동으로 만개하게 된 하나님 나라 운동이었다.[30)] 바리새파 유대교와 그들의 후계자들로 추정되는 랍비들의 중심에

29) 예를 들어, 갈 1:14; 빌 3:5f.; 그리고 행 23:6; 26:5도 이것을 밑받침한다. 바울이 바리새인이었다는 것을 부정하고, 이것은 허구로 몰아가고자 하는 시도(Maccoby, 1986)는 아무런 지지도 받지 못해 온 그들만의 놀이일 뿐이다.

30) 이렇게 Josephus는 몇몇 대목들에서 바리새파와 혁명적인 성향의 "제4의 철학"을 구별하지만, 또 다른 곳에서는 이 두 운동은 점차 서로 결합되었다는 것을 인정한다; *NTPG*에 나오는 Jos. *War* 2.118

는 기도가 있었고, 매일의 기도의 중심에는 셰마("이스라엘아 들으라 우리 하나님 야웨는 오직 유일한 야웨이시다," 신 6:4)가 있었기 때문에, 후일에 셰마로 기도하는 사람을 지칭하는 표현방식 중의 하나는, 아키바의 죽음에 관한 인상적이고 감동적인 묘사에 나오는 것처럼, 그 사람이 "자기 자신에 대한 하늘의 왕권을 받아들이고" 있다고 말하는 것이었다. 달리 말하면, 그 사람은 오직 이스라엘의 하나님만이 세계의 참된 왕이라고 선언하고 있다는 것이다.[31] "하나님 외에는 왕이 없다"(No king but God)는 헤롯 때에 반도들이 소리 높여 외쳤던 구호였다. 매일 드린 기도의 실제적인 내용이었던 셰마와 18축복문(the Eighteen Benedictions)은 당시의 위험스럽고 경쟁적이었던 정치적 상황과 많은 점들에서 서로 맞물려 있었기 때문에, 마카베오 가문과 다니엘의 전통들, 그리고 그들의 배후에 있는 비느하스와 엘리야의 저 위대한 "열심"의 모범들의 상속자들이었던 경건한 유대인들이 유일하신 하나님의 이름이라고 말하며 기도할 때, 그것은 저 유일하신 하나님이 애굽에서 그들의 선조들을 위하여 이방의 폭군들을 무너뜨리고 자기 백성을 해방시켰던 바로 그 일을 그들을 위해서도 해주도록 의도적으로 기도하는 것이 될 수밖에 없었다.[32] "열심"이라는 단어는 "열심당"이라는 특정한 집단(이 집단에 관한 증거들은 오직 주후 66-70년의 전쟁에 이르기까지의 시기에만 존재한다)을 가리키는 고유명사가 되기 이전에도, 혁명적 열망을 분명하게 나타내는 암호였다. 그것은 마카베오 시대와 그 이후에 율법을 순수하게 지키는 것이 너무나 끔찍할 정도의 도전을 받고 있던 상황에서 바로 그러한 율법을 위해 자신의 목숨을 기꺼이 바치겠다고 마음먹는 것을 의미하였다. 그것은 하나님의 주권(sovereign)을 비웃고 있던 유대인들과 유대 민족의 정기를 꺾기 위해서 경건한 자들에게 이방의 길들을 강요하였던 이교도들에 단호하고 거세게 맞서서, 하늘에서와 마찬가지로 이 땅에서도 하나님의 주권을 세우는 일에 헌신할 준비가 되어 있다는 것을 의미하였다.

과 *Ant.* 4-10, 23에 대한 논의를 보라; *NTPG*, 185- 99에 나오는 논의 전체는 여기서 중요하다.

31) bBer. 61b; 본서 제9장에 나오는 논의를 보라. 셰마(Shema)도 출애굽을 상기시켰다(민 15:37-41을 인용함으로써); mBer. 1.5를 보라. 연대 설정에 대해서는 Instone-Brewer, 2004, 47f.를 보라. mBer. 2.5에서, Gamaliel II는 혼인식 밤에는 셰마를 암송하지 않아도 된다는 율법의 규정에도 불구하고 그 밤에도 셰마를 암송한 이유를 묻는 제자들에게, 자기는 한순간이라도 천국의 멍에를 자기에게서 벗어놓고자 하지 않은 것이라고 대답한다.

32) 비느하스에 대해서는 민 25:7-13; 엘리야에 대해서는 왕상 18:20-40과 19:10을 보라. 이 인물들이 후대의 전승에서 어떻게 사용되었는지에 대한 자세한 개관은 Hengel, 1989 [1961], 147-83에 나와 있다; 엘리야에 대해서는 1 Macc. 2.58(이 구절은 아래에서 곧 살펴볼 것이다); Sir. 48.1-11을 참조하라; 바울이 갈 1:14과 빌 3:6에서 자신의 "열심"에 대하여 언급한 것을 보라.

그것은 이스라엘의 하나님이 이스라엘의 원수들의 원수가 되어 줄 것이라고 믿고서, 거룩한 전쟁이 일어났을 때마다 기꺼이 그 성전에 동참할 준비가 되어 있다는 것을 의미하였다.[33] "열심"은 바로 그런 것들이었다. (이것이 요세푸스가 바리새파를 철학이라는 관점에서 설명할 때, 그들은 하나님의 주권과 인간의 책임에 대한 균형 잡힌 견해를 지니고 있었다고 말한 이유이다.)[34] 그리고 앞으로 보게 되겠지만, "열심"은 바울이 이전의 자기를 규정할 때에 사용한 바로 그 단어였다.

바리새파 내에서 주로 이 문제가 쟁점이 되어서 힐렐 학파와 샴마이 학파 사이에 깊은 골이 생겨났다는 것은 거의 확실하다. 물론, 인간의 삶은 양단 간의 하나라고 무 자르듯이 자를 수 있는 것보다 더 복잡하다는 것은 의심의 여지가 없다.[35] 자신의 나라의 정치적 지형을 지켜본 사람이라면 누구든지 그러한 사실을 금방 알아챌 것이다. 반으로 뚝 자르는 양당 체제는 너무나 말끔하다. 또한, 힐렐 학파와 샴마이 학파의 이러한 분열은 나중에 정결의 문제와 관련해서도 그대로 반영되어서, 샴마이 쪽은 좀 더 엄격한 노선을 취하고 힐렐 쪽은 좀 더 온건한 노선을 취한 것도 분명해 보인다. 그러나 여러 증표들은 그러한 것이 판이하게 다른 일들과 관련해서 일어났던 이전의 논쟁들에 대한 다시 읽기(re-reading)라는 것을 보여준다. 다른 곳에서 나는 집회서의 정경적 지위에 관한 논쟁을 예로 든 바 있는데, 거기에서 샴마이는 집회서를 성경의 정경에서 배제함으로써 "좀 더 엄격한" 것으로 추정되는 노선을 취하였지만, 후대에 주로 정결에 관한 관심 속에서 정경에 속한 본문들을 만진 후에는 자신의 손을 씻어야 하였기 때문에 어떤 책이 정경이냐 아니냐에 관심을 갖고 있던 랍비들은 샴마이가 "관대해" 보이는 편에 서서 집회서는 정경이 아니기 때문에 그 책을 만진 후에 손을 씻을 필요가 없다고 결정한 것을 보고 놀랐다.[36] 여기서 내가 말하고자 하는 요지는 헤롯 시대에 활발하게 이루어졌던 힐렐과 샴마이 간의 주된 논쟁은 정결(물론, 이 문제도 중요하긴 했지만)에 관한 것이 아니라, 그것이 로마의 지배이든(로마는 주전 63년의 폼페이 침공 이래로 식민지에 대한 직접적인 지배와 대리 통치자를 통한 간접적인 지배를 병행해 왔었

33) 이스라엘의 원수들의 원수로서의 하나님: cf. 출 23:22; 2 Macc. 10.26; cf. 창 12:3; 신 30:7; 렘 30:20.

34) *Ant.* 13.172.

35) Hengel, 1991, 119은 이 점에 대한 Hübner의 경고를 언급한다(Hübner, 1984 [1978], 44 n. 16): "나는 힐렐 학파와 샴마이 학파라는 두 학파를 얘기하는 이 친숙한 구분법은 단지 두 가지 주된 경향을 콕 집어서 보여주는 것일 뿐이고, 실제로는 훨씬 더 다채로웠던 그림을 은폐하고 있다고 본다."

36) *NTPG*, 183. 이 텍스트들은 mYad. 3.5; mEduy. 5.3이다.

다), 헤롯 같은 로마에 영합한 토착 정권들에 의한 지배이든, 외세의 지배 아래에서 어떻게 하여야 진정으로 충성스러운 유대인이 될 수 있느냐에 관한 것이었음이 거의 확실하다는 것이다. 어떻게 하여야 스스로도 살고 백성도 살릴 수 있는 길을 발견할 수 있느냐? 이것이 힐렐의 생각이었고, 그의 후계자이자 아마도 손자였을 가능성이 큰 가말리엘(Gamaliel)의 생각이었다.[37] 샴마이는 그렇게 생각하지 않았을 것임이 거의 분명하다. 그의 생각은 마카베오 가문과 성경에 나오는 저 옛날의 선구자들의 본을 받아서 신성모독적인 이교 사상의 강요에 맞서 강력하게 저항하여야 한다는 것이었다. 그리고 이것은 폭력의 사용을 의미하는 것이었다. 그것은 물론 신성한 폭력이긴 하였지만, 그럴지라도 엄연한 폭력이었다. 그래서 헤롯 치하에서 혁명운동들이 일어나게 되었고, 그래서 주후 50년대와 60년대에 로마와의 전쟁을 위한 준비가 착착 진행될 수 있었으며, 그래서 불행히도 주후 132년에 아키바와 바르 코크바가 전폭적인 지지를 받을 수 있었다.[38]

힐렐 학파와 샴마이 학파 간의 분열의 골은 아주 깊었기 때문에, 후대의 전승은 마치 이스라엘의 삶의 방식인 토라가 둘로 쪼개진 것 같았다고 말한다: "이스라엘에는 두 개의 토라"가 존재하였다.[39] 이것은 우리가 한참 후에 다시 논의하게 될 많은 의미심장한 주제들 중의 하나이다. 그러나 여기서 우리는 (방금 전에 표명한 지나친 단순화에 관한 경고를 감안하더라도) 바울이 샴마이 진영에 서 있었다는 것은 거의 확실하다는 점을 주목하여야 한다. 우리는 바로 그러한 배경 속에서 기도와 사상과 삶에 대한 바울의 재정립과 재작업이 일어났다고 생각하여야 한다. 솔직히 말해서, 바리새파 운동 내에서 좀 더 유화적인 진영에 속하였던 사람이 역사의 무대에 갓 출현한 기독교 운동을 바울이 행하였던 것과 같은 방식으로 온 힘을 다해 박해하였으리라는 것은 도저히 생각할 수 없는 일이다. 우리가 이미 알고 있듯이, 가말리엘은 이 이상한 새로운 분파가 자신의 무게를 견디지 못하고 스스로 무너지게 될 것이기 때문에, 사람들은 혹여라도 자신들이 "하나님을 대적하는 자"가 되지 않도록 조심하는 것이 마땅하다고 생각하였다.[40] 사도행전 22:3에서 다소

37) 행 5:34-9; 아래를 참조하라.

38) Mendels, 1992, 201: 주후 132년의 반란에 대한 지지는 그가 "유대 민족주의"라고 부른 것이 "팔레스타인 유대인들 속에 오랜 세월 동안 잠복해 있었을 것임에 틀림없다는 것을 보여준다.

39) tSot. 47b.

40) 행 5:35-9. "하나님을 대항하여 싸우다"(theomachoi — '테오마코이')라는 관념에 대해서는 마카베오2서 7:19을 참조하라: 그것은 이교도들이 하는 짓이다. 아마도 가말리엘(또는, 그의 말을 요약한 누가)은 우리가 이교도가 하는 식으로 행동하지 않도록 조심해야 한다고 생각하고 있었던 것 같다.

의 사울이 자기가 "가말리엘의 문하에서" 배웠다고 스스로 말하고 있듯이, 설령 그가 정말 가말리엘의 문하생이었다고 할지라도, 가말리엘이나 힐렐 같은 방식으로 행하지 않았다는 것은 분명하다(나는 학생들은 비록 어떤 선생들이 자기와는 견해가 다르다고 할지라도 대단히 박식하고 그들의 호기심을 자극하기만 한다면 얼마든지 그 선생들에게 배우고 싶어 한다는 헹엘[Hengel]의 지적을 따랐다).[41] 바울이 나중에 그리스도인이 되어서 쓴 글들에 나오는 몇몇 내용들을 근거로 삼아서, 그가 힐렐 학파의 일원이었다고 주장하고자 하는 시도들은 논점을 놓치고 있는 것이다. 왜냐하면, 바울 자신이 설명한 대로, 그가 그리스도인이 되었을 때, 수많은 일들을 바라보는 그의 시각은 근본적인 변화를 겪었기 때문이다. 우리는 그가 기독교적으로 다시 사고하게 되었을 때, 그의 몇몇 견해들이 샴마이가 아니라 힐렐의 사촌 같은 모습을 띠게 된 것을 이상하게 여겨서는 안 된다.[42]

우리가 이미 보았듯이, 바울은 그리스도인이 되기 이전의 자신의 삶과 관련해서 "열심"이라는 단어를 두 번 사용하는데, 이 단어는 그가 그 시기의 자신에 대하여 말하고 있는 두 개의 짤막한 구절에 각각 한 번씩 등장한다:

> 내가 이전에 "유대교"에 몸담고 있을 때에 행한 일을 너희가 들었듯이, 나는 하나님의 교회를 몹시 박해하여 멸하고, 내가 내 동족 중 여러 연장자들보다 유대교를 지나치게 믿어, "내 조상의 전통들에 대하여 극히 열심이 있었다"(perissoterōs zēlōtēs hyparchōn tōn patrikōn mou nomōn – '페리스소테로스 젤로테스 휘파르콘 톤 파트리콘 무 노몬').[43]

> 나도 육체를 신뢰할 만하다는 것을 너희는 생각하라. 만일 누구든지 자기가 육체를 신뢰할 만하다고 생각한다면, 나는 더욱 그러하다. 나는 팔일만에 할례를 받았고, 이스라엘 족속이자 베냐민 지파요, 히브리인 중의 히브리인이요, 율법으로는 바리새인이요, "열심으로는 교회를 박해하는 자였고"(kata zēlos diōkōn tēn ekklēsian – '카타 젤로스 디오콘 텐 에클레시안') "율법의 의로는 흠이 없는 자였다"(kata dikaiosynēn tēn

41) Hengel, 1991, 28, 67.

42) 이것에 대한 반대견해로는 특히, Jeremias, 1969. 사울이 샴마이 학파에 속해 있었다고 보는 견해로는 Haacker, 1971-2 and 1975; Kim, 1981, 41-4과 좀 더 오래된 문헌; Niebuhr, 1992, 56f.; Donaldson, 1997, 275. 또한, 조심스럽기는 하지만 내가 보기에는 옳은 Hübner, 1984 [1978], 44를 보라: "나는 바울이 샴마이 학파였다고 단언하고자 하는 것은 아니지만, 어쨌든 그는 힐렐 학파는 아니었다고 본다. 즉, 그는 바리새파 내에서 온건파에 속하였던 것은 아니었던 것으로 보인다." Bruce, 1977, 50-2; Segal, 2003, 167, 170f.도 마찬가지이다. 이 저자들의 대부분은 그러한 논증이 지닌 정치적 의미를 파악하고 있는 것으로 보이지는 않지만, 이 논증이 지닌 정치적 의미는 바울의 성숙한 사상을 이해하는 데 중요하다.

43) 갈 1:13f. 여기에서 "유대교"의 의미에 대해서는 위에서 논의한 Mason, 2007을 보라.

en tō nomō genomenos amemptos – '카타 디카이오쉬넨 텐 엔 토 노모 게노메노스 아멤프토스').[44]

이러한 주장들이 정확히 무엇을 의미하였는지, 그리고 바울은 이러한 말들을 통해서 어떤 종류의 생활 방식과 일련의 열망들을 표현하고자 하였는지를 이해하기 위해서는, "열심"에 관한 고전적인 진술들 중의 하나를 좀 더 세밀하게 살펴보는 것이 도움이 될 것이다. 사실, 마카베오 1서에 나오는 이 구절이 바울의 바리새파적 세계관에 관한 논의들 속에서 좀 더 많이 언급되고 있지 않다는 것은 이상한 일이다. 왜냐하면, 이 구절을 읽어 본 사람이라면 누구나 이 구절이 마카베오의 성숙한 글들에 나오는 많은 주제들을 위한 틀을 제시하기 위하여 의도적으로 기록되었다고 생각할 것이기 때문이다. (우리가 지나가는 말로 지적하고 싶은 것은 이러한 배경은 가톨릭과 개신교, 복음주의 진영과 자유주의 진영을 막론하고 대부분의 서구 기독교에서 상정해 온 배경과 완전히 다르다는 것이다. 여러분이 원한다면, 이것을 "새 관점"이라고 불러도 좋지만, 사실 샌더스를 비롯한 "새 관점"에 속한 저술가들은 통상적으로 노골적인 정치적 배경을 강조하기보다는 "종교적" 또는 사회문화적 배경을 확정하고자 한 것이었다. 바울을 이와 같은 "열심"에 관한 이전의 진술들의 틀 내에 위치시키는 것은 내게는 좋은 역사로 보인다. 그리고 좋은 신학은 언제나 좋은 역사에 뿌리를 내린다.)

때는 주전 167년이고, 장소는 예루살렘이며, 상황은 더 나빠질 수 없을 정도로 악화되어 있었다. 다니엘서 9장의 경고는 그대로 이루어져서, 저 교만하기 짝이 없는 안티오코스 에피파네스(Antiochus Epiphanes) 왕이 유대 땅을 황폐화시키고, 하나님의 계약과 율법을 고집한다는 이유로 사람들을 도륙한 후에, 예루살렘 성전에 있는 번제단 위에 "가증스러운 파멸의 우상"을 세우는 일이 벌어졌다.[45] 이 일로 인해서, 다섯 아들을 둔 제사장이었던 맛다디아(Mattathias)는 자신의 눈 앞에서 벌어지고 있는 일을 보고서, 성소 및 그 모든 아름다움과 영광이 황폐화되고, 이스라엘이 노예로 전락해 버렸다는 사실에 탄식하며 비통함을 감추지 못한다.[46]

44) 빌 3:4-6. 사도행전 22:3에 나오는 비슷한 증언을 보라: "(나는) 우리 조상들의 율법을 따라 엄하게 길러져서 하나님에 대하여 열심이 있다(pepaideumenos kata akribeian tou patrōou nomou, zēlōtēs hyparchōn tou theou – '페파이듀메노스 카타 아크리베이안 투 파트로우 노무 젤로테스 휘파르콘 투 테우'). 적어도 이 본문에서 사도행전에 나오는 바울에 관한 묘사는 그의 서신들에 나오는 그의 자화상과 정확히 일치한다.

45) 1 Macc. 1.41-64.

얼마 후에, 안티오코스 왕의 관리들이 맛다디아와 그의 아들들이 살고 있던 모데인(Modein) 성읍으로 내려와서, 사람들에게 이교의 제사를 드리라고 설득하고자 하였지만, 맛다디아는 다음과 같이 말하며 거부한다:

> 왕의 통치 아래 사는 모든 나라들이 왕과 그의 명령에 순종하는 쪽을 택하여, 그 나라들의 모든 백성들이 각기 조상들의 종교를 버리고 그를 따르기로 작정했다고 하더라도, 나와 내 아들들과 형제들은 "우리 조상들이 맺은 계약 안에서"(en diathēkē paterōn hēmōn – '엔 디아테케 파테론 헤몬') 끝까지 살아갈 것이다. 우리는 "율법과 그 규례들을 절대로 버릴"(katalipein nomon kai dikaiōmata – '카탈리페인 노몬 카이 디카이오마타') 수 없다. 우리는 왕의 명령을 따르지 않을 것이고 … [47]

그러자 한 유대인이 왕의 명령을 따라 이교의 제사를 드리기 위하여 거기에 모인 모든 사람이 지켜보는 가운데 앞으로 나아왔다. 맛다디아는 "열심으로 불타올라서"(ezēlōsen – '에젤로센'), "정의로 인하여"(kata to krima – '카타 토 크리마') 화가 치밀어 올라 치를 떨었고, 마침내 앞으로 뛰어나가서, 그 유대인과 그 옆에 있던 관리를 죽이고, 제단을 헐어 버렸다. "이렇게 맛다디아는 전에 비느하스가 살루의 아들 시므리를 찔러 죽였을 때처럼 '율법에 대한 열심'(kai ezēlōsen tō nomō – '카이 에젤로센 토 노모')으로 불타올랐다." 마카베오1서의 기자는 이런 식으로 의도적으로 세심하게 맛다디아를 "열심"에 관한 고전적인 그림, 즉 모든 사람이 지켜보는 가운데, 미디안 여인을 취하여 자신의 장막으로 데려왔던 사람을 창으로 찔러 죽였던 비느하스의 바로 그 행위와 연결시킨다.[48]

그런 후에, 맛다디아가 "율법에 대하여 열심이 있고 우리 조상들이 맺은 계약을 지키려고 하는"(2.27) 모든 사람들을 불러 모아서, 자신이 살던 성읍을 떠나 산으로 들어간 것은 자연스러운 수순이었다. 마카베오1서의 이 긴 장의 나머지 부분에

46) 2.11f.

47) 2.19-22.

48) 민 25:6-8을 언급하는 1 Macc. 2.23-6. 그런 후에, 이것은 이스라엘을 향한 하나님 자신의 "열심"을 반영한 그의 "열심"으로 설명된다(25:11); 하나님은 비느하스에게 영원한 제사장직에 관한 언약을 주는데, 그 이유는 "그가 그의 하나님에 대하여 열심이 있고"(ezēlōsen tō theō autou — '에젤로센 토 테오 아우투'), "이스라엘 백성을 위하여 속죄를 하였기 때문이었다"(25:12f.). Cp. 시 106:30f.; Sir. 45.23-5. 맛다디아의 행위는 성경의 말씀을 들을 수 있는 귀를 지닌 자들이 깊이 생각하여야 할 그런 행위로 설명된다: 여기서 우리는 제사장직에 관한 새로운 언약, 새로운 속죄의 시작을 본다. 그 책이 나중에 보여 주듯이, 그것은 정확히 그 저자가 염두에 두고 있었던 것이었다. 비느하스 및 "열심" 전통과 바울이 갈라디아서 1:13f.에서 한 말의 관계에 대해서는 *Perspectives*, ch. 10을 보라.

서 계속되는 서술 속에는 바울의 귀에 익숙하게 들렸을 아주 많은 구절들이 담겨 있기 때문에, 우리가 그 중에서 어떤 대목들을 인용할지라도, 그것들은 즉시 바울을 연상시킬 수밖에 없다. 내가 바울을 충성스럽고 "열심이 있는" 유대인이었다고 말할 때, 나의 의도의 중심에는 실제로 그가 어떤 유형의 "바리새인"이었는가에 대한 관심이 자리 잡고 있다. 따라서 그의 사고의 정점 가까이에는 다음과 같은 구절들과 성경에 대한 간접인용들이 많이 포진되어 있었던 것으로 보인다:

> 그 때에 "의와 정의를 따라 살고자 한('제툰테스 디카이오쉬넨 카이 크리마') 많은 사람들이 살 곳을 찾아 광야로 내려갔고 … [거기에서 그들은 추격을 받았지만, 안식일에 싸우고자 하지 않았기 때문에, 많은 사람이 죽임을 당하였다.] 그런 후에, 이스라엘의 용맹스러운 전사들이었던 하시딤 사람들[아래를 보라]의 한 무리가 모여와서 그들에게 가세하였는데, 그들은 "율법을 위해서 자신의 한 몸을 기꺼이 바칠 각오가 되어 있는"('헤쿠시아조메노스 토 노모') 사람들이었다 … [그들은 이스라엘 땅에 살면서도 아직 할례를 받지 않은 어린 아이들을 찾아내어 강제로 할례를 받게 하였고 교만한 자들을 쫓아내었다.] 그들이 하는 일은 다 잘 되어 갔다. 그들은 "이방인들과 왕들의 손에서 율법을 구해내었고"('안테라본토 투 노무 에크 케이로스 톤 에트논 카이 톤 바실레온') 죄인들로 하여금 절대로 득세할 수 없게 하였다.
>
> [맛다디아는 임종할 날이 왔을 때, 자신의 아들들을 모아놓고 이렇게 마지막으로 당부하였다:] 내 아들들아, 너희는 "율법에 대한 열심을 보이고"('젤로사테 토 노모') "우리 조상들이 맺은 계약을 위하여"('휘페르 디아테케스 파테론 헤몬') 너희 목숨을 바쳐라. 옛날에 우리 조상들이 자신들의 세대에서 행한 "행위들"('에르가')를 기억하여라. 그러면 너희는 "큰 영광"('독산 메갈렌')과 영원한 이름을 얻을 것이다. "아브라함은 시험을 받았을 때에 믿음을 지켜서 의롭다는 인정을 받은 것이 아니더냐"('아브라암 우키 엔 페이라스모 휴레테 피스토스 카이 엘로기스테 아우토 에이스 디카이오쉬넨')? 요셉은 곤경에 처해 있던 때에 계명을 지켜서 애굽의 주인이 되었다. 우리 조상 비느하스는 "그의 큰 열심 때문에 영원한 제사장직에 관한 약속을 받았다"('엔 토 젤로사이 젤론 엘라벤 디아테켄 히에로쉬네스 아이오니아스').[50] [그 뒤로 여호수아, 갈렙, 다윗을 거론한 후에] 엘리야는 "율법에 대한 큰 열심 때문에"('엔 토 젤로사이 젤론 노무') 하늘로 들려 올라갔다.[51] 하나냐와 아사랴와 미사엘은 자신들의 믿음 때문에 불구덩이에서 구원을 받았고, 다니엘은 자신이 결백하였기 때문에 사자의 입에서 건짐을 받았다.

49) 창세기 15:6에서 인용한 이 구절은 현재의 맥락 속에서는 아브라함을 비느하스와 동일한 부류의 인물로 묶고 있는데, 시편 106(LXX 105):31에서도 정확히 동일한 것을 말하고 있다.

50) 내가 이런 말을 하는 것은 독자들이 2절 앞에 나오는 암시를 알아차리지 못한 경우를 대비해서이다. 또한, Sir. 45.23f.를 참조하라.

51) 왕상 19-20장, 특히 19:10, 14을 보라. 거기에서 엘리야는 자기가 바알 선지자들을 죽인 것을 되돌아보면서, "나는 만군의 야웨에 대한 열심이 특심하였다(zēlōn ezēlōka — '젤론 에젤로카')"는 말을 되풀이한다; Sir. 48.1f.(엘리야의 "열심"을 언급함).

[맛다디아는 담대하라고 부탁하는 것으로 자신의 말을 끝맺는다:] 나의 아들들아, "율법 안에서 담대하라" ('이스퀴사테 엔 토 노모'). "그렇게 할 때, 너희는 영광을 얻게 될 것이다" ('호티 엔 아우토 독사스테세스테'). [그는 자신의 아들들인 시므온과 유다를 칭찬하고 나서, 다음과 같은 말로 자신의 유훈을 마친다.] "이방인들에게 철저히 되갚아 주고 율법이 명하는 것들을 잘 지켜라" ('안타포도네 안타포도마 토이스 에트네신 카이 프로세케테 에이스 프로스타그마 투 노무')."[52]

열심과 율법, 열심과 율법; 계약, 아브라함, 비느하스, 엘리야; 믿음, 담대함, 의로 여기심, 영광의 약속; 이교도들에게 당한 만큼 그대로 되갚아 주라는 것,[53] 율법이 명하는 것들을 굳게 지키라는 것! 어떤 것이 이것보다 더 분명할 수 있겠는가? 석의 전통과 교회 전통이 우리에게 바울의 글들을 서로 너무나 다르게 읽으라고 가르쳐 왔다고 할지라도, 이러한 것들 중 대부분은 우리가 바울의 글들을 통해서 알고 있는 개념들이 아니던가? 그리고 우리가 2.42에 나오는 "하시딤 사람들" 이 바리새파의 기원과 상관이 있을 가능성(물론, 이것은 증명하기도 불가능하지만, 그렇지 않다는 것을 입증하는 것도 불가능하다)을 점쳐 보기라도 한다면, 우리는 한층 더 안전하고 확고한 토대 위에 설 수 있게 된다.[54] 중요한 것은 "토라에 대한 열심" 이 무엇을 의미하는지가 여기에 생생하게 그려져 있다는 것이다. 즉, 이스라엘의 유구한 역사는 자신의 믿음을 따라 신실하게 행한 것으로 인하여 의롭다 함을 받은 아브라함과 그후에 자신의 믿음과 열심과 담대함을 보인 사람들이라는 관점에서 말할 수 있다는 것이다. 율법을 지켜라. 왜냐하면, 그것이 영광으로 가는 길이기 때문이다! 한 젊은 유대인이 주후 1세기 초에 이교의 야비한 권력이 판을 치고 자신의 동족 중 많은 사람들이 비열하게 외세와 야합하는 모습을 지켜보았을 때, 그가 이러한 비전에 의해서 불이 붙어서 활활 불타오르게 된 모습을 상상하는 것은 그리 어려운 일이 아니다.[55] 하나님의 신실하심을 굳게 붙잡고서, 담대하게 떨쳐 일어나, 행하라. 이것은 바리새인이 된다는 것이 무엇인지를 잘 보여준다. 이

52) 2:29-68. 나는 헬라어 본문에 좀 더 충실하고, 신약을 반영한 것들이 좀 더 잘 드러나도록 하기 위하여 NRSV의 번역을 약간 수정하였다; 예컨대, 나는 '독사' (doxa)를 "영광" 으로 번역하였다(이것에 대해서는 본서 제9장 각주 212번, 제9장 제7절, 제10장 제2절을 보라). '독사' 가 지닌 거의 단도직입적인 정치적 의미를 특히 주목하라.

53) 마가복음 12:13-17의 반영들에 대해서는 *JVG*, 502-7을 보라.

54) 이 시기의 "하시딤" 의 복잡성(cp. 1 Macc. 7.13; 2 Macc. 14.6; 여러 쿰란 및 랍비 문헌들에 나오는 언급들)에 대해서는 특히 Kampen, 1988; 2007; Davies, 1977을 참조하라. "하시딤" 으로 묘사된 사람들에 대하여 언급한 가장 오래된 랍비 문헌은 아마도 mBer. 5.1일 것이다.

55) 여기서도 *Perspectives*, ch. 10을 보라.

것은 "유대교"라는 말을 들으면 현대적인 의미의 "종교"만을 연상하게 되는 세계 속에서 살아가는 우리에게는 혼란스러운 것이겠지만, 당시의 '유다이스모스'(Ioudaismos, "유대교")가 의미했던 것이 무엇인지를 잘 보여준다. 즉, 유대교는 단순히 "종교" 체계가 아니라, 조상들이 물려준 생활 방식을 적극적으로 전파함과 동시에, 외부로부터의 공격(맛다디아의 경우처럼)이나 내부로부터의 공격(다소의 사울의 경우처럼)에 맞서 그러한 생활 방식을 방어하는 체계였다는 것이다.[56)]

거룩한 땅에서 이루어진 것과는 달리, 디아스포라에서 이러한 유대적이고 특히 바리새파적인 생활 방식이 어떤 것이었는지를 정확히 알아내는 것은 훨씬 더 힘든 문제이다. 바울은 예루살렘에서 컸거나 적어도 교육을 받았기는 하지만, 사도행전에서 자기가 길리기아(Cilicia, 오늘날의 터키의 남동부 지역)의 다소 출신이라고 증언하고 있기 때문에, 이것은 바울과 관련해서 그냥 지나칠 수 없는 중요한 문제이다.[57)] 어떤 이들은 바울을 "진정한 유대교"와 완전히 갈라놓고서, 바울과 유대교는 별 상관이 없었다는 것을 입증해내기 위해서, 그가 디아스포라 출신이라고 말한 것을 근거로, "디아스포라 유대교"를 폄하하여, 그는 유대교에 대하여 단지 초보적인 지식만을 알고 있었을 뿐이라고 주장하지만, 그러한 주장은 두 가지 점에서 잘못된 것이다. 오늘날에는 존 바클레이(John Barclay)를 비롯한 여러 학자들이 아주 상세하게 입증해 주었듯이, 디아스포라에서의 유대인들의 삶은 그렇게 쉽게 범주화시킬 수 없는 것이었다. 유대인들이 거주하였던 디아스포라는 그 자체가 아주 광범위하고 다양하였기 때문에, 각각 알렉산드리아와 에베소와 로마에 흩어져 살고 있던 유대인들이 아무리 자신들의 조국과 자기 민족의 종교에 대한 충성을 통해서 강력하게 묶여진 집단이었다고 하더라도, 서로 동일한 문화를 형성하였을 가능성은 거의 없다. 우리가 팔레스타인과 관련해서 보았듯이, 바리새파를 힐렐 학파와 샴마이 학파로 구분한 것이 실제의 좀 더 복잡한 현실을 지나치게 도식화한 것일 가능성이 큰 것은 물론이고, 그러한 설명 자체도 그 어떤 "분파"에도 속하지 않았던 대다수의 유대인들은 말할 것도 없고, 사두개파와 에세네파의 문제를 덮어둔 채, 오직 하나의 주요한 분파였던 바리새파와만 관련된 것이었다.

마찬가지로, 디아스포라와 관련된 증거들이 보여주는 것은 적어도 세 가지 현상들에 의거해서 잠정적인 지도를 그려야 할 정도로 폭넓은 범위의 유대적 실천이 존재하였고, 심지어 유대적 신념의 경우에도 사정은 마찬가지였다는 것이다. 바클

56) 본서의 서문을 보라.
57) 행 21:39; 22:3; 23:34.

레이(Barclay)는 그러한 세 가지 현상들로 "동화(assimilation), 문화 변용(acculturation), 적응(accommodation)"을 들고 있는데, 첫 번째 현상인 "동화"는 좀 더 넓은 사회로의 사회적 통합을 가리키고, 두 번째 현상인 "문화 변용"은 언어 및 교육과 관련된 동화를 가리키며, 세 번째 현상인 "적응"은 그 언어와 교육을 사용하는 것을 가리킨다. 여러 사람들과 글들과 사회적 집단들을 그들의 "문화적 융합"과 "문화적 반목"이라는 관점에서 이러한 다양한 척도들 위의 서로 다른 지점들에 위치시키는 것은 신중하게 행해져야 하고 잠정적인 것일 수밖에 없기는 하지만, 가능한 일이다. 디아스포라에서의 유대인들의 삶에 관한 이러한 "두터운 묘사"(어쨌든 적어도 이전의 소묘보다는 더 두터운 묘사)는 상투적인 묘사들을 뛰어넘어서, 우리로 하여금 애굽이나 아시아, 헬라나 이탈리아에서의 유대인들의 삶이 얼마나 복합적이었고 종종 위험스러운 것이었는지를 이해할 수 있게 해주는 데 엄청난 도움을 준다. 바울이 젊은 유대인으로서 다소에서 성장하던 때이든, 성숙한 사도로서 디아스포라 공동체들을 두루 다니던 때이든, 바울을 이러한 배경 속에 두게 되면, 상황은 더 복잡하게 되지만, 그럴수록 더욱 좋은 일이다.[58]

그렇다면, 우리는 바울과 같은 한 바리새인의 세계관과 신학에 대하여 어떤 식의 지도를 그릴 수 있는가? 앞에서 말했듯이, 이하의 내용은 내가 『신약성서와 하나님의 백성』에서 자세하게 설명한 내용 중에서 꼭 필요한 부분들만을 부분적으로 보완하고 요약해서 제시한 것이다. 거기에서 세계관 내에서의 주된 강조점들(실천, 이야기, 상징, 질문들)이 성전과 토라, 그리고 이 둘과의 관련 속에서의 땅과 가족에 두어지고 있는 것은 이상한 일이 아닐 것이다.[59] 그리고 우리는 "토라" 속에 음식과 할례, 안식일 같은 것들을 포함시킬 것이다.

3. 실천과 상징: 토라와 성전

58) Barclay, 1996. Barclay(xi)는 이러한 맥락에서 바울의 교회들에 대하여 서술하는 두 번째 책을 쓰겠다고 약속하고 있지만, 나의 총서와 마찬가지로 여러 가지 사정으로 미루어지고 있는 것으로 보인다. 하지만 현재에 있어서도 우리는 Barclay, 2011로부터 유익을 얻을 수 있다.

59) 물론, mAb. 1.2에서 토라와 성전 예배는 "이 세계가 의존해 있는 세 가지" 중에서 처음 두 가지이다(나머지 하나는 구제 행위이다). 이 말은 "의인 시몬"(Simon the Just)이 한 말이라고 하는데, 그가 누구인지에 대해서는 여러 견해가 있지만, 아마도 Sir. 50에 나오는 저 위대한 "오니아스의 아들 시몬"일 것이다.

세계관적 관점에서 볼 때, 고대의 유대적 실천과 상징은 밀접하게 연결되어 있었다. 왜냐하면, 그 상징들은 그 자체가 실천이었기 때문이다. 나는 (토라는 오늘날의 서구 그리스도인들이 차에 붙이고 다니는 물고기 그림 같은 단순한 장식이 아니라, 여러분이 실제로 행하는 어떤 것이라는 취지로 말하기 위하여) 여러분이 벽에 걸어두는 것과 같은 그런 상징이라고 할 수 없다고 쓰려고 하였지만, 그때에 문득 어떤 것들을 벽에 걸어 놓는 것조차도 독실한 유대인들에게는 그렇게 행하라는 명령을 받은 것들 중의 하나였고, 유대인들은 오늘날까지도 집을 나가거나 들어올 때마다 '메주조트' (mezuzoth, 성구를 적은 작은 양피지를 상자에 넣어서 문설주에 붙여 놓은 것들 — 역주)에 인사를 한다는 것이 기억이 났다.[60] 그러나 여전히 내가 말하고자 하는 요지는 토라는 본질상 실천에 관한 상징이라는 것이다. 유대인에게 하나님이 준 모든 선물들 중에서 최고의 선물인 토라는 장엄한 종교적 추상 관념들이 아니라, 세세한 행동 방식들을 규정한 것이었다.[61]

심지어 우리가 알레고리적인 의미를 토라가 지닌 심오한 "참된" 의미라고 여겨서, 토라를 이런저런 방식으로 알레고리화 할 수 있다고 할지라도, 여러분은 여전히 토라가 날마다 구체적으로 행하라고 말하는 것들을 행하지 않으면 안 된다고 역설한 것은 바로 알레고리적 해석의 대가 자신이었다.[62] 그리고 필로(Philo)가 걱정하였던 것들은 안식일, 할례, 예루살렘 성전에서 절기들을 지키는 것 같은 그런 것들이었다. 그런 것들의 더 높거나 깊은 의미가 무엇이든지 간에, 그런 것들은 반드시 실제로 행해져야 하는 것들이었다. 바리새인들만이 아니라 대부분의 유대인들은 자신의 남자 아이들에게 할례를 행하는 것을 당연한 일로 여겼지만, 갈라디아서에서 아주 분명하게 보여주듯이, 당시에 할례가 유대인과 비유대인을 가르는 경계 표지로서의 역할을 하게 된 단초가 된 사건은 2백 년 전에 일부 유대인들이 예루살렘에 세워진 멋진 헬라식의 새 경기장에서 벌거벗고 운동할 때, 자신들의 종교나 국적으로 인해서 조롱당하지 않기 위해서 할례의 흔적을 지워 버리려고 했던 사건이었다.[63] 안식일은 너무나 확고하게 정립된 제도였기 때문에, 안식일에 유대

60) 신 6:9; 11:20; 랍비 문헌에서는 예컨대 mBer. 3.3. '메주자' (mezuzah)는 "신명기 6:4-9과 11:13-21의 두 구절을 써서 원통에 담아 오른쪽 문설주에 붙여 놓은 작은 두루마리 양피지" (Danby 1933, 795)이다. 이 축소판 두루마리는 이중의 거울처럼, 한편으로는 그렇게 하는 것 자체가 거기에 씌어진 계명을 순종하는 것이었고, 다른 한편으로는 작은 원통 내에 들어 있는 계명으로 인해서 거룩한 곳이 무한히 확장되는 효과를 발휘하였다.

61) 하나님의 가장 큰 선물로서의 토라에 대해서는 Kaminsky, 2007, 87을 참조하라.

62) Philo, *Migr.* 89-93. 디아스포라에서의 토라 준수에 대해서는 특히 Barclay, 1996(이 대목에 대해서는, 109f., 177f.)을 보라; 또한, 예컨대, Lightstone, 2006 [1984], ch. 4과 *NTPG*, 255.

인들이 공격을 받았을 때에 자신들을 방어하지 못해서 떼죽음을 당했다는 이야기도 있고, 많은 이교도들이 일주일에 하루를 쉬는 유대인들의 관습을 보고서, 특히 이 이상한 관습을 들어서 유별나기는 하지만 가치 있는 사회적 관행이라고 말했다는 이야기도 있다.[64] 안식일은 희년이라는 관점에서, 그리고 다니엘서에 약속된 희년들 중의 최고의 희년이라는 관점에서 좀 더 폭넓은 의미를 얻게 되었을 수도 있는데, 이것에 대해서는 우리가 곧 다시 살펴보게 될 것이다. 우리가 디아스포라에서 살아 가던 유대인들을 (흩어진) 민족이나 권속이라 부르든, 아니면 무엇이라 부르든, 그들 간의 동질감은 여전히 강력하였다 – 물론, 그 동질감이 정확히 무엇을 의미하였는지에 대해서는 논란이 있지만. 디아스포라에서의 유대인들의 삶의 스트레스와 긴장의 상당 부분은 지금과 마찬가지로 당시에도 "동화, 문화 변용, 적응"과 관련해서 얼마나 순조로운 길을 걸어가느냐 하는 문제들로부터 왔는데, 이 문제에 대해서는 바클레이(Barclay) 등과 같은 학자들이 아주 세심하게 연구해 왔다. 그러나 세계의 다른 나라들은 여러 민족이 서로 섞여 있었던 반면에, 유대인들에게는 자신들은 단일 민족이라는 의식이 깊이 뿌리박혀 있었고 폭넓게 퍼져 있었다.[65]

또한, 토라의 광범위한 명령들에 순종하는 것도 당연시되었음은 물론이고, 그 명령들에 불순종한 사람은 충격과 공포의 물결이 공동체 전체를 휩쓰는 것을 느껴야 하였다.[66] 그러나 상징으로서의 토라와 관련해서 핵심적인 것은 토라 전체, 특히 토라의 몇몇 면모들이 유대인들을 그들의 이웃인 비유대인들로부터 구별시켜 준

63) 1 Macc. 1.11-15; 2 Macc. 4.11-17; Jos. *Ant.* 12.241; *T. Mos.* 8.3; 그 밖의 다른 전거들에 대해서는 *NTPG*, 158, 237을 보라. 할례 및 할례와 관련된 문제들에 대한 유대인들의 다양한 입장들에 대해서는 이제는 Blaschke, 1998; Thiessen, 2011을 보라. 헬라 문화의 주요한 상징이었던 '김나시아'(Gymnasia)가 정복된 영토들에 이식된 것에 대해서는 Price, 2001 [1986, 1988], 316; Murray, 2001 [1986, 1988], 220을 보라.

64) 적의 공격을 방어하기를 거부한 것에 대해서는 예컨대, 1 Macc. 2.32-8; 2 Macc. 6.11을 보라. Philo(*Leg.* 158)는 로마에 있는 유대인들에게는 안식일이 지난 후에 하루 늦게 양식을 분배 받는 것이 허용되었다고 말한다: Barclay, 1996, 293을 보라; 유대인들의 관습들은 Juvenal이나 Tacitus 등에 의해서는 비웃음을 샀지만, 로마에 있는 비유대인들에게 매력적인 것으로 비쳤다는 것에 대해서는 Barclay, 1996, 317f.를 보라. Williams, 2004는 예루살렘이 폼페이우스에 의해 주전 63년에 점령되고 주전 37년에는 바대인들에 의해서 다시 점령된 후에, 로마의 유대인 공동체가 그 일들을 애곡하는 의미에서 안식일에 금식을 하였다는 이야기(이교 저술가들의 글들을 통해서 알려진)가 사실일 가능성에 대한 강력한 논증을 제시한다.

65) 그 한 분명한 예는 Jos. *Ap.* 2.66이다.

66) 예를 들어, 이방인들이 성전 경내에서 음행을 저질렀고, 유대인들은 이교의 의식들에 강제로 참여할 수밖에 없었다고 말하는 2 Macc. 6.1-11; 위에서 살펴본 1 Macc. 2.

다는 의식이 고대 유대인들의 삶에 광범위하게 퍼져 있었다는 것이고, 이 점은 오늘날의 토라 해석자들 사이에서도 논란이 없다. 토라의 명령들 중에서 비유대인들을 포함한 좀 더 폭넓은 도덕 내에서도 특별히 강조되었던 것들은 그러한 기능을 두드러지게 지니고 있지 않았다. 예컨대, 토라에서 중죄로 여겼던 "간음"은 고대의 비유대적 세계에서 널리 행하여졌기는 하지만, 통상적으로 비유대적 도덕주의자들에 의해서도 나쁜 짓으로 여겨졌고, 그것은 절도와 살인의 경우도 마찬가지였다. 그러나 할례와 안식일은 특히 디아스포라에서 "우리는 열방들과는 다른 민족, 즉 천지를 지으신 하나님과의 계약 관계 속에서 살아가는 민족이다"라고 선포하는 상징들이었다 – 비록 할례는 오직 유일하게 유대인들 가운데서만 행해진 것이 아니었는데도.[67] 여기서 헬레니즘의 부패한 행위들이 주전 2세기 초에 중동 지역을 휩쓸었을 때, 맛다디아가 자신의 아들들에게 엄히 당부한 말이 다시 한 번 생각난다: "율법에 대한 열심을 보이고, 너희 조상들이 맺은 계약을 위하여 너희 목숨을 바쳐라."[68] 이후의 3백 년에 걸쳐서 경건한 유대인들, 특히 바리새파를 위해서 이것보다 더 나은 표어는 찾기 힘들 것이다.

특히, 토라는 여러분이 어떤 것들을 먹어도 좋고 어떤 것들을 먹어서는 안 되는지, 그리고 여러분이 누구와 함께 식사를 해도 되고 누구와 함께 식사를 해서는 안 되는지(이것은 여러분이 받아들이기가 상당히 힘든 것이겠지만, 지극히 중요한 것이었다)를 자세하게 정해 놓았다. 음식법들 및 식탁에 함께 앉지 말아야 할 사람들과 관련한 규제들은 바울의 서신들 속에서 크게 어른거리고, 최근의 성서학계의 큰 수확 중 하나는 음식법과 같은 그런 일들을 본질적으로 오늘날의 "종교적" 추상물들과 동일한 것으로 인식해서, "교리"나 "윤리," 또는 "은혜"와 "행위"라는 박스 속에 구겨 넣고자 하는 것이 아니라, 신학적인 분석과 아울러서 사회적/문화적/정치적인 분석의 좌표 위에서 어느 지점에 자리 잡고 있는지를 그려넣을 수 있게 된 것이다. 한 바리새인, 특히 바리새파 중에서도 엄격한 진영에 속하였던 한 바리새인이 그러한 일들과 관련해서 무엇을 믿었을까?

진정으로 엄격하게 토라를 지키는 삶을 살아가는 것을 표방한 한 바리새인은 자기가 먹는 음식이 성전 내에서 정결한 상태로 먹는 그런 음식이 되게 하는 데 관심을 쏟았을 것이다. (나는 바리새인들은 자신의 가족 전체가 바리새적인 생활 원리

67) 유대인의 할례(그리고 태어난 지 팔 일만에 행해져야 한다는 규정)와 다른 사람들의 할례를 구별하고자 한 유대인들의 전략들에 대해서는 Thiessen, 2011, 예컨대, ch. 3을 보라.

68) 1 Macc. 2.28.

들을 지키도록 하기 위해서 최선을 다했을 것이기는 하지만, 통상적으로는 남자들에 대하여 그렇게 하였을 것이라고 추정한다.) 이것은 반드시 그들이 그들 자신을 제사장이나 다름없는 자들로 여겼다는 것을 의미하지는 않는다(물론, 그랬을 수도 있지만, 이 점은 우리의 현재의 논의에서 그리 중요하지 않다).[69] 그들에게 이것은 성전의 삶(이것에 대해서는 아래를 보라)을 일상의 삶 속으로 옮겨오는 문제였기 때문에, 예루살렘으로부터 멀리 떨어져서 살아가야 했던 사람들, 특히 디아스포라에서 살아간 사람들에게 특히 중요한 문제였다. 정한 음식과 부정한 음식에 관한 분명한 규정들은 엄격하게 지켜져야 하였다: 마카베오 문헌을 비롯한 여러 곳에는 이교도들이 경건한 유대인들의 입에 돼지고기를 가득 처넣어 먹게 하였고, 그것을 거부했을 때에는 혹독한 대가를 치러야 했음을 보여주는 끔찍한 이야기들이 나온다.[70] 고난이 비교적 덜했던 시절에도, 비유대적인 나라들에서 살아 가던 유대인들은 토라가 아니었다면 얼마든지 이웃들과 좋은 관계를 맺고 살아갈 수 있었음에도 불구하고, 자신의 조상들이 물려준 이러한 법들을 엄격하게 지킨다는 이유로, 사회를 분열시키거나 전복시키고자 하는 자들로 취급되는 위험을 통상적으로 감수하지 않으면 안 되었다.[71] 그러나 음식법과 관련된 기본적인 규제들은 단지 시작에 불과한 것이었다. 돼지고기나 갑각류를 먹고자 한 유대인은 거의 없었지만, 미쉬나(Mishnah)를 비롯한 수많은 글들이 분명하게 보여주듯이, 바리새인들은 거기에서 훨씬 더 나아갔다.

여러분을 다른 사람들로부터 구별시켜 준 것은 단지 여러분이 먹는 음식만이 아니었다. 여러분이 식탁에서 누구와 함께 먹느냐 하는 것도 여러분은 다른 사람들과 달랐다. 이 두 가지는 흔히 서로 결합되어 있었기 때문에, 비유대인 친구들이 유대인 가정에서 기꺼이 정한 음식을 함께 먹고자 할지라도, 좀 더 엄격한 유대인들 – 이것은 정확히 바리새인들이 그들 자신을 정의한 방식이었다 – 은 그들과 같은 식탁에 앉아서 먹는 것을 기뻐할 수 없었다. 우리는 사도행전에 나오는 준엄한 서술을 아주 진지하게 받아들이지 않으면 안 된다. 거기에서 베드로는 "당신은 유대인이 이방인과 어울리거나 이방인을 방문하는 것이 금지되어 있다는 것을 알아야 한다"고 말하기는 하였지만, 자기가 본 환상으로 인하여 고넬료의 집에 들어

69) Schwartz 1992, ch. 3을 보라.

70) 예를 들어, 2 Macc. 6.18; 7.1; 4 Macc. 5.2; Philo, *Flacc*. 96, 이것에 대해서는 Barclay 1996, 53을 보라.

71) 예를 들어, 3 Macc. 3.3-7; *Aristeas* 139(Barclay 1996, 147, 198f.를 보라).

갔다가, 다시 예루살렘으로 돌아와서 곤경에 처하게 되었다. 왜냐하면, "할례자들"이 베드로에게 "너는 왜 무할례자들의 집에 들어가서 그들과 함께 먹었느냐"고 따져 물으며, 왜 그런 짓을 했는지를 도무지 이해할 수 없다고 비난하였기 때문이었다.[72] 이 때에 베드로가 자신에게 따져 물으며 비난한 자들에게 자기가 그렇게 한 이유를 설명하기 위하여 근거로 제시한 것은 하나님이 환상 가운데서 자기에게 온갖 부정한 음식을 먹으라고 명하며, 하나님이 정하다고 한 것들을 "부정한" 것으로 여겨서는 안 된다고 하였다는 것이었다.[73] 부정한 음식은 부정한 자들과 어울려 교제하는 것을 가리키는 비유였고, 이것이 정결법이 작동하는 방식이었다. 그러나 중요한 것은 음식이 아니라 교제였다. 예루살렘에서 베드로를 비난했던 자들은 부정한 음식을 먹은 것(물론, 이것도 포함되어 있었겠지만)이 아니라, 비유대인들과 함께 음식을 먹은 것 때문에 그를 책망한 것이었다. 이러한 문제는 거룩한 땅(또는, 적어도 그 곳의 몇몇 지역들) 같이 대체로 유대인들만 거주하는 지역들에서는 별로 일어나지 않았을 것이고, 요세푸스(Josephus)에 의하면, 애굽의 프톨레마이오스 왕조에 속한 왕들(the Ptolemies)이 유대인들에게 도시의 특정한 구역을 내주어서, "그들이 다른 민족들과의 교류를 줄임으로써 그들 자신의 생활 방식을 좀 더 정결하게 유지할 수 있게" 한 이유도 거기에 있었다.[74] 이러한 "비교류"(amixia)의 관행은 『요셉과 아스낫』이라는 소설 속에서 아스낫에 대한 요셉의 태도에서도 찾아볼 수 있다: 요셉은 이 이방 여인을 아내로 맞지만, 그녀가 아주 철저히 정결하게 될 때까지는 그녀와의 접촉을 피하고자 하는데, 아스낫은 의외로

72) 행 10:28; 11:3.

73) 행 10:9-16; 11:4-10. Levine, 2011, 504은 "그 주장은 틀렸다"고 딱 잘라서 말하지만, 그녀가 인용하는 반대증거들은 결정적인 것이라고 하기 힘들다(예컨대, 성전 내의 이방인의 뜰은 공개적으로 환영하는 것임과 동시에 구분하고 나누는 선이기도 하다). 또한, 그녀가 언급한 고대 예언과 랍비 문헌에 나타난 "보편주의"의 증거들도 이 쟁점을 매듭지을 수 있을 정도로 결정적인 것이 아니다. Cp. Friedenreich, 2011, 523: 그는 단 1:8-12; Jdth. 10—12; Tob. 1.10f.; Add. Esth. C.26(=14.17); *Jub*. 22.16 같은 전거들을 인용해서, 갈라디아서 2:11-14에서와 같이 함께 식사하지 못하게 한 것은 "제2성전 시대에 나온 많은 유대인 저작들이 발견되는 규범, 즉 유대인들은 이방인들과 함께 식사해서도 안 되고, 이방인들이 준비한 음식을 먹어서도 안 된다는 규범과 일치한다"고 주장한다. 또한, 특히 *NTPG*, 238-40; 그리고 지금은 Thiessen, 2011, 136f.를 보라. 그는 사도행전 10:28에서 교제를 나누는 것을 표현하는 데 사용된 동사들(kollaō – '콜라오' 와 proserchomai – '프로세르코마이')은 식탁 교제와 성교를 가리키는 데 사용될 수 있었고, 이것은 통혼과 식사 교제가 동일한 시각에서 보아졌다는 것을 의미한다고 지적한다.

74) *War* 2.488, cp. *Ap*. 2.35; cf. "비교류의 때"에 대하여 언급하는 "2 Macc. 14.38; 3 Macc. 3.4; Sanders, 1990는 많은 증거들(신약의 증거를 포함해서)이 보여주는 명백한 가혹성을 최소화하기 위하여 애쓴다; Barclay, 1996, 29f.

요셉의 그러한 제안을 순순히 받아들여서, 결국 이 소설은 행복한 결말로 이어지게 된다.[75] 따라서 우리는 광범위하게 일상적으로 이루어졌던 "식사에서의 유대인들의 분리주의"의 관행에 대한 "불만들이 여러 세기에 걸쳐 여러 지역들에서 제기되었다"는 것을 이상하게 여겨서는 안 된다.[76] 아리스테아스의 서신(Letter of Aristeas)은 하나님이 "우리가 모든 일에서 그 어떤 다른 민족과도 교류하는 것을 막기 위한 부술 수 없는 울타리들과 쇠로 된 벽들"을 견고히 세우기 위하여 음식법들을 토라에 규정해 놓았다고 말한다.[77] 음식법들이 이렇게 유대인들이라면 누구나 지켜야 하는 것이었다면, 바리새인들은 그 법들을 얼마나 철저하게 지키고자 했겠으며, 바리새인들 전체가 그랬다면, 바리새파 중에서도 열심이 있고 엄격하였던 샴마이 학파는 어떠하였겠는가. 그리고 열심이 있는 자들이 그랬다면, 자신의 동족 중 동년배들 사이에서 누구보다도 유대교를 지나치게 믿어서 "내 조상의 전통에 대하여 더욱 열심이 있었던"(갈 1:14) 바울은 어떠하였겠는가. 바울의 다소 극적인 자기 묘사에 대하여 눈썹을 치켜올리며 의아함을 나타내는 사람들이 있을 것이지만, 이것은 문화적이고 사회적인 지도 위에서 그가 회심 전에 속해 있었던 바로 그 지점이라는 것은 의심의 여지가 없다.

이 모든 것은 중립적인 관점에서 설명하기가 여전히 어려운 것들에 초점이 맞춰져 있다는 것을 보여준다: 민족, 민족적 정체성, 가족.[78] 여기에 덧붙여야 할 아주

75) Barclay, 1996, 204-16에 나오는 *JosAs*에 관한 논의를 보라. 이교도들이 유대인들이 "우리의 신들을 섬기지 않는" 것에 대하여 어떻게 불평했는지에 대해서는 Meeks, 1983, 36(예컨대, *Ant.* 12.126를 인용해서)을 보라; 예배와 음식, 정치적 불충성과 관련해서 반유대적인 좀 더 일반적인 쑥덕공론에 대해서는 3 Macc. 3.7을 참조하라. 이것은 Ptolemy가 왕적인 장엄한 행렬 가운데서 나타났을 때(parousia – '파루시아'), 성전에 들어가는 것을 막은 유대인들의 "전통적인 오만방자함"에 대하여 불평하면서, 위험스러운 국면으로 치닫게 된다(3.17-19).

76) Barclay, 1996, 437는 Tac. *Hist.* 5.5.2; Diod. Sic. 34.1.2; Philostr. *Apoll.* 33; 3 Macc. 3.4 등을 인용한다.

77) *Arist.* 139(Charlesworth 1985, 22에 실려 있는 R. J. H. Shutt의 번역문; 난외주에서는 "부서지지 않은"을 "부술 수 없는"으로 읽고 있다), cf. 142. 이 주제 전체에 대해서는 Sevenster, 1975, 89-144를 보라.

78) Barclay는 그것을 "민족적 유대"라고 부른다(1996, 402-13). 나는 *NTPG*, ch. 8에서 주후 1세기 유대적 상징인 가족 정체성을 감히 "민족적 정체성"이라고 불렀다고 해서, 동료들로부터 노골적으로 책망을 들었다. 우리는 "민족적"이라는 표현이 우리의 논의에 끌어들여서는 안 되는 현대적인 색채를 불가피하게 지니고 있다는 것을 수긍할 수 있다—물론, 내가 *JVG* ch. 9에서 "민족"이라는 표현 대신에 사용한 "나라와 가족" 같은 시대착오적인 색채가 덜한 전문용어들도 더 큰 위험성을 지니고 있기는 하지만. (지금은 "민족주의"라는 표현도 그 현대적인 색채로 인해서 금기시 되고 있다[Fredriksen, 2007, 31f.]—Mendels, 1992, ix에서 이 표현을 사용하는 것을 정당화하고 있기는 하지만.) "민족적"이라는 단어는 오늘날의 서구 세계에서 여러 가지 도움이 되지 않는 뉘앙스들을 지니고 있다. 이런 일이 계속해서 진행되

새로운 것은 없고, 나는 단지 "디아스포라에서 유대인들의 정체성은 단지 족보의 문제이거나 문화적 실천의 문제가 아니었고, 서로 맞물려 있는 이 두 가지 요소의 결합에 토대를 두고 있었다"는 바클레이(Barclay)의 결론을 지지할 뿐이다.[79] 나는 주후 1세기의 한 유대인이 "문화적 실천"이라는 관점에서 토라에 대한 열심을 얘기하는 점잖은 환원주의로 만족했을 것이라고 믿지 않는다. 물론, 토라에 대한 열심이 문화적 실천이라는 측면을 지니고 있었다는 것은 사실이지만, 그 근저에는 일차적으로는 혈통상의 왕권, 개종자들의 경우에는 정신적인 의미에서의 왕권이라는 관념이 자리 잡고 있었고, 이러한 관념은 왕권이라는 관점에서("조상들의 전통들" 같은 표현들) 토라에 규정된 무수한 실천들에 의해서 더욱 강화되었다. 우리는 쿰란 공동체의 글들 속에서 그들의 세계관의 주된 상징들 중 하나가 '야하드'(yahad), 즉 "하나된 공동체" 자체였다는 것을 주목해 볼 수 있을 것이다.[80]

우리는 족보상의 실천과 문화적 실천을 결합시킨 바클레이(Barclay)의 설명에 거룩한 장소와의 모종의 암묵적인 관계를 추가할 필요가 있다. 디아스포라 유대인들은 거룩한 땅과 도성, 또는 성전을 한 번도 가보지 않은 사람일지라도, 이 셋 모두에 대한 모종의 연결관계를 여전히 유지하고 있었다 – 그 관계를 설명하거나, 그들의 의식 속에서 어떤 요소로 자리 잡고 있었는지를 설명하는 것이 아주 어렵다고 할지라도. 그것은 단지 예루살렘에 종종 돈을 보내는 문제가 아니었다. 그러한 송금 행위는 그 자체가 더 깊은 어떤 것, 즉 이 둘 사이에서 맴돌며 어른거리는 정체성 의식과 관련된 기억과 열망을 보여주는 증표였다. 이것을 제외하면, 내가 거룩한 땅의 상징적 지위에 대하여 『신약성서와 하나님의 백성』에서 말한 것에 새롭게 더 추가할 내용은 없다.[81] "민족"이라는 것 자체가 모호하고 미묘해서 그 실

면, 우리는 머지않아 오직 고상하면서 애매모호한 학문적인 용어들만을 사용해서 글을 써야 할 날이 올지도 모르겠다. 내가 이 프로젝트에서 사용하고 있는 세계관 모델은 "민족"이라는 단어가 지닌 19세기적인 뉘앙스들을 피할 수 있게 해준다. 왜냐하면, 이 모델은 중요한 것은 유전적 특질이 아니라, 어떤 공동체가 어떠한 관습들과 서사들을 따라 살아간다는 사실이라는 것을 보여주고, 거기에서 혈연관계가 중요하기는 하지만, 특정한 영토와의 관계를 비롯한 다른 모든 요소들과 뒤섞여 있다는 것도 보여주기 때문이다. 이제는 예컨대, Mendels, 1992; Grosby, 2002를 보라. *Gen. Rabb.* 40.6(창 12:10-16에 대한)에는 매력적이면서도 많은 것을 말해 주는 대목이 나오는데, 거기에서는 아브람의 이야기를 조목조목 이스라엘의 이야기와 병행시켜서 들려줌으로써, 이스라엘이 아브람의 삶을 재현하는 것으로 묘사한다. Neusner는 이것에 대해서 논평하면서, "따라서 이 진술은 이스라엘 이외에 아브라함의 자손("육신을 따른")이 있다는 그 어떤 주장도 반박한다"(Neusner, 1985, 2.85).

79) 1996, 402f.

80) cf. *NTPG*, 205.

81) 226f.

체를 알기 어려운 것이기는 하지만, 어쨌든 민족은 사람들과 땅이 결합된 것이다. 오늘날 사용되는 "민족국가"라는 표현은 현대에 새롭게 도입된 것으로서, "중립적인" 것이라고 생각되지만 실제로는 우리를 잘못된 방향으로 이끌 수 있는 표현들 중의 하나이다. 우리가 어떤 용어를 사용하든, 이방의 강대국들의 통치를 받고 이방의 제도들을 따라 살아갈 수밖에 없는 일이 비일비재하였던 고대 세계에서는 하나의 민족으로 존재하는 가운데 자기 민족의 고유한 땅을 소유하는 것은 결코 당연시될 수 없는 것이었다. 그러나 이스라엘의 땅은 한 분 참 하나님에게 속한 것으로서 그의 백성에게 영원히 주어진 것이라는 신념은 결코 흔들리지 않았다. 정치적 현실과는 달리, 이러한 신념은 당연한 것으로 받아들여져서, 디아스포라 유대인들조차도 자신들의 새로운 거주지가 유일무이한 성전(놀랍게도 어느 시점에 애굽에 지어진 새로운 성소만이 극히 이례적인 예외였다)이 있는 유일무이한 땅을 대신할 수 있다는 생각을 결코 하지 않았다.[82)]

예루살렘 성전과 관련해서는, 내가 『신약성서와 하나님의 백성』에서 말한 것에 추가해야 할 것들이 좀 있다. 예루살렘 성전과 그것이 상징하는 것에 대하여 최근에 폭발적인 관심이 있어 왔기 때문에, 주후 1세기의 "열심" 있는 한 바리새인의 사고체계를 이해하기 위한 배경의 일부로서, 성전과 관련해서 내가 이전에 말했던 내용은 이제 몇 가지 방식으로 확대될 필요가 있다.[83)] 예루살렘에 있던 성전은 유대인들의 모든 삶과 생활 방식의 초점이었다. 토라의 내용 중 상당 부분은 성전에서 무엇을 해야 하는지에 관한 것이었고, 디아스포라에서 토라의 실천은 그 자체가 여러분이 실제로 성전에 있다면 얻게 될 복들을 거기에 가지 않고 멀리서 얻는 수단으로 생각될 수 있었다. 달리 말하면, 그들은 "두세 사람이 모여 토라를 공부하는 곳에" 거룩한 임재의 복, 즉 예루살렘 성전에 거하는 것으로 여겨진 영광(Shekinah – '셰키나')이 거한다고 믿었다.[84)] 쿰란 공동체에도 그런 믿음이 있어서, 이 분파에 속한 사람들은 자신들의 공동체 자체가 "율법의 행위들"을 드려야

82) Leontopolis에 있던 신전에 대해서는 Haran, 1995 [1978], 46f.; Barclay, 1996, 36; Fuller, 2006, 44 n. 116; Porter, 2009를 보라: cf. Jos. *War* 1.33; 7.422-32; *Ant.* 12.387f.; 13.62-73, 285; 20.236f. Josephus의 기사들은 일관성이 없다. Leontopolis의 신전은 주전 2세기 중반에 세워졌다가, 주후 73년에 베스파시아누스 황제의 명령으로 폐쇄되었다.

83) *NTPG*, 224-6; *JVG*, ch. 8, 그리고 다른 여러 곳들(색인에서 "Temple" 항목에 나오는)을 보라. Margaret Barker(예컨대, Barker, 2004)의 저작은 독특하고 신뢰할 수 없기는 하지만, 적어도 이 점과 관련해서 많은 서구적인 사고가 상당한 간격을 보여준다는 점을 부각시키고 있다.

84) mAb. 3.2는 오직 한 사람만이 "율법을 공부한다"고 하여도, 이것은 사실이라고 계속해서 말한다.

하는 "인간 성전"이라고 보았다.[85] 회당들은 흔히 예루살렘 성전을 향하도록 지어지거나, 어떤 식으로든 그 성전과 연관이 있음을 나타내었다.[86] 성전에서 멀리 떨어져서 살아가는 유대인들은 성전세를 거두어 예루살렘으로 보냄으로써, 비록 멀리 떨어져 있으면서도 직접 성전 제사에 동참할 수 있었다.[87] 예루살렘 성전이 파괴되고 나서 오랜 세월이 흐른 후에도, 여전히 일부 유대인들은 성전 예배에 관한 율법을 공부하는 행위를 오래 전에 소멸된 성전 제사에 참여하는 것과 기능적으로 똑같은 행위로 여겼다.[88] 바리새파가 성전을 대체할 수 있는 강력한 수단들을 발전시켰기 때문에(이것은 부분적으로 사두개파가 실제로 성전을 관리하고 있던 현실에 대한 그들의 좌절감으로 인한 것이었음은 의심의 여지가 없다), 성전 제도 자체를 무시하였을 것이라고 생각하는 것은 오산이다. 결코 그렇지 않았다. 필로(Philo)와 마찬가지로, 그들은 현실에 있는 성전과 동등한 상징적이거나 알레고리적인 수단들을 만들어내긴 하였지만, 현실에 있는 성전은 여전히 중요하였다. 잘못된 사람들이 성전을 장악하고 좌지우지하고 있다고 할지라도, 그들에게 성전은 여전히 성전이었다. 성전에서의 희생제사는 토라를 지키는 것(특히, 기도, 자선 행위들, 구제)으로 대신할 수 있었고, 이러한 전통은 성경의 시편들로 거슬러 올라갈 수 있었지만,[89] 여전히 일차적으로 중요했던 것은 성전 제사였던 것과 마찬가지로, 토라는 성전 제사를 효과적으로 대체할 수 있는 것이었기는 하지만, 여전히 일차적인 것은 성전 제사였다.

예루살렘 성전의 핵심 – 이것은 내가 이전의 책들에서 말했던 내용을 상당히

85) 예를 들어, 1QS 9.3-7; 4Q174(=4QFlor.) 1.1-7. 이것들에 대해서는 Flusser, 1988; 1996, 398f.; Gärtner, 1965; Bockmuehl, 2001, 401 n. 71과 거기에 나오는 전거들을 보라. 4Q174 1.7에 나오는 "율법의 행위들"은, *DJD* V, 53(Allegro and Anderson)을 따르는 Vermes, 1997, 493의 경우처럼, '마아세 토라' (ma 'se torah)라는 읽기를 전제하는데, Plate XIX에서 해당 문자는 불분명하기는 하지만 '달렛' 이 아니라 '레쉬' 처럼 보인다; 다른 사람들(García Martínez and Tigchelaar, 1998, 1.352 등)은 '토라' (torah, "율법") 가 아니라 '토다' (todah, "감사")로 읽는데, 이것이 문맥상 더 자연스러운 것인 것 같다. '토라' 로 읽는 것에 유리한 증거는 1.11이 장차 올 "율법의 해석자"(doresh hatorah – '도레쉬 하토라')에 대하여 여기에서와 동일한 방식으로 말하고 있다는 것이다. 1QS 5.21 및 6.18과 관련한 비슷한 문제들을 보라(아래의 각주 419번을 보라).

86) 회당들에 대해서는 이제 Fine and Brolley, 2009를 보라.

87) Skarsaune, 2002, 83을 보라.

88) Instone-Brewer, 2004, 35.

89) 기도: 예컨대, 시 141:2(분향과 제사는 기도로 대신할 수 있다). 자비의 행위들: Johanan ben Zakkai의 유명한 말(Avot de R Nathan 4; cf. Skarsaune, 2002, 122; *NTPG*, 162f.와 거기에 나오는 전거들). 제의에 의하지 않은 속죄: 예컨대, 민 25:13; 사 27:9; 시 50:23; 51:7; 65:3; 78:38; 79:8f.; 잠 16:6; 단 9:24; Bockmuehl 2001, 401.

진전시키고자 하는 부분이다 – 은 그 성전이 하늘과 땅이 만나는 곳에 있었다는 것이다. 성전은 이스라엘의 하나님 야웨가 거기에 자신의 이름을 두고 자신의 영광이 거하게 하겠다고 오래 전에 약속하였던 곳이었다. 따라서 성경의 서사 내에서 성전, 그리고 그 이전의 광야의 성막은 야곱이 꿈을 꾸고 환상을 보았던 곳과 같이 이 땅의 특정한 장소는 하늘로 통하는 입구(gateway)여서 거기에서는 하늘과 교감할 수 있다는 발견을 계승한 것이었다.[90] 후대에는 회당들조차도 종종 하늘과 땅이 만나는 곳으로 생각되었다는 것을 감안하면, 실제의 성전에 대한 유대인들의 생각은 어떠하였겠는가.[91] 성전은 단지 사람들이 예배를 드리기 위해서 만나는 편의적인 장소가 아니었다. 성전은 단지 "단일한 성소," 즉 한 분 하나님을 예배하기 위하여 희생제사를 드릴 수 있었던 유일하게 합법적인 장소를 의미하는 것도 아니었다.[92] 성전은 무엇보다도 선한 피조세계의 절반씩을 차지한 쌍둥이가 서로 만나 교차되는 장소였다. 여러분이 성전에 올라갔을 때, 그것은 여러분이 마치 "하늘에" 있는 것처럼 되는 것이 아니라, 실제로 "하늘에" 있는 것이었고, 이것은 아주 중요한 핵심이었다. 이스라엘의 하나님은 광야의 성막이나 예루살렘 성전에 내려와 거하기 위하여 굳이 하늘을 떠날 필요가 없었다. 오늘날의 서구인들은 이런 얘기를 들으면 깜짝 놀라며 기겁을 하겠지만, 고대의 성경에 의해서 형성된 세계관 내에서는 하늘과 땅은 언제나 서로 맞물리고 겹쳐 있는 가운데 함께 일하게 되어 있었다. 원칙적으로 이런 일이 일어날 수 있는 장소들과 방식들은 많을 수 있었지만, 유대인들은 예수 이전의 천 년 동안 내내 예루살렘 성전이 이러한 기이하고 강력한 신비를 위한 최고의 장소이자 수단이라고 믿었다.[93]

이러한 성전 신앙의 뿌리는 유대인들을 지배해 왔던 위대한 서사의 핵심, 즉 유월절, 출애굽, 해방, 시내 산, 계약, 귀환까지 거슬러 올라간다(아래에서 나는 이스라엘에 관한 모든 암묵적이고 때로는 명시적인 "이야기"를 다룰 것이다).[94] 출애굽

90) 창 28:10-22.

91) Lightstone, 2006 [1984], 99.

92) 신 12:5; 14:23; 16:2; 17:8; 18:6; 26:2; 왕상 11:13; 14:21; 대상 22:1; 대하 7:12; 12:13; 느 1:9; 1 Macc. 7.37. 실로에 있던 이전의 "단일 성소"에 대해서는 수 18:1; 19:51; 21:2; 22:9; 삿 18:31; 삼상 1:3, 24; 3:21; 4:3; 왕상 14:2; 시 78:60(야웨가 거처를 옮긴 것을 설명함); 렘 7:12; 26:6을 참조하라.

93) 고대 이스라엘의 성전 및 성서신학에 있어서 성전의 지속적인 중요성에 대해서는 Clements, 1965; Terrien, 2000; Lundquist, 2008 등을 보라.

94) Sanders가 랍비들과 관련하여 논증하였듯이(*Interpreters*에 나오는 논의를 보라), "계약" 모티프는 '베리트'(berith)라는 단어가 사용되지 않는 곳에도 도처에 내재되어 있다. 예를 들어, Kaminsky, 2007, 137을 보라: 아모스서에는 이 단어가 나오지 않지만, 그럼에도 불구하고 "계약"과 관련되어 있다.

95) 출 29:46(강조 표시는 당연히 저자가 덧붙인 것이다). "거하다"로 번역된 단어는 칠십인역에는

기를 보면, 이스라엘 자손들이 애굽에서 나와서 시내 산에서 율법을 받자마자, 모세는 성막을 어떻게 만들어야 하는지에 관한 지시를 받았다. 이 때에 하나님은 모세에게 이스라엘 자손을 애굽에서 이끌어낸 가장 일차적인 목적에 대하여 이렇게 말해 주었다:

> "그들은 내가 그들의 하나님 야웨로서 그들 중에 거하려고 그들을 애굽 땅에서 인도하여 내었다는 것을 알게 될 것이다. 나는 그들의 하나님 야웨이다."[95]

"내가 그들 중에 거하려고"라는 어구에서 "거하다"로 번역된 히브리어 '샤칸'은 "성막"을 나타내는 '미쉬칸'과 동일한 어근에서 나온 단어이다.[96] 이 모든 것이 의미하는 것은 살아 계신 하나님은 이스라엘 백성 가운데 자신의 성막을 치고 거기에 "거하기"(우리는 겉보기에 하찮아 보이는 이 단어 속에서, 초기 기독교에서의 재해석을 통해서 이 단어가 지니게 된 특별한 울림을 들을 필요가 있다) 위하여, 이 백성을 노예살이로부터 구원하여 토라를 통해서 빚어내고자 한다는 것이다. 물론, 불행한 일탈도 있었다. 이스라엘 백성이 금송아지를 내세워서, 자기 백성과 함께하는 참 하나님의 임재를 희화화한 어처구니 없고 등골이 오싹한 죄를 지었을 때, 야웨는 그들 가운데 아예 거하지도 않을 것이고, 그들과 함께 약속의 땅으로 들어가지도 않겠다고 경고하였다. 이 일로 인해서 큰 위기가 발생하였고, 출애굽기 32-34장에 기록된 모세의 위대한 기도가 생겨났다. 그러나 마침내 성막은 설계도대로 지어졌다 – 비록 이제 그 성막은 진영 밖에 두어져야 했지만. 이렇게 해서 출애굽기는 절정에 달하면서 막을 내리게 되는데, 거기에는 안도의 한숨 같은 것이 존재한다:

> 구름이 회막에 덮었고, 야웨의 영광이 성막에 충만하였다. 모세는 회막에 들어갈 수 없었는데, 이는 구름이 회막 위에 덮이고 야웨의 영광이 성막에 충만하였기 때문이다. 구름이 성막 위에서 떠오를 때에는 이스라엘 자손이 그 모든 행진하는 길에 앞으로 나아갔고, 구름이 떠오르지 않을 때에는 떠오르는 날까지 나아가지 아니하였으며, 낮에는 야웨의 구름이 성막 위에 있고 밤에는 불이 그 구름 가운데에 있음을 이스라엘의 온 족속이 그 모든 행진하는 길에서 그들의 눈으로 보았다.[97]

'에피클레테나이'(epiklēthēnai, "이름을 부르며 기원한다")로 되어 있다; '에피칼레오'(epikaleō)라는 단어의 일차적인 의미는 신을 호출하거나 신의 이름을 부르며 기원한다는 것이다(*LSJ* s.v.).

96) 예를 들어, 출 26:1; 칠십인역에서는 '미쉬칸'(mshkn)을 '스케네'(skēnē, "장막")으로 번역하였다.

97) 출 40:34-8.

물론, "구름"과 "불"은 이전부터 있어서, 그들을 애굽으로부터 이끌어내어 인도해 왔지만, 이제 야웨의 임재를 나타내는 이 기이한 상징들은 비록 이동이 가능하게 설계된 것이기는 하였어도 어쨌든 영속적인 거처를 찾았다.

이것은 예루살렘에 있던 솔로몬 성전을 이해하는 데에도 기본적인 것이었다. 솔로몬 성전을 봉헌할 때에도, 이전의 성막의 경우와 마찬가지로, 야웨의 임재를 나타내는 증표가 성전에 충만하였다:

> 제사장이 성소에서 나올 때, 구름이 야웨의 성전에 가득하였기 때문에, 제사장이 그 구름으로 말미암아 능히 서서 섬기지 못하였으니, 이는 야웨의 영광이 야웨의 성전에 가득함이었더라.[98)]

이것은 그 후에 이사야의 환상 속에서의 저 유명한 장면에서도 되풀이된다:

> 웃시야 왕이 죽던 해에 나는 주께서 높이 들린 보좌에 앉으신 것을 보았다. 그의 옷자락은 성전에 가득하였고, 스랍들이 모시고 섰는데, 각기 여섯 날개가 있어, 그 둘로는 자기의 얼굴을 가리었고, 그 둘로는 자기의 발을 가리었고, 그 둘로는 날면서, 서로 불러 이르되 "거룩하다 거룩하다 거룩하다 만군의 야웨여 그의 영광이 온 땅에 충만하도다" 하더라. 이같이 화답하는 자들의 소리로 말미암아 문지방의 터가 요동하고, 성전에 연기가 충만하였다. 내가 말하되, "화로다 …"[99)]

이러한 장면들은 야웨가 자신이 거할 장소, 즉 "자기 이름을 거기에 두고" "자신의 영광을 거기에 거하게 할" 장소로 시온과 성전을 택한 것에 대하여 말하는 시편들의 모든 표현들을 위한 배경을 제공하였다:

> 야웨께서 시온을 택하셨고,
> 그 곳을 자기 거처를 삼고자 하셨다.
> "이 곳은 내가 영원히 쉴 곳이다.
> 내가 여기에 거할 것이니, 이는 내가 원하였음이로다."[100)]

98) 왕상 8:10f. 이 장면은 이스라엘의 기억 속에 아주 강력하게 남아 있어서, 훨씬 후대에 그들은 제2성전이 위험에 처해 있을 때에도 이 장면을 떠올렸다: 예컨대, 3 Macc. 2.16.

99) 사 6:1-5(NRSV의 번역을 수정함).

100) 이 본문은 시편 132:13f. 전체의 주제를 요약한 것이고, 이 시편 자체는 여기에서 설명된 시온/성전 신학의 많은 부분을 결합해 놓은 것이다; cf. 신 12:5, 11; 14:23; 16:2; 17:8; 18:6; 26:2; 왕상 11:13; 14:21; 시 9:11; 26:8; 43:3; 46:4f.; 48:1-3; 68:16-18(시내 산에서 시온에 이르기까지 사용된 야웨의 이동식 성전임을 보여줌; 74:2; 76:2; 78:68; 79:1; 84:1; 87:2; 122편 *passim*; 135:21; 욜 3:21. 이 주제가 제2성전 시대에도 지속된 것에 대해서는 Renwick, 1991, 33-41을 보라. 그는 Sir. 50.5-7; *Jub.* 1.27f.; *1 En.* 14.13-24;

또한, 우리는 야웨의 권능과 영광이 성전을 가득 채운 직후에, 솔로몬이 야웨의 "이름"이 성전에 있을 것임을 강조하는 연설을 행하는 것을 본다:

> 이스라엘의 하나님 야웨를 송축할지로다. 야웨께서 그의 입으로 내 아버지 다윗에게 말씀하신 것을 이제 그의 손으로 이루셨으니, 그가 이르시기를, 내가 내 백성 이스라엘을 애굽에서 인도하여 낸 날부터 내 이름을 둘 만한 집을 건축하기 위하여 이스라엘 모든 지파 가운데에서 아무 성읍도 택하지 아니하고 다만 다윗을 택하여 내 백성 이스라엘을 다스리게 하였노라 하셨도다. 내 아버지 다윗이 이스라엘의 하나님 야웨의 이름을 위하여 성전을 건축할 마음이 있었더니, 야웨께서 내 아버지 다윗에게 이르시되 네가 내 이름을 위하여 성전을 건축할 마음이 있으니 이 마음이 네게 있는 것이 좋도다. 그러나 너는 그 성전을 건축하지 못할 것이요 네 몸에서 낳을 네 아들 그가 내 이름을 위하여 성전을 건축하리라 하시더니 이제 야웨께서 말씀하신 대로 이루셨도다. 내가 야웨께서 말씀하신 대로 내 아버지 다윗을 이어서 일어나 이스라엘의 왕위에 앉았고, 이스라엘의 하나님 야웨의 이름을 위하여 성전을 건축하였으며, 또 그 곳에 우리 조상들을 애굽 땅에서 인도하여 내실 때에 그들과 세우신 바 야웨의 언약을 넣은 궤를 위하여 한 처소를 설치하였노라."[101]

이런 식으로 결합된 관념들 – 단순히 관념들에서 그친 것이 아니라, 문자 그대로 엄연한 사실들이었던 그런 관념들 – 이 이스라엘 사람들에게 지속적으로 미친 힘은 아무리 강조해도 지나치지 않을 것이다. (우리는 아래의 서술에서 특히 시편에 나오는 구절들이 전거로 사용되는 것을 보면서, 이것이 "열심"이 있던 한 바리새인에게 중심적이었던 요소이자 그의 성품을 형성한 요소였던 이스라엘 사람들의 기도의 삶의 뼈대였다는 생각을 내내 하지 않을 수 없게 된다.) 여기에 다윗이 하나님을 위하여 만들어 드리고자 하였던 집과 하나님이 다윗을 위하여 만들어 주고자 했던 집에 관한 약속들, 제2성전 시대의 유대 세계를 거쳐서 신약성서에까지 울려 퍼졌던 이 서로 결합된 두 가지 약속을 성취한 다윗의 아들 솔로몬이 있다.[102]

90.29-33; *Ps. Sol.* 7.1, 6; 1QS 8.5-10; 11QTemple(많은 사람들이 지적하듯이, 쿰란 공동체는 그들 자신을 일종의 새로운 성전으로 보았다; 위의 설명을 보라)을 비롯해서, 고대와 현대의 여러 문헌들을 인용한다.

101) 왕상 8:15-21. "단일 성소"에 대한 전거들(위를 보라) 중 다수는 그 곳이 야웨가 "자기 이름"을 두고자 하는 곳이라고 구체적으로 말한다.

102) 삼하 7:1-17, 그 중에서 핵심은 12-14절이다: "네 수한이 차서 네 조상들과 함께 누울 때에 내가 네 몸에서 날 네 씨를 네 뒤에 세워 그의 나라를 견고하게 하리라 그는 내 이름을 위하여 집을 건축할 것이요 나는 그의 나라의 왕위를 영원히 견고하게 하리라 나는 그에게 아버지가 되고 그는 내게 아들이 되리라." 이것은 시편 27편에서 "내가 나의 왕을 내 거룩한 산 시온에 세웠다"(2:6)는 말씀 직후에 나오는 "너는 내 아들이라 오늘 내가 너를 낳았도다"(2:7)라는 말씀에 반영된다. 바울이 사무엘하 7장과 시편 2편을 가져와서 사용한 것에 대해서는 본서 제10장 제3절을 보라.

여기에 권능 있는 영광, 즉 권능과 영광 가운데서의 야웨 자신의 임재로 가득 채워진 성전이 있다.[103] 이제 이 성전은 희생제사가 드려지게 될 장소이고, 유대인들이 저 멀리 떨어져서도 기도를 드릴 때에 자신의 얼굴을 향하게 될 장소이며,[104] 지혜가 주어질 장소,[105] 복이나 구원이 나올 장소가 될 것이었다.[106] 여기에 기나긴 여정 끝에 출애굽 때에 맺어진 계약을 넣은 궤를 안치할 곳이 있다. 고대의 기자들은 종종 성전에 거하는 야웨의 아름다움에 대해서 말하기도 하고, 그의 변함없는 사랑에 대해서 말하기도 한다.[107] 그리고 여기에 무엇보다도 특히 야웨의 이름이 있다. 이것은 종종 제기되는 반대를 무릅쓰고라도, 오늘날의 영어나 미국어에서 신성사문자의 신비와 권능을 제대로 전달해줄 수 없는 "주"(LORD)라는 용어를 내내 사용하기보다는 "야웨"(YHWH)라는 이름 자체를 그대로 사용하는 것이 우리에게 도움이 되는 이유들 중의 하나이다. 사실, 이 구절을 비롯해서 많은 구절들에서 "이름"과 "영광"은 거의 서로 바꿔서 쓸 수 있는 단어들인 것처럼 보인다.[108] 야웨의 "이름"이 성전에 거한다고 말하는 것은 솔로몬이 "하늘이라도 주를 용납하지 못하겠거든 하물며 이 성전이오리이까"(왕상 8:27)라고 기도하며 자신의 황송한 심정을 표현한 것과 같이, 이스라엘의 하나님이 실제로 성전에 거한다는 생각과 거리를 두기 위한 방법이었을 것이라고 주장되어 왔지만, "이름"은 그들이 원하였던 (또는, 실제로는 두려워하였던) 하나님의 임재를 표현하는 강력한 단어였다고도 말할 수 있다.[109] 마찬가지로, 하나님의 영광이 성전에 거한다고 말하는 것도 하나

103) cf. 시 24:7-10; 29:9; 63:2; 68:35(이 시편은 온 피조세계에 대한 이스라엘의 하나님의 왕권과 성전 안에서의 그의 두려운 임재를 매우 주목할 만한 방식으로 결합시킨다); 99:2.

104) cf. 시 3:4; 18:6; 28:2; 63:2: "내가 성소에서 주를 뵈옵고, 주의 권능과 영광을 보았나이다"; 65:1f.; 116:4, 18f.; 그리고 먼 훗날의 대망을 표현하고 있는 시편 42-34편 *passim*.

105) 시 73:17; cf. Sir. 24(본서 제9장 제3절).

106) 시 14:7; 20:2f.; 53:6; 97:8; 110:2; 134:3; 사 26:21; 미 1:2f. 시편 기자가 하나님이 그를 구원하기 위하여 "하늘로부터" 사자를 보낼 것이라고 말할 때(예컨대, 시 57:3), 그것은 동일한 것을 말하는 또 다른 방식으로 보아져야 할 것이다(Roberts, 2009, 502, 그는 시 18:7, 10 [Heb 8, 11], sc. 18.6, 9 [Heb. 7, 10]을 인용한다).

107) 아름다움: 시 27:4; 50:2; 96:6; cf. 애 2:15; 1 Macc. 2.12(이스라엘의 성경이 피조세계의 아름다움에 대하여 그토록 생생하게 느끼면서도, 정작 "아름다움"에 대해서 명시적으로 언급하는 경우가 거의 없다는 것은 숙고해 보아야 할 문제이다); 사랑: 시 48:9.

108) "이름"이 성전에 거한다는 것에 대해서는 왕상 8:29; 9:3; 11:36; 그리고 좀 더 넓게는 출 20:24; 신 12:11; 14:23; 후대의 것으로는 Jdth. 9.8; 3 Macc. 2.14를 참조하라.

109) Roberts, 2009, 502를 보라; cp. 왕상 8:27("하늘과 하늘들의 하늘이라도 주를 담을 수 없는데, 하물며 내가 건축한 이 성전이오리이까," cp. 대하 2:6)과 사 66:1. 이스라엘의 하나님이 가시덤불 속에서(출 3:1-6, 13-15), 그리고 나중에는 이스라엘이 범죄한 후에 다시 한 번(출 34:5-9) 자기 이름을 모세에게 계시하였을 때, 그것은 그의 신중한 부재가 아니라 그의 위험스러운 임재의 증표였다. "하나님이 성전에

님의 자유를 침해하지 않고 지키기 위한 한 방법("영광"이 성전에 계시지만, 야웨 자신은 모든 것을 초월해서 어디에나 계신다는 것)이었을 수 있지만, 고대 이스라엘 사람들의 마음에 자리 잡고 있던 큰 역설, 즉 하늘과 땅을 지은 창조주가 바로 여기 이 작은 산에 강림하여 살기로 작정하였다는 역설 속에서 하나님의 임재의 장엄함 자체를 강조하기 위한 방법이었다고도 말할 수 있다. 그러므로 성전은 지면에서 가장 매력적이고 경이로운 장소라고 시편 기자들은 선포한다. 그리고 이 거룩한 곳 안에 있거나 주위에 있고자 하는 사람은 누구든지 자신의 할 일이 무엇인지, 즉 어떻게 하면 거룩할 수 있고, 어떻게 처신해야 마땅한지를 알아야 한다는 것은 두말할 필요도 없다.[110] 그러나 성전은 다른 모든 것보다도 특히 찬송이 드려지는 곳이다. 마지막 시편에 나오는 "할렐루야 그의 성소에서 하나님을 찬양하라"는 부름은 모든 시편의 메시지 전체를 요약한 것이다.[111]

고대 이스라엘과 제2성전 시대 유대 세계의 다른 모든 상징들은 이 장엄하고 강력한 건축물을 중심으로 모여 있었고, 그 상징들의 의미와 힘도 이 건축물로부터 나왔다. 또한, 성전은 다소의 사울이 등장하기 이전에 이미 수 세기 동안 유대 민족의 삶의 기반이 되었던 저 위대한 서사들, 즉 그의 시대 직전의 여러 해 동안 새로운 울림들을 발전시켰을 뿐만 아니라, 그가 근본적으로 재작업해서 온 세계를 다니며 그 이야기들을 전했을 때(물론, 그는 자기가 온 세계를 다니며 새로운 "건축물"을 짓는 일을 했다고 하겠지만) 다시 한 번 상당히 새로운 울림들을 발전시키게 된 저 위대한 서사들이 집결되어 있던 곳이기도 하였다. 이 서사들은 이스라엘의 하나님, 그의 이름과 영광에 관한 이야기들이고, 이 하나님의 존재 자체와 그의 행위들에 비추어 보았을 때에 이 하나님이 누구인지에 관한 이야기들이며, 그의 권능과 신실하심, 그가 자기 백성을 안전하게 지키기 위하여 자신의 권능의 날개로 그들을 감쌌던 것에 관한 이야기들이다. 이 서사들은 하나님과 이스라엘이 하나로 어우러져 살아온 이야기들이라는 점에서 성전 이야기들이다.

이 성전 신학에는 세 가지 요소가 존재하는데, 이것들이 우리가 이제부터 좀 더 자세하게 살펴보아야 할 것들이다. 이 요소들은 잘 알려져 있어야 마땅한데도, 실제로는 놀라울 정도로 그리 잘 알려져 있지 않고, 많은 주목을 끌지도 못하고 있

거한다는 것을 표현한 이전의 언어는 결코 완전히 소멸하지 않는다"는 Roberts의 주장은 그것을 온건하게 표현하고 있는 것이다; 그들은 계속해서 이 시편들을 불렀고, 이 시편들은 그 어떤 것보다도 분명한 것이었다.

110) 시 15편; 24:3-6; 84:1-12; 93:5; 99:9; 100:4; 118:20; 다시 한 번 사 6:5; 그리고 cf. 대하 26:16-21.

111) 시 150:1.

112) 예를 들어, Brown, 1999, 특히 chs. 2, 7; Beale, 2004; Walton, 2009, 100-19를 보라. Renwick,

다. 게다가, 이 요소들은 주후 1세기의 한 바리새인의 세계관과 사고체계를 이해하기 위한 배경의 일부로 극히 중요하다.[112)]

성전 신학과 관련해서 첫 번째로 중요한 요소 또는 주제는 성전은 피조세계 전체의 축소판인 소우주였다는 것이다. 우리에게는 제2성전 시대에 나온 인공적인 유물들이 많이 남아 있지 않아서, 당시의 가시적인 상징 세계가 어떠하였는지를 그려 보는 일은 그리 쉽지 않지만, 성전에 관한 설명들은 충분해서, 우리는 성전이 한편으로는 하늘들에 있는 별들, 다른 한편으로는 각양각색의 아름다운 식물을 비롯한 피조세계 전체를 반영하도록 대단히 의도적으로 지어졌다는 것을 알 수 있다. 최근의 한 저술가는 그것을 다음과 같이 요약하였다:

> 처음부터 성전을 가득 채우고 있던 나머지 성상들 – 조각된 그룹들, 종려나무들, 성소에 놓여 있던 핀 꽃들, 중앙의 넓은 공간,두 방으로 이어지는 문들 위에 있던 백합화 장식과 격자 장식, 놋 기둥들 위에 있던 석류 장식들, 부어 만든 바다 아래에 있던 놋으로 된 소들, 그룹들, 사자들, 종려나무들, 소들, 이동식 물두멍에 있던 화환 장식들, 기둥에 붙어 있는 스랍들 – 도 모두 상징적 의미를 지니고 있었다 … [113)]

야웨의 임재가 머물러 있는 것으로 생각되었던 그룹들이 둘러싸고 있는 보좌는 이런 식으로 온 세계의 주이자 왕인 하나님의 통치를 나타내고, 그룹들과 스랍들은 하나님의 임재가 지닌 무시무시한 권능을 나타내기 위한 것이었다. 요세푸스(Josephus)는 상징적인 색들을 사용한 자수와 신비한 그림들로 뒤덮여 있던 제2성전의 휘장은 만유의 형상을 나타내는 것이었다고 설명한다. (비어 있던) 지성소 다음으로 거룩한 곳이었던 성소에는 세 개의 경이로운 예술 작품들이 있었다: 일곱 행성들을 나타냈던 일곱 개의 가지가 붙어 있던 "등잔대," 황도(Zodiac)의 순환과 한 해를 나타냈던 열두 개의 진설병을 놓았던 "상," 땅과 바다의 모든 곳으로부터 가져온 열세 개의 향품들로 분향하였던 "향단." 요세푸스에 의하면, 이 모든 것은 "만물은 하나님께 속하였고 하나님을 위해 존재한다"[114)]는 것을 의미하는 것이

1991은 짧지만 훌륭한 연구서로서, 유대교의 성전 신앙, 특히 하나님의 "임재"에 대한 탐구라는 배경 속에서 고린도후서 3장에 대한 석의를 행하여서, 본서가 발전시키고자 하는 연결관계들의 가능성을 탐색하고 있다.

113) Roberts, 2009, 501.

114) Jos. *War* 5.212-18, 여기에서는 특히 218: 헬라어 '호티 투 테우 판타 카이 토 테오' (hoti tou theou panta kai tō theō)는 로마서 11:36 등을 상기시킨다. Thackeray는 Loeb, 266에서 13가지 향품을 더 소개한다. 성막 등이 지닌 우주적 의미에 대한 Josephus의 다른 해석들에 대해서는 *Ant.* 3.179-87; *War* 4.324를 보라; 마찬가지로, Philo에 대해서는 *Quis rer.* 197(4요소를 상징하는 향단의 네 부분); *Vit. Mos.* 2.117(우주와 그 부분들을 상징하는 대제사장의 의복).

었다. 마찬가지로, 솔로몬의 지혜서는 최초의 대제사장이었던 아론의 의복은 "온 세계"(holos ho kosmos – '홀로스 호 코스모스')를 나타내는 것이었다고 말한다.[115] 특정한 해석들이 국지적인 것이거나 이런저런 저술가에게 특유한 것이었다고 할지라도, 성전과 그 세부적인 것들이 온 피조세계를 집약하기 위한 것이었다는 전체적인 그림은 다소의 사울을 길러낸 진영들(예루살렘뿐만 아니라 디아스포라에 살던 지성적이고 학식 있는 유대인들)에서 널리 알려져 있었다.[116]

전체적으로 이러한 요지로 모든 피조세계의 질서를 상징적으로 예루살렘 성전과 연결시킨 무수한 연구들 가운데서, 최근에 이 문제를 서로 정반대의 지점에서 접근한 두 개의 연구가 있다. 이러한 해석들에 대한 배심원들의 평결은 여전히 진행 중에 있지만, 나는 이러한 해석들이 올바른 방향을 가리키고 있는 것으로 본다.

그레고리 빌(Gregory Beale)은 자신의 철저하고 세심한 연구를 통해서, 왜 요한계시록 21장과 22장이 새 하늘과 새 땅 그 전부가 마치 성전인 것처럼 묘사하고 있는 것인지를 묻고, 고대 유대의 역사 전체에 걸쳐 나타난 성전 담론들에 대한 광범위한 조사를 기초로, 성전은 언제나 피조세계 전체를 표상하는 것으로 여겨졌고, 요한계시록은 마침내 그 목적이 성취된 것으로 묘사하고 있는 것이라는 대답을 내놓는다. 즉, 성전이 표상하였던 것, 곧 창조주가 자신의 피조세계에 임재해 있는 것이 장차 완전히 이루어지리라는 것이다.[117] 따라서 새로운 피조세계 전체 그 자체가 원래 의도되었던 궁극적인 성전이기 때문에, 새 예루살렘에는 성전이 없다. 또한, 이것은 이를테면 시편을 비롯한 여러 구절들에서 시온산을 새로운 에덴으로 묘사하면서, 원래의 에덴 동산처럼 거기에서 강이 발원하여 흘러나오는 것으로 그리고 있는 이유를 설명해 주기도 한다.[118]

115) Wis. 18.24은 민수기 16:41-50(원문에는 30으로 되어 있음 — 역주)에서 아론이 그 재앙에 개입하는 것을 묘사한다. (Sir. 45.7-12; 50.11은 이것을 생략하고, 오직 의복의 아름다움과 그 의복이 이스라엘 백성을 상징하고 있다는 것만을 강조한다.) Chesnutt 2003, 225f.가 지적하듯이, 이것은 매력적인 순간으로서, 거기에서 Wis. 10-19의 민족주의적 색채가 짙은 주장은 당시의 많은 이교 철학자들, 즉 스토아학파와 견유학파가 세계 전체를 신의 신전으로 본 것과 겹치는 공통적인 특징이다: Heraclit. *Ep.* 4; Sen. *Ben.* 7.7.3; *Ep.* 90.29; Plut. *Tranq.* 20 등등.

116) *Gen. Rabb.* 예컨대, 3.9에 반복적으로 나오는 주제를 보라. 거기에서는 창조를 성막을 만드는 것과 비슷한 일로 묘사된다. Neusner, 1985는 이것에 대해 해설하면서, 성막은 "만유를 상징한다"고 말한다. 하나님은 하늘과 땅을 충만하게 한 후에(렘 23:24), 4.4에서 법궤 앞에서 모세와 대화할 수 있었다.

117) Beale, 2004.

118) 시 46:4; 사 33:21-4; 겔 47:1-12; 슥 14:8.

119) Walton, 2009; Beale이 자기가 도움을 받았다고 밝힌 주석서는 Walton, 2001. 솔로몬이 연 축제

자신의 저작에서 빌(Beale)을 언급하고 있지는 않지만 빌의 이전 동료였던 존 월튼(John Walton)은 창세기 1장에서 독자들에게 논란이 될 만한 여러 측면들을 해명하는 것을 목적으로 한 짤막한 저작을 최근에 썼다. 그러한 작업의 일환으로, 그는 이전에 자신이 고대 근동 전역에 걸친 증거들을 검토해서, 창세기 1장에 나오는 창조 기사는 당시의 세계에서는 단지 하나의 동산이 아니라, 창조주가 사는 장소인 성전을 건설한 일로 분명하게 이해되었을 것이라고 강력하게 논증하였던 자신의 창세기 주석을 토대로 삼는다. 즉, "하나님이 하늘들과 땅을 창조하셨다"는 것은 하나님이 자기 자신을 위한 가정으로 삼기 위하여 천지를 창조하였다는 것이다. 월튼은 창세기 2:2-3의 "일곱째 날"은 단지 모든 활동을 중지한다는 의미에서의 "안식"(rest)이 아니라, 시편 132:14에서 말하는 "쉴 곳"(resting-place)과 동일한 의미라는 의미심장한 주장을 한다. 하나님이 에덴 동산을 건설하는 일을 끝낸 것은 그가 의도한 모든 일, 즉 자신의 형상을 지닌 피조물인 인간을 대리인으로 내세워서 이 동산을 발전시키고자 한 일의 서곡이라 할 수 있다. 하나님은 이제 이 동산을 건설하는 일을 끝냈기 때문에, "주거가 정해졌다"는 의미에서 "안식할" 수 있었다. 월튼은 성전들이 통상적으로 일곱 단계를 거쳐 건설되었다는 것을 논증한다. 우리가 주목할 것은 솔로몬이 자신이 지은 성전을 봉헌할 때에 축제를 "칠 일" 동안 계속하였다는 것이다.[119]

이러한 것들은 많은 것들을 시사해 주는 큰 그림들이지만, 내가 알기로는 성서학의 세계에 많은 영향을 주지 않아 왔다. 학자들이 철저하게 생각하고 검토한다면, 이 그림들은 많은 영향을 끼칠 수 있을 것이고, 특히 이것은 자신의 새로운 전체적인 틀 속에서 성전과 영광, 하나님의 임재, 새로운 창조를 함께 결합시켰던(이것에 대해서는 앞으로 살펴보게 될 것이다) 바울을 이해하고자 하는 시도에 해당되는 말이다.[120]

성전의 우주적 의미가 이스라엘의 중심적인 상징과 관련해서 주목해야 할 첫 번째 주된 것이라면, 우리가 두 번째로 살펴볼 상징은 그 초점이 훨씬 더 좁혀진다. 바울 이전의 천 년 동안의 유대적 사고에서 성전은 다윗 왕가와 떼려야 뗄 수 없을 정도로 결합되어 있었다. 성전을 실제로 지은 사람은 솔로몬이었지만, 성전을 계획한 사람은 다윗이었다. 특히, 역대기는 하나님이 모세에게 시내 산에서 성막의

에 대해서는 왕상 8:62-6을 참조하라.

120) 자세한 것은 Roberts, 1987 and 2009; Haran, 1995 [1978]을 보라.

121) 잠 8:22-31; 왕상 3:9-12(cp. 대하 1:7-13; Wis. 7.7—9.18); 삼하 7:12f.; 대상 28.1—29:22; 대하 2-7

설계도를 보여주어서 그로 하여금 산에서 내려가 성막을 짓는 일을 착수할 수 있게 한 것처럼, 장차 솔로몬으로 하여금 짓게 할 성전에 관한 설계도 전부를 마련해 놓은 것은 다윗이었다는 것을 강조한다. 아마도 여기에는 창조주 옆에 있어서 그의 계획들을 실천에 옮긴 잠언 8장에 나오는 "지혜"라는 존재가 반영되어 있는 것으로 보인다. 모세는 솔로몬과 마찬가지로 진정으로 지혜로운 사람이었고, 실제로 모세와 솔로몬은 둘 다 성막과 성전을 짓기 위해서, 특별하게 하나님의 영과 지혜를 받았다고 하는 사람들을 동원한다.[121] 사실, 지혜를 얻기 위한 솔로몬의 기도는 성전 건축과 밀접하게 연결되어 있다. 이 기도에 관한 서사를 보면, 성전 건축은 하나님이 솔로몬의 기도에 응답한 일차적인, 또는 적어도 첫 번째 이유였던 것으로 보인다.[122]

다음 천 년 동안에 왕권 문제와 성전 문제는 밀접하게 결합된다.[123] 솔로몬의 다음 세대에서 왕국이 분열되었을 때, 북부 지파들이 다윗 가문과 단절하기 위한 일환으로서 단일 성소를 대신할 곳을 만들어내야 했던 것은 분열된 이스라엘의 세계에서 큰 문제를 초래하였다. 성전에 대한 위협은 곧 왕권에 대한 위협이었고, 왕권에 대한 위협은 곧 성전에 대한 위협이었다. 반대로, 신명기사가가 영웅적인 인물로 보았던 두 왕, 즉 히스기야와 요시야는 성전과 그 예배를 개혁하여 유대인들의 삶에서 성전의 중심적인 지위를 회복한 인물들이었다.[124] 바벨론인들에 의한 성전 파괴는 왕정의 몰락을 가져왔고, 바벨론의 포로생활에서 돌아온 일부 유대인들에 의한 성전 재건은 스룹바벨에게 맡겨진다 – 물론, 제2성전과 관련한 난맥상(이것에 대해서는 잠시 후에 다시 살펴볼 것이다)은 다윗 가문이 이전의 영광을 회복하

장; 출 31:1-11과 대하 2:13-16(12-15 MT/LXX). 출 31:2과 대하 2:12에서 번역본들은 종종 '소피아'(sophia)를 "능력" 등으로 번역함으로써, 여기에서 "지혜"의 일차적인 특질을 모호하게 한다. 현재의 논의와 관련된 "지혜"에 대해서는 본서 제9장 제3절을 보라.

122) 지혜를 구하는 기도: 왕상 3:5-14. 솔로몬은 즉시 예루살렘으로 가서, 언약궤 앞에서 희생제사를 드린다(15절). 그런 후에, 두 여인이 한 명의 살아 있는 아기와 한 명의 죽은 아기를 놓고 다툼을 벌이는 송사를 솔로몬이 지혜롭게 판결하는 것에 관한 저 유명한 이야기가 이어진다(3:16-28). 4장에는 솔로몬의 국가 경영과 지극히 큰 영화와 명성에 대한 일반적인 서술이 나오고, 드디어 5장에서 성전 건축에 관한 이야기가 시작된다.

123) 이스라엘의 포로 이전의 역사의 역사성이라는 문제에 대하여 "가장 소극적인" 입장을 취한다고 하여도, 우리의 목적을 위해서 중요한 것은 이것은 제2성전 시대 유대인들과 초기 그리스도인들이 당연한 것으로 받아들였던 서사였다는 것이다.

124) 역대기사가는 히스기야가 북왕국의 통치자에게 예루살렘으로 와서 유월절을 지키라고 설득하였지만, 그러한 시도는 대체로 성공적이지 못하였다고 서술한다: 30:1-12.

125) Ben-Sirach은 여전히 스룹바벨을 성전을 재건할 자로 여기고 환호를 보낸다: Sir. 49.11f.

지 못함으로써 생겨난 문제들 중 일부였지만.[125]

따라서 주전 2세기에 유다 마카베오가 안티오코스 에피파네스(Antiochus Epiphanes)에 의해 자행된 신성모독으로 더럽혀진 성전을 정결하게 해서 회복시킬 때까지 성전이 존재하지 않는 공백기가 지속되었다. 마카베오 가문은 원래 이스라엘의 왕이 나오게 되어 있던 유다 지파나 제사장 가문들로 이루어진 레위 지파에 속하지 않았음에도 불구하고, 이렇게 성전을 정결하게 하고 회복시킨 일로 인해서 단번에 통치자들, 곧 왕들과 제사장들의 가문으로서의 합법성을 획득하게 되었다. 헤롯 대왕이 고대 세계에서 사람들의 눈이 휘둥그레질 정도로 놀랍고 웅장한 건축 작품인 성전을 재건한 동기들 중의 하나는 자신의 가문이 별로 좋지 않음에도 불구하고, 적어도 자신의 후계자들은 유대인들의 진정한 왕들로서의 정통성을 인정받도록 하기 위한 것이었다는 것은 너무나 분명한 일이다.[126] 주후 1세기 내내 왕권의 문제는 로마인들이 결국 단번에 불태워 없애버릴 때까지도 새롭게 웅장한 모습으로 완성되지 못하였던 성전 문제와 맞물려 있었다. 그러나 성전 건축이 왕의 사명이라는 사람들의 기억은 지속되었다. 대규모 반란을 일으키면서 바르코크바가 주조해낸 여러 주화들 중 하나에 그려져 있던 성전 그림은 성전을 재건하고자 하는 그의 열망만이 아니라, 그것을 통해서 자기가 최종적으로 진정한 왕이라는 것을 과시하고자 하는 그의 의도를 보여주는 것이었다.[127]

이 모든 것은 해당 시기들의 많은 본문들에 반영되어 있고, 당시의 유대인들, 특히 성경을 읽을 줄 알았던 유대인들 사이에서 잘 알려져 있었을 것이기 때문에, 비유를 들자면, 우리는 이것이 당시에 보편적으로 통용되던 "주화"(coin)였다고 말할 수 있지만, 이것은 오늘날 성서학계를 포함해서 오늘날의 서구 세계에 여전히 잘 알려져 있지도 않고 반영되어 있지도 않다. 그러나 이것은 바울을 이해하고, 그가 여러 핵심적인 본문에서 성전 모티프를 재사용해서, 성전과 (다윗 가문에 속한) 메시야직을 서로 결합시키고 있는 것을 이해하는 데 대단히 중요하다.

우리가 지금까지 주목해 왔던 두 가지 주제 – 성전과 우주, 성전과 왕 – 는 둘

126) 주제들의 결합에 대해서는 예컨대 CD 7.15f.를 참조하라. 거기에서 "율법책은 왕의 성막이고"(암 5:26f.를 인용해서), 아모스 본문에 나오는 "왕"은 "회중"을 의미한다 — 하지만 본문은 바로 뒤에서 민수기 24:17에 따라 장차 "규"와 "별"이 올 것이라고 말하고 있기 때문에, 여기에서의 "회중"은 메시야를 배제하는 것이 아니라 메시야를 포함한 회중을 의미한다. 분명히 이 시기의 유대인에게는 성전과 토라, 공동체와 메시야를 결합시키는 것은 제2의 천성이 되어 있었다.

127) Schäfer, 2003; 특히, Y. Tsafrir의 논문. 주화에 대해서는 Mildenberg, 1984를 보라.

128) 렘(e.g. 3:17); 겔(8-11 etc.); 사(2:2f.; 11:1-11; 31:4f.; 60:13; 66:18-21) 등등. 특히, *JVG*, 615- 24와

다 제2성전 시대 전체, 특히 초기 기독교 운동의 등장과 자기이해를 연구하는 데 특히 중요한 세 번째 주제 속에 함축되어 있다. 왕이 죽임을 당하고 성전이 파괴된 상황에서, 성전에 초점이 맞춰져 있던 세계관에 무슨 일이 벌어졌을까? 거기에 대한 대답은 그 세계관은 와해될 위기를 맞게 되었다는 것이다. 야웨는 성전을 버려서 완전히 파괴당하게 하였고, 이스라엘로부터 자신의 임재를 거두어 가서 왕과 민족이 파멸당하게 하였다. 성전을 중심으로 세워져 있던 세계관은 이제 장차 도래할 새로운 성전 – 물론, 이것은 진정한 왕이 해야 할 일이었고, 진정한 만유의 회복을 의미하는 것이었다 – 에 관한 예언들의 도움을 받을 때에만 다시 살아남을 수 있게 되었다. 새로운 성전, 새로운 왕, 새로운 피조세계는 포로기 선지자들이 선포하였던 하나님의 약속들이었다. 장차 오실 왕이 새로운 성전을 짓게 될 것이고, 이스라엘의 하나님은 마침내 새로 지어진 자신의 성전으로 돌아오게 될 것이다. 그 때에, 그리고 오직 그 때에만 새로운 창세기가 탄생하게 될 것이다.[128]

또한, 이른바 포로기 이후의 선지자들이 선포하였던 것도 바로 그런 것들이었다. 잠시 후에 살펴보게 되겠지만, 제2성전 시대의 난맥상 중의 일부는 재건된 성전이 사람들의 기대에 못 미치는 것이었다는 사실에 있었다. 긴 분량의 에스겔서는 출애굽기의 절정에 대한 장엄한 재현, 즉 성전이 재건되어, 야웨가 다시 성전에 거하게 될 때, "그 때로부터 그 성의 이름이 '야웨가 거기에 계신다' (야웨 삼마)가 될" 것이라는 말로 끝이 난다.[129] 그러나 학개는 새로운 성전을 짓는 일을 하고 있던 스룹바벨과 그의 동료들을 격려해서, 야웨의 영이 이전처럼 그들 가운데 임재해 있고, 장차 야웨가 천지를 진동시킬 대격변이 일어나서 새로운 계기가 도래하리라는 것을 믿게 하여야 했다.[130] 그 때에, 그리고 오직 그 때에만 하나님의 임재가 다시 돌아오게 될 것이라고 말이다:

거기에 나오는 구약 및 성경 이후의 본문들을 보라. 예를 들면, Newman, 1992, 242를 보라: "선지자들도 소망의 메시지를 전하기 위하여 영광 전승을 사용하였다. 주가 자기 백성의 삶을 새롭게 하기 위하여 언젠가는 자기 자신, 자신의 '카보드' (cabōd)를 나타낼 것이다. 심판과 고난은 제2의 출애굽, 회복과 재창조를 가져다줄 영광의 나타남으로 대체될 것이다." 에스겔서에 나오는 것과 같은 "보좌 환상들"을 포함시키기 위하여, Newman의 관심은 이것과 관련해서 우리의 관심보다 더 폭넓은 것이기는 하지만, 그의 책의 제4장(구약에 관한 것)과 제5장과 제6장(이후의 발전들에 관한 것)의 많은 부분은 내가 지금 개략적으로 설명하고 있는 것들의 세세한 부분들을 잘 채워 주고 있다.

129) 겔 48:35; cf. 35:10(첫 번째 성전에서의 하나님의 임재에 대한 회상).

130) 그들과 함께 한 성령: 학개서 2:5은 민 11:17; 느 9:20; 사 63:11 등과 같은 이전의 상황을 반영하고 있다. 성령이 첫 번째 성전에 임재해 있었고, 두 번째 성전에는 그렇지 않았지만, 결국에는 돌아올 것이라는 랍비들의 견해에 대해서는 Schäfer, 1972, 112-5를 보라.

131) 학 2:7. Beale, 2004, 117 n. 77은 "하나님의 임재가 포로기 이후의 성전에 결코 돌아오지 않았을

> 내가 모든 나라를 진동시켜서, 모든 나라의 보배가 이르게 하고, 이 성전에 영광이 충만하게 하리라. 만군의 야웨께서 말씀하신다.[131]

마찬가지로, 제2성전 시대 초기에 글을 썼던 스가랴도 당시에 하나님의 임재와 영광이 아직 돌아오지 않았다는 것을 너무나 잘 알고 있었지만, 결국에는 그렇게 될 것이라고 약속한다:

> 예루살렘은 그 가운데 사람과 가축이 많아서 성벽이 없는 성읍들 같이 될 것이다 … 이는 내가 그 곳을 사방으로 두르는 불 성벽이 될 것이고, 그 곳 가운데에서 영광이 될 것임이라. 야웨께서 말씀하신다 … 딸 시온아 노래하고 기뻐하라. 이는 내가 와서 네 가운데에 머물 것임이라. 야웨께서 말씀하신다. 그 날에 많은 나라들이 야웨께 속하여 내 백성이 될 것이고, 나는 네 가운데에 머물리니, 네가 만군의 야웨께서 나를 네게 보내신 줄 알리라.[132]

아마도 가장 눈에 띄는 것은 말라기 선지자가 제2성전 시대의 제사장들이 예배와 제사를 나태하고 무성의하게 여기고 있다고 심하게 질타하고 있는 것일 것이다. 그는 야웨가 아직 성전에 돌아오지 않았지만, 아주 속히 그렇게 될 것이고, 그 때에 그를 진지하게 대하지 않은 자들에게 심판을 집행할 것이라고 그들에게 경고한다:

> 보라, 내가 내 사자를 보내리니, 그가 내 앞에서 길을 준비할 것이고, 너희가 구하는 주가 갑자기 그의 성전에 임하시리니, 곧 너희가 기뻐하는 계약의 사자가 임하실 것이라. 만군의 야웨께서 말씀하신다. 그러나 그가 임하시는 날을 누가 능히 감당할 수 있고, 그가 나타나는 때에 누가 능히 설 수 있겠는가.[133]

야웨가 돌아올 것이라는 이러한 약속들은 제2성전 시대의 기나긴 세월 동안 내내 울려 퍼진다. 그러나 그 어느 시점에서 그 약속들이 마침내 성취되었다고 말한 사람은 아무도 없었다.[134] 출애굽기 40장이나 열왕기상 8장에 나오는 것과 유사한 주장이 나올

가능성이 아주 높다"고 말한다(나는 그가 너무 조심스럽게 말하는 것으로 보인다).

132) 슥 2:4f., 10f.

133) 말 3.1f.

134) 이러한 주장은 Davies, 1991과는 방향이 다르다. 그는 특히 이스라엘의 하나님이 "예루살렘에 거한다"고 선언하는 시편 135:21을 인용하는데, 이러한 선언은 단지 전승을 되풀이한 것일 수 있다; 11QT 29.7-10은 분명히 장차 하나님이 거하게 될 것임을 분명하게 보여주고 있는 것으로 보인다; 마 23:21도 단지 전승을 되풀이하고 있는 것일 수 있다; Jos. *War* 6.299(cf. Tac. *Hist.* 5.13)는 로마인들의 접근방식을 따라서, 자신들이 떠난다고 알리는 천사들의 음성이 들렸다고 말한다. 이러한 글들 중의 몇몇

법한 그런 대목에서도 이상한 침묵은 계속된다. 아무도 성전이 영광으로, 구름과 불로 갑자기 충만해질 것이라고 말하고자 하지 않는다.

사실, 예외라고 할 수 있는 본문이 하나가 있기는 하지만, 그 본문은 도리어 그러한 사실을 증명해 주는 예외일 뿐이다. 시락서 24장에서 "지혜"는 일인칭을 사용해서, 자기 자신을 출애굽 서사에 나오는 "구름 기둥"(24:4) 및 성전에 거하였던 "영광"(Shekinah – '셰키나,' 24:8-12)과 동일시한다.[135] 그 결과, 시락서 본문(24:25-29)이 창세기 2장에 나오는 기사의 특징들을 반영하고 있는 것에서 알 수 있듯이, 이 본문은 일종의 새 창조에 관한 묘사가 된다. 그러나 지혜의 임재 방식은 이전의 본문들에 나오는 가시적인 영광을 통한 임재가 아니라, 토라를 통한 임재이다. 시락서 기자는 이렇게 말한다:

> 이 모든 것은 지극히 높으신 하나님의 계약의 책이고, 모세가 야곱의 회중들을 위한 유업으로 우리에게 명한 법이다(24:23).

당연히 제사장들이 가르쳤던 토라가 새로운 "임재"이다. 따라서 우리가 이스라엘의 영웅들에 관한 긴 이야기(시락서 44-50장)의 절정에서 다윗 가문의 메시야가 아니라, 대제사장이 "영광의 옷"을 입고 영화로운 모습으로 성소와 일반 제사장들을 "영화롭게" 하는 가운데 성전에 있는 것(50:5, 11, 13)을 발견하게 되는 것은 이상한 일이 아니다. 이것은 성전 자체가 "영원무궁한 영광을 받게 되어 있었다"(49:12)는[136] 주장을 떠받치고 있는 것으로 보인다. 이 본문은 대제사장이 성전에 있기 때문에 온 세계가 평안하다고 외친다! 눈치 빠른 사람들은 이미 알아챘겠지만, 마침내 토라 및 토라를 가르치는 최고의 교사이자 모범인 대제사장(통상적으로 오니아스의 아들 시몬 2세와 동일시되었다)이라는 형태로 하나님의 영광이 돌아온 것이다.[137]

은 실제로 일부 무리들은 두 번째 성전에 이스라엘의 하나님이 임재해 있다고 믿었다는 것을 보여주는 것일 수 있지만, 내가 여기에서와 *JVG*에서 언급한 다른 구절들은 두 번째 성전에 없는 것들로는 법궤, 하늘로부터의 불, 성령, 우림과 둠밈, 그리고 '셰키나'(Shekinah, "영광")이었다고 말한 bYom. 21b의 견해를 강조하는 것으로 보인다. 두 번째 성전은 첫 번째 성전과 비교해서 결함이 있었다고 말하는 랍비들의 다른 구절들, 예컨대 *Song R.* 8.9; jTaan. 2.1.65a; *Makkot* 2.7.32a; *Hor.* 3.2.47c; *ARNa* 41을 보라(cf. Hayward, 1999, 38f.에 나오는 논의).

135) cp. Philo, *Quis rer.* 42.

136) 일부 사본들에는 "성전"이 아니라 "백성"으로 되어 있다. 다윗에 대한 약속은 45:25에서 지나가듯이 언급된다.

137) 하지만 나는 이것이 대제사장의 "신격화"에 해당한다고 생각하지 않는다(반대견해로는

꿈은 오래 지속되지 못하였다. 일반적으로, 시락서는 주전 200년 경이나 그 직후에 씌어진 것으로 추정되는데,[138] 그 때로부터 한 세대 안에 저 오만방자한 수리아 왕은 모든 것을 다 쓸어 버리고서, 유대인들에게 이교의 제사를 무자비하게 강요하고, 성소 자체를 더럽히고 모독하였다. 유다 마카베오가 등장해서 성전을 정화하고 원래의 제사를 회복하였기 때문에, 그런 상태는 그리 오래가지 못하였다. 그러나 당시의 그 어떤 시점에서도, 심지어 마카베오 가문을 과도하게 칭송하였던 책들조차도 그들의 하나님의 영광스러운 임재가 다시 돌아왔다고 주장하지 않았다. 거기에는 성전이 구름으로 가득 채워졌다거나, 제사장들이 하나님의 영광 앞에서 감히 서 있을 수 없었다거나 하는 등등의 언급이 전혀 없고, 서사는 이상하리만큼 완결되어 있지 않으며, 시락서에서 볼 수 있는 자랑도 되풀이되지 않는다. 하스모네 가문의 대제사장들이나, 예수와 바울 시대에 활동하였던 그들의 후계자들이 하나님의 영광의 그릇이었다고 주장한 사람은 아무도 없었다. 이사야로 하여금 "야웨의 영광이 나타나겠고 모든 육체가 다함께 그 영광을 보리라"고 하였던 자신의 약속을 기억하거나, 에스겔로 하여금 회오리바람 같이 돌아가는 바퀴들과 화염을 내뿜는 불이 마침내 다시 지어진 성전으로 돌아오는 것에 대하여 말하였던 자신의 예언을 기억하고서, "이것이 바로 내가 말하였던 바로 그것이다"라고 말하였을 것이라고 생각할 수 있는 그 어떤 것도 이 시기에 일어나거나 존재하지 않았다. 또한, 이 시기의 문헌들 가운데서 새로운 다윗이 마침내 성전을 재건하였고, 야웨가 드디어 거기에 와서 영원히 거하며, 거기에 자신의 이름을 두고, 거기를 장차 온 피조세계를 새롭게 할 발판이 될 소우주로 사용하게 되었다는 것을 조금이라도 암시하고 있는 것은 하나도 없다.[139]

Fletcher-Louis, 1999 등). 이 모든 것에 대해서는 Harrison, 2011, 247-51, 그리고 Hayward, 1999를 보라. 물론, 벤 시락의 주장은 사마리아인들의 대안에 반대하여 제기된 것이다(cf. Sir. 50.26).

138) Corley, 2009, 287에 나오는 최근의 논의를 보라.

139) 이것은 예를 들어 Josephus가 John Hyrcanus I의 치세를 꽤 미화시켜서 말하고 있는 것을 부정하는 것이 아니다: 예컨대, cf. *War*. 1.67-9; *Ant*. 13.299f. 거기에서 그는 요한이 제1의 통치자, 대제사장이자 선지자로서의 역할을 하였고, "신"(*War*에서는 '다이모니온' [daimonion], *Ant*에서는 '토 테이온' [to theion])과 아주 친밀하였기 때문에 장래의 일에 대해서도 결코 무지하지 않았다고 말하고, 요한이 "자기 자신과 관련된 운명에 대하여 불평할 그 어떤 근거도 없었다"고 말한다. 그러나 요세푸스의 이어지는 이야기는 사람들이 오랫동안 기다렸던 이스라엘 전체의 영광스러운 회복은 여전히 실현되지 않았다는 것을 보여준다. *JVG* 621-4에 나오는 것과 같은 제2성전 시대의 다른 텍스트들과 관련해서, 우리는 야웨가 시온으로 돌아올 것에 대하여 명시적으로 말하는 본문들(예컨대, *Jub*., 11QT)과 야웨의 통치가 온 세계에 미칠 것에 대하여 말하는 본문들(*T. Mos*. 등)을 구별하는 것은 물론 중요하다. 이것은 아마도 당시에 있던 성전에 대한 서로 다른 태도와 관련이 있었던 것 같다(예컨대, 에세네파는 당시의 성전을 불완전한

이 모든 것이 우리의 현재의 목적과 관련해서 갖는 중요한 의미는 성경에 흠뻑 젖어서 성전과 하나님의 임재(또는, 부재)에 관한 암묵적인 서사 내에서 살아가고 있던 이 시기의 유대인들에게 이 모든 것은 당시에 통용되던 "주화"였고 제2의 본성이었다는 것이다. 이스라엘의 위로를 찾기 위해서 밤낮으로 토라를 파고 들었던 사람들에게 성전과 하나님의 임재, 영광, 왕권, 지혜, 창조, 포로생활, 성전의 재건, 아직 성취되지 않은 약속 등과 같은 모티프들이 한데 결합된 이것은 그들의 정신적이고 정서적인 설비의 일부였을 것이고, 그것들 중 한 가지를 건드리는 것은 그것들 전부를 건드리는 것과 같았을 것이다.

토라는 지혜의 참된 보고로서 다른 모든 것들과 연결되어 있었다.[140] 시락서 24장에 나오는 등식은 역으로 생각해서, 성전이 지혜/토라가 자신의 거처로 삼은 곳이었다면, 토라를 연구하는 곳은 거기가 어디이든지 또 다른 성전이라고 할 수 있다는 추론이 가능하였다. 아마도 주후 70년에 성전이 파괴되고, 주후 135년에 최후의 성전 회복 운동이 실패로 돌아간 후에 랍비들은 하나님의 경륜의 이 새로운 국면 속에서 성막이나 성전에서의 하나님의 임재와 동일한 것을 어디에서 찾아야 하는지를 놓고서 고심하였을 것이다.[141] 이 문제를 풀기 위한 서로 다른 시도들이 있었다는 사실은 이사야나 에스겔이 예언하였던 가시적인 하나님의 임재라는 문제에 대한 궁극적인 해법이 아직 나타나지 않았다는 것을 아주 잘 보여준다.

자존심이 있는 바리새인이었다면 누구나 이 모든 것을 알고 있었을 것이고, 이 문제가 해결되기를 소망하며 기도하는 가운데 하루하루를 살아갔을 것이다. 이 모든 것들은 바리새인들 중에서 바리새인이었고, 율법과 성소를 지키기 위한 "열심"으로의 부르심에 대하여 잘 알고 있던 한 바리새인의 혈관 속에도 하나도 빠짐없이 그대로 흐르고 있었을 것이다. 달리 말하면, 여기서 우리는 다소의 사울의 사고체계의 몇몇 중심적인 구성요소들을 보고 있다는 것이다.

우리는 이러한 분석을 해오면서, 세계관 분석 내에서 통상적으로 그러하듯이, 실천과 상징의 세계들을 통과해 왔고, 그런 것들로 이루어진 이야기들을 해온 것임을 알게 된다. 우리가 지금부터 살펴보아야 할 것은 이러한 "이야기들"과 그것들

것으로 여겼다). 하지만 이 모든 것은, 정도 차이는 있지만, 위에서 본 것과 같이(예컨대, 사 40:1-11; 52:7-12) 그러한 주제들을 치밀하게 엮어 짜놓았던 예언 전통들을 명시적으로 계승하고 있다.

140) 벤시락서에서 율법 준수에 대하여 자세한 것은 19.20을 보라. 우리는 마카베오 이후의 여러 다양한 분파의 유대인들의 관점이 마카베오 이전의 이러한 관점과 상당히 달랐다고 생각할 이유가 없다.

141) mAb. 3.2를 보라.

142) *NTPG*, 215-23. 내가 Barclay, 1996, ch. 14(그는 하나의 "소묘"로서 그것을 묘사한다)의 설명에

이 대답을 제공하는 "질문들"이다.

4. 제2성전 시대 유대 세계에 있어서의 이야기들과 질문들

1) 서론

나는 이 총서의 제1권에서 제2성전 시대 유대인들의 기본적인 이야기들을 분석한 바 있는데, 이제 여기에서는 그 내용의 일부를 발전시키고 풍부하게 하고자 한다.[142)]

"모든 유대인들이 믿었던 것," 또는 "모든 유대인들이 알고 있던 이야기들" 같이 일반화해서 말하는 견해들은 다음과 같은 질문들에 대답하지 않으면 안 된다: 정말 모든 유대인들이 그랬는가? 모든 유대인들이 그랬다는 것을 어떻게 아는가? 그러한 소망들과 꿈들은 실제로 본문들을 읽을 수 있었고 그러한 이야기들을 알고 있었던 아마도 서기관 계층의 소수의 엘리트에게 국한되어 있었던 것은 아닌가? 고대 세계에서는 오늘날보다 책이 훨씬 적었을 뿐만 아니라 대부분의 사람들이 접근할 수 없었기 때문에, 성경의 장엄한 서사는 실제로 한층 더 두드러졌을 것이다. 창조주와 우주, 인간 및 인간의 존엄과 곤경, 그리고 특히 이스라엘 – 족장들, 애굽에서의 체류, 출애굽, 시내 산, 광야에서의 유랑과 약속의 땅으로의 입성, 왕정, 선지자들, 포로기 등등 – 에 관한 이야기들은 글을 읽을 수 없었던 사람들에게 연례적인 절기들을 통해서 각인되었다. 그 밖의 다른 단편적인 풍경들이 왔다가 사라지곤 하였지만, 이러한 이야기들은 수 세기에 걸친 이스라엘 역사 속에서 늘 변함없이 배경으로 존재하여서, 그 속에서 펼쳐진 모든 크고 작은 드라마들과 온갖 일들에 깊이를 부여하고 살을 붙여 주는 역할을 하였다. 심지어 어떻게 하면 음식과 물을 얻어 와서 가족을 부양할 수 있을지만을 생각하며 하루하루의 고달픈 삶을 연명해 가기 바빴던 사람들에게조차도 이 위대한 이야기들은 언젠가 우리 하나님

대하여 느끼는 기본적인 문제점들 중의 하나는 그가 얘기하고 있는 사람들이 암묵적인 더 큰 서사 내에서 살아가고 있다는 인식이 거의 전무하다는 것이다. 물론, 그가 말하듯이(402), "이야기, 상징, 실천"은 의심할 여지 없이 "부적절하고 의문시될 수" 있지만, "이야기"를 완전히 차단하고 배제해 버리는 것은 훨씬 더 부적절하고 의문시된다. 그러한 탈서사화된 세계가 가져다주는 결과는 단지 여러 서로 다른 문화와 (어느 정도는) 도덕들이 공존하는 주변의 이교 세계와 많이 닮은 문화적이고 도덕적인 서사로 와해될 위험성이다.

143) 예를 들어, 시 77편; 79편 ; 80편; 89편.

이 행하시게 되면 이 모든 것이 다 달라지게 될 것이라는 소망을 제공해 주었다. 1970년대의 한 동독인의 경우나 동일한 시기의 남아프리카의 한 흑인의 경우에, 일상적인 삶의 수많은 일들 속에서는 현재의 불의를 장래의 소망과 연결시킨 하나의 이야기, 즉 언젠가는 우리가 자유를 얻게 될 것이라는 이야기가 서로 다른 의식 수준에서 작용하고 있었을 것이다. 여러분은 그러한 서사를 자신의 머리와 가슴에 갖기 위해서 굳이 글을 아는 서기관이 될 필요는 없다. 제2성전 시대의 유대인들에게 있어서는, 이 모든 것이 시편들에 의해서 더욱 강력하게 이루어졌을 것이다. 왜냐하면, 시편들은 고대의 이야기들을 반복해서 말해 주면서, 많은 사람들이 자기 나름대로 제기할 바로 그 질문들을 제시하였기 때문이다: 우리 하나님이 우리에게 은혜를 베푸시는 것을 잊어버리신 것인가? 우리가 아브라함과 모세와 다윗의 자손들이라면, 왜 이 모든 일이 우리에게 일어난 것인가?[143]

요컨대, 일반화의 위험성에도 불구하고, 우리는 바울 시대의 대부분의 유대인들은 그들 자신이 "결말(ending)을 향하여 나아가는 이야기" 속에서 살아가고 있다는 것을 저 깊은 세계관의 수준에서 인식하고 있었다고 말할 수 있고, 또한 그렇게 말하지 않으면 안 된다. 이스라엘의 하나님이 진정으로 신실하다면, 이 이야기는 스스로 내부에서 와해되고 폭발하여 소멸할 수는 없었다. 이 서사의 긴장은 한 해 한 해가 지나갈수록, 그리고 메시야를 자처하는 인물들이 출현했다가 아닌 것이 밝혀질 때마다 점점 더 커져갔다. 종종 위대한 사건들이 일어났거나 일어나고 있는 것처럼 보이기도 했지만, 그것들이 거짓임이 밝혀졌을 때에는, 마치 산을 오르는 사람들이 자기가 그 산의 정상이라고 생각한 곳에 도달했지만, 자기 앞에 또 다른 봉우리가 높이 솟아 있는 것을 발견한 경우처럼, 독실한 이스라엘 사람들은 그동안 기대를 쌓아 왔기 때문에, 그들의 실망은 더욱더 클 수밖에 없었다. 나는 이것이 마카베오의 반란 이후에 점진적으로 생겨난 민심 이반이 경건한 유대인들에게 영향을 미쳐서, 어떤 대가를 치르더라도 그들을 가로막고 있던 또 다른 봉우리와 맞서 싸울 수 있는 동력을 잃지 않고 앞으로 전진해 나갈 수 있는 길을 발견해 나가기 위하여, 바리새파와 에세네파 같은 운동들의 형성을 촉진시키는 요인이 되었다고 본다. 이렇게 이 이야기는 어떤 음악을 듣고 있던 청중들인 우리로 하여금 이제는 불협화음에서 협화음으로 바뀔 때가 되었다고 생각해서 그런 기대를 가지고 듣고 있는데, 우리의 등골이 따끔거리는데도 여전히 음악은 점점 더 긴장의 강도를 더해

144) Shaffer, 1985 [1980], 99: Mozart가 죽을 때, "'아멘' 이라는 큰 화음은 사라지지 않고, 강렬한 반

가기만 하는 것을 보고서, 지금은 정말 끔찍하고 오싹한 시기임을 깨닫게 만드는 바로 그런 식으로 진행되어 갔다. 나는 피터 쉐퍼(Peter Shaffer)의 『아마데우스』(Amadeus)라는 영화를 보면서 내 머리카락이 설 정도로 소름끼치는 오싹함을 느꼈던 것을 기억한다. 모차르트의 『진혼곡』에 나오는 "라크리모사"(Lachrymosa) 중에서 끝에서 두 번째에 나오는 화음, 즉 마지막의 "아멘"의 처음 절반은 곡의 진행을 부드럽게 해주기 위하여 사용된 버금딸림음인 G단조에서 다시 D단조로 복귀해서 협화음으로 진행되어야 하는데도 불구하고, 모차르트의 요절로 인한 이루 말할 수 없는 비통함을 담기 위하여, 계속해서 G단조를 끌고 가면서 점점 더 소리를 키움으로써, 우리를 도저히 달래질 수 없는 슬픔과 결코 해소될 수 없는 갈망의 상상하지 못한 세계로 우리를 밀어서 떨어뜨려 버린다.[144] 그리스도가 오기 전의 마지막 수 세기를 살면서, 시편들을 기도하고, 선지자들의 글을 연구하며, 창세기와 출애굽기, 신명기와 여호수아서의 위대한 이야기들을 해마다 그리고 절기마다 들었던 유대인들의 심정이 바로 그런 것이었다.

그리고 다소의 사울의 심정도 바로 그런 것이었다. 바울이 사도로서 썼을 것이라고 여겨지는 서신들에 대한 서사적 분석(아래의 제7장을 보라)은 그가 그 속에서 평생을 살았던 이야기들에 대한 제대로 된 이해에서 시작되어야 한다. 이스라엘은 창조주 하나님의 유일한 백성인데, 어떻게 이 하나님이 마침내 자신의 약속들을 성취하지 않을 수 있겠는가?

우리가 이 서사들을 도표로 제시하는 것이 어떤 사람들에게는 도움이 될 것이다.[145] 다른 바리새인들이나 에세네파 같은 다른 운동들의 경우도 그랬겠지만, 다소의 사울에게 있어서 지배적인 서사의 형태는 이런 모습이었다:

1. 최초의 도식

창조주 ——→ 세계에 대한 왕권/이교도들로부터의 구원 ——→ 이스라엘

↑

성전/토라/왕 ——→ 구원/재건 ←—— 악한 세계/이교 사상

향으로 계속해서 울린다."

145) Greimas의 행위소 모델(actantial model)에 대한 설명은 Hays, 2002 [1983], 82-95를 보라. 나에게 이러한 사고 전체를 환기시켜준 것은 물론 Hays, 1983이었고, 나는 이것을 *Climax*, ch. 10과 *NTPG*, 69-77에서 나름대로 설명한 바 있다. 어떤 이유에서인지(아마도 프랑스어가 아니라 독일어라고 생각해서였는지) 나는 거기에서 일관되게 Greimas를 Griemas로 잘못 썼다.

146) 행 1:6을 보라. 거기에서 제자들은 지금이 예수가 그 나라를 이스라엘에 회복시킬 때이냐고 묻

이렇게 이스라엘의 하나님은 이스라엘을 자기 백성으로 삼아서, 출애굽을 통해 이교의 왕에 의한 압제로부터 구원하고, 아브라함과 이삭과 야곱에게 한 약속들에 나타나 있는 자신의 목적을 성취하기로 작정하였다. 하나님은 현재의 이스라엘로 하여금 자기에게 충성할 수 있게 할 것이고, 자기 백성을 악한 이교 세계로부터 보호할 것이며, 그들을 구원해서, 자기가 약속한 것, 즉 다윗과 솔로몬의 황금 시대가 도래하기 천 년 전에 이미 그들의 것이었던 온 세계에 대한 통치권을 그들에게 줄 것이다.[146] 그들에게 필요한 것들, 즉 야웨의 임재의 장소로서의 성전, 삶의 지침으로서의 토라, 인도자이자 구원자이고 민족의 구심점이자 군사 지도자로서의 왕은 초기부터 그들에게 주어졌다. 그리고 이 모든 것은 야웨가 신실하였기 때문이었다.

그러나 일들은 끔찍할 정도로 잘못되어 버렸다. 성전은 파괴되었고, 비록 성전이 다시 재건되었다고는 하지만, 유대인들 사이에서는 제사장들은 부패하고, 제사들은 토라에 대한 잘못된 해석들을 따라 드려지고 있다는 인식이 널리 퍼져 있었다(특히, 쿰란 공동체는 이 상황을 그렇게 바라보았다). 이제 필요한 것은 첫 번째 도표에 나오는 "조력자들"(성전, 토라, 왕)이 자신의 임무를 제대로 다할 수 있게 해 줄 구원 역사이다:

2. 문제 해결을 위한 도식

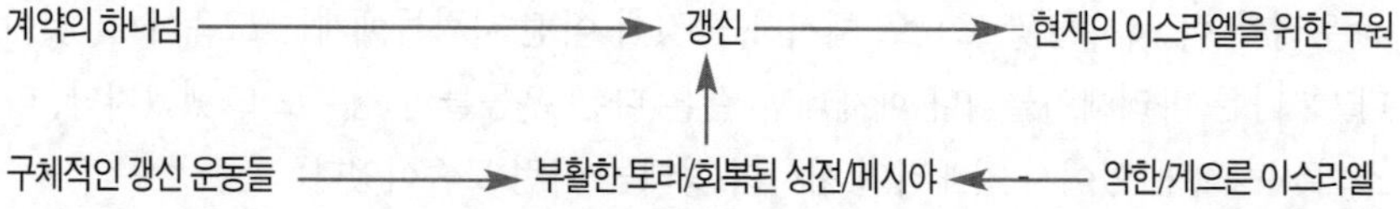

계약의 하나님 ——→ 갱신 ——→ 현재의 이스라엘을 위한 구원
↑
구체적인 갱신 운동들 ——→ 부활한 토라/회복된 성전/메시야 ←—— 악한/게으른 이스라엘

달리 말하면, 이스라엘의 계약의 하나님이 이스라엘 내에서의 악하거나 게으른 자들, 즉 외부의 악한 이교도들보다 조금도 낫지 않은 배교자들을 압도해서 토라의 준수를 부활시키고 성전과 그 제사를 회복시킬 수 있는 갱신 운동을 일으키리라는 것(아니, 아마도 이미 일으켰으리라는 것)이다. 어떤 이들에게 있어서는, 거기에서 한 걸음 더 나아가, 이러한 소망은 장래에 메시야(또는, 쿰란 공동체의 경우에는 왕과 제사장이라는 두 명의 메시야)가 와서 절실하게 필요한 이스라엘의

는다 — 이것은 우리에게 중요한 것을 말해 준다: "이것이 우리가 그 속에서 살아가고 있는 이야기인데, 이 기이한 사건들은 이 이야기 속의 어느 지점에 해당하는 것인가?"

147) Qumran의 두 메시야에 대해서는 *NTPG*, 311을 참조하라.

갱신과 오랫동안 기다려 왔던 이교도들에 대한 심판을 성취할 것이라는 소망으로 나아가기도 하였다.[147] 위대한 갱신이 도래할 것이고, 예언들이 성취될 것이며, 이스라엘은 안전히 거하게 될 것이다:

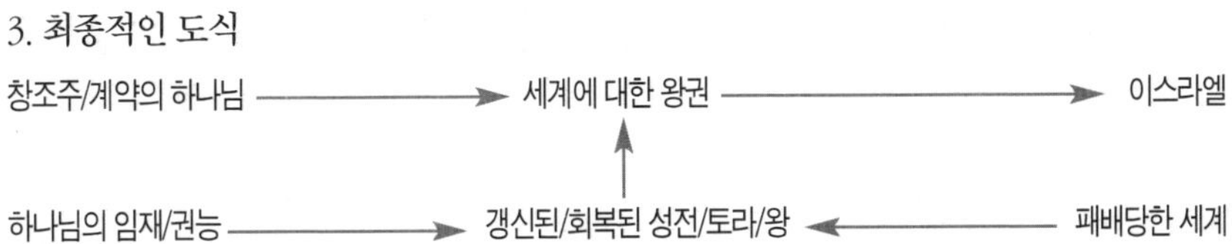

제2성전 시대의 개혁 운동들, 특히 바리새파에 이러한 지배적인 서사가 존재했다는 것은 결코 간과되어서는 안 된다. 또한, 그러한 암묵적인 이야기가 지닌 힘을 간과해서도 안 된다. 이 이야기는 신앙은 물론이고 우리가 "정치"라 부르는 것을 추진시키는 동력이었다. 이 이야기는 그런 역할을 수행할 수밖에 없었다. 만일 그렇게 하지 않는다면, 이 이야기가 지닌 서사 문법은 파괴될 것이었다. 그것은 세계, 곧 만유의 창조자에 관한 것이었다. 그것은 단지 "관념들의 역사," 심지어 "종교적" 관념들에 관한 것이 아니라, 현실의 사람들, 현실의 공동체들, 현실의 땅, 현실의 건축물들, 현실의 폭력에 관한 것이었다.

따라서 바리새파의 기본적인 이야기는 지난 천 년의 절반 동안에 걸쳐서 서구 신학을 지배해 온 것과 같은 종류의 질문에 관한 것이 아니었다. 한 바리새인이 토라를 연구하여 그 의미를 밝히고, 스스로 토라를 지킬 뿐만 아니라 점점 더 많은 사람들이 그렇게 되도록 만들기 위하여 애썼던 이유는 신의 총애를 얻어서 그 노여움을 사는 일이 없이, 기본적으로 내세적인 성격을 지닌 구원이라는 "해법"에 도달하기 위한 어떤 도덕적인 목적 때문이 아니었다. 이것이 바울에 대한 "새 관점"과 관련된 모든 논쟁의 중심에 있는 진정한 문제이다. 가톨릭교도들과 개신교도들은 둘 다 똑같이 여러 세기 동안 다소의 사울을 비롯한 주후 1세기 유대인들이 그 속에서 살았던 지배적인 서사는 다음과 같은 것이었다고 전제해 왔다:

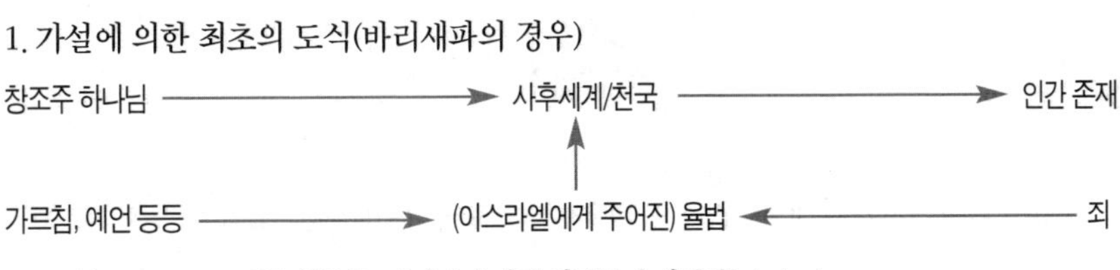

148) *RSG passim*, 특히(주후 1세기의 유대적 견해들에 대해서는) ch. 4.

이 도식은 실패할 것이었다. 왜냐하면, "죄"로 인해서 가르침과 예언이 좌절될 것이고, 이것은 이스라엘이 (도덕적으로 선한 행위들의 체계, 즉 일종의 기호화된 고대의 정언명령들의 체계로 인식된) 율법으로 인해서 유익을 얻을 수 없다는 것을 의미할 것이기 때문이다. (개신교의 일부 형태들 내에서는, 율법 자체가 "대적" 범주의 일부이다.) 이러한 도식을 따를 때, 바리새파의 입장은 다음과 같이 도식화될 수 있다:

2. 가설에 의한 문제 해결을 위한 도식(바리새파의 경우)

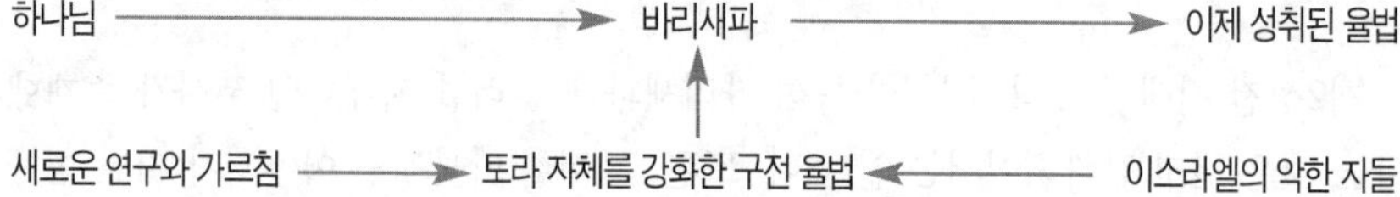

이러한 도식에서 소위 바리새파가 지향하는 목표가 생겨났다:

3. 가설에 의한 최종적인 도식(바리새파의 경우)

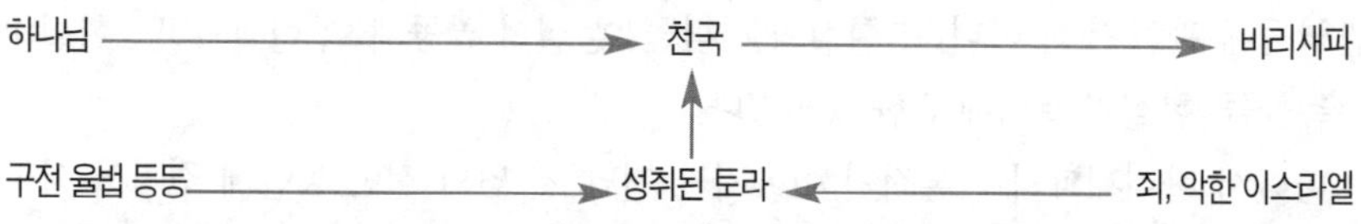

이것은 오랜 세월 동안 바울에 대한 서구의 읽기들에서 특유한 주장, 즉 하나님은 최초의 도식을 완전히 무효화시키고(이것은 지극히 나쁜 신학을 반영한 지극히 나쁜 서사 문법이다), 다른 어떤 것으로 하여금 그 자리를 대신할 수 있게 할 것이라는 주장, 즉 율법 대신에 믿음을 등장시키는 주장을 출현시켰다. 그리고 이것은 완전히 다른 길로 나아갈 가능성을 열어 놓았다:

2. 가설에 의한 문제 해결을 위한 도식(기독교의 경우)

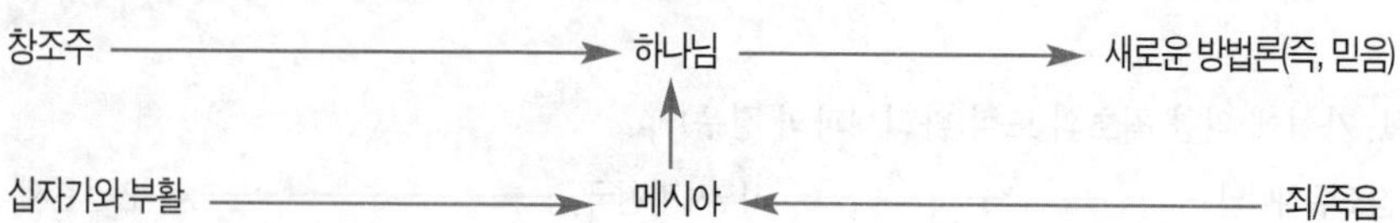

이것은 하나님과 세계와 구원을 바라보는 유대적인(또는, 실제로 초기 기독교

적인) 방식 내에서가 아니라 플라톤적인 사고 내에서 훨씬 더 친숙할 그런 "해법"에 도달하게 될 도식이다. 그러한 "해법"에서는 고대의 유대적인 소망, 즉 창조주 하나님이 자신의 온 피조세계를 구원할 것이라는 소망은 옆으로 밀려나고, 피조물들의 세계로부터 일부의 사람들이 구원 받게 될 것이라는 소망으로 대체될 것이다:

3. 가설에 의한 최종적인 도식(기독교의 경우)

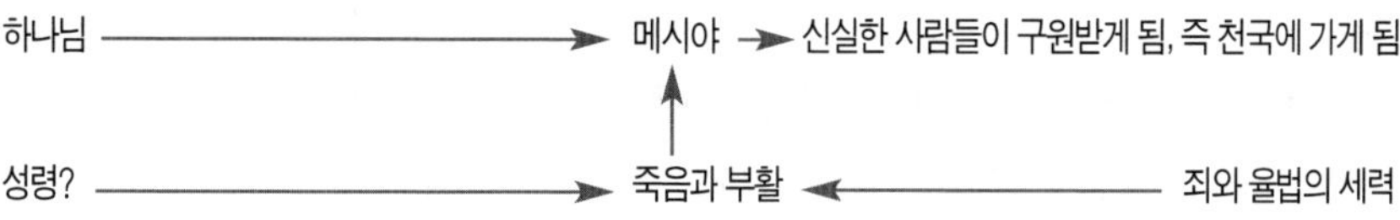

이러한 도식은 오랜 세월 동안 학문적인 것이든 대중적인 것이든 바울 연구에 있어서 지배적인 패러다임이 되어 왔다. 이러한 가설적인 바리새파의 이야기가 바로 바리새인 사울이 세계를 바라본 방식이었다고 전제되어 왔다. 그러나 이러한 가설은 증거와 일치하지 않는다. 요세푸스, 사해 사본들, 외경과 위경들, 그리고 실제로 랍비들의 글들을 철저히 읽어보면, 그것은 그들이 사고하였던 방식이 아니다. 그들은 "죽음 이후의 삶"에 대하여 묻지 않았다. 주후 1세기의 유대인들은 사두개인들을 제외하고는 대부분 죽음 이후에 어떤 식으로든 삶이 지속된다는 생각을 지니고 있었다. 내가 이전의 책에서 논증하였듯이, 그들에게 죽음 이후의 삶보다 훨씬 더 중요했던 것은 "내세"(the age to come)였는데, 이것은 "죽음 이후의 삶"이 아니라 "'죽음 이후의 삶' 이후에 올 삶," 달리 말하면, "죽고" 난 후에 부활해서 하나님의 새 피조세계 속으로 들어가서 살게 될 시대를 의미하는 것이었다.[148] 주후 1세기의 유대인들, 특히 바리새파가 부활에 관심을 가졌던 이유는 온 세계의 창조주인 하나님이 자신의 신실하심으로 인하여 이 피조세계가 혼돈 속으로 빠져들도록 내버려 ㅜ두지 않을 것이라고 믿었기 때문이었다. 그들은 이스라엘이 구원을 받는 것으로는 충분하지 않다고 여겼고, 이 하나님이 온 세계를 구원할 것이라고 믿었다.[149] 실제로, 몇몇 대담한 비전들 속에서 이것은 부활 사상의 핵심이었다. 우리는 종종 주후 1세기에 바리새인들이 직면하였던 구체적인 문제점들

149) 이사야 49:6에서는 이 내용을 거의 여기에 나와 있는 단어들을 사용해서 말하고 있다; cf. 60:3 등.

150) 예를 들어, 이사야 65-66장은 55장의 함의들을 이끌어 내고 있다. 많은 본문들은 야웨의 "의,"

과 당혹스러운 일들의 지표면 아래에서 여전히 그러한 관심이 흐르고 있는 것을 본다. 이스라엘을 향한 하나님의 신실하심(예루살렘 위를 맴돌던 새들)은 온 피조세계에 대한 그의 신실하심(물들을 품고 있는 새)으로 이어질 것이다.[150]

이것은 이 위대한 서사에서 하나의 구체적인 전환점이 엄청난 중요성을 지니게 된 지점이다 – 사람들이 이 중요한 것을 보지 못하게 된 주된 원인은 내가 앞에서 기본적으로 잘못된 서사라고 말하였던 것을 세밀하게 조율하는 데에만 몰두하였기 때문이었다. 우리가 특히 중요한 것으로 역설할 필요가 있는 것들은 세 가지이다.

첫 번째, 모든 증거는 바리새인이 된 유대인은 자기가 아브라함, 아니 심지어 아담까지 거슬러 올라가고 장차 도래할 큰 날까지 이어지는 연속된 이야기 속에서 살고 있고, 그 이야기를 진전시켜서 최종적이고 결정적인 순간에 도달하게 하기 위하여 그 드라마 내에서 특정한 역할을 하는 배우로 부르심을 받았다는 것을 암묵적으로 알고 있었음을 보여준다는 것이다.

두 번째, 모든 증거는 바리새인들은 이 시기의 다른 유대인들과 마찬가지로, 공간과 시간, 물질로 이루어진 만유가 와해되거나 사라지는 일이 벌어지게 될 결정적인 순간을 기대한 것이 아니라, 이 만유가 변모되고 속량되며 갱신되는 순간을 기대하였다는 것을 보여준다는 것이다.

세 번째, 모든 증거는 바리새인들은 이 시기의 다른 많은 유대인들과 마찬가지로, 이 서사 내에서 그들 자신의 시대를 하나님이 약속한 최종적 구원을 기다리며 포로생활을 계속해 나가는 포로기의 연속으로 보았다는 것이다. 바벨론에서의 포로생활은 하나님의 백성이 이교도들 아래에서 노예로 살아가는 훨씬 더 긴 과정의 첫 번째 단계에 불과한 것이었다. 그들이 진정으로 속량함을 받는 일과 그들이 그토록 오랜 시간 기다려 왔던 야웨가 시온으로 돌아오는 일은 여전히 미래에 있었다.

이러한 각각의 주장들은 논란을 불러일으킬 소지가 있다. 이 주장들을 설명하고자 하는 이전의 시도들이 언제나 성공적인 것은 아니었기 때문에, 안타깝게도 다시 한 번 이 주장들을 설명할 필요가 있을 것이다.[151]

"심판," "신실하심," "공평하심" 등등의 주제들을 결합시킨다: 예컨대, 시 9:8f.; 82:1-8; 시 107:43(이 시편 전체의 맥락 속에서).

151) 이러한 논증을 대중적인 수준에서 짤막하게 전개하고 있는 것으로는 *Justification*, 55-63을 보라.

152) *Fresh Perspectives*(UK edn.) 11.

2) 연속된 이야기

(1) 서론

먼저, 연속된 이야기라는 주장에 대해서 살펴보자. 먼저, 나는 바울에 관하여 쓴 나의 가장 최근의 책에서 말했던 내용을 인용해 볼까 한다:

> 따라서 바울의 사고의 기저에 있는 서사 구조를 주목하는 것은 단순히 바울 속에 있던 암묵적인 서사들을 식별해내어서, 그 서사들이 상세한 석의와 관련해서 지니고 있는 함의들을 이끌어내는 문제가 아니다. 우리가 이러한 암묵적인 이야기들을 파헤치기 시작할 때, 그런 것보다 훨씬 더 깊고 더 혁명적인 일이 진행되고 있는 것이다. 나는 이것에 대한 저항이 서사들을 식별해내는 일 자체에 대한 저항, 좀 더 구체적으로 말한다면, 이른바 "새 관점"에 대하여 점점 더 거세지는 현재의 저항을 추진해 가는 추동력이라고 본다. 제2성전 시대의 유대 세계, 그리고 바울의 시대에 존재하였던 서사들과 관련해서 주된 핵심은 단순히 사람들이 이런저런 경험이나 가르침을 보여주는 일들 또는 성경적 증거들로서의 이야기들을 들려주기를 좋아하였다는 데 있는 것이 아니라, 제2성전 시대의 유대인들은 그들 자신을 현실에서 살아 숨 쉬고 있는 서사 내에서 특정한 역할들을 맡은 배우들이라고 믿었다는 데 있다. 이것을 다른 식으로 표현해 본다면, 그들은 단순히 자신의 민간전승들(그들의 경우에는 대체로 성경)을 사용해서, 각기 아무런 연관도 없이 따로 존재하였던 일상생활의 기쁨들과 슬픔들, 시련들과 승리들을 한데 묶어서 보여주었던 이야기꾼들이었던 것이 아니었다는 것이다. 그들의 서사들은 모형론적으로 기능해서, 역사적으로 연속성이 없는 다른 시기에 있었던 사건들과 이야기들을 그들 자신의 현재의 일들과 서로 연결시켜 주는 틀의 역할을 할 수 있었고, 또한 실제로 그런 틀의 역할을 하였다. 그러나 그들의 서사들이 수행한 주된 기능은 세계의 창조에서 시작해서 아브라함의 부르심을 거쳐 그들 자신의 시대는 물론이고, (그들이 생각한) 미래까지 이어진 단일하고 거대한 서사 내에서 (그들이 생각한) 이전의 특징적인 계기들을 그들에게 상기시켜 주는 것이었다.[152)]

나의 통상적인 경험에 의하면, 현대인들이 이것을 이해하는 것은 아주 어렵고, 아마도 포스트모더니즘 시대 속에서 살아가는 사람들에게는 이것이 한층 더 어려울 것이다. 나는 그 이유를 깊이 생각한 끝에, 세 가지 이유를 생각해내었다.

① 1977년의 "샌더스(Sanders)의 혁명" 이전이나 이후에, 그리고 실제로는 샌더스 자신에 의해서도, 고대의 유대 세계에 관한 많은 연구는 실질적으로 다음과 같은 서구적이고 개신교적인 질문들을 염두에 둔 채로 이루어져 왔다: 개개인들은

153) 주후 2세기 이후의 유대교 내에서 "메시야" 운동들에 대해서는 Lenowitz, 2001 [1998] 등을 보

정확히 어떻게 구원을 받게 되는가? 이렇게 연속된 역사적 서사가 존재하고, 개개인들이 그 서사 내에서 자신의 정체성을 발견한다는 관점에서 사고하지 않는 것이 바로 지금까지의 서구 개신교의 특징이 되어 왔다. 서구의 개신교는 자신들은 연속된 서사라는 관념 자체를 종교개혁 때에 이미 폐기한 것이라고 생각하였다.

② 그러나 서구 개신교가 지녀 왔던 그러한 관념은 주후 2세기의 유대 세계에서 일어났던 일의 판박이였다. 바르 코크바의 반란에 의해서 초래된 재앙은 살아남은 대부분의 유대인들에게 혁명을 포기하고 토라를 중심으로 한 개인 경건에 집중해야 한다는 확신을 가져다주었다. 달리 말하면, 이제 유대인들은 길게 이어져 온 이야기를 버리고, 고대의 본문들로부터 발췌된 탈역사화된 모범들에 의해서 밑받침된 토라를 지키는 유대인으로서의 자기 자신의 이야기에 만족하고 거기에 안주하게 되었다는 것이다. 하지만 전체적이고 포괄적인 이야기에 대한 인식이 서구의 개신교 내에서보다 훨씬 더 강력하게 당시 유대인들의 기억 속에 여전히 남아 있었을 것임은 의심의 여지가 없다. 이것은 이후의 유대 공동체들 내에서 간헐적으로 메시야 운동들이 분출된 것, 특히 2천여 년이 지난 후인 20세기 중반에 유대인들이 중동으로 "귀환해서" 예언이 성취된 것을 송축하며 갑자기 고대의 유대적 서사를 다시 부활시킨 것에서 아주 분명하게 드러난다.[153] 하지만 그들의 선조들에게 제2의 본성이 되어 있었던 전체적이고 포괄적인 이야기에 대한 인식을 미쉬나(Mishnah)와 탈무드(Talmud)에서 찾아보고자 하는 것은 헛된 일이다.

이 두 가지 흐름의 사고가 판박이라는 사실은 아이러니하다. 주후 2세기 유대인들이 서사를 포기한 것은 그들이 이미 로마에 의해서 패배를 당한 상태였기 때문이었던 반면에, 16세기의 개신교도들이 자신의 서사를 포기한 것은 그들이 로마로부터 이미 벗어났다고 믿었기 때문이었다. 로마 가톨릭의 성서학계가 제2바티칸 공의회의 창의적인 작업을 기반으로 해서, "역사"와 "신학" 간의 올바른 균형을 잡아, 성경의 서사의 의미를 다시 새롭게 조명하는 일을 관철해 내었더라면 좋았을 것이지만, 실제로는 그렇게 되지 않았던 것으로 보인다. 물론, 이렇게 일반화해서 말하는 모든 것들에는 반드시 고귀한 예외들이 존재한다는 것은 의심의 여지가 없지만, 나는 이렇게 일반화해서 말하는 것 속에는 깊은 진리가 있다고 본다.

③ 한편, 프랑스의 포스트모더니즘 철학자들은 다른 방향으로 나아가서, 메타

라. 예루살렘에 있는 히브리 대학교의 스코푸스(Mount Scopus) 산 캠퍼스를 가본 사람은 누구나 20세기의 "포로에서의 귀환"에 관한 거대한 사진들과 거기에 함께 써 있는 성경의 예언들을 보고 깊은 인상을 받게 된다.

154) *War*, 6.312-15와 다니엘서가 "이런 일들이 일어날 때를 확정하였다(kairon hōrizen — '카이론

서사(metanarrative)가 이미 저절로 고사하였다고 선언하였다. 이것은 바울 시대에 아주 많은 유대인들, 특히 독실한 유대인들이 조상들의 서사를 수정해서 그 서사 내에서 의식적으로 소망을 가지고 살아가며 기도하였다는 사실을 무시해 버리는 오늘날의 학자들을 정당화해 주는 또 하나의 아주 강력한 동기 – 흔히 말로 표현되지는 않지만 – 를 제공해 주고 있다.

이 모든 것에 직면해서, 이 수정된 서사가 다시 부활할 수 있을까? 적어도, 우리가 역사를 이해하고자 한다면, 즉 사람들이 당시에 왜 그런 식으로 사고하고 행하였던 것인지 그 이유를 이해하고자 한다면, 그것은 꼭 필요하다 – 특히, 그들이 생각했던 것들이 우리가 지금 생각하는 것들과 판이하게 다를 때, 그 필요성은 더욱 커진다. 모든 것을 포괄하는 서사는 다소의 사울의 세계에서 엄청난 중요성을 지니고 있었다. 이것과 관련해서, 바울 및 다른 바리새인들과 에세네파, 다양한 부류의 혁명가들 – 그리고 의심할 여지 없이 다른 수많은 유대인들도 – 이 당시에 고민하였던 것은 일차적으로 그들이 어떻게 하면 자신의 개인적인 경건을 성장시킬 수 있느냐 하는 것이 아니었다. 그들은 자기가 이 세계에서 벗어나서 "천국"으로 갈 수 있는 길을 어떻게 발견할 수 있느냐를 묻고 있었던 것이 아니었다. 또한, 그들은 "우리는 우리를 다스리는 현재의 통치자들에게 넌더리가 났으니, 우리에게 도움이 될 어떤 일을 해줄 것이라는 소망을 하나님에게 걸어 보자"고 생각하고서, 그러한 구원이 어떻게 일어날 것인지를 암시해 주는 말들이 있는지를 알아보기 위해, 고대의 신탁들을 다시 꺼내서 뒤져보고 있었던 것이 아니었다. 그들은 어떤 연극에서 제5막에 가서야 무대 위에 오르게 되는 역할을 맡아 연기하도록 고용된 사람들과 같아서, 자기가 해야 하는 대사들의 구체적인 뉘앙스를 파악하기 위해서는, 지금까지 무대에서 어떤 일이 진행되어 왔는지를 알아야 하기 때문에, 자기가 맡은 배역보다 훨씬 더 긴 드라마 가운데서 이미 지나간 부분의 전체적인 흐름, 특히 자신이 서 있는 시점에서 해결되어야 할 문제들을 이해하고 있어야 하였다. 다른 예를 들어본다면, 그들은 경주를 하도록 경기장에 투입되었는데, 알고 보니, 그 경기는 여러 명의 주자가 이어서 달리는 릴레이 경주였고, 그들의 역할은 거의 끝지점에 서 있다가, 그들보다 앞선 주자들이 행한 모든 노력들과 실수한 것들과 잘못 출발한 것 등등이 그들에게 고스란히 떠넘겨진 상태에서, 다른 주자에게 배턴(baton)을 넘기는 것이었다고 할 수 있다. 또한, 그들은 서재의 서가에서 "나의 삶"이라는 제목의 책을 꺼냈는데, 그 책은 총 100권으로 된 서사 중에서 제99권이었기 때문에, 자신들이 누구인지를 알기 위해서는 이전의 98권에 담긴 모든 서사를 알아야 하고, 그 서사가 어떻게 끝날지를 알기 위해서는 이후의 제100권을 미리 읽어야 하는 상황에 처해 있었다고도 할 수 있다.

우리는 우리가 말하고자 하는 핵심이 드러날 때까지, 이러한 비유들을 계속해서 얼마든지 들 수 있다. 핵심은 성경은 단지 모형들, 그림자들, 간접인용들, 반향들, 상징들, 사례들, 역할 모델들을 비롯해서 의심할 여지 없이 중요한 다른 것들의 원천이었던 것이 아니었다는 것이다. 물론, 성경은 그런 것들을 찾아볼 수 있는 원천이었지만, 단지 거기에서 그친 것이 아니라, 그런 것을 훨씬 뛰어넘는 그 무엇이었다. 성경은 수많은 것들이 얼기설기 복잡하게 얽혀서 제멋대로 뻗어나가는 듯이 보이지만 본질적으로 통일성을 지닌 단일한 서사였고, 여전히 결말을 향하여 나아가고 있는 서사였다. 주후 1세기의 한 바리새인 – 그가 분파적인 인물이었느냐, 아니면 혁명적인 인물이었느냐와는 상관없이 – 의 사고와 마음에 자리 잡고 있던 암묵적인 이야기의 중심적인 특징들 중의 하나는 이 계속되고 있던 서사의 무게, 그 서사를 진전시켜야 한다는 책임감, 그 서사의 모든 실들이 그 때에 와서 다 꿰어져서, 이스라엘의 역사라는 풍부한 문양이 새겨진 양탄자가 마침내 다 짜여지고, 한 분 참된 하나님의 신실하심이 그들에게 드러나게 되고, 또한 그들을 통해서 온 세계에 드러나게 될지도 모른다는 가능성이었다.

우리는 이 모든 것을 어떻게 아는가? 우리가 주로 필로(Philo)의 글들을 읽어서 그 모든 것을 알게 되는 것은 물론 아니다. 그는 자신을 바리새인이라고 자처한 적이 없었다(사실, 그가 바리새파를 짤막하게 언급할 때, 우리는 그가 그들을 저 무리라고 생각하고 있다는 인상을 받는다). 그가 알레고리화 하는 방식을 사용한 것은 연속된 서사 없이 고대의 성경을 다시 연결시키기 위한 방법이었을 뿐이다. (주후 1세기 유대 세계에 대한 많은 연구들이 이 점을 보지 못하게 된 이유는 아마도 그들이 필로에서 시작해서, 서구의 탈서사화된 전제들을 따라가느라고 다른 차원들을 찾지 않았기 때문인 것으로 보인다.) 필로가 유대인들의 궁극적인 소망의 어떤 형태를 지니고 있었다는 암시들이 그의 글들의 여기저기에 나타나 있는 것은 사실이다. 이 암시들에 대해서는 우리가 잠시 후에 살펴볼 것이다. 그러나 요세푸스(Josephus)를 읽어 보라. 거기에서는 그 점이 분명하게 드러난다. 그는 자신들의 성경에 나오는 신탁을 따라 그 때에 구원이 이스라엘에 임할 것을 믿었기 때문에 그런 식으로 행동하고 있는 혁명가들이 여기에 있다고 말한다. 요세푸스가 다른 곳에서 강력하게 암시하고 있듯이, 여기에 나오는 "신탁"은 다니엘서일 수밖에 없다

호리젠')"고 암시하는 *Ant.* 10.267을 보라. 또한, Josephus는 신명기 32장의 예언이 먼 훗날의 것임을 분명하게 암시하고 있다(아래를 보라). 물론, 이 시기에 메시야적으로 읽힌 다른 본문들은 배경 그림의 일

는 것을 나는 앞에서 이미 논증한 바 있다.[154] 다니엘서는 그 전체가 세계적인 강대국들이 많은 세대에 걸쳐서 흥망성쇠를 거듭하다가 마침내 최악의 한 초강대국이 등장하는 데서 절정에 달하는 이야기이다: 그 때에 살아 계신 하나님이 요동하지 않을 나라를 세울 것이고, "돌"을 보내어 큰 신상을 쳐서 부서뜨리고서, "인자 같은 이"를 일으키고 높여서 열국을 다스리는 권세와 영광을 줄 것이며, **포로생활로부터의 진정한 귀환**이 이루어지게 할 것이다 … [155]

우리는 이 시기의 바리새파의 전체적인 서사 세계를 보여 줄 뿐만 아니라, 종종 다니엘의 예언을 명시적으로 언급하기도 하는 증거들에 입각해서, 이것이 이 시기의 바리새파가(그리고 틀림없이 다른 많은 유대인들도) 다니엘서를 읽은 방식이라는 것을 어느 정도 알게 된다. 물론, 이 모든 것의 배후에는 초창기부터 바울 시대와 그 이후에까지 그 영향력이 약해지지 않는 가운데 계속해서 전해진 이스라엘의 이야기를 들려주고(telling) 다시 수정해서 들려주는(retelling) 전통이 있었다.[156] 오랜 세월에 걸쳐서 중요한 내용을 담고서 수많은 우여곡절을 겪으며 전해진 이 전통은 통상적으로 바울에 대한 논의들에서 하나의 요소로 고려되지 않고 있다. 그러나 그의 서신들 속에 나오는 핵심적인 구절들은 이 전통과 연결시켜서 보지 않으면 그 의미를 알 수 없고, 심지어는 잘못된 의미로 읽히게 된다. 우리가 이제 보게 되겠지만, 이스라엘의 이야기를 다시 수정해서 들려주는 이러한 관습은 여러 형태를 띠었지만, 이 이야기를 상황에 맞춰서 이런저런 식으로 사용한 사람들은 언제나 이 이야기가 그 속에 있는 몇 가지 요소들이 올바른 순서를 따라 배열되어 있는 단일한 이야기라는 것을 아주 잘 알고 있었다(달리 말하면, 그들은 이스라엘의 이야기를 잡다한 사례들이나 경고들이 뒤죽박죽 뒤섞여 있는 이야기로 보고서,

부를 형성하기는 하지만, 주요한 요구조건들을 충족시키는 것은 오직 다니엘서뿐이다. 자세한 것은 *NTPG*, 312f.에 나오는 논의를 보라; cp. 행 17:26. 또한, Mason, 1994도 보라. 다니엘서 7장이 세계 통치자가 나올 곳을 "유대 땅"이라고 명시적으로 언급하고 있지 않다는 것은 사실이지만, 현재의 다니엘서 7장의 본문은 분명히 장차 세계를 통치할 자(그가 개인이든 집단이든)가 유대 민족으로부터 나올 것이라고 말하고 있기 때문에, Josephus는 그것을 이런 식으로 쉽게 가져와서 사용할 수 있었다.

155) 단 2장; 7장; 9장; *NTPG*, 312-17과 아래의 설명을 보라. Munck, 1959 [1954], 38이 이 주제를 언급하면서, 이 주제가 주후 1세기에 중요하였다고 말한 것은 흥미롭지만, 그는 이 주제를 토대로 데살로니가후서 2:7(원문에는 6절로 되어 있음 — 역주)의 "막는 자"를 해석하는 데에만 활용할 뿐, 바울에 대한 그의 이해를 형성하는 데에는 사용하지 않는다.

156) 최근의 것으로는 Calduch-Benages and Liesen, 2006에 수록된 논문들을 보라. 불행히도 (내 관점에서는) 몇 가지 점에서 매력적인 이 책은 내가 단일하고 연속된 이야기에 대하여 말하고자 하는 것을 대체로 배제하고 있는 것으로 보인다.

157) 사도행전 7장의 스데반 연설을 이해하기 위한 배경으로서 Wischmeyer, 2006, 348-53에 나오는

거기에 나오는 이런저런 사례들을 임의적으로 끌어다 사용한 것이 아니었다는 것이다). 이렇게 다시 수정해서 들려주는 이야기들 중 전부는 아니지만 다수는 이스라엘은 끊임없이 실패와 반역과 죄를 거듭하였고, 그들이 완전히 망하는 것을 막고자 하나님이 종종 극적인 구원을 베푼 이유는 단지 하나님의 원래의 목적과 부르심을 이루기 위한 것이었다는 관점에서 이 이야기를 들려주었고, 이스라엘의 역사 속에서 눈부신 활약을 한 핵심적인 인물들이 그들의 눈으로 장차 하나님이 보내줄 한 특정한 인물만을 바라보았다는 관점에서 이 이야기를 들려주었다. 장차 등장하게 될 이 기이한 인물이 누구일지가 언제나 분명했던 것은 아니지만, 그 인물에 대해서 분명하게 말하고 있는 본문들을 보면, 우리는 많은 사람들이 바로 그 분명한 본문들에 비추어서 다른 불분명한 본문들을 읽었을 것이라고 확신할 수 있다. 많은 사람들에게 있어서 이 이야기의 종착점은 메시야였다.

(2) 수정된 이야기: 성경

이스라엘의 이야기를 단지 대규모로만이 아니라(오경 자체, 여호수아서에서 열왕기하에 이르기까지의 책들, 역대기), 좀 더 작은 규모로 요약해서 다시 들려주는 오랜 전통은 물론 성경 자체에서 시작되었다. 어느 경우이든, 이 이야기를 그러한 형태로 개작해서 다시 들려준 구체적이고 특별한 목적이 무엇이었는지를 파헤치는 것은 당연히 가능하고, 이것은 매력적인 작업이 될 것이지만, 본서의 목적에서는 한참이나 벗어난 일이다. 사실, 이렇게 이야기를 개작해서 다시 들려주는 것들이 아주 다양한 목적에 기여하면서도 그 서사 형태와 전체적인 의도는 여전히 동일하다는 사실은 나의 연구의 강점들 중의 하나이다.[157)]

"지금까지의 이야기"를 반복하는 것으로 시작해서 장래에 대한 예언들로 끝나는 신명기 전체는 이야기를 개작해서 다시 들려주는 것의 한 예이다. 우리가 특히 주목해야 할 것은 하나님이 이스라엘 사람들에게 절기 때에 예루살렘으로 올라가서 들으라고 명한 서사이다: "내 조상은 유랑하는 아람 사람이었다 …" 또한, 우리는 신명기 자체에서 시작되는 서사들은 그 어떤 단절도 없이 부드럽게 이어져 온 "구원사"에 관한 세련된 기사들이라는 것을 주목하여야 한다. 하지만 그런 것과는 정반대로, 이 서사들은 이스라엘의 고집세고 완강한 반역 및 하나님의 심판과 자

짤막한 요약을 참조하라.

158) 신 1:6—3:29; 6:10-25; 26:5-9; 32:7-43. 신명기의 끝부분에 대한 Josephus의 읽기에 대해서는 아

비에 관한 기사들이고, 이 주제는 32장의 위대한 시에 나오는 놀라울 정도로 암울한 경고들로 이어진다.[158] 아래에서 보게 되겠지만, 특히 신명기 27-30장으로 이루어진 "계약"에 관한 장들은 제2성전 시대에 장차 도래할 악한 때(구체적으로 말한다면, 연장된 포로기) 및 결국에는 이루어지게 될 계약 갱신에 관한 예언으로서의 역할을 하였다.

아브라함으로부터 시작되는 "지금까지의 이야기"에 관한 비슷한 서사는 여호수아서의 끝 부분에도 나오는데, 이 서사는 아주 준엄한 도전으로 이어진다: 이제 이스라엘은 야웨를 섬기겠는가, 섬기지 않겠는가?[159] 이것과는 대조적으로, 역대기에서 새롭게 들려주는 이스라엘에 관한 서사는 서사 전체만이 아니라 좀 더 작은 일들에 있어서도 다른 곳에서 들려주는 서사들과는 판이하게 다른 관점을 보여준다.[160]

시편은 집약된 이스라엘 서사들의 주된 자료이다. 시편 78편은 출애굽의 때, 토라의 수여, 약속의 땅으로의 입성, 그 이후의 삶에서 이스라엘이 끊임없이 반역한 것에 대하여 말한다. 하지만 마침내 하나님은 다윗을 보내어, 시온 산에 성전을 짓게 한다. 여기서 우리는 본문에서 안도의 분위기를 느낄 수 있지만, 물론 그것도 그리 오래 가지 못한다.[161] 시편 105편과 106편은 하나의 짝을 이루어 서로 균형을 이룬다.[162] 시편 105편은 하나님이 땅에 관한 약속을 통해서 아브라함과 계약을 맺은 것을 시작으로 해서, 애굽에서의 체류, 출애굽, 가나안 땅에의 정착에 이르기까지의 이야기를 들려주면서, 이 모든 것의 목적은 이스라엘로 하여금 하나님의 율례와 그의 법들을 지키게 하기 위한 것이었다고 말한다. 그 어떤 종류의 "구원사"에 대해서도 조소하는 사람들은 흔히 이것을 희화화한 묘사라고 단정하지만, 어쨌든 사람들은 여기에서 무리 없이 긍정적으로 진행되어 온 일련의 사건들을 본다. 그러나 이것은 지속되지 않는다. 시편 106편은 우리를 다시 현실로 데려가서, 이스라엘이 홍해에서 반역하고, 광야에서 금송아지를 만들고, 가나안 땅에 들어가기를 거부하며, 바알브올을 섬기고, 므리바에서 물 문제로 하나님과 다투며, 특히 자녀들을 제물로 바쳤다는 등, 이스라엘의 끊임없는 반역에 관한 이야기를 들려준다. 이 모든 것은 결국 포로기로 이어진다. 하지만 이스라엘의 하나님은 그들과 맺은

래를 보라.

159) 수 24:2-15.

160) cf. Wischmeyer, 2006, 350f.

161) 78.70-2. Witte, 2006을 보라.

162) Passaro, 2006을 보라.

163) cf. 예컨대, 시 72:8; 89:25; cf. 창 15:18; 출 23:31; 신 11:24; 왕상 4:21-4(솔로몬 아래에서의 영토

계약을 기억하고, 자기 백성을 구원할 것이다.

또 다른 시편들은 하나님이 아브라함에게 준 원래의 약속들을 상기시키며, 그가 다윗 왕조를 창설하여서, 그 영토가 바다에서 바다까지 이어질 것이고 유프라스테스 강에서 땅 끝까지 이르게 한 것을 송축한다.[163] 또한, 어떤 시편들은 이 서사를 다른 시각들에서 바라보고 들려준다. 시편 132편은 다윗이 법궤를 예루살렘으로 가져오고, 하나님이 다윗을 거기에서 "등불"이 되어 영원히 있게 할 것이라고 약속하는 이야기를 들려준다.[164] 시편 135편과 136편은 출애굽, 특히 애굽과 그 이후의 이교도들에 대한 이스라엘의 승리에 관한 이야기를 송축한다. 이 시편들은 모두 사무엘하 7장을 반영하고 있는 시편 2편을 되돌아보고, 그 중 몇몇 시편들은 장차 다윗 가문에서 날 왕에 대한 기대들과 원래 아브라함에게 주어진 약속이 서사라는 측면과 예언이라는 측면에서 둘 다 암묵적으로 강력하게 연결되어 있음을 암시하기도 한다.

선지자들은 이 동일한 이야기를 생생하게 재현해내고, 종종 개작해서 다시 들려주기도 한다. 예레미야는 하나님이 다윗과 맺은 계약, 즉 다윗이 아브라함과 이삭과 야곱의 자손을 다스리게 될 것이라는 계약에 대하여 말한다.[165] 에스겔은 시편 106편과 흡사하게, 이스라엘의 이야기를 주로 이스라엘의 끊임없는 반역과 하나님이 오직 자기 이름을 인하여 아무런 자격 없는 자기 백성을 장차 구원하게 될 것에 관한 이야기로 본다.[166] 우리가 이사야 40-55장으로 알고 있는 한 편의 위대한 시는 야웨가 메시야를 가리키는 것이 분명한 "종"을 보내어, 다윗에게 한 약속들을 모든 "목마른 자들"에게 이룸으로써, 또다시 시온을 위로할 것이라고 약속하면서, 그 근거를 제시하기 위하여 아브라함을 되돌아본다.[167]

이스라엘의 서사는 포로기 이후에 씌어진 책들에 나오는 세 개의 장들에서는 기도로 바뀐다. 에스라서 9장은 시편 106편을 반영해서, 이스라엘은 언제나 반역해 왔고, 포로기 동안과 거기에서 돌아온 후에도 여전히 계속해서 반역하고 있다고 말한다.[168] 느헤미야서 9장은 이 이야기를 창조의 때까지 소급시켰다가 아브라함

전체); 시 80:11; 슥 9.10(장차 임할 왕의 영토).

164) 시 132:17; cf. 삼하 21:17; 22:29; 왕상 11:36; 15:4; 왕하 8:19; 대하 21:7.

165) 렘 33:23-6.

166) 겔 20:5-44. 또한, 에스겔서 23장에 나오는 "오홀라와 오홀리바"에 관한 이야기를 참조하라.

167) 사 41:8; 51:2; 55:1-3. 위로: 40:1; 49:13; 51:3, 12. 이 "종"의 메시야적인 특징들에 대해서는 Walton, 2003을 보라.

168) 겔 9:6-15.

169) 느 9:6-38. Vermeylen, 2006을 보라.

으로 내려오고, 또다시 이스라엘의 반복된 반역을 강조하며, 야웨는 그가 행한 모든 일에서 "의로우시다"고 역설한다.[169] 다니엘서 9장은 이스라엘 백성의 죄들을 고백하고, 야웨는 의로우시고 이스라엘은 잘못되었다는 것을 인정하면서도, 하나님의 저 "의로우심"을 자비의 토대로 삼아서, 이스라엘을 회복시켜 줄 것을 호소하지만,[170] 다니엘서 2장 및 7장과 더불어서 다소 다른 서사를 제시한다. 2장과 7장은 단지 이스라엘에 관한 이야기가 아니라, 일련의 세계 제국들에 관한 이야기를 들려준다. 이러한 제국들은 하나님에 의해 심판을 받게 될 것이고, 그런 후에는 2장에서는 "돌," 7장에서는 "인자 같은 이," 9장에서는 "왕"이라 불리는 인물 – 이 인물의 운명은 여전히 깊은 신비에 싸여 있지만 – 을 통해서 하나님이 세울 새로운 나라로 대체될 것이다.[171] 이런 본문들에서 우리의 목적을 위해 중요한 것은 이 본문이 "원래" 지니고 있었을 의미들(그것들이 무엇이든지 간에)이 아니라, 이 본문이 주후 1세기에 읽혀지고 있던 방식들이라는 것을 우리는 기억할 필요가 있는데, 요세푸스(Josephus)와 에스라4서라는 두 개의 극단적으로 다른 자료들이 이 점에서는 서로 일치를 보이고 있기 때문에 – 이것에 대해서는 우리가 곧 살펴보게 될 것이다 – 우리는 다니엘서가 당시에 어떤 식으로 읽혀지고 있었는지는 꽤 잘 알게 되었다.

우리가 이제까지 다니엘서에 대하여 말해 온 바와 같이, 이 이야기의 많은 부분은 노예생활(slavery)과 포로생활(exile)로부터 건짐을 받고 해방을 받게 될 것에 대한 기대들에 관한 것이다. 그러나 다니엘서 2장과 7장, 그리고 후대에 에스라4서에 인용된 다니엘서의 구절들은 그 이상의 것을 담고 있다. 신명기적인 계약으로 거슬러 올라가 보면, 거기에는 이스라엘이 순종하는 경우에는 이 땅에서 가장 중요하고 강력한 나라가 될 것이라는 약속이 담겨 있었다.[172] 이스라엘이 야웨의 이름으로 불리고 야웨가 주는 복을 받고 있다는 것을 땅의 모든 사람들이 알게 될 것이고, 그들은 "머리가 되고 꼬리가 되지 않을" 것이며, "꼭대기에 있고 밑바닥에 있지 않게" 될 것이다.[173] 물론, 이스라엘이 불순종한다면, 그 결과는 반대가 될 것이다.[174] 그러나 이스라엘이 다시 마음을 새롭게 하여 돌이킨다면, 결국 이 약속은

170) 단 9:4-19.

171) 단 2:34f., 44f.; 7:13f., 18, 22, 27; 9:25-7.

172) 내가 이 주제를 천착한 데에는 Horbury, 2012의 많은 도움을 받았다.

173) 신 26:19; 28:1, 10-13; cf. 15:6.

174) 신 28:25, 43.

175) 30:1-5, 7, 16; "머리가 되고 꼬리가 되지" 않을 것이라는 등등에 관한 약속이 명시적으로 반복되

실현될 것이다.[175] 이것은 장차 왕이 와서 만민의 순종을 받으며 열국을 다스리게 될 것이라는 오경에 나오는 다양한 약속들과 밀접하게 연결된다.[176] 장차 임할 만유의 왕이라는 주제는 선지자들 속에서 계속되었고, 쿰란 공동체에서도 발견된다.[177]

이러한 약속들은 신명기 30장에서는 포로생활로부터의 귀환과 흩어진 지파들의 재결집이라는 주제와 연결된다.[178] 필로(Philo)는 이러한 약속들에 주목하고서, 당시의 디아스포라가 사실상 유대인들이 온 세계를 점령하는 일종의 식민 운동(colonial movement)으로서의 기능을 하고 있는 것으로 인식하였다고 호베리(Horbury)는 지적한다.[179] 필로는 장차 오경에 나오는 약속들이 실현될 "해방"의 날이 오면 일종의 유대 제국이 탄생하게 될 것이라고 보았다:

> [너희 원수들은] 자신들보다 더 힘센 세력에게 패퇴하여 황급히 도망갈 것이다 … 어떤 자들은 자신을 추격해 올 자가 없어서 두려워할 필요가 없는데도 등을 돌려 도망하기 바빠서 자신의 원수들의 좋은 표적이 될 것이다 … 왜냐하면, "장차 한 사람이 출현하리라"는 신탁[민 24:17 LXX]에 따라, 그가 자신의 군대를 이끌고 전쟁을 벌여서, 하나님이 경건한 자들을 위하여 보낸 증원군의 도움으로, 인구가 많은 큰 나라들을 복속시킬 것이기 때문이다 … 그는 전쟁에서 피 흘림 없이 영속적인 승리를 거둘 뿐만 아니라, 아무도 다툴 수 없는 왕권을 얻어서, 자신들이 느끼는 두려움이나 공경함으로 인하여 그에게 순복하는 자들에게 복을 가져다줄 것이다.[180]

이것은 단지 노예생활로부터 구원받는 것을 상당히 뛰어넘는 것이다. 호베리(Horbury)는 헤롯 대왕이 이오니아(Ionia)에 있던 유대인들의 후견인 역할을 했던 것의 배후에는 유대 "제국"에 관한 이러한 관념이 자리 잡고 있었다고 말한

고 있지는 않지만, 실제로는 그렇게 반복되고 있는 것으로 보는 것이 옳다.

176) 창 49:10(Horbury, 2012는 바울이 로마서 15:18에서 이것을 염두에 두고 있었을 것이라고 생각한다); 민 24:7 LXX.

177) 사 9:6f.; 11:10(롬 15:12에 인용됨); 미 5:1-8 [=2-9]. 또한, 시 18:43-9을 참조하라.

178) 그는 느 1:8f.; 시 106:47; 147:2; Sir. 36.11; 2 Macc. 1.27; 2.18과 *Amidah*의 열번 째 축복문을 인용한다.

179) *Flacc.* 45f.; *Leg.* 281-4. 후자에는 Herod Agrippa가 Caligula에게 광범위한 지역들에 설치된 "식민지들"에 대하여 써보낸 글이 많이 나온다.

180) Philo, *Praem.* 94-7.

181) cf. Jos. *Ant.* 16.27-65; 아그립바 1세(Agrippa I)가 알렉산드리아에서 "우리 주"로 환호를 받은 것과 비교해 보라(Philo, *Flacc.* 30f., 38f.). 자세한 것은 Horbury, 2003, ch. 3을 보라; 그는 "조심스럽기는 하지만 헤롯 가문의 메시야 사상이라고 부를 수 있는 그런 분위기"에 대하여 말한다(122). 또한, Riesner, 2000, 250을 참조하라.

182) Jdth. 5.5-21; Puerto, 2006과 아래의 설명을 보라.

다.[181] 이러한 관념들은 이 시기에는 아주 많이 발전되어 있었던 것으로 보이지는 않지만, 적어도 당시의 유대인들이 이스라엘 나라와 관련된 것이든, 아니면 장차 임할 왕과 관련된 것이든, 전 세계적인 왕권에 관한 하나님의 약속들을 바라본 한 가지 방식을 보여준다.

(3) 수정된 이야기: 제2성전 시대의 문헌들

이스라엘의 이야기를 각자의 특수한 사정에 의거해서 여러 가지 다양한 시각에서 이런 식으로 다시 개작해서 들려준 것들은 제2성전 시대의 문헌들의 서로 다른 흐름들 전체에 걸쳐서 발견된다. 유딧서를 보면, 암몬인들의 지도자 아키오르(Achior)는 이교도들의 왕인 홀로페르네스(Holofernes)에게 족장들과 애굽에서의 이스라엘의 노예생활, 이스라엘의 반복된 죄, 패배와 포로생활, 그리고 하나님의 보호하심 아래에서의 회복에 관한 긴 이야기를 들려준다.[182] 벤시락서는 에녹과 노아를 필두로 해서 옛적의 영웅들을 열거하면서, 아브라함 및 창세기 12장과 15장에 나오는 계약에 의한 약속들을 부각시킨다.[183] 그런 후에, 모세와 아론을 거쳐서, 비느하스에 이르러서는, 하나님이 비느하스와 맺은 계약이 다윗과의 계약과 서로 병행된다는 점이 강조된다(달리 말하면, 왕권에 대한 계약과 제사장직에 대한 계약이 동시에 진행되고 있음이 강조된다).[184] 이렇게 해서, 영웅들에 관한 얘기가 다윗에 이르렀을 때에는, 다윗과의 계약이 다시 강조되면서, 이 계약이 선한 왕들을 통해서 계승되었다는 사실이 제시되지만, 대부분의 왕들이 실제로 악했기 때문에, 결국 도성과 성소가 멸망을 당하게 되었다고 말한다. 스룹바벨과 포로기 이후의 대제사장이었던 여호수아는 포로기 이후에 성전을 재건한 인물들로 칭송되지만, 물론 이 서사는 당시의 대제사장이었던 오니아스의 아들 시몬에서 절정에 달한다. 이렇게 해서, 이스라엘의 긴 이야기는 원래 정해져 있던 종착점에 도달한 것으로 여겨진다.[185]

183) 특히, Sir. 44.20f.(창 12:3을 전거로 함); 17.10f.(할례); 13.16; 15.5, 18.

184) 45.24f.는 사무엘하 7:12-17과 시편 2:8(또한, 111 [110]:6)에 나오는 "유업"에 관한 약속을 반영하고 있다. 다윗 계약은 "아들로부터 아들에게로," 즉 한 세대에 한 명에게 계승될 것이라고 되어 있는 반면에, 비느하스의 경우에는 하나님이 "아론의 기업"이 그 가족 전체에게(kai tō spermati autou – '카이 토 스페르마티 아우투') 있을 것이라고 약속한다.

185) di Lella, 2006이 영웅들의 명단을 검토하면서, 50장에서 시몬에 관한 준종말론적인 묘사를 눈치채지 못한 것으로 보이는 것은 주목할 만한 것인데, 이것은 49장에 나오는 짤막한 요약적인 시가 실제적인 결론이라는 것을 의미한다. 또한, Sir. 24장이 하나님이 지혜/토라의 형태로 시온으로 돌아올 것임을

그것이 또 하나의 잘못 본 여명이었음은 두말할 필요가 없다. 수리아의 침공으로 주전 2세기의 유대 세계는 새로운 현실, 즉 마카베오의 반란과 그 후폭풍이라는 현실로 진입하게 되었다. 우리가 이미 보았듯이, 시므온과 유다 마카베오의 아버지였던 나이 든 맛다디아의 출사표는 아브라함에서 시작된 긴 서사의 일부이다. 이 노인은 아브라함이 시험을 받았을 때에 "신실하게"(pistos, '피스토스') 행하였고, "그것이 그에게 의로 간주되었다"고 말한다.[186] 그런 후에, 맛다디아는 계속해서 요셉과 비느하스, 여호수아와 갈렙, 다윗과 엘리야에 관한 얘기를 이어가다가, 바벨론에 있었던 다니엘과 그의 친구들에 관한 얘기로 끝을 맺는데, 그의 출사표가 여기에서 절정에 도달한다는 것은 분명하다. 즉, 성전에 있는 제사장들이 아니라, 용기 있고 젊은 군대 지도자들인 시므온과 유다가 이교도들에 대하여 승리를 거두고서 이 위대한 서사를 하나님이 정하신 결말로 이끌어 갈 인물들이라고 말하고 있는 것이다.[187]

마카베오3서는 이것과 병행이 되는 서사를 대제사장 시몬의 입을 통해서 들려준다. 이 서사는 악한 이방 나라들이 오만방자하게 행하다가 하나님의 권능에 의해서 전복된 사례들을 열거한 후에, 이스라엘이 범죄하였기 때문에 벌 받은 것은 마땅한 일이었다는 것을 인정하는 가운데, 하나님이 자신의 성소를 보호하겠다고 한 약속들로 인해서, 지금 이 땅을 침입해 온 이교도인 애굽의 프톨레마이오스 왕을 막아 줄 것이라고 주장한다.[188] 이 서사는 나이가 지긋한 제사장이었던 엘르아살의 짧지만 장엄한 기도, 즉 "큰 권능을 지니신 이스라엘의 왕이자 모든 피조세계를 자비로 다스리시는 지극히 높으시고 전능하신 하나님"에게 "아브라함의 자손들을 굽어살펴 주실" 것을 상기시키는 기도로 나아가기 위한 길을 닦아 놓는다. 그는 이 이야기를 빠르게 훑어나가면서, 핵심적인 순간들을 부각시킨다: 야곱, 출애굽, 앗수르 침공에 의한 위기, 세 친구와 다니엘이 각각 풀무불과 사자들로부터 건짐을 받은 일, 그리고 마지막으로는 요나가 바다 괴물로부터 건짐을 받은 일(이것이 이러한 목록들에서 언급된 것은 특이하다?). 그런 후에, 이 서사는 이스라엘은

암시하는 역할을 하고 있다는 것에 대해서는 위에서의 설명을 보라.

186) 1 Macc. 2.52.

187) 1 Macc. 2.49-68; Egger-Wenzel, 2006을 보라. Wischmeyer, 2006, 352가 여기서 "일련의 모범들(exempla)이 역사(historia)를 대신하였기" 때문에, 중요한 것은 "하나님과 이스라엘의 역사가 아니라, 율법의 성취"라고 주장한 것은 내게 잘못된 것으로 보인다. 옛적의 위대한 인물들은 물론 모범들이지만, 그들이 몸담고 있던 서사는 단지 "범례적이고 윤리적"이거나 "윤리적이고 종교적인" 것이 아니라, 종말론적인 것이다.

188) 3 Macc. 2.1-20.

구원 받을 만한 자격이 없는 백성이지만, 하나님이 다시 한 번 자기 백성을 구원할 것임을 확신하는 기도로 자연스럽게 이어진다. 그 이유는 만일 하나님이 그렇게 하지 않으면, 악한 이교도들이 하나님의 백성을 이기게 될 것이기 때문이라는 것이다.[189)]

또한, 주전 2세기에 나온 우리의 서사 본문들 중에서 가장 중요한 것 중의 하나는 이른바 에녹1서 85-90장으로 이루어진 "짐승 묵시록"(Animal Apocalypse)이다. 이 묵시록은 대홍수 이야기를 자세히 들려준 후에, 아브라함과 그 밖의 다른 족장들을 집중적으로 부각시키고 나서, 출애굽과 광야에서의 유랑생활, 가나안 땅으로의 입성에 관한 이야기로 나아간다. 독자들이 좀 헷갈리기 쉽게, 이 모든 이야기는 암소들, 양들을 비롯한 여러 짐승들을 등장시킨 가운데 진행되고, 거기에서 핵심적인 역할을 하는 짐승들은 들나귀(이스마엘)나 검은 멧돼지(에서)와 대비되는 눈처럼 흰 암소들이나 황소들(아브라함, 이삭), 또는 양들(야곱)이다.[190)] 모세와 아론은 양들이고, 애굽 사람들은 이리들이다.[191)] 그런 후에, 사사 시대에 관한 이야기가 나오고, 다음으로는 다윗이 사울을 대신해서 왕이 되어 성전을 건축한 이야기가 이어진다(사울은 숫양이고, 다윗은 숫양으로 승격된 양이다). 그 뒤로는 후대의 왕들의 몰락과 성전의 파괴, 포로생활과 귀환, 포로기 이후의 싸움들, 특히 마카베오의 반란에 관한 이야기가 모두 비슷하게 암울한 색조로 묘사된다. 마지막으로, 이 묵시록은 들의 짐승들과 하늘의 새들이 모두 경배를 올리게 될, 큰 뿔들을 지닌 눈처럼 흰 황소가 장차 도래하게 될 것이라고 독자들에게 약속하는 것을 흔히 암울한 색조를 띠고 전개되어 온 이 서사 전체의 절정으로 삼는다. 이 황소가 메시야를 의미하는가? 어떤 사람들은 이것을 의심해 왔지만, 나는 그런 의심은 불필요하게 조심스러운 것이라고 본다. 이 새롭게 등장한 흰 황소는 다른 모든 짐승들을 자기와 똑같이 눈 같이 흰 황소들로 변모시키지만, 자기 자신은 거대한 검은 뿔들을 지닌 큰 짐승이 된다.[192)] 이 모든 일은 언제 일어나게 될 것인가? 다니엘서 9장

189) 3 Macc. 6.1-15; Corley, 2006은 신명기사가의 계약 신학이 여기에 함축되어 있다고 주장한다(210f.). 이 기도는 두 천사가 와서 임박한 멸망을 구원과 경축으로 바꾸어 놓는 것으로 응답된다. 하나님의 섭리와 구원을 강조하는 유대인들의 역사에 관한 또 하나의 짤막한 기사는 제정신으로 돌아온 Ptolemy의 입에 넣어져서 3 Macc. 7.2-9에 나온다.

190) 89.11f.

191) 89.16-19.

192) 1 En. 90.37f. Charlesworth, 1992, 17-19는 이것이 과연 메시야에 대한 정확한 언급인지, 아니면 다른 식으로 해석될 수 있는지에 대하여 의문을 제기한다. 또한, Collins, 1987, 100f.는 Goldstein, 1987, 72f.에 반대하여, 이 인물이 다윗적인 특징들을 지니고 있다는 점을 강조한다; Collins, 2010 [1995], 41은

과 마찬가지로, 이 묵시록은 70년 간의 포로생활에 관한 예레미야의 예언을 "칠십 이레"라는 관점에서 재해석한다.[193]

"짐승 묵시록"은 쿰란 공동체에서도 알고 있었고, 우리가 주전 2세기 중반에 씌어진 것으로 보이는 또 하나의 비슷한 본문을 발견한 곳도 바로 쿰란 공동체였다. "다메섹 문서"(Damascus Document)는 창세기에 나오는 몇몇 초기 서사들("파수꾼들"과 노아)을 다시 들려준 후에, "영원히 하나님의 계약에 속한 인물들"인 아브라함과 이삭과 야곱에 초점을 맞춘다.[194] 이것은 애굽에서의 체류, 출애굽, 포로생활을 초래한 이스라엘의 지속적이고 끈질긴 반역에 관한 이야기로 이어진다.[195] 하나님의 계약에 속한 최초의 사람들은 범죄하여, "하나님과의 계약을 저버리고 그들 자신의 뜻을 선택하였기 때문에 칼에 넘겨졌다"고 이 본문은 설명한다.[196] 그러나 그런 후에, 계약이 은밀하게 다시 맺어지게 되었고, "포로생활로부터의 진정한 귀환"이 시작되었다는 이야기가 이어진다: "하나님께서는 자신의 계명들을 굳게 붙잡고 있던 남은 자들을 통해서 이스라엘과 영원한 계약을 맺으셨고, 저 감추어진 일들에서 모든 이스라엘이 잘못된 길로 가 버렸지만, 이제 그 일들을 그들에게 나타내셨다." 달리 말하면, 이 분파의 특별한 가르침들은 이 모든 것, 즉 하나님의 약속들이 마침내 어떻게 성취될 것인가에 관한 비밀을 푸는 열쇠라는 것이다.[197] 다음은 이 회복된 이스라엘이 아담에게 속하여 있었던 세계에 대한 왕권을 어떻게 물려받게 될 것인지를 보여준다: "이 계명을 굳게 붙잡는 자들은 영원히 살게 될 것이고, 아담의 모든 영광이 그들의 것이 될 것이다."[198] 이러한 사고의 틀은 이전에 감추어져 있던 여러 예언 구절들의 의미를 새롭게 해석하여 드러낼 수 있게 해주는데, 그 예언들은 쿰란 공동체가 이 분파를 세워서 다른 여러 운동들과 싸움을 벌이게 된 것과 관련된 여러 측면들을 해명해 주는 것들이라는 것이 드러난다.[199] 한 최근의 주석자는 이 모든 것을 다음과 같이 요약하였다:

본문에서 진정으로 "구원을 베풀 자"는 90.9-14에서 "저 숫양"으로 등장하는 Judas Maccabaeus라고 주장한다. Goldstein은 *1 En.* 90과 1 Macc. 2 간에는 긴장관계가 있다고 단정한다; 분명히 이것은 이 시기에 잠재적인 "제왕" 신학을 말하고 살아간 여러 경쟁적인 방식들을 전제할 때에만 이해될 수 있다. 마지막 짐승이 아담을 닮았다는 사실은 메시야인지 아닌지를 결정해 주는 요소가 될 수 없다고 나는 생각한다.

193) Beckwith, 1996, 235-8을 보라.

194) CD 3.2.

195) CD 3.4-12. 이 대목에 대해서는 Lichtenberger, 2006의 짧지만 중요한 논문을 보라.

196) CD 3.10f.(tr. Vermes).

197) 3.12-14.

198) CD 3.20.

199) CD 3.21—6.11. 이것은 이 분파가 창건되었을 때에 행해진 은밀한 계약 갱신에 관한 서두의 기

> 이스라엘의 역사의 목적은 바로 이 쿰란-에세네파 공동체의 출현과 존재였다. 이 공동체는 오직 의의 교사(the Teacher of Righteousness)의 활동을 통해서 이스라엘의 역사를 새롭게 시작하는 데에만 관심을 갖고 있었다. 오직 하나님의 친구들인 족장들과의 연속성만이 존재하였다. 이 공동체는 하나님의 마음을 흡족하게 해드리는 길로 행하고자 하여, 그들 자신을 이스라엘 역사의 나머지 부분과 결정적으로 단절하였다 … 이스라엘의 역사는 이 공동체의 역사 속에서 성취되었다.[200]

또한, 리히텐베르거(Lichtenberger)는 이 이야기는 이러한 성취를 통해서 "인류가 자신의 종착지에 도달하게 된다"는 점을 강조하고 있다는 것을 지적한다. 인간의 역사는 이스라엘에 초점이 맞춰지게 되었고, 이스라엘의 역사는 쿰란 공동체에서 성취되었다. 그것은 제2성전 시대에 이스라엘의 역사를 다시 수정해서 들려준 고전적인 예이다. 또한, 이 이야기는 빛에 이르기까지 중단 없이 순탄하게 앞으로 전진해 가는 이야기이기는 하지만, 이스라엘의 충격적인 반역이 길게 이어지다가 극적인 반전이 일어나서, 하나님이 처음에 이스라엘을 불렀을 때의 목적이 성취될 것에 관한 이야기이다. 물론, 에세네파는 이 일이 어떤 식으로 성취되고 있는지에 대한 구체적이고 세부적인 내용들과 하나님이 요구하는 정결을 이루기 위해서 성경 외에 어떤 구체적인 규율들이 필요한 것인지에 대해서는 바리새파와 달랐지만, 그들의 이야기의 형태는 다른 수많은 다시 수정해서 들려준 이야기들과 아주 분명하게 공명하고 있기 때문에, 우리는 다소의 사울이 이 서사 형태에 친숙하였을 것이라고 보는 것을 주저하지 않아야 한다.

우리의 주제와 분명한 관련성을 지닌 또 하나의 쿰란 두루마리인 "창세기 외경"(Genesis Apocryphon)은 창세기를 나름대로 개작해서 다시 들려주다가, 실망스럽게도 바울적인 관점에서 볼 때에 일이 정말 흥미진진하게 되어 가는 바로 그 순간인 창세기 15장에서 그러한 개작은 아주 희미해진다.

4QMMT로 알려진 "제사장" 서신은 그 결론부에서 신명기 27-30장에 나오는 계약에 따른 약속들과 경고들이라는 관점에서 이스라엘에 관한 서사를 짧고 감질나게 제시한다. 이 서신은 하나님이 약속한 복된 일들이 다윗과 솔로몬 시대에 일어났던 반면에, 느밧의 아들 여로보암의 때로부터 시드기야 왕의 때에 포로로 끌려가게 될 때까지는 하나님이 경고한 저주들이 이스라엘에 임하였다고 말한다. 여로

사(CD 1.1—2.1)가 그것을 "하나님에 대한 불충성과 하나님에 이끌려 사는 삶 사이를" 계속해서 "왔다 갔다 하는 것"의 한 예가 아니라, 일회적인 종말론적인 순간으로 상정하고 있다는 것을 분명하게 보여준다(Wischmeyer, 2006, 353).

200) Lichtenberger, 2006, 237.

보암과 시드기야라는 두 악한 왕으로 인해서 저주들이 임하기는 하였지만, 그 이전에 적어도 얼마 동안은 "복"이 임하였던 시기가 있었다고 말하는 이 서신의 도식은 리히텐베르거(Lichtenberger)가 설명한 "계약 문서"(CD)의 도식과는 꽤 차이가 있다. 이 서신의 기자는 이제 우리가 신명기 30장에 나오는 것과 같은 계약 갱신의 복을 받게 될 것이기 때문에, 지금은 다윗과 그가 받은 죄 사함을 기억해야 할 때라고 말한다.[201] 이것은 "계약 문서"와 동일한 도식으로 다시 돌아온 것이지만, 이번에는 포로생활의 오랜 저주가 이어지다가 결국에는 계약 갱신의 새로운 복을 받게 될 것이라는 신명기의 예언과 분명하게 연결된다.

주전 2세기에 이스라엘의 이야기를 개작해서 다시 들려준 것들 중에서 가장 긴 것은 희년서에 나온다. 쿰란 분파와 신학적으로 가까운 사촌지간이라고 할 수 있는(이 책의 여러 단편들이 거기에서 발견되었다) 희년서의 저자는 특히 유월절과 출애굽, 토라의 수여에 초점을 맞춘 가운데, 세계를 창조하던 때로부터 아담과 노아, 아브라함과 이삭과 야곱에 이르기까지의 초기 역사를 상세하게 들려준다. 희년서 전체는 일주일마다 돌아오는 안식의 날인 안식일과 칠 년이 일곱 번 지났을 때에 돌아오는 더 큰 "안식일"인 희년(이 책의 제목에 함축되어 있듯이), 그리고 한 해의 여러 시기들을 나타내는 절기들에 특별히 주목한다. 희년서 저자는 자신의 독자들이 이러한 좀 더 큰 서사 내에서 여전히 살아가고 있는 것임을 암시한다.[202] 이 책은 이스라엘의 초기 역사를 49년마다 돌아오는 여러 "희년들"로 구성하고, 모든 희년들이 지나갔을 때, 이스라엘은 마침내 모든 죄에서 정결하게 씻음을 받게 될 것이고, 그들의 땅이 영원히 정결하게 될 것에 대한 확신 속에서 살아가게 될 것이라고 말하는 것으로 끝이 난다.[203]

희년서의 도입부는 모세가 신명기를 쓰는 이야기, 특히 계약에 관한 장들에 나

201) MMT C 18-32. Wells, 2010, 44-49의 논의를 보라. Seifrid, 2007, 658은 이 본문은 단지 저주들과 복들의 패턴에 관한 일반적인 진리를 서술하고 있을 뿐이고, 이 패턴은 "순종을 조건으로" "최종적인 복"이 수여될 종말에 드러나게 될 것이라고 주장한다. 하지만 Seifrid는 (a) 여기에서는 다른 곳에서와 마찬가지로 신명기 27-30장의 일련의 순서 전체를 상기시키고 있다는 것,(b) 이것은 이스라엘의 역사를 단지 "패턴들"의 모음이 아니라 단일한 서사로 이해한 제2성전 시대의 훨씬 더 큰 패턴 내에 위치하고 있다는 사실,(c) 여기에서 한 유대인을 또 다른 유대인과 대비시켜서 정의하고 있는 구체적인 "토라의 행위들"(이것은 이방인과 대비되는 유대인의 "행위들"과 대조된다)에 대한 순종은 신명기 30장에 의하면 "종말에" 임할 복을 미리 보여주는 증표로서의 기능을 한다는 사실을 보지 못하고 있다. 이것에 대해서는 *Perspectives*, ch. 21을 보라.

202) 달리 말하면, 아브라함을 하나의 "모범"이나 "본"으로 사용하는 것(예컨대, *Jub*. 16.28; 24.11)은 좀 더 크고 본질적으로 종말론적인 목적 내에서 기능한다는 것이다.

203) *Jub*. 50.5. 이러한 논의로는 Beckwith, 1996, 238-41 등을 보라.

오는 연속된 서사를 들려준다. 하나님은 모세에게 이스라엘 백성이 계약에서 일탈하고, 안식일들과 성소로부터 일탈해서 방황하게 될 것이라고 말한다. 하나님은 그들에게 증인들을 보낼 것이지만, 그들은 들으려 하지 않을 것이고, 심지어 그 증인들을 죽이기까지 할 것이다. 그런 후에, 그 결과에 대한 서술이 나온다:

> 내가 내 얼굴을 그들에게서 감출 것이고, 그들을 열국의 권세에 부쳐서 사로잡혀 가고 약탈당하며 삼켜지게 하리라. 내가 그들을 이 땅으로부터 옮겨서 열국들 가운데 흩으리라.[204)]

하지만 그런 일이 있고 난 후에 새로운 날, 곧 하나님이 약속한 새로운 순간이 도래할 것이다. 희년서 저자는 이것이 원래 모세에 의해서 주어진 예언이었고, 마침내 이 예언이 자기 시대에 성취되어서, 그 기나긴 세월 동안 이어져 온 가슴 아픈 이야기가 마침내 승리의 순간에 다다르고 있는 것으로 보았다:

> 후에 그들이 마음을 다하고 목숨을 다하고 힘을 다하여 열국으로부터 내게 돌이키겠고, 나는 그들을 모든 열국 중에서 모으리라. 그들은 나를 찾다가 결국 만나게 되리라. 그들이 마음을 다하고 목숨을 다하여 나를 찾을 때, 나는 그들에게 의로움 가운데서 차고 넘치는 평화를 나타내리라 … 그들은 저주가 아니라 복이 될 것이고, 꼬리가 아니라 머리가 되리라. 나는 그들 가운데 나의 성소를 짓고, 그들과 함께 거하게 되리니, 나는 그들의 하나님이 되고 그들은 진정으로 합당하게 내 백성이 되리라. 나는 그들을 버리지 않겠고 그들로부터 떠나지 않으리니, 이는 내가 그들의 주 하나님임이니라.[205)]

이 본문은 포로생활의 종결과 계약의 갱신에 관한 온갖 종류의 예언들을 반영하고 있지만, 여기에 일차적으로 반영된 예언이 신명기, 그 중에서도 특히 30장이라는 것은 분명하다:

> 이 모든 일들, 곧 내가 네게 둔 모든 복과 저주가 네게 임하였을 때, 네가 네 하나님 야웨로부터 쫓겨간 모든 나라 가운데서 이 일이 마음에서 기억이 나거든, 너와 네 자손이 네 하나님 야웨께로 돌아와, 내가 오늘 네게 명령한 대로, 마음을 다하고 뜻을 다하여 야웨의 말씀을 청종하면, 네 하나님 야웨께서 마음을 돌이키시고 너를 긍휼히 여기셔서 네 처지를 회복시키시고, 네 하나님 야웨께서 너를 흩어 놓으셨던 그 모든 백성 중에서 너를 모으실 것이다 … [206)]

204) *Jub.* 1.7-12(막 12:1-12의 "역으로의 반영"을 주목하라!); 직접적인 인용문은 1.13이다. 신명기 26-29장에 대한 이러한 요약이 열왕기하 17:7-20에 반영되어 있는 것은 물론이지만, 열왕기하의 본문에는 신명기 30장에 해당하는 것이 제시되지 않는다.

205) 아래에서 논의된 *Jub.* 1.15-18.

우리가 곧 보게 되겠지만, 이것은 주후 1세기의 유대인들도 여전히 기다리고 있던 "포로생활로부터의 귀환"과 계약의 갱신에 관한 고전적인 약속이다. 희년서는 (비록 쿰란 분파에서 인기가 있었다고 해도) 바리새파의 신념들을 직접적으로 반영하고 있는 것은 아니지만, 그것은 구체적이고 세부적인 것들에서 그렇다는 것일 뿐이다. 희년서가 보여주는 것과 같은 서사 형태 – 그 안에서 세부적인 내용들은 서로 상당히 달라진다 – 는 널리 받아들여졌을 뿐만 아니라, 다소의 사울에게서 두드러졌던 토라에 대한 "열심"을 중심으로 한 운동들만이 아니라, 사도 바울의 발전된 신학과도 정확히 일치하기 때문에, 우리는 바울이 내내 이 좀 더 큰 서사 세계를 알고 있었고, 자기 자신을 그 세계 안에서 행하는 한 명의 배우로 보았을 것이라고 추정하지 않으면 안 된다.

성경의 서사에 대한 제2성전 시대의 새로운 개작들에 대한 검토를 끝내고, 이제 주후 1세기로 넘어가 보면, 거기에서 우리는 그러한 짧은 개작들과는 거의 비교할 수 없을 정도의 풍부한 내용으로 "지혜"라는 관점에서 성경의 서사를 개작한 또 하나의 서사를 발견한다. 『지혜서』는 역사 내에서의 "지혜"의 활동이라는 외관 아래에서 아브라함을 특히 부각시키는 가운데 아담으로부터 출애굽에 이르기까지의 이스라엘의 역사를 상세하게 들려준다. 그런 후에, 이 책은 하나님에게 저항하며 말을 듣지 않았던 애굽이 받은 벌을 특히 강조하는 가운데 출애굽에 관한 이야기를 들려준다.[207)]

주후 1세기에 씌어진 또 하나의 글인 『성경 고대사』(*Biblical Antiquities*)는 한 때는 필로(Philo)의 저작으로 여겨졌다가 지금은 필로의 위작(Pseudo-Philo)으로 알려지게 된 책으로서, 아담으로부터 사울의 죽음에 이르기까지의 성경의 서사를 개작한 것이다.[208)] 이 저작에서 사울의 죽음 이후의 부분이 원래는 있다가 훼손된 것인지, 아니면 원래부터 없었고, 이 저작의 의도는 이 이야기를 그런 식으로 끝냄

206) 신 30:1-3; cp. 28:13("머리가 되고 꼬리가 되지 않게"; 위의 설명을 보라). 나중에 보게 되겠지만, 이 장 전체가 중요하다; 정확히 동일한 순서의 이전의 좀 더 짤막한 진술은 신명기 4:25-31에 나온다. 희년서가 신명기를 상당한 정도로 인용하고 있다는 것에 대해서는 Halpern-Amaru, 1997, 140 n. 31을 참조하라. 다른 전거들로는 렘 29:13f.; Qumran CD 1.7; 4QMMT C 9-16(이것에 대해서는 아래를 보라)을 참조하라. 제2성전 시대 유대인들이 신명기를 어떻게 읽었는지에 대해서는 Lim, 2007; Lincicum, 2010을 보라.

207) Wis. 10-12; 13-19. 이것에 대해서는 Gilbert, 2006과 거기에 나오는 이전의 전거들을 보라.

208) Murphy, 2010은 이 책이 주후 70년의 사건을 직접적으로 언급하고 있다는 것에 대하여 계속해서 이의를 제기해 온 학자들을 열거하면서, 이 책의 저작 연대를 주후 2세기 초로 설정한 Jacobson, 1996의 주장에 대하여 유보적인 입장을 취한다. Fisk, 2001, 34-40에 나오는 자세한 논의는 조심스럽게 확고한 결론을 내리고 있지는 않지만, 이 책의 저작 연대가 주후 70년 전후의 10여 년일 가능성이 가장 높은 것

으로써, 역사 속에서 그 후에 참된 왕 다윗이 도래하여 사울을 몰아낸 것과 마찬가지로, 이제 이스라엘의 이야기도 마침내 거짓 왕(헤롯 가문 중 한 사람?)을 몰아낼 참된 메시야의 도래를 손꼽아 기다리고 있는 것이라고 말하고자 한 것이었는지에 대해서는 논란이 있다. 우리는 이 작품이 신명기를 토대로 모세의 마지막 날들을 개작해서, 신명기의 마지막 장들을 장차 도래할 먼 훗날에 관한 예언으로 읽고, 마지막 날들의 연대기를 암호적인 표현으로 암시하고 있다는 것을 특히 주목한다.[209)]

모세에 대한 이러한 언급은 이른바 『모세의 유언』(『모세 승천기』로도 알려져 있다)이라는 책을 우리에게 상기시켜 준다. 거기에서 모세는 여호수아에게 거룩한 땅을 정복하고 정착하는 일에 관해서만이 아니라, 장차 일어날 일들과 아주 먼 훗날의 세대들과 그 세대들이 직면하게 될 문제들에 대해서도 말해 준다. 그 문제들은 포로생활에서 절정에 도달하고(3:3), 포로로 끌려간 사람들은 "대략 77년 동안" 노예로 살게 될 것이다(3:14). 그런 후에, 여러 가지 환난들이 있고 나서, "그 때가 속히 끝을 맞게 될 것이고"(7:1), 악인들에 대한 하나님의 큰 진노하심이 있을 것이다(8:1-5). 마침내 신비에 싸인 탁소(Taxo)라는 인물이 출현하여(9:1-7) 하나님의 나라를 세워서, 온 피조세계를 새롭게 변화시키고, 이스라엘을 그들의 원수들 위로 높이 일으켜 세울 것이다(10:1-10). 모세는 여호수아와 계약을 맺은 하나님은 창조주이기도 하다는 것과 피조세계에 대한 그의 신실하심이 이 계약에 대한 보증이라는 것을 강조한다(12:4, 9,13). 주후 1세기 유대인들은 그들 자신을 바로 이러한 연속된 서사 내에서 이 이야기를 진전시켜서 약속된 성취를 이루게 하여야 할 새로운 배우들로 이해하도록 초대 받았다는 것을 우리는 여기에서 다시 한 번 보게 된다.[210)]

이것은 우리를 『솔로몬의 시편』(*Psalms of Solomon*)으로 데려다 주는데, 앞에서 보았듯이, 이 책은 이 시기에 나온 바리새파 특유의 본문에 가장 가까운 책이

으로 말한다.

209) Ps-Phil. 19.1-16; 그리고 28.6-9에 나오는 Kenaz의 예언과 비교해 보라. Steck, 1967, 173-6을 보라; Ps.-Phil.에서의 성경 사용에 대해서는 무엇보다도 Fisk, 2001을 보라.

210) *T. Mos.*와 신명기의 마지막 장들이 연결되어 있다는 것을 발견한 것은 Nickelsburg, 1972, 29, 43-5였다. Harrington, 1973은 T. Mos.가 신명기의 패턴을 수정해서, 배교, 징벌, 부분적인 신원, 배교, 징벌, 종말론적인 신원이라는 패턴을 제시하고 있다고 주장한다(65). Beckwith, 1996, 264f.는 7.1을 토대로 해서, 이 작품은 대전환점이 주전 1세기 말이나 주후 1세기가 시작될 무렵에 도래할 것이라고 기대한 것으로 보이고, 나중에 *Seder Olam Rabbah*(적어도 주후 2세기 중반)과 bSanh. 97a에 기록된 것과 같은 "바리새파의 연대기"가 이미 이 때에 존재하여서, 저자가 알고 있었고, 이러한 연대 계산의 토대로 삼은 것이라고 주장한다.

다. 거기에서 우리는 이 진정한 서사가 열국들 및 이스라엘 내의 많은 사람들의 악에 대하여 몹시 슬퍼하는 가운데, 당시의 시대를 다시 바라보기 위하여 창세기로 돌아가서 이렇게 말하는 것을 본다:

> 당신은 하나님이시고, 우리는 당신이 사랑해 오신 백성입니다. 오, 이스라엘의 하나님이시여, 보시고 불쌍히 여기소서. 우리는 당신의 것임이니이다. 당신의 긍휼을 우리에게서 거두어 가셔서, 그들이 우리를 주관하는 일이 없게 하소서. 당신은 모든 열국 중에서 아브라함의 자손들을 택하셨음이니이다. 주여, 당신의 이름을 우리 위에 두시고, 그것이 영원히 중단되지 않게 하소서. 당신은 우리를 두고 우리 조상들과 계약을 맺으셨사오니, 우리가 당신에게 소망을 두고서 우리의 영혼을 당신에게로 향하나이다. 주의 긍휼하심이 이스라엘 집에 영원토록 머물러 있게 하옵소서.[211]

그런 후에, 이 모음집의 마지막 부분에 나오는 장엄한 메시야 시편들 중 첫 번째에서, 저자는 하나님이 다윗과 맺은 약속들을 되돌아보며, 이 중단 없이 길게 이어져 온 역사 속에서 그 약속들이 어떻게 아직까지도 성취되지 않았는지에 관한 당혹스러움과 이제 마침내 그 약속들이 성취될 것이라는 확실한 소망을 피력한다:

> 주여, 당신은 다윗을 택하시고 왕으로 삼으셔서 이스라엘을 다스리게 하셨고, 그의 자손들에 대하여, 그의 나라가 영원히 자기 앞에 있을 것이라고 맹세하셨나이다 … 그들은 자신들의 오만함으로 인하여 화려하게 한 왕조를 세웠고, 다윗의 보좌를 오만한 아우성으로 망쳐 놓았나이다 … 주여, 보소서. 오, 하나님이여, 당신이 아시는 때에 그들을 위하여 그들의 왕, 다윗의 아들을 일으키셔서, 당신의 종 이스라엘을 다스리게 하소서. 그를 권세로 두르셔서, 불의한 통치자들을 멸하고 하시고, 예루살렘을 짓밟아 멸망시킨 이방인들로부터 예루살렘을 정결하게 하시며, 지혜와 의로움 가운데서 죄인들을 그 기업에서 쫓아내게 하시고, 죄인들의 오만함을 토기장이의 질그릇 같이 박살내게 하시며, 그들의 모든 재물을 철장으로 부수게 하시고, 불법한 열국들을 그의 입의 말씀으로 멸하소서 …
>
> 그는 이방 나라들로 하여금 그의 멍에 아래에서 그를 섬기게 하실 것이고 … 예루살렘을 정결하게 하여 처음처럼 거룩하게 만드시리니, 열국이 땅 끝으로부터 와서 그의 영광을 보며 … 하나님이 주의 영광으로 예루살렘을 영화롭게 하신 것을 보게 되리라. 그는 하나님의 가르침을 받아 열국을 다스리는 의로우신 왕이 되리라. 그의 날들에 그

211) *Ps. Sol.* 9.8-11(*OTP* 2.661에 수록된 tr. R. B. Wright).

212) *Ps. Sol.* 17.4, 21-4, 30-2. 우리는 시편 2편과 이사야 11장에 대한 분명한 간접인용을 놓쳐서는 안 된다: "토기장이의 질그릇 같이 박살내게 하시며"와 "철장으로 부수게 하시고"와 "그의 입의 말씀으로 멸하소서" 같은 반영들은 열방을 자신의 유업으로 받게 될 다윗 가문의 왕(시 2편)과 그의 의로운 통치로 말미암아 피조세계가 새로워져서 평화와 번영을 누리게 되리라는 것(사 11장)에 관한 전체적인 그림을 상기시키기 위한 것이다.

> 들 가운데 불의가 없으리니, 이는 모든 사람이 거룩하게 되고, 주 메시야께서 그들의 왕이 될 것임이니라.[212)]

또한, 가장 마지막에 나오는 "시편"은 저자가 하나님이 모든 것을 바로잡게 될 그토록 대망하던 저 큰 날을 향하여 다가가고 있는 긴 이야기 속에서 자기가 살아가고 있다고 믿고 있었다는 것을 보여준다:

> 온 세계 위에는 당신의 동정어린 심판들이 있고, 아브라함의 자손들, 곧 이스라엘 백성에게는 당신의 사랑이 있나이다. 우리에 대한 당신의 징계는 장자와 독자에 대한 징계 같으니이다 …
>
> 하나님께서 긍휼하심 가운데 복을 내려 주실 날, 곧 당신의 메시야가 다스리게 될 저 정하신 날을 위해 이스라엘을 정결하게 하소서. 이러한 날들에 태어나서, 주께서 다가올 시대를 위하여 행하실 선한 일들을 보는 자들은 복이 있도다. 이 일들은 주 메시야께서 자신의 하나님을 경외하는 가운데 성령의 지혜와 의로움과 권능으로 행하실 징계의 회초리 아래에서 이루어질 것임이라 … [213)]

솔로몬의 시편 전체는 이런 식으로 다음과 같은 요지를 분명하게 제시한다: 지금 당장은 여러 가지 압박들과 정치적인 고난들이 아주 크게 대두되고 있지만, 그 근저에 있는 서사는 결정적인 일들을 꿰뚫어 보고 있기 때문에, 이 이야기를 통해서만 모든 일들의 의미를 알 수 있고, 소망이 생겨날 수 있다. 이 이야기는 정확히 세계관의 수준에서 작동하고 있기 때문에, 보통 때에는 눈에 보이지 않지만, 좀 더 분명한 표면적인 관심사들을 옹호하기 위해서 호출될 때에 종종 가시화된다. 솔로몬의 시편의 저자는 아브라함에 관한 이야기와 그에게 주어진 약속들을 알고 있고, 자기 자신의 세대를 그 모든 것들이 성취될 때로 보고 있다. 그는 다윗에 관한 이야기와 그에게 주어진 약속들을 알고 있고, 자기 자신의 세대를 참된 왕이 나타나서, 마침내 지금까지 말해진 모든 일들을 행할 때로 보고 있다. 그는 좀 더 큰 서사 안에서 살고 있었고, 오직 그 서사를 통해서만, 그를 그토록 비통하게 만들고 있던 다른 모든 서사들 – 이방의 압제, 유대인들의 실패 – 을 이해할 수 있었다. 그리고 이 서사는 장차 다윗 가문의 왕이 이루어 내게 될 전 세계에 걸친 승리를 내다본다.

(4) 수정된 이야기: 주후 70년 이후

213) *Ps. Sol.* 18.3-7. 여기서 이 반영들 속에는 출애굽에 관한 반영들도 포함된다("이스라엘은 나의 아들 내 장자이다," 출 4:22; cp. 렘 31:9, 20; 호 11:1).

이 위대한 서사는 성전 파괴로 인해 끝났다고 그 이후의 유대인들이 생각하였을 것 같지만, 이 이야기에 대한 가장 중요한 개작들 중 몇몇은 그 이후의 수십 년 동안에 씌어졌다. 여기서 우리는 역사가 요세푸스(Josephus)의 글들 및 에스라4서와 바룩2서로 알려져 있는 두 편의 "묵시" 저작들에 초점을 맞춘다. 플라비우스 요세푸스(Flavius Josephus)가 예루살렘의 멸망 후에 로마에서 쓴 방대한 분량의 『유대 고대사』(*Jewish Antiquities*)는 최초의 시작들로부터 저자 자신의 시대에 이르기까지 이스라엘의 역사 전체를 들려준다. 요세푸스는 그 책에서와 좀 더 짧게 씌어진 『유대 전쟁사』(*Jewish War*)에서, 이스라엘의 하나님이 자기 백성의 끈질기고 파렴치한 죄로 인해서 이제 로마인들에게로 넘어 왔다는 뜻밖의 놀라운 결론을 이끌어낸다. 요세푸스가 이러한 상황이 영속적인 것이 될 것인지의 여부에 대해서 판단을 유보하고 있는 것인지 그렇지 않은지에 대해서는 학자들 사이에서 견해가 갈린다. 또한, 그가 어느 정도나 로마의 청중을 염두에 두고서 이스라엘의 이야기를 해석하고 있는 것이고, 어느 정도나 유대인들에게 하나님의 약속이 그의 헤아릴 수 없는 섭리의 작용들에 의해서 장차 성취될 것임을 굳게 믿고 기다리라고 격려하고자 한 것인지에 관한 문제도 여전히 논란 중에 있다. 하지만 그가 다니엘서와 신명기가 장래의 회복에 관한 예언들로서의 역할을 하고 있다고 암시하였다는 것은 확실하다. 우리의 현재의 목적을 위해서 중요한 것은 그가 이스라엘이 오랜 세월 동안 우여곡절을 겪으며 헤쳐온 여정에 대한 얼기설기 얽혀서 이리저리로 뻗어 온 거대한 서사의 빛 속에서 자신의 시대를 해석하고 있다는 것이다. 그가 역설적인 해결책에 도달할(아마도 아직 결말은 아닐 것이지만) 기나긴 이야기라는 관점에서 모든 것을 보았다는 것은 의심의 여지가 없다.[214)]

요세푸스는 이스라엘의 역사를 자신의 목적을 위해 개작하는 데 탁월하였다. 『유대 전쟁사』 제5권에서, 그는 성전과 도성이 최종적으로 멸망하기 얼마 전인 주후 70년 여름에 자기가 자신의 동포들로 하여금 로마의 막강한 힘 앞에 항복하게 하려고 시도한 일을 설명한다. 로마군에 의해 포위된 절박한 상황에서 우리가 예상할 수 있는 것은, 마카베오3서에서처럼, 하나님이 과거의 역사 속에서 이스라엘을 구원한 일들을 얘기하며, 이스라엘의 하나님이 또다시 자기 백성을 구원할 것을 믿고서 기도하고 담대히 행하며 인내하라고 권면하는 것이다. 그러나 실제로는

214) Mason and Feldman, 1999의 서론을 보라.

215) *War* 5.376-419. Kaiser, 2006을 보라. Kaiser가 냉정하게 지적하듯이(257), Josephus의 이야기는 지극히 선별적이다.

전혀 그렇지 않았다. 요세푸스는 정반대의 이야기를 들려준다:[215] 하나님은 사라를 애굽 왕 바로에게서, 이스라엘 백성을 애굽으로부터, 법궤를 블레셋 사람들에게서, 예루살렘을 앗수르인들로부터, 포로로 끌려간 자들을 바벨론으로부터 건져내었다. 그러나 이 모든 것은 유대 백성이 스스로를 방어하기 위해서 무장함도 없었고 다른 악들에 빠져 있지도 않은 상황에서 이루어진 일이었다. 이와는 반대로, 바벨론 사람들과 수리아인들과 폼페이우스가 이끄는 로마군, 그리고 마지막으로는 헤롯과 소시우스(Sossius)에 의해서 도성이 함락된 사건들이 보여주듯이, 유대 백성이 자기 자신을 방어하고자 시도했을 때에는, 그런 시도들은 결국 허사가 되고 말았다. 요세푸스는 이 서사를 들려주면서, 자신과 동시대의 유대인들이 자행한 악행들을 수없이 비난하고, 다른 곳에서와 마찬가지로 여기에서도 이스라엘의 하나님이 사실상 로마인들에게로 건너갔다고 역설한다.[216]

요세푸스는 자신의 동포들에게 그들의 무기를 내려놓음으로써 "건짐"을 받으라고 권면하는 말들 속에 "구원"이라는 말이 자주 들리기는 하지만, 이 서사는 "구원사"가 아니다.[217] 굳이 말하자면, 이 서사는 "구원사적" 서사가 그 암울한 측면에 의해서 압도되고 있는 "정죄사"라고 할 수 있다. 그러나 여전히 이 서사는 마침내 오랫동안 연기되어 왔던 절정 – 비록 끔찍하고 비극적인 것일지라도 – 에 도달한 이스라엘의 위대한 이야기이다.

『유대 고대사』 속에는 이 이야기 전체를 요약한 축소판이라고 할 수 있는 것, 아니 좀 더 정확하게 말해서, 신약성서에 나와 있는 것과 같은 이 이야기에 대한 새로운 개작을 미리 예감하게 만드는 것이라고 할 수 있는 두 구절이 나온다. 『유대 고대사』 제3권에서는, 모세가 아담으로부터 노아와 아브라함을 비롯한 여러 족장들과 요셉을 거쳐 마지막으로는 홍해를 건넌 일과 광야에서 하나님이 양식과 물을 공급해 준 일에 이르기까지의 이야기를 들려주는데, 이것은 전적으로 이 모든 일을 행한 하나님이 너희에게 이 계명들을 주기 위하여 지금 나를 통해서 말씀하고 있는 바로 그 하나님이라는 것을 강조하기 위한 것이었다.[218] 또한, 다단과 아비람의 반역에 직면했을 때, 앞에서와 비슷한 내용을 담고 있으면서도 출애굽 자체에

216) 5.412. 물론, 이것은 다니엘의 예언을 성취하기 위하여 유대 땅에서 일어날 "세계 통치자"는 사실 베스파시아누스 황제라고 한 그의 견해와 일치한다(아래를 보라).

217) 그는 "너희가 오직 시인하고 회개하기만 한다면(5.415), '구원의 길'(sōtērias hodos – '소테리아스 호도스')은 여전히 너희에게 열려 있다"고 말하고, 자기가 자기유익을 위해서 말하는 것이 아니라는 증거로서, 자신의 피를 그들의 구원의 대가(misthon tēs heautōn sōtērias – '미스톤 테스 헤아우톤 소테리아스')로 제공한다(5.419).

218) 3.86-8.

더 초점이 맞추어진 짧은 이야기가 이번에는 기도의 형태로 모세의 입술에 다시 한 번 두어지는데, 거기에서 그는 아론이 대제사장으로 부름을 받은 것이 실제로 하나님이 정한 일이고 인간의 오만방자함에 의한 것이 아니라는 것을 이 모든 일을 행한 하나님이 이제 나타내 달라고 기도한다.[219)]

아울러, 다른 곳에서 이미 보았듯이, 우리는 요세푸스가 유대 성경에 나오는 한 신탁(나는 이 신탁이 다니엘서일 수밖에 없다는 것을 이미 논증한 바 있다), 즉 "그때에" 한 세계 통치자가 유대 땅에서 출현할 것이라고 예언한 신탁이 주후 1세기 중반에 유대인들을 더욱 흥분으로 들끓게 하는 역할을 하였다고 말한 것에 주목하여야 한다. 요세푸스는 이 신탁이 로마군이 유대를 포위하고 있던 주후 69년에 황제로 옹립된 베스파시아누스(Vespasian)를 가리키는 것이라고 주장함으로써(그가 이 말을 어느 정도나 진심으로 말한 것인지를 누가 알겠는가?) 이 예언을 해체해 버리고 있기는 하지만, 이스라엘의 서사에 대한 성경의 한 가지 구체적인 판본 – 즉 일련의 연속적인 이교도들의 지배와 그 이후에 하늘이 보낸 극적인 역전에 관한 서사 – 이 당시에 말해지고 있었다는 것을 분명하게 증언해 주고 있다.[220)]

요세푸스의 글에는 우리가 무시해서는 안 될 중요한 것을 얘기해 주는 또 하나의 작은 단락이 나온다. 그는 『유대 고대사』에 나오는 모세에 관한 그의 기사의 끝부분을 흐릿하게 처리하고 있지만, 거기에서 우리는 유대인들이 신명기의 마지막 장들을 서서히 드러나게 될 이스라엘의 운명에 관한 원대한 예언으로 읽고 있는 것을 그가 알고 있었고 거기에 기본적으로 동의하였다는 것을 분명히 알게 된다. 그가 다니엘서 2장과 7장에 나오는 이것과 비슷한(그리고 그가 보기에는 위험한) 예언들에 대해서는 말을 삼가고 있다는 것은 잘 알려져 있는 사실인데,[221)] 마찬가지로 그는 신명기의 마지막 장들에 대해서도 그런 태도를 보인다. 하지만 우리는 그가 말한 것만을 토대로 해서도, 성경에 이미 나와 있는 연속된 서사가 지금 성취되어가고 있다는 신념이 주후 1세기에 아주 널리 퍼져 있었다는 것을 충분히 식별할 수 있다:

> 그때에 [모세는 이스라엘 백성에게] 육보격으로 된 시를 암송하여 들려주었고, 이 시를 책에 기록한 후에 성전에 보관하여 후세에 전하게 하였는데, 거기에는 장래에 일어날 일들에 관한 예언이 들어 있었고, 이 선견자는 진리에서 조금도 벗어나지 않았기 때문에, 전에 일어난 모든 일이 이 예언에 따라 일어났고, 앞으로 일어날 모든 일도 그러할 것이다.[222)]

219) 4.43-50.

220) Jos. *War* 6.312-15, 그리고 cf. 3.399-408; cf. *NTPG*, 312-4와 위의 설명.

221) 이것에 대해서는 본서 제12장 제4절을 보라.

222) Jos. *Ant.* 4.303(tr. Thackeray).

나는 주석자들이 이 단락의 처음에 나오는 구절, 즉 모세가 육보격으로 된 시를 암송하여 들려주었고, 그 시가 기록된 책이 요세푸스의 시대에 성전에 보관되어 있다고 말하는 구절에 사로잡혀서, 이 단락의 핵심적인 취지를 거의 알아차리지 못한 것이 아닌가 생각하는데, 그 취지는 이런 것이다: 신명기 32장은 "장래의 일들에 관한 예언"(prorrēsin tōn esomenōn – '프로르레신 톤 에소메논')을 담고 있고, "그 모든 일들은 이미 일어났거나 현재 일어나고 있다"(kath' hēn kai gegone ta panta kai ginetai – '카트 헨 카이 게고네 타 판타 카이 기네타이').[223] 얼마든지 요세푸스는 이것을 좀 더 가볍게 넘겨버리거나, 그냥 "모든 것이 다 이루어졌다"라고만 얘기할 수도 있었을 것이지만, '카이 기네타이' ("현재 일어나고 있다")라는 말을 덧붙임으로써, 자신의 속내를 드러내고 만다. 즉, 그는 자기가 신명기의 예언들을 장구한 세월에 걸쳐서 성취해 나가고 있는 그런 서사 속에서 살아가고 있다고 믿는다고(진정으로 믿었던 것인지, 아니면 자기가 믿고 있는 것으로 보이고자 했던 것인지는 모르지만) 말하고 있는 것이다.[224]

신명기 32장에 대한 이러한 읽기는 바울 자신이 그 장을 인용하는 방식에 의해서 소급적으로 확증되는데, 이것에 대해서는 우리가 적절한 곳에서 살펴볼 것이고, 지금 우리가 주목해야 할 것은 신명기 32장의 현존하는 형태(넬슨[Nelson] 같

223) 불가타 역본에는 '카이'(kai)와 '타'(ta)가 생략되어 있지만, 의미는 달라지지 않는다. Mason and Feldman, 1999, 465 n. 1043은 여기에 언급된 "시"가 신명기 32장이라는 것에 동의하면서도, 이것이 신명기 33:6-25을 언급하고 있는 것이라고 주장한다. 요지는 Josephus가 신명기 32장의 "시"를 포함하고 있는 좀 더 큰 책을 언급하고 있고, 이 좀 더 큰 책은 이 예언이 나오는 신명기 33장을 포함하고 있다는 것으로 보인다. Josephus는 나중에 신명기 33장과 열두 형제의 장래의 운명에 관한 그 예언들을 별도로 언급하고 있기 때문에(*Ant.* 4.320), 4.303의 "시"(이 시의 6보격의 운율 등에 대해서는 Loeb ad loc.에 나오는 Thackeray의 설명을 보라)는 신명기 32장을 언급하고 있는 것으로 보는 것이 더 낫다. Philo, *Vit. Mos.* 2.288(다음 각주를 보라)에서는 분명히 신명기 33장을 염두에 두고 있다. 랍비 문헌에서의 병행들에 대해서는 *Sifre Dt.* 307-33(Ginzberg 1937, 6.155 n 920) 등을 보라.

224) Josephus는 계속해서 *Ant.* 4.314에서 원수에 의해 잃어 버린 성읍들이 회복될 것이지만, 또다시 잃어버리게 될 것이며, 이런 일이 "한 번이 아니라 여러 번" 반복될 것이라고 말한다. Harrington, 1973, 63은 이것을 신명기 32장에 개략적으로 소개된 역사에 대한 "추가적인 확장"의 증표로 본다. 모세의 예언들이 모두 실현되었던 것인지, 아니면 일부는 여전히 장래에 일어날 것들인지에 관한 문제는 4.320에서 불가타 역본의 '게네소메나'(genēsomena)를 '게노메나'(genomena)로 수정한 것 속에 반영되어 있다; Philo는 신명기 33장을 전거로 삼아서(*Vit. Mos.* 2.288), 이 예언들 중 일부는 이미 실현되었고(ta men ēdē symbebēke – '타 멘 에데 쉼베베케'), 일부는 여전히 기다리고 있는 것들(ta de prosdokatai – '타 데 프로스도카티아')인데, 과거의 성취는 장래에 대한 확신을 만들어내기 때문이라고 말한다. 또한, 우리는 Josephus가 민수기 24장의 발람의 신탁을 일부는 성취되었고 일부는 장래에 일어날 것으로 여기고 있다는 것도 주목하여야 한다(*Ant.* 4.125). 나는 이 점을 내게 지적해 준 Andrew Cowan에게 감사한다.

이 모형론자의 왜곡된 시각을 허용하기 위해서 역사가의 눈을 가리는 일이 없이)는 하나님에 의한 이스라엘의 택하심과 돌보심(32:6-14), 이스라엘의 도저히 이해할 수 없는 반역(32:15-18, 이미 5절에서도 미리 언급되고 있다), 이스라엘에 대한 하나님의 심판(32:19-35), 신비롭게도 결국 하나님이 최종적으로 자기 백성을 구원하고 신원하리라는 것을 분명한 순서를 따라 말하고 있는 것으로 보인다는 것이다.[225)]

우리가 끝으로 살펴볼 두 가지 예들은 주후 66-70년에 일어난 로마와의 전쟁과 예루살렘의 끔찍한 멸망의 영향을 받아서 요세푸스의 글들이 씌어진 것과 동일한 시기에 나온 것들이다. 에스라4서로 알려져 있는 글은 하나님의 기이한 계획을 놓고 씨름하면서, 바울과 마찬가지로, 아담의 죄가 이스라엘을 물들인 것이 내내 문제였다는 결론을 내리는데, 그러한 결론은 역사적 서사 내에서 제시된다. 아담의 범죄와 노아의 구원 이후에, 하나님은 아브라함을 불러서, 결국에 모든 일들이 어떻게 될 것인지를 밤중에 보여준다(이것은 창세기 15:7-21에 나오는 하나님과 아브라함의 계약 체결 장면을 전거로 삼은 것이다). 하나님이 아브라함과 맺은 "영원한 계약"은 이삭과 야곱에게로 이어졌고, 출애굽과 시내 산에서의 토라의 수여를 통해 열매를 맺었다. 그러나 이스라엘은 여전히 아담까지 소급될 수 있는 악한 마음을 지니고 있었다. 그래서 하나님은 다윗을 불러서, 그를 통해 예루살렘과 그 성전을 견고하게 하였지만, 이번에도 아담의 저주는 다윗 왕가 속에 잠복해 있었기 때문에, 결국 이 이야기는 비틀거리다가 실패와 포로기로 빠져든다.[226)]

에스라4서는 복잡한 구조로 되어 있어서, 문제에 대한 최초의 분석과 최종적인 해결이 간단하게 구분되지 않지만, 여전히 남는 자연스러운 질문, 즉 언제 하나님이 최종적으로 모든 일을 해결할 것인가 하는 질문은 현존하는 형태의 에스라4서

225) Hays, 1989a, 164; 본서 제15장을 보라. 여기서 Hays는 자신이 독립적인 모형론에서 나중에 역사적 연속성으로 "방향전환"을 하게 될 것을 예감하였던 것으로 보인다. 그는 바울이 읽은 신명기는 "하나님이 말씀으로 말미암은 신비한 역사를 통해서, 온 세계, 먼저는 유대인이지만 또한 헬라인으로 하여금 하나님의 무조건적인 주로서의 지위(lordship)를 인정하게 한 것"에 대한 설명을 제공해 주었는데, 이렇게 신명기는 이사야서와 마찬가지로 "좀 더 큰 종말론적인 계획에 대한 예시"를 제시해 주고, "역사 속에서의 하나님의 백성의 지속적인 삶을 이해할 수 있게 해주었다"고 말한다. Hays는 당시에 내가 제시한 것에 전혀 관심을 갖지 않은 상황에서 이런 말을 하였다는 사실은, 신명기는 "바울의 정경 내에서 정경 역할을 했던 것일 가능성이 가장 희박한 책"이라는 그의 진술(163)의 취지와는 반대로, 그가 실제로 관찰한 것이 무엇이었는지를 잘 보여준다. 내가 옳다면(Scott, 1993b도 마찬가지이지만), 우리는 결코 이상하게 여기거나 놀라지 않았어야 하였다.

226) 4 Ez. 3.4-27; 이스라엘의 아담적인 역사에 관한 짧고 서글픈 요약이 나오는 4.26-32와 비교해 보라.

내에서는 다윗 가문의 메시야가 제국의 독수리와 맞서 무너뜨린다는 내용으로 되어 있는 독수리와 사자에 관한 환상에 의해서 대답된다.[227] "에스라"와 대화하는 독수리는 이 환상이 다니엘이 보았던 것과 동일한 것이지만, 이제 다른 해석이 주어지고 있는 것이라고 설명한다. 달리 말하면, 이방 나라들에 대한 하나님의 심판에 관한 다니엘의 종말론적인 환상은 구체적으로 메시야와의 관련성 아래에서 읽혀지고 있고, 악한 제국 - 이것이 당시에 로마 제국을 가리키는 것이었음은 분명하다 - 을 최종적으로 패배시킬 장차 오실 왕에 적용되고 있다. 그런 후에, 에스라4서는 "바다로부터 올라온 사람," 즉 메시야가 하나님의 구원하는 공의에 의한 통치를 견고하게 하고, 오랫동안 포로로 살아온 자들을 자기에게로 모을 것이라는 내용의 환상을 통해서도 실질적으로 동일한 것을 말하고 있다.[228] 이 책의 끝부분에 나오는 이러한 환상들이 처음 부분에서 자세하게 제시되었던 문제에 대하여 실제로 어느 정도나 대답이 되고 있는지를 알아보는 것은 본서의 목적을 벗어난 일이다. 또한, 에스라4서의 저자가 이스라엘의 오래된 이야기를 이런 식으로 개작해서, 이스라엘을 형성하였던 초기의 이야기에 대한 새로운 해석을 통해서 당시의 시대를 설명한 후에, 이전의 예언들을 가져와서, 그 이야기의 궁극적인 결말이 메시야의 도래와 승리라는 것을 제시할 수 있었다는 것은 우리가 충분히 주목할 만하다.

예루살렘과 성전의 멸망 이후 시기의 것으로 흔히 논의되는 또 하나의 묵시론은 바룩2서이다. 이 책 전체는 "역사적 묵시록"으로 설명되어 왔다. 거기에는 하늘을 갔다 온 이야기나 우주론적인 사변은 없고,[229] 유대 민족의 역사에 대한 길게 이어진 해석이 있고, 장차 메시야가 긍휼과 심판으로 이 땅에 도래하여 전 세계적인 평화에 관한 옛적의 약속들을 성취하기를 여전히 기다리는 가운데, 유대 세계가 당시에 직면한 위기를 어떻게 대처해 나갈 수 있는가 하는 문제에 대한 몇 가지 절실한 성찰들을 묵시론의 형태로 결집하고, 그러한 다양한 전통들을 활용하여 앞으로 전진해 나가고자 하는 시도 - 지금까지 밝혀진 마지막 증거에 의하면, 이것은 마지막 시도이다 - 가 있을 뿐이다.[230] "바룩"이 일인칭으로 말하는 형식으로 되어 있는 이 책은 에스라4서를 쓴 "에스라"와 마찬가지로 주전 6세기에 있었던 예루살

227) 4 Ez. 11-12, 이것에 대해서는 *NTPG*, 314-7을 보라.
228) 4 Ez. 13은 다니엘서 2장의 반영들을 포함하고 있다.
229) 우리는 한 대목에서 모세가 그러한 은밀한 정보를 받았다는 말을 듣는다: 59.4-11.
230) cf. Gurtner, 2009; Henze, 2010; Schürer, 1973-87, 3.2, 750-6.

렘의 멸망을 가상의 배경으로 삼고 있는데, 이것은 당시에는 최근이었던 주후 70년에 다시 반복된 예루살렘의 멸망이라는 재앙에 대하여 말하기 위한 것이다. 몇 개의 대단락으로 나눠지는 이 책은 특히 두 개의 대단락에서 이스라엘의 이야기를 새롭게 구술한다.

그 중 하나의 대단락인 바룩2서 21-34장은 에스라서 9장, 느헤미야서 9장, 다니엘서 9장에 나오는 위대한 기도들과 아주 비슷한 장인 21장에서 시작된다. 바룩은 최근의 재앙이 어떤 의미를 지니는지를 깨닫게 해 달라는 기도와 오랫동안 기다려 온 하나님의 영광을 보게 해 달라는 기도를 하기 위해서, "당신이 그들을 생각하셔서 세계를 창조하셨다고 말씀하셨던" 바 아브라함과 이삭과 야곱을 회고한다.[231] 거기에 대한 대답은 아담의 죄와 다가올 큰 환난들에 대한 경고들을 강조한 에스라4서를 반영하고 있다:[232] "일흔 이레"가 지나서,[233] 마침내 메시야가 나타날 것이고, 땅은 차고 넘치게 많은 열매를 맺게 될 것이며, 죽은 의인들은 부활하고 악인들은 벌을 받게 될 것이다.[234] 여기서 암묵적인 서사는 분명하다: 아담, 아브라함, 여러 번의 황폐화들과 두려운 일들, 그리고 마지막으로는 메시야.

또 하나의 대단락(35-46장)도 마찬가지로 기존의 이야기를 개작한 것이지만, 이번에는 이스라엘의 이야기가 아니라, 다니엘서 2장과 7장처럼, 일련의 세계적인 왕국들이 등장하는데, 마지막 왕국은 특히 강력하고 오만하다.[235] 이 대단락에서 사용된 비유는 큰 삼림이 샘에 의해서 휩쓸려 사라지고, 그 샘 위에는 한 포도나무가 있을 것이라는 비유이다. "삼림"은 예루살렘을 무너뜨린 이교 왕국이고, 이 왕국은 두 번째, 세 번째, 네 번째 왕국으로 발전되어 간다.[236] "샘"으로 비유된 메시야 왕국은 삼림의 모든 것들을 다 휩쓸어 버리고, 세계의 최후의 악한 통치자를 상징하는 백향목 하나만 남게 되는데, 이번에는 "포도나무"로 상징된 메시야가 그 통치자와 맞서 심판하고 단죄하여 죽이게 될 것이다.[237] 이렇게 해서, 영원히 지속될 새로운 세계가 시작될 것이다.[238]

231) 21.19-25.

232) 23.4; 25.2-4.

233) 28.1은 아마도 다니엘서 9:24을 반영하고 있는 것 같다.

234) 29.3-8; 30.1-5.

235) 다니엘서의 "네 왕국"이 계속해서 영향을 미친 것에 대해서는 *Gen. Rabb.* 44.19 등을 보라. 그러한 시대 구분의 배경사에 대해서는 본서 제5장 제3절을 보라.

236) 39.3-5; 다니엘서 2장과 7장이 반영되어 있는 것이 분명하다.

237) 39.7—40.2.

238) 40.3.

바룩이 다가올 큰 환난, 부활한 자들의 영광과 정죄 받은 자들이 겪게 될 끔찍하고 공포스러운 일들을 보는 장면이 중간에 나오고(47-52장), 그 후에 "구름 묵시록"(53-74장)이 시작된다. 바룩의 환상 속에서 구름은 검은 물과 맑은 물 둘 다를 담고 있고, 이 두 물은 열두 번에 걸쳐서 차례로 땅 위에 내리는데, 언제나 검은 물이 맑은 물보다 더 내려서, 마침내 검은 물의 홍수가 땅을 크게 황폐화시킨다. 그런 후에, 번개가 온 땅을 밝혀서, 검은 물에 의해서 황폐화된 땅을 치유하고 나서, 온 세계를 차지하고 장악하고, 세계의 열두 강을 자기에게 복속시킨다.[239]

이제 우리는 이것이 무엇을 의미하는지를 어느 정도 알아야 한다. 이 환상에 대한 해석은 아담과 그의 죄에서 시작한다.[240] 이것은 모든 검은 물들, 즉 창세기 6장에 나오는 "파수꾼들"의 타락을 포함해서 이 땅에서 일어난 모든 끔찍한 일들의 원천이었다.[241] 그런 후에, "맑은 물들"에 속하는 첫 번째 인물인 아브라함이 등장하고, 당연히 이삭과 야곱이 뒤를 잇는다.[242] 애굽의 악이 언급되고, 모세와 아론과 미리암, 여호수아와 갈렙이 등장한다. 다음으로, 아모리 족속의 악이 언급되고, 그 뒤로 다윗과 솔로몬의 영화로운 날들, 성전의 세워짐과 시온의 세계 통치에 관한 내용이 이어진다.[243] 그 다음에는, 여로보암과 그의 송아지 우상, 이세벨의 악행이 언급되고, 이것은 북왕국의 몰락을 가져온다.[244] 다음으로, 우리가 충분히 예측할 수 있듯이, 히스기야, 므낫세, 요시야가 각각 맑은 물, 검은 물, 또다시 맑은 물로 언급된다.[245]

그런 후에, 바벨론에 의한 예루살렘의 멸망이라는 큰 재앙이 나오고, 그것은 "율법의 의의 향연이 시온 지역의 모든 곳에서 꺼져 버린" 때로 묘사된다.[246] 그 뒤로, 포로생활로부터의 귀환과 성전 재건에 관한 내용이 나오는데, 이 시기는 이전처럼 영화롭지 않을 것이고, 한층 더 검은 물, 즉 무시무시한 환난과 고난의 때로

239) 53.3-11.

240) 56.5-8.

241) 56.10-13. 이것은 아담을 토대로 한 악에 대한 설명을 "파수꾼들"에 토대를 둔 설명과 대비시키는 "묵시론적인" 유형의 시대 구분에 문제를 제기한다.

242) 57.1-3. 이 서사들의 다른 곳들에서와 마찬가지로, 아브라함은 어떤 의미에서 하나의 모범이나 본으로서의 기능을 할 수 있지만(여기에서는 57.1f.), 그것은 좀 더 큰 종말론적인 도식 내에서 이루어진다.

243) 아모리 족속: 60.1-2. 다윗, 솔로몬, 시온: 61.1-8.

244) 62.1-8.

245) 63-66.

246) 67.6.

이어질 것이다.[247] 그런 후에야, 이 역사 전체를 움직여 왔던 저 중요한 순간이 도래하게 될 것이다: "나의 종 메시야"가 온 세계를 장악해서, 모든 나라들을 자기 앞으로 소환하여 심판하게 될 것인데, 이 심판은 세계 열방들이 하나님의 백성 이스라엘을 어떤 식으로 대하였느냐에 따라서 이루어질 것이다.[248] 그 후에, 그는 영원한 평화 가운데서 자기 왕국의 보좌에 앉아서, 온 세계에 치유와 기쁨을 가져다 주고, 이사야서 11장에 예언된 대로, 온 피조세계를 새롭게 할 것이다.[249] 이러한 해석이 끝났을 때, 바룩은 송영을 부르는데, 이것을 듣는 바울의 독자들은 로마서 11장의 끝부분을 떠올리게 될 것이다:

> 오, 주여, 당신 같이 선하신 이가 누가 있으리이까.
> 당신의 선하심은 헤아릴 수 없나이다.
> 당신의 끝없는 은혜를 품을 수 있는 자가 누가 있겠으며,
> 당신의 명철을 이해할 수 있는 자가 누가 있겠고,
> 당신의 영의 생각들을 말할 수 있는 자가 누가 있겠으며,
> 태어난 자들 중에서 당신이 긍휼과 은혜를 베푸신 자들 외에는
> 누가 이러한 것들에 접근할 수 있을 것이라는 소망을 지닐 수 있겠나이까.[250]

이 책은 바룩이 북왕국의 잃어버린 지파들인 "아홉 지파와 반 지파"에게 편지를 써서, 하나님의 기이한 섭리들을 설명하고, 창조주 하나님이 이방 나라들의 악과 교만을 벌할 것이라고 약속하는 것으로 끝난다. 그러므로 하나님의 백성은 율법을 굳게 붙들어야 한다. 왜냐하면, 장차 임할 하나님의 심판은 모든 사람들의 마음에 은밀하게 감추어진 것들을 다 드러낼 것이기 때문이다.[251]

바룩2서가 편집된 책이라고 할지라도, 주후 70년의 대재앙을 겪은 어떤 사람이 이 세 편의 묵시적 서사들을 한데 묶어서, 서로를 밑받침하고 설명해 주게 하고자 했다는 것은 분명하다.[252] 이 서사들은 우리가 이미 살펴본 다른 구절들에서 보았던 거의 모든 요소들, 특히 아담에게서 시작해서 저자가 살고 있던 시대에서 끝나는 하나의 온전한 이야기를 한데 결합시킨다. 특히 주목할 만한 것은 이 책은 아브

247) 69-70.
248) 70.9; 72.2-6.
249) 73.1-6.
250) 75.1-5; cp. 롬 11:33-6.
251) 78-86. 마음의 은밀한 것들: 83.3.
252) 편집설들에 대해서는 Schürer, 1973-87, 3.2, 752를 보라.

라함으로부터 시작해서 왕정과 포로기를 거쳐서 당시에 이르기까지의 이스라엘에 관한 이야기를 통상적인 방식으로 두 번 들려주는데, 그 중간에 좀 더 넓은 세계의 네 나라가 하나님의 나라에 의해서 무너뜨려진다는 다니엘서 방식의 이야기를 끼워 넣고 있다는 것이다. 이것은 이 시기의 어떤 사람이 이스라엘의 장엄한 이야기를 구술하는 서로 상당히 다른 이 두 가지 방식들이 서로 양립할 수 있다고 여겼음이 분명하다. 물론, 이 이야기들은 끝부분에서 수렴된다. 즉, 이 세 이야기들은 모두 메시야가 와서 세계 전체를 다스리는 나라를 세우는 장면에서 절정에 도달하고 있다는 점은 아주 분명하다.[253] 우리는 이제 이것이 이 서사가 작동하는 방식이라는 것을 안다.

(5) 수정된 이야기: 결론들

이스라엘의 이야기를 전체적으로, 또는 부분적으로 개작한 여러 이야기들에 대한 이러한 짤막한 요약은 몇 가지에 대한 성찰의 필요성을 환기시켜 준다. 첫 번째는 우리가 지금까지 살펴보아 온 예들 간에는 상당한 차이들이 분명하게 존재한다는 것이다. 만일 이 예들이 모두 비슷비슷하였다면(그리고 신약성서 기자들이 그러한 공통된 전승을 아무것이나 뽑아 쓴 것이었다면), 우리는 이 모든 것을 세월이 흐르면서 정형화되어 내려오고 이미 고정된 형태로 각색되어 세부적인 내용에서 별 차이가 없어서 마치 활판으로 찍어낸 것과 같은 것으로 여겼을 것이다. 그런데 사실은 그런 것이 전혀 아니었다. 이스라엘의 이야기가 폭넓게 서로 다른 방식으로 개작되어 말해져 왔다는 것은 각각의 저자가 자신이 원칙적으로 사용할 수 있었던 수많은 기사들 가운데서, 자기가 말하고자 한 것들을 표현하기에 적합한 것들을 선별해서 사용하였다는 것을 보여준다. 그리고 각각의 서사를 위한 선별과 강조에 의한 차이들 외에도, 나를 비롯한 학자들이 자주 분명하게 언급해 온 중요한 사실이 있는데, 그것은 굳이 유대적인 증거들에 대한 좀 더 폭넓은 고찰을 하지 않아도, 우리가 앞에서 살펴본 서사 본문들만을 보아도 알 수 있는 것으로서, 거기에서는 "메시야"에 관한 그 어떤 단일한 그림도 드러나지 않는다는 것이다.[254] 이 점에 대해서는 잠시 후에 다시 살펴볼 것이다.

253) 하지만 이것은 Horbury(위를 보라)가 "유대적인 제국주의적 사상"이라고 불렀던을 보여주는 또 하나의 지표이다.

254) Neusner, Green and Frerichs, 1987을 보라.

두 번째는 이러한 상당한 차이들에도 불구하고, 주목할 만한 공통점들도 존재한다는 것이다. 아브라함과 이삭과 야곱, 출애굽과 토라의 수여 – 이 모든 것은 흔히 하나님이 아브라함과 계약을 맺은 일 같은 아주 중요한 사건들을 확대해서 말하는 와중에서 거듭거듭 등장한다.[255] 창조와 아브라함 이전의 전승들도 비일비재하게 등장하고, 광야에서의 유랑에 관한 이야기들에는 비느하스가 여러 번 부각되고 언급된다. 비느하스는 아주 먼 후대의 랍비들에게까지 여전히 경건한 "열심"의 모범이 된다.[256] 다윗이라는 인물 및 예루살렘과 성전이 세워진 일은 특히 두드러지게 등장하고, 이 서사의 나머지 부분과 다양하게 연결되어서, 종종 하나님이 아브라함에게 주신 약속들을 상기시키고, 다윗 계약은 제사장 계약과 나란히 두어지기도 한다. 이 이야기에 대한 어떤 개작들은 저 멀리 포로생활과 귀환까지 다루고, 어떤 것들은 특히 다니엘서 9장에서처럼 포로생활의 연장이라는 개념을 통해서 이 서사를 저자 당시까지 확장시킨다. 내가 보기에는, 그 수정된 서사들에 나오는 사건들이 성경에 나오는 순서에서 벗어난 경우는 하나도 없다.[257] 이 서사의 전체적인 줄거리는 충분히 잘 알려져 있었기 때문에, 각각의 저자들이 이 이야기로부터 서로 판이하게 다른 교훈들을 이끌어내고 있을 때에라도, 이 이야기에 나오는 여러 가지 요소들이 제자리를 유지할 수 있었음이 분명하다. 옛적의 사건들이 개별적인 모범들과 경고들로서 헝겊조각들을 넣어 두는 자루에 뒤죽박죽 넣어져 있어서, 저자들이 임의로 꺼내 쓸 수 있었던 것은 전혀 아니었다.[258]

255) *Gen. Rabb.* 44.5의 주해를 숙고해 보는 것도 흥미로울 것이다. 거기에서 아브람은 자기가 노아를 제친 것으로 보이는 것과 마찬가지로, 다른 누군가가 자기 뒤에 와서 한층 더 나은 행실로 자신을 대신하게 되지는 않을까 하고 염려한다. 하나님은 그런 염려를 할 필요가 없다고 그를 안심시킨다: "네 자손들이 죄와 악행에 빠지게 되면, 나는 그들 중에서 공의와 관련해서 '충분하다'는 말을 들을 수 있는 한 의인을 보게 될 것이고, 그를 취하여, 그들 모두를 위하여 속죄하게 할 것이다." 이 주해가(아마도) 주후 5세기를 배경으로 한 것이고, 비록 허구적인 설정이긴 하지만, 기름 부음 받은 메시야(제사장? 왕?)가 아브라함의 권속이 직면하게 될 문제들에 대한 장기적인 해법이라고 보았다는 점에서 주목할 만하다.

256) Hengel, 1989 [1961]을 보라.

257) *LAB*는 그 기본적인 서사를 채워 넣기 위하여 성경의 광범위한 본문들을 전거로 인용하고 있기는 하지만; Fisk, 2001을 보라.

258) 이렇게 성경의 책들 내에서 서사를 수정해서 말한 것들과 제2성전 시대에 새롭게 수정해서 말한 것들 간에는 분명한 차이들이 있기는 하지만, 후자가 전자의 "역사적 구조들"을 상실하고, "새로운 윤리적 해석"을 추구하였다거나 "이원론적 입장에서 역사를 평가절하 하였다고 보는 것은 잘못이다(Wischmeyer, 2006, 353). 우리는 아마도 예컨대 4 Macc. 18.10-19에서는 역사적인 관점이 느슨해졌다고 말할 수 있을 것이다. 거기에서는 아벨과 이삭, 요셉과 비느하스에 대해서 신속하게 훑고서는, 풀무불 속에 던져진 세 청년과 사자굴 속에 던져진 다니엘로 건너뛴 후에, 이사야를 거쳐, 다윗과 솔로몬을 지나, 에스겔로, 그리고 마지막으로 모세의 노래에 도달한다. 그러나 마카베오4서는 철학적인 과제들을 위해

세 번째는 모든 경우에 저자들은 자기가 개작해서 들려주는 이야기가 자기 자신을 비롯해서 자신의 독자들이 여전히 참여하고 있는 이야기라고 믿었다는 것이다. 여기서 우리는 다시 한 번 이러한 사고방식과 랍비들의 사고방식 간의 확연한 차이를 발견한다. 왜냐하면, 랍비들은 "역사 서술에 무관심해서" 실제로 "히브리 성경의 역사적 사고방식을 완전히 배척하고, 패러다임을 통해서 시대와 사건들에 접근하는 방식으로 대체하였기" 때문이다.[259] 물론, 그러한 개작들 속에는 모범들과 경고들이 풍부하게 들어 있지만, 그것들은 역사적 서사와 분리되어서 자유롭게 둥둥 떠다니는 그런 도덕적인 교훈들이 아니다. 그러한 개작들 중에는 저자가 활동하던 당시의 일들까지 다루는 것도 있는데, 마카베오1서의 경우에는 아브라함과 비느하스를 비롯한 여러 가지 일들과 인물들에 관한 이야기는 이제 시몬 마카베오와 유다 마카베오에게서 절정에 도달한 것으로 설명된다. 또한, 저자들은 옛적의 사건들과 당시에 일어난 유사한 사건들 간의 분명한 공명을 통해서 연속성을 전달하기도 하는데, 우리는 솔로몬의 지혜서가 단지 옛 일에 대한 호기심에서 하나님이 이방 나라인 애굽을 심판한 일을 아주 자세하게 서술하고 있는 것이라고 생각하지 않는다. 이 수정된 이야기들은 거듭거듭 하나님이 그들에게 놀라운 구원을 베풀어서, 이스라엘이 마침내 그들을 쇠사슬로 묶어 노예로 살게 만들어 왔던 모든 것으로부터 해방될 그 날, 단지 외세의 간섭에서 벗어날 뿐만 아니라, 이스라엘이 모든 나라의 머리가 되어 새롭고 의로운 세계 제국을 이끌게 될 것이라고 한 옛적의 약속들이 성취될 그 날을 바라보고 기도하며 소망하고 있다.[260] 종종 – 그렇게 자주는 아니지만, 이따금씩, 그리고 특히 주후 1세기에는 – 이스라엘의 구원과 장차 그들에게 주어질 세계에 대한 왕권은 장차 임할 다윗 가문의 왕이라는 형태로 표현되기도 하고, 종종 다른 구원자들이 언급되기도 한다. 『유딧서』에서는 이례적으로 여자에게 그러한 역할이 맡겨진다. 『벤시락서』 같은 경우와 같이, 이 이야기의 절정에서 다른 인물들이 등장하는 경우도 종종 있지만, 그것은 시각만 다를 뿐이고, 저자가 말하고자 하는 것은 동일하다. 이 서사들은 대체로 어떤 지점을

서 유대 전통들을 사용하던 과도기의 전형을 보여주는 것 같다. (또한, 4 Macc. 16.20f.를 보라: 아브라함, 이삭, 그 후에 다니엘서에 나오는 영웅들).

259) Reif, 2006, 324f.와 거기에 인용된 Neusner, 2004, 3. Reif는 이슬람의 등장 이후에 후대의 랍비들은 특히 예전적인 기도문들에서, 예컨대 Hanukkah에서 다시 역사적인 준거를 챙기게 되었다고 주장한다(328-35). 이것은 단지 주후 2세기 중반, 그리고 일부 사상가들(Johanan ben Zakkai?)의 경우에는 주후 70년 직후부터 생겨난 역사로부터의 주목할 만한 도피를 강조하기 위한 것이다(*NTPG*, 162f.를 보라).

260) Gilbert, 2006, 182: 그는 자신의 이전의 글(Gilbert 1997, 55-60)을 인용해서, "우리의 저자에 의해서 제시된 출애굽 사건들에 대한 다시 읽기는 종말론적인 관점을 포함한다"고 말한다.

향하여 나아가고 있고, 그 지점은 통상적으로 모종의 구원이고, 거기에 어떤 종류의 세계에 대한 왕권이 수반되기도 한다. 사실, 바로 그것이 저자들이 이 이야기들을 들려주는 이유이다.

네 번째는 이스라엘의 이야기를 개작한 이러한 길고 다양한 서사들은 대부분 성공 이야기들과는 정반대의 것들이다. 아브라함으로부터 모세로, 그런 후에 이스라엘이 땅을 유업으로 받고 율법을 지키며 살아가는 것에 이르기까지 무리없는 순조로운 진행을 보여주는 시편 105편은 눈에 두드러지는 예외이다. 대체로 일은 그런 식으로 되어가지 않는다. 흔히 이 서사들은 재앙에 가까운 불신앙과 반역, 하나님의 진노와 민족의 파멸에 관한 이야기들이다. 『바룩2서』의 "구름 묵시록"의 경우처럼, 종종 선한 시대와 악한 시대가 번갈아 진행되다가, 악한 시대들이 점점 더 악화되고, 어느 시점에서 갑자기 구원이 찾아오기도 한다. 이 이야기들은 흔히 절망적인 상태에서 낮아진 가운데 죄 사함과 회복을 위하여 기도하는 것으로 이어지는데, 그러한 호소는 흔히 하나님은 한 번도 잊은 적이 없지만 이스라엘이 그동안 잊고 있다가 마침내 기억하게 된 "계약"이 토대가 된다. 사실, 이스라엘이 계약에 호소하는 때는 거의 언제나 그들이 계약을 깨뜨리고 행한 결과로 끔찍한 일들이 일어났을 때이다. 그들이 계약에 호소할 때에 가장 분명하게 초점을 맞추는 것들 중의 둘은 아브라함과 다윗이다. 그러므로 이 호소는 무리없이 순조롭게 진행해 나가서 결국 빛에 이르게 되는 것에 대하여 말하는 서사 속에서 이루어지는 것이 아니다. 나는 그런 서사에 가장 가까운 것은 『벤시락서』와 시편 105편이라고 생각하는데, 전자가 그런 식으로 서사를 진행한 것이 얼마나 어리석은 짓이었는지는 잠깐만 생각해 보아도 금방 드러나고, 후자는 시편 106편에 의해서 즉시 상쇄되고 있다. 이스라엘의 이야기는 절대로 순조롭고 순탄한 이야기가 아니라, 충격적이고 당혹스럽게도 거듭거듭 어둠 속으로 굉음을 내며 추락하는 이야기이다. 그러나 이것은 원래의 계약들이 무효가 되었다는 것을 의미하는 것은 아니고, 단지 이스라엘이 이제 율법에 순종하고 그들 자신을 하나님의 긍휼하심에 내어맡기기로 결단하여야 한다는 것을 의미할 뿐이다. 왜냐하면, 하나님은 자신의 마음속에서 이미 이스라엘의 죄를 사하고, 그들을 회복시키며, 구원자를 보내고, 심지어 이스라엘을 높여서 열국을 다스리게 할 준비가 되어 있기 때문이다. 하나님의 원래의 약속들은 그런 식으로, 오직 그런 식으로만 성취될 수 있다.

아마도 이사야와 예레미야, 에스겔과 시편에서는 장차 임할 구원자가 다윗 가문의 왕일 것이고, 그의 통치는 이 바다에서 저 바다까지 미쳐서, 아브라함에게 주어진 원래의 계약에 의거한 약속이 실현될 것이라고 말하는 것으로 보인다. 우리가 시편 72편과 78편, 에스라4서, 바룩2서에서, 논란은 있지만 에녹1서의 "짐승 묵시록"에서, 그리고 시편 89편에서 발견하는 것은 바로 그런 것이다. 물론, 일들이 거듭거듭 끔찍할 정도로 잘못되어 버리는 것이 반복되기는 하겠지만, 결국에는 그렇게 될 것이라는 것이다. 이 모든 이야기들에서는 다윗 가문에서 나올 왕을 분명히 염두에 두고 있는 것으로 보인다. 따라서 장차 올 구원자가 누구인지가 구체적으로 명시되어 있지 않은 채로 이스라엘의 이야기를 개작한 서사의 절정에서 등장하고, 그의 모습이 유대 땅에서 일어날 세계 통치자이든, 말을 탄 전사이든, 삼림에서 나온 사자이든, 샘이나 포도나무이든, 거대한 뿔을 지닌 눈처럼 흰 황소이든, 우리는 이제 그가 누구인지를 안다. 그는 메시야이다.

이런 이야기들이 자주 어떤 특정한 인물 – 그가 사람이든, 천사이든, 신적인 존재이든 – 이 와서 이 서사를 완결하게 되는 장면이 빠져 있는 미래를 곧장 보여준다는 것은 사실이지만, 그런 인물들이 등장하는 경우도 흔하다. 한두 번의 경우에는 벤시락서처럼 이야기의 절정에서 등장하는 인물은 제사장이다. 그러나 이 기나긴 이야기를 애초부터 정해져 있던 종착점(telos, '텔로스')으로 이끄는 인물이 메시야인 경우가 훨씬 더 흔하다: 솔로몬의 시편에 나오는 "전사인 왕," 에스라4서의 "사자," 바룩2서의 "샘"과 "포도나무," 특히 다니엘서에 대한 주후 1세기의 읽기들에 등장하는 유대 땅에서 일어나게 될 세계 통치자. 그렇다면, 이것을 역으로 생각해서, 우리는 이렇게 말할 수 있다. 즉, 그러한 이야기들이 특정한 인물의 등장으로 절정에 도달할 때, 그 인물이 메시야일 가능성이 높다는 것이 사실이라면, 메시야에 관한 묘사가 다른 점들에서는 아무리 다를지라도, 메시야임을 보여주는 핵심적인 것들 중의 하나는 메시야는 옛적의 약속들, 특히 아브라함에게 주어진 약속들을 성취하고, 수많은 반역으로 인하여 끔찍할 정도로 엉망진창이 되어 버린 이스라엘 민족을 구원함으로써, 이스라엘의 이야기를 그 종착점으로 이끄는 인물이라는 것이다. 메시야 기대들도 메시야와 관련된 본문들과 운동들의 수만큼이나 다양하고 많다. 그러나 그 기대들은 하나의 주제를 조금씩 바꾼 것들이고, 성경 시대로부터 요세푸스, 필로 위서(Pseudo-Philo), 에스라4서, 바룩2서에 이르기까지 말해지고 수정된 그 단일한 주제는 이스라엘에 관한 장엄하고도 흔히 비극적인 이야기이다.

서로 다른 목적을 따라 여러 가지 다른 방식으로 제시된 이 전체적이고 포괄적인 성격을 띤 서사는 언제라도 필요할 때에 불러서 사용하기를 기다리며 배경 속에 존재한다. 바로 이것이 세계관들 및 그 세계관들을 아주 깊이 표현하고 있는 이야기들이 실제로 작동하는 방식이다.

바울의 유대적 서사 세계에 관한 이러한 설명에 대한 말미에서, 우리는 솔로몬의 시편을 쓴 저자도 아브라함에 관한 이야기조차도 더 큰 서사의 일부이고, 자기가 이스라엘 민족에 좀 더 초점이 맞춰진 서사는 물론이고 저 더 큰 서사 내에서 살아가고 있다는 것을 알고 있었다는 것을 지적할 수 있다. 이스라엘에 관한 이야기 뒤에는, 적어도 하늘들은 하나님과 그의 창조 질서에 신실하였다고 말하는(솔로몬의 시편에 하나님이 하늘들에게 그렇게 해서는 안 된다고 훈계하는 장면이 나오는 것은 아마도 여호수아의 때에 해가 멈춰 선 일과 이사야의 때에 해시계가 거꾸로 간 일을 간접적으로 암시한 것이라고 볼 수 있다면, 이것이 신실함의 예외가 될 수 있을 것이다) 창조주와 우주에 관한 이야기가 있었다:

> 우리 하나님은 가장 높은 하늘들에 사시고, 크고 영화로우시도다.
> 그는 별들을 궤도에 배열하셔서 날마다 시간들을 안배하시도다.
> 별들은 그가 정해 주신 궤도를 이탈하지 아니하였으니,
> 그들이 매일 자신의 궤도를 운행함은
> 하나님이 그들을 창조하신 날로부터 영원히 하나님을 경외하는 것이도다.
> 그들은 그가 그들을 창조하신 날로부터
> 지극히 오랜 세대 동안 어그러진 길로 가지 아니하였고,
> (하나님이 자신을 종들을 시켜서 그들에게 지시했을 때 외에는)
> 자신의 궤도를 벗어나지 아니하였도다.[261)]

하나님은 신실하시고, 피조세계도 신실하다. 그리고 그러한 신실함(faithfulness)은 아브라함의 백성과 다윗의 자손들, 당시에 끔찍한 시절 속에서도 신실하였던 자들로 이어진 긴 역사가 원래부터 지니고 있던 목적을 이루어내고 말 것이다. 솔로몬의 시편의 저자는 하나님이 메시야를 보내어, 메시야가 그러한 신실함을 구현함으로써, 마침내 시편 2편에 담긴 오래된 염원이 이루어져서, 세계의 열국이 주의 영광을 보며 그의 통치 아래 살게 될 때, 그러한 신실함이 드러나게 될 것이라고 말한다. 나는 이것이 주후 1세기의 많은 유대인들, 특히 주후 1세기의 바리새인들의 세계관의 심장부에 있었다고 본다. 이것은 다소의 사울이 자기가 그 속에서 살고 있다고 믿었던 바로 그 이야기이다. 앞으로 보게 되겠지만, 사도 바울은 이 이야기가 성취되었다고 믿었다 – 물론, 바울 자신을 비롯해서 누구도 예상하지 못했던 방식을 통해서이긴 하지만.

261) *Ps. Sol.* 18.10-12(모음집에 나오는 마지막 시편의 끝부분); cf. 수 10:12-14; 사 38:7f.

3) 포로생활의 연속

이 모든 것은 우리를 아직도 몇몇 진영에서는 완강하게 거부하고 있다는 것만을 제외한다면 오늘날에는 거의 논란이 없는 것으로 보이는 또 다른 지점으로 데려다준다. 물론, 내가 말한 또 다른 지점이라는 것은 당시의 유대인들이 제2성전 시대를 "포로생활의 연속"으로 보았다는 사실이다.

이것과 관련된 기본적인 연구는 지금도 여전히 슈텍(O. H. Steck)에 의해 수행된 연구인데, 나는 이 주제에 대한 좀 더 진전된 주장들에 대하여 반발하는 사람들 중 일부는 그의 저작을 읽지도 않은 채로 반론을 제기하고 있는 것은 아닌가 의심이 된다.[262] 당시의 유대인들이 자신들의 삶을 지리적인 의미에서가 아니라 정치적이고 신학적인 의미에서 "포로생활의 연속"으로 보았다는 개괄적인 가설은 지금은 내가 이전의 글들을 쓸 때에 알고 있던 것보다도 더 많은 지지를 받고 있다.[263]

262) Steck, 1967; Steck, 1968. 예컨대, 1968, 454에 나오는 분명한 서술을 보라: "온 이스라엘은 이민족이 통치하는 본토에 있든지, 디아스포라에 있든지, 이전과 마찬가지로 여전히 포로기 가운데 있다." 또한, Nickelsburg, 1981, 18을 참조하라.

263) Scott, 1993a, 1993b를 보라. Scott은 이 점은 지금 "널리 인정되고" 있다고 말하고(1993a, 201), "점점 통일된 견해가 되어가고" 있다고 말하지만(213), 내가 보기에는 지나치게 낙관적인 것 같다; Scott, 1997b, 189; 이 책 전체가 중요하다; 예컨대, Evans and Flint, 1997, 305-12; 또한, Thielman, 1994, 49-55(55: "바울이 자신의 서신들을 쓸 당시에, 대부분의 유대인들은 평범한 일꾼이든 복잡한 사고를 하였던 제사장이든, 그들의 민족이 전 세계에 흩어져 있고 로마인들이 그들의 땅을 지배하고 있는 것을 이스라엘이 시내 산에서 하나님과 맺은 계약을 어긴 결과라고 이해하였다고 말해도 무리는 없는 것으로 보인다"); Thielman 2005, 369: "이스라엘의 역사에 관한 성경의 기사를 알고 있던 사람은 누구나 이스라엘이 율법을 지켰더라면 생명을 얻었을 것인데, 율법을 범함으로써 포로생활과 이방의 지배라는 저주를 받게 되었다고 이해하였다… 바울에게 있어서는… 그런 시기는… 이미 끝이 났다." 또한, Thielman, 1989, ch. 2; 1994, 48-68; 1995, 172-6; 최근의 것으로는 Portier-Young, 2011, 267-72를 보라. 내가 앞에서 언급하지 않은 이전의 저술가들로는, "포로생활"은 신속하게 단지 지리적인 현실인 데서 그치지 않고, "벗어나야 할 종살이를 가리키는 상징"이 되었다고 아주 분명하게 말한(247) Ackroyd, 1968, 232-47이 있고, Scott, 1997b, 188f.에 의해서 인용된 Schmidt, 1982가 있다. Deines, 2001, 495는 Steck을 언급하면서, "바리새파 운동은 신명기사가의 역사관의 전통을 대표한다"고 지적하지만, "신명기사가의 역사관"이 신명기 28-29장에 예언된 "포로기"가 지속되고 있고, 신명기 30장에 약속된 "회복"이 아직 도래하지 않았다는 것임은 깨닫고 있지 못하다(또한, Carson 2001b, 537-40에서 그의 글을 요약하고 있는 Carson도 마찬가지이다). 우리는 이러한 도식을 "하나님의 계시된 뜻에 대한 순종이 구원과 복을 가져다주고, 불순종은… 포로기와 땅의 상실로 이어진다"(Deines, 495)는 명제 같은 일반적인 진리로 밋밋하게 바꾸어 버려서는 안 된다. 그러한 일들은 언제라도 무작위적으로 일어나는 일들이 아니다; 또는, 그것이 사실이라고 할지라도, 적어도 그것은 여기에서 말하고자 하는 것은 아니다. 그 일들은 이스라엘의 역사가 성경적인 형태를 지니고서 종말론적인 성취를 향하여 나아가는 것에 대하여 말하는 원래의 서사의 흐름 속에서 일회적인 사건들이다.

예를 들자면, 나는 제임스 스콧(James Scott)이 내게 환기시켜 줄 때까지는, *Anchor Bible Dictionary*에 실려 있는 로버트 캐롤(Robert Carroll)의 주목할 만한 글을 알지 못하고 있었다:

> 제2성전 시대의 문헌들 중 다수는 주전 587/86년에 예루살렘이 멸망한 후의 포로생활이라는 범주를 인정하고 있지만, 이후의 세기들에서 그 어떤 귀환도 인정하지 않는다. 이 문헌은 … 이스라엘의 포로생활이 수 세기 동안, 아니 실질적으로는 영속적으로 이어지고 있는 것으로 묘사한다 … 포로생활은 이 문헌 속에서 하나의 상징, 곧 이 집단(또는, 분파)이 예루살렘을 장악하지 못하고 소외되어 있는 것에 대한 상징, 또는 이스라엘 백성을 그들의 땅으로 회복시켜 줄 유일한 통로로 여겨진 메시야 기대들과 관련된 상징이 된다.[264]

이러한 설명은 나를 비롯한 여러 사람들이 말해 온 것을 읽고서, 유대인들이 당시에 사용한 "포로생활의 연속"이라는 개념은 포로생활과는 상관없는 그들의 어떤 다른 상황을 표현하기 위해서 그들의 잡다한 과거의 경험으로부터 가져와서 사용한 "비유"나 "표상" 같은 것이었다고 말해 온 사람들의 주장을 정면으로 반박하는 것이다.[265] 물론, 이 개념이 그런 식으로 사용될 수 있고, 실제로 분명히 그런 식으로 사용되었으며, 여전히 사용되고 있는 것은 사실이지만, 여기서의 핵심은 그런 것이 아니다. 내가 말하고자 하는 핵심은 제2성전 시대의 유대인들 중 상당수는 그들이 살아가고 있던 시기를 사실상 모든 유대인들이 자신들이 그 속에서 살아가고 있다고 믿었던 저 연속된 서사, 즉 우리가 위에서 꽤 자세하게 살펴 보았던 저 연속된 서사의 한 시기로 보고, 그 시기를 이른바 "죄-포로생활-회복"(sin-exile-restoration)이라는 신명기적 도식이라는 관점에서 해석해서, 그들이 여전히 "포로생활"이라는 중간 단계(물론, 이 단계 자체가 아주 복잡해질 수 있었다) 중 어느 지점에 있는 것으로 보았다는 것이다.

264) Carroll, 1992, 575. 내가 판단하기에는, Carroll은 예컨대 에스라서와 느헤미야서의 정경적인 관점과 이러한 "다른 목소리들"을 너무 날카롭게 구분하고 있는 것으로 보인다; 실제 상황은 그런 구분보다 훨씬 더 복잡하다. 하지만 그의 강조점, 그리고 그가 *1-3 Enoch*, Baruch, *4 Ezra*, *2 Baruch*, CD and *Test. XII Patr.*을 인용한 것은 내가 보기에는 거의 반박할 수 없다.

265) 예를 들어, Bock, 1999, 309 n. 15. Casey, 1998, 95-103, 99f.가 이 입장을 의도적으로 곡해해서, 예루살렘에서 살고 있던 유대인들도 자신들이 "포로생활"을 하고 있다고 생각하였을 수 있다는 주장을 조소한 것은 한참이나 더 나쁘다. 이것은 Casey가 그 주장이 말하고자 하는 바를 제대로 듣지 않았다는 것만을 보여줄 뿐이다. 방식은 다르지만, 우리는 Stein, 2001, 207-18에 대해서도 동일한 말을 할 수 있다. Stein은 마치 내가 예수의 가르침 속에 나오는 "하나님의 나라"를 "포로생활로부터의 귀환"으로 대체하였다는 듯이 말하지만, 당연히 나는 그렇게 말한 것이 아니고, 단지 "하나님의 나라"를 당시에 널리 퍼져 있던 기대라는 관점에서 해석한 것일 뿐이다.

당연히, 당시에 "포로생활"이라는 중간 단계와 관련해서 서로 다른 인식들이 있었음은 물론이다. 그러나 디아스포라의 많은 유대인들의 경우처럼(그들 중 상당수는 거룩한 땅을 떠나서도 아주 편안하게 살아 갔기 때문에, 그것을 박탈로 여기지 않았지만) 그 "포로생활"이 실제로 여전히 지리적인 현실이었든, 외세들에 의한 신학적이고 문화적인 압제가 지속되고 있었기 때문에, 다니엘서 9장이 아직 성취되지 않았다고 보았든(아주 많은 유대인들이 이러한 인식을 지니고 있다는 것에 대해서는 나중에 살펴볼 것이다), 당시까지 포로생활이 계속되고 있고, 그들 자신을 제외하고는 모든 사람들이 여전히 포로생활 가운데 있다고 보고서, 어떤 의미에서 자신들을 "포로생활로부터의 진정한 귀환"을 위한 선봉대로 여겼든(쿰란 분파의 경우처럼), 신명기적 도식 내의 중간 단계 안에서 살아가고 있다는 인식 자체는 변함이 없었다. 당시의 이런저런 저자들이 이러한 인식들 중에서 어느 것을 받아들이고 있었든, 중요한 것은 그들이 연속된 서사 전체 내에서 어떤 특정한 단계에 있다고 본 신학적 인식과 원대한 신명기적 예언이 그들 가운데서 이루어져 가고 있다는 석의적 인식이 그들 모두에게 있었다는 것이다. 우리가 당시의 유대인들이 어떤 종류의 "포로생활" 속에서 살아가고 있다고 생각하였는지와 관련된 세부적인 내용들에 대해서는 앞으로 좀 더 정교하게 살펴보아야 하겠지만, 나를 비롯한 여러 사람들이 제기해 온 전체적인 해석 중에서 가장 큰 저항을 받고 있는 것은 그러한 세부적인 내용들이 아니라, 그런 식으로 해석한 것 자체일 것이라고 나는 생각한다.

여기서 나는 우리의 해석에 반대하는 사람들에게는 신경이 거슬리는 말이겠지만, 내가 앞서 언급한 좀 더 큰 염려들과 관련해서 그들이 아직 깨닫지 못하고 있는 것을 건드리고자 한다. 나는 포로생활의 연속이라는 개념이 바울 연구(또는, 제2성전 시대 유대인들에 대한 연구)에 있어서 "샌더스[Sanders] 혁명"의 일부라고 믿기는 하지만, 이 개념은 샌더스나 던(Dunn)이 밝혀낸 것이 아니었다(물론, 그들은 자신들의 책에 인용된 글들을 보고서 이 개념을 발견해냈어야 했지만 그러지 못하였다). 샌더스는 개신교의 석의는 자신의 관점을 과거로 투영해서, "가톨릭의" 사제 제도, 행위로 말미암은 의 등등의 개념을 제2성전 시대 유대교의 개념으로 규정하고서, "유대교"의 구원론과 맥락을 같이하고 있는 중세 가톨릭의 구원론은 잘못된 반면에 개신교의 루터의 구원론은 옳다는 것을 부각시킨 것이라고 비판하였다. 이 문제에 대한 논쟁은 "새 관점" 대 "부활한 옛 관점"이라는 형태로 여전히 진행 중이지만,[266] 나는 개신교가 그런 식으로 자신들이 지금 갖고 있는 개념을 과거로 투영한 것은 기존의 서사와의 단절이 그들에게 절실히 필요하다고 생각하였기 때문이라는 사실은 어느 진영에서도 알아차리지 못하고 있다고 생각한다 – 사실, 이것은 사람들이 포로생활의 연속에 관한 우리의 주장에 대하여 적대감을 갖게 된 한 원인일 수 있다. 종교개혁자들은 (르네상스의 "새로운 배움과 새로운 무지"[new learning and new ignorance]에 대한 엄청난 열정과 씩씩한 오만함을 지니고서[267]), 온갖 종류의 잡다한 산더미 같은 짐들과 이단들을 다 끌어모아서 싣고, 누구나 그저 함께 타고 가기만 하면 된다고 말하며 온갖 사람들을 다 태우고 덜커덩거리며 가는 (가톨릭이라는) "큰 교회"와의 깨끗한 단절과 근본적인 불연속성을 표방하고 새로운 계기를 대표한다고 자처한 인물들이었다. 이렇게 개개인의 회심에 초점을 맞춘 개신교의 서사, 특히 자신과 직접적으로 닿아 있는 과거와의 연속성을 거부하고서, 대신에 훨씬 이전의 시대들과 본문들, 즉 성경 및 교부들과의 연속성을 주장한 개신교 교회사의 집단적인 자기인식 속에는 이전의 어두운 서사와 단절하고 새롭고 밝은 서사를 만들어낼 필요성이 강하게 작용하고 있다. 그러므로 루터와 칼빈과 크랜머(Cranmer) 같은 사람들이 성경과 그 최초의 주석자들에게 호소한 것은 어떤 의미에서 예수와 바울과 베드로가 제2성전 시대의 "유대교"의 우두머리들을 건너뛰어서 "모세와 선지자들"에 호소한 것에 비견된다(이러한 도발적인 병행들을 계속해 나가면, 에라스무스[Erasmus]는 세례 요한의 역할을 한 것인가?). 하지만 그들은 자신들이 참여하고 있는 연속된 이야기가 시작된 근원을 찾아서 그 절정에 자신들이 있음을 확인하기 위한 것(이것은 그들에게 지나치게 "가톨릭적인" 것으로 느껴졌을 것이다)이 아니라, 단지 오래 전에 주어진 모형들과 모범들, 상징들, 특히 그들에게까지 미치는 약속들을 성경과 그 최초의 해석자들에게서 찾아내기 위한 것이었다. 이러한 사고의 틀 내에서는 역사는 단지 허물어뜨려야 하는 것일 뿐이다. 이전의 몇몇 독일 학자들의 표현을 빌리면, 그리스도는 율법의 마침인 것과 마찬가지로 역사의 마침이다.[268] 연속된 서사라는 개념 – 그 절정은 십자가에 못 박힌 메시야라는 충격적인 사건이지만 – 은 깨끗한 단절, 새로운 출발, 이전에 이루어진 모든 것에 대하여 큰 소리로 "아니다!"라고 말씀하는 하나님의 "묵시론적 개입"(바르트적인?)을 주장하면서, 다소의 사울을 새로운 빛으로 눈멀

266) *Interpreters*에 실린 논의를 보라.

267) Lewis, 1954의 서론의 표제.

268) 이것은 큰 무리 가운데서 "떠돌던 어록(logia)" 중의 하나이다: 그것은 특히 E. Fuchs 및 R. Bultmann과 결부되어 있다. 예컨대, Bultmann, 1957, 45를 보라: "그리스도는 율법의 마침이시기 때문에, 역사는 그 종말에 도달하였다"; 마찬가지로, Bultmann, 1954, 404(이 전거는 Robert Morgan의 도움에 의한 것이다).

게 하고, 연속성이라는 개념을 사람의 손으로 만든 우상에 불과한 것으로 격하시키는 해법을 내놓고자 하는 사람들에게는 가장 큰 걸림돌이 된다. 그러므로 그들의 해법은 비서사적인 세계, 아니 한편으로는 "나와 하나님의 이야기"가 유일한 "이야기"인 서사 세계, 다른 한편으로는 하나님이 계약과는 아무런 상관없이 만유에 침입해 들어오는 것이 주된 "이야기"인 서사 세계이다.[269] 이전의 개신교 석의가 좀 더 큰 연속된 서사가 결여된 세계관을 지니고 있던(아이러니컬하게도 랍비들과 똑같이) 이방 종교들이나 초기의 영지주의에서 병행들을 찾아서 가져오고자 애쓴 이유가 거기에 있었다. 보수적인 주석자들은 그러한 노선으로 가는 것을 피하기는 하지만, 그들이 던진 "어떻게 하면 내가 은혜로우신 하나님을 발견할 수 있을까?"라는 질문 – "어떻게 하면 내가 죽어서 천국에 갈 수 있을까?"라는 질문은 차치하고라도 – 은 여전히 염려스럽게도 세네카(Seneca)나 에픽테토스(Epictetus)가 던졌던 질문들과 유사하다.[270] 어떤 식으로든 연속된 역사적 서사를 인정하는 것은 (특히) 북미 개신교의 암묵적인 종말론이 기능해 온 방식이 아니다.[271] 나는 현재의 논쟁에서 표면적으로 드러난 것들보다 그 근저에 있는 이러한 것들이 훨씬 더 중요하게 작용해 왔다고 생각한다. 이것은 엄격한 석의를 통해서 샅샅이 살펴서 밝혀내야 할 필요가 있다.[272]

포로생활의 연속이라는 개념에 저항하는 가장 근본적인 원인들이 무엇이든, 나를 비롯한 여러 사람들이 이전에 한 시도들은 이 개념에 의구심을 지닌 사람들을 아직 설득시키지 못하였다는 것은 사실이기 때문에, 우리는 성경에 토대를 둔 논증을 다시 한 번 차례로 살펴볼 필요가 있다.[273]

269) Martyn, 1997에 나오는 예에 대해서는 아래의 설명과 *Interpreters*를 보라.

270) 본서 제3장과 제14장을 보라.

271) 미국의 복음주의나 근본주의는 한편으로는 "휴거" 이론들, 다른 한편으로는 달러 지폐에 써 있는 '노부스 오르도 세클로룸' (novus ordo seclorum, "새로운 세계 질서")에 함축되어 있는 미국의 암묵적인 계몽 종말론(Enlightenment eschatology)에 도전이 될 수 있는 그 어떤 종말론에 대해서도 두려워한다고 말하면, 너무 지나친 말일까? Douthat, 2012, ch. 8을 보라.

272) 이것은 예컨대 루터가 이 대서사를 폐기하는 범죄를 저질렀다고 말하는 것이 아니다. 사실, 당연히 그는 중세 시대를 "교회의 바벨론 포수"로 규정하고, 자기 자신을 "포로생활로부터의 귀환"을 이끄는 지도자로 자처함으로써, 연속된 서사라는 개념을 유지하였다(Luther, 1970 [1520]). 아마도 그의 후계자들은 "포로생활"이라는 표현을 은유적인 것으로 여겨서 별 신경을 쓰지 않았던 것 같다. 여기서 나의 질문은 Steck, 1968, 449이 제기한 것과 같다: 왜 "포로생활"이라는 것이 바벨론 시대 이후의 신학에서 그토록 오랫동안 학자들의 관심을 끌어 왔는가?

273) 반대견해로는 Carson, 2001a, 5; Carson, 2001b, 546 등. 흥미로운 것은 이 두 경우에 Carson은 정확한 출처도 밝히지 않은 채로 나의 견해라며 인용하고 있다는 것이다. 내가 이전에 한 말들은 *Climax*, 140f.; *NTPG*, 268-70; *JVG*, xviif., 126f., 203f; *Jesus and the Restoration of Israel* [Newman ed.], 252-61;

시작하기에 좋은 지점은 다니엘서 9장이다. 요세푸스를 통해서, 우리는 다니엘서가 주후 1세기 중반에 아주 중요한 본문이었다는 것을 안다. 그는 유대인들을 반란으로 몰아간 것이 바로 다니엘서였다고 말한다.[274] 왜냐하면, 그들은 다니엘서가 그 때에 세계 통치자가 유대 땅에서 출현할 것이라고 예언하고 있는 것으로 믿었기 때문이었다. 그렇다면, 그들은 자신들의 시대에 그 예언이 성취되리라는 것을 어떻게 알았는가? 그것은 천사가 다니엘의 간절한 기도에 응답해서 그에게 준 암호 같은 메시지, 즉 포로생활이 70년 동안이 아니라 "칠십 이레," 곧 70년에 일곱을 곱한 기간 동안 지속될 것이라는 메시지를 기반으로 한 연대기적 계산에 의한 것이었다.[275] 다니엘서라는 허구적인 시나리오 내에서, 포로로 끌려간 다니엘은 포로생활이 70년 동안 지속될 것이라고 예레미야가 예언하였고, 이제 그 기간이 끝났기 때문에, 지금 이스라엘의 포로생활을 끝내 달라고, 자신의 마음과 영혼을 바쳐 간절히 기도한다.[276] 다니엘의 이 기도는 모세의 율법이라는 관점에서 신명기 28장과 29장을 강력하게 반영하고 있는 서글픈 이야기를 개작해서 다시 들려준다:

> 온 이스라엘이 주의 율법을 범하고 치우쳐 가서 주의 목소리를 듣지 아니하였기 때문에, 이 저주가 우리에게 부어져서 하나님의 종 모세의 율법에 기록된 맹세대로 되었사오니, 이는 우리가 주께 범죄하였음이니이다. 주께서 큰 재앙을 우리에게 내리셔서, 우리와 및 우리를 재판하던 통치자들을 쳐서 하신 말씀을 이루셨사오니, 온 천하에 예루살렘에서 일어난 일 같은 것이 없었나이다. 모세의 율법에 기록된 대로 이 모든 재앙이 이미 우리에게 내렸사오나 …[277]

PFP, 138-40; *Justification*, 57-62에 나와 있다. 나는 이러한 논의들을 열거하면서, 이 논의들 중 그 어떤 것도 그리 길지 않다는 것을 깨닫는다. 나는 거기에 언급된 성경 본문들로 충분할 것이라고 생각하였지만, 분명한 것은 나의 그런 생각은 틀렸다는 것이다(그리고 분명한 것은 그러한 논의들은 좀 더 큰 주제들을 다루면서 이것을 말하려다 보니 짤막하게 말할 수밖에 없어서 아주 복잡한 증거들을 지나치게 단순화하고 있다는 것이다).

274) *War*, 6.312-15; 위의 설명과 *NTPG*, 312-14를 보라.

275) 단 9:24f. 다니엘서 9장은 단지 포로들을 모은다는 것에 관한 것이 아니라, 예루살렘의 상태에 관한 것일 뿐이라는 Seifrid의 주목할 만한 주장(Seifrid 1994, 87)은 예레미야를 거론한 것, 다니엘서 9장이 다니엘서 전체 내에서 하는 역할(예컨대, 2장과 7장에 대한 관계), 특히 주전의 마지막 두 세기와 주후의 첫 번째 세기에서 서로 다른 많은 유대인 분파들이 다니엘서 9장을 어떤 식으로 듣고 읽고 사용하였는지를 무시하고 있다.

276) 렘 25:11f.를 인용하는 단 9:2; 또한, cp. 렘 29:10; 대하 36:21f.; 슥 1:12; 7:5; 1 Esdr. 1.57f.; 사 44:28도 인용하는 Jos. *Ant.* 11.1f. 또한, cp. 사 23:15(칠십 년 동안 잊혀질 두로의 운명).

277) 단 9:11-13. 여기에서 직접적인 전거는 신명기 28:15-68; 29.:2, 14, 19(맹세); 29:20-8(저주);(이 둘은 거의 서로 바꾸어 쓸 수 있는 것으로 보인다; 칠십인역에는 "맹세"는 '아라' [ara]로, "저주"는 '카타라' [katara]로 되어 있다); 29:20, 21에서 MT와 LXX(29:19, 20)은 "이 책" 또는 "계약"의 "모든 맹세들"을 그들에게 임하게 할 것이라고 말한다. 29:27(MT/LXX 29:26)에서 히브리어 본문은 "이 책에 있는 모든 저

우리가 위에서 살펴본 제2성전 시대의 글들에서와 정확히 동일한 방식으로, "다니엘"은 이렇게 자기 자신과 자기 백성을 모세에 의해서 약속된 연속된 서사 내에 둔다. 신명기는 마치 포로생활이라는 것이 그 어떤 좀 더 큰 서사와 연결되어 있지 않은 가운데, 이스라엘이 불순종을 할 때마다 여러 가지 방식으로 비일비재하게 일어날 수 있는 일인 것처럼, "불순종은 포로생활을 초래하게 될 것"이라고 일반적인 관점에서 약속한 것이 아니다. 도리어, 신명기는 역사 속에서 마침내 일어난 하나의 일련의 사건들 – 비록 수백 년이 걸리긴 하였지만 – 을 4장에서는 짤막하게, 27-30장에서는 자세하게, 그런 후에 32장의 장엄한 시와 이 시를 양쪽으로 떠받치고 있는 31장과 33장에서 다시 한 번 제시한다.[278] 다니엘서 9장의 기도는 단일한 서사 내에서 신명기 29장의 끝부분에서 30장의 처음 부분으로 넘어가는 지점, 즉 구약에서 바울의 글들에 나오는 저 장엄한 "그러나 이제는"(but now)에 해당하는 순간들 중의 하나에 서 있다. 다니엘은 이렇게 말한다: 하나님이 자신이 맺은 계약에 신실하기 때문에, 이 모든 일들이 일어났다. 즉, 우리는 신실하지 않았지만, 하나님은 신실하였기 때문에, 자기가 하겠다고 말한 일을 실제로 행하였다. 그러나 이제 우리는 바로 그 동일한 하나님의 신실하심에 호소해서, 우리가 쫓겨간 땅들에서 하나님이 약속한 복들과 저주들을 기억하고 온 마음과 목숨을 다해서 돌이키면 어떻게 해주겠다고 신명기를 통해 말한 일을 우리에게 행하여 우리를 노예생활에서 건져 주기를 호소한다:

> 네 하나님 야웨께서 마음을 돌이키시고 너를 긍휼히 여기셔서 포로에서 돌아오게 하시되, 네 하나님 야웨께서 흩으신 그 모든 백성 중에서 너를 모으실 것이니, 네 쫓겨간 자들이 하늘가에 있을지라도, 네 하나님 야웨께서 거기서 너를 모으실 것이며 거기서부터 너를 이끄실 것이라. 네 하나님 야웨께서 너를 네 조상들이 차지한 땅으로 돌아오게 하

주들"로 되어 있고, LXX의 A판본에 나오는 이독은 "계약의 모든 맹세들"로 되어 있다. 신명기 30:7은 하나님이 이스라엘의 원수들에게 자기가 말한 "모든 맹세들"을 임하게 하는 것이 대역전의 일부라고 말한다(자세한 것을 아래를 보라).

278) 많은 저자들의 주장과는 달리(예컨대, Kugler, 2001, 194 n. 19), 그것은 27-30장이나 31-33장에서 반복되는 패턴이 아니다. 하지만 Neusner가 Neusner, Green and Frerichs, 1987, 1-3에서 제대로 보고 있듯이, 후대의 유대교 사상 속에서 포로생활은 바로 그러한 패턴이 된다. von Rad, 1962 [1957], 346은 신명기 30장은 "근본적으로 단순한 종교적인 메시지인 것"을 제시하고 있다고 주장하지만, 거기에 대한 Sailhamer, 1992, 473의 반론은 옳다: 느헤미야서 9장은 느헤미야 시대에 사람들이 그 약속을 대망하였다는 것을 보여주고, 누가복음 2:25은 예수의 출생 때에 "독실한 이스라엘 사람들은 여전히 그 약속이 성취되기를 기다리고 있었다"는 것을 보여준다. 또한, 우리는 1 En. 103에 나오는 시는 엘리트층이나 비엘리트층이나 모두 다 신명기 28-30장의 서사를 그들 자신에 대한 것으로 여기고 있었다는 것을 보여준다는 점을 지적할 수 있다(이것은 Loren Stuckenbruck이 내게 지적해 준 것이다).

시고, 네게 다시 그것을 차지하게 하실 것이며 … [279]

이것이 "다니엘"이 지금 바라고 있는 바로 그것이다. 즉, 신명기가 그것을 약속하였고, 예레미야는 그 일이 70년이 다 찼을 때에 이루어지게 될 것이라고 말하였으니, 바로 지금 그 일을 이루어 달라는 것이다:

> 강한 손으로 주의 백성을 애굽 땅에서 인도하여 내시고 오늘과 같이 명성을 얻으신 우리 주 하나님이여, 우리는 범죄하였고 악을 행하였나이다. 주여 구하옵나니, 주는 주의 공의를 따라 주의 분노를 주의 성 예루살렘, 주의 거룩한 산에서 떠나게 하옵소서. 이는 우리의 죄와 우리 조상들의 죄악으로 말미암아 예루살렘과 주의 백성이 사면에 있는 자들에게 수치를 당함이니이다. 그러하온즉 우리 하나님이여, 지금 주의 종의 기도와 간구를 들으시고, 주를 위하여 주의 얼굴 빛을 주의 황폐한 성소에 비추시옵소서. 나의 하나님이여, 귀를 기울여 들으시며 눈을 떠서 우리의 황폐한 상황과 주의 이름으로 일컫는 성을 보옵소서. 우리가 주 앞에 간구하옵는 것은 우리의 공의를 의지하여 하는 것이 아니요 주의 큰 긍휼을 의지하여 함이니이다. 주여, 들으소서 주여 용서하소서. 주여, 귀를 기울이시고 행하소서. 지체하지 마옵소서. 나의 하나님이여, 주 자신을 위하여 하시옵소서. 이는 주의 성과 주의 백성이 주의 이름으로 일컫는 바 됨이니이다. [280]

이것은 성경의 전승 속에서 가장 장엄한 기도들 중의 하나이지만, 그런 말을 들을 만한 또 다른 기도처럼, 바라던 응답을 받지 못한다. 즉, 겟세마네에서 예수는 자기에게서 잔을 옮겨 달라는 기도를 드리지만 응답을 받지 못한 것처럼, 이때는 다니엘과 그의 친구들이 신명기 30장에 약속된 "회복"의 약속을 온전히 받을 수 있는 때가 아직 아니었다. 예레미야가 70년이라고 말한 것은 맞지만, 실제로는 그것보다 훨씬 더 긴 시간이 지나야, 희년들 중의 희년, 즉 7년이 70번 반복된 후에야 그 약속은 이루어질 것이었다:

> [그 사람 가브리엘이] 내게 가르치며 내게 말하여 이르되, "다니엘아, 내가 이제 네게 지혜와 총명을 주려고 왔느니라. 곧 네가 기도를 시작할 즈음에 명령이 내렸으므로 이제

279) 신 30:3-5. Fishbane, 1988 [1985], 541은 신명기 29장의 마지막 절인 29절(MT 29:28)이 "은밀한 것들"은 야웨에게 속한 것인 반면에, "드러난 것들"은 "우리와 우리 자손"에게 속한 것이라고 말하고 있는 것은 이 예언들이 언제 성취될 것인지 그 시기에 대하여 정확하게 알려고 지나치게 파헤치지 말 것을 이후의 독자들에게 경고하기 위한 것이었다고 주장한다—그렇다면, 예레미야와 다니엘도 이 경고에 제대로 주의를 기울이지 않은 것이 된다. 여기서 "드러난 것들"은 토라를 가리킨다: 너희는 너희가 해야 할 일들을 아니, 장래의 사건들이 언제 일어날 것인지에 대해서는 신경 쓰지 말라!

280) 단 9:15-19. Scott, 1993a, 199 n. 35는 다른 많은 학자들의 견해를 인용해서, 이 기도 속에는 "신명기의 계약 전승"이 흠뻑 스며들어 있다고 지적한다.

> 네게 알리러 왔느니라. 너는 크게 은총을 입은 자라. 그런즉 너는 이 일을 생각하고 그 환상을 깨달을지니라. 네 백성과 네 거룩한 성을 위하여 일흔 이레를 기한으로 정하였나니, 허물이 그치며 죄가 끝나며 죄악이 용서되며 영원한 의가 드러나며 환상과 예언이 응하며 또 지극히 거룩한 이가 기름 부음을 받으리라. 그러므로 너는 깨달아 알지니라. 예루살렘을 중건하라는 영이 날 때부터 기름 부음을 받은 자 곧 왕이 일어나기까지 일곱 이레와 예순두 이레가 지날 것이요, 그 곤란한 동안에 성이 중건되어 광장과 거리가 세워질 것이며, 예순두 이레 후에 기름 부음을 받은 자가 끊어져 없어질 것이며, 장차 한 왕의 백성이 와서 그 성읍과 성소를 무너뜨리려니와 그의 마지막은 홍수에 휩쓸림 같을 것이며, 또 끝까지 전쟁이 있으리니 황폐할 것이 작정되었느니라. 그가 장차 많은 사람들과 더불어 한 이레 동안의 언약을 굳게 맺고, 그가 그 이레의 절반에 제사와 예물을 금지할 것이며, 또 포악하여 가증한 것이 날개를 의지하여 설 것이며, 또 이미 정한 종말까지 진노가 황폐하게 하는 자에게 쏟아지리라" 하였느니라.[281]

70년이 아니라 490년이 지나야 약속이 이루어진다는 것은 다니엘이 원한 것이 아니었고, 그 시기도 그가 원한 것이 아니었다. 천사는 그가 생각하였던 "회복" 대신에, 땅을 황폐하게 만들 전쟁들 같은 대경실색할 사건들이 광풍처럼 몰아닥칠 것이라고 말하였고, 예언의 끝부분에 가서야, 하나님의 백성을 압제해 왔던 자들에게 마침내 "이미 정한 종말"이 임하게 될 것이라고 암시만 해줄 뿐이었다.

물론, 지금 우리는 다니엘서와 이 기도의 실제 배경이 마카베오가 반란을 일으켰던 시기라는 것을 알고 있다. 마카베오1서의 저자는 특히 이 구절을 근거로 해서, 안티오코스 에피파네스(Antiochus Epiphanes)가 "멸망의 가증한 것"을 거룩한 곳에 세웠다고 말한다.[282] 그런데 천사가 말한 490년이라는 기간이 어떤 계산을 통해 나온 것인지는 분명하지 않다: 주전 167년을 기준점으로 삼는다면, 그때로부터 490년 전은 주전 657년인데, 그 해는 느부갓네살이 예루살렘을 점령한 주전 597년보다는 60년 전이고, 그 도성을 파괴한 주전 587년보다는 70년 전이다. 최근까지도 『다빈치 코드』(*The Da Vinci Code*)라는 책의 저자가 490년이라는 기간은 다니엘이라는 이름 때문에 나온 것이라고 주장하는 데서 알 수 있듯이, 이것은 유대인들에게 수수께끼 같이 들렸기 때문에, 이후 300년 동안 경건한 유대인들은 490년이라는 숫자 속에 어떤 중요한 의미가 담겨 있을 것이라고 생각해서, 이러한 연대 계산의 수수께끼를 풀어내는 일에 매달리게 된다.

그리고 그들은 그 연대를 계산해냈다. 몇몇 학자들이 보여 주었듯이, 그러한 연

281) 단 9:22-7.
282) 1 Macc. 1.54.

대 계산법은 당시의 중요한 특징이었다.[283] 로저 벡위드(Roger Beckwith)는 오래 전에 자신이 쓴 한 쌍의 논문을 통해서, 바리새파 내부의 논쟁을 비롯해서 당시의 여러 학파들 간의 수많은 논쟁들은 바로 이 연대 계산과 관련된 것이었음을 보여주었다: 당신의 연대 계산은 올바르게 행해진 것인가? 당신은 490년이라는 기간이 언제 시작되어서 언제 끝나는지를 아는가? 아키바(Akiba)가 바르 코크바(bar-Kochba)를 메시야로 인정하지 않은 근거들 중의 하나는 그의 연대 계산이 틀렸다는 것이었다. 요하난 벤 토르타(Yohanan ben Torta)는 "다윗의 자손이 임하기 전에 너의 두 턱 사이에서 풀이 돋아나리라"고 단호하게 말하였다.[284] 그러나 연대 계산을 어떤 식으로 하였든지 간에, 중요한 것은 예레미야가 이스라엘의 포로생활이 70년 동안 지속될 것이라고 말하였고, 다니엘은 예레미야가 말한 70년이 "칠십 이레"(490년)로 해석되어야 한다는 말을 천사로부터 들었다는 것이다. 이것이 본문이 말하고 있는 것이고, 다니엘의 시대 이후에 – 분명히 주전 2세기 중반 이후부터, 그리고 적어도 주후 2세기까지 – 사람들이 그러한 연대 계산을 밝혀 내려고 하였음을 보여주는 풍부한 증거가 있다. 물론, 이 모든 것은 당시의 많은 유대인들이 포로생활이 계속되고 있다는 것을 믿었을 뿐만 아니라, 실제로 연속된 역사라는 관점에서 사고하고 있었다는 것을 보여주는 증거들이다. 따라서 벡위드(Beckwith)는 이러한 상황을 다음과 같이 요약한다(최근에 수많은 사람들이 이 결정적으로 중요한 요소를 알지도 못한 가운데 제2성전 시대의 유대 세계에 관하여 글을 써 왔다는 것은 정말 놀랄 일이다):

> 에세네파, 바리새파, 열심당은 모두 자신들이 다윗의 자손이 도래할 때를 적어도 거의 엇비슷하게는 계산해낼 수 있었고, 그들의 연대 계산은 70년에 7("이레")을 곱한 490년으로 이해된 "칠십 이레"에 관한 다니엘의 예언(단 9:24-27)에 토대를 둔 것이라고 생각하였다는 것을 보여주는 강력한 증거가 있다. 따라서 후대의 기독교 교부들이 이 예언에 나오는 연대가 예수가 등장한 시기와 일치하기 때문에, 이 예언은 예수의 오심으로 성취되었다는 것을 보여 주고자 시도했을 때에는, 이미 이러한 연대 계산과 관련된 전승이 상당히 많이 존재하고 있었다.[285]

283) 예를 들어, Wacholder, 1975; Grabbe, 1979; Scott, 2005(e.g. 94: "오래 지속되고 있던 포로생활이 언제 끝날지를 계산하는 것은 안식일과 희년의 언어로 표현된 안식일 중심의 연대기들을 발전시키는 주된 동력들 중의 하나였던 것으로 보이는데," 이것은 희년서와 쿰란 문헌에서 두드러진다); 특히, Beckwith, 1996 [Beckwith, 1980, Beckwith, 1981]. 또한, Scott, 1993a, 200 n. 39를 보라.

284) jTann. 68d; Beckwith, 1980; 1981, 특히 536-9 [지금은 Beckwith, 1996, ch. 8에 통합됨]와 *NTPG*, 198 n. 156에 나오는 논의를 보라. 이 전설이 훨씬 후대의 것이라고 할지라도, 무엇이 당면문제였는지를 보여준다: 다니엘서 9장은 메시야가 언제 오실지를 말해주고 있지만, 그 때가 언제인지는 아무도

우리는 유대인들이 이러한 연대 계산에 집착한 이유를 아주 간단하고 명쾌하게 말할 수 있다. 유대인들의 여러 분파들이 다니엘의 "칠십 이레"가 언제 끝날 것인지를 계산해내려고 몹시 애썼던 이유는 단지 바로 그 때가 메시야가 올 때였기 때문이 아니라, 다니엘서 9장이 보여주듯이, 그 때가 도래하여야만, 예레미야가 예언하였던 기간보다 일곱 배나 더 많은 기나긴 포로생활이 마침내 끝나게 될 것이었기 때문이었다. 달리 말하면, 그들은 주전 6세기 말에 시작되어서 주전 5세기 중반의 에스라와 느헤미야의 때까지 이루어진 지리적 "귀환"에도 불구하고, 그들이 여전히 "포로생활"이라고 여겼던 어떤 것이 아직 끝나지 않았다는 것을 알고 있었다는 것이다. 그래서 그들은 신명기 27-30장에 나오는 단일한 흐름의 민족의 서사 내에서 그들 자신의 상황을 거듭거듭 읽고 있었다.[286] 예레미야가 말한 70년의 포로 기간을 490년으로 수정한 다니엘서의 예언과 포로생활이라는 저주 뒤에는 계약 갱신의 복이 올 것이라는 신명기의 예언이 이렇게 서로 결합된 것이 주후 1세기 바리새인들만이 아니라 제2성전 시대의 다른 수많은 유대인들의 세계관 내에서 지배적인 서사의 핵심에 자리 잡고 있었다는 것이 나의 주장이다.

나는 이러한 암묵적인 서사는 사실 주후 1세기의 유대인들과 주후 1세기의 유대세계를 연구하는 오늘날의 대다수의 학자들이 공통적으로 알고 있는 것이라고 본다. 나는 몇 년 전에 맨체스터에서 열린 한 세미나에 참석했을 때에 있은 일을 기억한다. 나는 거기에서 유대 문헌들과 랍비학에 조예가 깊은 몇몇 학자들에게 둘러싸여 있었는데, 방금 말한 논점에 관한 토론이 한참 벌어진 후에, 필립 알렉산더(Philip Alexander) 교수는 여러 반론들을 일축하고, 많은 중요한 증거들이 나의 주장을 지지하고 있다고 역설하였다.[287] 그리고 우리가 지금 다루고 있는 본문들을

확실히 알 수 없었다.

285) Beckwith, 1996, 217.

286) 또한, 이 주제를 미리 암시해 주는 것으로는 신명기 4:25-31을 참조하라.

287) 가장 주된 반대자는 F. G. Downing이었는데, 그의 입장은 Downing, 2000, ch. 8에 제시되어 있다. Downing은 쿰란 공동체가 "연장된 포로기"라는 견해를 지니고 있었다는 것을 인정하지만, 그 밖의 다른 유대인들이 그런 견해를 지니고 있었다는 것을 부정한다. 그는 당시에 폭넓게 퍼져 있던 신명기의 마지막 장들을 다시 읽는 전통과 다니엘서 9장에 대한 최소화된 읽기에 관한 논의를 전혀 다루지 않는다. 그의 논의 속에서 분명해지는 것은 그의 진짜 관심은 다음과 같은 오늘날의 인식을 지키고 보호하는 데 있다는 것이다: "따라서 결국 유대교에는 무엇인가 '잘못된' 것이 있었다." 우리가 "유대인들"에 대하여 어떻게 말하는지에 마찬가지로 관심을 갖고 있는 다른 사람들은 그가 보여준 문제점을 공유하고 있는 것으로 보이지 않는다. 이상하게도, Downing(149 n. 3)은 내가 나의 주장을 옹호하기 위하여 A. E. Harvey를 잘못 인용하고 있다고 비난하지만, 내가 그렇게 하고 있다고 말하며 그가 인용한 대목(*NTPG*, 114)은 그가 주장하는 것과는 완전히 다른 것을 말하고 있다. Goldstein은 그에 대한 나의 읽기를 문제삼고 있는

아주 잘 아는 학자들은 이것을 거듭거듭 확인해 주고 있다. 예를 들자면, 노트르담 대학(Notre Dame University)의 제임스 반더 캄(James Vander Kam) 교수가 그 중 한 사람이다:

> 묵시문학에 등장하는 포로생활에 관한 통상적인 묘사는 포로생활을 유다 왕국의 멸망 직전의 어느 시점에서 시작되어서 저자가 살던 시대까지도 지속되고 있는(심지어 그 이후에도 지속될) 현실로 상정하고 있다.[288]

우리가 맨체스터에서 그 날 논의하고 있었던 것은 신명기 30장에 대한 제2성전 시대의 석의였기 때문에, 사실 그것은 중요한 증거들 중의 하나였다. 우리는 이 책에서 나중에 적어도 한 번은 4QMMT를 다시 한 번 살펴보겠지만, 이 점은 아주 중요하기 때문에, 우리는 여기서 잠깐 이 본문을 살펴볼 필요가 있다.[289]

나는 쿰란 분파에서 장차 제사장이 될 인물이었던 사람이 이 두루마리의 저자라고 보는데, 거기에서 그는 한편으로는 "부드러운 것들을 추구하는 자들"(아마도 바리새파)을 경계하고, 다른 한편으로는 당시에 예루살렘을 장악하고 있던 세력에게 어떤 아주 구체적으로 규정된 법전들을 따라서 성전 예배를 수행해 줄 것을 당부하면서, 그들이 그렇게만 한다면, 그것이 그들이 신명기 30장이 말하고 있는 사람들에 진정으로 속한 자들임을 보여주는 증표가 될 것이라고 말한다. 나는 여러분이 이 두루마리가 말하고자 하는 핵심을 놓치지 않도록 하기 위하여 다시 한 번 역사적 연속성을 언급해 두고자 한다. 즉, 이 두루마리는 (이미 말한 바와 같이 모세의 유언서처럼) 모세의 경고들과 약속들을 토대로 삼고 있는 단일한 기나긴 서사에 대하여 말하면서, 이 서사가 (a) 모형들, 유비들, 모범들, 본보기들 등과 같은 것으로 다루어질 수 있는 개별적인 사건들을 모아놓은 것이 아닌 하나의 거대한 서사이고, (b) 늘 경고한 대로 연속된 기나긴 포로생활의 상태를 가져다준 하나의 거대한 서사이며, (c) 기나긴 포로생활을 가져다주긴 하였지만, 이제 진정한 "귀환," 즉 신명기 30장에서 말한 계약 갱신의 시점에 가까이 접근하고 있는 하나의 거대한 서사라는 것을 분명히 하기 위하여 당시까지의 역사를 아주 자세하게 서술

데, 거기에 대해서는 아래의 설명을 보라.

288) VanderKam, 1997, 94.

289) 이것에 대하여 쓴 나의 글은 지금은 *Perspectives*, ch. 21에 재수록되었다.

290) 이 본문은 모호하여 그 의미가 확실하지 않은데, 예컨대 NRSV는 '베아헤리트 하야밈'(beacherith hayamim)을 "장차 임할 때에"로 번역한다. 또한, 창 49:1; 민 24:14(발람의 신탁); 신 4:30(신 29-30장 또는 32장의 "축소판"); 사 2:2; 27:6; 미 4:1.

하고 있다는 것이다:

> 당신에게 우리는 당신이 모세의 책 및 선지자들과 다윗의 책들 … 각각의 세대의 연대기들을 이해하여야 한다고 써 왔다 … "말일에 이 모든 것들, 곧 복과 저주가 네게 임할 때, 네가 이것을 마음에서 기억하고 너의 마음을 다하고 뜻을 다하여 그에게로 돌아오는 일이" [여기에 신명기 30:1-2로부터의 인용문이 온다] 말일에 "일어나게 되리라" [여기에서 신명기 31:29이 인용된다; cf. 32:20][290). 모세의 책과 선지자들의 책에는 … 다윗의 자손 솔로몬의 날들에 … 임하게 될 복들과 느밧의 아들 여로보암의 날들로부터 유다 왕 시드기야와 예루살렘의 포로생활에 이르기까지 그들에게 임할 저주들이 기록되어 있다 … 우리는 모세의 책에 기록된 이 복들과 저주들 중 몇몇이 그동안 일어났다는 것을 알고 있다. 지금은 이스라엘에 있는 자들이 율법으로 돌아와서 다시는 율법에 등을 돌리지 않을 때인 말일이다. 악한 자들은 악하게 행할 것이고 … [291)]

이 본문은 몇몇 단편들로만 존재하지만(내가 여기에 옮겨 놓은 것은 여러 단편들을 편집한 본문인데, 하나의 연속적인 흐름을 보여주지 않는다), 그럼에도 불구하고 의미는 분명하다: 신명기 30장을 기본으로 해서, "각각의 세대의 연대기들"을 서술하는 것이 가능하고, 이것은 하나의 긴 이야기가 된다. 좀 더 구체적으로 말한다면, 바로 이 이야기 내에서 모세는 네게 임할 "이 모든 일들," 즉 "복들과 저주들"에 대하여 경고하였다. 이 두루마리의 저자는 이렇게 말한다: 우리는 솔로몬 아래에서 복들을 누렸지만, 그 직후에 느밧의 아들 여로보암으로부터 시작해서 시드기야 아래에서의 포로생활에 이르기까지 내내 저주들이 뒤따랐다. (제사장임이 분명한 저자가 왕들을 분기점들로 부각시킨 것은 흥미롭지만, 아마도 이것은 이 두 왕이 죄인들의 전형이었기 때문이었을 것이다.) 그러나 모세는 복들과 저주들이 있은 후에 이스라엘 백성이 마음과 뜻을 다하여 율법으로 돌아오고 하나님에게로 돌이킬 때에 대하여 말하였다. 이 본문이 말하고자 한 전체적인 요지는 이런 것이다: 지금 그 일이 일어나고 있고, 너는 거기에 참여할 수 있는데, 그렇게 하기 위해서 네가 해야 할 일이 여기에 있다. 쿰란의 제4동굴에서 발견된 4QMMT("율법의 몇 가지 훈계들"이라는 뜻 — 역주)는 신명기 30장에 대한 읽기에 확고한 토대를 둔 또 하나의 "그러나 이제는"(but now)을 선포하는 종말론적인 선언서이다: 여기에 예언이 있고, 이것이 그 예언이 지금 성취되고 있는 방식이다. 우리가 4QMMT의 저작 시기를 언제로 잡든지 간에 – 주전 2세기 말로 추정하는 것이 가장 유력한 것으로 보인다? –

291) 4QMMT C 10-17(나는 García Martínez and Tigchelaar, 1998, 2.801-3과 Vermes, 1997, 227에 나오는 번역들을 결합해서 사용하였다).

이 두루마리의 요지는 분명하다: 신명기의 이 예언의 성취는 분명히 아직 일어나지 않았다. 어떤 사람에게 삼백 년 전에 떠난 버스에 타라고 억지로 강요할 필요가 없다. 이것이 주전 6세기와 5세기의 "귀환" 이후에도 오랫동안 "포로생활"이 계속되고 있고, "진정한 귀환"은 아직 일어나지 않았다고 말한 것의 의미이다.

우리는 1QS의 제5단에서도 비슷한 요지를 읽을 수 있다. 거기에서는 자신들의 공동체가 마음에 할례를 받고 "모세가 명한 모든 것을 따라서 마음을 다하고 목숨을 다하여 모세의 율법으로 돌아온" 사람들로 이루어져야 한다고 말한다.[292] 또한, 우리는 쿰란 문헌에서 "포로생활의 연속"에 대하여 언급한 본문들 가운데서 가장 잘 알려져 있는 것들 중의 하나인 다메섹 문서(Damascus Document)를 비교해 볼 수 있을 것이다.[293]

우리는 쿰란의 찬송들 중에서 다니엘서 9장을 언급하고 있는 호다요트(Hodayot)와 관련해서도 동일한 것을 말할 수 있다. 이 시인은 열한 번째 찬송의 끝부분에서 이렇게 선언한다:

> 하늘의 전사들의 전쟁이 이 땅을 혹독하게 벌하게 되리니,
> 유례없이 영원히 지속될 것이고,
> 정해진 멸망의 때 이전에는 끝나지 않으리라.[294]

마이클 와이즈(Michael Wise)가 지적했듯이, "정해진[또는, 와이즈의 번역에 의하면, "부어진"] 멸망"이라는 개념은 다니엘 9:27("이미 정한 종말")을 반영한 것이다. 우리가 이 구절을 비롯해서 비록 암호 같이 표현되어 있지만 궁극적으로는 이것과 비슷한 구절들을 이 찬송들의 저자인 "의의 교사"에게 돌린다면, "이렇게 의의 교사는 자기 자신이 다니엘의 예언 속에서 살아가고 있다고 생각하였다"는 결론에 도달하게 된다. 그래서 와이즈(Wise)는 이것을 이렇게 요약한다:

> 확실해 보이는 것은 의의 교사가 자기 자신을 다니엘이 말한 490년의 끝자락에 위치시켰다는 것이다. 그는 자기가 많은 사람들을 새 계약으로 부르는 사명을 행하기 시작해서 끝마칠 때까지 7년이 걸릴 것이라고 믿었다. 그런 후에, 다니엘이 말한 영원 전부터 작정된 멸망이 임할 것이고, 하나님은 의의 교사를 사용해서 하나님의 나라를 세우실

292) 1QS 5.5, 8f.(tr. García Martínez and Tigchelaar, 1997, 81)에서는 신명기 30:6을 반영하고 있다(또한, "마음의 할례"에 대해서는 신 10:16; 레 26:41; 렘 4:4; 9:26; 행 7:51; 롬 2:29; 골 2:11).

293) CD에서의 신명기 사용, 그리고 제의 문서들에서의 신명기 사용에 대해서는 Wells, 2010, ch. 3, 특히 54-61.

294) 1QH 11.37f., tr. Vermes, 1997, 262.

것이다.[295)]

이것과 동일한 일련의 사고의 흐름을 보여주는 것으로 보이는 쿰란 분파의 또 하나의 글은 11QTemple 59이다. 이 글은 사무엘하 7장에 나오는 "메시야" 예언과 서로 엮어서 짜여 있기 때문에 복잡하게 전개되기는 하지만, 어쨌든 이스라엘에 장차 임할 저주들에 관한 서술로 시작된다: 그들은 "그들의 원수들의 땅들에서" 도와 달라고 소리 지르며 악을 쓰게 될 것이지만, 하나님은 그들을 구원하러 오지 않을 것이다. 왜냐하면, "그들은 나의 계약을 깨뜨렸고 그들의 심령은 나의 법을 싫어하였기" 때문이다. 그러나 이것이 이 서사의 마지막 단계가 되지는 않을 것이다. 이 글 속에는 신명기의 약속이 장차 도래할 다윗 가문의 왕에 관한 성경의 약속들과 뒤섞여 있다:

> 나중에 그들은 이 율법의 모든 말씀들이 말한 것처럼 온 마음과 목숨을 다하여 내게 다시 돌아오게 될 것이고, 나는 그들을 그들의 원수들의 손에서 구원하고, 그들을 미워하는 자들의 손에서 건져내어, 그들의 조상들의 땅으로 데려가서, 그들을 속량하고 번성하게 하며 기뻐할 것이다. 그리고 나는 그들의 하나님이 될 것이고, 그들은 내 백성이 될 것이다. 자신의 마음과 눈이 나의 계명들을 떠나서 간음하는 왕은 그의 조상들의 위에 앉을 자가 없을 것이다. 내가 그의 후손들이 이스라엘을 또다시 다스리게 되는 일이 없게 할 것이기 때문에, 그런 일은 결코 일어나지 않을 것이다. 그러나 그가 나의 훈계들을 따라 행하고, 나의 계명들을 지키며, 내 앞에서 옳고 선한 일들을 행하면, 그의 아들들 중에 이스라엘 나라의 위에 앉지 못할 자가 영원히 없을 것이다. 나는 그와 함께 할 것이고, 그를 미워하는 자들의 손에서와 그의 목숨을 멸하고자 하는 자들의 손에서 그를 벗어나게 할 것이다. 그리고 나는 그의 모든 원수들을 그에게 줄 것이고, 그는 자신의 뜻대로 그들을 다스리게 될 것이지만, 그들은 그를 다스리지 못할 것이다. 나는 그를 아래가 아니라 위에, 꼬리가 아니라 머리에 둘 것이고, 그와 그의 뒤를 이은 자손들이 많은 날 동안 자신의 나라를 확장할 것이다.[296)]

신명기에 서술된 일련의 연속된 역사적 흐름과 왕에 대한 약속을 이런 식으로 엮어 짜고, "꼬리가 되지 않고 머리가 되게 할 것이라는" 예언을 왕에게 적용하고 있는 것은, 내가 알기에는, 제2성전 시대의 문헌들에서 유일하다. 우리가 지금까지 보아 온 본문들은 이 두 가지 중 어느 하나를 다른 많은 구절들과 엮어 짠 것들이었다.

295) Wise, 2003, 128. Wise는 "교사"의 추종자들은 이것을 재해석해서, 7년을 40년으로 늘려서 계산하여야 했다고 말하지만, 이것도 거짓임이 증명되었다.

296) 11QT [11Q19] 59(=4Q524.6-13), 5-9; 9-21(tr. García Martínez and Tigchelaar, 1998, 1281).

우리가 앞으로 더 나아가기 전에 말해 두어야 할 것은 오경 중에서 신명기 27-30장은 포로생활의 연속과 궁극적인 귀환에서 절정에 도달하는 역사적 흐름에 대한 약속을 담고 있는 유일한 글이 아니라는 것이다.[297] 우리는 레위기 23장과 24장이 이스라엘의 절기들을 차례로 언급해 가다가, 그 절정에서 레위기 25장이 안식년에 관한 자세한 계명과 안식년이 일곱 번 지나서 돌아오는 희년, 즉 "오십 년째"는 그 땅 전체에 자유가 공포되는 때라고 말하고서는, 희년에는 농업과 재산과 노예를 놓아주는 일을 어떤 식으로 해야 하는지를 상세히 서술하는 것을 발견한다.[298] 그런데 레위기 26장에서는 많은 독자들이 뜻밖이라고 할 정도로 느닷없이 역사에 관한 예언이라고밖에는 말할 수 없는 것을 들고 나와서 이 주제를 이어가는데, 우리는 다음과 같은 요지의 말씀 속에서 신명기의 마지막 장들의 세계에 들어와 있는 듯한 느낌을 받게 된다: 너희가 나의 계명들을 지키면 모든 일이 잘되겠지만(26:1-13), 그렇지 않으면 벌을 받게 될 것이다(26:14-33). 그리고 이 벌의 끝은 포로생활이 될 것이다: "내가 너희를 여러 민족 중에 흩을 것이요, 내가 칼을 빼어 너희를 따르게 하리니, 너희의 땅이 황무하며, 너희의 성읍이 황폐하리라"(26:33).

이것은 하나님이 정해 준 이스라엘의 절기들, 특히 레위기에서 바로 앞에 나온 장의 주된 주제인 희년과 무슨 상관이 있단 말인가? 레위기 기자는 이렇게 말한다: 너희가 비참한 포로생활을 보내고 있는 동안에, 땅이 그동안 누리지 못하였던 안식년들을 누리게 될 것이다.[299] 그러나 성경에 나오는 저 위대한 "그러나"(but) 본문들 중 하나가 이어진다: "그들이 자신들의 죄악을 자복하면," 하나님은 아브람과 이삭과 야곱과 더불어 맺은 계약을 기억할 것이고, 출애굽 때에 맺은 계약을 기억할 것이

297) van Unnik, 1993은 디아스포라에 관한 전반적인 명제를 제시하고서, 디아스포라 내에 있던 많은 사람들은 디아스포라 자체를 레위기 26장과 신명기 28장에 약속된 징벌의 성취로 보았다고 주장한다. 또한, Trebilco, 1991, 60-9는 소아시아 지역의 몇몇 유대인 묘비명들에서 그들에게 임한 저주들을 "신명기에 나오는 저주들"이라고 언급한 것을 들어서, 이것은 (a) 이 저주들이 잘 알려져 있었다는 것, (b) 이 저주들은 디아스포라 유대인들 가운데서 현재적으로 진행되고 있는 상황으로 해석되었다는 것, (c) 이 저주들은 "저주들"이 장차 박해자들의 머리로 돌아가게 될 것이라고 말한 신명기 30:7이 장차 성취될 것임을 미리 보여주는 증표들로 이해되었다는 것을 보여준다고 말한다.

298) 레 25:10. Philo는 *Praem*의 끝부분에 나오는 주목할 만한 대목(127-72)에서, 신명기와 레위기를 함께 결합해서 길게 주해한 후에, 장차 성취될 대귀환에 관한 예언(163-72)으로 그 책을 끝맺는다. 거기에 그는 안식년, 아니 안식년이 제대로 지켜지지 않는 것에 대한 수치에 대한 묵상(아래를 보라)을 포함시킨다(153-161). 이것에 대해서는 특히 Trebilco, 1991, 214 n. 38(Trebilco의 해석은 논란이 되어 왔지만 [Scott, 1997b, 199를 보라], 여전히 유익하다); van Unnik, 1993, 127-37을 보라. 신명기 30장에 대한 Philo의 읽기에 대해서는 Barclay, 2006, 145를 보라.

299) 레 26:34f.

다. 그리고 하나님은 그들의 계속되고 있는 포로생활로부터 그들을 건져낼 것이다 – 이것은 명시적으로 언급되고 있지 않지만, 분명히 함축되어 있다.[300] 이것은 신명기 27-30장과 강력한 병행을 보여주는 본문이고, 이번에는 땅이 안식년들을 누리게 될 것이라는 새로운 요소를 담고 있다. 땅은 얼마나 많은 안식년들을 누리게 될 것인가? 안식일은 7일마다 돌아오고, 안식년은 7년마다 돌아오며, 희년은 7년에 7을 곱한 49년마다 돌아온다. 그렇다면, 궁극적인 "자유"의 해인 희년 중의 희년은 7년에 70을 곱한 490년 후에 돌아온다고 우리는 말할 수 있을까? 이 말을 하는 순간, 우리는 다니엘서 9장으로 돌아가게 된다. 세계를 6일에 걸쳐서 창조하시고 제7일에 안식하시며, 자기 백성에게 자신이 한 대로 행하라고 명한 하나님이 장차 마침내 자기 백성을 해방시킨다면, 바로 그 때가 궁극적인 희년이 될 것이다.[301]

그렇다면, 이렇게 계속된다는 의미에서의 "포로생활"은 무엇을 의미하는가? 거기에 대한 대답은 이것이다: 신명기와 레위기에서 말한 저주, 이스라엘이 "머리가 되지 못하고 꼬리가 되어" 있어서, 여전히 이방의 지배를 받고, 이방 나라들의 신성모독적이고 악한 우상 숭배와 음행에 의해서 자주 학대를 겪으며, 하나님이 약속한 세계에 대한 통치권(이것이 가소로운 야망이라고 할지라도)을 소유하지 못하고 있다면, 그것이 바로 "포로생활"이다. 달리 말하면, 이스라엘의 상태가 애굽에 있던 때와 흡사해서 새로운 출애굽을 기다리고 있는 한, 그들은 "포로생활" 가운데 있는 것이다. 페르시아, 애굽, 헬라, 수리아, 로마의 압제를 받고 있는 한, "포로생활"은 진정으로 끝난 것이 아니다. 저 포로생활이 끝나지 않았다면, 우리는 여전히 신명기 29장에서 있으면서, 다니엘서가 말한 490년이 곧 끝나고, 마침내 메시야가 와서, 이스라엘의 하나님이 자신의 의와 계약에 대한 신실하심을 따라 행하기 – 이것은 다니엘서의 장엄한 언어를 가져와 쓴 것이다 – 를 소망하며 기도하고 있는 것이다. 이것은 MMT의 저자만이 아니라, 에세네파와 바리새파의 입장이기도 하다. 앞에서 이미 보았듯이, 당시의 몇몇 유대인들은 심지어 구원과 자유는

300) 레 26:40-5. 약속된 것은 하나님이 "그들을 쫓아내거나 혐오하여서 완전히 멸하고 그들과의 나의 계약을 깨지 않을 것이고… 계약을 기억하여 그들에게 은총을 베풀 것이다…"(44f.). 내가 보기에는, 레위기가 여기에서 우리가 랍비들에게서 너무나 자주 보는 원칙을 채택하고 있는 것으로 보인다: 논증의 결말이 무엇일지가 분명한 경우에는, 그 결말을 자세하게 설명할 필요가 없다. 사람들은 장기를 두다가, 이미 승부가 결정난 것이 분명해진 경우에는, 서너 수 전이라도 돌을 던진다. 여기서도 마찬가지이다: 독자들은 이스라엘이 그 시점까지 포로생활을 하고 있었다는 것을 알기 때문에, "하나님이 계약을 기억하실 것이다…"라는 말을 들었을 때, 그 뒤에 어떤 말이 나오지 않더라도, 그 말만으로도 합당한 결론을 이끌어낼 수 있다.

301) 특히, Fishbane, 1988 [1985], 482f.를 보라.

물론이고, 그 이후에 이스라엘이 온 세계를 통치하게 될 가능성까지도 내다보았다.

따라서 다음과 같은 질문들이 제기된다: 너는 그 일이 언제 일어나게 될지를 어떻게 아는가? 그 일이 일어나고 있음을 보여주는 징조들은 어떤 것들인가? MMT가 강력하게 함축하고 있듯이, "포로생활로부터의 진정한 귀환"이 마침내 일어나고 있기는 하지만, 작은 집단 내에서 은밀하게 진행되고 있고, 토라의 핵심적인 요소들에 대한 그들의 해석이 마침내 이스라엘이 신실하게 행하고 있음을 보여주는 징조라면, 여러분은 그것을 어떻게 생각하겠는가? 이것은 사해 두루마리들이 하나같이 하고 있는 주장이다. 나를 비롯한 여러 사람들이 이미 이것들을 인용하고 논의해 왔기 때문에, 여기에서 그러한 논의를 다시 반복해서 다룰 필요는 없을 것이다.[302)]

쿰란으로부터 잠시 물러나서, 이른바 "포로기 이후" 시대를 살펴보자. 지금까지 충분히 지적되어 왔듯이, 에스라와 느헤미야는 다니엘서 9장에 나오는 기도와 아주 비슷한 그들의 장엄한 기도 속에서 선지자들이 전에 약속하였던 큰 해방과는 거리가 먼 상태가 지속되고 있다는 것에 대하여 말한다. 에스라는 이렇게 고백한다: 우리에게는 여전히 죄악이 많다. 물론, 남은 자가 돌아오기는 하였지만, 그것은 하나님이 "우리의 눈을 밝히셔서 우리가 노예생활을 하는 중에서 조금 소생하게 하신" 것이다. 왜냐하면, 우리가 비록 노예가 되어서 노예로 살고 있는 가운데서도, 우리 하나님이 우리를 완전히 버리신 것은 아니기 때문이다.[303)] 그러나 우리는 여전히 죄악되고, 우리에게는 죄악이 많다. 이것은 예레미야 31장에 약속된 죄 사함과 새로운 계약이 이루어졌을 때, 또는 이사야 54장이나 시편 126편에 나오는 믿기 어려울 정도로 큰 기쁨을 나타낼 때의 언어가 아니다. 우리는 거룩한 땅에 다시 돌아와 있지만, 다니엘처럼 여전히 바벨론에 있는 것과 똑같다(이것은 해당되

302) CD 1.3-11을 인용하고 있는 *NTPG*, 269f.를 보라; 또한, 예컨대 CD 3.10-14를 참조하라. 거기에서는 이 분파가 이스라엘의 하나님과 은밀하게 다시 계약을 맺은 남은 자라고 말한다; CD에 대해서는 이제 예컨대 Fuller, 2006, 52-60을 보라. Evans, 1997, 308f.는 4Q504-6의 거의 전체가 동일한 것을 말하고 있다고 주장한다; 마찬가지로, Garnet, 1977. 여기서 다시 한 번 Talmon, 1987, 116f.를 인용해 볼 가치가 있다: 이 두루마리들을 쓴 기자들은 "이스라엘의 역사에서 '포로생활로부터의 귀환'이 있었다는 말을 다 제거하고, 그들이야말로 국가의 멸망 후에 처음으로 포로에서 돌아온 자들이라는 특권을 누리고 있는 자들이라고 주장하고자 하였다." 쿰란 문헌에 나타난 이 주제 전체를 처음으로 주목한 사람은 Michael Knibb(Knibb, 1976; Knibb, 1987)이었다. 또한, Moessner, 1989, 88-91은 예컨대 1QpHab. 2.5-10을 인용한다; 또한, VanderKam, 1997, e.g. 90을 보라.

303) 스 9:6-9. Evans, 1997, 309는 이 대목에 관한 Williamson, 1985, 136을 인용한다: "최후의 완성은 결코 아직 도래하지 않았다." Gowan, 1977, 219는 이러한 상황을 "묵시론"의 출현의 원인이라고 주장한다: 유대 사람들은 "고국에 돌아와서 살고 있었지만, 낯선 세계에서 불안하게 살아가고" 있었다.

는 책들이 씌어진 것으로 추정되는 시기에 비추어서 시대착오적으로 표현해 본 것이다). 느헤미야 9장에 나오는 에스라의 좀 더 긴 기도도 마찬가지이다. 위에서 이미 보았듯이, 이스라엘의 이야기, 즉 이스라엘의 역사 전체를 재해석한 성경의 이야기들을 보면, 실제로 거기에는 창조의 역사가 어느 정도 포함되어 있는데, 에스라의 이 기도는 창조로부터 아브라함, 그리고 출애굽으로 이어지다가, 반역에도 불구하고 마침내 약속의 땅으로 들어가게 된 것을 언급한 후에, 마침내 당시에까지 이른다: "우리가 오늘날 종이 되었는데, 곧 주께서 우리 조상들에게 주사 그것의 열매를 먹고 그것의 아름다운 소산을 누리게 하신 땅에서 우리가 종이 되었나이다"(36절). 여기서 딜레마는 이것이다: 이러한 예언들로 인해서 우리가 낮아져서 마침내 우리 자신의 땅으로 돌아왔지만, 이 땅에서 복을 받게 될 것이라던 약속들은 이루어지지 않고 있다. 도리어, 이 땅의 많은 소산이 하나님이 우리 위에 세우신 이방 왕들에게 돌아가고 있다(이것은 신명기 28:33, 51을 직접적인 전거로 한 것이다; 달리 말하면, 이 기도는 "우리"를 여전히 핵심적인 예언 본문에 나오는 "포로기"라는 시간틀 내에 견고히 위치시키고 있다는 것이다). 이 왕들은 "우리의 몸과 가축을 임의로 관할하여 우리의 곤란이 심하다"(37절). 이것은 이사야 40-55장이 염두에 두고 있었던 바로 그 때일 수도 없고, 에스겔서의 마지막 20여 장에서 말한 위대한 갱신일 수도 없다. "우리는 여전히 노예들이다." 그리고 노예들에게 필요한 것은 출애굽, 새로운 해방 사건, 새로운 모세, 여전히 그들을 압제하는 이방의 폭군들에 대한 승리이다.[304]

이것과 정확히 동일한 관점은 바룩서에서도 발견되는데, 바룩서는 다니엘서와 마찬가지로 바벨론에서의 포로생활을 가상의 배경으로 하고 있지만, 그 저작 시기를 주전 2세기로 보는 것이 일반적이다. "바룩"은 자신이 포로생활 가운데 있다는 것을 기정사실로 받아들이는 가운데, 그와 그의 주변 사람들은 어쨌든 이스라엘의 하나님을 찬송할 것이라고 선언한다:

> 당신은 주 우리 하나님이시기 때문에, 주여, 우리가 찬송해야 할 이는 바로 당신입니다. 당신이 우리 마음속에 당신을 경외하는 마음을 두셨기 때문에, 우리는 당신의 이름을 부릅니다. 우리는 포로생활 중에서도 당신을 찬송할 것입니다. 왜냐하면, 우리는 당신을 거슬러 범죄하였던 우리 조상들의 모든 죄악을 우리의 마음에서 제하였기 때문입니

304) 특히, 예컨대 Steck, 1968, 454f.를 보라. Bryan, 2002, 12는 내가 유대인들이 자기 땅에 돌아와서 살고 있으면서도 자기 땅에서 소외되었다고 느꼈다고 말하고 있는 것은 "아이러니"라고 비난하지만, 그렇게 말하고 있는 것은 내가 아니라, 에스가 자신이다.

다. 보십시오. 우리는 오늘날 당신이 우리를 흩어 놓으신 곳에서 포로생활을 하며, 주 우리 하나님을 버린 우리의 조상들의 모든 죄악으로 인하여 수치를 당하고 저주와 형벌을 받고 있습니다.[305)]

그러나 "바룩"은 그런 후에 이 이야기를 매력적이고 의미심장하게 비틀어서, 다른 시각에서 이런 질문을 던진다: 왜 우리는 여전히 포로생활 중에 있는 것인가? 왜 우리는 이방 땅에서 늙어가면서, "죽은 자들로 인해서 부정하게 되어" "음부에 있는 자들처럼 여김을 받고" 있는 것인가? 이러한 질문들에 대한 대답은 크고 분명한 소리로 돌아온다: "너희는 지혜의 근원을 버렸다." 지금 필요한 것은 이스라엘이 저 경이롭고 신비로운 지혜를 재발견하는 것이다:

지혜가 어디 있는지, 힘이 어디 있는지, 명철이 어디 있는지를 배우라. 그리하면 너희는 장수와 생명이 어디에 있는지, 눈을 위한 빛과 평안이 어디에 있는지도 알게 될 것이다.[306)]

그런 후에, 잠언이나 욥기, 특히 솔로몬의 지혜서에 나오는 지혜에 대한 찬가를 연상시키는 "지혜"에 관한 짧은 시가 나온다. 우리는 지혜를 어떻게, 그리고 어디에서 발견할 수 있는가? 여러분은 어디라고 추측할지 모르겠지만, 거기에 대한 대답은 지혜는 신명기 30장에서 찾을 수 있다는 것이다. 바룩은 "정신을 차리고서 진심으로 하나님께 돌이킨" 자들은 회복되어 포로생활을 끝내고 돌아오게 될 것이라는 약속을 이미 암시하였었다. 하나님은 그들과 새롭게 계약을 맺게 될 것이다.[307)] 지혜에 관한 짧은 시가 끝나자, 이제 "바룩"은 토라가 "하늘 높이 있지도" 않고 "바다 밖 저 멀리에" 있지도 않기 때문에, 포로된 자들은 토라를 행하는 것이 불가능하지 않다는 것을 발견하게 될 것이라는 신명기 30장의 약속을 가져와서 다시 되풀이한다. 도리어, "그 말씀이 네게 가까워 네 입에 있으며 네 마음에 있고 네 손에 있어서 네가 이를 행할 수 있다."[308)] 물론, 이것은 원래 토라에 관한 말이었지만,

305) Bar. 3.6-8. 우리의 현재의 주제와 관련해서 바룩서와 다니엘서의 관계에 대해서는 특히 Watson, 2004, 459f.를 보라.

306) Bar. 3.14.

307) 2.24-35는 레위기 26장과 아울러서, 신명기 28:62과 31:9도 간접적으로 인용하고 있다(아래를 보라).

308) 신 30:11-14("그리고 네 손에"는 LXX이 첨가한 것이다). 이 본문에 대해서는 특히 Fishbane, 1988 [1985], 540을 보라. 그는 시 139:6-9; 잠 30:4; 욥 38:4—39:30; 40:8—41:26; 암 9:2f.; 4 Ez. 4.5-8; 1 En. 93.11-14에 나오는 전승들을 연결시킨다.

욥기 28장과 잠언에 나오는 몇몇 구절들만이 아니라 지혜서 7-9장과 시락서 24장과도 밀접한 병행을 보여주는 신명기 30장에 대한 풍부한 묵상 속에서 묘사되고 있는 대상은 지혜이다:

> 누가 하늘로 올라가서 지혜를 가져왔거나 구름으로부터 지혜를 가지고 내려왔는가?
> 누가 바다를 건너서 지혜를 찾았거나 순금을 주고 지혜를 샀는가?
> 지혜를 얻는 길을 알거나 그 길에 대하여 관심을 갖고 있는 자는 아무도 없다.
> 그러나 모든 것을 아시는 이는 지혜를 알고, 그는 자신의 명철로 지혜를 발견하였다.
> 그는 온 땅을 내내 네 발 달린 짐승들로 충만히 채우시는 이이시고,
> 빛으로 하여금 가라고 하면 가고 오라고 하면 오고
> 두려워 떨며 순종하게 하시는 이이시며,
> 별들로 하여금 각자에게 정해진 시간에 빛을 발하며 기뻐하게 하시고,
> 그들을 부르시면 "여기 있나이다"라고 대답하게 하시는 이이시다.
> 별들은 그들을 지으신 이를 위하여 기쁨으로 빛을 발하였다.
> 이 분이 우리의 하나님이시고, 그와 견줄 수 있는 이는 아무도 없다.
> 하나님은 지식으로 통하는 모든 길을 발견하셨고,
> 그가 사랑하신 종 야곱과 이스라엘에게 지혜를 주셨다.
> 나중에 지혜는 이 땅에 나타나서 인류와 함께 살았다.
> 지혜는 하나님의 계명들의 책이고, 영원토록 존재하는 율법이다.
> 지혜를 굳게 붙잡는 모든 자들은 살 것이고, 지혜를 버리는 자들은 죽을 것이다.
> 야곱이여, 돌이켜서 지혜를 붙잡고, 지혜의 밝은 빛을 향하여 행하라.
> 너의 영광을 다른 사람에게 주지 말고, 너의 이점들을 낯선 자들에게 주지 말라.
> 오, 이스라엘이여, 우리는 행복하다.
> 우리는 무엇이 하나님을 기쁘시게 하는 것인지를 알기 때문이다.[309)]

이것은 바룩서에서 중요한 본문이고, 제2성전 시대의 짧지만 위대한 시들 중의 하나이다. 이 시는 지혜 전승을 통해서 창세기와 거기에 뒤따르는 권면들을 되돌아보면서, 여전히 포로생활 가운데 있는 사람들에게 하나님에게 소망을 두고 담대하라고 격려한다. 포로생활은 끝나게 될 것이고, 너희의 자녀들은 다시 돌아오게 될 것이다. 야웨의 영광이 나타나도록 하기 위해 땅이 평탄하게 될 것이라는 이사야의 약속도 이스라엘에게 이루어질 것이다.[310)] 시락서 24장에서 말한 것처럼, 하나님이 토라라는 형태로 자기 백성에게 지혜를 주었기 때문에, 신명기 30장의 약속은 지금 실현되어 가고 있는 중이다. "오, 이스라엘이여, 우리는 행복하다. 우리

309) Bar. 3.29—4.4.
310) 5.7, cf. 사 40:4, cp. 45:2.

는 무엇이 하나님을 기쁘시게 하는 것인지를 알기 때문이다." 그러므로 너희 주위의 이교도들에게 영합하지 말고, 지혜/토라를 굳게 붙잡으라. 그러면 너희는 신명기 30장이 말한 백성이 될 것이다. 이러한 기도, 이러한 시, 이러한 약속을 추동시키고 있는 통찰은 이것이었다: 포로생활은 지금도 계속되고 있지만, 신명기 30장이 실현되기 시작하고 있다. 바룩서는 4QMMT와는 완전히 다른 책이지만, 그 근저에 있는 신학적이고 석의적인 핵심은 정확히 동일하다.[311]

우리가 반드시 살펴보아야 할 또 하나의 책은 외경 중에서 바룩서의 이웃이라고 할 수 있는 토빗서이다. 주전 2세기 전반에 쓰어진 것으로 보이는 토빗서는 특히 창세기와 신명기를 자신의 소설적인 이야기의 토대로 삼고 있는데, 앗수르 제국 시대에 이스라엘이 포로생활을 하고 있던 상황을 가상적인 배경으로 삼는다. 어떤 이들은 이 책이 애굽이나 메소포타미아에서 쓰어졌을 것이라고 주장해 왔지만, 이 두 가지 주장은 문제가 있기 때문에, 이 책은 유대에서 쓰어졌을 가능성이 높다.[312] 이 책은 남녀 간의 사랑과 모험을 소재로 삼고 있지만, 실제로는 포로생활 가운데 있는 이스라엘 백성과 관련된 하나님의 목적이 무엇인지를 말하는 것이 주제이다.

토빗의 기도는 다니엘이나 에스라의 기도와는 달리, 자기 자신과 이스라엘 백성이 신명기 28장에 의해서 예언된 상태에 처해 있는 것으로 본다:

> 그들은 당신을 거슬러 범죄하였고, 당신의 계명들을 불순종하였나이다. 그래서 당신은 우리를 약탈과 포로됨과 죽음에 넘겨주셔서, 당신이 우리를 흩어 놓으신 모든 이방

311) 예를 들면, Steck, 1993, 267; Evans, 1997, 306f. Seifrid, 1994, 88f.는 이 점을 완전히 간과하고서, 바룩서는 "포로기가 이미 끝난 것으로 여겼던 것이 틀림없다"고 주장한다; Tobin, 2004, 345는 그 근저에 있는 강력한 서사를 통상적인 헬레니즘적 지혜에 대한 유대적인 판본으로 밋밋하게 만들어 버린다. 그는 바룩(그리고 필로)은 "'선'이나 '지혜' 같은 종교적으로 중심적인 실체들을 얻는 것은 불가능한 일은 아니라, 누구다 다 닿을 수 있는 '가까이에' 있는" 것으로 강조하였다고 주장한다. (그러한 "몽상적인" 읽기에 관한 논의로는 예컨대 Asurmendi, 2006, 195f.를 보라.) 실제로, 이것은 필로가 *Post.* 83-8; *Mut.* 236-8; *Somn.* 2.180; *Spec.* 1.301에서 신명기의 이 본문을 사용하는 방식으로 보인다; 신명기 4:29에 나오는 비슷한 구절에 대해서는 *Fug.* 138-41을 참조하라; 그러나 그는 *Virt.* 183에서는 이 구절을 개종자의 회개에 적용하는데, 그것은 여전히 신명기 30장의 의도와는 거리가 있지만, 적어도 그 맥락을 어느 정도 반영하고 있다고 할 수 있다; *Praem.* 82-4에서 이 구절은 그러한 율법을 가지고 있는 이스라엘의 위대성에 대한 서정적인 송축을 불러일으키는데(신명기 4:7을 반영해서), 이것은 이스라엘에 율법이 있다는 것은 그들이 하나님으로부터 멀리 떨어져서 살아가고 있는 것이 아님을 의미하였기 때문이었다. 필로가 이 구절로 아주 자주 돌아가고 있다는 사실은 이 구절이 장차 이스라엘에게 주어질 속량함에 관한 예언으로 잘 알려져 있었다는 것을 보여주는 것일 수 있다—물론, 그는 통상적으로 이 구절을 좀 더 추상적이고 탈역사화해서, 단지 개인의 "죄, 포로됨, 귀환"에 대해서 말하는 데 사용하기는 하지만. Wells, 2010, ch. 5를 보라.

312) Nowell, 2009, 614.

나라들 가운데서 얘깃거리와 웃음거리와 경멸의 대상이 되게 하셨나이다.[313)]

이 이야기의 이 시점에서 토빗이 자신의 마음에서 기도할 수 있는 것이라고는 오직 죽여 달라는 것뿐이었다(3:6). 그러나 이 이야기는 여러 우여곡절을 거쳐서 결국은 행복한 결말로 끝이 나고, 그의 비탄은 그 나라를 영원무궁토록 이어갈 하나님, 환난을 주셨다가도 긍휼을 베푸시는 하나님, 자기 백성을 비천하게 만드셨다가도 마침내는 일으켜 세워 주시는 하나님을 향한 찬송을 쏟아내는 것으로 바뀐다.[314)] 그런 후에, 신명기의 성취를 통해서 이스라엘 백성이 다시 모이게 될 것이라는 약속이 나오고 – 이 책이 주전 6세기나 5세기가 아니라 주전 2세기에 유대 땅에서 경건한 유대인들에 의해서 읽혀지도록 하기 위해서 씌어졌다는 것을 기억하라 – 그 때에 그들에게 주어질 다른 종말론적인 복들에 대한 약속이 나온다:

> 그가 너희가 흩어져 살아 왔던 모든 이방 나라들로부터 너희를 모으시리라. 너희가 마음과 목숨을 다하여 그에게로 돌이켜서, 그 앞에서 참된 것을 행한다면, 그는 너희에게 돌이키실 것이고, 더 이상 너희에게서 자신의 얼굴을 숨기지 아니하시리라 …
>
> 나는 내가 포로된 땅에서 그를 인정하고, 죄인들의 나라에 그의 능력과 위엄을 보이리니 … 오, 거룩한 성 예루살렘아, 그가 너희 손의 행사로 인하여 너희에게 환난을 주셨으나, 의인들의 자녀들에게 다시 긍휼을 베푸시리라 …
>
> 밝은 빛이 땅의 모든 끝들에 비치겠고, 많은 나라들이 멀리서부터 너희에게로 오리니, 땅의 가장 먼 곳들에 거하는 자들이 너희의 거룩한 이름을 듣고서 하늘의 왕을 위한 선물을 손에 들고 너희에게로 오리라 … 예루살렘의 성문들이 남보석과 석류석으로 지어지겠고, 너희의 모든 성벽들은 보석들로 지어지리라 … [315)]

달리 말하면, 이제 마침내 신명기에서 약속한 진정한 "포로생활로부터의 귀환"이 우리에게 이루어지고, 다른 모든 이방 나라들이 와서, 이스라엘의 도성에 있는 이스라엘의 하나님을 예배하게 되리라는 것이다. 이것은 토빗이 주전 8세기에 먼 훗날에 일어날 사건들에 대하여 "예언한다"는 가상으로 설정된 배경 속에서 자신의 가족에게 하는 유언 속에서 한층 더 강조된다:

> 이스라엘 땅에 거하는 우리의 동족이 모두 그 복된 땅에서 사로잡혀 포로로 끌려가 흩

313) 신명기 28:37을 반영하고 있는 Tob. 3.3f. "토빗서 12-14장에 신명기사가의 신학이 배어 있는 것"에 대해서는 Fuller, 2006, 29 n. 61을 참조하라.

314) Tob. 13.1f.

315) Tob. 13.5f.(신 30:2f.의 직접적인 반영), 9, 11, 16. 이것에 대해서는 예컨대 Gowan, 1977, 209를 보라.

어지게 되겠고, 이스라엘의 온 땅은 황폐하게 되며, 사마리아와 예루살렘까지도 황폐하게 되리라. 예루살렘에 있는 하나님의 성전은 불에 타 무너져내려서 한동안 황폐해지리라.

그러나 하나님께서는 다시 그들에게 긍휼을 베푸셔서, 이스라엘의 땅으로 그들을 다시 데려오시겠고, 그들은 "성취의 때가 이를 때까지"(hou an plērōthē ho chronos tōn kairōn – '후 안 플레로테 호 크로노스 톤 카이론') 하나님의 성전을 재건하겠으나, 첫 성전과 같지는 않으리라. 이 일 후에 그들이 모두 포로생활로부터 돌아와서 예루살렘을 장엄하게 재건하겠고, 이스라엘의 선지자들이 말한 그대로, 예루살렘에 하나님의 성전이 재건되리라. 그 때에 온 세계의 나라들이 모두 회심하여 진심으로 하나님을 예배하게 되리라. 그들은 모두 자신들을 미혹하여 잘못된 길로 이끌어 왔던 자신의 우상들을 버리고, 의로움 가운데서 영원하신 하나님을 찬송하리라. 그 날에 구원함을 받고 진심으로 하나님을 생각하는 모든 이스라엘 사람들이 함께 모여 예루살렘으로 가서, 아브라함의 땅에서 영원히 안전하게 살게 되리니, 그 땅이 그들에게 주어지리라.[316)]

우리가 특히 주목해야 할 것은 포로생활로부터의 이중의 귀환이라고밖에는 말할 수 없는 것을 분명하게 암시하고 있는 5절의 긴 내용이다. 5절은 먼저 포로생활로부터의 귀환과 성전의 재건에 대하여 말하면서, 성전이 재건되긴 하겠지만, "성취의 때"가 아직 도래하지 않았기 때문에, 첫 성전과 같지는 않을 것이라고 말하고, 예루살렘이 장엄하게 재건되고, 모든 나라들이 우상을 버리고 참 하나님을 예배하러 올 때가 진정한 "포로생활로부터의 귀환"의 때가 될 것이라고 말한다.

토빗서는 이렇게 우리에게 많은 경건한 유대인들이 주전 2세기, 즉 바리새파와 에세네파가 출현하기 시작한 때에 그들 자신의 이야기를 어떤 식으로 하였는지에 대한 좀 더 명시적인 단서를 제공해 준다. "포로생활로부터의 귀환"이 지금까지 이런저런 형태로 있어 왔지만, 그것들은 진정한 귀환이 아니었다. 이사야를 비롯한 여러 선지자들이 약속한 일들(이방 나라들의 회심과 예루살렘의 경이로울 정도로 장엄한 모습에 관한)은 분명히 아직 이루어지지 않았다. 토빗서의 요지는 분명하다. 즉, 우리는 이런저런 형태의 "귀환"을 경험해 온 시기와 "성취의 때"가 도래했을 때에 참된 "귀환"이 이루어지게 될 바로 그 때 사이의 시간을 살아가고 있다는 것이다.

묵시문헌으로 다시 한 번 돌아가 보자. 서로 판이하게 다른 본문들이 동일한 관

316) Tob. 14.4-7. 7절에서 "함께 모여"가 나오는 행은 신명기 30:3에 대한 추가적인 반영이다. 5절에 나오는 헬라어 어구는 훨씬 나중의 논의들에서 중요하다; 통상적으로, '크로노스'(chronos)는 직선적인 시간이고, '카이로스'(kairos)는 특별한 순간이기 때문에, '호 크로노스 톤 카이론'(ho chronos tōn kairōn)은 "특별한 때들의 시간" 같은 것을 의미한다. 그것이 성취될 때, 진정한 "귀환"은 일어날 것이다. Seifrid(1994, 88)가 이 본문에서 포로기의 지속에 대한 인식을 찾아내고자 하는 것은 "쓸데없는" 일이라고 말하는 것은 증거들을 정면으로 부정하는 것이다.

점을 보여준다. 에녹1서를 예로 들어보자. 우리는 에녹1서에서도 토빗서에서와 마찬가지로 이중의 귀환에 대한 인식을 본다. 즉, 선지자들이 약속한 모든 것들을 성취하지 못하는 첫 번째 귀환이 있고, 그후에 마침내 모든 약속들을 다 이루게 될 또 하나의 "귀환"이 있게 되리라는 것이다. 우리가 위에서 또 다른 맥락 속에서 살펴본 바 있는 에녹1서 89:73-77은 사람들의 눈멂과 그들의 부정한 제사로 인하여 좌절될 포로생활로부터의 귀환과 성전의 재건에 대하여 말한다. 그후에 추가적인 고난의 시기가 이어지는데(90:1-5), 이 시기는 주전 3세기의 헬레니즘 시대를 가리키는 것임에 분명하다. 그런 다음에, 마카베오 반란에 관한 알레고리적인 묘사가 나오고, 우리는 마침내 성전이 재건되고(90:29), 정의와 평화에 의한 지배가 도래하며, 이스라엘 백성이 정결하게 되고(90:31-36), 이교도들이 단죄되어 하나님의 백성 앞에 굴복하게 될(90:24-27, 30) 메시야의 나라(90:20-42)에 이르게 된다.[317] 여기에서 이스라엘은 구원만을 얻게 되는 것이 아니라 세계를 다스리는 통치권을 얻게 된다. 이것은 실질적으로 동일한 이야기이다.

또한, 희년서의 경우도 마찬가지이다. 희년서에는 가장 초기로부터 시작해서 저자의 시대와 그 너머에 이르기까지 하나의 단일하고 연속된 역사가 중단 없이 관통하고 있다는 의식이 존재한다는 것을 우리는 이미 지적한 바 있다. 또한, 우리는 희년서가 또다시 신명기 30장에 근거해서 끝날에 일어나게 될 일들에 관한 환상으로 시작된다는 것도 살펴본 바 있다.[318] 이 본문에 대한 반더캄(VanderKam)의 논평은 정곡을 찌르고 있다:

> 이 본문에 나오는 귀환, 성소, 완전한 계약 관계들을 위한 새로운 조건들에 관한 묘사는 역사서들에 묘사되어 있는 그 어떤 포로생활로부터의 귀환에도 해당되지 않는 것으로 보인다. 도리어, 이러한 이상적인 미래에 관한 묘사는 종말에 도래할 새 시대를 묘사하고 있다고 보는 것이 훨씬 더 적절하다. 그렇다고 한다면, 희년서도 포로생활은 오직 종말에 가서야 끝난다는 관념을 증언하고 있는 한 증인이다.[319]

317) "짐승 묵시록"(Animal Apocalypse)에 나오는 이 대목에 대해서는 지금은 VanderKam, 1997, 96-100, e.g. 100을 보라: "역사상의 포로기가 끝난 후에도 흩어짐에 관한 언어는 계속되고 사용된다… 이 저자에게는 포로기는 여전히 계속되고 있는 상태였고, 머지않아 최후의 심판의 때에나 끝나게 될 것이었다." 또한, *1 En.* 93.9f.("이레 묵시록[Apocalypse of Weeks]에 나옴)를 참조하고, 이것에 대해서는 VanderKam, 96을 보라: "이것의 분명한 함의는 이 저자에게 있어서 포로기의 상황은 예루살렘 멸망 때로부터 시작해서 저자가 살던 주전 2세기 초에 이르기까지 결코 끝나지 않았다는 것이다. 게다가, 저자는 그러한 상황이 최후의 심판 때까지는 끝나지 않을 것으로 보았던 것 같다." 이 주제 전체에 대해서 자세한 것은 Knibb, 1976, 259; 1987, 21; Goldstein, 1987, 70, 74를 보라. *1 En.* 1-5장이 신명기 33-34장을 "이스라엘의 장래 역사에 관한 예언"으로 보고 있는 것에 대해서는 Bauckham, 2001, 142를 보라.

318) 본서 제2장 제4절 2) (3)을 보라.

이것과 동일한 관점은 에스라4서에서도 확인된다. 주후 70년의 황폐화 이후에 씌어진 이 책은 다니엘의 환상을 새롭게 해석해서, 독수리(아마도 로마)로 끝이 나게 되어 있는 이방 나라들에 의한 이스라엘의 계속된 지배는 아직 끝나지 않았고, 장차 메시야의 때가 도래할 때까지 끝나지 않을 것임을 분명히 한다.[320] 마찬가지로, 레위의 유언서도 다니엘서 9장에 나오는 "칠십 이레"에 관한 예언을 되돌아보면서, 이 기간 동안에 희년이 다시 돌아올 때마다 상황은 더욱 악화되다가, 마침내 하나님이 한 새로운 제사장을 일으켜서 심판을 행할 것이라고 경고한다.[321] 그런 후에, 이 책은 독자들을 신명기 30장 앞에 세운다. 즉, 그들은 빛을 섬기든지, 아니면 어둠을 섬기든지, 둘 중의 하나를 선택하여야 한다는 것이다.[322] 유다의 유언서는 이스라엘이 겪는 환난들은 메시야, 곧 "야곱에게서 난 별"이 임할 때까지 계속될 것이라고 묘사한다.[323]

랍비들에 의한 매력적인 각주가 있다.[324] 미쉬나(the Mishnah)는 랍반 가말리엘

319) VanderKam, 1997, 104은 23절도 인용한다: "이 일 후에 그들은 모든 올바름 가운데서 마음과 뜻을 다하여 내게로 돌아올 것이고, 나는 그들의 마음의 포피와 그들의 자손들의 포피를 잘라줄 것이며, 그들에게 거룩한 영을 만들어내고 정결하게 할 것이기 때문에, 그들은 그 날 이후로 영원토록 나를 떠나지 않게 될 것이다." 우리는 여기에서도 신명기 30장에 대한 반향들을 크고 분명하게 들을 수 있다. 또한, Gowan, 1977, 218을 보라: Jub.와 Apoc. Abr.(e.g. 27-9)의 저자들은 "그들 자신이 여전히 포로기에 살고 있고, 역사상의 회복 속에서 그러한 상태를 완화시켜 주었다고 말할 만한 가치가 있는 것을 전혀 발견하지 못한 것으로 여겼다."

320) 4 Ez. 12.10-35. (에스라4서에 나타난 소위 "서로 다른 종말론들"에 대해서는 *OTP*, 1.521에 나오는 Metzger의 설명을 보라.) Bauckham. 2001, 171은 4 Ez. 7.129이 신명기 30:19을 인용하고 있다고 지적하고, 이것을 비롯한 그 밖의 다른 증거들(신 29:28을 인용하는 4 Ez. 13.45; 신 29:29을 인용하는 4 Ez. 14.6)은 그 기자가 "신명기의 마지막 장들에서 특별한 종말론적인 의미를 발견하였다"는 것을 보여준다고 주장하는데, 이것은 신명기 33:2을 인용하고 있는 *1 En.* 1.3-9에서도 마찬가지였다. (신명기에서 "독수리"는 우호적인 것으로도 나오고[32:11], 비우호적인 것으로도 나온다[28:49-52].) 또한, 바룩2서 전체는 허구적인 "포로기" 상황을 전제하고서, 거기에서 "바룩"이 바벨론 포로생활에서 예레미야의 친구로 등장하여, 실제로는 주후 70년 이후에 계속해서 "포로기" 상황 속에 있던 자신의 실제의 동시대인들에게 말하는 내용으로 되어 있는데, 거기에서도 신명기의 마지막 장들이 원용되고 있다(Bauckham, 2001, 178). Murphy, 2005, 117-33이 바룩2서는 신명기 30장의 성취가 오직 "하늘에서" 이루어질 것이라고 보고 있다고 주장한 것(이 장의 다음 절을 보라)은 설득력이 없다. *2 Bar.* 68.5-7에 대해서는 Evans, 1997, 310과 아래를 보라. 신명기 32:21을 간접적으로 인용하고 있는 3 Bar. 16.2에 대해서는 Collins, 2000, 257을 보라: 그는 Nickelsburg, 1981, 302를 언급하면서, "신명기 32장의 언어를 사용하고 있는 것은 백성들의 흩어짐과 예루살렘의 멸망을 백성들의 죄에 대한 징벌로 보고 있다는 것을 보여준다"고 말한다.

321) *T. Lev.* 16.1-18.14.

322) *T. Lev.* 19.1-3.

323) *T. Jud.* 23.1-24.6. *T. Naph.*에 대해서는 아래를 보라. 마찬가지로, *T. Mos.* 3.1-3; 9.2; 10.1에 대해서는 Evans, 1997, 311을 보라.

324) mYad. 4.4(*NTPG*, 270 n. 108에서 언급한 4.7이 아니다). 훨씬 후대의 추가적인 랍비 자료들에

(Rabban Gamaliel, 사도행전 5장에 나오는 "가말리엘"의 아들인 가말리엘 2세)과 랍비 요슈아 벤 하나냐(Rabbi Joshua ben Hananiah) 간의 토론을 보도한다. (이 글은 주후 70년의 예루살렘의 멸망과 바르 코크바의 영도 하의 대규모 반란 사이의 시기에 씌어졌다. 이 이야기 자체와 그 배경과 저자의 이름은 모두 허구적인 것이기는 하지만, 이 글은 당시의 정서를 정확히 대변하고 있다.) 앞에서 말한 두 랍비 간에 쟁점이 된 것은 암몬 출신의 개종자를 토라를 공부하는 집에 받아들여도 되느냐의 여부였다. 랍반 가말리엘은 반대론자였고, 랍비 요슈아는 찬성론자였다. 두 사람은 성경을 근거로 해서 이 문제를 다루어나간다. 가말리엘은 신명기 23:3을 인용해서, "암몬 사람은 야웨의 총회에 들어올 수 없다"고 말하고, 요슈아는 이사야 10:13을 인용해서, 하나님이 "열국의 경계선"을 제거하였다고 말한다. 그러자 가말리엘은 예레미야 49:6을 인용해서, 하나님이 장차 "암몬 자손의 포로를 돌아가게 할" 것이라고 하였기 때문에, 그들은 지금도 여전히 원래의 금령 아래 있는 것이고, 따라서 이사야의 예언이 이 경우에는 적용될 수 없다고 주장한다. 그러나 요슈아는 포로들이 아직 돌아온 것이 아님을 분명하게 보여주기 위하여, "야웨께서 말씀하시니, 보라, 내가 내 백성 이스라엘과 유다의 포로를 돌아가게 할 날이 오리라"고 말한 예레미야 30:3을 인용해서, "그들은 아직 돌아오지 않았다"고 말한다. 포로생활로부터의 귀환은 아직 이루어지지 않았다는 것이다. 여기서 우리는 암몬 사람을 "야웨의 총회"에 받아들여야 하느냐의 여부에 관한 당시의 논쟁과는 상관없이(대다수의 랍비들은 가말리엘을 지지하였다), 주후 1세기 말에 살았던 랍비 요슈아가 하나님이 약속한 저 위대한 귀환이 아직 일어나지 않았다고 분명하게 선언하고 있고, 아무도 그의 말을 반박하지 않는 것을 본다. 이 말의 요지는 분명하다: 성전은 여전히 폐허로 변해 있고, 야웨가 돌아와서 이교도들을 심판하고 자기 백성을 구원하지도 않았으며, 다윗의 아들은 나타나지 않았고, 이스라엘은 세계에 대한 통치권을 얻지 못하였다. 우리는 그러한 것들을 말하고 있는 예언들의 성취를 여전히 기다리고 있다. 신명기 30장이 성취되었다거나, 다니엘서의 "칠십 이레"가 성취되었다고 생각할 수 있는 사람은 아무도 없었다.[325)]

그렇다면, 이러한 인식의 예외라고 할 수 있는 것이 있었을까? 벤시락서는 하나의 분명한 예외라고 할 수 있다. 오니아스의 아들 시몬이 성전에 등장하는 50장의

대해서는 Steck, 1967, 86-97을 참조하라.

325) 이것은 지혜자들에게 포로생활의 징벌을 겪지 않으려면 말조심을 해야 할 것이라고 경고한 Abtalion(주전 1세기)의 암호 같은 말을 좀 더 큰 맥락 속에 위치시킨다(mAb. 1.11). 또한, *Tg. Isa.* 6.9-13도 참조하라.

장엄한 장면은, 우리가 앞에서 말했던 대로, 하나님의 영화가 다시 한 번 나타날 것이라는 약속에 대한 일종의 성취, 따라서 포로생활이 진정으로 끝났다는 증표로 읽혀질 수 있다.[326] 이것은 옛적에 성막에 임하였던 하나님의 임재가 지혜/토라의 형태로 다시 "귀환"한 것에 대하여 말하고 있는 24장에 의해서 밑받침된다. 물론, 이 모든 것들은 수리아로 인한 고난이 실제로 시작되기 전인 주전 2세기 초기에 이 글을 쓴 한 고위 제사장에게서 우리가 예상할 수 있는 것들이다. 그러나 벤시락서에도 추가적인 성취에 대한 기대를 보여주는 증표들, 예언들이 아직 실현되지 않았고 장래에 성취될 것이라는 인식을 보여주는 증표가 존재한다:

> 오, 만유의 하나님이시여, 우리를 긍휼히 여겨 주셔서, 모든 이방 나라들로 당신을 두려워하게 하소서 … 새로운 징조들을 주시고, 다른 기이한 일들을 행하소서. 당신의 손과 오른팔을 영화롭게 하소서 … 그 날을 속히 오게 하시고, 그 정한 날을 기억하시며, 당신이 권능으로 행하신 일들이 사람들 사이에서 회자되게 하소서 … 야곱의 모든 지파들을 모으시고, 처음처럼 그들에게 기업을 주소서. 오, 주여, 당신의 이름으로 불리는 백성, 당신이 장자라 불러 오신 이스라엘에게 긍휼을 베풀어 주옵소서. 당신의 성소가 있는 성, 당신의 거처가 있는[히브리어 본문은 이렇게 되어 있지만, 헬라어 본문에는 "당신이 안식하시는"] 곳 예루살렘을 불쌍히 여기소서. 시온을 당신의 위엄으로, 당신의 성전을 당신의 영광으로 충만하게 하소서. 당신이 처음에 지으신 자들에게 증거하시고, 당신의 이름으로 말씀하신 예언들을 이루소서. 당신을 기다리고 있는 자들에게 상 주시고, 당신의 선지자들이 신뢰할 만하다는 것을 확증해 주소서.[327]

이 본문에서 특히 눈에 띄는 것은 예언들이 아직 이루어지지 않은 것이 분명한 상태에서 그 예언들이 성취될 종말을 기다리고 있다는 인식이 반복적으로 나타나 있다는 것이다. 선지자들(주로 이사야, 예레미야, 에스겔)이 옳다는 것이 지금까지와는 다른 방식으로 증명되는 것이 벤시락서의 저자에게는 중요한 일이었다. 그러므로 벤시락서가 대제사장을 아무리 장엄하게 묘사하고, 지혜/토라가 첫 성전의

326) 예를 들면, Seifrid, 1994, 86f. Steck 1967, 146f.는 이것을 용인하는 것으로 보인다.

327) Sir. 36.1, 6, 10, 13-21. Seifrid, 1994, 88은 이 대목을 무시하고, 벤시락서는 내가 말한 것의 예외라고 주장한다. 만일 Fuller, 2006, 33-42가 벤시락서는 (a) 마침내 성전을 제대로 회복시킨 Simon II 때에도 "포로기"가 계속되고 있는 것으로 보았고 ,(b) 장차 더 영광스러운 추가적인 회복이 있을 것이라고 여겼다는 것을 매우 분명하게 보여주지 않았더라면, 나는 Seifrid의 말을 받아들였을 것이다(물론, 그렇다면, 그 기도는 무엇을 의미하는지에 관한 의문은 여전히 남겠지만). 또한, Gowan, 1977, 207을 보라. 어쨌든, 벤시락서는 바울을 다루는 책에서는 별로 중요하지 않을 수 있다: 나는 다소의 사울이 사두개인이 저자임이 거의 틀림없는 벤시락서를 제2성전 시대 유대인들이 연대 설정과 관련하여 생각하였던 것에 대한 믿을 만한 지침으로 여겼을 가능성은 거의 없다고 본다.

파괴에 의해서 잃어버렸던 옛적에 성막에 임하였던 하나님의 임재를 대신하고 있다는 인식에 아무리 큰 무게를 실어준다고 하여도, 우리는 벤시락서가 온전히 실현된 종말론 같은 것을 제시하고 있는 것으로, 즉 모든 예언이 이제 다 성취되었고, 이스라엘 백성을 다시 "모을" 필요도 더 이상 없다는 주장을 하고 있는 것으로 여겨서는 안 된다.[328]

우리가 앞에서 잠깐 살펴보았던 유딧서에 나오는 본문도 "포로생활이 이미 끝났다"는 주장을 반박하는 또 하나의 예로 인용될 수 있다. (주의할 것은 나의 주장은 당시의 모든 유대인들이 자기 자신들이 "포로생활이 계속되는" 상태 속에서 살아가고 있다고 이해하였다는 것이 아니라, 그러한 이해가 널리 퍼져 있었고, 특히 열심을 내세운 바리새인들에게는 그런 인식이 두드러졌다는 것이다. 흥미로운 것은 육체의 부활에 관한 믿음과 관련해서도 우리는 동일하게 말할 수 있다는 것이다.) 유딧서는 유대인들은 포로생활로부터 귀환해서 성전과 그 집기들을 재봉헌한 직후였기 때문에, 느부갓네살 군대의 사령관이었던 홀로페르네스(Holofernes)가 그들에게 나타났을 때, 그는 그들에게 공포 그 자체였음을 보여준다(4:3). 홀로페르네스가 예루살렘에 관하여 묻자, 암몬족 지도자는 그에게 이스라엘의 죄의 결과물이었던 포로생활에서 절정에 달한 이스라엘의 이야기를 들려준 후에, 신명기를 반영해서, "그러나 이제 그들이 그들의 하나님에게로 돌아왔기 때문에, 그들이 흩어져 살던 곳들로부터 돌아와서, 그들의 성소가 있는 예루살렘에 거하게 되었다"(5:19)고 말한다(이 말은 물론 유딧서를 쓴 경건한 저자가 그의 입에 넣어준 것이기는 하지만, 어쨌든 암몬 사람이 한 말치고는 나쁘지 않은 말이다). 이것은 당시의 인식을 아주 분명하게 보여준다. 물론, 유딧서가 실제로 주전 2세기 중반에 편집된 것이라면(이것이 통설이다), 이러한 수사적 표현의 의도는 홀로페르네스를 안티오코스 에피파네스(Antiochus Epiphanes) 같은 새로운 박해자들과 나란히 놓는 것이다. 우리는 유딧서가 계속되는 이교도들의 위협과는 아무런 상관 없이, 단지 수 세기 전에 살았던 한 여자 주인공에 관한 이야기를 들려주는 것이라고 생각하지 않는다. 그러나 다행히도, 유딧서는 당시의 주류를 이루고 있던 인식에 대한 하나의 분명한 예외라고 할 수 있다.[329]

328) Evans, 1997, 305f.

329) Thielman, 1994, 50f.는 유딧서가 이렇게 "기득권층의 문헌"의 일부일지라도, 기본적으로 죄/벌이라는 동일한 신명기적인 패턴을 보여 주고 있다는 것을 지적한다(8.18f.). 그런 한에서, 유딧서의 관점은 쿰란 문헌의 관점과 병행이 된다. 달리 말하면, 쿰란 문헌은 "진정한 귀환"을 소규모의 은밀한 움직임으로 보았던 반면에, 유딧서에서는 대규모의 공적이고 정치적인 운동(즉, 하스모네 체제)으로 보았다는

마카베오 가문에 관한 책들은 어떠한가? 마카베오1서가 시몬의 통치(주전 34년까지)의 결과들을 입에 침이 마르도록 칭송하고 있기 때문에, 우리는 그 책이 하나님이 약속한 말일이 이미 도래한 것으로 보고 있는 것이라고 생각할 수도 있다는 것은 사실이다.[330] 그러나 그 책은 시몬(과 그의 아들들)이 술에 취해 살해되고, 그의 아들들 중에서 유일하게 남은 요한이 그의 뒤를 잇는 장면으로 끝나고, 우리는 거기에서 영광스러운 종말을 보여주는 그 어떤 증표도 찾아볼 수 없다. 마카베오2서에는 우리가 다른 글들에서 보아 왔던 것과 동일한 것, 즉 유다 마카베오의 눈부신 승리들과 하스모네 왕조의 창설에도 불구하고, 여전히 "더 이루어져야 할 것들"이 남아 있다는 강력한 인식이 존재한다. 그리고 "더 이루어져야 할 것들"은 이번에도 역시 신명기 30:3-5과 명시적으로 연결된다:

> 하나님은 우리를 큰 재앙들로부터 구원하셨고 그의 성소를 정결하게 하셨으니, 우리는 하나님이 머지않아 우리에게 긍휼을 베푸셔서 우리를 하늘 아래 모든 곳으로부터 그의 성소로 모으리라는 소망을 갖고 있노라.[331]

"하나님은 우리를 구원하셨고 그의 성소를 정결하게 하셨으니, 머지않아 우리를 모든 곳에서 모으시고 우리에게 긍휼을 베푸시리라"는 말은 우리가 토빗서와 에녹1서에서 보았던 "이중의 귀환"과 아주 흡사하게 들린다.

요세푸스는 예외일까? 그는 적어도 저 형편없는 혁명가들이 모든 것을 다 망쳐 놓을 때까지는 당시의 상황에 대하여 얼마든지 만족할 수 있었을 귀족이 아니었던가? 그런데 결코 그렇지 않았다. 그는 이렇게 말한다: 로마 치하에서 살아가야 했던 시기는 '둘레이아'(douleia), 즉 "노예생활"의 때였고, 그것은 모두 이스라엘 자신의 잘못 때문이었다.[332] 그러나 신명기의 끝부분에 나오는 예언들과 정확히 일

점에서는 서로 달랐을지라도, 포로기가 연장되어 지금까지 이어져 오긴 하였지만, 이제는 끝이 났다고 보았다는 점에서는 동일하였다는 것이다.

330) 1 Macc. 14.4-15; cf. *NTPG*, 429.

331) 2 Macc. 2.18. 예루살렘이 회복되어서 다시 "히브리인들이 소유하게" 될 것이라고 말하는 이 책의 결말(15.37)은 2.18의 "곤경"이 완전히 해결되었다는 것을 보여주는 것이라는 주장이 있어 왔다(Seifrid 1994, 88). 하지만 Evans, 1997, 307은 Goldstein, 1987, 81-5를 따라서, 이 책의 저자는 "유대 백성들은 여전히 진노의 시대를 겪고 있고, 많은 유대인들은 여전히 포로기에 있다"고 결론을 내린다. 또한, Fuller, 2006, 44 n. 113을 보라. 그는 이 책의 결말이 "장차 도래할 궁극적인 회복이 아니라, 이스라엘과 예루살렘에 대한 하나님의 보호하심을 다시 한 번 나타내는" 것으로 본다.

332) *War* 5.395는 예루살렘이 공격자들에게 이미 넘어간 후에, 요세푸스가 성벽에서 필사적으로 저항하는 자들에게 하는 말의 일부이다. 그렇다면, 그는 현재의 "노예생활"이 주전 63년에 예루살렘이 로

치하는 구원이 장차 도래할 것이다.[333)]

우리는 제임스 스콧(James Scott)과 조나단 골드스테인(Jonathan Goldstein)의 책들에서 시리아의 동쪽 가장자리에 위치한 두라 에우로포스(Dura-Europos)의 회당에 그려진 주목할 만한 벽화들에 관하여 토론한 내용을 잠깐 언급하는 것으로 이 논의를 마치고자 한다.[334)] 주후 2-3세기에 그려진 이 벽화들 속에는 로마 제국이 패배하고 이스라엘이 포로생활에서 건짐을 받는 내용을 묘사한 그림이 포함되어 있다고 주장된다. 제2의 모세(메시야)가 이스라엘 백성을 이끌고 로마와 싸움을 벌여 승리를 거둔다. 이 벽화들은 의심을 사지 않기 위해서 세심한 주의를 기울인 가운데 그려진 것으로 보인다. 그러나 아프리카계 미국인들의 영가들이 심오한 이중적인 의미를 지니고 있는 것과 마찬가지로, 오래 전에 성경의 장면들을 그린 것들처럼 보이는 이 벽화들은 포로생활로부터의 최종적인 회복에 관한 약속을 그림으로 나타낸 것으로 읽는 것이 합당하다.

이 모든 것은 우리에게 무엇을 말해 주는가? 우리는 다소의 사울 이전의 여러 세기와 그가 성장하였던 유대 세계에서 "포로생활의 연속"에 관한 신념이 널리 퍼져 있었다는 것에 대하여 어떤 결론을 내릴 수 있는가?

꽤 상당한 분량의 증거들이 보여주는 이러한 읽기에 대한 반론들은 강력하지 않다. 이 반론들은 부분적으로는 "우리는 이전에 그것을 그런 식으로 결코 보지 않았다"고 생각하는 반감이라는 통상적인 문제점으로부터 생겨나고, 그러한 문제의 밑바닥에는 "만약 그런 식으로 보게 된다면, 우리는 우리가 좋아하는 몇몇 본문들을 다시 다르게 읽을 수밖에 없게 된다"고 생각하는 반감이 좀 더 심각한 문제점으로 자리 잡고 있다(그리고 그것은 실제로 사실이다). 우리는 무엇인가를 말하고 있지만 여전히 풀리지 않는 수수께끼 같은 본문들을 이해하고자 애쓰는 주의깊은 학자의 좋은 모범으로 스티븐 브라이언(Steven M. Bryan)의 박사 논문을 들 수 있다.[335)]

마에 의해 정복된 때에 시작된 것으로 보고 있는 것이다. 그러나 요세푸스는 이교도들에게 불리한 대단원으로 끝나는 좀 더 긴 서사들을 그리 분명하게 드러내지 않는 조심성을 보인다. 나는 이것이 그가 "계약"에 대하여 침묵하고(Grabbe, 2003, 257f., 266), 다니엘서 2장에 나오는 "돌"의 의미와 다니엘서 7장에 나오는 황폐화에 관한 묘사에 대하여 침묵하는 이유라고 생각한다. *NTPG*, 303-14의 논의와 거기에 자세하게 나와 있는 전거들, 그리고 아래 제12장을 보라.

333) 본서 제2장 제4절 2)를 보라.

334) Scott, 1997b, 193f.; Goldstein, 1995.

335) Bryan, 2002; Carson, 2001b, 546f.(그는 내가 말했다고 하지 않고, 아무런 출처표시도 없이 "몇몇 학자들"이 말한 것이라는 식으로 애매하게 말한다)는 Bryan의 이전의 학위논문을 자신의 짤막한 비판

브라이언은 "포로생활에 비유될 수 있는 삶"인지, 아니면 "포로생활의 연장이라고 볼 수 있는 삶"인지를 미리 예단하지 않는 가운데, 많은 본문들이 포로생활의 연속에 대하여 말하고 있다는 것에 동의하는 것으로 시작한다.[336] "포로생활에 비유될 수 있는 삶"이라는 표현 자체를 사용하는 사람은 이미 자기가 핵심을 이해하지 못하고 있음을 보여주는 것이다. 왜냐하면, 포로생활의 연속이라는 것은 "비유"가 아니라, 신명기에 예언된 도식을 가져와서 재해석한 다니엘서 9장이 보여주는 것과 같은 포로생활의 "연장"이라는 개념이기 때문이다. 다음으로, 그는 포로생활에서 회복으로의 일직선상의 경로가 존재하였다는 것을 부인하고, 이 이야기는 좀 더 복잡한 것이었다고 말한다.[337] 이것은 실제로 그랬다. 관련 본문들은 좀 더 큰 서사 내에서 아주 복잡한 사건들(하스모네 왕조에 의해 고조된 흥분과 그 후의 좌절, 분파들의 출현, 로마의 침략 등등)을 명시적으로 언급한다. 셋째로, 그는 "하스모네 왕조가 승승장구했던 시절에 사람들이 그들 자신을 포로생활 가운데 있다고 널리 인식하고 있었다고 보기는 어렵다"고 말한다.[338] 그러나 상상력은 증거들에 의해서 교육을 받아야 하는데, 증거들은 하스모네 왕조가 승승장구하던 시절에 아주 짧은 기간 동안 사람들은 희망에 부풀어 있었음을 보여주는데, 아마도 그들 중에는 실제로 하나님이 온전한 복을 약속한 때가 실제로 도래하였다고 생각한 사람들도 있었을 것이다. 사람들은 이교도들의 압제를 받는 악한 때가 지나고, 아주 오래 전에 약속된 해방의 선한 때가 마침내 도래하였음을 보여주는 증거들을

의 토대로 삼는다(또한, 마치 Bryan이 이 문제를 해결했다는 듯이 말하고 있는 Chester, 2012, 158을 보라). 지금 나는 Bryan이 출간한 저작을 보고서 말하고 있다. 그 밖의 다른 비판자들 중에서 두드러지는 인물은 Seifrid, 1994이다; 그는 다른 곳에서 다룬 것들 외에도 거기에서 네 가지를 말한다: (a) 이 시기에 다양한 입장들이 존재하였다(동의함); (b) 해당 저작들의 서사적 위치는 서로 상당히 다르다(동의함); (c) 해당 저작들은 "구원의 보증으로서의 율법에 대한 상당한 신뢰를 드러낸다"(이것에 대해서는 그렇다고 말할 수도 하고 그렇지 않다고 말할 수도 있는데, 그것은 신명기 30장이 바로 그런 태도를 취하고 있기 때문이다); (d) 이 모형은 포로기에 대하여 완전히 다른 견해를 지니고 있던 바울과는 부합하지 않는다(이것에 대해서는 우리가 나중에 살펴볼 것이다).

336) Bryan, 2002, 14. 내가 이하에서 참조한 것은 바로 Bryan의 이 저서이다.

337) Bryan, 14.

338) Bryan, 15. Seifrid, 1994, 86f.는 귀환한 포로들이 행복하고 만족스러웠던 많은 때들이 있었다고 주장하면서, 성전이 재건된 때(그렇다면, 말라기에서 제사장들이 이 성전에 불만을 품고서, 야웨가 머지않아 언젠가는 다시 돌아올 것이라는 확신을 갖지 못한 것에 대하여 말하고 있는 것은 무엇이란 말인가?), 마카베오 가문의 승리들(이것은 사실이지만, 그 기쁨은 잠시뿐이었다), 하스모네 왕가의 통치(새로운 지배층에게는 신나는 일이었겠지만, 나머지 백성들에게는 그리 좋은 일은 아니었기 때문에, 에세네파와 바리새파가 이 시기에 출현하거나 새롭게 동력을 얻게 되었다), 로마 치하에서 안정적인 삶을 누리게 된 것(헤롯 같은 로마의 앞잡이들이나 세리 같은 부류에게는 신나는 일이었겠지만, Josephus와 *Ps. Sol.*이 보여 주듯이, 대다수는 만족과는 거리가 멀었다).

찾고자 애를 썼다. 그러나 우리는 다음과 같은 질문들을 던지지 않을 수 없다: 당시에 이방 나라들이 무리 지어 몰려와서 야웨를 예배하였던가? 디아스포라에서 포로생활을 하던 유대인들이 물밀듯이 고국으로 돌아오고 있었던가? 사람들이 모두 자신들의 죄가 사함을 받았고, 하나님이 그의 영을 그들에게 부어주는 것을 보고 있었던가? 세계의 열국들이 한 분 하나님을 인정하게 되었고, 이스라엘을 하나님이 세계를 다스리도록 정한 나라라고 인정하게 되었던가? 쿰란 분파가 근본적으로 다른 그들 자신의 대안을 들고 나와서, 포로기 이후의 진정한 회복이 마침내 자신들의 운동 속에서 은밀하게 시작되었다고 주장한 것은 이 모든 질문에 대한 대답이 "아니다" 였기 때문이었다. 다니엘의 지혜로운 판단을 악한 이교도 통치자들이 아니라 악한 유대인 통치자들에게 들이댄 수산나서 같은 책들이 다니엘서에 추가된 것은 하스모네 체제에 대한 불만이 급속히 진행되었기 때문이었다.[339] 특히 바리새파 운동이 토라를 강화할 때에만 신명기 30장이 약속하였던 것들을 마침내 이룰 수 있을 것이라는 신념 하에서 자신들의 목표들을 향하여 매진하였던 것 ─ 이것은 그들의 관점을 반영하고 있는 것으로 보이는 본문들에 의해서만이 아니라, 그들이 실제로 행하였던 일들에 의해서도 입증된다 ─ 은 포로생활이 끝났음을 보여주는 것 같은 몇몇 서광들이 비치기는 했지만 결국 다 거짓된 것으로 판명이 났고, 여전히 포로생활은 아직 끝나지 않았다는 인식이 유대인들 사이에서 계속되었기 때문이었다. 이 마지막으로 언급된 것이 사실임을 보여주는 가장 분명한 증거들 중의 하나는 사도 바울의 글들이다.[340]

브라이언이 네 번째로 제시한 요지는 몇몇 본문들은 기본적으로 끔찍한 상황이 지속되는 와중에서도 잠시 숨 돌릴 시간이 주어질 것에 대하여 말하고 있다는 것이다.[341] 우리는 그러한 본문들을 위에서 언급한 바 있다(토빗서, 바룩2서, 납달리의 유언서 등등). 그러나 이것은 신명기와 다니엘서에 나오는 원대한 예언들은 여전히 좀 더 큰 틀로 유지되는 가운데, 이렇게 잠시 숨 돌리는 시간들이 기본적인 구조에는 아무런 영향도 미침이 없이 왔다가 가는 것일 뿐이었다.[342] 다섯째로, 그

339) Susannah에 대해서는 cf. *NTPG*, 220.

340) 바울이 로마서 10:6-8에서 신명기 30장을 사용한 것에 대해서는 본서 제11장 제6절 (iv)과 *Romans*, 658-64를 보라.

341) Bryan, 15f.

342) 숨 돌리는 시간들: 예컨대, *2 Bar.* 68.3-7(앞에서 보았듯이, Evans는 이것을 "포로기의 연속" 이라는 틀 내에서 읽고서, 일시적인 회복은 "이전처럼 온전한 것이 아니었다" 는 것을 강조한다); *T. Naph.* 4.3 ─ 정말 아주 짧게 주어진 숨 돌리는 시간!

는 에스라와 느헤미야가 그들 자신의 때를 연속된 포로생활의 일부가 아니라, 포로생활에서 부분적으로 회복된 때로 보았다고 말한다.[343] 어떤 의미에서는 그의 말은 옳다. 그러나 여기서 우리는 앞에서 이미 인용한 바 있는 캐롤(Carroll)의 지적으로 돌아가야 한다: "그들은 그렇게 말하고 싶지 않았겠느냐?" 그들이 노예생활이 계속되고 있다는 것을 스스로 인정한다면, 그것은 노예생활의 원형이었던 이스라엘 백성의 애굽에서의 노예생활나 아직도 생생하게 기억에 남아 있는 바벨론에서의 노예생활 같은 끔찍한 상태가 지금도 제거되지 않고 계속되고 있다고 말하는 것이었을 것이라고 나는 생각한다. 만일 어느 누가 에스라나 느헤미야에게 이사야 40-55장의 예언들이 성취되었다고 생각하느냐고 물었다면, 그들이 할 수 있는 대답은 오직 하나밖에 없었을 것이다. 여섯째로, 브라이언은 몇몇 본문들(예컨대, 에녹1서의 짐승 묵시록)이 "70년의 포로기와 그 이후의 귀환의 의미를 축소시켜서" "포로기를 이스라엘의 이후의 역사와 결코 다르지 않은 것으로 보고 있다"고 말한다.[344] 그러나 이 말은 거꾸로 뒤집어 생각해야만 올바르게 된다. 브라이언은 이 본문들이 포로기 이후의 이스라엘의 삶 자체가 포로생활이었던 것으로 보고서, "포로기"를 그러한 포로생활의 한 특별한 경우, 즉 하나의 하위범주로 보았다고 여겼고, 그 반대일 것이라고 생각하지는 않았다. 그의 이러한 관점은 에녹1서를 비롯한 유사한 본문들이 계속해서 증언하고 있는 연속된 서사와 관련된 좀 더 큰 그림을 깡그리 무시한 것이다. 일곱째로, 브라이언은 희년서에서는 포로생활이라는 저주를 신명기와 연결시켜서, 포로생활은 수많은 저주들 가운데 단지 하나의 저주 형태일 뿐인 것으로 본다고 주장한다.[345] 거기에 대한 나의 논평은 그러한 주장은 당시의 관련된 책들, 심지어는 필로(Philo)의 책까지도(우리가 앞에서 보았듯이) 신명기 30장(또한, 레위기 26장)을 전거로 삼아서 거의 전방위적으로 활용하고 있다는 중요한 논점을 완전히 놓치고 있는 것이라는 것이다.[346] 브라이언처럼, "주전 6

343) Bryan, 16은 예컨대 McConville, 1986을 인용한다.

344) Bryan, 17.

345) Bryan, 17f.

346) Fuller, 2006, 9f.의 설명에 대해서도 동일하게 말할 수 있다. 그는 내가 이전의 책에서 "많은 유대인들이 자신들의 맥락을 이해하였고, 포로기보다 훨씬 더 긍정적인 분위기 속에서 살아갔다는 것을 시사해 주는" 증거들을 무시하거나 과소평가 하였다고 주장한다(내가 말한 다른 것들에 대해서는 긍정적인 어조로 말하면서). 또한, Fuller, 49는 내가 "정확성의 결여"라는 잘못을 범하였다고 지적하는데, 이것에 대해서는 내가 이 장에서 답변을 하고자 한다. 우리가 충분히 예상할 수 있듯이, 포로생활을 하던 유대인들의 반응은 천차만별이었다. 문자 그대로 바벨론에서 포로생활을 하던 사람 중에도 거기에 머물러 사는 것을 기뻐한 자가 많았다. 그러나 중요한 것은 Fuller의 저작의 색인을 보면, 그가 신명기 30장이나

세기의 귀환 때에 기대했던 회복이 수반되지 않았다"는 사실을 토대로, "포로기를 폄하하는 것"은 아주 이상한 일이다. 왜냐하면, 여기에서 핵심은 회복이 아직 일어나지 않았다는 것이기 때문이다. 따라서 희년서를 비롯해서, 우리가 앞에서 살펴보았던 그 어떤 본문들도 분명히 "포로기"를 결코 "폄하하지" 않는다. 앞에서 보았듯이, 포로기는 지리적인 개념에서 탈피하여 신학적으로 해석되어서, 여전히 현실의 삶과 구체적으로 연결되어 있는 정치적인 의미를 지니고 있는 개념으로 새롭게 이해된다.

마침내, 브라이언은 다니엘서 9장과 쿰란의 다메섹 문서 – 아마도 이것들을 출발점으로 삼는 것이 옳았을 것이다 – 에 도달한다.[347] 그는 이 본문들은 "하나님이 이스라엘을 벌하시는 훨씬 더 긴 기간 내에 포로기를 포함시킴으로써" "포로기의 중요성을 축소시키고 있다"는 희한한 주장을 한다. 이것은 유별나고 어이없는 주장이다. 다니엘서는 포로기가 얼마 동안이나 지속될 것인지를 말하고 있는 예레미야의 예언을 명시적으로 언급하는 가운데, 그 기간이 연장되었다고 말한다. 쿰란 문헌을 비롯한 다른 곳에서 "진노의 시대"에 관하여 말하고 있는 전체적인 요지는 바벨론 사람들에 의해서 첫 성전이 파괴된 때에 시작된 "진노의 시대"가 당시에도 여전히 계속되고 있다는 것이다.

끝으로, 브라이언은 이 시기의 많은 유대인들이 회복에 관한 약속들이 계속해서 성취되지 않는 문제점에 직면해서, 모든 일들은 하나님에게 달려 있기 때문에 하나님이 자기가 정한 때에 그 약속들을 이룰 것이라고 말함으로써 그 문제점을 넘기려고 하였다고 주장한다.[348] 물론, 당시의 일부 사람들은 연대 계산과 사변에 골몰하다가 지쳐서, 그런 식의 이유를 대고 뒤로 물러났을 수도 있었을 것이다. 그러나 그들이 그런 식으로 문제를 해결하고자 하였다고 한다면, 그것은 그들이 당시에 자신들의 삶의 성격 자체가 바벨론에서의 포로생활이라는 모티프에 의해서 규정되고 있었던 연속된 이야기 내에서 살아가고 있다고 인식하고 있었던 것과 거의 양립될 수 없는 것이었다고 할 수 있다.

우리가 이 논의 전체에 걸쳐서 놓치고 있는 것은 이 모든 것이 신명기 27-30장,

32장을 거의 주목하지 않았음이 드러나고, 다니엘서 9장의 끝부분에 대해서는 단지 몇 번 언급하고 있을 뿐이라는 것이다. 이 본문들은 폭넓고 다양한 범위의 자료들이 토대로 하는 좀 더 큰 서사적 틀을 드러내 주는 본문들이기 때문에, 이 본문들을 무시해 버리면, 그 자료들이 말하고자 하는 핵심을 듣는 것조차 불가능해진다.

347) Bryan, 18f.

348) Bryan, 19.

또는 그 본문으로부터 도출된 것이기도 하고, 우리가 앞에서 보았듯이, 그 본문의 근저에 있는 서사적인 틀을 구성하고 있던 "신명기사가의 역사관"을 준거로 하고 있다는 것이다. 브라이언은 내가 제기한 주장들의 토대의 일부인 슈텍(Steck)을 비롯한 여러 학자들의 방대한 연구를 단 한 번도 다루고 있지 않지만, 적어도 제2성전 시대에 속한 이러한 본문들의 상당수에 연속된 서사에 관한 모종의 인식이 존재한다는 것을 안다. 그러나 신명기와 다니엘서가 서로 결합되고, 이 두 책에 나오는 본문들이 핵심적인 자료들 속에서 반복적으로 등장하는 것을 볼 때, 우리는 제2성전 시대에 살아간 바리새파를 비롯한 수많은 유대인들이 인식하였던 단일하지만 다양했던 서사 속에서 이 연속된 시기를 특징짓는 최고의 지배적인 비유로 "포로기"를 계속해서 부각시키지 않을 수 없게 된다.

한 가지 질문이 여전히 남는다. 그렇다면, 그들은 무엇을 기다리고 있었던 것인가? 또는, 좀 더 분명하게 표현해 본다면, 그것은 이런 질문이 될 것이다: 그들은 약속들에 대한 어떤 종류의 성취를 기대하고 있었던 것인가?

4) 폐기된 세계가 아니라 변모된 세계

주후 1세기에 살았던 한 바리새인이 바랐던 것은 무엇이었는가? 거기에 대한 하나의 분명한 대답은 "구원"일 것이다. 그러나 "구원"은 실제로 무엇을 의미하는 것이었을까?

제2성전 시대 유대인들의 소망에 관한 상당수의 이차 문헌들은 궁극적인 구원은 내세적인 성격이 강한 것이었다고 전제해 왔다. 흔히 이러한 전제는 아무런 의심 없이 당연한 것으로 받아들여진다. 여러분은 자신이 낀 안경을 통해서 사물을 보는 것에 문제가 생길 때까지는, 자신의 안경 자체를 인식하지 못한다. 지금까지 학자들이나 설교자들이나 똑같이 "구원"을 중심으로 소용돌이치는 여러 질문들 – 특히, 칭의, 율법, "행위," "은혜" 등등의 질문들 – 을 다룰 때에는, "죽어서 천국에 간다"는 식의 내세적인 구원을 당연한 것으로 전제하고서, 그 전제 위에서 그 질문들에 대답해 왔다. 그러나 제2성전 시대의 본문들은 "내세적인" 구원, 즉 사람의 영혼이 구원받아서 현재 몸담고 있는 공간과 시간과 물질로부터 완전히 벗어나게 되는 것이 일반적으로는 인간 존재, 구체적으로는 유대인들의 궁극적인 목적이었다는 주장을 강력하게 반박한다. 우리가 지금까지 살펴본 본문들, 특히 우리가 검토해 온 연속된 이야기의 목적이나 목표는 공간과 시간과 물질로 이루어진 세계를 폐기하는 것, 또는 인간이 그러한 난파된 세계로부터 벗어나는 것이 아니라, 세계를 완성시키는 것이다.[349)]

사실, 우리는 이 시기의 유대 문헌들을 폭넓게 읽어내려 가면서, 그 중에서 한두 개의 짧은 구절들을 문맥에서 떼어내서 읽지 않는 한, 저자들이 의인들의 영혼이 이 현세를 떠나서 공간과 시간에 의해 지배받지 않는 영원의 세계 속으로 영원히 떠나가는 것을 염두에 두고 있었다는 것을 찾아낼 수 없다.[350)] 내가 다른 곳에서 논증하였듯이, 그러한 플라톤적인 개념은 바리새파를 비롯해서 주후 1세기 유대인들의 대다수가 지니고 있었던 확고하게 창조에 토대를 둔 소망과 정면으로 충돌한다. 물론, 다니엘서 12장은 의인들이 해처럼 빛나게 될 것이라고 말하고, 모세의 유언서는 이스라엘이 그들의 원수들보다 훨씬 더 위로 하늘까지 들어올려지는 모습을 그리고 있으며, 바룩2서는 다니엘서를 반영해서, 하나님의 백성이 천사들의 세계에 참여할 것이라고 말하고 있는 것은 사실이다.[351)] 그러나 지난 백 년 동안에 걸친 학계의 도도한 흐름을 이루어 온 사람들에게는 비위가 거슬리는 말이겠지만, 나는 다시 한 번 샌더스(Ed Sanders)의 말을 여기에 인용하고자 한다: "에세네파는 다른 유대인들과 마찬가지로 세계가 끝날 것이라고 생각하지 않았다."[352)]

이것으로부터 두 가지 결론이 도출된다. 첫 번째는 오늘날의 거의 모든 서구인들이 이해하는 의미로 "내가 영생을 유업으로 받으려면 무엇을 해야 하는가?"라는 질문을 이 본문들에 들이대는 것은 엄청나게 잘못된 일이라는 것이다. 물론, 복음서들에는 제2성전 시대의 한 유대인이 이러한 질문을 하는 장면이 나오지만, 나를 비롯한 여러 사람들이 이미 분명히 하였듯이, 그 질문은 "내가 어떻게 하여야 죽어서 천국에 갈 수 있는가?"라는 의미가 아니라, "내가 어떻게 해야 내세(ha ʻolam haba – '하올람 하바,' 직역하면 "장차 도래할 시대")의 일부가 될 수 있는가?"라는 의미였다.[353)] 우리가 지금까지 언급해 왔던 모든 본문들이 분명히 보여주듯이,

349) 특히, *NTPG*, chs. 10, 15; *JVG*, chs. 6, 8; *RSG*, ch. 4; *Surprised by Hope*를 보라. 이 시기에 현세적인 차원의 "구원"에 대하여 말하는 언어를 사용한 좋은 예는 본서 제2장 제4절 (ii) (d)에서 다룬 Jos. *War*, 5에 나온다.

350) 하나의 분명한 예외인 Wis. 3.1-3은 사실 이 원칙을 증명해 주는 역할을 한다: *RSG*, 162-75를 보라.

351) 단 12:2f.; *T. Mos.* 10.8-10; *2 Bar.* 51.8-12 등; 이것들에 대해서는 *RSG*, 157, 160-2를 보라.

352) Sanders, 1992, 368. Sanders는 계속해서 쿰란의 종말론이 지닌 통상적인 특징들을 설명해 나간다: 거룩한 전쟁, 질서 있는 공동체, 제사장들이 담당하는 두 메시야; 예루살렘의 점령; 결례의 엄격한 시행; 하나님이 결국 이 땅에 강림하여 자신의 성소를 만들어 내리라는 것; 그때까지 "전쟁과 엄격한 훈육"이 있으리라는 것.

이 "내세"는 중세 시대와 그 이후의 서구인들이 생각하는 "천국" 같은 것이 아니었고, 성경에 나와 있던 소망이자 제2성전 시대의 소망이었던 해방된 이스라엘, 그리고 아마도 해방된 세계 같은 것이었다.[354] 우리가 천국 또는 지옥이라는 서구의 고전적인 도식 속에서 개인 구원과 관련된 질문들을 이 본문들에 투사해서, 사람들이 천국이나 지옥에 가려면 어떤 "자격요건들"을 갖추어야 하는지, 또는 그러한 구원을 얻고자 하면 어떻게 해야 하는지(그것이 하나님의 은혜 또는 인간의 공로를 통해서 이루어지는 것이라고 주장하든, 이 둘의 결합을 통해서 이루어지는 것이라고 주장하든)를 찾아내려고 고집스럽게 시도한다면, 우리는 그러한 본문들을 쓴 저자들이 그 속에서 살아가고 있던 서사 전체를 보지 못하게 될 것이고, "구원"이라는 좀 더 큰 개념 주위에 모여 있는 다른 용어들을 근본적으로 철저하게 왜곡시키게 될 것이 거의 틀림없다.

공간과 시간을 초월한 "구원"이라는 관점에서 이 본문들을 이해하고자 하는 접근법은 비교적 현대에 출현한 것으로서 기본적으로 잘못된 이야기를 우리에게 들려주고 있다. 그러한 접근법은 우리가 지금까지 살펴본 모든 책들의 주된 주제인 "이스라엘의 이야기"를 와해시켜서, "나의 이야기," 곧 개개인의 영혼이 천국이나 지옥에 가는 것에 대하여 말하는 이야기로 바꾸어 놓는다. 그런 후에, 현대의 세계에서 "나의 이야기"는 좀 더 큰 암묵적인 서사 – 그 서사가 "개인의 성취"에 관한 현대적인 꿈이든지, 이 세계를 떠나서 육신이 없는 세계로 가는 것에 관한 플라톤적인 서사이든지, 아니면 이 둘을 결합한 것이든지와는 상관없이 – 내에서 전제된다. 그러나 그런 식의 이야기를 하는 것은 유대의 기본적인 세계관으로부터 멀리 떠나서 본질적으로 이교적인 세계관으로 가까이 다가가는 것임에 틀림없다. 오늘날 그러한 접근법은 유대 연구나 바울 연구를 수행하는 어느 한두 학파만이 독점적으로 사용하고 있는 것은 아니지만, 나는 어쨌든 그러한 접근법을 사용하는 사람들은 자신의 연구를 근본부터 망치는 일을 하고 있는 것임을 말해 두고자 한다.[355]

353) 막 10:18; 마 19:16; 눅 18:18; cf. *JVG*, 301. "구원"과 "영생"에 관한 성경적인 비전들에 대해서는 *RSG*와 *Surprised by Hope, passim*을 보라.

354) "영혼들이 모여 있는 곳들"이나 비슷한 관념들이 나오는 본문들은 흔히 해당되는 사람들이 다가올 회복이나 부활을 기다리는 것에 대하여 말하는 대목들이다: 예컨대, *1 En.* 22.3f.; *2 Bar.* 21.23; 30.2-5.

355) 최근의 분명한 예: VanLandingham, 2006. "행위에 따른 최후의 심판"에 관한 그의 중심적인 장은 마가복음 10:18을 후대에 서구에서 통상적으로 받아들여졌던 그런 의미로 인용하는 것으로 시작해

물론, 그렇다고 해서 우리가 개인 "구원"을 도외시한다거나 중요하지 않게 여긴다고 말하는 것은 아니라는 것을 나는 분명히 해두고자 한다. 사람들은 보통 그런 식으로 말하며 바울에 대한 새로운 해석을 비방하지만, 그것은 논점을 완전히 놓치고 있는 것이다. "구원"이 중요하다는 것은 두말할 필요도 없다. 하지만 내가 말하고자 하는 것은 (a) 구원이라는 것은 서구 전통이 흔히 이해해 온 그런 것(영혼이 육신을 벗어나서 "천국"으로 가는 것)을 의미하지 않는다는 것이고, (b) 그런 식의 구원은 대부분의 관련된 본문들의 주된 주제도 아니고, (c) 그 본문들이 전개하고자 하는 주된 서사도 아니라는 것이다. 신약성서에서 인간이 죄와 사망에서 구원 받는 것은 여전히 언제나 아주 중요한 문제이지만, 그것은 하나님이 온 피조세계에 정의를 회복하고자 하는 훨씬 더 큰 목적에 기여하는 것이다.[356]

이것은 우리를 제2성전 시대 유대인들이 "세계의 종말"과 관련해서 무엇을 믿었느냐 하는 문제로 데려다 주는데, 이 문제는 '파루시아'(재림) 및 관련 주제들에 관한 신약의 논의들에 영향을 주었음이 분명하다.[357] 분노의 벼락들과 성난 운석들이 빗발치듯 내게 쏟아질 위험을 무릅쓰고서 내가 감히 말하고자 하는 것은 학자들이 '파루시아'라는 개념을 시공간으로 이루어진 우주가 없어진다는 관점에서 구성한 후에 '파루시아'의 "지연"에 대하여 말함으로써, 그리스도인들의 새로운 종류의 자의식을 촉발시켜 온 그런 사고체계는 역사적 이해와 관련해서 거대한 블랙홀이 되어서, 무수한 학자들이 "조상들의 전통들" – 이 경우에는 슈바이처(Schweitzer), 불트만(Bultmann)과 그들을 다양하게 계승해 온 학자들 – 에 대한 지칠 줄 모르는 열심에 의해 생겨난 중력을 통해서 서로를 빨아들여 왔다. 이 전통들을 깨는 자들에게 화가 있으리라! "경문 띠를 넓게 하며 옷술을 길게" 하는 저 복된 성서학자들의 동업조합의 진노가 그런 자들에게 떨어지리라! 필로(Philo)가 수

서, "아래에서 검토한 본문들은" 이 질문에 대하여 "응답해 준다"고 주장한다(66). 내 견해로는, 이러한 비판은 Yinger, 1999에는 부분적으로만 적용되는 것 같다. 그는 문제가 되고 있는 것은 고찰되고 있는 집단에서의 개개인의 지체로서의 지위에 관한 것임을 강조한다(94). 내가 보기에는, 그가 Reiser, 1997, 161을 따라서, 최후의 심판 때에 각 개인이 법정에 서게 된다는 것은 고전적인 유대교가 아니라 이교 사상에서 발견되는 것과 더 비슷한(139f.) 탄나임 시대의 혁신이라고 보고(94 n. 142), 적어도 쿰란 공동체에서(나는 다른 곳들에서도 그랬다고 생각한다) 염두에 두고 있던 것은 "역사적 종말론"임을 강조한다(135f.). 물론, 제2성전 시대에 존재하였던 구원 시나리오들은 서로 상당한 편차를 보여 주고, 그 중에는 표면상으로는 내세에서의 "불멸의 삶"에 대한 약속을 말하는 것들도 있었다; *RSG*, ch. 4에 나오는 자세한 논의를 보라.

356) 바울의 글들 외에 이것을 분명히 보여주는 본문들 중의 하나는 요한계시록 5:9f.이고, 바울의 글들 중에서 자연스럽게 떠오르는 것은 로마서 8:17-25이다.

357) *NTPG*, 제10장에 나오는 이것에 대한 논의 전체를 보라.

많은 바리새인들은 날카로운 눈으로 자신들의 전통을 깨뜨리는 자가 누구인지를 찾아내서 그 즉시 맹렬하게 공격하는 자들이라고 말한 것과 마찬가지로, 오늘날의 세계에도 자신들의 전통이 모든 것을 지배하도록 만들고자 하는 사람들이 있다.[358)]

물론, 주후 1세기의 일부 유대인들이 시공간으로 이루어진 우주가 멈추게 될 것이고, 물질 세계는 하찮은 그림자 같은 것에 지나지 않으며, 언젠가는 어떤 신(분명히 창세기 1장의 하나님은 아닐 것이기 때문에)이 저 쓰레기 같은 것들이 하나도 없는 새로운 종류의 세계를 창조할 것이라고 믿었을 가능성은 있다. 필로(Philo)는 적어도 절망감이 밀려오던 날에는 그러한 가능성을 깊이 생각했을 수도 있다. 그러나 나는 계속해서 "세계의 종말"을 말하는 본문들에 대한 이러한 탈역사적이고 탈정치적인 읽기를 기본적으로 비역사적인 것으로 여긴다. 그러한 읽기는 당시 사람들이 핵심적인 본문들을 읽고 이해하였던 방식이 아니다. 이사야 13장이나 모세의 유언서 10장이 해가 어두워지고 달이 빛을 잃을 것이라고 말했을 때, 그 저자들이 그 말을 통해서 구체적으로 말하고자 한 것은 모종의 중요한 정치적 격변 – 우선은 바벨론의 멸망, 다음으로는 로마의 멸망 – 일 가능성이 대단히 높다. 만일 여러분이 주후 69년에 기자로 활동하고 있었다면, 여러분은 "네 황제의 해"(로마의 황제가 한 해에 세 번이나 바뀌어서 동일한 해를 네 황제가 통치하였던 주후 69년을 가리킨다 — 역주)를 묘사하기 위해서 어떠한 언어를 사용했을 것 같은가? 아마도 여러분은 주후 2001년 9월 11일의 사건이 있은 후에 사용되었던 것과 똑같은 우주적이고 묵시적인 언어를 사용했을 것이 거의 틀림없다. "세계의 종말"? 이런 표현을 사용한 것은 어쩌면 당연한 것이었지만, 실제로 세계의 종말이 온 것은 물론 아니었다. 그것은 단지 이제까지는 견고하여 변할 수 없을 것이라고 여겨졌던 어떤 것들이 사실은 허약하여 얼마든지 무너질 수 있다는 것이 확인됨으로써 드러나게 된 세계 질서의 종말이었을 뿐이다. 물론, 선거에서의 압도적인 승리를 "산사태"라고 표현하고, 새롭게 선거에 뛰어들어 무서운 상승세를 보이는 정치인을 "돌풍"이라고 표현하는 신문이나 방송의 언어가 그러하듯이, 해와 달, 별들을 동원한 아주 강렬한 비유들은 그러한 사건들이 특히 중요하다는 것을 보여주는 것이다. 또한, 학자들이 토론할 생각은 하지 않고 무작정 자신의 주장을 고집하며 분노하는 것을 "벼락"이라고 표현하는 것도 마찬가지이다. 다른 사람들이 말한 비유들은 오해하기가 무척 쉬운 일이기는 하지만, 우리는 속아 넘어가지 않을 만큼 충분히 주후 1세기에 관한 정보를 갖고 있다.

358) Philo, *De Spec. Leg.* 2.253; cf. *JVG*, 379.

묵시적 언어에 대한 슈바이처류(Schweitzerlike)의 (잘못된) 읽기가 아무런 배경도 없이 독자적으로 생겨난 것이 아닌 것과 마찬가지로, 주후 1세기의 비유적인 언어도 독자적으로 생겨난 것이 아니라는 것은 두말할 필요도 없다. 주후 1세기의 언어는 예수 시대 전후로 수 세기에 걸친 사회정치적인 혼란을 배경으로 해서 생겨난 것이고, 슈바이처(Schweitzer)의 읽기는 한 세계의 종말과 또 다른 세계의 시작에 관한 니체의 비전을 배경으로 해서, 자신이 할 수 있는 한 그 비전을 기독교화 하는 과정에서 중요한 실수들이 끼어든 것이었다.[359] 내가 다른 곳에서 이미 논증하였듯이, 슈바이처의 이러한 읽기는 특히 당시의 학계를 지배하였던 자유주의 진영이 부활 기사들을 상당 부분 "영적으로 해석하였기" 때문에, 그들은 예수 시대의 유대인들이 무슨 일이 일어날 것을 기대하고 있었다는 합당한 역사적 인식을 지니고 있었음에도 불구하고, 부활 사건 자체를 그들의 그러한 역사적 인식에 합당한 대상으로 삼지 않고, 도리어 역사적 인식을 초월하는 것으로 이해하는 상황에 대한 반발로 생겨난 것이었다.

따라서 "개시된 종말론"(inaugurated eschatology) 같은 그런 일은 실제로는 있을 수 없었다. 세계가 존재하는 방식에 있어서 실제로 바뀐 것은 아무것도 없었다. 초기 그리스도인들이 장차 도래할 하나님의 나라(20세기의 학자들은 이 용어조차도 땅과는 완전히 다른 곳으로서의 "하늘"이라는 의미에서의 "천국"과 혼동하는 것이 일반적이었다)에 관하여 말하였다면, 그들은 장차 대격변이 일어나서 모든 것이 변할 것이고 심지어 공간과 시간과 물질로 이루어진 세계의 구성 자체도 변할 것이라고 생각했을 것임에 틀림없다고 슈바이처는 생각하였다. 그런 후에, 그는 이것을 기독교 이전의 유대 세계에 거꾸로 투사시켜서, 초기 그리스도인들은 이러한 관념을 하늘과 땅이 거대한 구덩이에 의해 분리되어 있는 저 어둡고 이원론적인 곳인 "묵시론"이라 불리는 저 기이한 세계로부터 가져온 것임에 틀림없다고 주장하였다. "묵시적" 언어가 종종 이원론을 표현하기 위하여 사용되었다는 것 – 에녹1서 42장이 그 예이다 – 은 실제로 사실이지만, 다니엘서에서 볼 수 있듯이, 통상적으로는 이 세계의 종말을 표현하는 데에는 꿈과 환상의 언어가 사용된다. 내가 이전에 지적했는데도 별 효과를 거두지는 못한 것으로 보이지만, "이원론"이라는 단어는 "묵시론"이라는 단어만큼이나 아주 애매모호하게 사용되어 왔다.[360] "묵시론"의 언어(꿈, 환상, 확대된 "우주적" 비유들 등등)는 아주 다양한 세

359) Schweitzer에 대해서는 Gathercole, 2000을 보라.

계관들을 가리키는 데 사용될 수 있다. 셰익스피어와 밀턴이 둘 다 약강 5보격의 각운이 없는 운문으로 글을 썼다고 해서 그들의 세계관이 동일하였다고 말할 수 없는 것과 마찬가지로, 묵시론의 언어 체계를 사용했다고 해서 모두 다 동일한 세계관을 공유하고 있었다고 말할 수 없다.

이러한 비유들이 어떻게 작동하느냐를 결정하는 것은 언어 체계가 아니라 세계관이다. 이 비유들이 근본적으로 창조와 새 창조를 말하는 세계관 내에서 사용되었다면, 그 저자는 피조 세계 자체가 영속적으로 사라지게 될 것이라는 의미를 전달하기 위해서 이 비유들을 사용하였을 가능성이 대단히 높다. 우리의 잠정적인 결론은 다음과 같다. 위로는 샴마이를 거쳐서 유다 마카베오에 이르고, 저 멀리는 비느하스와 엘리야까지 소급되며, 아래로는 엘리에셀 벤 히르카노스(Eliezer ben Hyrcanus), 그리고 바르 코크바를 지지한 자들까지 이어졌던 전통(이 전통이 아무리 느슨한 것이었을지라도) 안에 서 있었던 바울 같은 강경 노선의 바리새인을 비롯해서 이 전통에 속해 있던 사람들 중에서 시공간의 우주의 종말을 기대하거나 원하거나 소망한 사람이 있었다거나, 그들이 사용한 드라마 같은 언어가 그러한 "사건"을 나타내기 위한 것이었다고 생각할 이유는 전혀 없다. 만일 사도 바울이 그러한 것을 믿었다면, 그것은 기독교적 혁신일 것이었다.

나를 비롯한 여러 학자들은 여러 해 동안 이러한 노선의 논증을 발전시켜 왔고, 이것은 최근에 특히 두 학자, 곧 에드워드 애덤스(Edward Adams)와 데일 앨리슨(Dale Allison)에 의해서 정면공격을 받아 왔다.[361] 그들의 논증은 바울이 아니라 주로 복음서들, 특히 마가복음 13장 같은 구절들을 근거로 하고 있다. 나는 또 다른 기회에 그러한 전선에 대한 전면적인 대응을 하고자 하지만, 그들이 제기한 몇몇 논점들은 제2성전 시대의 유대 세계 전체에 대한 나의 설명과 연관되어 있고, 따라서 이 장 및 바울과도 연관되어 있기 때문에, 적어도 부분적으로는 답변을 하는 것이 나의 의무일 것이다.[362]

360) cf. *NTPG*, 252-6. 거기에서 나는 종종 "이원론"이라 불리는 적어도 열 가지 현상들을 구별하였다.

361) Adams, 2007은 *NTPG*와 *JVG*, France, 1971; 2002; Hatina, 1996; 2002 등에 대답한다. Allison에 대해서는 1994, 1998, 1999, 2005, 2009, 2010과 다른 책들에 나오는 많은 보조 논문들과 장들을 보라.

362) Adams와 Allison은 통상적으로 "묵시론"이라는 단어가 정의하기 어려운 것인데도 불구하고, 마치 "묵시론"이라는 말을 통해서 문제가 다 해결되었다는 듯이 말한다("예수는 묵시론적인 선지자였다! 증명완료!"). 그러나 나를 비롯한 여러 사람들이 다른 곳에서 보여 주었듯이, 그것은 단지 "묵시론"이라는 것이 무엇이고, 그러한 언어가 주후 1세기에 어떤 식으로 받아들여졌을 것인지에 관한 문제만을 제기할 뿐이다. 예를 들어, Adams, 53과 Allison, 2009, 91은 마가복음 13장에 관한 나의 견해(나는 명시적

첫 번째 문제점은 20세기의 영향력 있는 학자들이 견지한 견해들을 설명하는 것은 정말 어려운 일이라는 것이다. 어떤 사람들이 논증하였듯이, 후대 사람들이 예수, 그리고 그의 배후에 있는 에스라4서와 바룩2서가 시공간의 세계의 실제적인 종말을 상정하였다고 보는 견해를 알버트 슈바이처(Albert Schweitzer)에게 돌리는 것은 잘못된 것이다. 슈바이처의 예수는 마태복음 10:23과 맥을 같이해서, 제자들이 팔레스타인을 신속하게 두루 다니는 동안에 세계를 바꾸어 놓을 정도로 엄청난 모종의 사건을 기대하고 있었음이 분명하지만, 이후의 학자들의 전통은 슈바이처가 말하고자 한 것이 통상적으로 나중에 '파루시아,' 즉 "인자의 재림"이라 불리게 된 여러 사건들의 결합, 좀 더 일반적으로 말한다면, 공간과 시간과 물질의 세계가 사라지고 완전히 "영적인" 세계, 즉 예수와 그의 백성이 천국에서 영원히 살게 되는 것이 시작된다는 의미에서의 "세계의 종말"이라고 받아들여 왔다. 이것은 불트만(Bultmann)의 『신약성서 신학』(*Theology of the New Testament*)의 처음에 나오는 유명한 구절에서 분명하게 드러난다.[363] 물론, 불트만 자신은 클라우스 코흐(Klaus Koch)가 풍부한 전거들을 들어 증명하였던 전통 속에 서 있었다. 당시의 독일 신학은 "묵시론"을 어떻게 다루어야 할지를 몰랐기 때문에 철저히 배척하였다.[364] 결국, 불트만의 비신화화 작업의 핵심에 자리 잡고 있었던 것은 예수는 묵시론의 신화적인 언어를 사용하였지만, 지금 우리가 해독해 본 결과, 그가 말하고자 한 것은 개인적 결단에 관한 실존론적인 언어였다는 것이다.[365] 이렇게 해서 노선이 설정된다. 슈바이처는 예수와 초기 교회가 물리적인 세계의 실제적인 종말을 말하고자 한 것이었지만,[366] 예수의 죽음과 바울의 신학은 이것을 새로운 종류의

으로 이 본문을 "묵시론"이라는 관점에서 다루었다)를 요약한 후에, "역사적 예수는 묵시론적인 예수였다"라는 말이 마치 내가 말하고자 한 것에 대한 충분한 부정이나 반박이 된다는 듯이 말한다.

363) Bultmann, 1951-5, 1.4f.: 예수는 민족주의적인 메시야 왕국이 이 땅에 세워지기를 소망한 유대인들과 같지 않았고, "역사적인(즉, 정치적이고 사회적인) 상태의 기적적인 변화"를 통해서 임하는 구원이 아니라, "현세의 모든 상태들을 제거할 우주적인 대격변"을 통해서 임하는 구원을 말한다. 불트만은 이러한 소망의 전제는 "세계 전체가 사탄에 의해 부패하였다는 비관주의적인 이원론적 견해"를 토대로 한 "두 시대론"이라고 말한다. 그 결과, "믿는 자들의 구원은 민족의 번영과 찬란함에 있는 것이 아니라, 낙원의 영광에 있는" 것이 된다. 여기서 불트만은, "묵시론"에 관하여 이런 종류의 설명을 한 다른 몇몇 사람들과 마찬가지로, "현세"와 "내세"라는 관념이 "묵시론자들" 가운데만이 아니라, "묵시론"의 특징이 없는 랍비들의 문헌들 속에도 자리 잡고 있다는 사실을 간과하고 있는 것으로 보인다.

364) Koch, 1972 [1970]: Bultmann이 말한 것에 대해서는 1951, 57-73.

365) 오늘날 이것이 Engberg-Pedersen에 의해서 다시 부활한 것에 대해서는 아래 제14장을 보라.

366) Schweitzer, 1925 [1901], 101f.는 "악에 대하여 완전히 승리를 거두게 될 우주적인 대격변"에 대하여 말하고, Schweitzer, 1954 [1906], 369는 "모든 통상적인 역사가 종언을 고하게 될 것"에 대하여 말한다.

전 세계적인 신앙으로 바꾸어 놓을 수 있었다고 주장한 반면에, 불트만은 예수는 실제적인 종말에 관한 언어를 사용하였지만, 초기 교회의 오해들에도 불구하고, 그의 의도는 그런 것이 아니었고, 예수 자신이 이미 그러한 언어를 실존주의적인 신앙을 가지라고 설파하기 위한 도구로 사용한 것이라고 주장하였다. 현재의 논쟁들 속에서 애덤스(Adams)는 슈바이처의 입장과는 훨씬 더 많이 미묘한 차이를 보이는 주장을 제시한다: 예수는 실제로 이 세계의 종말에 관한 언어를 사용해서, 장차 임할 우주적 대사건을 말하고자 하였지만(여기서 문제점의 일부는 "우주적" 같은 애매모호한 단어들을 사용하고 있다는 것이다), 많은 성경에 나오는 글들 및 성경 이후의 글들과 일맥상통하게, 그것은 반드시 지구나 우주의 실제적인 물리적 종말을 의미하는 것은 아니었다. 왜냐하면, 그러한 글들은 흔히 그 대사건으로 인하여 일어나게 될 중요한 변혁이나 파괴에 대하여 말하고자 한 것이기 때문이다. 충분히 예상할 수 있듯이, 애덤스는 이 시점에서 성경 이후의 글들 중 몇몇은 '에크퓌로시스'(ekpyrōsis)에 관한 스토아학파의 교설에 의해서 영향을 받고 있다고 주장한다. 마찬가지로 충분히 예상할 수 있듯이, 트로엘스 잉버그-페더슨(Troels Engberg-Pedersen)은 애덤스의 열렬한 지지자들의 반열에 가세하여 왔다.[367]

두 번째 쟁점은 성경 본문들에 나오는 세계의 종말에 관한 언어에 대한 적절한 석의에 관한 것이다. 애덤스가 조지 케어드(George Caird)의 유명한 저서인 『성경의 언어와 표상』(*The Language and Imagery of the Bible*)을 내가 제시하는 것과 같은 관점의 주된 원천으로 언급한 것은 옳지만, 나는 그가 케어드의 논증을 제대로 평가하지 못했다고 생각한다. 케어드는 어느 대목에서 창세기 1:2이 혼돈상태를 "형태도 없고 공허하다"고 묘사하였듯이, 세계가 다시 '토후 와보후'(tohu wabohu)의 상태로 돌아갈 것이라고 예레미야가 말한 것을 다룬다:

> 보라, 내가 땅을 본즉 혼돈하고 공허하며 하늘에는 빛이 없으며,
> 내가 산들을 본즉 다 진동하며 작은 산들도 요동하며,
> 내가 본즉 사람이 없으며 공중의 새가 다 날아갔으며,
> 보라, 내가 본즉 좋은 땅이 황무지가 되었으며,
> 그 모든 성읍이 야웨의 앞 그의 맹렬한 진노 앞에 무너졌으니,
> 야웨께서 이와 같이 말씀하시길, 이 온 땅이 황폐할 것이나,
> 내가 진멸하지는 아니할 것이다.

367) Engberg-Pedersen, 2010, 248 n. 5. Adams가 유대교가 실제로 무엇이었는지, 또는 어떻게 작동하였는지에 대하여 거의 알지 못할 뿐만 아니라, 유대교라는 단어를 불트만처럼 비역사적인 모호한 방식으로 사용하는 사람들로부터 인정을 받는 것을 기뻐할지는 의문이다; 본서 제14장 제3절 2) (2)를 보라.

이로 말미암아 땅이 슬퍼할 것이며 위의 하늘이 어두울 것이라.
내가 이미 말하였으며 작정하였고 후회하지 아니하였은즉
또한 거기서 돌이키지 아니하리라 하셨음이로다.[368)]

이 본문에 대한 케어드의 설명은 이런 것이다:

예상되었던 공격은 일어나지 않았고, 예레미야는 여러 해 동안 자기가 혹시 거짓 선지자인 것은 아닌가 하는 의구심 속에서 괴로워하며 살아갈 수밖에 없었다 … 심지어 그는 하나님이 자기를 속인 것이라고 탓하기까지 하였다(렘 20:7). 그러나 주전 605년에 그는 자신의 초기 예언들을 바룩에게 받아쓰게 하는 방법으로 재확인하였다(렘 36:1-4). 그의 예언은 이번에는 실현되었다. 왜냐하면, 예루살렘이 주전 598년에 함락되었고, 그때로부터 7년 후에는 다시 한 번 포위공격을 받아 폐허로 변하였기 때문이다. 그러나 세계가 종말을 맞는 일 같은 것은 예레미야를 비롯해서 그 누구에게도 결코 일어나지 않았기 때문에, 그는 여전히 거짓 선지자라는 말을 들을 수 있었다.[369)]

케어드는 계속해서 애덤스에 의해서 많이 인용된 구절인 요엘서 3장에 대해서도 비슷한 설명을 한다. 그는 요엘 선지자가 "해와 달이 캄캄하며 별들이 그 빛을 거두도다"(욜 3:15)라고 말하고 있는 것은 사실이지만, 그것은 세계의 종말을 의미하는 것이 아니라, 유다와 예루살렘의 운명이 완전히 역전될 것을 의미하는 것이었기 때문에(3:1), 조금 뒤에 "유다는 영원히 있겠고 예루살렘은 대대로 있으리라 … 이는 야웨께서 시온에 거하심이니라"(3:20-21)고 말하고 있는 것이라고 지적한다. 이것은 첫 번째 우주의 해와 달과 별들이 와해된 후에 창조된 모종의 두 번째 우주에서가 아니라, 우주적 대격변의 비유를 사용했을 때에만 적절하게 표현될 수 있는 것, 즉 하나님의 권능의 역사에 의해서 갱신된 예루살렘에서 마침내 모든 것이 다 제자리를 잡고 잘되게 되리라는 것, 다시 말해서, 옛 질서가 붕괴되고 새 질서가 만들어질 것이라는 메시지이다.

또한, 여기서 우리는 애덤스가, 왜 그랬는지는 그 이유를 알 수 없지만, 일부를 잘라내 버리고서 불구로 만들어 인용한 케어드의 책 속에 나오는 한 대목을 제대로 살펴볼 필요가 있다. 애덤스는 케어드가 "자신의 입장을 두 개의 명제로 요약하는데," 첫 번째는 성경의 기자들은 세계가 과거에 시작되었고 장래에 종말을 맞게 될 것임을 문자 그대로 믿었다는 것이고, 두 번째는 그들이 세계의 종말이 아닌 그

368) 렘 4:23-8.
369) Caird, 1980, 259(강조는 나의 것).

어떤 것을 가리키기 위하여 세계의 종말에 관한 언어를 일반적으로 사용하였다는 것이라고 말한다.[370] 하지만 실제로는 케어드는 자신의 입장을 두 개의 명제가 아니라 세 개의 명제로 요약하였고, 세 번째 명제는 옛 자료들과 관련해서나 오늘날의 독자들과 관련해서나 결코 중요하지 않은 것이 아니었다:

> 모든 비유들의 경우가 그러하듯이, 우리는 청중 편에서 문자 그대로 듣고서 잘못 해석할 가능성이 있고, 화자가 자신의 의도를 표현하기 위하여 사용한 수단과 의도 자체를 혼동할 가능성이 있다는 것을 인정하여야 한다.[371]

케어드는 특히 다니엘서 7장과 주후 1세기에서의 그 본문의 사용을 다룰 때에 자신의 이러한 경고에 제대로 주의를 기울이지 못했던 것으로 보이고,[372] 애덤스가 예레미야 4장을 다룰 때에는 그러한 경고를 아예 무시해 버렸다는 것이 분명하게 드러난다.[373] 그는 재앙에 대한 예레미야의 묘사는 "구조와 문체에 있어서 분명히 시적이지만," "표상들 자체를 통해서 묘사되고 있는 것이 '창조 질서의 와해' 라는 것은 거의 의문의 여지가 없다"고 말한다. 그러나 애덤스는 그런 후에 예레미야 4:27-28에서 하나님이 완전히 멸망시키지는 않을 것이라고 선언하고 있다는 점을 지적하고서, 이것은 "23-26절에 묘사된 피조세계의 멸망이 총체적이거나 최종적인 것은 아니라고 말하는 것으로 보인다"고 말한다. 물론, 우리는 그렇게 생각할 수도 있을 것이다. 그러나 애덤스는 다시 다음과 같이 말을 이어간다:

> 하지만 예레미야가 예언한 대격변은 불가피하다: "내가 후회하지 아니하였은즉 또한 거기에서 돌이키지 아니하리라." 27-28절에 하나님의 선언이 나온 후에, 29절에서는 다시 장차 있을 바벨론에 의한 침공에 초점이 맞춰진다.[374]

이 문장에서 유일하게 잘못된 것은 "다시"라는 단어이다. 애덤스는 이러한 묘사가 "분명히 시적인" 것이라고 직접 말하였고, 나도 거기에 동의한다. 이 대목 전체

370) Adams, 2007, 9. 이하에서 내가 인용한 것은 Adams의 이 저서이다.

371) Caird, 256.

372) Caird, 262-7.

373) Adams, 39. 그는 38 n. 53에서 A. Gardner의 한 논문을 인용해서, 이사야 34:4에서 하늘들이 두루마리처럼 말리게 될 것이라고 말하고 있는 유비가 "반드시 하늘들이 멸해질 것임을 의미하는 것은 아니다"라고 말한다. 그가 유비와 구체적인 사건을 구별한 것은 이 해석에 좀 더 세심하게 주의를 기울였음을 보여준다.

374) Adams, 2007, 39.

는 장차 바벨론이 예루살렘을 멸망시킬 것에 관한 것이다. 케어드는 또다시 이렇게 말한다: 만일 바벨론이 예루살렘을 무너뜨리지 못했다면, 예레미야는 거짓 선지자가 되고 말았을 것이지만, 피조세계가 "혼돈하고 공허한"(tohu wabohu – '토후 와보후') 상태로 되돌아가지 않았다고 해서 그를 거짓 선지자로 고소할 사람은 아무도 없었다.[375)]

우리는 다니엘서와 관련해서도 비슷한 말을 할 수 있다. 본서의 목적을 위해서 핵심적인 질문(애덤스가 이 질문에 답변하고 있지 않은 것은 이상한 일이다)은 다니엘서가 주후 1세기에 어떤 식으로 읽히고 있었느냐 하는 것이다. 우리는 현재 우리가 다루고 있는 "세계의 종말"에 관한 언어라는 문제의 초점이 무엇인지를 정확히 부각시키기 위해서, 이 장의 앞부분에서 했던 말을 여기에 다시 한 번 옮겨놓고자 한다. 요세푸스(Josephus)는 주후 1세기 중반에 유대인들의 반란을 부추긴 신탁에 대하여 말하면서, 이 신탁은 당시에 세계를 통치할 자가 유대 땅에서 일어날 것이라고 예언하고 있는 것으로 받아들여졌다고 말한다. 앞에서 이미 보았듯이, 이 신탁은 예레미야가 예언한 70년 간의 포로기를 "칠십 이레"(490년)로 재해석한 다니엘서 9장을 가리키고 있음에 틀림없다. 그러나 다니엘서 9장 자체는 세계를 통치할 자에 대하여 말하고 있지 않기 때문에, 그 인물은 2장과 7장에 언급된 인물을 가리키는 것이었지만, 요세푸스는 자신의 로마인 독자들에게 그 장들이 당시에 유대인들 사이에서 어떤 식으로 읽히고 있는지를 정확히 설명하지 않고 솜씨좋게 회피해 버린다. 물론, 요세푸스는 "공식적으로는" 이 "신탁"이 예루살렘을 포위하여 함락시키고 돌아와서 세계의 통치자가 된 베스파시아누스(Vespasian) 황제를 가리키는 것이라고 말한다. 그가 이런 식으로 말한 것은 정치적인 의도가 작용하였기 때문이지만, 우리는 『유대 고대사』에서 다니엘에 대하여 쓸 때에 그는 신명기 32장을 쓴 모세와 마찬가지로, 여전히 다니엘을 참 선지자로 보고 있다는 것을 알게 된다.[376)]

375) 또한, 1 En. 1.3b-9에 대한 Adams, 57을 보라. Adams는 거기에서 기자는 "특정한 예언 본문들을 원용해서 세계적인 대격변에 관한 예언적인 언어를 활용한다"고 말한다; 그런 후에, 그는 계속해서 "분명히 우리는 이러한 언어를 문자 그대로 받아들여서는 안 된다"(독자는 그렇다고 생각할 것이지만, 그는 계속해서 이렇게 말을 이어간다); "이러한 언어의 기능은 세계 전체가 철저히 파괴되는 장면을 연상시키는 것이다." Adams가 "'세계적인 대격변'(은유)과 '세계 전체가 철저히 파괴되는 것'(실제 사건)의 구별을 의도한 것이라면, 그는 그것이 무엇인지를 설명해야 하는데, 실제로는 설명하지 않는다. 마찬가지로, 그는 *T. Mos.* 10과 관련해서, 그것이 사회정치적인 실제 사건들을 가리키는 것이 아니라는 것을 말하는 데 더 관심을 두는 데도, 앞에서와 비슷한 방식으로 처리해 버리고 만다(73f.). 아래를 보라. 또한, 그는 *LAB* 9.3을 다룰 때에는 이랬다저랬다 하는 것으로 보인다(78).

376) Allison, 2010, 76-8을 보라; Allison은 이 모든 자료들이 "세계의 종말"에 관한 자신의 입장을 직

주후 1세기에 다니엘서가 어떤 식으로 읽혀지고 있었는지에 관한 또 하나의 중요한 증거는, 우리가 이미 앞에서 보았듯이, 에스라4서 11-12장인데, 거기에서 천사는 이 선견자에게 그가 본 독수리와 사자에 관한 환상은 다니엘이 보았던 것과 동일한 환상이지만, 지금은 다르게 해석되어야 한다고 말한다(12:11-12). 이 환상(우리가 이것과 에스라4서의 나머지 부분의 관계를 어떤 식으로 설명하든)의 요지는 분명하다: "지존자께서 로마의 때를 보셨고, 이제 그 때가 끝났고, 그의 시대가 끝에 도달했기"(11:44) 때문에, 메시야가 로마의 독수리에 대하여 심판의 말씀을 선포할 것이다. 메시야는 이 악한 제국을 멸할 것이고, 하나님의 신실한 백성을 해방시켜, 장차 있을 종말, 곧 최후의 심판의 날까지 기뻐하게 할 것이다(12:32-34).[377] 이 본문에는 사자가 구름을 타고 내려온다거나 올라간다는 언급이 없다. 달리 말하면, 다니엘서 7장의 묵시론적 비유는 언제나 하나님의 백성이 메시야의 영도 아래에서 이교도들의 세계 제국에 대하여 승리하게 될 것을 가리키는 것이었다는 것이다.[378] 다니엘서 2장과 7장의 "네 왕국"과 메시야의 도래에 이어서 메시야의 세계 통치에 대하여 말하고 있는 바룩2서 35-40장에 대해서도 동일한 말을 할 수 있다.[379] 이 두 묵시록의 저자들은 한편으로는 분명히 다니엘서 7장과 궤를 같이 하면서도, 다른 한편으로는 다니엘서에 나오는 표상(하늘의 궁정 및 "인자 같은 이"가 거기에 당도해서 즉위하는 것)을 스스럼 없이 버리고, 그들 자신의 표상으로 – 에스라의 경우에는 "포효하는 사자"로, 바룩의 경우에는 "샘과 포도나무"로 – 대체해 버린다.

제2성전 시대 문헌들에 나오는 다른 많은 구절들에서도 이와 비슷한 점들이 드러난다. 비유에 의한 채색과 실제의 구체적인 징조들이 결합되는 경우도 종종 있는데, 에스라4서 5장이 그 한 예이다. 이것에 대해서 애덤스가 숲에서 떨어지는 피

접적으로 반박하고 있는 것임을 깨닫지 못한다. 요세푸스가 다니엘을 선지자로 보고 있는 것에 대해서는 (*Ant*. 10.266-8) 본서 제2장 제4절, 제5장 제3절, 제12장 제4절을 보라. "신탁"은 *War*, 6.312f.에서 언급된다; cf. 3.399-408(Josephus가 베스파시아누스에게 예언함); cp. Tac. *Hist*. 5.13; Suet. *Vesp*. 4; *NTPG*, 289-95와 312-7의 논의.

377) 흥미로운 것은 사자가 독수리에 대하여 승리를 거둔 때와 최후의 심판의 날 사이에 시간적인 지연이 존재한다는 것이다.

378) 이사야서 13장 배후 원래의 의미들이 있는 것과 마찬가지로, 다니엘서 7장의 배후에도 원래의 의미들이 있다(예컨대, Collins, 1993, ad loc.를 보라): 원저자가 무엇을 염두에 두고 있었는지와는 상관없이("지극히 높으신 이의 성도" = 천사들? "두 번째" 또는 "하급의" 신으로서의 "인자"?), 요세푸스와 에스라4서의 때, 그리고 마가의 때에, 이 본문은 신실한 자들을 대표하는 메시야라는 관점에서 읽혀지고 있었다.

379) 특히, *2 Bar*. 39.7; 40.3을 보라.

와 말하는 돌들에 관한 표현은 "사실적으로 읽도록 의도된 것이 아니었다"고 역설한 것은 옳다(그는 지혜롭게도 다음 행에 나오는 "민족들이 괴로움을 당하게 될 것이고 별들이 떨어지리라"는 구절을 언급하지 않음으로써, 독자들이 적어도 이 구절의 후반절을 비유적인 것으로 보고서, 자신의 책의 제목에 대하여 시비를 걸게 될 우려를 미리 제거해 버린다). 어쨌든, 그가 이와 같은 구절들 중 어느 부분이 실제의 구체적인 두려운 징조들을 예언하고 있는 것이고, 어느 부분이 비유인지를 어떻게 알아낼 수 있느냐에 대해서는 말하지 않고, 이 문제를 독자들의 자의적인 판단에 맡겨 버리고 있기는 하지만, 에스라4서 5장이 좀 더 큰 맥락 속에서 "자연에서의 실제적인 두려운 사건들을 예견하고 있다는 것은 분명하다"고 말한다.[380]

하지만 시빌의 신탁서(the Sibylline Oracles) 3:669-701에 이르게 되면, 애덤스의 방어막이 무너져서, 그는 스스로 혼란스러움으로 가득한 단락을 쓴다:

> 이것은 분명히 민족의 위기와 구원에 관한 신탁이다[그렇다, 독자들도 그렇게 생각할 것이다]. 그러나 이 각본은 틀림없이 종말론적이고[그렇다, 그러나 앞에서 이미 지적했듯이, 그런 식으로 "종말론적"이라는 단어를 사용하는 것은 의문만을 키울 뿐이다], 심판과 구속의 범위는 보편적이고 우주적이다[애덤스는 "보편적"이라는 단어와 "우주적"이라는 단어가 어떤 차이가 있다고 생각한 것인지가 의아스럽다?]. 이스라엘을 공격하는 것은 역사상의 어떤 특정한 원수가 아니라, 일반적인 땅의 왕들이다. [이것도 시편 2:1-6 같은 예언적인 언어와 맥을 같이 하고, 우리는 사도행전 4장 등과 같은 신약성서에서 그것이 어떻게 적용될 수 있는지를 본다.] 이 사건은 장차 하나님이 자기 백성을 위하여 최종적이고 결정적으로 개입해서 땅 위에서 유일한 통치권을 확립하게 될 종말론적인 세계 전쟁이다. [다시 한 번 말하지만, 이 언어가 초기 기독교의 글들에서 부활한 예수 안에서 이미 세워진 하나님의 통치라는 상황에 어떤 식으로 적용되고 있는지를 본다면, 이것이 분명하게 드러나게 될 것이다.] 시빌의 신탁서는 예언 문헌이기 때문에, 그 언어가 비유적이고 생생하다고 할지라도, 자연계에서 실제로 일어나게 될 대격변의 사건들을 묘사하고 있다는 것은 의심의 여지가 없다.[381]

우리가 주목하고자 하는 것은 바로 이 마지막 문장이다. 그것이 왜 의심의 여지가 없는 것인가? 어떤 사람이 시공간의 세계가 허망하게 와해되어 무너져내리는 것을 보고서, 온갖 종류의 장래의 사건들을 다루는 "예언 문헌"을 쓰는 것이 가능하지 않다는 말인가? 그 언어가 "비유적이고 생생하다" – 이것에 대해서는 우리가 쉽게 동의할 수 있다 – 고 할지라도, 그럼에도 불구하고 그 내용이 문자 그대로

380) Adams, 83.
381) Adams, 89(강조는 내가 첨가한 것).

사실이라는 결론이 어떻게 도출될 수 있는 것인가? 그가 "할지라도"라는 표현을 쓴 것은 비유적인 언어가 대격변의 사건들을 가리킨다고 보는 것은 문제가 있다고 보는 것인데, 도대체 그렇게 판단하는 근거는 무엇인인가? 애덤스가 시빌의 신탁서 5:155-161을 다루고 있는 부분에서도 비슷한 의문점들이 생겨난다. 거기에서 애덤스는 이 본문이 바벨론(즉, 로마)의 멸망에 초점을 맞추고 있다는 것을 인정하면서도, 거기에 "온 땅을 멸하게" 될 실제의 운석에 대한 언급을 포함시킨다. 5:211-213과 관련해서도 마찬가지이다. 애덤스는 이 본문에 "에디오피아"에 대한 분명한 언급이 나온다고 해서, 앞에서 언급한 "우주적 대격변"을 부정하는 것은 아니라고 말한다.[382)]

이것과 관련해서 또 하나의 중요한 논점은 데일 앨리슨(Dale Allison)에 의해 제기된 것으로서, 그는 제2성전 시대의 많은 묵시론적 본문들에는 시내 산 사건들에 대한 암시가 존재하는데, 우리는 그러한 사건들이 문자적으로 의도된 것이라고 생각하여야 한다고 주장한다. 사실, 앨리슨은 자신의 이전 저작에서 시내 산에 관한 필로 위서(Pseudo-Philo)의 기사를 기본적으로 비유적인 것으로 보아 왔다.[383)] 그러나 이제 그는 에우세비우스(Eusebius)에 의해서 인용된 주전 2세기의 알렉산드리아 출신의 한 유대인이었던 아리스토불로스(Aristobulus)의 글들에 비추어서, 자기가 그러한 판단을 수정하였다고 말한다. 아리스토불로스는 불타오르고 있었지만 아무것도 태우지 않았던 시내 산의 저 장엄한 불을 묘사하고, 이것을 그 불에 수반된 나팔 소리들과 더불어서 문자 그대로 받아들였다. 여기까지는 어쨌든 좋다고 하자. 그러나 아리스토불로스는 수사적 효과를 위해서 분명히 과장하고 있고, 그 어떤 상징적인 의미를 이끌어내고자 하지도 않는다. 이것보다 더 중요한 것은 그는 필로 위서 자체에 나오는 다소 허황된 말들 중 그 어느 것도 인정하지 않는데도, 앨리슨은 마치 그가 그런 말들을 인정한 것처럼 우리를 오도한다는 것이다: 아리스토불로스는 둘둘 말리는 산들, 끓어오르는 심연들, 접히는 하늘들, 한 곳으로 모이는 별들 등등의 표현과 무관하다. 물론, 이것들도 세심하게 암호화된 상징적인 비유라기보다는 수사적 과장처럼 보인다. 내가 주장했듯이,[384)] 이것들이 신약성서에서의 묵시 언어의 사용을 예감하게 해주는 것들인 한에서는, 이것들은 단지 살아 계신 하나님이 세계를 직접적으로 다루신 고전적인 순간들을 표현하는 방법이었다고 할 수 있다.

382) Adams, 93f.

383) Allison, 1985; 또한, *LAB* 11.5를 인용하고 있는 1999, 132f.를 보라.

384) *JVG*, 321 n. 2.

마찬가지로, 앨리슨이 내게 던진 질문, 즉 필로가 들짐승들이 순해질 것이라고 말하고 있는 이사야 11장과 그 비슷한 구절들을 문자 그대로 받아들였던 것인지 그렇지 않았던 것인지에 관한 질문에 대하여 나는 스스럼 없이 긍정의 대답을 할 수 있다.[385] 나는 지금까지 결코 성경과 성경 이후의 모든 종말론적인 언어를 비유로 보아야 한다고 주장한 적이 없다. 다니엘서에 나오는 네 괴물은 세계 제국들을 가리키는 비유들이었지만, 다니엘과 그의 독자들은 이 네 괴물이 실제로 존재하였고, 그 괴물들이 실제로 구체적인 폭력을 사용하였으며, 그 괴물들은 실제로 문자 그대로 무너지게 될 것이라고 생각하였다.

전체적으로, 우리는 여전히 비유들이 어떤 식으로 작동하느냐와 관련해서 어느 정도의 혼란에 직면하고 있는 것으로 보인다. 우리가 지금 살펴보고 있는 비유들이 잘 알려져 있는 본문들 속에서 이전의 의미들을 지닐 때, 우리가 그러한 이전의 의미들을 무시하는 것이 과연 정당한 것인가 하는 문제가 한층 더 절실해진다.

이것은 엄청나게 중요한 또 하나의 논점으로 이어진다. 우리가 "묵시론"이라 부르는 문헌들은 흔히 지진이나 기근 같은 실제의 대격변의 사건들에 대하여 언급한다.[386] 그럴 때, 독자들이 그러한 언급들을 자연계와 인간계에서 일어날 구체적인 사건들로 받아들이는 것은 당연하고 옳다. 그 언급들이 비유적이라거나, 어떤 다른 것을 가리키기 위한 암호라고 말하는 것은 의미가 없다. 이러한 것들은 흔히 "징조들," 즉 머지않아 일어날 큰 사건들의 전조 역할을 하는 사건들로 지칭된다. 물론, 고대 세계 전체에 걸쳐서, 그리고 종종 현대 세계에서도, 사람들은 우리가 보통 "자연 현상들"이라 부르는 것들 – 실제의 무지개, 실제의 유성, 실제의 일식이나 월식 등등 – 을 이런 식으로 "징조들"이라고 보았다. 애덤스(Adams)와 앨리슨(Allison)을 비롯한 여러 학자들은 이것을 내가 설명해 온 제2성전 시대 문헌들(초기 기독교 문헌들을 포함해서)의 견해와 관련해서 마치 하나의 문제점인 듯이 파악해 왔다. 그들은 "자, 봐라, 당시의 저자들이 실제적인 우주적 와해를 생각하고 있었음이 분명하지 않느냐"고 말한다.[387]

385) Allison, 1999, 133은 *De Praem.* 85-8을 인용하고, 열 지파가 구체적으로 돌아올 것이라는 Philo의 신념(*De Praem.* 164-72도 다룬다. 실제로, 제2성전 시대 유대인들은 대규모로 포로에서 돌아올 것이라는 예언을 문자 그대로 받아들였을 것이고, 그것은 온 세계를 뒤흔들 엄청난 사건일 것이기 때문에, 사람들은 그것을 "묵시론적" 또는 "우주적" 언어를 사용해서 묘사하고자 하였을 것이다. 내가 마가복음 13:27을 다루면서 논증하였듯이, 이것이 마가의 예수가 행한 것이었다.

386) 마가복음 13:5-8이 바로 그것이다.

387) 예를 들면, Allison, 1999, 131; Adams, 158, 174. Pitre, 2005, 336f.는 요세푸스가 *War*, 6에서 언급한 것들(아래를 보라) 같은 실제의 구체적인 징조들은 묵시론적인 언어에 관한 나의 논거들의 "아킬레

하지만 사실은 정반대이다. 요세푸스는 『유대 전쟁기』 제6권에서 징조들 – 별이 도성 위에 칼처럼 걸려 있던 것, 하나의 혜성이 1년 동안 계속해서 나타난 것, 한밤중에 갑자기 밝은 빛이 보인 것, 암소가 양 새끼를 낳은 것, 성전의 육중한 문들이 저절로 열린 것 등등 – 에 대하여 말할 때, 실제로 그런 일들이 비유가 아니라 문자 그대로 구체적으로 일어난 사건들이었다고 생각한다.[388] 이것은 두말할 필요도 없는 것이고, 그 글을 제대로 읽은 독자라면 누구나 다르게 생각할 수 없다. 그러나 고대 세계 전체에 걸쳐서 그러한 징조들을 바라본 시각에 따르면, 요세푸스가 언급한 것들을 비롯해서 징조들이라는 것은 환유법적인 기능을 하는 것이 아니었다. 징조들은 그와 같은 일들이 나중에 대규모로 일어나게 될 것을 미리 보여주는 것이 아니었다. 요세푸스의 이야기의 절정은 하늘을 가득 채운 칼처럼 생긴 별들이 예루살렘에 떨어진다거나, 징조로 나타났던 것보다 훨씬 더 큰 혜성이 땅에 떨어지는 것이 아니었다. 암소가 양 새끼를 낳은 것이 의미하는 것은 머지않아 유대 땅에 있는 모든 농장들에서 암소들이 양 새끼를 낳거나, 양들이 염소 새끼를 낳거나, 말들이 당나귀 새끼를 낳게 되리라는 것이 아니었다. 이 모든 징조들은 환유법들이 아니라, 어떤 일에 대하여 경고하는 비유들이었다. 즉, 그것들은 율리우스 카이사르의 죽음이나 클레오파트라의 몰락, 트로이의 멸망 등과 같은 사회정치적 세계에 있어서의 대규모의 격변들을 나타내는 표상들이었다는 것이다. 이교 세계에서는 종종 그런 이상한 사건들은 "출정을 즉시 멈춰라" 같은 이런저런 조언을 해주는 것으로 여겨졌다. 또 어떤 때에는, 특히 로마 세계에서는 신이 진노했음을 보여주는 징조들로 여겨지기도 해서, 그런 일이 생긴 경우에는 성이나 나라 전체가 그러한 징조들이 주는 조언을 받아들여, 신에게 합당한 제사를 드림으로써 신의 진노를 달래서, 다가올 재앙을 피하고자 하였다.[389] 그러나 다시 한 번 말하자

스 건"이라고 주장하지만, 그러한 주장은 단지 Pitre가 징조들의 논리를 이해하지 못하고 있다는 것을 보여줄 뿐이다(또한, 그는 내가 *JVG*, 362 n. 161에서 그 구절을 전거로 사용한 것을 간과한 것으로 보인다). 나는 *NTPG*, 285(Pitre가 말하는 311이 아니라)에서 그 점을 지적한 바 있다; 그리고 내가 "자연 현상들"이라고 말하는 것이 아니라, "우주적 현상들"이라고 말했어야 한다는 Pitre의 주장은 그가 "우주적"이라는 애매모호한 단어를 오용하고 있음을 보여주는 또 하나의 지표이다. 징조들에 대해서는 예컨대 Bird, 2008a, 57 n. 39를 보라(하지만 나는 그가 이 점에 대해서 Pitre가 말한 것을 긍정하는 것에는 동의하지 않는다).

388) Jos. *War*, 6.288-300. 그는 계속해서 또 다른 종류의 징조, 즉 예루살렘에 대하여 화를 선포하다가 로마군의 투석기에서 날아온 돌에 맞아 죽은 아나니아스의 아들 예수라 불리는 농부의 예언을 설명한다. 물론, 여기에서 그 징조는 문자 그대로 예루살렘이 실제로 군사적으로 정복당할 것에 대하여 미리 분명하게 보여주는 것이었다. 이 예수의 죽음은 단순한 은유(metaphor)가 아니라 환유(metonym)였다.

389) 아래 제4장을 보라.

면, 떨어지는 별들, 이상한 새끼를 낳는 짐승들, 비처럼 쏟아지는 피, 갑작스러운 뇌우, 이상하게 행동하기 시작하는 조각상들 등등 같은 이 모든 일들은 모두 "문자 그대로 받아들여져서," 현실의 구체적인 사건들을 가리키는 것으로 여겨졌고, 장차 동일한 종류의 일들이 대규모로 일어나게 될 것 – 모든 별이 떨어지고, 모든 짐승이 이상한 새끼를 낳으며, 모든 조각상들이 이상하게 행동하는 것 등등 – 을 미리 보여주는 징조들로 여겨진 것이 아니었다. 그런 일들은 오늘날 우리가 "사회정치적" 세계라 지칭하는 것 속에서 깜짝 놀랄 만한 큰 격변이 일어나고 있거나, 곧 일어나게 될 것을 보여주는 징조들이었다. 달리 말하면, 그것들은 구체적인 사건들을 가리키는 것이었지만("영적인 실체들"에 대한 "비유들"이었던 것이 아니라), 그것들이 가리킨 것은 자신과는 다른 종류의 사건이었다는 것이다. 애덤스처럼, 마치 그것들이 "그저" 그렇고 그런 정치적 사건들을 나타내기 위한 비유들이었다는 듯이, "사회정치적"이라는 어구를 가볍게 사용하는 것은 잘못된 일이다. 현대인인 우리는 고대의 많은 도시들(아테네와 로마를 한 번 생각해 보라)이 보여주듯이, 고대 세계에서는 많은 통치자들이 진정으로 신적인 존재로 여겨졌다는 것을 잊어서는 안 된다. 카이사르가 죽거나, 아테네가 멸망한다면, 우리는 결코 "하찮은" 사회정치적 사건들에 관하여 말하고 있는 것이 아니라, 신적인 것과 인간적인 것으로 복잡하게 짜여진 사회구조 전체가 균열되고 찢어져서 예측할 수 없는 무시무시한 결과들을 초래할 사건들에 관하여 말하고 있는 것이다.[390]

390) Adams, 1997은 이것과 관련해서 이교도들이 루카누스(Lucan)가 자신의 저서인 『내전』(*Civil War*)에서 "우주적 붕괴"에 관한 표상을 사용한 것에 대하여 다룬다. 하지만 Adams는 거기로부터 잘못된 결론을 이끌어낸다(123f.; 마찬가지로, Allison, 1999, 131). 루카누스는 (a) 7.151-84에서처럼, 모든 것을 무너뜨리는 격렬한 자연현상들에 관한 묘사들을 장차 있게 될 대규모의 구체적인 군사적 재앙에 대한 경고를 은유적으로 표현해 주는 역할을 하는 구체적이고 실제적인 징조들을 문자 그대로 가리키는 것으로 사용할 수 있었고, (b) 2.289-92와 7.135-8에서처럼, 자신이 묘사하고 있는 주요한 사회정치적 사건들을 가리키는 것 외에는 구체적으로 가리키는 대상이 없이 순전히 은유적인 방식으로 그러한 묘사들을 사용할 수 있었으며("하늘의 별들이 자신의 길을 영원토록 요동 없이 운행하는 것"이 홀로 평화롭게 유유자적한 삶을 누리는 것을 의미하는 2.266-9와 비교해 보라), (c) 스토아학파가 상정하였던 세계 전체의 대화재라는 장래의 구체적인 사건들을 문자 그대로 가리키는 가운데, 로마가 너무 비대해진 자신의 권력의 무게를 견디지 못하고 붕괴할 것에 대한 은유로서 그러한 묘사들을 사용할 수 있었다(1.72-82). 스토아학파는 실제로 세계가 불에 의해 다 탄 후에, 일정 기간이 지나서, 모든 것이 다시 새롭게 시작된다고 믿었고, 스토아학파의 사상 속에서 이러한 대화재는 재앙이 아니라, 다른 모든 열등한 원소들에 대한 "불"의 궁극적인 승리였기 때문에(본서 제3장 제2절 3)을 보라), 루카누스가 그것을 재앙에 의한 로마의 붕괴를 보여주는 표상으로 사용한 것은 그가 그러한 가르침을 제대로 이해하였거나 믿었던 것이 아니라는 것을 보여주는 것으로 보인다. 유대적인 몇몇 저작들도 이 언어를 빌려와서 사용했을 가능성이 높다. 물론, 그 저작들이 그런 언어를 사용해서 문자 그대로 장래의 구체적인 사건을 나타내고자 했는지는 증명하기가 몹시 어렵고, 그 저작들이 그러한 대화재가 의미를 지니는 스토아학파의 범신론적인 우주론을 공유하였

그런 일들이 이교 세계에서 일어났을 때에도 그토록 엄청난 충격을 초래하였다고 한다면, 천 년 동안이나 예루살렘 성전을 하늘과 땅이 만나는 곳으로 여겨 왔던 유대 세계에서 그 성전이 철저히 파괴되는 일이 일어난 경우에 그 충격은 어떠하였겠는가. 요세푸스는 자기가 기록해 놓은 모든 징조들, 즉 실제의 괴이한 "자연 현상들"이라는 공통점을 갖는 하늘이 보낸 구체적인 사건들을 예루살렘의 멸망이라는 전혀 다른 종류의 구체적인 사건을 보여주기 위한 것으로 해석한다. 거기에서 징조들은 "단지 사회정치적인" 사건을 나타내기 위한 비유들인 것이 결코 아니었다.

애덤스와 앨리슨이 둘 다 놓치고 있는 것으로 보이는 결정적으로 중요한 것들 중의 하나는 고대 유대의 "묵시" 문헌에 관한 최근의 연구로부터 점점 더 분명하게 드러나 온 것으로서, 그것은 "묵시론"은 짙은 정치색을 띠고 있다는 것이다.[391] 물론, 시공간의 우주가 요동하다가 갑자기 멈춰 서게 된다고 선포하는 것 자체가 이 땅에서의 권력의 행사를 정지시켜 버린다는 의미에서 "정치적인" 것이라고 말하는 사람이 있을 것이다. 그러나 그것은 최근의 연구들에서 사용되고 있는 "정치적"이라는 단어의 용법은 아닌 것으로 보인다. 제2성전 시대 유대 세계의 것이든, 아니면 초기 기독교의 것이든, "묵시" 문헌은 자신의 청중들이나 독자들에게 그들의 삶의 토대가 될 대안적인 준거틀(frame of reference), 세계의 권력을 움직이는 실세들이 제시하는 것을 대체할 수 있는 대안적인 서사(narrative), 그들의 상상력을 재형성해 주고 그들의 세계관을 특정한 방식으로 조직화할 수 있게 해주는 대안적인 상징 세계(symbolic universe)를 제공해 주기 위한 것으로 보인다. 이런 식으로 자신의 세계관이 재정비된 사람들은 즉각적으로 정치적인 파당을 형성하거나 원수들에 맞서 싸우기 위하여 무장을 하지는 않을지라도, 이전과는 다른 삶을 살게 될 것이고, 세계를 지배하고 있는 세력들은 적어도 이따금씩은 그들이 불편하고 걸리적거리며 비협조적인 존재들이라는 것을 발견하게 될 것이다. 이것이 초기 기독교, 특히 바울이 만들어낸 결과였다는 것은 의심의 여지가 없고, 우리는 그들이 정확히 제2성전 시대의 유대적 전통 안에서 "묵시적" 언어를 사용한 것은 그러한 결과가 생성된 방식의 중요한 부분이었다고 생각할 만한 타당한 이유가 있다. 그들은 장차 별들이 하늘에서 떨어질 것이라고 생각한 것이 아니라, 창조주 하나님이 혜성과 지진을 비롯한 징조들 같은 강력한 비유들로만 적절하게 표현될 수 있

을 것이라고 주장하는 것은 훨씬 더 어렵다(바울과 스토아 사상에 관한 관련된 논의에 대해서는 아래 제14장을 보라).

391) 특히, Horsley, 2009; Portier-Young 2011을 보라.

는 놀랍고 비상한 일들을 행할 것이라고 생각한 것이었다.

5) 이야기와 성경

우리가 지금까지 얘기해 온 모든 것은 사도 바울을 읽는 데 엄청나게 중요한 지점으로 다시 우리를 이끈다. 당시 사람들이 성경을 보았던 주된 방식은 성경을 단지 온갖 잡다한 헝겊 쪼가리 같은 본문들을 헝겊 주머니에 모아놓은 것으로 보고서, 거기에서 격언이나 모범, 역사적 통찰이나 "모형" 등등을 그때그때마다 꺼내 사용하는 것이 아니었다. 물론, 성경 속에는 그런 것들이 서로 뒤섞여 있는 것은 사실이다. 그러나 쿰란 분파와 바리새파 같은 제2성전 시대의 개혁 과제를 추구한 유대인들은 물론이고, 필로 같은 알레고리적인 해석자조차도 종종 성경은 제2성전 시대의 독자들의 삶의 기반이 된 전체적이고 포괄적인 서사라고 보았다. 성경은 에세네파의 계약주의자들, 바리새파의 지혜자들, 혁명적인 지도자들을 비롯한 제2성전 시대에 속한 모든 유대인들이 배우로 출연한 연극에서 그 이전의 여러 막들로서의 역할을 하였다.

이 이전의 이야기의 몇몇 부분들에는 먼훗날의 때들에 관한 약속들과 경고들이 담겨 있었다. 앞에서 이미 보았듯이, 그들은 신명기 27-30장을 통상적으로 그런 식으로 읽었고, 아울러 레위기 26장을 통해 "안식"이라는 개념을 거기에 더하였다. 다니엘서 – 단지 9장에 나오는 암호 같은 연대기적 단서들만이 아니라, 다니엘서 전체 – 는 이제 대단원의 막을 향하여 내달리고 있는 위대한 사회적이고 문화적이며 정치적임과 동시에 당연히 신학적인 드라마의 각본으로 읽혀졌다. 쿰란의 서기관들이 성경의 예언들에 대한 석의('페셰르' [pesher])를 쓴 것은 자의적이거나 한때의 기분으로 그렇게 한 것이 아니라, 자신들은 갱신된 계약의 백성이기 때문에, 옛적의 모든 예언들이 그들에게 "예"가 된다는 그들의 신념으로부터 직접적으로 나온 것이었다. 따라서 이런 식의 석의를 비롯해서 그들이 쓴 글들은 성경에 이상하고 부자연스러운 해석들을 끼워 넣은 것이 아니라, 성경 자체가 말하고 있는 것들을 아주 진지하게 받아들이기 위하여 최선을 다한 것이었다.[392] 이것은 당시의 유대인들이 성경을 읽은 방식과 관련해서 우리가 알아 두어야 할 가장 기본적인

392) Brooke, 2000의 섬세한 논문을 보라. 그는 성경과 관련된 모든 요소들, 즉 필사와 읽기, 연구와 석의의 상호작용을 강조한다. 또한, Instone-Brewer, 1992의 논란이 되고 있는 주장, 즉 초기(즉, 주후 70년 이전) 서기관들은 구약 인용문들을 그 문맥과 무관하게 다루지 않았다는 주장을 보라. 자세한 것은 지금은 예컨대 Norton, 2011을 보라.

것이기 때문에, 우리는 이러한 좀 더 큰 틀 내에서 모든 방향으로 흘러나가는 다양하고 복잡한 것들 – 이것들에 대해서는 적절한 때에 살펴보게 될 것이다 – 을 파악해야 한다.

나는 이러한 틀 속에서 바리새파가 구전 토라를 발전시켜 나가는 것이 자신들에게 주어진 사명이라고 이해하였다고 본다. 마이클 피쉬베인(Michael Fishbane)은 바리새파는 그들 자신을 좀 더 큰 연속된 서사 내에서 바라보고서, 성경 본문 속에서 분명하지 않거나 당시에 적절해 보이지 않는 것들을 해설하여 분명하게 하거나 적절하게 하는 데 필요한 구전 토라들을 그들 자신의 시대를 위하여 발전시킴으로써, 성경 기자들 중에서 적어도 몇몇 사람이 행하였던 일을 그들의 시대를 위하여 행하여야 한다고 생각하였다고 말하는데,[393] 나는 그의 견해에 전적으로 동의한다. 분명히 말하지만, 그들은 성경에 이미 나와 있던 하나의 서사 또는 세계관 내에서 살고 있었다. 하지만 그들은 성경에는 기본적인 것들만이 나와 있기 때문에, 그들 자신의 시대에 맞게 그 율법을 세부적으로 정하는 새로운 작업이 필요하다는 인식을 갖고 있었다. 그들이 토라에 대한 해석과 적용이라는 관점에서 자신들의 새로운 작업을 인식하였다는 것은 우리가 이 장에서 이미 살펴보았던 것, 즉 토라는 단지 뭐가 뭔지 몰라서 헤매는 개인을 위한 하나의 도덕적인 지침으로서의 역할을 한 것이 아니라, 이미 공동체를 형성하고 정의하는 역할을 하고 있었다는 사실로부터 자연스럽게 생겨난 것이다. 특히, 우리는 이런 식으로 토라를 발전시키고 강화시키는 것은 신명기 30장의 비전에 직접적으로 기여한다는 것을 분명히 하지 않으면 안 된다. 즉, 그것은 이스라엘이 마음과 목숨을 다하여 야웨에게로 돌아와서 토라의 온전한 의미를 발견하고 순종하는 방식이었다는 것이다. 그러므로 우리는 적어도 주후 135년 이전의 시기에 있어서는 바리새파가 토라를 발전시킨 것도 암묵적인 종말론적 서사 내에서 보아야 한다. 그것은 이스라엘이 하나님이 약속한 미래를 향하여 나아가는 방식의 일부였다.

또한, 우리는 오늘날의 독자들에게는 흔히 모호해 보일지라도, 그들이 어떠한 맥락 속에서 성경을 간접적으로 인용하거나 반영하고 있는 것인지가 거듭거듭 아주 중요한 이유도 거기에 있다는 것을 알아야 한다. 따라서 한 단락이나 주제 전체가 성경의 어느 한 본문을 암시하거나 반영한 것일 수 있다. 이것은 개별 단락들을 대상으로 시험해 보아야 하는 것이 당연하지만, 그렇게 했을 때, 통상적으로 긍정

393) Fishbane, 1988 [1985], 276f.

적인 결과가 나온다. 당시에 특히 에세네파와 바리새파를 포함해서 성경을 집중적으로 연구했던 사람들은 성경에 담겨진 내용들을 아주 훤히 꿰고 있었기 때문에, 한 단어나 어구를 통해서도 성경의 특정한 단락이 보여주는 세계 전체를 사람들에게 전달할 수 있었다. 이러한 전통은 랍비들에게 그대로 계승되었다.[394]

6) 이야기에서 질문으로: 바리새파의 암묵적 세계관

앞에서 논증했듯이, 실천과 상징과 이야기는 어느 세계관 내에서나 제기될 수 있는 암묵적인 질문들로 우리의 눈을 이끈다. 우리는 누구이고, 어디에 있으며, 무엇이 잘못되었고, 해법은 무엇이며, 지금은 어느 때인가? 나는 『신약성서와 하나님의 백성』에서 이 질문들에 대하여 좀 더 큰 단위, 즉 유대 세계 전체에 적용될 수 있는 짤막한 대답들을 제시하였는데,[395] 여기에서는 바리새파로 국한시켜서, 일인칭 복수형을 사용하여 이러한 질문들을 던지고 대답들을 제시함으로써, 사실에 가장 근접한 분석을 해내기 위하여 최선을 다하고자 한다.

우리는 누구인가? 우리는 우리의 나라가 운영되고 있는 방식과 그 백성인 우리가 본국에서나 외국에서 살아가고 있는 방식에 대하여 만족하지 못하는 한 무리의 유대인이다. 그러므로 우리는 우리의 하나님이 우리 민족에 대한 자신의 신실하심을 나타내서, 이스라엘이 최종적으로 속량함을 받게 될 때를 촉진시키기 위한 목적으로, 이 민족에서 일종의 엘리트 집단으로서 토라를 연구하고 실천하는 일에 헌신하고 있다.

우리는 어디에 있는가? 우리 중 대부분은 거룩한 땅에서 살아가는 쪽을 선호하지만, 그 일부는 디아스포라에서 살아가며 일하고 있다. 우리는 대체로 로마 제국의 지배 아래에서 살아가고 있고(동방으로 멀리 끌려간 일부 유대인들은 다른 이교도 군주들 아래 있기는 하지만), 다른 사람들처럼 강제로 황제에게 기도하는 대신에 황제를 위하여 기도하기로 합의해서, 그렇게 하며 살아 왔다.[396]

394) 이것에 대해서는 Instone-Brewer, 1992를 보고, 십팔축도문(the Eighteen Benedictions)에 나오는 성경에 대한 간접인용들에 대해서는 Kimelman, 1988-9를 보라.

395) *NTPG*, 243.

396) 예컨대 Barclay, 1996, 31f.에서 다루고 있는 Jos. *Ap.* 2.73-77을 보라; 이것에 대한 국지적인 적대감에 대해서는 38, 45f.를 보라. 제국에 대한 저항에 대해서 흥미로운 사례 연구는 마카베오4서일 것이다. 이 책은 유대교를 일종의 플라톤 사상으로 "변환시키고" 있지만(4.34에서 "나를 훈련시킨 율법이여"는 "사랑하는 절제여"로 바뀐다), 사람이 원하는 미덕이 있다면, 토라는 거기로 인도해 줄 길이라고 말함으로써, 정욕들을 (죽이는 것이 아니라) 다스리고, 그 모든 것들의 총화인 순교자들의 죽음을 통해서 제

무엇이 잘못되었는가? 우리 중에는 토라를 제대로 진지하게 받아들이지 않는 사람들이 많고, 그런 사람들 가운데는 우리 중에서 강직한 자들이 위험스러운 타협이라고 여기는 것들을 발전시키는 분파들도 있다. 결국, 중요한 것은 절대적인 정결(purity)이다. 우리는 우리가 절대로 죄를 범하거나 부정하게 됨이 없이 살아갈 수 있다고 생각하는 것이 아니라, 하나님이 율법에 정한 속죄와 정결의 방법 및 수단들을 따라 즉시 죄나 부정함을 처리하며 살아가는 것이 마땅하다고 생각하는 것이다. 이것이 "율법 안에서 온전하다"는 것이 의미하는 것이다. 그러나 우리는 우리 주변의 이방 나라들 속에서 보는 악과 타협하거나 야합할 수 없고, 이것은 이방 나라들의 통치자들, 애굽에 머물던 날들, 그리고 그 후에 바벨론에 있던 때(우리 중 일부는 여전히 거기에 있다)로부터 현재에 이르기까지의 날들 이래로, 우리는 이교도 통치자들이 어떤 존재이고, 그들 치하에서 살아간다는 것이 어떤 것인지를 알고 있다. 우리는 그러한 이교도들 치하에서 사실상 노예들로 살아가며 그들에게 세금을 바쳐야 하는 삶이 끝날 때까지는 만족하지 못할 것이다. 이스라엘이 전반적으로 토라에 제대로 순종하지 못했다는 문제 배후에는 훨씬 더 큰 문제가 존재한다: 언제 우리 하나님은 이교도들을 심판하고, 우리를 그들의 악한 지배에서 해방시켜, 자신의 영원한 나라를 세움으로써, 계약에 대한 자신의 신실하심을 나타낼 것인가? 지금 잘못되어 있는 것은 아직 그 일이 일어나지 않았다는 것이다.

해법은 무엇인가? 여기서 좀 더 작은 규모의 문제는 더 많은 유대인들을 설득해서 토라의 멍에를 메게 하는 캠페인을 벌이는 것이고, 좀 더 큰 규모의 문제는 기도하고(오직 셰마만이 우리의 실존의 토대 자체이기 때문에, 기도는 특히 중요하다), 정결을 지키는 가운데 기다리며, 절기들과 금식일들을 지키고, 성경을 연구하며 … 그리고 아마도 우리 중 일부의 경우에는 무장 투쟁과 혁명에 열심인 사람들에게 가담하는 것이다. 우리가 지향하는 "토라를 향한 열심"과 관련해서 우리에게는 옛적의 영웅들, 특히 비느하스와 엘리야가 우리의 위대한 모범들이다. 그들은 하나님을 섬기는 일에서 칼을 사용하기를 서슴지 않았다. 또한, 우리에게는 해방을 위해 싸운 마카베오 가문의 투사들이라는 좀 더 최근의 영웅들이 있다. 또한,

국에 저항한다. 특히, Antiochus가 '퓌시스'(physis, "본성" 또는 "자연")를 근거로 들어서 돼지고기를 먹어도 된다는 논리를 펼치자(5.8f.), Eleazar이 창조주가 사람들로 하여금 '퓌시스'를 따라 참되게 행하도록 하기 위하여 토라를 주셨고, 유대인들은 그 토라를 따라 합당한 것들만을 먹는 것이라고 반박하는 장면을 보라(5.25f.). 이 모든 것은 사람들이 종종 생각하는 것보다 더 "정통적인" 것 같다. 적어도, 이 책은 환난의 때에 유대 전통들을 대변할 수 있는 곳을 발견하고 있다.

우리는 이교의 음식과 관습들로 그들 자신을 더럽히기보다는 차라리 잔혹한 죽음을 택한 순교자들을 숭상한다. 우리는 새로운 출애굽, 그리고 그 출애굽을 이끌 새로운 모세를 기다리고 있다. 우리 중에는 그 과정을 앞당기기를 원하는 사람들이 있다.

지금은 어느 때인가? 이것에 대해서는 많은 논의가 진행되고 있다. 왜냐하면, 다니엘서 9장에 나오는 희년 중의 희년을 어떤 식으로 계산해야 하는지에 대하여 완전한 확신을 갖고 있는 사람은 아무도 없기 때문이다. 그러나 그 날은 머지않았음에 틀림없다. "현세"는 "내세"에 자리를 내어주게 될 것이다.[397] 현세는 여러 가지로 거짓된 여명이 출현하고 있음에도 불구하고 여전히 포로기와 노예생활이 계속되고 있는 때이다. 우리 중 어떤 사람들은 우리 땅에 다시 빛이 비치고 있다고 생각하기도 했지만, 우리가 그렇게 생각하든, 아니면 그렇게 생각하지 않든, 우리는 여전히 다니엘서 9장이 예언하였던 저 기나긴 어둠의 시기, 곧 신명기서 28장에 나오는 "포로기" 가운데 있다. 하지만 내세는 해방의 때가 될 것이고, 우리 중 어떤 사람들은 우리가 구전 율법을 발전시키고 전파하며, 최선을 다해 그 율법을 지키고 있기 때문에, 그 시대가 은밀하게 임하고 있다고 생각하기 시작하였다. 그것은 하나님의 신실하심이 나타나고 있는 방식이다. 한편, 우리는 통상적으로 사람들이 희년에 관한 성경의 위대한 율법들을 존중하고 지키는 것이 아니라, 도리어 짓밟고 범하는 것을 보면서 좌절하고 있다. 매주 안식일을 아주 세심하게 지키는 우리는 우리 하나님이 이스라엘을 구원하는 일을 완성해서, 여호수아가 가나안 땅을 점령한 후에 이스라엘 백성이 안식하였듯이, 우리도 그런 "안식"을 누릴 수 있게 될 때인 저 안식일 중의 안식일을 소망하고 기도하고 있다. 지금은 "메시야의 때"이고, 우리가 성전에 갈 때에 공간과 물질 속에서 일어나는 것과 동일한 것이 우리의 시간과 역사에서 일어나고 있는 새로운 종류의 때이며, 우리의 세계와 하나님의 세계가 서로 교차하고, 우리의 때와 하나님의 때가 교차하는 때이다. 이것이 매주 안식일마다 일어나고 있는 일이다. 우리는 이 모든 안식의 때가 참된 희년, 진정한 해방의 순간으로 한꺼번에 쇄도해 오기를 원하는데, 이것은 우리가 단지 새로운 출애굽을 원하기 때문만이 아니라, 하나님의 궁극적인 안식, 모든 일을 끝낸 데서

397) cf. *NTPG*, 299f.와 거기에 나오는 전거들. "현세"와 "내세"를 분명히 구별하는 "두 시대"라는 관념은 에스라4서의 경우처럼(예컨대, 6.9; 7.12f., 50, 112f.; 8.1; *2 Bar*. 14.13; 15.8; 44.11-15; *1 En*. 71.15) 이른바 "묵시론적" 사고에서만이 아니라, 랍비적인 사고 전반에 걸쳐서도(예컨대, mSanh. 10.1) 흔하게 등장한다. 이 주제에 대한 집요하고도 아주 자세한 설명, 그리고 "하나님의 나라"가 "내세"와 밀접하게 상응한다는 논증으로는 Allison, 2010, 164-204를 보라; 그 핵심적인 배경에 대해서는 특히 188f.를 보라.

오는 기쁨에 동참하기를 원하기 때문이다.[398]

나는 이러한 잠정적인 대답들이 토라를 향한 열심으로 무장된 주후 1세기의 한 바리새인의 세계관으로부터 드러난다고 생각한다. 그러한 대답들은 이 바리새인의 실천과 상징들과 이야기들에 완전히 부합한다. 그리고 이 대답들은 다음과 같은 질문을 제기한다: 그렇다면, 우리는 그러한 집단의 구체적인 신학적 입장을 어떻게 이해해야 하는가? 달리 말하면, 이것은 그들의 핵심적 신념들과 부수적 신념들은 무엇인가 하고 질문한 후에, 그들의 목표들과 의도들은 무엇인가 하고 묻는 것이다.

5. 바리새인의 신학

우리가 이제까지 말해 온 것으로부터 바리새파의 신학의 주된 노선들을 이끌어내는 것은 어렵지 않은데, 나는 『신약성서와 하나님의 백성』 제9장과 제10장에서 좀 더 자세하고 길게 다룬 것들 중에서 본서의 목적과 직접적으로 관련된 것들에 초점을 맞추어 여기에 짧게 요약하고자 한다. 체계적인 신학들을 쓰지 않는 것이 유대 사상가들의 특징이라는 점을 감안하면, 하나님과 세계에 관한 그들의 사고를 이해하는 데 가장 적절한 범주들은 유일신론, 선민론, 종말론이다. 한 분 유일하신 하나님, 하나님의 유일한 백성, 하나님의 세계를 위한 하나의 미래. 다른 모든 신학적인 범주들과 논의들은 이 틀 안에서 잘 맞아떨어질 뿐만 아니라, 그렇게 했을 때에 명료성과 통일성을 얻을 수 있다는 것이 드러난다.[399]

나는 일반적으로는 주후 1세기 유대인들의 신념, 구체적으로는 바리새파의 신념 안에서 "유일신론"은 추상적인 개념이 결코 아니었고, 많은 신들과 대비되는 "한 분 유일하신 하나님"이 존재한다는 인식이었다는 것을 이미 앞에서 강조한 바 있다.[400] 유대인들의 기본적인 신앙고백이었던 셰마(the Shema)는 한 분 유일하신 하나님이라는 내밀한 존재에 관한 명제에 대한 단순한 지적 동의가 아니다. 그것은 국기에 경례하며 맹세하는 순간처럼 바로 이 하나님에게 자기 자신을 내맡기며 인격적인 충성을 맹세하는 것이다. "이스라엘아 들으라, 우리 하나님 야웨는 오직 유

398) "메시야의 때"에 관한 이러한 분석은 Scholem, 1971; Agamben, 2006, 59-78; 그리고 Scott, 2005를 보라.

399) 고전적인 유대적인 신학 사상에 대한 설명은 Schechter, 1961 [1909]을 보라.

400) 유일신론에 대해서 자세한 것은 아래 제9장을 보라.

일한 야웨이시다"라고 말하는 것은 "이 하나님 야웨 같은 신은 아무도 없다"고 말하는 것이고, 아울러 "우리는 이방 나라들의 우상들로부터 우리 자신을 지키고, 그들의 신성모독들을 무너뜨리는 일에 최선을 다하겠다"고 말하는 것이다. 이렇게 이 말들은 우리에게는 한 분 유일하신 하나님에 관한 추상적인 개념들 같아 보이지만, 사실은 박해에 대하여 완강하게 저항하고 순교를 각오하라고 촉구하는 것이다. 마카베오2서에는 어떤 어머니가 자신의 여섯 아들이 이교도 폭군에 의해서 고문을 당하고 죽자, 그녀의 막내아들에게 다음과 같이 결심을 촉구하는 말을 하는 유명한 장면이 나온다:

> 내 아들아, 나를 불쌍히 여겨다오. 나는 너를 내 태속에 아홉 달 동안 품었고 삼 년 동안 네게 젖을 먹이며 너의 삶 속에서 오늘에 이르기까지 너를 기르고 양육하며 돌보아 왔다. 내 아들아, 하늘과 땅을 보고, 거기에 있는 모든 것을 보고서, 하나님이 이미 존재하고 있던 것들로부터 그것들을 만드신 것이 아니라는 것(hoti ouk ex ontōn epoiēsen auta ho theos – '호티 우크 엑스 온톤 에포이에센 아우타 호 테오스')을 깨달아라. 그리고 인류도 동일한 방식으로 탄생하였단다. 이 도살자를 두려워하지 말고, 네가 네 형들에게 부끄럽지 않은 사람이라는 것을 증명하거라. 하나님의 자비하심으로 내가 너를 네 형들과 함께 다시 돌려받을 수 있도록, 죽음을 순순히 받아들여라.[401]

우리는 여기서 "무로부터의 창조"(creatio ex nihilo)라는 가르침으로부터 육체의 부활이 도출되고, 이것이 정치적인 저항에 기여하는 것을 본다! 이것은 바리새파의 유일신론이 무엇과 같은 것이었는지를 잘 보여준다. 물론, 심지어 저항운동을 하는 투사들 중에도 유대적인 유일신론에 대한 신념이 그리 확고하지 않았던 사람들이 있었을 것이다. 그래서 혁명가들의 죽은 시신에서 이교의 부적이 발견되는 의외의 당혹스러운 일이 벌어지기도 하였다.[402] 그러나 진지한 바리새인이라면 누구나 그렇게 타협하는 쪽으로 가지 않았을 것이고, 진정으로 중요한 일은 당신이 무엇을 믿느냐가 아니라 당신의 자녀들을 유대인으로 양육하는 것이라는 말에 동의하지 않았을 것이 분명하다.[403] 유일신론은 바리새인에게 중요하였다. 셰마를 기도하는 것은 율법과 계약, 하나님의 나라, 그리고 거기로부터 파생되는 다른 모든 것들에 대한 충성과 직결되어 있었다. 자기 백성 위를 맴도는 하나님의 이름을

401) 2 Macc. 7.27-9.

402) 2 Macc. 12.39-45.

403) Barclay, 1996, 122f.는 Goodenough, 1953-68, 2.290을 따른다. 물론, 그들은 바리새파에 대하여 말하고 있지 않다.

부르며, 그의 날개 그늘 아래 그들을 숨겨 달라고 기원하라![404)]

이런 종류의 유일신론 안에서 이루어지는 기도는 사회적이고 정치적인 세계의 도전들과 곧장 연결되고, 역으로 그러한 도전들은 기도로 연결된다. 주후 1세기 바리새파의 유일신론이 창조와 계약을 중심으로 한 유일신론이었다고 역설하는 것의 의미의 일부는 한 분 유일하신 하나님이 범신론자의 신, 즉 "모든 것"(to pan – '토 판') 안에 내재하는 "신적인 존재"가 아니라는 것이었다. 또한, 한 분 유일하신 하나님은 이신론자의 신도 아니었고, 엉망진창인 우리의 세계에서 아주 멀리 떨어져서 신원을 숨기고 철저하게 혼자 고고하고 유유히 즐기는 삶을 살아가는 에피쿠로스학파의 신도 아니었다. 이것이 일반적으로는 유대인들, 구체적으로는 바리새인들이 디아스포라에서 이방인들이 행하던 제의들, 심지어 이른바 "한 분 하나님"을 섬긴다고 하는 제의들에도 함께 하기를 거부하였던 이유였다.[405)] 바리새인의 한 분 하나님은 세계를 창조하였을 뿐만 아니라, 세계와 하나가 되지 않는 가운데 세계에 철저하게 관여하는 하나님이었다. 이 하나님은 세계를 초연히 바라보며 그저 "좋다"("그래, 내가 보기에 모든 것이 괜찮은 것 같아"라는 의미에서)라고 말한 것이 아니라, 온 세계에 자신의 장엄한 영광을 충만히 채우고서, 세계로 하여금 낮은 낮에게, 밤은 밤에게 자신이 이야기를 말없이 들려주게 한 그런 하나님이었다. 창조주는 단지 세계 내에 존재하는 신적인 충동들과 에너지들의 총합에 불과한 존재가 아니었다. 도리어, (다른 많은 유대인들과 마찬가지로) 바리새인들이 즐거워하며 말한 창조주 하나님은 그들에게 은혜를 베풀어 자기 자신을 낮추어서 성전과 토라에 거하는 하나님이었다(토라는 성전의 대체물이긴 하였지만, 날마다 성전에 갈 수 없었던 대다수의 유대인들에게는 중요한 것이었다). 이 하나님은 멀리 계신 것이 아니었다. 그의 임재와 권능은 토라와 셰키나("영광")와 지혜 안에서 알려지고 느껴질 수 있었고, 또한 그런 것들로서 알려지고 느껴질 수 있었다. 그의 영광과 이름은 그를 예배하고 기도하며 제사하고 연구하며 순종하는 자기 백성에게 준 그의 선물들이었다.

창조의 유일신론으로부터 직접적으로 도출되는 것은 한 분 유일하신 하나님은 자신의 선한 피조세계가 제대로 된 질서 속에서 운행되기를 바랐다는 것이다. 바리새인들이, 성전을 비롯해서 다른 꽤 많은 것들을 운영하고 관리하였던 관료집단인 사두개인들과 극단적으로 반목하는 관계에 있었던 것은 그들이 오늘날의 좌파

404) 3 Macc. 2.1-20에 나오는 주목할 만한 기도문을 보라.
405) Barclay, 1996, 429-34.

혁명가들로서 모든 권위 구조들을 배척하고 일종의 거룩한 무정부주의를 소망하였기 때문이 아니었다. 그런 것과는 거리가 멀었다. 우리가 바리새파의 신념을 알아내기 위하여 통상적으로 의존하고 있는 본문들은 그들에게는 하나님의 질서에 대한 인식이 있었고, 그 질서에 비추어서 현실의 통치자들을 판단하고 평가하였다는 것을 보여준다. 절반 정도 밝혀진 주후 1세기의 역사(우리는 요세푸스가 대부분의 사건들 속에서 바리새파에 대하여 말할 때에 그의 서술 속에는 일종의 편향이 작용하고 있다는 것을 알기 때문에 "절반 정도 밝혀진" 것이라고 말할 수밖에 없다)에서 바리새파가 등장할 때마다, 그들은 질서와 권위 자체가 아니라, 당국자들에 의해서 행해지고 있는 일들에 대하여 저항하는 모습으로 등장한다.[406] 요세푸스가 바리새파는 "신인협력설"을 믿었고, 사두개파는 "자유의지"를 믿었으며, 에세네파는 "결정론"을 믿었다고 서술할 때, 그것은 그가 각 분파의 정치적 성향을 당시에 아무런 문제를 일으키지 않을 철학적인 범주들로 바꾸어 표현한 것일 가능성이 대단히 높다고 나는 믿는다. 권력을 쥔 관료집단이었던 사두개파는 자신들이 하고 싶은 것들을 할 수 있다고 믿었고, 권력에서 소외된 에세네파는 자신들은 그저 하나님이 행하기를 기다릴 수밖에 없다고 믿었으며, 바리새파는 하나님의 나라가 언제 어떻게 임하느냐 하는 것은 결국에는 하나님 자신에게 달려 있기는 하지만, 그 나라가 오게 하기 위하여 그들이 할 수 있는 일들을 해야 한다고 믿었다. 이것은 요세푸스가 자신의 독자들인 비유대인들을 위하여 제시한 이차원적인 분석을 삼차원적으로 재구성한 것이다. 인간이 세운 구조들(structures)을 통해서 형성된 피조세계의 질서는 기본적으로 선한 것이고, 현재적으로 그러한 구조들을 장악하고 있는 사람들은 그 질서에 대하여 책임을 져야 하였기 때문에, 그 책임을 다하지 못한 경우에는 그 일을 더 잘할 수 있는 다른 사람들로 대체되어야 한다. 이 모든 것은 바리새파의 신학에서 기본적이었던 것으로 보인다.

유일신론은 어떤 종류의 것이든, 언제나 악이라는 문제를 다룰 때에 도전에 직면하게 된다. 특히, 인간의 악이 그렇고, 피조세계가 온 세계에 자신의 영광과 권능이 충만하기를 원하는 창조주의 뜻을 훼방하는 병에 어떤 식으로든 감염되어 있다는 인식이 그렇다. 유대적인 유일신론은 악이라는 문제에 대한 기본적인 해법으로 선민론에 대한 신념, 즉 창조주가 자신의 더 큰 목적들을 이루기 위하여 한 민족을 자기 백성으로 택하였다는 신념을 제시한다. 아브라함과 그의 가족은 인류를 회복하고 에덴 동산을 회복하기 위하여 하나님이 택한 자들이기 때문에, 그들에게

406) 이러한 사건들에 대해서는 *NTPG*, 190-93을 보라.

땅에 대한 약속이 주어진다.[407] (우리가 유의해야 할 것은 이것은 일차적으로 창조주가 지은 선한 세계에 어떻게 "악"이 존재하고 있는 것인가 하는 질문에 대하여 대답하고자 하는 시도가 아니라, 창조주가 악과 관련해서 어떻게 행하고 있는지를 말하고자 하는 시도이다. 옛적의 유대인들은 마르크스[Marx]처럼, 세계를 설명하는 것이 아니라 변화시키는 것이 중요하다고 생각했던 것으로 보인다. 오직 주후 70년의 저 무시무시하고 끔찍한 사건들에 직면하였을 때에야, 에스라4서와 바룩2서 같은 저자들은 이스라엘 자신의 계속된 죄책을 포함한 인간의 죄가 아담까지 거슬러 올라간다는 생각을 하게 된다.)[408] 필로(Philo)의 글에는 하나님이 이스라엘을 택하여 속량하였다는 이 가르침에 관한 주목할 만한 서술이 나온다: 유대 민족은 세계에 대하여 이스라엘 내에서 제사장이 했던 것과 동일한 역할을 하게 되어 있었다. 달리 말하면, 그들은 한편으로는 세계 가운데서 기도하는 민족이 되어야 하였고, 다른 한편으로는 한 분 유일하신 하나님이 자신의 뜻을 모든 민족에게 알게 하고자 할 때에 그 수단이 되는 민족이 되어야 하였다.[409] 이스라엘은 한 분 유일하신 하나님의 선민이라는 이러한 사상은 유대인들의 삶의 모든 면면에 다 스며들어 있었고, 바리새파는 이 사상을 그들의 민족의 삶 속에 구현하는 일을 자신들의 사명으로 삼았다. 한 분 유일하신 하나님이 이스라엘을 부르셔서 마침내 세계를 바로잡을 수단으로 삼았다는 것은 우리가 이 장의 앞부분에서 살펴본 다양한 면모를 지닌 이야기, 곧 바리새파의 것이라고 볼 수 있지만 좀 더 폭넓게 볼 수도 있는 본문들 속에 깊이 스며들어 있는 이야기이다. 이스라엘은 이를테면 선봉대, 즉 창조주가 인류 중에서 나머지 사람들에 앞서서 선택한 일부이다.[410] "선민론"은 아브라함, 계약, 특히 토라에 대하여 말하는 한 방식이다: 토라는 하나님이 자기 백성으로 하여금 그를 알고서 토라에 요약적으로 제시된 인간의 참된 삶을 살 수 있게 하기 위하여 모든 민족이 아니라[411] 특별히 이스라엘에게 준 선물이다. 이렇

407) 이러한 진술은 어떤 사람들에게는 주목할 만한 동시에 자의적으로 보일 것이지만, 그 어느 쪽도 아니다. *NTPG*, 251f., 262-8; *Climax*, 21-6; 특히, 아래 제10장을 참조하라. 또한, Beale, 2004를 보라.

408) 자세한 것은 아래 제9장을 보라.

409) Philo, *De Spec. Leg.* 1.97: 대제사장이 세계 전체를 위하여 중보기도를 한다; 2.163: 나라 전체가 결례를 행하고, 육신의 정욕을 억제한다; 2.167: 나라 전체는 마땅히 한 분 하나님에게 찬송을 드려야 하지만 그렇게 하지 않고 있는 나머지 세계를 대신하여 그 일을 함으로써 세계를 대표하고, 그들을 위하여 중보기도 한다.

410) 그런 까닭에, Philo는 방금 인용된 대목에서 이스라엘 민족과 관련해서, 첫 열매로 드려진 곡식단이라는 유비를 사용한다.

411) 신 4:7f.; 시147:20.

게 해서, 주변의 이방 나라들이 유대인들과 그 밖의 다른 모든 사람 간에 담을 만든 것으로 인식하였던 저 특별한 "토라의 행위들"이 증언해 주듯이, 토라는 이스라엘이 창조주 하나님의 선민이라는 것을 분명하게 드러내 주는 증표가 된다.[412] 그래서 우리는 앞에서 상징들의 중요성을 살펴본 바 있다.

그런데 예루살렘이 멸망당하고 유대인들이 포로로 끌려간 것을 비롯해서 민족적인 큰 재난들로 인해서 선민론 자체가 의문스러운 것이 되었을 때에는 어떤 일이 벌어지게 되었을까? 바로 이것이 시편 89편을 비롯한 여러 시편들이 직면한 문제였고, 포로기의 대선지자들이 특별히 씨름하였던 문제였으며, 신명기 27-32장에서 다루고 있는 문제였다. 또한, 물론 이것은 제2성전 시대 전체에 걸쳐서, 그리고 주후 135년에 이르기까지 내내 이런저런 식으로 유대인들이 직면하였던 문제이기도 하였다.[413] 나는 너무 빨리 분명하게 속단하고 싶어 하는 것은 아니지만, 여기에서 지금 강조해 두는 것이 좋을 것으로 보이는 것이 있는데, 그것은 바로 이것이 제2성전 시대의 유대인들이 직면하였던 첨예한 질문이었고, 가장 초기의 그리스도인들이 예수가 이룬 일이 거기에 대한 대답이라고 인식하였던 일차적인 질문이었다는 것이다. 이스라엘이 세계가 직면한 문제들에 대한 하나님의 해법이고, 이스라엘이 지금 그러한 문제들이 첨예하게 집약된 자신들의 문제로 인해서 고통을 겪고 있다면, 이스라엘의 하나님은 바로 그 아주 구체적인 문제를 어떤 식으로 해결하여, 이스라엘의 선택과 관련된 계획을 다시 제 궤도로 돌려놓을 것인가? 이런 식의 문제 제기는 서구의 많은 신학이 바울에 대하여 질문을 제기한 방식과는 판이하게 다르지만, 일단 우리가 이런 식으로 문제 제기를 하면, 우리는 바울의 글들에서 우리를 당혹스럽고 헷갈리게 했던 온갖 것들을 새로운 시각에서 명료하게 볼 수 있게 된다.

우리는 제2성전 시대 유대인들의 서사 세계에 대한 우리의 연구의 심장부에서 발견하였던 주제를 이런 식으로 신학적인 시각에서 접근해 왔다. 창조주가 세계를 바로잡기 위한 수단으로 이스라엘 민족을 선택한 것이라면, 이스라엘 자신이 바로잡아져야 할 필요가 있게 되었을 때에는, 어떤 일이 벌어지는가? 이 질문에 대하여 바리새파가 제시한 대답은 상당히 분명한 것이었는데, 그것은 이스라엘은 어떻게 해야 토라를 지킬 수 있고, 어떻게 해야 지금 이 때에 토라를 제대로 지킬 수 있는지를 배울 필요가 있다는 것이었다. 계약의 하나님이 자신의 약속들에 대하여 신

412) 이것은 "토라의 행위들"을 토대로 해서, 유대인들의 한 집단을 또 다른 집단으로부터 구별하고 있는 4QMMT 등과 다르다.

413) 예를 들면, cf. 2 Macc. 14.15(그들은 자신의 기업을 붙들어 주기 위하여 언제나 자신을 나타내는 분인 하나님에게 기도한다).

실하여, 그들이 바라던 회복을 가져다주기를 원한다면, 이스라엘은 이 하나님과 토라와 계약에 대하여 신실하지 않으면 안 된다. 성경 자체 속에 있는 많은 증거들은 이와 같은 것이 올바른 대답이라는 것을 보여 주었다. 사도 바울은 "토라를 제대로 지키는 것"이 무엇이고 "하나님에 대하여 신실한 것"이 이제 무엇과 같은 것인지에 대한 근본적이고 충격적으로 새로운 분석을 제시하기는 하지만, 어쨌든 기본적으로는 이러한 대답에 동의하였기 때문에, 우리는 "열심"이 있던 다소의 사울이 믿었던 것도 바로 그런 것이었다고 자신 있게 결론을 내릴 수 있다.[414)]

우리가 유일신론과 선민론을 종말론과 결합시킬 때, 이 모든 것은 특히 바리새파의 경우에(그리고 무엇보다도 그의 이후의 역사를 감안했을 때에 다소의 사울의 경우에) 두드러진다.[415)] 하나님의 세계를 위한 하나의 유일한 미래, 즉 하나님이 자기가 선지자들과 시편에서 약속하였던 것을 행하여, 세계가 그 속에서 살아오고 있었던 바로 그 위대한 이야기이자 이스라엘이 자신의 성경 속에서 그 단서를 가지고 있던 이야기를 완성할 미래만이 존재한다. 그 일이 일어났을 때, 즉 "내세"가 이르렀을 때, 하나님은 악인들을 심판하고, 자기 백성을 신원하여, 갱신된 세계 속에서 치유를 중심으로 한 자신의 왕적인 통치를 시작하고, 죽은 의인들을 일으켜 새로운 몸을 지니고 이 새로운 세계에 – 실제로는 이 새로운 세계를 다스리는 일에 – 동참하여 살아갈 수 있게 할 것이다.[416)] 이것은 세계와 만유가 기다려 왔던 일이었고, 제2성전 시대 유대인들이 지니고 있던 진정한 "묵시론적" 기대였다. 그것은 세계가 멸망하고, 사람들이 거기에서 벗어나서 시공간을 초월한 "구원"을 얻게 될 것이라는 이원론적인 기대도 아니었고, 그 어떤 이전의 이야기도 준거로 삼지 않고서 돌연히 외부로부터 새로운 세계가 "침입해 들어오는 것"도 아니었다. 그것은 창조의 유일신이 피조세계를 구원하고 치유하게 될 것이고, 그렇게 될 때에 이스라엘이 마침내 신원을 받게 될 것이라는 기대였다.[417)] 창조의 유일신론 내에서

414) 아래 제10장을 보라.

415) 나는 이 대목에서 장차 임할 메시야에 관한 다양한 소망에 관한 내용인 *NTPG*, 307-20에 추가할 것이 거의 없다. 자세한 것은 본서 제10장 제3절과 *Perspectives*, ch. 31을 보라. 최근에 나온 단행본인 Novenson, 2012는 지금은 핵심적인 본문이다. 하지만 나는 Segal, 2003, 169의 흥미로운 설명, 즉 관련 자료들에 메시야 소망에 관한 표현이 별로 나오지 않고, 미쉬나(Mishnah)에는 사실상 전무하다는 것(나는 Segal이 이것을 어떤 정치적인 이유들로 돌리는 것은 옳다고 생각한다), 바울 자신의 메시야 신앙이 이 주제에 대한 바리새파의 견해들을 보여주는 최고이자 가장 초기의 증언들 중 하나라는 사실을 지적한 것을 주목한다. 물론, 이것은 "메시야"가 바울이 다룬 범주가 아니었다고 주장하는 자들의 견해와 날카롭게 대비된다; 아래를 보라.

416) Wis. 3.7f.; 4.20-5.23, 이것에 대해서는 *RSG*, 162-75를 보라.

인간의 지위를 감안한다면, 피조세계가 바로잡히면, 인간도 바로잡히게 될 것은 당연한 일이었다. 창조의 유일신론 내에서 문제에 대한 해법으로서의 선민 이스라엘의 지위를 감안했을 때, 인간이 바로잡히면, 이스라엘도 바로잡히게 될 것은 당연한 일이었다. 따라서 제2성전 시대의 유대 세계 내에서 보았을 때, 장차 도래할 묵시론적 사건 속에서 "드러나게" 될 것은 이스라엘과 인간과 피조세계가 바로잡혀질 방식이었다. 바울의 신학이 복잡하게 보이는 것은 자신이 새롭게 얻은 시각, 즉 예수와 관련된 사건들을 통해서 그에게 주어진 시각으로 이렇게 실타래처럼 서로 얽혀 있는 질문들과 동시에 씨름한 직접적인 결과이다.

제2성전 시대의 유대인들이 창조주 하나님과 계약의 주(Lord)가 이 모든 일을 행하게 될 것이라고 믿었다면, 그들은 다음과 같은 질문을 제기할 수밖에 없었다: 현재에 있어서 우리는 "의인들," 즉 장차 도래할 저 큰 날에 하나님의 편에 있다는 것이 밝혀지게 될 자들이자 "내세"를 물려받게 될 자들이 과연 누구인지를 어떻게 알 수 있는가? 이것은 훨씬 후대의 신학이 너무나 추상적이고 초시간적인 것으로 만들어 버린 질문 – 서구 신학의 시각에서 제기한 "칭의"와 "구원"에 관한 질문 – 이 주후 1세기의 실제적인 담론 속에서 어떤 모습을 취하고 있었는지를 보여준다.

우리는 이렇게 말을 했지만, 그것을 확인할 수 있게 해줄 이 시기의 본문들이 거의 전무한 것을 보고서 실망하지 않을 수 없게 된다. 즉, 사도 바울이 "율법의 행위로 말미암아 의롭다 함을 얻는 것"이라고 부른 것을 바리새파적임이 분명한 관점에서 설명할 수 있게 해줄 본문이 거의 없다는 것이다. 우리의 목적에 가장 근접한 본문으로 잘 알려져 있는 것은 에세네파의 4QMMT라는 문서이다. 이 문서는 바리새파를 비판하는 문서라는 것은 논쟁의 여지가 없지만, 우리가 아는 한, 종말론이 선민론 및 현재적인 칭의와 관련하여 작동하는 방식에 관한 인식을 바리새파와 공유하고 있어서, 우리는 거기에 나오는 에세네파의 요소들을 바리새파적인 요소들로 대체하면, 우리가 원하는 대답에 좀 더 근접한 것을 얻을 수 있는 것으로 보인다.[418]

417) cf. Humphrey, 2007, 312: 묵시론들은 의미의 중심을 찾는 "구심력"이 아니라, "다중적인 문제들과 신비들에 대하여 말하는 백과사전적인" "원심력"을 중심으로 움직이는 경향이 있다.

418) 이하의 내용에 대해서는 특히 4QMMT에 관한 나의 논문(지금은 *Perspectives*, ch. 21에 수록됨)과 거기에 언급되어 있는 꽤 자세한 2차 문헌들을 보라. 이것을 통해서 우리가 바리새파의 입장을 온전히 재구성할 수 있다는 Deines, 2001, 474의 주장에 나는 동의하지 않는다; 또한, 그는 이 텍스트의 종말론적인 핵심을 보지 못한다(462). 나는 종말론적인 형태의 칭의론이 에세네파와 바리새파와 똑같은 방식으로 여기에도 분명하게 나타나 있다고 생각한다. 따라서 우리는 상당수의 전거들이 언급되어 있는

이 문서의 요지는 다음과 같이 요약해 볼 수 있다. 첫째, 하나님은 머지않아 온 세계를 심판하게 될 것이고, 그 때에 어떤 사람들은 아브라함이나 비느하스처럼 "의인으로 여김을 받게" 될 것이다. 둘째, 심지어 현재에 있어서조차도 장차 그러한 심판이 있을 것임을 보여주는 증표 역할을 하는 특정한 것들이 존재한다. 셋째, 당연히 그러한 특정한 증표들은 충성된 이스라엘 사람들을 충성되지 않은 자들로부터 구별시켜 주기에 충분한 것들, 즉 토라와 계약을 열심으로 굳게 붙잡는 것(맛다디아를 기억하라!)이다. 넷째, 그 결과, 현재에 있어서 그러한 것들을 수행하는 자들은 내세가 마침내 개시될 미래에 있어서 어떤 심판이 내려질 지를 현재적으로도 이미 확신 있게 알 수 있고 예상할 수 있다. 이것이 주후 1세기의 한 바리새인이 "율법의 행위로 말미암아 의롭다 함을 얻는 것"이라고 말했을 때의 의미라고 나는 믿는다.

이미 말했듯이, MMT에서 말하는 "행위들"(MMT는 '미차트 마아세 핫토라' [miqsat ma 'asē hatorah, "토라의 행위들을 선별해 놓은 책"]의 머릿글자만을 따온 약칭이다)은 성경 이후의 개념이다.[419] 즉, 이 행위들은 유대인들을 자신들의 이웃인 이방인들로부터 구별시켜 주는 안식일, 할례, 음식법 같이 성경에 나오는 기본적인 토라의 행위들이 아니라는 것이다. 또한, 이 "행위들"의 대부분은 제사들 및 제의적 정결의 여러 측면들 같이 성전과 관련된 것들에 관한 것이다. 이것은 이 행위들이 성전을 기반으로 한 하나의 집단과 그들의 특별한 정결 규례들을 그들과는 다르게 행해 온 또 하나의 성전 기반의 집단으로부터 구별하고자 하는 목적을 지니고 있는 것임을 의미한다. 이 집단들이 정확히 누구였느냐 하는 문제는 물론 논란이 있지만, 우리의 현재의 목적과는 상관없는 일이고, 우리가 주목해야 할 것은 이 문서는 유대인과 이방인 간의 구별이 아니라, 유대인 내부의 구별을 보여주

NTPG, 334-8에 나오는 이전의 논의를 4QMMT를 통해서 더욱 확대시킬 수 있다. 이 텍스트는 분명히 종말론적이기 때문에 "행위들"은 "경계를 규정하는" 것이 될 수 없다는 Gathercole의 이상한 주장(Gathercole, 2002, 95)은 그가 핵심을 제대로 파악하지 못했다는 것을 보여준다. 이 둘은 떼려야 뗄 수 없을 정도로 함께 결합되어 있어서, "종말론"을 천명하는 것은 "경계 표지들"을 훼손하기는커녕, 도리어 그 경계 표지들에 맥락을 제공해 준다. 한편, Gathercole은 Dunn, 2008 [2005] ch. 14 [orig. pub. 1997]에 대답하고 있지만, 논점이 그리 분명하지가 않다.

419) MMT C 27을 보라. 이것은 쿰란 문헌에서 "토라의 행위들"이 언급되는 유일한 본문이라고 흔히 말해진다. 하지만 우리는 1QS 5.21과 6.18을 들 수 있는데, 거기에서 '마아소 베토라' (ma 'syw betorah, "토라 안에서의 그의 행위들")는 공동체의 지체로서의 지위를 위한 판별기준의 역할을 한다. 이것은 5.23 등에 나오는 "그의 행위들"도 동일한 방식으로 읽혀져야 한다는 것을 함축한다(Sanders에 반대하여 씌어진 큰 책에서 쿰란 문헌에 나타난 "토라의 행위들"을 본격적으로 논의하는 유일한 대목인 Bockmuehl, 2001, 406 n. 91에서 주장하고 있듯이). 예컨대, 1QpHab. 7.11; 8.1; 12.4f.; 4QFlor. 1.7에 관한 96 n. 85에 나오는 '호세이 하토라' ('osey hatorah, "토라를 행하는 자들")를 보라. 또한, 4 Ez. 7.24, 77; 8.32f.를 보라.

고 있다는 것이다.[420] 그리고 이것은 우리의 현재의 논의가 신명기 27-30장의 위대한 이야기를 재해석해서 자신의 것으로 삼는 것과 관련된 이전의 논의와 만나는 지점이다. 왜냐하면, 이 문서에서는 바로 그 이야기를 개작해서 들려준 직후에, 행위와 칭의에 관하여 말하는 핵심적인 본문인 MMT C 9 – 16이 나오기 때문이다. 이것이 칭의와 신명기 30장을 나란히 병렬시키고 있는 로마서 10장에 대한 제2성전 시대의 배경의 일부로서 MMT가 아주 중요한 이유이다.[421]

MMT의 마지막 행들을 보완해 줄 수 있는 두 개의 두루마리 단편이 있다. 이 두 단편의 약간의 차이들을 조정해서 맞추어 보면, 우리는 거기에서 다음과 같은 내용을 얻게 된다:

> 우리가 네게 토라의 행위들을 선별해서 모아놓은 이 글을 써보낸 것은 네가 토라를 아는 지식과 지성이 있음을 보고서 이 글이 너와 너의 사람들에게 유익할 것이라고 생각했기 때문이니, 너는 이 모든 것들을 잘 묵상해서, 토라로부터 네가 어떻게 생각해야 하는지를 깨닫고, 벨리알의 악한 술수와 모략을 멀리하라. 그러면 너는 종말에 우리의 이 선별된 말씀들이 참되다는 것을 발견하고서 기뻐하게 되리라. 그리고 네가 너의 유익과 이스라엘의 유익을 위하여 토라 앞에서 바르고 선한 일들을 행할 때, 그것이 네게 의로 여겨지게 되리라.[422]

저자가 여기서 염두에 두고 있는 종말론적인 도식은 이런 것이다:

> a. "시간의 끝" 또는 "날들의 끝," 신명기 30장에서 말하는 새 날, 새로워짐과 "포로생활로부터의 귀환"의 날에 하나님은 온 세계를 심판하시고, 자신과의 계약에 속한 참된 지체들인 자신의 참된 백성을 "의롭다 하실"(법정 용어를 사용하자면, "신원하실") 것이다.
> b. 종말에 이렇게 신원을 받게 될 백성은 현재에 있어서 하나님과 토라, 그리고 계약에 충성한 자들이 될 것이다.
> c. 현재적인 충성은 이 "토라의 행위들을 선별해서 모아 놓은 책" 대로 사는 것이다.
> d. 따라서 너는 미래에 누가 "신원을 받게 되거나" "의롭다 함을 받게 될" 지를 현재에서 알 수 있다. 왜냐하면, 그들은 지금 여기에서 이 "토라의 행위들을 선별해서 모아 놓

420) 반대견해로는 Dunn, 2008 [2005], ch. 14.

421) 본서 제11장 제6절 (iv)와 Wright, 2002 [*Romans*], 658-63을 보라.

422) MMT C 27-32. 나는 '메카초트 데베리누' (mqtsth dbrinu)을 GM/T 803f.에서처럼 "우리의 말들 중 얼마간"이나, "우리가 말한 것들 중 얼마간"(Vermes 1997, 228)이 아니라, "우리가 선택한 이러한 말들"로 번역하였다. 이 저자는 자신의 말들 중에서 단지 "얼마간"만 옳고, 다른 것들은 옳지 않을 수 있다고 믿고 있는 것이 아니라, 아마도 자기가 열거한 많은 말들 중에서 선택한 이 말들은 모두 참되다는 것이 증명될 것이라고 믿고 있는 것이다.

은 책"을 따라 살아가는 자들일 것이기 때문이다. 이것들을 행하라. 그러면 "그것이 네게 의로 여겨지게 되리라."

나는 이것이 단지 내용만 다를 뿐이지, 우리가 바리새파의 가르침이라고 받아들일 수 있는 것과 정확히 동일한 형태를 보여준다고 생각한다. MMT가 바리새파에 반대하는 변증을 펼치고 있다는 점을 감안하면, 바리새파는 이 "토라의 행위들을 선별해서 모아 놓은 책"에 동의하지 않았을 것이지만, 바리새파의 가르침이 종말론적인 형태를 띠고 있었다는 것은 점점 더 분명해지고 있다. 그렇다면, 바리새파의 가르침은 어떤 것이었을까?

첫째, 바리새파는 인류는 궁극적으로 이스라엘과 이방 나라들로 구분된다고 보았을 것이다. 창조주 하나님의 선민인 이스라엘은 마지막 날에 신원을 받게 될 것이다: "온 이스라엘이 내세에 분깃을 갖고 있다."[423] 그러나 그 날이 오기 이전에 이스라엘이 "내세"의 백성이라는 것을 보여주는 증표는 무엇인가? 이 질문에 대한 대답은 너무나 분명하다: 이스라엘 백성 전체에게 주어진 토라가 그 증표이다. 토라는 어떻게 이스라엘을 이방 나라들로부터 구별시켜 주는가? 이 질문에 대한 대답도 너무나 분명하다: 이스라엘은 율법 일반, 특히 안식일과 음식과 할례에 관한 독특한 법들을 지킴으로써 이방 나라들로부터 구별된다. 네가 이것들을 행하면, 하나님의 궁극적인 백성이 누구이고, 누가 "내세를 유업으로 물려받게" 될 것인지를 종말이 오기 전에 미리 알 수 있게 될 것이다. 유대 백성들은 흔히 그들 자신이 이방 나라들보다 도덕적으로 우월하다고 여겼지만, 우리가 살펴보고 있는 시기에는, 안식일과 할례와 음식법이라는 의미에서의 "율법의 행위들"은 그것을 생생하게 상징적으로 보여주는 것들이 되었기 때문에, 이것들은 바리새파가 반드시 지니고자 하였던 증표들이었다. 성경에 나오는 거의 그대로의 의미에서의 "토라의 행위들"(달리 말하면, 이 "행위들"은 바리새파가 고안해내거나 발전시킨 것들이 아니라, 오경 자체로부터의 명령들이었다)은 이스라엘을 나머지 인류와 확연히 구별되게 만들어 준 것이었다. 이것들을 지키라. 그러면 너는 현재에 있어서도 네가 장래에 하나님의 백성으로서 신원을 받게 되리라는 것을 알 수 있다.

둘째, 바리새파가 수행한 전체적인 프로젝트로부터 분명히 알 수 있는 것은 그들은 비록 근거들은 서로 달랐지만 쿰란 분파와 마찬가지로 그들 자신과 대다수의 유대인들을 날카롭게 구별하고서, 후자를 정도 차이는 있지만 타협적이거나 동화

423) mSanh. 10.1.

된 자들, 또는 토라의 실천에 충분히 진지하게 동참하지 않는 자들로 여겼다는 것이다. 우리가 초기 바리새파 운동, 특히 다소의 사울이 살던 시대에 존재했던 바리새파 운동에 대해서 조금이라도 안다면, 바리새파는 성경의 율법들을 모든 가능한 상황에 적용될 수 있도록 더욱 정밀하고 구체적인 것으로 만들어서, 그들 자신의 구전 토라를 왕성하게 발전시켜 가고 있었다는 것을 알게 된다. 그들의 이러한 프로젝트는 미쉬나(the Mishnah)에서 한 번 절정에 도달한 후에, 탈무드들과 그 연관된 문헌들로 이어졌다. 이 단계에서 "토라의 행위들"은 바리새파 특유의 해석들을 포함하고 있었을 것이기 때문에, "내세를 유업으로 물려받는다"는 관점에서 볼 때에 어떤 것들이 궁극적으로 중요한 것이냐를 놓고서 바리새파 내부에서 이견이 있었을 것이다. 결국, 미쉬나는 "온 이스라엘이 내세에 분깃을 갖고 있다"고 선언하는 가운데 예외들을 열거한다. 즉, 부활을 부인하는 자들(달리 말하면, 사두개파), 토라가 하나님으로부터 기원하였음을 부인하는 자들, "에피쿠로스학파에 속한 자들"에게는 그런 분깃이 없다는 것이다.[424] 그런 후에, 내세를 유업으로 물려받을 가능성에 대하여 논란이 있는 성경의 인물들과 집단들에 관한 추가적인 목록이 이어진다.[425] 따라서 여기에서도 우리는 유대인과 이방인 간이 아니라 유대인 내부에서 서로를 구분하는 선이 그어지고 있는 것을 본다. 강경파에 속한 한 바리새인은 이렇게 말했을 것이 틀림없다: "이제 우리는 누가 내세를 유업으로 물려받게 될지, 그리고 우리가 현재에 있어서 어떻게 그것을 분명히 알 수 있는지를 진정으로 알고 있다. 우리를 이방 나라들로부터 구별시켜 주는 성경의 율법들을 지키는 것은 필수적인 것이기는 하지만 충분한 것은 아니다. 우리는 구전 율법들도 반드시 지켜야 한다. 왜냐하면, 구전 율법들은 우리로 하여금 토라를 우리의 삶의 모든 구석구석에 적용해서 우리 시대에서 열심을 내고 충성할 수 있게 해줌으로써, 그들 자신을 유대인이라고 생각하면서도 이교도들과 타협하고 동화된 행위들을 통해서 자신의 그러한 신분을 부인하는 자들로부터 우리 바리새인들을 구별시켜 줄 것이기 때문이다." 달리 말하면, 우리 바리새인들은 우리의 분파가 발전시킨 참된 구전 토라를 현재에 있어서 실천함으로써 마지막 날에 있을 하나님의 최종적인 심판이 어떠한 것일지를 미리 알 수 있다는 것이다. 이런 식으로, 암묵적인 법정적 배경(하

424) Danby의 지적에 의하면(Danby 1933, 397 n. 4), 이것은 그러한 이름의 철학 학파의 지체들이라는 것을 의미하는 것은 아니지만, "구속받지 않는," 즉 "방탕하고 회의적인"을 의미하는 느슨한 히브리어를 연상시킨다. 하지만 이상한 우연이지만, 이것은 실제의 에피쿠로스학파에 대한 대중적인 인식이기도 하였는데(아무리 오해라고 하여도), 이것에 대해서는 아래 제3장을 보라.

425) mSanh. 10.1-4.

나님의 최후의 법정)은 계약의 취지(여기서의 질문은 한 분 유일하신 하나님의 진정한 백성은 누구인가 하는 것이다)와 결합되어서 종말론적인 틀(현재에서 미리 내다본 마지막 날) 안에서 표현되었는데, 바울이 자기가 토라에 토대를 둔 의를 지니고 있다고 말한 것, 즉 그가 율법의 행위들에 비추어 보았을 때에는 의로운 자라고 말한 것은 바로 여기에 근거를 둔 것이었다.

바울 시대의 바리새파에 속한 여러 분파들 간에는 또 다른 구별이 있었던 것으로 보인다. 힐렐 학파와 샴마이 학파 간의 논쟁이 뜨겁게 진행되었다는 것은 잘 알려져 있지만, 그들은 대체로 상대방을 바리새파에서 몰아내고자 하거나, 자신의 노선을 따르지 않으면 내세를 유업으로 물려받지 못하게 될 것이라고 상대방에게 경고하지는 않았다. 그러나 바리새파에 속한 서로 다른 파벌들은 상대방의 좀 더 엄격한 견해나 관용적인 견해를 용납하였지만, 방금 언급하였던 사두개파나 회의론자들이나 부도덕한 자들의 무리들까지 용납한 것은 결코 아니었다.

따라서 우리는 다소의 사울 같은 주후 1세기의 바리새인은 당시의 상황을 다음과 같이 보았을 것이라고 추정할 수 있다(우리에게는 직접적인 증거가 없기 때문에 추정이라는 말을 사용할 수밖에 없지만, 모든 방향의 증거들은 이것으로 수렴된다):

a. "내세"에 창조주 하나님이 악인들(이교도들과 배교한 유대인들)을 심판하실 것이고, 자기 백성을 신원하실(= "의롭다고" 하실) 것이다(즉, 그들이 "온 이스라엘"에 속해 있다는 것을 선언하실 것이다).
b. 장차 이렇게 신원 받게 될(또는, 의롭다 함을 받게 될) 백성임을 보여주는 현재적인 증표들은 하나님에 대한 그들의 충성과 하나님의 계약을 향한 그들의 열심을 보여줄 일들을 행하는 것이다.
c. 이 일들은, 좀 더 정확히 말하자면, 토라를 참되게 지키는 것, 즉 (a) 유대인들을 자신들의 이웃인 이교도들로부터 구별시켜 주는 "행위들"을 지켜 행하고, (b) 선하고 충성된 유대인들을 충성되지 못한 유대인들 — 좀 더 세부적인 범주들로 나눌 수도 있지만, 크게 보아 회의론자들과 악인들 — 로부터 구별시켜 주는 "행위들"을 지켜 행하는 것이다.[426]
d. 따라서 너는 장래에 "신원 받게" 될 자가 누구인지를 현재에 있어서도 알 수 있다. 왜냐하면, 그들은 "토라의 행위들"을 현재에 있어서 이런 식으로 지키는 자들이기 때문이다.

426) cf. 1 Macc. 2.67("율법을 지키는 모든 자들을 네 주위에 규합하라"); 13.48; 4QFlor. [=4Q174] 1.3-7.

우리는 당시의 한 바리새인의 사고체계와 구체적인 사고 패턴들을 이해할 준비가 되어 있어야 할 분명한 이유가 있기 때문에, 나는 여기에서 이것을 꽤 상세하게 설명하였다. 지금까지의 설명을 통해서 분명해졌듯이, "칭의론"이라 불릴 수 있는 것이 선민론과 종말론이 서로 만나는 지점에 둥지를 틀고 있고, 선민론과 종말론은 창조의 유일신론이라는 토대 위에 있다. 최종적으로 세계를 바로잡는 일은 창조주의 책임이다. (시편 96편과 98편에서 말하고 있는 것처럼, "모든 것을 바로잡는다"는 의미에서의) 심판이라는 저 목표를 향해서 움직여가는 기본적으로 단선적인 역사는 그 자체가 이런 종류의 유일신론의 일부이다. 이러한 단선적인 역사 내에서, 이스라엘이 자기 자신에 관하여 들려준 구체적인 이야기(그리고 그 이야기 내에서 바리새주의를 규정해 온 저 특별한 형태들의 이야기들)는 특히 토라 및 토라를 지켜야 할 이스라엘의 의무와 관련된 것이었다. 롤랜드 데인스(Roland Deines)의 매우 주의깊은 연구에서 이것이 어떻게 표현되어 있는지를 보는 것은 매력적이다. 그는 "사람들이나 제사장들의 세계"에 국한되지 않은 "개인의 종교 이해"에 대하여 이렇게 말한다:

> 이것은 종교와 관련된 개인의 실천이 일정 정도는 헬레니즘화의 결과로서 얼마나 강력하게 솟구쳐 올라와서 공식적인 형태의 종교와 어깨를 나란히 해왔는지를 보여준다. 따라서 제의를 규율하는 것만으로는 더 이상 충분하지 않게 되었고, 남자이든 여자이든 모든 사람이 이 나라가 구원 받을 수 있게 하기 위하여 자신의 몫을 다하여야 하였다. 그들은 각자 자신의 개인적인 영역에서 계명들을 알고 행함으로써 거기에 기여하여야 했다.[427]

그렇다, 그것은 "이 나라가 구원 받을 수 있게 하기 위한" 것이었다. 따라서 그것은 "그들이 죽은 후에 천국에 가서 지극히 복된 삶을 누리기 위한" 것이 아니었다. 데인스는 본문들을 바르게 읽고서, 바리새파가 확고하게 현세적인 구원론을 지니고 있었고, 그들이 율법을 지킨 것은 그러한 구원론과 떼려야 뗄 수 없을 정도로 붙어 있었다고 결론을 내렸다. 그래서 그는 나중에 "이스라엘 민족과 그 장래가 하나님께 달려 있었고," "율법은 구원론과 연결되어 있었기 때문에," 율법에 대한 정확한 해석과 준수가 요구되었다고 올바르게 말할 수 있었다.[428] 데인스가 이러한 논거들을 제시하며 샌더스(Sanders)를 반박한 것은 지극히 옳은 일이었지만, 그러한 논거들이 개신교 신학이 전통적으로 "바리새파적인 유대교"에게 돌렸던(그리

427) Deines, 2001, 461.
428) Deines, 2001, 491(강조는 원래의 것).

고 카슨[Carson]과 그의 동료 편집자들이 지지하고자 하였던) "토라의 행위들로 말미암은 칭의"를 지금까지와는 판이하게 다르게 설명할 것을 얼마나 강력하게 말하고 있는지를 보지는 못한 것으로 보인다(그리고 카슨도 그의 책을 요약해서 소개할 때에 이 점을 보지 못한 것으로 보인다[429]). 하나님이 이스라엘을 해방시켜 주도록 율법을 지킨다는 것은 신명기 30장이 이스라엘의 포로생활이 끝나기를 바란다면 해야 할 일이라고 말했던 바로 그것에 다름아니다. 질문은 이것이다: 무엇이 "토라를 행하는 것"으로 여겨지는가? 이 질문에 대하여 다소의 사울은 일련의 완벽한 대답들을 가지고 있었고, 사도 바울은 바로 그 일련의 대답들을 충격적이고 근본적으로 수정된 형태로 재진술하였다. 그는 "내가 율법으로 말미암아 율법에 대하여 죽었으니, 이는 하나님에 대하여 살기 위한 것이다"라고 말하였다.[430]

종말론과 관련해서 마지막으로, 우리는 바울의 글들에 등장하는, 성경의 저 옛적의 본문들에 뿌리를 두고 있을 뿐만 아니라 심지어 필로(Philo)의 글에서도 찾아볼 수 있는 우주관이 지닌 온전한 의미를 주목하지 않으면 안 되는데, 이것은 바리새파의 세계관에 속한 상징들에 관한 우리의 이전의 논의의 배경이 되는 지점이다. 왜냐하면, 우리가 앞에서 보았듯이, 성전을 직접 본 사람이 아무도 살아 있지 않았던 미쉬나 이후의 세계에서조차 여전히 중심적인 것으로 남아 있었던 성전 이데올로기는 모두 성전을 자신의 영광과 영광스러운 임재, 셰키나로 충만하게 할 것이라는 야웨의 약속에 관한 것이었기 때문이다. 이러한 "충만"에 대하여 말하는 가장 초기의 본문들 중에서 몇몇은 그것을 훨씬 더 큰 약속, 즉 언젠가는 야웨가 온 땅을 자신의 영광으로 충만하게 할 것이라는 약속과 연결되어 있다고 말한다. 실제로, 성전 이데올로기를 말할 때에 토대가 되는 본문들 중의 하나는 이 일이 이미 일어났다고 선언한다. 즉, 이사야 6장을 보면, 스랍들은 "그의 영광이 온 땅에 충만하도다"라고 찬송한다.[431]

제2성전 시대 유대인들의 소망 중에서 이 요소의 고전적인 형태는 이사야 40:5에서 찾아볼 수 있다: "야웨의 영광이 나타날 것이고, 모든 육체가 그것을 함께 보리라, 이는 야웨의 입이 말씀하셨음이니라." 우리가 이 구절을 이해하기 위해서는,

429) Carson, 2001b, 537-40.

430) 갈 2:19; 본서 제10장 제3절 3)을 보라.

431) 사 6:3. 또한, 하나님의 '헤세드'(hesed)가 온 땅에 충만하다고 말하는 시편 119:64를 포함해서 *Perspectives*, ch. 23(골 1장에 대한 것)에 열거된 본문들을 보라. 우리는 유대적 관점에서 볼 때, 스토아 사상의 범신론은 이러한 종말론적인 "충만하게 함," 실현된 종말론을 패러디한 것으로 보였을 것이라고 말할 수 있다.

바벨론 사람들에 의한 첫 번째 성전의 파괴가 지닌 의미의 중심적인 부분은 (출애굽기 40장이 보여주듯이) 광야의 성막에 거하였다가 (열왕기상 8장이 보여주듯이) 나중에 솔로몬이 성전을 봉헌한 이후로는 예루살렘 성전에 거하였던 하나님의 영광이 성전을 버리고 떠나서 성전이 파괴되게 하였다는 것임을 기억하여야 한다. 셰키나 영광이 성전을 떠나는 장면은 에스겔서 10-11장에 고전적으로 묘사되어 있는데, 이것은 제사장들이 성전 안에서 우상 숭배를 한 것의 직접적인 결과였다. 그러나 제2성전 시대의 유대 세계, 즉 예루살렘과 성전의 재건 이후에 출현한 세계의 흥미로운 특징들 중의 하나는 우리는 그 시기의 그 어떤 문헌에서도 야웨와 그의 영광이 마침내 다시 돌아왔다는 말을 듣지 못한다는 것이다. 아니, 실제로 우리는 정반대의 말을 듣는다. 앞에서 보았듯이, 에스겔은 자신의 책의 끝부분에서 성전이 마침내 제대로 재건되었을 때, 셰키나가 다시 돌아올 것이지만, 당시에는 그 일이 이루어졌음을 보여주는 그 어떤 증표도 없다고 말한다. 야웨가 돌아오지 않아서, 제사장들은 자신들이 드리는 성전 제사를 지루하고 지겨운 일로 여겼기 때문에, 말라기 선지자는 "너희가 구하는 주가 갑자기 그의 성전에 임하시리라" 고 그들에게 확신을 주는 한편, 그들이 자신들의 일을 제대로 수행하지 않으면, 야웨가 돌아왔을 때에 그 앞에 설 수 없게 될 것이라고 경고한다.[432] 하나님의 영광이 다시 돌아올 것이라는 이러한 예언은 후기 유대인들의 문헌 속에 아주 널리 퍼져 있다.[433] 말라기 선지자가 연기가 자욱하고 스랍들의 찬송이 울려 퍼지는 가운데 야웨가 임재하는 것을 보았을 때, 그것은 이사야 6장 같은 이전의 순간들에 대한 기억과 반향을 불러일으켰을 것이다.

그러나 하나님이 자신의 심판과 자비를 통해서 세계를 새롭게 할 저 다가올 새 시대, 즉 내세에 회복될 것은 야웨의 영광만이 아니다. 그때에는 인류의 영광도 회복될 것이다. 특히 사해 두루마리에서 찾아볼 수 있는 어떤 주제에 관한 글 속에는 "아담의 모든 영광"이 이스라엘 내에서 회개한 자들과 의인들에게 귀속될 것이라는 약속들이 나온다.[434] 이것이 인간이 창조주의 형상을 따라 지음 받았다는 옛적의 유대적 인간관, 즉 하나님 자신만을 닮은 것이 아니라, 세계에 대하여 통치권을

432) 말 3:1-4.

433) *JVG*, 616-24의 개관을 보라.

434) 예를 들어, 1QS 4.23; CD 3.20; 1QH 17.15; 1QLitPr. 2.3-6; cf. 4QpPs37 3.1f., 이것에 대해서는 Wright, 1991 [*Climax*], 24 n. 30을 보라; Vermes, 1997, 488에도 불구하고, 이 본문은 "영광"이 아니라, '콜 나할라토 아담' (kol nhlth adm, "아담의 모든 기업")에 관한 것이다. 하지만 핵심적인 의미는 대동소이하고, 이것은 우리에게 이러한 표현들 속에서 "영광"(= "왕권"?)의 의미에 관한 어떤 것을 말해 준다.

행사하는 하나님까지 닮도록 지음 받았다는 인간관에 속한다는 것은 두말할 필요도 없다. 따라서 "아담의 영광"은 아담이 하나님의 모든 피조세계에 대하여 행사한 통치권과 청지기직을 포함하고 있는 것으로 보인다. 이러한 주제는 여전히 하나님 자신의 영광이 궁극적으로 드러나게 될 것이라는 주제와 병행 관계, 아니 거의 긴장관계에 놓여 있다. 나는 제2성전 시대의 유대인들이 이 둘을 결합시키는 방법을 발견하였다고 생각하지 않는다.

하지만 몇몇 글들에서는 이 두 주제를 장차 도래할 메시야를 중심으로 통합시키고자 하는 경향을 보여준다. 사무엘하 7장에서 다윗은 야웨를 위한 집을 짓겠다고 나서지만, 도리어 야웨가 다윗을 위해 "집"을 지어줄 것이라는 말을 듣는다.[435)] 다윗 왕이 야웨의 영광이 영원히 거할 수 있는 물리적인 성전을 짓고자 한다고 하자, 하나님은 "집"이라는 단어가 지닌 이중적인 의미를 이용해서, 자기가 다윗에게 그의 보위에 앉게 될 아들, 곧 하나님 자신의 아들임이 밝혀지게 될 그런 아들을 줄 것이라는 한 수 위의 약속을 통해서 다윗의 수를 뛰어넘는다. 그러나 어떻게 그것이 하나님이 자기 백성 가운데 영원히 거할 곳이 있게 하고자 하는 다윗의 의도에 대한 대답이 될 수 있단 말인가? 오직 어떤 의미에서 장차 도래할 왕이 실체이고, 성전은 단지 그 왕을 가리키는 이정표인 경우에만, 하나님이 둔 수는 그 대답이 될 수 있다. 왜냐하면, 그 왕은 살아 계신 하나님이 자기 백성 가운데 거하게 될 장소가 되고 그 통로가 될 것이기 때문이다.

이러한 개념은 이사야 40-55장에 암호 같이 기록되어 있는 이른바 야웨의 종의 노래들에서도 찾아볼 수 있는데, 거기에서 종의 사역은 비록 역설적인 방식이기는 하지만 이미 앞에서 인용된 예언, 즉 야웨의 영광이 다시 나타나게 될 것이라는 예언에 대하여 대답해 주는 것으로 보인다. 선지자 이사야는 "그가 야웨의 팔이라는 것을 누가 생각할 수 있었겠는가"(53:1)라고 읊조린다. 그러나 그런 후에, 유대인들이 지리적으로 포로생활에서 귀환한 때로부터, 많은 기대를 모았지만 결국에는 별 소득 없이 끝나 버린 마카베오 시대를 거쳐서, 세례 요한이 나타나서 하나님의 나라가 도래하였다고 알리면서, 선지자 이사야 및 말라기와 맥을 같이하여, 야웨가 친히 오고 있고 머지않아 심판과 긍휼 가운데 나타날 것이라고 약속하였던 때까지, 그러한 예언들은, 다른 많은 것들과 마찬가지로, 정지 상태에 있었던 것으로 보인다.

435) 이 구절(삼하 7:10-14)은 4QFlor.(= 4Q174)에서 암 9:11과 시 2:1 등과 더불어서 설명된다.

우리는 복음서들의 서두에서 그러한 예언들을 다시 발견하게 되지만, 물론 이것은 본서의 목적과는 상관없고, 여기서 우리가 주목해야 할 좀 더 중요한 것은, 성전과 관련해서 장차 이루어지게 될 것이라고 생각되었던 것 – 야웨가 자신의 영광과 이름을 성전에 두리라는 것 – 은 온 피조세계와 관련해서도 그대로 이루어질 것이라고 생각되었다는 것이 성경 시대 및 그 이후에 꽤 널리 퍼져 있던 관념이었다는 것이다. 장차 이스라엘의 하나님이 시온에 돌아오게 되리라는 것은 중요한 일이기는 하지만, 그것으로는 충분하지 않다.[436] 우리가 앞에서 살펴보았던 상징세계, 특히 성전과 만유 간의 연결관계는 이전에는 감추어져 있던 종말론적인 주제를 부상시킨다. 이제 마침내 야웨의 영광이 온 땅에 충만하게 될 것이다:

> 홀로 기이한 일들을 행하시는 야웨 하나님 곧 이스라엘의 하나님을 찬송하며,
> 그 영화로운 이름을 영원히 찬송할지어다. 온 땅에 그의 영광이 충만할지어다.
> 아멘 아멘.[437]

> 야웨께서 이르시되, "내가 네가 구한 대로 죄를 사하노라. 그러나 진실로 내가 살아 있는 것과 야웨의 영광이 온 세계에 충만할 것을 두고 맹세하노니, 내 영광 … 을 보고서도 … 내 목소리를 청종하지 아니한 그 사람들은 내가 그들의 조상들에게 맹세한 땅을 결단코 보지 못할 것이다.[438]

민족들이 불탈 것들을 위하여 수고하는 것과 나라들이 헛된 일로 피곤하게 되는 것이 만군의 야웨로 말미암은 것이 아니냐? 그러나 물이 바다를 덮음 같이, 야웨의 영광을 아는 지식이 세계에 충만하리라.[439]

이런 것들과 밀접하게 연결되어 있는 그 밖의 다른 구절들이 있다:

> 젖 먹는 아이가 독사의 구멍에서 장난하며, 젖 뗀 어린 아이가 독사의 굴에 손을 넣을 것이라. 내 거룩한 산 모든 곳에서 해를 받는 것도 없고 상함도 없을 것이니, 이는 물이 바다를 덮음 같이 야웨를 아는 지식이 땅에 충만할 것임이니라.[440]

436) 여기에 언급된 다른 구절들과 아울러, 시 102:16; 사 60:1f. 등도 참조하라. 관련된 본문들에 대해서는 Adams, 2006을 참조하라.

437) 시 72:18f.

438) 민 14:20-3.

439) 합 2:13f.

440) 사 11:8f.

그는 의와 정의를 사랑하신다. 땅에는 야웨의 인자하심이 충만하도다.[441)]

야웨여, 주의 인자하심이 땅에 충만하오니, 주의 율례들을 내게 가르치소서.[442)]

특히, 이러한 것들을 한데 연결시켜서, 창세기 1장과 잠언 8장에 나오는 두 개의 핵심적인 구절들을 암시하는 것도 있다:

이것들은 다 주께서 때를 따라 먹을 것을 주시기를 바라나이다.
주께서 주신즉 그들이 받으며, 주께서 손을 펴신즉 그들이 좋은 것으로 만족하다가,
주께서 낯을 숨기신즉 그들이 떨고,
주께서 그들의 호흡을 거두신즉 그들은 죽어 먼지로 돌아가나이다.
주의 영[히브리어로 '루아흐,' "숨" 또는 "바람"]을 보내어
그들을 창조하사 지면을 새롭게 하시나이다.
야웨의 영광이 영원히 지속되게 하시고,
야웨께서는 자신이 행하시는 일들로 말미암아 즐거워하옵소서.
그가 땅을 보신즉 땅이 진동하며, 산들을 만지신즉 연기가 나는도다.
내가 평생토록 야웨께 노래하며, 내가 살아 있는 동안 내 하나님을 찬양하리로다.[443)]

이러한 구절들, 아니 그 근저에 있는 주제, 즉 야웨의 영광과 그 속성들이 성전으로부터 퍼져나가서 만유를 충만하게 할 것이라는 주제는 바울 시대의 유대 세계, 특히 바리새파 속에서 어떤 식으로 이해되고 발전되었을까?

먼저, 바리새파의 세계로부터 멀리 떨어져 있는 곳에 필로(Philo)가 있다. 우리가 방금 전에 본 구절과 맥을 같이하여, 그는 "천사들과 말씀들" 속에서 살아가는 유대 백성들은 "하나님의 집, 거룩한 전, 지극히 아름다운 처소"가 될 가능성을 지니고 있다고 선언한 후에, "왜냐하면, 온 세계로 이루어진 집의 가장이시자 너라는 집의 가장이기도 하신 분은 자신의 특별한 집인 너를 지켜보시면서, 너를 영원히 자신의 보호하심 아래 두시고 해악으로부터 안전하게 지키실 것이기 때문이다"라고 말한다.[444)] 빌(Beale)도 월튼(Walton)과 마찬가지로, 이것이 필로의 글에서 통상적으로 다루어진 주제임을 인정한다. 창조의 목적, 그리고 하나님이 아담과 하와에게 자신이 임재하는 곳인 에덴 동산에서 일하라고 한 목적은 그들로 하여금

441) 시 33:5.
442) 시 119:64.
443) 시 104:27-33.
444) Philo, *De Somn.* 1.149(my tr.).

하나님의 임재 안에서 그 동산을 세계의 나머지로 확장시키게 하기 위한 것이었다.[445] 이 주제는 다윗이 성전 건축을 준비하면서, 이스라엘의 하나님이 하늘들과 땅을 다스리는 주재라고 찬송할 때에도 등장한다.[446] 새 성전과 관련해서 에스겔서에 나오는 약속들은 에덴 동산이라는 주제를 명시적으로 거론함으로써, 자신의 이름이 온 세계에 알려지게 하는 것이 창조주의 의도였음을 보여준다.[447] 이사야서의 끝부분에 나오는 종말론적인 약속들은 예루살렘의 영화로운 새로운 상태를 새 하늘과 새 땅에 관한 약속과 연결시킨다.[448] 스가랴서는 장차 야웨 자신이 성곽이 되고, "그 가운데에서 영광"이 되며, 이스라엘이 온 세계에 편만하게 되어서, 성벽이 없는 거대한 성전이 출현하게 될 것이라고 말한다. "공동체적인 아담으로서의 이스라엘은 사방으로 퍼져나가서 온 땅을 복속시켜 [하나님의] 영광으로 충만하게 할 것임에 틀림없다."[449] 또한, 우리는 다니엘서 2장에서 새 성전의 초석인 "돌"이 산이 되어서 온 땅을 채우고, 이전에 거기에 있던 신성모독적인 조각상을 대체하는 장면도 앞에서 말한 것과 동일한 방식으로 읽을 수 있다.[450]

쿰란의 문헌들과 벤시락서 20장에 나오는 저 유명한 구절에서도 이것과 비슷한 주제들을 발견할 수 있는 것은 전혀 놀라운 일이 아니다. 벤시락서를 보면, 거기에서 나중에 토라와 동일시되는 지혜는 새로운 에덴 동산으로 인식된 예루살렘 성전에서 살게 된다.[451] 마찬가지로, 시빌의 신탁서와 에녹1서에도 거대한 성전이 사방으로 뻗어 나가서 땅의 모든 거민들을 포괄하게 될 것에 대한 언급이 나온다.[452] 증거들이 아주 많은 것은 아니지만, 그 증거들은 분명하기 때문에, 제2성전 시대에 성경을 읽는 독자들 중에서 적어도 일부는 거기에 이미 나와 있던 단서들을 사용해서, 마침내 새로운 성전이 세워지게 될 것이라는 약속이 야웨의 영광이 돌아올 것이라는 약속과 결합되어서, 성경에 반복적으로 등장하는 수수께끼 같은 약속, 즉 야웨의 영광이 온 땅을 충만하게 될 것이라는 약속을 성취하게 될 것이라고 읽

445) Beale, 2004, 85; Walton, 2001, 186.

446) 대상 29:10-12(Beale, 2004, 108).

447) 겔 36-37장.

448) 사 65:17f.

449) Beale, 2004, 143; 슥 2:5을 보라.

450) Beale, 2004, 125-52는 이사야 2장과 미가서 4장 및 다른 비슷한 구절들, 그리고 고대 근동의 많은 증거들을 중심으로 한 Lacocque, 1979 [1976], 124의 주장을 지지한다.

451) 쿰란: 예컨대, 1QH 6.12-19. Sir. 24과 이것을 야웨가 시온으로 돌아오는 것의 또 다른 형태이거나 거기에 미리 참여하는 것일 가능성에 대해서는 본서 제2장 제3절을 보라.

452) *Sib. Or.* 5.414-32; *1 En.* 90.

었다는 것을 보여주기에 충분하다.

제2성전 시대에 속한 상당 기간 동안, 이것은 여전히 실현되기에는 너무나 꿈 같은 일로 남아 있었다. 이교도들은 거룩한 땅을 무자비하게 약탈하고 파괴하고 있었고, 성전 자체도 부패한 관료집단에 의해서 관리되고 있었다. 그러나 성경 속에서 창세기 1장과 이사야 11장, 에스겔 37-48장, 그리고 우리가 앞에서 살펴보았던 여러 구절들 간에 존재하였던 연결고리들이 완전히 사라진 것은 아니었고, 시편들은 하나님을 섬기는 자들에게 언제나 그러한 구절들의 근저에 있는 주제를 상기시켜 주는 역할을 하였다. 나는 다소의 사울이 이 주제를 알고 있었고, 유대인들의 종말론을 개작해서 자신의 가장 주목할 만한 몇몇 글들을 쓸 때에 이 주제를 활용하였다는 것을 하나의 가설로 제시하고서, 바울의 글들에 비추어서 이 가설을 검증해 볼 것을 제안한다.

이상으로 우리는 주후 1세기의 한 바리새인의 "기본적인 신념들"인 유일신론과 선민론과 종말론을 개략적으로 살펴보았고, "기본적인 신념들"에 수반되어서 그러한 좀 더 큰 신념들을 표현하는 데 중요한 역할을 하는 "부수적인 신념들" 중 적어도 몇몇에 대해서 알아 보았다. 이제 우리가 살펴보아야 할 것은 그러한 신념들이 생성해내고 유지시킨 목표들과 의도들은 어떤 것들이었는가 하는 것이다.

6. 열심 있는 한 바리새인이 지니고 있던 목표들

이 질문에 대한 대답의 일부는 쉽고, 일부는 좀 더 논란이 되고 있는 것들이다.

가장 바깥쪽에 있는 두 가지는 쉽다. 첫 번째는 개인적인 정결이다. 이것에 대해서는 우리가 다른 많은 곳들에서 이미 충분히 살펴보았다. 두 번째는 하나님이 장차 자신의 약속들을 성취하고자 한다는 궁극적인 목표이다. 이 둘은 서로 결합되어 있다: 현재에 있어서 토라를 지키는 것은 그 궁극적인 목표에 도달하는 수단들 중의 하나이고, 어떤 사람이 장차 도래할 내세에 이미 속해 있음을 보여주는 증표들 중의 하나이다. 많은 바리새인들에게 있어서, 율법에서 요구하는 기준에 따라서 개인적인 정결을 유지하는 것과 하나님의 나라가 도래하도록 하기 위하여 어떤 식으로든 일하는 것은 그들의 삶의 주된 목표들이었을 것이다. 거룩한 땅에서와 마찬가지로 디아스포라에서도 실질적으로 바리새파적인 공동체들이 존재하였는지는 논란이 되고 있기는 하지만, 만일 그런 공동체들이 존재하였다고 한다면, 토라는 성전으로부터 멀리 떨어져 살아가는 사람들에게 하나의 대안으로서 한층 더 크게 부각되어 있었을 것이다.[453] 또한, 그런 경우에, 토라의 준수는 하나님의 백성과 우상 숭배를 일삼는 이교 세계 간의 "담"이 유지될 수 있게 해준다는 이유로 더욱 강화되었다.[454]

하지만 어떤 사람들에게는 두 가지 다른 목표들도 있었을 것이다. 이 책의 끝부분에서 보게 되겠지만, 세계는 결국 바로잡히게 될 것이고, 그런 일이 일어나려면 무엇인가를 행할 필요가 있다고 생각한 것은 유대인들의 접근방식의 특징이다. 첫째, 필로(Philo)는 바리새파의 목표 중에서 강력한 부분이었던 것은 단지 바리새파에 속하지 않은 다른 유대인들에게 영향을 끼치는 데서 그치는 것이 아니라, 거기에서 더 나아가 그들에게 상당한 압박을 가해서, 가능한 한 바리새인들이 도달해 있는 높은 수준에 근접할 정도의 정결한 삶을 살아가게 하고자 한 것이었다는 것을 아주 분명하게 보여준다. 필로는 거짓으로 맹세하는 어떤 사람에게 하나님이 어떤 식으로 갚아주게 될 것인지를 논의하면서, 그러한 사람이 사람들에 의한 처벌을 피할 가능성이 있을 것이라고 생각할지 모르겠지만, 수많은 열심당원들이 조치를 취할 만반의 준비를 갖추고서 끊임없이 눈에 불을 켜고 주시하고 있기 때문에, 실제로 처벌을 피할 가능성은 전혀 없다고 말한다.

이것은 모톤 스미스(Morton Smith)를 뒤이어 샌더스(Sanders)가 내놓은 주장, 즉 바리새파는 (주로 예루살렘에서) 그들 자신의 경건에만 몰두하였던 작은 집단이었다는 주장을 정면으로 반박한다. 그러한 극단적인 주장을 하는 의도는 언제나 역사적으로 검증된 토대를 세우고자 하는 것이 아니라, 기독교의 변증에서 통상적으로 제기되는 비판으로부터 바리새파를 구하고자 하는 것이다.[455] 필로의 증거를 비롯한 다른 증거들에 비추어 볼 때, 많은 바리새인들, 특히 "조상들의 가르침"에 "열심이 있는" 자들로 자처하였던 바리새인들은 율법을 지키는 일에 별로 열정이 없는 자들을 자신들처럼 열심이 있는 자들로 변화시키고자 하는 일에 몰두하였을 가능성이 높다. 필로가 한 말이 오직 예루살렘에만 적용되는 것이었다고 볼 수는 없기 때문에, 우리는 당시에 알렉산드리아에도 그런 사람들이 있었을 것이고, 다

453) 디아스포라에서의 바리새파의 문제에 대해서는 Niebuhr, 1992, 55f.(그는 증거가 너무 없어서 어느 쪽이든 증명하기가 어렵다고 말한다); 이전의 것으로는 "디아스포라의 바리새주의"가 많이 알려져 있지는 않았지만 어쨌든 존재하였을 것이라고 주장하는 Schoeps, 1961 [1959], 24-7을 보라. 특히, van Unnik, 1993을 보라.

454) 미쉬나(Mishnah)의 한 편인 Abodah Zarah는 어떻게 하면 이교의 우상 숭배를 피할 수 있는지에 관한 문제에 초점을 맞추고 있다.

455) *NTPG*, 187-97; *JVG*, ch. 9, 특히 여기에서는 380-2, 그리고 이 두 곳에 언급된 다른 전거들을 보라. Sanders는 자신의 나중의 저작들에서는 이 입장에서 후퇴한 것으로 보인다.

른 디아스포라에도 그런 사람들이 있었을 것이라고 추론할 수 있다.

이 분야의 어느 지점에서 우리는 신성모독을 범하는 자들로 인식된 자들, 토라를 제대로 따르지 않을 뿐만 아니라 실제로 토라를 무너뜨리고 있던 자들(그리고 성전을 훼손하고 있던 자들)에 대한 실제적이고 적어도 준사법적인 박해에 관한 문제를 만난다. 열심 있는 바리새파의 활동을 보여주는 필로(Philo)의 흥미로운 글들은 질문을 해결해 주기보다는 더 많은 질문들을 불러일으킨다.

하지만 우리가 확실히 아는 것은 다소의 사울은 초기 교회를 박해하였고, 그 자신도 박해를 받았다는 것이다. 우리는 이 두 가지 사건 중 그 어느 것도 바리새파가 자신들이 지닌 "열심"이 요구하는 것으로 믿었던 것들의 일련의 사고 체계와는 아무런 상관없이 우연히 일어난 사건이 아니었다는 것을 확신할 수 있다. 이러한 폭력은 토라와 계약을 보호하기 위하여 하나님이 그들에게 요구하고 공인해 준 것이었다. 이것은 맛다디아가 자기 아들들에게 "열심"으로 인하여 하지 않으면 안 되는 일이라고 역설하였던 바로 그것이었다.[456]

그렇다면, 또 하나의 질문에 대해서는 우리는 어떤 대답을 얻을 수 있는가? 즉, 바리새인들은 이방인들을 회심시켜서 개종자들로 만들고자 노력하였던 것인가? 마태복음 23:15에 나오는 잘 알려진 구절은 바리새인들이 그렇게 하였음을 강력하게 암시한다. 거기에서 예수는 바리새인들이 한 명의 개종자를 얻기 위해서 바다와 육지를 두루 다니다가, 그렇게 얻은 개종자를 그들 자신보다 두 배는 더 지옥 자식으로 만드는 일을 하고 있다고 말한다. *Aboth*에서 힐렐이 말했다고 하는 잠언도 그런 비슷한 뉘앙스를 풍긴다: "인류를 사랑하고, 그들을 율법 가까이로 데려오라."[457] 오랫동안 이러한 증거들은 어느 정도 결정적인 것으로 여겨졌고, 다소의 사울은 그리스도인이 되기 이전의 시기에도 방금 말한 이유들로 인해서 그리스도인들을 박해하였을 뿐만 아니라, 비유대인들을 회심시키기 위하여 먼 길을 두루 돌아다녔을 것이라고 추정되어 왔다. 그리고 사람들은 아마도 이것이 그가 갈라디아서 5:11에서 "내가 지금까지 할례를 전한다면"이라고 말한 것의 의미일 것이라고 생각하였다. (거기에서 이것은 그가 "내가 여전히 그 일을 하고 있는 것이냐?"고 반문함과 동시에 "물론, 그렇지 않다"고 대답하고 있는 것이다.)

제2성전 시대에 많은 이방인들이 유대인들의 생활방식에 마음이 끌렸다는 것은 의문의 여지가 없고, 그들 중의 상당수는 "하나님을 경외하는 자들"(god-fearers)

456) 1 Macc. 2.51-68; 본서 제2장 제3절, 특히 "종교"가 아니라 하나의 활동 프로그램으로서의 '유다이스모스'(Ioudaismos)에 관한 논의를 보라.

457) mAb. 1.12.

로 머물면서, 모든 것을 다 받아들여 행하거나 할례를 받지는 않았지만, 회당에 참석하는 등 유대인들의 기본적인 율법들을 따르는 것으로 만족하였고, 적어도 일부는 온전한 개종자들이 되어서 유대인과 똑같이 살아가기도 하였다. 그렇다면, 유대인들, 특히 바리새인들은 그러한 사람들을 찾기 위하여 돌아다녔던 것인가? 지난 수십 년 동안의 논쟁은 이쪽으로 휩쓸렸다가 저쪽으로 휩쓸리기를 반복해 오다가, 모든 관련된 것들을 다 모아서 대차대조표를 작성해 본 결과로 나온 가장 최근의 연구들은 그들은 대체로 그런 일을 하지 않은 것으로 결론을 내리고 있다. 바리새파는 그들에게 동참하고자 해서 온 사람들을 기꺼이 받아들였고 심지어 독려하기까지 한 것은 사실이었지만, 대체로 자신들이 이방인들 중에서 그런 자들을 찾아 나서기보다는 그들이 제발로 자신들을 찾아오기를 기대하였다(사실, 이것이 선지자들이 예언해 왔던 일이었다[458]).[459] 로마에 있던 유대인 공동체가 다른 지역들에 있던 공동체들보다 더 적극적이었다는 몇몇 학자들의 주장처럼,[460] 디아스포라

458) 예를 들어, 사 2:2-4(이방인들이 들어오리라는 것); 슥 8:20-3(하나님이 유대인들과 함께 있다는 것을 이방인들이 듣고, 그들과 함께 하기를 원하리라는 것). Riesner, 2000, 249는 '프로셀뤼토스'(prosēlytos)는 "-를 향하여 나아오다"를 뜻하는 '프로셀테인'(proselthein)에서 유래한 것이기 때문에, "개종자"는 거의 어원학적인 정의에 의하면 자원해서 유대교를 향해 나아온 자를 의미한다고 지적하면서, "우리에게 현재 있는 증거로는 기독교 이전의 유대교 선교가 의도적으로 수행되었다고 말할 수 없다"고 결론을 내린다. 또한, 이전의 논의들을 소개하고 있는 Munck, 1959 [1954] 265를 보라.

459) 가장 최근의 것으로는 Bird, 2010과 그의 중요한 연구서인 Bird, 2006을 포함해서, 이 논쟁과 관련하여 그가 소개하고 있는 자세한 참고문헌들을 보라. Goodman, 1994는 아마도 지나치게 과격한 노선을 취하고 있는 것 같다(이방인들을 유대교로 개종시키는 일은 주후 2세기가 되어서야 본격적으로 시작되었다); McKnight, 1991은 좀 더 온건하긴 하지만 여전히 완강하다; 최근의 것으로는 Ware, 2011 [2005](153: 유대인들은 열방의 종말론적인 순례를 기대하고 있었고, 가끔씩 유대교로 들어오는 소수의 개종자들은 그것의 맛보기로 여겼다). 다른 편에 서 있는 사람들로는 Carleton Paget, 1996; 신중하기는 하지만, Judge, 2008a, 432 n. 3은 이방인들의 유대교로의 개종에 대한 Arrian, Tacitus, Juvenal의 공격에 대한 Stern의 해석을 인용한다(Juvenal, *Sat.* 14.96-106 [Judge가 말하듯이 104가 아니라]에 대해서는 Stern, 1974-84, vol. 2, no. 301(pp. 102f.)을 보라). Donaldson, 1997, 275-84는 주의 깊게 중도의 길을 모색한다(예컨대, Kim, 1981, 44 n. 1을 따라서): 바울은 회심자들을 얻기 위해서 세계를 누비고 다녔던 것은 아니었지만, 사람들이 유대인들의 권속에 참여하기를 원한 경우에는, Eleazar이 Adiabene의 왕 Izates를 회심시킨 이야기에서 그러하였듯이, 그들도 할례를 받아야 한다고 주장하였던 자들 중 한 사람이었다: Jos. *Ant.* 20.17-53(이 이야기는 43-8에 나옴). 지금은 Thiessen, 2011의 중요한 연구서도 보라.

460) Hengel, 1991, 13; 그리고 Barclay, 1996, 317 n. 89에 의해 인용된 금석문 증거들을 보라. Barclay는 이 증거들을 선교 사역의 증거가 아니라, 유대교가 이방인들의 마음을 사로잡았음을 보여주는 증거라고 본다. 로마에 있던 유대인들과 그들이 겪었던 어려움들에 대해서는 Barclay, 1996, 298-306; Leon, 1995 [1960]; Lampe, 2003 [1987], chs. 2, 5를 보라. 일부 유대인들이 혈통에 의한 이스라엘의 지체로서의 지위가 영속적이고 배타적이어서, 이방인들은 할례를 받더라도 지체가 될 수 없다고 믿었는지의 여부에 관한 문제에 대해서는 Thiessen, 2011, 8f.와 여러 대목들을 보라.

의 서로 다른 지역들에 있던 유대인 공동체들마다 각기 다른 노선을 취하였을 가능성이 있다. 심지어 한 유대인 저자는 바울의 선교 활동은 유대 세계에서는 그 어떤 모델도 없었던 것으로 보아서, 이교도들이 두루 돌아다니면서 사람들에게 오시리스나 헤라클레스 등을 섬기라고 권고하던 관행에서 기원한 것이라고 생각하기까지 하였다.[461] 앞으로 보게 되겠지만, 이것은 불필요하지만 흥미로운 가설이다. 나는 다수의 견해인 것으로 보여지는 입장을 따라서, 대부분의 유대인들과 바리새인들 사이에서는 개종자들을 얻기 위한 선교 활동이 관례화되어 있지 않았다고 보고자 한다. 모든 역사는 예외들로 가득하고, 고대 역사는 틈새들로 가득하지만, 아마도 마태복음 23장은 지금의 우리로서는 확인할 수 없는 어떤 사실을 말해 주고 있는 것일 가능성이 있다. 그러나 우리는 다소의 젊은 사울이 이방인들을 사냥하기 위하여 두루 다녔다고 굳이 생각할 이유는 없다. 왜냐하면, 선교 활동에 대한 그의 열정은 판이하게 다른 원천으로부터 생겨난 것이기 때문이다.

7. 결론

주후 1세기의 한 바리새인의 세계관은 이제 명확해졌다. 열정으로 가득한 가운데 극단적이고 심지어 폭력적이기까지 한 “열심”을 보였던 샴마이 학파와 열정으로 가득했지만 극단적으로 신중하고 유연하였던 힐렐 학파를 양쪽 끝으로 하는 스펙트럼의 어느 지점에서 살았던 이 바리새인은 조상들의 전통, 특히 모세의 율법 및 그것을 발전시킨 구전 율법에 열광하였고, 이 이중의 토라를 지키는 것이 중요하다는 것을 철저히 인식하고 있었는데, 이것은 토라의 준수가 단지 자신의 삶에서 요구된 것이거나 하나님의 은총을 얻기 위해 꼭 필요한 일이었기 때문만이 아니라, 이렇게 온 마음과 목숨을 다해 율법을 새롭게 지키는 것이 위대한 갱신 및 종말(the eschaton)과 그것이 의미하는 모든 것이 오게 하기 위해서 성경이 요구한 조건들(신명기 30장에 나와 있는 것처럼) 중의 하나였기 때문이었다. 토라를 지키는 것은 이스라엘의 하나님의 신실하심에 대한 적절하고도 신실한 응답이기 때문에, 하나님으로 하여금 자신의 날개를 펴서 예루살렘을 품어 보호해 주는 결과를 이끌어낼 수 있는 것으로 여겨졌고, 개인적인 경건과 개인적인 소망은 전체로서의

461) Mendels, 1996.

이스라엘의 삶과 소망에 관한 지속적인 이야기 내에 확고하게 자리 잡고 있었다. 상징과 실천으로 구체화된 주도적인 이야기들은 유일신론과 선민론과 종말론이라는 신학적인 영혼에 꼭 필요한 몸을 제공해 주었다.

이러한 것들은 그 어떤 것도 단지 관념들에 불과한 것들이 아니었고, 단지 하나님과 이스라엘과 미래에 관하여 말하는 일관된 방식을 만들어낸 것에 불과한 것이 결코 아니었다. 바리새파의 세계관은 현실 전체를 껴안고 있었다. 그것은 고대적인 의미에서든 현대적인 의미에서든 단지 "종교"에 관한 것이 아니었다. 그것은 "지혜," 즉 고대인들이 "철학"이라고 생각하였던 것에 속해 있던 세계와 그 창조주에 대한 이해도 포함하고 있었고, 공동체와 관련된 "정치"에 속한 과제들도 포함하고 있었다. 이것이 우리가 사도 바울을 이해하고자 한다면, 이러한 다면적이고 풍부한 세계 내에서 그를 보아야 하는 이유이다. 바리새파의 세계관을 구성하고 있던 서로 다른 무수한 동심원들을 차례차례 헤집고 들어가 본다면, 그 세계관은 인간이라는 것이 무엇이냐에 관한 것이었고, 인간 중에서 유대인이라는 것이 무엇이냐에 관한 것이었으며, 유대인의 공동체 속에서 살아간다는 것이 무엇이냐에 관한 것이었고, 위협 받고 있는 유대인 공동체 속에서 살아가고 있다는 것이 무엇이냐에 관한 것이었으며, 위협 받고 있는 유대 공동체 속에서 지혜와 온전함과 소망을 가지고 살아간다는 것이 무엇이냐에 관한 것이었고, 위협 받는 유대 공동체 내에서 토라와 계약, 특히 이스라엘의 신실하신 하나님을 향한 "열심"으로 살아간다는 것이 무엇이냐에 관한 것이었다.

위협들은 다양한 모습으로 찾아왔다. 유대인들은 아마도 자기들과는 다른 흥미로운 관념들과 문화적 전제들을 지닌 친절한 비유대인을 거리에서 만났을 때보다는 폭도들이 회당을 불태워 없애버리려고 몰려올 때가 더 위험하다고 느꼈을 것이다. 이제 우리가 살펴보려고 하는 것은 다소의 사울과 관련된 좀 더 폭넓은 문화적 배경을 형성하고 있었던 주후 1세기의 동부 지중해 세계에서 통용되던 바로 그 다른 흥미로운 관념들과 전제들이다.

제 3 장

아테네와 올빼미: 헬라인들의 지혜

1. 서론

호메로스(Homer)가 제기하기는 하였지만 결코 대답하지 않았던 질문들은 아마도 이런 것들이었을 것이다: 왜 저 몰상식한 올림포스의 신들이 아가멤논의 전쟁에 개입하여야 했는가? 어떻게 공기와 물과 흙과 불이 결합해서 '코스모스'(kosmos, "세계" 또는 "만유")가 만들어지게 되었는가? 어떻게 하면 우리가 "자유로워질" 수 있는가? 무엇이 어떤 사람을 "선하게" 만들고, 한 성을 "정의롭게" 만들며, 어떤 말을 감동적인 것으로 만드는가?

질문들은 시간을 요구하고, 시간은 돈 많은 학자들에게 주어지는 전리품이다. 그래서 학자들은 지혜와 미덕과 진리를 찾기 위해서, 즉 다른 사람들은 어둠 속에 엎어지고 넘어져서 찾을 수 없었던 것을 찾기 위해서 아테네로 왔다. 아테나 여신은 그들을 환영하였고, 그들의 탐구의 상징인 어둠을 꿰뚫어 보는 능력을 지닌 올빼미는 여신 옆에서 그들의 수고에 대하여 자신이 줄 수 있는 복을 수여하였다.

아테네와 올빼미의 관계는 (내 자신의 세계에서 통용되는 잠언을 인용하자면) 뉴캐슬과 석탄의 관계와 같은 것이었다. 아테네 지역 전체에 걸쳐서 흔하게 볼 수 있는 작은 올빼미는 건물들에 둥지를 트는 것을 좋아하였고, 그들이 좋아하는 자연적인 장소로는 아크로폴리스 광장에 있는 아테나 여신을 위한 파르테논 신전의 서까래들이 있었는데, 이 신전은 오늘날에도 여전히 거기에서 자동차가 내뿜는 매연과 이 나라가 겪고 있는 통화 위기를 내려다보고 있다. 아테네의 상징으로 선택된 올빼미는 광산에서 채굴된 후에 곧바로 주조된 은화들의 표면에 각인되어서 고대의 아테네인들 앞에서도 반짝반짝 빛을 발하였었다. 올빼미는 살아 있는 것이었든 은화의 표면에서 빛을 발하는 것이었든 아테네에서 난 것이었기 때문에 굳이

다른 곳에서 가져올 필요가 없었을 것임은 너무나 분명하다.[1)]

게다가, 올빼미는 어원에 있어서나 능력에 있어서나 아테나 여신과 연결되어 있었다. 아테나 여신의 통상적인 별명들 중의 하나는 '글라우코피스'(glaukōpis, "밝은 눈을 지닌 자")였는데, 올빼미가 바로 '글라욱스'(glaux), 즉 밝은 눈을 지닌 새였다.[2)] 올빼미의 능력은 다른 새들이 볼 수 없는 것들을 볼 수 있는 것이었는데, 아테네가 오랜 세월 동안 철학으로 명성을 떨쳐온 것은 이 새가 지닌 그러한 능력을 그대로 빼닮았다. 평범한 사람들은 어둠 속을 뚫어져라 쳐다보아도 아무것도 보지 못하지만, 철학자들은 어둠 속에 숨겨진 진리들을 찾아낸다. 아테나 여신은 통상적으로 자기에게서 역할만이 아니라 새까지도 빌려간 로마의 여신 미네르바(Minerva)와 동일시되었기 때문에(아마도 오해에 기인한 것이었겠지만), 속담 속에서 "미네르바의 올빼미"는 철학의 상징이 되었다. 헤겔(Hegel)은 올빼미가 지니고 있던 긍정적인 의미(어둠을 꿰뚫어 보는 것)를 변증법적으로 비틀어 부정적인 의미로 바꾸어서, 올빼미가 보여주는 것은 철학은 오직 사건이 벌어지고 난 이후에야 지혜로울 수 있다는 것이라고 말하면서, "미네르바의 올빼미는 땅거미가 지기 시작할 때에야 날기 시작한다"고 썼다.[3)]

고대 아테네의 철학자들은 그의 말에 동의하였을 것이다. 과거에 대한 반성과 성찰은 당연히 철학적 과제의 일부였지만, 올빼미의 복을 구한 사람들은 미래를 내다보았다. 그들은 마르크스(Marx, 그는 헤겔에게 대답하고 있었던 것인가?)와 마찬가지로, 단지 세계를 이해하는 데서 그치지 않고 더 나아가 세계를 변화시키는 것, 또는 적어도 세계 중에서 자기와 가장 가까이 있는 그들 자신을 변화시키는 것이 자신들의 과제라고 여겼고, 그들 중에는 자신들이 사는 '폴리스,' 즉 자신들의 성읍을 변화시키는 것 - 앞으로 보게 되겠지만, 이 점에 있어서는 철학의 주요 학파들의 견해가 서로 나뉘어 있었다 - 을 자신들의 과제라고 생각한 자들도 있었다.

그들은 이러한 목적을 위해서 질문들을 제기하였고, 통상적인 대답들에 만족하지 않았다. 무엇이 존재하는가? 우리는 무엇을 해야 하는가? 우리는 어떻게 아는

1) 예를 들면, Aristophanes, *Birds*, 301. 아크로폴리스에서 까마귀들을 몰아냈다는 아테네의 전설에 대해서는 Lucr. *De Re. Nat.* 6.749-55(Lucretius는 이것을 자연적인 원인들로 돌리지만, 그는 그렇게 말할 수밖에 없었다)를 참조하라.

2) "눈이 밝은" 아테네가 아킬레스(Achilles)의 분노를 억제하는 저 유명한 장면과 비교해 보라: Homer, *Il.* 1.188-222(특히, 206).

3) Hegel, 1991 [1821], 23.

가?[4]

이러한 주제들을 가리키는 전문적인 명칭들은 현대의 독자들에게는 하나의 경고로서의 역할을 한다. 핵심적인 단어들은 그 단어들이 의미하는 것을 미묘하게 바꿀 수 있다.

"무엇이 존재하는가"라는 질문은 '퓌시스'(physis, "자연" 또는 "본성")에 대한 연구, 즉 물리학(physics)을 가리킨다. 오늘날의 "물리학"은 생물학, 식물학, 화학 등은 물론이고, 특히 어떤 의미에서 "존재한다"고 말할 수 있다고 할지라도 전혀 다른 질서에 속해 있는 것으로 보이는 것들인 신학과 형이상학을 배제해 버렸기 때문에, 그 다루는 범위가 훨씬 좁아졌다. 하지만 고대 헬라인들에게 "물리학"은 위에서 말한 모든 것은 물론이고, 그 밖의 다른 것들, 즉 실제로 "존재하는 모든 것"을 포괄하고 있었기 때문에, 거기에는 특히 신들 및 세계에 대한 신들의 관계에 대한 연구를 다루었던 "형이상학"(metaphysics)도 포함되어 있었다.

"우리는 무엇을 해야 하는가"라는 질문은 윤리학(ethics)을 가리키는데, 이 학문은 얼핏 보면 오늘날의 윤리학과 똑같아 보이지만, 특히 고대의 대부분의 철학자들에게는 "윤리학"과 "물리학"은 밀접하게 연결되어 있었기 때문에, 고대의 맥락 속에서 "윤리학"이 의미하는 것은 오늘날에 의미하는 것과는 다른 뉘앙스를 지니고 있었다. 즉, "우리는 어떻게 행하여야 하는가"라는 질문은 "우리는 세계가 어떠하다고 이해하는가"라는 질문과 밀접한 관계를 지니는 것으로 여겨졌다는 말이다.

"우리는 어떻게 아는가"라는 질문은 논리학(logic)을 가리키는데, 이 명칭은 "말씀"과 "이치"를 비롯해서 다른 많은 의미들을 지니고 있는 저 유명하고 의미심장한 용어인 '로고스'(logos)에서 유래하였다. "논리학"은 "물리학"과 마찬가지로 오늘날 통상적으로 아테나 여신의 탐구자들이 받아들였던 것보다 상당히 좁은 의미로 사용된다. "논리학"이라는 말을 들으면, 우리에게 즉시 떠오르는 것은 수학 공식 같은 것들인 반면에, 그들은 "논리학"이라는 것은 추론과 변증 과정 전체, 사람이 자기 자신 속에서나 대중들 앞에서 발표하기 위하여 자신의 생각을 조직하고 구성하는 방식을 가리키는 것이었다. "논리학"은 사람이 말을 할 때에 단지 수사나 감정, 잘못된 추론을 두서없이 늘어놓지 않고, 누구나 수긍할 수 있게 한 문장에서 다음 문장으로 옮겨갈 수 있게 해주는 방식을 다루는 것이었다.

아테네가 철학의 본거지라는 것은 누구나 인정하는 것이었고, 무엇보다도 적어

4) 이 삼중의 구분에 대해서는 Diog. Laert. 7.40; Sextus Empiricus, *Against Maths*, 7.17을 보라.

도 주전 5세기에 소크라테스(Socrates)가 등장한 이래로 그러한 질문들을 던지고 얘기할 수 있는 곳이었다. 아테네는 주전 5세기 초의 페르시아 전쟁을 겪고 난 후에 에게 해의 패권국가가 되면서 정치적으로 전성기를 맞이하였고, 이러한 군사적이고 경제적인 우월성은 적어도 일부 사람들에게는 스스로 발걸음을 멈추고서 생각할 여유만이 아니라, 다른 사람들에게도 그렇게 하기를 권할 수 있는 여유를 가져다 주었다. 이러한 전통은 신약성서 시대와 그 이후까지도 지속되었다. 주전 79년에 젊은 법률가였던 마르쿠스 툴리우스 키케로(Marcus Tullius Cicero)가 철학을 공부하고자 했을 때에 간 곳이 바로 아테네(그리고 로도스[Rhodes])였다. 오비디우스(Ovid)와 호라티우스(Horace)도 마찬가지였다. 누가는 그 때로부터 한 세기가 조금 지난 후에 바울이 순회 복음전도자로서 아테네에 갔을 때, 거리에서 스토아학파와 에피쿠로스학파에 속한 철학자들과 논쟁하였다고 기록한다.

아네네에서 이렇게 철학적인 가르침과 논쟁이 일상적으로 벌어지던 관행은 주전 88-86년에 걸친 2년이라는 기간 동안에 대부분 와해되었다. 당시에 로마의 가장 위험한 적은 북부 소아시아에 있던 본도(Pontus, '폰토스')의 왕 미트라다테스 6세(Mithradates VI)였다. 그는 흑해 주변의 대부분의 땅들을 유린한 후에, 계속 진군해서 비두니아(Bithynia, '비튀니아')와 갑바도기아(Cappadocia, '카파도키아')를 장악하였다. 그런 후에, 그는 아시아 속주에 살고 있던 로마인들과 이탈리아인들을 대량학살하고 헬라 지역을 대부분 장악함으로써 로마와의 전쟁을 도발하였다. 이 시점에 아테네의 지혜로운 올빼미들은 어둠 속을 들여다보고 잘못된 선택을 하였다.[5] 이 중대한 시기에 아테네에서는 두 철학자가 차례로 절대 권력을 쥐고 있었지만, 이 도시를 올바른 방향으로 조종해 가고 있던 "철인 왕들"이라는 개념을 중심으로 한 플라톤(Plato)의 이상적인 국가 체제는 이 두 철학자의 손에서 허물어져 내렸다. 소요학파라 불렸던 아리스토텔레스 학파 출신의 아테니온(Athenion)과 에피쿠로스학파에 속하였던 아리스티온(Aristion)은 둘 다 미트라다테스와 손을 잡고 로마에 맞서기로 결정하였다. 이 때에 로마는 자신이 가장 잘하는 일을 행하였다. 술라(Sulla)를 우두머리로 한 다섯 개 군단이 아테네에 당도해서, 미트라다테스를 패배시키고, 아테네를 포위해서 함락시키고 약탈하였다. 우리는 아테네의 철학 학파들이 어느 정도의 물리적 손실을 입었는지를 확실히 알지 못하지만, 분명한 것은 대부분의 철학자들이 아테네를 떠나서 다른 곳으로 갔다는

5) 그들은 반세기 후에 또다시 옥타비아누스(즉, 아우구스투스)를 버리고 안토니우스를 지지하다가 처벌을 받았다: Richardson, 2012, 107f.

것이다. 그들 중 일부는 로마로 갔고, 일부는 로도스로 갔으며, 일부는 알렉산드리아로 갔다.

그리고 그들 중 일부는 길리기아(Cilicia, '킬리키아')에 있는 다소(Tarsus, '타르소스')로 갔는데, 이것이 우리의 이야기가 실제로 시작되는 지점이고, 우리에게 사도 바울로 더 잘 알려져 있는 다소의 사울에 관한 책에서 이 장이 중요하게 된 주된 이유이기도 하다.

우리는 특히 미트라다테스가 다스리던 본도 출신의 지리학자였던 스트라보(Strabo)의 저작 속에서 다소(Tarsus)의 명성을 알 수 있다. 그는 로마 등지에서 공부하였고, 스토아 철학에 끌렸는데, 아우구스투스와 티베리우스의 치세(대략, 사울의 소년기와 청년기가 포함된 주전 30년에서 주후 20년까지의 50년에 걸친 기간) 때에 쓴 글에서 당시에 다소에 있었던 철학 학파들을 비롯한 여러 학교들에 대하여 설명하면서, 이 학교들의 문도들은 모두 그 지역 출신임에도 불구하고(달리 말하면, 이 학교들의 문도들은 아테네에 있던 학교들의 경우와는 달리 전 세계에서 모여든 사람들이 아니었다는 것이다), 이 학교들의 수준은 아테네와 알렉산드리아에 있는 학교들보다 더 수준이 높았다고 밝힌다.[6] 그러나 분명한 것은 다소는 철학자들을 수입하지는 않았지만, 수출만 하였다는 것이다. 이전 세기들에서 다소는 이미 몇몇 저명한 스토아 철학자들을 배출하였었고, 스트라보(Strabo)는 당시에 로마는 다소 출신의 현자들로 가득하였다고 말한다.[7]

그렇다면, 사울도 그러한 철학자들 중 한 명이었을까?

사울이 바리새인으로 엄격하게 양육을 받았다는 사실에 비추어 생각해 보면, 이 질문에 대해서는 부정의 대답을 해야 하는 것이 자명한 것으로 보일 수 있다. 디아스포라 유대인들이 주변의 이교 문화에 대하여 취한 입장들이 아주 다양했다는 점을 감안하면, 우리는 가장 엄격한 "조상들의 전통" 안에서 양육을 받은 사람이라면, 당연히 주위의 비유대적인 방식의 삶 및 사고와는 꼭 필요한 정도로만 최소한으로 접촉하고, 다른 모든 것들은 피하고 삼갔을 것이라고 추측해 볼 수 있을 것이다.[8] 그러나 실제는 그런 것과는 정반대의 방향이었음을 강력하게 보여주는 증거들도 아울러 존재한다.[9]

6) Strabo, 14.673.

7) 14.5.14-15. 다소의 이전의 산물들에 대해서는 Sedley, 2003, 30을 보라. 역사상 가장 위대한 스토아 철학자였던 Chrysippus(아래 제3장 제2절 3)을 보라)는 다소의 아들이었다.

8) 예를 들어, 갈 1:13f.; 빌 3:4-6을 보라. 유대교의 견해들과 실천들에 있어서의 다양성에 대해서는 특히 Barclay, 1996과 위의 제2장을 보라.

앞의 질문에 대하여 부정의 대답을 해야 한다는 것을 암시해 주는 또 하나의 단서는 골로새서 2:8에 나오는 명시적인 경고이다: "아무도 철학과 헛된 속임수로 너희를 사로잡지 못하도록 주의하라." 이 절은 흔히 그리스도인들은 온갖 종류의 "철학"을 멀리해야 한다는 포괄적인 경고로서의 역할을 해왔다. 바울이 "세계의 지혜"를 "하나님의 지혜"와 극명하게 대비시켜서 강도 높게 비판한 내용을 담고 있는 고린도전서 1장 및 2장과 더불어서, 이 절은 바울이 당시의 철학들에 대해서 한 유일한 말은 칼 바르트(Karl Barth)가 "자연 신학"에 대하여 "아니다!"(Nein!)라고 딱 잘라 말했던 것과 동일한 것이었음(바울의 경우에는 '메 게노이토'[mē genoito, "그럴 수 없느니라"])을 많은 사람들에게 확신시키기에 충분한 것이었다. 그러나 (표준말과 방언의 차이만큼이나) 그런 것과는 상당히 다른 견해를 취할 수 있는 강력한 근거들도 존재한다.

바울이 자기 자신을 소개하는 핵심적인 말들 중의 하나는 "열방의 사도"(apostolos ethnōn – '아포스톨로스 에트논,' 한글개역개정에는 "이방인의 사도")이다.[10] 신약성서를 해석하는 모든 학파들은 다소의 사울은 회심 이후에 본질적으로 유대적 범주들("율법," "메시야" 등등)을 폐기하고서, 당시의 제의들에서 사용된 "주들"(lords)에서 유추하여, 예수를 새로운 "주"(kyrios – '퀴리오스')로 이방 세계에 제시하는 것을 목적으로 한 사상 체계를 발전시켰다는 전제 위에 구축되어 왔다. 우리는 이것에 대해서 이미 다른 곳에서 간략하게 설명한 바 있고, 앞으로 바울에 관한 좀 더 큰 그림을 그려나가게 될 때에 다시 한 번 자세하게 다루고자 한다.[11] 따라서 여기에서 우리는 바울이 자신의 복음과 신학에 대하여 스스로 요약해 놓은 것임이 분명해 보이는 것을 단서로 삼아서, 바울이 본질적으로 유대적인 메시지를 이교 세계에 전할 때에 자기가 무엇을 하고 있다고 생각하였는지를

9) 이것이 본서에 이 장이 필요한 이유이다. Malherbe, 1989b는 바울을 그의 철학적 배경 안에서 연구하는 작업이 쇠퇴한 것을 한탄한다; 또한, Malherbe, 1989a, 3. 이것은 지난 한 세기에 걸쳐서 진행되어 왔던 "종교사적" 연구방법론의 우여곡절에 관한 좀 더 큰 이야기의 일부인데, 이것에 대해서는 *Interpreters*를 보라.

10) 롬 11:13; cf. 1:5; 15:16; 갈 1:16; 2:7, 9; 엡 3:1, 8. 나는 "열방들"(nations)과 "이교도들"(pagans)이라는 말을 거의 동일한 의미로 사용한다. 일부 학자들은 "이교도들"이라는 말이 풍길 수 있는 다소 경멸적인 뉘앙스를 걱정하지만(예컨대, Athanassiadi and Frede, 1999, 4f.), 그렇다고 해서 우리가 비유대인들을 가리키는 데 이 단어를 발견학습적으로 사용하는 것을 중단해서는 안 된다. 왜냐하면, 엘리트주의에 의거한 어떤 이유들에서가 아니라(Athanassiadi and Frede, 5), 우리가 바울 자신이 당시의 그들을 보았던 방식에 가장 근접하게 볼 수 있기 위해서는, 바울 연구에 있어서 이러한 구별은 필수적이고 불가피하기 때문이다. 지금은 North, 2011, 481f., 489f.를 보라.

11) *Perspectives*, ch. 12과 본서 제12장 제3절을 보라.

제시해 볼 수 있을 것이다:

> 그리스도께서 하나님의 진실하심을 나타내기 위하여 할례 받은 자들의 종이 되셨으니, 이는 조상들에게 주신 약속들을 견고하게 하시고, 열방들도 그 긍휼하심으로 말미암아 하나님께 영광을 돌리게 하려 하신 것이다.[12)]

그 다음에 이어지는 절들(로마서 15:9-13)은 이것을 설명하는 구절들이다. 좀 더 넓은 세계를 향하여 무엇인가를 말하기 위하여 유대적이고 성경적인 범주들을 포기해야 했다는 것은 말이 되지 않는다. 이스라엘의 하나님이 세계의 열방을 불러 자기를 예배하고 섬기게 하고자 한다는 것은 이스라엘 성경의 핵심적인 부분이다. 앞으로 보게 되겠지만, 바울의 복음과 신학의 중심적인 특징은 하나님이 이렇게 온 세계를 새롭게 부를 순간이 메시야의 부활로 인해서 도래하였다는 것이다.[13)] 이 모든 것에 대해서 우리는 적절한 때에 아주 자세하게 살펴보게 될 것이다.

그러나 바울이 자신의 선포의 중심적인 주제들과 범주들을 이교 사상의 주제들과 범주들로부터 가져오지 않았다고 해서, 그것이 그가 그런 것들을 사용하기를 전면적으로 거부하였다는 것을 의미하지는 않는다. 도리어, 당시의 철학자들이 경쟁 학파들을 누르거나 반박하기 위하여 그들의 주장들을 인용하곤 하였던 것과 마찬가지로, 실제로 바울은 자기가 주변의 문화로부터 온갖 종류의 것들을 가져와서 자신의 목적들을 위하여 사용할 수 있다는 사실을 매우 기뻐한다.[14)] 나는 이것과 관련해서 두 가지가 행해지고 있었다고 본다. 첫 번째는 정면 대결(direct confrontation)이다. 우리는 아마도 그 가장 생생한 예들을 이교의 다신론에 맞선 유대식의 유일신론과 이교도들의 관행들과 대비되는 유대식의 성윤리에서 찾아볼 수 있을 것이다.[15)] 두 번째는 변용(adaptation)이다. 이것과 관련해서도 바울의 강령적인 선언이 존재하는데, 그는 "모든 생각을 사로잡아 메시야에게 복종하게 한다"고 선언한다. 이것은 그저 유익해 보이는 것이라면 무엇이든지 다 받아들여서 사용하는 대범하고 호탕한 태도 같은 것이 아니라, 바울의 탄탄한 창조의 유일신론에 토대를 둔 것이다: 세계의 모든 지혜는 일차적으로 메시야 예수에게 속한

12) 롬 15:8f. 정확한 해석(그리고 다른 방식의 끊어읽기가 가능한지의 여부)에 관한 논의로는 Wright, 2002 [*Romans*], 746-8을 보라.

13) 롬 15:9b-12; cf. 1:3-5; 16:26.

14) 예컨대, Seneca의 서신들이 Epicurus를 끊임없이 인용하는 것을 보라.

15) 유일신론: 고전 8:4-6(본서 제9장 제3절 2)를 보라; 이 점에 대해서는 논쟁이 있다; Athanassiadi and Frede, 1999를 보라); 성윤리: 엡 5:1-20; 골 3:4-7(본서 제11장 제5절 2)를 보라).

것이기 때문에, 이 세계의 어딘가에 깜빡거리거나 희미한 빛이 있다면, 그 빛은 복음을 드러내는 데 사용되고 복음 안에서 칭송을 받는 것이 마땅하다.[16]

그러나 바울에 대해서만이 아니라 그의 이교적 배경에 대해서도 더 잘 알게 될 때, 우리는 단지 "이교적" 주제들에 대한 바울의 대결과 변용이 그의 사상이 이교적 배경으로부터 "유래하였음"을 보여주는 증거라고 말한 "종교사" 학파의 주장이 문제인 것이 아니라, 이 학파가 지닌 문제점은 그것보다 더 깊다는 것을 발견하게 된다. (어쨌든, 바울의 핵심적인 주제들 중 대부분은 이스라엘의 성경과 유대 전승들의 세계로부터 "유래하였다"는 강력한 논거들이 지난 반세기에 걸쳐서 제시되어 왔다.) "종교사" 학파가 지닌 진정한 문제점은 "종교"라는 단어 자체에 있다. 여기서 우리는 계몽주의가 성서학계를 왜곡시킨 기나긴 역사의 심장부에 가까이 다가가게 된다. 우리가 19세기 중반에 씌어진 바우어(F. C. Baur)의 글을 읽고 있든, 아니면 20세기의 마지막 사반세기에 씌어진 샌더스(E. P. Sanders)의 글을 읽고 있든, 그 글들을 지배하고 있던 전제는 바울은 우리가 스스럼없이 "종교"라고 부를 수 있는 어떤 것을 선포하고 가르쳤다는 것이었다. 그러나 바울을 둘러싸고 있던 좀 더 넓은 배경을 바라보는 순간, 우리는 그러한 전제 속에서 심각한 문제점을 발견하게 된다. 다시 한 번 말하지만, 그 문제점은 바울이 사용한 단어들이 당시에 의미했던 것은 우리 시대에 그 단어들이 의미하는 것과 미묘한 차이를 보인다는 사실과 관련되어 있다. 본서의 이 부분의 내용을 결정한 것은 바울에 관한 많은 책들은 고대 말기의 "종교적" 세계에 대한 고찰로 시작하고 있지만, 나는 그것과는 다르게 시작하기로 결심한 것이었다. 왜?

우리는 바울 시대의 이방 "종교"에 대하여 상당히 많은 것을 알고 있다.[17] 이방 종교는 신전들과 제사들, 징조들과 신탁들을 갖추고 있었고, 사제직은 대체로 지역의 관료들이 맡고 있었으며, 종교는 '폴리스"(도시국가)의 삶과 밀착되어서 거의 통합되어 있었다. 이방 종교는 전통적인 만신전의 변덕스럽고 종잡을 수 없는 신들의 존재를 전제하였고, 특히 특정한 도시나 지역을 지켜 준다는 지방신 또는 부족신을 섬겼다. 어떤 이방 종교 중에는 신비종교(mysteries)라는 것들도 있어서, 사람들은 거기에 "입교"함으로써, 현세에서는 새롭고 비밀스러운 종교적 신분을 얻고, 사후에는 지극히 복된 삶을 살게 될 것이라는 약속을 받기도 하였다. 그러한 "종교"는 공적으로든 사적으로든 통상적으로 자신이 섬기는 신들을 다른 신들과

16) 고후 10:5; cf. 골 1:15-20; 2:2f.
17) 특히 아래 제4장을 보라.

혼합시킬 수 있었다. 집단들과 개인들은 고대 근동 지역의 여기저기에 이주해서 살았기 때문에, 어느 한 곳에 여러 다양한 지역 "종교들"이 서로 복잡하게 혼합되는 결과를 초래하였다(예를 들면, 어느 지역에 새롭게 도입된 신들과 여신들은 그 지역의 토착신들의 이름과 속성들을 취할 수 있었다). "종교"에 대해서는 다음 장에서 좀 더 자세하게 살펴보게 될 것이지만, 한 가지만은 여기에서 분명하게 해두지 않으면 안 되는데, 그것은 이방 종교의 이러한 모습들은 그 어느 것도 사도 바울이 가르쳤던 것, 또는 그의 공동체들이 배운 것과 같지 않았다는 것이다.[18]

물론, 적어도 주후 1세기의 관점에서 보면, 그들이 베푼 세례와 성찬은 기독교가 "종교"(religio)임을 보여주는 증거였다. 또한, 주후 2세기 초에 씌어진 글을 보면, 그들은 "'크리스투스'(Christus)를 신으로 섬기며 찬송하였고," 플리니우스(Pliny)는 트라야누스 황제에게 '헤타이리아이'(hetaeriai, 일반적으로는 동업조합들을 가리키는 라틴어 — 역주)를 금지하는 법률에 따라 그리스도인들이 정기적으로 모임을 갖는 것을 금지하였다고 보고하는데, 여기서 '헤타이리아이'는 종교적 성격의 결사들도 의미할 수 있었다.[19] 또한, 주후 2세기에도 그리스도인들은 여전히 성전, 제사, 신탁, 제사장직에 관한 언어를 사용하고 있었다. 그러나 그리스도인들은 짐승을 제물로 바치는 희생제사를 거행하지 않았고, 신선한 경내나 제의를 담당하는 전문인력들도 없었으며, 신의 음성을 듣기 위해서 델피나 그 밖의 다른 곳으로 순례를 하지도 않았다. 그들에게는 유대인들과 마찬가지로, 전통적인 만신전도 없었고, 지방신이나 부족신도 없었다. (또한, 그들은 유대인들과 마찬가지로, 신도 아니고 인간도 아닌 '다이모네스'[daimones], 즉 이교의 제의를 사용해서 인간을 속이고 부패시키고자 하는 악한 존재인 귀신들이 존재한다고 여겼다.) 그들은 이스라엘의 메시야 예수 안에서, 그리고 예수로서 자기 자신을 나타낸 온전히 신뢰할 수 있는 한 분 유일하신 하나님을 믿었다. 우리가 지금 논증하고 있는 것 같이, 바울은 이 한 분 유일하신 하나님의 신실하심을 자신이 가장 길게 쓴 책의 주된 주제로 삼았다.

게다가, 바울 이래로 그리스도인들은 고대 세계에서는 "종교"가 아니라 바로 철학에 속한 세 가지 것을 행하였다.[20] 첫째, 그들은 기존의 것들과는 다른 현실에 관

18) 고대 유대교와 기독교에 관한 담론에서 "종교"라는 오늘날의 서구적인 범주를 사용하는 것과 관련된 좀 더 광범위한 문제점들에 대해서는 Thiessen, 2011, 142-4를 보라; 그리고 특히 아래 제13장을 보라.

19) Pliny, 10.96.7; *NTPG*, 348f.의 논의를 보라.

20) 이것은(누구보다도 특히) Stowers, 2001이 강조하는 논점이다.

한 질서, 즉 통상적인 전제들에 부합하지 않는 신적인 현실에 관한 질서를 제시하였다. 그들은 창조주 하나님과 세계에 관한 이야기들, 이교도들이 신(들)과 세계에 관하여 말한 것들과 교차되는 지점들이 있기는 하지만, 그런 것들과는 다른 지점에서 시작하고 끝나며, 그 중간에 필수적이지만 전례 없는 요소들을 포함한 이야기들을 들려주었다. 둘째, 그들은 특별한 생활방식, 즉 머지않아 어떤 경우에는 호기심의 대상으로, 어떤 경우에는 적대감의 대상으로 자신의 이웃들 사이에서 구설수에 오르게 될 생활방식을 제시하였고, 그들 스스로 모범을 보여주었다.[21] 셋째, 그들은 성별이나 계층은 말할 것도 없고, 친족, 지역적 또는 지리적 정체성, 언어 같은 통상적인 유대(kinship)의 끈들을 무시한 공동체들을 건설하고 유지해 나갔다. 그 결과, 바울을 시작으로 해서, 그들은 당국들로부터 냉대를 받았다. 우리는 고대 세계에서 사람들이 주류 "종교"를 행하였다는 이유로 도시들 밖으로 쫓겨났다는 말을 들은 적이 없다.[22] 현실은 그 정반대여서, "종교"는 국가(도시 또는 지방)가 계속해서 올바른 방향으로 잘 굴러가게 해주는 것이었다. 하지만 우리는 당국들이 철학자들을 추방하였다거나 심지어 죽였다는 말을 흔히 듣는다. 이것을 가장 극명하게 보여주는 예가 바로 소크라테스(Socrates)이다.[23] 플리니우스의 서신에 언급된 '헤타이리아이'(hetaeriai)를 "종교적 결사들"이 아니라 "정치적 결사들"(Loeb 고전문고에서 번역한 것처럼)로 번역하는 것이 더 나은 이유가 여기에 있다.[24] 이러한 관점에서 보면, 19세기 말과 20세기 초에 있었던 "종교사" 학파의 시도 전반은 적어도 바울과 관련해서는 핵심을 놓친 채로 진행된 방대한 작업이었던 것으로 보이기 시작한다. 주후 1세기에 살았던 사람들에게는 바울과 그의 공동체들은 종교의 한 유형이라기보다는 새로운 철학 학파처럼 보였을 것이다. 물론, 그

21) cf. 예컨대, 벧전 2:11f.; 3:13-17; 4:3-6.

22) 새로운 제의들, 특히 "신비" 제의들의 도입은 다른 문제였다; 아래 제4장 제2절과 초기 기독교 박해의 문제(*NTPG*, 346-55)를 보라.

23) 추방에 대해서: Dio Cassius, *Hist.* 65.12(주후 71년에 베스파시아누스 황제는 견유학파와 스토아 학파를 로마에서 추방하였다); 또한, 주후 89년의 도미티아누스 황제에 관한 기사도 보라. Musonius Rufus도 주기적으로 추방을 당하였다: *OCD*, 1013. 좀 더 자세한 것은 아래를 보라. 1656년에 Baruch Spinoza는 "가증스러운 이단 사설들과 기괴한 행위들"을 자행하였다는 이유로 암스테르담의 포르투갈인과 유대인 공동체로부터 추방당하였다(예컨대, Schwartz, 2012, 17-19 등을 보라).

24) LS 850은 오직 이 서신만을 인용해서, "(종교적인) 형제단"으로 번역하지만, 헬라어 원어(LSJ 700)의 의미는 훨씬 더 광범위하고, 특히 정치적 결사를 포함한다; 어근에 관한 LSJ의 인용문들 속에서 종교에 대하여 언급하는 유일한 것은 길리기아에서 나온 유대인 금석문뿐이다(*OGI*, 573.1). 또한, 플리니우스가 지역의 소방대 모임들에 관하여 트라야누스 황제에게 보고한 서신도 보라. 지역 소방대는 유대관계가 돈독하였기 때문에 정치적으로 위협이 될 수 있었다: Pliny, *Ep.* 10.33f.

들은 그것을 예기치 않은 특징들, 심지어 당혹스럽게 하는 특징들을 지닌 이상한 철학이라고 생각했겠지만, 어쨌든 철학의 한 학파로 여겼을 것이다.[25]

서구 세계에서 지난 2백 년 동안 일어난 일은 "정치"와 "종교"라는 각각의 범주를 주의 깊게 분리해서 이 둘을 서로와 관련해서 배타적으로 정의한 것이었음은 두말할 필요가 없다. 현대의 서구 세계에서 "정치"는 마치 신이 존재하지 않는다는 듯이 전제한 가운데 나라들과 도시들을 경영하는 것에 관한 것이고, "종교"는 마치 시민적 현실인 '폴리스'(도시국가)가 존재하지 않는다는 듯이 전제한 가운데 현세의 경건과 미래의 구원을 추구하는 것에 관한 것이다. 현대의 서구 세계에서 "철학"은 "정치" 및 "종교"와 불편하고 복잡한 관계를 유지해 왔다. 이러한 불편함과 복잡성이 생겨난 것은 특히 서로 말조차 하지 않으려 하는 부부를 도우려고 애쓰는 부부상담가처럼 두 방향의 대화가 따로따로 진행되어 왔기 때문이었다. 따라서 바울의 서신들이나 그가 세운 공동체들은 고대적 관점에서나 현대적 관점에서나 일차적으로 "종교"라는 범주에 속하지 않는데도 불구하고, 바울은 "종교학과들"에서 연구되어 왔다. 바울의 추종자들은 수많은 "주들"(kyrioi - '퀴리오이') 중에서도 카이사르(Caesar, "가이사")라는 한 명의 "주"(kyrios - '퀴리오스')가 독보적인 지위를 점하고 있던 세계에서 예수를 '퀴리오스'로 모시고 충성을 다하였기 때문에, 그들의 집단이 정치적인 저항 세력으로 의심을 받은 것은 어쩌면 당연한 일이었다. 우리는 제5장에서 이 모든 것에 대하여 논의할 것이다.

이렇게 "철학," "종교," "정치"라는 세 용어들 - 실제로는 "물리학," "윤리학," "논리학"과 꽤 닮은 용어들 - 이 주후 1세기에 의미하였던 것은 이 용어들이 오늘날 의미하는 것과는 상당히 달랐다. 이것을 감안할 때, 바울은 어떤 의미에서 "철학자"로 보아야 할 가능성이 강력하게 대두된다 - 그렇게 보기 위해서는 상당한 정도의 수정을 거칠 필요가 있는 것은 의심할 여지가 없기는 하지만. 물론, 그는 유대적인 철학자였기 때문에, 이미 좀 더 넓은 헬라-로마 세계에서는 (전례가 없었던 것은 아니었을지라도) 괴상한 존재였다고 할 수 있다. 게다가, 그는 마치 전령관처럼 새로운 '퀴리오스'의 즉위를 알리는 유대적인 철학자였기 때문에, 그 세계에서는 한층 더 괴상한 존재일 수밖에 없었다. 그러나 그럼에도 불구하고, 그는 어쨌든 철학자로 여겨졌다. 바울의 초기 초상들이 고대의 소크라테스의 초상과 많이 닮은 데에는 충분한 이유가 있다.[26]

25) 예를 들어, Judge, 2008a, 415.

26) 소크라테스의 표준적인 조각상들과 바울에 대한 초기의 묘사들은 몇 가지 공통된 특징들을 지

따라서 우리가 주후 1세기의 그 어떤 철학자에 대해서와 마찬가지로 바울에 대해서도 다음과 같이 묻는 것은 의미가 있다: 바울은 이 지도 상에서 어느 지점에 속해 있는가? 그는 다른 철학 학파들과 그들의 주도적인 주제들 및 개념들과의 관계 속에서 자기 자신을 어떤 위치에 두고 있는가? 그가 관념들이나 전문용어들을 빌려 쓰고 있는 것처럼 보일 때, 그것은 그것들을 시인하고 있는 것인가, 아니면 자신의 것으로 만들어서 사용하고 있는 것인가, 아니면 전복시키고 있는 것이거나 반박하고 있는 것인가? 우리는 제14장에서 이 세계 내에서의 바울의 위치를 확정하는 과제로 다시 돌아가기 전에, 본서의 제2부와 제3부에서 바울의 세계관과 신학을 살펴볼 때에 필요한 중요한 주제들을 미리 알아두기 위해서, 이 장에서는 그 지형을 전체적으로 훑어보는 것으로 만족해야 할 것 같다.

이 단계에서 우리는 서론적으로 세 가지를 더 말해 둘 필요가 있다. 첫째, 고대의 헬라-로마 세계와 우리 시대 간의 큰 차이들 중의 하나는 오늘날에는 "철학"이라는 단어가 통상적으로 상당히 난해한 학문 분과를 가리키는 데 사용되고 있지만, 바울 시대에는 "철학"은 어느 정도 교육을 받은 사람이라면 친구들과 식사를 같이하거나 서신을 통해서 논의할 수 있는 그런 종류의 것들을 포괄하고 있었다는 것이다. 당시에도 전문적인 용어들이 있었고 다양하게 발전된 관념들도 있었지만, "철학" 일반은 우리 시대보다는 훨씬 더 길거리에서 행해질 수 있는 활동이었다. 따라서 바울을 어떤 의미에서의 "철학자"로 생각하는 것은 그가 오직 지식인이나 엘리트(우리 시대의 별로 유쾌하지 않은 현대적인 의미에서) 계층의 청중을 대상으로 활동하였다고 상정하는 것이 아니다. 그것은 그가 당시에 논쟁되었던 중요한 주제들을 통해서 당시의 문화와 사고 형태들에 대하여 말하였다는 것을 의미한다.

둘째, 이것은 고대 세계에서 "철학"은 좀 더 폭넓은 문화의 다른 측면들과 훨씬 더 분명하게 연결되어 있었다는 것을 의미한다. 극작가들, 시인들, 역사가들, 미술가들이 "철학"에 참여할 수 있었고, 실제로 참여하였다.[27] 따라서 종종 황제들도 "철학"에 참여하였는데, 마르쿠스 아우렐리우스(Marcus Aurelius)가 가장 분명한 예이다. 따라서 우리에게 진정으로 요구되는 것은 바울을 이러한 한층 더 폭넓은 세계 내에서 좀 더 포괄적으로 연구해서, 그의 서신들에 나오는 표상들과 그가 세우고 유지하고자 애썼던 공동체들의 부호화된 표상들이 당시의 좀 더 넓은 문화적

니는데, 반쯤은 벗겨진 둥근 머리와 수염이 특히 그러하다. 나는 이 두 사람의 모습이 왜 비슷하게 묘사되었는지 그 이유에 대하여 연구한 사람이 있는지는 모르겠다.

27) 시가와 철학에 대해서는 OCD, 1169를 보라; Varro에 대해서는 Most, 2003, 308을 보라.

백과사전 내에서 공명하였던 방식들을 파헤치는 것이다. 그러한 과제는 본서의 범위를 훨씬 벗어나는 것이기는 하지만, 우리가 바울의 사고가 오직 "관념들"의 세계 속에서 떠돌아다녔다는 인상을 주지 않기 위해서는 이 점을 염두에 두는 것은 중요하다.[28] 바울은 유대인이었고, 계속해서 유대인으로 남아 있었다. 그리고 유대적 "사고"는 거의 언제나 사람들과 장소들, 행위들과 인공물들, 실천과 수행의 구체적인 세계와 떼려야 뗄 수 없을 정도로 연결되어 있었다. 이것은 고대의 몇몇 철학들, 특히 스토아 철학에도 그대로 해당되는 말이었다. 바울이 말한 "이신칭의"가 무엇을 의미하였든지 간에(이것에 대해서는 나중에 살펴볼 것이다), 우리는 그것이 추상적인 것("믿음")이 구체적인 것("행위")보다 우위에 있다는 철학적 관념론을 기독교적으로 변용한 것이었다고 볼 이유는 전혀 없다 – 많은 사람들이 그렇게 보아 왔지만. 우리가 확실하게 말할 수 있는 것은 바울은 플라톤주의자가 아니었다는 것이다.

세 번째는 이 모든 것이 다소 출신의 젊은 사울의 사고를 형성하는 데 관련이 있었는지, 아니면 아무런 상관이 없었는지에 관한 것이다. 우리의 이전 세대는 바울이 실제로 자신이 태어난 곳임에 틀림없는 다소에서 자랐던 것인지, 아니면 누가가 사도행전 22:3에서 바울의 입을 빌려 말한 것처럼, 어릴 적에 예루살렘으로 와서 "가말리엘의 문하에서" 가르침을 받았던 것인지를 놓고 논쟁을 벌였었다.[29] 학자들은 이러한 질문을 바울에게 주된 영향을 준 것이 무엇이었느냐(헬레니즘적인 것이었는가, 유대적인 것이었는가?) 하는 질문과 연결시켜 왔고, 후자의 질문은 그의 신학(그리고 내가 앞에서 잘못된 것이라고 말하였던 현대적인 의미에서의 그의 "종교")의 특징을 어떤 식으로 규정하는 것이 최선이냐 하는 문제와 강하게 연결시켜 왔다. 그러나 "다소냐 예루살렘이냐"라는 문제는 보류해 두고, 그런 문제가 바울의 사고에 대한 분석에 결정적인 영향을 미치게 해서는 안 되는 타당한 이유들이 있다.

첫 번째는 우리가 사도행전 22:3을 액면 그대로 받아들인다고 해도, 그 본문은 바울이 몇 살에 다소를 떠나 예루살렘으로 갔는지를 분명하게 보여주지 않는다는 것이다. 본문에 나오는 "자랐다"는 표현은 "아기 때부터"를 의미할 수도 있지만, 마찬가지로 바울의 십대를 가리킬 수도 있기 때문에, 후자의 경우가 맞다면, 그것

28) Koester, 1982a and b의 광범위한 연구는, 지난 세대의 연구자들이 늘 그의 판단들을 지지하였던 것은 아닐지라도, 여전히 인상적이다.

29) 예를 들면, Hengel, 1991, chs. 1 and 2; Barrett, 1998, 1034-6의 논의들을 보라.

은 그가 해맑은 어린 소년이었을 때, 헬라-로마식의 이 분주한 도시 곳곳에서 벌어졌던 질문들과 토론들을 얻어 들을 수 있는 충분한 시간이었을 것이다. 오늘날 대학가에 사는 많은 12살의 소년들은, 나중에 대학에 진학을 하든 안 하든, 사람들 사이에 어떤 주제들이 논의되고 있는지를 잘 알게 된다.

두 번째는 사도행전이 우리에게 알려 주고 있듯이, 사울은 회심 후에 예루살렘을 방문해서, "헬라파 유대인들"과의 논쟁으로 인하여 한바탕 소란이 일어나자, 짐을 싸서 다시 다소로 돌아와서, 바나바가 자신이 수리아의 안디옥에서 행하고 있던 사역에 사울을 동참시키기 위하여 그를 찾을 때까지 수 년 동안 다소에 머물러 있었다는 것이다.[30] 사울이 최근에 십자가에 못 박힌 한 유대인이 이스라엘의 메시야이자 세계의 참된 "주"라는 위험스러운 메시지로 활활 불타올라서 자신의 고향으로 돌아갔고, 회심 이전과 이후의 그의 성품에 대하여 우리가 알고 있는 모든 것을 감안할 때, 우리는 그가 다소에서 온갖 수준의 사상가들 및 학자들과 접촉하였을 것이라고 추정할 수밖에 없다.

사울이 유년기에 예루살렘으로 이사했다는 것이 사도행전 22:3에 반드시 내포되어 있는 것은 결코 아니지만, 설령 그것이 사실이라고 할지라도, 그는 회심 후 초기에 다소에 머물러 있었기 때문에, 예수의 복음에 대한 그의 최초의 "유대적인" 이해를 그것과는 판이하게 다른 "헬레니즘적인" 사고 방식으로 "변환시키는" 일 – 우리는 그가 그렇게 하였다고 볼 이유가 전혀 없다는 것을 앞으로 살펴보게 될 것이다 – 이 아니라, 당시의 주요한 철학 전통들에 맞서 논쟁을 벌이면서, 복음과 그 전통들 간의 접촉점들이 무엇이고, 그 전통들을 전복시키거나 대결하기 위해서 건드려야 할 핵심적인 지점들이 무엇인지를 알아내는 작업을 시작할 충분한 시간을 가질 수 있었다. 나는 그가 "모든 이론을 무너뜨리며 하나님 아는 것을 대적하여 높아진 것을 다 무너뜨리는" 방법을 습득해서, "모든 생각을 사로잡아 그리스도에게 복종하게 하는" 일을 시작한 것은 회심 초기에 다소로 돌아와 머물러 있던 때였을 가능성이 대단히 높다고 본다.[31]

이렇게 해서, 이제 우리는 더 이상의 야단법석을 떨지 않고도 주후 1세기의 흉용한 철학 세계 속으로 나아갈 수 있게 되었다. 다소에서 성장한 한 젊은이가 교실이나 길거리의 토론 현장에서 들을 수 있었던 질문들은 무엇이었을까? 엄격한 유대인이었던 그는 그 모든 질문들을 어떻게 생각하였을까? 우리는 앞 장에서 주후

30) 행 9:30; 11:25. 이것은 "수리아와 길리기아"에서 시간을 보낼 때에 관한 바울 자신의 기사(갈 1:21)와 일치한다.

31) 고후 10:4f.

1세기의 한 바리새인의 가설적인 세계관을 살펴보았기 때문에, 이제 여기에서는 그 독실한 젊은이가 소년이었을 때였든, 아니면 갓 회심한 청년이었을 때였든, 그런 것과는 상관없이, 그가 자신이 태어난 도시 내에서 어떤 위치에 있었는지를 살펴보아야 한다.

2. 주후 1세기 철학의 형태와 내용

1) 서론

우리가 이 시점에서 고대의 철학사를 짤막하게라도 제시할 이유가 없다는 것은 두말할 필요가 없다. 어쨌든 그런 주제를 다양한 수준에서 다룬 최고의 책들이 이미 나와 있기 때문에, 우리가 굳이 여기에서 그렇게 할 필요는 전혀 없지만,[32] 적어도 사울이 다소의 학교나 길거리에서 들었을 법한 것들이 무엇인지를 염두에 두고서, 주요한 철학들의 핵심적인 특징들을 짚어볼 필요는 있다. 특히 우리가 염두에 두어야 할 것은 대중문화 속에서 사람이 부딪칠 가능성이 가장 높은 것은 모종의 주의 깊게 설계된 구조물이 아니라는 것이다. 우리가 당시의 주요한 학파들이 한 벌의 카드 속에 들어 있는 네 개의 짝패와 같다고 생각해 본다면, 사람이 길거리에서 만나는 것은 네 개의 모든 짝패들이 일렬로 정연하게 늘어서 있는 모습이 아니라, 테이블 위에 서로 비슷비슷한 모양으로 어지럽게 널려 있는 모습이다. 그런 상황에서는, 두 장의 스페이드 패와 두 장의 클럽 패는 각각의 킹이나 퀸보다 더 많은 공통점을 지니고 있는 것처럼 보이게 된다.

바울 당시의 네 개의 주요한 철학 학파들은 네 종류의 "짝패"로 나타낼 수 있다: 아카데미 학파 또는 플라톤 학파(플라톤의 "아카데미"에서 유래해서 몇몇 새로운 강조점들을 발전시킨 학파), 뤼케이온(Lyceum) 학파 또는 아리스토텔레스 학파(아리스토텔레스의"소요"학파에서 발전한 학파), 스토아학파, 에피쿠로스학파. 이 비유를 조금 더 확장시킨다면, 우리는 견유학파(the Cynics)는 한 벌의 카드에 들어 있는 조커들이라고 말할 수 있는데, 우리가 고대의 철학에서 웃음을 원한다면

32) 예를 들면, Kenny, 2010. 나는 Honderich, 1995; Audi, 1999 [1995]; Cambridge Companions에 속한 일련의 총서들 같은 최근의 철학사전들에서 상당한 도움을 받았다. 나의 조교 Jamie Davies가 작성해 준 고대 철학자들의 연대표는 이 장의 끝에 첨부되어 있다.

가장 먼저 찾아가야 할 사람들이 바로 이 견유학파라는 점에서, 그들을 조커들이라고 말하는 것은 일리가 있기는 하지만, 마찬가지로 그런 식으로 비유하는 것은 오직 부분적으로만 참될 뿐이다. 왜냐하면, 견유학파는 스토아학파의 일종의 극단적이고 첨예한 변종이었고, 실제로 스토아학파의 창시자인 제논(Zeno) 자신이 디오게네스(Diogenes) 같은 초기 견유학파의 영향을 받았기 때문이다. 이 비유를 한층 더 확장시키고 비틀어 보면, 우리는 이 "짝패들"이 실제로 무엇인지, 또는 에이스 패들이 정말 높은 카드인지 낮은 카드인지를 확신할 수 없다고 선언하고서, 카드 놀이에 참여하기를 거부하며, 방의 한 쪽 구석에 물러나 있는 한 무리의 사람들을 생각해 볼 수 있다. "회의론자들"(the Sceptics)이 바로 그런 사람들이었다.

이 "학파들"은 여러 세기 동안 그들 자신의 전제들과 전통들과 전문인력들 등등을 갖춘 문자 그대로의 "학교들"을 세워 운영해 왔기 때문에, 우리는 이 학파들에 관한 역사적 그림을 구축할 수 있다. 물론, 우리는 이것을 다른 식으로 배열해서, 한 벌의 카드 속에 있는 모든 카드들을 각 카드가 속한 짝패가 아니라, 킹은 킹끼리, 퀸은 퀸끼리 모으는 등 각 카드의 호칭에 따라 정렬할 수도 있다. 즉, 우리는 세계와 신들, 덕 있는 삶과 "선," 지식 자체의 본질에 관한 질문들이나, 도시 또는 나라를 어떻게 경영하여야 하는가 같은 실제적인 질문들에 대하여 각각의 학파들이 어떤 식으로 대답하는지를 살펴볼 수도 있다는 것이다. 또는, 우리는 이 두 가지 접근방법을 결합할 수도 있다. 고대의 저자들은 이 두 가지 방법론들을 시도하였다. 그러나 다시 한 번 말해 두지만, 이러한 예시의 목적은, 우리가 어떠한 패턴들을 구축하든, 다소나 그 밖의 다른 어떤 곳에서 살아가던 평범한 사람들은 이 패턴들 중에서 적어도 일부를 어느 정도 인식하고 있었을 것이지만 – 학파들이 오랜 경쟁의 전통 속에서 활동해 왔다는 사실은 각 학파의 정체성을 꽤 분명하게 유지하는 데 도움이 되었다 – 대체로 그 관념들과 그 지지자들은 은밀하게 밀봉된 하나의 꾸러미로 오지 않았다는 것을 상기하는 데 있다. 우리 시대에 있어서의 문화적 및 철학적 사상 조류들의 경우와 비교할 때, 당시의 사람들은 여러 학파들의 사상을 아무렇게나 널부러져 있는 무더기인 상태로 접했을 가능성이 훨씬 크다.

2) 실제적인 시작: 소크라테스, 플라톤, 아리스토텔레스

우리는 먼저 네 개의 큰 철학 학파들을 살펴보아야 한다. 서구의 모든 철학은 플라톤을 거쳐서 소크라테스로 거슬러 올라간다. 플라톤은 위대하고 독창적인 사상가이긴 하였지만, 처음에는 존슨(Johnson)을 소크라테스라고 했을 때에 보스웰

(Boswell)의 역할을 했다는 점에서 주목을 받았다. 하지만 소크라테스는 존슨보다 훨씬 더 위대한 인물이었고(그렇다고 해서 존슨을 무시하는 것은 절대로 아니다), 플라톤은 보스웰보다 한참이나 훨씬 더 위대한 인물이었다(이 말 속에는 저 근면하지만 얄팍한 쾌락주의자에 대한 의도적이고 유쾌한 실례가 내포되어 있다). 플라톤의 초기 대화편들은 후대의 소크라테스주의자들이 아니라 "역사적 소크라테스들"에 더 가깝다는 것이 통설이고, 그의 작품 전체로부터 우리는 소크라테스가 놀라운 지성만이 아니라 용기와 고결함까지도 갖추고 있던 위대한 인물이었다는 생생한 인상을 얻는다. 그는 삶과 선, 정의와 지혜 등등에 관한 통상적인 전제들 중 그 어떤 것도 당연한 것으로 받아들이지 않고, 그 밑바닥에 무엇이 있는지를 철저하게 파헤쳐서 얻어낸 자신의 기본적인 철학적 입장을 자신의 교수 기법에 담아내었다. 우리는 그들의 그러한 시도가 적어도 두 가지 방향 중 하나로 귀결되리라는 것을 이미 알 수 있다. 즉, 그러한 시도는 더욱 탄탄해진 깊은 경건 및 자신의 도시와 그 최고의 이익들에 대한 충성(이것은 소크라테스가 걸어간 길이었다)으로 귀결되거나, 이 질문들을 끝까지 탐구해서 결국 모든 것이 불확실해 보인다고 결론을 내리는 회의주의(이것은 후대의 "아카데미 학파"가 취한 입장이다)로 귀결될 수 있었다.

철학자들의 계보 속에서 소크라테스가 탁월한 지위를 점하고 있는 데에는 세 가지 특별한 이유들이 있다. 첫째, 그는 이른바 소크라테스 이전의 철학자들(pre-Socratics)이 몰두해 왔던 논쟁들을 종합한 인물이었다. 소크라테스가 활동하기 이전의 철학자들을 우리가 그런 식으로 부르는 것 자체가 이미 소크라테스의 탁월한 지위를 보여주는 것이다.[33] 후대의 학파들은 종종 소크라테스와 동시대이거나 이전 시기의 철학자들로부터 이런저런 관념들을 가져와서 사용하긴 하였지만(예를 들면, 에피쿠로스가 데모크리토스[Democritus]의 "원자론"을 다시 주목한 것을 생각해 보라), 그것은 소크라테스 자신의 방법론들과 비판들을 의식한 가운데 그렇게 한 것이었다.[34] 둘째, 당시의 "궤변론자들"은 여기저기를 돌아다니면서 돈을 받고 젊은이들이나 야심 있는 사람들을 가르쳤고, 그들의 가르침은 파괴적인 것이라는 의심을 널리 받았지만 — 후자와 관련해서는 소크라테스도 마찬가지였다 — 소크라테스는 그들과 완전히 다른 인물이었다. 플라톤이 당시에 지속적으로

33) 소크라테스 이전의 철학자들에 대해서는 Kirk, Raven and Schofield, 1983 [1957]이 기본적으로 수집해서 논한 것들과 Schofield, 2003a에 나오는 최근의 논의를 보라.

34) Democritus는 소크라테스보다 나이가 약간 어렸지만 동시대인이었다.

나쁜 평판을 얻고 있었던 이 궤변론자들과의 차별성을 부각시키기 위해서 그들과 소크라테스의 차이를 부풀렸을 가능성도 없지 않지만, 어쨌든 소크라테스의 인물상은 트라쉬마코스(Thrasymachus), 프로타고라스(Protagoras)를 비롯한 다른 철학자들(주지하다시피, 플라톤 자신과도)에 대하여 우리가 알고 있는 모든 것과 언제나 판이하게 다른 모습으로 등장한다.[35] 셋째, 소크라테스가 활동하던 시기는 아테네가 큰 곤경에 처해서 앞날이 불투명한 시기였고, 결국에는 스파르타(Sparta)와의 오랜 전쟁 끝에 참담하게 패배하여 정치적 후폭풍에 휩싸이게 될 풍전등화의 위기의 시기였는데, 이때에 그는 아테네에서 대중적인 지지를 한 몸에 받는 인물로 우뚝 서 있었다. 소크라테스가 재판을 받고 사형을 당한 저 유명한 사건이 일어나게 된 이유는 아테네가 그의 신념들이나 방법론들을 배척하였기 때문이라기보다는, 절체절명의 위기의 때에 아테네는 그의 집요한 문제제기, 또는 저 악명 높았던 알키비아데스(Alcibiades) 같은 그의 문도들의 영향력을 포용할 수 있는 여유가 없었기 때문이었다.[36] 이렇게 탈레스(Thales)가 세계는 "신들로 가득하다"고 선언하기 대략 두 세기 전, 그리고 피타고라스(Pythagoras, '퓌타고라스')가 "철학"이라는 말 자체를 만들어내기(그는 '소피아'[sophia], 즉 "지혜"는 오직 신들의 속성이지만, 사람들은 지혜를 "사랑하는 자들"이 될 수 있다고 말하였다) 대략 한 세기 전 – 또한 헤라클레이토스(Heraclitus)가 우주는 이성적 원리(rational principle)인 '로고스'가 서로 반대되는 것들(낮과 밤 등등)의 균형을 맞추고 있는 완전체라고 선언하기 대략 한 세기 전 – 그러니까, 주전 5세기가 4세기에 막 자리를 내주었을 때, 철학은 자신의 첫 번째이자 가장 유명한 순교자를 얻고서 다 큰 성인이 되었다.[37]

고대 세계 전체에 걸쳐서, 소크라테스는 자기가 가르치는 지혜를 자신의 삶 속에서 구현하여 철저히 검증해낸 후에 결국에는 그렇게 검증된 삶을 보여 준다는 철학의 목표를 실천해낸 고전적인 예였다.[38] 어떤 점들에서 소크라테스는 나사렛

35) 궤변론자들에 대해서는 Broadie, 2003을 참조하라.

36) 명확한 의도를 지니고서 전개해 나가고 있기는 하지만 그대로 매력적인 최근의 논의로는 Waterfield, 2009를 보라. 기본적인 텍스트들은 Plato의 *Apology*, *Crito*, *Euthyphro*, 그리고 무엇보다도 *Phaedo*이다.

37) Thales, Pythagoras, Heraclitus에 대해서는 위의 각주 33번에 인용된 저작들을 보라.

38) 소크라테스의 가장 유명한 행들 중의 하나는 통상적으로 이렇게 번역되어 왔다: "검토되지 않는 삶은 살 가치가 없다"(Plato, *Apol*. 38A). 하지만 '아넥세타스토스'(anexetastos)라는 핵심 단어는 "검토되지 않은"이라는 수동적인 의미를 지닐 수 있기는 하지만(Demosth. 4.36; 21.218), LSJ 133에서는 이 단

의 예수와 판이하게 달랐지만, 한 가지 특이한 공통점을 지니고 있었는데, 그것은 그는 아무것도 글로 써서 남기지 않았지만, 자신이 사형 선고를 받고 죽은 일과 자신의 추종자들이 그의 전승을 발전시킨 것을 통해서, 단지 시시한 글들을 휘갈겨 써서 후대에 남긴 사람들이 해낸 것보다 더 큰 영향력을 세계에 계속해서 미치고 있다는 것이다.[39]

소크라테스와 플라톤의 관계는 예수와 사복음서 기자들의 관계만큼이나 복잡하다. 소크라테스에 대한 기억들은 특히 그의 최후의 날들과 시간들에 관한 세 편의 기사들을 통해서 생생하게 보존되었다. 그러나 이후 천 년 동안의 서구 사상, 특히 초기 기독교에서의 몇몇 핵심적인 발전들에 지대한 영향을 미친 그의 체계적인 가르침이 사람들에게 알려지게 된 것은 플라톤이 그의 사상을 가져다가(이것이 학자들의 통상적인 견해이다) 소크라테스 자신도 사실은 꿰뚫지 못하였던 분야들로 발전시켰기 때문에 가능한 일이었다. 특히, 플라톤은 공간과 시간과 물질의 세계는 궁극적인 실재인 "형상들"(Forms) 또는 "이데아들"(Ideas)의 세계에 비하면 본질적으로 이차적인 것이고 환각의 세계이기 때문에, 현세의 것들(그것이 나무들과 의자들이든, 선행의 예들이든 상관없이)은 "이데아들"의 세계에 있는 눈에 보이지 않는 실재들을 단지 시공간에 복제해 놓은 것들에 불과하다고 가르쳤다 – 이러한 가르침은 소크라테스보다 50여년 전에 활발하게 활동하였던 파르메니데스(Parmenides)까지 거슬러 올라갈 수 있다. 따라서 참된 "지식"은 "형상들"을 아는 지식이었고, 공간과 시간과 물질의 세계와 관련한 "지식"이라고 하는 것은 사실은 단지 "견해" 또는 "신념"에 지나지 않는 것이었다. 이 "지식"은 육신의 외적인 감각들이 아니라 영혼의 주된 목표이자 직무였는데, 플라톤은 영혼은 불멸의 존재로서 인간의 육신으로 들어왔다가 거기에서 나가서 최종적으로 육신이 없는 지극히 복된 상태 속으로 들어가거나, 환생을 통해서 연속적으로 다른 육신들 속으로 들어간다고 믿었다.[40] 소크라테스의 경우와 마찬가지로, 어떤 이들은 플라톤의 글을 영성과 신비적인 관상의 삶에 대한 영감을 주는 글로 읽을 수도 있겠지만 (주후 2세기와 그 이후의 신플라톤주의자들이 실제로 그랬다), 어떤 이들은 우리의 감각들은 필연적으로 우리를 속이기 때문에, 사람은 물리적인 세계에서나 형이

어를 "탐구 없는"이라는 능동의 의미로 번역한다: "계속해서 끊임없이 질문들을 제기하지 않는 삶은 살아갈 가치가 없다." LSJ는 이렇게 능동의 의미를 보여주는 이 단어의 용례를 제시하지 않는다; 아마도 우리는 이 두 가지 의미가 다 내포되어 있다고 보아야 할 것 같다.

39) Steiner, 1996, 361-89; Gooch, 1997; Waterfield, 2009를 보라.

40) 내세에 관한 플라톤의 신념들에 대해서는 *RSG*, 47-53을 보라.

상학적인 세계에서나 그 어떤 것도 확신할 수 없다고 결론을 내릴 수도 있었으리라는 것을 우리는 이미 알 수 있다. "영적인" 노선과 "회의론적인" 노선이라는 이러한 두 가지 사상의 흐름은 사도 바울이 선교사로 부름을 받은 세계에서도 여전히 생생하게 살아 있었다.

플라톤은 아카데미 학파를 창설하고서 그 첫 번째 선생이 되었고, 그의 사역은 그가 주전 347년에 죽은 후에도 거기에서 계승되었다.[41] 하지만 그의 탁월한 제자였던 아리스토텔레스는 이 학파를 계승해 나가지 않았다.

아리스토텔레스는 북부 헬라에서 왔다가, 플라톤이 죽자, 거기로 다시 돌아가서, 나중에 대왕이 될 마케도니아의 어린 알렉산더(Alexander of Macedon)의 스승이 되었다(주후 1세기에 세네카가 네로 황제의 스승이 되었던 것처럼). 그는 주전 335년에 아테네로 돌아왔지만, 자신의 이전의 스승을 따르던 자들과 함께 하지 않고, 아테네 성 밖에 있던 뤼케이온(Lyceum)에 자신만의 철학 학교를 세웠다. 그로부터 12년 후인 주전 323년에 알렉산더 대왕이 죽자, 아테네에서는 마케도니아를 배척하는 분위기가 형성되었기 때문에, 아리스토텔레스는 이 도시를 서둘러 떠나지 않을 수 없었고, 이듬해에 죽었다. 아리스토텔레스가 죽은 후에 테오프라스토스(Theophrastus)를 중심으로 모인 그의 추종자들은 이리저리 걸으면서 토론하는 그들의 습관으로 인해서 "소요학파"로 알려지게 되었다.

우리가 보기에, 플라톤은 끊임없이 더욱더 추상화하는 쪽으로 내닫는 것으로 보이는 반면에, 아리스토텔레스는 통상적으로 정반대의 방향으로, 즉 서로 다른 물체들, 서로 다른 동물들, 서로 다른 동기들, 서로 다른 신념들을 더욱더 정교하게 구별하는 쪽으로 움직이는 것으로 보인다. 아리스토텔레스가 생물학과 미학, 음악과 형이상학 같은 다양한 분야들을 탐구적이고 날카로운 지성으로 파헤쳐들어가면서 수집하고 분석하며 범주화하는 모습은 플라톤에 못지 않은 추상화에 관한 관심이 그에게도 있었음을 보여준다. 그는 논리학을 발전시킨 것으로 특히 유명한데, 저 유명한 삼단논법("모든 양은 동물들이고, 모든 동물들은 음식을 먹고 죽기 때문에, 모든 양은 음식을 먹고 죽는다")은 그가 엄격한 이성적인 원리들에 입각해서 이미 입증된 참인 명제들로부터 아직 입증되지 않은 결론들로 안전하게 나아가기 위하여 발전시킨 것이었다. 윤리학에 관한 그의 저작은 인품의 발전에 관한 심

41) 아카데미 학파는 실제로는 플라톤과 Eudoxus가 함께 설립하였고(Diog. Laert. 8.86-91은 그와 플라톤이 경쟁관계에 있었음을 보여주기도 한다), Eudoxus가 죽은 후에야 플라톤이 주도하게 된 것으로 보인다. 이것을 내게 알려준 것은 Christopher Kirwan이다.

리학적인 통찰과 온전히 성숙한(그리고 그런 의미에서 "행복한") 인간 존재에게서 찾아볼 수 있는 속성들에 대한 도덕적 성찰을 결합시켜서 "미덕"이라는 관념을 상당히 진전시켰다는 점에서 지속적인 영향을 미쳐 왔다. 이것을 토대로 해서, 아리스토텔레스는 자신이 아테네와 마케도니아에서 얻은 경험과 지식을 바탕으로 정치학에 관한 책을 썼는데, 이 책은 그의 윤리학을 공동체에 적용한 것이라고 할 수 있다. 또한, 이러한 저작들과는 정반대의 대척점에 서서 그가 발전시킨 형이상학적 성찰들은 결국 단일한 신이라는 존재, 즉 만유를 움직이면서도 스스로는 움직이지 않는 "부동의 동인"(unmoved mover, "부동의 동자," "부동의 원동자"로 번역되기도 한다 — 역주)이라는 개념에 도달하였는데, 신에 관한 이러한 견해는 토마스 아퀴나스(Thomas Aquinas)에 의해서 더욱 발전되어서 특히 중세 시대에 영향을 미치게 되었다.

아리스토텔레스는 "형상들"에 관한 플라톤의 이론에 반대하여, "보편자들"(현실의 모든 푸른 물체들의 배후나 근저에 있는 "보편적" 실재인 "푸른 색," 또는 현실의 모든 선한 행위들 배후에 있는 "보편적" 실재인 "선" 같은 것들)은 오직 그 보편자들이 구체적으로 나타난 것들 속에 존재한다고 믿었다. 우리는 이것이 부분적으로 어느 정도나 성향의 문제인지에 대하여 궁금해할 수 있다. 즉, 플라톤은 좀 더 직관적으로 생각하는 사람이었기 때문에 늘 더욱더 큰 그림에 도달하고자 한 것으로 보이는 반면에, 아리스토텔레스는 자신의 손에 더러운 것들을 묻히고서라도, 지금 자신의 눈 앞에 있는 바로 그 동물이나 자신이 지금 듣고 있는 바로 그 음악의 선율이나 자기가 지금 보고 있는 그 사람의 성품의 특정한 측면을 파헤쳐보는 것을 좋아하였던 것으로 보인다는 것이다. 우리는 플라톤은 성찰과 토론을 통해서 자신의 대부분의 작업을 하였던 반면에, 아리스토텔레스는 자신의 추종자들과 함께 한가로이 거닐면서 여러 가지 문제들에 대하여 토론하는 한편, 자연계를 실제로 연구하는 일에 오랜 시간을 들이지 않고는 글 한 줄도 제대로 쓸 수 없었을 것이라고 생각하게 된다. 사실, 자기가 토론하지 않은 중요한 주제에 대하여 생각하기는 어렵다. 그는 궁극적으로 통일적이고 완벽한 체계를 제시하지는 않았지만, 그의 치밀하고 상세한 분석들과 성찰들은 오늘날까지도 계속해서 새로운 사고를 촉진시켜 왔다. 다른 학파들은 그의 핵심적인 원리들 중 몇몇에 대하여 이의를 제기하였지만, 그의 저작의 상당 부분은 대안적인 관점들을 형성하는 데 상당한 기여를 하였다. 앞으로 보게 되겠지만, 특히 스토아학파의 윤리학이 그랬고, 바울이 적어도 인간의 성품의 발전에 관한 아리스토텔레스의 관념들을 가져와서 기독교적으로 변환시켰을 가능성도 충분히 제기된다.

우리가 이렇게 고대의 철학을 간략하게 개관해 본 목적은 다소의 젊은 사울과 성숙한 사도 바울의 철학적 배경을 소묘해 보는 것이기 때문에, 주후 1세기에 플라톤과 아리스토텔레스의 저작들이 단지 먼 옛날의 기억이 아니었다는 것(시간적으로, 이 두 사람은 대략 코페르니쿠스와 칼빈이 우리에게서 떨어져 있는 정도만큼 당시로부터 떨어져 있었다)을 주목하는 것이 중요하다. 주전 1세기에는 아리스토텔레스의 가르침이 주목할 만한 정도로 부활해서, 사람들은 그의 저작들을 다시 정리해서 주석을 붙여 편집하여 내놓았다. 이렇게 해서, "철학"은 단지 대답들을 찾는 일만이 아니라, "정경적인" 본문들을 연구하는 일도 하기 시작하였다. 아우구스투스의 친구이자 그의 전기 작가였을 뿐만 아니라, 안토니우스와 클레오파트라의 자녀들의 스승이었고, 헤롯 대왕의 친구이자 조언자이기도 하였던 다마스쿠스의 니콜라오스(Nicolaus of Damascus)는 아리스토텔레스의 저작들에 주석을 달고 해설하는 글들을 썼다. 주전 88년에 로마에 의해서 파괴되었다가 아카데미 학파가 다시 재건된 후, 플라톤도 이 시기에 상당한 정도로 부활하였다. 바울 시대 동안, 또는 그 직후에 플라톤 사상을 지지하였던 가장 유명한 인물들 중의 한 사람은 철학자이자 전기 작가였던 플루타르코스(Plutarch)였는데, 그는 오랫동안 델피에 있던 아폴론 신을 모시던 중요한 신전에서 사제직을 수행하면서 주목할 만한 문필 활동을 하였다.[42] 이 시기에 다시 사랑 받게 된 이전의 철학자들은 플라톤과 아리스토텔레스만이 아니었는데, 피타고라스가 바로 그런 사람들 중의 하나였다고 할 수 있다.[43]

또한, 우리는 한편으로는 호메로스(Homer), 다른 한편으로는 아테네의 위대한 비극작가들인 아이스퀼로스(Aeschylus), 소포클레스(Sophocles), 에우리피데스(Euripides)도 오늘날의 성경이나 셰익스피어만큼이나 당시의 문화계 전반에 잘 알려져 있었다는 것을 잊어서는 안 된다 – 우리가 잊는다고 하여도, 이 시기의 작가들 중의 어느 한 사람의 글을 조금만 읽어내려가면, 우리는 그들을 떠올리지 않을 수 없게 될 것이다. 당시에 이 인물들이 쓴 글들은 반드시 세세하고 용의주도하게 연구된 것은 아니었지만, 당시의 작가들의 글들의 여기저기에서 때로는 직접적인 인용문으로, 때로는 토로이의 목마처럼 간접적으로 인용되어서 단편적으로 알

42) Plutarch에 대해서는 Jones, 1971; Russell, 1973; 좀 더 최근의 것으로는 Duff, 1999가 광범위하게 다룬 것들을 보라.

43) 예를 들면, 나사렛 예수와 어느 정도 동시대에 살았고 적어도 50년은 더 살았던 Apollonius of Tyana의 저작을 보라. 그가 피타고라스의 사상의 발전에 대하여 추적하는 부분은 흥미롭지만, 그것은 본서의 목적에서 많이 벗어나 있는 것이다.

려지고 사용되고 있었으며, 학교들에서 여러 주제들을 배울 때에 이런저런 어구들과 대구들로 사람들에게 각인되어서 당시 사람들의 정신적인 지형의 일부를 형성하고 있었다. 다소의 사울은 헬레니즘 문화가 8백 년 동안이나 살아서 융성하고 있던 세계, 특히 그때로부터 4세기 이전의 철학들이 상당한 정도로 다시 부활하고 있던 세계 속에서 태어났다.

3) 에피쿠로스학파와 스토아학파

하지만 이때쯤 해서 두 개의 주요한 새로운 학파들이 출현해서, 아카데미 학파 및 소요학파와 더불어서 활동하고 있었는데, 이 학파들은 비록 규모가 작긴 하였지만, 그래도 꽤 중요한 학파들이었고, 서로 밀접한 관계를 맺고 있었다. 에피쿠로스(Epicurus)의 "정원" 학파(the Garden)와 제논(Zeno)의 "주랑" 학파(the Stoa)가 플라톤과 아리스토텔레스가 앉아 있는 철학자들의 상석에 합석한 것이었다.

에피쿠로스학파를 탄생시킨 에피쿠로스와 스토아 사상의 창시자인 제논은 오늘날에도 여전히 분명하게 알아볼 수 있는 족적들을 남겼다. 이런저런 형태의 에피쿠로스 사상은 서구 문명 내에서 어김없이 전제되고 있는 반면에, 스토아 사상은 흔히 일종의 반작용이자 설득력 있는 독자적인 세계관으로 인식된다.[44]

아주 간단하게 요약하자면, 에피쿠로스학파의 철학은 신들은 우리가 알고 있는 세계로부터 철저히 초탈해 있다고 보는 일종의 형이상학적 이원론을 주장한다고 할 수 있다. 이 세계에 개입하지 않고 초연히 존재하는 신들은 지극히 행복하기 때문에, 인간이 할 수 있는 최선의 것은 신들과 똑같이 현세의 삶의 염려들로부터 초탈해서 일정 정도 신들의 행복하고 평화로운 상태를 닮아가는 것이다.[45] 우리가 알

44) 오늘날의 에피쿠로스주의의 출현에 대해서는 Greenblatt, 2011; Wilson, 2008 등을 보라. 스토아주의를 상찬하는 최근의 글로는 Vernezze, 2005; Holowchak, 2008 등이 있다.

45) 고대 세계에서 글을 쓰는 사람이 아주 일관되게 이러한 입장을 취하는 것은 어려운 일이었다. Lucretius는 에피쿠로스주의를 대표하는 자신의 위대한 명작(*De Re. Nat.* 1.1-49)을 베누스(Venus) 여신의 도움을 기원하는 말로 시작한다. Loeb 판본에 실려 있는 Smith의 주해에서는 마르스(Mars)는 전쟁을 대표하는 것과 반대로, 베누스는 엠페도클레스(Empedocles)의 사랑의 원리이고, 따라서 세계에서 창조의 힘이고, "에피쿠로스학파의 최고선(summum bonum)인 쾌락(voluptas)의 화신이기도 하다"고 지적한다(Loeb, 2f.). 그러나 이 대목은 기쁜 일이나 사랑스러운 일을 관장하는 여신에게 실제적인 도움을 기원하는 기도문이라고 할 수 있고(1.23), 그는 이런 식으로 실제의 여신이 자기에게 "영원히 살아 남을 매력"을 지닌 말들을 허락해 주기를 기원한다: "여신이여, 나의 말들에 영원히 살아 남을 매력을 부여해 주소서"(quo magis aeternum da dictis, diva, leporem, 1.28). 어떤 사람들은 이 기도가 응답되었다고 주장

고 있는 세계는 자체적인 동력으로 작동하는데, 그 가장 작은 원소들("원자들"[46])이 허공을 맴돌다가 어떤 이유에서인지는 몰라도 "궤도를 이탈해서" 서로 충돌함으로써, 온갖 종류의 발전들, 특히 종들의 분화가 일어나게 된다. 주후 18세기와 19세기에 찰스 다윈(Charles Darwin)을 비롯해서 수많은 과학자들과 사회공학자들에 의해서 극적으로 부활한 이 진화론적인 모델은 소크라테스 이전의 철학자였던 엠페도클레스(Empedocles, 주전 495-453년경)의 이론들을 발전시키고 좀 더 정교하게 다듬은 것이었다.[47] 에피쿠로스의 큰 관심사들 중의 하나는 죽음 및 그 너머에 있을지도 모르는 것들에 대한 두려움을 제거하는 것이었다. 그가 일관되게 견지한 원자론(앞에서 보았듯이, 이 사상은 플라톤보다 더 나이가 많았지만 그와 동시대인이었던 데모크리토스[Democritus]에게로 소급된다)은 그러한 목적을 이루기 위해 사용된 주된 수단이었다. 인간 존재를 비롯한 살아 있는 유기체들을 구성하고 있는 원자들은 죽으면 아무것도 남기지 않고 그저 분해될 뿐이다. 죽은 후에도 여전히 살아 남아서 내세의 삶이나 또 다른 육신 속으로 이주해 가는 "영혼" 같은 것은 존재하지 않는다. 선과 악은 아주 간단하게 구별되는데, 쾌락을 주는 것은 선이고, 고통을 주는 것은 악이다. 사람들은 에피쿠로스와 그의 추종자들을 단순한 쾌락주의자들로 여기고 비웃지만, 사실 그는 그런 비웃음을 당할 만한 사람이 아니다. 그가 염두에 두고 있었던 것은 마음의 평정을 가져다주는 고상한 종류의 쾌락이었다. 왜냐하면, 그는 육신의 열정들이 온갖 종류의 장기적인 악한 결과들을 가져다주는 지독한 것이라고 생각하였기 때문이었다. 마음의 이상적인 상태는 '아타락시아' (ataraxia), 즉 "흐트러짐이 없는 평정심"이었다. 이것은 에피쿠로스가 아테네에 창설한 학파가 "정원"에서 모임을 가졌고, 그 결과 "정원" 학파로 알려지게 된 것과 부합하는 것이었다. 에피쿠로스 사상은 이 학파에서 말하는 세계로부터 초탈한 신들처럼 사람들 사이에서 부대낄 수밖에 없는 세계로부터 벗어나서 이 학파에서 말하는 이상적인 생활방식을 영위해 나갈 수 있는 여유를 가진 사람들에게 언제나 매력적인 것이 되어 왔다.

할지도 모르겠지만, 그것은 아이러니만 더할 뿐이다. 왜냐하면, 그런 식으로 말한다면, 이 여신은 Lucretius를 도와서 이 세계에서 신의 역사를 부정하는 아름다운 시를 쓰게 하였다는 것이 되기 때문이다.

46) 오늘날 우리가 이 단어를 사용할 때의 의미에서가 아니라, "가능한 한 가장 작은 입자"라는 의미에서: '아토모스' (atomos)는 "자를 수 없는," "쪼갤 수 없는"을 의미한다.

47) 만물은 네 가지 원소, 즉 불, 흙, 공기, 물로 이루어져 있다고 주장한 것은 Empedocles였고, Aristotle가 이것을 계승하였으며, 다음으로는 스토아학파가 받아들였다; 또한, Lucr. 1:565-9, 716-829에 나오는 논의를 참조하라.

사도 바울은 대체로 에피쿠로스학파의 이러한 생활방식이 허황된 꿈일 수밖에 없는 사람들 사이에서 활동하였던 것으로 보이기 때문에, 우리가 그의 글들 속에서 그가 이 학파의 어떤 사상을 가져와서 그대로, 또는 약간 개작해서 사용하였다거나, 반박하거나 무너뜨리고자 했다는 것을 보여주는 흔적을 거의 발견할 수 없는 것은 이상한 일이 아닐 것이다. 바울 시대에 에피쿠로스 사상은 자신의 스승의 사상에 놀라울 정도로 아름다운 라틴어 시문의 옷을 입힌 루크레티우스(Lucretius, 주전 94-55년경)의 저 훌륭한 시의 형태로 아주 철저하게 해설되어 있었다. 그러나 바울이 그 시, 또는 이 시인의 다른 시들과 접촉하였음을 보여주는 흔적은 전혀 없다.[48] 에피쿠로스 사상과 바울이 가장 가깝게 접근한 장면은 그가 아테네에서 스토아 철학자들 및 에피쿠로스 철학자들과 저자거리에서 대화한 후에 행한 사도행전 17장의 저 유명한 아레오바고 연설이다. 이것에 대해서는 우리가 나중에 좀 더 살펴볼 것이다.[49]

하지만 스토아 사상에 대해서 말하자면, 사정은 판이하게 달라진다. 바울 시대에 제논과 그의 추종자들의 가르침들, 특히 "스토아 사상의 제2의 창시자"로 불리는 솔류스의 크리시포스(Chrysippus of Soli, 주전 286-206년경)의 가르침은 고대 지중해 세계 전역에 여러 가지 형태로 널리 퍼져 있었다.[50] "스토아학파"라는 명칭은 제논이 아테네의 '스토아 포이킬레'(Stoa Poikilē), 즉 "벽화가 그려진 주랑"에 자신의 학파를 창설하였기 때문에 "주랑" 또는 "회랑"을 뜻하는 '스토아'(stoa)에서 유래한 것이다. 바울 시대에 스토아 사상은 아테네에서 여전히 가르쳐지고 있었던 것은 분명하지만, 로마와 알렉산드리아, 그리고 다소를 비롯한 다른 많은 도시들에서도 잘 알려져 있었다. 오늘날 바울을 읽는 독자들이 기억해 두어야 할 가장 중요한 것이 아마도 여기에 있는 것으로 보인다. 즉, 대부분의 현대 서구인들의 초기 설정 모드는 모종의 에피쿠로스 사상인 반면에, 바울의 청중들 중 다수의 초기 설정 모드는 모종의 스토아 사상이었다는 것이다. 따라서 우리가 바울을 그의 최초의 청중들 중 다수가 들었을 것이라고 여겨지는 방식으로 "듣고자" 한다면, 특히 전제들(assumptions)의 수준에서 이 둘의 차이들을 눈여겨보는 것은 결정적으로 중요하다. 어떤 사람이 "신"이라는 단어를 사용할 때, 우리가 그 즉시 저 멀리에 초연히 존재하는 신을

48) 내가 발견한 유일한 반영은 Lucretius가 푯대를 향하여 달려가서 면류관을 얻는 것에 대하여 말할 때뿐이다(6.92-5); cf. 고전 9:24; 빌 3:14; 딤후 4:8. 그러나 바울 자신의 다양한 용례들이 보여 주듯이, 이것은 자유롭게 사용될 수 있는 평범한 은유이다.

49) 아래 제14장.

50) cf. Diog. Laert. 7.183: 만일 Chrysippus가 없었더라면, 스토아학파는 명맥이 끊겼을 것이다.

생각한다면 – 현대의 대부분의 서구인들은 암묵적으로 에피쿠로스학파에 속해 있거나 적어도 이신론자들인 까닭에,[51] 이렇게 생각할 가능성이 높다 – 우리는 우리의 생각 속에서 당시에 고린도, 빌립보, 에베소 등지에 살고 있던 수많은 사람들의 세계 속으로 들어가는 것은 거의 불가능하다. 왜냐하면, 그들은 "신"이라는 단어를 듣자마자, 모든 사물들, 모든 사람들, 온 우주에 불의 형태로 물리적으로 현존해 있는 신을 연상하였을 것이기 때문이다.

결국, 스토아 사상은 만물 속에 신이 내재해 있다고 보는 범신론의 고전적인 형태였다고 할 수 있다. 오늘날의 사람들은 어떤 사람이 이런 식으로 말하는 것을 들으면, 그 사람이 "만물"은 본질적으로 "신령하다"고 말하는 것으로 알아듣고서, 공간과 시간과 물질 너머의 "실재하는" 세계에 관한 모종의 플라톤적인 관념을 떠올릴 것이다. 하지만 스토아 사상은 그런 것과는 정반대의 방향으로 나아갔다. 즉, 모든 사물과 모든 사람 속에 내재하는 신적인 힘 또는 현존을 포함한 모든 것은 우리가 오늘날 통상적으로 "물리적인 것"이라고 부르는 것과 별반 다르지 않았던 "물질적인 것"이거나 "유형적인 것"이었다(물론, 이 모든 용어들은 시대에 따라 용법이 달라서 그 의미를 파악하기가 쉽지 않기는 하지만). "창조적인 이성"을 뜻하였던 '로고스'(logos)는 "수동적인 원리"(hylē – '휠레')였던 평범한 물질에 작용하는 "능동적인 원리"였지만, '로고스' 자체가 일종의 불이나 정기(aether)에 비유되기도 한 "유형적인" 것이었다. 즉, '로고스'는 사람들과 사물들의 몸에 생기를 부여해서 움직이게 하는 힘을 지닌 물질이었다.[52]

또한, "영"(pneuma – '프뉴마')도 우리가 견고한 몸체들이라고 생각하는 것들 내에서 불 같은 숨으로 작용하는 "유형적인" 물질이었다. 실제로 스토아 사상의 많은 부분에서는 만물에 스며들어 있는 '로고스'와 어떤 것을 현재의 모습으로 존재하게 만든 내면의 생명력인 '프뉴마'를 동일한 것으로 본다. 게다가, 그들은 실제로 '로고스'나 '프뉴마,' 또는 둘 모두를 '신적인 존재'(to theion – '토 테이온'), 심지어 모든 존재하는 것의 통치자이자 주재자인 제우스(Zeus)라고 말할 수

51) 에피쿠로스학파와 이신론자들 간의 핵심적인 차이는 이신론자들은 통상적으로 신이 세계를 창조했다는 것을 받아들이는 유일신론자들이었던 반면에, 고전적인 에피쿠로스 사상은 신이 세계를 창조했다는 것을 받아들이지 않은 다신론자들이었다는 것이다. 그러나 현재의 목적과 관련해서는, 이신론의 멀리 있는 "신"은 에피쿠로스 사상의 초연한 신들과 거의 비슷한 역할을 한다.

52) 불에 관한 이러한 관념은 Heraclitus of Ephesus(fl. c.500)에게로 거슬러 올라간다. 그에게 있어서 세계는 끊임없는 변동의 상태 속에서도 '로고스'에 의해서 견고하게 결합되어 있는 완전한 체계를 형성하고 있었다. 불의 기운을 가진 물질에 대한 또 다른 이름인 '아이테르'(aether)에 대해서는 Diog. Laert. 7.137을 참조하라.

있었다.[53] '프뉴마'는 초기 기독교 사상, 특히 바울의 사상에서는 인간의 삶을 변화시키는 것과 결부되어 있었던 반면에, 스토아학파에서는 생물학과 물리학 같은 분야들에서 핵심적인 개념이어서, 무생물들 속에서는 '헥시스'(hexis, "상태")로, 식물들 속에서는 '퓌시스'(physis, "본성")로, 인간들 속에서는 '프쉬케'(psychē, "혼")으로 표출되는 것이었다. 어떤 사물이나 사람에게 통일성, 즉 궁극적인 동일성(또는, 정체성)을 부여한 것은 '프뉴마'였다.

인간을 포함한 모든 것 속에는 이렇게 '로고스'와(또는) '프뉴마'가 내재해 있었기 때문에, 인간의 삶에 있어서 중심적인 명령은 가급적 인간의 내면 속에 있는 신적인 원리 – 그것이 만유의 본성에 따라 살아가는 것이든(클레안테스[Cleanthes]), 인간의 참된 본성에 따라 살아가는 것이든(크리시포스[Chrysippus]) – 에 부합하게 조화를 이루어서 살아가는 것이었다.[54] 이것은 아리스토텔레스가 제시한 미덕들에 대한 스토아학파의 판본을 따라서 결연하게 성품을 발전시켜 나가는 것을 의미하였다.[55] 건강이나 부 같은 우연들은 참된 행복과 아무런 상관이 없기 때문에, 오직 이것만이 추구할 가치가 있는 유일한 것이었다(견유학파가 최소한의 것을 제외한 모든 소유를 부정했던 것과는 달리, 스토아학파는 기회가 되는 경우에 부와 명성을 쌓는 것에 반대하지 않았다).[56] 스토아학파의 목표는 삶 속에서 생겨나는 추악한 술수들에 물들지 않는 가운데, 이러한 신적인 의미에서의 "본성"에 따라(kata physin – '카타 퓌신') 자족하는(autarkēs – '아우타르케스') 삶을 살 수 있는 진정으로 지혜롭고 원만한 성품을 지닌 "현자"가 되고자 하는 최종 목적지를 향해서 지속적으로 도덕적인 자기계발을 해나가는 것이었다.[57] 그들은 진정으로 지혜로운 자들만이 진정으로 자유로울 수 있고, 그런 자들이야말로 실질적인 "왕들"이라고 생각하였다.[58] 이러한 이상은 모든 시대를 통틀어서 가장

53) Diog. Laert. 7.88.

54) Diog. Laert. 7.89. 이 교설에 관한 Cicero의 요약(Cato의 입을 빌린)은 *Ends*, 3.9.31에서 발견된다: "최고선은 본성적인 원인들에 관한 지식을 삶의 행실에 적용해서, 본성에 맞는 것을 선택하고 본성과 반대되는 것을 거부하는 데 있다; 달리 말하면, 최고선은 본성과 일치되게 조화롭게 살아가는 것이다(convenientur congruenterque naturae vivere)."

55) Diog. Laert. 7.89-97에 나오는 중요한 논의를 보라; 7.125f.에서 그는 스토아학파의 가르침에서 미덕들 중의 하나를 소유하는 것은 그 모든 미덕들을 소유하는 것이라고 지적한다. 이것에 대한 논의로는 Schofield, 2003b, 239-46을 참조하라. Cicero는 *Ends* 제3권에서 자신의 대화 상대인 Cato의 말에 대하여 반박하는 형식으로 스토아학파의 미덕 이론에 대한 고전적인 설명을 제시한다.

56) Brunschwig and Sedley, 2003, 174f.를 보라.

57) Brunschwig and Sedley, 2003, 174를 보라.

유명한 스토아 철학자였다고 할 수 있는 세네카(Seneca)의 저작 속에서 특히 만개하게 되는데, 그의 가르침으로 말미암아 "철학적"(philosophical)이라는 영어 단어는 "삶의 곤경들을 침착하게 직면할 수 있는"이라는 의미를 지니게 되었다.[59]

감각들 속에는 속이는 것들이 있을 수 있지만, 전적으로 신뢰할 수 있는 어떤 근본적인 "인지적 인상들"(katalēptikai phantasiai – '카타렙티카이 판타시아이')이 존재하고, 이 인상들로부터 좀 더 크고 폭넓은 결론들로 나아갈 수 있다는 것 – 이것이 "논리학"의 목적이고, 올바른 추론의 힘을 배우는 목적이다 – 이 스토아 철학의 기본적인 신념이었다. 키케로(Cicero)가 어느 때에 카토(Cato)에게 한 다음과 같은 말은 이것을 잘 표현해 주고 있다: "우리의 이전의 결론들은 의심할 여지없이 참되고 잘 확증되어 있고, 이것들은 그것들로부터 논리적으로 추론해서 얻어진 것들이기 때문에, 이렇게 추론해서 얻어진 이것들이 참되다는 것도 의심할 여지가 없다."[60] 이렇게 "논리"에 의거해서 올바른 단계들을 밟아 나가는 추론이라는 과정을 통해서 걸러내어 결론을 얻어내는 기술은 "변증법"(dialectic)이라 불렸고, 적어도 키케로는 다음과 같은 이유로 이것을 하나의 미덕으로 여겼다:

> 왜냐하면, 이 기술은 우리가 그 어떤 거짓에 동의하거나 겉보기에 그럴 듯해 보이는 것에 속아 넘어가는 것을 막아 주고, 선과 악에 대하여 우리가 배운 참된 것들을 견지하고 방어할 수 있게 해주는 방법론을 제공해 주기 때문이다. 즉, 스토아 철학자들은 변증법의 기술이 없는 사람은 누구든지 미혹을 받아서 참된 것에서 떠나 잘못된 것으로 나아갈 수 있고, 경솔함과 무지는 모든 일에서 재앙을 불러오는 까닭에, 그러한 경솔함과 무지를 제거해 주는 기술은 미덕으로 불릴 자격이 충분하다고 생각하였다.[61]

스토아학파의 철학 체계는 이러한 추론이라는 도구로 무장한 가운데 자신들의 기본적인 세계관에 관한 지도를 대담하게 그려나간다. 스토아 철학자들은 세계 전체는 신적인 것들의 발현이라고 보았기 때문에, 세계 내에 존재하는 그 어떤 것도 심각하게 잘못된 것은 있을 수 없다고 생각하였다. 사람은 범신론자인 동시에 이원론자일 수는 없다. (이것은 세계 속에 심각하게 잘못된 것들이 존재한다는 사실

58) Diog. Laert. 7.122.

59) Long, 2006, 205를 보라.

60) *Ends*, 3.15.48.

61) *Ends*, 3.21.72. Loeb의 번역자는 Cicero의 '디알렉티카'(dialectica, "변증법")와 관련해서 난외주에 "논리"(logic)라고 주해를 달아 놓았지만, 여기서는 "변증법"이라는 번역을 유지하는 것이 분명히 더 나아 보인다.

자체가 신들이 세계를 만들었을 수 없다는 증거라고 주장한 고전적인 에피쿠로스 사상과 첨예하게 대비되는 점이다.[62]) 따라서 어떤 사람이 자신의 현재의 삶 속에 중대하게 잘못된 것이 있다고 생각한다면, 그가 취할 수 있는 방법은 그 잘못된 것을 극복하거나, 그렇게 할 수 없는 경우에는 자신이 택할 수 있는 다른 선택지, 즉 자살하는 쪽을 택하는 것이다. 에픽테토스(Epictetus, 아래를 보라)는 자기가 현재 상태의 세계나 삶을 더 이상 견딜 수 없다고 결심한 사람들에게 흔히 자살을 권유한다. 모든 것들은 어쨌든 미리 정해진 방향으로 움직여 가고 있다. 스토아학파는 인간에게는 여전히 무슨 일이 벌어지고 있는 것인지를 인식하고서, 세계에 영합하여 살아갈지, 아니면 쓸데없기는 하지만 세계를 거부하고 욕하며 살아갈지를 택할 수 있는 선택지가 주어져 있기 때문에, 이러한 유사 결정론(quasi-determinism)이 사실 인간의 자유의지를 무효화시키는 것은 아니라는 것을 설명하는 데 상당한 힘을 쏟았다.[63])

또한, 스토아학파는 세계사는 일련의 대순환들이라는 그들의 저 유명한 신념을 발전시켰다. 어떤 차원에서는 이것은 범신론 내에서 시간과 변화와 역사라는 엄연한 사실을 다루는 하나의 방식이었다: "모든 것"(to pan – '토 판')이 어떻게 시간과 변화와 역사에 종속될 수 있는 것인가? 이 질문에 대한 대답은 이 세계의 수동적인 물질에 내재해서 작용하는 저 불의 기운을 지닌 '로고스' 또는 '프뉴마'는 만유 전체를 지배하게 되는 지점까지 확실하지만 서서히 확장해 나가고 발전해 나감으로써, 결국에는 모든 것을 불의 기운을 지닌 자신의 확장으로 변화시켜서, 신이 "정해진 시기들에 모든 물질을 다 흡수해서 자기 자신으로부터 세계를 다시 창조하는" 대화재(ekpyrōsis – '에크퓌로시스')에 도달한다는 것이다.[64]) 오늘날 몇몇 진영들이 장차 "아마겟돈" 전쟁이 일어나서 우리가 알고 있는 현재의 세계가 멸망하게 될 것에 대하여 관심을 보이고 있는 것에 비추어 보면, 스토아학파가 생각하였던 "대화재"가, 마치 세계가 신들이 제거해 버리기를 원하는 악한 것이라도 되

62) cf. Lucr. *De Re. Nat.* 2.180f.; 5.195-9.

63) Brunschwig and Sedley, 2003, 172를 보라. 한 번은 제논이 물건을 훔친 노예를 때리고 있었는데, 그 노예가 자기는 도둑질할 운명을 타고 났다고 호소하자, 그는 자기는 그 노예를 때리라는 운명을 타고 났다고 응수하였다(Diog. Laert. 7.23).

64) Diog. Laert. 7.137. Plutarch는 스토아학파의 사상을 비판하는 데 이것을 활용한다: *Comm. Not.* 1065B; 1067A(= *SVF* 2.606); Plutarch는 제우스가 모든 것을 자기 자신 속으로 흡수하였다면, 그 어떤 악도 존재하지 않아야 하고, 따라서 선이나 지혜도 존재하지 않아야 하는 것이 아니냐고 하면서, 그것이 이 이론의 모순이라고 비웃는다. Plutarch의 글 속에서 이 문제에 대한 다른 논의들은 Loeb(13.2) 705(Cherniss)에 나와 있다.

는 양, 만유의 "멸망"이 아니라, 도리어 만유가 마침내 온전하고 강력한 신성인 불이라는 물질로 변화하여 일종의 "신적인 존재"(apotheosis)가 되는 것이었음을 강조해 두는 것은 중요하다. 즉, "대화재"는 세계를 정화해서, 세계로 하여금 원래의 자신의 참된 모습을 되찾아 고요한 정적의 때를 누릴 수 있게 해준다는 것이다.[65] 그러나 대순환은 정의상 '로고스'의 온전한 발현이기 때문에, 모든 것은 이전과 똑같이 다시 존재하게 되고, 이것은 일련의 모든 순환에서 그대로 반복된다.[66]

또한, 아주 흥미롭게도 일부 스토아 철학자들은 세계의 수동적인 물질 속에 내재해 있던 물이 불어나게 될 때마다 대홍수가 있게 된다고 주장하였다. 세네카(Seneca)는 행성들이 염소자리에 모일 때에는 대홍수가 발생하고, 게자리에 모일 때에는 대화재가 발생한다고 말하였다.[67] 즉, 세계를 구성하고 있는 두 개의 가장 기본적인 원소들인 물과 불은 이렇게 각각 자신의 때에 자기가 할 일을 하게 되어 있다는 것이다.

하지만 대화재가 일어날 때에 어떤 일들이 생길지에 대해서는 스토아 철학자들 사이에서 견해가 서로 갈렸다. 클레안테스(Cleanthes)는 불과 공기와 물과 흙은 본성이 서로 다르기 때문에, 대화재의 불은 다른 원소들을 태워 버리게 될 것이라고 생각하였다. 하지만 크리시포스(Chrysippus)는 네 가지 원소 모두가 압축된 형태로 불을 구성하고 있다고 보았기 때문에, 대화재는 단지 이 네 가지 원소를 원래의 참되고 순수한 모습으로 변화시킬 뿐이라고 주장하였다.[68]

그렇다면, 이 대단한 영향력을 지니고 있던 중요한 철학 체계 내에서 "신" 또는 "신들"은 누구 또는 어떤 존재였는가? 스토아학파에서 "신학"은 존재하는 모든 것을 설명하고 분석하는 "물리학"의 일부였고,[69] 대부분의 철학 체계들에서와 마찬가지로 인간은 가능한 한 "신" 또는 "신들" 같이 되어야 한다는 변함없는 함의를

65) cf. Sen. *NQ* 3.29.5; 3.30.8. *Ep. Mor.* 9.16에서 그는 대화재는 Jupiter 신에게 이 일 전체를 다시 시작하기 전에 이 조용한 공간에서 스스로 생각할 여유를 준다고 말한다(또한, cf. Epict. *Disc.* 3.13.4f.).

66) Long and Sedley, 1987, 1.311을 보라. 일부 스토아 철학자들은 대화재를 모든 천체들이 동시에 원위치로 돌아온다고 하는 "큰 해"와 연결시켰다; Jones, 2003, 337을 보라.

67) *NQ* 3.27.1-30.8; 시기에 대해서는 29.1.

68) 특히, Salles, 2009와 거기에 언급된 전거들을 보라; *SVF* 2.604에 나오는 Chrysippus의 말을 보라: 영혼이 몸으로부터 분리되지 않는 것과 마찬가지로, 만유는 "죽지" 않고, 도리어 영혼에 있는 불 기운의 물질이 만유의 몸을 태운다(또한, Algra, 2003, 172f.를 보라). 대화재에 관한 다른 논쟁들로는 Sedley, 2003, 23f.를 보라.

69) 적어도 현존하는 문헌 속에서 "신학"이라는 단어가 최초로 사용된 것은 Plato, *Rep.* 2(379A)이다. 거기에서 플라톤은 시인들의 신화의 허구성을 폭로하면서, 무엇이 "신들에 관한 올바른 말"이 될 수

내포하고 있었기 때문에, "물리학" 및 "윤리학"과 통합되어 있었다. 디오게네스 라이르티오스(Diogenes Laertius)는 이것에 대한 탁월한 요약을 보여준다:

> 그들은 신은 불멸하고, 이성적이며(logikon–'로기콘'), 행복에 있어서 온전하거나 행복을 알고, 악한 것은 그 어떤 것도 [자기 속으로] 용납하지 않으며, 세계와 그 안에 있는 모든 것을 섭리를 통해 보살피지만, 사람의 형상을 하지 않은 살아 있는 존재(zōon–'조온')라고 말한다. 하지만 신은 만유를 지은 조물주이고 만물의 아버지이며, 만유 전체와 만유의 개별적인 부분에 스며들어 있고, 자신이 지닌 다양한 힘을 따라 많은 이름들로 불린다. 그들은 만물이 이 신으로 말미암아(dia–'디아') 존재한다고 해서 "디아"(Dia)라고 부르고, 이 신이 생명(zēn–'젠')의 원인이거나 모든 생명에 스며들어 있다고 해서 "제우스"(Zēna–'제나')라고 부르며, 이 신의 주된 부분이 정기(aeter)로서 만유를 채우고 있다고 해서 "아테나"(Athena)라 부르고, 이 신이 공기(aera–'아이라')를 채우고 있다고 해서 "헤라"(Hera)라 부르며, 창조의 불로 퍼져 있다고 해서 "헤파이스토스"(Hephaestus)라 부르고, 바다를 관장한다고 해서 "포세이돈"(Poseidon)이라 부르며, 땅을 주관한다고 해서 "데메테르"(Demeter)라 부른다. 마찬가지로, 사람들은 이 신이 지닌 특별한 속성들 중 이런저런 것에 주목해서 이 신을 여러 가지 호칭들로 불러 왔다.
>
> 제논(Zeno)은 크리시포스(Chrysippus)와 마찬가지로, 하나님의 본성(ousia–'우시아')은 세계 전체와 하늘(ton holon kosmon kai ton ouranon–'톤 홀론 코스몬 카이 톤 우라논')이라고 말하였고, 오늘날 우리가 사용하는 자연(physis–'퓌시스')이라는 용어는 그들에게 있어서는 세계를 한데 붙들고 있는 것을 의미하거나, 땅의 것들을 생겨나게 하는 것을 의미하였다. 자연은 발생의 원리들(kata spermatikous logous–'카타 스페르마티쿠스 로구스')에 따라 만물을 생성해내어서 일정 기간 동안 보존하며 자신의 원천과 동종의 결과들을 낳게 하는 스스로 움직이는 힘(hexis ex hautēs kinoumenē–'헥시스 엑스 하우테스 키누메네')으로 정의된다. 그들은 인간의 손재주에서 유추해 보면 분명히 알 수 있듯이, 자연은 유용성과 쾌락을 지향한다고 주장한다.[70]

이것은 스토아학파가 무엇을 하고 있는 것인지를 아주 분명하게 보여준다. 즉, 이것은 스토아학파의 범신론은 통상적인 이교 사상을 깊이 성찰해서 세련되게 다듬은 것임을 보여준다는 것이다. 스토아학파는 이전의 사려 깊지 못한 사람들이

있을지에 대하여 쓴다. 아리스토텔레스는 "신들과 우주론에 대하여 논하다"를 의미하는 '테올로게오'(theologeō)라는 단어를 처음으로 사용한 인물이다(*Metaph.* 983.b.29). Most, 2003, 311f.의 논의를 보라. 하지만 Varro(C1 BC)는 "신학"을 다음과 같은 세 가지 의미로 사용하였다: 이전의 시인들의 경우처럼 신비적 의미; 철학자들의 경우처럼 분석적 의미('퓌시스' [physis, "자연, 본성"]에 따른다는 의미); 통상적인 종교의 경우처럼 "시민적" 의미(Aug. *Civ. De.* 6.5를 보라); 달리 말하면, 그는 우리가 신화, 본래의 신학, 제의 또는 종교라고 부를 수 있는 것을 열거하고 있다. 거기에 Dio Chrysostom는 예술가들, 특히 신상을 만드는 조각가들의 경우에서 볼 수 있는 네 번째 의미를 추가하였다(*Or.* 12.39-47). Rüpke, 2007 [2001], 119-34 등을 보라.

70) Diog. Laert. 7.147f.(tr. Hicks [Loeb]).

서로 다른 신적인 힘들로 보아 왔던 것들을 한 신의 다중적인 면면들로 이해해서, 헬라인들이 얘기한 제우스와 그의 동료 신들, 로마인들이 얘기한 유피테르와 그의 동료 신들을 모두 만물에 스며들어 있는 한 "신"의 다양한 발현들로 여겼다.[71] 마이클 화이트(Michael White)가 지적하듯이, 불이나 영, 신이나 정신, 씨 등등과 같이 신적인 존재를 가리키기 위하여 사용되어 온 온갖 다양한 전문적인 용어들과 관련해서도, 스토아학파는 "언어적인 표현의 차이가 곧 그 표현들이 가리키는 대상들의 차이인 것은 아닌" 것으로 보았다.[72] 위에서 인용한 구절에서 디오게네스 라이르티오스(Diogenes Laertius)는 여러 신적인 존재들과 그들이 관장하는 영역(예를 들면, 아테나와 정기)을 어원론적으로 기발하게 연결시키기도 하고, 좀 더 직접적으로 연결시키기도 한다(예를 들면, 포세이돈과 바다). 그러나 이것들은 분명히 표면적인 수준에서 겉핥기 식으로 훑어본 것에 불과하고, 핵심은 세계 전체를 비롯해서 "신적인 것"으로 생각될 수 있는 모든 것은 하나의 실체의 모든 부분들(to pan – '토 판')이라는 것이다.

스토아 철학자들이 기본적으로 유일신론자들인 이유가 여기에 있음은 물론이다. "모든 것"(to pan – '토 판')이 "신적인" 것이라면, 오직 하나의 신만이 존재할 수밖에 없다. 그럼에도 불구하고, 많은 스토아 철학자들은 대중들이 섬기는 "신들"은 결국 하나의 주신 아래에서 활동하는 온갖 부류의 실무자들이라는 의미에서, 또는 마치 동시에 많은 직책을 맡고 있는 고관처럼, 하나의 최고신이 만유를 다스리는 일과 관련해서 모든 직책들을 맡아 행한다는 의미에서 "신들"이라는 말을 계속해서 사용하였다. 사실, 고대의 많은 사상가들은 모종의 "유일신론"을 주창하였는데도, 후대의 이교 변증가들은 기독교 진영을 향해서 그리스도인들은 한 신을 믿는 반면에, 이교도들은 많은 신을 믿는 것이 기독교와 이교의 주된 차이라고 공격하였다. 하지만 우리는 이 점을 지나치게 강조해서는 안 된다. 왜냐하면, 일부 철학자들이 생각하였던 좀 더 큰 그림은 길거리에서 일상적으로 부딪치는 그림과는 동일하지 않았을 것이기 때문이다.[73] 그러나 적어도 스토아 철학자들은 전

71) "이성"(nous – '누스'), "운명"(heimarmenē – '헤이마르메네'), "제우스" 등과 같이 신을 가리키는 "많은 이름들이 있다"는 관념에 대해서는 Diog. Laert. 7.135, 147을 보라. "하나님"은 사실 만유의 "이성의 씨"(spermatikos logos – '스페르마티코스 로고스')이다; 스토아학파의 교사들 사이에서 세계가 어떻게 작동되느냐를 놓고 여러 견해들이 존재하긴 하였지만(7.139), "세계 전체가 영혼과 이성이 있고, 그 지배 원리로서 '아이테르'(aether)를 갖고 있는 하나의 생물이기 때문에," 어떤 의미에서 만유 자체가 "신"이다(7.138).

72) White, 2003, 137 n. 55(강조는 원래의 것).

73) Athanassiadi and Frede, 1999를 보라; 반대견해로는 Price, 2011, 266 등.

통적인 신들 및 그 신들과 관련된 전통적인 신앙들을 불기운을 원동력으로 만유 전체에 미치는 범신론이라는 단일한 틀 내에 아주 수월하게 포섭하였다.

하지만 아울러 스토아학파는 "신" 또는 "신들"에게 기도하는 것에 대하여 말할 수 있었고, 실제로 말하였다 – 우리에게 이것은 일관되지 못한 것으로 보인다.[74] "신적인 존재"가 도처에 있을 뿐만 아니라 기도하는 사람 내면에도 있다면, 기도는 내면에 대한 성찰이 될 것이 아닌가? 세네카(Seneca)가 자신의 저녁 기도에 대하여 쓴 감동적인 글들이 보여주듯이, 아마도 이 둘은 사실 동일시되었던 것으로 보인다.[75] 그는 에픽테토스(Epictetus)를 비롯한 여러 사람들과 마찬가지로 방금 여기에서는 만물에 내재하는 '로고스'라는 관점에서 "신"에 대하여 쓴 후에, 곧바로 마치 "그 신"이 외부에 현존해 있는 능력이기 때문에, 자기가 다른 사람과 관계를 맺는 것과 동일한 방식으로 관계를 맺을 수 있는 그런 존재인 양 쓰고 있다.[76]

스토아 사상은 주전 1세기와 주후 1세기에 아주 널리 퍼져 있었기 때문에, 그 방법론들과 전문적인 용어들은 심지어 그 기본적인 견해들에 동의하지 않았던 사람들 사이에서도 일상적으로 통용되었다.[77] 바울보다 한 세기 이전에 살았던 키케로(Cicero)는 스토아 철학은 물론이고 에피쿠로스 철학과 플라톤 철학 중에서 어느 것이든지 선택할 수 있었던 반면에, 세네카(Seneca) 시대에는 선택지들이 여러 종류의 스토아 철학과 견유학파의 철학으로 좁혀져 있었던 것으로 보인다(물론, 이러한 철학들의 배경에는 언제나 그 어딘가에 플라톤이 있었지만).[78] 바울을 이해하기 위해서는 스토아 사상을 아는 것이 대단히 중요하기 때문에, 우리는 조금 더 시간을 갖고서, 스토아 철학을 대변하였던 네 명의 핵심적인 인물들을 간략하게 살펴보지 않으면 안 되는데, 그 중 한 명은 바울과 동시대인이고, 세 명은 바울보다

74) 예를 들면, Diog. Laert. 7.124.

75) cf. De Ira 3.36.1-3: "[사고는] 매일 그 자신에 대하여 해명하도록 소환되어야 한다… 이렇게 하루 전체를 철저하게 걸러내는 일보다 더 훌륭한 일이 어디 있겠는가?… 나는 그러한 특권을 놓치지 않고 사용해서, 매일 나의 생각을 내 자신의 법정 앞에 세워 해명하게 한다. 빛이 나의 시야에서 제거되고, 내 습관을 오래 전부터 알고 있는 내 아내가 침묵하게 되었을 때, 나는 나의 하루 전체를 낱낱이 살펴서, 그 날에 내가 한 행위들과 말들을 다시 추적한다. 나는 내 자신에게 아무것도 숨기지 않고 아무것도 생략하지 않는다…."

76) 스토아학파의 기도가 지닌 수수께끼 같은 성격에 대해서는 특히 Algra, 2003, 174-7을 참조하라. Algra, 175는 *Encheiridion*의 끝부분에 나오는 Epictetus의 기도(*Ench.* 53.1)는 실질적으로는 자기 자신에게 하는 말이고 일종의 명상이라고 주장한다("오, 제우스여, 오래 전에 내게 배정된 운명/폿대로 나를 이끌어 주소서…").

77) Brunschwig and Sedley, 2003, 165.

78) cf. Long, 2003, 204.

약간 후대의 사람들이면서도 바울 시대에 통용되었던 전통들을 반영하고 있는 사람들이다.[79] 우리가 바울을 당시의 철학적 기상도 내에 위치시키고자 한다면, 스토아 사상이 그 거장들의 손에서 실제로 어떤 모습을 하고 있었는지를 생생하게 아는 것은 필수적이다.

4) 네 명의 주요 스토아 철학자들

(1) 세네카(Seneca)

세네카는 나사렛의 예수와 거의 같은 시기에 태어났다. 그는 수많은 서로 다른 형태의 운문과 산문을 구사하여 화려한 필체로 많은 글들을 써서, 로엡 고전 총서(the Loeb Classical Library)에 열 권의 책이 들어가 있을 정도로 충분한 양의 글이 여전히 남아 있기 때문에(특히 그의 주목할 만한 "도덕에 관한 서신들"을 포함해서), 필로나 요세푸스와 어깨를 겨룰 뿐만 아니라, 플라톤에게도 그리 뒤지지 않는 다작의 작가였다. 나의 판단으로는, 그는 여전히 대체로 암울했던 한 시기의 상당히 매력적인 인물들 중의 하나이다. 우리는 그가 (부와 권력은 효과가 있을 때에만 버려야 한다고 말한 것과 종종 한바탕 분노와 비통함을 쏟아내곤 하였다는 자기고백 같은 것과 관련해서) 위선자로 비난받은 것은 인간의 마음은 해법을 쉽게 제시할 수 없을 정도로 복잡하다는 것을 깨닫고서, 견유학파 식의 금욕주의라는 도덕적으로 밝은 빛을 거부하고 현실적으로 도덕적인 싸움들을 했음을 보여주는 방증으로 볼 수 있다.[80]

세네카는 초기에는 비교적 무명으로 지냈지만(하지만 지적으로는 치열한 싸움을 했음이 분명하다), 50세에 어린 네로(Nero)의 스승이 되었고, 네로는 나중에 황제가 된 후에는 그를 자신의 핵심적인 고문으로 임명하였다. (세네카는 네로의 선황이었던 클라우디우스를 신격화한 것을 풍자하는 글을 써서, 선황이 신이 된 것이 아니라 호박이 되었다고 말함으로써 자신의 변신한 모습을 보여 주었다.[81]) 하

79) 나는 Cicero에게서 볼 수 있는 "중기 스토아 사상"과 Seneca, Epictetus, Marcus Aurelius에게서 볼 수 있는 이른바 "후기 스토아 사상"은 뚜렷하게 구별된다는 Engberg-Pedersen, 2000, 46의 주장에 공감이 되지 않는다. 나는 그런 주장은 Engberg-Pedersen이 자신의 이론적 모델을 지지하고 있는 것으로 믿은 Cicero의 *Ends*를 부각시키기 위한 혼탁한 주장이라고 본다. 아래 제14장을 보라.

80) Long, 2003, 205f.

81) 황제들의 신격화에 대해서는 아래 제5장을 보라. Seneca가 Claudius를 풍자해서 한 말은 '아포

지만 네로 황제의 정신 상태와 광기 어린 행동이 점점 더 심각해지면서, 세네카는 황제의 고문을 맡은 지 10년이 지난 후에 결국 황제의 총애를 잃는다. 그가 이 시기에 쓴 글들은 정직하게 자신을 살피는 성찰들을 담고 있는데, 이것은 특히 그가 미친 황제가 무슨 짓을 할지를 잘 알고 있었던 까닭에, 자신이 소크라테스와 같이 천수를 다하고 죽지 못할 것임을 예감하였기 때문이었다.[82]

세네카가 바울을 만나서 회심하였다는 전설들이 초기 교회에서 생겨나서, 여러 세기 동안 가끔씩 부상하였다(이것은 특히 일찌기 주후 2세기 말에 테르툴리아누스[Tertullian]를 필두로 해서, 세네카의 가르침이 기독교의 가르침과 많은 점들에서 일치한다는 것이 인식되었기 때문이었다). 특히, 세네카와 바울 간에 오고 간 것으로 여겨진 짧은 서신들의 모음집은 적어도 히에로니무스(Jerome) 때까지만 해도 알려져 있었다. 그러나 그러한 억측들은 풍문에 근거한 것이고, 그 서신들도 가짜라는 것이 지금은 널리 받아들여지고 있다.[83] 우리가 궁극적으로 좀 더 관심을 가져야 할 것은 세계관과 기본적 신념들과 기본적 목표들이라는 관점에서 이 두 사람 간의 중요한 차이와 실제적인 접촉점들을 탐사하는 것이다. 바울과 스토아 철학 간에 서로 수렴되거나 겹치는 것이 있다면, 세네카는 그러한 탐사를 시작하기에 알맞은 중요한 지점들 중의 하나이다.

세네카는 로마 제국에서 사회적으로나 정치적으로 최고위층 인사들과 어울리며 자신의 50대를 보내면서, 자신의 철학적 지혜를 통해서 국사들, 특히 자신의 이전의 제자가 제국을 경영하는 방식에 영향을 미치고자 최선을 다하였다. 이러한 사실은 네로가 황위에 오른 지 대략 2년여가 되던 때에 그가 황제에게 보낸 "자비에 대하여"(On Mercy)라는 글에 잘 드러나 있다. 그의 아부(그의 글은 지금의 우리에게 그렇게 보인다)가 네로 황제에게 찬사를 보내어서 황제로 하여금 실제로 그런 찬사를 받을 만하게 행동하도록 유도하고자 한 수사였는지, 아니면 네로가 어렸을 때에 한 약속을 토대로 해서 그가 진심으로 그런 찬사를 보낸 것인지("이것은 당신의 성품이 이미 보여주고 있는 것이기 때문에, 당신이 이렇게만 계속해서

콜로퀸토시스' (apocolocyntōsis)이다.

82) 그가 주후 65년에 결국 자살한 일은 Tacitus(*Ann.* 15.62-4)가 생생하게 묘사하였는데, 그것은 분명히 소크라테스의 죽음을 모델로 한 것이었다.

83) 이 서신들(이것들은 아마도 Jerome, *De Vir. Ill.* 12와 Augustine, *Ep.* 153.14에 언급된 것과 동일한 서신들일 가능성이 크다)에 대해서는 Elliott, 1993, 547-53을 보라; 현존하는 가장 오래된 사본은 주후 9세기의 것이다. 이 서신들을 포함해서 바울과 세네카에 대하여 다룬 이전의 중요한 논의는 Lightfoot, 1868, 268-331에 나와 있다. 고전적인 연구서는 Sevenster, 1961이다. "세네카는 흔히 우리의 편이다"(Seneca saepe noster)라는 Tertullian의 유명한 말은 *de Anim.* 20에 나온다.

나아간다면, 그것은 로마에 정말 큰 복입니다")는 우리가 알기 어렵다. 만일 전자였다면, 그의 방책은 통하지 않았던 것이고, 후자였다면, 그것은 심각한 오판으로서, 세네카 자신이 결국 그러한 오판의 대가를 치르게 될 것이었다. 어쨌든 세네카가 제시한 이상은 훌륭한 것이었다: 절대 권력은 늘 양심의 통제를 받아야 한다. 하지만 그 결말은 재앙이었다. 네로는 역사상 가장 악명 높고 변덕스러우며 과대망상증에 빠진 폭군들 중의 한 사람이 되었다.

세네카는 궁정에서 물러나서(주후 62년), 자신의 기대대로 살지 못한 자신의 제자를 깊이 숙고하는 가운데, 성찰의 분위기가 좀 더 강화된 말년의 삶을 살아간 것으로 보인다. 그에게 철학은 그와 그의 가르침을 따르는 모든 사람들로 하여금 인생의 온갖 부침에 의해서 부대낌이 없이 늘 고요한 삶을 살아갈 수 있게 해주는 일종의 도덕적이고 정신적인 닻과 같은 것이었다. 결국, 세네카는 스토아 철학을 심사숙고해서 살아낸 인물이었다. 그는 에피쿠로스 철학을 반대하는 운동을 지속적으로 벌여나갔다. 그가 지진과 혜성, 우박과 눈 같은 자연현상들을 살펴서 쓴 "자연계의 질문들"(Natural Questions)은 그러한 일들이 원자 운동이 우연히 만들어낸 결과물일 수 없고, 만유에 내재해 있는 '로고스'의 인도함을 따라 일어난 일들이라는 것을 보여주고자 한 것이었다. 그러나 (좀 더 교조적이었던 초창기와는 달리 어느 정도 완숙한 시기에 접어들었던 스토아 철학의 추세에 따라[84)]) 그는 자신의 견해들을 널리 보급함에 있어서 분노하거나 교조적인 태도를 취하지 않았는데, 이러한 태도조차도 친구들 간에는 모든 것이 공유되기 때문에, 한 사람에게 유익이 되는 것은 다른 사람에게도 유익이 된다는 스토아 철학의 기본적인 원리에서 나오는 것으로 보았다(이와는 대조적으로, 에피쿠로스 철학자들은 우정에 높은 가치를 부여하긴 했지만, 한 사람에게 유익한 것이 다른 사람에게 유익한 것과 동일할 수 없다고 역설하였다).[85)] 실제로, 그가 자신의 친구인 루킬리우스(Lucilius)에게 보낸 "도덕에 관한 서신들"의 두드러진 특징은 자신의 경쟁상대의 관념들이 잘못된 것임을 증명하기 위해서 에피쿠로스가 한 말들을 자주 인용하고 있는 것이다. 그는 한번은 그런 식으로 인용한 후에, 루킬리우스가 "자네는 남의 자산을 가지고 무슨 짓을 하고 있는 것인가?"라고 쏘아부칠 것에 미리 대비해서, "남의 자산

84) 그가 *Ep.* 48에서 궤변과 엉터리 논리에 대하여 반론을 펴고 있는 것을 참조하라. 추상적인 이론보다는 실천적인 도덕적 삶에 더 주안점을 두었던 중기 스토아 사상은 통상적으로 Panaetius(c.185-110 BC)로 거슬러 올라간다.

85) cf. *Ep.* 48.1-2과 Loeb에 나오는 Gummere의 주해. 또한, Cic. *Ends*, 3.21.69에 나오는 이것에 대한 논의를 보라.

이 참되다면, 그것은 나의 자산이라네"(quod verum est, meum est)라고 먼저 선수를 친다. 최고의 관념들은 공통의 자산이다. 누가 말했는지는 전혀 중요하지 않다. 그는 모든 사람을 위하여 그렇게 말하였다.[86]

세네카는 무엇보다도 특히 실용적이고 실천적인 인물이었다. 그는 이론을 알고 있었지만, 그가 가장 관심을 가진 것은 도덕적인 삶의 일상적인 도전들 속에서 그 이론을 어떤 식으로 구현해 내느냐 하는 것이었다. 그는 사람들을 교묘하게 속이고자 하는 말들과 철학자들의 수수께끼 같은 말들에 직면했을 때에는, 다음과 같은 단순한 질문으로 도전하였다: 그러한 말장난들이 인간의 욕망을 제거해 줄 수 있는가?[87] 신의 존재를 어떻게 알 수 있는가에 관하여 말한 그의 의미심장한 암시들은 그가 어떤 부류의 사람이었는지를 우리에게 상당 부분 말해 준다:

> 당신이 아주 높이 자란 오래된 나무들로 가득한 숲에 이르러서, 그 나무들의 가지들이 서로 얼기설기 얽혀서 당신의 시야를 가려 하늘을 볼 수 없다면, 장엄한 기운이 서려 있는 숲, 고요한 정적에 싸여 있는 그 장소, 당신이 서 있는 곳이 열린 공간인데도 한 치의 틈새도 없이 빽빽하게 그늘로 채워져 있다는 것에 대하여 느끼는 경이로움이 당신에게 신의 존재를 증명해 줄 것이다. 바위들이 부서져서 만들어진 깊은 동굴이 자신의 어깨 위에 산을 짊어지고 있는데, 그 동굴이 사람들의 손에 의해서 만들어진 것이 아니라, 자연의 힘에 의해서 그렇게 깊고 넓은 공간이 만들어진 것임을 알 때, 당신의 심령은 신의 존재에 대한 확실한 예감으로 말미암아 저 깊은 곳에서 감화를 받게 될 것이다.[88]

(우리가 보기에) 스토아 철학이 말하는 "신"에 관한 가장 훌륭한 진술들 중의 몇몇은 세네카의 글에서 발견된다. 그는 "신은 당신 가까이에 있고 당신과 함께 있으며 당신 안에 있다"고 선언한 후에, 계속해서 "거룩한 영[sacer spiritus]이 우리 안에 내재해 있는데, 그는 우리의 선한 행위들과 악한 행위들을 주시하는 자이고 우리의 수호자이다"라고 설명해 나간다.[89] 또한, 그는 철학은 그에게 그를 신과 동등하게 만들어 주겠다고(ut parem deo faciat) 약속한다고 말한다.[90] 이 모든 것은 그가 동일한 서신의 끝부분에서 대부분의 사람들은 광기에 사로잡혀서 서로를 악속으로 밀어넣는 것처럼 보인다 — 직접으로 대놓고 그렇게 말하고 있는 것은 아

86) *Ep. Mor.* 12.11; 14.17; cf. 8.8
87) *Ep.* 48.10.
88) *Ep. Mor.* 41.3(tr. Gummere [Loeb]).
89) *Ep. Mor.* 41.1-2.
90) *Ep.* 48.11.

니지만 – 고 말하고 있다는 사실(41:9)과 정확히 일치한다. 그의 후기 서신 중의 하나는 흥미롭게도 다른 사람의 풍부한 예화들을 반영해서 신에 대해서 적어도 부분적인 설명을 제시한다:

> 신들은 경멸하거나 시기하지 않고, 당신에게 문을 열어주며, 당신이 올라올 때에 손을 내민다. 사람이 신들에게 가는 것이 당신에게는 신기해 보이는가? 신은 사람들에게 온다. 아니, 신은 사람들 속으로 들어온다. 신이 없는 정신은 선할 수 없다. 신적인 씨들(semina divina – '세미나 디비나')은 우리의 죽을 몸 전체에 뿌려져 있다. 선한 농부가 그 씨들을 받는다면, 그 씨들은 자신의 원천과 동일한 모양과 자신이 유래한 것과 동등한 모양으로 자라난다. 하지만 농부가 악해서 불모지이거나 습지인 경우에는, 그의 속에서는 씨들은 죽고, 알곡 대신에 가라지들이 자라게 된다.[91]

세네카가 이 질문에 대해서 좀 더 자세하게 말하고 있는 곳은 아마도 그가 쓴 비극들일 것이다. 그가 쓴 비극들 중에 나오는 악당들 가운데 한 사람인 메데아(Medea)는 감정이 이성과 싸워 이길 때에 어떤 일이 벌어지는지를 무시무시한 형태로 보여준다. 물론, 이 질문은 다음과 같은 좀 더 큰 문제의 일부이다: 철저한 스토아 철학자는 인간 안에 내재하는 악이나 특정한 사람들에 의해서 행해지는 악은 그만두고라도, 악이라는 문제 일반에 대하여 어떤 설명을 제시할 수 있는가? 스토아학파의 주류에 서 있는 철학자(예컨대, 세네카나 에픽테토스)의 대답은 악은 사람들이 비이성적인 선택을 하거나 참되지 않은 명제들에 동의할 때에 생겨난다는 것이다. 물론, 스토아학파의 일부 사상가들은 악한 '다이모네스'(daimones, "귀신들")의 활동에 대하여 말하기도 했다는 것을 보여주는 흔적들이 있다 – "귀신들"의 모호한 존재는 유대적인 사상들만이 아니라 이교 사상과 관련해서도 설명하기가 무척 어렵기는 하지만.[92]

세네카는 자신의 실제적인 "대화록"(Dialogues)인 "도덕에 관한 글들(Moral Essays)에서만이 아니라 다른 글들에서도 가상의 적들을 상정하고 설전을 벌이는 수사 기법을 사용하였다. "설전체"(Diatribe, 또는 "대화체")라 불리는 이러한 수사 기법은 플라톤의 대화록 및 그것을 다양하게 발전시킨 것들로 거슬러 올라가는데, 별개의 장르로 보기보다는, 독자들로 하여금 교실에서나 친구들 간의 토론의 현장에서 실제의 논쟁 속에 들어가 있는 듯한 분위기를 느끼게 함으로써 글에 생

91) *Ep. Mor.* 73.16(tr. Gummere [Loeb]). *Ep.* 102에서 Seneca는 Lucilius에게 완고한 죄인을 변화시키는 일이 얼마나 어려운 것인지를 경고한다.

92) 이것에 대해서는 Algra, 2003, 171-3과 주해들; Most, 2003, 313을 보라.

동감을 불어넣고자 하는 문체상의 기법으로 보는 것이 좋다.[93] 이 기법의 핵심은 화자나 기자가 단지 자신의 말을 던져놓는 것으로 끝내버리지 못하게 하는 데 있었다. 화자나 기자가 제시한 생각들은 철저하게 파헤쳐지고, 그러한 생각들을 내놓은 사람들은 서로 교차적으로 검증을 받게 된다. 현존하는 문헌들 중에서 이러한 기법을 가장 활짝 꽃피운 글은 에픽테토스(Epictetus)에서 찾아볼 수 있는데, 이 인물에 대해서는 잠시 후에 살펴볼 것이다.

(2) 무소니우스 루푸스(Musonius Rufus)

바울 시대에 스토아 철학이 어떤 모습이었는지를 우리로 하여금 볼 수 있게 해줄 주후 1세기의 다른 두 인물은 무소니우스 루푸스(주후 25-100년경)와 노예 출신의 그의 유명한 제자로서 주후 1세기 말과 2세기 초에 활발하게 활동하였던 에픽테토스이다. 우리는 이 두 인물에게서 단지 일련의 관념들이 아니라, 실제로 "그림"을 얻는다. 이 두 사람이 받아들였던 모든 가르침은 바로 인간의 진정한 삶은 어떤 것이어야 하는가에 관한 것이었기 때문에, 그들은 자신의 삶을 그 가르침을 구현하는 삶으로 이해하였다. 그들은 수많은 주제들을 활기차고 열정적이며 재치 있게 다룬다.

일부 사람들에 의해서 "로마의 소크라테스"라는 말을 들으며 열렬히 환영 받았던 무소니우스(Musonius)는 책이라고 말할 수 있는 것을 남기지는 않았지만, 그의 짤막한 말들과 글들은 상당수 보존되어 있다.[94] 그는 다른 무엇보다도 특히 여성의 평등, 결혼생활과 그것을 떠받치는 성윤리의 지대한 중요성을 가르쳤다. 그는 폭력을 거부하였고, 한때는 무력충돌에 개입해서, "네 황제의 해"의 절정기에 로마로 진군해 오던 베스파시아누스(Vespasian)의 군대를 상대로 해서, 평화적인 방법이 더 나은 선택이라는 것을 설득하려고 시도하기도 하였다. 타키투스(Tacitus)는 무소니우스의 이러한 개입을 보도하면서, 원리주의자인 설교자가 탱크 앞으로 돌진하는 격이라고 신문의 논설위원 같은 어조로 조소한다:

> [무소니우스 루푸스는] 군대와 뒤섞여서, 무장한 사람들 앞에서 평화의 축복들과 전쟁의 위험들에 대하여 강의하기 시작하였다. 그들 중의 다수는 정면으로 그를 비웃었고, 한

93) 이것에 대한 성서학계 내에서의 고전적인 연구는 Bultmann, 1910이다; 또한, Stowers, 1981; Watson, 1993과 거기에 나오는 전거들; *OCD*, 461f.에 나오는 유익한 분석과 오용에 관한 경고를 보라.

94) ed. Hense(1905). "소크라테스"라는 별명에 대해서는 Lutz, 1947을 보라.

층 더 많은 사람들은 그가 하는 말을 지루해하였으며, 몇 사람은 심지어 그를 때려눕히고 짓밟을 태세였다. 그러나 운좋게도 가장 점잖게 행동한 사람들이 한 경고와 나머지 사람들의 위협적인 태도는 그로 하여금 때를 잘못 골라서 자신의 지혜로 사람들을 교훈하고자 하는 시도(intempestivam sapientiam)를 포기하게 만들었다.[95]

무소니우스는 체제를 전복시키고자 하는 요주의인물로 낙인찍혀서 적어도 세 차례 로마에서 추방당하였다.[96] 분명히 그는 상당한 곤욕을 치르면서도 계속해서 기쁜 마음으로 사람들을 가르치고, 자기가 가르친 대로 살았기 때문에, 자신의 동시대인들에게 좋은 쪽으로든 나쁜 쪽으로든 큰 인상을 남겼다. 많은 제자들이 그에게 모여든 것은 이상한 일이 아니었는데, 그들 중에는 에픽테토스, 디온 크리소스토모스(Dio Chrysostom, 주후 40-120년경), 플리니우스 2세 같이 나중에 독자적으로 유명해진 인물들도 있었다.[97]

(3) 에픽테토스(Epictetus)

에픽테토스(주후 55-135년경)는 도미티아누스 황제 치하인 주후 89년에 로마에서 추방당한 또 한 명의 철학자였다.[98] 그는 에베소에서 내륙 쪽으로 리코스(Lycus) 계곡에 있던 라오디게아(Laodicea, '라오디케아')와 골로새(Colosse, '콜롯세')

95) Tac. *Hist.* 3.81(tr. Penguin Classics). 이 비웃는 자들은 내게 바울이 아레오바고에서 강론을 끝냈을 때에 비웃던 자들을 연상시키고(행 17:32), 바울이 항해 계획에 개입하려고 들자 선장과 백부장이 그에게 했던 말을 연상시킨다(행 27:10f.). Morgan, 2006, 250은 Tacitus의 관점을 받아들여서, Musonius를 "주제넘게 참견하기 좋아하는 사람"으로 묘사한다.

96) 네로 치하에서는 주후 60-62년에 처음으로, 주후 65-69년에 다시 한 번(Tac. *Ann.* 15.59, 71); 그런 후에는 주후 70년대 중반에(Pliny, *Ep.* 3.11); 이 세 번째 시기 동안에 그는 아테네에서 검투사 시합에 대하여 공공연하게 항의하였다. Musonius의 삶과 사역의 이러한 측면들 및 그 밖의 측면들은 Dillon, 2004에서 다루어진다.

97) Dio(실제 이름은 Dio Cocceianus)에 관한 연구라면 현재의 개관에 무엇인가를 더 추가했을 것이지만, 만일 우리가 그렇게 한다면, 우리의 목적을 너무 멀리 벗어나게 될 것이다. 그는 초기에 "제2의 궤변"(아래를 보라)의 일부로서 수사학을 연구하다가, Musonius의 설득으로 철학을 연구하게 되었다. 그는 Musonius처럼 도미티아누스 황제 시대에 로마에서 추방당했지만, 네르바 황제 치하에서 다시 로마로 돌아와서 트라야누스 황제의 친구가 되었다. 이것이 일종의 타협이었는지를 묻는 것은 본질적으로 현대적인 사고라고 나는 본다; 이 점에서 있어서는 견유학파와 반대 입장을 취하였던 스토아 철학자들에게는 자유로운 언론(parrhēsia – '파르레시아')의 권리는 철두철미 '폴리스'(polis)를 더 좋은 곳으로 만드는 데 그 목적이 있었기 때문에, 고위층에 영향력을 행사할 수만 있다면, 적어도 자신의 책임을 다하기 위하여 애쓴 것이 되었을 것이다.

98) Aulus Gellius, *Noct. Att.* 15.11.5를 보라.

근방의 히에라폴리스(Hierapolis)에서 한 여자 노예의 아들로 태어나서, 다른 수많은 노예들과 마찬가지로 로마로 끌려와, 네로 황제의 대신이었던 에파프로디투스(Epaphroditus)의 소유가 되었고, 노예의 신분이었는데도, 무소니우스 아래에서 공부하기 시작하였다(무소니우스의 가르침은 그의 글 속에 많이 반영되어 있다). 그는 자유민이 된 후에도 공부를 계속하다가, 나중에는 독자적으로 사람들을 가르치기 시작하였다. 만일 도미티아누스 황제가 점점 더 역모나 불복의 기미를 의심하고서, 역모를 꾸미고 있는 것으로 의심되는 사람들을 처형하기 시작하지 않았더라면, 그는 로마에서 사람들을 가르치는 일을 계속해 나갔을 것이었다. 그의 추방은 온건했던 것으로 보인다. 적어도 에픽테토스는 목숨을 부지하였다. 어쨌든, 그 이후로 그는 에피로스(헬라의 북서부 지역)에 있는 해안 도시였던 니코폴리스(Nicopolis)를 본거지로 삼아서, 사람들을 가르치는 일을 하며 자신의 여생을 보냈다. 그는 견유학파에 관한 감동적인 글을 썼지만, 자기 자신은 그러한 혹독한 생활방식을 받아들이지 않았고, 정반대로 하드리아누스 황제(Hadrian)와 교분을 나누었는데, 이것은 견유학파에 속한 철학자로서는 상상도 할 수 없는 일이었다.[99]

그의 저명한 제자이자 역사가였던 니코메디아의 아리아누스(Arrian of Nicomedia)가 기록한 그의 말들은 활기차고 날카로우며 재치가 있다. 그의 말들은 체계적인 강해라기보다는 그때그때 이루어진 토론의 형태로 되어 있지만, 모든 대목에서 스토아 철학의 원리의 주요 노선들을 보여주고 있다. 에픽테토스는 논리학과 물리학에 관한 스토아 철학의 통상적인 견해들을 견지하고 있었던 것으로 보이지만, 현존하는 그의 가르침들은 대체로 실천 윤리학 분야에 관한 것들이다. 이 분야에서 그는 사람은 세계의 현재의 질서를 받아들여야 한다(또는, 현재의 세계가 당신의 마음에 들지 않는다면, 그가 자주 말했듯이, "문은 항상 열려 있으니, 당신은 언제든 떠날 수 있다" – 즉, 달리 말하면, 또 다른 유일한 대안은 자살이라는 것)는 스토아 철학의 통상적인 노선을 취한다.[100] 도덕적인 삶을 발전시키고 진보를 이루어내는 것은 가능하고 바람직하며, 그렇게 하기 위해서는 단지 뛰어난 철학자들의 글을 연구하는 것만으로는 충분하지 않고, 자신이 지혜롭고 선한 선택을 하는 법을 진정으로 배웠다는 것을 실제의 행동 속에서 보여 주어야 한다.[101] 자유 일반, 특히 언론의 자유는 그가 끊임없이 강조한 주제들 중의 하나였다.

99) Loeb 1.xi에 나오는 Oldfather의 주해를 보라.

100) 예를 들면, 1.9.20; 3.8.6. 또한, Sen. *De Prov.* 6.7(patet exitus — '파테트 엑시투스,' "출구는 열려 있다").

101) 1.4.13-15.

에픽테토스는 오늘날 그 글이 현존하는 그 어떤 작가보다도 더 "설전체"의 모범을 보여주는데, 설전체는 신약성서에서는 바울의 로마서의 몇몇 단락들에 아주 분명하게 등장한다. 실제로 마치 에픽테토스와 바울이 동일한 길거리에서 자란 것이 아닌가 하는 생각이 들 때가 종종 있을 정도이다:

> 그렇다면, 무엇인가(ti oun -'티 운'). 내가 사람은 아무 활동도 하지 않도록 지음 받은 동물이라고 말하는 것인가. 내 말은 결코 그런 것이 아니다(mē genoito - '메 게노이토'). 그런데 어떻게 당신은 우리 철학자들이 [공적인] 일들에 적극적이지 않다고 말할 수 있는가. 먼저 내 자신을 예로 들어보겠다. 나는 날이 밝자마자, 내가 어떤 작가의 글을 읽어야 할지를 잠깐 생각한다 … [102)]

> 그렇다면, 무엇인가. 일들을 대충 쉽게 하고 나서 꾸벅꾸벅 조는 것이 어디 우리 철학자들뿐인가. 아니다. 너희 젊은이들은 훨씬 더 빨리 그렇게 한다. 어디 한 번 보아라. 우리 늙은이들은 젊은이들이 노는 것을 보면 우리도 그 놀이에 몹시 동참하고 싶어하지 않는가. 게다가, 나는 젊은이들이 정신을 바짝 차리고서 열심을 내어 우리의 연구에 동참하는 것을 보면, 내 자신도 그들의 진지한 탐구에 몹시 동참하고 싶어하지 않는가.[103)]

에픽테토스와 바울이 다루는 소재는 물론 다르다. 그러나 특히 로마서와 고린도전서 같은 서신들에서 사용된 바울의 말투와 억양에 익숙한 사람이라면 누구나 바울과 에픽테토스가 그 원조인 소크라테스까지 거슬러 올라가고, 고대의 철학 분과 내에서 "논리학"의 일부였던 것과 매우 유사한 논증 방법을 사용하고 있다는 것을 의심할 수 없다. 이 논증 방법은 사람들로 하여금 잘못된 인상들이나 수사적 술수에 속아넘어가지 않고 진리를 향하여 착실하게 나아갈 수 있게 해주는 확실한 방법이었다.

하지만 바울과의 잠재적 유사성이라는 관점에서 볼 때, 에픽테토스와 관련해서 가장 두드러진 것들 중의 하나는 그가 기도하곤 했던 신의 현존과 인격(우리는 이렇게 부를 수밖에 없다)에 관한 그의 주목할 만한 인식이다. 신들(에픽테토스는 신을 단수형으로 말하든 복수형으로 말하든 별 신경을 쓰지 않았던 것으로 보인다)은 모든 곳에 현존하고, 우리 안에도 있고 우리와 함께 있기도 하지만, 어떤 의미에서 사람들은 "제우스의 자녀들"이기도 하다. 왜냐하면, 우리는 우리의 본성 속에 동물들과 같은 육신적인 특성(physicality)을 공유하고 있지만, 신들과 같은 이

102) 1.10.7-8.
103) 1.10.12-13.

성과 지성('로고스' [logos]와 '그노메' [gnōmē])을 공유하고 있기 때문이다.[104] 한 주석자가 표현했듯이, 그는 어느 순간에는 그리스도인의 기도의 대상과 흡사한 신에 대해서 말하는가 싶으면, 다음 순간에는 신의 편재(omnipresence)를 인정하고 있고, 곧바로 이어서 통상적인 이교에서 전제하는 다신론을 아무렇지도 않게 수용해서 말하는 등, "이신론, 범신론, 다신론을 거의 믿기 어려울 정도로 뒤섞어 놓은 것"을 제시한다.[105] 우리는 모두 "일차적으로 신이 낳은" 존재이기 때문에, 이 신은 단지 신들의 아버지일 뿐만 아니라 사람들의 아버지이기도 하다고 그는 말한다.[106]

이 모든 것은 그의 대화록(Dialogues) 제1권의 제14장과 제16장에서 두드러지게 나타난다. 그는 모든 것은 신의 눈 아래에 있다고 주장한다. 식물들의 활동으로부터 달과 해의 활동, 그리고 우리 자신의 활동에 이르기까지, 모든 것은 긴밀한 공유(sympatheia – '쉼파테이아') 안에서 서로 결합되어 있다:

> 우리의 영혼들이 이렇게 신이라는 존재의 부분들과 분깃들이 되어서 신과 결합되어 있다면, 신은 그 영혼들의 움직임을 자기 자신의 움직임이자 자기와 한 몸을 이루고 있는 존재들의 움직임으로 인식하지 않겠는가?[107]

마찬가지로, 인간들은 이 모든 것에 대하여 성찰할 능력을 지니고 있기 때문에, 우리도 마찬가지로 신의 활동의 일부이고, 신의 감독 아래에 있다. 인간들은 다른 동물들과는 달리 "일차적인 중요성"을 지닌 존재들이다:

> 당신은 신의 한 파편이다. 당신은 신의 일부를 당신 안에 지니고 있다. 그런데 왜 당신은 당신 자신과 혈연관계인 신을 무시하는가? 왜 당신은 당신이 생겨난 근원을 알지 못하는가? 당신은 먹을 때마다, 먹는 당신은 누구이고, 당신이 누구에게 자양분을 공급해 주고 있는지를 염두에 두지 않는 것인가? 당신이 여자와 관계할 때마다, 그것을 행하는 당신은 누구인가? 당신이 사람들과 어울리거나, 신체적인 활동을 하거나, 사람들과 대화를 할 때마다, 당신은 신에게 자양분을 공급하고 있는 것이고 신을 활동하게 하는 것임을 알지 않는가? 보잘것없고 형편없는 당신이 하나님을 안에 모시고 살아가는데도, 당신은 그것을 알지 못하는가![108]

104) 1.3.1-3. "하나님의 참된 본성(ousia – '우시아')"은 "지성, 지식, 바른 이성"(nous – '누스,' epistēmē – '에피스테메,' logos orthos – '로고스 오르토스')이다: 2.8.2.

105) Loeb 1.xxiv에 나오는 Oldfather의 주해.

106) 1.3.1.

107) 1.14.6.

108) 2.8.11f.

그러나 이것은 하나의 초점으로 수렴된다고 에픽테토스는 말한다:

> 신은 각 사람을 지키는 수호신(epitropos – '에피트로포스')이자 각 사람에게 특유한 신령(daimōn – '다이몬')으로서 각 사람 안에 머물러 있고, 이 신은 결코 자지도 않고 속아 넘어가지도 않는 수호신이다 … 그러므로 당신이 문들을 다 닫아서 방안이 캄캄할 때에도, 당신은 혼자라고 결코 말하지 말아야 한다는 것을 기억하라. 왜냐하면, 당신은 혼자가 아니기 때문이다. 신이 당신 안에 있고, 당신의 수호신이 당신 안에 있다 … 군인들이 카이사르에게 충성을 맹세하듯이, 당신도 이 신에게 충성을 맹세하여야 한다 … 밖에서는 사람들은 그 어떤 다른 사람을 카이사르보다 더 높이는 일이 절대로 없을 것이라고 맹세하지만, 내면 속에서는 우리는 우리 자신을 다른 어떤 것보다 더 높일 것이라고 맹세한다.[109]

신, '다이몬' (daimōn), 자기 자신 – 에픽테토스(또는, 스토아학파에 속한 그 어떤 철학자)가 이 모든 것이 어떻게 서로 연관되어 있는지를 분석했는지는 분명하지 않다.[110] (실제로 그는 종종 궁극적인 목표는 인간에서 신으로 변화되기 시작하는 것이라고 말할 수 있었다.[111]) 물론, 각 개인의 '다이몬' 은 적어도 소크라테스(Socrates)까지 거슬러 올라가는 관념으로서, 후대의 기독교의 일부 강론 속에 나오는 개인의 "수호 천사"라는 관념과 느슨한 유사성을 보여준다. 신은 종종 개인을 훈련시키는 교관과 같이, 우리로 하여금 개인적인 어려움들이라는 형태로 찾아오는 강력하고 젊은 대적과 맞서 싸우게 하여, 그런 싸움을 통해서 점점 더 강해지게 하는 존재일 수 있다.[112] 신의 섭리가 존재한다고 해서, 그러한 싸움이나 도덕적인 선택을 둘러싼 도전이 없어지는 것이 아니다. 사실, 신은 나를 선택이 가능한 피조물(eklektikos – '에클렉티코스')로 창조하였다.[113] 물론, 당신은 도덕적으로 치열한 싸움에서 신에게 도움을 요청할 수 있지만, 어쨌든 그 싸움에 뛰어들지 않으면 안 된다.[114] 에픽테토스는 다른 곳에서 우리를 대적하고 감시하고 경고하며, 주기도 하고 빼앗아가기도 하는 "또 다른 신"에 대하여 말한다.[115]

또는, 섭리에 관한 다음과 같은 담론을 감안했을 때, 에픽테토스는 "제우스와

109) 1.14.12-17.

110) cf. 4.12.11: 나는 먼저 하나님에게 순종해야 하고, 하나님 다음으로 내 자신에게 순종하여야 한다.

111) 2.19.26f.

112) 1.24.1f.

113) 2.6.9; 이것은 Chrysippus에서 인용한 글이다.

114) 2.18.29; Epictetus는 이것은 폭풍을 만난 항해자들이 디오스쿠로이(Dioscuri)의 도움을 기원하는 것과 마찬가지라고 말한다.

115) 예를 들면, 1.25.13; 1.30.1; 2.5.22; 3.3.13 등.

신들," "섭리," "자연"을 진정으로 구별하고 있는 것인가?

> 하지만 제우스와 신들이 준 단 하나의 자연의 은사만으로도 공경함과 감사함으로 신의 섭리(pronoia – '프로노이아')를 인식하는 사람을 만들기에 충분할 것이다. 지금 내게 큰 일들에 대하여 말하지 말고, 우유가 풀에서 생산되고 치즈가 우유에서 생산되며 양모가 가죽에서 자란다는 사실만을 직시해 보라. 그러한 것들을 만들어내거나 고안해낸 이는 대체 누구인가? 어떤 사람은 "그런 이는 없다"고 말한다. 오, 인간의 우둔함과 몰염치의 깊음이여![116]

이 현자는 이렇게 선언한다: 우리는 찬양과 예배로 우리의 시간을 보내야 한다. 다른 사람들이 그렇게 하지 않을지라도, 잘 걷지도 못하는 늙은이인 나는 그러한 것들을 인하여 신을 찬양하고 예배할 것이다. 결국, 신이 인간들을 지은 것은 단지 자신의 작품들을 구경하는 자들이 아니라, 해석자들이 되게 하고자 한 것이다. 신은 인간들을 불러서 자신의 증인들이 되게 한다.[117] 이렇게 해서, 유대-기독교 전통 외부에서 찾아볼 수 있는 것들 중에서 신의 은총에 감사하는 가장 주목할 만하고 고상한 표현들 중의 하나가 탄생한다:

> 우리에게 지각이 있다면, 공적으로나 사적으로나 신(to theion)을 찬송하고 찬양하며 그의 은택들을 복창하는 일 외에 우리가 꼭 해야 할 다른 일이 무엇이 있겠는가? 우리는 땅을 파고 논밭을 갈며 음식을 먹듯이, 신을 찬양하며 노래하는 것이 마땅하지 않는가? "우리에게 땅을 경작할 수 있게 이러한 도구들을 마련해 주신 신은 위대하시도다. 우리에게 손을 주시고, 삼킬 수 있는 능력을 주시며, 배를 주시고, 알지 못하는 사이에 자라는 능력을 주시며, 잠자는 동안에 숨 쉬는 능력을 주신 신은 위대하시도다." 우리가 어느 때든지 다른 무엇보다도 가장 위대하고 거룩한 찬송을 부르는 것이 마땅한 이유는 신이 우리에게 이러한 것들을 이해하고서 이성의 길을 따를 수 있는 능력을 주셨기 때문이다. 그렇다면, 무엇이냐? 여러분 중 대부분은 눈이 멀어 버렸기 때문에, 여러분을 위하여 이 일을 수행하고, 여러분 모두를 대신해서 신을 찬송하는 노래를 부를 어떤 사람이 있어야 하지 않겠는가? 잘 걷지도 못하는 늙은이인 내가 다른 일들을 할 수 있다면, 신을 찬송하는 노래를 부르는 일을 하지 않을 이유가 어디에 있겠는가? 만일 내가 나이팅게일이라면, 나이팅게일처럼 노래할 것이고, 만일 내가 백조라면, 백조처럼 노래할 것이다. 그러나 보시다시피, 나는 이성을 지닌 존재인 까닭에, 신을 찬양하는 노래를 부는 것이 마땅하다(nyn de logikos eimi, hymnein me dei ton theon – '뉜 데 로기코스 에이미 휨네인 메 데이 톤 테온'). 이것이 내가 해야 할 일이기 때문에, 나는 그 일을 하는 것이다. 그 일이 내가 수행해야 할 일로 내게 주어져 있는 한, 나는 이 직무를 버리지 않을

116) 1.16.7f.
117) 1.6.19; 1.29.47; cf. 2.23.6.

것이다. 그리고 나는 여러분에게 나와 함께 이 노래를 부르는 데 동참할 것을 권한다.[118)]

이 모든 것의 결과는 에픽테토스에게 있어서 철학자의 일차적인 과제는 사실 신학이었다는 것이다 – 이것은 최근에 제기된 몇몇 정반대의 주장들을 정면으로 반박하는 것이다:[119)]

> 이제 철학자들은 우리가 배워야 할 첫 번째의 것은 한 신이 존재하고, 그 신은 만유를 위해 필요한 모든 것을 공급해 준다는 것, 그리고 한 사람이 자신의 행위들만이 아니라 자신의 목적들과 생각들까지도 신으로부터 감추는 것은 불가능하다는 것이라고 말한다. 다음으로, 우리는 신들이 어떤 존재들인지를 배워야 한다. 신들의 성품이 어떤 것으로 밝혀지든지 간에, 신들을 기쁘게 해드리고 순종하고자 하는 사람은 신들을 닮기 위하여 최선을 다하여야 한다. 신이 신실하다면, 그도 신실하여야 한다. 신이 자유롭다면, 그도 자유로워야 한다. 신이 너그럽다면, 그도 너그러워야 한다. 신이 고결하다면, 그도 고결하여야 한다. 그러므로 모든 것에서 그는 신을 닮은 자(zēlōtēs – '젤로테스')로서 말하고 행하여야 한다.[120)]

에픽테토스에게 있어서 "물리학"과 "윤리학"의 핵심은 여기에 있었다. 사람은 그의 "논리학"을 실천에 옮겨서 부단히 참된 것들을 알아나가야 한다. 그렇게 해서, 그러한 지식을 얻게 되었다면, 그는 철학자가 특별히 힘써야 할 사명, 즉 전쟁 시에 파견되는 정탐처럼, 실제로 무슨 일이 벌어지고 있는지를 세밀하게 살핀 후에 다시 돌아와서, 사람들에게 그들이 선과 악에 대한 인식에서 어떤 점들이 잘못되었는지를 설명하고, 사람들이 듣고 싶어 하든지 듣고 싶어 하지 않든지와는 상관없이 실제의 상황을 지적해 주는 일을 수행할 준비가 된 것이다.[121)] 즉, 우리가 이 장을 시작할 때에 사용한 비유로 되돌아간다면, 철학자들은 어둠 속을 꿰뚫어 보는 올빼미들과 같고, 그렇게 해서 자신들이 알게 되고 자신들에게 맡겨진 메시지를 사람들에게 알리는 전령관들이 되어야 한다는 것이다. 바울은 에픽테토스와는 다른 메시지를 가지고 있었지만, 에픽테토스가 자세하게 설명한 사명의 개요에 동의하였을 것이 분명하다.[122)]

118) 1.16.15-21.

119) 반대견해로는 Engberg-Pedersen 2010, 245; 그는 바울과 스토아 사상을 각각의 체계 전체라는 관점에서 제대로 비교하려면, 신학을 괄호 안에 넣어 두고서 시작하지 않으면 안 된다고 주장한다: 아래 제14장을 보라.

120) 2.14.11-13.

121) 1.24.3-10; 3.22.23f.

122) Epictetus는 그리스도인들은 언급한 당대의 몇 안 되는 저술가들 중의 한 사람이다. 그가 "갈릴

(4) 마르쿠스 아우렐리우스(Marcus Aurelius)

바울이 살던 시대로부터 대략 한 세기 후에, 우리는 로마 제국의 황위에 오른 한 지도적인 스토아 철학자를 발견한다. 마르쿠스 아우렐리우스(주후 121-180년, 그가 황제로 즉위한 해는 주후 161년이었다)는 "철인 왕"으로 생각될 수 있는 마지막 인물이었고, 당시에 황제가 어떠해야 하는지를 보여준 모델로 여겨졌다.[123] 그는 어릴 때에 에픽테토스의 『강론집』(*Discourses*) 사본을 빌려서 읽은 후에, 한 번도 뒤돌아보지 않고, 평생에 걸쳐서 스토아 철학에 기초한 자기 나름대로의 성찰들을 발전시켰다. 자신이 물려 받은 철학적 전통과 제국의 전통을 아주 잘 알고 있었던 그는 "카이사르 같은 인물이 되지 말아야 한다"는 엄중한 경고의 말을 포함한 일련의 짧은 단상을 적어 놓은 비망록인 "자기 자신에게"(To Himself)라는 책을 썼다.[124] 이 책은 바울 시대가 아닌 자신의 시대를 반영하고 있기는 하지만, 그럼에도 불구하고 바울 시대의 사상 세계에 관한 온전한 그림을 그리는 데 많은 것을 시사해 주는 내용으로 가득하다.

마르쿠스 아우렐리우스는 논리학, 물리학, 윤리학의 통상적인 주제들을 따른다: 올바르게 행하기 위해서는(윤리학), 거짓된 인상들을 믿지 말고 명료하게 사고하여서(논리학), "만유" 속에서의 자신의 위치를 이해하여야 한다(물리학). 이것은 어쩔 수 없고 불가피한 것들을 순순히 받아들이고, 명철함과 고결함으로 다른 사람들에 대하여 처신하는 것으로 이끌게 될 것이다. 어차피 세계는 끊임없이 변화하는 상태에 있을 수 밖에 없기 때문에(마르쿠스는 이전의 몇몇 스토아 철학자들과 마찬가지로 헤라클레이토스[Heraclitus]의 신봉자였다), 잘못된 판단들에 맞서 자신의 영혼을 지키기 위해서는, 비이성적인 감정들을 비롯해서 거짓된 인상들을 조심하고, 세계와 자기 자신 속에 내재해 있는 '로고스'를 구할 필요가 있다. 그리

리 사람들"(4.7. 6)이라고 부른 그리스도인들에 대하여 한 말은 그들은 이 세계의 염려들과 두려움들로부터 벗어나 있는 것이 일반적인 습성이었다는 말을 지나가듯이 한 것이 전부이다. 그는 이러한 자유의 상태는 미쳤거나, 아니면 "이성과 과시"에 의해서만 가능할 수 있다고 말한다; 달리 말하면, 그는 그리스도인들이 그들 자신의 경로를 통해서, 철학의 목표와 별반 다르지 않은 목표를 달성하고 있었다는 것을 인정한 것이다.

123) 예를 들어, Dio Cassius 72.36.4 등.

124) 그는 6.30에서 이 말을 만들어내었다: "가이사 같은 인물이 되지 말라"(mē apokaisarōthēs — '메 아포카이사로테스'); 5.16과 비교해 보라. 거기에서 그는 궁정에서도(en aulē – '엔 아울레') 바르게 사는 것이 가능하다고 읊조린다. 이 작품의 오늘날의 제목인 *Meditations*(명상록)는 17세기에 만들어져서, 결국 원제목보다 더 유명해졌다; 사본 전승은 이 책의 원래 표제가 "자기 자신에게(주는) 것들"(ta eis heauton – '타 에이스 헤아우톤')이었다는 것을 보여준다.

고 머지않아 결국 죽음이 찾아올 것이다("명상록"[Meditations]은 이 황제가 자신의 말년에 썼다). 그의 죽음관이 영혼 자체를 덧없는 꿈이자 안개로 보았던 에피쿠로스 철학 쪽으로 기울어져 있었음을 보여주는 여러 증표들이 있다.[125] 그러나 그러한 죽음관을 통해서 그가 자기 자신을 비롯해서 다른 사람들에게 권고하고 있는 것은 철학만이 인간의 삶을 바칠 만한 유일한 것이라는 것이다:

> 그렇다면, 우리의 인생길에서 우리를 도와줄 수 있는 것은 과연 무엇인가? 그것은 오직 한 가지, 즉 철학밖에 없다. 철학이라는 것은 다른 존재의 행위나 무위와는 아무런 상관없이 독자적으로 행하되, 그 어떤 일도 아무렇게나 행하지 않고 의도적인 거짓과 위선으로 행하지도 않는 모든 즐거움과 고통의 주, 곧 우리의 내면에 있는 신적인 "신령"(ton endon daimona — '톤 엔돈 다이모나')을 순수하고 거짓됨이 없는 상태로 보존하는 것이고, 인간을 낳은 그 동일한 근원 — 그것이 무엇이든 — 으로부터 생겨나서 일어나고 우리에게 할당된 것들을 순순히 받아들이며, 무엇보다도 죽음을 단지 모든 살아 있는 것을 구성하고 있는 원소들(ta stoicheia — '타 스토이케이아')로부터 해방되는 것으로 여기고서 우아하게 기다리는 것이다. 각각의 사물이 끊임없이 다른 사물로 변화되고 있는 것이 무시무시하고 끔찍한 일이 아닌데, 사람이 만물의 변화와 사멸을 못마땅해하며 싫어하는 기색으로 바라볼 이유가 어디 있겠는가? 왜냐하면, 그것은 자연을 따르는 것이고(kata physin gar — '카타 퓌신 가르'), 자연을 따르는 것에는 그 어떤 악도 있을 수 없기(ouden de kakon kata physin — '우덴 데 카콘 카타 퓌신') 때문이다.[126]

우리는 여기에서 고대의 스토아 사상 – 고대의 철학 중에서 최고라고 할 수 있는 – 의 영광과 고민을 본다. 잘못이나 불의를 세심하게 피하고, 고귀하고 건전하며 절제된 이상을 따라 살기 위해서, 마르쿠스 아우렐리우스는 자신의 사생활에서만이 아니라 공적인 삶 속에서도 세심하고 용의주도하게 생각하고 행하였다.[127] 그

125) 2.17. 또한, 5.33을 보라: 죽음은 "소멸 또는 변환"(eite sbesin eite metastasin – '에이테 스베신 에이테 메타스타신') 중 어느 쪽을 가져다 줄 것인가?" 또한, 4.21; 6.24를 보라: 알렉산더 대왕은 죽어서 자신의 마부와 동일한 상태로 돌아갔다. 즉, 그들은 "저 동일한 만유의 이성의 씨로"(eis tous autous tou kosmou spermatikous logous – '에이스 투스 아우투스 투 코스무 스페르마티쿠스 로구스' ; 예컨대, 4.21을 보라) 돌아갔거나, "똑같이 원자들로 흩어졌다"; 8.25, 58: 죽음은 사람에게 아무것도 느끼지 못하게 만들거나, 또 다른 종류의 생명을 가져다줄 것이다; 9.3.

126) 2.17(tr. Haines [Loeb]).

127) 그가 그리스도인들을 박해하였다는 소문은 여전히 증명되지 않고 있다; Loeb, 383-7에 실려 있는 Haines의 글을 보라. 그러나 7.68과 8.51은 박해의 때들을 반영하고 있는 것으로 보이고, 거기에서 Marcus가 그 모든 것을 극복하고 자신의 마음을 "순수하고 건전하고 의롭게"(8.51) 지키라고 권면하고 있는 것은 그의 철학의 좀 더 어두운 면을 우리에게 암시해 준다 — 물론, 그에게 그리스도인들은 어둡고 형편없는 자들로 비쳤겠지만. 그렇다고 할지라도, 그것은 그가 일관성이 없었음을 암시해 준다: 그리스도인들이 "그 모든 것을 극복할" 수 있다면, 그들을 박해하는 것이 무슨 소용이란 말인가?

러나 다음과 같은 말보다 더 그의 삶이 지닌 문제점을 아주 극명하게 드러내 주는 말은 없을 것이다: "자연을 따르는 것에는 그 어떤 악도 있을 수 없기" 때문에, 세계에 존재하는 악해 보이는 모든 것은 사실은 악한 것일 수 없다. 사람은 세계와 자기 자신의 변화와 사멸을 "우아하게"(hileō tē gnōmē – '힐레오 테 그노메') 받아들임으로써, "모든 즐거움과 고통의 주"를 초월하여야 한다. 만유(kosmos – '코스모스'), 자연 그 자체(physis – '퓌시스'), "보편적인 자연"(koinē physis – '코이네 퓌시스'), "보편의 자연"(hē tōn holōn physis – '헤 톤 홀론 퓌시스')은 모두 동일한 것이고, 이 존재가 바로 "신들 중에서 가장 공경해야 할 신"이다.[128] 이 유일한 존재가 만물의 근원이자 수단이자 목표이다:

> 오, 만유여, 당신에게 부합하는 모든 것은 내게 부합합니다 … 모든 것이 당신에게서 오고, 당신 안에 서 있으며, 당신에게로 돌아갑니다(ek sou panta, en soi panta, eis se panta – '에크 수 판타, 엔 소이 판타, 에이스 세 판타').[129]

이것보다 더 에피쿠로스 사상으로부터 먼 것은 있을 수 없다. 그가 말하고 있는 "신"은 세계로부터 멀리 떨어져서 초연히 즐기는 신들이 아니라, 우리 안에 있고 우리 주변에 있으며, 늘 모든 것을 인도하고 이끌어나가는 신이다. 그의 다음과 같은 글은 실제로 범신론의 핵심 그 자체이다:

> 만유(kosmos – '코스모스')가 단일한 본성(mian ousian – '미안 우시안')과 단일한 혼(psychēn mian– '프쉬켄 미안')을 소유한 하나의 살아 있는 존재(hen zōon– '헨 조온')라는 생각을 멈추지 말라. 만물은 이 만유의 단일한 지각으로(eis aisthēsin mian– '에이스 아이스테신 미안') 거슬러 올라가고, 이 만유는 단일한 충동에 의해서(hormē mia – '호르메 미아') 모든 일들을 행하며, 모든 존재하는 것들은 존재하게 될 모든 것들의 공동의 원인들이고, 만물은 하나의 실로 서로 엮여져서 아주 촘촘하게 짜여진 그물망을 이루고 있다.[130]

바울을 분명하게 연상시키는 이러한 표현들은 단지 사도와 황제 사이에 놓여져 있는 엄청난 깊은 골을 확인시켜 줄 뿐이다. 유대교에서와 마찬가지로 바울에게도 세계는 한 분 유일하신 하나님의 선한 피조물이고, 이 하나님은 세계에 속속들이 관여하시지만, 세계와는 완전히 다른 존재이다. 이것은 삶과 죽음, 인간의 의미에

128) 9.1.
129) 4.23; cf. 9.1.
130) 4.40.

대한 판이하게 다른 접근을 낳는다. 이것에 대해서는 나중에 살펴보게 될 것이다.

5) 견유학파와 회의론자들

본래의 스토아 철학과, 그것과는 근본적으로 달랐던 견유학파라 불렸던 저 현상 – 이것은 학파라기보다는 현상이나 성향이라고 보는 것이 더 낫다 – 간의 거리는 사실 한 걸음밖에 되지 않았다. 견유학파(이러한 명칭은 일부 타당한 면이 있기는 하지만, 우리로 하여금 이 학파를 폄하하게 만든다)는 자신들이 인간의 모든 겉치레에 대하여 조소를 퍼붓는 것을 자부심으로 여겼다. 그들은 부자들이나 존경받는 자들을 비롯해서 허세를 부리는 모든 사람들에게 마치 개처럼 짖어댔다.[131] 나는 다른 곳에서 이 학파에 대한 글을 쓴 적이 있기 때문에, 그러한 분석을 여기에 다시 되풀이해서 옮겨놓을 필요는 없을 것이기 때문에,[132] 단지 어떤 면들에서는 바울을 한 사람의 유랑하는 견유학파 철학자로 볼 수 있는 여지가 있다는 것만을 말해 두고자 한다(그리고 실제로 일부 학자들은 이러한 주장을 발전시켜 왔다). 바울이 고린도후서와 그 밖의 다른 곳에서 '파르레시아'(parrhēsia, "언론의 자유")를 강조한 것은 분명히 견유학파의 사상에서 이 주제를 다루고 있는 방식과 놀라울 정도로 일치한다.[133] 견유학파에 대한 우리의 자료들은 바울 이전이나 이후의 세기들의 것이 많고, 정작 바울 시대의 것은 훨씬 적기는 하지만, 에픽테토스의 글에 나오는 견유학파에 관한 묘사는 그들의 전통이 주후 1세기에도 여전히 활발하게 살아 있었음을 보여준다. 에픽테토스는 이 학파를 일종의 극단적인 형태의 스토아 사상으로 여겼던 것으로 보인다 – 모든 극단들과 마찬가지로, 견유학파도 그 자체는 별 주목을 받지 못했지만, 거기에 속한 몇몇 인물들은 상당한 명성을 얻었다.[134] 그는 견유학파 철학자가 되고자 하는 사람은 누구든지 태형을 맞을 각오를

131) "견유학파"(Cynic)라는 명칭이 "개"에서 유래하였다는 것("개"는 헬라어로 '퀴온'[kyōn]이다)에 대해서는 특히 Diog. Laert. 6.60f.를 보고, Diogenes가 자기를 개로 취급하여 자기에게 뼈다귀들을 던지는 사람들에게, 그 뼈다귀들을 받아먹는 개의 흉내를 내는 것으로 응수하였다는 것을 말해 주는 6.46을 보라. Diog. Laert. *Lives* 6은 소크라테스의 동료로서 흔히 스토아학파에 큰 영향을 미친 인물이자 견유학파의 사상을 창시한 인물로 여겨지는 Antisthenes로부터 아리스토텔레스의 동시대인으로서 아테네의 한 빈 통 속에서 살았던 최초의 진정한 견유학파 철학자였던 Diogenes를 거쳐서, 주전 3세기 때의 인물이었던 Menedemus에 이르기까지 견유학파에 속한 철학자들의 일화들과 날카로운 경구들로 가득하다.

132) 견유학파에 대해서는 *JVG*, 66-74를 보라.

133) 예를 들면, Diog. Laert. 6.69. 바울과 견유학파에 대해서는 특히 Downing, 1998을 보라.

134) cf. Epict. 3.22. 견유학파는 그 성격상 어떤 통제 체제가 없이 대단히 자유분방하게 분열생식 되었기 때문에 사상 자체가 다양할 수밖에 없었다는 점에 대해서는 *OCD*, 418에 나오는 Moles의 설명을 보라.

해야 하고, 자기에게 태형을 가하는 사람들을 사랑할 각오도 되어 있어야 한다고 경고하였는데, 이것은 흥미롭게도 신약성서에 나오는 이중의 메시지를 연상시킨다.[135)]

바울 시대에 많은 사람들이 하나의 선택지로 진지하게 고려하였던 또 하나의 운동으로서 우리가 주목해야 할 것은 회의론자들(the Sceptics)이다. 플라톤을 읽는 사람은 누구든지 깨닫게 되듯이, 아테네의 전통은 언제나 의심을 생성해 내는 역량을 지니고 있었다. 나는 우리 시대의 철학자인 존 루카스(John Lucas)가 자신이 젊었을 때에 옥스퍼드 철학의 무미건조한 풍토 속에서 "확신하지 않는 능력이 한 젊은 철학자의 무기고에서 가장 강력한 무기였기" 때문에 "유능한 [철학] 선생은 어떤 명제가 아무리 참된 것이라고 해도 그 명제를 불신할 수 있었고, 좀 더 철저한 선생들은 단언되고 있는 것의 의미를 이해할 수조차 없었다"는 취지로 말한 것을 기억한다.[136)] 고대의 일부 사람들도 마찬가지였다. 일단 우리가 모든 것이 변화하는 상태에 있고, 우리의 모든 지각이 우리를 속일 수 있을 뿐만 아니라 실제로 속이고 있다는 것을 인정한다면, 우리가 단일한 '퓌시스'(physis)라고 부를 수 있는 것이 존재한다고 할지라도, 어떻게 우리가 그 '퓌시스'에 대한 참된 지식을 얻을 수 있다고 확신할 수 있는가? 아이러니컬하게도, 플라톤 자신이 점점 더 많은 사람들로 하여금 궁극적인 "선"에 대한 지식을 얻게 할 생각으로 세운 자신의 학파는 도리어 사람들을 지식 자체에 대하여 회의를 갖게 만들었기 때문에, "아카데미" 학파, 즉 "[플라톤의] 아카데미에 속한" 학파라는 단어가 당시에 진지한 생각을 지니고 있던 사람들에게 여전히 제3의 선택지였던 주전 1세기 중반에, 키케로(Cicero)는 「신들의 본질에 대하여」(*On the Nature of the Gods*)라는 자신의 유명한 책을 썼다. 당시의 사람들은 "논리학"을 제대로 활용해서 '코스모스'에 관한 진리를 알 수 있고, 아울러 "자연에 따라" 사는 삶을 살 수 있다고 주장하며, 스토아 철학자가 되는 쪽을 선택할 수도 있었고, 세계와 신들이 두 개의 전혀 다른 것이고, 전자는 자신의 동력 아래에서 원자들의 우연한 운동으로 말미암아 활동하는 반면에, 후자는 뒤죽박죽이고 엉망진창으로 돌아가는 세상사로부터 완전히 떠나서 초연히 지극히 행복하게 살아간다는 것을 논리적인 추론을 통해 알게 된다고 주장하며, 에피쿠로스가 간 길을 선택할 수도 있었다. 그러나 어떤 사람들은 "아카데미 학파"에 속한 철학자이면서도, 모든 증거가 불충분해서, 이 모든 것에 대한

135) Epict. *Disc.* 3.22.53f.

136) Lucas, 1976, ix.

"지식"을 얻을 수는 없지만, 사람은 만일에 대비해서 지금처럼 신들을 여전히 계속해서 섬겨야 한다고 주장할 수 있었다 - 키케로는 앞에서 말한 책을 썼을 때에 자기 자신을 그런 사람들 중의 하나로 여겼다.

엘리스의 피론(Pyrrho of Elis, 주전 360-271년)에서 시작되어 키케로 시대까지에 이르는 회의론자들의 역사는 물론 우리가 여기에서 설명하는 것보다 더 복잡하다(그의 저작인 『아카데미카』[*Academica*]는 이 모든 이야기를 위한 최고의 자료이다). 우선, 회의론자들을 엄격한 피론주의자들과 좀 더 온건한 "아카데미파"로 구분하는 것이 관례이다. 그러나 이러한 논쟁들의 세세한 변천사를 살펴보는 것은 여기에서의 우리의 관심사가 아니다.[137]

키케로는 스토아학파가 "인지적 인상들"에 의거해서 논리적으로 추론하여 신을 비롯한 참된 지식에 이르고자 하는 것에 대하여 특히 이의를 제기하였던 라리사의 필로(Philo of Larissa, 주전 160/159-80년)의 영향을 많이 받았다.[138] 키케로의 업적은 당시에 상당히 애매모호하였던 헬라 철학의 논쟁들을 라틴 철학으로 변환해서 새로운 생명력을 부여한 것이었다. 그가 만들어낸 새로운 라틴어 용어들은 이후 천 년 이상의 세월 동안에 이 주제를 다루는 데 큰 도움을 주었다. 그러나 우리 중 대부분이 그러하듯이, 그도 마찬가지로 온전히 일관된 것은 아니었다.[139] 그는 자기가 글을 쓴 많은 분야들, 특히 자신의 윤리적이고 정치적인 사상에서, 영혼의 불멸(그리고 인간 이성이 지닌 "신성")과 신이 온 세계를 돌보고 인도한다는 것을 역설하였던 스토아 사상 쪽으로 결정적으로 기울어져 있다.[140]

사실, 키케로는 우리에게 다소의 사울이 몸담고 있었을 뿐만 아니라 사도 바울이 예수를 메시야와 주로 선포하며 두루 다녔던 세계의 철학적인 풍토를 생각할 때에 반드시 염두에 두어야 할 두 가지에 대한 증거를 제공해 준다. 첫 번째는 철학은 특히 문자를 알고 교양을 갖춘 엘리트 계층에서만이 아니라 길거리의 수준에서도 그리스-로마 세계 전역에 걸쳐 널리 논의되고 논쟁되었던 주제였다는 것이다 - 바울보다 대략 한 세기 이후에 등장한 에픽테토스가 우리에게 상기시켜 주듯이. 이것은 주전 1세기 이전에도 이미 그랬지만, 로마 세계가 주전 1세기 중반을 지나가면서 겪게 된 무시무시한 격변들을 겪으면서 여러 가지 사건들로 사회가 극

137) 최근의 것으로는 Bett, 2010.

138) 스토아 사상의 윤리에 대한 Cicero의 반박에 대해서는 *Ends* 제4권을 보라.

139) 헬라 철학의 개념들의 라틴화에 대해서는 Cic. *Ends*, 3.1.3-2.5; 3.4.15; 3.12.40(여기에서 Cicero는 대화 형식을 통해서 자신의 대화 상대자인 Cato에게 그 공을 돌리고 있지만)을 참조하라.

140) 로마 철학과 그 안에서의 Cicero의 위치라는 주제 전체에 대해서는 특히 Long, 2003을 보라.

도로 혼란해진 것은 사람들이 궁극적인 질문들을 다시 새롭게 던지게 되는 데 상당한 기여를 하였다:

> 베르길리우스(Virgil)와 호라티우스(Horace)의 시들에 반영되어 있는 이 혼란한 시절은 로마가 철학으로 눈을 돌리는 데 상당한 영향을 미쳤다. 로마 공화정의 주요한 골격이 별 탈 없이 유지되던 동안에는, 로마의 지도적인 인사들은 주로 가문의 "전통" 및 공무와 군무를 통해서 얻을 수 있는 "명성"을 기준으로 삼아서 그들 자신을 정의하였었다. 하지만 나라가 완전히 혼란에 빠지고, 국교로부터는 그 어떤 윤리적이거나 감정적인 지지를 얻어낼 수 없는 상황에 직면하게 되자, 우리는 그들에게서 좀 더 그들 자신을 성찰하고 절제하는 태도를 발견하게 되는데, 이러한 분위기는 로마 제국에서 한층 더 두드러지게 된다.[141]

이것이 바울의 세계였다.

두 번째는 키케로가 "아카데미 학파적인" 입장을 스토아 철학의 몇 가지 중요한 요소들에 혼합시킨 것은 각각의 학파들과 견해들이 자신만의 교조적인 체계나 감시 체계가 존재하지 않았다는 점을 감안하더라도, 플라톤의 영향력이 이 시기 전체에 걸쳐서 여전히 강력하였다는 것을 우리에게 상기시켜 준다는 것이다. 플라톤으로 인해서 유명해진 소크라테스적인 방법론이 어떤 사람들을 끊임없는 문제제기로 이끌어서 결국 회의론으로 빠지게 만드는 통로를 열어 주었던 것과 마찬가지로, 플라톤 사상의 많은 부분 – 예컨대, 영혼의 불멸에 관한 것 – 은 스토아 사상 속으로 침투해 있었다. 우리가 앞에서 이미 보았듯이, 플라톤과 아리스토텔레스에 대한 연구의 뚜렷한 부활은 스토아 사상가들 및 플라톤 사상가들의 가르침들과 아울러(오직 에피쿠로스 철학자들만이 자신들이 원한 대로 이런 것으로부터 벗어나서 고고하게 초연함을 유지하고 있었다) 전반적인 사상 풍토를 형성하고서, 적어도 당시 사람들이 선택 가능한 선택지들로 존재해 있었다. 특히, 우리가 바울이 자기가 '테오스'(theos)라고 지칭한 존재, 또는 이 "신"이 자기 백성 안에서 새로운 일들을 행할 때에 사용하는 능력이었던 '프뉴마'(pneuma), 또는 만유의 창조와 재창조를 비롯해서 그 밖의 다른 많은 것들에 대하여 말하거나 글을 쓸 때, 자신의 청중들이 무엇을 떠올리게 될 것이라고 생각했을지를 묻는 경우에, 우리는 바울이 그들의 사고의 초기 설정 모드는 플라톤의 사상을 스토아적으로 발전시킨 것들 중의 어느 하나라는 것을 전제하였을 것이라고 추정하여야 한다.

141) Long, 2003, 193.

6) 철학적 세계관

우리가 고대의 철학자들, 특히 바울의 청중을 이해하는 데 가장 유력한 배경인 것으로 보이는 스토아 철학자들에 대하여 세계관 분석이라는 조명을 집중적으로 비추었을 때, 무슨 일이 일어날까? 사실, 이 질문만을 다루는 데에도 한 권의 책으로 부족하겠지만, 우리는 여기서 최대한으로 압축해서 요점들만을 제시하고자 한다.[142)]

주후 1세기 철학자들의 실천의 중심에는 그들이 물려받은 위대한 전통들을 연구하고 가르치며 발전시키고 삶 속에서 실천해 내는 것이 있었다. 우리는 고대 철학자들이 일상생활과는 동떨어진 관념들의 체계를 만들어낸 것이라고 생각해서는 결코 안 된다. 고대 세계에서 철학은 삶의 모든 것들을 이런저런 방식으로 성찰하고 해석해서 살아낸 "일상생활"이었다. 각각의 전통들은 하나의 생활방식을 가르쳤고, 각각의 전통들이 "이성"이나 "지혜"라고 부른 것은 그러한 총체적인 삶 속에 둥지를 틀고 있었다. 따라서 어떤 사람들이 모종의 철학을 받아들였다는 것은 그들의 이전의 삶을 상당 부분 단절하고, 삶의 모든 것이 이제 달라졌다는 것을 의미하는 것이었다. 이러한 의미의 총체성(totality)은 나를 비롯한 여러 사람들이 "세계관"이라는 단어 자체가 어떤 사람들에게는 다소 현대적인 의미에서 구체적인 삶과는 상관없는 "초연한 관념들"로 인식될 수 있다는 것을 알고서, 삶과 전통이 복잡하게 얽혀서 온전히 통합된 전체 속에서 관념들과 이론들이 의미를 부여받는 세계관 모형을 발전시켰을 때에 보여주고자 했던 것의 일부이다.

철학의 모든 학파들이 이렇게 여러 방향으로 갈라져서 발전되긴 하였지만, 그 배후에는 여전히 동일한 도전이 존재하였는데, 그것은 거짓된 인상들 또는 교활한 수사의 속임수들에 의해서 오도되는(그들은 그렇게 생각하였다) 대부분의 사람들과는 달리, 어둠 속을 꿰뚫어 보고서, 세계가 진정으로 어떻게 존재하는지를 알아내고자 하는 것이었다. 그들은 오직 그럴 때에만 사람은 어떻게 살아야 하는지를 알고서, '퓌시스' (physis, "자연")를 따라, 즉 만물이 진정으로 존재하는 방식을 따라 살아갈 수 있다고 믿었고, 그러한 과제를 수행하기 위해서는, 명료하게 사고해서 하나의 명제에서 올바르게 다른 명제를 추론할 수 있게 해줄 논리학이 필요하다고 생각하였다. 게다가, 실천은 가르침에 따라 서로 상이하였다. 에피쿠로스학파는 세계가 철저하게 둘로 나뉘어 있어서, 신들은 초연하게 지극한 행복을 누리

142) 세계관 분석에 대해서는 *NTPG*의 관련 부분과 위의 제1장을 보라.

고 있는 반면에, 물리적인 세계는 자신의 방식대로 독자적으로 발전해 가고 있다고 믿었기 때문에, 그 신봉자들에게 신들과 비슷한 초연한 삶을 강력하게 권장하였다. 따라서 그들에게 "정원"은 자신들의 학교가 있는 장소이자 여유로운 삶을 즐길 수 있는 자들이 전원으로 물러나 살아감으로써 실현할 수 있는 소망을 상징하는 것이었다. 이와는 대조적으로, 스토아학파는 신이 그들 자신을 포함해서 만물 안에 내재하여 만물을 제대로 지혜롭게 다스려 나가는 일에 몰두하고 있다는 신념을 결코 버리지 않았던 것으로 보인다. 따라서 그들은 기회 있을 때마다 최고 위층에 대하여 영향을 미치고자 하였다: 세네카는 네로 황제에게, 무소니우스는 티투스 황제에게, 디온 크리소스토모스와 플리니우스는 트라야누스 황제에게, 에픽테토스는 하드리아누스 황제에게, 끝으로 마르쿠스 아우렐리우스는 자기 자신에게, 운명이 그들을 이끈 최고의 지위를 어떻게 사용하는 것이 최선인가에 관한 조언을 아끼지 않았다. 물론, 스토아 철학자들은 지혜를 정치적인 영역에 적용하고자 한 "실천"으로 인해서 그 만큼 혹독한 대가를 치를 수밖에 없었다. 즉, 황제들이나 고관들이 그들의 가르침을 싫어하였을 때에는, 그들은 추방이나 그것보다 더 한 것을 겪어야 했고, 흔히 죽기도 하였다.[143] 이 점에서도 그들은 우리에게 바울을 연상시킨다.

철학자들이 무슨 생각을 하였는지를 한 눈에 보여주는 그들의 세계관을 나타내는 상징들과 문화적 인공물들 속에는 그들이 연구했던 본문들, 그리고 적어도 스토아 철학자들의 경우에는 그들이 입었던 옷, 그들이 먹었던 소박한 음식, 그들의 검소한 삶 등이 포함될 수 있을 것이다. 그들은 어둠 속을 꿰뚫어보는 자들답게 이런 종류의 모든 것들을 꿰뚫고 지나갈 수 있어서 그런 것들에 연연해하지 않을 수 있었다. 견유학파의 철학자들에게는 이런 것들 외에도 몸에 대충 걸친 외투, 구걸을 위한 주머니, 지팡이를 비롯해서, 평범한 삶의 방식들을 극단적으로 배척하였음을 보여주는 그 밖의 다른 증표들(긴 머리와 수염, 신발을 신지 않고 다닌 것 등등)이 있었다. 견유학파에 속한 모든 철학자들이 이 모든 상징들을 다 사용한 것은 아니

143) 이미 언급한 사건들 외에도, 우리는 그 이전에 일어난 일들도 주목한다: 주전 433년 경에 아테네에서 Diopeithes 장군은 Anaxagoras(따라서 그의 제자인 Pericles)를 겨냥해서, 신들을 믿지 않는 자(nomizein ta theia – '노미제인 타 테이아'), 또는 "윗 세계들"(ta metarsia – '타 메타르시아')에 대하여 가르치지 않는 자는 공적으로 탄핵되어야 한다는 영을 공포하였다(Plut. *Peric.* 32.1). 철학자들에 대한 이와 비슷한 불신은 Aristophanes의 *Clouds*에도 나오고, Diog. Laert. 3.27-9에 보도된 플라톤의 가르침에 관한 농담들에도 나온다. 철학적인 가르침을 국가에서 주관하고자 하는 시도가 주전 307년에 있었지만(이것은 주로 소요학파를 겨냥한 것이었다), 상황은 곧 역전되어서, 그 후로는 철학 학파들은 아무런 제재도 받지 않은 채로 융성할 수 있었다.

었지만, 주후 1세기의 사람들은 이러한 행색을 한 사람이 지나가면, 십중팔구 그 사람이 "견유학파"에 소속되어 있음을 알아보았을 것임에 틀림없다.[144)]

철학자들이 명시적으로든 암묵적으로든 들려준 이야기들은 그들에 대하여 아주 많은 것들을 상당히 분명하게 드러내준다. 새로운 유형의 플라톤주의자들은 당시에 플라톤의 가장 중요한 저작으로 여겨졌던 『티마이오스』(Timaeus : 플라톤의 대화록 중의 하나 — 역주)에 나오는 장엄한 창조 신화를 여전히 신봉하고 있었기 때문에, 세계의 창조, 창조에 있어서 신 또는 신들의 역할에 관한 이야기들은 그들 사이에서 큰 무게감을 지니고서 깊이 자리 잡고 있었다. 물론, 에피쿠로스 철학자들도 물질 세계가 어떻게 존재하게 되었는지에 관한 복잡하지만 통일적인 서사를 들려주었다. 그 중에서도 루크레티우스(Lucretius)의 판본이 가장 명료한 것이었기는 하지만, 우리는 이것이 이 학파에 속한 모든 선생들이 공통적으로 들려준 주제였다고 보아야 한다.[145)] 스토아 철학자들은 당연히 정반대의 서사, 즉 모든 존재하는 것은 수동적인 원리에 작용해서 우리가 알고 있는 아주 다양한 세계를 만들어 낸 능동적인 원리 – 흙과 물에 작용하는 불과 물 – 인 창조의 '로고스' 또는 '프뉴마'로 말미암은 것이라고 가르쳤다. 마찬가지로, 이 이야기의 끝도 서로 달라서, 에피쿠로스적인 세계는 그 구성원소인 원자들로 풀어져서 없어지게 되어 있었던 반면에, 스토아적인 세계는 마침내 그 일차적인 원소인 불에 의해 태워진 후에 다시 탄생하는 과정을 반복하게 되어 있었다.

이러한 세계 전체에 관한 이야기 내에서 모든 철학자들이 들려준 좀 더 구체적인 서사도 마찬가지로 밝은 눈을 가진 올빼미의 이야기이다. 평범한 인간들은 세계를 보고, 세계에 대하여 잘못된 결론들을 이끌어 내고서는, 거기에 따라 부적절하게 행동한다. 철학자들은 그런 평범한 인간들이 볼 수 없는 것을 본다. 즉, 그들은 자신의 참되게 인지한 것들을 토대로 해서 건전한 추론을 통해, 세상 사람들이 가치 있는 것으로 여기는 것들이 얼마나 허망한 것들인지를 분별해 내고, 참된 행복으로 통하는 길을 찾아낸다. 이것은 기본적으로 개개인에 관한 이야기이고, 사실 그리스-로마의 철학자들이야말로 현대의 개인주의(individualism)를 실질적으로 고안해낸 자들이라고 말해도, 그것은 틀린 말이 아니다. 당시에 그들은 여러 학파들로 갈라져서 무리를 지어 살았고, (그들의 세계 전체를 포괄하는 이상들에도 불구하고) 그들 중 대부분은 특정한 도시에서 계속해서 평범한 삶을 살아가긴 하였

144) Downing, 1998, 33f.의 논의를 보라.

145) Lucr. *De Re. Nat.* 1.1021-51; 5.416-508.

지만, 철학자가 된다는 것은 기본적으로 다른 삶을 사는 것이었다.[146] 에픽테토스가 역설하듯이, 진리를 들여다본 사람들은 무리들로부터 우뚝 서서, 다른 모든 사람들에게 그들의 삶의 방식들이 잘못되었음을 보여주어야 하는 사명을 지니게 된다. 따라서 이 서사는 당연히 철학자들이 그렇게 하였을 때에 어떤 일이 벌어지는가에 관한 이야기, 즉 앞에서 보았듯이, 고난과 추방, 그리고 때로는 죽음을 초래할 수 있고, 흔히 실제로 초래하였던 이야기로 발전된다.

스토아학파와 견유학파의 윤리학 내에서, 이 개개인의 서사 – 아리스토텔레스의 경우에는 이 서사는 궁극적인 행복이 목표였다 – 는 점진적으로 진보하는 것으로 보아졌다.[147] 온전히 성숙한 미덕은 단번에 얻어지는 것이 아니라, 끊임없는 실천을 필요로 한다. 후대의 많은 전통들이 이것에 대하여 어떠한 수정들을 가하였든지 간에, 이것은 미덕에 관한 모든 이론들의 기초였고, 고대 철학이 가장 지속적으로 기여한 부분들 중의 하나였다.

무엇보다도, 세계관 질문들은 우리에게 먼저 철학자들의 세계를 꿰뚫어볼 수 있는 날카로운 통찰을 제공해 주고, 다음으로 바울을 연구할 때에 어떤 점들이 서로 대비되거나 비슷한지를 볼 수 있는 날카로운 통찰을 제공해 준다. 먼저, 세계관 질문들을 고대의 철학 세계 전체에 적용해 보자. 우리는 누구인가? 우리는 세계의 일부임과 동시에, 세계를 이해하고 그 안에서 지혜롭게 살고자 애쓰는 인간들이다. 우리는 어디에 있는가? 우리는 공간과 시간과 물질의 세계에 있기는 하지만, 어떤 이들은 신적인 생명으로 가득하다고 생각하는 세계 속에 있다. 무엇이 잘못되었는가? 대부분의 사람들, 심지어 대부분의 철학자들조차도 세계의 어둠 속에서 충분히 명료하게 보지 못하고, 세계의 비밀들을 꿰뚫어 보지 못해서, 최선의 방식이라고 여겨지는 것을 따라 살아가고 있지 못하다. 특히, 그들에게는 "행복" (eudaimonia – '유다이모니아')이 결여되어 있다. 이것은 그들이 환경에 의해서 괴로움을 겪고 있다는 통상적인 의미에서만이 아니라, 그들이 외부의 환경 속에서 통상적인 행복을 구함으로써, 철학이 제공해 줄 수 있는 참된 행복을 무시하고 있다는 철학적인 의미에서도 그러하다. 해법은 무엇인가? 물론, 철학을 공부하는 것이 해법이라는 것은 두말할 필요가 없다. 그렇게 할 때, 여러분의 눈은 점차 세계의 어둠에 익숙해지게 될 것이기 때문에, 여러분은 진리를 파악해서 그 진리를 따

146) Engberg-Pedersen, 2000, 37은 주후 1세기와 2세기의 스토아학파는 매우 공동체 중심의 사고를 하였다고 주장하지만, 그 주장에 대한 증거는 전혀 제시하지 않는다.

147) Brunschwig and Sedley, 2003, 174를 보라. "회심" 모델에 관한 Engberg-Pedersen의 주장에 대해서는 아래 제14장을 보라.

라 살아갈 수 있다. 여러분이 그렇게 했을 때의 결과 중 일부는 여러분은 스스로 신적인 존재로 변화될 수 있고, 적어도 신을 닮을 수 있게 된다는 것이다.[148] 아이러니컬하게도, 고대 세계에서 "종교"는 자기 자신이 아니라 다른 누구(어떤 "신")에게 순복하는 것을 의미하였던 반면에, 철학은 사람이 자율적인 존재가 되는 것을 의미하였는데, 이것은 에피쿠로스학파의 경우에는 신들은 우리가 무엇을 하는지에 관심이 없는 까닭에, 우리는 그저 우리 자신에게 책임을 지면 되기 때문이었고, 스토아학파의 경우에는 신은 우리 안에 있는 까닭에, 신에 대한 책임과 우리 자신에 대한 책임은 동일한 것을 서로 다른 시각에서 본 것에 불과한 것으로 여겨졌기 때문이었다. 죽음은 절대적인 무로 되돌아가는 것일 수도 있었고(에피쿠로스), 더 나은 삶으로의 변모일 수도 있었다(플라톤). 앞에서 이미 보았듯이, 몇몇 저명한 스토아 철학자들은 이 문제에 대하여 단정적으로 대답하지 않고 보류해 두었다. 지금은 어느 때인가? 오늘날의 철학자들은 이것은 유대인들이나 물을 수 있는 그런 종류의 질문이라고 말할지도 모르겠다. (스토아학파는 지금은 도덕적인 노력을 경주해야 할 때라고 말하였을 것이고, 아카데미 학파는 지금은 더 많이 생각해야 할 때라고 말하였을 것이며, 소요 학파는 지금은 더 연구하고 살펴야 할 때라고 말하였을 것이고, 에피쿠로스학파는 지금은 술을 마셔야 할 때라고 말하였을 것이다.)

물론, 스토아 철학자는 이러한 질문들에 대하여 좀 더 정교한 대답들을 제시한다. 우리는 누구인가? 우리는 온 세계와 마찬가지로 여러 원소들의 혼합물로 이루어진 피조물들이고, 불이라는 물리적인 원소는 우리 안에 인간의 '프쉬케'(psychē)라는 형태로 내재해 있다. 따라서 우리는 신의 일부이고, 신은 우리의 일부이다. 우리는 어디에 있는가? 우리는 만유, 세계, 자연, '토 판'(to pan)으로 불리는 것 안에 있고, 만유 자체는 네 원소로 이루어져 있으며, 불과 물이 흙과 물에 작용해서 다양한 형태의 생명체들을 만들어 낸다. 이 동일한 '로고스'는 우리 각자 안에서도 작용하고 있고, 세계 안에서도 작용하고 있다. 무엇이 잘못되었는가? 세계 자체는 잘못된 것이 전혀 없다(에피쿠로스 철학자들은 이 말에 대해서 강력하게 이의를 제기하였을 것이다). 하지만 대부분의 사람들은 자신들이 얻는 거짓된 인상들이나 대충대충 생각하는 그들의 태도로 인해 속아 넘어가서, 진리를 깨닫지 못하기 때문에, 자신들이 행복이라고 생각하는 신기루를 부질없이 좇는 데 시간을

148) cf. Most, 2003, 313: "플라톤의 경우와 마찬가지로, 아리스토텔레스의 경우에도, 철학을 하는 근본적인 목적들 중의 하나는 신을 연구함으로써 가급적 신을 닮게 되고자 하는 것이었다." 이것은 스토아학파와 에피쿠로스학파에 대해서도 그대로 적용되는 것이었다.

허비한다. 심지어 철학자들조차도 늘 진리를 제대로 파악하기가 어렵다. 해법은 무엇인가? 해법은 전혀 예상하지 못했거나 놀라운 것들이 아니다. 즉, 그것은 철학을 연구함으로써, 여러분을 현자로 만들어 줄 길을 따라 걸어가기 시작하고, 계속해서 자신을 훈련시키며, 여러분 자신의 삶을 살피고, 여러분 자신을 책임지는 것이다. 모든 미덕들은 여러분의 내면에 있는 신적인 생명을 통해서 여러분이 이루어낼 수 있기 때문에, 그 신적인 생명과 합력해서 도덕적인 싸움을 끊임없이 싸워나가라. 이것은 우리로 하여금 우리 자신에게 자연스러운 것을 우리의 것으로 만들 수 있게 해주는(oikeiōsis – '오이케이오시스') 결과를 가져다줄 것이고, 그 최종적인 결말(놀랍게도 이것은 고대의 철학계 전반에 걸쳐 비슷하다)은 고통에서 벗어나서 자유롭고 자족하며 절제 가운데서 고요하게 살아가는 삶이다. (스토아학파는 즐거움과 고통을 중요한 것으로 여기기를 거부함으로써 이 목표에 도달하고자 하였던 반면에, 에피쿠로스학파는 즐거움과 고통을 인도자들로 삼아서, 단순한 쾌락주의라는 가면 배후에서 참되고 고요한 즐거움을 구하는 복잡한 방식으로 이 목표에 도달하고자 하였다.) 지금은 어느 때인가? 스토아 철학자들은 자신들이 주기적인 대화재(conflagration) 사이의 어느 지점에 있다고 보았다. "신," 또는 제우스의 숨인 불의 '프뉴마'가 세계 속에서 활동하고 있고, 언젠가는 만물을 다시 새롭게 창조하기 위하여 모든 것을 태워서 세계의 생명 그 자체인 불덩이로 변하게 만들 것이다.

고대의 실제 본문은 그만두고라도 그 어떤 철학 교과서를 얼핏 들춰보아도, 우리는 거기에 아주 복잡하고 힘있게, 그리고 때로는 아름답고 자세하게 설명되어 있는 내용은 단순하게 이런 식으로 요약될 수 있다는 것 – 나는 이러한 요약이 정확하다고 믿는다 – 을 보게 될 것이다. 내가 이 총서 내에서 이런 식으로 고대 철학을 요약해서 제시할 필요가 있다고 생각하게 된 것은 특히 "바울과 철학"을 둘러싼 문제들이 종종 모든 것을 건너뛰어서 무턱대고 단순비교 되어 온 것에 대한 문제의식 때문이었다. 예컨대, 바울의 목회적이고 윤리적 표현들에 나오는 요소들이 몇몇 스토아 철학자들의 글에서 발견되는 요소들과 유사하다는 이유로, 이 둘 간의 병행을 말하는 것이 그 한 예이다. 단순비교 하는 것이 잘못된 것은 아니지만, 본서와 같은 책을 통해서 우리는 잠깐 멈춰 서서 좀 더 큰 그림을 볼 기회를 갖는다. 우리가 그렇게 할 때, 바울 자신이 우리가 이제까지 살펴본 인물들 중 몇몇에 대하여 큰 존경심을 갖고 있지 않았을 것이라고 생각하기는 어렵다. 우리는 바리새파에 속한 "열심" 있는 한 유대인이었던 그가 이 모든 철학자들을 '스퀴발라'(skybala), 즉 "쓰레기"로 여겨서 몽땅 다 쓰레기통에 처넣어 버렸을 것이라고 생각하기가 너무나 쉽다. 하지만 그가 몇몇 핵심적인 구절들 속에서 말하고 있는 것은 그런 것이 아님이 분명하다:

> 무엇이든지 참되고, 무엇이든지 거룩하며, 무엇이든지 옳으며, 무엇이든지 정결하며, 무엇이든지 사랑 받을 만하며, 무엇이든지 좋은 평판을 받고 있는 것들이나, 덕스러운 것, 칭찬 받을 만한 것들은 너희가 깊이 생각해 보아야 할 것들이다.[149)]

"무엇이든지." 바울은 자기가 메시야의 영인 신적인 '프뉴마'(pneuma)로 말미암아 만물을 꿰뚫어 보는 통찰력과 모든 지혜를 부여받았다고 믿었다.[150)] 그에게는 그런 종류의 지혜가 주어져 있었기 때문에, "세계의 지혜"는 이미 그에게 어리석은 것으로 보일 수밖에 없었다.[151)] 그러나 이 영은 온 세계를 창조한 한 분 유일하신 하나님의 영이었기 때문에 – 우리는 이 둘 간의 차이를 적절한 때에 살펴보겠지만, 이미 이 둘 간에 상당한 차이가 있다는 것을 얼핏 보고 있다 – 바울은 서로 중복되고 일치하는 부분들이 있을 것이라고 기대하였다. 실제로 그는 "모든 생각을 사로잡아 그리스도에게 복종하게 하는" 것을 자신의 권한이자 소명으로 여겼을 것이지만, 바깥 세계에는 단지 자신들이 있어야 할 집으로 돌아와서 제자리에 있게 되기만 한다면 기꺼이 종이 되어 순복하게 될 "생각들"이 많이 있을 것이라고 판단하였을 것이다. 이것은 생각들만이 아니라, 방법론들에도 그대로 적용되는 말이다. 어떻게 그렇게 될 수 있는지는 우리가 나중에 좀 더 깊이 살펴볼 것이다.

이 시점에서 우리는 바울의 철학적 배경 중에서 마지막 요소를 거론하지 않으면 안 된다. 학자들은 통상적으로 소크라테스 이전의 "궤변론자들"과 그리 다르지 않은 하나의 새로운 운동이 지중해 세계를 휩쓸고 있었던 시기가 주후 1세기 후반이었다고 말하지만, 바울이 살았던 당시에도 사정은 마찬가지였다는 것을 보여주는 강력한 증거가 있다. 이 "제2궤변학파"(이것은 필로스트라토스[Philostratus]가 주후 2세기에 자신이 쓴 "궤변론자들의 삶"에서 만들어낸 용어였다[152)])는 수사학 – 대중 연설의 기법 – 을 가장 중요한 지적 활동으로 부각시켰고, 이로 인해서 이전의 궤변론자들에게로 소급될 수 있는 기법들이 부활하였다. 수사학은 단지 법률가나 정치인 지망생들이 익혀야 할 기법이 아니라, 자신의 견해를 표명해서 다른 사

149) 빌 4:8.
150) 고전 2:15f.
151) 고전 1:18–2:16.
152) Philostratus, *VS*, 481.

람들이 제시한 견해들과 다투는 것을 공통적인 특징으로 한 독자적인 중요한 예술 형태가 되었다.[153] 이 운동은 아테네에서 활동하였던 헤로데스 아티코스(Herodes Atticus, 필로스트라토스는 이 사람을 자신의 책의 중심으로 삼고 있다) 같은 인물들에 의해서 주후 2세기에 만개하였지만, 우리는 주전 1세기에 헬라의 여러 도시들에서 대중연설가들로 활동한 사람들에게서 그 초기의 모습을 분명하게 볼 수 있다. 세네카 1세(동일한 이름의 저 유명한 철학자의 아버지로서 작가이자 역사가)는 아우구스투스와 티베리우스 황제의 치세 때에 로마에서 활동하였던 "웅변가들"에 대하여 증언한다.[154] 특히, 적어도 주후 1세기 중반에 알렉산드리아와 아테네에서 제2궤변학파에 속한 선생들이 활동하고 있었다는 주장이 강력하게 제기되어 왔다.[155] 주후 1세기 말에 이 운동 내에서 새로운 움직임으로의 전환이 있었다면, 그것은 웅변 분야에서 그러한 전문가들이 했던 역할에 어떤 변화가 있었던 것이라기보다는, 그들이 자신감을 얻어서 좀 더 공개적이고 넓은 무대로 진출해서 활동할 수 있었고 정치적으로도 이전보다 더 큰 영향력을 행사할 수 있게 된 변화였을 것임에 틀림없다.[156] 이러한 새로운 운동에 직면해서, 바울은 어떤 반응을 보였을까? 그가 쓴 고린도서는 이 질문에 대하여 다양한 측면에서 생생한 대답을 제공해 준다.

7) 철학 학파들

고대의 철학에 대하여 지금까지 살펴본 간략한 개관은 우리가 바울이 카이사르와는 다른 "주"에 관한 소식을 전하라고 부름 받은 세계 내에서의 그의 위치를 설정하는 과제에 접근할 때에 상당히 중요한 몇 가지 특징들을 밝혀 주었다. 이렇게 그 실들을 하나로 꿰어 보았을 때, 우리가 주목할 것은 철학 학파들은 주후 1세기에도 계속해서 활동하였지만, 앞에서 언급된 뛰어난 인물들은 특정한 학파 내의 선생이 아니라 개인으로 활동했던 것으로 보인다는 것이다. 아테네가 점령되고 약탈당한 뒤로는 실제적인 공동체들로서의 학파들은 쇠퇴하였던 것 같다. 그러나 앞에서 보

153) *OCD*, 1377f.에 나오는 자세한 설명을 보라. 이 운동이 전성기를 누리게 된 것은 많은 부분 Quintilian(AD 35- 100) 덕분이었다. Platt, 2011, chs. 5, 6은 제2궤변학파와 시각예술 간의 상호관계를 천착하고 있는데, 시사해 주는 바가 많다.

154) Seneca the Elder, *Controversiae and Suasoriae*, 2 vols., Loeb를 보라.

155) Winter, 2002b [1997].

156) *OCD*, 1378에 나오는 Bowie의 글과 거기에 언급된 전거들을 보라.

았듯이, 알렉산드리아, 로도스, 다소 등지에서 이 학파들의 가르침이 지속되었음을 보여주는 증거와 에피쿠로스학파가 적어도 주후 2세기 초의 하드리아누스 황제 치세 때까지 지속되었음을 보여주는 금석문의 증거는 그러한 공동체들이 실제로 공동의 생활과 사역을 유지하고 있었음을 보여준다.[157] 우리가 앞에서 잠깐씩 살펴보았던 저자들은 독창적인 사상가들이었지만, 고대 세계에서는 독창성이 높이 평가되지 않았기 때문에, 당시에 이미 철학 고전들로 여겨진 글들은 많은 지역들에서 꾸준히 가르쳐지고 있었을 가능성이 높다. 주후 2세기 말에 마르쿠스 아우렐리우스(Marcus Aurelius)는, 비록 자신은 철저한 스토아 철학자였지만, 아테네에 있던 네 개의 주요 학파들, 즉 플라톤 학파, 소요학파, 스토아학파, 에피쿠로스학파에게 각각 의자들을 하사하였는데, 그가 스스로 이 학파들을 재창건한 후에 의자들을 하사하였을 것 같지는 않아 보인다.

앞에서 강조하였듯이, 학파들은 제각기 공동 생활을 영위하였다. 공동 생활이라는 관념 자체가 여러 철학들에서 중요한 요소였기 때문에(스토아학파는 '코이노니아' [koinōnia]를 특히 강조하였다), 우리는 그러한 공동체들이 상당한 통일성을 갖춘 단위들을 형성하고서, 함께 만나서 창시자들의 글들을 연구하고, 각각의 철학에 합당한 삶을 살도록 서로를 격려하였을 것이라고 보아야 한다. 내가 앞에서 암시하였듯이, 바울이 세운 교회들이 이러한 철학 학파들과 흡사하였을 것이라고 말하는 것은 지나치게 과장된 말이 될 것이지만,[158] 이 둘 사이에 아무런 공통점이 없었다고 말하는 것은 사실을 지나치게 축소한 말이 될 것이다. 아테네에서 바울을 만난 사람들에 관한 누가의 설명을 따른다면, 그러한 철학 학파들에 속한 사람들이 바울을 그들의 이런저런 통상적인 분류들 속에 집어넣고자 시도한 것은 자연스러운 일이었을 것이다.[159] 그리고 그들이 그런 식의 시도를 통해서, 바울이 "이방 신들"(xena daimonia – '크세나 다이모니아')을 전하며 잡다한 것을 가르치는 선생(새들이 여러 모이를 쪼아먹듯이, 여러 가지 말들과 이야기들을 여기저기에서 찔끔찔끔 가져와서 가르치는 자라는 의미에서의 '스페르몰로고스' [spermologos])이라고 결론을 내렸다고 할지라도, 바울이 세운 공동체들을 본 사람은 누구든지 그가 실제로는 철학자들에 더 가깝다는 반응을 보였을 것이다. 철학자들이

157) cf. *OEAGR*, 5.252-5에 나오는 Natali의 글과 거기에 언급된 전거들; 그리고 예컨대 Judge, 2012를 보라.

158) Meeks, 1983, 83f.; Stowers, 2001을 보라. 이 주장은 적어도 Nock, 1961 [1933]로 거슬러 올라간다; 그러나 이것은 고대 세계를 아는 사람에게는 꽤 분명한 내용이다.

159) 행 17:18.

바울을 모종의 이상한 종교를 전하는 자라고 생각하였다면, 종교인들은 바울이 모종의 철학을 전하고 있다고 생각하였을 것이다. 그러나 이 논의를 좀 더 진척시키기 위해서는, 우리는 심호흡을 한 번 하고서, 바로 그 다른 세계, 철학자들이 그 세계가 보여주는 진리를 자신들이 가르친다고 주장하면서도 너무나 자주 비판해 왔던 바로 그 세계, 즉 고대 그리스-로마의 종교라는 세계 속으로 뛰어들지 않으면 안 된다.

3. 이교 철학에 대한 유대적 반응들

우리가 그 세계를 살펴보기 전에, 마지막으로 해야 할 일이 우리에게 남아 있다. 바울이 엄격한 바리새파 유대교의 세계 속에서 성장하였다는 점을 고려한다면, 우리는 그가 이교의 철학 세계에 대하여 어떤 반응을 보였을 것이라고 생각할 수 있는가? 우리가 이교의 철학 전체는 어리석음 그 자체이고, 토라에 나타나 있는 하나님의 자기계시에 의해서 완전히 일축된다고 전적으로 부정적인 결론으로 곧바로 건너뛰는 것은 쉬운 일일 것이다. 그러나 증거들은 우리가 다른 길들을 탐색해 볼 필요가 있다는 것을 보여준다. 다시 한 번 말해 두지만, 우리가 여기에서 이 문제를 자세하고 포괄적으로 다룰 필요가 없다는 것은 두말할 필요가 없다. 유대교와 우리가 다루고 있는 시기에 있어서의 좀 더 넓은 세계의 문화와 철학과 정치 등등 간의 상호작용에 관하여 쓴 책들은 도서관의 서가들을 이미 꽉 채우고 있다. 따라서 우리가 할 수 있는 것은 제2성전 시대에 나온 유대적인 몇몇 책들과 저자들을 골라서, 그것들이 각각 좀 더 넓은 세계의 철학적이고 문화적인 전통과 어떤 상관관계에 있었는지를 분석하는 것이다. 그러한 연구를 위해서는 특히 요세푸스(Josephus)가 매력적인 선택지가 될 수 있을 것이지만, 우리의 현재의 목적이 설명을 위한 것임과 동시에 예시를 위한 것이기도 하기 때문에, 나는 또 하나의 두드러진 본문, 즉 솔로몬의 지혜서를 택하고자 한다.

솔로몬의 지혜서가 정확히 언제 누구에 의해서 씌어졌는지는 아무도 모르지만, 대략적으로 예수 및 바울과 동시대, 또는 약간 이전의 것임에는 틀림이 없다.[160] 일반적으로나, 우리의 현재의 논의에 비추어 보아서나, 이 책의 가장 두드러진 특징들 중의 하나는 하나님에 의해서 창조되고 질서가 유지되고 있는 만유 속에서 스

160) 솔로몬의 지혜서에 대해서는 특히 Barclay, 1996, 181-91을 보라.

토아학파에서 말하는 '로고스' 또는 '프뉴마'와 동일한 지위를 점하고 있는 "지혜"라는 존재를 설명하기 위하여, 플라톤 철학과 스토아 철학의 관념들을 가져와서 활용하고 있다는 것이다:

> 지혜 속에는 모든 지적이고 순결하며 지극히 오묘한 영들을 꿰뚫어 보는 영, 곧 거룩하며 유일무이하고 다양하며 오묘하고 민첩하며 깨끗하고 오염되지 않았으며 뚜렷하고 해를 받지 않으며 선을 사랑하고 날카로우며 저항할 수 없고 자비로우며 인도적이고 늘 변함이 없으며 확실하고 염려로부터 자유로우며 전능하고 모든 것을 굽어보는 지적인 영(pneuma noeron – '프뉴마 노에론')이 있다.
>
> 지혜는 그 어떤 움직임보다 더 민첩하고, 자신의 순결함으로 인하여 모든 것에 스며들고 모든 것을 꿰뚫는다.
>
> 지혜는 하나님의 권능의 숨이고, 전능자의 영광의 순결한 발현이다. 그러므로 지혜를 더럽힐 수 있는 것은 그 어떤 것도 지혜 속으로 들어갈 수 없다. 지혜는 영원한 빛의 반영이고, 하나님의 역사의 흠 없는 거울이며, 하나님의 선하심의 형상이다.
>
> 지혜는 비록 단 하나이지만 모든 것을 할 수 있고, 스스로는 변하지 않으면서 만물을 새롭게 한다. 지혜는 모든 세대에서 거룩한 영혼들 속으로 들어가서, 그들을 하나님의 친구로 만들고 예언자로 만든다. 하나님은 지혜와 더불어 사는 사람만을 사랑하신다.
>
> 지혜는 태양보다 더 아름답고, 모든 별자리들보다 탁월하다. 지혜는 햇빛보다도 월등하다. 왜냐하면, 햇빛은 밤이 되면 물러나야 하지만, 지혜를 이기는 악은 없기 때문이다.[161]

우리가 앞서 스토아 철학의 주제들에 대하여 살펴본 것에 비추어 보면, 주후 1세기의 독자들은 이 저자가 이 책에서 의인화시킨 "지혜"라는 존재가 철학자들이 말해 왔던 '프뉴마'라고 주장하고 있고, 그러한 주장을 그들에게 친숙한 방식으로 발전시키고 있다고(사람들을 "하나님의 친구"로 만든다는 등등의 표현들) 이해하였을 것임에 틀림없다. 여기에는 신이 수동적인 원리인 무형의 '휠레'(hylē, "물질")로부터 세계를 창조하였다는 스토아 철학의 전형적인 사유를 포함해서, 만유의 내적인 작용들, 아니 "형이상학적"이라고까지 할 수 있는 작용들에 대하여 설명하기 위하여 옛적의 히브리 성경 속에서 행해진 것을 능가하는 시도가 있는 것으로 보인다.[162] 솔로몬의 지혜서는 그런 후에 정확히 스토아 사상의 경우와 마찬가지로 자연스럽게 "윤리학"을 이어간다: 세계가 어떤 식으로 작동하는지에 관한 비밀들을 알아서(7:15-22a) 거기에 따라 미덕의 삶을 발전시켜 나가기 위해서(8:7에는 절제, 사려깊음, 의로움, 용기라는 네 가지 고전적인 미덕들이 열거된다), 인

161) Wis. 7.22b—8.1.

162) 11.17. 또한, 불과 물이라는 '스토이케이아'(stoicheia), 그리고 그것들이 하나님의 새로운 피조세계에서 다르게 행하게 되리라는 것을 보라(19.18-21; 이 본문의 의미가 모호하기는 하지만).

간들에게 필요한 것은 바로 이 "지혜"이다. 이 책이 성경의 이전의 글들 중 그 어떤 것보다도 한층 더 발전시키고 있는 또 하나의 것은 "영혼"은 "이전부터 존재하고 있었고"(8:19-20) 현재는 죽을 몸(phtharton sōma – '프타르톤 소마,' 9:15)에 의해서 "눌려 있지만," 물리적인 죽음 이후에도 계속해서 살아남을 수 있다는 "지혜"의 분명한 가르침이다.[163] 즉, 의인도 의 자체와 마찬가지로 "불멸한다"는 것이다.[164] 아울러, 의인들을 박해하는 악인들을 치는 변증(1:16-2:20)은 에피쿠로스학파의 고전적인 이론에 대한 묘사이자 비난으로 보인다:

> 우리의 인생은 짧고 슬픔으로 가득하며, 한 번 죽으면 돌이킬 수 없다 … 우리는 단지 우연하게 이 세계에 태어났고, 죽고 나면 태어나지 않았던 것처럼 된다. 우리의 코에 있는 숨은 연기이고, 우리의 생명은 심장의 박동에 의해서 생겨나는 불꽃이다. 불꽃이 꺼지면, 우리의 육체는 재가 되고, 영혼(pneuma – '프뉴마')은 허공 속으로 사라져 버린다 … 우리의 인생은 구름의 자취들처럼 지나가 버리고, 햇살에 쫓기고 해의 열기에 녹아 버리는 안개와 같이 흩어져 버린다 …
>
> 그러므로 이리 와서, 존재하는 좋은 것들을 즐기고, 젊을 때에 피조세계를 마음껏 활용하자.
>
> 값비싼 포도주와 향료를 마음껏 즐기고, 봄철의 꽃 한 송이도 놓치지 말자 … 우리 중에 한 사람도 이 환락의 기회를 놓치지 말자. 이것이 우리의 분깃이고 이것이 우리에게 주어진 몫이니, 우리가 즐긴 흔적들을 도처에 남기자.[165]

이것은 에피쿠로스와 그의 추종자들이 믿고 가르쳤던 바로 그것이다. 하지만 그들은 이러한 가르침이 가져온 결과를 보았다면 깜짝 놀랐을 것이다. 왜냐하면, "악인들"은 그러한 가르침을 토대로 해서, 더 좋은 길을 안다고 주장하면서 그들의 죄를 책망하는 "의인들"을 불편한 존재들로 규정해서 박해하는 쪽으로 나아갔기 때문이다. 나는 스토아 철학자들이 에피쿠로스 철학자들을 그런 짓을 저지르는 자들이라고 비난하는 글을 한 번도 읽어 본 적이 없지만, 이런 종류의 음모나 박해도 나름대로의 논리를 지니고 있다. 즉, 인생의 목표가 쾌락이고, "의롭다"고 자처하는 자들의 비판으로 인하여 삶이 비참하고 불행해지고 있다면, 그들을 제거하는 것이 쾌락을 더욱 증대시키는 길이라는 것이다. 어쨌든, 솔로몬의 지혜서가 "의인

163) 3.1-3. 이것은 유명한 본문이다: "[죽은] 의인들의 영혼은 하나님의 손에 있고, 고문하는 자가 결코 그들을 건드리지 못할 것이다. 어리석은 자들의 눈에는 그들이 죽은 것으로 보였고, 그들이 이 세계를 떠난 것이 재앙으로 생각되었으며, 그들이 우리에게서 떠나간 것이 그들의 멸망이라고 여겼지만, 그들은 평안 중에 있다."

164) 1.15; 2.23; 15.3.

165) 2.1-9.

들의 영혼은 하나님의 수중에 있다"고 단언하는 것은 그러한 논리를 정면으로 반박하는 것이다. 왜냐하면, 그것은 의인들은 박해를 받고 죽임을 당할지라도, 하나님은 그들을 돌보고 계신다고 말하는 것이기 때문이다.

솔로몬의 지혜서는 여기까지는 스토아 사상을 그대로 따르고 있다. 실제로 이 책이 여기에서 끝났더라면, 스토아 철학의 입장을 웅변적으로 대변하고 설파하는 글들 중의 하나로 환영받을 수 있었을 것이다. 그러나 이 책은 단지 하나의 이교 철학을 유대적인 시각에서 해설하고자 하는 것이 아니라, 그러한 이교 철학을 활용해서 훨씬 더 영리하고 복잡하게 자신의 의도를 제시하고자 한다. 이 책의 모든 대목에서 명백하게 스토아 철학에 속한 주제들과 소재들과 전문용어들은 본질적으로 유대적인 주장을 강력하게 밑받침하기 위한 수단들로 사용된다. 솔로몬의 지혜서는 이방 나라들이 소요를 벌이고 있지만, 한 분 참된 하나님이 자신의 왕을 견고히 세워 놓고서, 이방 나라들로 하여금 그 왕 앞으로 나아와서 두려워 떨게 한다는 시편 2편에 대한 대대적인 강해로서의 역할을 한다. 이 책의 7장부터 9장까지 지혜를 칭송하면서 하나님의 백성을 다스리는 데 필요한 지혜를 자기에게 주시라고 기도하는 인물은 다윗의 아들 솔로몬이다. 그는 "나는 하나님이 주시지 않으시면 지혜를 갖지 못하리라는 것을 알았습니다"(8:21)라고 말한다. 달리 말하면, 스토아 사상에 나오는 '로고스' 또는 '프뉴마'와는 달리, 솔로몬의 지혜서에 나오는 "지혜"는 모든 인간 안에 자동적으로 내재해 있는 일부가 아니라는 것이다. 또한, 에피쿠로스학파의 가르침을 신봉하는 악인들은 모든 인간은 불멸하는 존재라고 주장하겠지만, 솔로몬의 지혜서는 불멸성은 인간이 자동적으로 소유하고 있는 것이 아니라, 의로운 삶의 결과물이라고 말한다.[166] 어쨌든, 의인들에게 약속된 "불멸성"은 단순히 육신을 벗은 영혼이 "하나님의 수중에서" 살아가는 삶이 아니다. 3:1-3에 나오는 약속은 다음과 같은 좀 더 큰 서사의 첫 번째 단계일 뿐이다:

> 하나님이 그들을 찾아오시는 때에, 그들은 관목을 태우는 불길처럼 밝은 빛을 발하며 달리게 될 것이다. 그들은 나라들을 다스리며 민족들을 통치할 것이고, 야웨께서 영원히 그들을 다스리실 것이다.[167]

나를 비롯한 여러 사람들이 다른 곳에서 이미 보여 주었듯이, 이것은 의인들이 죽은 후에 거치게 될 두 단계를 보여주는 솔로몬의 지혜서의 예언이다: 첫 번째 단

166) 5.1-23.
167) 3.7f.

계는 "하나님의 수중에서" 안식하는 때이고, 두 번째 단계는 다시 돌아와서 회복되어 하나님의 왕적 통치에 참여하는 때이다. 사실, 이것은 부활에 대한 암호화된 (그러나 아주 분명한) 예언이다.[168] 물론, 이러한 사상은 에피쿠로스 철학자들에게만이 아니라, 스토아 철학자들과 플라톤주의자들, 그리고 온갖 이교 사상에 속한 모든 사람에게는 끔찍한 저주로 들렸을 것이었다. 여기에서 솔로몬의 지혜서는 철학의 언어를 가져다가, 그 언어로 하여금 본질적으로 유대적인 현실관을 제시하는 데 결정적인 기여를 하게 만들었다.

이것이 전부가 아니었다. 이 책은 시편 2편에서와 마찬가지로, 한 분 유일하신 하나님이 모든 것을 바로잡게 될 최후의 심판에 대하여 자신 있게 예언한 후에(5장), 한 분 유일하신 하나님이 땅의 왕들에게 그들이 자신의 권력과 지위를 가지고 행한 일들에 대하여 책임을 물으실 것이기 때문에, 그들은 아직 시간이 있을 때에 참된 지혜를 구해야 한다고 경고한다(6장). 이렇게, 시편 2편이 이스라엘의 하나님이 자기가 기름 부은 왕을 온 세계 위에 세워서, 땅의 모든 통치자들에게 책임을 물을 것이라고 예언하고 있듯이(이러한 내용은 2:7-8에 일인칭 단수로 표현되어 있다: "내가 야웨의 명령을 전하노니, 그가 내게 이르시되, 너는 내 아들이라 오늘 내가 너를 낳았도다 내게 구하라 내가 이방 나라들을 네 유업으로 주리니 네 소유가 땅 끝까지 이르리라고 하셨도다"), 솔로몬의 지혜서에서는 장차 임할 심판에 관한 경고는 "솔로몬"이 다윗의 자손에게 맡겨질 소임을 성취하는 데 필요한 지혜를 자기에게 달라고 기도하는 장면을 그리고 있는 자전적인 단락(9:7-12)으로 이어진다.

이 모든 것은 '테오스'(theos, 하나님)와 '소피아'(sophia, 지혜)에 대한 거의 이위일체론적인 견해라고 할 수 있는(초기 교부들이 그렇게 보았다) 솔로몬의 지혜서의 암묵적이고 때로는 명시적인 우주론과 일치한다. 세계를 창조한 '테오스'는 세계에 내재해 있는 '소피아'와 구별된다. 그리고 이러한 구별은 이 '소피아'를 구하여 기도해서 받는 자들 – 달리 말하면, 솔로몬과 그를 본받는 자들 – 과 그렇지 않는 자들의 구별로 이어지고, 전자에 속한 자들은 불멸성을 수여받고(궁극적으로는 부활을 말하고자 하는 것으로 보인다), 후자에 속한 자들은 불멸성을 수여받지 못한다는 추가적인 구별로 이어진다.

우리는 여기에서 스토아 철학에 나오는 핵심적인 요소들을 유대적으로 철저하고 탁월하게 개작한 글을 보고 있다고 말할 수 있다. 우리가 잠시 세네카와 바울 간

168) *RSG*, 166-71.

의 만남이 아니라, 세네카와 "솔로몬"이라고 자처한 인물 간의 만남을 가정해 본다면, 나는 세네카가 이 책의 힘과 시적인 아름다움에 감화를 받았을 것이지만, 이 '소피아'와 그것이 수여하는 불멸성이 어떤 식으로든 구체적으로 유대인들과 그들의 제왕 전승들에 국한되어 주어지게 될 것이라는 이 책의 전제에 대하여 당혹감을 감추지 못하였을 것이고, 아마도 화를 냈을 것이라고 생각한다. 그리고 그는 분명히 아테네에서 바울을 조롱하였던 자들과 마찬가지로 조금이라도 부활을 암시하는 말에 대하여 조소하였을 것이다.

그러나 그것이 전부가 아니다. 솔로몬의 지혜서의 후반부는 세계 내에서의 "지혜"의 활동은 인간들을 미덕을 갖춘 자들로 만드는 일반적인 과제가 아니라, 이스라엘의 삶과 이야기에 초점에 맞춰져 있다고 설파하는 가운데, 이스라엘의 옛적의 이야기를 개작해서 다시 들려준다. 13장과 14장에 나오는 이교의 우상 숭배에 대한 비판은 시편들과 이사야 40-55장에 그 뿌리를 두고 있기는 하지만, 민속 "종교"에 대한 플라톤과 피론주의자들(the Pyrrhonians, 주전 1세기에 아이네시데모스가 창시한 회의론 학파 – 역주)의 철학적 비판과 흡사하다. 그러나 이러한 비판은 이 책의 진정한 목적이 단지 이 특별한 종류의 "지혜"를 가르치고자 하거나, 어떤 종류의 "종교"를 비판하고 또 다른 종류의 종교를 옹호하고자 하는 철학적인 것이 아니라, 정치적인 것임을 분명히 보여주는 수정된 출애굽 서사라는 틀 속에 위치해 있다. 이 서사 속에 나오는 "애굽"은 단지 저자가 살았던 당시에 언제라도 자신의 땅에 거주하는 유대인들에 대하여 대학살을 자행할 수 있었던 이방 나라 애굽만을 나타내는 것이 아니라, 하나님의 백성을 압제하고 노예로 삼는 모든 강대국을 나타내는 것이었다. 이교 사상의 철학적 도구들은 이런 식으로 이 책 전체에 걸쳐서 저자가 소크라테스로부터 세네카와 그 이후에 이르기까지 그 누구도 결코 생각하지 못하였던 이야기를 독자들에게 들려주는 데 활용된다. 이러한 사실은, 예를 들면, 만유의 요소들, 여기서는 특히 눈과 얼음과 불이 창조주의 뜻에 따라 어떤 때에는 자연의 순리를 따라 행하다가도 어떤 때에는 자연의 순리를 거슬러서 행하기도 하였다는 저자의 성찰 속에서 분명하게 드러난다. 애굽에 임한 재앙들에 관한 묘사를 통해서 개략적으로 제시되고 있는 이러한 주제는 이 책의 마지막 부분에서 "만유의 요소들이 서로 자리를 바꾸어서," "불은 심지어 물 속에서도 자신의 통상적인 힘을 유지하였고, 물은 자신이 지니고 있던 불을 끄는 본성을 잊어버렸다"고 말하는 대목에서도 다시 등장한다.[169] 이 책의 후반부의 서사는 이렇게 이방 나라들의 악

169) Wis. 16.22-9; 19.18-21.

에 대하여 경고할 뿐만 아니라, 피조세계의 본성 자체에 관한 당시의 철학적 성찰들을 가져와서, 만유 전체에 대한 하나님의 절대주권을 설명한다. 이것은 신이 세계를 창조하고 거기에 질서를 부여하고 나서, 여전히 세계와는 다른 존재로 남아 있으면서도, 세계에 깊이 관여하고 있다는 이야기이고, 이 신이 질서정연한 안정된 세계를 창조하였지만, 세계를 구성하는 요소들이 여전히 그의 뜻에 순복한다는 이야기이며, 이 동일한 신이 특정한 민족을 부른 후에, 그들을 인도하고 지켜주는 가운데, 그들을 적대하는 자들을 심판한다는(그 과정에서 그들은 끔찍한 고난을 겪어야 할 수도 있지만) 이야기이고, 이 동일한 신이, 시편 2편에서와 마찬가지로, 약속된 "지혜"를 진정으로 그리고 유일무이하게 소유한 자들(또는, 한 사람)을 통해서 세계 전체에 대하여 책임을 묻게 될 것에 관한 이야기이다. 이 모든 것이 우리에게 사도행전 17장을 연상시킨다고 해도, 그것은 놀랍거나 이상한 일이 아닐 것이다.

따라서 우리가 솔로몬의 지혜서에서 논리학과 물리학과 윤리학의 전통적인 주제들과 관련해서 어떤 일이 벌어진 것인지를 묻는다면, 거기에 대하여 우리는 그 모든 것들이 이 책에 등장하지만, 놀라울 정도로 변형된 형태로 등장한다고 대답할 수밖에 없다. 이 책의 근저에 있는 "논리학," 즉 저자가 이 책에서 말하고 있는 것들을 알고 있다고 분명하게 주장할 수 있는 근거는 단지 정확한 인지적 인상들과 명료한 추론의 결합이 아니라, 이스라엘의 성경, 특히 출애굽과 왕정에 관한 서사들이다. 이 책에 나타나 있는 세계의 창조와 구성에 관한 설명인 "물리학"은 '소피아'를 그 그림 속에 꽉 채운 가운데 창세기를 새롭게 읽어낸 결과물이다. "윤리학"은 아리스토텔레스의 미덕들의 체계를 스토아학파가 발전시킨 것을 새롭게 진술한 것임과 동시에, "의"에 관한 성경의 전통을 새롭게 읽어낸 것이다. 솔로몬의 지혜서에서는 아테네의 올빼미가 어둠 속을 꿰뚫어 보고 나서 되돌아와서 자기가 본 것을 보고하는 동시에, 방황하는 이스라엘 백성을 보호하기 위하여 그들의 머리 위에서 맴돌던 새들도 자기 나름대로의 이야기를 들려주고 있다.

이렇게 올빼미와 새들을 통해서 이중적으로 본 결과는 세네카와 마르쿠스 아우렐리우스조차도 알지 못하였던 것으로 보이는 저 어둠에 묻힌 거대한 질문에 대하여 솔로몬의 지혜서가 제시한 대답 속에서 드러나는데, 그것은 사람들 앞에 놓인 두 가지 선택지는 둘 다 참된 것으로 보인다는 것이다. 즉, 한 분 유일하신 하나님과 그의 백성을 업신여긴 자들은 죽을 때에 에피쿠로스 철학자들이 약속한 일종의 사멸을 겪게 될 것이지만, 이 특별한 종류의 "지혜"를 받아들인 자들은 불멸, 심지어 부활을 누리게 될 것이다. 우리가 스토아 사상이 어떤 식으로 작동하였는지를 더 잘 이해할수록, 솔로몬의 지혜서는 단지 스토아 철학의 유대적 판본이었던 것이 아니라, 당시의 사상 형태들에 항복하는 방식이 아닌(우상 숭배와 에피쿠로스 사상에 대한 날카로운 비판을 기억하라) 그것들을 변형시키는 방식으로, 한 분 유일하신 창조주 하나님, 이스라엘에 대한 그의 아직 끝나지 않은 계획에 대한 여전히 진정으로 유대적인 신념을 표현하고자 한 주목할 만한 시도였음이 더욱더 뚜렷하게 드러나게 된다. "지혜"는 스토아 철학의 옷장에서 몇 벌의 옷을 빌려와서 입었지만, 그 옷들을 입고 있는 몸체인 서사와 신념과 소망은 여전히 유대적이라는 것은 누구나 알 수 있다. 나중에 나는 이것과 상당히 비슷한 일이 사도 바울의 경우에서도 일어났다는 것을 논증할 것이다.

이 주제와 관련된 많은 유대 문헌들 중의 하나에 대한 이 짤막한 논의는 우리를 종교라는 문제로 다시 데려다 주었다. 바울의 동시대인들의 "종교" 세계는 어떠하였는가?

보론 : 초기 철학자들의 연대표

650 | 625 | 600 | 575 | 550 | 525 | 500 | 475 | 450 | 425 | 400 | 375 | 350 | 325 | 300 | 275 | 250 | 225 | 200

주요사건들	페르시아 전쟁 (499-478) 펠로폰네소스 전쟁 (431-404) 알렉산더 죽음 마케도니아 전쟁 (340-323)
소크라테스 이전	엠페도클레스 c495-435 탈레스 635-543 헤라클레이토스 c544-480 데모크리토스 c460-370
피타고라스학파	피타고라 스 c570-495
아카데미학파	소크라테 스 c470-399 아카데미학파 창설(385) 플라톤 427-344 알키비아데스 450-404
소요학파	소요학파 창설(335) 아리스토텔레스 384-322 테오프라토스 372-287
스토아학파	크리시포스 286-206 제논 372-287 클레안테스 c331-232
에피쿠로스학파	데모크리토스 c460-370 에피쿠로스 341-277
견유학파	디오게네스 413-323
회의론자들	엘리스의 피론 360-270
궤변학파	프로타고라스 c490-420 트라시마코스 c459-400

650 | 625 | 600 | 575 | 550 | 525 | 500 | 475 | 450 | 425 | 400 | 375 | 350 | 325 | 300 | 275 | 250 | 225 | 200

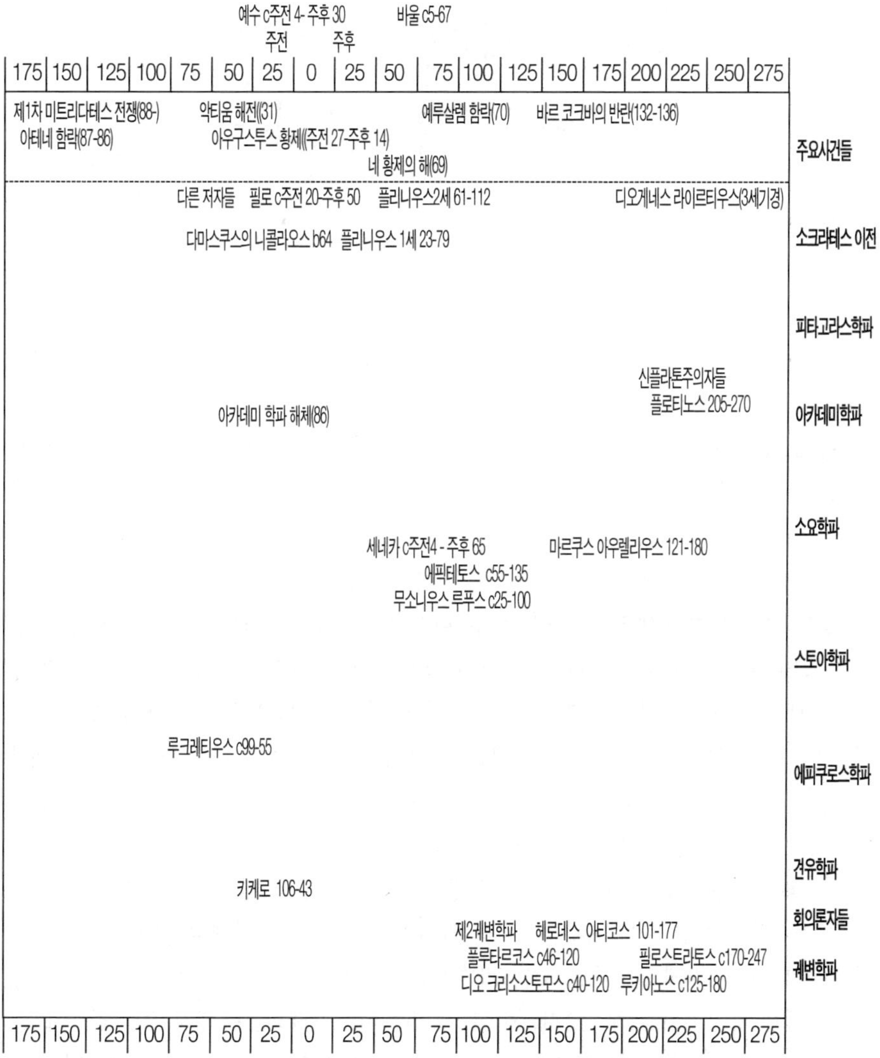

예수 c주전 4- 주후 30 바울 c5-67

주전 주후

175	150	125	100	75	50	25	0	25	50	75	100	125	150	175	200	225	250	275

주요사건들

제1차 미트리다테스 전쟁(88-) 악티움 해전((31) 예루살렘 함락(70) 바르 코크바의 반란(132-136)

아테네 함락(87-86) 아우구스투스 황제((주전 27-주후 14)

네 황제의 해(69)

다른 저자들 필로 c주전 20-주후 50 플리니우스2세 61-112 디오게네스 라이르티우스(3세기경)

다마스쿠스의 니콜라오스 b64 플리니우스 1세 23-79

소크라테스 이전

피타고라스학파

아카데미학파

신플라톤주의자들

플로티노스 205-270

아카데미 학파 해체(86)

소요학파

스토아학파

세네카 c주전4 - 주후 65 마르쿠스 아우렐리우스 121-180

에픽테토스 c55-135

무소니우스 루푸스 c25-100

에피쿠로스학파

루크레티우스 c99-55

견유학파

회의론자들

키케로 106-43

궤변학파

제2궤변학파 헤로데스 아티코스 101-177

플루타르코스 c46-120 필로스트라토스 c170-247

디오 크리소스토모스 c40-120 루키아노스 c125-180

175	150	125	100	75	50	25	0	25	50	75	100	125	150	175	200	225	250	275

제 4 장

아스클레피오스에게 수탉을: 바울의 세계에 있어서의 "종교"와 "문화"

1. 서론

탈레스(Thales)는 "세계는 신들로 가득 차 있다"고 말하였다.[1] 그러나 정의상, 신들은 우리의 규범을 따르지 않는다. 신들은 종잡을 수가 없고, 사적인 다툼들을 벌이며, 기분에 따라 변덕스럽게 행하고, 뇌물이나 제물을 탐하며, 여러분이 그들의 기분을 맞춰 주느냐의 여부에 따라 복이나 재앙을 내리기도 하고 해치거나 고쳐주기도 한다(부자이긴 하지만 심술궂은 나이든 여러분의 친척들처럼). 이렇게 해서, 신전들과 신성한 숲들, 신관들, 축제행렬들, 화관들과 음악, 징조들, 신탁들, 짐승의 내장들을 들여다보고 점치는 복점 같은 것들이 시작되었고, 도시를 안전하게 지키고 가정을 무사하게 하며 병자들을 고치고 폭풍이 이는 바다를 잔잔하게 하기 위한 화려하고 엄숙한 종교의식들이 생겨났다. 올림포스(Olympus)는 여전히 자신의 오래된 힘을 유지하고 있었다.

철학은 아주 초기부터 이 모든 것에 대하여 질문들을 제기하긴 하였지만, 대부분의 철학자들은 다른 대부분의 사람들과 마찬가지로 그 관행들을 계속해서 지켜 나갔다. 소크라테스(Socrates)는 치명적인 독약이 자신의 온 몸에 퍼져나가고 있을 때에 자기 친구에게 "크리톤이여, 우리는 아스클레피오스에게 수탉 한 마리를 빚졌으니, 그 빚을 갚는 것을 잊지 말게나"라고 말하였다.[2] 그가 한 이 마지막 말은

1) KRS 91 = Ar. *de An.* A4, 411a7. Thales의 말에 대한 Aristotle의(비신화화한?) 설명은 "영혼"(psychē – '프쉬케')은 만유 안에(en tō holō – '엔 토 홀로') "혼합되어"(memeichthai – '메메이크타이') 있다는 것이다.

2) Plato, *Phaedo*, 118A, my tr. 내가 "수탉"(cock)으로 번역한 것은 미국어로는 당연히 rooster이다.

다중적인 울림을 지닌 수수께끼 같이 난해한 말이었다. 아스클레피오스(Asclepius)는 의술의 신이었고, 그를 숭배하는 신전은 고대 세계 전역에 걸쳐 존재하였다. 소크라테스는 독약을 마시기 전에, 자기가 이 세계를 떠나는 것이 "운 좋은"(eutuchē – '유튀케') 일이 되게 해 달라고 기도하였는데, 아마도 그는 자기가 이 세계를 떠나 편안해지는 것을 의술의 신 아스클레피오스로부터의 응답, 즉 묘한 종류의 치유로 여겼던 것으로 보인다.[3] 또는, 최근에 주장되어 온 것처럼, 그의 말은 그것보다 훨씬 더 큰 의미를 담고 있었던 것인지도 모른다. 즉, 그는 자신의 죽음이 아테네를 그 지독하고 자기파멸적인 내분을 고치는 일종의 도피염소 같은 역할을 하게 될 것이라고 말한 것일 수도 있다는 것이다.[4] 그가 무엇을 의도하였든, 그리고 그의 말과 플라톤이 그 말을 기록한 의도 속에 얼마나 많은 암묵적인 반어법이 들어 있었든, 그는 다음과 같은 것들로 이루어진 일련의 과정이 자연스럽고 정상적인 것으로 여겨졌던 세계 속에서 살고 있었다는 것만은 분명하다: (a) 기도(prayer), (b) 전제(libation; 소크라테스는 자신이 받아든 독주의 일부를 땅바닥에 부어 신에게 헌주하고자 했지만, 받아들여지지 않았다), (c) 치유 받은 것에 대한 감사제(thank-offering). 수탉은 아스클레피오스에게 신성한 존재였기 때문에, 사람들이 이 신에게 감사제를 드릴 때에 통상적으로 바치는 제물이었다.

이 장면은 당시에 볼 수 있었던 무수한 그림들 중의 한 컷에 불과한 것이지만, 고대 세계에서 "철학"과 "종교" 간에 인격적이고 개념적인 차원에서 이루어진 상호작용을 보여준다.

이 두 용어 중에서 "종교"라는 용어가 훨씬 더 문제가 많다.[5] 오늘날의 학계에서

3) ib. 117B-C.

4) Waterfield, 2009, 204. Waterfield는 이 말에 대하여 20개가 넘는 다른 해석들을 언급하고 있는데(226), 그 중에서 가장 일반적인 것은 그가 지금 삶이라는 질병으로부터 "치유되고" 있다는 것, 좀 더 구체적으로 말하면, 자신의 영원히 죽지 않는 영혼이 자신의 몸 안에 머무를 수밖에 없는 것으로부터 "치유되고" 있다는 해석이다.

5) Rüpke, 2007 [2001], ch. 1에 나오는 다각적이고 활발한 논의를 보라; 또한, Rives, 2007, 4-7, 13-53; Beard, North and Price, 1998, 1.x-xii; Gradel, 2002, 4-6. 이 점은 성서학자들 가운데서도 주목받기 시작하고 있다; 예컨대, cf. Thiessen, 2011, 142-4. 고대 헬라의 종교에 관한 많은 탁월한 연구들 가운데서 우리는 Price, 1999; Mikalson, 2010 [2005]; 그리고 무엇보다도 30년이 지난 지금에서도 여전히 놀랄 만한 가치를 지닌 Burkert, 1985 [1977]를 들 수 있다. 로마의 종교에 대해서는 Turcan, 1996; Rives, 2007, 특히 Beard, North and Price, 1998. 라틴어 '렐리기오'(religio)의 어원에 대해서 LS 1556은 Servius(ad Verg. A. 8, 349), Lactantius(4.28), Augustine(Retract. 1.13) 등의 전거를 들며, 이 단어가 '렐리가레'(religare, "묶다")에서 왔다고 말하는데, cp. Lucr. *De Re. Nat.* 1.932 [LS가 말하는 931이 아니라]; 4.7은 Cic. *De Nat. De.* 2.28.72가 이 단어의 어원을 '렐레게레'(relēgere, "되짚어보다" 또는 "다시 읽다")로 보는 것에 반대

여러 세대에 걸쳐서, 일부 그리스도인들이 그리스-로마의 모든 종교를 한꺼번에 싸잡아서 진정한 신앙이 아닌 "제의"를 특징으로 했던 "이방 종교"로 규정할 수 있다고 느슨하게 전제한 것은 고대와 현대의 역사가들이 기독교의 성격을 여러 가지로 잘못 규정한 것과 마찬가지로 이 문제를 푸는 데 도움이 되지 않았다.[6] 예를 들면, 고대 종교에 관한 많은 저작들은 여전히 고대의 헬라인들과 로마인들에게는 "거룩한 경전"이나 신관 계층, "신조들"이나 신앙인들에게 강제되는 교리 같은 것이 없었다는 것을 지적하는 서론적인 언급을 포함하고 있다. 그러한 언급들은 시대착오적으로 생각하지 말라고 경고하는 것일 뿐만 아니라, 그들이 논의하고 있는 주제에 대하여 잘못된 전제들을 하지 말라고 경고하는 것이다.[7] 하지만 정반대의 경고도 마찬가지로 필요할 수 있다. 자연스럽게 기독교로 귀결되는 방식으로 고대의 종교를 설명하고자 하는(기독교를 고대 종교들과 날카롭게 대비되는 것으로 보든, 아니면 점진적인 계시의 정점으로 보든) 이전의 시도들이나, 기독교를 고대 세계의 매력적이고 자유분방한 문화 현상들을 억압하고 엄격하게 규제해서 단색의 공허하고 획일적인 것으로 만들어 버린 압제적이고 교조적이며 이데올로기적인 세력으로 그리고자 하는 새로운 시도들은 그들이 다루고 있는 소재를 왜곡시키기 쉬운 경향성을 지니고 있다는 점에서는 막상막하라고 할 수 있다.[8] 하지만 사람들

한다(그러나 Loeb의 주해에서 Rackham은 Cicero가 다른 곳에서는 '렐리가레' [religare]가 어원이라고 말하는 것으로 보인다고 지적한다). "종교"의 의미들, 그리고 신학과 성서학에서의 종교의 유용성의 여부에 관한 최근의 탁월한 연구는 Griffiths, 2005이다 — 하지만 그의 바르트적인 결론에 대해서는 내가 아래 제13장에서 도전하게 될 것이다.

6) 예를 들어, Ando, 2008, xvii은 "지식에 토대를 둔" 로마 "종교는 오류를 전제하기" 때문에 수정될 수 있는 반면에, 기독교 신앙은 "그러한 도전을 용납하지 않는다"고 서로 대비시켜 말한다. 또한, "종교"와 "정치"를 분리하는 계몽주의 이후의 서구 기독교를 겨냥하고 있는 것으로 보이는 Price, 1984, 10-16의 반복적인 단언들을 보라; cp. Beard, North and Price, 1998, 1.359f. "이교도"라는 단어, 그리고 이 단어가 부정적인 함의를 지니고 있을 가능성에도 불구하고, 이 단어를 계속해서 사용할 수밖에 없다는 것에 대해서는 Beard, North and Price, 1988, 1.ix n. 2 등을 보라.

7) 예를 들면, Burkert, 1985 [1977], 4, 8. 시빌 신탁서(Sibylline Oracles, 아래를 보라)는 유대교, 기독교, 또는 회교에서 사용되는 의미에서의 "성경"에 해당하지 않는다; Cicero가 제안한 "종교법"(*De Leg.* Book 2)은 철학자/법률가의 대담한 제안이었지만, 예배 행위의 일부로서 큰 소리로 읽혀지는 것은 몰라도, 실제의 법률로 만들어져 시행되기 어려운 제안이었다.

8) Rüpke, 2007, 17가 그리스도인들은 계속해서 '다이모네스' (daemones)를 믿는다는 이유로, 그들의 유일신론적인 주장들을 냉소적인 어조로 배척하고 있는 것과 비교해 보라. 그는 "'유일신론 대 다신론' 이라는 대립 구도의 이데올로기적인 성격은 우리가 이를테면 삼위일체라는 신학적인 개념만 생각해 보아도 한층 더 분명해진다… 이것은 케이크를 가진 사람이 그것을 먹고자 하는 것만큼이나 확실한 예이다"라고 주장한다 — 그는 이러한 비난으로부터 Cicero를 구하려고 애를 쓴다(124). 마찬가지로, Athanassiadi and Frede, 1999, 3을 보라: 그리스도인들은 "인간이 신이 되는 것," 삼위일체를 믿고 성인

이 종종 주장하는 것과는 달리, 고대 종교는 "개방적"이거나 "관용적인" 체계라고 할 수 없었다 – 우리가 고대 종교의 좀 더 어두운 측면들을 무시한다고 할지라도. 고대의 종교가 개방적이고 관용적이었다고 하는 주장은 그 자체가 기독교(또는, 그 밖의 다른 종교)를 교조주의라고 비난하는 현대의 종교다원론자들의 주장을 고대 세계로 투영한 것으로 보인다.[9)]

고대 종교의 실상은 그들이 주장하는 것보다 모든 방향에서 언제나 더 복잡한 것이었다. 고대의 이교도들은 명백한 종교다원론자들이었던 것이 결코 아니었다. 그들은 정해진 시간을 엄수해서 제의를 정확히 수행하고, 기도문들을 한 단어도 틀림이 없이 정확하게 읊어서 신에게 올려드리는 것을 대단히 중시하였다. 소크라테스가 사형 선고를 받게 된 표면상의 이유 중에는 아테네에 이방 신들을 도입하였다는 죄목도 포함되어 있었고, 로마인들이 바쿠스(Bacchus) 제의를 금지한 이유 중에는 부도덕하다는 이유 외에도, 로마 사회에 생소한 것이라는 이유도 포함되어 있었다.[10)] 일상적인 종교 행위들(큰 축제들에 참석하는 것[11)])이나 어떤 특별한 목적을 지닌 규범들(예를 들면, 베스타 여신에게 드려진 여신관들을 위한 규범들[12)])을 준수하지 않을 때에는 법률상 또는 사실상의 중벌을 받을 수 있었다. 이렇게, 바울 연구자들이 16세기 때의 변증에서 사용된 범주들이 주후 1세기의 본문들을 다룰 때에 도움이 되지 않는다는 것을 점진적으로 배워 왔듯이, 고대 종교를 연

들을 숭배하면서도, 자신들이 유일신론자들이라고 주장한다. 따라서 "그들이 그런 것과 동일한 이해를 이교적인 관점으로 치부하는 이유를 알기 어렵다."

9) cf. Galinsky, 1996, 330 등. 온갖 종류의 새로운 신들이 만신전에 추가될 수 있었고 실제로 추가되었고, 로마의 종교가 아주 다양하였다는 것은 엄연한 사실이다. 그러나 금지된 것은 단지 이시스(Isis) 제의만이 아니었다(주전 28년에 Agrippa에 의해서). 철학자들도 특히 당시에 존중되던 신념들에 의문을 제기하였다는 이유로 추방될 수 있었다. 이러한 명백한 "무신론자들"이 유대인들에게는 그들의 전통적인 삶의 방식대로(비교적) 방해받지 않는 가운데 살아갈 수 있게 허용한 "유대인들에 대한 예외"는 동일한 민족적 정체성을 주장할 수 없었던 다른 민족들에게로 확대되지 않았다: 본서 제12장 제3절 3)을 보라.

10) Beard, North and Price, 1998, 1.95f.는 로마 당국자들이(대모신 [Magna Mater] 제의는 받아들여서 합법화하였던 반면에) 바쿠스 제의에 대해서 당혹스러워 하였던 이유는 (a) 이 집단이 위계질서를 갖춘 하나의 조직으로서 로마 내에서 또 하나의 대안적인 작은 사회를 이루고 있었고, (b) 따라서 가족 생활과 종교에 관련된 "합법적인" 관리들의 권위에 위협이 되었기 때문이었다. 또한, Rüpke, 2007, 205f.를 보라.

11) Burkert, 1985 [1977], 276: "참여하기를 거부하는 자는 누구든지 '아세베이아,' 즉 '불경건'의 의심을 받게 된다(그리고 신들에게 '폴리스'를 보호해 주고 번영하게 해 달라고 기원해야 할 의무를 저버린 것으로 의심받게 된다).

12) cf. Beard, North and Price, 1998, 1.80-2 등.

13) Price, 1984, 10이 잘못된 판별기준들을 도입하는 것, 즉 "한 종교의 기준들이 또 다른 사회의 제

구하는 학자들도 그들이 어떤 관점에서 주후 1세기의 역학 속으로 들어가고자 할 때, 계몽주의 이후의 변증에서 사용된 "교조"와 "관용"이라는 범주들이 "종교"가 실제로 어떤 것인지, 또는 어떤 것이어야 하는지에 관한 이전의 소위 "기독교화된" 전제들보다 더 진일보한 것이 될 수 없다는 것을 배울 필요가 있다.[13] 마찬가지로, 지난 두 세기에 걸친 고대 종교에 관한 연구는 낭만주의로부터 마르크스주의자들과 프로이트주의자들에 이르기까지, 그리고 고대 종교의 지속적인 중요성을 강조하기 위한 목적으로 연구한 사람들로부터 고대 종교의 어리석은 것들과 위험들을 보여주기 위한 목적으로 연구한 사람들에 이르기까지, 서로 다른 몇몇 운동들이 설정해 놓은 큰 과제들에 종속되어 왔다.[14] 초기 기독교의 "순수한" 핵심을 다른 "종교들"의 영향에 의해 오염되어 생겨난 것들로부터 분리해 내고자 한 "정체를 숨긴 개신교도들"의 시도들이 있어 왔던 것과 마찬가지로, 기독교는 단지 여러 동방의 신비제의들 중의 하나일 뿐이라고 역설하고자 한 합리주의자들이나 환원주의자들의 시도들(자신들의 정체를 별로 "숨기지" 않은 채로)이 있어 왔다.[15]

고대사를 오랫동안 연구해 온 노련한 역사가인 에드윈 저지(Edwin Judge)는 자신이 쓴 한 명쾌한 소논문에서 하나의 특정한 시각에서 이러한 문제점을 요약하면서, 오늘날의 사전을 인용하여, "종교"를 "이상적인 삶을 향한 추구를 구체화해 놓은 특정한 체계"로 설명하는 현대적인 정의와 "신성한 제의들의 실천"으로 설명하였던 구시대적인 정의를 대비시킨다. 그러나 이것은 고대의 기독교를 일련의 "종교들" 중의 하나라고 말하는 것은 역사를 뒤죽박죽 섞어서 시대착오적으로 생각할 때에만 가능하다는 것을 의미한다:

> 그렇게 했을 때, 고대의 "종교들"(구시대적인 의미에서의)이 기독교 같이 이상적인 삶을 추구하는 현대적인 현상들로 잘못 규정되거나, 고대의 기독교가 마치 기존의 어떤

의를 평가하는 데 타당한 기준들인지를 후자의 고유한 기준들에 비추어 검토하지도 않은 채로 적용하는" 것에 대하여 신랄하게 비판하고 있는 것을 참조하라. 또한, 그는 (은연중에 기독교적인) "믿음"이라는 범주를 더 고차원적인 것으로 여길 위험성에 대해서도 경고한다(11): "헬라인들의 '진정한 믿음들'에 관하여 질문하는 것은… 은연중에 기독교식으로 바라보고 있는 것이다." 물론, 오늘날의 전제들이 고대의 역사에 대한 읽기 속에 스며들어가는 것은 "종교" 문제들을 다룰 때만이 아니다. Syme, 1939가 아우구스투스를 자기 시대의 유럽의 독재자들의 선구자로 묘사한 것은 유명하다(아래 제5장을 보라).

14) 이것은 Burkert, 1985 [1977], 1-4에 훌륭하게 요약되어 있다.

15) "정체를 숨긴 개신교"라는 프로젝트에 대해서는 Price, 2011, 258을 보라. 기독교를 "신비제의들"의 하나로 보고자 하는 시도(이것은 발명특허를 낼 만한 시도이다)에 대해서는 Meyer, 1987, 225f.를 보라.

16) Judge, 2008a, 404는 Macquarie Dictionary, 2nd edn., 1991을 전거로 든다.

문화에 자신의 신성한 닻을 내린 채 제의들을 수행하는 하나의 실천으로 잘못 규정되는 일이 벌어지게 된다.[16)]

문제점은 그것만이 아니다:

기독교를 고대의 "종교"로 취급하면, 역사가 뒤죽박죽되는 두 번째 영역이 생겨나게 되는데, 그것은 연대기와 관련된 것이 아니라 용어와 관련된 것이다. 고대의 그리스-로마 세계에는 "구시대적인" 의미에서든 현대적인 의미에서든 "종교" 일반을 가리키는 총칭적인 단어가 아예 존재하지 않았다.[17)]

에드윈 저지는 라틴어 '렐리기오'(religio)는 "금기"를 의미하였는데, 사람들은 단지 신들에 대한 의무들과 관련해서만이 아니라, 그 밖의 다른 많은 것들에 대해서도 금기를 가질 수 있었을 것이라고 지적한다.[18)] 신약성서에서도 정확히 "종교"를 가리키는 단어가 존재하지 않고, 단지 "경건함"이나 "신앙심"을 가리키는 '유세베이아'(eusebeia), "숭배" 및 숭배와 관련된 여러 실천들을 가리키는 '트레스케이아'(thrēskeia), 사람들이 사회적으로 지위가 높은 자들에게 예를 갖추어 대하듯이 신들에게 "예배"를 드리는 것을 가리키는 '라트레이아'(latreia) 등과 같은 용어들이 사용될 뿐이다.[19)] 고대 세계에서 "종교"라는 단어는 오직 기독교와 관련해서 점진적으로 사용되었고, 당시에 서로 다른 "종교들"이 있었을 것이라는 생각은 16세기 말과 17세기 말에 새롭게 등장하였다. 에드윈 저지가 지적하듯이, "종교들"이라는 복수형을 사용하고자 한 이 새로운 생각은 그 이후에 근대의 서양으로부터 세계의 다른 지역들로 수출되었고, 한 예로 인도의 현자들 중에는 영국의 식민지가 되고 나서, 영국인들이 그들에게 "힌두교"라는 "종교"가 있다고 말하는 것을 들었을 때에 깜짝 놀랄 수밖에 없었다.[20)] "종교"에 대한 정의를 둘러싼 학문적

17) Judge, 2008a, 404. 내가 이후에 언급하는 이 저자의 책은 이 저작을 가리킨다.

18) 이것은 사실이기는 하지만, 이 단어를 '렐레게레'(relegere, "깊이 숙고하다," Cic. *De Nat. De.* 2.72), 또는 '렐레가레'(relegare, "묶다," Lucr. *De Re. Nat.* 1.931; Livy, *Hist.* 5.23.10)와 결부시킨 고대의 해석들을 참고하여 조금 수정될 필요가 있다. Cicero는 '렐리기오'(religio)를 '유스티티아 에르가 데오스'(iustitia erga deos, "신들에게 합당한 것들을 행하는 것")이라고 정의한다(*Part. Or.* 78). 자세한 것은 *OCD* 1307에 나오는 Scheid의 설명을 보라.

19) cf. 딤전 3:16; 행 26:5; 골 2:18; 약 1:26f.; 3:7-10; 요 16:2; 롬 9:4; 12:2; 빌 3:3. 바울이 사도행전 17:22에서 아테네인들이 대단히 종교적이라고 말하였을 때, 그가 사용한 단어는 '데이시다이모네스테루스'(deisidaimonesterous, "귀신들을 극단적으로 숭상하는")인데, 넓게 보아서 이 단어는 라틴어 '수페르스티티오'(superstitio, 이것에 대해서는 본서 제4장 제1절을 보라)에 해당한다.

20) Judge, 2008a, 407과 이차적인 논의들과 관련해서 언급된 전거들.

인 수많은 우여곡절들 가운데서 현재의 분위기는 아이러니컬하게도 종교 자체를 문화의 총체("어떻게 살아야 할지를 선택할 권리")로 보지 않는 견해를 제도화시킨 것이고, 에드윈 저지의 말을 빌리면, 이것은 "다른 '종교들'에 대하여 깊은 반감을 품을 수 있는" 그런 견해를 배제시킨 것이다.[21]

그렇다면, 기독교는 종교였는가? 에드윈 저지는 "우리가 종교라는 용어에 고대의 제의적 실천이라는 의미를 부여한다면, 그런 의미에서는 기독교는 결코 종교가 아니었다"고 대답한다. 그러나 "종교"에 대한 오늘날의 서구적 이해 – 비록 이 개념이 지금은 세속화되어 있다고 할지라도 – 는 기독교의 유산의 여러 측면들과 불가피하게 서로 얽혀 있어서, 당혹스러울 정도의 혼란이 지배하고 있다. 에드윈 저지는 "이것은 다른 문화적 전통들을 먼저 독자적으로 분석해 보면 한층 더 역사적으로 분명해질 것"이라고 결론을 내린다.[22]

그러한 결론은 옳을 것이다. 내가 앞 장에서 말했듯이, 고대 세계의 한 시민이 바울이 세운 공동체들을 지켜 보았다면, 그는 그 공동체들을 오늘날 고대에 제의들을 수행하는 실천들을 설명하기 위하여 사용되는 의미에서의 모종의 "종교"가 아니라, 이상한 종류의 철학 학파라고 생각하였을 가능성이 높다. 나는 원래 본서에서 "종교"를 별도로 논의할 생각이 없었지만, 세 가지 이유 때문에, 그런 생각을 과감하게 밀어부치지 못하였다.

첫째, 고대의 철학자들은 통상적으로 "신들"(to theion – '토 테이온')에 관하여 논의하였고, 그들이 특히 자신들의 기이한 행동들(예컨대, 호메로스[Homer]의 글에 보도된 것들)을 통해서 제기하고자 했던 문제들도 "신들"에 관한 것들이었으며, 또한 그런 문제 제기들로 인해서 흔히 곤경에 빠져서 추방되거나 더 심한 형벌을 받기도 하였지만, 신들의 제의들, 특히 자신들이 사는 지역사회가 섬기는 신들의 제의들에 참여하였다는 이유로 추방을 당한다는 것은 아무도 상상할 수 없는 일이었다. 신들이 과연 존재하는 것인지를 알지 못하거나, 신들이 존재한다고 해도 과연 실제로 인간사에 개입하는지에 대해서 알지 못한다고 할지라도, 어떤 사람이 그런 이유를 들어서 제의를 지키지 않겠다고 말한다면, 그것은 어리석음과 무모함을 뒤섞어 놓은 독주를 마시는 것과 같은 것이었다. (앞으로 보게 되겠지만, "낯선 신들"을 사람들에게 전하여 기존의 도덕적이거나 정치적인 질서를 무너뜨리고자 한 경우, 그것은 이것과는 다른 문제였다.) 이렇게 고대 세계 전체에 걸쳐

21) Judge. 408.
22) Judge, 409.
23) Seneca와 Plutarch는 둘 다 "미신에 대한" 글을 썼다(Plutarch, *Peri Deisidaimonias* [Loeb vol.

서, 신념들과 전통들과 기대들, (특히) 시민적 정체성과 안녕에 대한 의식이 서로 얽혀 짜져 있는 그물망을 내포하고 있고 상징하고 있었던 활동 영역이 존재하였는데, 우리에게는 이러한 활동 영역과 그것이 내포하고 구현한 사상 패턴들을 지칭할 수 있는 단어가 필요하다 — 비록 그 단어의 의미가 제대로 정의되어 있지 않아서, 그 단어의 용법을 차츰차츰 찾아나가야 하는 것일지라도. "제의"라는 용어는 특정한 대상을 가리키기 때문에 지나치게 한정되어 있는 측면이 있고, 아울러 오늘날의 세계에서는 사람들을 오도할 가능성도 있어서(아래를 보라), 고대 지중해 세계 전체에 걸쳐 존재하였던 신적인 현존들, 목적들, 경고들, 격려들에 관한 실질적으로 보편적인 인식을 포괄할 수 없을 것이라는 것이 나의 생각이다. 신들로 가득 찬 세계는 "종교"로 가득 찬 인간의 삶을 만들어내었다 — 지금으로서는 어쩔 수 없이 계속해서 "종교"라는 용어를 사용할 수밖에 없을 것 같다: "벼락이 그 길의 왼쪽에 떨어졌는가, 아니면 오른쪽에 떨어졌는가?" "너는 배에 오르기 전에 바다의 신 포세이돈에게 제물을 바치는 것을 기억하였느냐?" "식사를 즐기기를 바란다. 이 품질 좋은 소고기는 저 길 아래에 있는 신전에서 제사 지낸 것 중에서 가져온 것이기 때문에, 특별한 축복이 깃들어 있는 고기란다." "네가 태어난 밤에 행성들이 어떻게 배열되어 있었느냐?" "내일이 축제일이라는 것을 잊지 말아라. 모든 사람이 거기에 나올 것인데, 만약 네가 나타나지 않으면, 이웃들이 그 사실을 알아차릴 거야." "너는 아우구스투스가 이제 대신관(Pontifex Maximus)이 되었다는 말을 들었느냐?" "나는 어제 당연히 제시간에 도착해야 한다는 것을 알고 있었지만, 어떤 신이 나를 방해했거나 어떤 사람이 나를 저주했는지, 모든 길이 꽉 막혀서 제시간에 도착할 수가 없었다." "너는 도시 광장에 세워진 새 신전을 좋아하니? 길들을 재정비해 놓아서, 이제는 네가 어느 쪽으로 보든 신전을 볼 수 있어서 좋지 않니?" "내 조카가 동방에서 온 이 새로운 제의에 입교했다고 하면서, 나는 별 차이를 느끼지 못하겠는데, 그 아이는 자기가 죽고 다시 태어났다고 말하더군." "우리가 아스클레피오스에게 수탉을 빚지고 있음을 잊지 마시게." 이것은 철학자들이 늘 말하는 것들이기는 하지만 그렇다고 해서 철학이 아니고, 국가의 고관들이 통상적으로 지역의 신전들의 신관직을 겸임하고 있었다는 사실은 정치와 "종교"가 서로 전면적으로 견고하게 엮여 있었다는 것을 보여주는 것이기는 하지만 그렇다고 해서 정치도 아니다. 우리는 그것을 "미신"이라고 부를 수도 있겠지만, 라틴어 '수페르스티티오'(superstitio)는 바울 시대에 이미 냉소적인 의미를 지니고 있었고, 그러한 경향은 오늘날의 용법에서는 더욱 강화되었기 때문에, 문화의 한 현상을 기술하는 용어로는 부적절하다.[23] 따라서 우리가 판단받지 않으려면 판단하지 말라는 말씀도 있고 하니, 이것을 "종교"라고 부르자.

둘째, 우리가 좋아하든 싫어하든(어떤 사람들은 이것을 분명하게 싫어한다), 초기 기독교의 실천 가운데는 적어도 이러한 고대 "종교"의 세계 전체와 중복되는 몇몇 요소들이 존재하였다는 것은 엄연한 사실이다. 바울을 비롯한 사람들이 예수를 "기념하기"(anamnēsis – '아남네시스') 위하여 떡을 떼고 잔을 마시는 것에 대하여 고대 종교에서와는 상당히 다른 설명을 하고자 하였을지라도,[24] 그와 그의 친구들은 예수를 제의의 대상인 신을 부르는 호칭으로 생각될 수 있는 '퀴리오스'(kyrios, "주")라고 불렀는데, 만일 그들이 그러한 인상을 주는 것을 피하고자 했더라면, 얼마든지 그렇게 할 수 있었을 것이다. 그렇다면, 우리는 바울이 자기가 이러한 성찬을 통해서 사람들이 예수와 함께 하는 '코이노니아'(koinōnia, "교제, 사귐")를 이교도들이 제사 지낸 음식을 함께 먹으면서 '다이모니아'(daimonia), 즉 올림포스 신화 배후에 어른거리는 위험스러운 작은 반쪽 신들과 나누는 '코이노니아'와 유사한 방식으로 설명하였을 때에 초래될 위험성을 감수하였던 것으로 보아야 하는가?[25] 아니면, 바울이 그렇게 한 것이 신학적으로 위험성을 감수한 노선이었다고 보는 것은 모든 "종교"를 의심스러운 눈으로 바라보고서 한편으로는 "인간이 만들어 낸 것"으로 치부해 버리거나 다른 한편으로는 "주술"로 치부해 버리는 오늘날의 개신교의 관점을 투영한 것에 불과한 것인가? 마찬가지로, 바울이 자기가 메시야와 함께 죽고 다시 사는 것에 대하여 말하였을 때, 그것이 사람들이 신비종교에 입교했다는 것을 표현할 때에 사용하던 말을 반영한 것임을 알고 있지 않았다면, 그는 비난을 받아야 할 정도로 무지하였다고 할 수밖에 없다. 하지만 우리가 많은 것들과 관련해서 바울을 비난할 수 있다고 할지라도, 그가 이 정도로 당시의 문화에 대하여 무지하였을 것 같지는 않다.[26] 게다가, 바울은 자신이 회심시킨 사람들에게 자기와 동일하게 행하라고 격려하였고, 이것을 위하여 끊임없이 기

2]; Seneca의 글은 멸실되었고, 그 일부만이 Augustine, *Civ. Dei*, 6.10에 인용되어 있다). 이 주제에 대해서는 Turcan, 1996, 10을 보라: "로마에서는(국가에 의해서 합법화된) '렐리기오'(religio)와 (외국에서 들어온 수상쩍은) '수페르스티티오'(superstitio)는 금방 대비되었다"; Rives, 2007, 184-7. Turcan은 이것을 오늘날 로마 가톨릭이 "제도적인 교회의 필수적인 중재를 회피하는 모든 것에 대한 불신"과 연결시킨다.

24) 고전 11:24. '아남네시스'(anamnēsis)는 번역하기가 정말 어렵다: "기념으로서"는 이 단어의 한 면만을 포착한 것이고, 이 단어는 단지 정신적으로 과거의 사건이나 인물을 기록한다는 의미만이 아니라, 그런 사건이나 인물이 현재적으로 임재하여 실재한다는 의미도 지니고 있는 것으로 보인다. Thiselton, 2000, 878-82 등을 보라.

25) 고전 10:16-22. 이 주제에 대해서는 아래 제9장을 보라.

26) 롬 6:2-11; 골 2:11-13.

27) 예컨대, 롬 1:9f.; 1:13; 10:1; 15:22, 30, 31f.; 고전 16:7-9; 고후 1:3-11; 2:14; 8:16; 빌 2:27; 엡 3:7-

도하였다. 그는 자신의 삶 및 사역과 관련해서 하나님의 인도하심과 사탄의 방해에 대하여 말하였고, 하나님의 치유하심을 믿었으며, 하나님이 은총들과 복들을 자기에게 주어서 자기로 하여금 그런 것들에 대하여 감사하게 할 것을 믿었으며, 자기를 인도하고 지도하는 특별한 말씀들을 줄 것을 믿었다.[27] 분명히 초기 그리스도인들은 모임을 이루어 만났고, 이것은 미트라스(Mithras) 제의를 비롯한 여러 제의들 같은 종교적인 집회들인 '콜레기아'(collegia)와 아주 비슷한 것으로 여겨졌을 것이 거의 틀림없다.[28] 이 모든 것을 본 고대의 이교도라면 누구든지 적어도 처음 얼마 동안은 바울을 제의의 실천이라는 의미에서의 일반적인 "종교"의 세계 내의 어느 지점에 위치시켰을 것이다. 우리가 이스라엘의 하나님은 유일하신 참된 하나님이라는 바울의 신념으로 인해서, 그의 "종교 패턴"과 주변 세계의 종교 패턴 간에는 근본적인 차이가 존재하였다고 주장하고자 한다면 – 나는 그렇게 하기를 원한다 – 우리는 먼저 적어도 표면상으로는 명백히 바울을 고대 종교라는 지도 위에 위치시킬 수 있다는 사실을 인정하지 않으면 안 된다. 내가 이 모든 것들을 언어적으로 표현하는 일에 난감해한다는 사실은 이 장에 표제를 달 때에 바울의 세계에 있어서의 "종교"라고 따옴표를 붙인 것 속에 반영되어 있다. 그리고 나는 적어도 이러한 논의와 관련해서 시대착오적인 사고를 해서는 안 된다는 에드윈 저지(Edwin Judge) 교수의 경고를 염두에 두고서, "종교들"이라는 복수형을 쓰지 않고 "종교"라고 단수형으로 썼다.[29]

"종교들"이라는 복수형이 지닌 이러한 암시는 우리를 세 번째 이유로 이끈다. 사람들은 자신들이 읽은 대부분의 번역본들 속에서는 이 사실을 눈치 채지 못했겠지만, 사실 키케로(Cicero)는 "종교들"이라는 복수형을 사용한다. 그러나 이 복수형은 오늘날 우리가 아는 그런 의미로 사용된 것이 아니다. 그는 "이방 종교," "유대교," "힌두교," "이슬람교" 같이 민족 지향적인 대규모의 "종교 체계들"을 가리켜서 "종교들"이라고 말한 것이 아니다. 그가 말한 "종교들"이라는 것은 사람이 신들에 대한 자신의 의무를 수행할 때에 행하는 갖가지 것들을 가리킨다. 그는 신관 코타(Cotta, 키케로와 마찬가지로 아카데미 학파에 속했던 사상가)의 입에 "종교

12, 13, 14-19; 6:18-20을 보라.

28) 예를 들면, Rüpke, 2007, 208-14를 보라. 그는 (원래는 수리아의 것이었던) Jupiter Dolichenus 제의도 인용한다; 로마에 있는 후자의 유적지와 그 함의들에 관한 논의는 Price, 2011, 262-4에 나온다.

29) Klauck, 2000 [1995/6], 7-9는 몇몇 흥미로운 방법론적인 고찰들을 제시한다; 그러나 그는 여전히 초기 기독교가 어떤 의미에서는 다른 종교들과 같은 "종교"였다고 전제하는 것으로 보인다.

30) Cic. *De Nat. De.* 3.5(강조는 Rackham이 Loeb tr.에 추가한 것이다). "종교의 부문들"은 물론 오

들"이라는 단어가 들어가는 강론을 집어넣고서는, 당시에 교육을 받은 전형적인 로마인들에게 "종교"가 무엇을 의미하였는지를 간단명료하게 요약해서 우리에게 보여준다:

> 로마 백성의 종교는 제의와 복점, 그리고 세 번째로는 여신관들이 예언하거나 점술사들이 징조들을 읽어서 해독해낸 모든 예언적 경고들로 이루어져 있다. 나는 이 종교들의[harum religionum] 어느 것도 멸시해서는 안 된다고 늘 생각해 왔고, 로물루스(Romulus)의 점복과 누마(Numa)에 의해 세워진 우리의 제의가 우리 나라의 초석을 놓았고, 만일 이런 것들을 통해서 신의 은총을 온전히 받지 못했더라면, 우리 나라가 이토록 강성해질 수 없었을 것이라는 확신을 견지해 왔다.[30]

최근의 한 학자가 지적하였듯이, 문제는 오늘날의 번역자들이 '하룸 렐리기오눔'(harum religionum)이라는 복수형으로 된 핵심적인 어구를 "이 종교들의"라고 직역하는 것이 오늘날의 의미와 맞지 않는다고 여겨서, 그렇게 번역하기를 거부한 데서 생겨난다.[31] 그러나 분명히 키케로는 "이 종교들의"라고 썼고, 그에게 '렐리기오'(religio, "종교")는 "종교적인 의식"을 의미하였다. 이런 의미에서, 전통적인 종교의식은 "종교"의 한 종류였고, 복점은 "종교"의 또 다른 종류였으며, 예언적인 신탁들이나 특별한 일회성의 징조들을 해석하는 일은 또 다른 종류의 "종교"였다. 이러한 것들은 "종교들"(religiones – '렐리기오네스')로서, 모두 인간과 신들을 한데 "묶는" 것들이자 인간들의 "의무들"이었다.

키케로는 이 모든 것들을 '쿨투스 데오룸'(cultus deorum), 즉 신들의 "제의"라는 말로 요약할 수 있었다.[32] "제의"(cult)라는 단어는 또 다른 문제를 제기한다. 대부분의 독자들은 키케로의 세계에서 "제의"가 "이상하고 위험스러울 수도 있는 종파"라는 현대적인 의미를 지닐 것이라고 생각하지는 않을지라도, 현대적인 의미에서의 "예배"나 "종교의식"이라는 의미는 어느 정도 지닐 것이라고 생각할 것이

늘날과는 다른 것을 의미한다; 우리는 이것을 "종교적인 의식들"이라고 번역할 수 있다. 로마 종교의 다른 측면들을 이와 비슷하게 구분한 것은 Valerius Maximus, *De Religione*, 1.1.1a-b의 서두에서 발견되는데, 거기에서 그는 다음과 같은 것들을 열거한다: 공식적인 의식들, 점복, 예언적인 신탁들의 해석, (Cicero의 Cotta가 세 번째의 것으로 한데 묶었던) "징조들의 해석"(Ando, 2008, 1은 "해석"이 아니라 "속죄"로 번역하고 있지만, 라틴어로는 explicari이다; Valerius Maximus가 사용하였을 자료인 Cic. *Har. Resp.* 18 [Loeb vol. 11]에도 "해석"으로 되어 있다 [Ando, 2008, 2 n. 2]).

31) Ando, 2008, 3은 다른 번역들을 인용한다. 서두에서의 그의 논의 전체(1-18)는 몇 가지 점에서는 도발적이기는 하지만, 고대와 현대의 언어적이고 개념적인 뉘앙스들을 환기시키는 데 도움이 된다.

32) Cic. *De Nat. De.* 1.117; 2.8.

지만, 키케로와 그의 동시대인들에게 "제의"는 "예배"와 "종교의식"이라는 의미를 지니고 있었을 뿐만 아니라, 그런 두 가지 의미보다 훨씬 더 많은 것들을 가리키는 단어였다. 라틴어 사전은 '쿨투스'(cultus)의 기본적인 의미들로 "~에 대하여 수고함," "수고," "돌봄," "계발," 그리고 (드물게는) "경작"을 제시하고, 파생적인 의미들로는 "훈련, 교육," 특히 "경배, 숭배"(앞에 인용된 키케로의 글에서는 분명히 이 의미가 강조되고 있다)를 제시하지만, '쿨투스'는 거기에서 한층 더 파생된 의미들로 "삶을 세련되게 하기 위해 신경을 씀" 또는 "생활양식이나 방식, 교양, 계발, 우아함, 광채나게 함, 문명화, 세련됨"을 의미할 수도 있다.[33] 따라서 현대 영어에서 "문화"(culture)라는 단어가 라틴어 '쿨투스'에서 직접 유래한 것은 결코 우연이 아니다(물론, 다른 것들에서와 마찬가지로 여기에서도, '쿨투스'와 "문화" 간에는 의미상으로 상당한 차이가 존재하긴 하지만).[34] 이 장에서 우리는 바울의 세계의 "문화"에 대한 지도를 그리는 것은 시작할 수조차 없기는 하지만, 적어도 우리가 시대착오적인 사고들을 피해서 그러한 지도를 그리기 위하여 어디에서 도움을 구할 수 있는지를 보여주는 몇몇 이정표들을 세우는 것은 중요하다.

키케로에게 있어서는, 사람이 신들과 관련해서 행하는 것들, 즉 모종의 사적인 방식으로만이 아니라 공적으로 조직된 예배와 제사와 기도 등등을 통해서 신들을 섬기는 것은 공동체 전체의 좀 더 큰 삶의 중심적인 표현이었고,[35] 그것이 바로 '렐리기오네스'(religiones, "종교들"), 즉 다양한 형태의 '렐리기오'(religio, "종교") 였다.

"종교"라는 것은 사람으로서 할 수 있는 한 신들의 뜻을 확인하고, 자신들의 성의를 내보이는 데 필요한 행위들, 특히 제사들을 드리는 것이었다.[36] 키케로의 이 글 및 다른 글들을 보면, 이 모든 것은 "정치적 공동체 또는 시민들로 이루어진 집단, 인간들과 신들을 포괄한 공동체"와 관련해서 행해졌고,[37] 이러한 "종교"의 목

33) LS 488f.

34) 계몽주의로부터 현재에 이르기까지 서구 사상의 한 개념으로서의 "문화" 및 그 역사에 대해서는 Wallace-Hadrill, 2008, 28-32의 영리한 요약을 보라. 본서에서 나는 "종교"의 경우와 마찬가지로, "문화"라는 단어도 느슨하고 발견학습적인 방식으로 사용한다.

35) "종교"와 공동체적인 삶의 다른 층들의 복잡한 관계에 대해서는 Rives, 2007, ch. 4 등을 보라.

36) Ando, 2008, 126: "회유하고 달래는 것이 황제 제의의 주된 목적이었고, 아주 막강한 권력을 휘두르는 인물들은 베일에 싸여 있어서, 자신들의 권력 행사가 자의적인 것으로 보일 수밖에 없었기 때문에, 이것은 그들이 가장 원하는 것이었을 것이다." "회유"와 관련해서 Ando는 Livy, 5.13.4-8; 7.2.2와 Arnobius, 3.42.4-5를 인용한다.

37) Ando, 2008, 3.

적은 '팍스 데오룸' (pax deorum), 즉 "신들의 평화"를 유지하고 고양시키기 위한 것이었기 때문에, 로마 사람들과 그들의 신들은 화목한 관계를 유지하여야 했고, 개인이나 공공의 삶에서 생겨난 문제는 거기에 합당한 "종교적인" 의식(제사, 기도, 서원의 이행 등등)의 관점에서 분석되고 진단되며 해결되어야 했다. 하지만 종교적인 의식들을 미리미리 제대로 잘 지켜서, 모든 일이 순조롭게 잘 풀려나가게 하는 것이 훨씬 더 좋은 일이었다.

안도(Ando)는 이러한 넓은 의미에서의 "로마 종교"가 무엇이었는지를 두 문장으로 요약해서 제시한다. 즉, "로마 종교"는 "로마인들의 삶에 깊이 박혀 있는 상징들과 사회활동들과 그것들의 제도화로 이루어진 하나의 체계," 또는 동일한 것을 다른 시각에서 접근해 본다면, "세계 속에 내재하여 활동하는 신들에 대한 대응으로 발전된 일련의 실천들"이었다는 것이다.[38] 우리가 그냥 느껴지는 대로 느슨하게 바울의 세계의 "종교"라고 부를 수 있는 것은 고대 문화의 나머지와 분리되어 있지 않았을 뿐만 아니라, 도리어 정반대로 박동하는 혈관들을 통해서 연결되어 있던 정치집단(the body politic)의 모든 부분에 피를 공급하는 심장이었다. 세계가 신들로 가득 차 있었다면, 세계는 종교, 즉 제의로 가득 차 있었고, 신에 물들은 문화로 가득 차 있었다.

특히, 그것은 신화(우리가 이렇게 부르는 것은 아마도 부주의한 것일 수도 있을 것이지만)로 가득 차 있는 세계였다. 호메로스(Homer)와 위대한 비극작가들을 비롯해서 수많은 원천들로부터 나온 고대의 이야기들은 서로 결합되어서, 신화 및 온갖 종류의 "종교적" 울림들이 어디에나 존재하는 세계를 만들어 내었다:

> 로마인들의 삶을 조금이라도 알고 있는 사람은 미술과 문학, 공공장소들과 개인의 집들, 무대와 그림들과 조각, 집에 있는 질그릇 단지들, 담벼락에 그려진 낙서 그림들, 저잣거리에서 통용되는 동전들, 자녀들의 이름들, 할머니들이 자녀들에게 들려주는 이야기들 등 도처에 신화가 스며들어 있다는 것을 알게 될 것이다. 상류층이든 빈민층이든 신화에 속한 어휘들은 일상생활 속에서 너무나 흔하게 사용되었기 때문에, 신화는 공적인 토론에서 가장 확실하게 통하는 것들 중의 하나였다. 신화는 모든 사람이 이해할 수 있는 간단하면서도 보편적인 암호 역할을 하였다.[39]

이것은 오늘날의 서구 문화에서는 상상하기조차 힘든 현상이라고 해도 과언이

38) Ando, 2008, 14f.

39) Champlin, 2003, 237; 그는 제4장(84-111)에서 네로가 신화와 그 울림들을 어떻게 사용하였는지를 자세하게 설명한다.

아니다. 오늘날 많은 사람들이 전제하고 살아가는 주된 "신화들"은 20세기 중반(히틀러, 유대인 대학살)과 1960년대(미국과 남아프리카에서의 인종차별, 베트남 전쟁)에 생겨난 한두 개의 도덕적인 "입장 불가" 표지판들을 곁들인 "진보"에 대한 모호한 신념으로 이루어져 있다. 심지어 성경과 셰익스피어조차도 많은 사람들에게는 문자 그대로 닫혀 있는 책들이다. 우리의 문화에서 "패스트푸드"에 해당하는 것들(실제 상황을 쇼로 구성해서 보여주는 "리얼리티 TV 쇼들"과 흥밋거리 위주의 선정적인 신문인 "타블로이드판 신문들")은 상상의 세계를 제공해 준다. 우리는 주후 1세기에 그리스-로마 세계에 살던 사람들이 아킬레스(Achilles), 오디세우스(Odysseus), 헤라클레스(Hercules), 오레스테스(Orestes), 트로이 전쟁과 그 영향에 관한 이야기들에 대한 암시들을 금방 알아차릴 수 있었다는 것을 알아야 한다. 오늘날의 서구 문화가 다양한 통속 드라마들에서 전개되고 있는 일들, 배트맨이나 제임스 본드 같은 영화 시리즈들, 유명한 영화배우들의 스캔들 같은 것들을 꿰고 있듯이, 주후 1세기에 그리스-로마 세계 속에서 살았던 사람들도 앞에서 말한 이야기들을 꿰고 있었다. 이것은 우리가 신화로 물들어 있는 그들의 문화 속으로 들어가고자 하지 않는다면, 주후 1세기에 살았던 평범한 사람들이 어떻게 생각하고 상상하며 추론하고 믿으며 기도하고 행하였는지를 이해하는 것은 불가능하다는 것을 의미한다.

패스트푸드에 대한 언급은 서로 다른 유비로 이어진다. 최근의 한 저자는 고대 로마에서 종교가 차지하고 있던 위치를 우리의 세계에서 음식(eating)이 차지하고 있는 위치에 비유한다. 즉, 우리 모두는 무엇인가를 먹지만, 그러한 사실을 의식하는 사람은 우리 중에서 일부에 불과하고, 대부분은 그러한 사실을 거의 의식하지 않는 것과 마찬가지로, 고대 로마에서 "종교는 당연한 것이자 중심적인 것으로 받아들여졌고 … 고대 종교는 문화의 다른 측면들과 단단하게 엮여 짜여져 있었다"는 것이다.[40] 로마를 필두로 해서 주요한 도시들의 한복판에는 통치자들이 중심적인 신들이라고 여긴 특정한 신들을 모신 신전들이 정성들여 건설되어 있었기 때문에, "도시라는 공간 전체는 … 도시와 신들과 황제 간의 관계를 신전이라는 기념물을 통해 시각적으로 교육하는 장을 이루고 있었다"[41] 사도 바울이 본 "우상들로

40) Rüpke, 2007, 10. 그런 후에, 그는 "종교"에 대한 자신의 이해를 제시한다: "현실을 해석하고 더 나아가 구축하는 것을 돕고, 이 현실 내에서 방향을 설정하는 것을 돕는 표상들과 상징들의 (느슨한) 체계." 그가 이 체계 또는 그 목적을 그 어떤 신이나 초월적인 존재와 연결시키지 않고 있기 때문에, 이러한 정의는 오늘날의 수많은 세속주의자들이 깜짝 놀랄 정도로 종교의 범위를 확대시킨다.

41) 율리우스 카이사르가 자신의 선조라고 주장한 베누스(Venus)의 신전과 함께 건설한 광장, 그리

가득한" 아테네는 고대 세계에 있던 성읍들과 도시들의 전형적인 모습으로서, 단지 사적인 경건의 다양한 유형들의 표현이었던 것이 아니라, 공적인 삶과 가정의 삶과 개인적인 삶의 중심적인 구현이자 표현이었다. 주후 2세기 초에 활동하였던 제2궤변학파에 속한 저술가였던 파우사니아스(Pausanias)는 고린도의 거리에서 볼 수 있는 것들로 다음과 같은 것들을 열거하였다: 세 개의 제우스 신상, 두 개의 헤르메스 신상, 포세이돈과 아폴로와 아프로디테와 아테나 각각의 신상.[42] 신상들을 작게 조각한 모형들은 흔했고(많은 사람들이 여행을 떠날 때에 이 작은 신상들을 봇짐에 싸서 가져갔다), 가정의 장식물들과 보석 장식들과 주화들에는 신상이 새겨져 있었다. 삶의 모든 측면이 사람들에게 신들을 상기시킬 수 있었고, 실제로 상기시켰다. 바울이 한 분 유일하신 하나님과 십자가에 못 박혀 죽었다가 다시 살아난 그의 아들에 관한 메시지를 들고서, 에베소와 빌립보를 비롯한 여러 곳에 이르렀을 때, 그는 주말에 개인적인 취미활동으로 서너 시간 행하는 일로서의 "종교"를 한 번 다른 것으로 바꾸어 보시라고 사람들에게 권유하고 다닌 것이 아니었고, 그 지역 사회 전체와 그들의 문화에서 심장 역할을 하고 있던 것을 바꾸는 심장이식 수술을 제안하고 다닌 것이었다. "아데미 여신(Artemis, '아르테미스')을 중심으로 살아가는 것이 에베소 사람으로 살아가는 것의 일부였기" 때문에,[43] 거기에서의 바울의 사역이 소동을 일으킨 것은 전혀 놀랍거나 이상한 일이 아니었다.[44]

이러한 문화 전체는 분명히 우리가 앞 장에서 살펴 보았던 신들에 관한 철학적 사변과 밀접하고 복잡하게 얽혀 있다. 철학자들은 신들에 대한 이해의 새로운 가능성들을 탐구하였지만, 소크라테스가 죽으면서 한 말이 증언해 주듯이, 그들 자신도 신에 물들어 있던 문화 속에 뿌리를 내리고 있었다. 마찬가지로, 도시의 제의들을 주관하는 직분을 맡은 사람들(키케로 자신도 신관 중에서도 복점관을 맡고 있었고, 그의 친구 코타[Cotta]는 더 높은 직위의 신관이었다)은 우리가 앞에서 보았듯이 "존재하는 것들"에 관한 온전한 설명을 시도하였던 "물리학"의 일부로서의 "신학"을 포함한 당시의 철학적 질문들을 숙고하는 데 시간을 들였을 것이다. 그러나 결정적인 차이가 바로 여기 이 동일한 본문들에서 드러난다. 에피쿠로스학

고 아우구스투스가 카이사르의 암살자들을 격퇴하고서 카이사르의 양자였던 그로 하여금 최고의 권력을 얻을 수 있는 길을 활짝 열어준 전쟁과 복수의 신 Mars Ulto의 신전과 함께 더욱 확장시킨 광장에 대해서는 Rives, 2007, 112를 보라(본서 제5장 제3절 2)에 나오는 Ovid, *Fast.* 5에 관한 설명; Galinsky, 1996, 211). 로마의 신성한 형성과정에 관한 좀 더 긴 이야기에 대해서는 Rüpke, 2007, 176-85를 보라.

42) Paus. *Desc. Greece*, 2.2.8—3.1.

43) Rives, 2007, 117.

44) 행 19:23-40.

파나 스토아학파에게는 신들을 아는 지식은 신들이 인간의 생각과 마음에 남긴 지각 인상들(sense-impressions, 오늘날 우리는 그것들을 유사 지각 인상들이라 부르고자 할 것이다)에 뿌리를 두고 있었던 반면에, 키케로에게 있어서는, 우리가 앞서 코타(Cotta)라는 인물을 다룰 때에 말했던 것처럼, 신들을 아는 지식은 지역 사회에서의 삶으로부터 자연스럽게 생겨나는 부산물이었다.[45]

신에 물들어 있던 지역 사회와 문화에 대한 이러한 느낌의 강도는 리비우스(Livy) 제5권의 말미에서 카밀루스(M. Furius Camillus)가 주전 391년의 갈리아인들의 침공으로 곤경에 처했을 때에 자신의 동료 로마인들에게 도성을 버리고 최근에 점령한 베이이(Veii)로 이주하지 말 것을 경고한 연설에서 잘 드러난다. 리비우스는 단지 옛 일들에 관한 흥미 때문에, 그러한 이야기들을 들려주거나, 그러한 연설들을 만들어낸 것이 아니었을 것이다(물론, 갈리아인들이 침공했을 때, 로마의 최고 여신인 유노[Juno]를 위하여 꽥꽥 대는 신성한 거위들의 경고로 인해서 도성을 건지게 된 것에 관한 그의 이야기는 여전히 소년들의 마음을 부풀게 하는 낭만적인 소재가 되고 있기는 하지만). 그는 자신의 동시대인들이 아우구스투스(Augustus)의 제국의 수도를 일리움(Ilium, 옛적의 트로이)이나 알렉산드리아로 옮기자고 제안했어도, 그런 말은 아예 꺼내지도 말라고 경고했을 것임에 틀림없다. 그는 이제까지 우리 지역의 신들은 우리의 어리석은 짓에 대해서는 우리를 벌하였고, 우리의 선한 행실에 대해서는 우리에게 상을 주어 왔다고 말한다. 우리는 그러한 신들을 버리고 떠날 수 없다. 그 신들은 여기에 있고, 우리의 사방에 있다. 세계가 신들로 가득 차 있든, 그렇지 않든, 우리의 도시는 분명히 신들로 가득 차 있다:

> 신에게 순종하느냐 불순종하느냐가 인간의 운명에 영향을 미친다는 것을 보여주는 이러한 분명한 예들을 깊이 생각한다면, 우리가 이전에 저지른 죄악 때문에 난파를 당해서 겨우 해변에 당도한 때에, 또다시 흉악무도한 죄를 저지를 준비를 하고 있다는 것을 깨닫지 못하겠는가? 우리에게는 모든 합당한 점복 의식들을 통해서 상서로운 징조 속에 세워진 도성이 있고, 이 도성의 거리들에는 신들에 대한 우리의 신심이 스며 있지 않은 돌이 하나도 없다[nullus locus in ea non religionum deorumque est plenus]. 우리가 매년 드리는 제사들은 날짜만 정해져 있는 것이 아니라, 어디에서 드려야 하는지, 그 장소도 정해져 있다. 로마 사람들이여, 여러분의 가족들을 지켜 주는 수호신들이자 이 나라의 구원자들로서 여러분의 기도를 받기에 합당한 신들을 여러분은 버리고자 하는 것인가? 그 모든 신들을 떠나고자 하는 것인가?[46]

45) Ando, 2008, 106과 거기에 언급된 몇몇 일차 및 이차 자료들을 보라.

건물들, 역법, 옛 이야기들, 정기적으로 드려진 제의들: "문화"는 이 모든 것들에 다른 몇몇 것들을 더한 것이고(특히 시가와 드라마를 포함시켜야 한다는 것은 분명하다), 이러한 문화 속에는 "신들에 대한 신심"이 스며들어 있다. 우리는 로마에 대하여 말해 왔고, 앞으로 보게 되겠지만, 로마는 어떤 점들에서는 특별한 사례였다고 할지라도, 바울 시대에 그의 세계를 지배하고 있었던 것은 바로 이 특별한 사례에 해당하는 로마였고, 이것은 바울이 자신의 메시지를 전한 사람들이 어떻게 사고하고 느꼈는지에 관한 것이다. 따라서 만약 그들 중에 다르게 사고하는 사람들이 있었다면, 그들은 동시대인들이 자신들을 기존의 유구한 문화의 초석들을 빼내어 무너뜨리고자 하는 위험 인물들로 여기지 않도록 하기 위해서, 동시대인들과 다른 자신의 대안적인 사고들을 어떻게 표현해야 할지를 놓고서 고민하지 않을 수 없었을 것이다.

로마가 서쪽의 스페인('서바나')과 북아프리카로부터 헬라와 애굽을 포괄하는 동방의 광대한 지역에 이르기까지 지중해 세계를 지배하게 된 것은 그 자체가 무척 복잡한 이야기이다 – 특히, 그 "종교적이고 문화적인" 차원들을 생각할 때. 로마인들은 모든 곳에 동일한 방법론을 적용하였지만(군단들을 보내어 저항을 분쇄하고, 그 지역의 엘리트 계층을 중간 통치자로 내세워서, 반도들을 십자가 형으로 처벌하고, 세금을 징수하며, "평화와 안전"을 선포하는 것), 그들은 실용주의자들이었기 때문에, 특히 "종교적이거나" "문화적인" 삶과 관련해서는, 대체로 각 지역별로 알맞은 해법들을 강구하고자 하였다. 우리는 다음 장에서 이른바 "황제 제의"(imperial cult)를 살펴보게 될 것이지만, 여기에서는 로마인들이 당도하기 이전의 헬라, 소아시아, 레반트 지역(the Levant:동부 지중해 연안의 여러 나라들. 특히 시리아, 레바논, 이스라엘)의 "종교적이거나 문화적인" 세계, 그리고 바울이 자신의 공생애의 대부분을 보낸 도시들의 특징이었던 다양한 것들의 복잡한 혼합에 대해서 좀 더 폭넓게 개관해 볼 필요가 있다. 로마는 통상적으로 거기에 이전에 존재해 있던 것들을 자신들의 것으로 대체하지는 않았고, 단지 무엇인가를 더하기만 했을 뿐이었다.

2. 바울 시대에 있어서 동부 지중해 세계의 종교와 문화

46) Livy, 5.52.1-3(Penguin Classics에 수록된 de Sélincourt의 번역문). 이 연설에는 동일한 기조의 말들이 상당수 들어 있다.

1) 서론

본서의 제1부에서 다루어진 다른 모든 것들의 경우와 마찬가지로, 나는 여기에서도 대단히 복잡한 고대 종교 분야를 다 남김없이 다루고자 시도할 생각은 없고,[47] 다만 바울이 고린도, 에베소, 안디옥 같은 다양한 도시들에서 만난 사람들의 세계를 이해하는 데, 즉 이러한 견지에서 주변의 가족들이나 이웃들은 차치하고라도, 기독교로 개종한 자들이 이 새로운 운동을 어떤 식으로 받아들이고 생각하고 이해하였을 것인지를 이해하는 데 중요한 특징들이라고 생각되는 것들만을 집중적으로 살펴봄으로써, 바울이 그러한 모든 것들을 배경으로 거기에 공동체들을 세우고서 "양육하면서" 그들의 공동의 삶에 형태와 초점을 부여하고자 했을 때에 무엇을 염두에 두었을지를 밝혀내고자 한다.[48] 어떤 의미에서는 이 고전적인 세계에 관한 모든 것이 우리가 방앗간으로 가져가서 빻아야 할 곡물들이기는 하지만, 우리가 여기에서 할 수 있는 것은 몇몇 두드러진 것들만을 신속하게 개관해 보는 것이 전부이다.

"문화"와 관련된 좀 더 폭넓은 질문들에 대해서도 우리는 마찬가지로 말할 수 있다. 여기에서 미술과 음악, 연극과 시가, 공공 건축물을 개관하는 것은 불가능하지만, 바울의 동시대인들의 세계관, 특히 그 세계관의 "종교적" 측면에 관한 질문은 그런 것들이 없이는 온전할 수 없다.[49] 고대 세계의 "종교"를 온전히 이해하기 위한 자료들은 글로 씌어진 본문들만이 아니라, 유형의 문화의 잔재들도 포함한다: 유적지들, 금석문들, 화병에 그려진 그림들과 벽화들, 주화들 등등. 인쇄물이나 전자매체가 없던 시절에는 그런 것들의 존재감이나 무게감은 오늘날보다 훨씬 더 컸다.

이 장에서 우리는 자연스러운 세 단계의 경로를 따라서, 우리에게 필요한 그림을 구축해 나갈 것이다: 고대 헬라의 종교, 동방의 제의들, 로마의 종교. 하지만 우리가 처음부터 알아두어야 할 것은 바울의 세계에 살던 거의 모든 사람들에게 있어서 이 모든 것들은 서로 복잡하게 섞여 짜여지고 중복되어 있었다는 것이다. 우리는 이 세 개의 그림을 각각 개별적으로 그려서 세 장의 도표를 벽에 핀으로 꽂아 놓는 방식이 아니라, 포토샵(Photoshop)이라는 소프트웨어의 도움을 받아서 한

47) Burkert, 1985 [1977], 7은 거의 500쪽에 달하는 자신의 책과 관련해서 이것과 비슷한 논점을 말한다.

48) "어머니가 되는 것"에 대해서는 갈라디아서 4:19을 보라(cp. 고전 4:14); Gaventa, 2007을 보라.

49) 최근의 연구는 Paul Zanker의 주목할 만한 저작에 힘입은 바가 크다: Zanker, 1988를 보라; 또한, Zanker, 2010.

장의 종이에 이 세 개의 그림을 서로 겹치게 그려넣음으로써, 이 세 개의 층이 서로 결합되어 있는 하나의 전체적인 모습을 한 눈에 볼 수 있게 하는 방식으로 보여주고자 한다.

2) 고대 헬라의 종교 세계

"헬라"라는 단어 자체가 모종의 정의를 필요로 한다 – 아니, "헬라"라는 단어를 사용하는 것 자체가 명확한 정의를 결여한 채로 사용하고 있다는 경고가 된다. 바울 시대에 이르러서는, 원래의 헬라로부터 동쪽으로 인더스 강까지, 그리고 남쪽으로는 애굽에 이르까지 확대된 중동 지역 전체는 알렉산더 대왕의 왕성한 정복 전쟁들로 인해서 헬라의 언어와 문화의 영향권에 들어와 있었다. (서쪽의 시칠리아와 남부 이탈리아는 알렉산더 대왕의 제국의 일부가 아니었지만, 헬라 문화는 거기까지 확장되어 있었다.) 그러나 심지어 당시 이전에도 "헬라"라는 단어는 정의가 필요하다. 역사적으로 말한다면, 헬라 문화는 훨씬 이전의 미노스(Minos) 문명과 미케네(Mycanae) 문명까지 거슬러 올라간다. 이러한 문명들의 계보가 지금은 희미해져 있기는 하지만, 우리가 지금 고전적인 헬라 문화와 종교(특히, 주전 5-4세기의 것들)라고 생각하는 것들의 몇몇 핵심적인 특징들은 그러한 문명들까지 거슬러 올라간다. 지리적으로 말한다면, 헬라인들은 그들 자신의 문화를 에게 해 양안에서 각자의 특색을 지니고 발달한 단일한 문화로 보았다. 오늘날의 헬라 본토와 에게 해의 여러 섬들은 이 좀 더 넓은 "헬라"의 중요한 부분을 형성하고 있었지만, 북쪽의 흑해로부터 남서쪽의 바다 접경 지역에 이르기까지의 소아시아 해안 지대도 민족적으로나 문화적으로나 종교적으로 헬라에 속해 있었다. 로마에 당도하여 머물러 있던 시기를 포함해서 바울의 모든 삶과 사역은 헬라 문화에 뿌리를 박고서 헬라 문화에 의해서 형성된 세계 내에서 이루어졌다.

이러한 역사적 계보와 지리적 분포가 "헬라"의 종교와 문화에 대한 이후의 모든 연구에 있어서 만들어낸 중요한 핵심은 "헬라" 종교와 문화가 필연적으로 다양할 수밖에 없게 되었다는 것이다. 아테네가 자신의 절정기인 주전 5세기에 하나의 제국을 이루게 되었을 때조차도, 그 제국에 속한 섬들과 해안 지역들은 넓게 산재되어 있었기 때문에, 그 누가 아무리 그 지역들의 문화와 종교를 표준화하려고 시도했을지라도, 그 일은 불가능했을 것이었다. 헬라는 심지어 아테네의 지배 아래에서도 (대체로) 여전히 적어도 상당히 자율적인 도시들과 섬들의 집합체였다. 단일한 도시였던 로마는 하나의 단일한 강력한 문화적이고 종교적인 노선을 따라 사고

할 수 있었던 반면에, 헬라는 결코 그렇게 할 수 없었다.[50]

하지만 "헬라 종교"의 주류는 주로 호메로스(Homer), 그리고 부차적으로는 헤시오도스(Hesiod) 덕분에 자신의 고전적인 형태를 이미 분명하게 지니고 있었다.[51] 신들이 아테네에서 북쪽으로 대략 150마일 떨어진 올림포스 산(Mount Olympus)에 산다는 것은 당연시되어 있었고, 어떤 신들이 거기에 살고 있는지는 삼척동자도 다 알고 있었다: 올림포스의 12주신(제우스, 헤라, 포세이돈, 아테나, 아폴론, 아르테미스, 아프로디테, 헤르메스, 데메테르, 디오니소스, 헤파이스토스, 아레스)과 그들을 보좌하는 하위신들, 그 외에도 나무의 영들이나 강의 요정들 같은 자연신들, 특히 무수한 '다이모네스'(daimones).[52] 많은 신들 중에서 특히 중요한 신들로는 아궁이를 주관하는 여신이었던 헤스티아(Hestia, 아궁이는 각 가정의 중심이었기 때문에, 각각의 가정 자체가 종교적 예배의 장소였다), 제우스의 최대의 적이었던 프로메테우스(Prometheus), 자신의 이름인 '판'이 "모든 것"을 의미하였기 때문에 나중에 유일신론적 사변에 휘말리게 된 염소의 신 판(Pan), 땅의 여신 가이아(Gaia), 지하세계의 신 하데스(Hades), 태양신 헬리오스(Helios), 달의 여신 셀레네(Selene)가 있었다. 헤라클레스(Heracles, 로마 신화에서는 헤르쿨레스)와 아스클레피오스(Asclepius, 로마 신화에서는 아이스쿨라피우스)는 인간인 어머니와 신인 아버지(각각 제우스와 아폴론) 사이에서 태어났다는 점에서 약간 다른 범주에 속한다. 이 둘은 제우스의 쌍둥이 아들(특히, 선원들이 섬겼던 카스토르[Castor]와 폴뤼듀케스[Polydeuces, 로마 신화에서는 폴룩스])과 더불어서 일종의 중간적인 위치에 있었던 영웅들이었지만, 고전 시대에 이르러서는 적어도 사실상 신적인 존재로 여겨졌다. 우리는 여기에서 이러한 매력적인 존재들, 그리고 그들의 성품과 행위들에 관한 수많은 다양한 일화들을 자세하게 얘기할 필요는 없을 것이다.

우리의 목적을 위해서 좀 더 중요한 것은 이 신들과 사람들 간의 관계 – 이 신들과 각 개인의 관계, 그리고 그것보다 더 중요한 것으로는 이 신들과 도시들이나 좀 더 넓은 지역 사회들의 관계 – 를 그들이 어떻게 생각하였느냐 하는 것이다. 고대의 종교에 관한 대부분의 설명들은 곡물과 짐승의 다산이라는 신과 관련된 측면

50) Wallace-Hadrill, 2008, 34를 보라: "로마가 시민의 자격을 법으로 정해 놓은 시민 국가였고, 헬라는 공통의 언어의 사용을 토대로 한 지리적으로 규정된 국가였다는 점에서 '헬라인'과 '로마인'은 영원히 평행선을 그을 수밖에 없었다."

51) Hdt. *Hist*. 2.53을 보라.

52) 각각에 대한 자세한 설명은 특히 Burkert, 1985 [1977] ch. 3과 표준적이고 고전적인 백과사전이나 사전을 보라. '다이몬'(daimon)과 '다이모니온'(daimonion)이라는 단어들은 이 시기에 동일한 의미로 사용되었던 것으로 보이고, 신약성서에서는 후자가 더 자주 사용되고 있다.

을 상당히 강조하고, 우리는 곡물의 왕들 및 그들과 비슷하게 죽었다가 다시 살아나는 신들이라는 관념을 특히 애굽과 결부시키지만(아래를 보라), 사람들은 번영(prosperity)과 보호(protection)를 위하여 모든 신들의 이름을 불렀다고 보는 것이 옳다. 이것은 언제나는 아니지만 대체로 희생제사를 지낼 때에 짐승들을 잡아 바치고, 소크라테스가 독주를 마시기 전에 행하고자 하였던 것처럼, 잔에 들어 있는 술 중의 일부를 땅에 쏟아 "전제"를 드리는 종교적인 관행이 널리 행해진 것 속에 반영되어 있었다. 각 개인이 자발적으로 어떤 신의 이름을 부르며 기원하기도 하고, 어떤 특정한 신을 위한 제의라는 것을 정확히 나타내기 위해서 제의 과정에서 그 신의 이름이나 공식적인 별칭들을 부르며 기원하기도 하는 등 – 특정한 신에게 드리는 것이 아닌 경우에는 "여러분이 부르고 싶은 그 어떤 신의 이름으로"라고 "그 어떤"(whatever)이라는 표현을 기도문 속에 삽입하였다 – 기도가 중요한 역할을 하였다.[53] 신들은 사람들이 자신의 이름을 잘못 틀리게 부르면 진노한다고 여겨졌다. 실제로 고전적인 문화 전체에 걸쳐서, 사람들은 신들이 어떤 식으로 행동할지는 예측할 수 없기 때문에 아주 조심스럽게 대하고 간구해야 한다고 생각하였다. 호메로스(Homer)가 보여주듯이, 신들에게는 그들 자신이 해야 할 일들이 있어서, 자주 사적인 싸움들을 행하는 것으로 여겨졌다. 따라서 신들에게 말할 때에는 조심해서 실수 없이 하고, 신들이 기뻐하는 제물들을 제대로 바치는 것은 더욱더 중요한 일이었다.

이러한 것들을 비롯한 "종교적인" 행위들을 할 수 있는 장소가 가정에 있는 것은 당연한 일이었기 때문에, 그들은 "아궁이"에 "집의 수호신들"의 작은 신상 같은 물건들을 안치해 놓았다. 그러나 도시 전체를 위한 종교적인 구심점은 신전, 아니 여러 신들을 섬기고 그 신들의 이름을 부르며 기도할 수 있는 신전들이었다. 나중에 신들이 늘어나면서, 많은 새로운 신전들이 이전에는 신성하지 않았던 땅에 생겨나기는 하였지만, 신전들은 흔히 이전의 성소들이 있던 부지에 지어졌다. 신전과 관련하여 중요한 것은 신전은 신상이 안치되고 숭배되었다는 문자 그대로의 의미에서 신이나 여신의 거처였다는 것이다. 이스라엘의 성경 및 유대교와 기독교 전통에서 이 단어가 지닌 대단히 부정적인 뉘앙스를 내포함이 없는 가운데 "우상"으로 불린 이러한 신상은 이따금 사람이 깎지 않은 바위 덩어리이거나, 하늘이 보내준 제의 대상으로 여겨진 운석인 경우도 있긴 하였지만, 통상적으로는 돌이나 나무를 깎아서 만든 일종의 조각상이었다.[54] 신전에서는 희생제사가 드려졌고, 거

53) 예를 들면, Plato, *Crat.* 400e; *Phdr.* 273.c; *Tim.* 28b; Aesch. *Ag.* 160.
54) Burkert, 1985 [1977], 384 n. 84에 나오는 자세한 예들.

기에서 나온 고기는 예배자들에게 분배되거나 저잣거리에서 팔렸다. 헬라의 도시들에는 신관 계급이 없었다(일부 가문들이 가업으로 이어가기는 하였지만). 신에게 제사하는 의식을 올바른 절차에 따라 행하고 제대로 된 제문을 써서 읽을 수 있기만 하다면, 여자나 노예를 비롯해서 누구든지 제사를 드릴 수 있었다. 신전지기(neokoros – '네오코로스')를 비롯한 신전의 여러 직원들이 신전의 관리를 맡았지만, 주요한 종교 행사들은 지역의 고위 관리들이 주관하였다. 대부분의 경우에는 신전의 직원들조차도 전임이 아니었다.

개별적인 희생제사들과 기도들 외에도, 고대 헬라의 도시에서 상당수의 "종교적" 활동은 주요한 축제들을 중심으로 이루어졌다: "신전이 공간을 지배하였던 것과 마찬가지로, 축제는 시간을 지배하였다."[55] 종교적인 역법이 지켜졌고, 정례적으로 행해졌던 축제들은 일상적인 것들과는 완전히 다른 축하행사들과 구경거리들을 제공해 주는 역할을 하였다. 해당 축제를 통해서 기리는 신의 신전에서 출발해서 도시 전체를 한 바퀴 돈 다음에 다시 그 신전으로 돌아가는 시가행렬은 통상적으로 볼 수 있는 광경이었다. 사람들은 특별한 의상들을 입었고, 종종 특별한 물건들(예컨대, 나뭇가지들이나 "우상" 자체)을 들고 행진하기도 하였다. 춤과 음악은 빠질 수 없는 것이었다. 음악을 위해서 가수들이 있었고, 그 지역의 시인들은 흔히 특별한 때들을 위하여 새로운 가사를 지었다. 초창기의 정수를 보여주는 핀다로스(Pindar)의 시들을 비롯한 헬라의 합창 시가들은 이와 같은 종교 의식들에 뿌리를 두고 있었는데, 나중에 이 시가들은 드라마 전통의 골격의 일부가 되었고, 이 드라마 전통은 오늘날의 세계에서처럼 완전히 다른 독자적인 영역으로 분리된 것이 아니라, 공동체의 종교적 삶 속으로 엮여 짜여졌다. 많은 종교 의식들에서 우리는 거대한 남근상을 비롯한 명백하게 성적인 표현물들 같은 다산 제의들의 반영들을 감지할 수 있지만, 고전 시대에 이르러서는 이것은 대체로 성적인 억압이 아닌 사회적 억압을 풀어내는 수단으로 바뀌어 있었다: "양성 간의 적대감은 풍속으로 표출되어 해소된다."[56] 또한, 축제들은 경진대회의 장이 되었다: 미인 선발대회, 음악 경연대회, 스포츠 시합(올림픽 경기는 단지 그러한 수많은 시합들 중의 하나

55) Burkert, 1985 [1977], 99. 축제들에 대해서는 Rives, 2007, 112-4를 보라: "이러한 의식들은 주민의 공민적이고 종교적인 정체성을 규정하고 강화하는 기능을 하였다"(114).

56) Burkert, 1985 [1977], 104f.는 여자들만이 참여하는 Thesmophoria 축제에 대해서 말하지만, 이 점은 좀 더 폭넓게 적용될 수 있다. Burkert은 "신성한 혼인"이라는 요소는 사람들로 하여금 술을 마시며 한바탕 놀아보도록 초대하는 것이라기보다는 신과의 신비한 연합을 추구하는 것(거기에서 하늘은 아버지이고, 땅은 어머니라는 것이 기본적인 모형으로서의 역할을 하였다)이었다고 주장한다(108f.).

였을 뿐이다), 주전 5세기의 위대한 비극 시인들이었던 아이스퀼로스(Aeschylus), 소포클레스(Sophocles), 에우리피데스(Euripides)가 통상적으로 참가하였던 드라마 경진대회. 그리고 무엇보다도, 축제 행사는 모든 사람들은 물론이고 신들도 참여한다고 여겨졌던 대연회로 끝이 난 것은 물론이다.[57)]

방금 우리가 설명한 이 모든 것들은 해당 지역의 '폴리스' (polis, 도시)의 건강 및 안녕과 관련된 것으로 분명하게 인식되었다. 오늘날에도 도시의 스카이라인을 지배하고 있는 웅장한 파르테논 신전에서 아테나 여신을 섬겼던 아테네의 경우만이 아니라, 군소 도시들에서 이루어진 이 모든 의식들의 밑바탕에는 자신들의 신으로 하여금 자신들의 도시의 이런저런 일들을 잘 돌보아 주게 만들려면, 그 신의 이름을 부르며 노여움을 달래고 자신들에게 특별히 필요한 것들이 무엇인지를 알리며, 무엇보다도 한 해의 정해진 때에 거행되는 축제에서 그 신을 기려야 한다는 전제가 깔려 있었다.

신들은 사람들의 이러한 행위에 대하여 어떻게 반응하였는가?

신들은 이런저런 길흉의 징조들로 사람들에게 반응하였는데, 대체로 이러한 징조들을 해석하는 데에는 전문적인 기술이 필요하였다. 신전과 희생제사와 축제와의 밀접한 연관성 속에서, 희생제물이 된 짐승의 행동(쉽게 죽었는지 등등)은 신이 사람들의 제사를 기쁘게 받았는지를 가늠하는 데 많은 것들을 보여주었다. 사람들은 짐승을 죽인 후에 내장의 상태를 살펴보았는데, 이때에 간의 상태가 특히 중요하였다. 이렇게 희생제물의 내장의 상태를 보고서 길흉을 점치는 관습은 고대 세계 전체에 널리 퍼져 있었다. 군대의 우두머리들은 전문적인 점술가들을 함께 전쟁터로 데리고 가서, 희생제사를 드리고 내장을 살펴서, 언제가 싸움하기에 적합한 때인지를 알아내게 하였고, 사람들은 그러한 점술가(mantis – '만티스')에게 언제가 특정한 일을 위해 여행하기에 좋은 길일인지, 또는 어떤 사람이 자기가 혼인할 좋은 배필인지, 또는 혼인식을 올릴 좋은 길일이 언제인지를 물었다.

그러나 희생제물인 짐승의 내장을 살피는 일은 단지 시작에 불과한 것이었다. 신들은 천둥과 번개로부터 새들, 특히 육식조들이 날아가는 모양에 이르기까지 온갖 종류의 자연 현상들을 통해서 좋은 소식이나 나쁜 소식을 사람들에게 전할 수 있었다. 일식이나 월식은 특히 중요한 의미를 띠었다. 꿈을 통해서도 신의 은총이나 인도함을 알 수 있었고, 사람들은 흔히(언제나는 아니지만) 실제로 꿈을 통해 신의 인도함을 받았으며, 꿈은 때때로 장래에 일어날 일들을 계시해 줄 수도 있었

57) 예를 들면, Livy, 22.10.9-10을 보라.

다.[58] 세계가 신들로 가득 차 있었다면, 신들이 자신들의 존재를 보여주거나, 평범한 삶의 표면 아래에 있는 무수한 감춰진 의미들을 보여주는 신호들을 보내리라는 것은 충분히 예견되는 일이었다.[59]

신의 계시를 보여주는 가장 극적인 수단은 신탁이었고, 그 중에서도 델피 신전에서의 신탁은 가장 유명하였다. 세계의 중심으로 여겨진 곳에서 영화롭고 영감어린 자연 환경 속에 자리 잡고 있던[60] 아폴론 신전은 세계에 존재하는 어둠의 세력에 대한 아폴론 신의 승리를 생생하게 보여주는 곳으로 여겨져서, 개인들이나 도시들에게 어떻게 해야 그들이 승리를 얻을 수 있을지를 조언해 주는 장소로 생각되었다. 신의 뜻을 알고자 하는 자는 먼저 희생제사를 드렸고, 거기에서 징조가 길한 경우에는, "신관들"과 여러 "예언자들"을 통해서 신의 대변자로 살기 위해 구별되고 사람들로부터 존경 받았던 신녀인 피티아(Pythia)에게 신의 뜻을 묻는 질문을 할 수 있었다. 신녀는 동굴 속에 있는 신성한 불에서 나온 연기를 들이마시고서, 신탁을 전하였고, 그 신탁은 예언자들에 의해서 신의 뜻을 물었던 그 예배자에게 전달되었다. 델피의 신탁들은 그 뜻이 애매모호해서 오직 점진적으로만 그 의미가 드러나는 것들이었기 때문에, 애매모호함을 상징하는 속담이 될 정도였다. 루디아(Lydia)의 마지막 왕이었던 크로이소스(Croesus, 주전 560-546년경)는 전쟁을 고려하고 있었을 때, 그가 페르시아 제국을 공격한다면 한 강력한 제국을 멸망시키게 될 것이라는 델피의 신탁을 받았다. 크로이소스는 뛸 듯이 기뻐하였지만, 나중에 뒤돌아보았을 때에야, 이 신탁에서 말한 그 문제의 강력한 제국이 바로 크로이소스 자신의 제국이었음이 분명해졌다.[61] 소크라테스의 친구였던 카이레폰(Chaerephon)이 한번은 소크라테스보다 더 지혜로운 사람이 있는지를 물었더니, 델피의 신탁은 아무도 없다는 대답을 해왔다. 소크라테스는 자신이 사형 선고를 받은 그 재판에서, 자기가 오랜 시간에 걸쳐서 온갖 부류의 사람들을 찾아다니며 질문들을 해서, 이 신탁이 과연 옳은지를 시험해 본 결과, 결국 이 신탁이 진실을 말하고 있다는 결론을 내렸는데, 그 이유는 자기가 아무것도 모른다는 것을 기꺼

58) *OCD*, 487은 Xenophon의 『진군기』(Anabasis)를 많은 유형의 점술에 관한 고전적인 서술로 인용하고, Cic. *De Div.*를 이 문제 전체에 대한 고전적인 철학적 논의로 인용한다.

59) 내가 이 장을 편집하고 있던 주말에 여왕 폐하께서는 즉위 60주년 기념식을 거행하고 계셨다; 그 기념식이 끝난 날 밤에 금성(Venus)이 달의 표면을 가로질러 가는, 일생에 한 번 볼 수 있는 일이 일어났다. 날씨가 좋지 않았기 때문에, 영국인들 중에서 이 천문학적인 사건을 볼 수 있었던 사람은 거의 없었지만, 고대 헬라인들이나 로마인들 중에는 이 사건을 하찮은 것으로 여겼을 사람은 거의 없었을 것이다.

60) 전설에 의하면, 제우스는 땅의 먼 변방들로부터 두 마리의 독수리를 놓아 주었는데, 그 독수리들은 델피 신전에서 서로 만났다고 한다: Pind. *Fr.* 54.

61) Hdt. *Hist.* 1.53.

이 인정할 수 있었던 유일한 사람이었기 때문이라고 법정에서 진술하였다.[62] (하지만 임종 때에 소크라테스는 자신에게 신탁을 준 아폴론의 이름이 아니라 여전히 아스클레피오스의 이름을 걸고 약속을 하였다.) 델피의 신탁은 로마 시대에서도 여전히 계속해서 성업 중이었다.[63]

신탁 현상은 헬라 종교의 세계가 지닌 특별히 흥미로운 두 가지 추가적이자 마지막인 특징들을 보여준다. 첫 번째는 신녀인 피티아의 무아지경 같은 상태는 개인이나 집단의 탈혼상태나 광란 발작 같은 훨씬 더 널리 퍼져 있던 현상의 한 예라는 것이다.[64] 플라톤은 "신적인 광기"를 네 가지 유형으로 구별한다: 신으로부터 예언을 받게 해주는 아폴론과 관련된 광기, 술을 통해서 예배자를 다른 의식 상태로 들어가게 만들어 주는 디오니소스와 관련된 "신비적 광기," 뮤즈(Muses) 신에 의해 감동되었을 때에 생겨나는 시적인 "광기," 아프로디테 또는 에로스에 사로잡혔을 때에 나타나는 사랑의 광기.[65] 이것은 우리가 "신비제의들"(mysteries)로 알고 있는 것을 보여주는데, 고대 헬라에서 가장 유명했던 것은 엘류시스(Eleusis, 아테네에서 북서쪽으로 10마일쯤 떨어진 성읍)에서 행해졌던 신비제의였다(이것에 대해서는 이 장의 다음 절을 보라).

두 번째의 흥미로운 현상은 신탁들을 모아서 책으로 펴낸 고대의 관습이다. 그렇게 해서 생겨난 많은 책들은 "시빌"(Sibyl)로 총칭된 여신관들에게 돌려졌다. 오늘날 통상적으로 기독교 또는 유대교의 위경으로 인용되고 있는 "시빌의 신탁들"을 모아 놓은 책인 시빌 신탁서는 훨씬 더 널리 퍼져 있던 현상 중에서 비교적 후대의 한 예이다.[66] 오래된 전설에 의하면, 동일한 표제가 붙여진 이전의 책들은 주전 5세기에 타르퀴니우스 프리스쿠스(Tarquinius Priscus) 치세 때에 로마로 옮겨졌다고 한다. 그 책들은 예언적인 신탁들 및 종교의식과 관련된 지시사항들로 이루어져 있었고, 통상적으로 복잡하고 어려운 점치는 과정의 또 하나의 특징을 보여주는 것으로 여겨져서 참조되고 해석되었다.[67] 고대 이교의 세계에서 그러한 책들

62) Plato, *Apol.* 20 e-22 e.

63) 네로가 일시적으로 델피 신전을 폐쇄하였다는 이야기는, 그것이 사실이든 아니든, 헤라클레스에 의한 비슷한 행위를 의도적으로 연상시키고자 한 일이었을 것이다: Champlin, 2003, 138이 Apollodorus, 2.6.2를 인용하고 있는 것을 보라.

64) Burkert, 1985 [1977], 109-11. 탈혼상태 가운데서 말하는 현상에 대해서는 Burkert, 391 n. 8과 거기에 언급된 전거들을 참조하라.

65) Plato, *Phdr.* 265b; cf. 244a-245a.

66) 지금은 Charlesworth, 1983, 1.317-472(ed. J. J. Collins)에서 쉽게 참조할 수 있다.

67) Hor. *Ep.* 2.1.26은 그러한 책들을 비웃는다. 그는 그 책들은 '안노사 볼루미나 바툼' (annosa

은 이스라엘의 성경이 유대교와 기독교에서 행하였던 것과 비슷한 역할을 한 적이 없었다. 실제로, 고대 세계 내에 후자의 의미로서의 "거룩한 경전"의 부재는 고대 세계의 공동의 삶이 사도 바울이 권하였던 메시지 및 세계관과 다른 많은 흥미진진한 차이들 중의 하나이다.

3) 동방에서 온 신비제의들

고대 헬라에는 종교적인 문화가 지닌 외면적이고 공적인 성격을 내면적인 것으로 바꾸고, 그러한 공적인 종교의 집단적인 성격을 사적인 특성으로 바꾼 "신비제의들"이 있었다.[68] 남쪽의 크레타(Crete)로부터 북동 에게 해의 사모트라케(Samothrace)에 이르기까지, 그리고 그 밖의 많은 지역들에서, 참여자들로 하여금 고통과 황홀경을 경험하게 해주고, 그 과정에서 지옥과 천당을 왔다 갔다 하면서 – 오늘날의 관용적인 표현을 사용하자면 – 의식의 변화를 겪게 만들어 주는 신비제의들의 존재를 보여주는 오래된 증거들이 발견되고 있다. 어떤 경우들에는 이것은 그런 식으로 새롭게 입교한 자들이 이제는 사후에 지극히 복된 삶을 보장받게 되었음을 의미하는 것이기도 했지만, 신비제의들의 목적이 언제나 그런 것이었던 것은 결코 아니었다. 현재의 삶 속에서 직면한 위험으로부터 보호받는 것도 마찬가지로 중요하였고, 어떤 경우들에 신비제의들에서의 이러한 체험은 사람들이 자신의 내면에서 새로운 영적인 지각을 얻었다는 것을 보여주는 것이기도 하였다.

아테네에서 얼마 떨어지지 않은 곳인 엘류시스(Eleusis)에서 행해진 신비제의들은 "내세에서의 더 나은 운명을 보장해 주는 보증"으로서의 역할을 하는 그런 종류의 신비제의들이었다.[69] 그 곳의 성소는 사람들에게 엄청난 인기가 있었다. 아테네 사람들이라면 모두는 아니지만 대부분이 거기에 입교해 있었고, 이 제의는 여자와 노예, 외국인을 비롯해서 모든 사람에게 개방되어 있었다. 하지만 누구나 신비 체험을 할 수 있었던 것은 물론 아니었다. 아리스토파네스(Aristophanes)는

volumina vatum)이라고 말하는데, Loeb(Fairclough)에서는 이것을 "선견자들의 케케묵은 두루마리들"이라고 번역한다. 하지만 Horace는 *Carm. Saec.* 5에서 시빌의 책들을 인용한다는 것을 주목하라; 그는 거기에서 아우구스투스가 그 책들을 읽는 장면을 묘사하고 있었기 때문에, 그렇게 할 수밖에 없었다.

68) Burkert, 1987; 1985 [1977], ch. 6; Meyer, 1987; 그리고 Gasparro, 2011에 의한 최근의 연구를 보라.

69) Burkert, 1985 [1977], 289.

신비제의의 그런 의식들을 웃음거리로 삼았고, 그의 청중들 중에서 적어도 일부는 그러한 희화화에 공감하였을 것이다.[70] 그러나 웃음거리로 만드는 것은 오직 거기까지만 허용되었다. 소크라테스의 친구였던 알키비아데스(Alcibiades)를 곤경에 처하게 하고, 적어도 간접적으로는 소크라테스가 재판을 받고 사형 선고를 받게 만든 것도 취중에 엘류시스의 신비제의들을 희화화한 것이 화근이 되었다.[71] 신비제의들은 로마 시대에 이르러서도 계속해서 인기를 끌었고, 키케로도 자기가 신비제의에 입교한 자라는 것을 인정하였다.[72]

키케로가 만약 자기가 디오니소스의 축제들에 참여하였다고 한다면, 그는 그러한 사실을 그렇게 쉽게 인정하지는 않았을 것이다. 무엇보다도 포도주와 술 취함의 신이었던 디오니소스는 헬라 제의(그리고 나중에는 로마 제의에서도)에서 '바쿠스'로 알려져 있었기 때문에, 거기에 입교한 자들은 "바쿠스의 사람들"(the Bacchoi)이 되었다. 디오니소스의 축제에서 사람들은 난장판의 술잔치를 벌여서 광란을 벌임으로써 신과 하나가 되는 의식 상태로 변화되는 경험을 하였다. 이 축제는 헬라 전역에서 인기가 높았고, 아테네 한 곳에서만 이 축제가 한 해에 일곱 번이나 열렸다. 『옥스퍼드 고전 사전』(*Oxford Classical Dictionary*)에 실린 앨버트 헨릭스(Albert Henrichs)의 글을 인용해 보자:

> 디오니소스 축제들은 흔히 전체적으로 떠들썩하고 외설적임과 아울러, 사회적인 역할을 서로 바꾸어서 행하고, 소년들과 어른들이 옷을 서로 바꾸어 입으며, 길거리에서 술에 취해서 고함을 지르며 야단법석을 떠는 것이 제의적으로 허용되는 것이 특징이었다. 이오니아 전역에서와 마찬가지로 아테네에서도 모든 사람들이 볼 수 있는 장소들에 거대한 남근상들이 세워졌고, 남근을 주제로 한 행렬들이 온 거리를 누비고 다녔다 … 이 신의 어두운 면은 제의들에서도 드러나고, 살인과 피흘림, 광기와 폭력, 도망과 박해, 성적대감으로 얼룩진 이 신의 발생론적인 신화들에서도 그대로 드러난다.[73]

디오니소스 축제와 관련된 그러한 광경들에 대하여 세련되고 고상한 키케로가 어떤 반응을 보였을 지가 충분히 상상이 되고, 사도 바울의 반응이 어땠을 지도 상상이 된다.

70) *Frogs*, 353-71.
71) Thuc. *Hist*. 6.27f.를 보라. Plut. *Alc*. 34.3-6과 비교해 보라. Socrates와 신비제의들의 관계에 대해서는 *Phaedo*, 69b-c를 보라.
72) *De Leg*. 2.13.36.
73) *OCD*, 481.

그러나 고대 헬라에는 다른 종류의 "신비제의들"도 있었다. 자신의 죽은 아내 에우리디케(Euridice)를 하데스에서 다시 데려오고자 했던 신화적인 가인 오르페우스(Orpheus)는 특히 영혼의 환생에 관한 가르침을 준 인물로 숭배되었고, 그의 신도들은 예언의 책들을 열광적으로 연구하는 자들이었다. 이것은 고대 세계에서 특이한 것이었다. 왜냐하면, 당시에 제의를 통해서 전통적으로 전해 내려온 주문을 통해서만 접근할 수 있었던 종교적인 체험이 그들에게는 글을 읽을 수 있는 사람이라면 누구든지 가능하였기 때문이었다. 또한, 이것과 비슷한 신비제의로는 피타고라스(Pythagoras)가 가르친 것이 있었는데, 그는 (신화적인 인물이었던 오르페우스와는 대조적으로) 주전 6세기에 실존하였던 인물로서, 원래 헬라의 사모스 섬에서 태어났지만, 자신의 생애의 대부분을 남부 이탈리아에서 보냈다. 그는 금욕적인 삶 및 현재에서의 영혼의 변화와 미래에서의 영혼의 환생에 대하여 가르친 수학자이자 과학자였다 오르페우스와 피타고라스의 신비제의 체계에 관한 정확한 세부적인 내용은 알기 힘들지만, 이 두 사람이 대표하는 현상은 초기 기독교를 연구하는 사람들에게는 대단히 흥미롭다. 버커트(Burkert)는 이 두 사람을 중심으로 한 현상은 "기존의 '폴리스' 에 대항한 항의적인 성격의 운동으로" 볼 수 있다고 주장한다:

> 가족, 도시, 부족 같은 기존의 공동체들 대신에 이제 각 개인이 스스로 선택한 결사체, 즉 공통의 의사결정과 공통의 사고 성향에 토대를 둔 공동체가 존재하게 되었다.[74)]

이러한 운동들과 독자적인 규율을 통해 살아가면서 사해의 두루마리들을 생산해냈던 공동체 간에는 몇몇 병행되는 유사점들이 존재한다. 물론, 이 유사점들은 실제적인 연결고리들이었던 것은 아니었을 것이고, 말 그대로 병행들이었다. 병행되는 환경들은 반드시 차용이 일어나지 않더라도 비슷한 결과들을 낳는다. 우리는 현재에서의 변화된 삶과 미래에서 변화될 소망을 가르치는 새로운 형태의 결사체를 생성해낸 바울의 메시지에 대해서도 비슷한 말을 할 수 있다. 하지만 그러한 유사성들을 과소평가해서는 안 되지만, 차이들도 여전히 두드러진다.

이제까지 우리는 헬라에서 어느 정도 자생적으로 생겨난 것으로 보이는 "신비제의들"을 살펴보았다(앞서 말한 대로, 헬라의 지리적인 경계가 유동적이었다는 점을 감안하더라도). 그러나 알렉산더 대왕이 정복전쟁들을 통해서 근동을 개척함

74) Burkert, 1985 [1977], 303.

으로써, 당시에 알려진 세계 전체가 이제 일종의 확장된 '폴리스' (여기에서 "전 세계를 하나의 폴리스로 하는"을 의미하는 cosmopolitan이라는 단어가 생겨났다)로 인식되는 결과를 낳자, 로마의 지배 또는 영향력 아래에 있던 지역 전체에 걸쳐서, 고대 헬라의 신비제의들은 훨씬 더 폭넓은 개인의 종교적 선택지들과 결합되었다. 바울의 세계에서 살던 사람들은 삶을 근본적으로 변화시킬 수 있는 방법들에 대하여 생각하였을 때, 소아시아의 중서부에 위치한 브루기아(phrygia, '프뤼기아')에 고유한 제의였던 대모신(Magna Mater)과 그녀의 배우자 아티스(Attis)를 숭배하는 제의, 또는 애굽에서 건너온 이시스(Isis)와 오시리스(Osiris)를 숭배하는 제의를 떠올렸을 것이다.[75] 이런저런 신을 숭배하던 자들은 여기저기에서 그들 자신만의 종교적 소우주를 건설하고 살아갔기 때문에, 그 밖의 다른 수많은 제의들이 이 지역의 다른 곳들에서도 번성하였다.[76] 고대 지중해 세계에서 볼 수 있는 그러한 많은 현상들과 관련해서, 서로 다른 이름의 제의들이 단지 동일한 제의에 대한 서로 다른 지역적 변종들인 것이냐, 아니면 처음부터 독자적인 제의들인 것이냐 하는 질문이 흔히 제기되지만, 이 문제는 여전히 풀리지 않고 있다. 하지만 우리의 목적을 위해서는 이 문제는 중요하지 않고, 우리에게 중요한 것은 아티스나 오시리스는 자신의 죽음을 통해서 한 해를 끝내고 이듬해 봄에 다시 태어나기를 기다리는 것을 상징하는 남신이라는 것이다. 이 두 신은 사실상 다산의 신이었다. 이 두 신의 재탄생은 종종 적어도 부분적으로는 이시스와 동일시되었던 대모신의 권능과 섭리에 의해서 보장되었다. 이러한 신들에 대한 제의들은 입교자들로 하여금 다양한 의식들, 드라마들, 거기에 수반된 서사들, 신이나 여신의 표상들 또는 사람들이 기대하였던 모종의 다산의 상징이었을 비밀한 그림들과 물건들의 공개를 통해서 그러한 죽음과 재탄생을 경험할 수 있게 해주었다.[77]

특히, 이 제의 속에는 입교하거나 성별되고자 하는 사람을 몇 개의 구멍이 뚫려 있는 나무로 된 마루 아래에 파여진 구덩이에 두고서, 그 마루 위에서 황소를 희생제물로 잡음으로써, 아래 있는 사람이 황소의 피를 뒤집어쓰게 만드는 저 유명한 '타우로볼리움' (taurobolium)이라는 의식도 포함되어 있었다.[78] 또한, 다른 종교

75) 이시스와 오시리스에 관한 가장 좋은 자료들 중의 하나는 Apuleius, *Met.* Book 11이다.

76) cf. Rives, 2007, 122-8.

77) Hippolytus(*Ref. Omn. Haer.* 5.8.39)는 농작물의 생육을 위한 의식의 일부로서 입교자들에게 하나의 씨앗의 머리를 잠깐 보여주는 순서가 있었다고 말한다.

78) cf. Prudentius, *Peristephanon*, x.1011-50(cf. Barrett, 1987 [1956], 126f.; Meyer, 1987, 128-30). 특히, Beard, North and Price, 1.280, 338을 보라.

적인 표현물들의 경우와 마찬가지로, 이 제의 속에도 참여자들이 신과 더불어 함께 먹고 마신다고 믿은 모종의 음식이나 음료를 공유하는 의식이 포함되어 있었다. 아리스토텔레스가 지적하였듯이, 이 모든 의식들의 목적은 어떤 것들을 배우는 것이 아니라, 어떤 것들을 경험해서 새로운 의식 상태로 변화되는 것이었다.[79)]

이렇게 바울의 세계는 이미 "종교적인" 선택지들이 포화상태에 있었던 그런 세계였다. 당시에 로마의 문화와 종교는 동쪽으로 퍼져 있었고, 동방의 제의들을 비롯한 헬라의 종교는 서쪽으로 퍼져 있었다. 바울이 주후 1세기의 50년 대 말에 로마에 당도했을 때에는, 이미 대모신과 아티스를 기리는 정기적인 축제가 매년 3월에 열리고 있었다. 브루기아의 여신이었던 대모신은 주전 204년에 일찌감치 로마의 만신전에 안치되어 있었고, 주후 41년부터 54년까지 황제로 재위하고 있던 클라우디우스(Claudius)는 대모신 제의에 더 정성을 쏟으라는 영을 내리기도 하였다. 이것은 애굽인 이주자들이 주전 1세기에 이시스 제의를 로마에 들여오고자 했을 때에 상당한 냉대를 받았던 것과 비교하면 한층 더 주목할 만한 일이다.[80)]

당시에 특히 로마 군대 내에서의 인기로 인해서 또 하나의 새로운 신비제의가 이미 급속하게 퍼져 있었는데, 이 미트라스(Mithras) 신비제의는 동방의 페르시아나 인도에서 시작되었던 것으로 보인다.[81)] 플루타르코스(Plutarch)는 이 제의가 주전 1세기 동안에 남동부 소아시아에서 활동하던 해적들 사이에서 행해졌다는 증거가 있고,[82)] 미트라스 제의의 최초의 입교자들은 우리가 이미 다른 것과 관련해서 언급하였던 도시였던 – 어디인지 한 번 맞춰 보라 – 다소(Tarsus, '타르소스') 출

79) Synesius, *Dio*, 10에 나오는 Arist. *Frag*. Beard, North and Price(1.384)는 주후 4세기에 '타우로볼리움'(taurobolium)이 입교자가 "영원히 다시 태어나는" 결과를 가져다주는 "신과의 인격적인 관계에 대한 새로운 강화"를 함축하는 것으로 새롭게 해석된 것과 같이, 그러한 의식들에 대한 새로운 해석들이 가능하였다는 것을 지적한다. 당시까지 이교의 제의가 기독교의 용어들을 얼마나 많이 차용해 왔었는지를 말하는 것은 불가능하다.

80) 로마에서의 대모신(Magna Mater) 숭배에 대해서는 Beard, North and Price, 1998, 1.98-98을 보라. 이시스에 대해서는 Koester, 1982a [1980], 364; Beard, North and Price, 1998, 160f.: 원로원에 있던 이시스의 신전들과 제단들은 주전 50년대와 40년대에 여러 번에 걸쳐서 파괴되었는데, 이것은 거의 틀림없이 바쿠스 제의와 마찬가지로, 이시스 제의도 "전통적인 정치 지배세력의 통제에서 벗어난 잠재적인 위험을 지닌 대안적인 사회"를 이루고 있었기 때문이었다. 요시야 왕이 우상의 제단들을 헐어서 그 파편들을 기드론 시내에 던졌던 것과 마찬가지로(왕하 23:12), 주후 19년에 Tiberius 황제는 또다시 이시스 신전과 신상을 파괴하고, 그 조각들을 테베레 강에 던져 버렸다. 이시스 제의는 결국 Claudius 황제 치하에서 공인되었지만, 그 신전은 공식적인(그리고 종교적으로 중요하였던) 로마의 경계인 '포메리움'(pomerium) 바깥인 Campus Martius에 지어졌다(아래를 보라).

81) Mithras에 대해서는 cf. Turcan, 1996, ch. 4; 특히, Gordon, 2011.

82) Plut. *Pomp*. 24.

신이었다는 증거도 있다고 말한다.[83] 어린 사울이 얼마나 흥미로운 도시에서 자라나고 있었는지를 보라. 주후 2세기에 이르러서는 이 제의는 로마 전역을 휩쓸고 있었다.

미트라스 제의는 남성적인 성격이 짙은 제의였다. 오직 남자들만이 가입할 수 있었고, 미트라스 자신도 빛과 진리와 정의를 위해 싸우는 태양신, 황소를 죽이는 자, 하늘의 군사로 묘사되었다. 우리가 군대에 뿌리를 둔 제의에서 충분히 예상할 수 있듯이, 이 제의의 입교자들은 여러 계급으로 서열화되어 있었고, 혹독한 시험과 입교 의식을 통해서 진급할 수 있었다. 입교자들은 그들이 "소우주"로 여긴 "동굴들"이라고 불렀던 방들에서 집단으로 모여서 의식을 치렀는데, 그 동굴들은 황도대를 그린 그림이 뒤덮여 있고, 미트라스가 황소를 죽이고 그 피로 세계(또는, 적어도 그 숭배자들)를 구원하는 정교한 그림이 항상 등장하였다.[84] 그들은 계급에 따라 다른 의상을 입고서 장의자들에 서로를 마주보고 일렬로 앉아서 공동식사를 하였다. 이 공동식사의 목적은 단지 내면의 영적인 힘을 강화시켜서 사후에 더 나은 삶을 살게 될 가능성을 높이는 데 있었던 것은 아니었던 것으로 보인다. 영지주의자들은 세계를 초탈하고 벗어나는 것을 목적으로 하는 제의를 수행하였고, 에피쿠로스 철학자들은 영지주의자들과는 판이하게 다른 통로를 통해서 세계를 초탈하는 동일한 결과에 도달하고자 했던 것과는 달리, 미트라스의 숭배자들이 행한 제의는 로마의 적들과 용감하고 결연히 싸워서 제국을 지키고자 하는 결의를 더욱 다지는 데 그 목적이 있었다:

> 미트라스 제의의 숭배자들이 스토아 철학자들과 마찬가지로, 온 세계와 사회를 긍정적으로 바라보고, 특히 제국의 심장부이자 세계적인 도시였던 로마 사회를 긍정적으로 바라보고서, 각자 자신의 위치에서 황제에게 충성하고 제국을 섬긴 것은 "군인들"의 제의 및 충성 맹세(sacramentum, '사크라멘툼')와 근본적으로 일치하는 것이었다. 많은 점에서 미트라스 제의는 로마인들의 몇몇 변함없는 가치들에 신성함을 부여해 주었다.[85]

미트라스 제의는 로마 세계 전역에 걸쳐 계속해서 번성하다가, 기독교가 출현하여 마침내 합법화되는 과정에서 무너지거나 지하로 숨어 들었었다. 학자들이 종종 주장하곤 하는 것과는 달리, 이 제의는 세계의 주요한 종교가 될 가능성은 없었지

83) Turcan, 1996, 202. 또한, 다소에서 나온 한 금석문은 "데메테르의 종들"의 동굴의 존재를 입증해 준다(*IGR* 3.883을 인용하고 있는 Rives, 2007, 124).

84) Porphyry, *De Antr. Nymph.* 6. 그 구원 효과에 대해서는 Turcan, 1996, 226 등을 보라.

85) Turcan, 1996, 240.

만, 다소의 사울이 살았던 세계, 사도 바울이 완전히 다른 수단을 통해서 완전히 다른 적을 이겼던 이에 관한 소식을 들고 두루 다녔던 세계에서 생생하게 현존해 있었다는 것은 의심의 여지가 없다.

4) 주후 1세기 로마 세계의 종교와 문화

바울은 자신의 공생애 말년에야 비로소 로마에 당도하였기 때문에, 우리는 로마라는 도성 자체와 밀접하게 결부되어 있었던 로마 종교의 구체적인 내용들은 그의 이전의 선교여행과는 별 상관이 없었을 것이라고 생각하기 쉽지만, 그렇게 생각하는 것은 오산이다. 이것은 로마가 다른 도시들의 신들, 특히 자신들에게 본래 속해 있었던 도시들을 떠나도록 "설득당해서" 로마로 하여금 그 도시들을 점령할 수 있게 해준 신들을 기꺼이 자신의 "가족"으로 받아들였기 때문만은 아니었다.[86] 이러한 구심력적인 운동은 식민지들과 군대들이라는 두 가지 원심력적인 운동과 짝을 이루고 있었다. 이 두 가지 운동은 로마의 문화와 종교가 바울의 삶과 사역 전체에 영향을 미치게 하였다. 로마가 수많은 식민지들, 특히 북부 헬라에 식민지들을 건설했던 것은 퇴역 군인들이 보상에 연연하여 다른 사람들의 삶과 재산 같은 것은 아랑곳하지 않고 이탈리아로 돌아가고자 한 것을 반기지 않았기 때문이었다. 주전 40년대와 30년대에 내전들이 벌어진 후에 북부 헬라에는 수많은 퇴역 군인들이 생겨났고, 그들로 하여금 자신의 칼을 벼려서 쟁기로 만들게 할 수 있는 방법들 중의 하나는 그들에게 땅을 하사하는 것이었다. 바울 시대에 이르러서는 빌립보와 고린도에는 식민지들이 우후죽순처럼 생겨났고(물론, 고린도는 전쟁 후가 아니라 전쟁 전에 이미 세워져 있던 도시였긴 하지만), 에게 해 양안에도 일련의 식민지들이 생겨났다. 좀 더 내륙으로 들어가서, 남부 소아시아 지역, 예를 들면 바울의 첫 번째 선교여행에서 등장하는 도시들에 속한 안디옥과 루스드라에도 식민지들이 건설되어 있었다.[87] 식민지는 기본적으로 "작은 로마"였기 때문에, 로마인들이 자신들이 할 수 있는 한 로마의 종교와 문화를 거기에 재현해 놓은 것은 당연한 일이었다.[88]

86) 다른 도시들의 신들을 "불러내어" 로마로 초대하는 '에보카티오'(evocatio)의 관행의 발전에 대해서는 Beard, North and Price, 1998, 132-4를 참조하라; 또한, cf. Ando, 2008, 128-48.

87) 행 13-14장.

88) 예를 들면, 남부 스페인에 있는 Julius Caesar의 식민지였던 Urso를 인용하고 있는 Beard, North and Price, 1998, 1.157을 보라.

군대를 통한 로마의 종교와 문화의 확산은 훨씬 비공식적으로 이루어진 것이기는 하였지만, 효과면에서는 대단한 것이었다. 특정 지역에 군대와 거기에 속한 군관들과 군인들이 여러 해 동안 주둔하게 되었을 때, 자연스럽게 그들의 생활 방식은 주변 세계에 영향을 미쳤다. 예를 들면, 로마에서 아주 멀리 떨어진 동방의 제국에 속한 변방들에 주둔해 있던 로마 군대가 거기에서도 자신들의 공식적인 종교력을 따라 살아갔었음을 보여주는 증거들이 있다.[89] 따라서 로마 종교는 지역마다 다양하게 발전하였던 헬라 문화와는 달리 원래는 널리 퍼져 있지 않았지만, 바울 당시에는 우리가 이미 살펴보았던 동부 지중해 세계 전역에 걸쳐서 이미 광범위하게 퍼져 있었다. 다시 한 번 말해 두지만, 우리는 당시에는 "종교"와 그 밖의 다른 모든 것들이 밀접하고 긴밀하게 엮여 짜여서 사회 전체의 질서를 구성하고 있었다는 사실을 결코 잊어서는 안 된다. 칼 갤링크시(Karl Galinksy)의 표현에 따르면, "종교는 사회적인 시책을 수행하는 다른 방식이었다."[90]

어쨌든, 로마 종교의 기원은 헬라적인 뿌리들과 긴밀하게 결합되어 있었다. 우리의 일차적인 자료들 중 일부는 각각 서로 약간씩 다른 의도로 씌어져서 서로 일치하지 않기 때문에, 이 이야기는 복잡하다. 로마와 그 문화가 철저히 헬라적이었다고 열렬하게 주장하였던 발레리우스 막시무스(Valerius Maximus)는 자신이 보아 온 로마의 종교를 설명하면서, 로마의 종교는 헬라의 종교와 동일한 것이라고 선언한다. 하지만 로마와 그 민족의 족보를 아이네이아스(Aeneas) 및 옛적의 트로이(Troy)와 연결시켜서 제시하고자 하였던 베르길리우스(Virgil)는 로마의 종교적인 관행들은 트로이를 멸망시킨 고대의 헬라인들이 아니라 트로이의 관행과 비슷하다고 주장하였다.[91] 이 두 사람의 주장은 그 어느 쪽도 온전히 정확하지는 않은 것으로 보이지만, 어쨌든 우리의 목적을 위해 중요한 것은 주후 1세기에 이르러서는 이미 혼합과 중복이 상당한 정도로 일어나 있었다는 것이다. 또한, 주후 1세기에 우리는 로마가 작은 도시국가에서 세계적인 강대국으로 부상하였음을 보여주는 증표가 되는 로마 내부에서의 미묘한 종교적인 발전들을 발견하게 된다:

> 이 시기에 이르러, 로마인들은 세계적인 강대국이었다(그들 자신도 이러한 사실을 알고 있었다). 티베르(Tiber) 강 연안에 있던 작은 도시국가는 이미 다양한 문화들을 포용한

89) Rüpke, 2007, 37.

90) Galinsky, 1996, 308.

91) 이것들과 거기에 대한 자세한 전거들에 대해서는 Cancik, 1999를 보라. Dionysius of Halicarnassus(*Ant. Rom.* 7.72.15-18)도 Valerius Maximus와 동일한 노선을 취하였다: Gradel, 2002, 17f.를 보라.

> 세계적인 도시국가가 되는 길을 순조롭게 밟아 가고 있었다 … 이 도시의 유서깊은 종교 전통들 – 로마와 그 신성한 시민들과의 관계들 – 은 로마가 승승장구하여 강대국이 된 과정을 설명하고, 미래에도 이러한 번영이 계속될 것임을 확신시켜 주는 내용을 담고 있었다. 반쯤 잊혀져 있던 옛적의 오래된 종교의식들을 건설적으로 부활시킨 것은 로마의 지평을 확장시키는 데 핵심적인 역할을 하였다. 이것은 초기 로마의 종교 전통들이 제국의 모든 것에 질서를 부여하는 역할을 하고 있다는 것을 단언하는 것이었다.[92]

여기에서도 우리는 당시에 존재하였던 하나의 대단히 복잡한 현상을 설명해 주는 가장 분명한 증표, 즉 헬라에서 숭배되던 신들이 로마에서 또 다른 이름으로 숭배되던 신들과 동일시되었음을 보여주는 인식을 본다. 즉, 제우스는 유피테르, 포세이돈은 넵투누스(Neptune), 헤라는 유노, 아테나는 미네르바, 아프로디테는 베누스(Venus), 아레스는 마르스, 아르테미스는 디아나, 데메테르는 케레스, 헤파이스토스는 불카누스, 디오니소스는 바쿠스가 되었다. 헤라클레스는 두 글자가 바뀌어서 헤르쿨레스가 되었고, 아스클레피오스는 두 글자가 더해져서 아이스쿨라피우스가 되었다. 주요한 신들 가운데서는 오직 아폴론 신만이 두 문화에서 자신의 이름을 아무런 변화 없이 유지할 수 있었다. 이렇게 로마인들이 다른 민족의 신들을 자기 식으로 바꾼 것은 이른바 "로마적인 해석"(interpretatio Romana)을 보여주는 가장 분명한 사례이다. 어떤 학자들은 이렇게 신들의 속성들은 그대로 두고 단지 명칭만을 변경한 것을 별로 중요시하지 않고, 또 어떤 학자들은 실제로 그런 일이 일어났었는지에 대하여 의아해하기도 하지만, 이 작업은 중요한 것이었다. 왜냐하면, 어떤 신을 잘못된 이름으로 불렀을 경우에는, 사람들은 자신이 원한 응답을 얻지 못할 수도 있었기 때문이다.[93] 이 문제 전체는 주후 1세기의 숭배자들에게와 마찬가지로 오늘날의 학자들에게도 파악하기 어려운 문제이다. 사람들은 종종 위에 나오는 "변환" 목록을 그대로 받아들였을 것이고, 또 어떤 때에는 어느 특정한 신이 올림포스의 전통적인 신들이 지니고 있었던 서너 가지 속성들을 지니고 있다고 생각할 수도 있었을 것이다.[94] 우리는 때로는 원래 별개였던 제의들과 전통들을 통합하거나 적어도 한데 묶는 혼합주의적인 경향을 감지하기도 하고, 때로는 그러한 혼합에 저항한 흔적을 발견하기도 하며,[95] 때로는 사람들은 아마도 철학의 영향을 받아서, 이 모든 "신들"이 단지 하나의 단일한 신의 여러 가지 다른 측면들

92) Beard, North and Price, 1998, 1.113.
93) 이 문제 전체에 대해서는 Ando, 2008, ch. 3; Rives, 2007, ch. 5을 보라.
94) 예를 들면, Lucian, *On the Syrian Goddess*, 32.
95) Price, 2011, 262-7의 논의를 보라. 그는 미트라스 제의는 통상적으로 배제되었다고 지적한다.

이라고 생각하였을 것이고,[96] 때로는 그러한 생각은 "지극히 높으신 신"(theos hypsistos – '테오스 휘프시스토스')을 숭배하는 제의 같은 것으로 강력하게 표출되기도 하였다.[97] 하지만 "로마적인 해석"은 "승전에 의한 로마의 팽창"이라는 또 하나의 분명한 현상과 밀접하게 연결되어 있었다. 주전 마지막 3세기에 걸쳐서, 로마(당시만 해도 로마는 여전히 공화정이었고, 그러한 정치체제 자체를 자랑스러워하였다)는 이탈리아 전역을 통합하는 전쟁을 벌인 것을 필두로 해서 끊임없이 모든 방향으로 뻗어나가 영토들을 확장하고 통치권을 행사해 왔다. 그리고 특히 군인들을 통한 로마의 영토 확장은 곧 그대로 로마의 신들의 영토 확장이 되었다. "로마"의 승승장구는 신들의 승승장구였다.[98] 헤겔(Hegel)이 이미 말하였듯이, 모종의 혼합주의가 제국의 보따리 속에 들어가게 된 것은 어쩔 수 없는 일이었다. 로마인들은 "세계 통치의 만신전에 모든 신들과 영들을 모아서 그 신들과 영들을 온 세계가 공유할 수 있는 하나의 추상적인 존재로 바꾸기 위하여" 최선을 다하였다.[99]

이러한 로마의 신들 중에서 특별히 중시되어서 카피톨리누스 신전(the Capitol, 로마의 일곱 언덕 중의 하나인 카피톨리누스에 세워진 신전 — 역주)에 안치되어서 "카피톨리누스의 삼신"(Capitoline Triad)으로 알려지게 된 세 신은 유피테르 옵티무스 막시무스(Jupiter Optimus Maximus, 최고의 가장 위대한 유피테르), 유노 레기나(Juno Regina, 황후), 미네르바(Minerva)였다.[100] 아우구스투스는 팔라티누스(Palatine) 언덕에 있던 자신의 집 근방에 새 신전을 지어서, 아폴론과 라토나와 디아나로 이루어진 또 다른 삼신에게 봉헌하였다.[101]

로마인들에게 고유한 신이 없었던 것이 아니었고, 도리어 그 반대였다. 행운의 여신 포르투나(Fortuna)는 로마 근처의 지역에서 오래 전부터 숭배되던 신이었다. 이 여신은 나중에 헬라의 여신 튀케(Tychē)와 동일시되기는 하였지만, 원래는 이

96) Dio, *Or.* 31.11과 Seneca, *On Benevolent Deeds*, 4.7f.를 인용하고 있는Beard, North and Price, 1998, 1.339-48; Rives, 2007, 142-8을 보라.

97) Mitchell, 1993, 2.43-7, 그리고 나아가 Mitchell, 1999를 보라; 또한, Belayche 2011이 특히 다른 입장들, 즉 다양한 유형의 유대교와의 연결고리들을 만들어내고자 하는 시도들에 대한 비판(164-6)을 보라. Belayche(163)는 절대 주권이라는 의미를 함축하고 있는 '휘프시스토스'(hypsistos)라는 별명은 "많은 신들 가운데서 그렇게 불리는 신을 부각시키기 위한 목적을 지니고 있었다"고 주장한다.

98) Beard, North and Price, 1998, 1.74.

99) Hegel, 1837/1928, xi.361f., Rüpke, 2011, 13에서 재인용.

100) Livy, *Ab urbe condita*, 1.55.1; 이 신전은 주전 6세기에 에트루리아의 왕 Tarquinius Superbus에 의해 세워졌다.

101) '라토나'(Latona)는 Apollo과 Artemis의 어머니인 '레토'(Lētō)를 가리키는 라틴어이다.

지역에 고유한 신이었던 것으로 보인다. 출입구의 수호신이었던 야누스(Janus)를 모신 신전의 문들은 전시에는 열어 두었다가, 아우구스투스가 와서 그 문들을 닫았을 때에는, 그것은 그가 전쟁에서 승리해서 로마 세계에 평화를 가져왔음을 선언하는 강력한 상징적인 성명서 역할을 하였다. 평화를 뜻하는 '팍스' (pax) 자체도 '피데스' (fides, "믿음," "신실함," "충성")를 비롯한 그 밖의 다른 몇몇 추상적인 개념들과 마찬가지로 여신이 되었고,[102] 굳이 번역할 필요조차 없는 '스페스' (Spes, "소망"), '빅토리아' (Victoria, "승리"), '리베르타스' (Libertas, "자유"), 우리의 전체적인 주제와 관련해서 상당히 흥미로운 것으로서 헬라의 디케(Dikē)와 대체로 일치하는 '유스티티아' (Iustitia, "정의")도 그 대열에 합류하였다. "정의"의 신을 위한 신전은 아우구스투스가 죽기 일 년 전쯤인 주전 13년 1월 8일에 봉헌되었다.[103] 이 여신은 잘못을 저지른 자들을 최고신 앞으로 데려와 법정에 세워서 불의를 벌하는 일을 하는 것으로 생각되었는데, 금석문들에서는 종종 대단히 의미심장한 두 번째 이름인 '아우구스타' (Augusta)로 불리기도 하였다. 아우구스투스는 자기가 로마 세계에 평화를 가져다준 자일 뿐만 아니라(물론, 군사적인 정복을 통해서이긴 하지만), 전대미문의 정의의 표상인 것으로 가능한 한 널리 믿어지기를 원하였다.[104] 이것은 아우구스투스가 새롭게 만들어낸 제국이 정치적인 행보만이 아니라 종교적이고 신학적인 행보를 통해서 이끌어낸 대혁신의 많은 중요한 구성요소들 중의 하나이다. 이것에 대해서는 우리가 다음 장에서 좀 더 자세하게 살펴볼 것이다.

그러나 로마의 종교가 오로지 거창한 공적인 성명서들과 쇼에만 집중한 것은 결코 아니었다. 개인의 가정도 마찬가지로 중요해서, 아궁이에는 "수호신들"이 안치되어 있었고, 가장은 신관 역할을 하였다. 이러한 "가정의 수호신들"로는 두 청년의 형상을 조각한 작은 신상들인 라레스(Lares), 가정의 가장 내밀한 장소에 놓아둔 작은 신상들이었던 페나테스(Penates)가 있었는데, 분명히 로마인들은 이 신상들이 특정한 가족의 궁극적인 정체성을 상징하는 것들로 보았다.[105] 설명하기는 힘

102) Cic. *De Nat. De*. 2.61.

103) Ovid, *Pont*. 3.6.25. 로마에서 추상물들을 신격화한 관행에 대해서는 Gradel, 2002, 113-6, 특히 Clark, 2007을 보라.

104) 또한, cf. 주전 27년의 '클리페우스 비르투티스' (clipeus virtutis). 이것에 대해서는 Galinsky, 1996, 80-90을 보라.

105) Aeneas가 자기 가문의 '페나테스' (penates)를 트로이에서 가져온 것을 참조하라: Virg. *Aen*. 2.293; 3.148-50.

106) Gradel, 2002, 36-8.

들지만 극히 중요한 것으로는 각 가정의 조상의 '게니우스'(genius, "신령"), 즉 조상신을 모신 것이었다.[106] "조상신"은 각 가정의 진짜 조상을 신격화한 개념이었고, 로마인들은 이 조상신을 작은 신상으로 형상화해서 각자의 집에 모셔놓고서는, 결혼할 때나 서원을 할 때에 이 신상 앞에서 도움을 빌었다. 철학적으로 말한다면, '게니우스'(genius, "신령")는 어떤 사람 또는 장소의 참되고 내적인 영적 핵심이었다. 따라서 로마인들은 "어떤 장소의 신령"(genius loci, '게니우스 로키')을 신으로 받들어서, 그 신령에게 복을 빌 수 있었다.

로마의 종교에서 무엇보다도 중요했던 "장소"는 로마였다. 로마만이 아니라 다른 많은 도시들에서, 현대인들이 깜짝 놀랄 수 있는 당시 사람들의 삶의 한 특징은 점술의 결과를 따라 한 도시의 주위에 '포메리움'(pomerium)이라는 경계를 획정해서 공식적인 신성한 공간의 범위를 표시하였다는 것이다.[107] "종교의식에 의해서 설치된 경계로서의 '포메리움'의 중요성은 아무리 강조해도 결코 지나칠 수 없을 정도였다"고 최근의 한 학자는 말한다.[108] 이 경계를 기준으로 해서, "로마"와 "기타 지역," "도시"와 "농촌," "공민 영역"과 "군사 영역"이 나뉘었다. 제국 시대에 이 경계를 돌덩어리들을 많이 쌓아서 표시하였는데, 황제들은 제국 자체가 확장된 정도만큼 '포메리움'도 확대되어야 한다고 주장하였다. '포메리움'의 안쪽에서와 바깥쪽에서 수행되는 정치적이고 종교적인 활동(앞에서 보았듯이, 정치와 종교는 어떤 식으로든 서로 중첩되어 있었다)의 유형 자체가 서로 달랐다. 하지만 정치적인 권력과 군사적인 권력이 동시에 아우구스투스(Augustus)라는 한 인물의 수중에 들어감으로써, '포메리움'에 의한 이러한 엄격한 분리들(예컨대, 이 경계 바깥에서의 군사적인 삶과 안쪽에서의 비군사적인 삶 간의 분리)은 지나치게 팽팽해져서 파열될 지경에 이르게 되었다. 마침내 전쟁의 신 마르스(Mars)을 모시는 신전이 신성한 구역 내에 세워진 것은 그가 황제가 된 지 20년이 넘은 때였다. 플리니우스 1세(the Elder Pliny)는 이 신전을 세계에서 가장 아름다운 건축물들 중의 하나로 꼽았다.[109] 그러나 특히 이른바 "황제 제의"가 속주들에서 시작되었을 때에도, '포메리움'에 의한 경계는 계속해서 상징적인 중요성을 지니고 있어서,

107) *OCD*, 1213f.; Beard, North and Price, 1998, 177-81 등에 나오는 관련 주제들에 관한 논의들을 보라.

108) Ando, 2008, 115.

109) Pliny, *NH*, 36.102; 이 신전은 주전 2년에 세워졌다. Beard, North and Price, 1998, 1.199f.를 보라.

110) 따라서 예컨대 주후 12년에 Gallia Narbonensis에 세워진 아우구스투스를 위한 제단은 당시에

로마에서 멀리 떨어진 곳들에서 황제 제의를 행할 때에는 적어도 처음에는 '포메리움' 바깥쪽에 있던 로마의 성소들에 적용되었던 것과 정확히 똑같은 규범들을 따라야 하였다.[110]

우리는 종교와 관련된 직무를 행하던 자들을 이러한 복잡하고 다면적인 종교와 문화의 세계 내에서 살펴보지 않으면 안 된다.[111] 그들의 역할들, 그들의 다양한 직무들에 대한 세세한 구분, 특히 로마의 사회적이고 정치적인 삶에 있어서 핵심적인 인물들이었던 사람들이 이런저런 신관의 모습으로 반복해서 등장한다는 사실은 이 주제가 단지 흥미로운 얘기에서 그치는 것이 아니라, 당시의 문화 전체가 어떻게 사고하고 느끼고 기능하였는지를 이해하는 데 상당히 중요하다는 것을 보여준다. 고대 로마에서 신관 계층은, 오늘날의 관점에서 보면, 현대적인 성직자들과 비슷했던 것이 아니라, 한 도시의 행정부나 의회에서 공직을 맡고 있던 중요한 인물들과 더 많이 비슷하였다. 이것은 바울이 어느 도시에 이르러서, 그 곳의 종교 당국자들과 충돌하였다면, 그 당국자들은 그 도시의 행정부나 의회에서 상당한 정치적인 권력을 쥔 사람들이었다는 것을 의미한다.

키케로(Cicero)가 '렐리기오'(religio, "제의")가 담당하는 분야를 셋으로 나눈 것(의식, 점복, 신성한 글들과 징조들에 대한 해석)으로 다시 돌아가 보면, 우리는 서로 다른 신관 "집단들"을 발견하게 된다.[112] '폰티피케스'(pontifices)는 특히 축제들을 언제 열어야 하는지를 결정하는 역법을 관장함으로써(그리고 이 역법을 종종 정치적으로 활용함으로써) 온갖 종류의 로마 종교를 폭넓게 담당하던 "신관들"이었다.[113] 고대에는 신성한 공간, 신성한 시간, 신성한 행위들을 법으로 규정하였는데, 그러한 법들이 제대로 준수되게 하는 것이 '폰티피케스'의 직무였다. (이것은 학자들이 종종 고대의 이방 종교가 "관용적"이었다고 주장해 온 것과 거리가 멀다.) '폰티피케스'의 수장이었던 '폰티펙스 막시무스'(Pontifex Maximus, "대신관")는 "신과 인간에 속한 일들에 대한 재판관이자 주관자"였기 때문에, 실제로

'포메리움' 바깥에 있었지만, 아벤티누스 언덕(the Aventine hill)에 있던 디아나의 제단(전 세계적인 성소)에서 통용되던 규범들이 적용되었다: Ando, 2008, 115를 보라.

111) 특히, Beard and North, 1990, chs. 1-2을 보라.

112) Cicero는 세 가지 '렐리기오네스'(religiones)에 맞춰서 세 종류의 신관 집단들을 열거한다: *De Leg.* 2.12; *De Nat. De.* 3.2.5. Beard and North, 1990, 44(Beard)를 보라; 신관 제도의 배경사로는 Beard, North and Price, 1998, 1.99-108; Rüpke, 2007, ch. 11을 보라.

113) 로마의 종교력에 대해서는 Beard, North and Price, 1998, 1.1-8, 25; Rüpke, 2007, ch. 9; 역법과 시간에 대한 좀 더 폭넓은 문제들에 대해서는 Feeney, 2007을 보라.

114) Festus, 200 L. (Festus는 주후 4세기의 역사가였다.) '폰티펙스'(pontifex)는 직역하면 "다리 건

막강한 직책이었다.[114] 주전 1세기에 "대신관"의 직책이 중요하였음을 보여주는 증표는 율리우스 카이사르(Julius Caesar)가 자신의 다른 모든 중요한 관심사들에 파묻혀 있는 와중에서도 이 직책을 맡고 있었다는 것이다. 율리우스 카이사르가 암살된 후에, 마르쿠스 안토니우스(Mark Antony)는 자신의 핵심적인 지지자들 중의 한 사람이었던 아이밀리우스 레피두스(Aemilius Lepidus)에 대한 보답으로, 그를 카이사르를 잇는 "대신관"에 임명하였다. 아우구스투스(Augustus)가 자신의 권력을 공고히 하던 초기에 레피두스를 "대신관"의 자리에서 축출하지 않았다는 사실은 대신관과 관련된 로마인들의 정서가 얼마나 강력했는지를 보여준다. 마찬가지로, 주전 13년에 레피두스가 죽은 후에, 아우구스투스가 그 자리를 자기가 차지했다는 사실은 이미 전제정치가 확립되어 있던 당시에 있어서조차도 '폰티펙스 막시무스'("대신관")가 엄청난 권력을 계속해서 지니고 있었다는 것을 보여준다. 앞서 주전 2세기에는 지배계층이 고위 공직들만이 아니라 종교적인 고위 직책들까지 자동적으로 차지하는 것에 대한 반발들이 있었지만, 이러한 목소리들은 이때쯤에는 완전히 잠잠해졌다.[115]

두 번째 신관 집단은 '아우구르'(augur)들, 즉 복점관들로 이루어진 집단이었는데, 키케로(Cicero)도 이 집단 내에서 직책을 맡았다.[116] 그들의 직무는 복점들을 치는 것(이론상으로는 누구나 복점을 칠 수 있었지만, 복점관들은 어떻게 복점을 쳐야 하는지와 점괘가 어떤 의미인지를 조언하여야 했다) 및 징조들을 해석하는 것과 관련된 문제들에 대하여 원로원에 조언하는 것이었다. 복점을 쳐서 나온 결과는 어떤 계획된 행동을 특정한 날에 할 것인지 말 것인지를 결정하는 데 중요한 역할을 하였고, 복점관들은 거기에서 더 나아가, 그 일을 해야 하는지 말아야 하는지를 조언하여야 했다.

키케로가 분류한 세 번째 범주의 신관 집단은 '쿠인데켐비리'(quindecemviri), 즉 "십오인회"였다(공화정 말기에는 실제로 십육인으로 구성되었지만). 그들은 시빌의 책들을 보존하고 해석하였으며, 특히 이상한 징조들이 나타났을 때, 그 징조

설자"이지만, 고전 시대가 본격적으로 시작하기 오래 전에 다리 및 그 건설과 관련된 의미는 이미 상실되고 없었다.

115) 이러한 반발들에 대해서는 Sulla, *Jugurthine War*, 31.10; Beard, North and Price, 1998, 1.135-7을 보라.

116) 플리니우스 2세는 한 세기 반 전에 Cicero가 맡았던 직책을 자기가 맡게 된 것을 기뻐하였다(*Ep.* 4.8). Cicero는 주전 53/2년에 선출되었다. 그는 (스토아학파의 반론들에도 불구하고) 복점을 진심으로 믿었던 것으로 보인다: *De Div.*, 특히 2.148; *De Leg.* 2.30을 보라.

117)주전 17년의 "세속적인 시합들"이 한 금석문에 기록되어 있다; 이것은 *OCD*, 1378에 자세히 나

들이 무엇을 의미하고, 거기에 대응해서 어떠한 종교적 조치들이 취해져야 하는지를 결정하는 데 중요한 역할을 하였다. 그들의 역할은 외부에서 들어온 제의들, 특히 헬라나 동방의 어느 곳에서 수입된 제의들을 규제하고 감시하는 중요한 일로 확대되었다. 아우구스투스는 주전 20년대 말에 "100년제"(secular games, 여기서 secular라는 단어는 "비종교적인"이라는 오늘날의 의미와는 아무 상관이 없고, 100년으로 이루어진 "한 시대"를 뜻하는 '사이쿨룸'[saeculum]과 연관이 있다)에 대하여 질의할 때, 고문헌들을 참조하여 당대의 일들에 대하여 조언하는 복점관들의 역할을 제대로 활용하였다. 고대 로마는 이따금 또 한 번의 100년을 보낸 것을 축하하는 의미로 검투경기를 벌이고 희생제사를 지내는 등 경축 행사를 거행하곤 하였다. 아우구스투스는 "십오인회"의 조언을 받아서 다양한 요소들을 새롭게 도입해서 주전 17년에 "100년제"를 거행하면서, 다음 장에서 보게 되겠지만, 또 다른 "옛 시대"(old age)를 보낸 것을 경축하였을 뿐만 아니라, 자신의 통치로 인하여 새 시대가 열리게 된 것을 경축하였다.[117)]

키케로가 신관 집단들을 세 종류로 분류하였음에도 불구하고, '에풀로네스'(epulones), 즉 "축제 실무자들"로 불린 네 번째 부류의 신관이 있었다. '폰티피케스'에 의해 파견된 그들의 직무는 공적인 축제 행사들, 특히 주신들 중의 최고신이자 카피톨리누스의 삼신 중에서 가장 중요한 신이었던 유피테르 옵티무스 막시무스(Jupiter Optimus Maximus)를 위한 11월의 대축제와 관련된 행사들의 실무를 담당하는 것이었다. 율리우스 카이사르는 '에풀로네스'의 수를 10명으로 늘렸지만, 원래는 7명이었기 때문에, 계속해서 '셉템비리'(septemviri, "칠인회")로 불렸다.[118)]

다시 한 번 말해두지만, 우리가 복잡한 것을 이렇게 극히 짤막하게 요약한 것은 단지 옛 것에 관한 흥미 때문이 아니다. 우리가 로마적인 환경 속에서 살아간다는 것이 어떤 것인지를 느끼고 맛보는 것은 대단히 중요하다. 왜냐하면, 바울의 아주 중요한 사역의 많은 부분은 로마적인 환경 속에서 이루어졌기 때문이다 – 물론, 그 환경은 헬라적인 토대와 거기에 수반되어 들어온 많은 것들로 덧칠해져 있기는 했지만.[119)] 우리는 한참 후에 그러한 문제들을 본격적으로 다루겠지만, 지금 우리가 분명하게 알아두어야 할 것은 바울은 고린도나 빌립보 등지에 "교회"를 세울

와 있다. 또한, 이 때에 씌어진 Horace의 *Carmen Saeculare*와 본서 제5장 제3절 3)의 논의를 보라.

118) 최근에 상당한 주목을 받고 있는 또 하나의 신관 집단은 전답 형제단(Arval Brotherhood)이다: Scheid, 1990과 이 저작을 사용한 Gradel, 2002를 보라.

119) 로마 제국 주변의 지역 종교에 대해서는 Rives, 2007, ch. 2 등을 보라.

때, 우리가 지금까지 살펴본 여러 종류의 "종교들"과 동일한 성격의 새로운 "종교"를 세운 것이 아니었다는 것이다. 그는 종교적인 역법에 아무런 관심도 없었던 것으로 보이고, 실제로 한 번은 그러한 역법을 중시하는 자들에 대하여 가혹한 말들을 하기도 한다.[120] 그는 희생제물들을 잡아서 그 내장의 상태를 살펴 점을 치고 제사를 드린 후에 그 고기를 먹어야 한다거나,[121] 심한 뇌우나 특정한 새들의 날아가는 모습을 살펴야 한다는 말을 단 한 번도 내비친 적이 없었다. 그가 보고 해석한 신성한 본문들은 시빌의 책들과는 판이하게 다른 성격의 것이었다. 그는 헬라 또는 로마의 신관들과 조금이라도 닮은 구석이 있는 직책을 설치하고자 하는 시도를 하지 않았다.

마찬가지로, 우리는 여기에서 지금까지 그리스-로마 문화에 대한 "두터운 서술"을 조금 시작했을 뿐인데도, 바울이 어떤 성읍에 당도해서, 한 분 참되신 하나님에 대하여 말하고, 이 하나님이 예수라 하는 사람을 죽은 자 가운데서 다시 살리셔서, 사람들로 하여금 그를 '퀴리오스'(kyrios, "주")로 섬기며 찬양하며 기도하게 하였다고 전하기 시작하였을 때, 그 말을 듣는 사람들에게서는 온갖 개인적이거나 공동체적인 기존의 전제들과 관심들, 오랫동안 소중히 여겨왔던 전통들, 소망들과 두려움들로 이루어진 그물망 전체를 떠올릴 수밖에 없었을 것임을 알게 된다. 빌립보에서 대적들이 유대인인 바울과 실라가 "로마인들인 우리가 받아들이거나 행하는 것이 불법인 풍속들을 가르쳐서" 도시를 크게 소란스럽게 하고 있다고 말하거나,[122] 데살로니가에서 무리들이 바울과 실라가 "카이사르의 영들을 거역하여 말하되, 다른 왕 곧 예수라 하는 이가 있다"고 함으로써 "천하를 어지럽게" 해 왔다고 고함을 칠 때,[123] 우리는 이 장에서 지금까지 살펴본 증거들에 비추어서, 사람들의 그러한 행위들은, 비록 어쩔 수 없이 정치적인 차원을 띨 수밖에 없기는 하지만, 근본적으로는 그들 속에 깊이 뿌리박고 있던 강력한 문화, 특히 그 문화 중에서도 "종교"라 부를 수 있는 것과 연관되어 있었다는 것을 알 수 있다. "종교"는 궁극적으로는 바울이 당시 행하고 있었던 것, 또는 자기가 행하고 있다고 생각하고

120) 갈 4:10.

121) Gordon, 1990, 251f.를 보라: "제사를 거부한 것은 오직 기독교뿐이었다… [이것은] 사실 공민으로서의 의무에 대한 가장 비타협적인 거부였고, 기독교를 제국의 다른 모든 조직화된 분파들로부터 구별시키는 점이었다."

122) 행 16:20f.

123) 행 17:6f.

124) Rives, 2007, 104, 116f.는 당시에도 지금처럼 많은 사람들은 생업에 바빠서 신들에 대한 생각을

있었던 것을 설명하거나 분석하는 데 가장 좋은 범주는 아닐 것이지만, 그의 동시대인들이 그가 행하고 말하는 것을 보고 들은 것 속에서 핵심적이고 기본적인 요소였다는 것은 분명하다. 당시의 "종교"는 온갖 복합적인 의미들을 지니고 있었기 때문에, "종교"를 다룬다는 것은 오늘날 우리가 "사회의 뼈대"라고 부를 수 있는 것, 즉 사람들을 한데 묶어 주고, 그들의 개인적이고 공동체적인 삶에 형태와 의미를 부여해 준 것들을 다루는 것을 의미하는 것이었다.

이 모든 것 – 헬라적인 배경과 로마적인 전경 – 은 그리스-로마 "종교"의 한 특정한 표현, 즉 "황제 제의"라는 느슨한 명칭 아래에서 행해진 다양한 실천들 속에 통합되었다. 그러나 이 제의가 갖는 의미를 이해하기 위해서는, 우리는 서력 기원이 바뀌는 시점에서 로마 및 당시의 세계에 찾아온 엄청난 변화, 즉 "황제"라는 개인이 통치하는 "제국"의 출현이라는 맥락 속에서 이 제의를 바라보지 않으면 안 되는데, 이것에 대해서는 별개의 장에서 살펴볼 것이다.

거기에 앞서, 먼저 우리는 바울의 사역을 위한 배경을 형성하는 그리스-로마의 종교 세계에 대해서 결론적으로 몇 가지를 고찰해 보고자 한다.

3. 바울 시대의 종교 세계에 대한 몇 가지 고찰

위에서의 짧은 개관을 통해서 우리의 목적에 중요한 것으로 떠오른 주된 것은 키케로 등이 느슨하게 '렐리기오'(religio)라는 단어로 지칭했던 것은 삶의 모든 영역에 침투해 있었다는 것이다. 각 가정의 아궁이와 집 수호신으로부터 국가대사에 이르기까지, 그리고 고상한 예술과 문화의 작품들, 가장 중요한 공공 건물들과 공적인 행사들 등 모든 곳에 "종교"가 있었고, 신들이 있었다.[124] "이방인들의 사도"

하지 않았다고 주장하면서, 그 증거로 mAb Zar 1.4를 제시한다. 거기에서 랍비들은 이교의 축제 때에 "장식을 하는" 상점들과 그렇지 않은 상점들이 있는데, 후자는 그 축제에 참여하지 않는 것일 가능성이 높기 때문에, 유대인은 후자의 상점들과 거래를 하여야 한다고 말한다. 하지만 이렇게 아주 구체적인 상황 속에서 일어난 일(미쉬나의 해당 부분은 이 일이 팔레스타인 중심부에 있는 Beth Shean에서 일어나고 있다고 말한다)을 더 넓은 이교 세계에 확대해서 적용하는 것은 무리가 있다. Rives 자신이 말하고 있듯이, 당시의 "종교"가 개개인이 아니라 사회와 결부되어 있었다는 사실로부터(이것에 대한 증거는 많다), 우리는 당시의 종교가 개개인과 관련된 모든 것에 침투해 있었던 것은 아니라는 결론을 이끌어 내어서는 안 된다. 또한, 공적인 의식들에 참여하는 것은 자발적인 것이었다고 말하는 Rüpke, 2007, 7f.를 참조하라.

125) cf. 고전 8:4-6 등.

였던 바울은 자기가 이스라엘의 한 분 유일하신 하나님에 의해서 많은 신들이 있는 이 세계 속으로 보내심을 받았다고 믿었다.[125]

또한, 이 종교 세계는 질서가 잡혀 있고 정돈되어 있었다고 할 수도 있었고, 그렇지 않았다고 할 수도 있었다. 대축제들이 중시되었고, 정기적인 종교 의식들(특히, 희생제사)을 제대로 치르는 것이 중시되었으며, 징조들과 길흉을 제대로 살피는 것이 중시되었다는 점에서, 이 종교 세계는 엄격하였다고 할 수 있었다. 그러한 것들을 소홀히 하는 것은 '폴리스' 자체를 위험에 빠뜨리는 것이었고, 잠재적으로는 '폴리스'가 수행하는 특정한 사업들을 망칠 수도 있는 것이었다. "희생제사를 거부하는 것은 신들을 거부하는 것이었다."[126] 그런 "불경"을 저질렀을 경우에는, 장래에 신에 의한 천벌을 받을 수 있었지만, 그것은 또 다른 문제였고, 더 중요했던 것은 나라의 안녕 및 특정한 국사와 연관되어 있는 신들 중의 하나를 무시하거나 모욕함으로써 나라를 위태롭게 했다는 비난을 받았다는 것이다.[127]

또한, 소크라테스 시대의 아테네나 카이사르 시대의 로마에서 사람들의 공분을 불러일으킬 가능성이 가장 많은 일들 중의 하나는 "종교"를 어떤 식으로든 새롭게 바꾸고자 하는 종교적 혁신이었다는 의미에서, 종교 세계는 "질서가 잡혀 있었고 정돈되어 있었다." 다른 곳의 새로운 신들을 들여올 수는 있었지만(로마에서 모셨던 대모신을 비롯한 다른 많은 신들에 대한 제의에서 볼 수 있듯이), 적절한 동화의 과정을 거쳐야 했고, 그렇게 수입된 신들은 기존의 신들의 자리를 빼앗으려고 해서는 안 되고, 만신전의 한 구성원으로서 자리를 잡는 처신을 보일 것이 요구되었다. 우리는 고대 세계에서 전통의 힘, 즉 오랫동안 지켜지고 전해진 삶의 방식들이 지닌 힘은 매우 강력하였다는 것을 결코 잊어서는 안 된다. 오늘날의 서구 문화의 많은 부분에서와는 달리, "옛 것"은 숭상되었던 반면에, "새 것"은 도덕적으로나 사회적으로 무시와 비웃음을 당하였다.[128] 그런 까닭에, 새 것들은 애매모호하게 표현되었고, 심지어 소크라테스 자신도 그랬다. 여러분은 모든 것에 의문을 품을 수도 있고, 사회적이고 문화적이며 도덕적이고 공적인 삶의 모든 전제들에 도전할 수도 있지만, 여러분이 그런 모든 것들을 실제로 입 밖으로 내어 말하고 행동

126) Gradel, 2002, 15.

127) Rives, 2007, 183: "계속해서 제사들을 인정하지 않거나 행하기를 거부한 사람들은 이웃들의 적대감을 불러일으켰을 것임에 틀림없다."

128) 예를 들면, Galinksy, 1996, 129. 그는 사회적 격변을 나타내는 통상적인 라틴어 표현은 '레스 노바에'(res novae, "새로운 일들")였다고 지적한다; Gradel, 2002, 23.

129) Caesar, *Gallic War*, 6.17; cf. Beard, North and Price, 1998, 2.54f.와 거기에 나오는 참고문헌들.

으로 옮긴다면, 소크라테스처럼 아스클레피오 신에게 수탉 한 마리를 빚지게 된다.

따라서 우리가 앞 장에서 짤막하게 살펴보았던 철학적 비판은 전통 자체를 완전히 무너뜨리려고 한 것이 아니라, 전통에 대하여 지적으로 문제제기를 하는 것이었다. 철학자들 중에서 전통 자체를 완전히 무너뜨리고자 하는 야심에 가장 근접한 인물은 에피쿠로스(Epicurus)였지만, 그에 대한 루크레티우스(Lucretius)의 열렬한 찬사에도 불구하고, 그의 견해들이 제국의 초기에 많은 로마인들에게 무게 있게 받아들여졌음을 보여주는 증표는 없다. 철학적으로 제기될 수 있는 질문들 중에서 가장 흥미로운 것은 아마도 우리가 아주 간략하게 다룬 질문, 즉 로마의 만신전의 신들이, 비록 대체로 이름은 바뀌었지만, 기본적으로는 헬라의 만신전의 신들과 동일하였다고 했을 때(대부분의 로마인들이 그렇게 생각하였다), 우리는 이 동일한 원리를 어느 정도까지 적용할 수 있는가 하는 것이다. 우리는 모든 사람들이 동일한 신들을 섬겼기 때문에, 사람들이 해야 했던 것은, 갈리아에서 카이사르가 그랬던 것처럼, 지역 신들 중에서 어느 신이 어떤 기능을 수행하였느냐를 알아내는 것이었다고 분명하게 전제할 수 있는 것인가?[129] 한층 더 급진적으로 표현하자면, 우리는 수많은 "신들"은 모두 단지 하나의 단일한 "신"의 여러 모습들이었기 때문에, 실제로 하위신들인 '다이모네스'(daimones)를 포함한 모든 신들을 '토 테이온'(to theion)으로 포괄할 수 있는 것인가? 적어도 콘스탄티누스 황제 시대에 이르러서는, 수많은 교육 받은 헬라인들과 로마인들은 아마도 특히 스토아 철학의 범신론이나 신플라톤 학파에서의 궁극선(Ultimate Good)에 대한 경외의 영향 아래에서 앞에서 말한 것과 비슷한 것을 믿게 되었다고 할 수 있다. 실제로, 많은 사람들이 다양한 종류의 "유일신론"을 암묵적으로 믿고 있었을 것이다.[130] 그러나 바로 이 대목에서 우리가 강조해야 두어야 할 중요한 것은 바울을 시작으로 해서 그리스도인들에게는 "신념," 특히 "하나님"이 실제로 어떤 분이냐에 관한 신념이 삶의 중심적인 자리를 차지하였던 반면에, 헬라인들과 로마인들에게는 결코 그렇지 않았다는 것이다. 그들에게 '렐리기오'(religio)는 사람들이 행하는 그 무엇, 즉 제의에 불과한 것이었기 때문에, "개인적인 '신념'(이것은 우리에게는 종교적 경험의 자명한 일부이다)이라는 개념 자체가 초기 로마의 종교적 경험을 이해

130) Athanassiadi and Frede, 1999; Mitchell and van Nuffelen, 2010을 보라. North, 2011, 493은 West, 1999 등에 여전히 잠복해 있는 진화론적인 전제, 즉 고대 종교에서 모든 길은 어떤 의미에서 "전 세계적인 장엄한 융합"으로 가는 도상에서의 단계들이었다는 전제에 도전한다(493).

131) Beard, North and Price, 1998, 1.x. 또한, Rives, 2007, 47-50의 논의를 보라. 영국에서 2012년에

하는 데 아주 부적절한 모형이다."[131]

게다가, 종교가 신념이 아니라 행위의 문제였다고 말하는 것은 로마 세계에서 "종교"가 사람들에게 어떻게 행해야 한다고 가르치는 기능을 가지고 있었다는 것을 의미하지 않는다. 로마의 종교는 이미 널리 받아들여지고 있던 도덕을 강화시키는 역할을 할 수는 있었지만(예컨대, 나쁜 짓을 한 자의 기도는 신이 듣지 않는다거나, 나쁜 짓을 하면 현세나 내세에서 벌을 받게 된다고 경고하는 것),[132] 사람들에게 도덕을 가르치는 것은 종교 자체의 역할이 아니었다. 이교의 신관이 희생제사를 드리거나 복점을 치기 전후에 개인적이거나 공적인 행실의 어떤 측면에 대하여 강론을 한다는 것은 생각할 수 없는 일이었다. 키케로가 신관으로서의 자신의 직무를 다한 후에 집으로 돌아와서 사람의 행실에 관한 철학적인 글을 썼을 때, 후자는 복점관으로서의 자신의 직무와는 아무런 상관도 없는 완전히 다른 별개의 일이었다. 실제로, 전통적인 종교와 거기에 수반된 신화들에 나오는 신들의 행실은 거의 사람들의 모범으로서의 역할을 하지 않았기 때문에, 철학자들이 주요한 종교의 전제들을 비판하고, 적극적으로 특정한 행위 규범들과 미덕에 관한 이론들을 가르쳐서, 사람들로 하여금 그러한 방향으로 자신의 인격을 발전시키게 하는 역할을 맡을 수 있었다.

유대인들은 어떠하였는가? 여기에서 우리는 이 문제에 대하여 긴 말을 할 필요가 없다. 유대인들은 그리스-로마 세계에 퍼져 있던 이 모든 부류의 "종교"와 아무런, 또는 거의 상관이 없었다는 것은 고대 세계에서나 오늘날에나 잘 알려져 있다. 그들은 이교의 신들이 실제로 존재한다는 사실을 부정하였고, 이교 숭배자들이 자신의 제의 대상들에게 드리는 예배를 성경적인 의미에서의 "우상 숭배"로 여겼으며, 이교도들의 삶은 한 분 유일하신 하나님이 이스라엘, 그리고 원칙적으로는 온 세계를 불러 살게 하신 참된 인간으로서의 삶을 왜곡시킨 것이라고 믿었기 때문에, 이교도들과 관련된 모든 것들로부터 따로 떨어져서 초연히 살기 위하여 최선을 다하였다.[133]

열린 여왕 즉위 60주년 기념식과 관련된 또 하나의 단상: 기자들은 구름 같이 몰려든 사람들을 붙잡고서, 왜 거기에 왔고, 그들에게 왜 군주제가 중요한지를 물으며 돌아다녔다. 몇몇 흥미로운 대답들이 나왔지만, 그것이 잘못된 질문이라는 것은 명백하였다: 그러한 질문은 "기독교화된" 전제가 아니라 계몽주의 이후의 "이성화된" 전제를 지닌 질문, 즉 분명히 사람들에게 전면적으로 엄청난 영향을 끼치고 있는 일에 대하여 오직 좌뇌만을 사용해서 설명하도록 요청하는 질문의 전형적인 예였다.

132) cf. Rüpke, 2007, 14f.

133) 이러한 저항의 중심적인 특징은 어떻게 하면 이교 사상에 물드는 것을 피할 수 있는지에 대한 세심한 분석에 집중하고 있는 mAb Zar에서 찾아볼 수 있다. 그 중 한 대목에서는 분명히 로마의 의식들

바울과 거의 동시대의 유대인들이 이렇게 이교도들의 삶을 거부하고 따로 분리된 삶을 산 것을 생생하게 보여주는 가장 잘 알려진 구절들 중의 하나는 유대인들이 당시의 철학 세계와 접촉해서 어떤 반응을 보였는지와 관련해서 우리가 이미 살펴본 바 있는 솔로몬의 지혜서에 나온다. 저자는 성경에서 우상들을 만들어 섬기는 것을 규탄하는 본문들을 가져와서, 당시의 비유대 세계에 적용한다:

> 그러나 사람의 손으로 금과 은을 능숙하게 다루어서 짐승들의 모양으로 만든 것들이나, 옛 사람이 돌로 만든 무익한 석상들에 "신들"이라는 이름을 붙여 놓고서, 그 죽은 것들에 자신의 소망을 두고 있는 사람들은 불쌍하다 …
>
> 손으로 만들어진 우상은 저주 받고, 그 우상을 만든 자도 저주를 받는다. 왜냐하면, 그는 우상을 만들고서, 썩어질 것에 신이라는 이름을 붙였기 때문이다.
>
> 불경건한 자들과 그들의 불경건함도 마찬가지로 하나님이 미워하신다. 불경건한 일과 그 일을 행한 자가 함께 벌을 받게 될 것이다.
>
> 이교의 우상들은 하나님이 창조하신 것들의 일부로 만들어졌지만, 하나님께 가증스러운 것이 되었고, 사람들의 영혼을 잡는 올무와 어리석은 자들의 발에 걸리는 덫이 되었기 때문에, 장차 그 우상들이 벌을 받게 될 것이다.[134)]

그런 후에, 저자는 계속해서 군주들을 신상으로 만들어서 숭배하는 것을 규탄하는데, 이것에 대해서는 우리가 다음 장에서 다시 살펴볼 것이다. 이어서, 그는 우상 숭배자들이 끊임없이 행하는 끔찍한 일들을 열거해 나간다: 유아살해, 광란의 축제를 벌여서 술을 마시고 흥청대고 외설적인 행위들을 하는 것, 절도와 사기, 왜곡된 성적 행위와 그 밖의 난잡한 행위들. 그는 이렇게 말한다:

> 이름도 없는 우상들을 섬기는 것은 모든 악의 시작이자 원인이며 끝이다. 우상 숭배자들은 환희에 들떠 고함을 치거나, 거짓 것들을 예언하거나, 불의하게 살거나, 위증을 아무렇지도 않게 저지른다. 그들은 생명 없는 우상들을 섬기기 때문에, 악한 맹세들을 하고, 자신들은 아무런 해도 받지 않게 될 것이라고 기대한다 … [135)]

을 염두에 두고서, 이교의 축제들을 열거한다: "초하루 축제, 농경의 신 Saturnus 축제, 건국 축제, 왕들의 출생이나 죽음과 관련된 기념일 축제"(mAb Zar 1.3). 마찬가지로, 이교에 물드는 것을 피하는 방법에 관하여 기독교적인 관점에서 상세하게 가르치고 있는 것은 Tertullian의 『우상 숭배에 대하여』에서 발견된다.

134) Wis. 13.10; 14.8-11.

135) 14.27-9. "악한 맹세들"은 단지 거짓으로 맹세하는 것을 가리키는 것이거나, 황제를 포함해서 이교의 신들을 걸고 맹세하는 것을 염두에 둔 것일 수 있다.

136) Rives, 2007, 129.

물론, 유대인들은 이러한 태도로 인해서 조롱당하고 오해받고, 종종 학대당하기도 하였으며, 일부 지역들에서는 반역자로 몰리기도 하였다. "공동체적인 예배를 거부하는 것은 집단 정체성을 거부하는 것을 의미하였고 … 공적인 제의들에 참여하기를 거부하는 것은 사실상 지역 사회 공동체에 속하기를 거부하는 것이었다."[136]

하지만 유대인들은 완강하게 버틴 보람이 있었다. 구체적으로 말하자면, 로마인들은 여러 세대에 걸쳐 자신들이 유대인들을 설득하거나 고문이나 죽음의 고통을 가하여도 이교의 "신들"을 섬기게 할 수 없다는 것을 깨닫고서, 실용주의자들답게 거래를 하기로 결정하였는데(주후 2세기 말에 테르툴리아누스[Tertullian]가 유대교를 "허용된 종교"라고 언급한 것이 이것을 보여준다[137]), 그것은 유대인들로 하여금 로마의 신들에게 기도하지 않아도 되게 허용하면서도, 그들이 섬기는 한 분 유일하신 하나님에게 로마의 안녕을 위해 기도하도록 하는 것이었다. 이 원칙은 저 오래 전인 예레미야 때에도 이미 포로생활을 하던 유대인들에게는 기본적인 규범들 중의 하나로 잘 정립되어 있었기 때문에,[138] 제국 시대에 유대인들이 다른 사람들과 마찬가지로 황제에게 기도하고자 하지는 않았지만, 황제를 위해서 기도하는 것을 마다할 이유는 전혀 없었다. 그들의 창조의 유일신론에 의하면, 인간들에게는 한 분 유일하신 하나님의 형상을 지닌 자들로서의 역할이 주어져 있었기 때문에, 이 한 분 하나님의 의도는 통치자들이 지혜와 정의를 따라 권력을 행사하고, 자신들의 통치에 책임을 지는 것이었다. 그리스도인들은 그들을 지켜본 세계가 생각하기에는 유대인들은 (다른 모든 사람들과 마찬가지로) 짐승의 희생제사를 드리는 반면에 그들은 드리지 않는다는 추가적인 수수께끼 같은 행동을 보여주긴 하였지만, 어쨌든 처음부터 이교의 새로운 변종이 아니라, 유대교의 이상한 새로운 변종이었다.[139]

137) Tertull. *Apol.* 21.1. Julius Caesar가 공식적으로는 유대인들의 친구로서의 지위를 지니고 있었다는 것과 헬라 세계 주변에서 나온 비슷한 칙령들에 대해서는 Jos. *Ant.* 14.185-267을 보라; 안토니우스의 비슷한 태도에 대해서는 14.301-23을 보라. 자세한 것은 *NTPG*, 154 n. 19와 거기에 언급된 전거들을 보라.

138) 렘 29:7; cf. 스 6:9f.; Bar. 1.11; 1 Macc. 7.33; 딤전 2:1f.; cp. Tertull. *Apol.* 30.1. 본서 제5장 제5절을 보라.

139) 초기 기독교의 인식들에 대해서는 Rives, 2007, 197-9를 보라; 또한, Benko, 1984; Wilcken, 2003.

140) Golding, 1995, 165.

우리가 지금까지 살펴보아 온 세계를 오늘날 가장 강력하고 감동적으로 환기시켜 주는 한 권의 책은 예술 작품이 지닌 의도적이고 도발적인 모호성 가운데서 바울 시대의 세계를 잘 보여준다. 윌리엄 골딩(William Golding)의 사후에 출판된 소설인 『이중의 혀』(*The Double Tongue*)는 주후 1세기에 델피 신전에서 아폴론의 신탁을 전하는 여신관 피티아(Pythia)가 일인칭으로 들려주는 이야기를 담고 있다. 그녀는 일생 동안 "신"에 대한 생생하고 깜짝 놀랄 만한 경험들을 해 왔지만, 자신을 사로잡은 그 신이 도대체 누구 또는 어떤 존재인지는 여전히 확실하게 알지 못한다. 무엇인가가 존재하지만, 그 존재는 아무것도 아니기도 하다. 그 신은 무엇이라고 설명하기 힘들다. 그 신은 "공허"이고 비어 있는 존재이지만, 현존하는 인격체이고 권능이다.

이러한 수수께끼는 이 소설이 끝날 때에 의문부호로 남는다. 피티아가 대언한 수많은 신탁들 중에는 아테네에 상당한 유익을 끼친 것들도 꽤 있었다. 그녀는 생애 말년에 그 도시의 수장으로부터 편지 한 통을 받고 나서 이렇게 말한다:[140]

> 내가 아폴론의 신탁을 전하는 여신관으로 오랫동안 섬겨 왔다고 해서, 이 도시는 마르스 들판에 있는 제단들 가운데 나의 석상을 세우기를 원하였다. 나는 공허한 존재인 신을 기억하고서, 그 신의 공허함 속에는 내가 아무에게도 설명할 수 없는 일종의 자애로움이 있다는 이상한 느낌 때문에, 답신을 써서, 나의 석상을 세우지 말고, 그 대신에 간단한 제단을 세우고 거기에 다음과 같은 문구를 새겨줄 것을 요청하였다: "알지 못하는 신에게."

제 5 장

독수리가 내려앉다: 로마와 제국의 도전

1. 서론

마침내 독수리가 왔다. 그들은 가까운 곳에 있는 적을 상대하기 위해서 먼 곳에 있는 적에게 구애해서는 안 된다는 것을 알아야 했고, 그런 생각조차 하지 말아야 했다(하나님에 대하여 열심이 있던 히스기야처럼). 그들은 연대 계산을 잘해야 했다. 다니엘이 연대 계산을 시도해 보았지만, 그가 본 네 괴물이 왔다가 갔는데도(그에게는 그렇게 보였다), 여전히 하나님의 새로운 통치가 도래할 징후는 보이지 않았다. 교만한 폼페이우스(Pompey)가 성소로 밀고 들어가서, 텅 빈 채로 먼지만 쌓여 있는 성소를 보고, "무신론자들!"이라고 비웃었을 때조차도, 그들은 하나님이 개입할 것임을 보여주는 그 어떤 징후도 볼 수 없었다. 실용주의자였던 카이사르는 한 번 어깨를 으쓱하고서, 그들 중의 일부를 로마의 시민으로 만들어서 로마의 시민으로 살아가게 하였다.

그런 후에, "카이사르가 책임진다"는 문구의 "복음"이 세계 전역에 새겨졌다. 이 굶주린 독수리는 어떤 때는 이 땅에, 또 어떤 때는 저 땅에 급강하하여 내려앉았다. 그리고 주화들(그들이 세금을 바칠 때에 사용하였고 그토록 증오하던 주화들)에는 "신의 아들"(Son of God)이라는 문구가 새겨져 있었다.[1)]

로마 제국은 예수가 소년 시절을 보내고 있던 팔레스타인과 사울이 소년 시절을 보내고 있던 길리기아를 포함한 세계에 등장한 거대한 새로운 "사실"(Fact)이었다. 이 제국은 그 자신을 새로운 밝은 세계로 선포하였다: 새로운 군인들이 진군할

1) '데이 필리우스'(dei filius, "신의 아들")와 '디비 필리우스'(divi filius, "신격화된 이의 아들")의 차이, 헬라어에서는 이러한 차이가 사실상 없어지는 것에 대해서는 본서 제5장 제4절 2)를 보라. 제국의 주화 체계와 그것이 신약에 반영된 것들에 대해서는 Kreitzer, 1996을 보라.

새로운 도로들, 새로운 세금들과 그 세금을 바칠 때에 사용할 새로운 주화들, 새로운 행정부와 법정, 신으로 숭배될 황제를 위한 화려하고 위엄 있는 새로운 신전들을 세우는 일에 몰두하는 지방 관리들, 길가에 세워져서 반도들의 시체를 새가 쪼아먹고 있는 새로운 십자가들. 도시 전체는 황제와 그의 가족을 기리기 위하여 개조되었고, 도시에는 흔히 황제와 그의 가족이 고대 이교의 신들의 모습으로 그려져 있었다. 아마도 신들은 결국 인간의 모습으로 격하되었을 것이다. 로마는 독수리를 나라의 상징으로 삼았는데, 민간 설화와 도상학은 독수리가 모든 신들 중에서 최고신이었던 유피테르(Jupiter)와 직접적으로 연결되어 있었음을 보여준다.[2)]로마인들은 분명히 신들처럼 강력하였던 것으로 보인다. 주후 2세기 말과 3세기 초에 라틴 교회의 지도적인 교사였던 테르툴리아누스(Tertullian)가 아테네와 예루살렘이 무슨 상관이 있느냐고 물은 것은 지금도 유명하다. 이러한 반문에 대하여, 견유학파 철학자는 두 도시의 가장 중요한 공통점은 반역에 대한 벌로 로마에 의해서 점령당하고 약탈당한 것이었다고 대답했을 것이다. 로마에 의한 점령과 약탈은 아테네의 경우에는 예수가 태어나기 두 세대 전에, 예루살렘의 경우에는 그가 죽고 나서 한 세대 후에 일어났다.

후자의 사건과 관련해서, 유대 민족은 오랜 세월 동안 이방의 제국 아래에서 살아온 경험에도 불구하고, 로마 제국의 등장이라는 새로운 사실에 대하여 가장 어이없는 오판을 하였다. 무엇보다도, 그들의 눈에는 로마가 수리아나 애굽 같은 좀 더 가까이에 있는 위협들로부터 자신들을 지켜 줄 먼 곳에 있는 환영할 만한 동맹국으로 보였다.[3)] 주전 1세기 중반에 이르러서는, 로마의 공화정 말기에 벌어진 권력을 둘러싼 내분의 와중에서 명망 있는 장군들이 서로 권력을 차지하기 위해 경쟁을 벌이게 되었을 때, 상황은 좀 더 분명해졌다. 폼페이우스(Pompey the Great, 주전 106-48년)는 북부 터키에 있던 본도(Pontus)의 왕 미트라다테스 6세를 무찌르고서 중동 전역을 휩쓴 후에, 여러 식민지들을 건설하였고, 수리아를 병합하였으며, 주전 63년에는 유대 땅이 로마의 것임을 각인시켰다. 이때에 그가 이제부터는 유대 땅의 지방신이 아니라, 여신 로마(Roma)가 이 지역의 책임자라는 것을 행동으로 보여주기 위해서, 공포에 질린 제사장들과 백성들의 만류와 저항에도 불구

2) 카피톨리누스의 삼신(the Capitoline Triad)에 대한 유일하게 현존하는 받침대가 없는 고대 조각상에서, Jupiter는 독수리를, Minerva는 올빼미를, Juno는 공작새를 가지고 있다. Rüpke, 2007 [2001], 77에 나오는 삽화를 보라; Tivoli에서 발견된 이 조각상이 만들어진 연대는 안토니우스 시대 말기(c. AD 160-80)인데, 이 조각상은 지금 Museo Archeologica Nazionale di Palestrina에 소장되어 있다.

3) cf. 1 Macc. 12.1-4.

하고, 예루살렘 성전의 지성소로 들어가는 것을 강행하였고, 거기에 지방신의 신상이 없는 것을 확인하고서는, 유대 백성이 섬기는 신은 없다는 결론 – 우리가 생각할 때에 논리적으로 충분히 납득할 수 있는 결론 – 을 내린 일은 유명하다. 그가 보기에, 유대인들은 분명히 무신론자들이었다.

폼페이우스가 죽은 후에, 그의 최대의 경쟁자였던 율리우스 카이사르(Julius Caesar)가 최고의 권좌에 올랐고, 그의 손 안에서 로마인들이 그토록 자랑스러워하던 유서 깊은 공화정은 마침내 로마인들 중에서 가장 성공한 장군의 개인적인 영지로 바뀌었다. 카이사르는 유대 민족이 다른 민족들과는 다르다는 사실을 일찍부터 알고 있었다. 왜냐하면, 대부분의 속국 백성들은 그들의 새로운 군주들이 명령한 종교적 관습들을 포함한 로마의 풍습들을 기꺼이 따랐던 반면에, 유대인들은 어떤 이유에서인지 그러한 것들에 한사코 저항하였기 때문이었다. 나중에 카이사르의 후계자들 중 일부는 유대인들의 그러한 태도를 용납할 수 없는 일로 규정하고서, 자신들의 뜻을 무력으로 관철시키려고 하였다. 하지만 율리우스 카이사르는 유대인들의 그러한 태도가 의외의 상황이기는 하지만 포용할 수 있는 것임을 깨닫고서, 유대인들이 그들 자신의 종교를 그들 나름대로의 방식으로 지켜나가는 것을 허용하였다. 일부 유대인들은 카이사르의 군대에서 복무하였기 때문에, 그들 중에는 이런저런 이유로 카이사르로부터 로마 시민권을 하사받은 자들도 있었다. 적어도 사도행전에 의하면, 다소의 사울의 공생애 후기에 아주 중요한 역할을 하였던 그의 로마 시민권도 그의 아버지 또는 조부가 그와 같은 경로를 통해서 획득하였을 것이라고 우리는 추정해 볼 수 있을 것이다.[4)]

폼페이우스와 카이사르, 그리고 그 얼마 후에 안토니우스가 중동에 개입한 것은 로마의 정치라는 좀 더 넓은 세계 내에서 놀랍거나 의외의 일이 아니었다. 로마가 부강하고 유명해진 것은 광범위한 정복 전쟁들 덕분이었다. 수도 로마의 인구는 이미 오래 전에 많이 증가하여서, 배후지로부터 충분한 식량을 공급받을 수 없었기 때문에, 애굽으로부터 상당량의 식량을 들여오지 않으면 안 되었다. 심지어 로

4) Sherwin-White, 1969 [1963], 144-62의 논의는 여전히 기본적인 것에 머물러 있다. 내 판단에는, 바울이 로마 시민권을 가지고 있었다는 것을 의심할 만한 역사적으로 타당한 이유는 전혀 없다. 이 시기의 유대인들에게 단편적으로 허용되었던 특권들과 면제들에 대해서는 Smallwood, 2001, 특히 168-72를 보라. 흔히 이것과 관련해서 사용되는 '렐리기오 리키타' (religio licita, "허용된 종교")라는 어구는 여러 가지 것들이 혼합된 좀 더 복잡한 현상들을 Tertullian이 훨씬 후대에 요약할 때에 사용한 것으로서(*Apol.* 21.1), 어쨌든 유대인들에 관한 모든 문제들을 법적으로 정확하게 서술하기 위해서가 아니라, 기독교가 일반적인 관점에서 로마 치하에서 "허용된"(licita) "종교"(religio)로부터 태동되었다는 그의 논점의 근거를 제시하기 위해서 사용된 것이다.

마 제국의 전성기 때에도 식량 부족으로 인해서 거리들에서는 거의 쉴 새 없이 소요가 일어났다. 아우구스투스(Augustus)가 '딕타토르'(dictator, 임시 집정관)라는 직함을 거부하였을 때에도, 식량 공급을 담당하는 '쿠라토르 안노나이'(curator annonae)라는 직책은 거부하지 않았다는 것은 주목할 만한 일이다.[5]

따라서 폼페이우스가 말했듯이, 지중해에서 해적들을 소탕할 필요가 있었고, 적어도 이후의 이백 년 동안에는 지중해 동쪽 끝에 있는 이상하고 골치아픈 민족들과 인종들이 가급적 잠잠히 있게 해둘 필요가 있었다. 예나 지금이나, 서방은 기본적인 자원들을 동방에 의지하였기 때문에, 통상적으로는 정치적인 수단을 통해서, 그러나 필요한 경우에는 군사적인 무력을 통해서 단호하게 이 보급로를 지키고자 하였다. 물론, 중동에는 그 밖의 다른 심각한 문제들도 있었는데, 그 중에서 가장 분명한 골칫거리는 바대(Parthia, '파르티아')의 거대한 잠재적 위협이었다(아래를 보라). 예나 지금이나, 팔레스타인의 북부와 동부에 있는 땅들은 정치적으로 불안정하였고, 유대인들의 조국은 여러 민족들의 두려움들과 야심들이 들끓는 지대의 중심에 있었다.

독립국가로서의 유대 민족이 사양길을 걷고 있을 때에도, 이 모든 일은 현재형으로 진행되고 있었다. 100여년 전에 마카베오 가문이 거둔 영광스러운 승리들(로마의 도움으로[6]) 후에 세워진 하스모네 왕조는 당시에 사람들의 불신을 받아 이미 쇠퇴해 있었다. 어쨌든 이 왕조가 다윗 왕가 출신도 아니고, 아론의 제사장 가문 출신도 아니면서도, 제사장과 왕의 직책을 독점하고 있는 것이 잘못된 일이라는 것은 누구나 다 알고 있었다. 하지만 로마인들이 유대 땅에 발을 디뎌 놓았을 때부터, 모든 것이 변하고 있었다. 로마인들은 각 지역의 호족들을 자신의 대리자들로 내세워서 간접적으로 통치하는 쪽을 선호하였다. 그들이 선호하였던 방법은 그 지역에서 가장 강력한 인물들을 찾아내서, 그들에게 작위를 수여하고, 필요할 때마다 그들을 후원해 주는 것이었다. 유대 지역의 경우에는 하스모네 왕가에 속한 인물들이, 비록 흔히 종교적이고 선동적인 압력집단들에 의해서 비판을 받고 있기는 하였음에도 불구하고, 제격이었기 때문에, 폼페이우스는 당시에 이미 연로하였던 히르카노스 2세(Hyrcanus II)를 대제사장으로 복위시켰다. 그는 주전 76년에서 67년까지 이미 대제사장직을 역임하였었지만, 당시에는 여리고 전투에서 아리스토

5) Richardson, 2012, 105를 보라. 식량 조달에 대해서는 Jos. *War*, 2.382, 386(식량은 여덟 달은 아프리카에서, 네 달은 애굽에서 조달되었다); *War*, 4.605f.(베스파시아누스는 여차 하면 비텔리우스 측의 식량을 끊기 위해서 애굽을 안전하게 확보한다).

6) cf. 1 Macc. 8.17-32.

불로스 2세(Aristobulus II)에게 패한 후에 4년 동안 권좌에서 물러나 있었다. 이 시기의 모든 통치자들은 복잡한 하스모네 왕조 내에서 나왔다. 그러나 주전 63년부터 40년까지의 시기에는 공식적인 통치자의 막후에서 안티파테르(Antipater)라 하는 부유한 이두매 사람이 한 세대 동안 정계를 장악하고 상당한 권력을 휘둘렀고, 그의 아들 헤롯(Herod)은 당시에 가장 강력한 인물로 떠올랐다. 안티파테르는 로마인들을 섬기는 조건으로 지위와 시민권을 상으로 얻은 강력한 토착세력의 좋은 사례였다. 그는 애굽 원정 중인 카이사르에게 유대인과 아랍인과 수리아인들로 이루어진 군대를 보내기도 하였다. 또한, 그는 그런 사람들에게 흔히 일어났던 일의 좋은 사례이기도 하다. 왜냐하면, 그는 애쓴 보람도 없이 암살되고 말았기 때문이다(주전 43년). 그러나 그의 영향력과 그가 보여주었던 행동은 그의 아들에게 고스란히 대물림되었다.

헤롯은 자신의 아버지로부터 중요한 교훈을 이미 배운 상태였다.[7] 바대인들이 주전 40년부터 38년까지 중동을 휩쓸었을 때(로마인들은 바대인들이 모종의 신비한 악의 힘을 지니고 있다고 생각하였고, 오늘날에도 일부 서구인들은 터키와 수리아의 동쪽에 있는 나라들을 생각할 때에는 여전히 그런 생각을 한다), 로마인들을 위해 예루살렘을 탈환한 인물이 바로 헤롯이었다. 또한, 그가 하스모네 왕가의 공주이자 히르카노스 2세의 손녀였던 마리암네(Mariamne)와 결혼한 것도 그의 영악함을 보여주는 일이었다. 헤롯은 오직 절반만 유대인이었기 때문에 유대 땅에서 많은 사람들로부터 의심의 눈초리를 받았지만, 이렇게 자신을 "유대인의 왕"으로 합법화하기 위하여 최선을 다하였고, 그가 성전을 재건하는 엄청난 역사를 벌인 것도 그 일환이었다. 그는 뒤에서 사바사바해서 일을 처리해내는 데 타고난 달인이어서 – 20세기 사람들은 이런 부류의 사람을 가리키기 위하여 유대인들이 사용하던 단어를 빌려와서 schmoozer라고 하였다 – 실용주의자들이었던 로마인들에게 자기야말로 유대 땅에서 함께 손잡고 일해 볼 만한 확실한 사람이라는 것을 어떻게 각인시켜야 하는지를 잘 알고 있었다. 또한, 그는 로마의 내전에서는 안토니우스를 후원하였지만, 옥타비아누스가 승리하자, 과감하게 그를 섬기는 쪽으로 방향을 선회하였다. 옥타비아누스는 자신의 양아버지였던 율리우스 카이사르와 마찬가지로 어떤 문제를 보았을 때에 현명한 해법이 무엇인지를 알았기 때문에, 헤롯과 손을 잡고 그의 공직을 보장해 주었다. 이렇게 주전 1세기 유대 땅의 정치적 혼란은 로마의 공화정이 몰락하는 과정에서 생겨난 단말마적인 고통과 결합

7) 헤롯에 대해서는 Richardson, 1996 등을 보라.

되어서, 결국 팔레스타인과 유대에서는 30년 동안 영리한 군사지도자가, 로마에서는 40년 동안 한층 더 영리한 군사지도자가 권좌를 차지하는 것으로 마무리되었다. 옥타비아누스(Octavian)는 자신을 아우구스투스(Augustus)로 칭하고서, 세계 역사상에서 가장 위대한 황제가 되어, 알렉산더 대왕의 영토에 비견될 수 있는 지역을 훨씬 더 오랫동안 다스리게 되었다. 그는 자신의 양아버지를 신격화한 후에, 자신을 "신이 된 이의 아들"(divi filius)이라 칭하였다.[8] 엄밀하게 말한다면, 이것은 "신의 아들"(dei filius)과 동일한 것은 아니었지만, 표현만 달랐을 뿐이지 의미는 거의 동일한 것이었다.[9]

유대인들이 무슨 일들이 일어나고 있고, 그러한 일들이 무엇을 의미하는지를 이해하는 데에는 시간이 걸렸다. 주전 1천년기 중반에 있었던 앗수르와 바벨론으로부터 좀 더 최근에는 페르시아, 헬라, 수리아, 애굽에 이르기까지 제국들을 비판해 온 유대인들의 오랜 전통을 감안한다면, 이것은 다소 의외의 일이었다. 유대 민족이 교역로이자 군사요충지에 위치해 있으면서, 내분에 의해 찢기고 힘 없는 지도층에 의해 망가져서 때로는 신하국으로, 때로는 완충국으로 살아오면서, 갈릴리와 유대에서만이 아니라 서바나와 바벨론에 이르는 디아스포라에서도, 지중해 북부와 남부의 땅을 차지하고서 하나의 분명한 독립적인 실체로 계속해서 살아 남았다는 것은 정말 주목할 만한 일이다. 유대 민족이 그렇게 살아 남았다는 것은 우리가 제2장에서 논의하였던 문화적이고 사회적인 경계표지들, 특히 그들의 특별히 신성한 책들에 담겨 있는 그들 자신의 주도적인 서사의 힘을 확인해 주는 증언이다. 주후 1세기의 유대인들에게 시대의 징조들을 어떻게 읽어야 할지를 보여준 것은 바로 이 신성한 책들이었을 것이다.

이 신성한 책들의 모음집에 당시로 보아서 가장 최근에 더해진 책들 중의 하나는 바로 그렇게 시대의 징조들을 읽고자 시도하였던 책이었다. 다니엘서는 주전 6세기에 등장하긴 하였지만, 마카베오 가문이 수리아를 대항하여 혁명을 일으킨 주전 160년대에 이르러서야 현재의 형태를 갖추었던 것으로 보이는데, 이 책에서는 여러 세계 제국들에 관한 서사들을 취합하여 세계 역사를 일련의 네 시기로 나누

8) 나는 "아우구스투스"(Augustus)라는 경칭을 Gaius Octavius 치하에서 태어나서 나중에 이 시기 전체에 걸쳐서 통상적으로 "카이사르"(Caesar)로 지칭되었던 Julius Caesar의 양자로서 그의 후계자가 되었던 인물을 가리키는 데 사용한다(이런 목적을 위하여 양자를 삼는 것은 당시 로마에서 흔히 행해진 관습이었다). 그는 주전 27년에 이르러서야 "아우구스투스"라는 칭호를 얻었지만, 편의상 시간을 무시하고서 그를 그렇게 불러서 Julius Caesar와 구별하기로 한다. 이것은 여왕이 실제로 즉위한 것은 1952년이지만, 우리가 흔히 "여왕이 1926년에 태어났다"고 말한 것과 같다.

9) 다시 한 번 제5장 제5절을 보라.

어서, 다니엘서 2:31-35에 나오는 이방의 한 왕이 꿈에서 본 신상, 즉 머리는 금이고, 가슴과 두 팔은 은이며, 배와 넓적다리는 놋이고, 다리는 쇠인데 발에는 진흙이 섞여 있는 신상의 형태로 제시한다. 이 신상은 느부갓네살 치하의 바벨론을 시작으로 한 연속적인 네 왕국을 나타내는데, 그 마지막 나라는 이 이교 왕국들을 대신하여 하나님의 나라가 세워지면서 무너지게 될 것이다. 이러한 패턴은 7장에서도 되풀이된다. 이번에는 다니엘 자신이 환상 속에서 네 괴물, 즉 사자(독수리의 날개를 지닌), 곰, 표범, 열 뿔을 지닌 또 다른 종류의 짐승이 바다로부터 올라오는 것을 보고, 이 괴물들을 무너뜨리는 것도 이번에는 최근에 높임을 받은 "인자 같은 이"이다. "인자 같은 이"는 장차 나라를 얻어서 영원히 소유하게 될 "지극히 높으신 이의 성도들"을 가리키는 것으로 해석될 수 있는 것으로 보인다.[10)]

따라서 다니엘서의 메시지는 하나님의 나라가 도래함으로써, 위엄과 잔혹함이 각기 다른 일련의 왕국들이 종말을 고하게 될 것이고, 그동안 이 왕국들에 의해서 압제를 받아 왔던 백성은 신원을 받게 되리라는 것이다. 헤롯 당시의 유대인들은 이 모든 것들을 그들 자신의 시대에 적용했을 것이고, 아마도 지금의 우리에게는 전해지지 않는 책들과 그들의 구전 문화 속에서 실제로 그렇게 했을 것이다. 우리가 문헌 속에서 유대인들이 이러한 역사관을 진지하게 발전시켜서 분명하게 로마를 네 번째 괴물로 보는 관점을 처음 만나게 되는 때는 헤롯 시대가 끝나고 100년이 지난 후이자 나사렛 예수의 죽음과 부활이 있고 나서 한 세대가 지난 후이다. 우리는 오늘날 에스라4서라 불리는 책에서, 로마가 많은 날개와 머리를 지닌 괴물 같은 큰 독수리로 등장하여 갑자기 급강하해서 세계를 덮쳐서 지배하다가, 결국에는 이스라엘의 메시야 왕을 상징하는 사자에 의해서 무너지게 되는 환상을 만나게 된다. 묵시론적인 환상에서 늘 그러하듯이, 선견자는 천사에게 이 환상의 의미를 설명해 줄 것을 요청하고, 천사는 이 독수리가 "지금 다른 방식으로 설명되고 있기는 하지만" 실제로는 "너의 형제 다니엘에게 주어진 환상 속에 나타났던 바로 그 네 번째 왕국"이라고 말해준다.[11)] 달리 말하면, 너무나 늦게 백 년이 지나서야 마침내 로마가 다니엘의 "넷째 짐승"이라는 것이 밝혀졌다는 것이다. 그리고 선견자는 주후 1세기 말의 어느 때에 독수리를 책망하고 이 독수리가 한 모든 일들을 멸할 메시야가 오기를 기다린다.

이 모든 것은 주후 1세기 중반의 로마 제국에 대하여 간략하게 설명하고자 하거

10) 7.18.
11) *4 Ez.*12.10-12.

나, 유대인들, 특히 바리새인들이 당시의 로마 제국을 어떤 시각에서 바라보았는지를 이해하기 위한 배경이 된다. 주후 1세기 중반에 로마가 안디옥과 아테네, 예루살렘과 빌립보 등과 같은 여러 지역에서 왜 그렇게 행하였는지를 이해하기 위해서는, 우리는 반세기 이전에 수도 로마에서 탄생하였던 새로운 현실, 즉 그 혁명 속에서 작용하였을 뿐만 아니라, 이제 현실에 대한 로마의 새로운 시각을 지탱해 주고, 그 시각을 여러 속주들에 수출하는 주도적인 역할을 하였던 사회적 · 문화적 · 종교적 · 정치적 세력들의 복잡한 그물망을 어느 정도 이해하지 않으면 안 된다. 물론, 이러한 이해는 우리의 논증이 점점 더 확대되어 갈 때, 바울이 카이사르들에 의해 다스려지고 있던 새로운 세계를 어떤 식으로 바라보고 대응하였는지, 특히 어떻게 해서 유다의 사자를 직접 본 그의 체험이 그로 하여금 자신의 동시대인들 중 그 누구도 상상할 수 없었던 방식으로 사자와 독수리의 대결을 재인식할 수 있게 해주었는지를 우리로 알게 해주는 틀을 제공해 준다.[12)]

2. 제국의 현실

1) 서론

바울이 태어났을 때, 아우구스투스 카이사르(Augustus Caesar)의 제국은 이 바다로부터 저 바다에 이르기까지 – 흑해에서 대서양까지, 지중해에서 영국 해협까지 – 그리고 유프라테스 강으로부터 당시에 알려져 있던 세계의 끝인 서바나와 프랑스의 서쪽 끝 변방에 이르기까지 뻗어 있었다. 물론, 이 독실한 유대인에게는 풀리지 않는 문제가 있었는데, 그것은 로마 제국이 당시에 차지하고 있던 영토는 시편 기자가 메시야에게 약속하였던 영토와 동일하다는 것이었다.[13)] 하지만 많은 로마인들이 이 사실을 알고 있었다거나, 이 사실에 신경을 쓰고 있었던 것은 아니었던 것으로 보인다. 로마의 군사적인 정복은 성경의 오래된 약속에 순종해서 이루어진 것이 아니었다.[14)] 로마는 이방 지역들을 조금씩 야금야금 먹어 들어갔었다. 하나의

12) 이 장 전체에 대해서는 지금은 Harrison, 2011을 보라. 이 저작은 내가 너무 늦게 입수해서 세부적으로 활용하지는 못하였지만, 내가 지금까지 묘사하고 있는 전체적인 그림의 많은 부분을 전체적으로나 세부적으로 밑받침해 준다.

13) 시 72:8; cf. 89:25; 슥 9:10; 이것들의 배후에 있는 출 23:31(cp. 왕상 4:21).

14) 물론, 베르길리우스의 시대착오적인 "예언들"에도 불구하고, 예컨대 *Aen.* 1.278f.; 4.229-31;

정복이 또 다른 정복으로 이어졌고, 세금과 보화가 그 중심인 로마로 흘러들어 왔기 때문에, 인접한 나라를 차례차례 합병하는 것이 로마에 이익이 되었다. 로마는 나라들을 점령한 후에 처음에는 동맹국들로 삼았고, 다음에는 완충 지대들로, 그 다음에는 신하국들로 삼았지만, 마지막에는 "로마"가 직접 다스리는 새로운 영토로 만들었다. 로마는 복종이냐 죽음이냐를 선택하게 해서 별 힘들이지 않고 세계에 "평화"를 가져다주었다.[15)]

이 위대한 공화정의 나라가 거의 하루아침에 단 한 명의 황제가 다스리는 제국으로 변모하게 된 이야기는 수많은 가능한 시각들로부터 말해지고 또 말해졌다. 이 이야기의 가장 초기의 판본들 – 아우구스투스 자신에 의해서 위임된 판본들 – 은, 내가 알고 있는 한, 고대 세계에서는 최초로 여러 세기에 걸친 조용한 준비 기간을 거친 후에, 갑자기 새로운 군주가 출현해서, 온 세계에 평화와 정의와 자유와 번영이라는 원래의 목표를 이룬다는 긴 역사적 서사에 대한 인식을 보여주기 때문에, 우리의 목적과 관련해서 특히 흥미로운데, 이것에 대해서는 우리가 나중에 다시 살펴볼 것이다. 아우구스투스의 등장과 통치, 그리고 그의 성품에 매료된 학자들의 끊임없는 관심은 오늘날의 아주 풍부한 논의를 낳았지만, 우리는 그것을 다 여기에서 다룰 수 없기 때문에, 골자만을 제시하고, 특히 로마 제국이라는 새로운 현실 중에서 "종교적인" 측면들을 생각해 보고자 한다. 그렇게 할 때에만, 우리는 바울이 자기가 활동하던 세계 속에서 새로운 거대한 현실에 의해서 직면하게 된 도전을 이해할 수 있을 것이다.

2) 율리우스 카이사르 이전과 이후[16)]

고대 로마에는 일련의 왕들이 있었고, 마지막 왕은 주전 6세기 말에 재위하였던 타르퀴누스 수페르부스(Tarquinus Superbus)였다. 전설에 의하면, 로마의 최초의 왕이자 주전 753년에 로마를 세운 인물은 로물루스(Romulus)였다고 한다. 하지만 오늘날 그러한 인물에 대한 증거가 남아 있지 않고, 로물루스라는 창건자로부터

6.781-853; 12.839f. 이것에 대해서는 본서 제5장 제3절 3)을 보라. 로마가 장차 세계 통치자가 나타날 것이라는 유대 성경의 "신탁"에 대하여 알고 있었다는 것에 대해서는 제5장 제5절을 보라.

15) Tac. *Agric*. 30.6: "그들은 광야를 만들고서는 그것을 '평화'라고 부른다." 이 주제 전체와 '팍스 로마나'(pax Romana)에 대한 주장이 집약하고 있는 제국의 권력에 대한 화려한 수사에 대해서는 특히 Wengst, 1987 [1986]을 보라.

16) 이 모든 지극히 복잡한 이야기에 대해서는 이제 Richardson, 2012, 1-46 등을 보라.

“로마”라는 도시 이름이 나온 것이 아니라, 반대로 “로마”라는 도시 이름으로부터 로물루스라는 인물을 만들어내었을 가능성도 있으며, 이 전설 외에도 또 다른 강력한 건국 신화가 존재한다는 이유 때문에(아래를 보라), 역사가라면 이 문제를 미해결인 채로 남겨두는 것이 좋을 것이다.[17] 어쨌든, 로마인들은 자신들의 마지막 왕이었던 타르퀴누스를 제거한 때로부터 자신들에게 절대군주가 없다는 사실에 대하여 자부심을 가졌다(헬라에서는 이것은 당연한 일이었고, 그런 인식은 많은 부분들에서 계속해서 남아 있었다). 오백 년 동안 그들은 점점 확장되어 간 자신들의 영토를 해마다 선출한 두 명의 “집정관”(consul)이 이끄는 “공화정”(res publica)에 의해 다스려 나갔다. 공화정 체제가 발전되어 감에 따라서, 그 밖의 다른 행정관들이 해마다 선출되어 이 체제에 더해졌지만, 집정관제는 여전히 한 사람에게 권력이 집중되는 것을 막는 견제와 균형의 핵심이었다. 이 장에서 우리가 다루고자 하는 문제는 어떻게 해서 주후 1세기에 로마의 황제들이 독점적인 권력을 행사하고 정당화하였는가에 관한 것이기 때문에, 우리는 전에 로마인들이 그토록 자랑스러워하였던 공화정 속에서 어떠한 경로를 통해 그런 종류의 권력이 탄생하게 되었는지를 짧게나마 살펴보지 않으면 안 된다.

로마는 처음에는 주변의 이탈리아 지역들로 자신의 영토를 확장하였다. 로마는 라티움(Latium), 즉 이탈리아 중서부에 위치한 “라틴” 지역의 일부였지만, 일찍부터 (북서쪽에 위치해 있던) 에트루리아(Etruria) 문화와 (북동쪽에 위치해 있던) 사비니(Sabini) 지역의 여러 요소들이 거기에 통합되어 있었다. (하지만 “로마인”이라는 말은 원래 해당 지역의 원주민과 그들이 지니고 있던 종교적인 요소와 시민권을 포괄하는 기본적으로 민족적인 의미로 계속해서 사용되었다.[18]) 로마는 베이이인들(Veii) 같은 가까운 이웃 종족들이나 갈리아인들 같은 먼 곳의 침략자들과 갈등을 겪으면서, 군사력을 키워야 한다는 생각을 갖게 되었고, 이것은 이후의 모든 발전들의 중추가 되었다. 로마는 이탈리아 반도의 여러 지역을 하나씩 점령해 나갔고, 그런 다음에는 주변의 지중해 세계를 조금씩 자신의 통치 아래 복속시켜 나갔으며, 로마의 최대의 적이었던 카르타고(Carthage)는 주전 201년의 전쟁을 통해 평정하고 나서, 주전 146년에 일어난 반란을 계기로 완전히 멸망시켰다. 동일한 시기에 로마와 헬라의 관계도 비슷한 패턴으로 진행되어서, 처음에는 무력으로 평정하였다가, 나중에 반란이 일어나면 철저하게 멸망시키는 방법이 사용되었는데,

17) Virg. *Aen.* 1.276f.는 로마라는 도시가 특정한 사람의 이름을 따라 그렇게 불리게 된 것이라고 전제한다.

18) Woolf, 2001, 316f.

주전 146년에 고린도가 저항하자 거기에 대한 보복으로 철저하게 약탈한 것이 그 두드러진 사례였다. 로마는 이 시점에서 제국을 확장시키고자 하는 치밀한 전략이나 먼 곳에 있는 지역들을 통치하기 위한 어떤 일관된 정책을 따르고 있었던 것으로 보이지 않는다. 로마의 접근방식은 이데올로기나 오랫동안 계획한 야심의 결과라기보다는 실용적인 것이었다.

국외에서의 정복 전쟁들은 국내에서 여러 문제들을 야기시켰다. 주전 130년대와 120년 대에 그라쿠스(Gracchus) 형제가 앞장서서 행한 토지개혁으로, 한편으로는 부자와 가난한 자, 다른 한편으로는 로마인과 이탈리아인 간의 이중적인 갈등은 어느 정도 해소되어 상당 부분 평등이 회복되었지만, 지속적인 불평등에 대한 분노는 주전 91년에 이탈리아에 있던 로마의 동맹국들 가운데서 폭발하여, 2년에 걸친 이른바 "동맹국 전쟁"(Social War, 여기서 영어의 social은 "동맹국들"을 의미하는 라틴어 socii의 역어이다)을 불러왔고, 그 결과 이탈리아의 모든 성읍들은 공식적으로는 동맹국들이었지만, 실제로는 모든 면에서 완전히 로마의 성읍들이 되었다. 이탈리아인들은 로마의 시민들이 되어서, 엘리트 계층은 로마의 체제 내에 흡수되었고, 소작농들은 로마인들과 마찬가지로 평등하게 군대에 복무하고 퇴역 후에는 땅을 하사받을 수 있게 되었다. 그러나 동맹국 전쟁으로 분출된 긴장들이 완전히 사라진 것은 아니었기 때문에, 이후의 십여 년에 걸쳐 마리우스(Marius)와 술라(Sulla)라는 두 경쟁적인 파벌 간에 추가적인 내전이 일어나서, 결국 술라가 완전한 승리를 거두고, 주전 82년에는 절대권력을 쥔 '딕타토르'(dictator), 즉 임시집정관으로 임명되었는데, 이것은 "공화정"의 지평에 드리워진 최초의 먹장구름이었다.[19] 술라는 3년의 집권 기간 동안에 원로원으로부터 시작해서 사법제도와 신관제도에 이르기까지 모든 것을 대대적으로 정비하였다. 그가 주전 79년에 임시집정관직에서 물러났을 때, 로마는 공화정으로 되돌아가서 평화롭고 안정된 체제를 회복할 것이라는 희망이 있었다.

그러한 희망은 실현되지 못하였다. 로마에서 가까운 에트루리아를 비롯해서, 저 멀리 서쪽으로는 스페인('서바나'), 동쪽으로는 소아시아에서 소요가 일어났다. 수많은 알력들과 정쟁들 끝에 마침내 한 인물이 부상하였는데, 그는 우리가 앞에

19) 나는 "공화정"과 "공화주의자"라는 용어들이 오늘날의 미국의 정치만이 아니라, 유럽에서 영국이나 네덜란드 같은 좀 더 오래된 "군주국들"과 프랑스나 독일 같은 좀 더 새로운 "공화국들"의 대비를 연상시키는 시대착오적인 표현이 될 위험성을 충분히 알면서도, 그런 용어들을 사용하고자 한다. 로마인들에게 '레스 푸블리카'(res publica)는 "군주가 없는 국가"라는 것보다 훨씬 더 폭넓은 의미를 지니고 있었다; 그것은 질서가 안정되게 유지되고 있는 사회 네트워크 전체였다. 아래를 보라.

서 예루살렘의 텅 빈 지성소에서 만난 폼페이우스1세(Pompey the Great)였다. 폼페이우스는 술라 이후에 모든 권력을 틀어쥔 지위에 오른 최초의 로마인이었다. 삐걱거리는 공화정에 염증을 느끼고서, 공직자들을 해마다 선출하는 오래된 기존의 체제가 내세운 인물들보다는 그 능력이 확실히 검증된 성공적인 한 명의 장군에게 기대를 걸게 된 로마인들의 뚜렷한 경향성을 구체화하고 공고히 한 인물이 바로 그였다. 이러한 일들을 이론화하고자 하는 사람들은 통상적으로 공화정 자체가 전제정치를 불러올 수밖에 없었던 것인지, 아니면 유난히 능력이 출중하였던 일부 개인들이 강제로 공화정을 그런 식의 결말로 이끌었던 것인지, 또는 공화정이 제정한 법률이 의도하지 않은 결과들을 만들어내어서, 모든 것이 엉망진창이 되고, 결국에는 공화정을 끝내는 데 주도적인 역할을 하게 된 것인지 – 이것이 가장 가능성이 있는 것으로 보인다 – 를 밝혀내기 위한 실사를 벌인다.

어쨌든, 폼페이우스의 막강한 권력이 도전을 받지 않고 그냥 넘어간 것은 결코 아니었다. 주전 63년에 카틸리나(Catiline)가 폼페이우스의 부재 중에 꾸민 음모는 그때에 집정관으로 있었던 키케로(Cicero)에 의해서 그 싹이 잘렸다.[20] 그렇지만, 폼페이우스가 전쟁에서 돌아와서 자신의 퇴역 군인들에게 땅을 하사하겠다고 했을 때, 그의 제안은 결코 모든 사람들에 의해서 환영을 받은 것이 아니었다. 그는 두 사람, 즉 마르쿠스 리키니우스 크라수스(Marcus Licinius Crassus)와 가이우스 율리우스 카이사르(Gaius Julius Caesar)에게 도움을 청하였다. 공화정은 명목상으로는 집정관들이 다스렸지만, 이 세 사람은 협정을 맺고서 엄청난 권력을 틀어쥐었다.[21] 그들은 주전 50년대의 대부분 동안 서로 분담해서 정복전쟁을 행해나갔는데, 카이사르(Caesar)는 갈리아 지역에서 눈부신 전공을 세웠고, 폼페이우스(Pompey)는 스페인을 복속시켰으며(그는 부하들을 시켜서 이 일을 해냈고, 자신은 로마에 머물러 있었다), 크라수스(Crassus)는 동방을 책임지고서, 주전 53년에 바대(파르티아)인들과 싸우다가 전사하였다. 로마에서는 공화정은 여전히 건재하

20) 적어도, 이것은 일련의 고도로 복잡한 사건들에 대한 하나의 가능한 해석이다. Cicero가 자기가 집정관으로 있는 해에 로마에서 태어난 것은 행운이라고 말한 것은 유명하다. 이것은 우연히 정반대의 예언이 되었다: Cicero는 공화정을 구하고 다시 견고하게 할 생각을 하였지만, 사실 그 해는 나중에 Caesar Augustus가 된 Octavian가 태어난 해였다(Vell. Pat. *Hist.* 36.1을 보라).

21) 당시에 정계와 군대에서 활동하다가, 아우구스투스 치하에서 은퇴하여 연구와 저작에 힘썼던 한 저술가인 Gaius Asinius Pollo(d. AD 4)는 이 "삼두정치"(triumvirate)가 공화정의 종말의 시작이었다고 선언한다. 이 "삼두정치"는 나중에 주전 43년에 Antony, Lepidus, Octavian에 의한 "제2차 삼두정치"와 대비해서 "제1차 삼두정치"로 명명되었지만, 여기에서 설명된 첫 번째 삼두정치는 엄밀하게 말해서 비공식적인 것이었다.

였고, 원로원도 여전히 잘 돌아가고 있었지만, 이 세 명의 위대한 인물들은 궁정에 있는 자신의 친구들을 조종해서 그들 대신에 싸우게 하였고, 이것은 모든 사람이 알고 있는 사실이었다.

주전 50년대 말에 카이사르는 자신의 권력과 부와 위세를 이미 두려워하고 있던 로마로 돌아와서, 주전 49년 1월에 자신의 군대를 루비콘(Rubicon) 강을 건너게 하여, 군대를 로마에 그렇게 가까이 진군시키는 것을 금지한 법을 깨뜨림으로써, 어떤 사람들에게는 희망을, 또 어떤 사람들에게는 악몽을 실현시켜 주었다. 이렇게 해서, 카이사르의 지지자들과 폼페이우스의 지지자들 사이에서 지중해 세계의 많은 지역에서 내전이 발발하였다. 카이사르는 주전 48년에 데살로니가의 파르살로스(Pharsalus) 전투에서 승리를 거둔 후에, 패한 폼페이우스가 애굽으로 도망갔다가 거기에서 암살당하고 나서, 주전 45년에 스페인에 남아 있던 폼페이우스의 잔당들을 섬멸함으로써 최종적인 승리를 거머쥐었다.[22)]

그것은 규모는 한층 더 커지긴 하였지만, 한 세대 전에 술라(Sulla)가 거둔 승리와 동일한 것이었고, 로마가 택한 "해법"도 동일한 것이었다. 이미 최고의 권력을 거머쥔 카이사르 이 한 사람의 통치 외에는 그 어떤 것으로도 이 상황을 수습할 방법은 없었다. 카이사르는 주전 46년에 임기 10년의 "임시 집정관"(dictator)이 되었지만, 주전 44년 2월에는 집정관직을 겸임한 종신 임시 집정관에 취임하였다. 그는 권력을 장악하고서, 대대적인 사회 개혁들을 실시하였지만, 몇몇 오랜 전통들을 짓밟고 자신을 신격화함으로써(아래를 보라) 원로원의 원성을 사서, 주전 44년 3월 15일에 암살되었다.

우리 가운데서 내전은 차치하고라도 전쟁을 직접 겪어 보지 않은 사람들은 아우구스투스(Augustus)가 독점적인 권력을 휘두르는 권좌에 오르게 된 일과 카이사르가 죽고 나서 거의 한 세기 후인 바울의 시대에 로마 세계의 상태와 분위기를 설명해 줄 수 있는 하나의 결정적인 요인을 잘 납득할 수 없다고 말해도, 그것은 충분히 용납될 수 있다. 로마인과 로마인이 맞붙어 싸운 지 불과 몇 년이 되지 않아서, 바야흐로 그런 일이 다시 일어날 조짐을 보이고 있었다. 마치 로마는 오랫동안 영토를 확장하고 경제적인 이득을 얻는 일에 자신의 군사적인 힘을 사용해 온 후에, 처음에는 동맹국 전쟁, 다음에는 술라 시대의 내전들, 그 다음에는 카이사르와 폼페이우스의 전쟁을 통해서, 총력을 기울인 전면전이 가정들과 이웃들과 성읍들

22) *Ps. Sol.* 2.25-31은 폼페이우스의 운명에 대하여 냉혹한 평가를 내린다; 성전을 범한 그의 죄는 용서 받지 못하였다. *NTPG*, 159f.와 거기에 나오는 다른 전거들을 보라.

과 지역들에 어떤 결과를 가져올 수 있는 지와는 상관없이, 적어도 내정 문제들을 평정할 수 있는 길이라는 것을 깨달은 것 같았다. 그래서 그들은 다시 한 번 이번에도 그 길을 택하였다.

카이사르의 친구였던 안토니우스(Antony)와 카이사르의 양아들이자 후계자였던 옥타비아누스(Octavian) 간의 최초의 전투들은 이 두 사람과 마르쿠스 아이밀리우스 레피두스(Marcus Aemilius Lepidus)가 이번에는 공식적으로 동맹을 맺어서 삼두정치를 탄생시키는 실용적인 결말로 끝이 났고, 5년 동안 막강한 권력을 휘두를 수 있게 된 삼두정치는 다시 한 번 내전보다 더 극심한 공포정치를 낳았다. 그들은 수많은 정적들을 제거하고 땅을 몰수하여 얻게 된 막대한 자금을 대규모의 군대를 유지하는 군자금으로 사용하였다. 이때에 카이사르파는 암살 음모를 꾸몄던 브루투스(Brutus)와 카시우스(Cassius)를 주전 42년에 빌립보에서 무찔렀고, 이탈리아에서 내전을 계속하여, 주전 36년에는 폼페이우스의 작은 아들이었던 섹스투스 폼페이우스(Sextus Pompeius)를 무찔렀다. 그런 후에, 옥타비아누스는 레피두스를 삼두정치에서 몰아내고, 안토니우스와의 실제적인 전쟁을 시작하였다. 한편, 이때에 안토니우스는 애굽의 여왕 클레오파트라(Cleopatra)와 이미 손을 잡고서, 로마의 안녕과 식량 공급에 아주 중요하였던 동방의 속주들에 대한 권력과 영향력을 키워 놓았지만, 이 일로 인해서 로마 자체에서는 의심을 받고 인기가 추락한 상태였다. 모든 문제는 주전 31년에 악티움(Actium)에서 벌어진 전투에서 결정되었다. 이 전투에서 패배한 안토니우스는 클레오파트라와 함께 애굽으로 도망하였고, 그로부터 일 년 후에 옥타비아누스의 군대가 알렉산드리아로 진군해 오자, 이 두 연인은 함께 동반자살을 하였다.

옥타비아누스는 로마로 돌아와서, 아무도 이의를 제기하지 않고 제기할 수도 없는 상태에서 유일 통치자가 되었다. 그는 '아우구스투스'(Augustus), 즉 "위대한 자"라는 칭호를 얻었고(엄밀하게 말해서, 이것은 이름도 아니었고 직함도 아니었다),[23] 아주 신중하게 '프린켑스'(princeps, "제1인자" 또는 "수장")라는 직책명을

23) 경칭들에 대해서는 Novenson, 2012, 87-97을 보라. Dio(53.16.8)는 "아우구스투스"라는 경칭 속에는 옥타비아누스가 "인간 이상"의 존재라는 의미가 함축되어 있고, 이것이 이 단어가 헬라어로 경외해야 할 자라는 뜻의 '세바스토스'(sebastos)로 번역된 이유라고 말한다(동방에서는 신격화가 오랫동안 통치자들에게 유행이 되어 왔고, 이것은 아마도 Dio의 관점을 설명해 주는 것 같다). 또한, Livy, *Praef.* 7; 1.7.9; 5.41.8; 8.6.9; 8.9.10; Ovid, *Fast.* 1.589, 607-16; 이 둘은 형용사 '아우구스투스'(augustus, "신성한")를 '후마누스'(humanus, "[단지] 인간적인")와 대비시킨다. Suet. *Aug.* 7.2는 "아우구스투스"는 "로물루스"보다 더 적합한 것으로 선택되었다고 말한다(즉, 이것은 옥타비아누스를 로마의 두 번째 창건자로 본 것이라는 말이다). 왜냐하면, "성소들과 복점관들에 의해서 성별된 모든 장소들은 '아우구스트'로 알려

선택하였는데, 여기에는 '프린켑스'는 적어도 이전의 공화정의 뉘앙스를 일정 정도 지니고 있는 명칭이어서, '딕타토르'(dictator, "지도자")나 '도미누스'(dominus, "주") 같은 직책명이 로마인들에게 주는 반감이나 위기감을 누그러뜨릴 수 있을 것이라는 판단이 작용하였음이 분명하다.[24] 그는 악티움, 애굽, 발칸 반도에서의 자신의 이전의 승전들을 기념하기 위한 세 번의 승전 행사를 거행하였고, 자기가 로마 세계 전체에 평화를 가져다주었음을 보여주는 증표로서 야누스 신전의 문을 닫을 것을 명하였다. 내분으로 갈기갈기 찢기고 기진맥진해 있던 로마는 자신들의 눈 앞에서 벌어지고 있는 이 아이러니컬한 일에 대하여 기꺼이 눈을 감아주고, 승전 행사에 기쁜 마음으로 참여할 준비가 이미 되어 있었다.[25] 이로부터 한 세기가 조금 지나서, 한 견유학파 철학자는 옥타비아누스가 "평화"라는 달콤한 사탕으로 모든 사람을 유혹하였다고 조롱할 것이었지만, 로마인들은 이로부터 60년 후에도 기꺼이 그렇게 할 준비가 되어 있었기 때문에, 이 "평화"를 신성한 것으로 여기고, 이 평화를 그들에게 가져다 준 인물과 결합시켜서, '팍스 아우구스타'(pax Augusta, "아우구스투스에 의한 평화"와 "위대한 평화"라는 이중적 의미를 지님 — 역주)라고 불렀다.[26] 사도 바울로 하여금 아우구스투스의 후계자들의 치하에서

져 있었기 때문이다"(Penguin Classics edition에 실린 Graves의 번역문).

24) 특히, 이 명칭에 대한 헬라어 번역과 제국에서의 이후의 사용과 관련된 변천사에 대해서는 *RG*, 1.7; *OCD s.v. Princeps*를 보라. 아우구스투스는 세심하게 공을 들여 이 명칭을 사용하였지만, 그런 분위기는 점점 퇴색해서, 도미티아누스 황제는 '도미누스'(dominus)라는 명칭을 사용하였다.

25) *RG*,. 2.13(특히, '파르타 빅토리이스 팍스' [parta victoriis pax, "승리들에 의해서 확보된 평화"] 라는 어구를 주목하라); Suet. *Aug.* 22; Hor. *Ep.* 2.1.258f. 베르길리우스는 Janus 신전의 문들이 닫힌 것을 반복해서 언급한다: *Aen.* 1.214-6; 7.609f.; 9.642f. 세 번의 개선행사(cf. Richardson 2012, 75f.)는 Virg. *Georg.* 3.26-39; *Aen.* 8.714-6에 언급되어 있다; 흥미로운 세부적인 설명으로는 cp. Beard, 2007, 143-5, 303f. 경축행사들에 대해서는 Hor. *Ep.* 2.1.255f.; *Carm.* 4.15.4-9; Virg. *Aen.* 1.293-6; 7.607; 12.198.

26) 이러한 조롱에 대해서는 Tac. *Ann.* 1.2: "Augustus는 군대를 하사품으로, 백성들을 먹을 것으로, 모든 사람들을 평화라는 달콤한 기쁨으로 유혹하였다." 절제된 라틴어로 또박또박 써내려간 것이 이 문장을 한결 더 생생하게 만든다 : '밀리템 도니스, 포풀룸 안노나, 쿤크토스 둘케디네 오티이 펠렉시트'(militem donis, populum annona, cunctos dulcedine otii pellexit). Galinsky, 1996, 139가 Seneca, Pliny 등에 나오는 비슷한 논평들을 언급하며 전개해 나가는 논의를 보라. '팍스 아우구스타'(pax Augusta)에 대해서는 Vell. Pat. *Hist.* 2.126.3. 여신 '팍스'(pax)는 이 때 이전에는 거의 알려져 있지 않았지만, 나중에 더욱더 평화를 진전시키는 승리들을 거둔 후에, Augustus는 저 유명한 '아라 파키스'(Ara Pacis, "평화의 제단")를 세웠는데, 이 제단은 지금 테베레 강변에 화려하게 복원되어 있다. 심지어 거친 말 하기로 유명한 Epictetus조차도 카이사르가 가져온 "위대한 평화"를 송축하여, 그 평화의 결과로 "이제는 대규모의 전쟁이나 싸움이나 약탈이나 해적질이 없어져서, 우리는 해가 뜰 때부터 해질 때까지 언제라도 육지나 바다를 다닐 수 있게 되었다"(3.13.9, tr. Oldfather [Loeb])고 노래하였다. 그가 계속해서 카이사르는 우리를 열병이나 파선이나 불이나 지진이나 벼락에서 구원할 수 없지만 철학은 그렇게 할 수 있다고 말하였

세계를 두루 다니며 이것과는 다른 "평화"와 다른 "주"를 전할 수 있게 해준 것은 바로 이 "평화"였다.

3) 공화정의 회복, 제국의 건설:[27] 아우구스투스

학자들이 아우구스투스에 대하여 벌여온 수많은 논쟁들 중에는 다음과 같은 질문이 포함되어 있다: 실제로 그는 공화정을 회복하였다고 주장하였는가? 정말 그가 그런 주장을 하였다면, 그 말의 의미는 무엇이었고, 그 말은 사실이었는가? 매우 영향력 있는 학자인 로널드 사임(Ronald Syme)이 반 세기 전에 주장했듯이, 그는 20세기 유럽의 몇몇 지역에 출현하였던 자들과 같은 부류의 무자비하고 냉혹한 독재자였는가?[28] 아니면, 그는 로마인들을 잘 살게 하는 데 진정으로 관심을 가지고 있어서, 엄청난 사회적 혼란의 때에 순전히 자연스러운 정도의 자신의 이익과 진심으로 로마인들의 이익을 위하여 날카로운 칼날 위를 걸어간 인물이었는가? 또한, 좀 더 간접적으로는, 로마가 과연 실제로 "제국"이 된 것이 아우구스투스 치세 때였는가 하는 것도 논쟁거리가 될 수 있을 것이다. 왜냐하면, 로마는 그의 시대보다 훨씬 이전에 이미 지중해 세계의 상당 부분을 실효적으로 지배하고 있었기 때문이다. 앞으로 보게 되겠지만, 일찍이 주전 195년에도 동방의 제국에 속한 여러 지역들에서는 여신 "로마"(Dea Roma)를 섬기는 제의를 비롯해서 그것과 비슷한 형태의 제의들이 행해지고 있었다.[29] 앞에서 이미 보았듯이, 아우구스투스 이전에도 혼자 권력을 독점하였던 통치자들이 있었고 – 물론, 그러한 권력을 오랫동안 유지하였던 인물은 한 명도 없었지만 – 이것은 로마가 피비린내 나는 공포의 반세기를 이어온 그 끝자락에 서 있었던 마지막 인물인 30대의 옥타비아누스가 똑똑히 기억하고 있는 사실이었을 것이다. '임페라토르'(imperator)는 군인들이 승전한 장군을 향하여 환호하거나, 종종 원로원이 승전하고 돌아온 장군을 환호할 때에 사용한 군대의 직함이었는데, 지금 옥타비아누스가 바로 그 '임페라토르'(이 명칭은 원래 "개선장군"을 뜻하는 것이었지만, 로마 황제들의 이름의 일부로 사용되면서 간접적으로

다고 해서, 그가 이 평화를 송축한 의미가 퇴색되는 것은 아니다.

27) Richardson, 2012의 부제와 비교해 보라: "공화정의 회복과 제국의 건국"(The Restoration of the Republic and the Establishment of the Empire).

28) "혁명"과 관련된 Syme의 전체적인 주장에 관한 최근의 논의로는 Wallace-Hadrill, 2008, 441-54를 보라.

29) Mellor, 1975; Beard, North and Price, 1998, 1.158f.; 본서 제5장 제4절 1)을 보라.

"황제"를 의미하게 되었다 — 역주)였다. 이 직함이 일차적으로 아우구스투스에게 귀속되어야 한다는 것이 이제 모든 사람에게 분명해졌고, 그는 이 직함을 자신의 첫째 이름으로 사용하였다: '임페라토르 카이사르 아우구스투스'(Imperator Caesar Augustus, "신성한 자 황제 카이사르"). 로마는 이미 오랫동안 제국으로 존재해 왔지만, 이제서야 황제를 갖게 되었다. 이따금씩 개선장군에게 붙여진 직함이 이제는 공식적인 직함이 되었다. 물론, 로마 제국은 이제 문화적으로나, 우리가 곧 살펴보게 될 다른 측면들에서 새로운 현실에 부합하게 바뀌었다.[30)]

아우구스투스는 자신의 새로운 지위를 활용해서, 몇 가지 급한 일들을 해결하였다. 왜냐하면, 그는 오랜 전쟁 후에 남겨진 수많은 퇴역 군인들을 어떻게 해야 하는가 하는 문제에 직면해 있었기 때문이었다. 그는 신속하게 두 가지 조치를 취하였다. 먼저, 그는 헬라 세계 여기저기에 식민지들을 건설하였고, 몇몇 중요한 속주들에 대해서는 자신이 직접 총독직을 맡았다(물론, 속주의 실무는 통상적으로 임명된 총독들이 맡았지만). 이렇게 해서, 기존의 군대 조직을 어떻게 새롭게 운용할지를 구상하는 데 몰두할 수 있게 된 그는 군대들을 멀리 떨어진 방대한 규모의 변경들로 보내어 평화와 안보를 유지하는 임무를 수행하게 함으로써, 군대들이 파벌 싸움에 이용될 위험성을 제거하였다. 또한, 그는 하나의 부대를 구성하는 군단이 최대 네 개를 넘지 않도록 하는 추가적인 조취를 취하였다. 이런 조치로 인해서, 카이사르가 사용한 방법을 다시 사용해서 카이사르의 후계자에게 도전할 수 있는 가능성이 제거되었다. 왜냐하면, 그렇게 작은 규모의 군대로 루비콘 강을 건너려고 할 자는 아무도 없을 것이었기 때문이다.

아우구스투스는 자신에게 부여된 헌법적 지위를 활용해서, 우리가 사는 세계에서 "약삭빠른 게임"이라고 부르는 것을 행하였다. 그가 로마인들이 증오하였던 '딕타토르'(dictator, 전권을 휘두르는 "임시 집정관" — 역주)라는 직함을 사용하였음을 보여주는 증표는 없다. 그는 주전 23년까지는 해마다 집정관직(consulship)을 맡았고 – 이것도 공식적으로는 그가 집정관직을 맡기를 계속해서 사양하였지만, 원로원이 우겨서 맡게 한 것으로 되어 있다 – 바로 그 해에 저 유서깊은 호민관(tribunicia potestas)의 직책과 권력을 얻었는데, 이것은 아이러니컬한 일이었다. 원래 호민관은 국가의 행위들에 대하여 불만이 있는 평범한 로마인들을 대변하는

30) *imperium*과 *imperator*가 사도 바울의 시대에 이르러서는 이러한 의미로 사용되게 된 경위를 요약하는 것은 불가능하고, 우리의 목적을 위해서도 불필요하다: 특히, Richardson, 2012, 230-4에 요약된 Richardson, 2008을 보라(이전에 군사적인 권위의 한 범주를 가리켰던 *imperium*은 아우구스투스의 치세 말기에는 *imperator*가 통치하는 영토를 가리키는 말이 되었다).

직책이었고, 이 중요한 직무를 수행하는 데 도움이 될 온갖 종류의 권력들을 부여받았다(민회나 원로원을 소집할 수 있는 권한, 거부권을 행사할 수 있는 권한). 본국에서의 이러한 권력, 그리고 속주들에 대한 아우구스투스의 '임페리움 마이우스' [imperium maius, "더 큰 통치권"]라고 잘못 불리게 된 이 권력은 그가 일을 해나가기 위한 법적이고 헌법적인 기초였다.[31] 또한, 그는 공식적으로 "법률과 도덕의 감독"이 되어 달라는 요청을 받았지만, 이 두 분야에서 절대적인 권력을 행사하는 이 직책을 두 번이나 거절하였다. 하지만 그가 간음을 불법화하고, 당시의 부자들과 귀족들 사이에서 시대에 뒤떨어진 것으로 여겨졌던 혼인과 자녀 양육을 권장하는 도덕적인 규제를 친히 실시한 것을 보면(이것은 호민관으로서의 자신의 권력을 통해 이루어졌다), 그는 이 분야에서 어떤 일이 행해질 필요가 있는지를 잘 알고 있었음이 분명하다. 나중에 그는 그러한 직책은 조상들의 풍습과 아주 동떨어진 것이어서 맡지 않은 것이라고 설명한다.[32] 그에게 공식적으로 수여된 "통치권"(imperium)은 원로원에 의해서 주전 27년과 8년에 주어진 각각 십 년 동안 유효한 통치권(주전 18년과 13년에는 각각 오 년 동안 유효한 통치권) 및 주후 3년과 13년에 주어진 각각 십 년 동안 유효한 통치권이었다. 끝으로, 앞 장에서 이미 보았듯이, 아우구스투스는 주전 13년에 자신의 오래된 동료인 레피두스(Lepidus)가 죽자, '폰티펙스 막시무스' (Pontifex Maximus, "대신관")라는 직책을 맡음으로써, 이제 명실 공히 도성 로마와 속주들과 '팍스 데오룸' (pax deorum, "신들의 평화")을 관장하게 되었다. 이것은 공화정의 회복이었는가? 그렇기도 하고, 그렇지 않기도 하였다. 그것은 어쨌든 화가 나서 퉁퉁 부어 있던 "공화주의자들"의 화를 가라앉혔다는 점에서는 충분히 "그렇다"고 할 수 있지만, 실제로 공화정을 회복시킨 것은 아니었다는 점에서는 충분히 "아니다"라고 할 수 있다.[33] 그것은 폭력이

31) 공식적인 *imperium maius*("더 큰 권위, 대권")는 황제만이 아니라 다른 사람들에게도 수여될 수 있었다. 예컨대, 티베리우스 황제는 주후 17년에 동방을 통치하기 위해서 자신의 이 대권을 Germanicus에게 수여하였다(Tac. *Ann.* 2.43). Augustus가 가지고 있었던 것은 그가 특정한 속주에 있을 때에 자신의 권력이 그 지역의 총독의 권위 위에 있다는 인식이었다. Cf. Richardson, 2012, 101, 105: Augustus의 목적은 직책 없는 권력을 확보하는 것이었지만, 많은 사람들은 한편으로는 그런 권력에 대하여 의구심을 품었고, 다른 한편으로는 그가 직책이 없는 상태로 있는 것을 원하지 않았다.

32) *RG*, 6.

33) 공화정을 회복하였다는 주장은 *RG*의 처음 부분에서 발견된다; 또한, cf. Cic. *Phil.* 3.3-5; cf. Galinsky, 1996, 45f. 지금은 Richardson, 2012, 233-40을 보라: 일단 우리가 '레스 푸블리카' (res publica)가 "군주정 이전의 체제"라는 의미에서의 "공화정"과 정확히 동일한 것이 아니라, 고도로 복잡한 사회에 안정과 질서를 부여하여 평화를 확보하는 것을 가리키는 것임을 알게 되면, 회복이라는 주장이 그리 낯설게 느껴지지 않게 된다. 또한, Judge, 2008a, 221을 보라.

난무하던 시절을 거치면서 이룬 혁명이자 진화였다.[34]

아우구스투스가 직면한 과제 중의 하나는 제국 전역에 걸쳐서 로마의 사법체계를 확립하고 공고히 하는 것이었다. 앞 장에서 이미 보았듯이, '유스티티아'(Iustitia, "정의")가 여신이 된 것은 아우구스투스 치하에서였다.[35]

사람들이 처한 각자의 입장에 따라 다행일 수도 있고 불행일 수도 있겠지만, 아우구스투스는 당시 로마인들의 평균 수명보다 훨씬 더 오래 살아서, 주후 14년 8월(August) 19일에 75세의 나이로 죽었다. 따라서 그는 여러 가지 사회적인 개혁들을 공고히 하고, 국가 전체를 위해 잘 작동될(거의 동일한 형태로 수 세기 동안 지속될) 뿐만 아니라, 선출직을 역임한 사람들이 계속해서 다른 공직들을 수행할 수 있게 해주고(이전에는 이것이 결여되어 있었다), 좀 더 중요한 것으로는 유일한 통치자 아래에서 공직자들 중 그 누구도 이전에 가졌던 것과 같은 그런 지위를 가질 수 없게 하는 공직 체계를 세울 수 있는 충분한 시간을 가질 수 있었다. 그러나 그가 '프린켑스'에 재직하는 기간이 길어지면서 말년에는 후계 문제가 골칫거리로 등장하였는데, 이것은 아무리 이전의 공화정 형태가 여전히 채택되고 있었기는 하지만, 아우구스투스의 사후에 로마가 황제가 없는 체제로 되돌아가게 될 것이라고는 아무도 기대하지 않았다는 것을 보여주는 분명한 증표였다. 아우구스투스는 많은 가능성들을 타진하다가, 마침내 주후 6년에 자신의 의붓아들이었던 티베리우스(그의 아내 리비아 드루실라[Livia Drusilla]가 첫 번째 결혼에서 얻은 아들)를 자신의 후계자로 지목하였고, 결국 그의 뒤를 이은 사람은 티베리우스였다.

아우구스투스의 비범한 이야기나 그의 진정한 동기들과 그의 통치의 성격에 관한 학자들의 끝없는 사변들은 본서의 목적을 벗어나는 것이기 때문에, 우리에게 그런 것들보다 훨씬 더 중요한 것은 당시에 알려져 있던 세계의 대부분을 다스리던 유일한 통치자로서의 그의 지위가 공고히 되고 표현되고 전달되어 효과를 발휘하게 된 복잡하게 뒤엉킨 방식이다. 이것을 다른 식으로 표현해 본다면, 바울의 사역의 주된 지역들이었던 팔레스타인, 수리아, 소아시아, 헬라에 있는 속국민들이 이 '임페라토르'(imperator)의 통치를 어떤 식으로 인식하고 경험하였느냐 하는 것이다. 하지만 우리는 그러한 질문에 답하기 전에, 먼저 바울 시대와 그 직후까지

34) Galinsky, 1996, 3-9.

35) cf. Galinsky, 1996, 85f.와 405 n. 22. 황제 제의의 연장으로서의 "아우구스투스의 덕목들"(예컨대, Victoria [승리], Fortuna [행운])에 대해서는 Clark, 2007, *passim* 및 Revell, 2009, 96과 거기에 언급된 전거들을 보라.

36) Suet. *Calig.* 60(the Penguin Classics에 수록된 Graves의 번역문): "암살자들은 어느 특정한 인물

의 로마의 서사를 완결할 필요가 있다. 어떤 사건이나 시기의 풍미는 후일에야 드러나는 경우가 종종 있다.

4) 티베리우스에서 베스파시아누스까지: 주후 14-70년

아우구스티누스의 사후 50년 동안은, 황제 개인의 통치라는 관점에서 보면, 로마 제국이 공고히 됨과 동시에 위기를 맞은 시기였다. 티베리우스(Tiberius)가 황제가 된 지 몇 년 후에, 견제와 균형 및 제대로 선출된 공직자들을 특징으로 하는 옛 공화정의 방식들이 너무나 분명하게 유명무실해진 반면에(이 방식들은 아우구스투스 치하에서도 상당히 유명무실하긴 했지만, 그래도 외관은 어느 정도 유지되었다), 실질적인 권력이 황제와 그가 임명한 자들에게 있었다는 점에서, 로마 제국은 공고히 되었다고 할 수 있다. 하지만 티베리우스의 후계자였던 가이우스 칼리굴라(Gaius Caligula)가 많은 기대를 받고 황위에 올랐다가 얼마 되지 않아 질병으로 인해서 황제의 직위를 맡기에 부적합할 정도로 정신적으로 문제가 있는 사람이 되고 말았다는 점에서, 로마 제국은 위기를 맞았다고 할 수 있다. 주후 41년에 칼리굴라가 암살되었을 때에는 황위 계승에 관한 정해진 원칙이 존재하지 않았기 때문에, 아우구스투스가 심혈을 기울여 세워 놓았던 체제 전체가 무너져내릴 수도 있었다. 칼리굴라가 죽자, 실제로 원로원 의원들 중 일부는 '프린켑스' (princeps)가 더 이상 필요하지 않으니 폐지해야 한다고 주장하였다.[36] 하지만 로마인들 전체는 칼리굴라의 삼촌이었던 클라우디우스(Claudius, 그는 조카에 대한 암살 음모에 연루되어 있었음이 분명하다)를 지지하고 있었기 때문에, 그러한 주장은 먹혀들지 않았다.

어쨌든 클라우디우스의 치세(주전 41-54년) 동안에는 로마 제국이라는 배는 순항을 계속해 나갔다. 상당한 대가를 치르고서 남부 브리타니아(Britain)와 마우레타니아(Mauretania, 오늘날의 모로코)를 얻은 것이 과연 로마에 이득이 되었느냐 하는 것은 의문이 들 수 있었지만, 어쨌든 클라우디우스는 제국의 영토를 확장하

을 황제로 옹립할 계획을 가지고 있지 않았고, 대다수의 원로원 의원들도 공화정을 회복하는 쪽으로 기울어져 있었기 때문에, 집정관들은 율리아누스 궁이라 불린 황궁이 아니라, 카피톨 신전(the Capitol)에서 첫 번째 회의를 소집하였다. 어떤 사람들은 카이사르들에 대한 모든 기억을 다 지우고, 그들을 모신 신전들을 파괴하고자 하였다." 아우구스투스의 사후에도 반역이 논의되었는데, 이때에 이 음모가 진행된 곳은 게르마니아의 군대 가운데서였다(Vell. Pat. 2.125.1-3).

37) 아우구스투스가 브리타니아와 페르시아를 자신의 제국에 병합할 수 있었다면, '프라이센스 디

기까지 하였다.[37] 그는 자신이 잇달아 얻은 부인들과 한두 명의 매우 유능한 노예 출신의 자유민의 입김에 좌지우지 되어서, 옛 귀족 계층과 공식적인 공직자들을 소외시키는 행태를 보임으로써 폭넓은 지지를 받지는 못하였다. 그는 정상에서 벗어난 괴짜여서 – 입이 거친 수에토니우스(Suetonius)가 그에 대하여 한 말 중에서 절반만 사실이라고 하더라도, 그는 지도자로서의 선천적인 자질 면에서 아우구스투스나 티베리우스와는 비교가 안 될 정도로 형편없었다 – 결국 자신의 젊은 두 번째 부인인 아그리피나(Agrippina)에 의해서 독살되었고, 이 일을 크게 유감스러운 일로 여긴 사람은 아무도 없었다. 물론, 그녀에게는 그를 죽임으로써 얻을 수 있는 이득이 있었다. 왜냐하면, 황위를 계승할 수 있는 두 명의 후보자들 중의 한 명은 그녀가 이전의 결혼에서 얻은 아들이었고, 그 아들은 명철하고 재능이 있어서, 황위를 이을 만한 최적임자로 보였기 때문이다. 그의 이름은 장차 사도 바울이 자신의 사건을 상소하게 될 네로(Nero)였다.

네로는 또 한 명의 후보자였던 클라우디우스의 친아들 브리타니쿠스(Britannicus)보다 약간 더 나이가 많았는데, 자기 어머니와 힘을 합해서, 처음에는 궁정의 고위층을 움직여 목적을 이루려고 공작을 벌였고, 일 년 후에는 브리타니쿠스를 독살해서, 황위를 계승할 유일한 자로서의 입지를 공고히 하였다. 그는 특히 당대의 위대한 철학자였던 세네카(Seneca, 이 인물은 우리가 제3장에서 이미 만났다)를 스승으로 모시고 공부해 왔고, 이제는 이 철학자를 궁정의 고문으로 두고 있었기 때문에, 모든 면에서 이점을 지니고 있었다. 또한, 그는 불 같이 열정적인 인물이어서, 몇몇 진영들, 특히 군대 내에서는 엄청난 인기를 끌었던 반면에, 그 밖의 다른 진영들에서는 정반대로 엄청난 비호감이었다. 나중에 유베날리스(Juvenal)는 지난 반세기를 돌아보면서, 자신의 어머니를 살해한 것(네로는 주전 59년에 이런 일을 자행하였다)은 차치하고라도, 로마 황제라는 자가 각본을 쓰고 연출을 하며, 무대 위에 올라가 노래를 부른 것은, 아무리 그 의도가 선한 것이었다고 해도, 로마인들의 인내심을 너무 지나치게 시험한 일이었다고 회고한다.[38] 네로는

부스' (praesens divus, "이 땅에 현신한 신," 이것은 하늘에서 우렛소리를 통해서 우리로 하여금 자기가 왕이라는 것을 믿게 하는 Jupiter에 대한 유비이다)로 여겨졌을 것이라는 호라티우스의 주장에도 불구하고: *Od.* 3.5.1-4.

38) Juv. *Sat.* 8.211-30; cf. Dio 62.14("그는 자기 입으로 자기가 천하를 소유하고 있다고 말하면서도, 여전히 수금을 연주하고, 포고문들을 작성하며, 비극들을 연출하고 연기하였다"). 네로가 극장의 특정한 자리들을 골라 앉음으로써 비판을 피하고자 시도하였다는 것에 대해서는(Suet. *Ner.* 21.3; Dio 63.9.4) Champlin, 2003, 96-107을 보라. 우리는 Augustus가 원로원 의원들과 그 가족들은 극장 공연을 관람해서

지나치게 방심하고 있었고, 거대한 음모가 발각되었을 즈음에는 때는 이미 늦었다. 그를 지켜 주어야 할 황궁 수비대조차 그에게 등을 돌렸기 때문에, 결국 그는 주후 68년에 자살하였다.

이전에는 황제 일인의 통치체제는 로마를 끔찍한 내전으로부터 보호해 줄 방식으로 보였었지만, 네로가 죽고 난 후 15개월 동안에 네 명의 인물이 차례로 그 절대권력을 노리고서 군대를 이끌고 로마로 진군해 와서 황위를 차지하는 일이 벌어졌기 때문에, 그러한 생각은 잘못된 것임이 드러났다.[39] 네로의 뒤를 이어 황제가 된 인물은 연로한 갈바(Galba)였는데, 그는 주후 69년 초에 오토(Otho)가 궁정 내부에서 용의주도하게 꾸민 음모에 희생되었고, 오토의 짧은 치세는 게르마니아에 주둔해 있던 군단들의 사령관이었던 비텔리우스(Vitellius)가 군대를 이끌고 로마로 진군해 옴으로써 끝이 났다. 이때쯤에는 모든 제약이 사라진 상태여서, 황위를 탈취하기에 충분한 군사적 지지를 받고 있던 사람은 누구든지 제국을 자신의 수중에 넣을 수 있었다. 다뉴브(Danube) 지역에 있던 오토의 지지자들 중 일부는 베스파시아누스(Vespasian)에게 합류하였는데, 예루살렘을 포위할 때에 총사령관으로서 로마의 군단들을 지휘하고 있던 그는 로마에서 황제에게 변고가 생겼다는 소식을 전해 들은 자신의 군대에 의해서 전쟁터에서 황제로 옹립되었다. 이것은 단지 나중에 뒤돌아보고서야 알게 된 사실에 불과한 것이지만, 우리가 베스파시아누스에 대하여 알고 있는 모든 것을 종합해 보면, 그는 티베리우스 이후의 황제들과는 완전히 차원이 다를 정도로 유능한 인물이었다. 그는 로마로 진군해서, 단명했던 비텔리우스 체제를 무너뜨리고, 로마 제국을 다스릴 새로운 왕조를 세웠다. 팔레스타인에서의 소임을 수행하기 위하여 떠났던 그의 아들 티투스(Titus)가 주후 70년에 예루살렘 성전을 파괴함으로써 유대의 반란을 무자비하게 분쇄한 후에, 자신의 저 유명한 "유대 정복"(Iudaea Capta)의 승전을 알리고 로마로 개선 중이었을 무렵에는, 베스파시아누스는 이미 자신의 권력을 견고히 한 상태였고, 로마 세계는 다시 제대로 숨을 쉬고 있었다.

이 지점은 우리가 제2장에서 살펴보았던 명시적이자 암묵적인 이야기와 이 이야기가 아주 분명하게 서로 만나는 지점임은 물론이다. 유대인 지도층 인사로서

는 안 된다는 법을 제정하였었다는 것을 잊어서는 안 된다(Dio 54.2.5; 16.2).

39) 이른바 "네 황제의 해 "(주후 68년 6월에 네로가 자살한 때로부터 비텔리우스가 죽은 날이자 베스파시아누스가 로마에 당도한 주후 69년 12월 21일에 이르까지를 계산하면, 18개월 동안에 다섯 황제가 통치한 것이 된다)에 대해서는 Morgan, 2006을 보라.

40) *War*, 6.312-5; cf. 6.399-408(Josephus는 이 예언에서 말하고 있는 인물이 바로 베스파시아누스

로마에 대항한 전쟁에서 장군으로 참여했다가 편을 바꾸어서 티투스의 모사로 활약하였던 요세푸스(Josephus)는 자신의 수많은 동포들처럼 죄수가 되어 로마로 끌려와서 죽임을 당하거나 노예로 팔려간 것이 아니라, 제국이 제공해 준 거처에 기거하면서, 자신의 나머지 생애를 문필 작업에 바쳤는데, 다니엘서의 예언적인 서사가 당시에 어떤 식으로 읽혀지고 있었는지를 우리가 알게 된 것은 주후 1세기 중반에 로마에 대하여 전의를 불태우며 전쟁을 마다하지 않았던 유대인들의 열심에 대하여 그가 간단하게 논평한 글을 통해서이다. 그는 유대인들을 로마와의 전쟁으로 내몬 것은 그 때에 세계를 통치할 자가 유대 땅에서 나올 것이라고 말하였던 성경의 신탁이었다고 말한다. 요세푸스는 그것이 구체적으로 어느 신탁을 가리키는 것인지를 밝히고 있지 않지만, 특히 두 가지를 예언하고 있는 다니엘서에 나오는 신탁이라는 것은 너무나 자명하다. 첫 번째는 다니엘서 2장과 7장에 나오는 장차 도래할 네 왕국에 대하여 말하는 일련의 예언들인데, 마지막으로 등장한 왕국은 한 분 유일하신 하나님이 세울 전 세계적인 새로운 왕국에 의해서 무너지게 되리라는 것이었고, 두 번째는 이 일이 언제 일어날 지와 관련해서 구체적인 연대를 제시하고 있는 다니엘서 9장이었다.[40] 하지만 애석하게도 이러한 예언들은, 유대인들이 생각했던 것과는 달리, 장차 오실 유대인 왕에 관한 것이 아니었고, 유대 땅에서 '임페라토르'(imperator, "황제")로 옹립된 베스파시아누스에 관한 것이었다고 요세푸스는 말한다.

요세푸스의 그러한 생각에 대하여 바울은 무엇이라고 말하였을까? 우리는 그러한 질문에 답하기 전에, 먼저 아우구스투스가 지배하는 제국의 메시지를 온 세계에 전달하는 데 사용되었던 두 가지 주된 통로들, 즉 넓은 의미에서의 수사(rhetoric)와 종교(religion)에 대하여 좀 더 폭넓고 깊게 살펴볼 필요가 있다.

3. 제국의 수사

황제라고 하는 자신의 "예언"을 여기에 기록해 놓는다); *Ant.* 10.267(여기에서 요세푸스는 다니엘이야말로 연대를 예언한 유일한 선지자라고 찬사를 보낸다). 요세푸스의 이러한 말은 Suetonius(*Vesp.* 4.5, 그는 이것이 유대인들로 하여금 로마의 독수리 군기를 빼앗는 등 반란을 일으키게 만든 오랫동안 굳게 믿어져 온 견해 [vetus et constans opinio - '베투스 에트 콘스탄스 오피니오']라고 설명한다)와 Tacitus(*Hist.* 5.13)에 의해서 사용되었다. Tacitus는 이 예언이 베스파시아누스와 아울러 티투스를 가리키는 것이었다고 주장한다. *NTPG*, 312f.의 논의를 보라.

41) Syme, 1939, ch. 30.

1) 서론

아우구스투스가 자신의 권력을 공고히 하거나, 그의 후계자들이 그 권력을 유지하고자 하였을 때에 사용하였던 수단은 단지 군사력만이 아니었다. 로마 제국은 아우구스투스의 황제 등극이 로마, 그리고 실제로는 온 세계가 기다려 왔던 위대한 새로운 순간이라는 메시지를 원근의 로마인들에게 알리기 위하여, 처음부터 미술, 건축, 문학을 비롯한 문화 전반에서 모든 가능한 수단들 – 작은 주화들로부터 시작해서 도시 전체의 중심적인 건축물들을 다시 짓는 것에 이르기까지 모든 것 – 을 활용하였다는 것이 그동안 아주 세세하게 드러나 왔다. 이것이 내가 현재의 맥락 속에서 말한 넓은 의미의 "수사"가 의미하는 것이다.

"수사"를 살펴보는 데 우리는 특히 운이 좋은 위치에 있다. 로널드 사임(Ronald Syme)은 논쟁이 되고 있기는 하지만 위대한 자신의 저작에서 한 개의 장을 "여론의 형성"을 살펴보는 데 할애해서, 아우구스투스의 후원과 비호(문자 그대로 의심할 여지 없이) 아래 씌어진 글들을 집중적으로 조명한다.[41] 마찬가지로, 폴 쟁커(Paul Zanker)는 시각예술 분야와 관련하여 로마 제국에서 무슨 일이 진행되고 있었는지를 볼 수 있도록 문자 그대로 사람들의 눈을 열어준 책을 써냈다. 또한, 앤드류 월리스 해드릴(Andrew Wallace-Hadrill)은 몇 가지 완전히 새로운 시각에서 아우구스투스 치하의 로마에서 이루어진 "물질 문화"에 대하여 연구하였다. 그 동안 출간된 이러한 책들을 비롯한 여러 저작들은 이제 우리에게 아우구스투스의 황제 등극을 정점으로 하는 결정적으로 중요한 시기에 로마 제국에서 무슨 일이 벌어지고 있었는지를 다차원적으로 이해할 수 있는 길을 열어 주었다:

> 이것은 주전 마지막 2세기와 주후 1세기에 정점에 도달한 … 로마의 물질문화와 정신문화의 광범위한 변모들은 … 로마 사회 내에서 "정체성들"의 재정비와 권력의 재편을 보여주는 총체적인 표현이자 그 도구로 읽혀질 수 있다는 것을 보여준다.[42]

리처드슨(Richardson)이 퍼거스 밀라(Fergus Millar)의 말을 인용해서, 당시의 하나의 관념을 이해하려고 해도, 여러분은 실제로 라틴 문학 전체를 읽어야 한다

42) Wallace-Hadrill, 2008, 35f. Meggitt, 2002, 162 n. 8에 나오는 "제국 이데올로기"에 대한 간결한 요약적인 정의와 비교해 보라: "로마 세계에서 로마 황제의 지배를 명확하게 표현하고 합법화한 서로 연결되어 의미를 만들어낸 관념들과 실천들과 그 물질적인 형태들의 덩어리."

43) Richardson, 2008, vii. 물론, 우리는 모든 금석문, 모든 주화, 모든 고고학적 유적지를 살필 필요

고 말했듯이,[43] 우리가 사도 바울을 당시의 세계를 배경으로 생생하게 이해하고자 한다면, 이러한 풍부한 자료들을 다 소화하는 것이 이상적이기는 하지만, 실제로는 그 자료들을 요약하는 일조차 불가능하다. 그러나 나의 판단으로는 바울의 사상과의 구체적인 공명들(resonances), 또는 그의 최초의 청중들이 그의 서신들에 대하여 어떤 반응을 보였을지를 이해하는 데 특히 도움이 될 틀들(frameworks)을 제공해 주는 것으로 보이는 몇 가지 특징들이 있고, 우리는 그러한 특징들에 주목해 볼 수 있다.

2) 물질문화

아우구스투스는 로마를 처음 보았을 때에는 "벽돌"이었지만, 자기가 "대리석"으로 만들어서 후세에 물려주었다고 주장하였다 – 이 말은 그 이후로 상투적으로 사용되는 말이 되었다. 갤린스키(Galinsky)가 지적한 대로, 이것은 하나의 비유 그 이상의 것이었다.[44] 눈부신 새로운 건물들이 시가지에 즐비하게 들어섰고, 특히 새롭게 지어진 신전들이 로마에 자부심을 더해 주었다. 아우구스투스가 자신의 궁정에서 가까운 팔라티누스 언덕(the Palatine)에 온통 고대의 전통들을 연상시키는 새로운 아폴론 신전을 건설한 것은 그의 의도가 무엇인지를 분명하게 선포한 초기의 우수한 견본이었다. 아우구스투스는 자신의 운명에서 전환점이 된 섹스투스 폼페이우스(Sextus Pompey)와의 주전 36년의 전쟁에서 승리한 후에 로마에 아폴론을 위한 새로운 신전(이때에 로마에는 아폴론을 위한 신전이 오직 하나 있었다)을 짓겠다고 약속하였었다(지난 50년 간의 역사를 감안했을 때, 젊은 옥타비아누스가 이토록 오랫동안 집권하게 될 것은 차치하고라도, 이 치열한 내전에서 살아 남을 수 있을 것이라고 생각한 사람은 아무도 없었을 것이었다는 점이 중요하다).[45] 그러나 마침내 로마 광장, 특히 거기에 있던 새로운 신전들은 새로운 로마의 중심이 되었고, 이 새로운 신전은 주전 2년, 즉 원로원이 투표를 통해서 그에게 '파테르 파트리아이' (pater patriae, "조국의 아버지")라는 칭호를 수여한 바로 그 해에 아폴론 신에게 봉헌되었다. 이 신전은 베르길리우스(Virgil)가 『아이네이스』(*Aeneid*)를 통해 얘기한 주제들과 밀접하게 연관되어 있었는데(아래를 보라), 아우구스투

가 있다…

44) Suet. *Aug.* 28; Dio, 56.30.3; Galinsky, 1996, 97f.

45) Galinsky, 1996, 213-24에 나오는 자세한 논의를 보라.

46) Pliny, *NH*, 36.101f.; 물론, 이것은 요세푸스가 예루살렘과 그 성전에 대하여 말한 여러 가지 것들

스는 철저하게 의도적으로 이 신전을 세계에서 가장 아름다운 건축물들 중의 하나로 건설한 것이었다.[46]

아우구스투스 광장을 둘러보는 데에는 꼬박 하루가 걸리는데, 사람들은 이 광장의 어디로 발길을 향하든, 거기에서 반드시 이 광장이 전하는 온갖 강력한 상징적인 메시지를 고스란히 마음의 눈으로 보게 된다. 심지어 이 광장은 기획 단계에서조차도 하나의 메시지를 전하는 것이었다. 왜냐하면, 아우구스투스는 자신이 내세운 수많은 기치들 중의 하나가 사적 소유권의 회복이었기 때문에, 강제 수용령을 발동해서 이 광장에 있던 기존의 건물들을 몰수한 것이 아니라, 의도적으로 거기에 있던 땅과 건물들을 개인적으로 다 사들여서, 자신의 개인 소유의 땅에 광장을 새롭게 조성하고 신전을 건설하였기 때문이다. 이 광장은 전 세계에서 가져온 재료들로 지어졌기 때문에, 사람들은 수도 로마 내에 있는 이 광장을 걸으면서, 제국 전체의 상징들을 음미할 수 있었다. 이 광장의 도처에는 로마, 그리고 아우구스투스가 온 세계를 다스리고 있다는 사실을 웅변적으로 말해주는 조각상들과 상징물들이 있어서, 이전의 알렉산더 대왕의 제국을 뚜렷하게 환기시켰고, 여러분이 생각할 수 있는 모든 유명한 인물들, 곧 아이네이아스(Aeneas)와 로물루스를 비롯해서 로마에서 권력을 잡았던 폼페이우스와 카이사르에 이르기까지 온갖 인물들을 기리는 조각상들이 있어서, 좀 더 최근의 로마 역사는 말할 것도 없고 그 이전의 헬라 역사까지도 생생하게 보여 주었다. 실제로 새로운 광장은 율리우스 카이사르가 만든 광장의 맞은편에 조성되었다(새로운 코번트리 성당이 1939-45년의 전쟁의 와중에서 적대행위에 의해 파괴된 기존의 성당의 맞은편에 지어진 것과 마찬가지로). 울타리가 쳐져 있지 않은 두 개의 광장들을 서로 이어주는 신전들도 강력한 메시지를 전하도록 지어졌다. 왜냐하면, 율리우스 카이사르 광장은 눈을 들어 아이네이아스의 어머니이자 율리우스 가문이 대대로 수호신으로 섬겼던 베누스(Venus)의 신전을 올려다보고, 아우구스투스 광장은 복수의 신이자 라틴 민족의 전통적인 수호신이며, 옥타비아누스가 자신의 양아버지를 시해한 자들에 대한 전쟁에서 승전할 때에도 그 이름을 불렀고, 그 후에 막강한 바대인들을 설득해서 그들이 주전 53년에 카르하이(Carrhae) 전투에서 크라수스를 패퇴시킨 후에 빼앗은 로마의 군기들을 돌려받을 때에도 다시 한 번 그 이름을 불렀던 신인 마르스 울토르(Mars Ultor)의 신전을 그 정점으로 삼았기 때문이다.[47] 이 광장 전체는 자신의

속에 반영되어 있다(예컨대, *War*, 5.161, 222-4; *Ant.* 15.380-425).

47) 이 이야기를 들려주는 인물은 Ovid, *Fast.* 5.569-78(암살자들); 579-80(바대). Ovid는 Mars가 이렇

구도와 건축(세부적인 작은 부분들까지)과 도상들을 통해서, 아우구스투스가 열심으로 전하고자 한 메시지를 선포하는 역할을 하였다. 로마인들의 삶의 위대한 주제들이 당시에 알려져 있던 세계 전체에 걸쳐 현실이 되어 있었던 새 시대에, 로마 민족의 가장 오래된 전통들과 미덕들이 거기에 집약되어 새롭게 표현되었다.[48]

로마의 경관에 더해진 수많은 주목할 만한 것들 중에서도 단연 돋보인 것은 '아라 파키스' (Ara Pacis), 즉 "평화의 제단"이었다. 이 제단은 로마의 오래된 중심지인 테베레(Tiber) 강 근방에 있는 아우구스투스의 능 가까이에 위치해 있다. 오늘날에는 로마의 자동차들이 이 제단 옆을 무자비하게 쌩쌩 달리고 있지만, 원래 이 제단은 아우구스투스의 탄생일에 그 그림자가 제단을 양분하도록 설치된 해시계를 포함해서 좀 더 큰 건축물의 일부로 설계되었다.[49] 오늘날까지도 우리는 이 거대한 제단과 그 사면에 새겨진 부조들이 로마가 엄숙하고 경건하며 평화로운, 그리고 특히 번영하는 사회였다는 사실을 강력하게 시위하고 있다는 인상을 받는데, 그것들은 풍요의 뿔(cornucopia)을 통해 문자 그대로의 평화의 열매들을 표현하고 있고, 평화롭게 추수를 하고 가축들을 기르며 태평성대를 누리는 전원생활을 노래한 베르길리우스의 『농사시』(*Georgics*) 같은 일종의 전원시를 연상시킨다. 하지만 평화에 대한 이러한 예찬을 그 일부로 하는 좀 더 큰 구상은 평화를 가져다 준 군사적 승리에 대한 노골적인 예찬이라는 것은 너무나 분명하다. 여신 로마(Roma)는 무기 더미의 꼭대기에 의기양양하게 앉아 있다. 로마가 평화로울 수 있는 것은 온 세계가 지금 로마를 두려워하며 살아가고 있기 때문이다.[50] 실제로 "평화와 안녕"은 통상적으로 서로 결합되어 있다. 즉, 군사적인 힘이 제국의 안녕을 보장한다는 것이다.[51] 그러나 그러한 생각들은 이 제단과 연관되어 있고 이 제단에

게 해서 두 번이나 "복수자"(avenger)라는 칭호를 얻었다고 말한다(5.595). 또한, Ovid는 Virgil의 *Aeneid*의 절정 부분에서 Aeneas가 Turnus에게 맹세를 깨뜨린 죄와 Pallas를 죽음에 이르게 한 죄를 물어 복수하는 장면과의 병행을 암시하는 말을 한다(Galinsky, 1996, 211은 *Fast.* 5.575와 Virg. *Aen.* 12.949를 병행으로 인용한다).

48) Galinsky, 1996, 197-213에 나오는 자세한 묘사를 보라.

49) Zanker, 1988, 144f.

50) *RG*, 2.13; Ovid, *Fast.* 1.717-18; Hor. *Carm. Saec. passim*; Virg. *Georg.* 2.136-72: "영속적인 봄," 일 년에 두 번 열매를 맺는 나무들, 그리고 그밖에도 그가 말하는 이탈리아에서의 즐겁고 기쁜 일들은 "군마"(145) 및 용맹스러운 전쟁 영웅들(167-9)과 직접적으로 연결되고, 이것은 카이사르가 동방의 세계를 정복하였다고 말함으로써(170-2), 안토니우스와 클레오파트라에 대하여 승리를 거두었음을 우회적으로 말하는 것에서 절정에 달한다.

51) Richardson, 2008, 3; 그리고 예컨대, 터키에서 발견된 폼페이우스와 관련된 한 금석문과 여러 주화들: 처음에는 Oakes, 2005, 317f.를 보라.

현존하고 있기는 하지만, 이 제단이 주는 전체적인 인상과는 상당히 거리가 있어 보인다. 왜냐하면, 이 제단은 이례적으로 여자들과 아이들을 희생제사의 행렬에 참여한 가족 구성원의 일부로 매력적으로 묘사함으로써, 격식을 차린 경건함과 격식을 차리지 않은 친밀함의 평화로운 공존을 보여주기 때문이다.[52]

또한, 좀 더 작은 규모의 것들이기는 하지만 큰 규모의 것들 못지않게 주목할 만한 것들로는 그 자체로 유명하게 된 몇몇 인공물들이 있었다. 원로원은 주전 27년 1월 13일에 아우구스투스에게 "아우구스투스"라는 영예로운 칭호를 수여하고, 그의 집 정문에 월계관과 시민의 관을 세움과 동시에, '클리페우스 비르투티스'(clipeus virtutis), 즉 "용맹의 방패"를 헌정하였다.[53] 이 금 방패는 율리우스 카이사르를 기념하여 '쿠리아 율리아'(Curia Julia, "율리우스의 의사당")로 명명된 원로원의 새로운 의사당에 안치되었는데, 이 방패에는 '비르투스'(virtus, 용기), '클레멘티아'(clementia, 자비), '유스티티아'(iustitia, 정의), '피에타스'(pietas, 경건)라는 단어들이 새겨져 있었다 – 오래 전부터 번역하기가 어려운 단어로 인식되어 온 '피에타스'는 인간적이고 자비로운 삶으로 표현된 신들에 대한 헌신과 의무에 대한 헌신이 결합된 미덕으로 요약될 수 있다(특히, 이것은 베르길리우스가 묘사한 아이네이아스[Aeneas]의 모습이었다). 영어의 piety라는 단어는 이 모든 의미를 다 담을 수 없고, duty라는 단어는 '피에타스'가 지닌 따뜻함, 즉 적어도 신들이나 연장자들에 대한 따뜻한 인간미(아이네이아스가 자신의 아버지인 안키세스[Anchises]를 트로이에서 멀리 옮긴 것이 그 표준적인 표상이다)를 조금도 전달해 주지 못한다(로마의 영웅에게 이런 것이 있었던 것으로 보이지는 않지만). 이렇게 로마에서 크게 부각된 '클리페우스 비르투티스'("용맹의 방패")는 빅토리아 여신이 이 방패를 든 모습의 조각상 형태로 된 집안의 등불들 같은 여러 가재도구에 장식용으로 사용되었는데, 이것도 새로운 세계를 도래하게 한 군사적 정복을 예찬하는 동일한 메시지를 전하는 것이었다.[54] 프리마 포르타에서 발견된 아우구스투스의 대리석 조각상(Prima Porta Augustus)에 입혀져 있는 청동 흉패 같은 다른 물건들도 이와 비슷한 메시지를 전하였다. 이 흉패에도 또다시 베누스, 아폴론, 디아나가 등장하고, 풍요와 번영의 시대를 상징하는 풍요의 뿔(cornucopia)이 등

52) Galinsky, 1996, 141-55를 보라.

53) *RG*, 34.

54) Galinsky, 1996, 80-90 및 이 네 주제와 그것들의 다중적인 반향들에 관한 자세한 논의를 보라. '클리페우스'(clipeus)는 종종 '클루페우스'(clupeus) 또는 '클뤼페우스'(clypeus)로 철자되기도 하였다.

55) Galinsky, 1996, 109, 155-64.

장하며, 이러한 신들에 의해서 주어진 복들의 원천이 외적들, 여기에서는 특히 복속된 바대인들에 대한 로마의 승리임을 선언하는 메시지가 등장한다.[55]

이렇게 좀 더 큰 물건들을 통해 선포된 메시지는 주화들에 의해서도 동일하게 선포되었다. 로마 또는 제국에서 얼마나 많은 평범한 사람들이 주화들에 새겨진 상징들과 슬로건들에 대하여 그렇게 많이 신경을 썼는지는 추측하기 어렵지만, 어쨌든 주화들은 고대 세계에서 유일한 대중매체였기 때문에, 오늘날 우리 시대의 상징을 담고 있지만 대체로 무시되고 있는 서구의 주화들과 지폐들보다 더 큰 주목을 끌었을 것임에 틀림없다.[56] 아우구스투스 치세 때의 주화들은 몇 가지 것들을 아주 분명하게 보여준다. 첫째, '프린켑스'(princeps), 즉 아우구스투스는 '디비 필리우스'(divi filius), 즉 "신이 된 이의 아들"이라는 것이다. 이것은 아우구스투스가 자신이 취한 정치적 조치들 중에서 최우선순위에 둔 것이었고, 그 후로도 계속해서 가장 역점을 둔 정책들 중의 하나였다. 물론, 주화는 양면으로 되어 있었는데, 로마 시대에는, 한 면에는 공식적이고 법적인 내용이 새겨져 있었고, 다른 한 면에는 잠재적인 사용자들이 소중하게 여겼던 이상들을 담아내고자 하였다.[57] 우리는 주화들에서 인물들의 초상을 보는 데 익숙해져 있지만, 로마인들이 처음으로 살아 있는 사람을 주화에 새기기 시작한 것은 율리우스 카이사르 치세 때였다는 것을 잊어서는 안 된다. 아우구스투스는 자신의 초상을 다양한 모습으로, 특히 신의 형상으로 주화들에 담아내는 놀라운 일을 시작하였다(아래를 보라). 주전 12년에 주조된 로마의 한 금화(aureus, '아우레우스')에 새겨진 놀라운 부조에는, 아우구스투스가 '레스 푸블리카'(res publica, "공화정")를 상징하는 무릎을 꿇은 한 인물에게 도움의 손길을 뻗치는 모습으로 묘사되어 있다.[58] 이 시기에 나온 주화들은 서로 약간씩 다른 복잡하고 다양한 주제들과 메시지들을 담고 있다. 이러한 주화들은 그 자체만으로는 로마 제국의 신민들에게 그들이 이전에 알지 못했거나 믿지 않았던 것들에 대한 확신을 줄 정도로 강력한 설득력을 지닐 수 없었다는 것은

56) 멋진 반어법: 미국의 1달러짜리 지폐에는 1935년 이래로 Virgil(*Ec.* 4.5-8)를 자랑스럽게 암시하는 '노부스 오르도 세클로룸'(novus ordo seclorum, "시대들의 새로운 질서")이라는 문구가 인쇄되어 있다. 그러나 나는 미국인들 중에서 이 문구나, 이 문구가 어디에서 유래하였는지, 또는 아우구스투스가 제국을 통치하기 시작하면서 내건 모토처럼 Thomas Jefferson이 미국이라는 국가의 창건을 알리며 내건 모토로서 1782년의 국새에 새겨질 문구로 채택되었다는 사실 같은 것들을 아는 사람은 거의 없음을 발견한다.

57) Wallace-Hadrill, 1986, 73.

58) Galinsky, 1996, 33.

59) Galinsky, 1996, 28-41.

의심할 여지 없이 사실이지만, 그들이 다른 수단들을 통해서 듣게 된 메시지들을 강화시킬 수 있었다는 것은 분명하다.[59]

그러한 "다른 수단들" 중에는 로마의 물질 문화가 강력한 영향을 발휘하긴 하였지만, 그 밖의 다른 것들도 포함되어 있었고, 아직까지 충분히 인식되지 않은 한 가지 두드러진 현상도 그런 것들 중의 하나였는데, 그것은 아우구스투스의 치세는 로마는 물론이고 제국의 아주 먼 변방에서도 단순한 "복된 일"(a good thing)이 아니라, 기나긴 역사 가운데서 준비되어 온 복된 일로 송축된 것이었다.

3) 이 서사의 정점

만일 아우구스투스 시대에 신전들이 세워지지도 않았고, 다른 나라들을 정복하지도 않았으며, 조각상들을 전혀 세우지도 않았고, 새로운 왕조를 창건하지도 않았다고 할지라도, 그 시대는 놀라울 정도로 방대한 문헌들을 쏟아낸 시대로 세계사 속에서 여전히 유명하였을 것이다. 당연히 이전에도 카툴루스(Catullus, 주전 84-54년경), 살루스티우스(Sallust, 주전 86-35년경), 율리우스 카이사르, 종종 지루할 정도로 장황하게 말하는 것으로 유명한 키케로, 다음으로는 타키투스나 플리니우스 같은 위대한 라틴 작가들이 있었음은 물론이다. 그러나 라틴어로 된 산문과 운문의 "황금기"는 아우구스투스의 후원 아래에서 도래하였고, 그 중심에는 아우구스투스와 위대한 작가들의 개인적으로 친밀한 교분이 자리하고 있었다는 것은 누구나 다 동의하는 사실이다.

아마도 이러한 문화적인 만개에 대한 잠재적인 인식은 "황금기"라는 개념을 좀 더 일반적으로 퍼뜨리는 데 일조하였을 것이다.[60] 고대의 많은 작가들은 역사를 일련의 서로 다른 시대로 이해할 수 있는 가능성을 타진하였는데, 이때에 통상적으로 사용된 도식은 각 시대를 차례로 금, 은, 동, 쇠로 표현하는 것이었다.[61] 호라티우스(Horace)는 특히 자신의 『서정시 모음집』(*Odes*)으로 인해서, 흔히 이러한 사

60) 예를 들면, Günther and Müller, 1988을 보라.

61) cf. *JVG*, 451 n. 32; cp. Galinsky, 1996, 92f.와 특히, Feeney, 2007, ch. 4. 최초의 "황금시대" 이래로 인류는 사양길을 걸어 왔다는 관념은 Hesiod, *Works*, 109-26으로 거슬러 올라가고, Aratus, *Phaen.* 100-14; Ovid, *Met.* 1.89-112; 단 2:31-45에 나오는 설명들도 잘 알려져 있다. 황금시대는 Saturn 또는 Chronos의 통치와 결부된다; 그리고 그들 자신의 시대에 새로운 "황금시대"가 도래할 것이라고 기대하는 사람들은 Saturn이 마침내 다시 돌아오고 있다고 주장한다: 아래를 보라.

62) Cleopatra: 1.37; 군사적인 성공: 2.9, 12; 로마로 돌아옴: 3.14; cf. 4.2, 5, 15. 이 시점에서 Augustus

실을 증언해 주는 최초의 증인으로 불린다. 그의 천부적인 시재는 아우구스투스가 권좌에 오르는 일을 완결하였던 때와 정확히 같은 시기에 만개하여서, 아우구스투스가 클레오파트라에게 승전한 일을 비롯해서 그 밖의 다른 여러 군사적인 성공들을 거둔 것과 로마로 화려하게 귀환한 것을 송축하는데,[62] 이때에 그는 단지 하나하나의 일들에 대하여 개별적으로 아우구스투스에게 영광을 돌린 것이 아니라, 아주 오래 전부터 시작된 영웅들의 계보가 마침내 아우구스투스에게서 완성된 것이라고 말하면서, 유피테르가 하늘에서 정의를 행하듯이, 유피테르 신의 대리인으로서 세계를 다스리는 아우구스투스도 땅에서 정의를 행할 것이라고 노래한다.[63] 이것은 아우구스투스를 정점으로 하는 하나의 서사이다.

이러한 서사는 아우구스투스에 의해서 그의 개혁과 갱신 사업에서 아주 특별한 때였던 주전 17년에 부활시킨 "100년제"의 무대에 올릴 목적으로 호라티우스가 쓴 '카르멘 사이쿨라레' (Carmen Saeculare), 즉 "새 시대를 위한 송가"에서 한층 더 분명하게 드러난다. 바대인들(Parthians)은 평화조약을 맺자고 청해 왔고, 스페인의 칸타브로이인들(Cantabrians)은 복속되었으며, 도덕을 바로잡고자 한 아우구스투스의 원대한 사업은 결실을 맺었다. 이것은 나태한 사치의 시대가 아니라, 전혀 다른 새 시대의 서막이다. 평범한 로마인들이 고대의 이상들에 따라 기꺼이 살며 열심히 일하고자 하기만 한다면, 새 시대는 꽃피게 될 것이고, "100년제"(여기에서는 110년으로 본다)의 전통은 장래에도 유지될 것이다:[64]

> 남자들과 여자들이 함께 멍에를 메어야 할 것과 새롭게 탄생하는 자녀들을 양육하기 위한 혼인법에 관한 조상들의 칙령들이 제대로 지켜지기만 한다면, 11년이 10번 지난 때가 다시 돌아왔을 때 사람들은 사흘 밤낮으로 함께 모여 노래와 시합을 하며 즐거운 시간을 보낼 수 있게 될 것이다.[65]

호라티우스는 파테스(Fates), 대지의 어머니(Mother Earth), 아폴론, 달의 신을 향해 기도하면서, 아이네이아스(Aeneas)의 자손이자 후계자인 아우구스투스가 이제 로마와 로마의 세계에 평화와 번영을 정착시킬 수 있게 해 달라고 요청한다:

의 선전이 성공할 수 있었던 요인 중의 일부는 그가 "이탈리아"를 안토니우스의 타락한 동방주의(orientalism)와 대비되는 세계의 중심으로 강조한 덕분이었다.

63) *Od.* 1.12.

64) Galinsky, 1996, 100f.

65) Hor. *Carm. Saec.* 17-24.

66) ib. 37-52.

로마가 진실로 당신들의 창조물이고, 에트루리아 해안에 정착한 무리들이 자신들에게 구원을 가져다준 여행 가운데서 자신들의 본향과 성읍을 바꾸라는 지시를 받은 트로이의 남은 자들이었으며, 트로이의 생존자였던 의로운 아이네이아스가 불타는 성을 아무런 해도 입지 않은 채로 빠져나와, 그들이 뒤로 하고 떠나온 것들보다 더 많은 것들을 그들에게 줄 자유의 길을 그들을 위하여 개척한 것이라면, 오, 신들이여, 젊은 세대에게는 조상들을 배울 수 있는 건전한 성품을 주시고, 나이든 세대에게는 안식을 주어 만족하게 하시며, 로물루스의 백성 전체에게는 부와 자녀와 모든 복을 주소서. 안키세스(Anchises)와 베누스(Venus)의 영광스러운 후손[달리 말하면, 아우구스투스]이 당신들에게 흰 소를 바치며 요청하는 것들을 들어 주시고, 자신의 대적들과의 싸움에서 승리하게 하시며, 그 대적들을 무릎 꿇린 후에는 그들에게 자비를 베풀게 하소서.[66]

이 새 시대의 번영은 정복 위에 안전하게 구축된다:

이제 메대인들(the Mede)은 땅과 바다에 대하여 힘 있는 우리의 권능의 손들과 알바(Alba)의 도끼들[알바는 아이네이아스의 아들에 의해서 세워진 로마의 기원이 된 성읍이다]을 두려워하고, 최근까지만 해도 그토록 오만하였던 스키타이인들(Scythians)과 인도인들(Indians)은 우리가 결정해 줄 것을 요청하고 있다. 그토록 오랫동안 소홀히 되어왔던 신의(Fides), 평화(Pax), 명예(Honos)가 저 옛적의 겸양(Pudor) 및 용맹스러움(Virtus)과 더불어서 바야흐로 다시 회복되고 있고, 모든 사람이 저 복된 풍요(Copia)의 온전히 자란 뿔을 보고 있다.[67]

이것은 곡조를 붙인 '아라 파키스'(Ara Pacis, "평화의 제단")이다. 아폴론은 아우구스투스의 궁정 옆에 있는 팔라티누스 언덕에 지어진 자신의 새로운 신전으로부터 이 모든 것들을 굽어보며 보살펴 줄 것이다. 아폴론은 "로마의 권세와 라티움의 번영이 또 한 번의 백 년 동안 지속되게 하여서, 한층 더 나아진 다음 시대를 맞이하게" 해줄 것이다.[68] 지금부터는 오직 더 나아질 일만 남아 있다. 카이사르 아우구스투스가 황위에 있고, 그의 새로운 도덕적 개혁이 자리를 잡고 있는 한, 그 어떤 것도 '팍스 아우구스타'(pax Augusta, "아우구스투스에 의한 평화" 또는 "위대한 평화")를 훼방할 수 없다:

아우구스투스의 시대에 우리는 회복된 풍작을 보고,

67) ib. 53-60. '비르투스'(Virtus)는 "용맹"으로 번역하는 것이 더 나을 것이다('클리페우스 비르투티스'[clipeus virtutis]에 대한 위의 설명을 보라). 다시 한 번 여기서도 강조점은 번영하는 곳으로서의 이탈리아에 두어진다.

68) ib. 62-8.

69) Hor. *Od.* 4.15.4-32, tr. Lyons, 2007, 200f.(이것은 Lyons, 1996, 151f.를 약간 수정한 것이다).

우리 군기들이 이제 바대의 오만한 신전 문들에서 떼어내져서
로마의 신에게 다시 바쳐지네:
이 시대는 전쟁을 끝내고, 야누스 신전의 문들을 닫았네.

엄격한 규범들을 유린할 수 있는 방종은
규제들과 명령들에 의해서 재갈이 물렸다네.
이 시대는 죄책과 범죄를 밀어내 버렸으니,
이제 이 시대가 요구하는 것은 유서깊은 예술들과 솜씨들이라네.

이러한 것들을 통해서 라틴이라는 이름과 이탈리아의 힘이 자라나서,
로마의 이름과 제국의 위엄이
서방의 바다 밑 태양이 쉬는 곳으로부터
동방의 태양에 이르기까지 그 힘을 미치고 있네.

카이사르가 우리 체제의 수호자이시니,
그 어떤 격노나 세력도 평화를 몰아내지 못하고,
칼을 벼르는 분노조차도
서글픈 도시들에 대하여 적의를 표출하지 못한다네.

다뉴브(Danube)의 강물을 깊이 들이마신 자들이라도
율리우스의 칙령들을 깨뜨리지 못할 것이고,
신의가 없는 중국인들이나 게타이인들(Getans)이나 페르시아인들도 그럴 것이며,
타나이스(Tanais) 강 근처에서 길러진 사람들도 그러할 것이라네.

리베르(Liber) 신이 주는 하사품들에 둘러싸인 우리는
평범한 날에도 거룩한 날에도
우리의 자녀들 및 우리의 아내들과 더불어
합당한 의식을 갖추어 먼저 하늘을 향하여 기도한 후에,

지난날에 우리의 조상들이 그랬듯이,
리디아의 퉁소 반주에 맞춰
트로이와 안키세스와 인자하신 베누스의 아들이신
우리의 '프린켑스'의 영화로우신 성품을 노래하리라.[69]

아이네이아스(Aeneas)는 원형이었고, 아우구스투스는 그의 자연스러운 계승자

Anchises와 Venus의 아들은 물론 Aeneas였다.

70) *Od.* 1.6.

였다. 그의 치세 하에서 가장 변방에 있는 나라들까지도 태평성대를 누리게 되었다.

물론, 그것은 꿈이었다. 사실, 아우구스투스의 치세 때에 로마군은 몇 차례 패배를 당하였고, 그 중에서 가장 끔찍했던 패배는 주후 9년에 게르마니아에서 3개 군단을 잃은 것이었다. 마찬가지로, 아우구스투스가 그토록 나팔을 불어대며 선전하였던 도덕 개혁도 자신의 딸과 손녀(둘 다 율리아로 불렸다)를 파렴치한 성적 비행을 이유로 추방해야 했을 때, 그 허구성이 적나라하게 드러나 버렸다.

우리가 이러한 본문들로부터 받는 인상에도 불구하고, 어쨌든 호라티우스(Horace)는 알랑대는 아첨꾼은 아니었다. 그는 빌립보 전투에서 브루투스 편에 서서 안토니우스와 옥타비아누스에 대항하여 싸웠다가 간신히 살아남아 목숨을 부지하였기 때문에, 그 이후로는 얼마든지 힘 있는 사람의 온갖 변덕을 맞춰 주며 사는 쪽을 택할 수도 있었지만, 그렇게 하지 않았다. '프린켑스'는 그를 자신의 개인 비서로 초빙하였지만, 호라티우스는 그 청을 거절하였다. 그러자 아우구스투스는 자신의 가장 가까운 동료이자 당시에 가장 유력한 후계자였던 아그리파(Agrippa)의 승전들을 칭송하는 시를 써달라고 그에게 부탁하였지만, 이번에는 시를 지어 그 청을 거절하였다. 그는 전투들과 전쟁들에 대하여 제대로 글을 쓸 수 있는 시인들은 따로 있으니, 자기는 청춘의 사랑과 파티들 같은 사소한 일들에 관한 시를 쓰는 일에만 전념하겠다고 말한다.[70] 심지어 그는 베르길리우스의 저 유명한 네 번째 전원시(Eclogue)를 희화화한 시를 쓰기까지 하였다(아래를 보라). 실제의 황금의 위험성들에 대하여 아주 많은 글을 쓴 호라티우스는 황금으로 상징되는 "시대"에 대한 베르길리우스의 무비판적인 열정에 속아 넘어갈 수 없었다.[71] 아우구스투스는 호라티우스의 이러한 행적에 개의치 않았던 것으로 보인다.[72] 호라티우스는 로마가 주는 달콤함과 위험보다 자신의 후원자였던 마이케나스(Maecenas, 아우구스티투스의 또 다른 절친한 동료)로부터 받은 자신의 작은 농장을 더 좋아하였다. 그러나 그가 쓴 『서정시 모음집』(*Odes*), 특히 '카르멘 사이쿨라레'(Carmen

71) Hor. *Epod.* 16: 그는 Jupiter가 황금 "시대"(saeclum)를 놋의 시대로, 그런 후에 쇠의 시대로 바꾸어 놓았기 때문에(이것은 아래에서 보게 될 Ovid의 도식을 반영한 것이다), 이 땅을 떠나서 저 멀리 있는 꿈의 나라로 항해해 가는 것이 좋을 것이라고 말한다(16.63-6): Feeney, 2007, 132-4와 거기에 나오는 전거들을 보라.

72) 이 '프린켑스'(princeps)는 원로원의 거칠고 무례한 폭언들이나 그를 향하여 퍼부어진 조롱들에도 미동도 하지 않은 인물로 유명하였다 — 오늘날 전자 시대에 사는 우리의 눈으로 볼 때에는, 그런 일들을 위해 거짓 서명들을 사용하는 것을 금지하는 것이라고 할 수 있었던 법을 그가 통과시키긴 하였지만: Suet. *Aug.* 54f.

73) *Od.* 3.30.

Saeculare, "100년제를 위한 송가")의 메시지, 즉 로마의 기나긴 이야기는 아우구스투스의 승전들과 그 승전들이 가져다준 평화에서 영광스러운 정점에 도달하였다는 메시지는 여전히 남는다. 그의 그러한 메시지는 그의 진심이었든지 아니었든지와는 상관없이, 전 세계로 퍼져나가서, 그는 사후에 올바르게 예견하였다는 명성을 얻게 될 것이었다.[73)]

아우구스투스에 대한 일종의 역사적 변증과 관련해서 종종 언급되는 또 한 명의 시인은 오비디우스(Ovid)이다. 그의 대작 『변신』(*Metamorphoses*)은 세계의 창조(원래의 "황금기")로부터 시인 자신의 시대에 이르기까지의 대서사에 대한 약속으로 시작된다.[74)] 그러나 그는 이러한 궤도를 너무나 자주 벗어나서, 역사적인 연결고리들이 아니라 주제를 따라 사건들을 이어감으로써, 처음에 약속했던 틀은 무너지는 것으로 보인다. 따라서 "『아이네이스』(*Aeneid*)에서 확립된 목적론적인 서사시의 아우구스투스 판본을 만들어 보고자 하는 실제적인 끼가 『변신』에 존재하기는 하지만," 이 책에 나오는 이상한 전개과정들과 변신들에 관한 이야기들은 좀 더 큰 서사를 일관되고 힘 있게 끌어나가는 것을 어렵게 만든다.[75)] 하지만 그는 초반에 장차 도래할 영광들을 암시한 후에, 마침내 제14권에서 아우구스투스 치하를 반영한 로마의 새로운 창건에 관한 이야기에 도달한다.[76)] 오비디우스는 종종 자신의 시대를 냉소적인 눈으로 바라보는 것으로 보인다. 그에게 있어서 "황금기"는 여전히 먼 과거에 있다.[77)]

아우구스투스 시대에 몸담고 살았으면서도, 그 시대에 대하여 그 어떤 시비도 걸지 않았던 산문 작가가 있었는데, 그는 역사가 벨레이우스 파테르쿨루스(Velleius Paterculus)였다. 그는 아우구스투스가 티베리우스에게 물려준 제국의 상황을 검토하면서, 더할 나위 없는 칭송을 바칠 수 있었다:

> 카이사르[즉, 티베리우스]가 자신의 아버지를 신으로 모신 것은 황제로서의 자신의 권세로 얼마든지 그렇게 할 수 있었기 때문이 아니라, 진정으로 자신의 아버지를 존경하였기 때문이었다. 그는 선황을 신이라고 부르지 않았지만, 신으로 만들었다. 광장에서는 신뢰가 회복되었고, 싸움은 광장에서 추방되었으며, 공직을 위한 선거 유세는 '캄푸스 마르티우스'(Campus Martius, "마르스 신의 벌판")에서 사라졌고, 원로원에서는 불화

74) 1.89-112.

75) *OCD*, 1085에 나오는 S. E. Hinds의 글을 보라.

76) Feeney, 2007, 103f.를 보라.

77) *Met.* 1.89-112; Galinsky, 1996, 99f.; 15.857-60 등을 보라. 이것에 대해서는 Feeney, 2007, 135를 보라.

78) Vell. Pat. 2.126.1-4.

가 없어졌다. 오랫동안 음지에 묻혀 있던 정의와 공평과 근면성실이 이 나라에서 회복되었고, 공직자들은 권위를, 원로원은 위엄을, 법정은 존엄을 되찾았다. 극장에서의 광란은 억제되었고, 모든 시민들은 바르게 행하고자 하는 마음을 품게 되거나, 필요에 의해서 바르게 행할 수밖에 없게 되었다. 지금은 옳은 것이 우대를 받고, 악은 벌을 받는다. 비천한 사람은 큰 자를 존경하기는 하지만 두려워하지는 않고, 큰 자는 비천한 자보다 지위가 높지만 멸시하지는 않는다. 지금보다 곡물 가격이 더 합리적이고, 평화의 복들이 더 컸던 적이 언제 있었던가? 동방과 서방의 지역들, 북방과 남방의 경계들까지 퍼져 나간 '팍스 아우구스타'(pax Augusta, "아우구스투스에 의한 평화")는 세계의 구석구석을 강도의 위험으로부터 안전하게 지켜주고 있다. 황제의 너그러움은 시민 개개인만이 아니라 도시 전체가 운 나쁘게 입은 손실들까지도 보살펴 주고 있다. 아시아의 도시들은 회복되었고, 속주들은 자신의 방백들의 압제로부터 해방되었다. 훌륭한 사람들은 늘 존귀한 대접을 받고, 악인들에 대한 처벌은 느리지만 확실하다. 공정함은 감화력을 넘어설 수 없고, 공덕은 열망을 넘어서지 못한다. 그래서 가장 선한 황제는 자신의 솔선수범을 통해서 자신의 시민들에게 바르게 행할 것을 가르친다. 황제는 권위에 있어서는 우리 가운데서 가장 크지만, 그가 보이는 모범은 한층 더 크다.[78)]

이것은 마치 마카베오1서 14장의 일부인 것 같은 착각을 준다: 모든 사람이 자신의 포도나무와 무화과나무 아래 앉아 있고, 그들을 방해할 자가 아무도 없어서 행복하다. 우리가 망원경으로 그 시대를 제대로 볼 수 있다면, 평생토록 내전의 세월을 살아온 사람들에게, 이것은 진정한 "황금기"로 보였을 것임에 틀림없다.

하지만 아우구스투스 시대의 훨씬 더 위대한 역사가는 좀 더 복잡한 이야기를 들려준다. 호라티우스와 마찬가지로, 리비우스(Livy)도 아우구스투스의 친구로서 그와 동시대를 살았던 인물이었지만, 일정 정도의 독립성을 유지하며 살았다. 그의 방대한 저서인 『역사』(*History*, 일부만 현존하는데, 그 정점인 아우구스투스의 치세에 관한 부분이 실전된 것이 가장 아쉬운 일이다)는 가장 초창기부터 시작해서 저자 당시에 이르기까지 로마의 역사 전체를 다룬 책이다.[79)] 그는 자신의 서문에서 이 책을 쓰게 된 목적이 옛적의 조상들과 그들의 생활 풍습을 고찰해서, 사람들로 하여금 그 조상들의 시대와는 대조적으로 그 이후로 도덕이 얼마나 붕괴되어 왔는지를 깨닫게 하여, 아우구스투스 시대에 도덕적인 갱신이 얼마나 절박한 일인지를 알게 하는 데 있다고 밝힌다. 그의 목적은 어떻게 해서 로마가 처음에는 이탈리아, 다음으로는 지중해 세계 전체를 지배할 수 있게 되었는지에 관한 이야기를 들려주는 것이었다. 이런 목적을 지닌 그의 이야기는 저자 당시의 로마 제국이 필

79) Feeney, 2007, 100-4에 나오는 중요한 것을 시사해 주는 논의를 보라.
80) 리비우스에 대해서는 Galinsky, 1996, 280-87 등을 보라.

요로 하는 덕목들을 실천하는 삶을 살았던 과거의 위대한 로마인들의 모범 사례들로 가득 차 있다.

그러나 그는 단순히 일련의 도덕적인 모범 사례들을 제시하고자 한 것이 아니었다. 그는 로마의 역사를 "시작"이 있고 종종 어둡기도 한 기나긴 "중간"이 있고 영광스러운 "끝"이 있는 역사로 인식하였다. 발전과 진화를 거치면서, 새 일들이 전면에 등장하게 될 것이고, 결국에는 "처음에" 로마를 위대하게 만들어 주었던 강점들로 인해서, 로마는 자신이 시작했던 지점으로 되돌아가는 것이 아니라, 처음과는 다른 한층 더 세련된 열매를 맺게 될 것이다(그의 기사는 로마가 최종적인 승전을 바탕으로 탄탄대로를 걷고 있던 시기인 주전 9년에 끝이 난다). 옛적의 덕목들이 회복될 때, 로마는 단순히 저 먼 과거로 돌아가는 것이 아니라, 그 옛적의 약속을 새로운 차원에서 성취하게 될 것이다.[80)]

오늘날 리비우스는 비굴하게 아우구스투스의 비위를 맞춘 인물이 결코 아니었던 것으로 인식되고 있다. 타키투스(Tacitus)는 주후 25년에 티베리우스 치하에서 일어난 어떤 반역죄에 대한 재판을 보도한다. 반역자로 고소된 크레무티우스 코르두스(Cremutius Cordus)는 "브루투스를 칭송하고 카시우스를 최후의 로마인으로 추켜세우는" 역사서를 쓴 인물이었기 때문에, 우리는 율리우스 카이사르가 손자로 입양한 티베리우스가 카이사르를 암살한 자들을 추앙하는 이러한 찬사를 못마땅해하였으리라는 것을 충분히 짐작할 수 있다. 그러나 코르두스는 아우구스투스의 친구였던 리비우스도 카이사르의 주적이었던 "폼페이우스에 대한 칭송을 쏟아놓았고," "아우구스투스는 리비우스를 '폼페이우스 지지자'라고 불렀지만," 그들 간의 교분에는 아무런 문제가 생기지 않았다고 말함으로써 자신을 변호하였다. 코르두스는 리비우스가 브루투스와 카시우스를, 사람들이 생각하듯이, "강도"나 "존속 살인자"로 묘사한 것이 아니라, "애국심에 불타는 자들에게나 해당될 수 있는 그런 말들로" 묘사하였다는 것을 사실을 거듭거듭 강조하였다.[81)] 당시에 리비우스도 그렇게 하였는데, 내가 지금 그렇게 못할 이유가 어디 있는가? 타키투스는 이 재판에서 티베리우스가 보여준 표정은 "코르두스라는 작자는 어쩔 수 없는 자로구나"라고 말하는 것 같았다고 보도한다. 코르두스는 진술을 마친 후에, 법정을 나가서, 스스로 굶어죽는 길을 택하였다.[82)] 타키투스는 자신이 호감을 가진 인물이

81) *Ann.* 4.34.

82) 4.35.

83) 4.19f. Penguin Classics의 편집자이자 번역자인 A. de Sélincourt는 4.32에서 Cossus가 또다시 "군

아니었던 티베리우스를 화를 잘 내고 속좁은 인물로 묘사하고자 한 것임은 의문의 여지가 없다. 그러나 그의 묘사는 너무나 생생하고, (위에서 든 호라티우스의 예에서도 볼 수 있듯이) 아우구스투스가 너그럽고 대범하였다고 알고 있는 우리의 인식과 부합하기 때문에, 사실일 가능성이 크다.

그럼에도 불구하고, 리비우스가 자신이 쓴 글의 세부적인 내용을 여기저기에서 왜곡시켜서, 아우구스투스의 통치 방식을 위한 역사적인 전례를 제시하고자 하였음을 보여주는 다른 증거들이 있다. 주전 437년에 아울루스 코르넬리우스 코수스(Aulus Cornelius Cossus)는 베이이인들의 왕 라르스 톨룸니우스(Lars Tolumnius)을 죽이고서, 한 번의 전투에서 적군의 우두머리를 죽인 장군에게 주어진 '스폴리아 오피마'(spolia opima), 즉 그 우두머리의 몸에서 벗겨낸 갑옷이나 무기 같은 것들을 유피테르 페레트리우스(Jupiter Feretrius)의 신전에 바치는 영예를 수여받았다. 리비우스는 이 이야기를 기록하면서, 이전의 모든 기사들은 코수스를 단지 군대 사령관이라고 말하고 있지만, 자기는 "우리의 모든 신전들을 세우고 복원시킨 인물"인 아우구스투스가 새롭게 복원된 유피테르 신전을 방문하였을 때, 거기에 있던 금석문에 코수스가 집정관으로 기록되어 있는 것을 보았다는 말을 들었다고 말하고 난 후에, 옛적의 모든 문헌들이 어떻게 해서 이 사실을 잘못 기록하게 되었는지를 도통 모르겠다고, 시치미를 뚝 떼는 식으로 쓰고 있다.[83] 크라수스(Crassus)는 바스타르나이인들(Bastarnae)의 왕 델도(Deldo)를 죽인 후에 '스폴리아 오피마'의 영예가 자신에게 주어져야 한다고 주장했지만, 아우구스투스는 집정관인 자신이 그 전투의 공식적인 총사령관이라는 이유로 그의 그러한 요구를 들어주고자 하지 않았기 때문에, 이것은 정치적으로 "뜨거운 감자"였던 것으로 흔히 생각되어 왔다. 하지만 상황은 좀 더 복잡했던 것으로 보이고, 최근의 한 저자는 크라수스는 자기가 '프린켑스'인 아우구스투스에게서 이러한 영예를 훔치는 것으로 보이는 것은 자신의 신상에 좋지 않을 것임을 깨닫고서, 현명하게도 그러한 주장을 철회하였던 것이라는 견해를 제시하였다. 하지만 나는 이것이 우리가 앞에서 말한 논지를 훼손하지 않는다고 생각한다. 왜냐하면, 크라수스가 그러한 영예를 얻고자 시도했느냐, 그렇지 않았느냐 하는 것과는 상관없이, 아우구스투스는 자기가 크라수스가 받아야 할 영예를 빼앗은 것이 아니냐는 의심을 피하기 위해서, 코수스(Cossus)가 주전 437년에 단순한 군대 사령관이 아니라 실

단 사령관"으로 지칭되고 있다는 이유로, 리비우스가 이 사건을 설명하는 부분의 마지막 단락은 그가 나중에 이 책에 추가한 것으로 보인다는 주해를 덧붙인다.

84) 소수의 전승에서처럼: 예를 들면, Val. Max. 3.2.4. 이러한 논의에 대해서는 Richardson, 2012,

제로 집정관이었다는 것을 어떻게든 증명해서, 일개 장군 따위가 집정관이나 받을 수 있는 영예를 탐내는 것은 있을 수 없는 일임을 확인시켜 주고자 하였을 수 있기 때문이다.[84] 우리의 목적과 관련해서, 이 사건은 리비우스가 자신의 이야기 전체를 아우구스투스를 부각시키는 방식으로 들려주고 있는 것은 사실이지만, 팔라티누스 언덕에 있는 아우구스투스의 궁정에서 못마땅해할 만한 증거들은 기꺼이 배제하고자 한 것이 아님을 보여준다.

하지만 이 모든 것들에도 불구하고, 기본적인 요지는 변함이 없다. 즉, 실제로 리비우스는 로마가 거의 천 년의 준비기간을 거친 후에 마침내 아우구스투스 시대에 위대한 정점에 도달하였음을 보여주는 방식으로 자신의 이야기를 풀어갔다는 것이다.[85] 로마의 역사는 단지 돌고 도는 순환론적인 역사도 아니었고, 도덕 및 군사적인 업적과 관련된 일련의 무의미한 개별적인 모범 사례들의 집합도 아니었으며, 작은 시작으로부터 위대한 결말로, 또는 야만적이고 부도덕했던 과거로부터 덕스럽고 건전한 현재로 조금씩 무리 없이 발전되어온 역사도 아니었다(독자들은 여기서 제2성전 시대의 유대교에서 이른바 "묵시론"에 관한 또 다른 논의의 반향들을 감지해낼 수 있다).[86] 로마의 역사는 최근까지만 해도 과거의 덕목들이 모두 사라져 버린 것 같은 지독히 어두운 시기를 거쳐야 했지만, 이제 마침내 새 시대가 도래하게 된 굴곡진 복잡한 이야기였다. 리비우스는 벨레이우스 파테르쿨루스(Velleius Paterculus)의 지나치게 알랑거리는 화법을 사용하고자 하지는 않았을지라도, 오랫동안 기다려온 새로운 여명이 자기가 사랑하는 도성에 마침내 도래하게 된 이야기를 들려주고자 하였다.

아우구스티누스 시대의 작가이자 '프린켑스'의 또 한 명의 친구였던 인물은 당연히 베르길리우스(Virgil)였다.[87] 그가 주전 40년에 쓴 네 번째 『전원시』(*Eclogue*)는 흔히 초기 그리스도인들에 의해서 장차 오실 메시야에 관한 예언으로 받아들여

89f.

85) 제국들에서 서사의 재구성에 대해서는 Alcock, 2001; Woolf, 2001을 보라.

86) 위의 제2장을 보라.

87) 라틴어로 그의 이름은 통상적으로 "Vergilius"(베르길리우스)로 철자되고, 오늘날 일부 사람들은 전통적인 영어식 철자가 아니라, 주후 4세기의 한 금석문에서 처음으로 발견된("실제의 라틴어 이름에 약간 더 가까운") 형태인 "Vergil"을 사용하는 것을 선호한다(*OCD*, 1602). 현재의 맥락 속에서 베르길리우스에 대해서는 Galinsky, 1996, 246-53 등을 보라. Woolf, 2001, 315는 베르길리우스와 리비우스는 "로마의 정체성, 로마가 공유한 과거, 그들의 운명, 신들 및 세계 질서에 대한 그들의 특별한 관계를 새롭게 정립하였다"는 것을 강조한다. 그는 아우구스투스와 그의 직후의 계승자들 치하에서 그러한 저작들을 중심으로 Cicero, Sallust, Caesar 등을 포함하여 "교육을 위한 표준적인 교과서"를 만들어낸 것은 "제국

졌던 까닭에, 나중에 그는 기독교 전통 내에서도 유명 인물이 되었다.[88] 그는 자신의 『전원시』에서 온 세계가 재탄생하게 될 새 시대를 환호한다:

> 쿠마에(Cumae)의 여신관이 노래한 마지막 시대가 이제 도래하였고, 수 세기 동안 유구하게 이어져 온 역사가 새롭게 시작되고 있다.[89] 이제 여신['유스티티아'(Iustitia), 즉 정의의 신을 가리키는 것 같다]이 돌아왔고, 사투르누스(Saturn, 농업의 신)가 돌아왔다. 이제 새로운 시대가 하늘 높은 곳으로부터 임하였다. 순결한 루키나(Lucina, 탄생의 여신)여, 이제 당신이 아이들의 탄생에 미소를 보내고 있으니, 쇠의 시대가 마침내 가고, 황금의 시대[gens aurea]가 온 세계에서 솟아나리라! 이제 아폴로 신이 다스리고 있다!
>
> 폴리오(Pollio)여, 당신이 집정관직에 있으니, 영광스러운 시대가 시작되겠고, 강력한 나날들이 진군을 시작하리라. 당신의 지배 아래에서 죄악의 그림자들은 사라져서 얼씬도 하지 못하리니, 온 땅은 오랜 두려움에서 벗어나리라. 그가 신의 생명을 수여받게 될 것이고, 신들과 뒤섞인 영웅들을 보게 될 것이며, 영웅들이 그를 바라보는 가운데, 그의 아버지의 용맹이 평화를 가져다 준 이 세계를 다스리게 되리라.[90]

황금기를 위한 황금의 종족! 이 시는 계속해서 식물들과 동물들이 사람들에게 풍성한 먹을 것을 제공해 주고, 추가적인 전쟁이 있을지라도, 결국에는 사람이 그 어떤 수고를 하지 않아도 땅이 온갖 열매를 내게 될 진정한 낙원이 출현하게 될 새로운 세계를 송축한다. 만물이 장차 도래할 이 시대(saeclum, '사이클룸')를 기뻐한다.[91] 베르길리우스는 자기가 살아서 그 날을 볼 수 있게 해 달라고 기도하는 것으로 이 전원시를 끝낸다.

이 시가 폴리오(Pollio)가 집정관으로 있던 때(주전 40년)에 씌어진 것은 분명하지만, 이 시에서 주인공으로 등장하는 인물이 누구인지는 확실하지 않다. 여러 가능성들이 타진되어 왔지만, 그 인물은 안토니우스와 옥타비아(옥타비아누스의 누이) 사이에서 출생하게 되어 있던 아이였다는 설이 가장 유력하다.[92] 하지만 이것

의식의 발전"을 위한 의도적인 시도의 일부였다고 지적한다.

88) cf. Coleiro, 1979, 222-33; 예컨대, *PL*, 8.454-66에 나오는 Constantine, *Oratio* . Klauck, 2000 [1995/6], 286-8의 논의.

89) 라틴어로는 '마그누스 압 인테그로 사에클로룸 마스키투르 오르도'(magnus ab integro saeclorum nascitur ordo). 이것은 '노부스 오르도 세클로룸'(novus ordo seclorum)의 출처이다.

90) 전 4:4-17. 어떤 인물이 집정관을 맡으면서 로마가 다시 태어난다는 관념은 이미 주전 63년에 Cicero가 제시한 바 있다.

91) 4.52.

92) 그렇다면, 실망이 뒤따랐다; 그 아이가 죽었다. *OCD*, 1604(Fowler and Fowler)와 거기에 언급된 다른 전거들을 보라. 그는 유대적인 메시야 사상이 영향을 미쳤으리라고 단언할 수는 없지만, 그랬을 가

은 우리의 목적과는 별 상관이 없고, 중요한 것은 이른바 베르길리우스의 "실현된 종말론"(realized eschatology), 즉 오랫동안 기다려 왔던 평화와 번영의 때인 새날이 동터 오고 있다고 한 그의 말이다.

베르길리우스는 자신의 저작들의 상당 부분에서 이 주제를 다양한 각도로 조명한다. 그가 『전원시』(*Eclogues*)을 쓰고 나서, 아우구스투스가 안토니우스와 클레오파트라의 연합군을 격파하고서 권력을 독점하게 된 후에 쓴 『농사시』(*Georgics*)는 농사를 짓는 전원생활을 예찬하는 시이지만, 세 번째 시는 전원에 신전이 지어지고, 카이사르가 그 신전의 신이 되는 내용의 환상으로 시작된다[93] 이 신전이 봉헌될 때에 여러 시합들과 희생제사들이 드려지게 될 것이고, 신전의 문들에는 주후 29년 8월에 거행된 세 번의 승전 행사 장면들이 황금으로 조각될 것이다. 또한, "우리의 조상 트로스(Tros)"와 "트로이를 건설한 인물인 퀸토스 산의 아폴론"(Cynthian Apollo)의 대리석 조각상들도 세워질 것이다(이것은 겨자씨 한 알이 아이네이아스[Aeneas]라는 거목으로 자라난 것을 상징하는 것이다).[94]

당시에 일어난 사건들과 관련된 또 하나의 상징은 『농사시』의 끝부분에 등장한다. 그는 "위대한 카이사르"가 극동 지역의 악티움(Actium)에서 승리를 거두고, 자원하는 속국들에 로마의 법을 시행한 후에, 유프라테스 강이 우렛소리 같이 그를 칭송하는 소리를 들으며, "올림포스로 향하여 오는"(viamque adfectat Olympo) 장면을 노래한다. 달리 말하면, 그는 아우구스투스가 이미 신이 되었다는 것을 드러내 보여주거나, 사람들이 아우구스투스를 신으로 받들어 모시기에 충분할 정도의 일들을 하였다고 노래하고 있는 것이다.[95] 어떤 자료에 의하면, 베르길리우스는 주전 29년에 로마로 돌아와서 저 유명한 세 번의 승전 행사를 개최한 옥타비아누스 앞에서 직접 이 시를 낭송했다고 한다. 우리는 이 '프린켑스'가 이 시를 흡족해했을 것이라고 짐작할 수 있다.[96]

그러나 베르길리우스가 아우구스투스와 그의 치세를 송축할 뿐만 아니라, 좀 더 구체적으로 로마의 지난 수백 년의 역사를 배경으로 마침내 이제 신들, 또는 운명의 세 여신(Fates)이 내내 예정해 두었던 결말, 즉 오랫동안 사라져 버렸던 인간 사

능성이 있다고 주장한다.

93) 3.16.

94) 3.26-36. 개선행사들에 대해서는 Richardson, 2012, 75f.; Beard, 2007, 143-5, 303f.를 보라.

95) *Georg.* 4.560-62.

96) *Georg.* 3.26-39.

97) Woolf, 2001, 319를 보라.

회의 비전을 다시 회복해서 온 세계에 전파하라는 하늘이 준 사명을 최종적으로 성취하게 된 결말의 도래를 노래한 위대한 서사를 보여주는 것은 언어와 시대를 떠나서 역사상 씌어진 가장 유명한 시들 중의 하나인 『아이네이스』(Aeneid)이다.[97] 『아이네이스』 속에는 이 이야기의 중심인 주인공은 말할 것도 없고 수많은 군웅들의 성품들과 행위들을 하나하나 세밀하게 묘사한 무수한 일화들이 담겨져 있지만, 우리는 중간에 만나게 되는 모든 시험들과 시련들, 온갖 두려운 일들과 해악들에도 불구하고, 마침내 목적지에 도달하게 되는 단일한 이야기가 그 속에서 면면히 이어지고 있는 것을 결코 놓칠 수 없다(우리가 오비디우스의 글을 읽을 때에는 흔히 이 점을 놓치는 것으로 보이지만). 이 장대한 서사의 구성요소들은 사도 바울이 자기가 그 안에 살고 있다고 믿은 위대한 이야기와는 근본적으로 다르기는 하지만, 나는 우리가 그 전체적인 형태, 그리고 수 세기에 걸친 기나긴 이야기 속에 그러한 형태가 존재한다는 관념 자체는 서로 유사하다는 것을 느꼈을 것이라고 생각한다.[98]

나는 불과 피의 험난한 길을 헤치고서 원래 예정되어 있던 결말에 도달하게 되어 있는 목적론적 서사에 관한 이러한 관념 자체가 고대 세계에 실제로 전례가 있었는지의 여부는 알지 못한다. 개개인의 삶 속에서의 덕목들에 관한 아리스토텔레스(Aristotle)의 목적론적인 이론이 한 민족의 천 년에 걸친 이야기에 이식되었을 가능성도 배제할 수는 없지만, 나는 베르길리우스(Virgil)가 그러한 유비나 병행을 알아차렸다거나, 의도적으로 아리스토텔레스의 미덕론과 유비나 병행이 되는 작품을 만들어 내려고 하였다는 증거를 알지 못한다. 베르길리우스의 위대한 모델이었던 호메로스(Homer)도 전례로 생각되기 힘들다. 왜냐하면, 트로이의 멸망은 고전 시대 헬라의 "배경 이야기"로서 결정적인 역할을 하긴 하였지만, 너무나 아득하고 희미한 사건이었고, 멸망당한 트로이인들과 마찬가지로 정복한 헬라인들에게도 비극적인 일이어서, 오디세우스(Odysseus)가 마침내 본국으로 돌아온 것은 기나긴 여정의 영광스러운 정점이라기보다는 안도의 한숨을 쉬게 만드는 일이었기 때문이다. 알렉산더 대왕 시대의 궁정 시인들이 그들의 군주의 위대한 업적들을 종착지로 하는 이러한 종류의 기나긴 이야기를 들려주었다는 것을 보여주는 증거도 전혀 없다.[99] 내가 알고 있는 유일한 실제적인 병행들 중의 하나는 아브라함

98) Harrison(Harrison, 1999; 2002; 2011)은 "황금시대"에 관한 "아우구스투스적인 종말론"이 존재하였지만, 거기에는 길게 이어진 서사가 포함되어 있지 않았다고 본다.

99) Plutarch(*Alex.* 8.2)에 의하면, Alexander는 정복전쟁 중에도 *Iliad*의 아리스토텔레스 교열본을 병법의 편람으로 여겨서 가지고 다녔고, 한 번은 꿈에서 어떤 사람이 *Od.* 4.354f.를 인용하는 것을 듣고

이 자신의 아버지의 집을 떠나서 하나님이 약속한 본향을 찾아 나섰고, 그의 자손들이 수많은 시련들과 좌절들을 헤치고 마침내 그 약속의 땅에 당도하였다는 내용의 옛 이야기이고, 다른 하나는 오경의 서사에서 시작된 후에 제2성전 시대의 유대인들의 정신과 글들에서도 계속된 훨씬 더 긴 이야기, 즉 장차 온 세계에 걸친 나라가 세워질 날이 도래할 것이라는 이야기이다.[100] 나는 베르길리우스가 좀 더 짧은 옛 이스라엘의 서사나 좀 더 긴 당대의 유대인들의 서사 중 어느 것을 알고 있었다거나 자신의 글에 반영하였음을 보여주는 증거를 알지 못한다. 그러나 이 둘 중 어느 하나라도 잘 알고 있던 사람들은 베르길리우스의 『아이네이스』의 줄거리를 상당히 친숙하게 느꼈을 것이다 – 물론, 세계 통치의 형태와 도래 방식이 서로 근본적으로 다르다는 것도 느꼈을 것이지만.

우리가 『아이네이스』에서 보는 것은 여러 요소들의 주목할 만한 결합, 곧 개별적으로는 별로 힘을 발휘할 수 없는 요소들이지만 서로 결합되었을 때에는 폭발적인 힘을 발휘하는 "퍼펙트 스톰"(perfect storm) 같은 것이다. 다음과 같은 요소들을 생각해 보라: 아우구스투스가 주전 40년대와 30년대의 혼란으로부터 출현해서 저 높이 우뚝 선다; 이탈리아를 비롯해서 전 세계에 평화가 회복된다; 사람들은 모든 것이 근본적으로 새로워졌다고 느끼고, 로마의 저 먼 전설적인 과거에 존재하였던 지극히 선하고 위대한 모든 것들이 회복되었다고 느낀다; 바로 그 순간에, 베르길리우스가 '프린켑스'의 절친인 마이케나스(Maecenas)의 후원 아래 등장한다; 그가 자신의 초기 작품들을 통해서 자신의 시재를 발전시키고 꽃피운다; 그는 자신이 쓴 주제들과 그 주제들을 다루는 방식을 아우구스투스가 기뻐하고 있음을 안다; 그에게는 자기가 원한 만큼 그런 작품들을 다 써낼 시간은 주어지지 않았지만, 어쨌든 글을 쓸 여유가 주어졌다(그는 이제 제대로 글을 써보고자 했던 때인 주전 19년에 죽었다); 바로 그 때에 대부분의 로마인들은 새 시대가 동텄다는 생각을 지니고 있었기 때문에, 그들의 그런 생각을 훌륭한 시로 표현해 줄 수 있는 시인을 환영하였다; 한 농부가 자신의 논밭에서 오곡백과가 마침내 무르익어가는 모습을 보고 있는데, 바로 그 순간에 자신의 아들이 전쟁터에서 무사히 돌아왔다는 소식을 전해 듣고, 부랴부랴 집으로 발걸음을 옮겨 집안으로 들어갈 때, 맑은 하늘에서 우르르 쾅쾅 하고 울리는 우렛소리를 듣고서, 신들이 정말 아우구스투스에게

서, 그 조언을 따라, 애굽에 Alexandria를 세웠다(Plutarch, *Alex*. 26.2-5). 그러나 그가 자기 시대에 이르기까지 이어지는 연속된 서사를 제시한 이러한 고대의 시들의 관점에서 사고하였음을 보여주는 증표는 없다.

100) 위의 제2장을 보라.

101) Tac. *Dial*. 13: Beacham, 2005, 164와 거기에 언급된 전거들을 보라. Meggitt, 2002, 145는 이것

미소 짓고 있다고 확신한다. 아울러, 여러 상황들의 결합, 즉 정치적인 격변, 성숙한 시적 영감, 그 시들을 기꺼이 듣고자 했던 사람들이 함께 어우러진 것이 놀라울 정도로 아름답고 힘 있는 작품을 탄생시키게 된 것이다. 새롭게 태평성대를 맞은 제국과 새로운 비전이 자연스럽게 퍼져나갈 수 있게 해준 그 네트워크를 감안할 때, 베르길리우스와 그의 작품이 미적이고 사회적이며 문화적이고 정치적인 이유들로 인해서 엄청나게 유명해진 것은 결코 이상한 일이 아니다. 『아이네이스』의 여러 부분들은 희곡으로 각색되어 무대에 올려졌고, 한 번은 한 배우가 다른 작품을 공연하면서 베르길리우스에 나오는 시 한 줄을 인용하자, 청중들은 일제히 일어나서 그 시를 지은 시인에게 경의를 표하였는데, 그 순간 베르길리우스는 그 청중들 가운데 마치 황제와도 같았다고 타키투스(Tacitus)는 전한다.[101] 이 위대한 시는 로마에서와 마찬가지로 순식간에 애굽에서도 알려졌고, 거기에 나오는 유명한 시구들은 학교의 교실들에서만이 아니라 거리의 담벼락 낙서에도 등장하였다.[102] 따라서 다소나 예루살렘에서 성장하고 있던 한 똑똑했던 소년이 이 시의 세부적인 부분들까지는 몰라도 적어도 그 주된 주제들을 알고 있었을 것이라고 우리가 상정하는 것은 결코 무리한 추론이 아니다.

그리고 우리가 관심을 두고 있는 것은 이 시의 세부적인 내용들이 아니라, 그 주된 주제들이다. 『아이네이스』는 안키세스와 여신 베누스의 아들이자 트로이의 왕 프리아모스(Priam)의 양아들인 아이네이아스가 폐허가 된 트로이를 빠져나와서 자신에게 운명 지워진 곳, 즉 이탈리아, 좀 더 구체적으로 말하자면 라티움(Latium), 더 구체적으로 말하자면 장차 로마가 될 바로 그 곳에 당도하는 여정을 그린 이야기이다. 우리는 이 작품의 서두에서 아주 많은 것을 알게 된다.[103] 즉, 아이네이아스(Aeneas)는 로마인들이라는 새로운 종족이 트로이의 조상으로부터 생겨나서(물론, 트로이인들 자신이 애초에 로마에서 온 사람들이었다는 것이 끊임없이 암시된다[104]), 공간이나 시간의 한계를 모를 정도로 광대한 세계 전체를 장구한 세월 동안 다스리게 될 '임페리움 시네 피네'(imperium sine fine), 즉 "무궁한 나라"를 탄생시키는 수단이라는 것이다. 요컨대, 로마인들은 장차 '레룸 도미니'

이 제국의 시합들 동안 인용된 아우구스투스의 신성에 관한 베르길리우스의 시를 가리킨다고 보지만, 그것은 타키투스가 말하고 있는 것이 아니다.

102) 베르길리우스의 작품이 널리 퍼져나간 것에 대해서는 *OCD*, 1603; Galinsky, 2005, 3와 거기에 언급된 다른 전거들을 보라.

103) 1.1-7, 33, 205f.

104) 예를 들어, 7.240f.

105) 1.234, 278f., 282.

(rerum domini), 즉 "온갖 일들을 다스리는 주인들"(여기서 res는 res publica['레스 푸블리카']에서와 마찬가지로 "일"이라는 의미이다)이 되리라는 것이다.[105] 아이네이아스의 아들인 율루스(Iulus)라고도 불린 아스카니우스(Ascanius)는 로마의 전신인 알바 롱가(Alba Longa)라는 성읍을 세우고, 이 성읍을 토대로 로물루스(Romulus)는 로마라는 이름의 도시를 재창건한다.[106] 아스카니우스 또는 율루스라 하는 인물로부터 "율리우스"(Julius)라는 새로운 자손이 탄생하고, 바로 그 자손인 아우구스투스는 온 세계에 평화를 가져다 주고 야누스 신전의 문들을 닫게 하고서, 하늘로 영접되어 신으로 인정받게 된다.[107] 이 시에서 아이네이아스는 특히 자신의 '피에타스'(pietas), 즉 신들과 자신의 아버지에게 헌신하고, 옳은 일이라면 어떠한 대가를 치르더라도 해내고야 마는 경건으로 유명하다. 이 시는 특히 그가 '페나테스'(penates), 즉 자신의 가문의 수호신들을 트로이에 있는 집에서 모시고 나와서 온갖 어려움들을 헤치고서 마침내 새로운 도시에 안치시킨 일을 계속해서 언급하는 것을 통해서 그의 이러한 경건을 부각시킨다.[108]

아이네이아스는 영웅이지만, 그를 둘러싼 온갖 일들은 그의 어머니인 베누스(Venus)와 그녀의 경쟁자인 유피테르(Jupiter)의 아내 유노(Juno)라는 두 축 – 나는 이 두 여신을 "권모술수의 여신들"(deae ex machinae)이라고 말하고 싶다 – 을 중심으로 벌어지고, 이 두 여신은 이 이야기의 줄거리와 사건들의 아주 많은 부분에 내내 연루된다. 베누스가 자기 아들을 지켜주고자 하였다는 것은 두말할 필요도 없는 얘기지만, 유노는 아이네이아스를 쓰러뜨리기 위해 온 힘을 다한다. 이것은 아이네이아스와 그의 일행이 여기저기를 항해할 때에 그들을 괴롭히는 온갖 시련들과 위험들을 겪게 되는 이유에 대한 "설명"이 된다. 그들이 카르타고(Carthage)에 상륙하였을 때, 그 곳의 여왕이자 미망인인 디도(Dido)가 아이네이아스를 사로잡아 자신의 연인으로 삼은 이야기는 유명하다. 그러나 유피테르와 베누스와 "운명의 여신"의 결합은 아주 막강해서, 전령의 신 메르쿠리우스(Mercury)를 보내어, 아이네이아스에게 그의 숭고한 사명을 상기시키는데, 그것은 그에게는 이탈리아를 지배하고, 더 나아가 이탈리아의 법으로 온 세계를 통치해야 할 사명이 있기 때문에, 거기에 주저앉지 말고 계속해서 전진해 나가야 한다

106) 1.270-77.

107) 1.267f., 286-90.

108) 1.68; 2.293-5; 3.12; 8.11, 39. Scheid, 2005, 177은 '피에타스'(pietas)를 "신들과의 올바른 사회적 관계"로 정의한다.

109) 4.274-6.

는 것이었다.[109] 아이네이아스는 떠나고, 비참하게 홀로 남겨진 여왕 디도는 장차 그의 백성과 그녀의 백성이 서로를 죽도록 증오하게 될 것이라고 예언한 후에(이것은 주전 3세기와 2세기에 로마의 군사력에 대한 최대의 시험이었던 포에니 전쟁[Punic wars]을 예고하는 것이었다), 자결하고 만다.[110]

이 시에는 다른 예언들도 등장한다. 쿠마에의 여신관(Cumaean Sibyl)은 로마가 싸우게 될 초기의 전쟁들을 경고하는 신탁을 전한다. 그러나 적어도 이 시가 제시하고 있는 종말론이라는 관점에서 볼 때, 이 시의 압권은 아이네이아스가 지하세계에 있는 자신의 죽은 아버지 안키세스(Anchises)를 찾아가서, 이제 죽은 자로서 초인간적인 지식을 갖게 된 아버지가 그에게 마지막 날들에 그가 겪게 될 영광과 환난에 대하여 말해주는 장면이다. 전쟁의 신 마르스(Mars)의 아들인 로물루스에 의해서 창건된 로마는 자신의 야망을 올림포스 산처럼 높게 들어올려서 천하의 제국을 이루어 땅 끝까지 확장될 것이고, 일곱 언덕 위에 한 도시를 짓게 될 것이며, 거기에서 영웅들의 세대가 태어나게 될 것이다.[111] 그런 후에, 영웅들 중의 영웅인 아우구스투스(Augustus)가 출현하여, 헤라클레스(Hercules)가 해낸 12번의 위업을 능가하는 세계 정복의 위업을 이루어낼 것이다:

> 이제 너의 두 눈을 들어, 이 민족, 너의 것인 로마인들의 민족을 똑똑히 보라. 여기에 카이사르가 있고, 하늘의 드넓은 영지를 누비게 될 율루스의 모든 자손이 있다. 사실, 이 카이사르는 너에게서 태어나리라고 약속되었다는 말을 네가 그토록 자주 들어 왔던 바로 그 인물, 곧 "신의 아들"[divi genus] 아우구스투스 카이사르이다. 그가 옛적에 사투르누스(Saturn)가 통치하였던 라티움에 "황금기"[aurea saecula]를 다시 가져다줄 것이고, 자신의 제국을 가라만테스인들(Garamants)과 인도인들을 너머 우리의 별들 아래에 있는 땅으로, 그리고 아틀라스(Atlas)가 자신의 머리로는 하늘을 이고, 자신의 어깨에는 별들이 붙어 있는 불타는 천체를 이고 있는 해(year)와 태양(sun)의 길 너머로 전진시킬 것이다. 지금 카스피아인들(Caspians)의 땅과 마이오티스인들(Maeots)의 땅이 그가 온다는 그들의 신의 신탁들 앞에서 두려워 떨고 있고, 일곱 구비의 나일 강 어귀도 대경실색하여 떨고 있다. 쇠로 된 발을 가진 숫사슴을 찔러 죽이고, 에리만토스(Erymanthus)의 숲을 평정하였으며, 레르나(Lerna, 펠로폰네소스 반도의 동부 해안에 있던 늪지)로 하여금 자신의 화살 앞에서 벌벌 떨게 만들었던 헤라클레스조차도 온 땅을 이렇게 누비고 다니지는 못하였다.[112]

110) 4.625-9(cf. 10.11-15); 630-705.

111) 6.781-4; Fairclough/Goold는 Loeb에서 '아니모스 아에쿠아비트 올림포'(animos aequabit Olympo)를 "그녀의 야망들을 하늘까지 [확장해서]"로 번역함으로써, 신격화된 황제들에 관한 이 예언의 취지를 드러내는 데 실패하였다. 이것에 대해서는 9.642도 참조하라.

112) 6.780-803.

그런 후에, 안키세스(Anchises)는 방향을 틀어서, 로마가 그 시점까지 걸어온 기나긴 이야기를 아이네이아스에게 들려준다. 두 번째 왕인 누마(Numa)는 로마에 법을 줄 것이고, 다른 왕들이 뒤따를 것이다. 저 유명한 브루투스(Brutus)가 집정관의 "권한"(imperium)을 수여받게 될 최초의 인물이 될 것이다.[113] 다음으로, 우리는 한 세기 앞으로 돌아가서 주전 2세기에 헬라를 정복한 자들을 만나기 전에, 주전 1세기에 율리우스 카이사르와 폼페이우스가 마침내 트로이를 멸망시킨 자들에 대하여 복수하는 장면을 만난다. 이 모든 기나긴 이야기는 로마가 지금 수행해 내야 할 과제들이 무엇인지를 보여주는데, 그것은 예술 작품들과 인간의 솜씨와 학문적인 발견을 통해서 구현될 고귀한 제국을 건설하는 일이었다:

> 다른 사람들은 좀 더 부드러운 거푸집으로 숨 쉬는 청동 물건들을 빚어내고, 대리석으로부터 조각상들을 만들어내며, 유창한 언변으로 사건들을 변호하고, 기구를 사용하여 천체의 움직임들을 추적해서 별들이 뜰 시간을 예측해내야 한다는 것을 나는 의심하지 않는다. 하지만 로마인인 너는 반드시 세계를 통치하고, 평화를 정의로 관 씌우며, 패한 자들을 살려주고, 교만한 자들을 분쇄하는 일을 하여야 한다(이러한 것들이 네가 해야 할 일들이다).[114]

아이네이아스는 지하세계에서 이러한 비전을 받았지만, 자기 시대로 되돌아와서 도전들에 직면할 때에 그 비전을 기억하지 못하는 것으로 보인다. 그러나 베르길리우스의 독자들은 아우구스투스의 시책의 중심에 놓여 있는 종말론적인, 또는 목적론적인 신념을 분명하게 알게 되었다: 지금이 여러 신들과 운명의 신들이 오래 전에 아이네이아스(Aeneas)를 부른 목적이 이루어진 황금기이다. 모든 역사는 이 갑작스러운 새 날을 향하여 어둡고 어려운 시절들을 헤치고 앞으로 전진해 왔고, 원근 각처의 모든 로마인들은 이 비전을 품고서 거기에 맞춰 살아가야 한다. 공화정의 기나긴 세월은 놀랍게도 세계를 정복한 한 명의 통치자를 낳았고, 이것은 사실 신들이 내내 의도해 왔던 것이다. 장대하게 펼쳐지는 서사는 숨이 막힐 지경이어서, 우리는 이 서사가 들려주는 날카로운 정치적인 선언문을 거의 잊을 수 없다. 브루투스나 카시우스 같이, 전통에 집착하는 교만한 공화주의자들에게 유일한 통치자가 다스리는 나라는 씨도 안 먹힐 것이라고 생각하고 있는 자들이 있다면, 율리우스 가문이 오랜 세월 동안 내내 제국의 영광을 이룰 이 순간을 위하여

113) 6.818-20.
114) 6.847-53.
115) 8.370-406.

자손들을 배출해 왔다는 사실을 알아야 한다.

하지만 이 주제는 제6권에 나오는 이 절정의 장면에서 끝나지 않는다. 제8권을 보면, 아이네이아스의 어머니 베누스(Venus)는 자신의 남편인 불과 대장장이의 신 불카누스(Vulcan)에게 지금 혹독한 싸움을 앞두고 있는 자기 아들을 위해 뭔가 특별한 무기를 만들어 달라고 부탁한다.[115] 아이네이아스는 불카누스가 준 무기를 살펴보다가, 그의 눈은 마침내 방패에 머문다. 거기에는 로마에 대한 예언들과 다가올 시대에 대하여 알고 있던 "불의 주"가 새겨 놓은 이탈리아와 로마의 승리에 관한 이야기가 있었다. 그 방패에 새겨진 이야기는 로물루스와 레무스(Remus), 사비니인들(Sabines)에게서 여인들을 납치해 온 사건 등과 같은 옛 로마의 이야기들, 그리고 앞으로 대대로 있게 될 새로운 전쟁들과 혁혁한 위업들에 관한 이야기들을 다시 한 번 들려준다. 갈리아 침공에 대하여 경고한 거위에 관한 이야기도 여기에 나오고,[116] 좀 더 최근의 것으로는 사악한 카틸리나(Catiline)와 법률을 정비한 카토(Cato)에 대한 이야기도 나온다. 그리고 마지막으로, 악티움 해전의 승자인 아우구스투스가 손에는 자기 가문의 위대한 수호신들을 들고, 자신의 머리에는 자기 아버지의 별(율리우스 카이사르가 신이 되었음을 알리는 별)을 달고서, 전함 위에 서 있는 장면이 나온다. 이제 카이사르가 최후의 전투에서 자신이 무찔러야 할 최후의 적들인 안토니우스와 그의 수치스러운 애굽인 신부 클레오파트라를 격파하고 본국으로 돌아오는 장면이 그려진다:

> 그러나 카이사르는 로마로 입성하여 세 번의 승전 행사를 치르면서, 도성 로마의 전역에 3백 개의 신전을 지어 드리겠다는 서원을 이탈리아의 신들 앞에서 행하였다. 로마의 시가지는 기뻐하는 소리와 웃고 떠들며 시합하는 소리가 울려 퍼졌고, 모든 신전들에서는 여인들이 제단 앞에서 수소들을 잡아 그 피를 땅에 뿌렸다. 아우구스투스 자신은 광채를 발하는 포이보스[Phoebus, 새로 지은 아폴로 신전]의 눈 같이 흰 현관에 앉아서, 열국들의 예물을 살펴본 후에, 높이 솟은 대문들 위에 걸어놓게 하였다.[117]

앞으로 보게 되겠지만, 승전 후에 이렇게 본국의 도성으로 귀환하는 장면은 또

116) Feeney가 지적하듯이(2007, 102), "로마가 갈리아인들에 의해서 거의 멸망할 뻔한 일(*Aen.* 8.652-62)은 로마가 세워진 때(8.635)와 Antonius와 Cleopatra에 의해 거의 멸망할 뻔한 때(8.671-713) 중간에 일어났다." 이러한 일들은 공화정의 역법인 *Fasti Antiates*에 기념일들로 표시되어 있던 유일한 "역사적인" 사건들이었다(Feeney 103).

117) 8.714-22.

118) 본서 제11장 제4절, 제12장 제3절 2)를 보라.

다른 왕의 귀환을 설명하는 초기 기독교의 서술의 발전에 있어서 중요하다.[118] 아이네이아스는 그 방패를 응시하고, "자기 자녀들의 자손들의 명성과 운명이 자신의 어깨 위에 걸려 있다는 것을 생각하고서," 다가올 전투를 위하여 그 방패를 치켜든다.[119] 역으로, 이것은 바로 베르길리우스가 자신의 독자들이 행하기를 바라는 바로 그것이다. 즉, 그들의 아버지의 아버지들에 관한 자신의 서사를 그들 자신의 이야기로 받아들여서, 그들의 위대한 시작들만이 아니라, 수 세기 동안 그들을 괴롭혀 왔던 곤경들에 관한 영광스러운 기억들을 되살려, 유피테르(Jupiter)가 트로이인들과 라틴인들의 이러한 결합을 통해 이루어내고자 했던 이제 막 동튼 새 날과 인류 중의 한 종족의 승리와 그 종족으로부터 난 단 한 명의 군주, '피에타스'(pietas)에 있어서 다른 모든 인간들만이 아니라 모든 신들까지도 능가할 새로운 혈통을 송축하라는 것이다.[120] 아우구스투스의 시대.

이 모든 것을 이루어낸 수단은 단순하였다: 전쟁. 트로이와 이탈리아가 결합하여 생겨난 이 종족, 로마인이라 불린 이 새로운 혈통은 싸우고 죽이는 기술과 행위에 있어서 다른 모든 종족을 능가할 것이었다. 길게 묘사된 마지막 장면도 의미심장하다. 마침내, 트로이인들이 자신들에게 약속된 땅에 평화롭게 정착하는 것을 방해하는 변절자 투르누스(Turnus)와 아이네이아스 간에 일전이 벌어진다. 적인 왕, 반역자인 왕, 당시에는 아이네이아스의 경쟁자이자 지금은 아우구스투스의 경쟁자 — 그러한 자는 로마인들이 가장 잘 알고 있던 방식으로 다루어져야 한다. 새로운 황금기가 "신의 아들"의 세 번의 승전과 개선을 통해 도래하였듯이, 로마의 지난 천 년의 이야기는 신들로부터의 결정적인 도움 가운데서의 군사적인 성공 위에 세워져 있다.[121] 이것이 로마가 대대로 오랜 세월 동안 이런저런 방식으로 자기 자신에 대하여 말해 왔던 이야기였다. 베르길리우스는 로마의 세계관의 대동맥들 중의 하나를 건드렸던 것이다. 하지만 그가 이 이야기와 관련해서 행하였던 것은 이 이야기에 역사적인 깊이와 힘을 부여해서, 여러 세기에 걸친 험난했던 기나긴 발전과정을 두 번의 계기(moments), 즉 로마의 색깔을 결정하였던 시작의 때와 그 색깔을 완성한 정점의 때 사이에 배치한 것이었다.

119) 8.731.

120) 12.829-42.

121) 아이러니컬하게도, 이것은 Ogilvie, 1986, 124의 장미빛 견해를 뒷받침해 줄 수 있는 유일한 의미이다: "[아우구스투스가] 추진한 사회와 체제의 회복은 널리 퍼져 있던 종교적 확신," 즉 "영적인 인식으로부터 생겨나는" 확신에 "토대를 두지 않았다면 성공할 수 없었을 것이다."

122) 최근의 연구들 가운데서는 Hardin, 2008, 특히 23-5, Naylor, 2010, Harrison, 2011, ch. 1을 보라.

아무리 우리가 그 수단과 목적에 대하여 여러 가지로 의문들을 제기하고자 할지라도, 그러한 장대하고 강력한 서사를 들려주고 경축하며 살아갈 수 있다는 것은, 특히 시가 지닌 힘과 우아함으로 천 년이라는 유구한 세월에 걸친 이야기를 숨 막힐 정도로 박진감 있게 끌어나가고 있는 것과 아울러, 우리의 찬탄을 자아내기에 충분하다. 달리 말하면, 우리는 해체주의자들(deconstructionist)의 비웃음과 조롱을 용납하지 말아야 한다는 것이다. 이 서사 속에 정치적인 의도가 내재되어 있는 것은 분명하지만, 그것은 『아이네이스』를 구상하고 써낸 것이 탁월한 일이 아니었다는 것을 의미하지는 않는다. 물론, 나는 베르길리우스를 기독교 이전의 일종의 예언자적인 인물로 본 것은 언제나 잘못된 것이었다고 생각한다. 왜냐하면, 그의 예언들이 우리에게 직접적으로 연상시키는 인물은 본디오 빌라도(Pontius Pilate, '폰티우스 필라투스')이지, 그에 의해서 희생된 저 지극히 유명한 인물이 아니기 때문이다. 그러나 그의 장대한 서사는 이스라엘 성경의 장대한 서사 및 그 마지막 장이라 추정되는 것에 대한 일종의 희화화이고(아주 나쁘게 말해서), 미지의 신에게 바치는 또 하나의 제단이다(아주 좋게 말해서).

그러나 이 장의 마지막 절이자 바울의 역사적이고 문화적이며 시민적이고, 특히 종교적인 배경에 대한 우리의 서론의 결론부에 와 있는 우리가 지금 관심을 두어야 할 것은 미지의 신이 아니라 알려져 있는 신들이다. 로마의 이야기는 오랫동안 한 강력한 여신의 이야기로 보아져 왔다. 사도 바울이 빌립보나 고린도 같은 지역들에서 아우구스투스의 발자취를 접하고 있을 즈음에, 아우구스투스와 그의 후계자들은 신들로 추앙을 받고 있었다. 따라서 이제 우리는 이런 일이 어떻게 일어나게 되었고, 어떻게 그것이 바울이 예수를 전하며 두루 다녔던 세계의 모습을 형성하는 데 결정적인 역할을 하였는가 하는 것을 살펴보지 않으면 안 된다.

4. 제국의 종교

1) 서론

오늘날의 학계는 비틀거리며 한 쪽에서 다른 한 쪽으로 옮겨가고 있다. 최근의 연구에서 "황제 숭배"가 겪고 있는 일은 많은 분야에서 지금 일어나고 있는 일들의 전형을 보여준다. 학자들은 어떤 한 분야를 연구하고자 할 때, 그 분야와 관련된 수많은 풍부하고 세밀한 자료들에 직면하게 되면, 그 자료들 중에서 일부를 통째로 간과해 버리고는, 나머지 자료들 속에서 이전에 볼 수 없었던 해결의 열쇠를 발견해 내었다고 기쁨의 함성을 지르며, 그 열쇠야말로 그들에게 이제까지 닫혀져 있던 문들을 활짝 열어줄 이전에 잃어버렸던 열쇠라고 굳게 믿기가 너무나 쉽다. 하지만 그것은 결국 지나친 단순화와 일반화로 귀결되고, 그랬을 때에 필연적으로 다음번의 행보는 새로운 발견들에 대한 좀 더 두터운 서술로 나아가서, 통일성을 찾고자 하는 생각을 내려놓고서, 온갖 것들을 구별하여 세분해서 여러 가지 다양한 모습들을 그냥 그대로 제시하는 것이다. 내가 학자로 살아온 세월 동안에, 나는 종종 "황제 제의"(the imperial cult)로 불려온 것이 거쳐온 세 단계를 목격해 왔다(다행스럽게도, 나는 두 번째 단계가 진행되고 있을 때에 학자로서의 삶을 시작하였다).[122]

제2차 세계대전 이후의 세대에서는 신약학을 연구하는 사람들 중에 황제 제의에 대하여 말하는 사람은 없었다.[123] 그러다가 1990년대에 갑자기, 특히 1984년에 나온 사이먼 프라이스(Simon Price)의 저작과 1988년에 나온 폴 쟁커(Paul Zanker)의 저작으로 인해서, 그리고 거의 베르길리우스의 경우처럼, (a) 이러한 저작들과 (b) 탈식민주의 이론(postcolonial theory)의 등장, (c) "제국"이라는 용어가 당시의 현실을 반영하지 못하고 있다는 문제점에 대한 북미의 새로운 인식이 서로 결합되어서, "제국"이라는 용어는 최신의 신상품이 아니라 진부하고 케케묵은 상품이 되어 버렸다.[124] 자신들 앞에 놓인 본문들에서 하나님을 찾곤 하던 학자

그들은 초기 기독교와 관련한 연구 성과들에 대한 유익한 개관들을 제시하고 있다. 또한, Friesen, 1993; Brent, 1999(Rowe, 2005b, 285의 짤막한 비판을 보라). Klauck, 2000, 250-330은 자세한 검토와 많은 참고문헌들을 제시한다. Rüpke, 2011은 방법론에 대한 도발적인 성찰들을 제시한다. *Journal for the Study of the New Testament* 제27.3호(March 2005)는 David Horrell의 유익한 짧은 소개글과 함께 이 문제를 집중적으로 다루고 있다. 나의 이전의 글들에 대해서는 *Perspectives*, chs. 12, 16, 27; Wright, 2005a [*Fresh Perspectives*], ch. 4을 보라. 자세한 것은 아래 제12장을 보라.

123) 이전의 많은 훌륭한 연구는 Deissmann에 의해서 수행되었다; 예를 들어, Deissmann, 1978 [1908], 346-9. Horrell, 2005, 251이 지적하듯이, Deissmann은 바울의 언어와 제국의 언어 간에는 결코 간과할 수 없는 분명한 병행들이 존재한다는 것과 그 병행들은 단지 그가 "변증을 위한 병행 현상"(polemical parallelism)이라 부르는 것으로 인한 단순한 차용이 아니라는 것, 이 두 가지를 동시에 역설하였다. Sanders는 또 다른 맥락에서(Sanders, 2008a, 32f.), 이전의 독일의 역사학적 연구(Deissmann의 경우에는 "종교"라는 큰 범주를 논의의 중심에 두었었다)는 탈역사화된 실존주의를 토대로 하고 있는 것임에도 불구하고, 우리는 여전히 그것을 "역사비평학적" 방법이라고 생각하여, 일정 정도 그대로 받아들이고 있다고 지적한다.

124) Meggitt, 2002, 143은 이 점을 간과하고 있는 것으로 보이지만, 다른 점에서는 중요한 논문이다. Horsley, Crossan 등의 연구에 대해서는 위의 각주 122번에서처럼 *Perspectives*를 보라.

125) Price, 1996, 841, 846f. 마찬가지로, Beard, North and Price, 1998, 1.348. 여기에서는 Price가 반

들이 그 대신에 카이사르를 찾기 시작하면서, 모든 것을 포괄하는 거대한 일반 이론들이 제기되었다. 어떤 학자들은 서로 대립되는 것으로 잘못 생각했던 두 축의 다른 쪽으로 옮겨가는 것이 내키지 않아서, 두 축을 동시에 찾고자 하기도 하였다. 역사와 본문이라는 땅은 좀 더 냉정한 눈으로 면밀하고 철저하게 조사해서 지도를 그려나가야 할 필요가 있었는데도, 금맥을 찾아 눈에 불을 켜고 그 땅으로 몰려간 학자들은 자신의 소유임을 주장하기 위하여 거기에 마구잡이로 말뚝을 박고 경계 표시를 해놓아 버렸다. 그들은 물길들을 거칠게 다루어서 자기가 원하는 대로 흘러가게 하려고 하였지만, 그 물길들은 호락호락 그들의 뜻에 따라주지 않았다. 우리가 이 장의 이 절에 이르기까지 철학과 종교로부터 아우구스투스의 등장에 관한 이야기를 길게 말해온 목적은 바울의 사역지였던 로마 세계의 삶과 문화와 "제의"의 실제적인 현실에 가능한 한 가깝게 접근해서, 바울과 로마 제국의 상호작용을 좀 더 안전하게 살펴볼 수 있는 기반을 조성하는 데 꼭 필요한 정지작업을 하는 것이었다. 바울의 대부분의 사역은 로마의 영향력이 적어도 반세기 동안, 어떤 경우에는 훨씬 더 오랫동안 강력하게 작용해 왔던 도시들에서 이루어졌다. 그러한 도시들에서 일어난 일들은 로마에서 일어난 일들과 동일하지는 않았지만, 특히 아우구스투스 치하에서 로마에서 일어났던 일들은 다른 모든 곳에서 일어났던 일들의 근저에 있었던 중요한 요소였다. 로마가 작은 손짓을 하면, 속주들의 많은 도시들은 바싹 긴장하며 주목하였고, 로마가 재채기를 하면, 멀리 떨어져 있던 지역들은 폐렴에 걸렸다.

물론, 이것은 그 정도에 있어서 동일하지도 않았고, 방식에 있어서도 동일하지 않았다. 이것이 일정 정도 오늘날 학계에서 일어나고 있는 일련의 사건들의 출발점이 된 고 사이먼 프라이스(Simon Price)가 "'황제 제의' 같은 것은 존재하지 않았다"고 말하고 나서, 이전에 "지역 종교"(여기서 "지역"은 로마를 가리킨다)였던 것이 황제라는 인물을 수용할 수 있도록 개조되었다는 강력하고 의미심장한 설명을 제시한 이유이다:

> 이제 이 지역 종교는 한 인물을 중심으로 재편되었다. 그러나 이것을 "황제 제의"라고 범주화하는 것은 잘못된 것이다. 왜냐하면, 그러한 용어는 황제에 대한 숭배를 황제의 광범위한 종교적 활동들로부터 자의적으로 분리시켜서, 마치 제국 전역에 걸쳐서 황제를 숭배하는 단일한 제의가 존재한 것처럼 전제하기 때문이다.[125]

복적으로 혹평들을 쏟아놓고 있지만, 이것을 이전에는 그러한 것들을 개략적으로 서술하였던 것에 그친 것과 비교해 보면 흥미롭다; Price, 1984, 247f.에서 그는 "황제 제의"가 단수형임을 강조하고, 그 효과들 그러므로 로마 자체를 숭배하는 "제의들"(복수형으로)이 있었고, 황제와 그 가족을 숭배하는 제의들이 있었다고 말하는 편이 더 나을 것이다. 중요한 것은 이 제의들은 처음부터 치밀한 계획 하에서 제국 전역에 대대적으로 전파된 것이 아니라(이렇게 말하면 베르길리우스에게 실례가 되기는 하겠지만), 로마 제국 자체처럼 조금씩 발전되어 간 것이라고 이해하여야 한다는 것이다. "황제를 사람들의 종교적인 삶에 통합시키기 위한 광범위하고 다양한 전략들이 존재하였다."[126] 따라서 우리가 바울 및 초기 기독교, 그리고 수도 로마와 그 곳의 제1의 시민으로부터 나와서 새롭게 주목을 받게 된 종교적 제도들(이것은 "황제 제의"를 잘 다듬어서 제대로 표현한 말이 될 것이다)에 대한 그들의 관계를 연구할 때는 다양성과 다원성을 고려하지 않으면 안 된다.[127] 사이먼 프라이스의 제자들 중의 한 사람은 "모든 것이 '황제 제의'라면, 아무것도 황제 제의가 아니다"라고 말한다.[128]

"주후 1세기의 유대교 같은 것"은 존재하지 않았고, 오직 복수형의 유대교들만이 존재하였다고 목소리를 높였던 1980년대의 항의들에 직면하였을 때에는 우리가 많이 흔들렸지만, 이제 우리는 "황제 제의"라는 저 플라톤적인 추상에 대한 아리스토텔레스적인 비판에 직면해서는 그렇게 너무 많이 흔들려서는 안 된다. 우리는 "황제 제의"에 해당하는 단일하고 통일적인 실체가 존재하지 않았다는 것을 염두에 두고, 우리 앞에 있는 다양한 증거들이 다중적인 의미들을 우리에게 보여주고 있다는 사실을 잊지 않기만 한다면, 적어도 본서의 목적과 관련해서는 "황제 제의"로 표현된 실체가 단일한 복합적인 현상이었다는 관점에서 생각할 수 있을 것이다.[129] 이 실체가 "모든 것" 속에 내재되어 있었는데도, 우리가 그러한 실체를

을 폭넓게 일반화해서 이렇게 단언한다: "황제 제의는… 신민과 통치자 간의 권력 관계를 창출하였다… 황제 제의는 세계의 종교 질서를 안정시켰다… 황제 제의는… 로마 제국의 현실을 구축하였다." 아마도 신약학자가 어느 한 분야의 전문가의 견해를 따라서, 자기가 이전에는 일반화해서 제시한 것을 이후에 좀 더 구체적이고 다중적으로 분석하게 된 것은 아마도 용서될 수 있을 것이다.

126) Rives, 2007, 149.

127) 또한, Beard, North and Price, 1998, 1.318: 단일한 "황제 제의" 대신에, "황제나 그의 가족 또는 후계자들을 숭배하는 데 초점을 맞추고 있었지만… 지역의 서로 다른 다양한 환경들에 따라 아주 다르게 운용된 일련의 서로 다른 제의들"이 존재하였다. "게다가, 황제 제의와 그 밖의 다른 종교 형태들 간에 날카로운 경계도 존재하지 않았다… 또한, 황제 제의가 반드시 종교의 로마화를 보여주는 가장 강력한 표지였던 것도 아니었다: 특히 국외에 있던 로마인 공동체들('콜로니아이' [coloniae , "식민지들"]와 '무니키피아' [municipia, "도시들"])에서, 아우구스투스 치하의 로마에서 변화된 체제를 모방한 것들은 흔히 황제에 대한 그 어떤 직접적인 숭배보다도 종교의 로마화에서 훨씬 더 중요한 측면이었다."

128) Gradel, 2002, 108.

129) Galinsky, 1996, 427 n. 122는 "제의의 기념물들은 획일적인 경향이 아니라 다양한 특성을 지니고 있었다는 것이 그 특징이다"라는 취지로 D. Boschung을 인용한다. "로마화" 전체와 관련해서 일반화

"아무것"도 아닌 것으로 취급한다면, 그것은 정말 부끄러운 일이 될 것이다.

하지만 우리는 그 밖의 다른 하위의 일반화들에 대해서도 도전하지 않으면 안 된다. 나는 아우구스투스 제의가 제국의 서부 지역에서보다도 동부 지역에서 발전하였다는 말을 들어 왔지만, 우리가 가진 가장 초기의 증거들 중 하나는 남부 갈리아의 리옹(Lyons)에서 발견된 아우구스투스에게 바쳐진 제단이다. 사람들은 흔히 동부 지역의 사람들이 로마에 있던 사람들보다도 더 기꺼이 아우구스투스를 신으로 여기고 숭배하고자 하였다고 생각해 왔다. 그러나 우리는 호라티우스와 베르길리우스가 이 '프린켑스'가 초기에도 올림포스로 가는 길을 밟았다는 글을 공개적으로 썼다는 사실을 이미 본 바 있다. 흔히 이 두 시인은 아우구스투스의 선전 도구의 일부였던 것으로 인용되어 왔지만, 우리는 새로운 현실에 대한 이 두 사람의 태도 간에는 미묘하지만 중요한 차이들이 있음을 보았었다. 삶은 가까이에서 면밀하게 들여다보면, 멀리에서 보는 것보다 언제나 더 복잡하다.

비판도 마찬가지이다. 계몽주의와 그 여파는 오늘날의 서구 사회에 아주 한정된 사회적이고 정치적인 대안들을 물려 주었기 때문에, 사람들은 모든 쟁점에 대하여 어떤 가설적인 스펙트럼 위에서 왼쪽이냐 오른쪽이냐를 선택해야 했고, 모든 정치적인 질문에 대해서도 오로지 "찬성" 또는 "반대"라는 두 가지로만 대답하여야 했다. 하지만 이러한 흑백논리가 지배하는 사상 세계는 주후 1세기이든 20세기이든 현실의 복잡다단한 삶의 실체를 제대로 파악해낼 수 없다.[130] 나는 다른 곳에서 했던 경고를 이 자리에서 다시 한 번 되풀이하고자 한다: 바울 연구자들이 16세기 신학의 범주들을 사용해서 주후 1세기에 활동한 바울의 모든 의도를 파악하게 되기를 기대할 수 없듯이, 우리 시대의 정치적 표어들을 사용해서 주후 1세기에 바울이 제기한 도전들을 제대로 파악하게 되기를 기대할 수 없다. 아우구스투스의 세계는 여러 다양하고 미묘한 색조를 지닌 고도로 복잡다단한 것들이 모여 하나의 통일체를 이루고 있던 세계였다. 그렇기 때문에, 어떤 사람이 이 세계의 어떤 것에 대하

와 세부적인 구별들에 대한 논쟁은 큰 규모로 다루고 있는 것으로는 Revell, 2009가 있다. Scheid, 2009 [2001], 275 n. 1의 자조적인 말을 참조하라: "'황제 제의'라는 용어가 비록 현대적인 산물일지라도, 오늘날의 모든 역사가들이 이 용어를 사용하기 때문에, 나도 이 용어를 사용한다. 이 용어는 종종 서로 판이하게 다른 여러 다양한 제의적 행위들을 하나의 동일한 것으로 묶어서 지칭하고 있기 때문에, 사실을 오도하는 용어이다. 내가 로마의 종교적 실천을 두루뭉술하게 가리키기 위하여 이 용어를 사용한다면, 그것은 독자들이 나의 말을 이해할 수 있게 하기 위한 것일 뿐이다. 로마의 개념적이고 제의적인 현실들은 그런 것과는 달랐다."

130) Galinsky, 1996, 5를 보라. 그는 "낙관주의"와 "비관주의," 또는 "친아우구스투스적"이라거나 "반아우구스투스적"이라는 등의 "무의미한 이분법들"에 대하여 말한다.

131) 도미티아누스: cf. Dio, 67.4.7; Suet. *Dom.* 13.1f.; cf. 계 4:11; Martial, *Epig.* 8.2.5f., cf. 5.8.1;

여 "그렇다"고 대답한다고 하여도, 곧이어서 거의 반드시 "그러나"를 첨가할 수밖에 없고, 또 다른 사람이 거기에 대하여 "아니다"라고 말할 수밖에 없다.

주후 1세기 중반에 이르러서는, 주전 마지막 수 세기 동안에 헬라 또는 아시아의 속주들에서 두드러진 특징들이었던 것들은 철저하게 지워지고 희미해져 있었을 것임은 의문의 여지가 없다. 특히, 도미티아누스(Domitianus) 황제가 강압적인 폭정을 행하며, 자신이 살아 있는 동안에(그의 아버지였던 베스파시아누스 황제가 임종 때에 가서야 자기가 신이 되고 있는 것 같다는 저 유명한 말을 했던 것과는 달리[131]) 자기를 '도미누스'(dominus, "주")와 '데우스'(deus, "신")으로 부를 것을 강요하였던 기독교의 제1세기 말에는 분명히 그러하였다. 그러나 주후 1세기 중반의 빌립보나 비시디아 안디옥, 고린도, 에베소를 다룰 때에는, 우리는 "황제 제의"와 그 "강요"를 자연스럽게 전제하지 말고, 가능한 한 그러한 지역들의 현장에서 실제로 무슨 일이 벌어지고 있었는지를 살펴보려고 하는 것이 좋다.

포괄적으로 "황제 제의"라고 부를 수 있는 다양한 현상은 처음부터 좀 더 큰 틀 속에 둥지를 틀고 있었는데, 그것은 '프린켑스' 자신을 종교적인 인물, 친히 희생 제사를 드리고, 길흉을 점치며, 기도문들을 읊조리고, 축제 행렬들을 주관하는 신관(그는 마침내 '폰티펙스 막시무스' [Pontifex Maximus, 대신관]가 되었다), 그리고 전체적으로는, 고상하고 신성한 로마인이라면 마땅히 행해야 일들을 기쁜 마음으로 행하는 '피에타스'(pietas)에 솔선수범하는 인물로 천하 사람들에게 인식시키고자 하는 틀이었다.[132] 그가 차츰차츰 독자적인 신으로 바뀌어 가는 듯이 보일 때에도, 이 큰 틀은 중단되지 않는다. 당시의 작가들은 이 두 가지가 결합되는 것을 보고도 전혀 놀라거나 이상하게 여기지 않았다. 이것을 보여주는 다른 많은 예들이 있지만, '아라 파키스'(Ara Pacis, 평화의 제단)가 그 두드러진 예이다.[133] 따라서 사람들은 한편으로는 황제를 신으로 여기고서 황제의 이름을 부르며 기도하면서도, 여전히 다른 한편으로는 황제와 그의 가족을 위하여 신들에게 기도하는 것도 중단하지 않았다. 유대인들이 이교도들에게 동화되거나 혼합되지 않으면서도 황제에 대한 자신들의 충성심이 진심임을 보여 주기 위하여 황제와 그의 가족

10.72.3; 자세한 것은 Rowe, 2005b, 292f.; Naylor, 2010, 25f.를 보라. 베스파시아누스에 대해서는 Suet. *Vesp.* 23을 보라. 거기에는 베스파시아누스의 기괴한 변덕을 보여주는 많은 사례들 중의 하나가 언급되어 있다.

132) cf. Rüpke, 2007, 248.

133) '아라 파키스(Ara Pacis)와 그 의의에 대해서는 Zanker, 1988, 120-23; Elsner 1991; Kleiner 2005, 특히 아우구스투스에 관한 이야기가 나오는 212-25를 보라.

134) cf. Philo, *Leg.* 357. 거기에서 필로는 유대인들의 그러한 행태에 대하여 Caligula가 분노하였다

을 위하여 기도한 것이 그 좋은 예였다.[134] 우리가 앞서 로마의 종교에 관하여 논의할 때에 이미 말하였듯이, 오늘날 우리가 "종교"라고 부르는 것을 오늘날 우리가 "문화" 또는 "정치" 또는 그 밖의 다른 이름으로 부르는 것을 완전히 분리하고자 하는 그 어떤 이전의 견해도 폐기되어야 한다는 것은 이제 너무나 분명해졌다. 나중에 바울에 대하여 말할 때에 보게 되겠지만, 우리가 바울을 제대로 이해하기 위해 필요한 것은 훨씬 더 모든 것을 포괄하는 시야, 즉 인간의 삶에 속한 모든 것을 한데 엮어 짜서 통일적인 전체가 되게 하는 역할을 하는 세계관이다.[135] 그리고 우리는 심지어 로마 역사의 한 짧은 기간 내에서조차도 라틴어 '렐리기오'(religio)의 의미 자체가 변화를 겪어 왔을 수 있다는 것을 유의하여야 한다.[136] 어쨌든 세심한 주의가 요구된다는 것은 분명하다.

우리의 현재의 주제에 대한 배경은 우리가 앞의 장들에서 살펴본 자료들 전체에 걸쳐서 발견되고, 우리는 거기에서 또 하나의 베르길리우스적인 결합을 본다. 다중적인 요인들이 한꺼번에 쇄도해서, 사람들로 하여금 공식적으로든지 비공식적으로든지 아우구스투스가 살아 있는 동안에 그를 신으로 보게 만들었고, 제국 전역의 도시들, 특히 동부 지역의 도시들이 그러한 주장을 기정사실로 받아들일 뿐만 아니라, 아우구스투스를 신으로 모시는 것을 적극적으로 지지하고 거기에 합당한 제의를 거행하는 일에 발 벗고 나서게 만들었고, 그 제의에서는 우리가 앞 장에서 이교의 종교 의식들에 대하여 말한 모든 것들이 동원되었다.

"황제 제의"를 제대로 살펴보기 위한 정지 작업으로, 우리는 적어도 일곱 가지의 서로 다르지만 궁극적으로는 서로 연결되어 있는 요인들을 살펴보아야 한다. 누구나 인정하듯이, 동방에서 황제와 관련된 제의들을 가장 신속하게 받아들였기 때문에, 가장 먼저 거기부터 살펴보자면, 동방에는 왕을 신이라고 생각하는 오랜 전통이 존재하였다는 것이다.[137] 이러한 전통은 애굽에서는 파라오들, 헬라 및 여러 헬레니즘 왕국들에서는 알렉산더 대왕과 그의 후계자들로 거슬러 올라간다.[138] 알렉산더가 주전 332년에 애굽의 파라오가 되었을 때, 이 두 전통은 서로 결합되었

고 말한다. 왜냐하면, 황제를 위하여 (다른) 신들에게 기도하는 것이 가능하다면, Aelius Aristides, *Or.* 26.32에서 볼 수 있듯이, 황제의 안녕을 위하여 신인 황제에게 기도하는 것도 얼마든지 가능하다고 생각되었기 때문이다(Klauck, 2000, 314를 보라).

135) 최근의 것으로는 Friesen, 2001, 5-22를 보라.

136) Rüpke, 2011, 32.

137) 특히, Price, 1984를 보라.

138) 알렉산더에 대해서는 Klauck, 2000, 266-74 등을 보라.

139) 하나의 모델로서의 Alexander: Galinsky, 1996, 48은 아우구스투스를 알렉산더의 초상화들과

다. 이러한 배경은 단지 헬라와 근동에 살았던 사람들에게만 해당되는 것이 아니었다. 로마 공화정 말기의 많은 지도적인 인물들은 알렉산더를 자신의 모델로 보았고, 아우구스투스 자신도 자신이 한 일들을 설명할 때에 알렉산더를 일종의 선구자로 언급하였다.[139]

두 번째로는, 동방의 속주들에는 이미 몇몇 성소들에서 로마 제국과 같은 이름을 지닌 여신 로마(Roma)를 섬겨온 오랜 전통이 존재하였다는 것이다. 아마도 로마의 그 어떤 인물이 일인 통치에 대하여 생각하기 훨씬 이전부터, 동방의 충성을 이끌어내고 유지하기 위한 목적으로, 아테네의 수호신인 여신 아테나(Athena)와 비슷한 존재로 여겨진 로마의 수호신인 여신 로마(Dea Roma)이 동방의 여러 나라들에 이식되었다. 여신 로마는 우리가 '아라 파키스'(Ara Pacis, "평화의 제단")에서 보는 여신, 다른 민족들이 내려놓은 무기 더미를 태평스럽게 깔고 앉아 있는 바로 그 여신이다. 여기서 우리의 목적과 관련해서 중요한 것은 아우구스투스는 속주들에 로마를 숭배하는 제의 자체를 일부러 만들어낼 필요가 없었다는 것이다. 아우구스투스가 등장한 때에는, 여신 로마를 숭배하는 제의는 이미 적어도 150년 동안 지속되어 왔기 때문에, 도성 로마와 동명의 여신 옆에 아우구스투스를 끼워 넣는 것은 과거와의 완전한 단절이 아니라, 좀 더 진화되어서 새롭지만 과거와 연속된 현실을 명시적으로 반영한 조치였다.[140]

로마 자체의 사정은 사람들이 종종 묘사하는 그림과는 판이하게 달랐다. 왜냐하면, 로마의 전통적인 공화정은 한 인간을 신으로 섬긴다는 것을 상상도 할 수 없었기 때문이다.[141] "황제 제의"를 제대로 살펴보기 위한 정지작업 중에서 우리가 생각해 보아야 할 세 번째 요인으로는, 헤라클레스(Hercules)라는 고전적인 사례가 있다. 인간으로서 거의 신과 같은 존재가 된 헤라클레스에 관한 이야기는 그러한

비슷하게 묘사한 주화들과 인장들과 그림들을 인용한다. *RG*, 1.1을 비롯한 여러 곳에서 Augustus는 자신이 이룬 일들을 이미 19살 때에 시작하였음을 강조하는데, 이것은 의도적으로 자신을 Alexanders에 비유하기 위하여 날조한 것이다. *RG*, 1.1에서 Judge는 이 단락에 나오는 모든 요소는 "로마의 귀족들이 상투적으로 사용하던 칭송의 말들에서 가져온" 것들이라고 올바르게 지적한다(2008a, 187); *RG*, 31-3은 극동의 나라들이 그에게 사절들과 청원들을 보내옴으로써, 그가(폼페이우스, 카이사르, 안토니우스와는 달리) 굳이 그 나라들을 정복할 필요가 없었다는 점을 들어서, 그가 실제로 알렉산더를 능가하였다는 것을 보여준다(Judge, 2008a, 217을 보라).

140) Beard, North and Price, 1998, 158f.; Galinsky, 1996, 322f.를 보라; '아라 파키스'(Ara Pacis)에 새겨진 Roma 여신에 대해서는 Galinsky, 1996, 208.

141) cf. Gradel, 2002, 26. 그는 이 시기의 로마 종교와 관련해서, "절대적 범주가 아니라 상대적 범주로서의 신"이라는 모델을 제시한다; 마찬가지로, Rüpke, 2007, 83-5.

142) 헤라클레스에 대해서는 Rüpke, 2007, 84; 106과 거기에 언급된 전거들을 보라.

신화에 젖어 있는 문화 속에서 잘 알려져 있던 이야기들 중에서 단연 돋보이는 이야기였다(고대인들은 신인지 인간인지를 정확히 규정해야 한다고 느끼지 않았다).[142] 로마인들은 국가적인 영웅들만이 아니라 지성계에서의 영웅들을 신들이라고 부르고 환호할 수 있었다. 신들은 인간 세계와는 아무런 관계 없이 초연하게 자신들만의 세계 속에서 행복을 누리고 있다고 생각하였던 루크레티우스(Lucretius)조차도 자신의 스승 에피쿠로스(Epicurus)를 신이라 부르며 환호하였다.[143] 마찬가지로, 로마인들은 자신들의 지도자, 특히 군사적인 지도자가 위대한 일을 이루어낸 경우에는, 그 지도자를 신으로 보는 자연스러운 경향이 존재하였는데, 적어도 술라(Sulla)의 경우가 그랬던 것으로 보인다.[144] 속주들에서는 로마의 총독들을 기리기 위하여 속주민들 전체가 참여하는 특별한 축제들을 열어 시합들을 하였고, 심지어 신전들까지 건립한 사례도 있었다.[145] 주전 45년에는 아우구스투스의 양아버지였던 율리우스 카이사르(Julius Caesar)의 조각상이 퀴리누스(Quirinus) 신전에 세워졌고, 그 비문에는 '데오 인빅토' (Deo Invicto), 즉 "패배한 적이 없는 신에게"라는 글귀가 새긴 사례도 있었다.[146] 물론, 이 일은 엄청난 논란을 불러일으켰고, 아마도 몇 달 후에 카이사르를 시해하게 된 자들이 더욱 결심을 굳히는 계기가 되었을 것이다. 그러나 그 이후의 몇 달 동안 이 일은 꽤 신속하게 진행되어 나갔다. 당시에 실권을 잡게 된 안토니우스는 이 일에 대하여 제동을 걸고자 애썼지만, 옥타비아누스가 로마로 돌아와서, 주전 44년 7월에 카이사르의 승전들을 기념하는 시합들을 개최하였는데, 때마침 나타난 혜성은 자연스럽게 카이사르의 영혼이 하늘의 신들에게로 올라간 것으로 해석되었다. 이 혜성은 카이사르가 신이 되었다는 것과 아우구스투스가 "신의 아들"이라는 것을 보여주는 징조가 되었고, 그 이후에 주화들과 금석문들과 초상들 등등에 다시 등장하게 된다.[147] 원로원은 투표를 통해서 카이사르를 신으로 모시고 그를 위한 신전을 건립하기로 결정하고서, 안토니우스를 이 제의의 초대 신관으로 임명하였다.

일련의 이러한 일들이 옥타비아누스에게 의미하는 바가 무엇인지는 분명하였

143) *De Re. Nat.* 5.8-12.

144) Sulla에 대해서는 Galinsky, 1996, 317, 321.

145) Galinsky, 1996, 323.

146) Dio, 43.45.3(원로원이 그것을 세웠다고 말함); Cic. *Att.* 12.45.3; 13.28.3. Galinsky, 1996, 312f.를 보라.

147) Virg. *Ec.* 9.47-9; Pliny, *NH*, 2.93f.; Suet. *Iul.* 88; Dio, 45.7.1. Caesar에 대해서는 Beard, North and Price, 1998, 140-9; Galinsky, 1996, 17f.; 특히, Weinstock, 1971 *passim*을 보라.

148) Galinsky, 1996, 17.

지만, 그것은 위험스러운 것이었다. 갤린스키(Galinsky)가 지적하듯이, 시해 당한 독재자의 아들이라는 것은 복임과 동시에 화이지만, 신의 아들이 되었다는 것은 완벽한 복이었다.[148] 하지만 옥타비아누스는 계속해서 신중하게 행하였다. 그는 "자신의 아버지의 명예를 회복시켜 주기를 열망한다"는 이전의 제안을 재빠르게 철회하였다.[149] 또한, 그는 아폴로로 분장하고서 연회에 참석하였던 이전의 잘못(주전 40년)을 되풀이하지 않았다 – 물론, 나중에 주전 20년대에는 자신을 아폴로나 유피테르나 넵투누스(Neptune)로 묘사한 주화들을 발행하긴 하였지만.[150] 아그리파(Agrippa)가 판테온(Pantheon) 신전 – 이 신전은 여전히 그의 이름을 지닌 채로 웅장한 모습으로 서 있다 – 을 건립한 것은 제국의 다른 지역들에 건립되고 있던 카이사르 신전들에 대응되는 아우구스투스의 신전을 로마에 세우고자 한 것이었다. 그러나 아우구스투스는 그러한 영예를 단호하게 거절하였다. 그 명칭이 보여주듯이, 판테온 신전은 율리우스 카이사르를 포함한 모든 신들을 모시는 신전이었는데, 그 현관 입구에는 아우구스투스의 흉상(그리고 당시에 아우구스투스의 분명한 후계자로 여겨졌던 아그리파 자신의 흉상도 함께)이 눈에 확 들어오게 세워져 있었다.[151] 하지만 이 흉상 속에는 아우구스투스가 빨리 죽기를 바라는 의도가 들어 있었을지는 몰라도, 그를 신으로 표현하고자 하는 의도는 전혀 없었다. (누군가가 칼리굴라 황제에게 이 점을 상기시켜 주었어야 했지만, 애석하게도 아우구스투스가 보였던 신중하고 조심스러웠던 행보는 칼리굴라의 스타일이 결코 아니었다.) 안토니우스는 주전 40년대 말과 30년대 초에 동방에서 꾸준히 더 큰 세력을 얻어 갔기 때문에, 동방의 문화 속에서는 그를 신으로 모시고 숭배하게 된 것은 거의 피할 수 없는 일이었고, 그가 동방 사람들이 자신을 신으로 모시는 것을 꺼려하고 피하고자 하였다는 증거도 전혀 없다. 로마인들이 동방으로 가면, 비로마적인 방식으로 행동하기 시작한다는 사실도 옥타비아누스에게 하나의 경고가 되었을 것이다. 그러나 옥타비아누스는 사람들이 자기를 신으로 숭배하는 것을 꺼려하였던 반면에, 율리우스 카이사르가 신이 되었고, 그를 신으로 섬겨야 한다는 것은 끝까지 단호하게 고수하였다. 그는 모든 기회 – 말이든 글이든 대중행사이

149) Cic. *Att.* 16.15.3. 주전 30년의 그의 모습을 보면, 그는 자기를 신으로 숭배하고자 하는 그 어떤 시도에 대해서도 강력히 반대하고 있었다(Dio, 51.19-20).

150) Suet. *Aug.* 70. 다른 식사하는 사람들도 신의 옷차림을 하고 있다. 주화들에 대해서는 Burnett, 1983과 Price, 1996, 840을 보라.

151) Dio, 53.27.3.

152) Galinsky, 1996, 319.

든 – 를 활용해서 모든 사람들에게 이것을 상기시키고자 하였다.[152] 원로원은 주전 42년에 카이사르를 신으로 모시는 법을 공식적으로 통과시켰고, 혜성이 부착된 카이사르의 신상은 이탈리아 전역에 세워졌으며, 우리가 이미 살펴보았듯이, 그를 위한 제의는 로마 광장에 있는 그의 신전에서 계속해서 행해졌다.[153] 마침내, 인간이 신이 될 수 있게 되었다.[154]

"황제 제의"의 토대가 된 네 번째 요인은 당시에는 로마 내에서 전통적인 종교가 쇠퇴해 있던 때였는데, 이때에 아우구스투스가 그러한 전통적인 종교를 회복시키기 위하여 발 벗고 나선 것이었다. 이것과 관련해서는 다소 논란이 있는데,[155] 그것은 사회적으로 극히 불안하여 약탈이 자행되고 공포 정치가 행해지며 무지한 군대들이 밤중에 서로 충돌하는 대혼란의 시절에는 많은 사람들이 오랜 세월 동안 대대로 그들 속에 뿌리내려 왔고 일상화 되어 있던 엄숙한 종교적 의식들을 정성스럽게 행하는 것을 포기할 수밖에 없었을 것이기 때문에, 평화로운 시절이 다시 돌아왔을 때에는, 전통적인 종교가 다시 융성하게 된 것일 뿐이라는 추정도 가능하기 때문이다. 즉, 전쟁의 신을 따를 수밖에 없는 시절에는 그 밖의 다른 대부분의 신들을 포기할 수밖에 없었다는 것이다. 평화로웠을 때에는 차고 넘쳤던 신관들이 이 혼란의 시기 동안에는 텅텅 비어 있었다. 하지만 고전적인 아카데미 학파의 철학자였던 키케로(Cicero)는 이런 일에 대하여 아무렇지도 않게 생각하였을 것 같지만, 실제로는 전통적인 종교 의식들이 철저하게 쇠퇴하게 된 것을 한탄하고서, 신들에 관한 일들은 그것이 무엇이든 간에 지켜져야 한다고 역설하였다.[156] 마찬가지로, 경험상으로 볼 때, 사회적으로 크게 혼란한 격동기에는 흔히 사람들은 마치 큰 파도가 이는 거친 바다에서 지푸라기라도 붙잡고자 하는 심정으로, 자

153) cf. Dio, 47.18f. Caesar의 신격화에 대해서는 Klauck, 2000, 288-94를 보라.

154) 영웅들의 신격화 및 그것과 비슷한 문제들에 대해서는 *RSG*, 76f.를 보라. 물론, "예배" 또는 "경외, 공경"이라는 다양한 의미들과 느슨하게 연결된 "신" 또는 "신적인"을 나타내는 헬라와 로마의 단어들에는 미묘하게 서로 다른 많은 의미들이 내포되어 있었다. 우리의 목적을 위해서 중요한 질문은 그러한 모든 관념들이(대체로 헬라어를 사용하였던) 유대인들과 그리스도인들의 유일신론적인 관점에서 어떻게 보아졌느냐 하는 것이다.

155) Wallace-Hadrill, 2008, 249f.를 보라. 그는 아우구스투스를 위대한 회복자로 묘사하는 데 열을 올렸던 자료들의 수사를 순진하게 읽는 것을 경고하고, 로마의 종교는 언제나 스스로를 혁신하고 새롭게 할 수 있었기 때문에, 우리는 예컨대 Cicero, *De Nat. De.* 2.9f.가 로마 귀족에 대한 공격을 은연중에 내포하고 있다는 것을 알아차려야 한다고 주장한다.

156) Cic. *De Nat. De.* 1.82; cf. Livy, 4.20.7; Hor. *Od.* 3.6.1-8. Cp. Galinsky, 1996, 288-92 및 거기에 나오는 전거들과 논의.

157) Galinsky, 1996, 292f.; Scheid, 2005, 181.

신들의 종교에 매달리고 그 종교 의식들에 더 열심을 내는 것이 보통이다. 그러나 사료들이 우리에게 보여주는 것은 그런 것이 아니다. 우리 앞에 놓인 사료들은 공식적이고 국가적인 "렐리기오네스"(religiones, "제의들")는 이 시기에 쇠퇴하고 있었고, 아우구스투스는 이러한 공식적인 제의들을 자신이 회복시켰다고 반복적으로 주장하였음을 보여준다. 그는 신전들을 세우고 회복시킨 자로 알려져 있었다. 또한, 그는 아르발(Arval) 신관회(고대 로마의 수호신들과 풍년의 신들에게 해마다 제사를 지냈던 신관들), 로물루스와 연결되어 있다고 주장한 "티티우스 신관회" 같은 여러 신관 집단들을 부활시키기도 하였다.[157] 이 모든 것은 일반적인 로마인들에게 그들의 새로운 지도자와 그들이 대대로 섬겨 오던 신들이 서로 밀착되어 있다는 인식을 심어 주었다.[158]

물론, 전통 종교의 부활 자체는 황제 숭배의 가능성을 훼손시켰을 것이 틀림없고, 로마 지역에서는 일정 정도 실제로 그러하였다. 아우구스투스가 조상 대대로 내려오던 전통들을 회복시키고자 하였다면, 살아 있는 통치자를 숭배하는 제의가 거기에 끼어들기는 힘들 것이었다. 적어도 로마에서는 그런 위험이 있었다.

그러나 아우구스투스는 좀 더 교묘한 다른 조치를 취하였다. 황제 제의의 토대를 닦은 다섯 번째 요인은 대대로 전해 오던 종교 전통으로부터 생겨났다. 앞 장에서 보았듯이, 수 세기 동안 로마인들이 자신의 가정에서 행한 제의는 '라레스'(Lares)와 '페나테스'(Penates)를 섬기는 것이었는데, 전자는 공경을 드려야 할 조상들과 신령들을 상징하였던 – 이 시기에 이르러서는 그러한 상징이 모호해지긴 하였지만 – 두 청년 모양의 신상들이었고, 후자는 아이네이아스가 트로이에서 가져온 것과 같은 좀 더 일반적인 가정의 수호신들이었다.[159] 아궁이 근처에 모셔진 이러한 신들은 문자 그대로 가정의 중심이었다. 또한, 이 신들 외에도, 로마인들은 자기 가문의 조상인 '파테르파밀리아스'(paterfamilias, "가장, 조상")의 '게니우스'(genius, "신령, 혼령")를 모셨고, 그 이름을 부르며 기도하였다. 이것은 특별하면서도 의미심장한 방향으로 발전할 가능성을 열어 주었다. '라레스'(Lares)는 각 가정에서만 섬긴 것이 아니었다. 로마는 여러 구역들(compita)로 나뉘어 있었는데, 각 구역은 자신의 구역을 지켜 주는 '라레스'(Lares, 수호신들)를 섬겼고, 그 수호신들을 기리는 시합들과 축제들을 거행하였다. 아우구스투스는 그 구역들 중

158) Richardson, 2012, 208; 그리고 Scheid, 2009 [2001]를 보라.

159) '라레스'(Lares) 및 그 기원과 의미에 대해서는 cf. OCD 815f.에 실린 C. R. Phillips의 설명 등을 보라.

160) *RG*, 19.2.

에서 265개 구역을 재정비하였고, '라레스'의 주신전을 재건하였다.[160] 그러나 주전 1세기에 무슨 일이 이미 벌어져 있었는데, 그것은 이전에 '라레스 콤피탈레스'(Lares compitales, 구역의 수호신들)로 불리던 것이 '라레스 아우구스티'(Lares augusti, "신성한" 또는 "위대한" 수호신들)로 불리게 된 것이었다. 이런 일은 누군가가 옥타비아누스를 "아우구스투스"(Augustus)로 부를 생각을 하게 된 때보다 20여년 전에 일어났지만, 이 기가 막힌 우연의 일치는 젊은 '프린켑스'(princeps)에게 큰 선물을 안겨 주었다. 이러한 각 구역의 "수호신들"은 이제 '라레스 아우구스티'(Lares Augusti, 아우구스투스의 수호신들)가 되었고, 로마인들은 '라레스'의 신전에 이미 놓여 있던 청년 모양을 한 두 개의 신상 옆에 아우구스투스의 조각상이나 그의 현존을 나타내는 다른 상징들을 안치해 놓고서, "조국의 조상" 또는 "건국 시조"의 혼령을 부르며 기원을 드렸다. 물론, 로마인들의 각 가정에서 자기 가문의 "조상"(paterfamilias)을 신으로 여겨서 그 혼령을 부르며 기원한 것과는 달리, 이 일로 인해서 아우구스투스가 "신"으로 여겨진 것은 아니었지만, 당시 로마인들의 사고 속에서 아우구스투스가 석연치 않은 과정을 통해서 어물쩍 "수호신들"과 동급인 존재로 자리 잡게 된 것은 구체적으로 황제 제의를 향한 큰 발걸음을 내디딘 것이었고, 실제로 당시에도 그렇게 보아졌다.[161] 원로원이 마침내 주전 2년에 아우구스투스에게 '파테르 파트리아이'(pater patriae, "조국의 조상" 또는 "건국 시조")라는 공식적인 직함을 수여하였을 때, 그것은 단지 로마의 각 구역에서 사람들이 '라레스'("수호신들")와 더불어 아우구스투스를 모셔 놓고 제의를 행해 온 것이 암묵적으로 말하고 있는 것을 확인해 주는 조치였을 뿐이었다. 로마는 하나의 큰 가정이었고, 아우구스투스는 거기에서 공경 받는 '파테르파밀리아스'(paterfamilias, "가장, 조상")였다.

"황제 제의"를 향한 정지작업 중에서 여섯 번째 요인은 앞 장에서도 이미 언급했듯이, 여러 문화들에서 섬기던 전통적인 신들을 재해석하는 현상이었다. 이것은 단지 헬라의 신들의 이름을 로마식으로 개명해서(또는, 로마의 신들을 갈리아식으로 개명해서) 아테나 여신의 올빼미를 미네르바 여신에게 가져다주고, 제우스(Zeus)의 독수리를 유피테르(Jupiter)에게 가져다준 것에서 그치지 않고, 특별히 강력하고 주목할 만한 위업들을 이룬 인간들을 이런저런 신의 모습으로 묘사할 수 있는 가능성을 열어 주었다. 사실, 이것은 우리가 앞에서 살펴본 첫 번째 요인, 즉

161) 예를 들면, Ovid, *Fast.* 5.143-6. 이 주제 전체에 대해서는 Galinsky, 1996, 300-10을 보라.
162) Plut. *Ant.* 24; Beacham, 2005, 155f.를 보라.

적어도 알렉산더 대왕 이래로 헬레니즘 세계의 통치자들이 그들 자신을 신의 모습으로 묘사한 것의 한 측면이었다. 안토니우스는 동방에 자신의 난공불락의 권력 기반을 마련하기 위한 정복 전쟁을 수행할 때에 자신을 디오니소스(Dionysos) 신의 모습으로 묘사하는 것을 전략의 일부로 활용하였고, 플루타르코스(Plutarch)는 그가 에베소에 입성할 때의 장엄한 광경을 디오니소스의 입성이라는 관점에서 묘사하였다.[162] 한편, 폼페이우스의 아들이 자기가 바다를 지배하는 자임을 과시하고자 하여, 자신을 바다의 신인 넵투누스(Neptune)로 자처하였다면, 아우구스투스는 사람들이 그를 아폴로(Apollo)로 묘사하는 것을 허용하였다.[163] 나중에 옥타비아누스는 자기 아버지 덕분에 한순간에 높은 자리에 오른 폼페이우스의 아들을 격파한 후에 자기가 진정한 넵투누스임을 무언으로 보여줄 것이었다.[164] 그러나 내전의 최후의 드라마가 펼쳐졌을 때, 옥타비아누스와 안토니우스가 각각 부른 신의 이름은 아폴로와 디오니소스였다. 아울러, 안토니우스는 동방의 제의가 지니고 있던 여러 가능성들을 활용해서, 자신과 클레오파트라를 오시리스(Osiris)와 이시스(Isis)로 자처하였지만(물론, 거기에는 그가 해마다 죽었다가 부활한다는 의미는 내포되어 있지 않았다), 그들의 자녀들의 이름은 태양신과 연관이 있는 알렉산더 헬리오스(Alexander Helios)와 달 신과 연관이 있는 클레오파트라 셀레네(Cleopatra Selene)로 지었다. 안토니우스는 자신을 공개적으로 디오니소스로 자처하는 것을 끝까지 고수하였던 반면에, 앞에서 보았듯이, 옥타비아누스는 자신을 아폴로로 자처하는 이전의 잘못을 되풀이하지 않았다. 대신에, 그는 자신의 저택 바로 옆에 아폴로 신의 신전을 새롭게 지음으로써, 훈육과 도덕과 절제의 신으로 여겨진 아폴로 신과 자기가 아주 가까운 사이라는 것을 과시하였던 반면에, 안토니우스는 동방의 몽상만이 아니라, 디오니소스와 결부되어 있던 향락주의적이고 사치스러운 생활에 빠져 있는 인물로 비쳐질 수 있었다.

이렇게 아우구스투스는 로마에서 안토니우스가 제거될 때까지 당분간 자신을 신으로 내세우는 것을 삼갔지만, 그 이후에는 신들을 조합하는 고대인들의 능력을 십분 활용할 수 있는 길이 그에게 활짝 열렸기 때문에, 이제부터는 자기를 아폴로나 넵투누스 같이 보이게 하는 것만으로 만족하고자 하지 않았다. 그는 꼭대기로 올라갔다. 적어도 동방에서 그는 제우스(Zeus)나 유피테르(Jupiter)의 모습으로 묘사되었고, 오비디우스는 북부 소아시아에서 유배생활을 하면서, 유피테르(즉,

163) Galinsky, 1996, 314; Beacham, 2005, 153f.

164) Galinsky, 1996, 315.

165) 예를 들면, *Trist.* 1.5.77-84; 5.2.45-54; *Ep. ex Pont.* 1.7.43-6, 49-52.

카이사르)가 자기를 벼락으로 벌하였다고 말함으로써, 아우구스투스가 유피테르라는 것을 강조하였다.[165] 비록 이것이 자신의 복권을 위한 한 시인의 헛된 몸부림이었다고 할지라도, 현실적으로 현장에서 무엇이 가능하였던 것인지, 그리고 실제로 무슨 일이 일어나고 있었는지를 잘 보여준다.

"황제 제의"를 향한 일곱 번째이자 마지막 정지작업은 로마인들이 자신의 속국들을 지배한 방식과 관련된 것이다. 로마 제국은 로마인들을 속국들의 방백들이나 관리들로 보내어 직접 통치하는 것보다는 해당 지역의 엘리트층들을 통해서 간접적으로 통치하는 방식을 언제나 더 선호하였다.[166] 지역의 엘리트층들은 필요할 때에 로마의 지지를 받을 수 있긴 하였지만, 로마는 해당 지역의 종교와 주민들을 잘 알고 있는 사람들로 하여금 세부적인 문제들에 대한 결정을 내리게 하는 것, 즉 이것을 거꾸로 뒤집어서 말한다면, 더러운 일들은 다른 사람에게 시키는 것이 지혜로운 일이라고 보았다. 사람들마다 이 문제를 보는 시각이 다르겠지만, 어쨌든 중요한 것은 로마의 이익을 지키는 것이 자연스럽게 지역 엘리트층들의 이익을 지키는 일이 되었다는 것이다. (유대 지역의 헤롯 대왕이 그 생생한 사례일 것인데, 이것에 대해서는 아래를 보라.) 또한, 그들은 로마의 지지 없이는 자신들의 권력을 유지하는 것이 대단히 불안정하거나 심지어 불가능하기까지 했기 때문에, 로마에 잘 보이려고 사력을 다할 수밖에 없었다. 따라서 지역의 엘리층들은 로마와 카이사르가 자신들의 도시나 지역이나 나라에 가져다준 온갖 은택들에 대하여 감사를 표시하는 것이 일상화되어 있었고, 그렇게 감사를 표시하는 일들에는 물심양면으로 아낌이 없었다. 로마나 황제를 높여서 점수를 딸 만한 일들이 새롭게 생겨났을 때에는, 속주들을 맡고 있던 지역의 엘리트층들이 그것들을 발전시키고 선전하는 데 열을 올리게 된 것은 너무나 당연한 일이었다. 그들은 속주민들은 로마가 주는 평화와 정의를 누리고, 로마는 속주민들이 제국과 황제에게 감사하는 것을 알고 흡족해하며, 그들 자신은 자신의 권력을 유지하는 것이 결국에는 모든 사람을 위해 좋은 일이라고 말하였을 것이다. 밧모 섬의 요한은 이러한 지역 엘리트층 같은 무리를 "바다에서 올라온 짐승"의 뜻을 받들어 행하는 "땅에서 올라온 짐승"으로 묘사한 것으로 보인다.[167]

166) Gordon, 2011, 47f.를 보라.

167) 계 13:11-17.

168) Millar, 2002, 279f.는 공화정 시대에 역사가는 로마로부터 시작해서 외부로 눈을 돌리는 방식으

2) 신이 된 아우구스투스

(1) 비공식적이었지만 분명하였던 로마에서의 "황제 제의"

아우구스투스는 로마에서 자신을 신이라고 주장하는 것에 대하여 아주 조심스러운 입장을 취하였지만, 로마에는 그를 열렬히 따르는 추종자들이 많았고, 속주들에도 그를 열광적으로 지지하는 자들이 많았다. 이 두 가지는 로마 및 황제와 관련된 여러 제의들에 대한 좀 더 큰 배경이자 바울이 예수를 "주"로 선포하고 다녔던 세계를 형성한 좀 더 큰 맥락의 일부로서 중요하다.[168]

아우구스투스는 자기를 신으로 모시는 공식적인 제의를 만드는 것에 대하여 극도로 신중하였기 때문에, 거의 문자 그대로 신으로 모셔지기 직전의 인물로 묘사되었다. 앞에서 보았듯이, 판테온 신전도 그런 모습을 보여주고, 주전 마지막 십여 년쯤에 세워진 이른 바 벨베데레(Belvedere) 제단도 그런 모습을 보여준다. "아우구스투스는 이제 신이다"라고 말하는 도상은 전혀 없고, 모든 도상이 "그는 우리 모두보다 더 신에 가깝다"고 말한다.[169] 아우구스투스를 신으로 모시는 것을 지향하는 다양한 조치들이 도성에서 논의되었고, 특히 원로원은 아우구스투스의 무사 귀환을 경축하기 위한 국경일의 명칭을 "아우구스투스 축일"(feria Augustalia)이 아니라 "운명의 여신의 귀환(Fortuna Redux)의 축일"로 정하였다. 아우구스투스는 이 축일의 명칭을 그런 식으로 명명하는 것을 금지하였고, 자신의 탄생일을 공휴일로 공식적으로 지정하는 것도 금지하였다.[170] 하지만 그는 자신의 생애 말년에 네 개의 주요한 신관단이 아우구스투스의 수호신(numen – '누멘')에게 희생제사를 드리는 제단을 세우는 것을 허용하였다. 다른 증거들을 감안할 때, 이것은 그러한 제의가 실제로 아우구스투스를 신으로 모시는 것으로 여겨지지 않았다는 것을 의미하는 것으로 해석될 수도 있을 것이었고(통상적으로는, 일반적인 사람들이

로 글을 써야 했지만, 제국 시대에는 속주들에서 시작해서 로마 내부로 눈을 돌리는 방식으로 글을 써야 하였다고 주장한다. 이것은 좀 더 넓은 관점에서는 사실이지만, 구체적으로 황제 제의와 관련해서는 여전히 먼저 로마 내부를 살펴보는 것이 중요하다. 왜냐하면, 로마 내부는 속주들이 지역에 따라 변화시킨 황제 제의의 원형이 드러나는 지점이기 때문이다. 바울이 사역한 도시들과 지역들에 대한 최근의 설명은 Schnabel, 2004, Part V에 나와 있다.

169) Galinsky, 1996, 319-21을 보라. 사실, 신과 인간이라는 구분의 유동성은 고대의 유대 세계나 오늘날의 서구 모더니즘에서보다도 고대의 이교 세계에서 훨씬 더 컸다: Rives, 2007, 153f.를 보라. 이것이 '데우스'(deus, "신")와 '디부스'(divus, "신적인")의 차이에 관한 난해한 논의의 배경이다. 아래를 보라.

170) Scheid, 2005, 190을 보라.

171) Price, 1996, 838과 거기에 언급된 전거들을 보라.

소유하고 있는 것으로 믿어진 '게니우스'[genius, 혼령]와는 달리, 어떤 사람의 '누멘' 에게 제사를 지낸다는 것은 바로 그 사람을 거의 신으로 모신다는 것과 다름없는 일이었지만), 때가 되면 아우구스투스를 신으로 모시게 될 날이 올 것임을 모든 사람들에게 보여준 한 걸음 더 진척된 조치로 해석될 수도 있을 것이었다.[171)] 그러나 우리가 잠시라도 그러한 작은 일들로부터 눈을 돌려서, 아우구스투스가 도성 전체에 걸쳐서 행해나가고 있던 좀 더 큰 프로젝트들을 바라보게 되면, "'프린켑스' 가 인간을 뛰어넘는 존재임을 명시적으로 과시하고자 하지는 않았을지라도, 사람들이 그렇게 생각해 주기를 바랐다"는 것은 분명해진다.[172)]

"황제 제의"와 관련해서 로마 자체에서 진척된 일들을 보여주는 가장 흥미로운 증거들 – 그 중 일부는 우리가 이미 앞에서 잠깐씩 살펴본 바 있다 – 은 시인들의 글 속에 있다. 베르길리우스(Virgil)는 일부러 큰 펀치를 날리지 않고 살짝살짝 잽을 날린다: 아우구스투스가 그를 올림포스의 신들에 합류하게 해줄 길을 따라 성큼성큼 걸어가고 있다.[173)] 아폴론 신은 아이네이아스의 아들인 율루스(Iulus)를 "신들의 아들이자, 장차 신이 될 자들의 아비"라고 말하며 환호한다.[174)] 베르길리우스는 카이사르의 위업들에 관한 이야기로 도배가 된 카이사르를 위한 신전을 짓고 싶다는 자신의 포부를 얘기한다.[175)] 아우구스투스가 신이라는 것은 그에게 이미 기정사실이었고, 이제 단 한 가지 남은 문제는 아우구스투스를 바다의 신으로 할 것인가, 아니면 땅의 신으로 할 것인가 하는 것뿐이었다.[176)]

한편, 호라티우스(Horace)는 로마 세계의 붕괴를 막기 위해서는 어느 신에게 기원해야 하는가 하는 문제를 숙고하면서, 로마가 위기에 처한 경우에는 아마도 아폴론이나 베누스나 마르스 같은 신들이 오겠지만, 결국에는 메르쿠리우스(Mercury)가 오지 않겠는가라고 하면서, 이 신을 향하여 이렇게 노래한다:

> 당신은 한 청년의 모습으로 화신하여
> 이 땅에 내려와서는
> 위기에 처해 있는 사람들을 구해내고서는
> 자기 이름이 카이사르의 복수자라고 말하리라.[177)]

172) Richardson, 2012, 211.
173) *Georg.* 4.562; *Aen.* 1.289.
174) *Aen.* 9.642.
175) *Georg.* 3.10-39.
176) *Georg.* 1.24-42.
177) *Od.* 1.2.25-44(tr. Lyons, 2007, 57).
178) *Od.* 1.2.44-52.

달리 말하면, 이 시인은 아우구스투스를 카이사를 죽인 브루투스와 카시우스에게 복수하기 위하여 이 땅에 온 메르쿠리우스 신의 화신이라고 말하고 있는 것이다. 호라티우스는 이 신에게 너무 빨리 하늘로 돌아가지 말고, 이 땅에 "아버지"(pater)와 "수령"(princeps)으로 남아서, 바대인들에게도 복수해 달라고 간청한다. 그는 "카이사르여, 이런 일이 당신의 영도 하에서 일어나게 되리라"(te duce, Caesar)고 말한다.[178] 카이사르는 "별들"과 유피테르의 하늘 궁정 가운데 자리를 잡고서, 인도와 중국에까지 이르는 온 세계를 다스리도록 보내심을 받은 유피테르의 섭정이다.[179] 그는 헤라클레스(Hercules)와 폴룩스(Pollux)를 비롯한 신들의 무리에 합류하게 될 것이다.[180] 세계의 가장 먼 지역들(브리타니카와 페르시아)이 로마의 지배 아래 들어오게 되었을 때, 아우구스투스는 '프라이센스 디부스'(praesens divus, 직역하면 "신의 임재"), 즉 "여기 땅 위의 신"으로 선포되고 환호받게 될 것이다. 왜냐하면, 유피테르가 하늘에서 우렛소리를 발하며 통치하고 있듯이, 우리는 아우구스투스가 이 땅에서 우렛소리를 발하며 통치하는 것을 듣기 때문이다.[181] 카이사르가 로마에서 멀리 떨어져 있을 때에는 모든 사람이 시름에 잠기지만, 그가 돌아오면, 온 세계가 바로잡힌다. 그러므로 사람들은 로마에서 '라레스'(Lares, "수호신들")에게, 그리고 헬라에서는 카스토르(Castor)와 헤라클레스(Hercules)에게 제사를 드리며 기원할 때, 카이사르에게도 경배와 기도와 전제를 드리게 될 것이다.[182] 호라티우스는 '프린켑스'에게 보낸 자신의 시적인 서신에서, 그를 로물루스, 카스토르, 폴룩스, 헤라클레스에 비유한다. 그는 통상적으로 사람들은 죽은 후에야 명성을 얻고 칭송을 받는다고 말한 후에, 이런 말을 덧붙인다:

> 당신은 아직 우리 가운데 있는데도, 우리는 때를 따라 당신에게 예를 올리고, 당신을 모시는 제단을 세워놓고서 그 앞에서 당신의 이름으로 맹세하고 있기 때문에, 당신 같은 이는 이후에도 없을 것이고 이전에도 없었다고 고백한다.[183]

179) 1.12.49-60; 3.26.3-6.

180) 1.3.9-12.

181) 1.5.1-4. 멀리 있는 신보다 "현존하는" 신의 중요성에 대해서는 Galinsky, 1996, 314-7을 보라. 그는 라틴어 '프라이센스'(Praesens)는 수리아 왕 Antiochus IV 같은 헬레니즘적인 왕들에게 붙여진 호칭이었던 헬라어 '에피파네스'(epiphanēs)에 해당하는 것이었다고 말한다. 또한, Gordon, 2011, 43을 보라.

182) *Od.* 4.5[Galinsky, 1996, 424 n. 63에서 말하고 4가 아니라].33-6.

183) *Epistle*, 2.1.15-17. 이 번역문(Loeb에 수록된 Fairclough의 번역문)은 l.16에서 '누멘'(numen)이 아니라, 두 개의 사본에서 발견되는 '노멘'(nomen)으로 읽는다; 그러나 아우구스투스의 '누멘'(nomen), 즉 "신성" 또는 "신적인 능력"에 바쳐진 제단을 보여주는 가장 초기의 다른 증거는 티베리우스

사람들이 이미 아우구스투스를 위한 제단들을 세웠다는 말이 흥미롭다. 왜냐하면, 그러한 제단의 존재를 보여주는 가장 초기의 증거는 주전 10년에 루그두눔(Lugdunum, 오늘날의 프랑스의 리용)에서 발견되었고, 이 서신의 연대는 그보다 1-2년 전에 씌어졌음이 분명하다는 주장이 있어 왔기 때문이다.[184] 하지만 이 제단보다 몇 년은 더 앞선 주전 19년에 스페인에는 아우구스투스에게 바쳐진 제단이 세 개나 존재하였다.[185]

베르길리우스와 호라티우스의 글들이 보여주는 증거는 세 가지 이유에서 중요하다. 첫째, 이 증거는 로마에 있는 사람들이 아우구스투스를 신으로 모신다는 것은 꿈도 꿀 수 없는 일이었고, 그런 길을 가고자 한 것은 오직 동방에 있는 (타락한?) 속주들뿐이었다는 주장은 거짓임을 보여준다.[186] 둘째, 이 작가들은 계속해서 아우구스투스의 총애를 누렸음이 분명하고, 아우구스투스가 자신의 후원 아래에서 자기와 친밀한 교분을 나누고 있던 이 인기 있는 시인들이 그런 말들을 하는 것을 말리고자 했음을 보여주는 증거는 없다. 셋째, 그들은 당대에 인기가 대단하였고, 이후의 세대들에서는 한층 더 인기가 높았기 때문에, 그들이 쓴 글들은 많은 사람들이 읽었다. 그런 그들은 마치 아우구스투스를 신으로 칭송하는 것이 위험스러운 새로운 일이기 때문에 아주 조심스럽고 세심한 논거를 들어 그런 일을 진행해 나가야 하는 일처럼 여긴 것이 아니라, 정반대로 그런 일을 일정 정도 당연한 일로 여기고서, 그런 글을 쓴다. 따라서 이 작가들은 '라레스 아우구스티'(Lares Augusti, "아우구스투스의 수호신들")와 아울러서 아우구스투스가 당시에 널리 어떤 의미에서 "신"으로 여겨지고 있었음을 보여주는 증거이다(물론, 로마인들은 그런 식으로 "의미"를 세밀하게 구별하지는 않았다). 따라서 우리는 아우구스투스가 로마에서 자기를 신으로 모시는 실제적인 제의를 흔들림 없이 한사코 거절하였다는 사실과 더불어서, 그가 살아 있는 동안에 그를 단지 "신격화된 율리우스의 아들"이 아니라 실제적인 "신"으로 여기는 비공식적인 신념이 널리 만연되어 있었다

가 주후 1세기 초에 봉헌한 그러한 제단이지만, 지금까지 많은 학자들은 '누멘'을 정확한 읽기로 보아 왔다(Galinsky, 1996, 317).

184) Fairclough는 Loeb, 397에서 Suet. *Claud.* 2를 인용한다. 연대에 대해서는 Richardson, 2012, 138과 Crook, 1996, 98을 보라. 그는 통상적인 견해인 주전 12년이 아니라 주전 10년으로 연대를 설정한 이유들을 설명한다.

185) Richardson, 2012, 209f.와 거기에 언급된 전거들을 보라.

186) 점차 신격화된 아우구스투스가 로마에서 대중들의 삶에 어떠한 영향을 미쳤는지에 대한 유익한 논의로는 특히 Gradel, 2002를 보라.

187) Galinsky, 1996, 322.

188) Price, 1996, 846.

는 사실도 고려하지 않으면 안 된다. 아우구스투스는 자기를 신으로 모시는 것을 로마 내에서 허용하지 않았지만, 그를 신으로 보는 신념은 그가 죽기 이전에 이미 이탈리아 전역에 하나의 현실이 되어 있어서, 그를 모시는 신전들이 새롭게 지어지고, 그 신전들에서 섬기는 '아우구스탈레스'(Augustales)라는 신관단이 창설되었다.[187] 그리고 이탈리아에서 일어난 이러한 일들은 로마 세계 전역에서 진행되고 있던 일들에 비하면 빙산의 일각일 뿐이었다.

앞에서 보았듯이, 당시에 일이 그런 식으로 발전되어 갈 수 있는 환경을 조성한 많은 요인들이 있었지만, "그러한 요인들이 이렇게 결합되어서 황제를 중심으로 한 상당히 통일적인 새로운 체제를 만들어낸 것은 새로운 일이었다."[188] 단지 좁은 의미에서의 "황제 제의"가 아니라, 여러 가지 다양한 제의들이 전략적으로 핵심적인 역할을 하는 상징적 세계 전체를 의미하였던 이 체제는 우리가 철학, 종교, 정치라 부르는 것들을 포괄하는 하나의 세계, 즉 사도 바울이 그 안에서 살며 일하고 전도하며 가르쳤던 바로 그 세계였다.

(2) 열정적이고 다양하였던 속주들에서의 "황제 제의"

위에서 언급한 리용에서 발견된 제단은 이 시기 제국의 북서 지역에 있던 유일한 제단이 아니었다. 게르마니아 속주의 도성이었던 콜로니아(Cologne, 오늘날의 독일의 쾰른)에서 발견된 제단은 주후 9년에 세워진 것이지만, 서방이 아니라 동방, 그것도 새로운 이교 제의가 받아들여질 가능성이 가장 희박한 것으로 보였던 유대인들의 본향인 팔레스타인부터 시작해 보자.

헤롯 대왕은 자신이 지배하는 백성이 꺼려하는 것들을 하지 않으려고 신경을 쓴 것보다는 새롭게 얻은 아우구스투스의 총애를 잃지 않기 위하여 더 신경을 썼기 때문에, 요단 강의 발원지에 가까운 헤르몬 산(Hermon)의 자락에 위치한 바니아스(Banias)에 아우구스투스를 모시는 신전을 세웠다. 이 신전은 아름다운 흰 대리석으로 지어졌다.[190] 그는 사마리아의 세바스테(Sebaste, 이것은 헬라식 이름으로서, 라

189) 속주들에서의 제국에 대한 충성에 대해서는 Ando, 2000 등을 보라.

190) Jos. *War*, 1.404; *Ant.* 15.363f. Josephus는 직후에 시민적인 소요를 보도하는데, 신전이 부분적으로 그 원인이었을 것이다; 또한, 이 일을 만회하기 위하여 헤롯은 예루살렘에 성전을 재건하겠다는 자신의 계획을 공표한다(15.380).

191) Jos. *War*, 1.403; *Ant.* 15.298(Sebaste); *War*, 1.414f.; *Ant.* 15.339f.(Caesarea Maritima); Richardson, 1996, 184f.; McLaren 2005, 258-62에 나오는 자세한 설명과 논의를 보라. 이 항구는 주전 22

틴어의 "아우구스타"에 해당하는데, 고대의 많은 도시들에 붙여진 이 명칭은 아우구스투스를 기리기 위한 것이었다 — 역주)에도 이러한 신전을 지었고, 카이사레아 마리티마(Caesarea Maritima, "가이사랴")라는 이름의 새로운 성읍에도 상징적이고 전략적으로 도시와 항구를 한 눈에 내려다볼 수 있는 인공 언덕 위에 아우구스투스를 위한 또 하나의 웅장한 신전을 지어서, 이 항구에 들어오는 모든 배들(이것은 이 지역에서 많은 교역이 이루어졌음을 보여준다)이 이 신전을 보지 않을 수 없게 하였다.[191] 이 웅장한 신전 안에는 올림피아(Olympia)에 있는 제우스 신상을 본뜬 아우구스투스의 거대한 신상이 세워졌고, 황제의 신상 옆에는 아르고스(Argos)에 있는 헤라 신상을 본뜬 여신 로마의 거대한 신상이 세워졌다. 이 모든 것은 토착민들이 치를 떨었을 메시지를 그 어떤 것보다도 더 똑똑히 선포하는 것이었음에 틀림없다. 앞에서 말했듯이, 헤롯은 황제 제의와 토착 제의들을 공존하게 하여서 "동반자 관계"가 형성될 수 있게 하여야 한다는 로마의 원칙 위에서 이런 일들을 벌였다고 하더라도, 그의 모든 신민들이 과연 그가 한 이 모든 일들을 그러한 시각에서 바라볼 수 있었을 것인지는 의문이다.[192] (칼리굴라가 이것과 비슷한 자신의 신상을 카이사레아["가이사랴"]가 아니라, 예루살렘 성전에 세우고자 하였을 때, 대규모의 조직적인 저항이 일어났고, 유대인들은 그런 일을 용납하느니 차라리 기꺼이 죽고자 하였다.[193]) 또한, 헤롯은 카이사레아(Caesarea)라는 성읍과 이 신전의 건립을 경축하기 위하여, 카이사르의 이름을 따라 명명된 경기를 5년마다 열게 하기도 하였다.[194]

년과 9년 사이에 재건되었다. 이 경우와 비슷하게, 알렉산드리아 항구를 지배하였던 아우구스투스를 위한 신전에 대해서는 Philo, *Leg.* 151를 보라. 필로는 "온 세계가 이 황제에게 '올림포스의 신들과 맞먹는' 공경을 바쳤다"(pasa hē oikoumenē tas isolympious autō timas epsēphisanto – '파사 헤 오이쿠메네 타스 이솔륌피우스 아우토 티마스 엡세피산토')고 말하는 맥락 속에서(*Leg.* 150) 이 신전에 대하여 언급한다. Lesbos 섬의 Eresus 항구에 Livia에게 바쳐진 신전 및 아우구스투스의 아들들인 Gaius와 Lucius에게 바쳐진 신전과 함께 세워져 있던 Augustus의 신전과 비교해 보라: 자세한 것은 Price, 1984, 3; Zanker, 1988, 298.

192) Jos. *War.* 1.414; *Ant.* 15.339. Philo, *Leg.* 305는 이 도시를 "아우구스타"(Augusta)로 지칭하고, 빌라도가 예루살렘에서 사람들에게 반감을 불러일으켰던 방패들을 이 도시로 가져다 놓았다고 말한다(Philo, *Leg.* 299-306; cf. *NTPG*, 174). Suet. *Aug.* 52는 아우구스투스는 속주들에서 신전에서 자기와 함께 여신 Roma도 아울러 모시고자 한 경우에만 자신을 위한 신전을 세우는 것을 허락한 것이라고 주장한다. 헤롯은 큰 규모의 역사를 일으켜서, 카이사레아 항구 도시에 바다와 연결되는 하수관들을 지하에 건설해서, 주기적으로 그 하수관들이 바닷물에 의해서 씻겨질 수 있게 하였다(*Ant.* 15.340). 상호 관용의 "제휴"에 대한 주장으로는 cf. McLaren, 2005, 276.

193) *War*, 2.184-203.

194) *War*, 1.415.

195) Dio, 51.20.6-9. 이 대목은 이러한 기본적인 구별들을 위한 중요한 구절이다.

이 사례가 보여주듯이, 속주들에서 아우구스투스 제의가 발전되기 시작한 때는 악티움 해전 직후였다. (a) 오랜 내전을 끝낸 것에 대하여 승리한 지도자에 대한 감사와, (b) 아우구스투스가 새롭게 권력과 영향력의 중심으로 떠오르게 된 것에 대한 인식이 서로 결합되어서, 이 제의는 급속하게 발전해 나가게 되었다. 오늘날의 터키에 있던 속주들 중의 두 곳, 즉 아시아(Asia) 속주와 본도(Pontus, '폰토스')/비두니아(Bithynia, '비튀니아') 속주는 아우구스투스에게 그를 모시는 신전들을 봉헌할 수 있게 허락해 달라는 서신을 보냈다. 이것은 아우구스투스 치세의 한 가지 핵심적인 특징을 우리에게 보여준다. 로마의 속주들은 식민도시들 같이 공식적으로 "로마 직속"이 된 도시들과 마찬가지로 황제의 허락을 필요로 하였지만, 속주들 내에 있던 로마 직속이 아닌 도시들은 황제의 허락을 받지 않아도 되었기 때문에, 그 결과 "황제 제의"의 정도는 도시들마다 상당히 달랐다. 하지만 강제로 황제 제의를 행하도록 공식적으로 강요하는 일은 없었다. 동방의 헬라 지역에 있던 일곱 개의 속주들 중에서 다섯 개의 속주에서는 일부 도시들에는 황제 제의가 있었지만, 속주 차원에서의 황제 제의는 없었다. 로마의 시민들은 아우구스투스의 신격화된 아버지인 '디부스 율리우스'(Divus Iulius)와 여신 로마를 모신 신전에 가서 예배하였을 것인데, 그러한 신전은 비두니아 속주의 니케아(Nicaea, '니카이아')와 아시아 속주의 해안도시였던 에베소(Ephesus, '에페소스')에 있었다. 하지만 아우구스투스가 '헬레네스'(Hellenes, 헬라인들)라 부른 로마 시민이 아닌 사람들은 다른 두 도시, 즉 에베소에서 북쪽으로 100마일 가량 떨어진 아시아 속주의 버가모(Pergamum, '페르가몸'), 그리고 경쟁 도시였던 니케아에서 북쪽으로 20마일 가량 떨어진 비두니아 속주의 니코메디아(Nicomedia)에 세워져 있던 여신 로마와 아우구스투스를 모신 신전에서 제사를 드려야 했다.[195] 이것이 오랜 세월 동안 비조직적으로 행해지게 될 "황제 제의"의 시작이었다. 어떤 경우에는 속주 전체가 황제 제의를 공인하고 관여하였는데, 동방과 서방을 통틀어서 4개의 속주에서 그런 사례가 확인된다. 어떤 경우에는 황제 제의는 좀 더 지역적인 차원에서 조직되었는데, 확실한 증거를 통해서 그러한 사례가 확인된 성읍이나 도시는 적어도 37개이다.[196] 아우구스투스는 사람들이 자신을 신으로 모시는 것을 거부하는 방식으로 로마의 체제를 공고히 하고자 하였던 것과 마찬가지로, 통치자들을 신으로

196) Hardin, 2008, 30은 Price, 1984를 근거로 하고, 새롭게 확인된 Pisidian Antioch의 제국 신전을 포함해서 이 수치를 제시한다.

197) Friesen, 2001, 27f., 32를 보라.

모시는 데 오랜 세월 동안 익숙해져 있던 동방의 몇몇 속주들은 자신들의 새로운 통치자를 신으로 모심으로써 그들 자신의 체제를 공고히 하고자 하였다. 아우구스투스가 양날의 칼인 황제 제의 문제를 잘 헤쳐나간 것은 그가 정치적인 주요 현안들을 얼마나 지혜롭고 영리하게 다루어 나갔는지를 웅변적으로 말해준다. 결국, 그는 안토니우스가 동방에서 자신을 지나치게 신격화함으로써 몰락하게 된 사실을 자신의 정치적 자산으로 삼아서, 사람들이 자기를 안토니우스와 똑같은 인물로 생각하게 될 것을 우려하여, 자신을 신격화하는 것에 대하여 극도로 조심하였던 것이라고 할 수 있다.[197]

아우구스투스에 대하여 감사하는 마음은 주전 9년에 아시아 속주가 아우구스투스의 탄신일이 한 해를 시작되는 날이자 관리들이 공식적인 직무를 시작하는 날이 되도록 역법 자체를 변경한 저 유명한 포고문에 잘 나타나 있다. 이것은 급진적인 조치였기 때문에, 이 속주에 속한 모든 도시들이 그 역법을 채택하지는 않았지만,[198] 이러한 포고문 자체와 이 포고문에 대한 아시아 속주 의회의 반응은 당시에 속주들의 일반적인 분위기가 어떠하였고, 속주들에서 어떤 말들이 회자되고 있었는지를 잘 보여준다. 돌에 새겨진 이 포고문은 몇몇 단편들만이 남아 있기는 하지만, 그 단편들을 토대로 해서 포고문의 거의 전문을 복원해 내는 것이 가능하다.[199] 다음의 초록은 이 포고문의 분위기를 잘 보여준다:

> 우리는 조상 때로부터 신들의 가호를 받아 왔다 … 지극히 신성한 카이사르의 탄신일은 우리가 취하고자 하는 조치보다 더 즐겁고 감사한 날이지만, 최소한 우리는 이 날을 모든 것들이 시작된 날로 여기는 것이 합당하다. 정확히 만물의 자연 질서라는 관점은 아니더라도, 적어도 실제적인 관점에서 보더라도, 이제까지는 모든 것이 무너져 내리고 쑥대밭이 되어 있었지만, 그 모든 것들 중에서 카이사르가 회복시켜 놓고 변화시켜 놓지 않은 것은 아무것도 없다. 이 때문에 그로 인하여 온 세계가 완전히 다른 모습으로 환골탈태하여, 카이사르가 태어나기 전에는 모든 사람이 폐허 속에서 살아야 했지만, 지금은 지극히 큰 기쁨 중에 살아갈 수 있게 되었다. 그러므로 각 사람은 카이사르가 태어난 것이 자기가 지금까지 이 땅에 태어난 것을 후회하던 삶을 끝내고 새로운 삶을 시작하는 기점이 되었다는 것을 깊이 생각하는 것이 합당할 것이다. 그 어떤 날도 모든 이에

198) Price, 1984, 106.

199) 이 금석문은 종종 "프리에네(Priene) 금석문"으로 불리는데, 그 이유는 이 금석문이 거기에서 가장 먼저 발견되었을 뿐만 아니라, 발견된 것들 중에서 가장 큰 단편이기 때문이다(프리에네는 에베소와 밀레도 사이에 있다). 이 금석문에 대해서는 Stanton, 2004, 28-33에서 간략하게 잘 논의되고 있는데, 그는 특히 바울에게서 중요한 단어였던 '유앙겔리온' (euangelion)에 초점을 맞춘다.

200) Sherk, 1984, 124f.(document no. 101), lines 3-26. 나는 미국어로 된 이 번역을 그대로 사용하였

게 행운이었던 그 날보다 공적으로나 사적으로 더 큰 행운이 시작되었던 날은 누구에게도 있을 수 없고, 대략적으로 생각해 보아도, 아시아 속주의 도시들에서 동일한 시간에 관리들이 공무를 시작함으로써, 그것이 아우구스투스를 기리는 출발점이 되게 하는 것은 신성한 뜻에 따라 미리 예정된 것임이 분명하며, 그가 베푸신 무수히 많은 큰 은택들을 똑같은 정도로 보답하기는 어렵다고 할지라도, 우리 각 사람이 어떤 식으로든 보답할 길을 생각해 내서, 그의 통치로 말미암아 특별한 기쁨을 맛본 자들인 우리가 모두 그의 탄신일을 더 기쁜 마음으로 경축하는 것이 합당하기 때문에, 지극히 신성한 카이사르의 탄신일, 곧 10월 초하루 이전의 아홉 번째 날[9월 23일]을 모든 나라들에서 동일하게 새해를 시작하는 날로 삼고서, 그 날에 모든 사람이 시무식을 가짐으로써, 어떤 종교적 의식이 없이도 누구나 한층 더 특별한 방식으로 그 날을 더 잘 기억하고 기릴 수 있게 하는 것이 내게는 좋은 일로 보인다 … [200)]

우리의 삶을 좌지우지하시는 신께서 열심과 열정을 발휘하여, 아우구스투스를 탄생하게 하시고, 우리의 삶을 최고의 완벽한 절정에 올려놓으시려고 인류의 유익을 위하여 그를 모든 탁월함으로 가득하게 하셔서, 우리와 우리의 자손들을 위한 구원자, 전쟁을 종식시키고 모든 것을 바로잡을 구원자로 보내셨다. 카이사르의 출현은 우리보다 앞서 기쁜 소식을 받았던 모든 사람들이 소망하였던 것보다 더한 것이었고, 장차 태어날 사람들이 품게 될 그 어떤 소망보다 더한 것이었다. 그로 인하여 세계에 기쁜 소식이 시작된 것이 이 신의 탄신일이었기 때문에, 아시아 속주가 서머나에서 … 이 신에게 최고의 존귀를 드릴 방법을 찾은 자에게 면류관을 수여하겠다는 영을 내렸고, 그 신의 뜻에 의해서 그의 오른손으로부터 보내심을 받은 이 속주의 은인이신 파울루스 파비우스 막시무스(Paulus Fabius Maximus) 총독 및 그의 뜻을 받들어 이 속주에 은택들을 수여한 다른 이들은 … 아우구스투스를 기리기 위하여 지금까지 헬라인들이 알지 못하였던 방법을 찾아내었는데, 그것은 아우구스투스의 탄신일을 한 해의 삶을 시작하는 시점으로 삼는 것이었다. 이런 이유로 아시아에 있는 헬라인들은 모든 도시들에서 아우구스투스의 탄신일인 10월 초하루 이전의 아홉 번째 날을 새 해의 첫 번째 달을 시작하는 날로 지킬 것을 명하는 포고를 내렸으니, 이것은 우리에게 행운이요 우리의 구원을 위한 것이다 … [201)]

아우구스투스는 "구원"을 비롯한 큰 은택들을 내려 주었다. 아시아 속주에서는 아우구스투스를 기리는 최고의 방법을 제안하는 자에게 상을 수여하는 대회가 열렸고, 그 상은 위에서 말한 것과 같은 방식으로 역법을 바꾸자고 제안한 총독에게 돌아갔다. 아우구스투스의 통치는 세계와 개개인에게 새로운 시작이라는 것이 증

고, 고대의 금석문 단편들의 특징인 본문상의 불확실성을 보여주는 표지들의 대부분을 생략하였다. 헬라어 본문에 대해서는 Sherk, 1969, 328-37을 보라.

201) Sherk, 1984, 125f., lines 32-52.

202) Friesen, 2001, 124.

명되어 왔다. 그는 세계를 탄생시킨 인물로 격상되었다. 그가 로마 제국의 체제를 확립한 것은 세계를 재탄생시킨 일과 동일시되었다.[202] 따라서 아우구스투스가 황제로 등극하게 되는 과정을 둘러싸고 일어난 사건들은 "복된 소식," 즉 '유앙겔리아'(euangelia)이다 – 이 단어는 신약성서에서는 언제나 단수형으로 사용되는 반면에, 이러한 맥락 속에서는 거의 언제나 복수형으로 사용되는 것이 흥미롭다. 이러한 "복된 소식"은 단지 암울한 날에 여러분을 웃게 만들어 주는 한 편의 기분 좋은 소식이었던 것이 아니라, 세계를 훨씬 더 좋은 모습으로 바꾸어 놓은 어떤 일이 일어났음을 알리는 공적이고 극적인 포고였다.[203]

이 포고문은 종교적 예배를 공식적으로 조직하겠다는 언급을 하지 않고 있기 때문에, 이 포고문에 나오는 것들 중에서 "제의"라고 할 만한 것은 없다. 하지만 이 속주는 이 포고문을 흰 대리석에 새겨서 여신 로마와 아우구스투스를 모신 신전에 세울 것이라고 말하는 내용이 이어서 나온다(위의 두 번째 본문을 보라).[204] 이것은 이 일이 모종의 공식적인 성격을 띠고 있었음을 분명하게 보여주는 것이었고, 그런 일은 일단 시작된 경우에는 한 방향으로 치달을 수밖에 없었다.

아우구스투스가 라틴어와 헬라어로 된 용어들 중에서 정확히 어떤 용어들을 사용해도 좋다고 허락하였는지는 확실하지 않다. 그는 헬라어로 "신"을 뜻하는 '테오스'(theos)라는 단어를 사용하는 것을 금하고자 했지만, 헬라어에는 라틴어 '디부스'(divus, "신적인 존재"를 뜻하는 애매모호한 단어)와 정확히 동일한 의미를 지닌 단어가 없었기 때문에, 위의 금석문에서는 아우구스투스에 대하여 '테오스'라는 단어만이 아니라, '테오타토스'(theotatos, "지극히 신성한")라는 단어를 사용함으로써, 신과 인간을 흑백논리로 가르지 못하게 만든다.[205] '데우스'(deus, 온전한 의미에서의 "신")라는 단어와는 대조적으로 "신이 된 존재"나 "신격화된 존재"(투표에 의해서 신의 영예가 부여된 인간이라는 의미에서)를 의미하는 '디부스'(divus)라는 단어를 사용해서 라틴어에서 가능한 구별을 활용하고자 하는 시도는 어쨌든 조각상들이나 주화들에서 아우구스투스를 올림포스의 신들 중의 하나

203) Stanton, 2004, 31-3; 그리고 아래 제12장을 보라.

204) Sherk, 1984, 101, line 64.

205) Philo, *Leg*. 154; Price, 1984의 논의를 보라. '디부스'(divus)/'데우스'(deus)의 구별, 고대에 이러한 구별에 주어진 아주 다양한 의미들에 대해서는 최근의 것으로 Gradel, 2002, 63-8과 262-6을 보라. 원래 '디부스'는 신격화된 사람들과 반대되는 늘 신적이었던 존재들을 가리키기 위하여 사용된 "좀 더 수준 높은" 용어였던 것으로 보이지만, 나중에 제국 시대에 이르러서는 '디부스'가 이전의 죽은 황제들을 가리키는 데 사용되면서, 단지 "고인"이라는 의미를 지니게 되었다.

206) Dio, 44.6.4; Weinstock, 1971, 12, 287, 303; A. Y. Collins, 1999, 249f.는 이것을 요약하면서, 다

처럼 차려입은 모습으로 묘사한 것과, 이미 율리우스 카이사르에 대하여 그의 생애의 마지막 나날들에 "유피테르 율리우스"(Jupiter Julius)라는 호칭을 사용한 것에 의해서 무너져 내린 상태였다.[206] 아우구스투스가 아직 살아 있는 동안에 그를 위한 금석문에는 "신의 아들인 신에게"(theō theou huiō, '테오 테우 휘오')라는 헌정문구가 사용되었고, 나중에 티베리우스 시대에도 그의 생전에 이것과 비슷한 표현이 사용되었다는 것을 감안하면, 평범한 헬라어 사용자들이 그러한 금석문을 읽으면서, "이것은 라틴어 '디부스'에 대한 역어이기 때문에, 당연히 실제로 '신의 아들'이라는 의미가 아니라, '신격화된 이의 아들'이라는 의미일 뿐이다"라고 속으로 말하였을 것이라고 보기는 어렵다. 어떤 사람이 그런 식의 혼잣말을 하였다고 하더라도, 그러한 결론이 과연 현실적으로 어떠한 차이를 만들 수 있었을 지는 분명하지 않다.[207] 그 후에 칼리굴라가 황제로 등극해서, 이 모든 것이 무엇을 의미하는 것이었는지를 끔찍할 정도로 분명하게 보여 주었다는 것을 생각하면, 특히 그러하다.

하지만 아우구스투스 시대에는 이 문제는 분명한 결론이 나지 않은 채로 여전히 애매모호한 상태로 이전에는 밟아 보지 못한 새로운 영역으로 움직여 가고 있었다. 우리는 황제 제의를 위해서는 특별한 희생제물들을 사용한 것에서 이러한 사실을 알 수 있다. 황제 제의를 위해 제물로 드려지는 짐승들은 통상적인 신들이나 이전에 신격화된 인간들을 위한 제의들에서 사용된 짐승들과는 달라야 했다. 그러나 우리가 이러한 증거들을 어떤 식으로 범주화하든지 간에, 제국 전역에 걸쳐서 공간과 시간으로 이루어진 세계는 아우구스투스를 중심으로 재편되고 있었다는 것은 분명하다. 갤린스키(Galinsky)의 말을 빌리면, 이것은 "아우구스투스 제의가 독특한 것으로서, 기존의 규범들의 경계선들 위에 있었음을 보여주는 명백한 예"였다.[208]

아시아와 비두니아가 앞장서서 황제 제의를 위한 신전 건립을 주창하고 나섰을 즈음에, 아나톨리아(Anatolia)의 내륙 지역은 속주로서의 지위를 얻지 못하고 있었다.[209] 하지만 아우구스투스의 치세 동안에, 중부 소아시아의 큰 지역이 통합되

른 전거들도 제시하고 있다.

207) 이 모든 것에 대해서는 A. Y. Collins, 1999, 254를 보라; 관련 금석문들에 대해서는 Ehrenberg and Jones, 1976 [1955], 91(no. 108), 93(no. 115)을 보라.

208) Galinsky, 1996, 325.

209) Anatolia와 관련된 모든 것에 대해서는 Mitchell, 1993이 여전히 황금의 표준을 제공해 준다.

210) 행 13-14장.

어 갈라디아(Galatia, '갈라티아')라는 새로운 속주가 탄생하였다. 바울의 첫 번째 선교여행지였던 비시디아 안디옥(Pisidian Antioch, '피시디아'의 '안티오케이아'), 이고니온(Iconium, '이코니온'), 루스드라(Lystra, '뤼스트라')를 비롯해서 이 지역 전체에 걸쳐서 수많은 도시들에 식민지들이 세워졌다.[210] 특히, 안디옥은 사람들의 이목을 로마의 새로운 통치자와 그의 지위에 집중시킬 목적으로 세워졌고, 거기에서는 새 시대의 도래를 알린 하늘의 징조였던 카이사르의 혜성이 새겨진 주화들이 발견되었는데, 그 중 하나에는 큰 독수리가 새겨져 있었다. 로마가 당도하였다. 이러한 도시들은 이 지역을 장악할 때에 군대의 이동을 가능하게 하기 위하여 뚫은 로마의 새로운 도로에 의해서 연결되어 있었다. 그리고 다른 곳들에서와 마찬가지로, 이 곳의 식민지들과 군인들은 로마의 생활방식을 따라 살아갔다. 이 과정에서 다양한 형태의 황제 제의는 사회적이고 공적인 조직의 주요한 일부였다.[211] 이 분야의 공인된 권위자인 스티븐 미첼(Stephen Mitchell)이 표현하고 있듯이, 황제 제의는 "처음부터 속주의 지역 사회들에서 아주 중요한 제도였고, 문자 그대로 새로운 도시들의 발전에서 중심적인 역할을 한 제도였다."[212] 이 지역에서 지금까지 상당한 정도로 발굴이 진행된 세 도시 – 앙카라(Ancyra), 페시누스(Pessinus), 비시디아 안디옥 – 모두에서 중추적인 역할을 한 것은 아우구스투스 또는 티베리우스 때에 세워져서 황제 제의를 위해 봉헌된 신전이었다.[213]

당시에 바울과 관련해서 중요한 그 밖의 다른 도시들도 재편되고 있었다. 에베소에서는 아우구스투스 신전은 광장의 윗쪽에 세워졌고, 사람들의 이목이 그 신전을 주목하도록 만들기 위하여 새로운 도로 체계가 구축되었다.[214] (오늘날 세인트앤드루스[St Andrews]의 세 개의 간선도로는 동쪽으로 뻗어서, 지금은 폐허가 된 성당에서 서로 만나게 되어 있다.) 또한, 아우구스투스 신전은 이 도시의 모든 주요한 일들이 행해지는 바로 그 지역에 자리 잡고 있었다. 에베소가 '네오코로스'(neōkoros), 즉 "신전의 수호도시"라는 지위를 두 번이나 수여받은 것은 유명하다.[215] 밀레도(Miletus)에서 아우구스투스 신전이 의회 옆에 자리 잡고 있었던 것도

211) 자세한 것은 Mitchell, 1993, 102; Mitchell and Waelkins, 1998(Pisidian Antioch에 관한); Gazda and Ng, 2011; Hardin, 2008, 50-63. 이 지역에서의 바울의 사역에 대해서는 행 13-14장.

212) Mitchell, 1993, 100.

213) Mitchell, 1993; 그리고 Ancyra와 Antioch에 있던 신전들의 사진에 대해서는 101을 보라.

214) Friesen, 2001, 95-101.

215) Friesen, 1993.

216) Price, 1984, 138; Zanker, 1988, 298. Friesen 2001, 70f.에 나오는 재구성을 보라.

황제 제의가 공적인 체제 속에 새롭게 통합되어 있었음을 보여준다.[216] 버가모에 있던 황제 제의를 위한 제단은 최근에 학계에서 거의 숭배 대상이 되어서, 세부적으로 연구되고 그 해석 가능성들이 분석되어 왔다.[217] 사실, 아시아 속주 전체는 신속하게 다양한 종류의 황제 제의들로 차고 넘치게 되었다:

> 황제들에게 제사를 드리는 일은 수많은 맥락들 속에서 행해졌다. 황제들에 대한 예배는 각각의 신전에서만이 아니라, 다른 신들의 신전들, 극장들, 검투장들, 회랑들, 공적인 집회소들, 법정들, 개개의 가정들을 비롯한 수많은 곳들에서 이루어졌다. 황제 제의는 도처에 존재하였다.
>
> 황제 제의는 수많은 맥락들 속에서 행해졌을 뿐만 아니라, 다양한 형태로 행해졌다. 버가모에 있던 여신 로마와 아우구스투스를 위한 신전은 해당 속주에 의해서 봉헌된 것이었지만, 도시들도 황제들을 위한 신전들을 봉헌하였는데, 아프로디시아스(Aphrodisias)에 있던 '세바스테이온'(Sebasteion)이 그 예였다. 큰 규모로 행해진 이러한 것들 외에도, 개개인들은 훨씬 더 작은 규모로 조촐한 제단을 마련해 놓고서 황제 제의를 행할 수 있었다.[218]

아시아 속주에서 에게 해를 시계 반대 방향으로 돌면, 우리는 바울과 마찬가지로 빌립보에 당도하게 된다. 빌립보는 당시에 단연 돋보였던 황제 가문을 위한 신전을 자랑하였고, 클라우디우스(Claudius) 황제는 자신이 신격화된 아우구스투스의 황후였던 리비아(Livia)를 위한 제의의 일부로 빌립보의 광장에 거대한 기념비를 세우게 하였다.[219] 물론, 빌립보는 아우구스투스가 율리우스 카이사르를 시해한 자들에게 복수하기 위한 전쟁에서 결정적인 전투가 벌어진 곳이었고, 전쟁이 끝나고 거기에 세워진 새로운 식민지에 정착한 퇴역 군인들은 새로운 체제를 누구보다도 열렬하게 지지하고 충성하는 자들이었을 것이다. 브루투스와 카시우스를 지지했던 토착민들은 이런 것들을 못마땅해 했을 가능성이 크기 때문에, 빌립보를 다스리는 새로운 로마 통치자들은 한층 더 로마와의 관계를 굳건히 하기 위하여 모든 가능한 연결고리들을 붙잡는 데 집착하였을 것이다.

데살로니가(Thessalonica, '테살로니카')는 이 지역에서 옥타비아누스와 안토니우스와 레피두스를 지지하고 율리우스 카이사르를 시해한 자들에게 대항한 유

217) 특히, Kahl, 2010, 75-127을 보라.
218) Friesen, 2005, 363과 거기에 언급된 전거들을 보라.
219) Oakes, 2005, 307과 거기에 언급된 전거들을 보라.
220) Oakes, 2005, 307-9와 거기에 언급된 다른 전거들을 보라.

일한 도시였기 때문에, 빌립보와는 사정이 달랐다. 이 도시는 그 상으로 자유 도시가 되었고, 그런 상을 하사한 것에 대하여 감사하는 마음을 공식적인 주화들을 통해서 표현했는데, 그 중에는 카이사르를 '테오스'(THEOS, "신")로 지칭하는 글귀가 새겨진 주화도 있었다. 데살로니가에 대한 발굴은 충분히 광범위하게 이루어지지 않아서, 거기에 황제를 위한 신전이 있었는지, 만약 있었다면 어느 시기의 것인지는 확인되지 않고 있다. (로마만이 아니라 예루살렘은 말할 것도 없고 아테네의 여러 구역들의 경우에도, 고고학자들이 꼭 발굴해 보고 싶은 지점에는 어김없이 오늘날의 시가지가 자리 잡고 있어서, 발굴 자체를 거의 불가능하게 만들고 있는 것이 그들을 좌절시킨다.) 그러나 주화들과 여러 금석문들은 데살로니가에도 주전 20년으로 추정되는 아주 이른 시기부터 어떤 형태의 황제 제의가 자리 잡고 있었다는 것을 거의 확실하게 보여준다. 아울러, 데살로니가는 마케도니아(Macedonia) 속주의 주도였고, (빌립보와 마찬가지로) 로마와 제국의 동부 지역을 연결해 주는 대로였던 '비아 에그나티아'(Via Egnatia, "에그나티아 대로"라는 명칭은 그 건설 책임자였던 마케도니아 속주의 총독 그나이우스 에그나티우스[Gnaeus Egnatius]의 이름을 따라 명명되었다 — 역주)가 통과하는 주요 도시들 중의 하나였기 때문에, 로마와 그 제1시민(황제를 가리킴 — 역주)을 위한 제의를 창설하고 거행함으로써, 로마의 권력과 영향력의 주된 핵심들과의 연결고리를 유지하고자 했을 것이 거의 확실하다.[220] 바울이 데살로니가 교인들이 "우상을 버리고 살아 계시고 참되신 하나님을 섬기고" "그의 아들이 하늘로부터 강림하실 것을 기다린다"고 말하였을 때, 만일 그가 거짓 신들 가운데 여신 로마와 황제를 포함시키고자 하는 의도가 없었다고 한다면, 그것은 정말 이상한 일일 것이다.[221] 바울이 예수의 '파루시아'(parousia, "재림")에 대하여 말할 때, 데살로니아 교인들 중 다수는 황제가 속주를 방문하기 위하여 행차하거나, 여러 속주들을 둘러본 후에 다시 로마로 돌아가는 모습을 떠올렸을 것이라고 보는 것이 합당하다.[222]

에게 해의 서쪽 지역을 따라 계속해서 내려가서 아테네에 이르면, 우리는 독수리와 올빼미의 묘한 신경전을 보게 된다. 아테네 문화의 대부분을 파괴하지 않고는, 카이사르의 새로운 신전이 여신 아테나가 모셔져 있던 저 웅장한 파르테논

221) 살전 1:9f.; 아래 제12장을 보라. 데살로니가에서의 황제 제의와 그것이 거기에 있던 초기 교회에 미쳤을 영향에 대해서는 Harrison, 2002, 특히 79-82; Judge, 2008a, ch. 32을 보라.

222) '파루시아'(parousia)에 대해서는 아래 제11장을 보라.

223) Hoff, 1996을 보라; cf. Alcock, 2001, 344에 실려 있는 그림.

(Parthenon) 신전을 압도할 수 있는 방법은 없었지만, 황제를 위한 작은 신전이 아크로폴리스(Acropolis)의 아테나 여신의 신전 옆에 전략적으로 세워졌다.[223] 고린도에서는 아크로폴리스가 시내 중심가에서 멀리 떨어져 있었기 때문에, 황제를 위한 새로운 신전을 거기에 세우지 않고, 광장의 서쪽 끝에 좌대를 높이 올려서 그 위에 세움으로써, 이전에 가장 높았던 아폴론 신전보다 약간 더 높이 위치해 있게 하였다. 요컨대, 로마 제국의 동부 지역 전체에 걸쳐서, 세부적인 형태들은 서로 달랐지만, 기본적으로는 동일한 형태와 강조점을 가지고서, 사람들은 "섬들과 내륙에서 도시들과 속주들에 의해 건립되고 조직된 신전들과 희생제사들을 통해서 그[아우구스투스]의 공덕과 자신들에게 베푼 은택들을 기렸다."[224] "은택"은 실제로 황제 제의와 그 동기의 주된 주제였다. 사회생활의 대부분이 "은택들"(benefactions)과 그것들로 인하여 발생한 의무들(obligations)로 이루어져 있던 세계에서, 아우구스투스는 가장 큰 "은인"이었기 때문에, 사람들은 이 은인에게 합당한 방식으로 보답을 해야 했다.[225] 그리고 이렇게 이 은인에게 보답해야 한다는 온갖 열심이 동부 지중해 세계 전역에 걸친 모든 지역 사회들에서 공적인 세계의 광범위한 재편을 불러왔는데, 중요한 것은 공적인 정신 세계의 재편을 불러왔다는 것이다. 이렇게 구축된 세계는 평범한 사람들이 아우구스투스에 의해 짜여진 메타서사(metanarrative)를 기본적인 대본으로 삼아서 집단적이거나 개인적으로 자신들의 삶의 드라마를 즉흥적으로 연기해 나가는 일종의 무대가 되었다.

로마 제국이 다른 일들을 처리할 때와는 달리, 우리는 황제 제의와 관련된 이 모든 일 속에서 냉혹하게 강요되고 가차없이 시행된 하나의 용의주도한 정책을 볼 수 없다. 로마인들은 다른 영역들 – 예컨대, 징세, 고관들의 권한과 의무 – 에서는 그렇게 하였지만, 종교 문제에 있어서는 그렇게 하지 않았고, 대체로 문화 일반을 다루는 방식으로 종교를 다루었다. 즉, 이 시기에 "로마의 권력과 헬라의 문화는 사회와 경제의 근본적인 변화들을 가져왔지만, 그것들이 각 지역의 정체성을 억압하거나 대체하였다고 볼 이유는 없다."[226] 앞에서 열거한 일곱 가지 요인들은 각 지역의 상황과 가능성들에 따라 각각 다르게 작용하였다. 아우구스투스와 여신 로마는 각 지역의 다른 많은 신들 속에 함께 자리를 잡았다.

224) Jacoby, *Fragmente*, 90 F 125에 나오는 Nicolaus of Damascus; Meggitt, 2002, 144에 번역된 것을 보라.

225) Danker, 1982를 보라.

226) Wallace-Hadrill, 2008, 143.

227) Pleket, 1965; Klauck, 2000, 314-6; Friesen, 2001, 65, 113-6을 보라.

하지만 아우구스투스와 여신 로마를 위한 제의는 "선택 가능한 여분들," 즉 사람들이 받아들여도 되고 안 받아들여도 그만이었던 새로운 유형의 종교이었던 것은 아니었다. 말하자면, 이 제의는 사람들이 참여 여부를 자신의 뜻에 따라 자발적으로 결정하였던 "신비제의들"(mystery cults)과 동일한 방식으로 취급된 것이 아니었다는 말이다 – 물론, "아우구스투스의 신비 제의들"이 존재하였고, 오랫동안 인기를 누렸기는 하지만.[227] 다양성(diversity)과 관용(tolerance)은 동일한 것이 아니다.[228] 또한, 종종 주장되어 온 것과는 달리, 다양한 형태의 황제 제의는 오직 엘리트층만을 흡수하고자 한 것이 아니었다. 고대의 많은 도시들이 상당히 혼란스러운 상태에 있었다는 점을 감안할 때, 우리는 로마 당국이 모든 사람들이 이 제의에 참여하고 빠져나가지 못하도록 하기 위하여 모든 거리들과 빈민가들과 시외지역들을 다 감시하였을 것이라고 생각할 수는 없지만, 이 제의와 관련된 축제들과 시합들과 극장에서의 행사들 등등에는 지역 사회 전체를 끌어들이고자 하였을 가능성은 높았음을 보여준다. 적어도, 이 제의는 모든 사람에게 중요하고, 이 제의를 통해서 로마에 대한 집단적인 충성심을 가능한 한 분명하게 보여주는 것은 단순히 시민으로서의 자부심의 문제가 아니라 지역 사회 전체에 이로운 일이라는 인식이 사람들 사이에서 강하게 형성되어 있었을 것이다.[229]

물론, 많은 지역들에서 이 제의는 기존의 제의와 별 문제 없이 공존하였다. 아테나 여신은 여전히 아테네인들을 주관하고 있었고, 아르테미스 여신(Artemis, "아데미")은 여전히 에베소를 주관하고 있었다. 아우구스투스조차도 이러한 위대한 이름들을 밀어낼 수 없었을 것이고, 이 두 신은 여신들이었기 때문에, 아우구스투스를 이 여신들과 동일시하는 일도 가능할 수 없었다. 에베소에서 황제의 가문을 섬기는 제의는 데메테르(Demeter)를 섬기는 제의와 나란히 자리를 잡고 있었던 것으로 보이고, 이것은 여신 로마와 아우구스투스를 위한 제의가 데메테르 제의의 "신비제의들"과도 결합되었을 가능성이 크다는 것을 보여준다.[230] 버가모(Pergamon, '페르가몬')에서는 황제 제의가 아스클레피오스(Asclepius) 숭배와

228) 반대견해로는 Galinsky, 1996, 330; Beard, North and Price, 1998, 1.360: "이 황제가 활용한 것은 로마의 유서깊은 제의들(비록 수정된 것이기는 하였지만)이었다"; 하지만 그 수정은 중요한 것이었다.

229) 예를 들어, Price, 1984, 101-14; Oakes, 2005, 311f., 314: "당신이 이시스의 제의를 포기한다면, 당신의 가족과 당신을 아는 사람들이 당신에 대하여 화를 낼 것이다. 당신이 황제 제의를 모욕하는 것으로 비친다면, 당신은 로마에 대하여 반역하고 있는 것이다."

230) Friesen, 2001, 63-5.

231) Friesen, 2001, 74f. "구원자"라는 칭호는 신이 된 인간들을 지칭하는 데 아주 흔하게 사용되었

결합되어서, '소테르' (Sōtēr, "구원자")라는 별칭이 이 치유의 신에게서 제국의 새로운 신에게로 이전되었음을 보여주는 증거가 있다.[231] 아프로디시아스(Aphrodisias)에서는 토착민들이 섬기던 여신 아프로디테(Aphrodite, 로마 신화의 '베누스')와 율리우스 카이사르 가문 간의 관계를 기념해서, 이 둘을 특별하게 결합한 제의가 행해졌음을 보여주는 증거가 있다.[232]

그러나 황제 제의가 모든 곳에서 언제나 아주 순조롭게 받아들여진 것은 아니었다. 예를 들면, 고린도에서 좌대를 높이 세우고 그 위에 황제를 위한 신전을 건립함으로써 기존의 아폴론 신전보다 약간 더 높은 곳에 있게 한 것에서 볼 수 있듯이, 황제 제의에 대한 다른 접근방식도 존재하였음을 암시해 주는 증거도 있다. 어떤 경우에는 이 새로운 제의를 행한다는 것은 최근에 죽은 훌륭한 시민들(죽은 황제들을 가리킴 — 역주)을 위한 제의를 행하기 위하여 기존에 공식적으로 널리 행해져 왔던 신들을 위한 제의들을 중단해야 한다는 것을 의미하였다.[233] 황제 제의는 '멘' (Mēn)이나 '퀴벨레' (Cybele)를 섬기는 비헬라적인 제의들(이 두 신은 아나톨리아의 신들이었다 — 역주)과는 결코 동화될 수 없었고,[234] 황제 제의와 관련된 신들이 종종 실제로 기존의 신들을 위한 제의를 와해시키고 대체하는 일도 벌어졌다.[235] 네로 황제는 델피 신전의 신관들을 죽여서, 신성한 증기가 나오는 틈새에 그 시신들을 채워넣는 방식으로 델피 신전의 신탁을 벌한 적도 있었다(주지하다시피, 이 때는 네로가 실성한 상태였고, 우리는 델피의 신관들이 어떤 죄를 지어서 그런 벌을 받게 되었는지는 알지 못한다).[236] 또한, 칼리굴라는 당시에 한 '아우레우스' (aureus, 로마 시대의 금화)에도 못 미치는 몇 '데나리우스' (denarius, 로마 시대의 은화)로 예루살렘에 자신의 거대한 조각상을 세우고자 하였을 뿐만 아니라, 카시우스 디오(Cassius Dio, 로마의 역사가, 주후 160-230년)에 의하면, 아폴론 신을 위해 건설되고 있던 밀레도(Miletus, '밀레투스')의 경이로운 신전을 자신의 신전으로 삼아 버리는 일도 자행하였다(이 일은 디오가 오해한 것일 수도 있기는 하지

는데, Macedonia의 Demetrius "Poliorcetes" (336-283 BC)가 그 예였다.

232) Friesen, 2001, 81-95에는 Aeneas에 관한 이야기를 재해석해서 아우구스투스 및 그의 가족과 연결시키는 시각적인 표상들을 사용한 것에 관한 매력적인 자세한 내용이 포함되어 있다.

233) Price, 1984, 49f.

234) Price, 1984, 96.

235) Alcock, 1989.

236) Dio, 62.14.2.

237) 본서 제5장 제4절 3)을 보라.

238) Dio, 59.28.3f.; cf. Suet. *Gai.* 22; Jos. *Ant.* 19.4. 또한, 그가 고대 제의들을 위한 조각상들의 머리

만[237]). 한 걸음 더 나아가서, 그는 로마에 자신을 위한 두 개의 신전을 건설하고, 신관들로 하여금 그와 그의 말(馬)을 신으로 모시게 하였다. 또한, 디오에 의하면, 그는 유피테르와 나란히 거처하기 위하여 카피톨리누스(Capitolinus) 언덕에 자신의 신전을 지었다:

> 하지만 그는 자신의 신전이 유피테르 신전보다 못한 자리에 있는 것을 못마땅하게 여겨서, 유피테르 신이 자기보다 먼저 카피톨리누스 언덕을 차지한 것을 꾸짖으며, 서둘러서 팔라티누스(Palatinus) 언덕 위에 또 하나의 신전을 짓고서, 올림포스에 있던 제우스 신상을 자신의 모습으로 재가공해서 이 신전으로 옮겨놓고자 하였지만, 자신의 뜻을 이룰 수가 없었다. 왜냐하면, 제우스 신상을 실어오기 위하여 건조한 배가 벼락을 맞아 부서졌고, 누구라도 그 신상의 좌대에 손대기 위하여 접근할 때마다 큰 웃음소리가 들렸기 때문이었다. 그래서 어쩔 수 없이 그는 제우스 신상을 향하여 경고하는 말을 한 후에, 자신을 위한 새로운 신상을 만들어 세울 수밖에 없었다.[238]

그 밖에도 그가 세운 계획들을 보면, 그는 자신과 자기를 위한 제의를 다른 모든 신들이나 그들을 위한 제의들보다 우위에 두고자 하였다는 것이 여실히 드러난다.[239] 따라서 황제 제의가 토착민들이 전통적으로 섬기던 신들을 위한 제의들과 나란히 공존하고, 때로는 서로 뒤섞이기도 하였다는 것은 사실이지만, 거기에는 언제나 "너희가 어떤 신들을 섬기든 상관하지 않겠지만, 황제를 신으로 섬기는 일은 빠뜨려서는 안 된다"는 경고가 감춰져 있었다. 아우구스투스가 로마에서 '파테르 파트리아이' (pater patriae), 즉 "조국의 시조"로서 숭상되었듯이, 제국 전체에 걸쳐서도 그러한 인물로 숭배되었다. 역사가들 사이에 형성되어 있는 현재의 분위기는 어떤 식으로든 일반화하는 것을 조심하자는 것이기는 하지만, 당시에 로마 제국의 어딘가에서 살았던 대부분의 사람들에게는 "그들의 일상적인 실존에 스며들어서 세계에 대한 그들의 이해를 구축하고 있던 일련의 메카니즘들을 통해서" 황제의 권위를 피부로 느낄 수밖에 없었다는 것은 여전히 사실이다.[240] 게다가, 로마 황제를 새긴 주화들과 조각상들로 말미암아 황제에 대한 숭배는 "제국 전역에

를 잘라내고 거기에 자신의 머리를 조각한 것을 붙이려고 한 것을 보라.

239) 이 모든 것은 Ogilvie, 1986, 124의 추가적인 지나치게 호의적인 평결, 즉 로마인들은 "세련되지만 관용적인 종교"를 지니고 있었고, "그 종교를 추종하는 사람들은 그 종교의 이름으로 범죄하는 일이 거의 없었고, 노이로제로부터도 자유롭고 건강하였다"는 판단을 의심스럽게 만든다. 심지어 공화정의 마지막 세기에서도 그러한 주장은 유지되기 힘든 것으로 보인다.

240) Revell, 2009, 80.

241) Revell, 2009, 82f.

서 상당한 정도로 표준화되어 있었다." 황제는 방백이나 장군, 또는 신의 모습으로 등장하고, 황제의 "형상들과 호칭들이 온갖 매체를 통해서 반복적으로 누적될 때, 그것은 그들이 황제의 권력 아래 있다는 인식을 강화시켰을 것이다."[241] 어쨌든, 황제를 위한 축제들과 제의들이 흔히 다른 신들을 위한 것들보다 더 빈번하게 행해졌고 무게감이 있었으며 다른 어떤 제의보다도 더 널리 퍼져 있었다는 사실은 황제 제의가 중요하였다는 것을 증명해 준다.[242] 예수의 추종자들이 머지않아 발견하게 될 것이었지만, 로마 당국자들이 그들로 하여금 기독교 신앙을 부인하고 로마의 표준적인 이교 신앙을 받아들일 것을 고백하게 만드는 가장 쉬운 방법은 황제의 이름으로 희생제사를 드리거나 맹세하는 것을 강제하는 것이었다. 누구라도 다른 모든 사람들(유대인들을 제외하고)이 이런저런 형태의 황제 제의에 참여하여 기꺼이 행하였던 충성 맹세를 하지 않는 자는 처벌을 피할 수 없었다.

지금까지 우리는 로마 제국의 동부 지역을 집중적으로 살펴 보았지만, 주전 1세기 말에 제국의 서부 지역인 루그두눔(Lugdunum, 현재의 프랑스 리용)과 콜로니아(Cologne, 현재의 독일 쾰른) 속주에서도 아우구스투스와 여신 로마를 위한 제의가 행해지고 있었다는 사실을 이미 언급한 바 있다. 이런 경우들은 속주에서의 황제 제의가 로마 당국에 의해서 강제된 것이었다는 점에서, 동부 지역에서 속주들이 먼저 나서서, 통치자들을 신으로 모셨던 이전의 여러 전례들에 따라 황제 제의가 조금씩 발전된 것과는 판이하게 달랐다. 이것이 어떻게 된 것이냐 하면, 동부 지역에서 황제 제의가 그런 식으로 여러 해 동안 발전되어가자, 로마 당국은 언제 폭발할지 모르는 위험성을 안고 있던 서부 지역에서(카이사르는 갈리아 속주를 평정하는 데, 그리고 아우구스투스와 아그리파는 스페인의 여러 지역들을 안정시키는 데 이미 골머리를 앓았었고, 게르마니아 속주는 아우구스투스의 오랜 치세 중에서 가장 큰 재앙이었음이 곧 드러날 것이었다) 동부의 모델을 가져와서 서부 지역에 맞게 시행하는 것이 정치적으로 이득이 될 것이라고 판단하였던 것으로 보인다. 이때에 로마는 특히 아우구스투스 시대의 복잡한 종교 세계의 핵심적인 존재였던 여신 빅토리아(Victoria)를 활용하였다. 이 여신은 루그두눔(Lugdunum)에

242) Mitchell, 1993, 113. Cf. Woolf, 2001, 321: "제국은 시간을 측정하고 연대와 해들을 계산하는 방식에도 새겨져 있었고, 제국에서 발행된 주화들에도 새겨졌으며, 학교에 다니는 사람들을 위한 교수요목에도 반영되었고, 모든 사람을 위한 공휴일들을 규정하였으며, 경축행사들이 벌어진 제국의 도시들의 환경을 지배하였다. 그리고 제국은 제의를 통해서 별들에 새겨졌다. 개별 황제들의 육신과 삶과 형상으로 인격화된—중국의 경우와 마찬가지로—제국은 도처에서 볼 수 있었다."

243) 서방에서의 황제 제의에 대해서는 특히 Fishwick, 1987을 보라.

있던 제단에 등장한다. 아니, 이 여신은 면류관들이 씌워진 두 개의 기둥으로 등장한다. 로마가 서방에 알게 하고자 했던 주된 메시지는 로마는 신들의 뜻을 따라 이미 승리를 거두고서 광활한 유럽 지역을 복속시켰다는 것이었다.

동방의 경우와 마찬가지로, 서방의 독립적인 도시들도 속주들이 이 일에 앞장서기를 기다리지 않았는데,[243] 이것도 동방의 영향을 받은 것이었다. 아시아 속주의 에베소 북쪽에 있던 미틸레네(Mytilene)는 주전 27년에 스페인의 북동 해안에 있던 타르라코(Tarraco)에서 요양 중이던 황제에게 감사를 전함과 아울러서, 자신의 속주가 방금 '프린켑스' 에게 어떠한 영예를 수여하기로 결정하였는지를 제국에 널리 알릴 목적으로, 저 멀리 스페인까지 사절을 보내기도 하였다.[244] 그로부터 얼마 후에, 갈리아 속주의 타라코(Tarraco)와 아를(Arelate)은 아우구스투스와 여신 로마를 섬기는 제의를 제정하였고, 다른 많은 도시들도 그 뒤를 따랐는데, 이것은 한편으로는 불충으로 보이지 않기 위한 것임과 동시에, 다른 한편으로는 로마의 위계질서 속에서 자신들의 암묵적인 지위를 표현하기 위한 것이었음에 틀림없다.[245] 아울러, 로마군이 이 지역에 오랫동안 주둔해 있으면서, 자신들의 총사령관들에게 강한 충성심을 보인 전통도 이 지역의 많은 도시들로 하여금 동일한 방향으로 움직이게 만든 무언의 압력이 되었을 것이다. 따라서 우리는 주전 2년에 스페인의 북서 지역에 주둔해 있던 군대의 사령관이 거기에 아우구스투스를 섬기는 세 개의 제단을 세웠고, 엘베 강(Elbe) 연안의 제국의 북동 지역에서도 주둔군 사령관이 거기에 제단을 세운 것을 이상하게 생각해서는 안 된다.[246] 우리가 느슨하게 "황제 숭배"라고 부를 수 있는 것의 확산을 보여주는 증거는 독일 북부와 스위스에 주둔해 있던 군대들에서도 발견되는데, 해당 지역들에서 발굴된 병기들과 술잔 등에는 황제 제의와 관련된 도상들과 상징들이 새겨져 있다. '김나지움' (Gymnasium)들은 황제를 기리는 경기들이 정기적으로 열렸던 곳이어서 사람들이 많이 모이는 곳이었다.[247]

244) Price, 1984, 126ff.

245) Galinsky, 1996, 327는 서방의 속주들은 내전에 휘말려 있지 않았었기 때문에, 아우구스투스가 가져다 준 평화에 대하여 특별히 감사할 필요가 없었다는 점을 지적하며, 서방의 도시들은 이전에 안토니우스를 지지하였던 동방의 도시들과는 달리, 아우구스투스에 대한 충성심을 과시할 필요도 없었다고 주장한다. 이것은 의심할 여지 없이 사실이기는 하지만, 일단 한 지역 또는 속주에서 두세 도시들이 황제 제의를 도입한 경우에는, 그것만으로도 다른 도시들이 그렇게 하도록 암묵적인 압력을 받을 수밖에 없었을 것이라는 점은 누구다 상상할 수 있다. Tarraco에 대해서 자세한 것은 본서 제16장 제2절을 보라.

246) Dio, 55.10a.2.

247) Friesen, 2001, 74.

따라서 실제로 아우구스투스의 치세 동안에는, 우리가 "황제 제의"라고 부를 수 있는 어떤 단일한 제의가 존재한 적은 없었다. 하지만 호라티우스와 베르길리우스의 글들에 나오는 암시들로부터 아시아와 팔레스타인에서 아우구스투스를 위한 신전을 앞다투어 지은 것, 스위스에서 발견된 군인들의 술잔에 새겨진 황제 제의와 관련된 도상들에 이르기까지, 아우구스투스는 말 그대로 모든 사람의 입에서 회자된 이름이었다. 황제 제의는 가정과 일터의 제단, 인장 반지, 기름 등잔을 비롯해서 수많은 작은 인공물들에 침투해 있었다.[248] 악티움 해전에서의 승리가 가져온 열풍 속에서 주전 30년부터는 공적인 것이든 사적인 것이든 모든 축제에서 황제에게 술을 올리는 전제는 하나의 관례가 되었다.[249] 황제 제의라는 현상이 아무리 다양하였고, 그 발전이 아무리 단편적이었으며, 황제 제의를 표현하는 말들이 아무리 애매모호한 것이었다고 할지라도, 당시의 사람들은 자신들이 고래로부터 만신전을 섬겨 왔던 바로 그 방식으로 아우구스투스를 섬기고 있었다. 즉, 그들은 아우구스투스를 모시는 신전을 건립하였고, 그의 이름을 부르며 기도하였으며, 그에게 희생제사를 드렸다.

우리는 당시에 황제 제의와 관련해서 그 누구도 다른 어떤 사람에게 이 모든 것이 직접적으로나 간접적으로나 정확히 무엇을 의미하는지를 신학적으로, 또는 철학적으로 설명하도록 강제하지 않았다는 것을 주목하여야 한다. 언제나처럼, 당시에도 "종교"(키케로가 사용한 의미로는, 복수형으로 해서 "종교들")는 일차적으로 여러분이 느끼거나 직감하는 그 무엇이 아니라, 여러분이 행하는 그 무엇이었다. 공식적인 황제 제의들은 오직 "정치적인" 것이었고, 오늘날 우리가 내적인 감화라는 의미에서의 "종교적" 체험은 사람들이 다른 곳, 특히 신비제의들에서 찾았다는 이전의 주장은 당시의 본문들에 존재하지 않는 구별을 억지로 도입하는 것이다.[250] 물론, 황제 제의들은 단지 지배 세력이 자신의 권력을 공고히 하는 데만이 아니라, 피지배 계층의 다수가 더 잘 살게 되는 데에도 사회적으로 유용한 것이었다. 국가적인 황제 제의에 참여하는 엘리트층의 구성원이든, 아니면 '라레스 아우구스티'(Lares Augusti, "아우구스투스의 수호신들")를 섬기는 속주 차원의 황제 제의(로마에서 행해지던 제의로부터 발전된)에 참여하는 낮은 신분의 사람이든, 새로운 황제 제의들을 담당하는 신관이 된다는 것은 출세의 사다리를 오르는 중요한 발판

248) Zanker, 1988, 274f.; cf. Meggitt, 2002, 150f.
249) Dio, 51.19.7.
250) Pleket, 1965, 333f.를 보라.
251) Beard, North and Price, 1998, 1.357-9를 보라.

을 얻었다는 것을 의미하였다.[251] 로마의 종교에 대한 최근의 정곡을 찌르는 중요한 연구에 나오는 글을 인용해 보자:

> 황제들, 총독들, 엘리트층의 구성원들에게 중요했던 것은 제국의 사회를 한데 묶고 있던 사회적이고 정치적이며 위계질서와 연관된 전제들의 얽히고설킨 망(web) 전체였다. 희생제사들과 그 밖의 다른 종교적 의식들은 권력 관계를 규정하고 정립하는 것과 연결되어 있었다. 황제, 신들, 엘리트층, 백성들 간의 일련의 관계들 내에 자기 자신을 두지 않는다는 것은 실질적으로 세계 전체의 주류 및 그 세계 내에서의 사람들의 지위에 대한 로마의 공유된 이해 바깥에 자기 자신을 두는 것이었다. 로마인들은 사회 질서의 유지가 사람들에게 모든 차원에서 어떤 역할을 할당하는 이러한 일련의 공유된 상징체계들의 유지에 달려 있다고 보았다.[252]

이러한 요약을 고려하면, 사도 바울을 빌립보, 에베소, 고린도 같은 도시들 속에 두고, 이 새롭게 짜여진 상징 세계가 바울과 예수를 따르는 작은 공동체들에 어떤 영향을 미쳤는지를 질문하는 것은 중요할 것이다. 이것에 대해서는 우리가 나중에 살펴보게 될 것이다.

황제 제의들은 그 형태가 아주 다양하였고, 아우구스투스를 다른 신들, 특히 여신 로마와 함께 섬기는 구조였음에도 불구하고, 이 상징 세계의 중핵(lynch-pin)인 아우구스투스에게 그 초점이 맞춰져 있었다. 따라서 황제 제의와 관련해서 동방과 서방, 그리고 로마 내에서 진행되고 있던 모든 흐름들은 하나의 결론을 지향하고 있었는데, 그것은 이 위대한 인물이 마침내 주후 14년 8월 19일에 죽은 직후에 확인되었다. 원로원 의원이었던 누메리우스 악티쿠스(Numerius Atticus)는 아우구스투스가 로물루스처럼 하늘로 올라가는 것을 보았다고 맹세로써 단언하였다. 아우구스투스의 미망인인 리비아(Livia)는 남편의 고민을 해결하는 데 백만 세스테르티우스(sesterces, 1/4 데나리온에 해당하는 로마의 은화)를 내놓았다. 이렇게 해서, 아우구스투스는 자신의 생전에 받기를 거절해 왔던 것을 죽은 후에 얻었다. 따라서 이전에 금지되었던 일이 이제는 갑자기 화급한 일이 되었다. 마침내 아우구스투스를 위한 신전이 로마에 세워졌고, 신관들이 임명되었는데, 리비아 자신도 여신관이 되었으며, 원로원의 지도적인 인사들로 이루어진 '소달레스 아우구스탈레스' (sodales Augustales, "아우구스투스 제의를 위한 신관단")가 새롭게 조직되었다. 죽은 황제를 조각한 황금 신상이 아우구스투스의 공공건축사업의 핵심이었

252) Beard, North and Price, 1998, 1.361.

253) 56.46.1-4.

던 마르스(Mars) 신전에 안치되었고, 그 밖의 다른 의식들과 제전들도 제정되었다.[253] 율리우스 카이사르를 신으로 모시게 된 것은 그가 죽은 후 상당한 시간이 흐른 뒤였던 반면에, 아우구스투스의 경우에는 아주 신속하게 진행되었다. 왜냐하면, 아우구스투스를 신으로 모시는 일은 세계가 이미 상당 시간 동안 읽어 왔던 메시지에 최종적이고 공식적으로 마지막 방점을 찍는 일이었을 뿐이기 때문이었다.

이 모든 일이 아주 신속하게 진행된 것은 단지 반세기 동안 로마를 다스려 왔던 인물의 죽음에 대한 자연스러운 반응에서 그치지 않았고, 그의 후계자에게 정치적으로도 중요한 일이었다.

3) 티베리우스에서 네로까지의 황제 제의

티베리우스 황제는 이제 "신의 아들," 즉 신이 된 아우구스투스의 아들이 되었다. 내가 지금 이 글을 쓰고 있을 때, 내 책상 위에는 예수께서 죽기 얼마 전에 사람들이 그에게 보여준 것과 같은 "데나리온"(denarius, '데나리우스')이 놓여 있는데, 이 주화의 앞면에는 티베리우스의 초상이 새겨져 있고, 그 주위에는 "신이 된 아우구스투스의 아들 아우구스투스 티베리우스 카이사르"(TI CAESAR DIVI AUG F AUGUSTUS)라는 문구가 새겨져 있으며, 뒷면에는 '폰티프 막심'(PONTIF MAXIM), 즉 "대신관"(Pontifex Maximus)의 약자가 새겨져 있다. 아우구스투스는 자신의 카드들을 주의 깊고 신중하게 다루었기 때문에, 상당한 시간을 기다려서야 대신관이 될 수 있었지만,[254] 티베리우스는 '프린켑스'에 등극한 날부터 대신관이 되었다. 지금까지는 서로 다른 동기들과 다양한 형태들로 단편적으로 조금씩 발전되어 왔던 황제 관련 제의들은 이 때부터는 점점 더 제국을 공고히 하기 위한 주된 도구가 될 것이었다. 사실, 황제 제의는 율리우스 때부터 클라우디우스 때까지 전 기간에 걸쳐서 속도를 점점 더 높여 왔다고 할 수 있다.[255]

티베리우스는 아우구스투스가 지니고 있던 것 같은 그런 이점들을 거의 갖지 않은 채로 시작하였다. 율리우스 카이사르는 흔쾌히, 그리고 분명하게 아우구스투스를 자신의 후계자로 선택하였던 반면에, 아우구스투스는 자신의 후계자로 점찍었던 인물들이 자기보다 먼저 죽게 되자 그제야 티베리우스를 선택하였고, 게다가

254) 아우구스투스가 삼두정치의 집정관이었던 Lepidus로 하여금 주전 13년에 죽을 때까지 그 직책을 유지하도록 영리하게 조치한 것에 대해서는 Scheid 2005, 187-92를 보라.

255) Hardin, 2008, 47.

256) Tac. *Ann.* 1.10.

티베리우스를 탐탁지 않게 여긴다는 소문이 끊이지 않았다.[256] 아우구스투스는 거대한 역경에 맞서서 승리를 거두고, 로마 세계 전체에 평화를 회복시켰던 반면에, 티베리우스는 여러 전쟁에서 승리를 거두기는 하였지만, 그 전쟁들은 풍전등화의 위기에 놓인 로마를 구하기 위한 생사를 건 필사적인 싸움이 아니라, 제국의 현상태를 유지하기 위한 싸움이었을 뿐이었다. 아우구스투스는 새로운 황금기를 가져다 준 인물로 환호를 받았던 반면에, 티베리우스는 수에토니우스(Suetonius)로부터 새로운 쇠의 시대를 가져다준 인물이라는 조소를 받아야 했다.[257] 아우구스투스는 매력이 있고 광채가 나는 인물이었던 반면에, 티베리우스는 무뚝뚝하고 침울한 인물이었다. 영국의 수상들 중에서 이 두 사람과 분위기가 비슷한 사람들을 한 번 생각해 보면, 시사해 주는 바가 있을 것이다. 아우구스투스는 토니 블레어(Tony Blair)와, 티베리우스는 고든 브라운(Gordon Brown)과 인상이 비슷하다고 하면, 과거의 두 인물을 모욕하는 것이 될지 모르겠지만, 어쨌든 사료들이 우리에게 주는 인상은 그런 것이다.

이 두 사람을 신으로 모시자는 제안에 대하여 사람들이 보인 반응에서도 우리는 이러한 분위기를 금방 알 수 있다. 아우구스투스가 그러한 제안을 거절하자, 사람들은 기뻐하였다. 반면에, 티베리우스는 그러한 제안을 거절하였을 뿐만 아니라, 자신의 "혼령"(genius)을 걸고 맹세하는 것조차 허용하지 않았지만, 사람들은 그가 심술이 나서 위선적으로 행하고 있는 것이라는 반응을 보였다.[258] (물론, 우리는 이 대목을 비롯한 여러 곳에서 한 세기 후의 사료들에 의거해서 말하고 있고, 이 사료들은 궁정에서 나돌던 소문들을 기록한 것일 수 있다. 티베리우스, 그리고 이 문제와 관련해서 나중에 비슷한 조소를 당했던 클라우디우스가 실제로 이룬 일들을 보면, 우리는 최소한 이 사료들이 온전한 그림을 우리에게 제공해 주고 있지 않다는 것을 깨닫게 된다.)

몇 년 후에 아시아 속주의 방백들은 황제 제의를 위한 두 번째 신전을 짓도록 허락해 달라고 요청하였는데, 티베리우스는 앞서 로마의 관리들을 고소한 두 번의 소송 사건에서 이 방백들을 지지해 주었었다. 이 방백들이 황제 제의를 위한 신전을 짓겠다고 한 것은 단지 감사하는 마음에서 그런 것이 아니라, 자신들이 제국의 꼭대기에 있는 신적인 인간과 직접적으로 닿아 있는 자들이라는 것을 보여주는 신

257) Suet. *Tib.* 59.1; cf. *Aug.* 100.3.
258) Dio, 57.8.3; 58.2.8. Cf. Tac. *Ann.* 4.37.3; 4.38.1f.
259) 자세한 것은 Friesen, 2001, 36f.

호를 후임 관리들에게 보내고자 한 것이었다.[259] 마침내 아시아 속주에 속한 서머나(Smyrna)에 지어진 이 새로운 신전은 티베리우스와 원로원에게 바쳐졌고, 이 일은 스페인으로부터의 비슷한 요청을 촉발시켰지만, 티베리우스는 로마에서 비판적인 여론이 일 것을 경계해서 그 요청을 거절하였다.[260] 하지만 아시아 속주의 몇몇 도시들은 티베리우스를 신으로 모시는 제의들을 발전시켰고, 그 제의들 중에서 미라(Myra)에서 행해진 제의에서는 지극히 과장된 거창한 표현을 사용해서, 황제를 "높이 들리신 신, 높이 들리신 신들의 아들, 땅과 바다의 주, 온 세계의 은인이자 구세주"라고 불렀다.[261] 티베리우스도 다른 황제들과 마찬가지로, 그러한 도시들이 명시적인 허락을 요청해 오지 않자, 그때부터는 수도 로마에서의 상황을 고려해서 한 발자국 물러나야 한다고 느꼈을 공산이 크다.

황제 제의와 관련해서, 티베리우스는 대체로 아우구스투스 및 여신 로마와 관련해서 이미 시작된 다양한 형태의 제의들을 계속해서 번성하고 발전하게 하는 것으로 만족하였고, 그가 중점을 둔 것은 제국의 경계들을 차근차근 확장해 나가고 공고히 하는 것이었다. 타키투스(Tacitus)는 티베리우스의 치세 동안에 제국의 동부 지역에 대해서, "동부 전선은 모든 것이 조용하였다"(sub Tiberio quies)고 말한다. 아마도 로마의 관점에서는 그랬을 것이지만, 예루살렘의 주민들에게 물어 보면, 그것과는 다른 이야기를 했을 것이다. 로마의 뒷전에서는 큰 솥단지가 끓고 있었고, 티베리우스의 후계자가 다스리게 될 때에야 비로소 이 솥단지가 끓어 넘쳐서 재앙을 불러오게 될 것이기는 하였지만, 이 재앙의 뿌리가 거의 한 세기 이전까지 거슬러 올라간다는 것을 알기는 그리 어렵지 않다.[262]

티베리우스는 음침하고 우울하였다고 한다면, 가이우스 칼리굴라(Gaius Caligula)는 (적어도 말년에는) 완전히 실성한 자였고, 당대의 작가들이 그에 대해서 말할 때에는 아주 대놓고 미친 자라고 말할 정도였다.[263] 티베리우스는 사람들

260) Tac. *Ann*. 4.37; Suet. *Tib*. 26(아시아에서의 새로운 성소를 무시하고 있기는 하지만).

261) IGRR III no. 721; Klauck, 2000, 302를 보라. 황제에 대한 호칭으로서의 "구원자, 구세주" 및 그 호칭이 기독교 세계에 가져다 준 반향들에 대해서는 아래 제12장을 보라.

262) 이 모든 것에 대해서는 *NTPG*, 159-61, 170-81을 보라. Tac. *Ann*. 12.54를 보되, 이것에 대해서는 Crossan, 1991, 100-2를 보라: "조용하였다는 것은 어떻게 조용하였다는 것인가?… [타키투스]가 말하고자 하는 것은 티베리우스 치하에서는 팔레스타인에서 황제의 군단에 의해 밑받침되고 있던 수리아 총독의 개입을 필요로 할 정도의 반란이 없었다는 것이 그 전부이다"(강조는 원래의 것).

263) Suet. *Calig*. 22, 50. 위에서 언급하였듯이, 그가 미치게 된 것은 그의 치세 초에 앓은 중병 때문일 가능성이 높다. 이 문제는 논란이 되고 있다. 최근의 논의로는 Barrett, 1989, 특히 ch. 14을 보라.

264) Suet. *Calig*. 27.3.

이 그의 "혼령"(genius)을 걸고 맹세하는 것을 금지하였던 반면에, 칼리굴라는 사람들에게 그렇게 하도록 강요하였다.[264] 칼리굴라에게는 조심스럽게 행하는 것도 없었고, 요청들이 들어오기를 기다려서 신중하게 깊이 생각해 보는 것도 없었다. 그는 앞장서서 자신을 위한 신전을 밀레도(Miletus, '밀레토스')에 짓도록 명령하였고, 그 신전의 금석문은 그가 아우구스투스와 티베리우스가 내어딛기를 그토록 완강하게 거부하였던 발걸음을 내딛었음을 보여준다. 즉, 그 금석문에서는 그를 '테오스'(theos, "신")로 불렀다. 아우구스투스를 모시는 신전들에는 여신 로마가 함께 모셔져 있었고, 티베리우스를 위한 신전에는 원로원을 위한 제단도 마련되어 있었던 반면에, 칼리굴라를 모신 신전에서는 오직 그만이 경배와 제사를 받았다. 앞에서 보았듯이, 어떤 이들은 칼리굴라가 밀레도를 선택한 진짜 이유는 당시에 아폴론 신을 모시기 위해 지어지고 있던 거대한 신전을 빼앗아 자신의 신전으로 삼고자 했기 때문이었다고 주장하지만, 이제 그러한 주장은 별로 설득력이 없어 보인다.[265] 수에토니우스(Suetonius)는 분명히 그가 기본적으로 신성모독적인 기가 막힌 일을 벌여서 신학을 완전히 뒤집어엎고자 하였다고 보도한다. 즉, 그는 헬라에 있던 오래되고 신성한 신상들을 로마로 가져와서, 그 신상들의 머리를 잘라낸 후에, 그 자리에 자신의 머리가 조각된 것을 대신 붙이는 짓을 자행하였다. 그는 자신을 위해 지은 신전에 자신의 실물과 똑같은 거대한 황금 신상을 안치해 놓고서, 그 신전을 관리하는 신관들로 하여금, 자기가 그 날에 입는 옷과 똑같은 옷을 그 신상에도 늘 바꿔서 입히게 하였다.[266] 또한, 그는 또 하나의 자신의 거대한 신상을 만들어서 예루살렘 성전 안에도 세워 놓을 계획이었지만, 로마와 유대 관리들이 이 일을 차일피일 미루는 와중에, 그가 주후 41년에 암살됨으로써, 이 계획은 좌절되었다. 그가 황위에 등극하였을 때에 사람들이 그에게 걸었던 큰 기대와 희망은[267] 아우구스투스가 자신의 후계자에 의해서 이토록 빨리 철저하게 희화화되어 버린 것에 대한 경악스러움과 칼리굴라의 미치광이 같은 포악한 행동이 다음번에는 어디에서 폭발할지를 모르는 데서 오는 공포감으로 바뀌었다. "그들이 두려워하고 있기만 하다면, 나를 증오하는 것은 상관없다"(Oderint dum metuant)는 것이 그의 모토였다. 그들은 그를 증오하고, 또 증오하였다.[268]

265) Friesen, 2001, 40f.의 논의.

266) Suet. *Calig.* 22.2f.

267) 예를 들어, cf. Philo, *Leg.* 22.

268) Suet. *Calig.* 30; 그는 이 행은 주전 1세기의 Accius라고 말해지는 비극시인의 글에서 인용한 것이라고 말한다. 이것은 Cic. *Phil.* 1.34; Sen. *De Ira*, 1.20.4에도 나온다.

클라우디우스(Claudius) 치하에서 황제 제의는 좀 더 느리고 조심스럽게 진행되었다. 클라우디우스는 많은 잘못들을 했지만, 급진적인 혁신을 단행하는 잘못은 하지 않았다.[269] 그럼에도 불구하고, 황제 제의는 더욱 진척되어 나갔다. 로마에 세워진 클라우디우스의 조각상은 독수리에다 홀까지 모든 것을 완벽하게 갖추었기 때문에, 그 조각상에 묘사된 그의 모습은 유피테르를 빼닮았다.[270] 충분히 예상할 수 있듯이, 속주들에서는 그가 아직 살아 있는 동안에 그를 신으로 숭배하였고, 그를 모신 신전들은 저 멀리 브리타니아의 콜체스터(Colchester)와 에게 해의 코스섬(Cos)에도 세워졌다.[271] 아프로디시아스(Aphrodisias)에 세워진 세바스테이온(Sebasteion) 신전에는 그가 땅과 바다를 다스리는 자로 묘사되어 있다.[272] 그는 자신의 조모인 리비아 드루실라(Livia Drusilla)를 신격화한 후에, 뒤이어서 갈라디아 남쪽에 있는 비시디아 안디옥의 한 도시에 신전을 세우고, 그 지역의 명문가의 딸을 선발하여 그 제의를 주관하는 여신관으로 임명하였다.[273] 에베소에서 출토된 클라우디우스와 아그리피나의 결혼을 경축하는 기념 주화를 보면, 거기에는 이 부부가 새겨져 있는데, 신부는 아르테미스(Artemis, "아데미")의 모습을 하고 있다.[274] 이 시기에 에베소에서 리코스(Lycus) 계곡을 따라 올라가면 있는 히에라폴리스(Hierapolis), 라오디게아(Laodicea, '라오디케아'), 골로새(Colosse, '골롯세') 근방에도 황제를 위한 새로운 신전이 지어졌음을 보여주는 증거가 있다. (라오디게아에는 주후 90년대에 도미티아누스 치하에서 비슷한 신전이 건립되었다.)[275]

아나톨리아의 심장부인 내륙에서는, 클라우디우스는 최근에 생긴 갈라디아 속주를 특히 주목하였다.[276] 갈라디아 속주는 자진해서 아우구스투스의 공적비(Res Gestae)를 여기저기에 세웠는데, 그 중의 하나는 로마에 있는 아우구스투스의 마르스 울토르(Mars Ultor) 신전을 모델로 해서 황제를 위하여 특히 빼어나게 지어

269) Suet. *Claud.* 22, 25.5를 보라.

270) Rives, 2007, 153, 또한 154에 실려 있는 그림을 보라.

271) 자세한 것은 Hardin, 2008, 38f.; 지금으로서는 Camulodunum에 있던 신전은 그가 죽은 후에야 세워진 것으로 보이기는 하지만(Klauck 2000, 305).

272) Friesen, 2001, 92, 94.

273) Hardin, 2008, 39.

274) Hardin, 2008, 41.

275) Friesen, 2001, 61.

276) 갈라디아에서의 황제 제의에 대해서는 지금은 Gordon, 2011, 47f.를 보라. 좀 더 넓은 맥락에 대해서는 cf. Schnabel 2004, 1084-124.

진 새로운 신전이 있던 비시디아 안디옥에서 발견되었다.[277] 도시들은 차례차례 로마화되었고, 클라우디우스가 후견인으로 있는 도시임을 나타내는 새로운 이름들로 개명되었다.[278] 황제 제의와 더불어서, 시합들과 공휴일들도 좀 더 폭넓은 제국 이데올로기와 결부되어 있었다. 각 지역의 성읍들은 그 지역의 풍습과 토착신들을 제국에 대한 충성과 결합시켜서, 제국 이데올로기를 실천하는 나름대로의 방식을 발전시켜 나갈 수 있었다. "각 도시들마다 도시 차원에서 독자적으로 일련의 건축물들과 담당 관리들과 의식들이 다양하게 출현하였고, 이러한 현상은 아시아 속주의 그 어느 도시에서도 볼 수 있었다."[279] 아나톨리아에 대한 연구를 주도해 온 한 권위 있는 학자는 고고학적 발굴과 조사가 아직 끝나지 않은 이 시점에서조차도 이 지역 전체에 걸쳐서 사람들의 공적인 삶은 이런저런 형태의 황제 제의에 의해서 지배되고 있었다고 말해도 아무런 무리가 없다는 결론을 내렸다.[280] 아우구스투스와 그의 가문은 어느 도시에서나 맞닥뜨릴 수밖에 없었던 새롭고 강력한 신들이었다. 바울이 다녔던 도시들, 그리고 나중에 그가 서신들을 보냈던 도시들도 물론 예외가 아니었다.

클라우디우스는 주후 54년에 그가 죽은 후에 공식적으로 신으로 추존되긴 하였지만, 그의 후계자로 통치하고 있던 능력 있고 눈부신 네로를 지켜본 사람들은 황제 제의를 설치하는 것에 대하여 심각하게 우려하는 사람은 아무도 없었고, 로마에서 클라우디우스를 모시는 신전은 베스파시아누스 치세 때인 주후 70년대가 되어서야 완공되었다. 세네카(Seneca)의 저 특유한 냉소적이고 냉철한 펜에서 나온 가장 상스럽게 빈정거리는 작품이라고 할 수 있는 『클라우디우스의 호박화(apocolocyntosis)』(클라우디우스에 대한 신격화는 "신으로 만드는 것"이 아니라 "호박으로 만드는 것"이라는 풍자 — 역주)라는 정치 풍자시를 보면, 당시의 분위기가 잘 표현되어 있다.[281] 그는 오늘날 익살로 사용되고 회자되는 것을 묘사한다: 클라우디우스

277) Hardin, 2008, 67f., 71-8. 하지만 Hardin이 이것을 토대로 해서(74f.), '프린켑스' (princeps)가 맹세하였던 곳인 빌립보에서 아우구스투스를 위하여 싸웠던 제7군단의 퇴역 군인들과 이 신전을 연결시키고 있는 것(위를 보라)은 의심스럽다. 빌립보 전투에 참여하였던 군인들 중 일부가 당시에 10대 중반이었다고 할지라도, 그때로부터 40년 후까지 살아 있었을 사람은 거의 없었을 것이다.

278) Mitchell, 1993, 1.96; Hardin, 2008, 64f.

279) Friesen, 2001, 76.

280) Mitchell, 1993, 1.117.

281) Dio, 61.35.3은 그것에 이 호칭을 부여하면서, 그것은 '아포테오시스' (apotheōsis, "신격화")에 대한 언어유희라고 설명한다.

282) Suet. *Nero*, 10.1; Sen. *Clem.* 2.1.4. 네로의 새로운 "황금 시대"에 대해서는 Calpurnius Siculus,

를 추모하는 의식이 벌어지고, 거기에서 어떤 사람으로 하여금 자기가 고인이 된 황제가 하늘로 올라가는 것을 보았다고 맹세로써 단언하게 만든다. 더 나아가, 그는 클라우디우스가 무엇인가를 입속말로 중얼거리며 우물쭈물하며 다가왔을 때에 신들이 보인 반응을 묘사한다. 나는 세네카의 이런 말들이 네로가 황위에 오른 처음 몇 달 동안 행복감에 젖어 있던 사람들을 유쾌하게 해주었을 것임에는 틀림없지만, 그가 좀 더 나이가 들어서는 "죽은 사람에 대하여 좋은 말이라고는 단 한 마디도 해주지 않고"(de mortuis nil nisi bonum) 이런 식으로 조롱하며 빈정댄 것에 대하여 후회하지는 않았을까 하는 생각이 종종 들곤 한다.

네로는 자신의 치세를 시작하자마자, 자기는 아우구스투스를 본받고자 한다고 선포하였고, 사람들은 그가 쏟아놓는 공언들을 듣고서, 그의 치세는 한층 더 행복한 시대가 될 것임을 믿어 의심치 않았다.[282] 그는 '피에타스'(pietas)의 핵심인 저 고래로부터 내려온 엄숙한 종교 의식들의 세계를 상기시키는 '아라 파키스'(Ara Pacis, "평화의 제단")를 새긴 주화들을 발행하였다. 결국 그는 몇 가지 면에서 칼리굴라 같이 실성한 자로 보이기는 하였지만, 자신을 모든 신들보다 우위에 놓고자 하지는 않았다. 이미 앞에서 보았듯이, 그는 대중적인 공연들과 노래하는 것과 연기하는 것에 몰두함과 동시에, 사람들로부터 온 세계의 주이자 이제 막 떠오른 새로운 태양으로 아낌없이 칭송받는 것을 좋아하였다.[283] 에베소에서 그리 멀지 않은 리코스 계곡에 있던 도시이자 골로새, 라오디게아, 히에라폴리스로 가는 길목에 있는 도시였던 아프로디시아스에 주후 60년대에 네로를 기념하기 위하여 세워진 세바스테이온(Sebasteion) 신전에는 율리우스로부터 클라우디우스에 이르는 황제들과 그들의 가족들이 올림포스 산의 신들 및 자연계의 힘들이 의인화된 모습으로 묘사되어 있다.[284] 당시의 주화들도 동일한 메시지를 담고 있다:

> 제국의 대중매체에 묘사된 유피테르 신의 부활을 보여주는 그러한 상징들은 제국의 신민들에게 네로의 치세가 유피테르 신에 의해서 예정된 것이었고, 신이 몸을 입고 나타난 것은 아닐지라도, 신의 우주적 통치를 이 땅에서 구현하는 것이라고 믿도록 강요하는 것이었다.[285]

Ecl. 1.42-8, 그리고 Harrison, 2011, 103f., 126-8의 논의를 참조하라.

283) Smallwood, 1967, 35-7(no. 64)을 보라.

284) Smith, 1987과1990; Maier, 2005, 336f.의 논의를 보라.

285) Maier, 2005, 337 및 거기에 나오는 풍부한 전거들과 논의; 그는 네로가 빛을 발산하는 면류관을 쓴 자신의 모습을 주화들에 새기게 한 것 — 이것은 통상적으로 사후에 신격화되었을 때에만 가능한 일이었다 — 은 칼리굴라를 본뜬 것이었음을 지적한다(338).

속주들에서 유포되었던 도상들도 마찬가지였다. 아프로디시아스의 신전에서, 네로는 자신을 온 세계를 문명화하는 힘인 로마의 규범을 널리 퍼뜨리는 자이자, 로마의 도덕적 우월성과 온 세계에 평화를 가져다주는 로마의 사명을 보여주는 증표로서 복속민들을 "로마화하는" 자로 묘사하게 하였는데, 이것은 호라티우스의 『100년제를 위한 송가』(Carmen Saeculare)에서 한 걸음 더 나아간 것이었다.[286] 몇 가지 면에서 네로가 신으로서의 황제들에 대한 이야기에 가장 크게 기여한 것은 주후 68년에 그가 죽은 후에 생겨난 이상한 소문 또는 전설이다(그는 17살의 꽃다운 나이에 황제가 되어서, 겨우 31살에 생을 마감하였다). 이 소문의 내용은 그는 결코 죽지 않았고, 단지 동방의 어느 곳으로 멀리 가 있다가 언젠가는 다시 돌아오리라는 것이었다. 이러한 소문은 요한계시록에서 암시를 얻어 생겨난 것으로 보이고, 예수께서 언젠가는 다시 돌아올 것이라는 초기 기독교의 대망과 상당히 유사하다.[287] "부활한"(redivivus) 네로로 자처하는 여러 인물들이 실제로 나타났지만, 거기에 속아 넘어간 사람들은 거의 없었다.[288] 주전 40년대와 30년대의 전쟁들 이래로 로마 세계에 최악의 위기를 촉발시킨 것은 대부분의 중요한 일들에서 네로가 보여준 철저한 무능이었다 – 아우구스투스가 대부분의 중요한 일들을 아주 유능하게 처리하였던 것과는 대조적으로. 세네카를 비롯한 네로의 지지자들과 동료들은 네로보다 먼저 죽었고, 네로가 죽었을 때에는, 사람들은 그를 위해 애곡하지도 않았고, 신으로 추존하기는커녕, 아마 그 시신을 땅에 묻어 주지도 않은 것 같다.

4) 율리우스부터 클라우디우스까지의 황제 제의: 결론

이 책은 바울에 관한 책이기 때문에, 우리는 이 이야기를 더 이상 길게 살펴볼 필

286) Maier, 2005, 342-4가 Lucan(네로와 동시대인이었던), *Bell. Civ.* 1.367-72를 인용하고 있는 것을 보라: 이제 정복된 Scythia는 영국인들이 "세계의 끝"(the back of beyond)이라거나 "몽고 끝"(outer Mongolia)이라는 표현들을 사용해서 전달하고자 하는 것과 같은 지리적이고 문화적인 최변방을 나타낸다.

287) 본서 제11장 제4절을 보라. 사람들이 예수가 죽었지만 언젠가는 다시 돌아올 것이라는 기독교의 이야기를 알고 난 후에, 이 소문이 시작되었다고 주장하는 것은 무모한 일이 될 것이다. 하지만 기독교의 이 이야기가 대중문화에 영향을 미치고 있었음을 보여주는 다른 증거들은 존재한다: 이 시기의 소설들에 "가사"(Scheintod)라는 모티프가 갑자기 등장하는 것과 관련해서는 *RSG*, 75f.를 보라.

288) cf. *RSG*, 68, 82, 720.

289) 요 20:28; Suet. *Dom.* 13.2.

요는 없다. 네로가 죽은 후에 연이어 등극한 세 명의 황제들 중에서 신격화된 사람은 아무도 없었고, 그들에게는 국내에서나 국외에서나 황제 제의를 조직하는 일을 할 만한 시간도 없었다. 황제 제의와 관련해서 이전의 패턴을 회복한 황제들은 베스파시아누스(Vespasian)와 그를 계승한 그의 아들 티투스(Titus)였다. 이 두 황제는 오직 사후에야 신격화되었다. 티투스가 자신의 후계자를 세워 놓지 않고 죽자, 이어서 황제가 된 베스파시아누스의 또 다른 아들이었던 도미티아누스(Domitian)는 칼리굴라와 네로의 방식을 따라서, 사람들이 자기를 신으로 부르기를 원하였다. 요한복음의 독자들에게 친숙한 어구인 '도미누스 에트 데우스'(dominus et deus), 즉 "주와 신"으로 자기를 부르도록 요구한 인물도 바로 그였다.[289] 도미티아누스가 타키투스와 수에토니우스가 말한 것 같이 그렇게 아주 악한 황제였던 것은 아니었다는 것을 입증하기 위한 시도들이 종종 있어 왔지만, 그러한 비교들은 상대적이다. 우리의 목적을 위해서 주목해야 할 것은 이때에 에베소에 황제를 위한 또 하나의 신전이 건설되었는데, 거기에서 도미티아누스의 거대한 조각상의 일부임이 분명한 단편들이 발견되었다는 것이다.[290] 도미티아누스가 주후 96년에 죽고 나서, 에베소의 토착민들이 이 신전의 헌사가 새겨진 비문을 정으로 쪼아서 그의 이름을 지우고, 거기에 베스파시아누스의 이름을 대신 새겨 넣은 것이 지금도 확인이 가능하다. 이것은 역주행을 다시 원래대로 되돌려 놓고자 한 시도를 보여주는 한 사례이다.

주후 1세기의 아시아 속주 전역을 되돌아보면, 우리는 프리젠(Friesen)이 "진화되어 가는 제국 담론"(an evolving imperial discourse)이라 부른 것을 보게 된다.[291] 주전 20년대에 버가모(Pergamum)에서는 로마에 있던 아우구스투스를 여신 로마와 더불어서 정복자라고 부르고 열렬히 지지하였고, 반세기 후에는 티베리우스를 원로원(그리고 "황태후"가 되어 있던 리비아[Livia])과 더불어서 로마의 정의를 계속해서 펼친 후계자로 보았다. 칼리굴라가 추진한 프로젝트는 그러한 관점을 바꾸어 놓았다. 그의 행동은 도가 지나쳐서 미치광이 같았지만, 어쨌든 이전에는 생각도 할 수 없었던 방향으로 발전해 나갈 수 있는 길을 열어 놓았다. 바울이 제국의 동부 지역을 두루 다니며 예수에 관한 메시지를 전한 것은 주후 1세기 중반이었지만, 주후 1세기 말에 이르러서는, 칼리굴라에 의해 그러한 발전들은 이미 공

290) Friesen, 2001, 41-52.
291) Friesen, 2001, 53.
292) 이 제의와 관련한 황제의 권력의 성격에 관한 논의로는 지금은 특히 Gordon, 2011을 보라.

적으로나 종교적으로 새로운 현실을 만들어낸 상태였다. 이제 한 도시가 바랄 수 있는 최고의 영예는 '네오코로스'(neōkoros), 즉 아우구스투스 가문(Sebastoi)의 신전 수호자가 되는 것이었다. 황제들을 숭배하는 것이 사람들의 삶뿐만이 아니라 도시 전체의 정체성을 지배하는 중심적이고 결정적으로 중요한 측면이 되어 가는 일이 착착 순조롭게 진행되고 있었다. 율리우스 카이사르로부터 베스파시아누스에 이르기까지의 로마 통치자들의 의도들이나 영향들에 대하여 우리가 무슨 말을 하든, 우리가 느슨하게 "황제 제의"라 부르는 아주 다양한 현상들은 권력과 의사소통과 통제를 위한 복합적인 체제, 즉 제국들이 수행할 필요가 있는 모든 일들의 결정적으로 중요한 일부가 되어 있었다.[292] (아주 다양하였던) 황제 제의는 "말로는 표현할 수 없는 사회 체제의 근본 구조를 나타내는 짤막한 공식"을 제공함과 동시에, "이 체제를 미래의 세대들에게" 적극적으로 "전하는" 역할을 하였던 "제도화된 은유"(institutional metaphor)였다.[293]

이것은 이러한 제의들이 "종교적인" 색채가 덜한 것이었다거나, 단지 "사회적"이거나 "정치적인" 것이었다는 것을 의미하지 않는다. 이제 우리는 그러한 본질적으로 모더니즘적인 이분법에서 떠나, 모든 시각에서 이러한 제의들에 접근할 수 있다고 생각하는 것이 좋을 것이다. 환원론적인 분석들은 핵심을 놓치게 된다. 황제 제의는 속주들을 계속해서 로마에 충성하게 붙들어 놓고 제국을 안정시키는 데 도움이 되었다는 것은 의심의 여지가 없지만, 이 제의와 결합된 의식들과 연회들, 대중적인 시합들과 축제들을 통해서 통상적인 삶, 특히 도시의 삶에 형태와 실체를 부여하는 역할도 하였다. 실제로, 이 시기에 황제 제의는 이전에 도시화되지 않았던 지역들에서 공적인 삶의 새로운 패턴을 만들어내고 유지시킴으로써, 도시들의 발전에 중요한 요인이 되었다고 할 수 있다.[294]

또한, 우리는 사람들이 황제라는 인물을 실제로 인식한 방식들에서도 이러한 좀 더 큰 규모의 통합을그대로 볼 수 있다. 황제 제의는 황제를 전통적인 제의에서 앞장서서 자기 백성들을 이끄는 '피에타스'(pietas, "경건")를 지닌 인물로 묘사함과 동시에, 여러 가지 유연한 방식들로 예배의 대상으로 묘사함으로써, 로마 세계를 대부분의 서구인들이 적어도 18세기 이래로 상상해 온 것보다 훨씬 더 통합된 세계로 만들어 내었다. 로마인들은 통합된 세계관과 유연한 접근방식의 결합을 통해

293) Klauck, 2000, 327.
294) Mitchell, 1993, 1.117.
295) Gordon, 2011, 60.

서, "황제는 신적인 존재이지만, 자신의 제국과 '또 다른 세계' (the Other World)를 이어주는 중재자이기도 하다"는 메시지를 담은 뚜렷한 체제를 발전시킬 수 있었다.[295] 속주들에 세워진 황제를 모시는 신전들은 사람들이 흔히 진심으로 예배를 드리는 장소로 자리를 잡음으로써, "제국의 통치를 밑받침하고, 속주의 진화하는 정체성을 규정하며, 사회의 여러 차원에서 속주의 복종을 증진시킨 우주론의 결정적으로 중요한 상징들로서의 역할을 하였다."[296] 당시에 일부 사람들은 바울이 전하는 메시지가 바로 이러한 우주론, 이러한 정체성, 이러한 복종을 위협하는 것이라고 인식하였다. 세계관(프리젠의 표현을 빌리자면, "우주론")과 관련된 이러한 문제들은 황제 제의에서 계속해서 크게 자리를 잡고 있었지만, "개인적인 성장과 통과의례"로서의 측면도 많이 남아 있었는데,[297] 이것은 좀 더 분명하게 유대적인 언어로 변화된 바울의 가르침에서 결정적이고 중심적인 부분이었다. 특히, 아시아 속주에서 발전되어 가고 있던 황제 제의에 관한 담론은 이미 출범한 로마 제국은 영원히 지속될 것이고, 세계에 큰 복들을 영원히 가져다줄 것이라는 사실을 끊임없이 강조하였다. "황제 제의들의 담론은 세계의 종말을 생각하는 상상력을 차단하기 위해 온 힘을 쏟았다." 하지만 바울은 "아니다"라고 선언하였다: 하나님은 자신이 세계에 정의를 가져다줄 어느 한 날을 이미 정해 놓았다.[298]

물론, 이것은 본질적으로 유대적인 관점이었다. 유대적인 관점이 신들에 관한 로마의 관점 전체와 상반된 것은 단지 유일신론(이것은 우상 숭배에 대한 표준적인 비판의 토대였다)이나 선민론(로마인들이나 다른 어떤 민족이 아니라 바로 자신들이 한 분 참되신 하나님의 택하신 백성이라는 그들의 신념)만이 아니었다. 종말론, 즉 한 분 유일하신 하나님이 로마 제국의 정의로는 결코 해낼 수 없었던 그러한 정의를 행할 것이고, 모든 사람이 그것을 보게 될 한 날을 이미 정해 놓았다는 유대적인 신념도 로마의 관점과 상반되는 것이었다. 로마가 자신의 독수리의 날개로 온 세계에 정의와 평화를 가져다주었다는 주장은 시편이나 이사야서, 다니엘서에서 말하고 있는 오래된 유대적인 신념, 즉 그러한 정의와 평화가 한 새로운 나라의 창설을 통해서 마침내 임하게 될 것이라는 신념과 정면으로 상충되는 것이었다. 이렇게 제국에 대한 유대인들의 저항은 우상 숭배에 대한 고래로부터의 비판이라는 방식으로 행해졌지만, 이스라엘의 하나님이 이방의 지배를 무너뜨리고

296) Friesen, 2001, 55.

297) Friesen, 2001, 121, cf. 127-9.

298) Friesen, 2001, 130; 행 17:31.

299) 이것들은 완전히 다른 경우들이다: 스페인(Spain, "서바나")은 훨씬 이전에 한동안의 저항 후에

그 대신에 자신의 나라를 세울 것이라는 유대인들의 인식은 그들로 하여금 자신들의 저항을 종말론이라는 관점에서 설명하도록 이끌었다. 독수리는 머지않아 자신의 호적수를 만나게 될 것이었다.

5. 제국에 대한 저항: 유대인들

로마의 지배에 대한 저항은 자연스러운 일이었고, 서방의 스페인으로부터 저 멀리 떨어져 있던 바대(Parthia, '파르티아')에 이르기까지 널리 퍼져 있었다.[299] 게르마니아(Germania) 지역에서는 주후 9년에 토착민들이 로마의 3개 군단을 전멸시키는 등, 일부 저항 운동들은 놀라울 정도로 성공적이었다. 율리우스 카이사르는 단지 갈리아 지역의 방언을 연습하기 위해서 그토록 오랫동안 갈리아(Galia)에 머물러 있었던 것도 아니었고, 아우구스투스가 자신의 절친한 동료였던 아그리파(Agrippa)를 그렇게 긴 기간 동안 갈리아 지역에서의 전쟁들에 내보낸 것도 결코 그 만한 이유가 없었던 것이 아니었다. "그들이 두려워하기만 한다면, 그들로 하여금 증오하게 하라"는 모토는 단지 수에토니우스가 칼리굴라에게 돌린 모토였던 것이 아니라, 전체적으로 보아서, 로마가 자신의 자랑스러운 역사와 심오한 이데올로기를 유지하기 위해서는 전폭적으로 따를 수밖에 없었던 정책이었다. 막강한 무력과 뛰어난 전략을 결합해서, 저항하는 자들과 싸워서 죽이고 분쇄하는 것은 로마가 다른 어떤 일보다도 가장 잘할 수 있는 일이었다.

물론, 많은 속국민들은 로마가 베풀어 준 은택들에 대하여 감사하였다: 훌륭한 교역로들, 전반적인 평화, 해상에서 해적들이 사라진 것, 꽤 신뢰할 만한 사법 체계. 많은 사람들, 특히 황제 제의들과 연관되어 있던 자들은 로마와의 연결고리를 확보하는 것을 자신들이 사회적으로나 경제적으로 출세할 수 있는 기회라고 보았다. 제국에 대한 비판은 밖에서만 있었던 것이 아니었다. 타키투스와 수에토니우스의 통렬한 작품들, 마르티알리스(Martial)와 유베날리스(Juvenal)의 풍자시들, 베르길리우스의 글을 희화화한 루카누스(Lucan)의 시들만을 읽어 보아도, 우리는 그러한 사실을 금방 알 수 있다. 헬라의 작가들은 라틴 문학이 헬라 문학을 뛰어넘었다는 로마의 주장에 분노하여 역공을 펼쳤다.[300] 또한, 철학 쪽에서도 비판들이

복속되었던 반면에, 로마인들은 트라야누스 시대까지는 파르티아(Parthia, "바대")를 결코 정복하지 않았다.

300) 이것에 대해서는 Woolf, 2001, 322와 거기에 언급된 전거들을 보라.

있었다 - 물론, 네로가 죽고 한 세기 정도가 지나서, 철학자가 황제가 되자, 철학 전통은 저항이 아니라 성찰로 방향을 틀긴 하였지만.[301] 주후 3세기에 야만인들의 침공 등으로 상황이 급속하게 악화되기 시작하면서, 비판은 자취를 감추고, 로마에서는 아우구스투스 이전의 세기처럼 다시 한 번 일련의 피비린내 나는 쿠데타들이 일어나서 무력으로 정권을 잡는 일들이 벌어졌다.

그러나 우리는 사도 바울의 시대에 있어서 로마의 상황에 관한 설명을 유대인들에 관한 이야기로 끝마치지 않으면 안 된다.[302] 우리는 그 사이에 멀리 돌아왔지만, 물론 이 이야기는 우리가 앞에서 살펴본 제2장과 연결된다. 제2장에서 우리가 이미 말한 것들이나,『신약성서와 하나님의 백성』의 제3부에서 아주 자세하게 다루었던 유대적인 종말론과 저항을 여기에서 다시 되풀이할 필요는 없을 것이고, 우리가 해야 할 일은 단지 다소의 사울이 당시의 로마의 현실을 바라보고 반응하였을 때에 그 근저에 있던 유대적 배경을 다시 상기하는 것이다. 이것과 관련해서 우리가 강조하고자 하는 것은 세 가지이다.

첫째, 이 시기 전체에 걸쳐서 중동에서는 외부의 제국만이 아니라 내부의 타락한 통치자들에 대하여 저항하는 유대적인 전통이 생생하게 존재해 있었다. 바리새파와 에세네파 같은 유대적인 분파들의 출현은 영광스러웠던 마카베오 혁명이 사람들의 기대와는 달리 새 시대를 여는 데 실패한 후에 하스모네 왕가에 대한 불만이 고조되던 주전 2세기에 시작되었다. 유대인 내부에서 형성된 토착 지배층이었던 하스모네 왕가에 대한 적대감은 그 왕가를 계승한 헤롯 왕가로 옮겨 갔고, 이러한 와중에 독수리가 예루살렘에 내려앉아서, 이 부유한 지배층을 지지하며, 그들로 하여금 유대 백성들을 다스려서 질서를 유지하게 하자, 상황은 더욱 악화되었다. 모종의 중재적인 지위를 구축하고자 한 시도들, 예컨대, 헤롯이 한편으로는 아우구스투스를 모시는 신전을 세우면서, 다른 한편으로는 예루살렘 성전을 재건한 것 같은 이중적인 행위들은 어떤 사람들에게는 현명한 타협으로 보였겠지만, 어떤 사람들에게는 분명히 분노를 불러일으키는 일들이었다. 다소 왜곡된(그럼에도 불구하고 시사해 주는 바가 많은) 분광기 같은 필로(Philo)와 요세푸스(Josephus)의 눈을 통해서 뒤돌아보면, 우리는 많은 유대인들에게 있어서 그것은 "친로마적이

301) cf. Scott, 1929, 1932a,1932b ; Bowersock, 1973: Naylor, 2010을 보라. Marcus Aurelius에 대해서는 위의 제3장을 보라.

302) "종교" 차원에서의 서론으로는 Klauck, 2000, 279-82 등을 보라.

303) Jos. *War*, 2.197, 409f.(후자의 대목은 유대인들이 주후 66년 여름에 의도적인 반역 행위로서 이

냐," 아니면 "반로마적이냐"의 문제가 아니라, 양심의 거리낌 없이 마음 편하게 살아가게 해줄 생활방식(modus vivendi)을 찾아내고자 하는 문제였다는 것을 알 수 있다. 특히 중요했던 것은 유대인들은 제국 전역에 걸쳐서, 황제를 숭배의 대상으로 삼아 황제에게 기도할 수도 없고 기도하고자 하지도 않았지만, 그들에게 허락한 한 장소에서 황제를 위해서 기도하고 희생제사를 드리겠다고 분명히 약속한 것이었다.[303] 만일 모든 황제들, 그리고 속주의 총독들이 아우구스투스와 같은 노련한 정치적 수완을 지니고 있었다면, 이러한 "생활방식"은 유지될 수 있었을 것이지만, 솔직히 말해서, 그들의 머릿속에는 그런 생활방식을 용납하고자 하는 마음이 추호도 없었다. 사실, 다양하게 전개된 저항 운동들은 칼리굴라가 자신의 신상을 예루살렘 성전에 세우고자 하는 광기 어린 계획을 추진하면서 극도로 긴장이 고조되었을 때나, 자신의 신상을 도라(Dora, 갈멜 산 근처의 해안에 있던 도시)의 회당에 세우고자 함으로써 긴장 관계가 조성되었을 때 같은 것을 계기로 해서, 그 즉시 쉽게 반란으로 번질 수 있었다.[304] 이러한 일들은 유대인들이 로마에 대하여 어느 정도나 반역하고자 하는 마음을 품고 있는지를 떠보기 위하여 의도적으로 일으킨 도발 행위들이었을 것이다.[305]

그 후에도 유대인들의 본국에서의 불만은 사라지지 않았다. (유대인들의 삶의 방식이 상당히 다양하게 형성될 수 있었던 디아스포라 지역들과 본국의 사정은 판이하게 달랐다.)[306] 특히 요세푸스의 도움을 받아서 뒤돌아보면, 우리는 주후 66년의 반란 및 그 반란이 가져다준 끔찍한 전쟁과 민족적인 초토화는 반드시 일어날 수밖에 없는 일이었다는 것을 알 수 있다. 하지만 주후 70년에 예루살렘이 멸망당하고, 마사다(Masada)에서 대량학살(또는, 집단자살)이 일어난 후에도, 유대인들의 소망은 여전히 살아 있었다. 그들은 또 한 번의 70년, 즉 또 한 번의 예레미야 시

러한 관행을 중지하였다는 것을 강조한다); *Ap*. 2.77은 이것은 숭배가 아니라 충성을 맹세한 행위였다고 설명한다; Philo, *Leg*. 157, 317(요세푸스는 *Ap*. loc. cit.에서 이 비용은 유대인 공동체 전체가 부담하였다고 말하지만, 필로는 여기에서 이 제사 비용을 아우구스투스가 지불한 것이라고 주장한다); *Leg*. 357(칼리굴라는 유대인들의 제사가 "그를 위한" [hyper emou – '휘페르 에무'] 것이라고 해도, 그 제사는 "다른 누군가에게" [heterō – '헤테로']에게 바쳐진 것이라고 이의를 제기한다). 자세한 논의는 McLaren, 2005, 271-3 등을 보라.

304) Jos. *Ant*. 19.300-11; 또한, Barclay, 1996, 252; McLaren, 2005, 269-71을 보라.

305) McLaren, 2005, 277.

306) Barclay, 1996을 보라. 예컨대, 애굽, 특히 알렉산드리아에서 유대인들과 애굽인들 사이에서 분쟁이 끊이지 않았지만, 이것은 통상적으로 로마 자체에 대한 반대를 의미하는 것은 아니었다.

307) 이 모든 것에 대하여 자세한 것은 *NTPG*, ch. 6을 보라.

대 같은 포로기를 보내면서, 최후의 대반란을 준비하고 있었다. 한 별이 야곱에게서 출현하였지만, 급속하게 지고 말았다. 주후 135년 이후에는 로마의 지배에 대한 유대인들의 저항은 더 이상 없었다.[307)]

둘째, 이러한 저항 운동들에 불을 지핀 것은 단지 복속민들의 통상적인 불만뿐이었던 것이 결코 아니었다. 앞에서 이미 보았듯이, 유대인들의 사상운동들은 아우구스투스의 제국이 리비우스와 베르길리우스를 통해서 정통성을 확보한 가운데 들려주었던 저 위대한 이야기보다 훨씬 더 오래된 과거까지 거슬러 올라가지만 아직 끝나지는 않은 거대하고 강력한 서사 내에서 자신들이 살고 있다는 인식, 다양한 상징들을 통해 그들의 삶의 곳곳에 암호화되어 있어서 끊임없이 새롭게 일깨워진 인식에 의해서 유지되고 있었다. 당시에 적어도 일부 사람들이 읽었을 오경은 역사 시대 이전의 창세 때로부터 시작해서 하나님의 백성의 궁극적인 미래에 이르는 이야기를 들려주었고,[308)] 선지자들은 누구다 다 알고 있듯이 아직 도래하지 않은 저 미래의 영광스러운 구속의 때를 예언하였다. 이스라엘의 하나님은 아직 자기 백성 가운데 돌아와 거하게 된 것도 아니었고, 그들을 원수들로부터 건져내지도 않았다. 우리가 제3장에서는 유대인들이 이교 철학을 접하였을 때에 보여준 반응의 한 예로서 살펴보았고, 제4장에서는 이방 종교에 대한 통렬한 규탄의 한 예로서 살펴보았던 본문인 솔로몬의 지혜서에도 황제 숭배를 신랄하게 비판하는 말들이 나온다:

> 너무 멀리 살기 때문에 직접 경배할 수 없는 군주들에 대해서는, 사람들은 멀리서 그들의 모습을 상상해서, 자신들이 경배하는 왕의 조각상을 만들어서, 그 자리에 없는 자에게 마치 그가 보고 있기나 한 것처럼 열성을 다하여 아부한다. 우상을 만든 장인의 야심이 그 왕을 알지 못하는 사람들까지도 부추겨 우상을 숭배하게 만든 것이다. 왜냐하면, 장인은 아마도 그 왕의 환심을 사려고, 자신이 가진 솜씨를 다 발휘해서 실제보다도 더 아름다운 조각상을 만들었고, 무리들은 장인의 작품에 매료되어서, 얼마 전까지만 해도 한 인간으로서 존경하던 자를 예배의 대상으로 여기게 되었기 때문이다. 사람들이 재난에 붙들리거나 왕의 권위에 눌려서 돌이나 나무로 만든 것들에 그것들이 가져서는 안 되는 이름을 붙여준 것이 인류에게 숨은 덫이 되었다.[309)]

무시무시한 묵시론적인 환상들을 통해서 세계의 이전의 역사를 집약적으로 제

308) 특히 신명기에 대한 이러한 읽기에 대해서는 본서 제2장 제4절 2) (4)를 보라.

309) Wis. 14.17-21. 이때에 이 기자는 타키투스의 유명한 말을 이미 예감한 것이었다: 그는 그러한 사람들이 "무지에 의한 큰 싸움" 속에서 살아가는 것과 관련해서, "그들은 큰 악들을 평화라 부른다"고 말한다(14.22; cf. Tac. *Agric.* 30.6).

시하는 가운데, 금과 은과 놋과 쇠로 상징된 이교의 옛 시대들이 "돌"로 상징된 새로운 그 무엇에 의해서 총체적으로 다 분쇄될 새 날이 동터올 것이라고 역설하였던 다니엘서는 반란을 위한 구체적인 촉매가 되었다. 제국들을 상징하는 일련의 끔찍한 괴물들이 출현했다가 결국에는 하나님의 큰 심판에 의해서 무너지고, "지극히 높으신 이의 성도들"이 전 세계적인 나라를 물려받게 될 것이다. 게다가, 원래의 포로기가 칠십 이레로 연장되었고, 바로 그 칠십 이레, 즉 490년이 아주 가까이 다가왔기 때문에, 이 모든 일이 조만간에 일어나게 될 것이다(물론, 그 일이 실제로 언제 일어날 것인지는 아무도 알 수 없지만). 요세푸스는 이 예언이 혁명의 불길에 부채질을 하였다고 말해 주는데, 우리는 이 예언이 주후 70년과 135년 사이의 기간에 재해석되고 재적용된 것을 볼 수 있다. 독수리가 자신의 화려한 날개와 깃털을 편 채로 쏜살같이 급강하하여 자신의 먹잇감을 낚아채 가려고 할 것이지만, 유다의 사자가 숲에서 나타나서 그 독수리와 맞서 싸워서 무찌르게 될 것이다.[310] 다니엘서에서 예언한 대로, 그 때에 한 분 참되신 하나님이 자신의 나라를 세울 것이고, 그 나라는 아이러니컬하게도 한편으로는 성경의 시편 기자들과 선지자들, 다른 한편으로는 이교의 제국주의자들이 공유하고 있던 꿈, 즉 이 바다에서 저 바다까지 편만한 정의의 통치를 마침내 이루어내게 될 것이다. 우리가 느슨하게 "묵시론"이라고 부르는 저 황량한 세계에서, 유대 민족의 오랜 역사적 기억을 표현하고 전달해서, 아주 구체적으로 이런저런 유형의 혁명으로 이끌 수 있는 문학적이고 영적인 수단이 발견되었다.[311] 그것이 어떤 종류의 혁명이어야 하느냐 하는 것은 당시의 유대인들을 여러 분파로 철저하게 갈라지게 만든 핵심적인 질문들 중의 하나였다.

셋째, 황제를 신으로 받드는 것과는 다른 꿈을 만들어 내고 설명하고 결국에는 그 꿈을 위하여 자신의 목숨을 버린 한 유대인이 아우구스투스 치하에서 태어나서 티베리우스 치하에서 처형되었다. 나사렛 예수를 다른 어떤 것보다도 특히 그가 이스라엘의 옛 예언들을 성취할 새로운 운동, 이스라엘의 기이하고 어두운 서사를 그 절정에 도달하게 하여서, 아우구스투스의 "황금기"는 그 희화화에 불과함을 드러내 줄 새로운 현실을 세계에 도래하게 해줄 새로운 운동이라고 여겼던 것을 위한 대변인으로 보는 것은 여전히 논란을 불러일으킬 수밖에 없기는 하지만, 나는

310) *4 Ez.* 11—12.
311) 예를 들어, cf. Portier-Young, 2011.

그렇게 보는 것을 고수하고자 한다. 제국의 대변자는 "무엇이 진리냐"고 물었던 반면에, 예수는 궁극적인 진리는 자신의 사역과 죽음으로 말미암아 생겨나게 된 한 분 유일하신 하나님의 새로운 현현에 있다고 주장하였다(그리고 그의 첫 번째 제자들은 그가 죽은 자 가운데서 다시 살아났다는 것을 믿었기 때문에 그 주장을 되풀이하였다).

그 모든 세월 동안에 이스라엘 위에서 내내 맴돌고 있던 새들은 이 이야기를 처음부터 끝까지 다 보아 왔다. 아테네의 지혜로운 올빼미들 대신에, 어둠 속을 꿰뚫어 보고서 감춰진 진리를 빛으로 드러내기 위하여 솔로몬의 자손이 이 땅에 왔다. 아스클레피오스에게 수탉을 바친 희생제사 대신에, 예루살렘 성전의 고래로부터의 제의와 제사장직조차 뛰어넘어서 모든 차원에서의 치유를 가져다주기 위한 한 희생제사가 드려졌다. 날카로운 발톱들을 가진 독수리 대신에, 예수는 사람들을 다른 종류의 제국, 즉 화평하게 함과 자비와 겸손, 모든 것을 회복시키는 진정한 정의를 향한 열정이 지배하는 제국으로 불렀다. 헬라의 지혜와 동방의 종교와 로마의 제국에 의해서 형성된 세계 속에서 태어나서 길러진 다소의 사울은 나사렛 예수가 이스라엘의 메시야이자 세계의 참된 주라는 것과 이 예수가 자기, 곧 사울을 불러 그의 죽음과 부활, 그가 만유의 주가 되신다는 것에 관한 "복된 소식"을 지혜와 종교와 제국의 세계 속으로 가져가게 하였다는 것을 믿게 되었다. 바울의 삶을 완전히 바꾸어 놓은 이 부르심을 그 부르심이 제공해 준 세계관과 그 부르심이 낳은 신학을 통해서 해명하는 것이 본서의 나머지 부분의 주제이다. 이전에는 세 마리의 새가 나무에 앉아 있었지만, 지금은 오직 한 마리뿐이다.

集

모음

전에는 나무에 새가 세 마리가 있었는데
지금은 한 마리뿐이다.
저녁이 되자 보금자리로 돌아오는 까마귀들이
까악 까악 울며 날개를 퍼덕이고
벌거벗은 가지들로 급강하 하는 모습을 상상해 보라.
오래된 둥지들을 이루고 있는 잔가지들은
보금자리에 든 밤의 어둠 속으로 사라진다.

나무 꼭대기 위의 식민지.
까마귀들의 무리.
어둠 속의 총회.

우리로 하여금 모여들게 하는 본능,
모이고자 하는 욕구가 무엇이든,
장난감들, 인형들, 대리석들, 새 둥지들, 알들,
우리는 어루만지고 품는다.
우리가 어찌 까마귀들처럼 급강하 하여 낚아채겠는가.
바람에 떨어져 여기저기 나뒹구는 밤들의 껍질이 벗겨져
경이롭고 부드러운 우윳빛 속살을 드러낸다.

느끼고 보듬고 지키고자 하는
모으는 자의 꿈.
손 안의 새 한 마리.

미홀 오 쉴(Micheal O' Siadhail)

제 2 부

사도의 사고체계

제 6 장

손 안에 있는 새? 바울의 세계의 상징적 실천

1. 서론

그렇다면, 올빼미와 수탉과 독수리가 이스라엘 위를 맴도는 새를 만났을 때, 어떤 일이 벌어질까? 바울이 수집광처럼 유대의 이야기, 헬라의 지혜, 로마 제국의 위엄에 속한 온갖 무수한 조각들과 단편들을 자신의 보금자리로 가져왔을 때, 도대체 어떤 일이 벌어지게 될까? 우리가 그의 사고에 현존해 있었던 것으로 미리 전제하고 있을 뿐만 아니라(역사적인 문제로서), 그의 정신과 감정과 상상력이라는 설비의 일부였던 것임을 아는(석의의 문제로서) 관념들과 영향력들의 어슴푸레한 조합을 이해하는 것은 그만두고라도, 어떻게 해야 우리는 그것을 지도로 만들고 설명해낼 수 있을까?

그러한 종류의 질문에 대답하기 위하여 사회학자들을 비롯한 여러 분야의 학자들이 발전시킨 개념이 바로 "세계관"(worldview)이라는 개념이었고, 나는 제1장에서 세계관이 어떻게 작동하는지에 대하여 이미 다시 한 번 설명한 바 있다. 이러한 것들을 분류해서 정리하는 다른 방법들이 많이 있을 것임은 의심의 여지가 없다. 이 방법론은 어떤 선험적인 도식으로부터 발전된 것이 아니라, 특히 사회과학 분야의 몇몇 저자들에 의해서 행해진 단초가 된 연구를 토대로 경험을 통해 구축되어 온 것이다.

내가 채택한 모형은 실천과 상징, 이야기와 질문에 대하여 묻고, 그 각각의 현미경들로 영토 전체를 샅샅이 훑어서, 역사의 껍데기를 벗겨내고, 그 안에 있는 부드럽고 놀라운 속살들인 세계관의 구성인자들을 발견해 낼 것을 제안한다.[1] 이미 보았

1) Geertz, 2000 [1973]; Berger and Luckmann, 1966; Walsh and Middleton, 1984; Taylor, 2007; *NTPG*, 122-37의 논의와 본서 제1장 제2절을 보라.

듯이, 이 구성인자들은 한편으로는 문화, 다른 한편으로는 예배에 자신만의 풍미를 생성해내서 부여하고, 그것이 어떤 풍미인지를 알려준다. 문화와 예배는 어떤 눈금자의 양쪽 끝에 있는 것들이 아니라, 서로 분리해서만이 아니라 한데 통합해서도 연구할 필요가 있는 것들이다. 그 풍부한 혼합물 전체는 한 방향에서는 내가 "기본적 신념들"과 "부수적 신념들"이라고 부른 것의 형태로 드러나고, 또 다른 방향에서는 "목표들"과 "의도들"이라는 형태로 드러나는데, 이 모든 것들은 사회와 개개인의 구체적인 선택들과 행위들을 지탱해 줌과 동시에 그것들과 복잡한 패턴들로 연결되어 있다. 한편, 이 방법론은 그동안 초기 기독교의 저작들에 대한 연구의 특징이 되어 왔던 "신학"의 "직설법"과 "윤리"의 "명령법"이라는 고색창연한 옛 질문들과는 완전히 다른 길을 제공해 준다.

물론, 우리는 "신념들"이라는 범주 속에서 "신학"을 발견하기를 기대한다. 나는 본서의 제2부에서는 "신학"이라고 따옴표를 붙여서 표현하고, 제3부에 가서야 그 따옴표를 제거할 것이다. 왜냐하면, 신학은 바울의 세계관에 가서야 새로운 상징적 역할을 하기 때문이다 – 이것은 이러한 세계관 분석을 바울에게 적용했을 때에 드러나는 가장 중요한 것들 중의 하나이다. 바울의 수정된 세계관/상징 세계/사회적 표상(social imaginary) 내에서, 신학은 자신의 출신지인 세계들에서는 좀 더 유형적인 것들이 차지하고 있었던 자리를 점하고서는, 어떤 세대들은 받아들였고 어떤 세대들은 받아들이지 않았던 도전을 바울의 후계자들에게 촉발시켰다.

이미 제2장에서 보았듯이, 하나의 과제로서의 "신학"은 기본적인 "신념들"을 전제한 가운데 제2성전 시대에서 "열심"으로 무장되어 있던 한 유대인에게 새로운 도전이었을 것이다. 다소의 사울의 세계에서, 하나의 과제로서의 "신학," 즉 "신"은 어떤 존재이거나 무엇을 의미하는가에 대한 새로운 탐구는 이교의 철학자들에 의해서 시도되었고 제국들에 의해서 교묘하게 조작되었던 것이었다. 일련의 신념들로서의 "신학"은 사울 같은 사람에게는 적어도 암묵적으로는 이미 분명한 것이었다: 유일신론, 선민론, 종말론, 그리고 그러한 것들의 여러 하위 범주들. 바울이 보여준 놀라운 재능 중의 일부는 "하나의 과제로서의 신학"을 유대인에게 암묵적으로 존재하였던 "일련의 신념들로서의 신학"과 결합한 것이었고, 그 과정에서 그러한 과제 자체를 변모시켜서(그 과제에 세례를 주어서?), 철저하게 새로운 방향에서 그 신념들을 해체해서 다시 설명한 것이었다 – 물론, 이 새로운 방향은 사실 한 분 유일하신 하나님 및 하나님의 백성과 계획들을 성경에 기초해서 철저히 유대적으로 탐색한 것이었긴 하지만. 바울이 그 과제와 신념들을 동시에 변모시킬 때에 사용한 방법론과 수단은 십자가에 못박혔다가 부활한 메시야 및 하나님의 아들이자 주인 예수와 한 분 유일하신 하나님이 자신의 새롭게 된 백성에게 부어준 "아들의 영" 이었다. 이렇게 해서, 단지 신학이 다루는 주제만이 아니라, 신학이라는 분과 학문 자체 – 우리가 신학을 그렇게 부를 수 있다면 – 가 어떤 차원에서는 제1부에서 살펴본 세계들의 창조적인 융합이라는 관점에서, 그리고 다른 차원에서는 한 분 유일하신 하나님의 새로운 역사라는 관점에서 바울에 의해서 재조형되었다.

나머지 다른 모든 것은 나중에 제3부에서 다루어지게 될 것이기 때문에, 본서의 제2부에서는 우리가 바울에게서 발견하는 성숙한 세계관을 탐구함으로써 제3부를 위한 토대를 놓는 작업을 하게 될 것이다.

나는 제1장에서는 이미 앞에서 말한 세계관 분석에서 사용되는 네 가지 요소 중에서 두 가지, 곧 상징과 실천을 함께 다루고자 하는데, 이것은 따로따로 다루면 자료가 부족해서 별로 분량이 나오지 않을 것 같아 두 개를 한데 엮어서 다루고자 하는 것이 아니라, 가장 초기의 그리스도인들은 "상징" 이라고 할 수 있는 것을 거의 아무것도 우리에게 남겨준 것이 없다는 실망스러운 사실 탓이다. 그들은 고고학자들이 손을 더럽혀서 찾아낼 수 있는 유형의 문화(독실한 프란체스코 수사들에 의해서 발굴되어 갈릴리 해변에 있는 우주선으로 둔갑한 가버나움에 있던 베드로의 집을 그런 유형의 문화라고 한다면 할 말이 없지만[2]), 즉 주화들, 공식적인 금석문들, 주후 1세기의 비문들 같은 것들을 거의 남기지 않았다. 우리는 서신들이 남아 있지 않느냐고 반문할 수 있고, 사실 그 서신들을 자료로 사용하고 있는 것도 사실이다. 그러나 그 서신들의 원본은 우리에게 없다(위대한 고전 본문들의 경우에는 훨씬 더 이른 시기의 사본들이 남아 있는 것에 비추어 볼 때, 그 원본들이 남아 있을 만도 하지만). 우리에게는 바울 자신의 서명도 남아 있지 않고, 그가 빌립보서를 쓸 때에 흘린 뜨거운 눈물이 잉크에 스며들어 흐릿하게 된 본문도 남아 있지 않다.[3] 물론, 고대 로마의 가장자리에 있는 "성 바울 영문 밖 대교회"(the great church of St Paul Without the Walls)에 있는 유골들이 실제로 사도 바울의 것일 수도 있고, 그 유골들을 한데 묶고 있는 쇠사슬이 실제로 그가 죽을 때에 그를 묶었던 쇠사슬이었을 수도 있다. 만일 그렇다면(어느 쪽이라도 달라지는 것은 아무것도 없지만), 사도의 소명에 대하여 충분히 웅변적으로 말해 줄 그러한 상징들 – 유골들과 쇠사슬 – 에는 철저히 바울적인 강력한 메시지가 있어야 한다. 그러나

2) cf. Murphy-O' Connor, 1998 [1980], 218-20.

3) 서명에 대해서는 고전 16:21; 갈 6:11; 골 4:18; 살후 3:17; 몬 1:19; 눈물에 대해서는 빌 3:18(물론, 바울은 감옥에서조차도 좀 더 냉정한 태도를 유지할 수 있었던 서기에게 자신의 서신을 불러주는 대로 받아쓰게 하였지만).

그것들은 나머지 다른 것들에 대해서는 침묵한다. 적어도 바울 시대에는 그리스도인들은 도상을 만들지 않은 것으로 보인다.[4] 초기 그리스도인들이 카타콤(catacomb, 로마와 그 인근의 지하묘지)을 근거지로 삼으면서, 카타콤 자체와 거기에 있던 것들을 통해서 상징들의 새로운 세계가 서서히 축적되어 갔지만, 바울 시대에는 실천이 곧 상징이었고, 상징이 곧 실천이었다. 따라서 이 시점에서는 세계관을 구성하는 이 두 요소는 서로 결합되어 있었다.

상징들과 관련해서 중요한 것은 그것들은 일상적인 것들이지만, 일상적인 의미 그 이상을 지니고 있는 것들이라는 것이다. 세계관 요소들은 우리가 당연한 것으로 여기는 것들, 별 생각 없이 행하거나 사용하거나 보거나 말하는 그런 것들이다. 왜냐하면, 그것들은 누군가가 재배열해 놓은 경우에만 우리가 알아차릴 수 있는 설비의 일부이고, 누군가가 다른 것으로 바꾸어 놓았거나 거기에 페인트 칠을 한 경우에만 우리가 "볼" 수 있는 벽지의 일부이기 때문이다. 비유를 바꿔 보자면, 세계관 요소들은 한 집의 토대들 같이 깊이 묻혀 있어서 통상적으로는 눈에 보이지 않지만 사실은 그 집을 지탱하고 있는 것들이다. 세계관 요소들이 흔들리면, 우리는 정신적이거나 정서적인 지진을 경험하게 된다. 세계관 요소들이 제거되면, 집은 무너진다. 즉, 우리는 우리가 누구인지를 더 이상 알지 못하게 된다. 그것은 마치 우리가 죽었다가 완전히 새로운 세계에서 깨어나는 것과 거의 같다 – 이것이 바울이 자기 자신에 대하여 말한 바로 그것이고, 초기의 다른 메시야 백성들에게 그들이 자신들에 대하여 그렇게 말하여야 한다고 상기시켰던 바로 그것임은 두말할 필요가 없다. 30년 전에 『최초의 도시 그리스도인들』(*The First Urban Christians*)이라는 강력한 책을 통해서 바울에 대한 역사적 연구의 완전히 새로운 물꼬를 텄던 웨인 믹스(Wayne Meeks)는 나사렛 예수의 초기 추종자들 가운데서 상징과 신념의 새로운 조합들이 현저하게 급속도로 증가하였다는 사실을 강조한다. 물론, 그 중심에는 바울이 있었고, 그의 사역은 다른 사람들의 사역과 마찬가지로 그러한 증가를 촉진시키고, 새로운 조합을 형성하는 역할을 하였다.[5]

우리가 이것에 대하여 좀 더 윤곽이 뚜렷하고 알맹이가 아삭아삭 씹히는 구체적이고 세부적인 것들을 제시하면서 시작할 수 있다면 좋겠지만, 현실은 그렇지 못하다. 샌더스(Ed Sanders)는 최근에 쓴 놀라운 글 속에서, 다음과 같은 사실을 힘주어 강조하면서, 그런데도 지금까지 바울에 대한 연구 중에서 너무나 많은 것들

4) Rowe, 2005a를 보라: 추가적인 연구에 불을 붙일 만한 풍부한 성찰.

5) Meeks, 1983, 91.

이 책상에서 이루어져 왔다고 말한다:

> (바울은) 자신의 장막과 의복과 도구들 — 그리고 두루마리를 가지고 다녔더라도 얼마 되지는 않았을 것이다 — 을 (아마도 짐을 나르는 짐승에) 싣고 다니며 자신의 삶의 많은 시간을 길에서 보냈고, 성경은 자신의 머릿속에 안전하게 넣고 다녔다. 그는 사도였지만, 자신을 부양하기 위해서 흔히 자신의 직업을 열심히 행하여야 하였다. 그는 두루 다니고, 손으로 일하며, 그리스도를 위하여 사람들을 얻고, 회심한 자들을 목양하거나 돌보고, 그들의 질문들이나 문제들에 답해 주는 등 바쁜 삶을 살았다. 그는 지극히 인간적이었다. 그는 "밖으로는 다툼"을 겪었을 뿐만 아니라, "안으로는 두려움"을 느꼈다(고후 7:5). 책상 앞에 앉아서 성경을 연구해서, 그와 그의 교회들이 아무리 많은 새로운 경험들을 한다고 할지라도, 30년의 기간 동안 전혀 변하지 않을, 모든 면에서 완벽하고 일관된 하나의 신학 체계를 만들어 내는 자신만만한 학문적인 조직신학자로서의 바울은 생각하는 기계이거나 삼위일체의 네 번째 위격 같은 모습의 비인간적인 인물상이다. 현실의 바울은 분노하기도 하고 기뻐하기도 하며 눌리기도 하고 승리하기도 하며 고민하기도 하는 인간이었다. 그는 반응하기도 했고, 지나치게 반응하기도 했으며, 후회하고 사과하기도 했으며, 사람들의 비위를 맞추거나 달콤한 말로 꼬드기기도 했고, 경고하며 위협하기도 했고, 이런저런 식으로 논증하기도 했다. 즉, 그는 몇 사람이라도 얻기 위하여 자신이 생각해낼 수 있는 모든 것을 행하였다.[6]

샌더스의 이러한 글은 우리로 하여금 학문적인 연구생활을 접고 길 위로 나서고 싶은 생각이 들게 만든다. (나는 바울이 짐을 나르는 짐승을 사용하였는지에 대해서는 확신이 없지만, 아마도 바울과 그의 친구들이 비두니아로 들어갈 수 없었던 이유는 그들이 사용하던 당나귀들 중의 하나가 발람의 나귀처럼 그 길에서 천사를 보았기 때문일 것이다.) 그러나 이 글은 우리에게 특히 바울의 관념들은 단지 관념에 지나지 않는 것들이 아니었음을 일깨워준다. 그 관념들은 실제적이고 현실적인 세계의 일부였기 때문에, 이 사실을 잊어버리거나 대수롭지 않게 여기면, 우리는 반드시 그 관념들을 오해할 수밖에 없게 된다. 하지만 앞에서 말했듯이, 우리에게는 바울과 관련된 기본적인 "물질 문화"가 아무것도 남아 있지 않기 때문에, 그 대신에 우리는 암호화된 상징들은 무엇이었고, 바울의 세계관을 확증해 주었던 것으로 보이는 실천은 무엇이었는지를 묻지 않을 수 없는 입장에 처해 있다.[7]

우리가 출발점으로 삼아야 할 곳은 바울이 태어나서 자란 세 개의 세계의 상징들과 실천이라는 것은 분명하다. 그는 그 세계들에서 어떻게 행하였는가? 그는 이 담론의 세계들, 이 고도로 격정적이고 지극히 효율적인 세계관들로부터 무엇을 만

6) Sanders, 2008b, 347.
7) 가장 초기의 기독교적인 인공물들에 대해서는 이제 Hurtado, 2006을 보라.

들어 내었는가?

2. 바울과 세 세계의 상징적 실천

1) 유대교

앞에서 보았듯이, 유대교의 세계관 요소들은 서로 긴밀하게 엮여 있었다. 성전, 토라, 땅, 가족, "열심," 기도, 성경 - 이 모든 것은 서로 연결되어 있는 다차원적인 모형 속에서 함께 정확히 맞물려 있는 가운데 모든 점에서 서로를 강화시켰다. 유월절에 예루살렘으로 올라가는 가족을 생각해 보라: 이 "가족"은 이스라엘을 향한 하나님의 선하심에 관한 이야기를 들려주는 시편들을 노래하면서, "토라"를 정성들여 지키기 위하여, 약속의 "땅"을 가로질러 "도성"으로 여행하여, 정결함 속에서 절기를 지키고, 하나님이 역사하여 자기 백성을 그들이 겪고 있는 오랜 압제로부터 해방시켜 주시라고 이번에도 "기도"를 드린다. 다소의 사울을 이해하려면, 우리는 이런 식으로 통합되어 있던 세계관 전체가 모든 면에서 그를 지배하고 있었다는 것을 염두에 두고서, 역사적 사실들에 합당한 주의를 기울이는 한편으로, 점점 더 입이 떡 벌어질 수밖에 없는 경외감을 품고서, 이 복잡한 세계관을 이루고 있던 하나하나의 요소가 사도 바울에게서 어떤 식으로 재작업되고 재고되고 재표현되었는지를 예의주시하지 않으면 안 된다. 나는 존 바클레이(John Barclay)가 디아스포라 유대인들에 관한 자신의 탁월한 연구 속에서 바울에 대하여 간략하게 서술하면서, 바울은 어떤 관점에서 보면 유대적 상징들을 아주 급진적으로 거부하는 것으로 보이지만, 또 다른 관점에서 보면 그 상징들에 내포된 엄격한 경계들과 명확한 조건들을 아주 보수적으로 고수하고 있는 것으로 보인다고 말하며 내비친 당혹감에 대한 근본적인 대답이 여기에 있다고 본다.[8)]

첫 번째로, 성전, 그리고 실제로는 성전이 있던 거룩한 도성을 살펴보자. 바울은 갈라디아서에서 예루살렘에 근거를 둔 사도들의 주장들만이 아니라, 도성 자체와

8) Barclay, 1996, ch. 13. Meeks, 1983, 169를 보라: "바울의 그리스도인들은 하나님과 계약을 맺은 백성을 다신교의 세계로부터 구별시켜 주는 유대적인 주요한 장치들을 버리기는 하였지만, 우리가 앞에서 보았듯이, 그것은 그들이 그 세계에 대항하여 그들 자신을 규정하는 강력한 경계들을 유지한 것도 아니었다." 이것은 정곡을 찌르는 말이다. Meeks는 Barclay와는 달리, 이것을 "파격적"이라고 여기는 것으로 보이지 않는다. Barclay는 지금 바울 및 그의 교회들과 그들의 세계에 관한 일련의 주목할 만한 상세한 역사적이고 문화적인 연구들을 내놓았다(Barclay 2011).

도 거리를 두고 있는 것으로 보인다. 이것은 그 서신에 분명하게 나타나 있는 변증적인 목적에 기여하는 것이기는 하지만, 이러한 사실로부터 우리는 바울이 자기가 하고 있는 말이 지닌 함의들을 철저하게 숙고하지 않았던 것이라고 추론해서는 안 된다.[9] 하지만 성전 – 디아스포라 세계를 포함한 유대 세계의 진앙지, 살아 계신 하나님이 자신의 이름을 두고 자신의 영광을 나타내기 위하여 선택한 유일한 장소, 장차 열국들이 그 영광을 보고 그 이름을 배우기 위하여 몰려들게 될 바로 그 장소 – 에 대하여 언급하기에 이르게 되었을 때에는, 바울의 변모된 상징 세계의 장엄함이 즉시 분명해진다. 그는 자신이 너무나 사랑하였던 빌립보 교인들이나, 고난과 위험 가운데 있던 데살로니가 교인들을 향해서가 아니라, 말도 잘 듣지 않는 고집불통인데다 엉망진창으로 살아가며 문제투성이인 고린도 교인들을 향해서 "너희는 살아 계신 하나님의 성전"이라고 말한다.[10] 달리 말하면, 바울의 이 말은 이런저런 '에클레시아'(ekklēsia, "교회")에서 눈에 띄는 성결이나 복음의 감화를 받아 생겨난 사랑이나 기쁨에 토대를 둔 냉정한 판단이 아니라는 것이다. 예루살렘에 있는 성전에 자신의 이름을 둘 것이라고 말씀하였던 살아 계신 하나님이 북동부 지중해 세계에서 한 점들에 불과할 만큼 작은 이 기이한 공동체들에 자신의 이름을 두었다는 것은 바울에게 있어서는 그대로 하나의 사실이었다. 이것이 우리에게 충격으로 다가오지 않는다면, 우리는 핵심을 보지 못한 것이다.

이것만으로도 이미 숨이 막힐 정도로 엄청난 일이지만, 바울은 완전히 새로운 말을 하고 있는 것으로 보이지는 않는다. 우리는 제2장에서 유대인들의 다른 갱신 운동들이 그들 자신의 집단을 이런저런 의미에서 성전을 대신하거나 심지어 대체하는 무리로 생각하였다는 것을 이미 보았었다.[11] 바울이 예루살렘의 사도들을 "기둥들"이라고 칭한 이유는 가장 초기의 '에클레시아'가 그들 자신을 어떤 의미에서 성전을 대체하는 운동으로 이해하였기 때문이라는 설명이 가장 유력한데,[12]

9) 갈 1:17; 2:1-10; 4:25-7. "위에 있는 예루살렘"이라는 관념은 다른 곳에서는 자세하게 설명되고 있지는 않지만, 그가 발전시킨 교회론의 다른 요소들과 잘 어울린다. 본서 제11장 제6절 2)를 보라.

10) 고전 3:16f.; 고후 6:16(나는 이 둘을 결합해서 "인용하였다"); cf. 고전 6:19. 본서 제6장 제3절 2)와 제10장 제5절을 보라. 고후 6:16의 구약적 배경에 대해서는 cf. 레 26:11f.; 사 52:11, 14; 겔 37:27; cp. 11QMelch. 3 Macc. 1에서는 성전에 대한 관심이 자기 자신에 대한 관심보다 우선이다. 중요한 이차적인 연구서들 중 하나는 Renwick, 1991이다.

11) 쿰란과 바리새파에 대해서는 본서 제2장 제3절을 보라. 쿰란의 경우에는 일시적이고 잠정적인 대체에 대하여 말하고 있는 것으로 보인다: 그들은 언젠가는 성전이 제대로 재건되어 운영될 것이고(물론, 그들 자신에 의해서), 그때까지는 그들 자신을 성전으로 보았다. 아마도 우리는 이러한 견해를 "기다림 속의 성전"(Temple-in-waiting)이라고 할 수 있을 것이다.

12) 갈 2:9: "'스튈로이'(styloi, "기둥들")인 것으로 보였던 자들." Bauckham, 1995, 441-50을 보라.

이것도 새로운 것이 아니었다. 세례 요한의 때와 예수의 하나님 나라 사역 때로부터, 이 새로운 운동의 모든 핵심은 살아 계신 이스라엘의 하나님이 심지어 성전까지도 퇴출시키는 역사를 지금 행하고 있다는 것을 선포하는 것이었다. 이것이 예수의 자기 이해의 중심에 있었고, 그의 첫 번째 추종자들은 이 핵심을 잘 파악하였다는 것을 나는 다른 곳에서 이미 논증한 바 있다.[13] (그들이 계속해서 성전에서 예배를 드렸고, 사도행전에 의하면 바울도 그러하였다는 것은 반론의 증거가 될 수 없다. 그들의 요지는 옛 성전을 운영하는 사람들이 사악해서 성전이 타락하였다는 것이 아니라, 한 분 유일하신 하나님이 자신이 늘 약속해 왔던 새 일을 지금 행하고 있다는 것이었다. 그들이 계속해서 성전에서 예배를 드린 것은 반론을 제기하는 자들이 생각하는 것과는 달리, 명백한 모순이 아니라, 옛 시대와 새 시대가 겹치는 때에 살고 있었기 때문이었다.) 나는 이것이 사도행전의 신학의 중심에 있다고 믿는다. 사도행전은 예수를 하늘과 땅이 함께 만나는 지점이자 그렇게 해주는 지점이라고 보았기 때문에, 사도행전 2장에 나오는 오순절 장면은 제2성전 시대의 유대인들이 오랫동안 기다렸던 장면, 즉 이스라엘의 하나님이 마침내 자기 백성 가운데 돌아와서 함께 거하게 되는 장면으로 묘사된다.[14] 따라서 우리는 처음에는 예루살렘 성전에서, 다음으로는 이교 세계에서 제의나 신전들과 관련해서, 그 후에는 다시 예루살렘에서 당국과의 주요한 충돌들이 일어나게 되는 것을 이상하게 생각해서는 안 된다.[15] 이 동일한 핵심을 판이하게 다른 방식으로 다시 표현하고 있는 것들은 요한복음이나 베드로전서 같은 신약의 여러 책들에서 찾아볼 수 있다.[16]

베드로전서는 우리에게 "돌"이라는 표상이 예수와 '에클레시아'에 대한 그들 자신의 가장 초기의 이해에서 중요한 역할을 하였다는 것을 상기시켜 준다. 시편 118편에서 새로운 성전의 "모퉁이의 머릿돌"이 될 것이라고 말한 "돌"은 다니엘서 2장에 나오는 "돌," 즉 장차 사람이 잘라낸 것이 아니라 산에서 저절로 잘려 나와서 신상의 발을 쳐서 부서뜨려 가루로 만든 후에, 산이 되어서 온 세계를 대체해서 온 세계에 충만하게 될 "돌"과 서로 연결되어 있는 것으로 보인다. 이러한 성경의

13) *JVG, passim*을 보라; 그리고 이제는 Perrin, 2010을 보라.

14) 예를 들어, Gaventa, 2003, 74를 보라: 오순절에 일어난 일은 출 3:2; 13:21f.; 19:18; 왕상 19:11f.; 사 66:15; *4 Ez.* 13.1-3, 8-11 같은 이전의 하나님의 현현 사건들을 반영하는 "하나님의 임재임을 확인해 주는 모든 표지들을 다 지니고 있다." 또한, Beale, 2004, ch. 6, 특히 201-16을 보라.

15) 행 1:9-11; 2:1-4; 6:8-7:53; 14:8-20; 17:16-34; 21:18-23:11.

16) 요한복음에서는 1:14-18; 2:13-22; 일련의 성전 관련 행위들과 말씀들 전체, 그리고 그 절정이자 흔히 성소로 들어가기 전의 "고별사"로 여겨지는 13-17장을 보라. 또한, 벧전 2:4-10.

표상들의 강력한 조합은 시편과 이사야서와 다니엘서에 나오는 본문들을 한데 결합시킨 것인데, 바울이 베드로나 공관복음서 기자들과 마찬가지로 이 주제를 잘 알고 있었음을 보여주는 증표들이 존재한다.[17] 초기 그리스도인들의 사고를 표현하고 있는 너무나 많은 글귀들이 성전의 대체라는 사상으로 수렴되고 있다는 사실은 이 점에 있어서 바울이 유별나게 말하고 있는 것이 아니라, 고린도 교인들을 성전이라고 표현한 그의 과격하고 충격적인 발언은 초기 '에클레시아' 전체의 인식, 즉 유대교 천 년의 중심적인 상징이었던 성전은 이스라엘의 대표자인 예수 자신과 성령 및 그의 지위와 역할을 공유하게 된 새로운 공동체에 의해서 대체되었다는 인식과 맥을 같이하고 있었음을 보여준다.

이것은 바울이 다룬 서로 밀접하게 결합된 주된 주제들 중의 두 가지, 즉 성령의 내주와 성결에로의 부르심이라는 주제의 배경을 이룬다. 이것은 데살로니가전서 4장 같은 본문에서 볼 수 있는데, 우리는 이 본문을 "교리"와 반대되는 "윤리"라거나, "직설법"이 아닌 "명령법"으로 치부해서 무시해 버려서는 안 된다. 도리어, 이 본문은 수정된 유대적 세계관의 일부이자, 중심적인 세계관 상징을 재구성해서 생겨난 주된 효과들 중의 하나이다:

> [1]나의 사랑하는 권속이여, 내가 마지막으로 너희에게 구하고, 주 예수 안에서 너희에게 권면하는 것은 너희가 마땅히 어떻게 행하여야 하나님을 기쁘시게 할 수 있는지에 대하여 우리에게서 받은 대로 더욱더 계속해서 행하라는 것이다. [2]우리가 주 예수로 말미암아 너희에게 어떤 명령들을 주었는지를 너희는 물론 알고 있을 것이다. [3]너희가 알다시피, 하나님의 뜻은 이것이다. 하나님은 너희가 거룩하여 음행을 멀리하기를 원하신다. [4]너희는 각각 거룩함과 존귀함으로 자신의 몸을 어떻게 통제할지를 알아야 하고, [5]하나님을 모르는 이방인과 같이 색욕을 따르지 말아야 한다. [6]아무도 이 일에서 이 규범을 깨뜨리지 말고, 형제들을 속여서는 안 된다. 우리가 너희에게 전에 말하였고 지극히 엄중하게 증언한 바과 같이, 이 모든 일에서 주께서 신원하여 주실 것이다. [7]하나님은 우리를 더러운 삶이 아니라 거룩함으로 부르셨다. [8]따라서 이것을 저버리는 자는 누구든지 사람의 명령을 저버리는 것이 아니라, 너희에게 자신의 성령을 주신 하나님을 저버리는 것이다.[18]

이 본문이 담고 있는 내용은 "이교 세계 속에서의 그리스도인의 행실"이지만, 그 언어는 처음부터 끝까지 철저하게 성전 제의에 관한 언어이다. 앞으로 보게 되겠지만, '에클레시아'의 성결은 그 자체가 바울의 적극적인 상징 세계의 중심적인

17) 벧전 2:4-10; 롬 9:32f.; 마 21:42-4 and par.; cf. 시 118:22f.; 단 2:35, 44f.
18) 살전 4:1-7.

일부가 되었는데, 그 이유는 바울이 이 공동체가 오랫동안 이정표 역할을 하였던 예루살렘 성전이 계속해서 가리키고 있던 바로 그 새롭게 등장하게 된 실체라고 보았기 때문이다.

바울이 성전과 관련된 상징체계를 아주 두드러지게 재편한 것들 중의 하나를 주석자들이 알아차리지 못하고 통상적으로 간과하는 이유는 바로 그 동일한 본문 안에 그들의 눈을 매료시키는 다른 많은 것들이 동시에 들어 있기 때문인 것으로 보인다:

> [5]그것을 이렇게 보라. 자신의 삶이 인간의 육신에 의해서 결정되는 사람들은 자신의 생각을 육신과 관련 있는 일들에 초점을 맞추고 있지만, 그 삶이 영에 의해서 결정되는 사람들은 자신의 생각을 영과 관련 있는 일들에 초점을 맞춘다. [6]육신에 초점을 맞추면, 너는 죽을 것이지만, 영에 초점을 맞추면, 너는 생명과 평화를 가질 것이다. [7]육신에 초점이 맞춰진 생각은 하나님에 대하여 적대적이고, 하나님의 법에 굴복하지 않고, 사실 굴복할 수도 없다. [8]육신에 의해서 결정되는 사람들은 하나님을 기쁘시게 할 수 없다.
>
> [9]그러나 너희는 육신의 사람들이 아니다. 너희는 영의 사람들이다(너희 속에 하나님의 영이 살아 계신다면; 메시야의 영을 갖고 있지 않은 사람은 누구든지 그에게 속해 있는 것이 아니다). [10]그러나 메시야께서 너희 안에 계신다면, 몸은 죄로 말미암아 죽은 것이지만, 영은 계약상의 신실함으로 말미암아 살아 있는 것이다. [11]따라서 예수를 죽은 자 가운데서 살리신 이의 영이 너희 안에 살아 계신다면, 메시야 예수를 죽은 자 가운데서 살리신 이가 너희 안에 살아 계시는 그의 영으로 말미암아 너희 죽을 몸에도 생명을 주실 것이다.[19]

이 본문의 열쇠는 "너희 안에 살아 계신다"는 어구이다. 9절: 하나님의 영이 "너희 안에 살아 계신다면"(oikei en hymin – '오이케이 엔 휘민'), 너희는 "영에" 있다. 특히, 10절: "그리스도께서 너희 안에 계시면." 그 정점인 11절: 예수를 죽은 자 가운데서 살리신 이의 영이 "너희 안에 살아 계신시면"(oikei en hymin – '오이케이 엔 휘민').[20] 이 모든 것이 사실이라면, 메시야를 죽은 자 가운데서 살리신 이가 "너희 안에 살아 계시는 그의 영으로 말미암아"(dia tou enoikountos autou pneumatos en hymin – '디아 투 에노이쿤토스 아우투 프뉴마토스 엔 휘민') 너희의 죽을 몸에도 생명을 주실 것이다.[21] 이러한 표현들은 구약의 성전 언어를 반영한 것들이다. 물론, 칠십인역에서는 '카토이케인'(katoikein)이라는 단어를 더

19) 롬 8:5-11.

20) 고전 3:16에서처럼. 만일 바울이 독일인이었다면, 이 하이픈으로 연결된 어구는 한 단어로 끝났을 것이다.

21) 고후 6:16에서처럼.

자주 사용하고, 바울을 비롯해서 초기 기독교 저작들에서도 이 단어를 가져와 사용한다. 그러나 둘 중의 어느 단어를 사용하든, 주제는 동일하다. 그리고 앞으로 보게 되겠지만, 이 주제는 특히 에베소서와 골로새서에서(결코 이 서신들만 그런 것은 아니지만) 바울의 성령론에 깊이와 밀도를 더해 준다.[22)]

성전을 예수, 그리고 부차적이자 파생적으로 예수의 백성으로 대체한 것은, 바울의 조상들의 상징 세계 내에서의 성전의 중요성을 망각하는 쪽을 선택한 우리 이전의 세대에서는 간과되었지만, 사실은 바울이 행한 세계관의 핵심적인 수정들 중의 하나였다. 그는 이것을 한층 더 발전시켜서, 메시야의 백성과 그들이 "메시야 안에서" 행하는 일들을 예루살렘과 성전을 중심으로 살아갔던 백성과 그들이 거기에서 행한 일들이라는 관점에서 설명한다. 따라서 메시야의 백성들은 희생제사들을 드리는, 아니 그들 자신을 희생제물로 드리는 제사장들이고, 아이러니컬하게도 바울은 희생제물인 이방인들을 예루살렘에 드리는 제사장이었다. 열방들이 무리를 지어 순례하러 오게 될 구심력 운동의 원점으로 여겨졌던 예루살렘은 이제 세계를 향한 선교라는 원심력 운동의 원점으로 재규정되었다. 구속주는 이제 시온으로(to) 오는 것이 아니라, 시온에서(from) 온 세계로 나가 "열방을 모으고," 열방은 옛적의 유대교의 중심적인 상징이었던 성전으로 몰려오는 것이 아니라, 앞으로 보게 되겠지만, 그들 자신이 변화된 세계관의 중심적인 상징인 성전이 된다.[23)]

이것이 바울의 사고와 손에서 성전이라는 상징과 관련해서 일어난 일이라면, 두 번째 상징이자 어떤 면에서는 똑같이 중요한 상징이었던(특히, 디아스포라에서) "토라"와 관련해서는 어떤 일이 일어난 것인가? 우리는 바울의 주도적인 서사들을 고찰할 때, 그리고 특히 그의 신학의 핵심을 탐구할 때, 다시 이 주제에 대해서 좀 더 자세하게 살펴볼 것이지만, 유대인들의 이 상징적 실천은 다소의 사울에게 중요하였던 것만큼이나, 사도가 된 바울에게도 중요하였기 때문에, 여기에서 우리는 세계관이라는 차원에서 이 상징적 실천에 대하여 무엇인가를 말하지 않으면 안 된다. 이러한 상징들의 이전 형태들이 옛 세계관 내에서 강조되고 고수되었던 것과 마찬가지로, 바울은 다른 곳에서처럼 여기에서도 새로운 세계관 내에서 이러한 상

22) '에노이케오'(enoikeō): 성전을 언급하고 있는 것이 분명한 고후 6:16; 딤후 1:14; cf. 골 3:16; 딤후 1:5. '카토이케오'(katoikeō): 엡 3:17; 골 1:19; 2:9; cf. 벧후 3:13. Cp. '카토이케테리온'(katoikētērion), 엡 2:22. LXX에서 삼하 [2 Kgdms.] 7:2, 5, 6; 시 132 [131]:14; 135 [134]:21 등을 보라.

23) 제사장들과 희생제사들에 대해서는 롬 12:1f.; 15:16; 빌 2:17(cp. 딤후 4:6); 역으로의 순례에 대해서는 롬 15:19; 시온으로부터 오는 구속주에 대해서는 사 59:20f.를 수정한 롬 11:26을 보라; 본서 제11장 제6절 4) 5)와 이것을 이전의 유대적인 성전 기반의 세계주의를 실천에 옮기는 것으로 보는 Bird, 2006, 134f.를 보라.

징들을 강조하고 고수하였다.

가장 중요하고 미묘한 것은 무엇을 먹을 수 있고 무엇을 먹을 수 없는지, 그리고 누구와 함께 먹어도 되고 누구와 함께 먹어서는 안 되는지를 정해 놓은 "음식"이라는 상징이었다. 앞에서 보았듯이, 이 두 가지 서로 연결된 질문은 주후 1세기 유대교에서 큰 비중을 차지하고 있었기 때문에, 비록 현실의 유대인들, 특히 디아스포라에 살던 유대인들 사이에서 음식과 관련하여 아주 다양한 실천이 행해지고 있었다고 해도, 우리는 다소의 사울이 절대적으로 정결한 음식만을 먹었고, 누구와 함께 먹어서는 안 되는지에 관하여 분명하게 정해진 제약들을 엄수하는 무리에 속해 있었을 가능성이 아주 높다는 사실을 간과해서는 안 된다. 이제 우리는 바울이 셰마(Shema)에 나오는 유대적인 유일신론을 토대로 해서, "모든 음식"은 하나님이 주신 것이기 때문에 기본적으로 정결하고, 감사함으로 먹으면 되는 것인 까닭에, 사람이 무엇을 먹느냐 하는 것은 아무 상관이 없다(indifferent)는 깜짝 놀랄 만한 논증을 펴는 것을 발견한다. 이것은 무엇이라고 평하기 어려운 미묘한 논증이고, 이 주제는 오늘날의 서구 교회의 관심사들과는 거리가 멀기 때문에, 바울의 이러한 논증이 지닌 극히 상징적인 의미가 흔히 간과되어 왔다. 이전에 금지되어 왔던 것이 이제는 "아무 상관이 없는" 것이 되었다고 하면서, 어떻게 할지를 선택하는 것은 개개인의 몫이라고 말하는 것은 경천동지할 정도의 중요성을 지닌 조치이다.[24] 오늘날 교회학 전문가들이 잘 알고 있듯이, 특정한 실천이 "아무 상관이 없는" 것인지, 아니면 상관이 있는 것인지에 관한 질문 자체는 결코 "아무 상관이 없는" 것이 될 수 없다. 이러한 사실과 아울러서, 바울 자신이 "믿음이 강한 자"의 입장이라고 부른 것을 고수하였다는 점에 비추어 볼 때, 나는 바울이 '코셰르'(kosher, "정결") 법을 계속해서 지켜나가지도 않았고, 다른 "유대 그리스도인들"에게 그러한 법을 지키도록 권하거나 요구하지도 않았다고 주장하는 사람들의 견해에 동의한다.[25]

24) 롬 14:1-15:6, 여기에서는 14:14의 "아무것도 그 자체로 부정하지 않다"는 것에 초점이 맞춰져 있다; 기독론적인 유일신론의 토대에 대해서는 cf. 14:6-9, 10-12, 17; 고전 8-10장(8:8의 "음식은 우리를 하나님 앞에 천거하지 못 한다"에 초점이 두어져 있는 가운데, 그 토대는 8:6과 10:26에서 주어진다). 수정된 유일신론과 그 효과에 대해서는 아래 제9장을 보라. 그 의의에 대해서는 Meeks, 1983, 103을 보라: "거룩함과 속됨을 구별하는 이차적인 또는 상징적인 체계 전체는 이렇게 폐기되었다 … 따라서 공동체의 정함을 좀 더 직접적으로 사회적 관점에서 규정할 필요가 있었다." Meeks는 계속해서 이러한 "사회적 관점"은 사실 신학에 확고하게 근거를 둔 것이었다고 설명한다.

25) 동일한 견해로는 Horrell, 2005, 17-19, 177f.; 반대견해로는 Tomson, 1990; Bockmuehl, 2000; Nanos, 1996, 2002a, 2011: 본서 제15장 제3절 2)을 보라. 나는 바울이 성전의 결례와 관련된 공식적인 의식들에 참여하는 것을 말하고 있는 사도행전 21장이 반론이 될 수 있다고 생각하지 않는다: "그는 유대인에게는 유대인처럼 되었다"(고전 9:20). 그가 원칙에 기반해서 유대적인 상징 세계를 격하시켜 놓고서는

마찬가지로, 누구와 함께, 어떤 조건 하에서 함께 음식을 먹을 수 있는가 하는 질문도 철저하게 수정되었다. 물론, 바울 시대의 유대인들 사이에서 이 질문에 대한 대답은 상당히 다양하였다. 하지만 여기서 중요한 것은 (a) 아무리 융통성이 있었다고 할지라도, 암묵적인 지침들이 존재하였고, (b) 다소의 사울은 가장 융통성이 없는 집단에 속해 있었던 것으로 추정될 수 있으며, (c) 그의 새로운 입장은 자신의 이전의 융통성 없는 입장을 의도적으로 바꾼 것이었다는 것이고, (d) 무엇보다 가장 중요한 것은 그가 새로운 입장에 도달하게 된 것은 자신이 이전에 취했던 입장이 그 자체로 불만족스럽거나 방향이 잘못된 것으로 여겼기 때문이 아니라, 하나님의 새 시대가 십자가에 못 박혔다가 부활한 메시야와 성령의 강림으로 말미암아 도래하였다고 믿었기 때문이라는 것이다. 바울이 그리스도인이 된 후의 자신의 이야기에서 아주 초기에 일어난 사건(갈라디아서 2:11-14에 나오는 이른바 "안디옥 사건")에 대한 자전적인 기사 속에서 처음으로 자신의 면모를 우리에게 유감없이 보여 줄 때, 거기에서 문제가 되었던 것은 바로 이 문제, 즉 음식과 관련된 문제였다. 먼저, 그는 독실한 유대인은 "이방인과 함께 먹고자" 하지 않는다고 말한다(유대인들이 이것을 현실에서 실천하는 것이 아무리 다양했다고 할지라도, 바울은 이 원칙을 자신의 논증 전체의 토대로 삼는다). 하지만 지금 바울은 단지 이방인들(물론, 여기서는 이방 그리스도인들을 가리킨다)과 식탁 교제를 하는 것은 아무 상관이 없는 일이기 때문에, 유대 그리스도인들이 이방인들과 식탁 교제를 하든 말든, 그런 문제를 가지고 서로를 판단해서는 안 된다고 말하는 것이 아니라, "메시야 안에" 있는 모든 사람들이 동일한 식탁 앞에 앉아야 하는 것은 절대적인 명령이기 때문에, 따로 앉아서 먹는 것은 개개인이 선택할 수 있는 일이 아니라고 말한다. 베드로를 비롯한 유대 그리스도인들은 이방 그리스도인들과 함께 식사하다가 거기에서 물러나서는 절대로 안 되는 것이었고, 유대 그리스도인들과 이방 그리스도인들이 각각 다른 식탁이나 방에서 따로 식사해서는 절대로 안 되는 것이었다. 만일 그렇게 한다면, 그것은 복음을 부인하는 것이고, "그리스도 예수 안에서 우리가 가진 자유"(갈 2:4)를 부인하는 것이며, 메시야가 우리를 사랑해서 구원하기 위하여 돌아가신 것을 부인하는 것이다(2:19-21). "중간에 막힌 담"을 다시 세우는 것은 옛 상징들이 여전히 유효하고, 그리스도인 공동체는 그 옛 상징들에 의거해서 규정될 수 있고 규정되어야 한다고 선언하는 것, 달리 말하면, 메시야의 죽음이 헛것이라

스스로 그 의식들에 참여하였다는 사실은 그의 일부 동시대인들에게—그리고 우리 중 일부에게도!—말도 안 되는 타협으로 비쳐진 것은 아마도 불가피한 일이지만, 바울은 적어도 자기가 메시야와 관련된 사건들을 깊이 숙고해서 거기로부터 직접적으로 도출된 원칙들 위에서 행하고 있다고 믿었다.

고 선언하는 것이다.[26] 우리가 나중에 할 논증의 결론을 미리 가져와서, 이것을 적극적으로 표현해 보자면, 공동체를 정의하는 상징체계 내에서, 엄격한 유대인의 사회문화적 정체성은 메시야 백성의 연합(unity)으로 대체되었다는 것이다.

따라서 바울은 단지 "토라" 대신에 "메시야"를 기준으로 삼아서 옛 경계들을 다시 그린 것이 아니었다. 이 말은 어떤 의미에서는 맞고, 어떤 의미에서는 틀리다. 어떤 사람들의 주장과는 달리, 바울은 단지 "정결"이 아닌 "연합"을 선택한 것이 아니다. 그는 연합의 필요성과 마찬가지로 정결의 필요성도 역설하지만, 이전의 유대적 세계관과는 다른 방식으로 그 필요성을 논증한다. 여기서도 또다시 고린도전서가 큰 역할을 한다.

한편으로, 누구와 함께 먹을 수 있느냐 하는 문제에 메시야의 새로운 법을 적용하면, 가장 먼저 배제되어야 할 자들은 자기가 메시야에게 속해 있다는 것을 자신의 행위로 말미암아 실질적으로 부인하는 자들이다. 여러분은 "그런 자와는 함께 먹지도 말아야" 하고, 그런 자들을 식탁 교제에서 쫓아내어야 한다.[27] 그런 사람이 "형제"나 "자매"라는 이름을 지니고 있을 수 있지만, 형제나 자매 중에서 "음행하거나 탐욕을 부리거나 우상 숭배를 하거나 모욕하거나 술 취하거나 속여 빼앗는 자들"이 있다면, 그들은 이름만 형제이거나 자매일 뿐이다. 여기서 바울은 자기가 전에 바리새파 가운데서 교제하였을 때와 마찬가지로, 메시야 안에서의 새로운 교제에 대해서도 철저함을 유지하고 있다. 이 공동체는 메시야와 그에 대한 신실함에 의거해서 정의되기 때문에, 앞에서 말한 그러한 행위들은 메시야가 죽음의 희생제사를 드려서 보여준 자신의 신실하심에 정면으로 도전하는 행위들이다.[28] 바울은 과거에 바리새인으로서 이전의 "결례"에 대하여 가졌던 것과 동일한 관심을 이제는 새로운 종류의 "결례"에 쏟는다.

다른 한편으로, 통상적인 식사와 관련해서는(여기서 우리는 메시야 안에서의 교제를 위한 거룩한 식사와 집에서 이루어지는 "통상적인" 먹고 마시는 것이 서로 구별되었음을 알게 된다), 바울은 메시야 백성들에게 불신자들과 함께 앉아서 먹도록 권장하면서, 만일 믿는 자들이 그렇게 하지 않는다면, 그들은 "이 세계"를 완전히 떠나야 할 것인데, 그런 일은 불가능하지 않겠느냐고 말한다(5:10). 어떤 불신자가 믿는 자들을 식사에 초대하였다면, 그들은 자신들 앞에 차려진 음식이 어떤 것이고 어디에서 난 것인지를 "묻지 않고 말하지 않는다"는 방침을 따라 거리낌

26) 갈 2:15-21; 본서 제10장 제3절 3) (2)를 보라.
27) 고전 5:9-13.
28) 고전 5:6-8; 메시야의 신실하심에 대해서는 본서 제10장 제3절 2)를 보라.

없이 먹어야 한다. 다만, 그 사람이 "그런데 이 고기는 우상에게 제물로 바쳐진 것이다"라고 명시적으로 말한다면, 그 순간 "믿음이 연약한 자"를 고려해야 한다는 또 다른 원칙이 작동된다.[29] 물론, 이 원칙 자체는 메시야 안에서의 교제에서 하위 원칙에 속하는데, 그것은 메시야가 "믿음이 연약한 자"를 위해서도 죽은 것이기 때문에, 그들은 그 사람의 연약한 양심을 고려해서, 그 사람이 잘못 오해하여 죄로 빠져드는 일이 없도록 조심해야 할 의무가 있다는 것이다.[30] 여기에서도 "연합"(unity)과 "정결"(purity)이라는 우리의 축약된 슬로건들은 그러한 세심하게 추론된 입장들과 관련해서는 우리에게 별 도움이 되지 않는다.

바울의 서신 속에 나타나는 이러한 섬세한 논의들을 "윤리"라는 관점에서 접근해 온 사람들은 종종 앞뒤가 잘 맞지 않고 일관성이 없다거나 엉망진창이라고 불평해 왔다. 하지만 우리가 그러한 논의들을 그가 유대교의 상징체계에 관한 지도를 다시 그리는 작업의 일부로 본다면, 그 논의는 완벽하게 이해된다. 그가 자신의 담론의 핵심적인 순간들에서 거의 무의식적으로 사용하는 수정된 유대적 유일신론은 그의 뿌리가 어디에 있는지를 보여주고, 그 뿌리는 그에게 밖으로 눈을 돌려서, 요리된 고기의 세계만이 아니라 온갖 형태와 부류와 규모의 이교도들의 세계를 보게 하며, 이교도들을 피해야 할 어둡고 위험한 사람들이 아니라, 메시야 백성이 인간으로서의 통상적인 교분 속에서 자유롭게 함께 어울려야 할 인간 존재들로 볼 수 있는 "힘"을 준다.

바울이 "토라"라는 유대적인 상징을 음식과 식탁 교제라는 측면과 관련해서 어떤 식으로 수정하였는가 하는 것은 비록 필연적으로 복잡할 수밖에 없기는 하지만, 이제 어쨌든 분명해졌다. 첫째, 메시야에게 속해 있고, 메시야에 대한 신실함과 세례에 의해서 규정된 모든 사람들은 동일한 식탁("상")에 속해 있는 사람들이다. 앞으로 보게 되겠지만, 이것은 바울의 새로운 적극적인 상징들 중에서 가장 중심적인 것을 구성하는 것들의 하나이다.[31] 둘째, 메시야를 따르는 자들은 다만 다른 사람의 "연약한" 양심을 위험에 빠지게 만드는 경우만 아니라면(이것은 강력하게 금지된 예외이다), 얼마든지 자기가 원하는 것을 자유롭게 먹을 수 있는 자유를 가진다. 셋째, 메시야를 따르는 자들은 다만 자신이 우상 숭배자라는 것을 고백한 사람을 제외하고는, 누구와도 자유롭게 통상적인 식사를 함께 할 수 있다. 넷째, 메시

29) 고전 10:27-30.

30) cp. 고전 8:11; 롬 14:23.

31) 내가 "메시야의 신실하심"이라고 부른 것에 대한 좀 더 자세한 설명으로는 본서 제10장 제4절과 제11장 제6절 2)를 보라.

야를 따르는 자들은 자유롭게 이교의 신전으로 들어가서 거기에서 먹어서는 안 된다. 만일 그렇게 한다면, 그것은 그들의 주와 우상을 겸하여 섬기는 꼴이 될 것이다.[32] 이 모든 것은 단순한 "윤리"가 아니라, 새롭고 정교하게 만들어진 상징 세계의 문제이다.

제2성전 시대의 모든 유대인들이 알고 있었을 뿐만 아니라, 그들의 이웃인 대부분의 이방인들도 알고서 조소하였던 토라 준수의 두 번째 "표지"는 물론 "할례" 였다.[33] 여기서도 바울은 확고하고 단호하다. "할례나 무할례는 중요하지 않고, 중요한 것은 하나님의 계명들을 지키는 것이다"(고전 7:19). 바울이 여기서 모순어법(oxymoron, 서로 상반되는 단어들을 사용해서 새로운 의미나 효과를 창출해 내고자 하는 수사법 - 역주)을 사용해서("할례"는 그 자체가 중심적인 "계명"이었다), 단어들의 원래의 정의들을 뒤집어놓음으로써 자신의 말을 마치 선문답처럼 만들어 버린 것은 그에게 유머 감각이 있었음을 보여줄 뿐만 아니라, 갈라디아서에서의 그의 입장이 그의 재편된 상징 세계 속으로 깊이 들어가서 자리를 잡았음을 보여준다.[34] 물론, 갈라디아서에서도 바울은 이방인 회심자들은 아브라함의 참된 권속에 속하기 위하여 할례를 받을 필요가 없을 뿐만 아니라, 그들이 할례를 받는다면, 그것은 실제로 메시야의 오심과 죽으심으로 인하여 정체성 자체가 변화된 그들 자신을 그 참된 권속에서 밀어내어서, "육신적인" 권속으로 다시 돌아가는 일이 될 것이라고 경고하는 등, 할례와 관련하여 아주 단호한 입장을 취한다.[35]

음식의 경우와 마찬가지로, 이 원칙을 만들어 내기까지는 분명히 여러 우여곡절이 있었을 것이 틀림없다. 어떤 사람이 이방인 회심자들도 하나님의 백성에 속하기 위해서는 할례를 받아야 한다고 주장한다면, 바울은 그러한 주장에 대하여 필사적으로 저항할 것이다 - 물론, 디도의 경우에 그러한 저항이 과연 성공을 거두었는지의 여부는 정확히 알 수 없기는 하지만.[36] 디모데가 할례를 받았다는 보도가 역사적으로 사실인지, 만약 사실이라면, 그것이 바울의 원칙이 흔들렸다는 것을 보여주는 것인지의 여부는 또 다른 문제이지만, 나의 판단은 이 때에 바울이 고려하였던 것은 자신의 선교 전략과 관련한 실용적인 필요성이었을 뿐이고, 할례를

32) 고전 8:10; 10:14-22.

33) 이것에 대해서는 최근의 것으로 Blaschke, 1998; Thiessen, 2011을 보라.

34) 고전 7:19. 갈라디아서에서 이것에 해당하는 절들은 5:6과 6:15일 것이다.

35) 5:2-6.

36) 갈 2:3-5. Hays, 2000, 224는 디도가 할례를 받지 않았다고 분명히 말한다; cf. Dunn, 1993, 96; de Boer, 2011, 138.

받느냐 받지 않느냐의 문제는 디모데가 하나님의 메시야 백성에 속한 진정한 지체가 되는 것과는 아무런 상관이 없는 일이었다는 것이다.[37)]

물론, 바울의 저작들의 다른 곳에도 할례에 관한 아주 다양하고 중요한 논의들이 나온다. 우리는 다른 주제를 다룰 때에 그러한 논의들을 다시 살펴볼 것이지만, 여기에서 특히 로마서 2:25-29, 빌립보서 3:2-8, 골로새서 2:11-12, 로마서 4:9-12을 잠깐 살펴보는 것이 좋을 것이다.

먼저 로마서 2:25-29에서 바울은 "마음의 할례"에 관한 아주 오래된 유대적인 논의를 가져와서, 중요한 것이 마음에 할례를 받는 것이라면, 외적인 할례 여부는 아무 상관이 없는 것으로 볼 수 있다는 논증을 편다. 율법을 어기면, 할례는 무할례로 간주되고(이것은 오직 할례를 받은 자가 율법을 어겼을 때에 하나님의 백성에 속한 지체가 아닌 것으로 간주된다는 것만을 의미할 수 있다), "율법의 요구들을 지키면," 무할례가 할례로 간주된다(이것은 오직 할례를 받지 않은 자가 율법을 지켰을 때에는 하나님의 백성에 속한 지체로 간주된다는 것만을 의미할 수 있다). 하나님의 백성에 대한 바울의 재정의는 압축되어 있기는 하지만 깜짝 놀랄 만한 것이다 – 이 본문을 단지 모든 사람이 죄 가운데 있다는 것을 예시하기 위한 또 한 번의 조치로 보아 온 사람들은 이것을 흔히 무시해 버리지만:[38)]

> 표면적인 유대인이 "유대인"이 아니고, 표면적인 육신의 할례가 "할례"가 아니다. 이면적인 유대인이 "유대인"이며, "할례"는 마음의 문제이고 문자가 아니라 영에 있다.[39)]

바울이 하나님의 종말론적인 계획 속에서 이스라엘의 이야기가 마침내 큰 모퉁이를 돌아서 신명기 30장, 즉 계약 갱신의 때에 이르렀기 때문에, 이전에 무조건적으로 강제되었던 문화적 상징이 이제는 "아무 상관이 없는 것"이 되었다고 오랫동안 믿어 오지 않았더라면, 이런 식의 글을 쓸 수 없었을 것이다.[40)] 따라서 그것은 바울이 두 유형의 종교를 대비시켜서, "유대교"라 불리는 것을 "기독교"라 불린 것보다 열등한 것으로 여겼다는 것을 보여주는 것이 아니었고 – 이것에 대해서는 나중에 다시 살펴보게 되겠지만, 일단은 여기서 핵심 정도는 말해 두는 것이 좋을

37) 행 16:1-3. 디모데는 디도와는 달리, 유대인 어머니를 두었기 때문에, "유대인"으로 분류될 수 있었다. 하지만 그것이 바울이 그로 하여금 할례를 받게 한 원인이었는지는 의심스럽다. 예컨대, Witherington, 1998, 473- 77의 논의를 보라.

38) 롬 2:17-29에 대해서는 *Perspectives*, ch. 30의 논문을 보라.

39) 롬 2:28-9a.

40) 본서 제11장 제6절 4) (2)를 보라.

것이다 – 바울이 메시야의 부활을 토대로 해서, 하나님과 이스라엘의 계약이 갱신되었고, 하나님이 늘 약속해 오셨던 것처럼, 육체의 할례가 그동안 이정표 역할을 하면서 가리켜 왔던 계약의 지체임을 나타내는 본래의 표지인 마음의 할례를 받는 때가 도래하였다고 믿었음을 보여주는 것이었다.

빌립보서 3:2-11에 나오는 아주 엄격한 대비들 속에도 이 동일한 핵심은 분명하게 드러난다. 바울은 자신의 이전의 모습을 역겨운 마음으로 돌아보면서, 자신이 쓴 글들 중에서 그 어떤 것보다 더 경멸적인 표현들을 써가며, "개들," "행악하는 자들," "벤 자국"이 있는 무리를 조심하라고 경고하면서, 그 이유를 분명하게 제시한다:

> 성령으로 하나님을 예배하고 왕 예수를 자랑하며 육체를 신뢰하기를 거부하는 우리가 곧 "할례파" 이다.[41]

바울이 다음 절에서 자신이 지닌 특권들의 목록 중에서 가장 먼저 언급하는 것이 자기가 "팔 일만에 할례를 받았다"는 것이었다. 그러나 그는 이 모든 것들을 지금은 "메시야로 인하여" 쓰레기로 여기게 되었다.[42] 여기서도 바울이 이런 말을 하는 것은 종교의 유형들이나 패턴들을 서로 대비시키는 것과는 아무 상관이 없고, 철저히 계약에 따른 종말론과 연관되어 있다. 즉, 하나님이 메시야 안에서 사람들이 오랫동안 기다려 왔던 계획을 이루셨기 때문에, 그 이전의 모든 준비 단계들은 아무 상관이 없게 되었고, 그런데도 이전의 것들을 고집하는 것은 메시야와 그가 이루신 일을 부인하는 것이다.[43] 골로새서 2장에 나오는 할례에 관한 짤막한 언급도 동일한 방향을 보여준다.[44]

로마서 4장도 마찬가지이다. 바울은 아브라함은 민족과는 상관없이 모든 믿는 자들의 아버지가 된다는 것을 논하면서, 할례가 아브라함의 권속이 되는 것과는 아무런 상관이 없다는 것을 역사적이고 석의적으로 논증한다. 아브라함은 창세기 15장에서 하나님과 위대한 계약을 맺을 시점에 할례를 받지 않은 상태였다. 따라서 굳이 말한다면, 할례를 받은 유대인들이 아브라함 자신을 필두로 한 할례 받지 않은 계약의 지체들로 이루어진 권속으로 들어오는 것이지, 그 반대는 아니다. 아

41) 빌 3:3.
42) 3:5, 7.
43) 갈 2:21.
44) 본서 제10장 제4절 3) (6)를 보라.

울러, 그들이 받은 할례는 아브라함의 권속이 되는 데 반드시 필요한 조건도 아니고, 충분한 조건도 아니다. 아브라함은, "단지 할례만 받은 것에서 그치지 않고 아브라함이 아직 할례를 받지 않았던 때에 가졌던 믿음의 발자취를 따르는 할례자들의 조상"이다.[45] 바울 서신들의 다른 곳, 특히 갈라디아서 3장에서와 마찬가지로, 아브라함의 권속이 되는 데 유일하게 필요충분한 표지는 '피스티스'(pistis, "믿음/신실함")이고, 이 '피스티스'는 메시야와의 밀접한 관련 속에서 정의된다.[46] 바울은 육체의 할례가 나쁜 것이라거나, 결함 있는 유형의 종교를 나타내는 것이라는 말을 결코 하지 않는다. 신명기와 예레미야, 그리고 사해 두루마리들의 기자들이 그랬던 것처럼, 바울도 육체의 할례를 계약이 마침내 갱신되었을 때에 하나님의 백성의 표지가 될 더 큰 것을 가리키는 이정표(signpost)로 본다.

장차 도래할 것에 대한 나머지 하나의 이정표는 토라와 관련된 세 번째로 중요한 표지였던 안식일 준수였다. 안식일과 관련해서 우리는 바울의 서신들 속에서 철저한 침묵이 아닌 완전히 다른 종류의 분위기를 만나는데, 이것에 대해서는 우리가 제8장에서 세계관 질문들을 다룰 때에 좀 더 자세하게 살펴보게 될 것이다. 먼저, 바울은 음식을 먹는 일과 마찬가지로 성일들을 지키는 것도 "아무 상관이 없는 것"에 속한 일임을 분명히 한다. 주를 위하고 높여 드리고자 하는 의도이기만 하다면, 성일들을 지키든 지키지 않든 아무 상관이 없다는 것이다.[47] (바울이 실제로는 성일들을 지키지 않는 것도 주를 위한 것이라는 말을 하고 있는 것은 아니지만, 그런 의미가 내포되어 있음이 분명하다.) 바울이 성일들을 지키는 일을 먹고 마시는 일과 함께 다루고 있다는 사실은 바울은 자기가 성일들과 관련해서도 세계관의 상징적 실천을 다루고 있고, 음식 문제와 마찬가지로 성일들도 지키든 지키지 않든 "아무 상관이 없는 것"이라고 분명히 말하고 있는 것임을 아주 잘 보여준다. 다시 한 번 말해 두지만, 우리는 그러한 주장이 엄청난 것임을 간과해서는 안 된다. 토라에 대한 "열심"으로 가득한 마카베오 서신들을 읽은 사람은 누구든지 이전에 바리새인이었던 사람이 음식에 관하여 그런 식으로 말하는 것이 얼마나 엄청난 것인지를 너무나 잘 알 것이고, 희년서나 사해 두루마리들을 읽는 사람은 누구든지 제2성전 시대의 독실한 유대인이 역법에 대하여 그런 식으로 말하는 것이 얼마나 엄청난 것인지를 너무나 잘 알 것이다. 또한, 바울이 "날과 달과 절기와 해

45) 롬 4:12.
46) 본서 제10장 제3절 2)와 제4절 3)(1)을 보라.
47) 롬 14:5f.

를 지키는" 것을 조소하며 거부한 것은 사도의 관점에서 볼 때에 유대인을 이방인과 구별하기 위하여 의도된 규례들이자 메시야 시대가 도래한 지금에는 아무 상관이 없게 된 규례들을 지키고 있던 갈라디아 교인들을 꾸짖은 것일 가능성이 높다. 이것이 갈라디아서의 그 본문에 대한 통상적인 읽기임은 확실하다.[48] 사도행전은 바울이 매주마다 돌아오는 안식일을 비롯해서 유대인들의 절기들을 알고 있었다는 것을 보여 주지만, 이제는 그가 이 절기들을 단지 한 해 내의 여러 시기들을 구분하고 계절의 변화를 보여주는 것들에 불과한 것으로 여기게 되었던 것인지의 여부는 분명하지 않다. 바울은 아마도 예루살렘에 가서 볼 일을 다 본 후에, 지중해를 안전하게 항해할 수 있는 시기에 맞춰서 로마로 출발하기 위해서, 오순절 이전에 예루살렘에 도착하기를 원한 것이었을 가능성이 크다.[49]

음식, 할례, 안식일이 "우리는 토라를 준수하는 충성된 유대인이다"라고 말하는 핵심적인 표지들이었다는 것은 누구나 동의하는 것이다. 물론, 그 밖의 다른 것들, 특히 우리가 "도덕적인" 계명들이라고 생각하는 것도 있었다. 어떤 유대인 남자가 할례를 받고 "결례"를 엄격하게 지키며 안식일을 세심하게 준수하기는 하지만, 사기꾼이거나 간음한 자라면, 사도 바울은 물론이고 다소의 사울도 그 남자를 악한 자로 여겼을 것이 틀림없다.[50] 그러나 내가 다른 곳에서 길게 논증하였듯이, 음식과 할례와 안식일은 토라 준수의 공적이고 가시적인 표지들이었고, 특히 유대인들을 그들의 이웃인 이교도들과 구별시켜 주는 표지들로서의 기능을 하였다 – 그들의 이웃인 이교도들도 이것을 알고 있었다. 안티오코스(Antiochus)가 유대인들에게 강제로 돼지고기를 먹이려고 하였고, 하드리아누스(Hadrian) 황제가 할례를 금지하려고 시도한 데에는 그럴 만한 이유가 있었다. 이 두 사람이 취한 조치는 가이우스 칼리굴라(Gaius Caligula)가 자신의 신상을 예루살렘 성전 내에 세우고자 한 것과 얼추 비슷한 일이었다.

바울은 음식과 할례와 안식일을 각각 다시 개작하고 다시 정의하며 다시 범주화하였다. 이제 우리는 "옛 관점"과 "새 관점"에 관한 논쟁, "율법을 지키는 것" 또는 "율법의 행위"가 바리새인이나 메시야 백성으로서의 바울에게 정확히 무엇을 의미하였을 것인지에 관한 끝없는 언쟁에 대하여 아무것도 알지 못한다고 할지라도,

48) 갈 4:10; 본서 제10장 제4절 3) (3)를 보라. 주된 논의로는 롬 14:5f.

49) 행 20:16; 또한, 누가가 20:6에서 "무교절"이라고 표시한 것을 보라. Barrett, 1998, 960 등을 보라. 사도행전에서 안식일들에 관한 것으로는 cf. 13:14, 42, 44; 15:21; 16:13; 17:2; 18:4.

50) cf. 롬 2:17-24.

바리새파 유대교 내에서 통용되던 의미에서의 토라가 새롭게 형성된 그의 세계관 내에서 아무런 수정 없이 그대로 받아들여진 것이 아니었다는 것을 충분히 알 정도는 되었다. 이러한 것들을 비롯해서 여러 가지 것들에 대하여, 특히 바울이 "토라의 행위들로는 의롭다 함을 받을 자가 아무도 없을것이다"라고 말했을 때에 그 의미가 무엇이었느냐에 관한 문제에 대해서는, 우리가 적당한 때에 좀 더 자세하게 살펴볼 것이다.

유대교의 중심에 자리 잡고 있던 또 하나의 작지만(별 논란이 되지 않는다는 의미에서) 실제로는 엄청나게 중요한 상징적 실천이 있었는데, 그것은 "기도"였다. 유대인이라면 누구나 어느 곳에서든지 기도할 수 있었고 기도하여야 했다. 첫 번째 성전이 건축되었을 때에 솔로몬이 드린 저 장엄한 봉헌기도는 이스라엘의 하나님이 황송하게도 자신의 이름과 임재를 그 건축물 속에 두셨기 때문에, 이스라엘 사람들이 온 세계에서 어느 곳에 있든지 간에, 그들이 "이 전을 향하여" 기도하면, 하나님이 그 기도를 들으실 것임을 보여주는 것이었다. 다니엘이 자기가 기거하는 집에서 예루살렘을 향하여 창문을 열고 하루에 세 차례 기도하였다는 것은 유명한 얘기이다.[51] 이렇게 기도는 성전과 밀접하게 연결되어 있었다. 사람들은 직접 성전에 가서 기도하고 싶어 하였지만, 그것이 여의치 않을 때에는 온 세계 어디에서나 성전이 있는 쪽을 바라보고서 기도하면 되었다. 앞에서 보았듯이, 많은 회당들이 예루살렘 성전이 있는 방향으로 지어진 이유가 거기에 있었다. 우리가 알고 있듯이, 유대인들의 기도는 셰마(he Shema)와 18축도문(the Eighteen Benedictions)을 중심으로 이루어졌다.

바울은 이 중심적인 상징적 실천도 철저히 다시 개작하고 수정하였다. 그는 생긴 지 얼마 되지 않은 자신의 교회들에게 "항상 기도하라"고 역설한다. "너희가 무엇을 하든지, 감사함으로 행하고, 주 예수를 통해서 아버지이신 하나님께 항상 기도하라." "항상 성령 안에서 기도하라." 바울은 그들에게 자기가 그들을 생각하면서 무슨 기도를 하고 있는지를 번번이 말해 준다. 그는 할 수만 있다면 유대적인 실천인 기도를 강화시키고자 하고 직접 본이 되고자 하지만, 정해진 시간과 장소에서 기도해야 한다는 말은 그 어디에서도 찾아볼 수 없다. "너희는 살아 계신 하나님의 성전이고," "하나님의 성령이 너희 안에 거하시기" 때문에, "성령 안에서" 하

51) 단 6:10; cf. 왕상 8:29f., 35, 38, 44, 48f.; 대하 6:20f.; 시 5:7(cf. 11:4); 18:6; 28:2; 138:2; 욘 2:4; 1 Esd. 4.58; 그리고 적어도 암묵적으로는 Tob. 3.11f. 또한, 시 42:6; 43:3f.; 미 1:2; 합 2:20을 보라.

52) cf. 고후 3:16f.

는 기도는 예루살렘 성전을 향하고 기도하는 것이나 마찬가지였다.[52] 바울은 이러한 기도를 메시야에 속한 모든 신실한 사람들, 즉 메시야가 불러 모으신 모든 사람들의 놀라운 특권이자 책임이라고 보았던 것 같다. 성령 안에서 하는 기도는 "신음"(롬 8:22, 한글개역개정에는 "탄식")으로 표현되는 저 기이하고 강력한 의식(sense)으로 이어져서, 하나님의 백성은 피조물 전체와 함께 "신음하고," 이 신음은 하나님의 신음(롬 8:26, "성령이 말할 수 없는 탄식으로")으로 이어진다.[53]

바울에게 있어서 감사는 창조의 유일신론과 밀접하게 연결되어 있었다. 하나님은 창조주이기 때문에, 세계는 그의 선한 선물이었고, 항상 끊임없이 감사를 드리는 것은 이 하나님을 인정하는 자들의 합당한 반응이었다.[54] 그러나 앞으로 보게 되겠지만, 창조의 유일신론 자체는 그에 의해서 수정된 것이었다. 바울은 유대적 경건(piety)에서 중심을 점하고 있던 기도인 "셰마"를 가져와 개작해서, 놀랍게도 예수를 그 기도의 중심에 갖다 놓았다: "이스라엘아 들으라 야웨는 우리 하나님이시고 야웨는 한 분이시다"라는 셰마의 고백은 이제 "우리에게는 한 하나님(그는 아버지이시니, 만물이 그에게서 났고 우리도 그를 위하여 있다)이 계시고 한 주(그는 메시야 예수시니, 만물이 그로 말미암고 우리도 그로 말미암아 있다)가 계신다"로 바뀌었다. 이것은 헬라어 성경으로 보면 한층 더 분명하게 드러나는데, 거기에서 '퀴리오스'(kyrios, "주")는 물론 야웨를 가리킨다. 우리가 적당한 곳에서 자세하게 다루게 될 고린도전서 8:6은 이렇게 바울의 대담한 신학적 혁신만이 아니라, 유대적인 기도라는 상징적 실천에 계속해서 뿌리를 두고자 한 그의 결의를 분명하게 보여주는 기념비라고 할 수 있다 – 물론, 그는 성전과 토라를 철저하게 수정하였기 때문에, 그 기도의 핵심 자체도 철저하게 수정하지 않을 수 없었기는 하지만.[55]

안식일 다음으로 바울의 지평에서 거의 사라진 것처럼 보이는 가장 분명한 유대적 상징은 "땅"이었다. 우리는 앞에서 인용한 구절들에 나오는 "현재의 예루살렘"(한글개역개정에는 "지금 있는 예루살렘")이라는 언급들 속에서, "땅"과 관련해서도 수정이 이루어졌다는 것을 보여주는 암시를 탐지해낼 수 있지만, 우리가 바울의 글들로부터 뒤로 물러나서, 무슨 일이 일어난 것인지를 곰곰이 생각하면, 그 암시는 엄청나게 확대되어 다가온다. "땅"은 아브라함에게 주어진 중심적인 약속이었다:

53) 예컨대, cf. 롬 1:9; 12:12; 엡 6:18f.; 빌 4:6; 골 4:2f.; 살전 5:17, 25; 딤전 2:1; 롬 8:26f.
54) 본서 제9장 제3절 2) (4)를 보라. 감사에 대해서는 특히 골 1:12; 2:7; 3:15, 17; 4:2을 보라.
55) 본서 제9장 제3절 2) (3)를 보라.

다소의 사울은 그것을 절대적인 기정사실로 받아들였을 것이다. 당시의 몇몇 유대 저술가들은 하나님이 아브라함에게 주신 "땅"에 관한 약속은 훨씬 더 큰 약속, 즉 아브라함의 권속이 온 세계, 온 땅, '코스모스'(kosmos)를 물려받게 될 것이라는 약속의 증표라고 이미 말하고 있었는데, 사울이 어느 정도나 그들의 주장에 동의하였는지는 말하기 어렵다. 아브라함에게 주어진 약속들을 다윗에게 주어진 약속들에 비추어서 해석한 사람들 – 많은 유대인들이 그랬고, 바울 자신도 그랬던 것으로 보인다 – 은 누구든지 이 두 약속을 서로 연결시키는 데 아무런 어려움이 없었을 것이다. 첫 번째 제왕 시편은 "유업"이라는 개념을 가져와서, 이제 그 유업은 중동의 한 작은 땅덩어리에서 그치는 것이 아니라 "열방들"과 "땅끝"까지 이르게 될 것이라고 아주 분명하게 선언하고, 이것은 다른 시편들에 의해서, 그리고 이사야서 전체에 걸쳐서 생생하게 묘사된 메시야 시대에 의해서 더욱 강화된다.[56]

바울은 정확히 이렇게 발전되고 확대된 "유업" 개념을 가져와서 일관되게 사용한다. 시편 2편이 선포하였듯이, 메시야가 온 땅을 "유업으로 받을" 것이고, 메시야의 백성도 그 유업에 참여하게 될 것이다. 로마서 4:13은 "세계" – 장차 있을 산고를 통해서 새로워지고 다시 탄생하게 될 세계 – 가 "이 유업"이 될 것이라고 말함으로써, 이 서신에서 복잡한 논증을 거쳐 도달하게 될 8:17-30에 나오는 장엄한 예언을 미리 보여 준다.[57] 나는 바울이 로마서에 나오는 "유업"에 대한 이 분명한 진술을 전제하고서 갈라디아서에서는 별 설명 없이 "유업"이라고만 말함으로써 우리로 하여금 거기에 언급된 "유업"의 의미를 종잡을 수 없게 만든 것이라고 보기 때문에, 우리는 전자를 후자에 대한 좀 더 자세한 설명으로 보아야 한다고 믿는다. 즉, 그가 갈라디아서 3장과 4장에서 아브라함에게 주어진 약속들을 설명하면서, "유업"과 "유업을 이을 자"에 대하여 말할 때에 창세기 12장과 15장을 환기시키는 것 속에 함축되어 있는 자연스러운 의미는 메시야 백성이 "땅"을 유업으로 물려받게 될 것임을 말하고자 하는 데 있다는 것이다.[58] 그가 갈라디아서에서 이 '클레로노미

56) 아브라함과 땅에 대해서는 창 12:1, 7; 13:15; 15:18; 17:8; 24:7; 26:4; 28:13; 35:12; 출애굽 때에 반복적으로 말해진 약속에 대해서는 출 3:8; 신 6:3 등; 그 약속의 반영에 대해서는 대상 16:18; 대하 20:7; 느 9:8; 시 105:10f.; 다윗과 좀 더 폭넓은 약속에 대해서는 시 2:8f.; 22:27; 72:8-11; 89:25; 105:44; 111:6; 사 9:7; 11:1-10(11:4은 시 2:9을 반영하고 있다); 42:1-4, 6, 10-12; 49:6f.; 52:10, 15; 55:1-5; 60:1-16; 61:1-7; 66:18-21. 또한, Sir. 44.21(창 12:3과 시 72:8을 결합해서 말함); *1 En.* 5.7; *Jub.* 19.21; 32.19(아브라함의 권속에 관한 말씀을 빌려 와서 야곱의 권속에 대하여 말하고, 야곱의 권속이 온 땅을 채울 것이라고 선언함). *2 Bar.* 14.13; 51.3에서 "유업"은 새로운 세계 전체이다. 자세한 것은 S-B 3.209; *Perspectives*, ch. 33을 보라.

57) 본서 제11장 제4절을 보라.

아' (klēronomia, "유업")의 내용에 대하여 구체적으로 말하고 있는 유일한 것은 그 유업은 "하나님의 나라"라는 것이다.[59] 나는 서구 전통 전체에서 행해진 이 본문에 대한 교묘한 잘못된 읽기(이 전통에서는 "하나님의 나라"가 지닌 향취를 제거하고 밋밋하게 해서 "하늘"과 동의어로 취급한 후에, "하늘"이 "하나님의 백성의 궁극적인 목적지"라고 해석해 버렸다)가 독자들로 하여금 "하나님의 나라"의 진정한 향취를 알지 못하게 만들어 버린 것이 아닌가 생각한다.[60] 우리가 고린도전서 15:20-28에서 아주 충분히 볼 수 있듯이, 바울에게 있어서 하나님의 나라는 사람들이 사후에 가는 비물질적인 목적지가 아니라, 선한 피조세계를 타락시키고 흉측하게 만들어 버린 "맨 나중에 멸망 받을 원수"인 "사망" 자체를 포함해서 피조질서 전체에 대한 창조주의 왕적 통치이다. 달리 말하면, 최종적인 "하나님의 나라"는 온 세계가 마침내 타락과 썩어짐으로부터 건짐을 받아서, 메시야의 백성을 통해서 행사되는 하나님의 왕적인 통치 아래 살아가는 것이고, 이것이 우리가 로마서 8:18-30과 하나님에게서 의의 선물을 받은 자들이 "다스리게 될" 것이라고 말하는 5:17을 함께 결합해서 보았을 때에 바울이 말하고 있는 바로 그것이다.

우리가 이러한 좀 더 큰 그림을 파악하게 되면 – 이것은 그 자체로 아주 분명한데도, 이 본문들을 읽은 많은 사람들은 이 점을 간과해 버리는 것 같다 – 이교 세계에 대한 바울의 선교 전체가 그가 수정해서 재탄생시킨 "땅"이라는 상징을 구체적으로 실천해 나간 것의 일부였다는 것이 분명해진다. 하나님의 원래의 의도가 하나님이 궁극적으로 의도한 정의를 토대로 한 피조세계 전체에 대한 통치의 예표이자 맛보기인 "땅"을 아브라함에게 준 것이었다고 할 때(이것은 바울만이 아니라 제2성전 시대의 일부 유대인들이 생각하였던 것인 것 같다), 분명히 바울은 그 궁극적인 목표가 한편으로는 메시야 안에서 성취되었고, 다른 한편으로는 자신의 선교를 통해서 실행된 것으로 보았다. "땅"이라는 상징이 바울에게서 거의 완전히 사라진 것처럼 보이는 이유는 그 상징이 훨씬 더 큰 상징적 실천의 요소 속에 삼켜져 버렸기 때문이다. 바울의 선교는 정확히 메시야 예수를 세계의 참된 주로 선포하고, 모든 곳에 있는 사람들을 불러서 예수를 믿고 충성을 맹세하게 하는 것을 목표로 하

58) 갈 3:18, 29; 4:1, 7, 30. "땅"(창 15장을 비롯한 여러 곳에서 약속된 유업)과 "영"(Boer 등이 설명한 바와 같이, 갈 3장에서 말하는 약속된 선물이라는 것이 강조됨)의 관계에 대해서는 본서 제10장 제4절 3) (2)와 (8)을 보라.

59) 갈 5:21; cf. 고전 6:9f.; 엡 5:5.

60) 우리는 여기서 바울의 이러한 핵심적인 모티프들 중 몇몇을 결합시키고 있는 골로새서 1:12-14을 지적할 수 있다.

는 것이었다.[61] 우리는 다른 유대적 상징들에서와 마찬가지로 여기에서도 바울이 말하고자 한 것은 원래의 약속이나 상징 속에 뭔가 잘못된 것이 있었다는 것이 아니었음을 본다. 결코 그런 것이 아니었다. 여러분이 목적지에 도착해서 시동을 끄고 차를 주차시키는 것은 그 차가 자신이 원래 해야 할 모든 일을 제대로 다 해내지 못했기 때문이 아니라, 정반대로 제대로 다 해냈기 때문이다. 사도 바울이 다소의 사울의 상징 세계를 근본적으로 철저하게 수정하고 개작할 때에 사용한 열쇠는 기독교가 유대교보다 더 우월하다는 종교적 우월성이 아니라 "종말론"이었다.

성전과 토라, "땅"과 아울러서, 우리가 살펴보아야 할 또 하나의 상징적 실천은 "권속"(family)이다. 우리는 이것에 대해서 곧 좀 더 상세하게 살펴볼 것이다. 왜냐하면, 바울의 상징 세계라는 주제에 대하여 최근에 글을 써 온 대부분의 다른 학자들과 마찬가지로, 나도 바울이 "권속"이라는 상징적 실천을 중심으로 해서 하나님의 백성에 대한 개념을 수정하였다고 확신하기 때문이다.[62] (이것도 "옛 관점"과 "새 관점"을 둘러싼 요란한 논쟁과는 아무 상관이 없다. 이 두 관점은 어느 것이나 상징들과 세계관들이라는 문제를 탐구하고자 하지 않는다.) 우리가 이미 식탁 교제라는 문제와 관련해서 보았듯이, 바울은 이스라엘, 그리고(또는) 이스라엘 내에서 자기가 속해 있던 "정결한 자들"의 무리의 연합을 "메시야 안에서" 자신들의 정체성을 발견하는 하나님의 백성의 연합으로 대체하였다(우리는 감히 이렇게 말한다!). 그는 이것이 자신의 골육들 중에서 예수를 메시야로 믿지 않는 자들에 대한 끔찍하면서도 비극적인 결론으로 귀결된다는 엄청난 문제를 잘 알고 있었고, 그것은 비극이기 때문에, 그가 눈물로 간절하게 기도할 수밖에 없는 문제였다(로마서 9:1-5과 10:1에서처럼). 왜냐하면, 그는 이스라엘의 하나님이 이스라엘의 메시야 및 그의 죽음과 부활을 통해서, 자신이 늘 장차 행하겠다고 경고한 대로, 친히 자신의 "권속"을 재정의하였고, 너무나 철저하고 분명하며 실효적으로 그렇게 하였다는 것을 믿었기 때문이다. 바울은 족장들에 대한 하나님의 부르심을 "폐기될 수 없는" 것이라고 말할 수 있었던 것과 마찬가지로, 메시야 안에서 행한 하나님의 역사에 대해서도 분명히 동일하게 말할 수 있었고, 그가 이 둘의 관계를 상세하게 설명해낸 것은 그의 가장 위대한(그리고 가장 도전적인) 신학적 진술에 속한다.[63]

우리가 이것에 대해서는 적절한 곳에서 좀 더 상세하게 살펴볼 것이기는 하지

61) 롬 1:5; 16:26 등.
62) 예를 들어, Horrell, 2005, 138-40을 보라.
63) 롬 11:29; 15:8f.; 그리고 아래 제10장을 보라.

만, 이것은 "대체"(supersession)라고 부르는 어떤 것이나, "반유대주의"(anti-Judaism)라는 이상한 개념과는 아무 상관이 없다는 것만은 여기에서 말해두지 않으면 안 된다. 그런 것들과는 정반대로, 이것은 이스라엘의 택하심, 이스라엘의 선함, 이스라엘의 부르심, 이스라엘의 성경, 이스라엘의 약속들, 창조주의 전체적인 계획 속에서의 이스라엘의 운명에 대한 강력한 재확인에 토대를 둔 것이고, 그런 색채로 온통 채색되어 있다. "반유대주의"라는 표현은 정의상 이 모든 것을 거부하는 반면에, 바울은 이 모든 것을 긍정하고 강조한다. (물론, 원래의 "대체주의"는 바울을 포함한 기독교 운동은 "유대교"를 지금은 퇴색되어 버린 "종교"의 세계의 일부로 보았고, 이것은 "종교"라는 범주가 신약성서의 신학을 이해하기 위한 잘못된 도구임을 다시 한 번 보여주는 것이라고 주장하는 견해이다.) 실제로, 바울은 반유대주의가 출현해서 진실을 터무니없이 왜곡시킬 위험성이 있다는 것을 미리 알아보고서, 반유대주의를 경계하는 분명한 논증을 제시한다. 즉, 바울은 자기가 창조주 하나님이 이스라엘에게 준 약속들이 성취되었다는 것을 말하고 있는 것이고, 그 약속들 자체가 반복해서 보여 주어 왔듯이, 지금 그 약속들이 오직 이스라엘만이 아니라, 온 세계에 걸쳐서 하나님의 초대를 받아들인 모든 사람들에게 성취되고 있다고 말하고 있는 것임을 분명히 밝힌다.[65] 그리고 바울은 성전과 토라와 땅이라는 상징들을 아주 철저하고 세심하게 수정하였기 때문에, 현실의 실제적인 공동체들과 연결되어 있던 이러한 수정된 상징들은 바울의 상징 세계 내에서, 원래의 오래된 유대적 세계에서 그 상징들이 떠받치고 있던 것보다 한층 더 큰 무게를 떠받쳐야 했다. 이전에 "권속"으로서의 이스라엘의 연대성은 다른 것들과 나란히 옛 세계관의 큰 무게를 떠받치는 기둥들 중의 하나였지만, 이제는 바울의 수정으로 인해서 오직 새로운 권속만이 새로운 세계관의 구체적이고 가시적인 유일한 상징으로 남게 되었다.

따라서 "교회론"이라고 부르는 것은 어느 정도 시대착오적인 개념이기는 하지만, 어쨌든 바울의 "교회론"은 이 점에서도 다시 한 번 그 중요성이 확인되고, 앞으로 보게 되겠지만, 그가 선민론을 수정한 것은 유일신론과 종말론을 수정한 것보다 신학적으로 더 엄청난 무게를 지닌다. 바울에게 있어서 "메시야 안에서"와 "메시야의 몸"이라는 어구들은 단지 어떤 사람이 메시야에게 속해 있다거나 "예수와 관계를 맺고 있다"는 것을 보여주는 애매모호한 표현들이었던 것도 아니었고, 실

64) 선민론에 대해서는 아래 제10장을 보라.
65) 예컨대, 사 55:1.

제적인 것들(전체에 대한 개개인의 관계, 좀 더 큰 교제 내에서의 서로 다른 은사들 등등)을 보여주기 위한 다소 애매하고 일반적인 은유들이었던 것도 아니었다. 이 어구들은 자기가 속해 있었던 원래의 권속이 메시야, 특히 그의 죽음과 부활로 말미암아 철저하게 변화되었다 – 아마도 그는 죽었다가 새 생명으로 다시 살리심을 받았다고 말했을 것이다 – 는 바울의 인식으로부터 생겨난 것이었고, 그 인식을 예리하고 정확한 단어들로 표현한 것들이었다. 세례 받은 신자들의 공동체, 즉 그 세례 및 메시야를 믿는 저 믿음에 뿌리를 둔 공동체는 바울에게 있어서 자신의 변화된 세계관의 중심적인 거점이었을 뿐만 아니라, 핵심적인 가시적 상징이 되었다. 그가 고린도후서 6:14–7:1에서 족내혼("공동체 내에 있는 사람들끼리의 결혼")을 역설하는 이유도 여기에 있다 – 물론, 그는 이전의 서신에서는 배우자 중 한 사람만이 믿는 자이고 다른 사람은 불신자일 경우의 목회적인 문제에 대해서도 적절한 권고를 한다.[66)]

앞으로 우리가 살펴보게 될 유대적인 상징적 실천의 다른 두 측면도 마찬가지로 대단히 중요하다. 그 중 첫 번째는 "열심"(zeal)이라는 문제, 특히 상징적이고 실제적인 거룩한 전쟁, 또는 적어도 그 열심으로 인한 거룩한 무장투쟁과 저항이라는 문제이다. 우리는 제2장에서 폭력적인 "열심"과 관련된 이러한 전통이 비느하스와 엘리야가 보여준 행위들에 뿌리를 두고 있었고, 마카베오 혁명에서 완성되었으며, 그 후에 바리새파 운동의 우파 쪽에서 받아들여져서, 결국에는 주후 1세기 60년대에 로마(그리고 비극적인 일이지만, 유대인 변절자들로 낙인 찍힌 자들)에 맞선 폭력을 불러일으킨 여러 전통들로 표출되었다는 것을 살펴본 바 있다. 바울 자신의 설명에 따르면, 다소의 사울은 그러한 운동, 곧 그가 '유다이스모스'(Ioudaismos, "유대교")라고 지칭한 운동의 한복판에 있었고,[67)] 자신의 "열심"을 표현한 형태는 '에클레시아'(ekklēsia, "교회")를 박해한 것이었다. 사울의 이러한 활동과 그 활동이 상징하고 있었던 세계관은 만일 로마에 대한 무장 저항을 해야 할 때가 되었다고 한다면, 사울은 거기에 기꺼이 동의하고 참여하였을 것임을 아주 잘 보여준다. (가이우스 칼리굴라가 자신의 거대한 조각상을 성전에 세우라고 명하였을 때, 만일 사울이 그때에도 여전히 "열심" 있는 바리새인으로 살아가고 있었다면, 그는 한편으로는 기도하고, 다른 한편으로는 칼을 갈면서, 거기에 저항하는 대열의 가

66) 고후 6:14–7:1(이 본문이 고린도후서의 나머지, 또는 심지어 바울의 다른 글들에 부합하는지에 관한 문제에 대해서는 Thrall, 1994, 2000, 25-36을 보고, 반대견해로는 Betz, 1973을 보라); 고전 7:39; 목회적인 문제에 대해서는 고전 7:12-16; Hays, 1997, 120-22; Thiselton, 2000, 525-43을 보라.

67) Mason, 2007; Novenson, 2013(본서 제2장 제2절을 보라).

장 앞자리에 서 있었을 것이다.)

"열심"과 관련된 세계관의 재정의는 다소 다른 형태를 띠고 있고, 우리가 나중에 살펴보게 될 세계관의 다른 요소들을 보여준다. 사도 바울은 싸워야 할 싸움이 있다는 것을 여전히 믿었고, 그 점을 대단히 강조하였다. 그는 많은 바리새인들이 통상적인 종류의 싸움을 나타내고 그 신학적 의의를 보여주는 데 사용하곤 하였던 묵시론적 언어를 활용해서 그 싸움에 대하여 말한다. 이제 이 싸움 자체가 재정의된다. 이 싸움은 더 이상 이교도들(그리고 변절한 유대인들)에 맞선 유대인들(또는, 적어도 의로운 유대인들)의 싸움도 아니고, 이 싸움에서 사용될 병기들도 더 이상 쟁기들과 낫을 다시 벼려서 만들어낸 칼이나 창이 아니다. 그는 고린도 교인들에게 이렇게 설명한다:

> 우리는 단지 인간들일 뿐이지만, 단지 인간적인 방식으로 이 싸움을 싸우지 않는다. 우리가 이 싸움을 위해 사용하는 병기들은 단지 인간적인 것이 아니고, 요새들을 무너뜨릴 수 있는 하나님으로부터 온 능력이다. 우리는 영리한 논증들과 하나님을 아는 지식을 대적하여 높아진 모든 교만한 관념을 무너뜨린다. 우리는 모든 생각을 포로로 잡아와서 메시야에게 순종하게 만든다. 우리는 너희의 순종이 온전하게 될 때, 모든 불순종을 벌하기 위한 준비를 해놓고 있다.[68]

바울이 자기가 현재 그토록 생생하게 참여하고 있는 "싸움"(두 전선에서의 싸움: 밖으로는 원수들, 안으로는 불순종)에 대하여 이렇게 말할 수 있었던 것은 그가 훨씬 더 큰 싸움, 즉 육신을 입은 일반적인 사람들인 원수들이 아니라, 더 크고 무서우며 정의하기 어려운 원수들인 "죄와 사망"에 맞서 벌이는 싸움에 자신이 보병으로 직접 참전하고 있다고 믿었기 때문이었다:

> [23]메시야가 첫 열매로서 다시 살아나시고, 다음에는 메시야에게 속한 자들이 그가 왕이 되어 오실 때에 다시 살아날 것이다. [24]그 후에 그가 모든 통치와 권세와 능력을 폐하시고 그 왕적인 통치를 아버지 하나님께 넘겨드리는 종말이 온다. [25]그가 자신의 모든 원수를 자기 발 아래에 둘 때까지 계속해서 다스려야 하는데, [26]멸망받아야 할 마지막 원수는 사망이다. [27]이것은 "그가 만물을 자기 발 아래에 두셨기" 때문이다. 그러나 만물을 자기 아래에 둔다고 말씀하신 것으로 보아서, 만물을 자기 아래에 두시는 이가 거기에 포함되지 않는다는 것은 분명하다. [28]모든 것이 그 아래에 두어졌을 때, 아들 자신도 만물을 자기 아래 두신 이 아래에서 합당한 자리에 두어지게 되고, 하나님은 만유 안에서 모든 것이 되실 것이다.[69]

68) 고후 10:3-6.
69) 고전 15:23-8.

바울의 서신들 중에서 두 번째로 긴 서신의 핵심적인 장에서 휘몰아치듯이 전개되는 이 중심적인 본문은 "싸움," 따라서 그 싸움을 싸움에 있어서의 "열심"에 대한 그의 근본적인 수정을 보여준다. 메시야의 죽음과 부활은 그에게 그가 지금까지 자신이 싸워야 할 "싸움"과 그 토대인 "열심"으로 보아 왔던 것을 좀 더 큰 싸움의 맥락 속으로 옮겨 놓아야 한다는 확신을 주었다. 창조주인 이스라엘의 하나님은 우주적인 차원에서 이미 메시야 예수를 만유를 다스릴 왕으로 앉혔지만, 예수는 지금 마치 적법한 통치자가 반란군의 수중에 오랜 세월 동안 장악되어 있는 자신의 영토를 되찾고서 자신의 통치권을 다시 세우기 위하여, 자신의 지위를 찬탈해 간 모든 권세들을 마침내 굴복시킬 때까지 조금씩 자신의 영지를 되찾고 있는 그런 방식으로 다스리고 계신다. 위에 인용된 본문은 바울이 "계약 신학"에 속한 것들을 "묵시론적으로" 표현한 많은 본문들 중의 하나이다.

우리가 이런 식으로 수정된 세계관을 설명하고자 하여도, 오늘날의 독자들은 이렇게 수정된 것을 아예 잘 들으려고 하지 않고, "바울은 천사들과 귀신들이 존재한다고 믿었고, 댄 브라운(Dan Brown, 『다빈치코드』의 작가)도 그것을 기초로 글을 쓰지 않았던가!"라고 생각하거나, "이것은 정말 '묵시론'이고, 바울은 하나님이 이 세계로 '쳐들어 오셔서' 완전히 새로운 일을 하신다는 것을 진정으로 믿은 이원론자였다"고 말한다. 사람들은 바울이 쿰란 분파처럼 장차 어둠의 아들들에 맞선 빛의 아들들의 전쟁이 있을 것이라고 내다보았다고 생각한다. 실제로, 제롬 네이리(Jerome Neyrey)는 바울의 서신들에 대한 "문화적 읽기"라는 제목의 한 장 전체를 바울의 "이원론적인" 우주론을 설명하는 데 할애하는데, "이원론"이라는 단어와 그 파생어들은 그 장의 처음 몇 페이지에 스무 번이 넘게 등장한다.[70]

네이리가 이 현상에 주목한 것은 절대적으로 옳지만, 그것을 "이원론적인" 것으로 설명한 것은 절대적으로 잘못된 것이라고 나는 생각한다. 물론, 가장 밋밋한 일원론을 제외한 그 어떤 세계관에서와 마찬가지로, 바울의 세계관의 중심에도 (나를 비롯한 여러 학자들이 명명한) "이원성들"(dualities)이 존재한다. 그러나 "이원론"이라는 단어는 하나님과 세계, 또는 하나님과 마귀, 또는 심지어 하나님과 인간을 대립물로 설정하는 다양한 부류의 세계관과 너무나 밀접하게 연결되어 있다. 그러한 이원론들이 존재하지만, 바울은 그러한 이원론들과는 아무 상관이 없다. 사실, 나는 이 총서의 제1권에서 제2성전 시대의 유대교에 관한 학문적인 글에서

70) Neyrey, 1990, ch. 7. 바울의 "세계"에 대해서는 Adams, 2000; Pennington and McDonough, 2008에 실린 몇몇 논문들을 보라.

"이원론"이라는 명칭이 붙여진 열 가지 유형의 세계관을 주의 깊게 구분해서 설명한 바 있다.[71] 그리고 나는 그러한 다양한 "이원론들"을 말하는 것은 모든 것을 철저하게 다 포괄하는 유일신론 내에서의 구분이라는 전혀 다른 의미를 지니는 "이원성들," 즉 하나님과 세계 간의 이원성(하나님은 선한 세계의 선한 창조주이지만, 하나님과 세계는 동일한 것이 아니다), 선과 악 간의 이원성(악은 하나님의 선한 세계와 대등한 적대 세력이 아니라, 그 선한 세계에 침투해서 기생하는 파괴적인 존재이다), 현세와 내세 간의 이원성(현세는 그 자체로 악하지 않고, 단지 악의 세력으로 말미암아 악하게 되었을 뿐이다)을 말하는 것과 완전히 다르다는 것을 철저하게 구별해서 설명하였다. 바울은 "묵시론" 또는 "우주적" 싸움에 대하여 말하고 있지만, 그 싸움에 관한 바울의 인식은 그런 싸움을 다루는 열 가지 유형의 이원론들 중 어느 하나에 속한 것이 전혀 아니고, 실제로는 그러한 모든 "이원론들"을 배척하고 있음을 보여주는 가장 강력한 지표라는 것을 강조하는 것은 이 세계관을 다룰 때에 엄청나게 중요하다. 바울이 말하는 "싸움"의 핵심은 창조주 하나님이 선한 피조세계를 악이라는 파괴적인 세력으로부터 구해내는 것인데, 그것을 "이원론"이라고 부르는 것은 바울이 말하고자 하는 것들 중에서 가장 중요한 것을 오해하는 것이다.

게다가, "싸움"에 대한 이러한 철저한 재정의는 바울의 신학 전체에서 두 가지 핵심적인 조치들과 정확히 부합한다. 첫째, 이 문제가 의로운 유대인들에 대한 이교도들의 압제라는 관점에서가 아니라, 창조주 하나님과 "악"이라는 기생 세력, 그리고 궁극적으로는 "사망" 간의 우주적인 규모의 싸움이라는 관점에서 재정의되었기 때문에, 이교 세계와 그 거민들은 원래부터 자동적으로 "잘못되었다"거나 "악하다"는 오명으로부터 벗어나서, 다시 한 번 인간으로 대우받을 수 있는 기회를 얻게 된다. 그들이 우상 숭배자들이라는 것은 맞다. 그들의 죄악된 자들이라는 것도 맞다. 그들이 악한 생각들과 행실들로 가득하다는 것도 맞다. 그러나 그들은 하나님의 형상을 드러내도록 부르심을 받고 그들의 창조주에 의해서 사랑받고 있는 인간들이다. 이방 선교가 가능한 첫 번째 이유가 거기에 있다. 둘째, 이교도들이 원래부터 악하다는 오명에서 벗어나게 되면, 유대인들은 원래부터 선하다는 정반대의 짐으로부터 벗어나게 된다. 달리 말하면, "싸움"이 더 이상 "악한 이교도들"에 맞선 "선한 유대인들"의 싸움이 아니라, 온 세계를 노예로 만들어 버린 악의

71) *NTPG*, 252-6. 아마도 나는 이 내용을 별개의 논문으로 발표했어야 했던 것 같다.

세력에 대한 메시야 안에서의 하나님의 승리라는 문제가 되었기 때문에, 바울은 아무리 선한 유대인들(우리는 다소의 사울을 그 예로 들 수 있을 것이다)조차도 결국에는 그들이 이기고자 하였던 바로 그 이교도들과 같은 배에 타고 있다는 것을 인정할 수 있게 되었다는 것이다.[72] 유대인들도 이교도들과 마찬가지로 "아담 안에" 있는 자들이기 때문에, 메시야와 합하여 십자가에 못 박혀야만, 그의 부활에 참여할 수 있게 된다.[73] "싸움"이라는 상징이 민족적인 것에서 우주적인 것으로 수정됨으로써, 바울에게는 이방 선교를 위한 길(이방인들의 지금의 모습이 "진정으로 올바른" 것은 아니었지만, 그들은 "자동적으로 배제되지는" 않기 때문에)과 특히 로마서에서 발견되는 유대인들(바울 자신을 포함해서)에 대한 전면적인 비판을 위한 길이 동시에 열리게 되었다.

따라서 "싸움"에 대한 이러한 재정의는 바울이 실제로 이원론자였다는 것을 보여주는 것이 아니라, 도리어 정반대로 이원론자가 아니었다는 것을 보여준다. 바울이 지금 설명하는 "싸움"의 핵심은 이 싸움은 피조세계 전체에 대한 사랑과 구원을 축으로 삼고 있는 자신의 절대주권을 다시 세우고자 하는 창조주 하나님의 소원과 확고한 의도에 뿌리를 두고 있다는 것이다. "사망"(그리고 그 심복인 "죄")은 선한 피조세계를 침략하여 멸망시키고자 하는 반역자들이다. 이 싸움은 창조의 유일신론 내에서의 싸움이다. 이런 식으로 표현하는 것이 역설적인 것으로 들릴지 몰라도, 이 싸움은 이원론 자체에 맞선 싸움이다. 왜냐하면, 세계는 궁극적으로 물질과 영, 이방인과 유대인 등등으로 나뉘어 있음에 틀림없다는 주장을 관철시키고자 하는 것이 이원론인데, 바울은 거기에 대항해서 싸우고 있는 것이기 때문이다. 우리가 한참 후에나 살펴보게 되겠지만, 부활이 중요한 이유가 여기에 있다. 하나님의 선한 피조세계는 다시 긍정되리라는 것이다.

따라서 이렇게 재정의된 "싸움"은 오늘날의 학자들이 구별하는 이른바 "바울의 진정한 서신들"과 "제2바울 서신들"을 자유롭게 넘나들며 바울의 서신들의 많은 부분에서 큰 소리를 낸다. 그는 이렇게 말한다: 하나님이 마침내 사탄을 너희 발아래에서 상하게 할 것이다.[74] 이 세계의 권세들은 영광의 주를 십자가에 못 박는 큰 잘못을 저질렀고, 그 결과 망하게 될 것이다.[75] 너희는 절제하지 못함으로 인해서

72) cf. 엡 2:3.
73) cf. 갈 2:19f.; 빌 3:7-11.
74) 롬 16:20.
75) 고전 2:6-8.

사탄의 시험을 받을 수 있다.[76] 우상들은 존재하지 않는 것들이지만, 우상들과 결부된 귀신들이 존재하기 때문에, 너희는 주께서 귀신들과 힘겨루기를 하시게 하는 큰 실수를 저질러서는 안 된다.[77] 우리가 서로를 용서하여야 하는 이유들 중의 하나는 교활한 사탄에게 전략적으로 이용당하는 것을 막기 위한 것이다.[78] 사탄은 빛의 천사로 가장하고, 마찬가지로 사탄의 일을 하고 있는 자들도 자신들을 그런 식으로 가장한다.[79] 하나님은 바울로 하여금 너무 자고하지 않도록 하기 위해서, 사탄이 바울의 육체에 가시를 두도록 허락하였다.[80] "공중의 권세 잡은 자"는 유대인이든 이방인이든 모든 인간들을 지배하였지만, 메시야 안에서의 하나님의 역사는 이 지배를 무너뜨렸고, 이제 '에클레시아'(ekklēsia) 및 교회가 지닌 모든 다채로운 영광은 "하늘에 있는 통치자들과 권세들"에게 하나님의 지혜, 곧 창조와 새로운 창조를 통해 드러난 하나님의 지혜를 알게 해주는 증표이다.[81] 이 싸움은 계속되고 있고, 거기에서 사용되는 병기들 속에는 하나님 또는 메시야가 공급해 주는 병기들이 포함되어 있다.[82] 하늘과 땅의 모든 권세들은 결국 메시야 안에서, 메시야로 말미암아, 메시야를 위해서 만들어지고 화목을 이루고 있다가 반역하였고, 메시야의 십자가에서 패하여 무장해제 되었으며, 메시야는 그들에 대한 자신의 승리를 경축하였다.[83] 사탄은 우리가 나아가고자 하는 길들을 봉쇄하지만, 하나님은 사탄보다 더 크다.[84] 사탄에게 권세를 받은 "불법한 자"는 결국 단죄 받고 무너지게 될 것이다.[85] 이것은 바울의 거의 모든 서신들에 직접적으로 반영되어 있는 두드러지게 일관된 그림이다. 갈라디아서 같이 이 그림이 명시적으로 나오지 않는 서신들조차도 바울이 다시 그려서 수정한 상징성 짙은 "싸움"에 속한 다른 요소들을 반영하고 있다. 일단 우리가 이 지속적인 싸움을, 한 바리새인이 "열심"에 의거해서 싸운 싸움들(또는, 장래의 싸움들)을 다시 그려 수정한 것으로 이해하게 되면, 우리는 이 "싸움"을 관념들의 역사 내에서 합당한 자리에 위치시킬 수 있게 될 뿐만 아니라,

76) 고전 7:5.
77) 고전 10:14-22.
78) 고후 2:11.
79) 고후 11:14f.
80) 고후 12:7-9.
81) 엡 2:2; 3:10.
82) 엡 6:10-17; cp. 6:14과 사 11:5; 6:15과 사 52:7; 6:17과 사 11:4; 59:17; 61:10.
83) 골 1:15-20; 2:15.
84) 살전 2:18f.
85) 살후 2:8f.

더 중요한 것은 이 싸움이 바울 및 그의 가르침을 받아들인 자들의 세계관의 정의의 일부인 하나의 상징으로서 어떻게 기능하였는지를 신학적으로 이해할 수 있게 된다는 것이다.

우리가 여기에서 살펴볼 바울이 개작하고 수정한 유대적 상징들 중 마지막 요소는 다른 모든 것을 둘러싸고 있으면서 그 모든 것들에 구체적인 실체와 색깔을 부여하는 "성경"이다. 성경은 유대인들의 세계에서 중심적인 것이었다. 그 세계는 바벨론 시대와 그 이후의 모든 시기에 더 복잡해졌기 때문에, 성경 – 단지 세계관의 핵심적인 상징적 요소들을 제공해 준 다섯 권으로 된 "토라"만이 아니라, 예언서들과 성문서, 특히 시편까지 포함해서 – 의 비중은 더욱 커져서, 자신들의 "땅"에 살면서 성전에서 예배하였던 유대인들만이 아니라, 전 세계에 걸쳐 디아스포라에 흩어져 살고 있던 유대인들의 삶에 형태와 내용을 부여하는 데 더욱더 큰 역할을 하게 되었다. 이 시기의 유대인들은 아주 다양한 삶을 살았기 때문에 성경도 아주 다양하게 사용하긴 하였지만, 성경의 용도들 중에서 하나의 중심적인 흐름은 이스라엘로 하여금 자신의 실존을 이해하게 해주는 위대한 주도적인 이야기로 보는 것이었다는 것을 나는 이미 앞에서 설명한 바 있다. 그들은 성경을 결말(ending)을 향해 나아가는 이야기로 보았는데, 그 결말의 형태와 내용(약속들의 성취와 메시야의 오심 등등)에 대해서는 의심의 여지가 없었지만, 어떠한 조건들 아래에서 어느 때에 그 결말이 도래하게 될 것인지에 대해서는 알 수 없었기 때문에, 그 시기가 언제일지를 고민하며 탐색하는 일이 수 세기 동안 계속되었다. 그들에게 요구되었던 것 – 이러한 조건들의 정확한 형태와 내용은 유대인들의 삶의 서로 다른 흐름들과 그들이 이 공통의 이야기를 말한 방식에 따라 서로 아주 달랐지만 – 은 무엇인가 새로운 것, 즉 새로운 세대로 하여금 이 이야기를 오랫동안 기다려 왔던 종착지에 도달하게 하는 세대가 될 수 있게 해 줄 어떤 새로운 것이었다.

이 새로운 것이 무엇일지에 대해서는 여러 선택지들이 존재하였다. 그것은 성문 토라(the written Torah)를 하나님의 백성의 일상의 삶에 좀 더 정확하게 적용해서, 그들로 하여금 성문 토라를 마음으로부터 온전히 지킬 수 있게 해줄 구전 토라(the oral Torah)일 수도 있었고, 좀 더 깊은 지혜, 곧 태초에 창조주가 세계를 지었을 때에 사용하였던 지혜를 부지런히 찾아 발견해 내는 것일 수도 있었으며, 갑자기 주어진 환상일 수도 있었고, 이전에 감추어져 있던 신비들이 드러나는 것일 수도 있었다. 이 모든 것들을 한 단어로 포괄해서 말한다면, 그것은 "계시"이고, 이러한 "계시"가 지닌 의미의 일부를 담고 있는 헬라어는 '아포칼립시스'(apokalypsis)이다. 우리가 세계관 또는 하나의 문학 장르(이 둘은 판이하게 다른 것들이다)를 지칭하기 위하여 "묵시론"이라는 단어를 사용하고자 한다면, 그렇게 지칭된 것은 이러한 사고체계 전체와 일정 정도 연관되어 있어야 한다.[86)]

"묵시론," 즉 아직 미완의 수수께끼 같은 서사의 의미를 드러내 줄 새로운 "계시"라는 이 유대적인 중심적 상징에 대한 사도의 개작과 수정의 중심에는 그가 거듭거듭 반복해서 말한 자신의 신념, 즉 메시야 예수 안에서 이스라엘의 하나님이 어떤 것을 "드러내거나 계시하거나 나타냈는데," 그렇게 계시된 것을 통해서 바울은 마침내 이스라엘의 성경의 시작(아브라함과 그 이전의 아담)과 그 중간에 있는 모든 것의 의미를 밝혀줄 결말(ending)을 알았고, 그 결말에 비추어서 성경을 읽을 수 있게 되었다는 그의 신념이었다. "묵시론"이라는 용어가 오직 우리가 이미 앞에서 설명한 바로 그 의미만을 지닌다는 것을 명심한다면, 우리는 이스라엘의 핵심적인 상징(성경)에 대한 바울의 이러한 수정에 "묵시론"이라는 명칭을 붙일 수 있다. 즉, 이 "묵시론"은 이제 마침내 "계시된" 극적인 결론을 향하여 나아가는 이야기에 의해서 설명되는 것들 외에는 다른 어떤 것도 말해 주지 않는다는 것이다. 묵시론은 이제 결말이 드러난 이야기에 그 어떤 것도 더해 주지 않고, 단지 우리로 하여금 이 이야기를 일련의 복잡한 문구들을 사용해서 설명하는 대신에 단 한 단어로 요약할 수 있게 해주는 용어일 뿐이다.

물론, 요약을 위해 사용되는 그러한 단어들은 모두 나름대로의 난점들을 지니고 있고, 종종 독자적인 메시지를 지니기도 한다. 웨인 믹스(Wayne Meeks)는 바울과 그의 추종자들이 새로운 계시가 일어났다고 믿었던 방식과 그 신념이 핵심적인 표지 역할을 하였던 방식에 대하여 올바르게 설명하고 있다. 그는 "특별한 정체성 의식을 촉진시킨 특별한 신념들"에 대하여 말하면서, "오로지 신자들에게만 계시된 신념"을 상기시킨다:

> 그 신념도 유대적인 유산의 일부였고, 그 신념이 초기 기독교에서 등장한 형태는 특히 유대적인 묵시론의 형태들에 뿌리를 두고 있다 … 다른 사람들이 접근할 수 없는 정보를 소유한 집단은 그들 자신과 그들의 지체가 아닌 사람들 간의 경계를 강하게 의식하는 집단일 수밖에 없다. 그리스도인들이 붙잡고 있었던 비밀의 내용은 유연한 것이어서, 그들의 신념들의 특별한 결합들 전체를 포함하도록 확장될 수 있었다. 바울을 추종한 그리스도인들에게 있어서 그 비밀의 핵심은 하나님의 메시야인 예수의 죽음과 부활이 지닌 의미였다.[87)]

86) *Interpreters*에 수록된 바울에 대한 소위 새로운 "묵시론적" 읽기들에 관한 논의를 보라.

87) Meeks, 1983, 92. 계시 및 그것이 서로 다른 유형들의 유대교와 초기 기독교에서 수행하였던 역할이라는 주제 전체에 대해서는 특히 Bockmuehl, 1997 [1990]을 보라.

달리 말하면, 이스라엘의 한 분 유일하신 하나님이 부활 사건을 통해서 십자가에 못 박힌 예수가 이스라엘의 메시야라는 것을 계시하였다는 바울의 신념은 단지 다른 종교들이 사람들을 끌기 위해 내놓는 매력적인 것들처럼 요란하게 나팔을 불어 선전해야 할 자기 나름대로 특별한 것을 지닌 어떤 관념이었던 것이 아니라, 그 자체가 성경을, 의미를 알 수 있게 해주고 성경에 대한 새로운 읽기를 가능하게 해준 "계시"였다. 성경의 의도는 지금까지 내내 유대인들이 생각했던 것들을 언제나 넘어 서 있었고, 이제 "계시"를 통해서 그 결말이 밝혀져서 확실하게 수정되었다.

나중에 보게 되겠지만, 이것은 바울과 그가 바리새인이었을 때에 성경을 읽었던 방식을 비롯해서 여러 다른 맥락들 속에서 성경을 읽고 있었던 유대인들 간의 지속적인 암묵적 대화를 촉발시켰다. 우리의 현재의 목적에 비추어 보았을 때에 더 중요한 것은 이것은 성경이 바울에게 있어서 새로운 종류의 상징으로서 판이하게 새로운 방식으로 기능하기 시작하였다는 것을 의미했다는 것이다. 우리가 지금까지 살펴보았던 다른 모든 상징들에 대한 수정과 모든 면에서 잘 부합하고 들어맞는 방식으로, 바울은 성경을 이제 늘 현존하게 된 하나의 결말을 가리키는 것으로 읽게 되었는데, "그러나 이제는"(but now)이라는 결말은 그의 복음의 기조이자 "지금은 어느 때인가"라는 질문에 대한 새로운 대답이었다. 그리고 그 대답의 일부는 지금은 이 모든 것이 어떻게 끝나는지를 알고서 성경을 읽어야 할 때라는 것이다.

성전, 토라, 기도, 땅, 권속, 싸움, 성경 — 이 일련의 어마어마한 상징적 표지들은 바울의 복음에 의해서 하나도 남김없이 다 건드려지고 수정된다. 이것들은 모두 세계관 수준에서(즉, 사람들이 통상적으로는 거론하지 않지만, 그들이 생각하고 말하고 행하는 모든 것에 의미를 부여하는 것의 수준에서) "우리가 창조주 하나님의 백성이라는 것이 우리의 정체성이다"라고 말해 온 것들이었다. 이것들은 바울에 의해서 사실상 다음과 같이 말하도록 수정되었다: "우리가 메시야를 중심으로 재편된 하나님의 백성이라는 것이 우리의 정체성이다." 그리고 십자가와 부활은 이제 메시야를 재정의한 핵심적인 것들이었기 때문에, 이 수정된 상징들은 "우리가 메시야 안에서 십자가와 부활을 중심으로 재편된 하나님의 백성이라는 것이 우리의 정체성이다"라고 말하였다. 이것은 이미 원칙적으로 우리에게 잠시 후에 살펴보게 될 다른 몇몇 질문들에 대한 대답을 보여준다. 또한, 한 걸음 더 나아가서, 이것은 바울이 쓴 것과 같은 그런 "신학"이 동시대의 유대인들이나 이교도들의 경우에서보다도 그의 서신들에서 훨씬 더 두드러진 역할을 하게 된 이유를 미리 설명해 준다.

이제 우리는 이교도들에게로 눈을 돌려서 훨씬 더 간략하게 살펴보기로 하자.

바울은 유대교 외부의 상징 세계들을 향하여 어떻게 말하였는가?

2) 이교 세계의 상징들

우리가 제3장에서 말한 것과 동일한 맥락에서, 이제 다음과 같은 질문에 눈을 돌려 보자: 바울 및 유대적인 메시야에 대한 그의 선포라는 관점에서 볼 때, 고대 이교 사상의 상징 세계에 무슨 일이 일어났는가? 이 질문은 최근에 캐빈 로우(Kavin Rowe)에 의해서 매력적인 방식으로 제기되어 왔다: 여전히 지극히 유대적인 사도가 우상 숭배에 대한 자신의 비판을 견지해 나갔을 때, 무엇이 저 모든 신들을 대신하였는가? 여러분이 어떤 공간에서 신들을 다 몰아낸다면, 그 공간을 어떻게 다시 채울까?[88]

바울이 행한 것은 바로 그렇게 신들을 몰아낸 것(desacralize)이었다. 바울에게 있어서, 고대 세계의 신들이나 여신들은 원래 존재하지 않는 것들인데, 사람들이 비인간화되어서 스스로 미혹되어 만들어낸 가공의 괴물들이었다. 로마서 1장에 나오는 저 유명한 본문을 비롯해서 다른 여러 본문들의 취지는 적어도 그런 것이다:

> [18]하나님의 진노가 불의로 진리를 막는 사람들의 모든 불경건과 불의에 대하여 하늘로부터 나타난다. [19]하나님을 알 만한 것이 그들에게 명백하다. 하나님께서 그것을 그들에게 보이셨다. [20]창세 이래로 그의 [보이지 아니하는] 능력과 신성이 그가 만드신 만물에 분명히 보여 알려져 왔기 때문에, 그들은 핑계할 수 없다. [21]하나님을 알지만, 하나님을 영화롭게도 아니하였고 감사하지도 아니하였다. 도리어, 그들은 쓸데없는 방식으로 생각하는 법을 배웠고, 그들의 미련한 마음은 어두워졌다. [22]그들은 스스로 지혜 있다고 자처하였지만, 사실은 어리석게 되었다. [23]그들은 썩어지지 아니하는 하나님의 영광을 썩어질 사람과 새와 짐승과 기어다니는 동물 모양의 우상으로 바꾸었다. [24]그래서 하나님께서는 그들을 마음의 정욕대로 더러움에 내어주셔서, 그들의 몸을 서로 욕되게 하게 하셨다. [25]그들은 하나님의 진리를 거짓 것으로 바꾸었고, 피조물을 창조주보다 더 경배하고 섬겼다. 창조주는 영원히 찬송 받으실 이시다, 아멘.[89]

> [1]우상에게 바쳐진 제물에 대하여는 "우리에게 다 지식이 있는" 줄을 우리는 안다. 지식은 교만하게 하지만, 사랑은 너희의 덕을 세운다. [2]만일 누구든지 무엇을 "아는" 줄로 생각한다면, 아직도 마땅히 알 것을 "알지" 못하는 것이다. [3]누구든지 하나님을 사랑하면,

88) Rowe, 2005a, 308f.
89) 롬 1:18-25.

그 사람은 하나님도 "알아" 주신다.
[4]그러므로 우상에게 바쳐진 제물을 먹는 일에 대하여는, 우리가 "우상은 이 세계에서 아무 것도 아니고, 하나님은 한 분밖에 없는" 줄을 안다. [5]비록 하늘에나 땅에나 "신들"이라 불리는 자들이 있어, 많은 "신들"과 많은 "주들"이 있지만, [6]우리에게는 한 하나님 곧 아버지가 계시니, 만물이 그에게서 났고 우리도 그를 위하여 있고, 한 주 예수 메시야께서 계시니, 만물이 그로 말미암고 우리도 그로 말미암아 살아간다.[90)]

[8]하지만 너희가 그 때에는 하나님을 알지 못하여, 본질상 하나님이 아닌 자들의 노예로 살았다. [9]그러나 이제는 너희가 하나님을 알게 되었을 뿐만 아니라, 더욱이 하나님에 의해서 아신 바 되었는데, 어떻게 다시 약하고 천박한 초보적인 것들로 돌아가서 다시 그들을 섬길 수 있겠는가? [10]너희가 날들과 달들과 절기들과 해들을 지키고 있구나! [11]나는 너희에 대하여 염려하는데, 내가 너희를 위하여 수고한 것이 모두 다 헛되게 될까봐 염려한다.[91)]

[8]주의 말씀이 너희에게로부터 마게도냐와 아가야에만 들릴 뿐 아니라 하나님을 향하는 너희 믿음의 소문이 각처에 퍼졌기 때문에, 우리는 아무 말도 할 것이 없다. [9]그들은 우리가 어떻게 너희로부터 환영을 받았는지, 너희가 어떻게 우상들을 버리고 하나님께로 돌아와서 살아 계시고 참되신 하나님을 섬기는지, [10]하나님이 죽은 자들 가운데서 다시 살리신 그의 아들, 곧 장래의 진노에서 우리를 구원하시는 예수께서 하늘로부터 강림하실 것을 너희가 어떻게 기다리는지에 관한 이야기를 스스로 하고 있다.[92)]

이러한 본문들에서 바울은 이교의 우상 숭배에 관한 유대인들의 표준적인 신념, 즉 예언서들의 비웃음과 시편의 조소에 뿌리를 둔 신념을 "수정하거나 재정립하지" 않았고,[93)] 도리어 재확인하고 재천명하였다. 우리는 이방의 다신론자들이 아니라 유일신론자들이라고 그는 역설한다! 사도행전 17장에 나오는 "아레오바고 연설"은 이교의 시인들을 인용하는 등 이교 철학에 대하여 대단히 긍정적이기 때문에 바울의 것일 수 없다고 앞 다투어 단언하는 사람들은 이 연설의 핵심이 우상들과 우상의 신전들과 희생제사에 대한 유대인들의 고전적인 규탄이라는 점을 간과하고 있는 것이다. 물론, 이 연설은 사람의 손으로 세워진 건축물들 중에서 가장 아름다운 것들에 속하는 두 건축물이라고 할 수 있는 웅장한 파르테논 신전과 그

90) 고전 8:1-6.
91) 갈 4:8-11. 물론, 갈라디아 교인들은 온전한 유대인이 되고자 한 것인데, 바울은 그들을 이교로 돌아가고자 하는 것이냐고 비판한다는 점에서, 이 본문에는 상당한 아이러니가 있다.
92) 살전 1:8-10.
93) 많은 예들 중에서 cf. 시 115:4-8; 135:15-18; 사 37:18f.; 40:19f.; 44:9-20; 렘 10:1-5.

것보다는 좀 작지만 여전히 놀랄 만큼 아름다운 여신 니케(Nike)의 신전을 한 눈에 볼 수 있는 아레오바고(Areopagus, '아레오파고스')의 반석 위에 세워져 있다. 그리고 사도행전의 바울은 그 신전들은 범주 오류(category mistake)이기 때문에 쓸데없이 공간만 차지하고 있는 것들이라고 선언한다. 서신서들의 바울은 사도행전에서 누가가 보여주는 자신의 분신에서 아주 중요한 공백을 메워 주는 역할을 하는데, 바로 그것이 정확히 서신서들이 하는 일이다. 이 첫 번째이자 가장 중요한 이교의 상징에 대해서는 이 정도로 해두자. 한 분 유일하신 하나님, 만물의 창조주가 존재하는데, 이 하나님을 현재의 이 세계 속에 있는 어떤 것과 동일시하거나 거기에 담을 수 있다고 생각하는 것은 정말 어처구니없는 잘못이다. 여기까지는 우리가 주후 1세기의 엄격한 유대인이자, 한 분 유일하신 하나님이 온 세계와 그 모든 길들과 지혜를 지었고 소유하고 있다고 믿은 엄격한 유일신론자인 유대인이자, 내면으로부터 근본적으로 변화되어서, 유대적인 이야기가 오래 전에 정해진 그 정점에 도달하였다고 믿은 그런 유대인에게서 기대할 수 있는 바로 그것이다. 하나님은 공간과 시간과 물질의 세계 내에 있는 그 어떤 사물도 아니고, 그런 사물을 통해서 제대로 드러내질 수도 없다.

하지만 하나의 예외가 존재한다. 바울은 창조의 유일신론의 헌장인 창세기의 처음 몇 장을 통해서, 창조주 하나님을 담을 수는 없지만(그런 것이 존재할 수 있다고 가정한다고 해도) 적어도 반영하도록 의도된 한 피조물이 존재한다는 것을 알고 있었다. 바울이 이교의 우상 숭배를 철저하고 완강하게 배척한 이유 중의 일부는 우상 숭배는 하나님의 존귀함을 손상시킬 뿐만 아니라, 하나님의 형상을 실제로 지니고 있는 인간의 존귀함도 손상시킨다는 분명한 신념에 토대를 둔 것이었다. 우상 숭배는 인간의 특권을 몰래 훔쳐서 다른 것에게 주어 버리는 것이다. 우상 숭배를 행하는 것은 바로 인간이기 때문에, 우상 숭배는 인간이 자신의 장자권을 우상이 주는 팥죽 한 그릇에 팔아버리는 것이다. 우상 숭배는 인간을 새와 짐승과 파충류보다 못한 존재로 만들어 버린다. 하나님은 인간을 자신의 형상을 지닌 자로 지어 대리인으로 세워서, 자신이 지은 세계를 다스리면서 창조주의 영광과 지혜로우신 경영을 세계에 드러내도록 하고자 하였다. 참된 사람이자 "보이지 아니하는 하나님의 형상"인 분이 다른 사람들을 다시 인간이 되게 하고, 우상 숭배로 인한 썩어짐으로부터 사람들을 건져내어, 원래 지음 받은 모습으로 다시 회복시키기 위하여, 마침내 이 땅에 임하였다는 바울의 신념은 단지 우상 숭배의 직접적인 결과인 비인간화에 대한 그의 전형적으로 유대적인 반응을 강화시켜 주었을 뿐이었다.[94] 이렇게 바울이 예수에 관하여 믿은 것들은 이교 사상의 중심적인 상징들에 대한 그의 배척을 강화시켜 주는 역할을 하였다.

또한, 그 결과, 바울은 이교 제의를 한편으로는 그런 제의가 어처구니없는 짓이라는 관점에서, 다른 한편으로는 그런 제의가 훨씬 더 어두운 면을 지니고 있다는 관점에서 분석하였다.[95] 우리가 방금 전에 재정의 된 "싸움"을 살펴볼 때에 언급하였듯이, 바울은 우상들은 실제로 존재하지 않는다는 것과 우상을 섬기는 신전들은 제한적이지만 실제적인 능력을 행사할 수 있는 피조물들인 "귀신들"을 불러내는 장소라는 것을 둘 다 말하고자 하였다. 우리는 이 두 견해를 서로 양립할 수 없는 것으로 보고서, 마치 바울이 두 가지 상반된 견해들 사이에서 왔다 갔다 하기라도 한 것처럼 여겨서는 안 된다.[96] 바울은 먼저 제우스, 아테나, 아레스, 아프로디테 등과 같은 신들은 존재하지 않는다고 분명하게 말한 후에, 다음으로 이러한 "많은 신들과 많은 주들"을 섬기는 사람들은 실제로는 그가 "사탄"이라 부르는 어둠의 권세에 속한 영적인 세력들을 불러내는 것이라고 분명하게 말한다. 이러한 영적인 존재들은 주류 이교 사상이 생각하는 위대하고 고상한 올림포스의 열두 신 같은 그런 존재들은 아니지만, 능력이 있고 위험한 존재들이었다. 작지만 위험한 존재들인 "귀신들"로 이루어진 이 세계는 고전적인 신들이 사는 어쨌든 겉보기에는 고상한 곳(올림포스 자체도 깨끗하거나 투명한 곳은 결코 아니었지만)보다 훨씬 더 더럽고 음험한 곳이었다. 말하자면, 귀신들은 복음으로 말미암아 이미 무장해제를 당했지만, 그 복음을 받아들이지 않는 사람들을 이용해서, 사람들이 상상 속에서 섬기는 신들 대신에 저 텅빈 웅장한 신전들을 차지하고서, 그들에게 정해진 멸망의 날까지 자신들이 기존에 지니고 있던 능력을 써먹고 있는 뒷골목의 더러운 부랑자들이었다고 할 수 있다.[97] 이것은 기본적으로 유대적인 인식이었고, 바울이 자신이 섬겨 왔던 이스라엘의 하나님이 인간의 얼굴을 지니고서 인간의 삶을 살다가 인간의 죽음을 죽었다는 놀라운 사실을 알게 되었을 때, 이러한 인식은 그에게서 더욱 강화되었다. 세계의 재신성화(resacralization)는 예수로부터 시작된다.

그러나 그것은 거기에서 멈추지 않는다. 바울은 사람들이 고대 세계의 통상적인

94) 골 1:15. 성결을 잃어버린 공간을 충만하게 하는 것에 대해서는 Gorman, 2009, ch. 1, 특히 35-7을 보라. 하지만 나는 그가 말하는 것보다 한층 더 앞으로 나아갈 수 있다고 생각한다.

95) 고전 8-10장, 이것에 대해서는 이제는 Phua, 2005를 보라.

96) 특히 Thiselton, 2000, 775f.와 이전의 논의들에 대한 전거를 보라.

97) Thiselton, 2000, 776: "따라서 이러한 이전의 기관들은 인간적인 사회적 "세계들" 또는 가치 체계들이 여전히 그 토대를 제공해 주는 가운데 지배하는 곳에서 작동하는 권력의 호주머니들로 변하였다"(강조는 원래의 것).

신들을 섬김으로써 비인간화되었다고 생각한 데서 그친 것이 아니라, 숨이 멎을 것 같은 놀라운 대안도 이미 그의 생각 속에 있었는데, 그것은 디오니소스나 아프로디테의 이름을 부르며 기원하거나, 술이나 성을 이용해서 고양된 의식을 체험하거나, 아레스나 맘몬의 이름을 부르거나, 전쟁이나 돈을 버는 일에 몰두하는 대신에, 살아 계신 하나님의 영을 초청하여 하나님의 형상으로 다시 지음을 받고 새로워져서 새롭게 하나님의 형상을 지닌 인간이 되는 것이 가능하다는 것이었다. 우리는 여기에서 단지 배척만이 아니라 수정에 대한 암시도 탐지해낼 수 있을 것이다. 신을 섬기는 것은 좋은 일이고(여기서 바울은 종교에 대하여 회의적이었던 아카데미 학파의 철학자들이 말로는 초연한 철학을 주창하면서도 실제로는 자신들의 행동들을 통해서는 대중의 종교를 똑같이 수행하고 있는 것을 조소한 것 같다), 여러분은 자신이 섬기는 대상을 실제로 닮게 된다.[98] 그렇다면, 여러분의 인품이 이런저런 이교의 신이나 여신을 닮게 되는 것보다는, 여러분은 창조주 하나님의 형상을 따라 지음 받았으니, 그 하나님을 섬기고 그 이름을 불러서, 여러분의 인품과 삶이 그의 영에 의해서 변화되고 재형성되는 것이 옳지 않겠는가? 앞에서 이미 보았듯이, 바울의 성령론과 관련된 주된 논점이 메시야의 백성을 새로운 성전으로 보는 그의 견해 속에 있다면, 내주하는 성령을 불러내는 힘의 일부는 신학과 인간학이 자연과 마찬가지로 진공 상태를 싫어하기 때문에, 예수가 말한 대로, 귀신을 쫓아내고서 집을 빈 상태로 두는 것은 더 나쁜 재난을 불러들이는 것이라는 인식이다.[99] 구조적으로 말해서, 바로 이 본문이 이른바 바울의 "윤리"와 고대 스토아 철학자들을 비롯한 여러 선생들이 가르친 윤리 간의 엄청난 차이가 존재하는 지점이다. 우리는 나중에 이것에 대해서 좀 더 자세하게 살펴볼 것이지만, 여기에서 우리가 세계관의 수준에서 지적해 둘 수 있는 것은 스토아 철학자들은 "자연 또는 본성에 따라서" 살아가는 것을 목표로 삼았던 반면에, 바울의 목표는 "자연 또는 본성" 그 자체, 즉 인간의 본성과 만유 전체를 하나님의 성령의 강력한 내주를 통해서 근본적으로 변화시키는 것이었다.[100]

이교 세계의 주된 상징들(정치적인 상징들, 특히 제국의 상징들은 일단 제외하고)은, 부분적으로는 농촌에서 이루어지기도 했지만 대체로는 도시에서 이루어진 통상적인 사회생활, 즉 길거리 수준의 문화가 이런저런 신들을 기리거나 신들에게

98) 예컨대, cf. Meadors, 2006; Beale, 2008. Beale은 조금 더 나아간다: 우리는 우리가 예배하는 것이 된다.

99) 마 12:43-5/누 11:24-6.

100) 아래 제14장을 보라.

기원할 목적으로 주기적으로 열린 축제들, 경기장들에서의 시합들, 특별한 행사들을 축으로 번성하였던 사회생활 속에 있었다. 로마의 "개선 행사"는 이러한 것들 중에서 가장 성대한 행사 중의 하나였는데, 이 행사에서는 고전적인 이교와 연결되어 있던 온갖 종류의 것들이 행해졌다.[101] 하지만 모든 성읍, 모든 도시, 모든 식민지에는 모든 주민은 아닐지라도 대부분의 주민이 참여하는 축제들을 비롯한 여러 축하 행사들이 완비된 나름대로의 사회생활이 존재하였고, 사람들은 그러한 행사들에 참여해서 많은 술을 마시고 흥청대며 온갖 방탕하고 외설적인 것들을 행하는 것이 일반적인 모습이었다. 바울의 서신들은 사람들의 그러한 모습을 일반적인 관점에서 공격한다: 이웃들이 의아해하거나 의심스러운 눈초리로 바라본다고 할지라도, 메시야의 백성은 그런 일들에 참여해서는 안 된다.[102] 그리스도인들이 사람들에게 인기가 없었던 이유 중의 일부(타키투스는 그리스도인들은 '오디움 후마니 게네리스' [odium humani generis], 즉 "인류에 대한 증오심"을 지니고 있는 듯이 보였다고 말한다)[103]는 사람들의 삶 속에서 통상적으로 무미건조하고 때로는 위험스러운 고역들에 다채로움과 재미를 더해주는 것들로서 사람들이 당연시하고 받아들였던 아주 많은 것들을 그리스도인들이 멀리하였기 때문이었다고 할 수 있다. 그리스도인들이 그런 식으로 처신하는 것은 어려웠을 것임에 틀림없다. 앞에서 보았듯이, 바울은 그리스도인들이 불신자들로부터 식사 초대를 받았을 때에는 거기에 기꺼이 응해도 된다고 말하였다 – 물론, 유대인들의 이런 종류의 사회적 교류가, 바클레이(Barclay)의 말을 빌리면, "유대인의 관점에서" 이루어진 것이라면, 그리스도인들의 이런 종류의 사회적 교류도 어떤 의미에서는 "예수의 관점에서" 이루어질 수밖에 없었기는 하지만.[104] 그리스도인들은 식사 초대를 받아서 함께 먹을 수 있었지만, 술에 취할 수도 없었을 것이고, 파티에 가서 비교적 정중하게 처신하는 자들과 동일한 방식으로 처신할 수도 없었을 것이다(페트로니우스 [Petronius, 주후 27-55년경, "우아함에 대한 심판자"로 불렸던 쾌락주의자] 등과 같이 방탕하게 행하는 것은 더더욱 용납될 수 없었음은 말할 필요도 없지만). 또한, 다른 사

101) Hafemann, 2000 및 거기에 나오는 신약과 관련한 훌륭한 참고문헌을 보라; Beard, 2007.

102) 아마도 엡 5:7, 11; 좀 더 명시적으로는 벧전 4:4f.

103) Tac. *Ann.* 15.44: cf. *NTPG*, 352f. *Ep. Diogn.* 5는 고린도후서 6장을 반영해서 그러한 고소를 강력하게 배척하고, 계속해서 필로가 유대인들을 변호할 때에 하였던 말을 그리스도인들에게 적용하여 변호하여, 영혼이 육신 안에 있듯이, 그리스도인들은 세계 안에 있다고 말한다(6). 또한, Jos. *Ap.* 2.121-4에서 볼 수 있듯이, 이러한 고소는 유대인들에 대해서도 행하여졌다.

104) Barclay, 1996, 147은 Aristeas, 139를 해설한다.

람들의 양심이 문제가 되는 경우도 생겼을 것이고, 그런 경우에는 민감하게 처리해야 할 때도 있었을 것이다. 온갖 분야들에서 그리스도인으로서 합당한 길을 가는 것은 사회적인 명예를 잃거나 수치를 당하기도 하고, 다양한 방향에서 기독교적인 가치와 다른 온갖 가치들을 헤쳐나가야만 했던 어려운 일이었을 것이다. 바울은 이 모든 것을 알고 있었을 것임에 틀림없지만, 오늘날까지도 그리스도인들이 헷갈려하고 당혹해하는 타협(compromise)도 아니고 물러남(withdrawal)도 아닌 저 좁은 길을 따라 걷는 데 관심이 있었다.

공직 등과 같은 공적인 삶의 좀 더 분명한 상징들과 관련해서는, 우리는 바울이 그런 것들을 어떻게 여겼는지에 대해 잘 알지 못한다. 하지만 바울의 교회들에 속한 일부 지체들은 공직에 있었고,[105] 어떤 지체들은 황가에 속한 사람들도 있었다. 그는 이 문제를 종종 생각할 때, 사려 깊은 창조의 유일신론자답게, 창조주 하나님이 공적인 당국들을 세워서 질서를 지키고 사적인 복수를 금하게 하고자 하였다고 믿었다. 이 모든 것은 메시야를 따르는 자들이 우리가 오늘날 느슨하게 "공적인 삶"이라고 부르는 것에 참여하는 것을 그가 결코 반대하지 않았다는 것을 보여주는 것 같다.[106]

특히, 바울은 그리스도인들이 원칙적으로 그들이 살아가고 있는 좀 더 넓은 세계의 안녕에 기여할 수 있고, 또한 기여하여야 한다고 믿었던 것으로 보인다. 그들은 "모든 사람에게 선한 일을 하되 더욱 믿음의 가정들에게 하여야" 했다.[107] 그들은 악을 악으로 갚지 말고, "서로에게 및 모든 사람에게 항상 선을 행하려고 애써야" 하였다.[108] 나는 로마서 12장의 마지막 일곱 절이 '에클레시아'(ekklēsia) 밖의 세계에 대한 그리스도인의 의무를 개략적으로 열거하고자 한 것이라고 보는데(방금 앞에서 인용한 구절들과의 부분적인 병행이 보여주듯이), 이 절들은 "저주하지 말라"거나 "친히 원수를 갚지 말라"는 등 소극적인 측면만을 얘기하고 있는 것이 아니라, 적극적으로 "즐거워하는 자들과 함께 즐거워하고 우는 자들과 함께 울라"고 말한다. 그리스도인들은 고대의 일부 철학자들처럼 평범한 사람들의 공통적인

105) 예컨대, cf. 고린도에 있는 Erastus의 금석문; 자세한 것은 Jewett, 2007, 981-4에 나와 있다. 롬 16:23; 딤후 4:20에서는 Erastus가 고린도의 재무관(aedile— '아에딜레')이라고 말한다.

106) 위의 Erastus와 아울러 cp. 빌 4:22; 공직과 사적인 복수에 대해서는 롬 13:1-7과 12:19-21을 보라(cf. 골 1:15-20). 본서 제12장 제3절 (iii)을 보라.

107) 갈 6:10. 이것은 예레미야 29[LXX 36]:7에서 포로로 잡혀간 자들이 머무는 "도시가 잘되기를 구하라"고 명령을 기독교화한 것으로 읽는 것이 적절할 것이다—물론, 거기에 나온 단어가 분명하게 반영된 것은 하나도 없지만. 이 주제와 관련해서 Winter, 1994는 중요하다.

108) 살전 5:15.

기쁨들과 슬픔들로부터 초연한 자세를 취해서는 안 되었다. 그들은 마치 자신의 신앙으로 말미암아 다른 모든 사람보다 한 수 위인 사람이 되었다는 듯이 고고한 태도를 보여서는 안 되었다. 그들은 "모든 사람 앞에서 고결한('칼라' [kala, 훌륭한, 칭찬 들을 만한]) 일을 도모하여야" 했다.[109] 그들에게는 "메시야의 복음에 합당하게" 공적인 삶을 살아가는 것이 중요하였다.[110] 나는 데이빗 호렐(David Horrell)이 이것이 만들어내는 몇몇 행실들이라고 말하고 있는 것에 동의하지 않지만, 바울의 이 본문이 오직 믿음의 권속을 위한 질서와 연관된 윤리가 아니라, 좀 더 넓은 세계와의 관계 속에서 그리스도인들의 책임에 대한 초보적인 것들을 개략적으로 말하고 있다는 것에는 동의한다. 그리고 나는 우리가 "선한 일들"에 관한 구절들도 이런 관점에서 읽어야 한다고 생각한다. 왜냐하면, 단지 공적인 은인들이 이교도들이라는 것이 그리스도인들이 기회 있을 때마다 좀 더 넓은 사회를 위해 "선한 일들을 하지" 않아도 되는 이유가 될 수는 없기 때문이다.[111]

끝으로, 좀 더 넓은 이교 세계, 특히 아테나의 올빼미를 생각하면, 우리는 그들이 지혜를 찾기 위해 엄청난 노력을 쏟았다는 것을 상기하게 된다. 이것은 그 자체로 하나의 독립된 주제이기 때문에, 해당되는 곳에서 다루어져야 하지만, 여기서 우리는 이것만은 말해 두어야 한다: 바울은 "이 세계의 지혜"는 결국 하나님 앞에서 어리석은 것임이 드러나게 된다는 것을 반복해서 분명히 단언하였지만, 반지성주의로 빠지지도 않았고(결코!), 단지 일차원적으로 세계의 모든 것으로부터 등을 돌리지도 않았으며, 일종의 분파적인 이원론에 빠져 세계와 단절하고 자신의 개인적인 영역으로 물러가지도 않았다. 다시 한 번 말해 두지만, 그의 창조의 유일신론은 그가 좀 더 넓은 비유대적이고 비기독교적인 세계에 참되고 거룩하며 올바르고 정결하며 사랑 받을 만하고 좋은 평판을 받을 만하며 덕이 있고 칭찬 받을 만한 많은 것들이 존재한다는 것을 기꺼이 기쁜 마음으로 인정할 수 있었다는 것을 의미하는 것이었다.[112] 예수를 따르는 자들은 위에 속한 그 어떤 것도 이 세계에 존재하

109) 12:17.

110) 빌 1:27.

111) 따라서 고후 9:8; 엡 2:10; 또한, 딤전 6:17f.는 분명하고, 2:10; 5:10도 상당히 가능성이 크다. Horrell, 2005, ch. 8을 보라. 나는 "새로운 피조세계"를 그 원리들 중의 하나로 포함하고 있는 윤리에서 반드시 "교회 공동체"가 그 중심이 될 것(270)이라는 데는 동의하지 않는다 — 물론, 이 윤리의 여러 구성 요소들이 종종 그러한 인상을 풍기고 있다는 것은 사실이지만. 그와는 정반대로, 이 윤리는 창조의 유일신론에 뿌리를 두고 있기 때문에, 우리는 이 윤리가 좀 더 넓은 공동체를 기반으로 할 것이라고 믿는다. 이러한 차이를 제대로 파악하려면, 우리는 악에 대한 바울의 흔들림 없이 확고한 설명을 필요로 하지만, Horrell은 이것과 관련해서 그 점을 하나의 요소로 제대로 고려하지 않는다.

지 않는 것처럼 생각해서는 안 된다. 도리어, 그들은 이 세계에 그런 것들이 존재하는 것을 볼 때마다, 그런 것들은 이 세계가 선한 창조주가 지은 작품임을 보여주는 증표들이라고 보아야 한다. 사실, 이것은 다른 모든 것을 떠받치고 있는 것이다. 바울이 이교 세계의 수많은 상징 체계를 배척한 것은 그가 이원론적이거나 세계 자체를 배척하는 성향을 조금이라도 지니고 있었기 때문이 아니라, 도리어 이 세계와 인간의 삶을 너무나 소중히 여겨서, 비인간화를 초래하는 파괴적인 세계관들과 거기에서 나온 생활양식들에 대하여 강력하게 저항하였기 때문이었다. 이교 사상의 세계에 대한 그의 관여는 궁극적으로 긍정적인 것이었다. 왜냐하면, 그는 원래 선하였던 피조세계와 피조세계의 갱신에 관한 약속, 이 두 가지를 염두에 두고 싸움을 벌인 것이었기 때문이다.

3) 제국의 상징들

독수리의 세계, 곧 당시에 전 세계를 포괄하는 제국을 향하여 질주하고 있던 로마로 대변되는 세계에 대한 바울의 관여에 대해서도 우리가 앞에서와 동일한 말을 한다면, 그것은 극심한 논란을 불러일으키게 될 것이다. 내가 알고 있고 어느 정도는 공유하고 있는 현재의 학계의 분위기는 바울의 서신들의 행간에서 당시의 세계에 스며들어 있던 제국의 수사와 종교를 암묵적으로, 그리고 때로는 명시적으로 공격하고 비판하는 내용들을 읽어내고, 이 둘이 서로 갈등하고 충돌하는 지점들을 발견해 내고자 하는 것이고, 그것은 충분히 좋은 일이다.[113] 하지만 나는 바울이 자신의 신학의 중심적인 측면들을 통해서, 예수의 추종자로서나 유대인으로서나 도저히 용납할 수 없었던 로마의 교만함 및 거만함과 연결된 오만불손함, 우상 숭배, 신성모독을 비롯한 여러 악들을 비판하고 공격하긴 하였지만, 궁극적으로는 인간의 통치 체제들은 하나님이 주신 선한 것임을 단언하였다고 믿는다. 특정한 경찰 집단이 부패와 인종차별, 조직 범죄와 연루되어 있다는 의심을 받고 있다고 말한다고 해서, 그것이 곧 "그러므로 우리에게는 경찰이 없어야 한다"고 말하는 것은 아니다. 현재의 제국 체제가 여러 종류의 악이나 어리석음을 조장하고 유지시키고 있다고 말한다고 해서, 그것이 곧 "그러므로 인간 사회에는 권위를 지닌 세력이 있어서는 안 된다"고 말하는 것은 아니다. (기존의 제국을 인간의 어떤 다른 체제로

112) 빌 4:8.
113) 이 모든 것에 대해서는 아래 제12장을 보라.

대체하고자 하는 의도는 바울의 서신들과는 거리가 멀다. 어쨌든, 우리는 로마가 제국이 되어 황제가 통치하기 훨씬 전에는, 공직자들을 시민들의 투표를 통해 선출하고 시민들의 감시를 받게 하며 시민들에게 책임을 지게 한 자랑스러운 공화정이었다는 사실을 잊어서는 안 된다.) 부패한 정부들에 대한 대답은 무정부 상태가 아니다. 다시 한 번 말해 두지만, 바울은 선한 창조의 유일신론자였기 때문에, 그런 말을 할 수 없었을 것이다. 그가 로마서 13:1-7에서 재세례파들(Anabaptists)은 그만두고라도 자유민주주의를 옹호하는 자들에게 너무나 충격적인 말들을 아주 강하게 단언한 이유가 거기에 있고, 골로새서 1:15-20의 시가 그렇게 중요한 이유도 거기에 있다. 창조의 유일신론은 인간의 체제들은 하나님이 주신 것이라는 강력한 단언을 수반함과 아울러, 공직자들이 한 분 유일하신 하나님에게 책임을 져야 한다고 선언한다.

우리는 앞 장에서 잠시 보았던 이교 제국의 상징들에 대하여 바울이 어떻게 행하였거나 말하였는지를 보여주는 증표들을 그러한 배경 안에서 살펴보지 않으면 안 된다. "종교"의 수준에서는 그는 "많은 신들과 많은 주들"을 무대 가장자리로 밀어내고서, 자신의 수정된 유일신론의 한 분 유일하신 "하나님"과 한 "주"를 무대 중앙에 모시는 과감한 조치를 취하였다. 그는 최근에 죽은 황제들을 신격화해서 제국이 스스로 만들어 낸 "신들"을 포함한 열방의 일련의 신들과 수호신들을 '스토이케이아'(stoicheia, "세계의 원소들")로 보았다. 즉, 이교의 신들은 이교도들을 노예로 삼아서 쇠사슬로 결박 지어 놓는 체제들의 일부일 뿐이고, 이교도들은 오직 복음을 통해서만 그 결박에서 풀려날 수 있다는 것이다.[114] 바울은 고린도와 에베소 같은 변방들까지 수놓고 있던 황제들과 그 가족들의 거대한 조각상들에 대해서는 아무 말도 하지 않는다. 새롭게 지어진 그들을 위한 신전들은 바울에게는 다른 모든 이교 신전들과 하등 다를 바가 없었다. 일부 도시들이 제국의 건축물을 부각시키기 위하여 다시 설계되고 있었다는 사실에 대해서도, 우리가 아는 한, 바울의 논평은 없었다. 또한, 그의 서신들에는 카이사르(Caesar)를 대신관(Pontifex Maximus)이자 신의 아들(Divi Filius)이라고 말하고 있는, 기본적으로 신성모독적인 문구를 담고 있던 주화들에 대해서도 명시적인 언급이 없다. 하지만 바울은 그러한 주화들을 잘 알고 있었을 것이다. 그리스도인들은 이 단계에서 그들 자신의 주화를 만들지 않았다(더럼[Durham]의 주교들이 이 일을 시작하였지만, 애석하게

114) '스토이케이아'(stoicheia)에 대해서는 본서 제7장 제3절, 제10장 제3절 3)(3)과 제4절 3) (7)를 보라.

도 지속되지 못하였다). 바울은 카이사르의 초상과 신성모독적인 문구가 새겨져 있는 주화들을 사용하였다. 그는 자신이 만든 장막의 대가를 그 주화들로 받았고, 빵을 살 때에나 자신의 젊은 동료였던 디모데를 위하여 포도주 한 병을 살 때에도 그 주화들을 사용하였다. 하지만 그가 그 주화들에 대하여 어떤 식으로든 말하였음을 보여주는 증거는 전혀 없다.

물론, 증거의 부재가 부재의 증거가 될 수는 없다. 만일 고린도 교회에서 성찬과 관련해서 아무런 문제가 없었다면, 우리는 성찬에 관한 바울의 가르침에 대해서 지금 우리가 아무것도 알지 못하였을 것임을 상기한다. 콜린 히클링(Colin Hickling)은 고린도전서가 없는 세계를 상정하고서, 그랬다면, 개신교 학자들은 분명히 성찬은 가톨릭이 나중에 고안해낸 의식이고, 바울은 성찬에 대해서 전혀 알지 못하였다고 주장하였을 것이라고 말하기도 하였다.[115] 따라서 만일 어떤 사람이 황제들의 조각상들이나 주화들이나 제국의 건축물에 대하여 문제를 제기하였더라면, 바울은 아마도 얼굴을 찡그리며 그런 것들에 대한 일반 사람들의 생각을 완전히 전복시킬 말을 했을 가능성이 높다.[116] 그러나 어쨌든 우리에게는 그런 문제를 다루고 있는 그의 서신이 없다.

하지만 그것들에 대하여 바울이 아무리 날카로운 논평을 했다고 가정하더라도, 우리에게 현존하는 그의 서신들은 그것들에 대하여 그런 논평들보다 더 강력하게 말하고 있다. 앞으로 바울의 신학을 다룰 때에 보게 되겠지만, 그의 가장 심오한 가르침에 속한 가장 위대하고 중심적인 몇몇 주제들 – 이스라엘의 하나님을 계시해 준 사건이자, 하나님의 백성을 불러 모으고 그들의 이야기가 결실을 맺는 곳이자, 하나님이 이제 모든 무릎으로 그 앞에 꿇게 한 분으로서의 메시야 예수 – 은 분명히 유대 전통들로부터 온 것이었다. 달리 말하면, 그 주제들은 제국의 수사(修辭)에 대항하여 싸우기 위해서 고안된 것이 아니었다는 것이다. 그럼에도 불구하고, 그 주제들은 실제로 제국의 수사와 사사건건 대결하였다. 예수는 "하나님의 아들"이고, "세계의 주"이며, "구세주"이고, 그의 통치가 온 세계에 나타날 때에 마침내 "정의"와 "평화"가 이루어지기 때문에, 그것은 "복된 소식"이다. 그는 "열방을 다스리기 위하여 일어난" 분이다. 이 모든 것을 선포하는 것이 바울에게서 나타

115) Hickling, 1975.

116) 영국인들 중에서 영국 통화의 암호 같은 약어들을 설명할 수 있는 사람이 얼마나 될까? 하지만 우리는 고대 세계와의 어떤 병행을 염두에 두어서는 안 된다. 고대 세계에서 주화들은 대중매체였고, 조각상들이나 대중적인 축제들보다 훨씬 더 광범위하게 유포되어 있었다. 오늘날 우리는 무수한 원천들로부터 말들과 표상들을 수신하기 때문에, 주화들과 지폐들에 있는 말과 표상은 쉽게 무시된다.

나는 "능력"의 핵심적인 원천이다. 자신의 가르침에 대한 바울의 위대한 요약일 수도 있고, 그를 가까이에서 주의 깊게 지켜본 동료나 그를 치밀하게 모방한 자의 작품일 수도 있는 에베소서에서, 그는 한 분 유일하신 하나님이 메시야 안에서 행하신 능력, 즉 메시야를 "모든 통치와 권세와 능력과 주권과 현세만이 아니라 내세에 일컫는 모든 이름 위에 뛰어나게 하신" 능력에 대하여 웅변적으로 말한다.[117] 독수리의 활동을 보아 왔고, 독수리의 이름들과 주장들을 들어 왔던 사람이라면 누구나 바울이 여기서 무슨 말을 하고 있는지를 알았을 것이다. 이것에 대해서는 나중에 좀 더 자세하게 살펴볼 것이다.

여기에서 한 가지 좀 더 미묘한 문제가 제기된다. 내가 아는 한, 제국과 관련된 카이사르(Caesar)들의 주장들 속에서 특별히 혁신적인 것들 중의 하나는 "구원사," 곧 에베소의 신시가지 같이 사람들로 하여금 눈을 들어 제국의 영광을 바라볼 수밖에 없게 설계된 천 년에 걸친 서사를 생산해낸 것이었다. 공화정의 모든 세월들은 … 이것을 위한 준비과정이었다![118] 다소의 사울의 세계관의 중심에 있었고, 사도 바울의 세계관의 핵심에도 있었던 저 위대한 유대적 서사에 필적할 만한 것처럼 보였던 하나의 이야기가 엄숙한 공적 기록에 의해 뒷받침되는 가운데 출현하였다. 바울은 주화들과 조각상들을 비롯한 분명한 표상들을 통해서 행해진 제국의 주장에 대해서와 마찬가지로, 이 이야기에 대해서도 명시적인 언급을 하지 않는다. 하지만 우리는 그의 서신들의 아주 많은 부분을 떠받치고 있던 수정된 유대적인 이야기가 지닌 전복적인(subversive) 성격을 간과해서는 안 된다. 메시야에서 절정에 도달하는 아담과 아브라함과 이스라엘에 관한 이 이야기가 자신이 지은 이 세계에 대한 창조주의 뜻을 말해 주는 위대한 서사라면, 베르길리우스와 호라티우스와 리비우스가 들려준 저 장엄한 서사와 그 글들을 뒷받침해 주는 저 가시적인 상징 체계들은 참될 수 없고 궁극적인 진리일 수 없다. 이것이 바울이 자신의 독자들에게 제기한 딜레마이다. 그들이 바울이 들려준 이야기를 어느 정도나 전복적인 성격을 띤 것으로 "들었을" 것인지는 우리가 나중에 다시 살펴보아야 할 문제이다.

117) 하나님의 아들에 대해서는 롬 1:3f.; 5:6-11; 8:3f.; 갈 4:4; 세계의 주에 대해서는 1:5; 10:9-13; 빌 2:9-11; 구원자에 대해서는 엡 5:23; 빌 3:20("제국"과 관련된 뉘앙스로 가득한 맥락 속에서); 딤전 1:1; 2:3; 4:10; 딤후 1:10; 딛 1:3, 4; 2:10, 13; 3:4, 6; "좋은 소식"에 대해서는 1:1, 9, 16 등을 비롯해서 자주 나온다; 정의에 대해서는 롬 1:17 등; 평화에 대해서는 5:1 등; 열방을 통치하는 것에 대해서는 롬 15:12. 권능에 대해서는 1:4, 16; 고전 1:18, 24; 2:4, 5; 4:19f.; 5:4; 고후 4:7; 12:9; 13:4; 엡 1:19-23; 3:7-10; 빌 3:10; 골 1:11, 29; 살전 1:5; 살후 1:7; 딤후 1:7.

118) cf. 본서 제5장 제3절 3)을 보라.

하지만 한 가지는 분명하다. 잠시 후에 보게 되겠지만, 바울의 세계관에서 중심적이었던 것은 새로운 공동체, 즉 일반적으로는 이교 세계, 구체적으로는 로마 제국의 세계가 아주 중시하였던 계급과 민족과 지역과 (특히) 성이라는 경계들을 뛰어넘은 공동체의 현존이었다. 바울의 세계관의 중심적인 상징 역할을 하였던 이 공동체야말로 그가 좀 더 큰 분량의 서신들에서 자세하게 설명하고 제시하고자 했던 것이었을 뿐만 아니라, 빌레몬서 같은 작은 서신에서조차도 세우고 밑받침하고자 했던 것이었다. 메시야와 주로서의 예수에 대한 충성(입술을 통한 "믿음"에 의해 제시되고 세례를 통해 구체화된)을 유일한 정체성 표지로 삼았던 이 공동체들은 이제 적어도 사회사가들에 의해서 "바울 신학"의 통상적인 구조 내에서 지금까지 보아 왔던 것보다 훨씬 더 중요한 자리를 차지하고 있는 것으로 보아지고 있다.[119] 그러나 예리한 눈을 지닌 로마 관리의 관점에서 보더라도, 이러한 공동체들은 하나의 위협일 수 있었고, 적어도 의문스러운 존재였다. 우리는 로마가 자신들의 오래된 제의들이 모든 것을 "포괄할 수 있으니" 걱정하지 말라고 선전하면서 몇몇 이방 제의들을 억압했던 일차적인 이유는 사람들이 무리를 지어 국가의 공식적인 체제와는 상관없이 그들 자신만의 소우주와 사회 체제를 이룰 염려가 있었기 때문이었다는 것을 상기하여야 하고,[120] 바울이 죽고 나서 50여년이 지난 후에 플리니우스(Pliny)가 그리스도인들을 위험스럽고 골치아픈 존재로 여긴 것을 이상하게 보아서는 안 된다. 게다가, 바울이 디아스포라 유대교와 아주 비슷하면서도 너무나 다른 행위와 상징의 경계들을 이 공동체들에 다소 엄격하게 요구했다는 사실을 고려하면, 이 공동체들이 종종 전복적인 존재로 여겨졌고, 때로는 위험스러울 정도로 그런 존재로 여겨졌다는 것에 대해서 우리는 이상하게 생각하지 않아야 한다. 또한, 바울이 시편과 이사야서 등에 나오는 이교 제국을 날카롭게 규탄하고 그 제국에 대한 야웨의 승리를 노골적으로 송축하는 본문들을 가져와서 자신의 성숙한 신학을 표현하는 데 사용하였다는 것, 바울의 사상의 몇몇 측면들과 병행되는 것들이 메시야를 나타내는 "사자"의 관점에서 "독수리"를 가장 명시적으로 규탄하는 내용을 담고 있는 에스라4서에서 발견될 수 있다는 것, 바울이 자신의 많은 독자들에게 제국과 연결시킬 수밖에 없는 그런 표현들을 종종 사용하였다는 것 등등을 고려하면, 당시 사람들이 이 새로운 공동체를 전복적인 위험한 존재로 볼 수밖에 없었을 것이라는 우리의 의구심은 더욱더 굳어질 수밖에 없다. 바울이 "예수

119) 본서 제2장 제4절 2) (3)를 보라.
120) 본서 제4장 제1절과 제2절 4)를 보라.

는 주이시다"라고 말했을 때, 그 말을 들은 청중들 중 상당수는 그 말이 "따라서 가이사는 주가 아니다"를 의미한다는 것을 그 즉시 알았을 것임에 틀림없다. 그리고 이것이 바울이 세계를 두루 다니며 전한 "복된 소식," 즉 '유앙겔리온'(euangelion)이었다. 제국의 상징 세계를 전복시키는 것이 "복된 소식"이란 말인가? 그런 일이 어떻게 있을 수 있으며, 어떤 식으로 성취될 수 있다는 말인가?

그러나 이것을 좀 더 살펴보기 전에 – 이것에 대해서는 본서 제4부 제12장에서 다룰 것이다 – 우리는 바울이 자신의 삼중적 세계의 상징들에 대하여 어떻게 하였는지를 검토하는 것에서 눈을 돌려서, 바울 자신이 구축한 세계를 살펴보지 않으면 안 된다. 바울이 "새로운 피조물"(new creation)이라는 표현을 사용하였던 이 기이하고 새로운 실재의 상징적 구조에서 두드러지는 것은 무엇인가?

3. 상징적 실천의 세계에 대한 바울의 재구성

1) 서론

우리는 앞 절에서 바울의 세계관이 적나라하게 드러나서 위험에 노출되어 있었을 것임에 틀림없다는 것을 분명하게 살펴보았다. 바울은 한편으로는 유대인들의 가장 분명한 상징 세계를 벗어 버렸고, 다른 한편으로는 헬라의 지혜나 로마의 제국주의의 상징 세계를 거부하였으며, 게다가 그 중간 지점에 놓여 있던 "종교"의 영역으로 들어가지도 않았기 때문에, 삶이라는 것이 도대체 무엇이냐에 관한 그림을 구상하기 어려운 처지에 놓여 있는 것처럼 보였을 것임에 틀림없다.

바울을 이런 식으로 접근하면, 우리는 그의 신학에 대한 전통적인 접근방식들이 그동안 차단해 왔던 주목할 만한 질문들 속으로 들어갈 수 있게 되는데, 그 중의 하나가 세례 받은 신자들의 공동체의 실존 자체와 그 의미에 관한 질문이다(우리가 이 공동체를 "교회"라고 불러도 좋겠지만, 그랬을 경우에는, 우리가 도시의 한 곳에 있는 어떤 사람의 방에서 일곱이나 여덟 명의 어중이떠중이 같은 사람들이 모여 있거나, 또 다른 지역의 어느 집에 열두어 명의 사람들이 집회를 갖거나, 서너 명이 외딴 촌락에서 모임을 갖는 것을 "교회"라고 생각하지 않는다면, 그런 용어를 사용하는 것이 시대착오적인 것이 될 위험이 있기 때문에, 나는 지금까지 통상적으로 '에클레시아'라는 표현을 사용해 왔다). 우리는 지금도 여전히 "교회" 및 그 관련 주제들이 바울에 관한 연구서들의 뒷쪽에 끼워넣어져 있는 것을 흔히 볼 수 있는데, 거기에는 바울에게서 중요했던 것은 죄와 구원이고, 교회의 삶에 관한 문제들은 본질적으로 부차적이거나 심지어 삼차적인 것이라는 전제가 깔려 있다.[121] 현재의 서술이 우리가 바울을 읽는 방식에 잠재의식 수준에서 아주 큰 영향을 미쳐 온, 이러한 본질적으로 서구적이고 개신교적인 전제에 대해서 반드시 도전하는 것은 아니지만, 우리가 세계관에서 신학으로 이동해 갈 때, 결국 "교회론"이 제자리를 찾아가게 해 줄 것이다. 또한, 우리가 서둘러서 덧붙이고자 하는 것은 이렇게 교회론이라는 주제를 부각시키는 것은 "초기 가톨릭 사상"이나 그러한 가설적인 운동의 좀 더 최근의 몇몇 변종들에 항복하는 것을 의미하는 것이 아니라는 것이다. 절대로 그런 것이 아니다. 우리는 단지 바울이 새롭게 구상하고 구축한 세계에서 실제로 활약하였던 주된 상징들은 무엇이었는가 하는 질문을 던지고 있는 것일 뿐이다. 그리고 우리가 선험적인 신학을 토대로 해서가 아니라, 단지 이 질문을 던지고 머리를 긁적거리며 사방을 둘러볼 때에 우리의 마음에 크게 부각되어 들어오는 일차적인 대답은 '에클레시아'(ekklēsia) 및 그 연합과 성결과 증언이다.

내가 이렇게 말하면, 사람들은 내가 가톨릭 사상에 항복했다고 의심하는 것이 아니라, 사회학에 항복했다고 의심할 것이라고 나는 생각한다. 사실, 나는 좋은 사회학은 관념론자들이 어떤 주제와 관련해서 큰 관념들을 추구하느라고 간과해 버릴 수 있는 측면들을 선명하게 부각시켜 주는 방법이라고 보고, 그런 의미에서 사회학 자체를 환영하는 것이 아니라, 우리의 시각을 명료하게 해서 잘 볼 수 있게 해주는 수단으로서의 사회학을 환영한다. 역사학이 망원경이라면, 사회학은 세부적인 것들을 좀 더 분명하게 보게 해주는 보정용 렌즈들 중의 하나이다. 지금 우리가 다루고 있는 것과 관련해서, 바울의 새로운 세계관 구축에 대한 사회학적인 질문은 놀랍게도 몇몇 가장 큰 신학적 주제들로 통하는 창문을 주목할 만한 정도로 신속하게 열어준다. 나는 이것에 대해서 회의적인 독자들에게 내가 한 절을 서술해 나가는 동안만 참았다가, 그 결과가 어떤 것인지를 한 번 확인해 주기를 부탁한다.

바울의 일차적인 목표가 그의 공동체들의 사회적 실천이었다고 보는 주장이 실제로 최근에 제기되어 왔다. 오늘날 바울 연구에서 가장 독창적인 목소리들 중의 하나인 트로엘스 잉버그 페더슨(Troels Engberg-Pedersen)은 자신이 20년 전에

121) 예를 들어, Dunn, 1998(9장 중에서 7장에 앞으로 서술될 "윤리"의 "서론"으로); Schreiner, 2001, chs. 13, 14(16장 중에서); Schnelle, 2005 [2003], ch. 21(23장 중에서); Wolter, 2011, ch. 11(15장 중에서)—그는 이렇게 해서 이 책에서 가장 긴 장인 13장에서 자신의 주된 주제인 "칭의"에 대하여 다루는 내용을 절약한다).

예일대에 있는 동안에 "사회사, 특히 한편으로는 신념의 상징들과 관념들과 패턴들, 다른 한편으로는 사회적 사실들 간의 복잡하게 뒤엉켜서 궁극적으로는 파악이 불가능한 '상호연관성'의 근본적인 중요성"을 발견한 것에 대하여 상기된 목소리로 말한다. 이것은 그로 하여금 바울 사상의 모든 핵심은 (불트만이 생각했던 것같이) 자기이해에 있었던 것이 아니라 실천에 있었다고 주장하도록 이끌었다. 그는 "바울의 일차적인 목표는 사회적 실천이었고," "바울의 관념들은 모두 실천, 그러니까 사회적 실천을 지향하고 있다"고 말한다. 따라서 그는 자신의 목표는 "바울의 서신들이 증언하는 삶의 형태에 대한 가능한 한 포괄적인 그림을 그리는 것"이라고 말한 후에, "이와 동일한 목표는 문화인류학적인 여러 접근방법들에서 발견되는데, 단지 여기에서의 초점은 처음부터 용어들과 실천들이 지닌 엄밀한 사회정치적 토대가 아니라 그런 것들이 상징하고 있는 내용에 두어질 것이다"라고 천명한다.[122] 내가 어느 쪽으로 가고 있는지를 추측하는 사람들에게는, 내가 이렇게 특정한 학자의 글을 출발점으로 삼는 것은 특이하기도 하고, 심지어 위험하기까지 한 것으로 보일 수 있다. 나는 그들이 내게 "헬라인들은 선물을 가져올지라도, 가까이 하지 않는 것이 좋다"(Timeo Danaos et dona ferentis)고 말하며, 불편한 심기를 드러내는 것을 본다. 그들의 말은 맞다. 나는 나중에 이 주제에 대한 잉버그-페더슨(Engberg-Pedersen)의 접근방법이 바울만이 아니라, 그가 바울과 나란히 비교하고 있는 스토아학파에 대해서도 쓸데없이 환원주의를 사용하고 있다는 것을 논증할 것이다. 그는 사회정치적 쟁점들과 신학을 둘 다 배제해 버리는데, 우리는 이 둘을 다시 제자리에 가져다 놓을 것이다. 그러나 그가 사회적 실천에 관한 개념, 신념의 상징들과 관념들과 패턴들 및 사회적 사실들의 상호연관성이라는 개념을 제시한 것은 우리가 세계관 모형을 채택해서 수행해 온 것과 같이 깔끔하게 정리된 것은 아닐지라도, 칭찬 받을 만한 목표를 설정한 것이다. 우리의 모든 탐구의 끝이 시대를 거슬러 올라가서 최초의 자리를 알아내는 것이라고 할지라도, 그 지점은 우리의 종착지가 아니라, 출발점이 될 것이다.

바울과 그의 회심자들의 사회경제적 출신배경을 지도로 그리는 것은 이 시점에서 우리의 관심사가 아니다. 그러한 논쟁은 여러 해 동안 요란하게 진행되어 왔는데, 어떤 학자들은 그들이 전부는 아니라고 할지라도 대다수가 극히 가난한 자들이었다고 주장하고, 어떤 학자들은 그들이 좀 더 다양한 사회적 출신배경을 지니고 있었다고 주장한다.[123] 우리가 가장 분명한 준거로 삼을 수 있는 구절들의 하나

122) Engberg-Pedersen, 2000, xi, 7, 12, 21.

에서, 바울은 고린도의 회심자들 중에서 인간적인 관점에서 볼 때에 지혜롭거나 권세가 있거나 가문이 좋은 사람은 "많지 않다"고 말한다. 즉, 그들은 미련한 자들, 힘없는 자들, 미천한 자들이었지만, 하나님이 지혜로운 자들, 강한 자들, 문벌 좋은 자들을 부끄럽게 하기 위하여, 그들을 택하였다는 것이다. 어떤 이들은 "많지 않다"는 표현은 완곡하게 말한 것이고, 사실은 고린도 신자들 중에는 상류층에 속한 사람이 아무도 없었다고 주장하기도 한다. 그렇다면, 여러 가지 문제들이 생긴다. '에클레시아'는 어디에서 모임을 가졌는가? 그들은 누구의 집에서 모였는가? 성찬식 때에 먹을 것을 많이 가져와서 자기들끼리만 먹고, 가난한 자들은 굶주리게 놓아 둔 부자들은 누구였단 말인가? 앞에서 이미 보았듯이, 분명히 몇 년 뒤에는 고린도 "성의 재무관"도 고린도의 메시야 백성 중에 있었고, 신자들을 접대하거나, 한 번은 바울의 가장 위대한 서신을 전달하는 일을 맡기도 했던 부유한 여자들도 거기에 있었다.[124)]

이러한 질문들은 중요하지만, 우리가 이제 살펴보고자 하는 다음과 같은 질문과 동일한 성질의 질문들은 아니다: 바울은 저 풍부하고 강력한 유대적 상징들을 폐기함과 동시에, 그런 것들 대신에 주변의 이교 문화가 주는 상징들을 받아들이는 것도 거부함으로써 생겨난 공백을 어떠한 상징들과 상징적 실천으로 채웠는가?[125)] 좀 더 단도직입적으로 말하자면, 바울은 그 공백을 어떤 식으로 다시 신성화하였는가(resacralize)? 어떤 이들이 생각하듯이(우리는 그들의 생각이 서구 모더니즘의 탈신성화된 세계를 반영하고 있는 것이라고 본다), 바울은 단지 개인적인 내면의 종교 체험과 소망만을 제시하였고, 세계의 나머지 것들은 순전히 물질주의적인 것들로 내버려 둔 것인가? 아니면, 바울은 야웨가 나타나 세계에 정의를 가져다주고 온 세계를 그를 아는 지식과 그의 영광으로 충만하게 할 것이라는 유대인들의 꿈이나, 세계가 신들로 가득하다고 믿은 이교도들의 신념을 또 다른 경로를 통해

123) Hock, 1980; Meeks, 1983, ch. 2; Meggitt, 1998; Longenecker, 2009; Longenecker, 2010.

124) 롬 16:23(성의 재무관); 16:1f.(서신 전달자).

125) Thiessen, 2011, 148은 초기 그리스도인들이 유대적 정체성의 표지들을 버린 것은 "특수성에서 보편성으로의 이동이 아니라, 특별히 유대적인 정체성 표지들에서 특별히 이방적인 정체성 표지들로의 이동을 보여주는 것이라고 주장하면서, 누가(그의 구체적인 연구 대상이었던)는 그것을 지지하지 않았다고 말한다. 본서의 제2부에서 나의 중심적인 명제는 바울은 유대적인 정체성 표지들과의 깨끗한 단절을 고수하였고, "특수성"과 반대되는 "보편성"에 대한 신념 때문이 아니라, 십자가에 못 박혔다가 다시 살아난 메시야가 지금 갱신된 백성의 정체성 표지이고, 이 백성의 연합과 거룩이 새로운 세계관을 유지하기 위한 상징으로서의 힘을 제공해 주어야 한다고 믿었기 때문에, 유대적인 정체성 표지들 대신에 이방의 정체성 표지들을 채택하지 않았다는 것이다.

서 다시 붙잡고자 하였던 것인가?

2) "우리는 한 분 유일하신 하나님의 한 백성"이라고 말하는 상징들

이 질문 및 이와 비슷한 질문들에 도달하게 된 학자들 사이에서 상당한 정도의 일치를 보이는 것은 '에클레시아,' 특히 그 연합이 바울이 새롭게 판을 짠 상징 세계의 중심에 있었다는 것이다.[126] 어쨌든 우리는 바울이 그러한 연합을 만들어 내어 유지하고자 하고, 때로는 승산이 없어 보이는 일들에 맞서서 그러한 연합을 위해 고군분투하는 일에 시간과 힘을 쏟는 것을 보면서, 이것을 어느 정도는 추측할 수 있는데, 멀리 갈 것도 없이, 우리의 오랜 친구들인 빌레몬과 오네시모, 그리고 그들을 화해시키기 위한 신학적인 색채가 짙게 깔린 바울의 전략을 생각해 보기만 하면 된다. 그러나 이 질문에 도달했을 때, 우리가 지금까지 해온 작업은 특히 결실을 맺어서 이 질문에 대하여 제대로 대답해낼 수 있는 전망을 활짝 열어준다.

이 문제를 본격적으로 다루기 전에, 우리가 먼저 기억해야 할 것은 바울의 비전은 여전히 본질적으로 유대적이라는 것이다. 고대 후기의 철학 분파들과 신비제의들은 "연합"에 대하여 관심을 갖지 않았고, 각자 이런저런 식으로 발전해 갔다. 사람들은 자신의 뜻을 따라 기존에 존재하는 그런 것들에 가입하거나 탈퇴할 수도 있었고, 논란을 불러일으킬 수는 있을지라도 이러한 판 자체를 위태롭게 하거나 훼손시키는 것이라고 여겨지지는 않는 새로운 다양한 가르침이나 실천을 발전시킬 수도 있었다. 이 점에서 바울은 '야하드'(yahad), 즉 "하나됨"을 강조하였던 쿰란 분파와 비슷하였다. 하지만 바울이 역설한 연합은 성인 남자는 물론이고 여자와 어린아이와 노예들까지 단호하게 포괄하는 것이었기 때문에, 유대교 내에서 생각하였던 연합을 뛰어넘는 것이었다. 미쉬나 베라코트(Mishnah Berakoth)에서 식사할 때의 공동 기도를 드리는 데 필요한 최소 인원을 세 명이라고 규정할 때, 거기에는 여자나 노예, 어린아이는 명시적으로 제외되는 반면에, 바울은 명시적으로 그들을 포함시킨다.[127] 오늘날의 유대교 예배에 포함되어 있는 저 유명한 회당 기도도 마찬가지여서, 그 기도에는 예배자가 하나님이 자기를 "이방인이나 노예나 여자"가 되게 하지 않은 것에 대하여 감사하는 내용이 포함되어 있다(이 본문에

126) Meeks, 1983, chs. 3, 5, 6; Horrell, 2005, ch. 4.

127) mBer. 7.2. Instone-Brewer, 2004, 78f.는 이 전승은 주후 70년 이전의 것일 가능성이 크다고 주장한다.

서 여자들은 하나님이 그들을 자신의 뜻을 따라 지으신 것을 감사한다).[128] "연합"에 대하여 말하는 바울의 모든 본문들 중에서 가장 잘 알려진 것들에 속하는 갈라디아서 3:28은 유대교의 이러한 전통을 정면으로 직시하고서, 하나된 공동체에 대한 유대교적인 강조를 다른 차원의 "연합"으로 완전히 대체하는 것으로 보인다:

> 너희 중에서 세례를 받고 메시야와 합한 많은 자들은 메시야를 옷 입었고, 유대인이나 헬라인, 노예나 자유민, "남자나 여자" 같은 것은 존재하지 않는데, 이는 너희는 모두 메시야 예수 안에서 하나이기 때문이다.[129]

사실, 갈라디아서는 "연합"에 대하여 말하는 가장 중요한 본문들 중의 하나이다. 거기에서 우리는 유대인과 이방인의 연합은 깜짝 놀랄 만한 일임과 동시에 많은 사람들에게 걸림돌이 될 수 있는 일이었기 때문에, (당시에) 유대인들과 이방인들로 이루어져서 아주 취약한 처지에 있던 공동체의 바로 그러한 연합을 위하여 바울이 필사적으로 싸우고 있는 모습을 본다. 바울은 자기가 예루살렘 교회의 "기둥들"을 전에 만났던 일을 자세하게 말한 후에, 안디옥에서 베드로와 관련하여 일어난 저 유명한 사건에 대하여 말하기 시작한다: 베드로("게바")가 안디옥에 온 후에, 나중에 "야고보에게서 온 어떤 이들"도 도착하였는데, 야고보가 보낸 사람들이 오기 전에 이방인들과 식사를 하고 있던 베드로는 "할례자들을 두려워하여" 식사하던 자리를 "떠나 물러갔다." 바울은 베드로의 그러한 처신을 복음의 진리 자체를 왜곡하고, 궁극적으로는 유대인이나 이방인이나 모든 사람이 똑같이 메시야에 대한 믿음을 특징으로 하는 메시야의 백성의 지체로서의 동일한 지위를 지니고 있다는 사실을 부정하는 위선적인 행위("외식")로 간주한다. 메시야의 백성들은

128) Cohen, 2011, 339에 나오는 유익한 논의를 보라. 그는 소크라테스가 자신이 짐승이 아니라 사람으로, 여자가 아니라 남자로, 야만인이 아니라 헬라인으로 태어난 것에 감사하다고 한 말(Diog. Laert. 1.33)과 tBer. 6.18, bMen. 43b-44a에 나오는 랍비 전통들 간에는 어느 정도의 병행이 존재한다고 지적하였다. 오늘날의 예전에 대해서는 *ADPB*, 6f.(새벽 예배)를 보라.

129) 갈 3:28. 바울이 이 본문에서 이전의 전승을 인용하고 있다는 것은 불가능하지 않다. 하지만 세 쌍 중 오직 하나만이 문맥에 어울리는 것으로 보이고, 앞뒤의 절들에서 "우리"가 "너희"로 바뀌고 있다는 것을 근거로 삼아 논증을 전개하는 것(Betz를 따라서 Horrell 2005, 104)은 (a) 바울은 갈라디아 교인들이 실질적이고 물리적으로 유대화되는 경우에는 여러 다양한 무리들이 이러한 연합을 이루게 되는 일이 이루어지지 못하게 된다는 것을 보여주기 위하여, 당시에 잘 알려져 있던 유대인들의 기도와 규범을 의도적으로 뒤집고 있는 것으로 보인다는 것, (b) "우리"에서 "너희"로 바뀌는 것은 논증의 필요상 실제로 요구된 것이었다는 것을 간과하는 것이다. 이것에 대해서는 본서 제10장 제3절 3) (3)과 제4절 3) (2)를 보라.

민족이나 문화, 도덕적 배경과는 상관없이 모두 다 동일한 식탁에 둘러앉아 먹는 자들이다. 이것이 바울의 가장 유명한 본문들 중의 하나, 즉 "이신칭의"가 처음으로 등장하는 아주 중요한 구절의 요지이다.[130)]

이 주제는 이 서신의 본론 전체에 걸쳐서 계속되고, 우리가 연합을 향한 바울의 강력한 의지를 읽을 때에만, 갈라디아서 3장에 나오는 가장 애매모호한 몇몇 구절들의 의미가 분명하게 드러난다.[131)] 결말은 최적의 출발점이다: "너희가 메시야에게 속해 있다면, 아브라함의 자손이고 약속대로 유업을 이을 자이다"(3:29). 달리 말하면, "메시야에게 속해 있는" 모든 자들은 아브라함의 "자손"이라는 것이다. 여기서 "메시야에게 속해 있다"는 것은 바울이 앞의 절들에서 여러 가지로 말해 왔던 "소속"("메시야 안에서 하나님의 자녀들," "세례를 받아 메시야와 합하여 메시야를 옷 입음," 특히 "모두 다 메시야 안에서 하나")[132)]을 요약하는 말이다. 그들은 단일한 "씨"인 메시야 "안에" 있고, 그들 모두에게 주어진 메시야의 생명은 원칙적으로 하늘 아래 있는 모든 나라와 모든 사회 계층, 그리고 모든 성으로부터 나아온 이 새롭게 확대된 무리를 포괄한다. 우리는 할례는 남자의 우월성을 말해 주는 또 하나의 부호화된 표지였던 반면에, 이제는 여자들도 남자들과 똑같이 세례를 받게 되었다는 사실도 주목한다.[133)]

갈라디아서 3장은 유일신론에 대한 지독하게 압축된 언급들이 나오는 본문들 중의 하나인데, 바울은 그런 식의 지극히 애매모호하게 언급되고 있는 유일신론을 하나의 단일한 "권속"이라는 중심적인 상징을 떠받치는 견고한 토대로 삼는다. 그는 모세 율법은 "천사들을 통하여 한 중보자의 손으로 베푸신 것"이었다고 말한다(갈 3:19). 유대 전통은 천사들이 율법의 수여에 관여하였다고 말해 왔고, "한 중보자"를 모세를 가리키는 것으로 이해하는 것이 가장 자연스러운 읽기였다.[134)] 우리는 여기서 바울이 단일한 권속을 만들어내어서 아브라함에게 준 약속을 성취하는

130) 갈 2:15-21, 이것에 대해서는 본서 제10장 제3절 3) (2)와 제4절 3) (2)를 보라. Horrell, 2005, 119f.는(말하자면) 이 식사를 지나치게 중시하는 것으로 보인다: 여기서 문제가 된 것은 "기독교 공동체 내에서의 유대 율법의 위치"가 아니라(120), 유대 율법과는 상관없는 저 공동체 내에서 메시야를 믿는 모든 백성의 지위이다.

131) *Perspectives*, ch. 31에 나오는 좀 더 자세한 설명을 보라.

132) 3:26, 27, 28.

133) 갈라디아서 3장에 대해서는 본서 제10장 제3절 3) (3)를 보라.

134) 나는 이것이 주후 1세기 유대인에게 "자연스러운" 것이었을 것이라고 생각한다. 하지만 이것은 다른 많은 대안적인 제안들을 막지 않아 왔다. *Climax*, ch. 8과 Williams, 1997, 98-100(Williams는 이 절을 내가 읽는 식으로 읽는 것은 아니지만)을 보라.

것이 하나님의 의도임을 논증하고 있다는 것을 기억하여야 한다. 그러니까, 바울은 "그 중보자는 한 편에 속하지 않지만, 하나님은 한 분이시다"(3:20)라고 말한다. 우리가 이 본문을 이해할 수 있는 유일한 방법 – 그러나 이 방법은 지극히 잘 통한다 – 은 바울의 대단히 압축되고 거의 아리스토텔레스적이라고 할 수 있을 정도로 간결한 본문에 다음과 같은 주해를 덧붙이는 것이다: "모세는 하나님이 단일한 권속을 만들어 내실 때에 사용하시는 중보자가 아니다. 결국, 모세는 온 세계를 포괄하는 약속들의 일부분에 불과한 이스라엘이라는 민족에게 율법을 수여하였다. 하지만 하나님은 한 분이시기 때문에, 단일한 권속을 원하시고, 때가 되면, 자신이 늘 약속하셨던 단일한 권속을 만들어 내실 것이다." 이 본문을 이런 식으로 읽으면, 20절은 앞쪽으로는 원래의 약속에 대하여 말하였던 3:6-9을 가리킴과 동시에, 뒷쪽으로는 바울이 자신의 승리를 확인하며 결론으로 제시하는 3:27-29을 가리키는 이정표로서의 역할을 충실히 하게 된다. 우리의 목적과 관련해서 중요한 것은 바울이 다른 많은 서신들에서와 마찬가지로 이 서신에서도 그가 지키기 위해 고군분투하고 있는 "하나가 된 단일한 권속"이라는 중심적인 상징이 여기에서도 다시 한 번 등장한다는 것이다. 그리고 여기에서도 이 중심적인 상징의 밑바닥에는 유일신론에 대한 호소가 있다: 하나님은 한 분이시기 때문에, 단일한 권속을 원하신다.[135)]

갈라디아서 3:20에 대한 이러한 읽기를 강력하게 지지해 주는 본문은 로마서 3:29-30이다:

> 하나님은 단지 유대인들의 하나님이실 뿐인가? 하나님은 열방들의 하나님이시기도 하지 않는가? 그렇다, 하나님은 한 분이시기 때문에 당연히 열방들의 하나님도 되신다. 하나님은 할례자에 대해서도 그들의 믿음을 토대로, 무할례자에 대해서도 믿음으로 말미암아 "옳다"고 하실 것이다.

여기에서 다시 한 번 우리는 셰마 위에 굳건히 서서, 연합된 '에클레시아'를 목표로 하는 논증을 본다. 이것은 유대 민족의 중심적인 상징적 실천, 즉 한 분 유일하신 하나님의 이름을 부르며 기도한 것은 유대 전통 자체가 이미 유대 민족 자체를 벗어나서, "토라"가 아닌 "믿음"을 표지로 삼는 더 큰 전 세계적인 권속을 지향하고 있는 것이었음을 보여준다.

연합에 대한 바울의 또 하나의 주목할 만한 호소는 빌립보서에서 발견되는데,

135) 아래 제9장에 나오는 논의를 보라.

이번에는 사람들이 어떤 쟁점을 놓고서 서로 옥신각신 다투는 모습이 없는 상황 속에서, 그는 연합을 호소한다. 거기에서 바울은 이렇게 쓴다:

> 내가 가서 너희를 보든, 아니면 다른 곳에 머물러 있든, 나는 너희가 한 마음으로 견고히 서서, 하나의 연합된 의도를 가지고 합력하여 복음의 신앙을 위하여 싸움으로써, 너희의 대적들이 어떤 식으로든 너희를 두렵게 하지 못하게 하고 있다는 소식을 듣고자 한다. 이것이 그들에게는 멸망을 나타내지만 너희에게는 구원을 나타내는 하나님께로부터 온 표지이다.[136)]

그런 후에, 이것은 바울의 서신들에서 가장 엄중하고 도전적인 호소들 중의 하나로 확대된다:

> [1]그러므로 왕 안에서 우리가 공유한 생명이 너희에게 어떤 위로를 가져다 주거나, 우리의 사랑이 너희를 즐겁게 만들어 주고 있거나, 우리가 진정으로 성령 안에서 교제하고 있거나, 너희의 마음이 감동되어 우리에 대한 애정과 긍휼이 생겨난다면, 나의 기쁨을 온전하게 하라. [2]너희의 생각이 서로 같게 하라.
> 그렇게 하는 방법이 여기에 있다. 동일한 사랑을 붙들고, 너희의 내밀한 삶들이 조화를 이루게 하며, 너희의 마음을 동일한 대상에 고정시켜라. [3]결코 이기적인 야심이나 허영으로 행하지 말고, 오직 다른 모든 사람들을 너희보다 낫게 여겨라. [4]너희 자신의 유익이 아니라 서로의 유익을 구하라.[137)]

이것은 단지 갈라디아서의 경우처럼 식탁 교제와 관련된 실제적인 연합을 말하는 것이 아니라(거기에서는 그것이 바울이 바랄 수 있는 최선의 것이었다!), 판이하게 다른 성격들을 지닌 사람들이기 때문에, 여러 가지 이유로 사람들의 마음이 서로 갈리게 될 위험성이 있는 상황에서, 하나의 공통된 생각과 마음과 영혼을 공유해서, 동일한 방식으로 생각하고, 세심하게 마음을 써서 서로에게 양보하며, 진정한 사랑과 교제와 애정과 긍휼 가운데서 연합된 공동체라는 심오하고 주목할 만한 개념을 보여준다.[138)] 갈라디아서에서는 그 위협이 메시야 백성 내에서 생겨난 것이었던 반면에, 빌립보서에서의 위협은 적어도 부분적으로는 외부로부터 왔던 것으로 보이지만, 대답은 동일하다. 메시야의 백성은 단일한 권속이기 때문에, 단

136) 빌 1:27f.

137) 빌 2:1-4.

138) 빌립보 교회의 사회적 구성 및 내적인 긴장관계가 강했을 가능성에 대해서는 Oakes, 2001, ch. 2을 보라.

일한 권속이라는 사실이 그들의 마음과 생각 속에 대못처럼 박혀서 생생한 실체가 되도록 온갖 노력을 아끼지 않아야 한다. 그들이 그렇게 할 수 있는 방법은 메시야 자신의 "마음"(2:5), 즉 그들에게 그들이 지금 갖고 있는 지위와 권세를 주기 위하여 자신의 지위와 권세를 "버린" 놀라운 길을 걸어간 그의 행적이 분명하게 보여주는 그의 "마음"을 품는 것이다.[139)]

우리는 고린도전서 1장에 나오는 "연합"을 위한 좀 더 복잡하고 발전된 논증들을 이러한 맥락 속에서 이해하여야 한다. 다시 한 번 말해 두지만, 우리가 이 시점에서 관심을 갖는 것은 이러한 연합이 바울에게 의미하였던 상징적 가치이다. 그것은 단지 (파벌과 경쟁이 없는 삶을 살아간다면, 삶은 한결 수월해질 것이라는 식의) 실용적인 문제였던 것이 아니었다. 공동체가 분열된다면, 그것은 메시야 백성이 되는 데 필수적인 것을 상실한 것이다. 데이빗 호렐(David Horrell)이 올바르게 논증하였듯이, 모더니즘에 기초해서 표면적으로 읽었을 때에 서로 다른 견해들에 대한 "관용"처럼 보이는 것은 사실은 본질적으로 18세기의 모더니즘적인 개념과는 판이하게 다른 토대를 지니고 있었다:

> 바울의 관용은 오직 그리스도만이 공동체의 연합을 위한 토대임을 고수하는(이 토대는 그러한 연합을 위협하는 것으로 여겨지는 행위들에 대한 금지도 내포하고 있다) 불관용의 틀 내에서만 작동한다.[140)]

이것은 이 서신 전체를 관통하는 원칙이다. 내가 몇 년 동안 그래 왔던 것처럼, 이것을 단지 한 "교단"(이것은 바울의 사고 속에서는 철저하게 낯설고 이질적인 것이었다)의 문제 많은 연합에 관심을 갖는 주교의 관점에서 보면, 우리는 우리가 직면한 도전들과 이런저런 분열을 일으키는 힘 앞에서 그저 숨이 턱턱 막혀 올 뿐이다.

바울은 고린도전서에서 처음부터 이 문제를 건드리면서, 파당과 관련하여 다음과 같은 날카로운 질문을 던진다: '메메리스타이 호 크리스토스'(memeristai ho Christos, "메시야가 나뉘었느냐"). 이 질문에 대한 올바른 대답은 당연히 "아니다"이지만, 문제는 고린도 교인들이 보여준 행동은 이 질문에 대하여 "그렇다"라고 대답하고 있었다는 것이다. 이것은 12장에 나오는 메시야의 몸에 관한 위대한

139) 2:6-11, 이것에 대해서는 본서 제9장 제3절 2) (6)를 보라. "메시야의 마음"을 갖는 것에 대해서는 cf. 고전 2:16.
140) Horrell, 2005, 195.

그림과 13장에 나오는 '아가페'(agapē)에 관한 시 속에서 메시야의 몸이 만들어내는 것들에 대하여 노래한 것을 거쳐서, 14장에 나오는 하나로 연합되어 질서 있게 드리는 예배에 관한 실제적인 교훈들에 이르기까지 이 서신의 상당 부분(전부는 아닐지라도)을 푸는 열쇠이다.[141] 바울이 세계의 지혜보다 더 깊은 지혜를 끊임없이 상기시키는 중요한 이유 중의 일부(1:18-2:16)는 고린도 교인들이 하나님의 성전으로서의 자신의 정체성을 깊이 인식하고서 깊은 곳으로 들어가야 하는데도 불구하고, 도리어 얕은 물가에 머물러 있으면서, 서로 다른 지도자들을 앞세워서 시시한 언쟁들을 하고 있었기 때문이었다.

바울은 논증을 발전시켜 나가다가, 뜻을 파악하기 어려운 고도로 압축된 내용으로 된 이 특정한 본문에 도달한다. 그는 먼저 큰 건물이 지어지고 있고, 복음 사역자들은 각자 자신에게 맡겨진 일을 해서 그 건물을 짓는 데 기여하는데, 그들이 한 일들은 나중에 불에 의해 시험을 받게 될 것이라고 말한다. 그런 후에, 그는 날카로운 눈을 지닌 사람들이 "금이나 은이나 보석"이라는 그의 언급이 연상시키는 성경의 내용들을 통해서 이미 파악하고 있었을 바로 그 극히 영광스러운 것을 그들 눈앞에 제시한다.[142] 그것은 통상적인 건축물이나 가옥이나 공공건물이 아니었다. 3장의 16절과 17절은, 마치 주위의 소음과 냄새와 먼지를 뚫고 출현하는 큰 건물처럼, 주위를 둘러싸고 있는 절들로부터 등장한다:

> [16]너희는 알지 못하는가. 너희는 하나님의 성전이다. 하나님의 영이 너희 안에 살고 계신다. [17]누구든지 하나님의 성전을 파괴하면, 하나님은 그들을 멸하실 것이다. 하나님의 성전은 거룩하고, 그것이 바로 너희의 모습이다.[143]

바울은 흔히 서서히 논증을 진행해 나가서 어떤 중요한 주제에 대한 주된 명제에 도달한 후에는, 그 뒷풀이로 그 명제를 자세하게 풀어 설명하는 방법을 취하는데, 이 경우에는 3:18부터 4장 끝까지가 그 뒷풀이에 해당한다. 우리는 바울이 오

141) 고린도전서의 주된 주제를 연합에 대한 계속된 호소로 보는 것에 대해서는 특히 Mitchell, 1991/2를 보라.

142) 고전 3:12; 예를 들면, Thiselton, 2000, 311f.를 보라. 그는 이전의 연구들을 인용해서, 고린도 같은 도시의 메마르고 밀집된 환경으로 인해서 도시 화재의 위험성이 높았다는 것을 생생하게 잘 묘사한다.

143) 고전 3:16f. 바울이 성전 경내 전체를 가리키는 '히에론'(hieron)이 아니라, 원래 성전 중앙에 있는 실제의 성소를 가리키는 '나오스'(naos)라는 단어를 사용한 것은 아마도 그 곳이 소유하고 있었고 예배자들이 공유해야 마땅한 성결을 강조하기 위한 것 같다: Thiselton, 2000, 315를 보라.

직 하나의 성전이 존재한다는 것은 두말할 필요가 없다고 역설하는 것 속에서 철저하게 유대적인 힘을 느낀다. 왜냐하면, 그것은 성경이 내내 역설해 왔던 바로 그것이기 때문이다. 불행히도, 그들이 파당을 짓고 얄팍한 싸움을 하는 모습은 훨씬 더 깊은 지혜가 그들에게 주어져 있는데도 단지 이 세계의 지혜를 가지고 행하고 있음을 보여주는 것일 뿐만 아니라, 보잘것없는 가짜 성전을 짓고 있거나, (메시야라는 유일한 터가 이미 놓여 있다는 점을 감안했을 때에는) 그 터 위에 온갖 종류의 부적절하고 맞지 않는 재료들로 쌓아 올리고 있는 것임을 보여준다. 바울은 두 가지 종류의 경고를 하는데, 첫 번째는 장차 불 시험을 통해서, 사람들이 그때까지 그 건물을 어떤 종류의 재료로 지어 왔는지가 드러나게 되리라는 것이고, 두 번째는 그런 건물은 다 지어진 것처럼 보여도 결국에는 무너지게 되리라는 것이다. 그러나 여기서의 핵심은 이런 것이다: 살아 계신 하나님이 친히 그 가운데 살기로 선택한 한 건물, 한 성전, 한 장소가 존재하는데, 그것은 메시야에게 속한 모든 자들, 그의 영이 내주하는 모든 자들로 구성되고, 하나님은 여러 도시들에서와 마찬가지로 고린도에도 그러한 성전을 세우셨다. 연합을 위한 바울의 호소는 한 분 유일하신 하나님으로부터 자신의 존재와 의미를 획득하는 메시야에 토대를 두고 있다:

> [21]따라서 누구든지 단지 사람에 불과한 자들을 자랑하지 말라. 왜냐하면, 모든 것이 너희의 것이기 때문이다. [22]그것이 바울이든 아볼로이든 게바이든, 그것이 세계이든 생명이든 사망이든, 그것이 현재의 것이든 미래의 것이든 — 모든 것이 너희의 것이다. [23]그리고 너희는 메시야의 것이고, 메시야는 하나님의 것이다.[144]

따라서 이러한 "연합"은 단지 모든 사람이 미소를 지으며 친절하게 행하는 그런 문제가 아니다 – 물론, 그렇게 하는 것도 틀림없이 도움이 되기는 하겠지만. 바울은 자신의 호소를 실행에 옮기기 위하여, 자기가 직접 가서 이 일을 해결하고 정리할 준비가 되어 있다고 말한다. 왜냐하면, 이 문제의 일부는 인간의 교만이어서, 그 교만이라는 문제를 해결해야 할 필요가 있었기 때문이다. 바울이 나중에 밝히듯이, 이 일은 위험스러운 일이었지만, 하나님의 주권적 통치를 견고히 세우는 것을 목적으로 하는 일이었다. 성전과 나라는 함께 가고, 이 둘은 메시야의 백성이 연합될 것을 요구한다. "메시야의 마음"을 품는다는 것이 의미하는 것은 바로 이런 종류의 지혜를 갖는 것이다.[145]

144) 3:21-3.
145) 빌 2:5을 반영하고 있는 2:16.

그런 후에, 바울이 특히 성과 결혼 분야에서의 행실에 관한 문제들을 다루는 이후의 세 개의 장의 배후에는 "연합"이라는 주제가 자리 잡고 있는데, 거기에서 그는 우리가 앞서 살펴 보았던 것, 즉 비그리스도인들과는 자유롭게 어울려 먹어도 되지만, 이 권속의 한 지체라고 말하면서도 행실로는 그것을 부정하는 사람들과 함께 먹는 것은 금지하는 것과 관련된 매우 정확하고 흥미로운 교훈들을 제시한다(5:9-13). 이번에 그가 말하는 "연합"은 신자와 메시야의 연합, 그리고 그러한 연합의 결과로서 필연적으로 나타나는 행실에 관한 것이고, 이번에 그가 말하는 "성전"은 하나님의 영광을 드러내야 할 장소인 개개인의 몸이다.[146)]

이렇게 적어도 세 가지 서로 다른(물론, 서로 연관되어 있기는 하지만) 형태로 나타나는 "연합"은 바울이 8장부터 14장에 걸쳐서 다루고 있는 문제들의 확고한 토대를 이루고 있다. 첫 번째는 우상들에게 바쳐진 고기에 관한 문제이다. 최근의 학계에서 거둔 큰 수확들 중의 하나는 우리가 여기에서 다루고 있는 것들에 대한 사회학적인 탐구가 이 모든 논의를 단지 "윤리" 문제(그리고 그 중의 한 쪽 귀퉁이 정도)가 아니라 윤리를 훨씬 뛰어넘는 문제, 즉 한 분 유일하신 하나님의 백성이 이교 세계 속에서 어떻게 살아야 하느냐에 관한 문제로 보는 결과를 가져왔다는 것이다. 바울이 3절과 4절에서 셰마("누구든지 하나님을 사랑하면"과 "하나님은 한 분밖에 없다")를 상기시키고 나서, 6절에 가서는 수정된 셰마("한 하나님, 한 주")를 그 놀라운 정점으로 제시하는 이유가 거기에 있다. 웨인 믹스(Wayne Meeks)가 올바르게 역설하였듯이, 바울에게 있어서 교회의 연합이 상징으로서 갖는 힘은, 사람들이 배워야 하고 긍정해야 할 단순한 교리가 아니라, 공동체의 삶을 지탱해 주고 안정시켜 주는 힘으로서의 "한 분이신 하나님"이라는 개념이 상징으로서 갖는 힘에 근거한다.[147)]

우리가 나중에 좀 더 자세하게 살펴보게 되겠지만, 유일신론에 대한 기독론적 수정은 신자들의 양심에 거리낌을 주는 일들에 직면하였을 경우에 "연합"을 생각하라는 세심한 호소를 위한 토대가 된다. 앞에서 이미 보았듯이, 바울이 우상에게 바쳐진 고기에 관한 문제를 엄격한 규범을 적용하여야 하는 문제가 아니라 양심의

146) 6:15-20.

147) Meeks, 1983, 164-70. 어떤 이유에서인가 이러한 사고 노선은 Horrell, 2005, 171-3에게는 통하지 않는데, 이것은 아마도 그가 여기에서 바울의 놀라울 정도로 강력한 기독론에 저항하고자 결심하고서 거기에 수반된 유일신론의 실천적이고 상징적인 힘을 차단해 버린 Murphy-O' Connor, 1978을 따르고 있기 때문인 것 같다: *Climax*, ch. 6을 보라.

문제로 만든 것은 엄격한 유대적 입장에서 벗어난 주된 조치이긴 하였지만, 그럼에도 불구하고 여전히 유일신론에 기초한 조치였다. 한 분 유일하신 하나님이 계시고, 숲의 모든 짐승들이 그의 것이다. "땅과 거기에 충만한 모든 것이 야웨의 것이다." 따라서 감사함으로 받으면, 거부할 것이 아무것도 없다.[148] 그러나 이제 수정된 셰마의 중심에 있는 주(lord)인 메시야는 십자가에 못 박힌 메시야이기 때문에, 양심의 문제에 직면했을 때에 공동체의 실천은 메시야의 권속에 속한 모든 사람이 형제와 자매이고, 메시야가 그들을 위하여 죽었다는 사실, 그리고 그들의 공동체적인 실존은 자신에게 주어진 "권리들"을 포기하고 메시야의 죽음에 동참하는 것이어야 한다는 사실을 반영하는 것이어야 한다. 바울은 이렇게 우선순위를 세심하게 제시한다: 첫째, 이런저런 음식을 "접근금지"라고 선언하는 것과 같은 이원론적인 태도는 그 어떤 것이라도 절대적으로 배척되어야 한다. 둘째, 십자가의 공로를 무효로 돌리는 그 어떤 행위도 마찬가지로 절대적으로 배척되어야 한다. 여기서 우리는 세계로부터 오는 지혜와 반대되는 십자가로부터 오는 "지혜"(1:17-31)가 다시 한 번 발휘되는 것을 본다.

다음으로, 9장의 주제는 복음을 위하여 자신의 권리들을 포기한 사도로서의 바울 자신의 모범이다. 여기서 또다시 우리는 바울이 자신의 유연한 세계관과 모든 사람에 대한 자신의 책임감이라는 관점에서 "연합"에 초점을 맞추고 부각시키고 있는 것을 본다. 왜냐하면, 그는 이 시점에서 자기 자신에 대하여 말할 때, 자기는 유대인도 아니고 비유대인도 아니지만, 오직 그들을 "얻고자" 그들 같이 "되어야" 한다고 말하기 때문이다:

> [19]나는 실제로 모든 사람으로부터 자유롭지만, 스스로 모든 사람에게 종이 되었기 때문에, 더 많은 사람을 얻을 수 있다. [20]나는 유대인들을 얻고자 유대인에게는 유대인 같이 되었다. 나는 율법 아래에 있지 않지만, 율법 아래에 있는 사람들에게는 율법 아래에 있는 자 같이 되었기 때문에, 율법 아래에 있는 사람들을 얻을 수 있었다. [21]율법 없는 자들에게는 내가 율법 없는 자 같이 되었기 때문에(나는 하나님 앞에서 율법 없는 자가 아니고, 메시야의 법 아래 있는 자인데도), 율법 없는 자들을 얻을 수 있었다. [22]나는 약한 자들을 얻고자 약한 자들에게는 약한 자가 되었다. 내가 모든 사람에게 모든 것이 된 것은 어떻게 해서라도 몇몇 사람들을 구원하기 위한 것이었다. [23]나는 복음을 인하여 이 모든 것을 행하고 있는 것이기 때문에, 복음의 유익들에 참여하는 자가 될 수 있다.[149]

148) 10:26(시 24:1을 인용함), 30; cf. 롬 14:6; 딤전 4:4.

149) 9:19-23: 본서 제15장 제3절 2)를 보라. Horrell이 "카멜레온 같은 유연함"은 바울의 "정체성과 실천이 이제 더 이상 이러한 범주들에 의해서 규정되는 것이 아니라, 바울이 정확히 자기가 현재 행하는

"나는 유대인이 되었다!" 우리는 "바울이여, 당신은 엄연히 유대인이기 때문에, 당신이 유대인이 되었다고 말하는 것은 잘못된 것이다"라고 말하고 싶을 것이다. 하지만 전혀 그렇지가 않다. 바울은 자신이 한 이 말을 나중에 곰곰이 곱씹어 보았을 때에는 자기가 유대인이라는 사실을 시인하였을 것이지만, 그럼에도 불구하고 자신의 논증들 속에서는 자기가 유대인이 되었다고 말하고 있다.[150] 왜냐하면, 바울에게 있어서 그의 민족적 정체성은 그 자체로 아무리 중요한 것이라고 할지라도, 이제 더 이상 그의 가장 근본적인 정체성 – 이 본문은 바로 이것에 관한 것이고, 우리가 세계관의 구조에 대하여 말할 때, 이것이 그토록 중요하고 흥미로운 이유이다 – 이 아니기 때문이다. 빌립보서가 보여 주듯이, 그는 이 모든 것을 보고서는, '스퀴발라' (skybala, "배설물들, 쓰레기들")라고 선언하였다. 그렇다면, 바울의 가장 깊은 정체성의 상징들은 무엇이었는가? 잠시 후에 보게 되겠지만, 빌립보서 3장에서 그 상징은 메시야 자신이다. 그리고 여기서는 "복음," 즉 메시야가 바울을 불러서 맡긴 복음, 바울의 삶과 세계관을 형성시킨 복음이다.[151] 그리고 "복음"의 중심에는 메시야가 자신의 "권리들을 버린 것"이 자리 잡고 있음은 두말할 필요가 없다. 이것은 빌립보서 2:6-11이 2:1-4의 강력한 호소를 그토록 극적으로 밑받침하는 이유이고, 바울이 자기가 고린도전서 9장에서 말한 것과 아주 다른 형태이기는 하지만 동일한 신학과 세계관을 형성시키는 효과를 지니는 것을 빌립보서 3:2-11에서 다시 진술하는 이유이다.[152]

다음으로, 바울은 고린도전서 10장에서 우상과 음식과 성전들이라는 문제로 되돌아가서, 하나님의 백성의 "연합," 그리고 그 백성의 필수적인 속성인 "성결"을 다룬다. 여기에서도 그는 "한 하나님, 한 주"의 신학이 어떻게 실제적인 표현과 상징적인 가치로 표출되는지를 분명히 보여준다: "하나의 떡이 있다. 따라서 우리가 여럿일지라도, 우리는 모두 한 떡에 참여하기 때문에 하나이다."[153] 다시 한 번 여기서 중요한 것은 유일신론이지만(10:26), 그 유일신론은 기독론에 토대를 둔 양심

것 같이 행할 것을 요구하는 것이라고 이해한 "그리스도 안에 있음"에 의해서 규정되고 있다는 것을 보여주는 지표라고 강조한 것은 옳다(2005, 260 n. 50).

150) 롬 9:1-5; 11.1-6; 그리고 우리가 저 유명한 7:7-25의 '에고' (ego)라고 부를 수 있는 것(또한, 갈 2:19-21).

151) 또한, cf. 고전 9:16f.

152) Gorman, 2001, *passim*과 Gorman, 2009, ch. 1. 그는 빌 2:6-11의 이야기는 바울의 사고 전체의 토대이고, 그렇기 때문에 고린도전서를 비롯한 다른 곳들에서 표현되고 있다고 주장한다.

153) 10:17. 성례전들의 상징적 실천에 대한 아래의 설명을 보라.

에 대한 고려와 존중으로 인해서 완화된다. 그리고 바울은 자신의 세계관을 보여주는 주목할 만한 결론에서, 그들 자신을 이런 식으로 이해하는 사람들은 유대인도 아니고 헬라인도 아닌 '에클레시아 투 테우' (ekklēsia tou theou), 즉 "하나님의 교회"라는 다르게 상징되는 다른 공동체를 형성하게 된다고 말한다:

> [31]따라서 너희가 먹든지 마시든지 무엇을 하든지, 모든 것을 하나님의 영광을 위하여 하라. [32]유대인과 헬라인과 하나님의 '에클레시아' 앞에서 책망 받지 않는 자가 되라. [33]내가 모든 일에 모든 사람을 기쁘게 하여, 내 자신의 유익을 구하지 아니하고, 많은 사람의 유익을 구하여, 그들로 하여금 구원 받게 하는 것처럼 말이다. 11:1내가 메시야를 본받고 있는 것처럼, 너희는 나를 본받으라.[154)]

"유대인과 헬라인과 하나님의 '에클레시아' 앞에서." 우리는 부주의나 신학적인 거부감으로 인해서 이 어구의 취지를 놓쳐서는 안 된다.[155)] 물론, 바울의 요지는 고린도에 있는 메시야를 믿는 작은 공동체가 자신들의 이웃들을 불필요하게 자극하고 화나게 해서는 안 된다는 것이지만, 그러한 요지를 밑받침하는 근거를 제시하는 방식이 주목할 만한데, 그것은 이 공동체는 "하나님의 '에클레시아,'" 즉 한 분 유일하신 하나님의 한 백성, 자신들의 공통된 삶을 위한 지침들이 메시야 안에 주어져 있고 사도 바울이 모범을 보여준 그런 백성이라는 것이다.[156)]

11장은 12장부터 14장까지의 위대한 삼부작으로의 이행을 위한 일종의 다리 역할을 하는 장이다. 한편으로, 이 장은 10장으로부터 성찬이라는 주제를 가져오는데, 거기에서 바울은 어떤 사람이 실제로 이교 신전 안으로 들어가서 신성한 식사에 참여할 때에 실제로 무슨 일이 일어나고 있는 것인지를 설명하였었다. 기독교의 중심에 자리 잡고 있는 성찬은 다른 전통들의 식사와 아주 완전히 다른 것이 아니었다. 성찬은 유대인들의 유월절 식사로부터 직접적으로 생겨나서, 그 오랜 전

154) 10:31-11:1. 여기에서 11:1에 대한 나의 번역은 바울이 "메시야를 닮는 것"이 따로 떨어져서 그대로 본받는 것이 아니라 생명에 깊이 참여하는 것을 의미한다는 사실을 드러내 주지 못하지만, 헬라어 본문은 그것을 정확하게 전달해 주고 있다고 확신한다(고전 4:16에 대해서, "본받다, 따르다, 모델로서 사용하다"라는 의미를 제시하는 Thiselton, 2000, 370f.와 현재의 본문을 다루고 있는 795f.를 보라).

155) 물론, 그것은 Aristides 등이 말한 "제3의 인류"라는 개념을 지향한다; cf. *Kerygma Petrou*, frag. 2.

156) 이 세계의 것과는 다른 패턴을 보여주는 것으로서의 사도의 모범, 특히 권리들을 포기하는 것에 대해서는 또한 cf. 고전 4:16; 그리고 빌 3:17; 4:9; 살전 1:6; 2:14; 살후 3:7. 사람들은 종종 4 Macc. 9.23; 13.9을 병행으로 인용한다; 실제로 이 구절들은 자기희생이라는 맥락 속에서 "본받음"의 모티프를 반영하고 있기는 하지만, 아울러 차이점도 두드러지게 보여준다. 왜냐하면, 거기에서는 바울이 자기가 이미 버렸다고 선언한 바로 그것, 즉 민족주의적인 열심이 동기가 되고 있기 때문이다.

통을 승화시켜, 유월절 식사가 늘 그랬던 것처럼, 천오백 년 전의 애굽에서든, 아니면 바울 시대의 고린도에서든, 이교 세력에 맞서기 위한 것이었지만, 11장에서의 핵심은 "연합," 즉 한 분 유일하신 주와의 연합이자 "주 안에서" 그의 모든 백성과의 연합이다. 여기에서 강조점은 메시야 백성 중에서 가난한 자들은 굶주리는 반면에, 부자들은 자기들끼리만 배불리 먹는 일이 벌어짐으로써 사회적 계층 간의 불화가 공동체를 위협하고 있는 상황 속에서의 "연합"에 두어진다(11:21-22). 주의 식탁 앞에서의 이러한 가난한 자/부자의 불화를 이 서신의 다른 곳에 나오는 여러 가지 다른 불화들(1-4장의 개인 숭배, 8-10장의 "약한 자"와 "강한 자," 12장과 14장의 "신령한 은사들"에 관한 언쟁들, 15장의 부활에 관한 논쟁들)과 동일선 상에 놓을 수 있을 가능성은 없어 보인다 – 물론, 가난한 자와 부자 간의 불화가 그 밖의 다른 몇몇 불화들이 표출되는 데 기여한 한 요인이 되었을 수는 있지만. 21-22절의 부자/가난한 자의 문제가 18절의 "분쟁들"과 동일한 문제인지는 한층 더 불분명하다. 바울은 단지 사회적 계층 간의 불화를 좀 더 폭넓은 문제들에 걸친 불화들 중의 한 가지 예로 부각시켰을 수도 있다.[157] 그러나 그가 말하고 있는 전체적인 요지는 분명하다. 성찬은 상징적 연합의 계기가 되어야 하고, 8-10장의 미묘한 상황이 보여주듯이, 그렇게 되기 위해서는 메시야의 백성이 "서로 기다려야" 한다(11:33). '에크데코마이'(ekdechomai)의 통상적인 의미는 단순히 시간적인 것이지만(어떤 일이 일어나거나, 어떤 사람이 도착하기를 "기다린다"는 의미), 여기에서는 약간 더 깊은 의미가 내포되어 있는 것으로 보인다. 즉, 이 단어 속에는 단지 "모든 사람이 다 왔을 때에야 식사를 시작할 수 있다"는 의미만이 아니라, 거기에서 좀 더 나아가, 모든 사람이 서로를 배려하고, 다른 사람들의 사회적이고 문화적인 특수성, 그들의 필요들과 취약점들을 헤아려서 조심해야 한다는 의미도 담겨있다는 것이다. 우리는 주후 1세기 위계질서가 엄격하였던 로마 제국의 한 도시 내에서 이것이 지닌 의미를 놓쳐서는 안 되는데, 그런 도시에서는 누구나 다 부자들과 권세 있는 자들이 언제나 먼저 먹고, 다른 사람들은 그들이 다 먹기까지 공경하는 마음으로 기다려야 한다는 것을 알고 있었다.[158]

이 모든 것은 12장에 나오는 "메시야의 몸"에 관한 위대한 강해를 바라보게 만

157) Theissen, 1982; Witherington, 1995, 241-52(그는 248에서 Theissen을 인용하여, "고린도 교인들이 예배를 위해 모일 때에 보여준 분열들은 바울이 1장에서 언급한 그 분열들일 가능성이 높다"고 말한다); Thiselton, 2000, 848-99; Fitzmyer, 2008, 425-48(그는 433에서 11:18의 분열들은 1:10에서 언급된 것들과는 "다른 종류의" 것들이었다고 말한다).

158) Theissen, 1982, 145-74; Slater, 1991; Thiselton, 2000, 861f.를 보라.

든다. 이제 분명해진 것은 "몸"이라는 것이 '에클레시아' 안에서는 모든 사람이 평등하다거나, '에클레시아'는 "모든 지체"를 갖추고 있다는 것을 알기 쉽게 말하기 위해서 도입된 단순한 예시와는 거리가 멀고, 그런 것보다 훨씬 더 폭넓은 의미를 지닌다는 것이다. 단지 바울의 서신들만이 아니라 통상적인 강론 속에서도, 우리의 생각과는 달리, "단순한 은유"라는 것은 거의 없을 것이다. 성전이라는 주제가 3장에서 점진적으로 전개되었던 것과 마찬가지로, 사람의 단일한 몸이라는 주제는 고린도전서 전체에 걸쳐서 여러 가지 추측들과 암시들을 통해서 점진적으로 전개되어 오다가(6장에 나오는 "메시야의 지체들"로서의 몸들, 한 떡은 "한 몸"을 상징한다고 말하는 10장을 생각해 보라), 이제 자신의 세계관 전체에 대한 바울의 두세 가지 가장 강력한 상징적 진술들(이것들은 단지 권면 또는 예시를 위한 진술들이기도 하다) 중의 하나를 통해서 전면적으로 화려하게 등장한다:

> [12]몸은 하나이지만 많은 지체가 있고, 몸의 지체가 많지만 그 모든 지체가 한 몸인 것과 같이, 메시야도 그러하다. [13]우리는 모두 한 성령에 의해서 세례를 받아 한 몸이 되었고 — 유대인이든 헬라인이든, 노예이든 자유민이든 — 우리 모두에게는 한 성령이 주어져서 마시게 되어 있다.
> [14]몸의 지체는 하나가 아니라 많다. [15]만일 발이 "나는 손이 아니기 때문에 몸의 일부가 아니다"라고 말한다고 해서, 발이 몸의 일부가 아니게 되는 것은 아니지 않는가? [16]그리고 귀가 "나는 눈이 아니기 때문에 몸의 일부가 아니다"라고 말한다고 해서, 귀가 몸의 일부가 아니게 되는 것은 아니지 않는가? [17]만일 온 몸이 눈이라면, 어디로 들으며, 온 몸이 청각이라면, 후각은 어떻게 되겠느가? [18]그러나 지금처럼, 하나님이 지체들을 조직하셔서 자신이 원하시는 대로 지체들을 각각 몸에 두셨다. [19]만일 모든 부분들이 한 지체라면, 몸이 어디에 있겠는가?
> [20]따라서 결과는 이것이니, 지체는 많지만, 몸은 하나이다.[159]

이것과 동일한 표상을 사용해서 동일하거나 비슷한 취지로 말하고 있는 다른 본문들이 있음은 물론이다. (주석자들이 어처구니없다는 반응을 보이는 때들 중의 하나는 어떤 작가가 하나의 표상을 두 개의 서신에서 서로 다른 의미로 사용해서 그들을 무척 혼란스럽게 만들 때이다. 그들은 바울을 비롯한 저자들이 하나의 표상을 마치 목수가 자신의 대패를 사용할 때처럼 오직 하나의 목적을 위해서만 사용해야 한다는 듯이, 바울이 하나의 표상을 여러 가지 다른 의미로 사용하고 있는 것을 발견하게 되면, 그것은 각각 다른 사람의 글이라고 의심하는 버릇이 있다.)

159) 12:12-20.

그러나 이 본문은 "메시야의 몸"에 관한 가장 상세한 강해이다. 여기서 다시 한 번 우리는 우리의 관심은 "교회의 신학"이라 불리는 것이 아니라, 세계관 상징, 즉 새롭게 형성된 바울의 세계의 중심적인 상징의 구축과 유지에 있다는 것을 상기하여야 한다. '에클레시아,' 즉 메시야의 몸은 인류의 새로운 판본이라고 하기에 조금도 손색이 없다.

이것은 '에클레시아'를 유대인과 헬라인 모두로부터 구별하고 있는 10:32에 이미 함축되어 있었다. 이제 여기에서 우리는 '에클레시아'가 어떻게 구성되고 작동되는지를 본다: "메시야"는 단일한 몸이고, 세례를 통해서 그에게 속하여 "그 안에" 있는 사람들은 그 단일한 몸의 지체들이다. 메시야 안에서 하나님의 백성의 연합은 바울이 지닌 가장 분명한 세계관 상징이다. 이것이 다른 상징들이 없는 상황 속에서 이 연합이 그에게 그토록 엄청나게 중요한 이유이다. 이 연합은 다른 것들을 떠받치고 있다. 이것이 제거되면, 모든 것이 와르르 무너져 내리게 된다.

"연합"이라는 상징은 정확히 "메시야 안에서의"(en Christō, '엔 크리스토') 연합이다. 그것은 가설적인 "모든 인류의 연합"과 상응하는 것이 아니다. 바울은 자기가 말한 대로 "때를 잘못 타고 태어난 자"(고전 15:8에 나오는 "만삭되지 못하여 난 자" [born out of due time]에 대한 단어 유희 — 역주)였을 수는 있겠지만, 그가 18세기의 자유주의자가 아니었다는 것은 분명하다. 따라서 우리는 로마서 14장과 15장에 나오는 "연합"에 대한 좀 더 부드럽지만 마찬가지로 강력한 논증을, 어떤 사람들이 주장한 것처럼, 메시야에 대한 믿음이라는 경계를 뛰어넘어서 연합할 것을 호소한 것으로 보아서는 안 된다. 이 연합도 메시야에게 속한 모든 사람은 서로를 존중하며 더불어 사는 법을 배워야 한다고 역설하는 것이다.[160] 로마서의 시나리오는 우리에게 아주 직접적으로 수많은 난제들을 안겨주지는 않는다고 할지라도, 어쨌든 고린도 서신의 시나리오보다 더 복잡하다는 것은 거의 분명하다. 이전의 학자들이 그랬던 것과는 달리, 우리는 가설적인 로마 교회를 "유대 그리스도인들"과 "이방 그리스도인들"로 단순하게 구분해서는 안 된다. 또한, 우리는 네댓 개의 분파들을 구분해내려고 해서도 안 된다 – 물론, 한 세대 전에 미니어(Minear)의 그러한 시도는 적어도 이데올로기적이 아니라 역사적으로 사고하기 위한 것이었기는 하지만.[161] 우리는 바울 같은 "유대 그리스도인들"이 "강한 자"의 노선을 취하였던 반면에(유일신론은 원칙적으로 어떤 것이라도 먹고 마셔도 된다는 것을 의미하였기 때

160) 반대견해로는 Nanos, 1996; Nanos, 2011, 282f. 등.

161) Minear, 1971.

문에), 갈라디아 교인들 같은 "이방 그리스도인들"은 자신들이 새롭게 아브라함의 권속의 지체가 된 것의 유효성을 제대로 확인받고자 하는 마음에서 유대인들의 관습을 받아들이는 데 적극적이었다는 것을 잊어서는 안 된다. 이러한 심리는 실제의 삶에서 빈번하게 일어난다. 왜냐하면, 현실적인 사람들은 새장에서 벗어나고자 하는 반면에, 이데올로기는 사람들을 가두어 두고자 하기 때문이다.[162]

로마서 14장에서 정말 흥미로운 것은 이 장의 그 어디에서도 바울은 "유대인"이나 "이방인"을 전혀 언급하지 않는다는 사실이다. 이것은 부분적으로는, 내가 앞에서 말하였듯이, 로마 교회 내에서의 실제적이거나 잠재적인 분열들이 민족적인 배경과 일치하지 않았기 때문일 수도 있지만, 나는 바울이 고린도전서 10:32에서 보여준 깜짝 놀랄 만한 수정과 정확히 맥을 같이 하여, 자신의 서신의 수신자들이 그들 자신을 기본적으로 "유대인"이나 "이방인"으로 보기를 원하지 않고, 메시야 백성으로 보기를 원하였기 때문일 가능성이 더 크다고 본다. 바울은 그들이 자신들의 근본적인 "정체성"이 실제로 무엇인지를 그들에게 저절로 생겨난 자기인식을 기초로 해서 식별하지 말고, 신학에 기초해서 배우게 되기를 원한다. 너희가 지금 최선을 다해서 지우고자 하는 바로 그러한 표지들을 부각시킬 이유가 어디에 있겠는가?

분명히 바울은 로마서로 알려진 교향곡의 이전 "악장"에서 여전히 로마 교회의 발목을 잡고 있던 민족적 정체성이라는 문제들을 정면으로 다룰 필요가 있다는 것을 발견하였다. 그는 여기서 갑자기, 그리고 자신의 서신들에서는 거의 유일하게, 자기 자신을 십자가에 못 박힌 메시야를 믿는 새로운 "남은 자"를 상징하는 근심어린 유대인으로 제시하고(9:1-5; 11:1-6), "이방인인 너희"(11:13)라고 구체적으로 명시해서, 그들이 실제적으로나 잠재적으로나 유대인들에 대한 반감을 품는 것은 믿지 않는 유대인들이 그들 자신의 메시야에게 나아와 믿고 그 백성이 될 기회를 즉시 차단하는 것이기 때문에, 그렇게 하지 말라고 엄중하게 경고한다(11:23).[163]

로마서 9-11장을 깊이 생각하며 읽어 온 사람들은 바울이 여기서 '에클레시아' 전체를 대상으로 메시야 안에서의 새로운 단일한 정체성에 대하여 말하는 것이 아니라, 갑자기 아주 명시적으로 유대인과 이방인에 대하여 말하고 있는 것이 얼마나 놀랍고 주목할 만한 것인지를 잊고 있을 수 있다. 바울이 이렇게 갑자기 극적으로 통상적인 관점을 버리고 다르게 말하는 것은 내가 15살 때에 학교에서 겪었던 심각한 일을 일깨워 준다. 우리 학교에서 여섯 달 동안 수업 중에 영어를 단 한 마

162) Horrell, 2005, 184를 보라. 반대견해로는 Reasoner, 1999, 128-58 등.

163) 그가 수사학적으로 "유대인"에게 향하는 또 다른 유일한 구절은 로마서 2:17인데, 이것에 대해서는 *Perspectives*, ch. 30을 보라.

디도 사용하지 않았던 프랑스어 선생님이 어느 날 우리 교실에 들어와서는, 자기가 20년 동안 프랑스어를 가르쳐 왔지만, 우리 반 학생들처럼 프랑스어를 못 하는 아이들은 본 적이 없고 최악이었다고 갑자기 영어로 말하는 것이 아닌가. 우리는 그 선생님이 영어로 말하리라고는 전혀 생각지도 않고 있었기 때문에 이 갑작스러운 상황에 직면해서 무서워 벌벌 떨었다. 우리는 그동안 이 선생님과 함께 있을 때에는, 프랑스어를 사용하고 프랑스어로 생각하는 허구적인 정체성 속에서 살았었다. 나는 당시에는 세계관에 대해서 알지 못했지만, 그 선생님은 여섯 달 동안에 걸쳐서 우리 교실에 하나의 세계관을 만들어 놓았고, 이제 방금 그 세계관을 깨버린 것이기 때문에, 그 효과는 확실하게 나타났다. 나는 바울이 이 시점에서 마치 어떤 교향곡의 제3악장처럼 자기가 해주어야 할 두렵고 떨리는 이야기, 즉 이 서신의 처음 여덟 개의 장과 정확히 맥을 같이 하는 것이기는 하지만 예기치 않은 이야기를 들려주기 위해, 로마서 9-11장에서 거의 동일하게 그렇게 행하고 있는 것이라고 본다.

그러나 마지막 악장에 해당하는 12-16장에서는, 바울은 복음이 만들어 낸 것이자 자신이 지금까지 내내 설명해 왔던 것인 가공의 혈연관계(사회학자들은 이것을 이렇게 부른다)의 세계에 현실적으로 존재하는 '에클레시아,' 즉 어떤 사람들은 오직 채소만 먹기를 좋아하고 어떤 사람들은 고기도 잘 먹는 새로운 인류(the new humanity)를 향하여 말한다. 고린도전서 8장에서와 마찬가지로, 여기에서도 또다시, 이전에 금지되었던 것에 대하여 지금은 '아디아포라' (adiaphora, "아무 상관이 없는 것들")라고 말하고 있는 것은 이전에 다른 것들을 떠받치고 있던 기둥이 새로운 기둥으로 대체되었음을 보여주는 세계관의 중대한 수정을 보여주는 증표이다. 그리고 고린도 서신에 대한 강해에서와 마찬가지로, 수정된 세계관을 떠받치고 있는 새로운 기둥은 메시야적인 유일신론에 견고하게 뿌리를 내리고 있는 '에클레시아' 이다. 하나님의 백성을 함께 춤출 완벽한 배우자로 세워 놓고서, "한 주"와 "한 하나님"이 번갈아 그 배우자의 춤 파트너로 쉴 새 없이 등장하는 것을 주목하라:

> [3]먹는 자는 먹지 않는 자를 업신여기지 말고, 먹지 않는 자는 먹는 자를 정죄하지 말아야 한다 — 하나님이 그들을 받으셨기 때문이다. [4]남의 종들을 판단하는 너는 누구냐? 그들은 자기 주 앞에서 서 있거나 넘어지는 것이다. 그 주는 그들을 서 있게 할 수 있기 때문에, 그들은 서 있게 될 것이다.
> [5]어떤 사람은 한 날을 다른 날보다 더 중요하게 여기고, 어떤 사람은 모든 날을 똑같이 중요하게 여긴다. 각 사람이 자신의 마음을 정하여야 한다. [6]어떤 날을 경축하는 자는 주

> 를 위하여 그렇게 하는 것이고, 먹는 자는 하나님께 감사하며 주를 위하여 먹는 것이고,
> 먹지 않는 자는 하나님께 감사하며 주를 위하여 먹지 않는 것이다.
> 7우리 중의 누구도 자기 자신에 대하여 사는 자가 없고, 자기 자신에 대하여 죽는 자가
> 없다. 8우리는 살아도 주에 대하여 살고, 죽어도 주에 대하여 죽는다. 그러므로 우리는
> 사나 죽으나 주의 것이다. 9이것이 메시야께서 죽었다가 다시 살아나셔서, 죽은 자와 산
> 자의 주가 되신 이유이다.
> 10그런데도 네가 어찌하여 네 동료 그리스도인을 정죄하고, 네가 어찌하여 동료 그리스
> 도인을 업신여기느냐? 우리는 다 하나님의 심판대 앞에 서야 한다. 11성경은 주께서 이르
> 시되 내가 살아 있기 때문에 모든 무릎이 내게 꿇게 될 것이고 모든 혀가 하나님을 찬송
> 하게 되리라고 하였다고 말하고 있다.
> 12그러므로 우리 각 사람은 우리 자신을 하나님께 해명하여야 한다.[164]

이 본문은 이제 우리에게 친숙해진 이야기로 이어진다. 그 자체로 부정한 것은 아무것도 없지만, 네가 어떤 것을 먹는 것이 메시야가 자신의 피로 산 동료 그리스도인을 망하게 하는 것이라면, 너는 그것을 먹지 않아야 한다. 이전의 세계관을 떠받치고 있던 기둥들이 이제 '아디아포라' (adiaphora, "아무 상관이 없는 것들")가 되어서, 네가 그것들을 뽑아내 버리고자 할 때, 너는 이전의 그 건축물에서 떨어지는 돌에 아무도 다치지 않도록 조심하여야 한다. 여기서 다시 한 번, 바울은 이 경우에 모델이자 원동력으로 삼아야 할 것은 메시야가 친히 자신의 권리들과 특권들을 내려놓은 일이라고 말하고(15:1-6), 그렇게 하는 목적은 메시야/유일신론에 토대를 둔 하나된 예배, 즉 "너희가 한 목소리로 하나님 곧 우리 주 예수 그리스도의 아버지께 영광을 돌리게 하려" 하기 위한 것이라고 말한다.[165]

바울은 이 점을 확실하게 해둔 후에야 비로소, 유대인/이방인이 하나가 되어 예배를 드리라는 분명한 호소를 통해서 이 서신의 신학 전체를 요약할 수 있었다. 온 인류로 하여금 함께 연합하여 찬송하며 새 노래를 부르게 하는 것이야말로 바울이 이 서신 전체에 걸쳐서 내내 말해 왔던 핵심이다. 따라서 그는 하나님의 구원 계획에 관한 서사 전체를 이렇게 요약한다:

164) 롬 14:3-12. Horrell, 2005, 184f.는 핵심을 보지 못하는 것으로 보이는데, 이것은 아마도 그가 "남의" 도덕이라는 다소 일반화된 범주라는 관점에서 자신의 성찰들을 체계화시키고 있기 때문인 것 같다.

165) 3:14-15의 비난에서 핵심적인 요소인 찬송하는 "입"이라는 매우 흥미로운 상징에 대해서는 Gaventa, 2008을 보라. 하지만 나는 그녀가 바울이 닫힌 입이 그리스도로 말미암아 열렸다고 결코 말하지 않는다고 말하는 것(405 n. 41)을 보고 깜짝 놀랐다: 나는 이것이 10:8, 9, 10의 취지(이것에 대해서 그녀는 406에서 짧게 다룬다)인데, 거기에서 '스토마' (stoma, "입")는 나중에 새로운 계약 백성의 믿음을 공들여 설명할 때에 핵심적인 역할을 한다.

7그러므로 메시야께서 너희를 받아 하나님께 영광을 돌리심과 같이, 너희도 서로 받으
라. 8-9내가 너희에게 그 이유를 말해 주리라. 메시야께서는 하나님의 신실하심을 나타내
시기 위하여, 즉 족장들에게 주신 약속들을 확증하시고, 열방들로 하여금 그 긍휼하심
으로 인하여 하나님을 찬송하게 하시기 위하여, 할례자들의 종이 되신 것이다.
성경은 이것으로 인해서 내가 열방 중에서 당신을 찬송하고 당신의 이름을 노래하게 될
것이라고 말하고,[166]
10너희 열방들아, 주의 백성과 함께 즐거워하라고 말하며,
11모든 열방들아, 주를 찬송하며, 모든 민족들아, 그를 찬송하며 노래하라고 말한다.
12또한, 이사야도 이새의 뿌리, 곧 열방을 다스리기 위하여 일어나시는 이가 있으리니,
열방이 그에게 소망을 두리라고 말한다.
13소망의 하나님이 모든 기쁨과 평강을 믿음 안에서 너희에게 충만하게 하셔서, 너희로
하여금 성령의 능력으로 말미암아 소망이 넘치게 하시기를 기원한다.[167]

달리 말하면, 지금이 우리가 뒤로 조금 물러나서, 선지자들이 예언하였던 메시야와 관련된 서사 전체를 한 눈에 볼 수 있게 된 때라는 것이다. 바울이 모든 실을 한데 모아 엮어 꿰고 있는 이 본문에, 신명기 32장과 이사야 11장이 등장하는 것은 결코 우연이 아니다. 성경의 이야기는 창조주인 이스라엘의 하나님을 찬송하는 전 세계적인 단일한 백성을 만들어낸다. 이것이 이 이야기의 핵심이자 목적이다. 우리가 "교회론"이라 부르는 이론, 또는 신학은 나중에 살펴보게 될 것이기 때문에, 지금 우리가 주목할 것은 이것이 단일하지만 거대한 문화적 상징, 즉 고대 이스라엘의 이전의 문화적 상징들과 바울 자신이 물려받은 조상 대대로의 생활방식이 그 중요성을 상실하게 되었을 때에 그가 새롭게 주조해낸 세계관을 견고하게 떠받치고 있는 단일한 기둥이라는 것이다.

다시 한 번 지적해 두지만, 이렇게 된 이유는 이전의 상징들이 어리석고 조악하거나 "물질적인" 것이었기 때문도 아니고, 새롭게 등장한 종교에 비해서 열등한 것으로 드러난 "종교"의 일부였기 때문은 더욱 아니었으며, 그 상징들이 펠라기우스주의(Pelagianism, 인간의 본성의 선함과 자유의지를 주장한 이단 — 역주)를 부추기는 것이었기 때문인 것은 더더욱 아니었다. 그러한 진부하고 무가치한 비방들은 사람들이 바울의 결론을 떼어내서 다른 논증에 꿰어 맞추었을 때에 생겨난 것들이다. 바울이 물려받은 유대교의 표지들이 제거되고 '에클레시아'가 급부상한 이유는 하나님이 족장들에게 약속한 위대한 일, 즉 모세와 시편과 선지자들이 그토록 열

166) MT에는 "열방"(goyim — '고임')으로 되어 있다; LXX에서는 이 행을 확장시켜서, '에트네'(ethnē)가 두 번째 행에 나온다.

167) 롬 15:7-13.

망하고 기도하며 기다렸던 바로 그 일을 마침내 행하였기 때문이었다. 건물을 지을 때에 건물과 인부들을 보호하기 위하여 설치해 놓은 비계는 건물이 다 지어졌을 때에는 경관을 해치지 않기 위하여 제거되는 것이 마땅하다.

이렇게 말하는 것이 모순되게 들릴 지도 모르지만, 바울의 관점은 여전히 본질적으로 지극히 유대적이었다는 것 - 이것은 웨인 믹스(Wayne Meeks)가 올바르게 강조하고 있는 논점이다 - 은 우리가 아무리 강조해도 지나칠 수 없다.[168] 바울이 바리새인이었을 때에 그 속에서 살아가고 있다고 믿었던 저 위대한 이야기에 대한 기본적인 헌신은 그가 사도가 되었을 때에도 전혀 약화되지 않았다. 그는 "단지"(여기서 이 단어를 사용하는 것이 적절하다) 하나님이 옛적부터 가지고 있던 계획을 성취하신 방법이 그가 생각했던 것과 달랐다는 것을 발견했을 뿐이었다. 이렇게 해서, "계약"과 "묵시론"(약어들을 사용하자면)은 결합되고, 서로를 재정의해 주게 되었는데, 어떤 사람들은 이것을 너무나 희한하고 괴상하다고 여길 것이고, 실제로 바울 시대 당시에 많은 사람들은 그것을 그런 식으로 보았거나, 더 나쁘게 보았을 것임에 틀림없다.[169] 그러나 바울에게 있어서 그것은 전혀 모순이 없이 완벽하게 앞뒤가 맞는 일관된 것이었다. 우리는 이러한 일관성의 뿌리들 - 그의 세계관의 기둥이었던 이 중심적인 상징이 뿌리 박고 있던 견고한 토대 - 을 잠시 후에 살펴보아야 하지만, 이 논의를 마무리하면서 주목해야 할 것은 '에클레시아'의 연합이라는 이 중심적인 상징을 표현하고 있는 여러 형태들이다.

아마도 가장 중요한 것은 바울이 메시야적인 하나님의 백성을 하나의 "권속"으로 보았다는 것이다. 그들은 서로 형제들이자 자매들, 즉 혈육이었다. 우리는 "형제"와 "자매"라는 단어가 지닌 상당히 일반화된 의미에 익숙해져 있다. 설교자나

168) 예를 들면, Meeks, 1983, 85-7, 108.

169) 예를 들어, Barclay, 1996, 388을 보라. 그는 "유대인들의 전통적인 범주들에 대한 근본적인 재정의와 결합된 강력하게 적대적인 문화적 태도"의 "파격"에 대하여 말하면서, "바울의 평생의 사역은 유대인 신자들과 비유대인 신자들이 똑같이 존중 받는 공동체들을 세우는 것이었기는 하지만, 그는 비유대적 세계는 불경건과 악덕의 오물통이라는 전제를 견지한다고 말한다(강조는 내가 첨가한 것이다). Barclay는 혼란을 겪고 있던 주후 1세기 디아스포라의 한 유대인의 눈으로 사물들을 보는 놀라운 일을 해냈지만, 여기에서 그가 바울의 실천적이고 신학적인 입장의 깊은 내면이 구조적인 논리를 파악하고 있다는 증표들을 전혀 보여주지 않는다. Barclay(389)는 "그가 물려받은 유산의 범주들은 그의 선교의 사회적 효과들에 의해서 과격하게 재정의 되기는 하지만, 그의 유산은 세계에 대한 그의 인식을 형성한다"고 말한다(이번에도 강조는 내가 첨가한 것이다). 그렇지 않다. 바울은 이렇게 대답할 것이다: "그것은 내가 물려받은 "유산"이 아니다. 그것은 이스라엘의 하나님, 그가 행하고 지킨 약속들이다. 그리고 과격한 재정의는 십자가에 못 박혔다가 다시 살아난 메시야에 대한 나의 믿음으로 인해 초래된 것이고, 이 메시야가 당신이 올바르게 지적한 "사회적 효과들"의 원인이다."

심지어 정치가조차도 이러한 단어들을 즐겨 사용하는 것이 현실이지만, 만일 청중들이 그 단어를 곧이곧대로 듣고서, 가정과 일과 생계를 실제로 함께 하자는 말로 해석한다면, 그 단어를 사용했던 설교자나 정치가는 기겁을 하게 될 것이다. 이렇게 "형제"와 "자매"라는 단어는 오늘날의 서구 세계에서와는 달리, 주후 1세기에는 정확히 바로 그러한 의미로 사용되었다. 우리가 조금 전에 언급하였듯이, 사회학자들은 오늘날 이 단어들의 용례를 "가공의 혈연관계"(fictive kinship)라는 말로 표현한다. 즉, 우리는 우리가 혈연관계에 있지 않다는 것을 알지만, 마치 그런 관계에 있다는 듯이 말하고 행동한다는 것이다. (실제로, 그런 일은 주후 1세기의 로마 세계에서는 비일비재하게 일어났다: 신격화된 율리우스 카이사르가 카이사르 아우구스투스를 "아들"이라고 말했을 때, 카이사르 아우구스투스는 말 그대로 양자가 되어 개명하였고, 자신이 황제가 되기 위하여, 율리우스 카이사르의 실제 아들들이 오래 살아서 황위에 도전하지 못하게 하는 데 신경을 썼다.) 아브라함과 그의 권속에 대한 바울의 위대한 강해들이 보여 주듯이, 아브라함의 양자가 되어서 역사적인 이스라엘 백성 속으로 들어간 것은 이러한 "가공의 권속"이라는 개념에 해당된다 – 물론, 이런 개념에 대해서 수많은 독자들이 반발하겠지만.[170] "가공의 권속"이 서로 공유하는 것이 바로 '코이노니아'(koinōnia)인데, 이 단어는 "교제"라는 측면, "동역"이라는 측면, "가족으로서의 연대"라는 측면만이 아니라, 그 밖에도 여러 가지 측면들을 지니고 있어서, 그 전체를 어느 한 단어로 번역할 수 없는 단어이다.[171] 다시 한 번 말해 두지만, 바로 이것이 바울이 빌레몬에게 호소한 것이었다. 맬리나(Malina)와 네이리(Neyrey)는 고대 세계에서 "가공의 권속"의 또 다른 유형들에 주목한다: 교사들과 제자들, 파벌들과 동맹들, 동역자들, 신관단들과 회당들, 후견인들과 피후견인들, 특히 공공생활의 기본 단위였던 '폴리스' 자체.[172] 이러한 집단들이 일련의 유사한 병행들을 보여주고 있기는 하지만, 바울이 "믿음의 권속"이라고 말할 때에 염두에 두었던 것으로 보이는 "가공의 권속"은 이스라엘 백성 자체였다는 것은 여전히 사실이다.[173]

이러한 "가공의 권속" 내에서는, 지리적으로 확장된 권속 내에서와 마찬가지로, 서로를 반갑게 맞아주고 대접하는 것이 합당한 것으로 여겨졌다.[174] 따라서 최근에

170) 갈 3장; 롬 4장(*Perspectives*, ch. 33을 보라); Martyn, 1997; Käsemann, 1980 [1973] 등의 설명과 비교해 보라. Horrell, 2005, 112은 이 점을 올바르게 보고 있다.

171) Horrell, 2005, 107은 성찬과 관련해서 그 의미를 도출해낸다: 본서 제6장 제3절 4)를 보라.

172) Malina and Neyrey, 1996, 160-4.

173) 갈 6:10, 16; 예를 들면, Meeks, 1983, 85-7을 보라.

강조되어 온 것처럼, 바울이 "하나님의 구원 계획을 그러한 정체성들의 관점에서 설명하기 위하여 민족이나 혈육과 관련된 언어를 사용해서 복음을 가르치고 있다"는 것은 절대적으로 사실이지만, 그것은 결코 우리가 그의 메시지를 유대인이든 헬라인이든 모든 사람을 위한 것으로 보는 것이 잘못된 것임을 의미하지 않는다.[175] 바로 이러한 배경 속에서, 바울의 서신들 전체에 걸쳐서, '아가페' (agapē)와 관련된 강력한 명령법이 등장한다. '아가페'는 단지 본능적으로, 또는 정서적으로 어떤 사람들에게 끌리는 "사랑"이 아니라, 돈을 공유하고 일을 공유하며 삶을 공유하는 구체적인 현실로 드러나는 밖으로 표출되는 실제적인 보살핌과 관심이다. 우리는 이것을 세계관과 관련된 실천 중에서 별개의 중요한 항목이라고 말해도 좋을 것이다.[176]

바울이 이 중심적인 상징에 대하여 설명한 것을 우리가 지금까지 말해 온 모든 것을 한데 꿰어서 요약하자면, 우리는 여섯 가지로 말할 수 있을 것이다. 첫째, 메시야 예수에 관한 복음 메시지는 더 이상 유대 율법의 세부적인 규정에 의해서 정의되지도 않고, 그 대체물로서 이교적인 정체성을 지닌 그 어떤 표준적인 상징을 필요로 하지도 않는 새로운 주민들로 이루어진 새로운 세계를 만들어내었다. 둘째, 이 새로운 공동체는 새로운 성전으로 여겨지거나, 인간의 몸으로 여겨졌지만, 그것은 단지 그런 은유들을 비유적으로 사용해서 이 공동체를 표현하고자 한 것이 아니라, 그런 상징들을 통해서 강력한 메시지들을 전하고자 한 것이었다. 셋째, 이 새로운 공동체는 하나의 "권속"으로 살고 "권속"이 의미하는 모든 것을 따라 사는 법을 배워야 하였다. 넷째, 이 새로운 공동체는 근본적으로 새로운 세계관을 대변하는 아주 강력한 상징이었기 때문에, 기존의 권력 구조에 대한 상당한 위협으로 여겨질 수 있었다. 다섯째, 이 새로운 상징은 유일신론에 뿌리를 두고 있었는데, 이 유일신론은 이교적인 유형의 유일신론이 아니라, 유대적인 유일신론의 특징들을 두드러지게 지니고 있었고, 단지 메시야 예수를 중심으로 새롭게 표현된 것일 뿐이었다. 여섯째, 이 새로운 공동체는 모든 면에서 메시야 자신, 특히 그의 십자

174) Meeks, 1983, 109f.

175) Johnson Hodge, 2007, 9(강조는 원래의 것). 그녀는 Gaston, Gager 등을 따라서, 지금은 분명히 불신을 받고 있는 입장, 즉 바울의 복음은 오직 이방인을 위한 것이었고, 유대인을 위한 것은 전혀 아니었다는 입장 속으로 빠져 들어간다. 위에 인용된 로마서 15:1-13은 나중에 우리가 "재정의된 선민론"에 대해서 설명하게 될 것과 아울러서, 이것에 대한 꽤 완전한 대답이 될 것이다.

176) 예를 들어, 살전 4:9-12. 거기에서 바울이 "서로를 더욱더 사랑하라"고 강권하고 있는 것은 한층 더 강력한 감정을 불러일으키기 위하여 부추기고 있는 것이 아니라, 서로의 필요들을 더욱 충족시켜 주고자 하는 의식을 불러일으키고 있는 것이다.

가에 못박히심과 부활에 부합하는 형태로 형성되고 정의되었다.[177]

또한, 우리는 다음으로 일곱 번째를 말할 수 있을 것이다. 여러분도 알 것이지만, 우리는 방금 에베소서 2:11-3:21을 지금까지 살펴본 서신들 속에 나오는 바울의 상징적 실천에 대한 분석으로부터 자연스럽게 도출된 이 여섯 가지로 요약하였다. 최근에 논의된 그 어떤 주제와 관련해서도 이미 누구나 다 알아차렸을 것이지만, 상징 분석 또는 사회학적 분석은 "새 관점"이나 다시 부활한 '묵시론' 학파, 심지어 "정치적 바울"을 주창하는 분파가 이제까지 해내지 못했던 혁명적인 것들을 밝혀낼 수 있었는데, 그것은 바울에 관한 서구 개신교의 논의들에서 오랫동안 뒷전에 밀려나 있었던 에베소서가, 실제로는 바울의 "주요" 서신들을 토대로 해서 바울의 중심적인 상징을 세계관이라는 관점에서 세부적으로 살펴보았을 때에 핵심들로 떠오른 바로 그러한 것들을 자세히 설명하고 있는 서신임이 입증된다는 것이다.

이미 앞에서 몇 번이나 언급했듯이, 이 상징은 "우리는 한 분 유일하신 하나님의 한 백성이다"라고 말한다. 웨인 믹스(Wayne Meeks)는 이 본문에 주목해서, 그가 『최초의 도시 그리스도인들』(*The First Urban Christians*)을 쓰기 전까지는 그 어떤 신약학자도 유일신론에 대하여 글을 쓴 적이 없었다는 사실에도 불구하고, 유대교의 상징들이 제거되고 나서 공백으로 남아 있던 자리가, 우리가 제2장에서 이미 살펴보았듯이, 바울과 밀접하게 연결되어 있었던 유대교의 한 흐름이 과격하게 옹호하였던 바로 저 유일신론으로 채워졌다는 것을 깨달았다. 바울은 실제로 바로 그 유일신론으로 그 공백을 메웠다. 웨인 믹스는 이 점에서 "기독교는 유대교의 입장을 고스란히 계승하였다"고 쓰는데, 여기서 유대교의 입장이라는 것은 여러 가지 것들을 혼합하고 종합해 놓은 이교의 다양한 유일신론(예컨대, 스토아학파)과는 달리, 한 분 참되신 하나님에 대한 예배와 "그 예배자들의 배타적인 연합"을 역설하였던 유일신론을 가리킨다.[178] 우리는 바울이 이것을 어떻게 표현하였는지를 이미 살펴본 바 있다. 즉, 그는 고린도전서 8장에서 (주지하다시피 수정된) 셰마를 다시 가져와서 강조하고, 고린도전서 10장에서는 시편 24:1을 환기시키며, 로마서

177) 이것은 어느 정도 Gorman이 "십자가와 합한 공동체들"(communities of cruciformity)이라고 말한 것의 의미이다(Gorman, 2001, 349-67).

178) Meeks, 1983, 165f., 190. 유일신론에 대한 논의를 재도입한 것으로 흔히 인용되는 이전의 인물은 Dahl, 1977, ch. 10이다; 유일신론을 학문적인 주제로 여기지조차 않았던 당시에 어떻게 신약학자들이 그런 생각을 하게 되었는지를 생각하면 놀라울 뿐이다. 하지만 Meeks가 한 분 유일하신 하나님과 거짓 신들 간의 대비를 "이원론적인" 것이라고 말하는 것(166)은 오도하는 것이다: 이원성이 존재하는 것은 물론이지만, 유대교와 초기 기독교의 유일신론자들의 관점에서 보면, 그것은 당시의 여러 대중적인 "이원론들"을 배척하는 방식이었다(위에서 "이원론들과 이원성들"에 대한 설명을 보라).

14장에서 한 분 유일하신 하나님이 모든 사람들을 똑같이 심판하실 것임을 역설한다. 또한, 그는 이러한 종류의 유일신론이 실제에 있어서는 어떻게 작동하는지도 보여준다. 이 유일신론은 정통 교리의 시금석으로 활용되는 추상적인 교리가 아니었고, 공동체가 공유하는 신념이자 공동체의 토대가 되는 신념이었다.[179)]

다음으로 진행해 나가기 전에 우리가 성찰해 볼 것이 한 가지 있는데, 나는 이 성찰이 바울에 대한 연구, 그리고 실제로는 기독교 일반에 대한 모든 연구에서 상당히 중요하다고 믿는다. 나는 서론에서 이것에 대하여 짤막하게 말한 바 있지만, 지금은 좀 더 자세하게 설명해야 할 때가 되었다.

바울의 세계관이 단일한 "권속," 한 "하나님의 백성," "살아 계신 하나님의 성전," "메시야의 몸"이라는 중심적인 상징(그리고 거기에 수반된 실천)을 중심으로 구축되었고, 제2성전 시대의 유대교나 고대 이교 사상의 그 어떤 상징적 실천도 이 중심적인 기둥을 세우는 데에 도움이 되지 않았다는 것이 사실이라면, 우리는 오늘날 "신학"이라 불리는 것, 그 중에서도 특히 바울의 신학이 새로운 지위를 얻게 된 이유, 그리고 아마도 주된 이유를 그러한 사실 속에서 찾을 수 있다. 우리는 이것을 다음과 같이 표현해 볼 수 있을 것이다. 즉, "신학"이 바울의 세계관, 그리고 그 후에는 기독교회에서 이전의 유대교나 이교 사상에 있어서보다도 훨씬 더 크고 중요한 지위를 점하게 된 것은 바로 바울의 상징 세계가 근본적으로 새롭게 재구축되었기 때문이라는 것이다. 이것을 본서에 적용해 보면, 제3부(바울의 신학)가 절대적으로 중요한 것은 제2부(바울의 상징 세계) 때문이라고 할 수 있다. 달리 말하면, 제2부에서 행해지고 있는 세계관 분석이 (반론을 피하기 위한 목적으로) 단지 제3부에서 "알짜"를 다루기 전에 사회학적 범주들을 가지고 한 번 놀아보는 것이 아닌 것과 마찬가지로, 제3부는 단지 제2부에서 살펴본 "진짜" 사회학 또는 역사가 던져주는 관념들을 가지고 신학자가 한 번 놀아보는 것이 아니라는 것이다. 제2부와 제3부는 서로 밀접하게 연결되고 서로를 밑받침한다. 유대교 저술가들이 흔히 오늘날의 의미에서의 "신학"은 대체로 기독교가 만들어낸 것이라고 논평해 온 것은 하나님과 세계와 인간 등등에 대한 성찰에 의한 기독교의 새로운 이해가 유대교의 상징들이 제거된 공백을 메우기 위하여 생겨났고 발전되었다는 바로 그러한 의미에서 옳은 지적이다. 새로운 세계관이 어떤 지속적인 힘을 지니기 위해서는, "신학"은 필수적인 것이었다. 바

179) 어떤 이유에서인지 Horrell, 2005, 177은 이 점을 놓치고 있는 것으로 보인다: 시편 24:1은 단지 "성경으로부터의 인용문"이 아니라, 이 공동체와 그 행위의 토대이자 바울의 중심적인 상징인 유대식의 창조의 유일신론을 상기시키는 것이다. Horrell이 바울의 명령법이 기독론에 근거하고 있다는 것을 본 것은 옳지만, 나중에 보면 알 수 있듯이, 그것조차도 유일신론에 닻을 내리고 있다.

울이 부지런히 담금질을 계속해서, 상징으로 가득한 새로운 공동체의 본질을 밝혀 나가는 과정에서, 자신의 수정된 유대식의 유일신론에 도달하게 된 것은 결코 우연이 아니다. 그러한 유일신론은 바울이 이미 정해져 있던 자신의 교리를 견고하게 하는 데 필요하거나 그러한 작업에 유익한 교리라는 것을 발견했기 때문에 가져와서 사용했던 것이 아니라, 그가 기도하는 가운데 하나님 및 하나님의 길들과 역사와 목적, 궁극적으로는 하나님의 신실하심에 대하여 성찰하였을 때 – 우리는 이러한 작업을 느슨하게 "신학"이라고 부른다 – 아주 갑작스럽게 새로운 의미로 다가와서 새로운 역할을 맡게 된 것이었다.

바울은 이러한 과정 자체가 섭리에 의한 것이라고 믿었고, 복음의 의미의 일부라고 믿었던 것으로 보인다. 그는 자주 메시야의 백성은 "사고가 새로워짐으로써 변화를 받아야" 할 것이라고 역설하였다. 하나님과 그의 목적들에 대하여 분명하게 사고하는 것은 단지 지적인 사치도 아니었고, 겨울의 기나긴 밤들을 즐겁게 보내는 데 안성맞춤인 특별한 도락도 아니었다. 그것은 세계관의 중심에 있는 단일한 상징인 '에클레시아'가 견고히 서기 위해 꼭 필요한 탄탄한 토대의 일부였다. 갱신된 하나님의 백성이 그들의 사고에 있어서도 새로워져서, 처음에 주어진 방식을 따라 자신들의 세계관을 유지하는 과제를 사고하는 법을 배우는 것은 지극히 당연한 일이었다. 우리가 이미 살펴보았듯이, 분명한 것은 "세계관"이라는 것은 여러분이 보는 어떤 것(something you look at)이 아니라, 다른 것들을 보게 해주는 어떤 것(something you look through)이라는 것이다. 세계관들은 여러분이 당연한 것으로 전제해 버리는 것들이다. 여기서 내가 말하고자 하는 요지는 바울은 세계관이 계속해서 올바르게 유지되게 하려면, 메시야의 백성이 자신들이 신앙의 실제적인 대상인 하나님 자신, 그리고 그의 목적들과 약속들을 끊임없이 천착하고 철저하게 사고할 필요가 있다고 믿었다는 것이다. 이 일 이전에 여유 있는 자들을 위한 사치품이었던 지혜는 이제 노예와 가게 점원과 가정주부에게 주어졌다.

"신학"이 초기 그리스도인들에 의해서 고안된 것이 아님은 물론이다. 우리는 고대 이스라엘의 시편과 선지자들과 지혜 전승들 속에서 신학을 본다. 우리는 제2성전 시대의 저술가들 속에서도 종종 고뇌 속에서 신학을 모색하는 것을 보고, 플라톤과 스토아학파, 그리고 몇몇 위대한 고전 시인들에게서도 그들 나름대로의 신학을 본다. 그러나 기독교의 신학은 내용면에서만 달랐던 것이 아니라(기독론, 성령론, 이신칭의, 새로운 "구원관," 재구성된 종말론 등등), 신학이 수행해야 할 과제나, 기독교의 세계관 내에서 신학이 채워 넣어야 할 것의 형태에 있어서도 달랐다. 그것은 마치 오케스트라에서 어떤 악기(예컨대, 클라리넷)가 어떤 곡의 절반이 다

지나갈 때까지도 다른 현악기들과 목관악기들이 연주해 나가는 것을 지켜만 보다가, 어느 시점에서 갑자기 호출되어, 그 곡 전체의 중심적인 모티프가 될 새롭고 장엄한 대목을 연주하는 것과 같다. 바울이 유대적인 세계관을 전 세계적인 관점에서 근본적으로 수정한 것은 "신학"이라 불리는 종종 얌전하고 사변적이며 신비스럽지만 그리 실용적이지 않은 악기를 호출해서 지금까지 연주되어 왔던 곡을 협주곡으로 바꾸어 놓는 바로 그러한 순간이었다. 이것이 처음부터 "신학"이라는 단어에서 따옴표를 벗겨 버린 채로 바울을 이해하고자 하는 시도는 무엇이든지 아무리 중요한 내용들을 수없이 밝혀낸다고 할지라도 결국에는 실패할 수밖에 없는 이유라는 것은 두말할 필요가 없다.[180] 우리가 바울의 신학을 연구하는 이유는 그 신학이 신속하게 성장해서, 그 곡 내에서 자신에게 맡겨진 새롭고 복잡하며 중요한 대목을 배워야 했기 때문이다. 신학은 세계관의 중심적인 상징인 '에클레시아'의 생명을 유지시켜 주는 피이다. 신학이 없을 때, 세계관의 중심적인 상징이 제대로 서서 건물의 나머지 부분을 떠받치게 될 가망성은 심각하게 줄어들게 된다 – 이것은 오늘날 일반적으로 신학, 특히 바울 신학을 무시하거나 하찮은 것으로 여기는 교회라면 다 알 것이다.

3) "우리는 메시야의 백성"이라고 말하는 상징들

최초의 기독교적 세계관이 조직되었을 때에 그 중심이 되었던 상징들, 특히 바울 자신의 세계관에 대한 탐구를 시작하자마자, 우리는 예수에게로 나아가게 된다는 것은 두말할 필요가 없다. 공동체가 자신을 정의하고 자신의 실존과 목표와 중간 목표를 이해하기 위해 사용하는 "신화"의 언어로 우리의 질문들을 바꾼다고 할지라도, 우리는 예수 자신에 관한 이야기, 즉 이스라엘의 이야기를 예기치 않은 기이한 방식으로 성취한 예수에 관한 이야기를 그러한 "신화"의 확고불변한 중심으로 삼을 수밖에 없게 되는 것에서 결코 벗어날 수 없다[181] 이것에 대해서는 우리가 제7장에서 바울의 세계관에 관한 이야기들을 고찰할 때에 다시 살펴볼 것이다.

우리가 신학의 수준에서 바울 속에서의 예수의 역할에 대하여 말하고 싶어 할

180) 예를 들어, Engberg-Pedersen과 병행되는 Betz, 1994, 89의 주목할 만한 서술을 보라: "예전들을 형성하고, 그리스도인들의 행실을 위한 도덕적 표준들을 설정하는 것은 이 서신들의 대부분의 내용을 이룬다." 따라서 이것은 신학이 이 서신들의 주류를 이룬다는 말과 같다.

181) Horrell, 2005, 87는 Hays, 1983, 267 n. 1 [= Hays, 2002 [1983], 210 n. 1]을 인용해서, Martyn, 1997과 그 배후에 있는 Bultmann을 반박한다.

수 있는 주요한 것들 하나하나는 세계관의 수준에서도 고찰대상이 된다.[182] 이것은 단순한 중복이 아니다. 우리는 곧 바울이 자신의 교회들에서 가르치고 행하였던 상징적 실천의 몇몇 아주 구체적인 요소들, 즉 바울과 그의 회심자들이 행하였던 것들이자 그들의 세계를 떠받치는 것들이 되었던 얼마 안 되는 것들 중의 몇몇 요소들을 살펴볼 것이다. 그리고 상징적 실천의 이러한 요소들의 의미는 공동체의 성격을 형성하였던 경계 표지였던 것, 즉 바울이 예수와 관련하여 사실이라고 믿었던 것들이 이미 지니고 있던 상징적 의미에 전적으로 의존되어 있다.

먼저, 예수는 이스라엘 백성의 삶과 이야기를 자신 속에 집약시켜서, 이스라엘의 역사를 미리 정해진 충격적이고 예기치 않은 정점으로 이끌었을 뿐만 아니라, 이제 모든 열방들로부터 부르심을 받아 약속들을 물려받고 한 분 유일하신 하나님의 목적들을 이루어나가게 될 "백성"의 핵을 자기 자신 속에 만들어낸, 이스라엘을 대표하는 메시야였다. 예수의 메시야직이 지닌 의미에 대한 바울의 이러한 요약은 우리가 여기에서 지적인 활동을 통해 다루어져야 할 추상적인 관념이나 신학적 "개념"을 다루고 있는 것이 아니라는 것을 분명하게 보여준다. 이것은 공동체, 즉 메시야의 "몸"의 토대의 일부이다. 메시야는 연합, 곧 갈라디아서에서는 유대인과 이방인이 한데 어우러지는 연합, 빌레몬서에서는 노예와 자유민이 새로운 교제를 나누는 연합의 초점이자 증표이고 수단이 된다. 메시야로서의 예수는 갱신된 하나님의 백성을 통합시키는 분이다. 이전의 많은 사람들은 이것이 바울이 말한 메시야직의 의미 속에 실제로 담겨 있다는 것을 꿈에도 생각하지 못하였고, 시대의 유행을 따라서 이것이 바울적인 개념이라는 것을 부인했지만, 지금은 이것을 인정하고 있다.[183]

메시야로서의 예수는 하나님의 신실하심을 가장 극명하게 드러내서, 그를 따르는 자들에게 신실함을 요구한 분이었다. 우리는 예수를 신학의 중심점으로 살펴보기 전에, 예수가 지닌 위대한 상징적 의미를 알아야 하는데, 그것은 메시야로서의 예수에 대한 충성, 바울의 표현을 빌리자면 "믿음의 순종"[184]은 이전에 바울이 속

182) Meeks, 1983, 92f.

183) 예를 들면, Martyn, 1997, 377, 382, 574-6. 그는 "합체적" 관점에 대해서만 말하고, 그것을 밑받침 해주는 "메시야"와 관련된 의미에 대해서는 일체 언급하지 않는다. Meeks, 1983, 92f.도 마찬가지이다(Meeks는 하나의 범주로서의 "메시야로서의 지위"의 중요성을 보았지만, 한 몸이 되는 것에 있어서 그것이 지닌 의미를 보지는 못했다). Fitzmyer, 2007은 이 둘 모두를 평가절하하는 것으로 보인다; 예컨대, Bird, 2009a, 37-40, 88을 보라. 합체적 기독론에 대해서는 Cummins, 2007을 보라; 그리고 본서 제10장 제3절 1) (3)의 논의와 *Perspectives*, ch. 31을 보라.

184) 롬 1:5; 16:26.

해 있었던 "열심"을 강조했던 유대교 내에서 "하나님에 대한 충성" 또는 토라나 거룩한 땅에 대한 충성이 점하고 있던 자리를 바울이 새롭게 구축한 세계관 내에서 점하고 있다는 것이다. 이렇게 해서, 이전에는 철두철미 골수 유대인임을 나타내는 핵심적인 표지였던 이러한 "충성"은 바울의 갱신된 세계관 내에서 정체성의 거점으로 변화되었다. 이러한 충성(이것을 지칭하는 헬라어는 '피스티스'[pistis]였다)은 하나님의 참된 백성이 최초의 부활절에 탄생한 새로운 피조세계 내에서 어느 위치에 있는지를 보여주는 것이었다. 우리는 여기 상징의 수준에서 "'피스티스'에 의하여 의롭다 함을 얻음," 즉 "이신칭의"의 의미의 일부를 본다. 이 말이 어떤 사람들에게는 이상해 보일지 모르겠지만, '피스티스'는 바울의 세계관 내에서 하나님의 백성의 지체임을 보여주는 증표 역할을 하는 표지이다. (물론, 이것이 바울이 말한 '피스티스'가 지닌 의미의 전체인 것은 아니다. 풍부한 의미를 담고 있는 이 용어는 좀 더 자세하게 살펴볼 필요가 있고, 우리는 그 작업을 나중에, 특히 제10장에서 할 것이다.)

특히, 메시야 예수는 바울에게 있어서 '에이콘 투 테우'(eikōn tou theou), 즉 "하나님의 형상"이었다.[185] 이 거대한 개념을, 단지 창세기 1장에 나오는 "형상"과 그것에 대한 바울의 재조명이라는 관점에서, 또는 이것이 전통적인 "기독론"에서 의미하는 것과 예수 안에서의 "신성"과 "인성"의 결합에 관한 논의들이라는 관점에서 신학적으로 살펴보는 것만으로는 충분하지 않기 때문에, 우리는 이 개념과 관련된 세계관적 상징들에 관심을 갖는다. 캐빈 로우(Kavin Rowe)가 지적했듯이, "하나님의 형상"이라는 개념은 기독교 도상학(iconography)이라고 부를 수 있는 것의 시초이고, 새롭게 신성화된 세계의 출발점이자 생성점이다. 바울에게서는 그 밖의 다른 도상들 – 조각상들, 신전들, 주화들, 모자이크화들 – 은 떨어져 나가고, 오직 하나의 도상이 그 모든 것들 대신에 들어선다. 예수는 한 분 유일하신 하나님을 반영한 분이다. 이것이 '에이콘 투 테우'의 의미이다. 예수 자신의 존재, 예수가 어떤 분이었고 지금은 어떤 분이냐 하는 것, 특히 그의 메시야직[186]은 바울에게 있어서 그를 따르는 자들의 공동체가 한 분 유일하신 하나님을 볼 수 있는 곳이자 수단이고, 예배와 감사를 통해서 동일한 모습으로 변화될 수 있는 곳이자 수단이다.[187] 이렇게 해서, 메시야에게 충성하는 사람들이 그 "형상"을 반영하게 됨으로

185) 고후 4:4; 골 1:15.

186) 고후 4:4이 말하고 있는 것은 '예수스'(Iēsous, "예수")가 아니라 '크리스토스(Christos, "그리스도")이다.

187) 고후 3:18, 이것에 대해서는 본서 제9장 제3장 2) (5)를 보라.

써, 이 유일무이한 "형상"은 그들 속에 새롭게 새겨진 도상들의 세계를 탄생시킨다. 이 모든 것은 물론 신학적인 색채가 짙은 것이기는 하지만, 새롭게 형성된 상징 세계의 수준에서 이해되어야 한다.

한 분 유일하신 하나님을 반영하고 있는 분이자, 자기 백성을 하나로 묶고 있는 분인 메시야 예수는 다른 무엇보다도 십자가 위에서 죽었다가 제3일에 다시 살아난 분이다. 데이빗 호렐(David Horrell)은 상징에 의한 정체성이라는 질문을 가지고 기독교를 접근한 레이몬드 피켓(Raymond Pickett)을 인용해서, "십자가라는 중심적인 상징"은 "단지 신학적이거나 교리적인 주제가 아니라," "바울이 고린도 공동체의 실천을 구체화하기 위하여 사용하는 상징"임을 강조한다.[188] 이렇게 말하는 것은 논란이 될 소지가 거의 없지만, 그럼에도 불구하고 우리는 거기에 대하여 말할 것이 있다. 십자가는 바울의 후계자들 속에서 상징과 관련된 상상력을 자극해서, 아주 초기부터 가시적 상징으로 사용되었음을 보여주는 증거가 있다. 그렇게 될 수 있었던 것은 십자가가 서사 자체 내에서 이미 상징으로서의 힘, 즉 무엇보다도 이스라엘의 하나님의 구원 계획이 마침내 실현되고 성취된 계기를 상징하는 것으로서의 힘을 지니고 있었기 때문이었다.[189] 이것은 십자가가 지니고 있던 첫 번째 수준의 상징적 의미이다.

십자가가 지니고 있던 이 상징적 힘은 두 번째 수준의 의미를 낳는다. 바울이 직접 선언하였듯이, 십자가는 "헬라인들에게는 미련한 것"이었고 "유대인들에게는 치욕"이었다. 좀 더 구체적으로 말한다면, 십자가는 모든 헬레니즘적인 지혜에 정면으로 도전하는 것이었다. 실제로, 십자가 처형의 취지 중의 일부는 처형당하는 자에게 철저하게 치욕을 안겨주는 것이었다. 왜냐하면, 십자가 처형은 이교도들 가운데서 상당히 중시되고 있던 고상한 죽음의 기회를 빼앗아 버리는 것이었기 때문이다.[190] 또한, 통상적으로 십자가 처형을 당한 사람은 제대로 매장될 기회도 얻지 못해서, 그 시체는 새들이나 쥐들, 또는 다른 육식조들의 먹이가 되었고, 그런 후에 남겨진 것들은 시체 구덩이에 던져졌다. 십자가 처형을 당하는 사람이 겪어야 했던 철저한 무력감은 자살을 해서라도 자신의 운명을 자기가 결정하는 것이 사람의 도리라고 생각했던 스토아학파나 소크라테스의 이상을 철저하게 뭉개버

188) Pickett, 1997, 29, 34f.를 인용하는 Horrell, 2005, 85. 또한, Meeks, 1983, 180 등을 보라.

189) 초기의 몇몇 증거들에 대한 설명으로는 *NTPG*, 366f.를 보라; cf. Skarsaune, 2002, 182f.

190) 나는 "그를"(him)이라는 표현을 사용한다; 여자들도 종종 십자가형에 처해지기는 했지만, 그 대부분은 남자들이었다. 여자들을 수치스럽게 잔혹하게 죽이는 다른 방법들이 있었다.

리는 것이었다. 십자가 처형은 사람의 존엄이나 미덕, 가치나 의미 같은 것들을 하나도 남김없이 다 박탈해 버리는 것이었기 때문에, "십자가"는 그리스도인들이 거기에 상징적 의미를 부여하기 훨씬 전부터 이미 그러한 상징적 의미를 지니고 있었다. 십자가는 그 자체가 하나의 포고문이었다. 십자가라는 말이 성난 노예 주인의 입에서 나왔든, 교만한 황제의 입에서 나왔든, 아니면 어떤 유력한 자의 입에서 나왔든, 그것은 "우리에게는 십자가 처형을 집행할 권한이 있고, 이 십자가는 우리의 길을 가로막는 자들이 어떻게 되는지를 보여주는 것이다"라고 선포하는 것이다. 따라서 예수의 초기 추종자들이 예수야말로 세계의 참된 주라고 선언하였을 때, 십자가는 그 선언을 정면으로 반박하고 되받아치는 모순된 상징이었다. 이스라엘의 하나님의 신실하심과 그 신실하심을 반영하는 인간이 되는 새로운 길, 이 두 가지를 계시한 것이 바로 십자가라고 설명한 사람은 다름 아닌 바울 자신이었다.[191] 그러나 우리는 강력한 대항문화이자 제국의 상징에 대한 강력한 대항이라는 십자가의 두 번째 의미도 무시해서는 안 된다.

셋째, 십자가는 실제로 "유대인들에게는 치욕"이었다. 아니, 십자가에 못 박힌 메시야라는 관념은 그들에게는 치욕스러운 것이었다. 십자가 처형은 유대인들이 통상적으로 사용하고자 하지 않는 이교적인 처형 방식이었기 때문에 치욕스러운 것이었던 데다, 신명기에 "나무에 달린 자"는 저주를 받은 자라는 말씀이 나오기 때문에, 더더욱 그러하였다.[192] 그러나 예수의 죽음 전후로 각각 백여 년 동안 수많은 유대인들이 특히 로마인들에 의해서 십자가 처형을 당하였고, 그것은 어떤 의미에서 치욕스러운 일이었다는 것은 의심의 여지가 없지만, 비통하고 수치스러운 재앙인 측면이 더 강하였다. 이러한 끔찍한 일을 신학적이자 상징적인 '스칸달론'(skandalon, "치욕")으로 바꾸어 놓은 것은 십자가에 못 박힌 이가 메시야일 수도 있다는 생각이었다. 여기서 우리는 찢어지는 나팔 소리가 바울의 상징 세계의 심장부에 꽂히는 모습을 순간적으로 본다. 그것은 마치 창문 바로 앞에서 갑자기 벼락이 쳐서 어두웠던 방이 순간적으로 환해지는 것과 같은 것이었다. 바울은 자신을 "이방 죄인"이 아닌 독실한 유대인이자, 메시야 신앙 속에서 자신의 새롭고 참된 정체성을 발견한 자라고 소개하면서, "나"라는 말을 과거를 회상하며 자서전을 쓰는 그런 기분으로 사용하는 것이 아니라, 대표성을 상징하는 말로 사용하여, 이

191) 아래 제10장을 보라.

192) 신 21:23. 제10장 제3절 3) (3)를 보라. 십자가 처형에 대한 유대인들의 태도에 대해서는 이제는 Chapman, 2008; Wise, 2010 등을 보라.

렇게 선언한다:

> 내가 율법으로 말미암아 율법에 대하여 죽은 것은 하나님에 대하여 살기 위함이다. 나는 메시야와 함께 십자가에 못 박혔다. 하지만 나는 살아 있다. 그러나 그것은 더 이상 내가 아니고, 내 안에 사시는 메시야이다.[193]

십자가라는 치욕의 비밀은 이것이다: 메시야가 십자가 위에서 나를 대신하여 못 박혔을 때에 나는 죽었고, 이제 내 안에 살아 있는 것은 메시야이다. 십자가에 못 박힌 메시야는 십자가에 못 박힌 이스라엘을 의미하고, 부활한 메시야는 완전히 갱신된 이스라엘을 의미한다. 이것은 바울을 "묵시론적인" 인물로 만들고자 하는 사람들이 생각해 왔던 것보다 훨씬 더 깊숙이, 주후 1세기의 "열심" 있는 유대인의 세계관 속으로 "침투하였다." 바울은 십자가는 단지 한 분 유일하신 하나님이 완전히 새롭고 철두철미하게 세계를 변화시키고 세계를 뒤흔들고 세계를 개조하는 어떤 일을 행하셨다는 기이하고 희한한 사건이었던 것이 아니라고 믿었다. 십자가는 사실 기나긴 이야기, 즉 아주 많은 사람들이 보았던 것처럼, 단지 도도한 강물처럼 하나님의 계획을 조금씩 실어 나르는 것에서 그치지 않고, 역시 아주 많은 사람들이 보지 못했던 것처럼, 그 중심부에 그 서사를 성취시킴과 동시에 근본적으로 변화시킬 강력한 폭발력을 지니고 유유히 흐르고 있던 "계약" 서사에 대한 하나님이 정한 철저하게 충격적이고 역설적인 정점이었다.

십자가만이 아니라 부활도 새롭게 생성된 바울의 상징 세계의 중심이었다는 것은 두말할 필요가 없다. 바울은 예수께서 삼일 후에 죽은 자 가운데서 다시 살아났기 때문에, 그리고 오직 그 이유로 인해서, 십자가가 의미하는 모든 것이 엄연한 사실이라는 것을 아주 분명하게 천명한다(그를 따른다고 하는 사람들이 모두 다 이렇게 분명하게 천명한 것은 아니었지만). 그는 혼란스러워하는 고린도 교인들에게 "메시야가 다시 살아나신 것이 아니라면, 너희의 믿음은 헛되고, 너희는 여전히 죄 가운데 있는 것이다"라고 썼다. 달리 말해서, 만일 부활이 없었다면, 나사렛 예수는 단지 또 한 명의 실패한 메시야로서 처참한 죽음을 맞은 인물에 불과하였으리라는 것이다. 물론, 부활이 없었어도, 그는 위대한 순교자가 될 수는 있었겠지만, 새 시대를 가져오는 자는 결코 될 수 없었을 것이다. 그가 다시 살아난 것이 아니라면, 새로운 피조세계는 시작될 수 없었다.

193) 갈 2:19f.

하지만 바울은 우리가 알고 있는 다른 모든 초기 그리스도인들과 마찬가지로, 예수의 부활로 인해서 이 모든 것들이 이루어졌다고 믿었다.[194] 그들은 모두 예수의 부활이 현실에서 확실하게 일어난 사건이라고 믿었고, 부활로 인해서 예수의 몸은 철저하게 변화되어 텅 빈 무덤만을 남기고 떠나서, 썩어짐과 사망의 가능성은 영원히 사라졌다고 믿었다. 이 사건, 이 현실은 세계관을 구성하는 분명한 상징적 가치를 지니고 있었다.[195] 특히, 부활은 때를 구분하는 새로운 표지였다. 새로운 시대가 동텄고, "지금은 구원의 때이다."[196] 달리 말하면, 부활은 새롭게 개시된 종말론의 증표였다. 이스라엘이 황폐화 되어 버려진 때는 끝이 났고, 이스라엘이 포로에서 "돌아올" 때, 신명기 30장과 부합하는 새로운 종류의 율법의 성취의 때, 열방들이 합류할 때가 시작되었다. 부활은 하나의 사건에서 그친 것이 아니라, 훨씬 더 그 이상이었고, 바울에게는 분명히 그러하였다. (최근에는 마치 사건과 무관하게 해석을 다루고, 경험과는 무관하게 의미를 다루는 것이 더 성숙하고 지혜로운 일인 것처럼 여겨서, "사건"과 "해석"을 서로 명확히 구분하는 것이 유행이 되어 왔다. 하지만 그 반대이다. 의미를 추적하다 보면 자연스럽게 경험이 복원되는 법이다.)

잠시 후에 좀 더 자세하게 살펴보겠지만, 또한 부활은, 자신들의 형태와 방향을 정할 필요가 있었지만, 그 일을 하는 데 도움을 줄 수 있는 별다른 세계관 표지들이 결여되어 있었던 공동체의 삶에 온갖 직접적인 결과들을 가져온 세계관 표지(worldview-marker)이기도 하였다. 바울에게 있어서 부활이 신자들의 행실에 미친 결과는 분명한 것이었다: 메시야가 다시 살아나셨기 때문에, 너희가 메시야 안에 있다면, 너희도 다시 살아난 것이다. 그러므로 부활이 사실이라고 여기고, 거기에 합당하게 행하라! 많은 사람들이 주장해 온 것과는 달리, 우리가 에베소서와 골로새서에서 그런 요지를 만날 때, 그 요지는 새로운 것이 아니다. 로마서 6장에서도 그러한 요지를 크고 분명한 목소리로 들려준다.[197] 마찬가지로, 그러한 요지는 이렇게 표현해 볼 수도 있다: 메시야는 다시 살아나셨고, 너희는 그에게 속한 자들

194) 다른 견해를 가졌던 초기 기독교의 다른 흐름들이 있었다는 반론에 대해서는 *RSG*, 특히 534-51을 보라.

195) 나는 이것을 *RSG*에서 자세하게 제시하였고, *Surprised by Hope*(= Wright, 2008)에서 다른 차원에서 추가적인 논증을 전개하였으며, *JSNT*, 2004(= Wright, 2004)와 *JSHJ*, 2005(= Wright, 2005a)에서 몇몇 논란들에 대하여 답변하였다.

196) 고후 6:2. 부활에 관한 바울의 신학에 대해서는 특히 *RSG* Part II를 보라.

197) Wright, 2002(= Wright, *Romans*), 538을 보라; cf. Kirk, 2008, 107-17.

이다. 그러므로 너희는 장래에 다시 살아나게 될 것이다. 따라서 너희가 지금 너희의 몸으로 행하는 것들은 중요하다.[198] 그러나 단지 "윤리적인 문제들"이라는 조금도 도움이 되지 않는 명칭을 지닌 이러한 것들과 관련해서만, 부활이 세계관 표지로서의 기능을 한 것은 아니었다. 부활은 '에클레시아' 및 이스라엘에 관한 좀 더 큰 문제들과 관련해서도 세계관 표지로서의 역할을 하였다: "그들을 받아들이는 것이 죽은 자 가운데서 살아나는 것이 아니면 무엇이겠는가?"[199] 또한, 부활은 그런 것을 뛰어넘어서, "세계"를 보는 관점 자체가 된다: 하나님은 자신이 부활 사건 속에서 예수에 대하여 행한 일을 종말에 피조세계 전체에 대하여 행하여서, 피조세계가 썩어짐의 노예 노릇을 하는 것에서 해방되어, 하나님의 자녀들이 영화롭게 될 때에 도래할 자유를 누리게 할 것이다.[200] 내가 다른 곳에서 이미 논증하였듯이, 이 생생하게 묘사된 종말론은 유대인들이 이미 지니고 있던 기대를 한데 끌어 모아서 훨씬 더 세밀하게 표현하고 있다. 우리가 부활을 이렇게 새롭고 분명하게 묘사할 수 있는 것은 예수의 부활을 단지 "신학적" 진술(물론, 이것도 맞지만)이나, 다른 것들과는 무관하게 고립적으로 일어난 "역사적" 사건(물론, 바울은 이것이 현실의 공간과 시간과 물질의 세계 속에서 일어났다는 것을 확실하게 믿었지만)에 불과한 것으로 보지 않은 직접적인 결과이다. 우리가 여기에서 관심을 갖는 것은 상징으로서의 부활, 완전히 새로운 세계관의 표지로서의 부활이다 – 이것은 아무리 예기치 않은 것이었고, 그 진통이 극심한 것이었다고 할지라도, 여전히 옛 세계관이라는 모태로부터 탄생한 것이기 때문에, 사실 완전히 새로운 것이라고 할 수는 없지만. 상징으로서의 부활은 예수의 부활이 실제로 행하였던 것을 세계관 표지라는 수준에서 수행하여, 이스라엘의 기대를 완전히 뒤집어엎고서, 좀 더 넓은 이교 세계에 "생각할 수 없는 일이 일어났다"고 선언하는 깃발을 꽂는다. 세계는 이제 다른 곳이 되었다. 사람들 가운데서 회자되곤 하던 별로 유쾌하지는 않은 오래된 농담이 하나 있는데, 그것은 어떤 사람이 하나님을 보러 갔다가 돌아와서는 "그녀는 흑인이야!"라고 외쳤다는 것이다. 어떤 사람들이 "세계의 새로운 주가 탄생하였는데, 그는 십자가에 못 박힌 예수, 죽은 자 가운데서 다시 살아나신 예수이다"라는 "복된 소식"을 외쳤을 때, 고대 말기의 이교 세계가 느꼈을 충격은 바로

198) 고전 6:18-20.

199) 롬 11:15.

200) 롬 8:21; 바울은 피조세계가 하나님의 자녀들의 "영광스러운 자유"에 참여하게 될 것이라고 말하지 않는다(일부 번역문들에도 불구하고). 도리어, 갱신된 피조세계의 "자유"는 "영광," 즉 부활한 하나님의 자녀들의 왕적인 통치의 결과로서 생겨나게 될 것이다. 본서 제7장 제4절을 보라.

그런 것이었을 것이라고 나는 생각한다. 어처구니없고 화가 나고 괘씸하다는 느낌 – 이것이 우리가 새로운 세계관으로부터 느낄 수 있는 바로 그런 것이다.

다음으로, 예수가 죽은 자 가운데서 다시 살아난 이스라엘의 진정한 메시야라는 믿음으로부터 직접적으로 생겨난 또 하나의 상징은 예수가 "주"라는 것이었다. 부활을 직접 보지 않은 사람들에게 이것을 확신시키는 것은 어려운 일이기는 하지만, 그럼에도 불구하고 우리는 그렇게 하기 위해 애써야 한다: 이스라엘의 성경에 나오는 몇몇 중요한 메시야 본문들의 핵심은 이스라엘의 참된 왕이 마침내 도래해서, 온 세계의 주가 되어, 열방에 정의를 가져다줄 것이고, 그의 나라는 이 바다에서 저 바다까지, 유프라테스 강에서 땅 끝까지 미치게 될 것이라는 단언이었다.[201] 따라서 예수를 주로 받아들인다는 것이 의미하는 상징적 가치는 단지 충성을 맹세하고, 새로운 생활방식을 따르며, 순종을 드리는 것에서 그치는 것이 아니라, 그런 것보다 훨씬 더한 것이다. 그것은 그때나 지금이나 많은 사람들을 두렵게 만드는 그런 의미를 지니고 있었다. 즉, 예수는 이미 참된 '코스모크라토르'(kosmokrator), 즉 "세계 통치자"로 등극하였다는 것이다.[202] "세계 통치자"(그의 부하들이 이 새로운 "세계 통치자"를 십자가에 못 박은 것이 아니던가)가 이미 존재하는 세계에서, '퀴리오스 크리스토스'(kyrios Christos)를 선포하는 것은 다른 모든 "주들"에 도전하고, 특히 당시에 통용되던 주화들 속에서 음흉한 눈빛을 하고 흘겨보고 있던 자의 "주로서의 지위"에 도전하는 강력한 상징적 가치를 지닐 수밖에 없었다.[203]

이 모든 것을 종합해 볼 때, 우리는 바울의 갱신된 세계관 속에서, 이전에 다소의 사울의 세계관 내에서 유대적 상징들이 차지하고 있던 것과 같은 지위와 무게를 점하고 있던 중심적인 표지는 무엇이었다고 말할 수 있는가? 그것은 바로 '유앙겔리온'(euangelion), 즉 대선지서에서 말한 "복된 소식"에 뿌리를 두고서,[204] 카이사르의 제국 도처에 세워진 비문들에 새겨져 있던 "복된 소식"에 맞선 "복된 소식"이었다. 바울은 이 상징이 자기를 규정하였고, 이 상징은 자신의 소명의식의 닻

201) 시 2편; 72편; 사 11:1-10 등. 이러한 지리적인 언급들은 "신경을 쓸 필요가 있는 모든 알려진 세계"를 의미한다. "땅"이 "세계"가 되는 것에 관한 위의 설명을 보라.

202) 예를 들면, cf. 마 28:18.

203) 이 논점은 Käsemann의 유고 논문집에 잘 나와 있다(Käsemann, 2010). 그는 서두에 나오는 자전적인 소묘에서 이 논점을 이렇게 말한다: "십자가에 못 박힌 이의 제자가 된다는 것은 필연적으로 모든 전선에서 우상 숭배에 대한 저항으로 이어질 수밖에 없다. 이러한 저항은 그리스도인의 자유의 가장 중요한 표지이고, 표지이어야 한다"(xxi).

204) 예를 들면, 롬 10:15에 인용된 사 52:7.

이라고 선언하였다: 하나님의 복음을 위하여 구별된 사도 바울인 나는 이 복음을 부끄러워하지 않는다. 왜냐하면, 이 복음은 모든 믿는 자들에게 구원을 주시는 하나님의 능력이기 때문이다. 메시야께서는 세례를 주도록 하시기 위해서가 아니라 복음을 전하도록 하시기 위하여 나를 보내셨다. 내가 복음을 전하지 않는다면, 내게 화가 있을 것이다. 나는 이 모든 것을 복음을 위하여 행한다. 내가 너희에게 알게 하고자 하는 것은 내가 너희에게 복음을 전하였고, 너희는 복음을 받아서 그 안에 견고히 서고, 그로 말미암아 구원을 받았다는 것이다. 이 복음은 하나님의 형상이신 메시야의 영광의 복음이다. 메시야의 복음에 대한 너희의 믿음의 고백이 너희를 합당한 자들로 만들어 주었다. 내가 너희에게 알게 하고자 하는 것은 내가 전한 복음은 다른 사람들로부터 받은 것이 아니라는 것이다. 내가 그렇게 한 것은 복음의 진리가 너희 가운데 항상 있게 하기 위한 것이었다. 나의 부르심은 메시야의 헤아릴 수 없는 부요하심을 이방인들에게 전하는 것이다. 지금까지 내게 일어난 일들은 복음의 진보를 위한 것이었다. 너희의 공적인 삶이 메시야의 복음에 합당한 것이 되게 하라. 복음의 소망에서 떠나지 말라. 우리의 복음은 단지 말에 있었던 것이 아니라, 능력에 있고, 거룩한 영에 있고, 온전한 확신에 있었다. 나는 오네시모를 내 곁에 두고 복음을 위하여 갇힌 나를 네 대신 섬기게 하고자 하였다.[205] 복음, 복음, 복음. 복음은 바울을 규정하였고, 그의 사역을 규정하였으며, 그의 공동체들을 규정하였다. 복음은 새로운 세계관의 중심적인 기둥을 위한 토대였던 신학을 한 단어로 요약한 것이었다. 복음은 하나님의 능력을 실어날랐다. 복음은 세계관이었고, 그 세계관을 따라 살아간 사람들은 계속해서 복음을 필요로 하였다.

4) 메시야적 유일신론의 실천

창조의 유일신론자들에게는 피조세계와 그 가운데 있는 모든 것들을 인하여 한 분 유일하신 하나님께 감사를 드리는 것이 몸에 배어 있는 것이 보통이다. 미쉬나의 베라코트(Berakoth)는 사람은 어디를 가고 무엇을 보든지 하나님께 감사할 제목을 찾아내어야 한다고 역설하는 놀라운 단락으로 끝난다. 예컨대, 유성이나 지진, 번개나 우레나 폭풍우를 보고 있는 사람은 "자신의 능력과 권능으로 온 세계를 채우고 계시는 이를 찬송합니다"라고 말하여야 한다는 것이다.[206] 또한, 하나님께 감

205) 롬 1:1, 16; 고전 1:17; 9:16, 23; 15:1f.; 고후 4:4; 9:13; 갈 1:11; 2:5; 엡 3:8; 빌 1:12, 27; 골 1:23; 살전 1:5; 몬 1:13.

사하라는 이러한 명령을 셰마와 유기적으로 연결시켜서, 셰마에서는 "네 주 하나님을 네 마음을 다하고 네 목숨을 다하고 네 힘을 다하여 사랑하라" 고 분명하게 말하고 있는데, 이것은 목숨을 잃거나 부를 잃는다고 하여도 하나님을 사랑하라는 것을 의미하기 때문에, "사람이 좋은 일만이 아니라 나쁜 일에 대해서도 하나님을 찬송하여야 한다" 고 말하는 것이다.[207] 이렇게 유대적인 유일신론을 고백하는 기도는 단지 좋은 일이 일어났을 때만이 아니라, 모든 피조 질서와 그 안에서의 자신의 처지에 대해서도 아주 의도적으로 감사하는 것이 몸에 배어 있어야 한다는 명령을 낳는다.

메시야적 유일신론(물론, 이것은 창조의 유일신론이기도 하다)을 따르는 자들도 단지 예수와 그가 이룬 일들이 감사의 중심적인 내용이 된다는 점을 제외하면, 유대적 유일신론자들과 다를 바가 없다. 이것은 단지 개인의 자발적인 경건의 문제가 아니라, 핵심적인 세계관 표지이고, 우리가 방금 살펴본 실천의 영역에서의 지표이며, 당시에 출현 중이던 초기 기독교 세계관의 중심적인 기둥의 신학적 토대였다.

따라서 바울이 마치 꼭 맞게 만들어진 신발에 발을 넣듯이, 이러한 패턴을 아주 자연스럽게 따른 것은 결코 이상하거나 놀라운 일이 아니었다. 갈라디아서를 제외하면(여기에서 그는 자기가 전해들은 소식에 너무나 대경실색해서 눈물을 흘리며 황급히 이 서신을 쓰느라고, 갈라디아 교인들을 인하여 하나님께 감사하는 것을 잊어버린 것이거나, 적어도 이 순간만큼은 그들과 관련해서 하나님께 감사할 그 어떤 제목도 생각이 나지 않은 것이다), 그의 서신들은 언제나 감사로 시작된다. 그는 로마의 '에클레시아' 의 믿음이 온 세계에 알려지게 된 것에 대하여 감사하고, 하나님이 고린도의 '에클레시아' 에 넘치는 은사들을 부어주어 지극히 부요하게 하여서, 그들 가운데서 언변이나 지식이나 영적인 은사들에서 어느 한 가지 부족함이 없게 하신 것에 대하여 감사하며(바울은 아마도 그들에게 그런 것들이 조금 덜 주어져서, 그들이 겸손할 수 있었다면, 더 기뻐하였을 것이지만, 결국에는 그들이 그렇게 될 것이라고 생각하였을 것이다), 고린도후서라는 고뇌 어린 서신 속에서는 하나님이 "우리의 모든 환난에서 우리를 위로하신" 것에 대하여 감사하

206) mBer. 9(여기에서는 2). 현대에 이것을 실천으로 보여준 인물은 Temple Gairdner이다. 그는 자기가 살면서 하나님께 감사하였던 모든 것들을 다 기록해서 "감사기도문" 문집을 만들었는데, 그가 생을 마감할 때쯤에는 그 문집은 "엄청나게 방대해졌다" : Padwick, 1930 [1929], 322를 보라.

207) mBer. 9.5.

고, 빌립보 교인들의 동역, 골로새와 데살로니가 교인들의 믿음과 사랑과 소망, 빌레몬의 사랑과 믿음에 대하여 감사한다.[208] 다시 한 번 말하지만, 에베소서의 처음에 나오는 장엄한 축복문은 이 모든 것들을 능가하는데, 이 축복문은 창세 전부터 복음의 위대한 구속 사건들을 거쳐서 당시에 이르기까지 하나님의 계획에 관한 이야기 전체를, 마치 "이 곳이 당신의 목적지이다"라고 말해 주는 마지막 화살표가 있는 여행자 지도처럼, 들려주는 감사 기도이다.[209]

이제 메시야를 감사의 새로운 초점으로 삼게 된 창조의 유일신론자, 즉 바울의 근저에 있는 사고체계를 보여주는 특징적인 실천으로서의 "마음의 습관"에 대하여 말해 주는 것은 단지 그의 서신들의 처음에 나오는 감사 기도만이 아니다. 바울은 자신의 교회들에게 하나님께 감사 기도를 드리라고 자주 촉구한다. 그는 데살로니가 교인들에게 모든 일에 감사하라고 말한다. 골로새서에서는 모든 권면들, 즉 군데군데 짤막하게 던지는 말들만이 아니라, 권면 단락에 나오는 본격적인 장광설 속에서도 그 핵심은 감사이다:

> [15]메시야의 평화가 너희 마음을 주장하는 요소가 되게 하라. 너희는 한 몸 안에서 평화로 부르심을 받았다. 그리고 감사하라. [16]메시야의 말씀이 너희 가운데 풍성히 거하게 하여, 모든 지혜로 서로를 가르치고 권면하며, 감사하는 마음으로 시편들과 찬송들과 신령한 노래들로 하나님을 찬양하라. [17]말로나 행위로나 너희가 무엇을 하든지, 주 예수의 이름으로 하고, 그를 힘입어 하나님 아버지께 감사하라.[210]

"감사하라." 우리는 바울이 이렇게 유일신론을 아주 견고하게 붙잡고 있다는 것을 간과해서는 안 된다. 골로새 교인들에게는 불평할 일들이 많았을 것임에 틀림없다(그리고 조만간 그 불평할 일들은 더욱 많아질 것이었다: 주후 60년대 초에 있었던 지진으로 인해서 이 지역의 많은 부분이 초토화되었고, 그 결과 골로새도 라오디게아를 비롯한 다른 성읍들과 마찬가지로 폐허로 변하였지만, 적어도 미쉬나에 따르면, 골로새 교인들은 그런 지진에 대해서도 하나님께 기꺼이 감사하는 것이 마땅하였다).[211] 또한, 바울은 에베소 교인들에게도 메시야를 중심으로 재구성

208) 롬 1:8; 고전 1:4-7; 고후 1:3f.; 빌 1:3-5; 골 1:3-5; 살전 1:3; 살후 1:3; 몬 1:4f. 디모데전서나 디도서에는 그 서두에 "감사하는 말"이 나오지 않는다는 것이 흥미롭다(딤전 1:12에 감사하는 말이 나오기는 하지만); 디모데후서(1:3)에는 "바울" 특유의 감사하는 말이 나온다.

209) 엡 1:3-14.

210) 골 3:15-17; cf. 1:12; 2:7; 4.2; 또한, 빌 4:10f.를 보라.

211) mBer. 9.2.

된 유일신론을 토대로 한 감사 기도를 드리라고 권면한다: "범사에 항상 우리 주 메시야 예수의 이름으로 아버지 하나님께 감사하라."[212] 즉, 그들은 유일신론과 메시야의 나타나심에 근거를 두고서, 모종의 애매모호한 도피주의적인 경건을 내세워서가 아니라, 피조세계를 위한 자신의 계획을 마침내 이루신 창조주 하나님에 대한 견고한 믿음으로 말미암아 모든 일에 감사하여야 한다는 것이었다. 감사 기도는 유대적인 유형의 유일신론을 보여주는 것이고, 이 유대적인 유일신론은 바울에게 메시야적인 유일신론을 의미하는 것이며, 바로 이런 종류의 유일신론은 이 세계관의 기둥이 세워져 있는 토대이다. 감사 기도는 단지 심기가 별로 불편하지 않고 어느 정도는 기분이 좋다는 것을 나타내는 방식인 것이 아니었고, 세계관의 본질과 구체적인 형태를 보여주는 "마음의 습관"이었다. 그것은 바울에게 있어서 성령의 역사임을 보여주는 주된 증표들 중의 하나였던 "희락"과 밀접하게 결부되어 있다.[213]

일반적인 예배와 기도의 경우도 마찬가지였다. 유대적인 세계관 내에서의 기도와 바울이 그 전통적인 실천을 발전시킨 방식들을 살펴볼 때에 이미 말했듯이, 그는 이스라엘의 하나님의 이름을 부르고 하나님이 한 분이라는 것을 상기시키며 기도하던 유대적인 위대한 전통들을 가져와서 재확인하고, 그 중심에 예수를 놓았다. 고린도전서 8:6은 그 가장 두드러진 예이지만, 에베소서 1:3-14도 좀 더 확대된 방식으로 바로 그런 것을 보여준다.[214] 우리는 바울이 이 모든 본문들 속에서 시편들을 사용하여 기도한 것으로 보아야 하고, 또한 그는 실제로 시편들을 암송해 두었다가, 동방의 멋진 모자이크화처럼 전체적으로 놀라운 형태와 대칭을 보여주면서도 세부적으로도 끝없는 매력을 발산하는 패턴들로 그 시편들을 함께 엮어서 기도할 수 있었을 것이고, 또 그렇게 보는 것이 마땅하다.[215] 물론, 기도와 예배는 지극히 개인적인 것이기는 하지만, 본질상 서로 공유되어야 하는 것이기도 하다. 그것들은 하나님 백성 전체의 자산이고 고유한 실천이다. 따라서 우리는 고린도전서에 나오는 내용들에 의거해서, 바울은 모든 곳에서 메시야 백성이 함께 기도하고 찬송하며(그들이 어떤 찬송들을 하였는지를 모른다는 것, 특히 그들이 사용한 곡

212) 엡 5:20.

213) 갈 5:22; 또한, cf. 롬 14:17; 15:13; 고후 7:4; 빌 1:4; 살전 1:6.

214) 아래 제9장을 보라.

215) 바울이 시편들을 비롯한 성경을 알고 있었다는 Hays의 설명(Hays, 1989a, 43)은 적절하다: "기타를 처음 치는 초보자들이 악보로부터 블루스 곡조를 배우는 것과 마찬가지로, 기초가 없는 우리 같은 후대의 독자들은 바울이 암송하고 있었던 것들을 관주나 관주사전들로부터만 알 수 있다."

조가 어떤 것이었는지를 모른다는 것은 정말 속상한 일이다), 하나님의 임재와 능력을 느끼는 것을 공동체적으로 공유하고, 그렇게 함으로써 부차적으로는 서로의 믿음을 강화시키고, 그들이 겪는 수많은 환난의 때에 서로에게 힘이 되어 주기를 기대하였을 것이라고 보아야 한다.

우리가 모호하게 "신비주의"라고 부르는 실천은 어떠한가? 바울은 어떤 경우에 자기가, 오늘날에 우리가 사용하는 표현을 빌리자면, "다른 공간으로" 이동해 있는 것을 발견하는 경험을 하였다 - 우리는 그가 이 경험을 간접적인 방식으로 표현하고 있지만, 실제로 자기 자신이 겪은 경험을 얘기하고 있는 것으로 본다. 각각의 세대는 산 자들의 언어를 뛰어넘어 불로 말하게 될 때를 기다리는 가운데, 그때까지는 말로는 표현할 수 없는 어떤 일을 말하기 위한 은유들을 발전시켜 왔다는 것은 의심의 여지가 없다. 바울이 전도 여행을 하면서 실제로 겪은 일들 중에서 우리가 고린도 서신 덕분에 알게 된 것들이 있는 것과 마찬가지로(예컨대, 난파를 당한 일들 - 그러한 상황들 속에서 샌더스[Sanders]가 말한 짐을 나르기 위해 바울이 끌고 다닌 짐승들과 장막을 만들기 위해 갖고 다녔던 도구들은 어떻게 되었을까?), 고린도 서신은 그의 사적인 "영적 체험"이라고 할 수 있는 것들 중의 적어도 한 가지 비밀, 즉 삼층천에 가서 인간의 말로 표현할 수 없는 말들과 광경들을 듣고 본 것을 우리에게 알게 해준다(이것은 그가 여러 층으로 된 하늘들에 대하여 말한 유일한 본문이다). 물론, 그는 신속하게 하나님이 자기에게 주신 "가시"에 관한 얘기를 통해서, 이 모든 것을 무마시킨다. 즉, 그는 마치 그러한 경험들이 그를 대단한 인물로 만들어 주는 것 같지만, 자기는 오직 자신의 연약함을 보여주는 것들만을 "자랑할" 뿐이라고 말한다.[216] 또한, 그는 그러한 경험들을 토대로 해서 결코 그 어떤 논증도 전개하지 않는다. 그가 자신의 논증의 근거로 삼는 유일한 것은 자기에게 "계시된" 것, 즉 "메시야 예수의 계시를 통해서" 자기에게 주어진 복음뿐이다(갈 1:12, 16). 다른 사람들은 아마도 유대적 전통 속에서 환상들을 보고 꿈들을 꾸었다고 주장하면서, 다른 사람들로 하여금 자신을 추종하게 하고자 할지 몰라도, 바울은 그런 것을 단칼에 거부한다.[217]

마커스 보크뮤엘(Markus Bockmuehl)과 크리스토퍼 로울랜드(Christopher Rowland) 등은 바울의 "신비적이고" 계시적인 체험들의 유대적 배경에 대하여 자

216) 고후 12:1-10(이것에 대해서는 Gooder, 2006; Rowland and Morray-Jones, 2009를 보라); 난파에 대해서는 11:25.

217) 골 2:18.

세하게 글을 썼기 때문에, 여기서 우리가 해야 할 일은 바울의 세계관 내에서 이 요소를 어떻게 이해해야 하는지를 요약적으로 제시하는 것이다.[218] 이것을 좀 진전시켜서 얘기하자면, 로울랜드의 말을 빌려서, "바울의 삶 속에서의 신비적인 요소는 그의 공적 사역 전체의 토대가 된 중심적인 기둥 같은 것이다"라고 말할 수 있을 것이다.[219] 그러나 (로울랜드가 한 것처럼) "신비주의"로 분류되는 것을 최대로 확대해서, 거기에 그의 회심 체험을 포함시킨다면(바울은 이 회심 체험을 갈라디아서에서는 "메시야 예수의 계시"라고 말하고, 고린도전서 2장에서는 "이 시대의 통치자들이 알지 못한" 비밀한 지혜를 드러내신 사건이라고 말하며, 특히 고린도후서 3장에서는 새로운 유형의 비밀한 "영광"의 계시라고 말한다), 우리는 비록 정확히 그것이 무엇인지를 말하는 데에 아주 좋은 말들을 가지고 있지 못하다고 할지라도, 바울의 삶 속에서 지극히 중요했던 것을 발견할 수 있는 본궤도에 들어서 있는 것은 분명하다. 또다시 여기에서도 지금까지 우리는 의미만을 보고, 체험 자체를 간과해 왔다. 그러나 여기에서 우리의 목적은 바울의 사고체계에서 실천 지향의 세계관 표지들을 추적하는 일이기 때문에, 우리가 말할 필요가 있는 모든 것은 다음과 같은 것들이다.

첫째, 바울의 체험과 언어를 추적할 수 있는 데까지 추적해 보면, 우리는 그것이 당시의 유대적인 종교 세계의 중심에 분명하게 속해 있던 것임을 알 수 있다. 그가 "환상들과 계시들," 자신의 삶과 사역의 방향 및 그의 "복음"의 중심적인 핵심을 결정해 버린 저 특별한 "계시"(apokalypsis – '아포칼립시스'!), 감춰진 지혜와 감춰진 영광에 대하여 말한 것은 고대 유대인들의 기도 및 하나님의 미래로 통하는 새로운 통로에 대한 모색과 맥을 같이 하는 것이었다. 그것은 당시의 유대적인 유형의 유일신론의 실천의 한 요소였다.[220]

둘째, 하지만 바울의 중심적인 '아포칼립시스'(apokalypsis) – 이것은 그에게 주어졌던 "계시"와 이제 그가 복음을 전할 때마다 일어났던 "계시," 둘 모두를 포함한다 – 는 메시야 예수에 관한 것이었기 때문에, 우리는 방금 언급한 "신비적이고" "계시적인," 또는 "지혜"와 관련된 체험들과 사건들 전체에 걸쳐서, 메시야를 중심으로 한 변주들이라고 할 수 있는 것을 발견할 수 있을 것으로 기대할 수 있고, 실제로 그런 것들을 발견할 수 있다. 물론, 이것은 우리가 "메시야 예수의 얼굴

218) 예를 들면, Bockmuehl, 1997 [1990]; Rowland, 1996; Gooder, 2006; 이제는 특히 Rowland and Morray-Jones, 2009.

219) Rowland, 1996, 413.

220) 세계관 표지로서의 기독교적 "묵시론"에 대해서는 Meeks, 1983, 92를 보라.

에 있는 하나님의 영광"(고후 4:4)을 본다고 말한 사람에게서 기대할 수 있는 바로 그것이다.

셋째, 따라서 우리는 랍비들이 신비주의의 고전적인 흐름들을 설명할 때에 말하였던 두 가지 핵심적인 분야들 – 한편으로는 피조세계와 우주론의 비밀들을 꿰뚫는 것, 다른 한편으로는 병거에 앉아 계시는 하나님을 보는 것(에스겔서 1장에서처럼) – 이 바울에게서 메시야를 중심으로 새롭게 표현되었을 것임을 기대할 수 있고, 실제로 그런 것들을 발견한다. 아마도 그 가장 좋은 예라고 할 수 있는 골로새서는 그 장엄한 시에서 세계를 창조할 때에 관여하였던 "지혜"가 등장할 것으로 예상되는 자리에 메시야 예수를 갖다 놓은 것은 물론이고, 메시야 예수를 "신성의 모든 충만이 육체로 거하는" 분으로 묘사한다. 이것은 바울의 세계관을 반영한 실천의 중심적인 부분으로서의 역할을 하고 있는 유대적인 신비주의이지만, 메시야 예수를 중심으로 재정의되고 재구성되었다.[221] 그리고 이러한 재정의는 신비적인 기도의 실천 자체도 바꾸어 놓았다. 바울이 다메섹 도상에서 보았던 예수, 이제 복음 속에서 하나님의 신실하심을 보여주는 열쇠로 "드러난" 예수는 "신비적인" 여정이 통상적으로 취하였던 방향을 거꾸로 바꾸어 놓았다. 즉, 예수는 하나님의 보좌, 또는 우주적인 비밀들이 계시되는 곳을 찾아 "위로 올라가는" 신비적인 여정 대신에, 친히 이 땅으로 가까이 "내려왔기" 때문에, 신비주의의 실천은 누구나 행할 수 있는 것, 즉 성령 안에서 기도하는 삶으로 바뀌게 되었다.[222]

언급할 필요가 거의 없는 것이기는 하지만, 그래도 조금은 그 내용을 보충할 필요가 있는 것이 하나 있는데, 그것은 바울의 삶의 중심적인 실천 가운데 하나는 성경을 읽고 묵상하는 것이었다는 것이다. 이것이 그의 일생 동안 몸에 밴 습관이었다는 것은 의심할 필요가 없고, 예수가 메시야라는 것을 알고 난 후에도 이 습관이 그에게서 지속되었으리라는 것에 대해서도 의문을 가질 필요가 없다. 샌더스(Sanders)가 주장하듯이, 바울이 이 성경을 가장 좋은 장소에, 즉 자신의 마음과 머리에 간직했다고 할지라도,[223] 우리는 그가 자주 실제의 성경 사본들을 사용하였

221) 골로새서 1장의 기독론에 대해서는 본서 제9장 제3절 2) (4)를 보라.

222) 나는 의도적으로 이것을 추가적인 연구를 위한 제안으로 남겨놓는데, 그 연구는 롬 10:6; 엡 4:9f.를 고찰하면 좋을 것이다. 바울이 다메섹 도상에서 보좌 병거를 묵상하고 있었을 가능성에 대해서는 *RSG*, 391을 보라.

223) Sanders, 2008b, 347; Sanders, 2009, 77f.: 그는 "사람들은 늘 사용하는 지식을 자신의 머릿속에 지니고 다닐 필요가 없다는" 오늘날의 "극악무도하고 파괴적인 견해"를 언급하면서, "어른들이 어떤 것들을 사전에서 찾아보는 것보다 아이들이 머릿속에 기억해 두는 것이 훨씬 더 간단하고 쉬운 일이었다"

을 것이라고 생각하여야 한다. 그는 내내 여행을 하며 여러 번의 난파와 수많은 어려운 일들을 겪으며 살아갔는데, 어떻게 그럴 수가 있었는지는 우리가 쉽게 상상할 수 없다.[224] 그는 분명히 때때로 성경 본문들을 참조하고자 했을 것이고, 그래서 성경 사본들을 사용했을 것이지만, 그런 것은 차치하고라도, 그의 전도를 받고 많은 곳들에서 회심한 사람들은, 종종 정반대의 주장이 제기됨에도 불구하고, 대다수가 이방인들이었음이 분명하다. 그들 중의 일부가 하나님을 경외하는 자들(Godfearers, 유대교인으로 개종한 이방인들을 지칭하는 말 — 역주)이어서 주기적으로 회당에 출석하였다고 할지라도, 그들 중에는 성경을 개인적으로 소유하고 있던 사람은 거의 없었을 것이다. 그리고 새로 결혼한 신부가 갑자기 자신이 속하게 된 시댁의 가족사를 알아야 하는 것처럼, 그들은 성경을 알 필요가 있었다.[225]

하지만 여기에서도 또다시, 고대 말기의 좀 더 넓은 이교 세계 내에서 제2성전 시대의 유대인(그것도 진지하고 독실한 유대인)으로서의 바울의 자연스러운 특징이었던 성경에 대한 강조는 메시야에 의해서 변화되었는데, 바울에게 있어서 그것은 성경의 서사 – 히브리 성경으로는 창세기부터 역대기하에 이르는 전체(그의 성경관에 따라 달라졌겠지만), 그가 가진 칠십인역이 오늘날의 것과 비슷하였다면, 창세기부터 다니엘서에 이르는 전체 – 가 드디어 놀랍고 장엄한 결말을 발견한 것이었다. 오늘날 처음으로 사도행전을 읽는 독자가 느끼듯이, 유대 성경은 너무 빨리 자신의 이야기를 미완으로 끝낸 채 멈춰 있었기 때문에, 독자들은 주인공, 즉 이 경우에는 이스라엘과 (말하자면) 하나님에게 무슨 일이 일어났는지를 궁금해할 수밖에 없었다. 과연 주인공은 그토록 오랫동안 겪어온 역경을 딛고 마침내 승리를 거두게 되는 것인가? 바울은 그렇다고 대답한다: 우리에게 새로운 '아포칼립시스'가 주어졌고, 오랫동안 감춰져 있던 비밀들이 드러났으며, 오래된 지혜가 분별되었다. 바울은 적어도 어떤 의미에서는 자신을 이전에 예언된 하나님의 말씀들이 성취되

고 말한다. 특히, Hengel, 1991, 35f.; Wagner, 2002, 22-6을 보라. 반대견해로는 Koch, 1986; Stanley, 1992; Stanley, 2004; Schnelle, 2005 [2003], 108-11; 본서 제15장 제4절과 *Perspectives*, ch. 32을 보라.

224) cf. 딤후 4:13. 거기에서 바울이 "책들과 양피지들"을 가져오라고 말한 것이 바울 또는 "바울"이라고 자처한 인물이 무엇을 염두에 두고 그런 말을 한 것인지에 대한 수많은 추측들을 촉발시켜 왔다: Johnson, 2001, 440f.; Towner, 2006, 629f.를 보라.

225) cf. Hays, 2005, 8f. 그는 고전 10:1의 "우리 조상들"과 12:2의 "너희가 이방인(ethnē — '에트네')으로 있을 때에"의 의미를 이끌어 내는데, 그 분명한 함의는 그들이 더 이상 "이방인들"이 아니라는 것이다. 이 논문 전체(1-24)는 바울의 교회들에서의 교육 문제와 관련해서 매우 중요하다: "교사들"은 새로운 회심자들에게 무엇을 가르쳤는가? 이 질문에 대한 일차적인 대답은 아마도 그들은 "성경"을 가르쳤다는 것일 것이다.

었음을 알리는 선지자로 보았다. 이것은 그가 하나님으로부터의 자신의 "부르심"을 언급할 때에 너무나 자연스럽게 예레미야서 1장을 암시하였던 이유이기도 하고, 이사야서에 나오는 "종"에 관한 본문들을 예수와 그 추종자들을 가리키는 것으로 해석할 때에 자신을 '메밧세르'(mebassēr, "좋은 소식을 전하는 자"), 즉 포로기가 끝났고, 바벨론이 무너졌으며, 야웨가 친히 영광 중에 다시 오실 것이라고 선포하는 특권을 부여받은 선지자로 볼 수 있었던 이유이기도 하다.[226] 바울이 자기가 이전에 소망 가운데서 그 안에 살았었던 거대 서사들, 특히 신명기의 마지막 장들의 서사를 수정해서 다시 들려준 것으로부터 우리가 알 수 있듯이, 그는 이제도 그 동일한 이야기를 들려주고 있지만, 우리가 앞에서 기도 및 신비주의와 관련하여 보았듯이, 이제 그 이야기는 십자가에 못 박혔다가 다시 부활한 예수를 정점으로 근본적으로 재정의 된 이야기로 변화되어 있다. 즉, 바울이 세운 고린도 교회의 교인들이 합류한 "이스라엘"은 자신의 이야기가 십자가와 부활에 의해서 해석학적으로 재구성된 그런 이스라엘이었다.[227] 에스라4서가 지금까지 일어났던 모든 일들을 살펴보면서, 장차 하나님의 의로우심 및 이스라엘과 세계에 대한 하나님의 신실하심이 어떻게 계시될 것인가 하는 문제를 놓고 고민하였던 것과는 달리, 한 세대 이전의 바울은 "묵시론적" 전통에 서서 독수리들과 사자들에 관한 복잡한 알레고리들을 스스로 엮어 짜서 제시한 것이 아니라, 단지 이미 일어난 어떤 일을 오랜 세월에 걸친 선지자들과 지혜자들과 선견자들의 기도와 씨름에 대한 대답으로 제시하였다. 그는 "메시야가 할례자들의 종이 된 것은 하나님의 진실하심을 나타내기 위한 것, 즉 족장들에게 하신 약속들을 확증하고 열방들로 하여금 그의 긍휼하심으로 인하여 하나님을 찬송하게 하기 위한 것"이라고 썼고,[228] 이 예언적 선포를 시편들과 선지자들, 사무엘서와 신명기와 이사야서로 밑받침한다. 메시야가 등장하자, 이제 예언 자체가 다른 모습을 띠게 되었다. 이 갱신된 유대적인 공동체와 그 사도인 바울에게 성경은 여전히 중요하고 대단히 중요하였지만, 다른 방식과 새롭고 다른 울림 속에서 중요하였다. 바울의 세계관은 계속해서 성경의 실천(읽기, 묵상하기, 해설하기, 기도하기)에 의해서 근본적으로 형성되어 갔지만, 그 실

226) 고후 6:2; 갈 1:15f., 24; 2:2; 빌 2:16; 살전 3:5에서 이사야 49:1-6이 사용되고 있는 것과 롬 10:15f.에서 이사야 52:7(그리고 53:1)이 사용되고 있는 것을 보라. Munck, 1959 [1954], 24-30; Hays, 1989a, 14; 그리고 많은 문헌들이 있지만 그 중에서도 특히 Ciampa, 1998; Wagner, 2002를 보라.

227) Hays, 2005, 5.

228) 롬 15:8f.

천 자체는 이미 메시야적으로 변화되어 있었다.[229] 이렇게 성경은 바울에게 있어서 다중적인 실천의 심장부에 있는 상징으로 기능하였다:

> 바울은 자신의 교회들에게 성경이 들려주는 세계와 이야기 내에서 살아가라고 명한다. 성경 속에서 그들은 자신들에게 세계를 향한 화해의 메시지가 맡겨져 있다는 것, 율법을 성취하는 자기희생적인 사랑의 행실을 통해서 하나님의 의로우심을 나타내야 한다는 것 등과 같은 하나님의 계약 백성으로서의 정체성을 발견하여야 한다 … 바울은 성령께서 자신의 교회들을 이끌어서, 더 큰 분별력을 가지고 성경을 읽는 자들이 되게 하고, 성경이 자신들에게 직접 말씀하는 것을 들으며, 거기에 따라서 자신의 삶을 형성해 나가도록 해줄 것이라고 확신하였다.[230]

이 모든 것을 세계관이라는 관점에서 말해 본다면, 이렇게 될 것이다: 이 상징적 실천은 메시야적 유일신론에 뿌리를 둔 신앙 공동체의 세계관의 중심적 상징 내에서 결정적으로 중요한 요소였다. 기도 및 성경과 관련한 이전의 유대적 전통들은 둘 다 메시야의 오심과 십자가에 못 박히심과 부활하심에 의해서 변화되었지만, 바울의 실천 속에는 예수와 좀 더 물리적으로 긴밀하게 연관되어 있었던 다른 두 가지 요소들이 있었는데, 그것들은 "세례"와 "성찬"이라는 상징들이었다.

나는 『신약성서와 하나님의 백성』을 쓰면서, 본서의 현재의 부분을 조심스럽게 미리 예감하고서, 세례와 성찬을 초기 기독교의 상징체계에서 중심적인 것들이었다고 한두 차례 말한 바 있다. 그러자 그 책에 대하여 서평을 쓴 사람들 중에서 한두 명이 그런 말은 성공회 사람에게서나 기대할 수 있는 말일 뿐이라고 빈정대듯이 논평한 것을 나는 기억한다. 어떤 면에서 그것은 공정한 논평일 수 있다. 그러나 나는 서로 판이하게 다른 전통들 속에서 살아온 많은 저술가들이 "사도 바울의 세계관이 실제적이고 물리적으로 표출된 것으로서, 그의 세계관을 반영한 실천의 핵심적인 부분이라고 할 수 있는 것은 무엇이었을까?"라는 질문을 던졌을 때, 우리가 방금 말한 두 가지 "성례전들"이 누구의 목록에서든 윗자리에 자리 잡게 되는 것을 분명하게 볼 수밖에 없었다는 사실을 토대로 해서, 그렇게 말할 것일 뿐이었다. 이번에 나는 기도와 성경이라는 상징적 실천을 짤막하게 살펴보면서, 이 두 가지를 언급하였지만, 그것은 단지 이 두 가지가 얼마나 두드러진 것이었는지를 한층 더 부각시켜 줄 뿐이다.

229) Meeks, 1983, 137-9에는 이 논점에 대한 훌륭한 논의가 나온다. 그는 완결된 서사의 의미를 결코 보지는 못하고 있지만, 그의 말(137)은 핵심을 포착하고 있다: 이방인 출신들이 수적으로 우세하였던 바울의 회중들은 "[성경을] 십자가에 못 박힌 메시야 예수를 믿는 자들의 특별한 관점에서 해석하였다."

230) Hays, 1996a, 47(= Hays, 2005, 161).

따라서 데이빗 호렐(David Horrell) 같은 이는 자신의 세심한 사회학적 연구 속에서, 바울에게 있어서 가장 중요한 의미들을 담고 있던 서사들은 "예식을 통해서 재현되었다"고 역설한다. 그가 초기의 중심적인 "신화"라고 부르는 것은 "예식을 통해 재현되어서 그 추종자들의 삶을 형성한다." 그는 세례와 성찬은 "초기 기독교 신앙을 들을 수 있고 볼 수 있게 반복해서 재현된 가장 중요한 형태들"이라고 말한다. 기어츠(Geertz)의 명성을 활용하자면, 그는 이러한 활동들은 "'세계관'과 '풍조'(ethos)를 형성한다"는 관점에서 핵심적인 역할을 한다고 말한다.[231] 이렇게 사회학자들은 개신교도들이 밟기를 두려워하는 곳으로 거침없이 쇄도해 들어간다. 그리고 이 경우에 사회학자들이 옳다는 것은 충분히 증명할 수 있다. 우리는 그 어떤 집단에 대해서와 마찬가지로 초기 그리스도인들에게, 그들의 정체성, 자기이해, 주도적인 서사들 등등을 보여주는 어떤 종류의 것들을 행하였느냐고 물을 수 있고, 이러한 목적을 위해서, 어떤 사람을 새로운 지체로 맞아들이거나 지체로서의 자격을 박탈할 때에 행해지는 "예식"(ritual, 일회성으로 끝나고 비주기적으로 행해지는 것들을 가리킴)과 기존의 지체들을 재확인하고 견고히 할 때에 행해지는 "예전"(ceremony, 정해진 질서에 따라 주기적으로 행해지는 것들을 가리킴)을 구별하는 등 꽤 복잡한 범주들이 발전되어 왔다.[232] 우리가 이러한 질문들을 가지고 바울에게 다가갈 때, 그 대답은 분명하다. 물론, 대부분의 서신들이 세례를 언급하지 않고, 오직 한 서신만이 성찬을 언급하는 등, 증거는 우리가 기대하는 것만큼 충분하지 않다. 그러나 바울이 이 두 가지 외적이고 유형적인 행위들을 당연한 것으로 받아들였다는 것, 우리가 바울의 근저에 있는 세계관을 보여주는 실천의 요소들을 찾는다면, 틀림없이 이 두 가지가 목록의 윗자리에 있을 것임을 의심하는 사람은 아무도 없다.[233]

우리는 더 많은 것을 알고 싶어할 것이다. 구체적인 예를 들자면, (신약학자들이 그들 나름의 의식을 치르고 전제를 행한 후에 기분이 좋아져서 공상의 나래를 펼

231) Horrell, 2005, 90f., 101.

232) 예를 들면, Neyrey, 1990, ch. 4을 보라. Horrell, 2005, 90f.는 "의례"(rite)와 "예전"(ceremony)이라는 표현을 더 선호한다고 말하고, "의식"(ritual)이라는 표현은 이 둘을 포함해서 좀 더 일반적인 의미로 사용한다.

233) 오직 James Dunn만이 "세례"가 "은유"였다고 주장하지만, 호응을 얻지 못하였다: Dunn, 1978; 하지만 Dunn, 1998, ch. 17에는 이러한 견해가 좀 더 온건하게 표현되어 있다. 그의 견해에 반대하는 것으로는 Horrell, 102, 11 등을 보라. 또한, Judge, 1960(= Judge, 2008a, ch. 34)은 "제의적인" 것이라고 불릴 수 있는 것들이라면 무엇이든지 최소화시키고, 바울이 서 있다고 본 "궤변론적" 전통을 더 중점적으로 부각시키는데(본서 제3장 제2절 6)을 보라), 이것에 대한 반대견해로는 Meeks, 1983, 84를 보라.

때에 그러는 것처럼) 우리는 아직 발견되지 않은 빌립보후서나 데살로니가3서 같은 것들이 발견되어서, 바울이 왜 그들이 다른 방식들이 아니라 하나의 특정한 방식으로 매장을 행하는지 그 이유를 자신의 회중과 토론을 벌인 내용을 알 수 있게 되기를 바랄 수 있다. 바울의 공동체들이 죽은 자들을 어떻게 매장했는지를 보여주는 증거는 전혀 없지만, 그들이 죽은 자들을 매장했다는 것을 의심하는 사람은 아무도 없고, 단지 우리는 어떻게 매장했는지를 알고 싶어할 뿐이다.[234] 예컨대, 바울은 몸의 부활을 아주 굳게 믿었던 바리새인들의 모범을 본받아서, 자신의 공동체들에게 죽은 자의 뼈들을 세심하게 모아서 납골당에 안치하는 것으로 끝나는 두 단계의 매장 관습을 따르라고 가르쳤던 것인가? 아니면, 바울은 화장보다는 매장이 좋지만, 하나님은 부활의 몸을 새로운 방식으로 만들어낼 수 있기 때문에, 어느 쪽이냐는 궁극적으로 중요하지 않다고 가르쳤던 것인가? 주후 3세기의 미누키우스 펠릭스(Minucius Felix)는 그리스도인들은 여러 가지 장례 관습들에 대하여 반감을 보이지는 않지만, 땅에 묻는 매장을 더 선호한다고 말하고 있고, 주후 5세기에는 그리스도인들이 장례가 있는 날을 기뻐해야 할 날로 여겼음을 보여주는 증거가 있다. 그러나 주후 1세기에는 어떠하였는지에 대해서는 우리가 아는 것이 전혀 없다.[235] 또한, 우리는 기독교 특유의 혼인 예식이 존재하였는지의 여부도 알지 못한다. 이것은 어떤 창의적인 박사 과정 학생이 (불가타에서) 혼인을 하나의 "성례전"으로 말하고 있는 에베소서 5장을 토대로 해서 발전시키기에 좋은 주제가 될 것이다.[236]

여기서 이 두 가지를 가지고 공상의 나래를 펴본 것은 오직 한 가지 이유에서인데, 그것은 이러한 것들은 우리가 아주 확실하게 알고 있는 것들을 대조적으로 부각시켜 준다는 것이다. 이러한 것들은 우리를 다시 땅으로, 아니 먼저 물로 데려다 준다: 초기 그리스도인들은 사람들에게 세례를 베풀었고, 세례를 하나의 암호화된 서사로 보았으며, 거기로부터 자신들이 어떤 종류의 사람들인지에 관한 결론들을 도출해 내었다. 그리고 우리에게 (사도행전과 더불어서) 바울은 이 모든 것에 대한

234) 고린도전서 15:29-34에 나오는 "죽은 자를 위한 세례"에 대한 언급은 정확한 정보를 제공해 주는 것이 아니라 단지 아리송한 언급일 뿐이다.

235) 제2성전 시대의 신념들과 실천들에 대해서는 *RSG*, ch. 4을 보라; 초기 기독교의 관습들에 대해서는 509, 579를 보라.

236) 엡 5:32: 헬라어로는 '뮈스테리온'(mystērion)이고, 불가타 역본에는 '사크라멘툼'(sacramentum)으로 되어 있는데, 이것에 대해서는 Robinson, 1904 [1903], 208f., 234-40; Lincoln, 1990, 380f.; Hoehner, 2002, 706f.를 보라. 하지만 1998년의 "신 불가타 역본"에서는 '뮈스테리움'(mysterium)을 사용한다.

가장 좋은 증거이다.

바울의 세례관을 연구한 글들은 상당히 많기 때문에, 여기에서 우리는 단지 그것들을 요약해서, 세례 예식이 세계관의 중심에 있는 상징적 실천의 일부로서 기능한 방식에 관한 주된 핵심들을 짚어보면 된다.

바울이 세례를 언급하는 맥락들은 갈라디아서로부터 고린도전서와 로마서를 거쳐 골로새서에 이르기까지 상당히 다양하다. 세례에 대하여 말하고 있는 이러한 구절들은 두 가지 방식으로 다루어진다.

어떤 사람들은 이 본문들에서 "바울 이전의" 전승들을 분리해내고자 해 왔다. 바울과 그의 회심자들이 이미 전승되어 내려온 구절들을 사용했을 가능성은 충분하지만, 그러한 연구 방식은 다음과 같은 문제에 봉착하게 된다. 즉, 우리는 먼저 초기 전승이 어떤 것이었을지를 추측해야 하고(이렇게 하는 데 필요한 확고한 증거도 없고, 그렇게 추측해 낸 전승을 담고 있던 "세계"를 확실하게 알 수도 없다), 다음으로 바울이 거기에 어떤 것을 더했는지를 알아내야 하고, 마지막으로는 – 모든 연구자들이 이 지점에 도달하는 것은 아니다 – 이렇게 해서 새롭게 형성된 것이 이제 그것이 속해 있는 서신의 맥락 속에서 어떤 의미를 만들어내고 있는지를 알아내야 한다는 것이다. 이러한 과정 전체는 필연적으로 고도로 사변적인 것이 될 수밖에 없다.

나는 여기저기에서 발견되는 위대한 "시들"이나 "찬송들"에 대한 연구에서와 마찬가지로 이 문제에서도 다른 길을 선택하고자 한다. 우리는 먼저 이 본문이 현재의 맥락 속에서 어떤 일을 하고 있는지를 알아내고, 그런 후에야 이 본문이 다른 곳에서는 미묘하게 다른 의미로 사용되는 등 자신만의 삶을 가지고 있었는지의 여부를 캐물을 수 있다.[237] 한편, 바울의 공동체들에서 행해진 세례가 일차적으로 헬레니즘적인 신비 제의들과 유사하다는 주장(따라서 바울은 그러한 제의들의 "창시자들"과 똑같은 부류의 인물이라는 주장)은 이미 완전히 틀린 것임을 보여주는 아주 확고한 논거들이 제시되었음에도 불구하고, 여전히 그 주장이 옳음을 입증하고자 하는 사람들도 있다.[238] 나의 판단으로는, 바울이 말한 세례를 유대적인 맥락

237) 이 경고는 특히 Schnelle 1983을 겨냥한 것이다. "찬송들"에 관한 논지와 복원 시도의 위험성에 대해서는 *Climax*, 99f.를 보라.

238) 예를 들면, Betz, 1994. Betz, 99f.는 Schnelle, 2005 [2003], 330과 마찬가지로, Wedderburn, 1987a의 아주 박학다식한 연구가 바울의 세례와 이교의 신비제의들의 그 어떤 연결관계에 대해서도 아주 강력하게 반대한 것을 보고서 좌절감을 느낀 것이 분명하다(또한, Wagner, 1967 [1962]을 보라). Schnelle(331)는 신약의 해당 관념들은 "족보 또는 유비라는 관점에서 볼 때에 이 [신비제의의] 텍스트들

속에서 보는 것이 그 세례에 대하여 언급하는 대부분의 본문들에서 해당 서신들의 흐름과 훨씬 더 잘 부합하고 맥이 잘 통한다. 그렇다고 해서, 이 세례가 당시의 유대교 자료들 속에서 발견되는 여러 가지 다양한 결례들이나 개종자들에 대한 일회적인 세례와 유사한 것이었을 것이라고 보아야 한다는 것은 결코 아니다 — 물론, 일부 그리스도인들의 사고 속에서는 그런 것들이 여전히 잔영으로 남아 있기는 하였겠지만.[239] 도리어, 일반적으로는 초기 기독교에서 공동체를 정의하는 상징 체계의 일부였고 특히 바울의 실천의 일부였던 세례는 유대교에서 공동체를 정의하는 상징들, 즉 한편으로는 출애굽, 다른 한편으로는 할례라는 상징들 — 바울은 이 둘을 메시야가 죽었다가 다시 살아날 것을 보여준 예표들로 본다 — 에 뿌리를 둔 것으로 보아야 한다는 것이 나의 생각이다.

출애굽! 바울이 고린도전서에서 말하는 것이 결국은 바로 이 출애굽이다:

> [1]형제들아, 나는 우리 조상들이 모두 구름 아래에 있었고 모두 바다 가운데로 지나갔다는 것을 너희가 알지 못하는 것을 원하지 않는다. [2]그들은 모두 모세와 합하여 구름과 바다에서 세례를 받았고, [3]모두 동일한 신령한 음식을 먹었으며, [4]모두 동일한 신령한 음료를 마셨다 … [5]그러나 하나님이 그들을 광야에서 엎드러지게 하셨다는 사실에서 너희가 알 수 있듯이, 하나님께서는 그들의 대다수를 기뻐하지 아니하셨다.[240]

바울은 여기서 우리가 이미 앞에서 다루었던 문제, 즉 메시야 백성이 우상들에게 바쳐졌던 고기를 먹어도 되느냐, 아니면 먹지 말아야 하느냐 하는 문제에 대하여 대답한다. 거기서 그는 기본적인 원칙들을 정립해 놓았었다: 우리는 새로운 형태의 이교 다신론자들이 아니라, 유대적인 유일신론자들이지만, 메시야를 중심으로 재정의된 유일신론자들이다. 우리에게는 무엇이든지 먹을 권리가 있지만, 어떤 합

로부터 유래한 것이 아니라"고 인정하지만, 신비 제의들은 "[로마서] 6:3-4에서 발전된 표상들과 개념들을 생각해 내고 받을 수 있는 지적 환경을 예시해 준다"고 여전히 주장한다. Wedderburn의 연구가 소극적인 부정으로 끝난다는 사실은 나쁜 것으로 여겨져서는 안 된다(Betz, 100과는 달리). 왜냐하면, 이제 우리는 어디에서 찾지 않아야 하는지를 알게 되었다고 말할 수 있기 때문이다. 오늘날의 유전학은 추가적인 통렬한 논평을 제시한다: 병행되는 것들의 비율이 99%까지 높다고 할지라도 — 이 둘의 병행은 그 정도는 아니다 — 서로 다른 DNA의 수는 침팬지와 인간 간의 차이만큼 엄청나다. 침팬지에 대한 인간의 경우와 마찬가지로, 바울에게 있어서 진정으로 흥미로운 것은 바로 그 1%이다 — 아니, 헬레니즘적 배경과 바울의 관계에서는 그 차이가 적어도 50%는 된다. "정원 바로 옆에 시내가 있는데도 정원에 물을 주기 위하여 물이 새는 물통으로 아주 먼 곳에서 물을 길어오는" 정원사에 관한 Schweitzer, 1931, 140의 비유도 여기에 적절하다.

239) 이제는 Lawrence, 2006과 2010을 보라.

240) 고전 10:1-5.

당한 이유들로 인해서 그러한 권리를 사용하지 않아야 할 때들도 있다. 그리고 바울은 이것을 자신의 예를 들어서 생생하게 보여 주었다(고린도전서 9장): 중요한 것은 어떤 사람이 지닌 권리가 아니라, 십자가에 못 박혔다가 부활한 메시야 예수의 복음이다. 그는 그러한 아주 적극적인 토대들을 깔아 놓고난 후에야, 비로소 더 소극적인 측면으로 들어가서, 회심한 고린도 교인들 대다수가 이전에 속해 있었던 이교 세계에 "분명히" 존재하는 실제적인 위험들에 대하여 경고하는데, 그렇게 하기 위하여 이 "권속"의 토대가 된 사건들이 일어났던 저 옛날로 거슬러 올라간다: "우리 조상들"이 출애굽을 경험하였다! 여기서 우리는 바울이 메시야의 백성을 아브라함의 후사들로 보고 있다는 것을 이미 충분히 이해하고 있는 상태가 아니라면, 그가 이 조상들을 "우리의" 조상들이라고 표현한 것을 보고 아마도 기절초풍할지도 모른다. 왜냐하면, 그는 여러분이 합류하게 된 "권속"에 관한 이야기가 여기에 있다고 말하고 있는 것이기 때문이다. 이 이야기는 정확히 세례로 시작된다: "구름과 바다," 그리고 그들을 추격하던 애굽인들을 수장시켜 버린 그 물을 그들로 하여금 안전하게 건널 수 있게 인도해 준 하나님의 임재. 바울이 이러한 연결관계를 아주 당연한 듯이 전제한다는 사실이 모든 것을 말해 준다: "세례"는 물을 통과해서 공동체로 입교하는 사건이다. 그러므로 세례의 기원을 "출애굽"이 아닌 다른 곳에서 찾을 이유가 어디 있겠는가? 아마도 이것은 어느 정도는 세례 요한이 모세가 이스라엘 백성에게 자신의 마지막 당부를 하였던 바로 그 장소인 요단 강을 자신이 유대 백성에게 세례를 베풀 장소로 선택하게 된 동기와 연관이 있지 않았을까?[241]

바울이 여기서 말하고 있는 요지는, 우리가 이미 본 것처럼, 그가 이 서신 전체에 걸쳐서 논증을 전개해 나가는 방식을 보여주고, 따라서 자신이 어떤 문제들에 직면해 있다고 믿고 있었는지를 보여 주기 때문에, 그 자체로 주목할 만하다.[242] 온 이스라엘 백성들은 구름 가운데 있던 하나님의 임재가 이끄는 대로 물을 통과하였지만, 하나님은 그들을 기뻐하지 않았다. 즉, 그들이 그러한 "세례"를 받았다는 사실은 이제 그들이 하나님의 구원 받은 백성으로서의 그들의 새로운 신분을 부정하는 일들을 마음대로 행해도 괜찮다는 것을 의미하는 것이 아니었다는 것이다. 이교의 우상 숭배는 모압 여자들을 통한 시험이라는 형태로 그들에게 접근해 왔고, 그들

241) 세례 요한에 대해서는 *JVG*, 160-2를 보고, 최근의 것으로는 Evans, 2008과 자세한 참고문헌을 보라.

242) Hays, 2005, 1-24를 보라.

중 다수가 거기에 넘어갔다.[243] 달리 말하면, 세례를 통해서 하나님의 백성의 공동체가 진정으로 하나님의 임재의 장소가 되었다고 할지라도, 세례라는 문으로 들어온 사람들은 그들의 조상들처럼 시험에 빠져 멸망하게 되지 않도록 조심하여야 한다는 것이다. 어떤 사람이 세례를 받았다고 해서, 모든 위험을 자동적으로 막아주는 마법의 공간 속으로 들어와 있는 것이 아니고, 도리어 그 정반대이다. 이것이 너희가 시장에서 산 것들은 무엇이든지 다 먹어도 좋지만, 실제로 우상의 신전들로 들어가서는 안 된다고 바울이 말하는 이유이다. 즉, 우상의 신전에 들어가게 되면, 너희가 성찬을 통해서 메시야와의 '코이노니아' (koinōnia)에 참여하면서, 동시에 '다이모니아' (daimonia, "귀신들")와의 '코이노니아' 에 참여하는 것처럼 보일 위험이 있다는 것이다.[244] 세례는 '코이노니아' 의 범위를 규정한다. '코이노니아' 에 참여하는 자들은 세례에 의해서 정해진 범위를 계속해서 지켜 나가야 한다. 이것이 처음부터 세례와 성찬이 서로 분리될 수 없는 이유이다.

여기서 우리는 세례라는 예식과 세례 받는 개개인 간의 관계에 초점을 맞추고 진행되어 온 수많은 논쟁들이 (내가 보기에는) 잘못된 방향으로 이미 아주 멀리 가버리고 만 것이라는 아주 중요한 사실을 보게 된다. 세례는 일차적으로 개개인에 대하여 자신이 누구인지를 선언해 주는 것이 아니라, "우리가 누구인지" (who we are)를 선언해 주는 공동체의 표지 역할을 하는 상징이다. 물론, 이렇게 본다고 해서, 그것이 영적인 결과들을 가져다주는 물리적인 사건인 세례를 놓고 고민하는 개신교도들의 모든 염려를 다 해소시켜 주는 것은 아니지만, 적어도 "이 문제"를 지금까지 보아 온 그대로 보는 것은 망원경을 거꾸로 잡고서 들여다 보는 것임을 깨우쳐 줄 수는 있다. 세례는 이 공동체의 범위를 규정해 주는데, 이 공동체는 메시야적인 유일신론과 새로운 출애굽에 토대를 두고 십자가에 못 박혔다가 다시 살아난 공동체이다. 그리고 이것은 이전의 이스라엘의 경우와 마찬가지로, 그 지체들의 공통된 생활방식을 요구한다.

로마서 6장은 이것을 두드러지게 확증해 준다(물론, 여러분은 이 장에 대한 대부분의 연구들로부터 이것을 결코 추측해낼 수 없겠지만). 나는 로마서 4장부터 8장에 이르기까지의 일련의 서술 전체는, 5장 부근에서의 분명한 변속에도 불구하

243) 고전 10:7-10; cf. 민수기에 나오는 여러 이야기들, 예컨대 민수기 25장.

244) 고전 10:20("그들은 하나님이 아니라 '다이모니아' [daimonia, '귀신']에게 제사를 지낸다")에서 바울은 모세가 이스라엘을 책망하는 내용의 일부로 나오는 신명기 32:17을 간접인용하고 있는데, 고전 10장 전체의 암묵적인 출애굽 이야기의 맥락 속에서 현재의 '에클레시아' (ekklēsia)에 대한 경고로서 이것을 사용하고 있다(예컨대, Hays, 1989a, 93; Hays, 1997, 168-70).

고, 바울이 창세기 15장에 나오는 아브라함에게 주어진 최초의 약속을 시작으로 (거기에서 "계약"은 장래의 출애굽을 의미하는 것이었다), 노예들에게 해방을 가져다준 홍해를 건넌 사건, 시내 산에 도착해서 율법을 수여받은 것, 성막의 건축, 광야에서의 유랑, 다시 노예생활로 되돌아갈 뻔하였던 위기 등과 같이 이스라엘의 최종적인 유업인 약속의 땅에 이르는 모든 여정을 포함한 출애굽 서사 전체를 염두에 두고 있었음을 보여준다는 것을 다른 곳에서 이미 자세하게 논증하였었다.[245] 출애굽 서사는 로마서에서 다음과 같이 작용한다: 바울은 로마서 4장에서는 아브라함 이야기를 들려주고 나서, 로마서 5장에서는 가장 높은 지점으로부터 하나님의 계획 전범위를 개관함으로써 좀 더 넓은 전망을 확보한 후에, 로마서 6장에서 물을 통과하는 것에 대하여 말함으로써 다시 출애굽 이야기를 재개해서, 로마서 7장에서는 시내 산에 도착하여, 8:9-11에서는 토라 문제를 건드리며 성막을 짓고 ("내주하는" 성령),[246] 8:12-16에서는 광야에서의 여정을 계속해 나가면서, 8:17-30에서는 약속된 "유업"을 잠깐 살펴본다. 나는 이러한 일련의 순서가 우연일 수 없다고 생각한다. 이것은 바울이 의식적이고 의도적으로 로마서에 그런 구조를 부여한 것으로서, 그가 가장 세심하게 구성해서 쓴 글들 중의 하나이다. 이런 식으로 이야기를 들려주는 것이 지니는 깊은 의미는 바울이 4장 끝에서 껍데기에 싸서 말한 것을 로마서 전체의 구조를 통해서 가능한 한 분명하게 부각시키기 위한 것이다: 메시야와 그의 백성은 하나님이 아브라함에게 약속한 백성이고, 참된 "약속의 땅," 즉 갱신된 피조세계 전체를 유업으로 물려받으러 가는 도상에 있는 참된 출애굽 백성이다. 바로 이러한 사실은 9장의 서두에 나오는 탄식을 촉발시키는 이유가 된다.

(영리한 학자들이 여기저기에 나오는 어구들을 추출해서, 다른 가설적인 세계들과 삶의 자리들에 갖다 놓고서, 거기에서 생겨나는 의미들 또는 그것들을 뒤집는 바울의 의도들을 다시 로마서로 역수입하는 방식으로 제시한 여러 가상의 배경들 속에서가 아니라) 이러한 배경 속에서 로마서 6:2-11에 나오는 세례의 의미는 이런 것이다: 너희는 새로운 출애굽 백성, 즉 메시야의 죽음과 부활에 의해서 정의되는 백성이다. 너희가 세례를 받았다면, 이렇게 정의된 백성에 속하기 때문에, 그 합당한 결론은 너희도 죽었다가 다시 살아난 자들이라는 것이다. "너희도 너희 자

245) Wright, 2002 [*Romans*], 510-12, 533f.와 *Perspectives*, ch. 11을 보라.

246) 그리고 실제로 토라 아래에서의 문제점들을 처리한 "속죄제"를 연상시킨다(8:3f.: cf. *Climax*, ch. 11).

신을 메시야 예수 안에서 죄에 대하여 죽고 하나님에 대하여 살아 있는 것으로 여겨야 한다"(6:11). 너희는 노예생활로부터 건짐을 받아서 지금은 자유민들로서 너희의 유업을 향하여 가는 도상에 있다는 사실을 알아야 한다. 따라서 여기서 우리가 다시 한 번 말하고자 하는 것은 많은 학자들이 로마서 6장을 골로새서와 에베소서에 비추어서 해석해 온 것과는 반대로 – 물론, 장래에 육체의 부활이 있을 것임은 두말할 필요가 없지만(8:10-11) – 6:11에서 그들 자신을 죄에 대하여 죽고 하나님에 대하여 살아 있는 것으로 "여긴다"는 것은 세례 받은 자들이 사실이 아닌 어떤 것을 마치 사실인 것처럼 생각하고 받아들이는 것을 의미하는 것이 아니라는 것이다. "여긴다"는 것은 단지 "곰곰이 생각해서 알아내는 것," 즉 잘 생각해서 이미 사실인 어떤 것을 제대로 파악해내는 것을 의미한다. 그리고 여기서 이미 이루어져 있는 사실은 무엇이냐 하면, 그들은 어떤 기묘한 과도기적인 상태에 있는 것이 아니라, 죄에 대하여 이미 죽었고 지금은 "하나님에 대하여 살아 있다"는 것이다.[247] 세례는 이 공동체를 새로운 출애굽 백성, 따라서 거기에 합당하게 살아야 하는 백성으로 규정한다. 고린도전서 10장에서처럼, 우리는 바울이 여기서도 세례를 토대로 해서 참된 신앙이 어떤 것인지를 곰곰이 생각해 보라고 호소하는 것이라고 말할 수 있을 것이다: 지금 너희는 세례를 받은 자들이니, 그것이 무엇을 의미하는지를 곰곰이 생각해 보라! 이런저런 때에 개개인이 세례를 받아 죽었다가 다시 살아나는 것이 저 좀 더 큰 실체인 공동체의 하나의 기능인 것은 사실이지만, 세례가 일차적으로 선언하는 것은 그 공동체가 그리스도 안에서 세례를 받았다는 것이다. 따라서 개개인에게 주어지는 도전은 언제나 이 공동체의 지체라는 것이 의미하는 것들을 자기 자신에게서 나타나게 하고 실현되게 하는 것이다.

갈라디아서 3:27에 대해서도 비슷한 말을 할 수 있다 – 이 구절은 그 장의 많은 부분과 마찬가지로 너무나 압축되어 있어서 그 온전한 의미를 파악하는 것이 어렵기는 하지만. 하지만 여기서도 이 구절은 아브라함의 권속에 관한 전반적인 논의라는 배경 속에서 등장한다: 바울이 갈라디아에서 직면했던 것은 아브라함의 참된 자손은 누구이고, 지금 아브라함의 권속은 하나인가 둘인가(유대인으로 이루어진 권속과 이방 그리스도인으로 이루어진 권속), 아니면 다른 그 무엇인가 하는 문제였다. 로마서 4장에서처럼, 여기서도 바울은 이러한 논의 전체를 일련의 역사적인 순서를 따라 진행해 나간다. 즉, 그는 하나님이 아브라함에게 주신 약속들로부터

247) 갈 2:19f에 나오는 밀접한 병행을 보라. Wright, 2002 [*Romans*], 538에 나오는 좀 더 자세한 설명; 그리고 예컨대, *RSG*, 252를 보라.

시작해서, 이러한 일련의 순서 속에서 모세는 어느 지점에 속하는지에 관한 수수께끼 같은 문제 – 서로 판이하게 다른 배경으로 인해서 로마서에서보다 갈라디아서에서 좀 더 크게 부각되는 문제 – 로 이어간다.[248)]

갈라디아서 3:23-29을 지배하는 것은 그러한 일련의 순서인데, 이 본문은 "믿음이 오기 전에 우리는 율법 아래에 있었다"는 것으로 시작해서, "믿음의 도래"를 거쳐서, "이제 더 이상 율법 아래 있지 않다"는 것으로 끝나는 일련의 세 단계가 먼저 등장한다. 그런 후에, 이 새로운 상태는 전형적으로 바울적인 강해를 통해 설명된다:

(i) 서두의 선언(26절): "너희는 다 믿음으로 말미암아 메시야 예수 안에서 하나님의 자녀들이다";

(ii) 이 서두의 선언에 대한 추가적인 설명(27절): "누구든지 세례를 받아서 메시야와 합한 자는 메시야를 옷 입었다";

(iii) 그러한 설명으로부터 도출한 결론(28절): "유대인이나 헬라인은 더 이상 존재하지 않고, 노예나 자유민은 더 이상 존재하지 않으며, 남자나 여자는 더 이상 존재하지 않는다";

(iv) 이 논증을 통해서 최종적으로 확인된 것(29절): "너희가 메시야에게 속해 있다면, 아브라함의 권속이고, 약속을 유업으로 이을 자들이다."

바울이 27절에서 세례에 관하여 말하는 것을 이해할 수 있는 방법은 이 절이 다른 어떤 가상의 종교사적 재구성 속에서 행하는 가설적인 역할이 아니라, 이 일련의 순서 내에서 행하는 역할을 이해하는 것이다.[249)]

다음은 이 일련의 순서가 어떻게 작동하고 있는지를 보여준다. 서두의 선언은 25절의 주장("우리가 더 이상 '파이다고고스'[paidagōgos] 아래에 있지 않다")에 대한 설명이다: "왜냐하면, 너희는 다 믿음으로 말미암아 메시야 예수 안에서 하나님의 자녀들이기 때문이다." 여기서는 모두가 하나님의 자녀라는 것이 그것을 이루어 내는 수단인 메시야에 대한 믿음과 더불어서 핵심을 이룬다. "하나님의 자녀"는 "이스라엘은 내 아들 내 장자"라는 출애굽 약속을 반영하고 있기 때문에,[250)] 바로

248) 갈라디아서 3장에 대해서는 *Perspectives*, ch. 31을 보라.

249) 대명사가 바뀌는 것(23-25에서는 "우리"; 26-29절에서는 "너희")에 대해서는 Dunn, 1993, 201f.; de Boer, 2011, 242를 보라.

그 다음 절에서 여전히 암묵적인 "모두"에 강조점이 두어지는 가운데 세례에 대한 언급이 나오는 것은 전혀 이상한 것이 아니다: "누구든지 세례를 받고 메시야와 합한 자는 메시야를 옷 입었다"(27절). 그런 후에, 이것은 28-29절에서 두 단계에 걸친 결론으로 귀결된다: "유대인이나 헬라인은 더 이상 존재하지 않고, 노예나 자유민은 더 이상 존재하지 않으며, '남자나 여자'는 더 이상 존재하지 않는다. 너희는 다 메시야 예수 안에서 하나이다. 그리고 너희가 메시야에게 속해 있다면, 아브라함의 권속이고, 약속을 유업으로 이을 자들이다." 모두가 하나님의 자녀; 모두가 메시야 안에서 하나; 모두가 아브라함의 권속; 모두가 유업을 기다리는 아브라함의 후사들. 이 모든 논증의 중심축은 그들이 모두 메시야에게 속해 있다는 것이고, 거기에서의 열쇠는 그들이 모두 세례를 받아 메시야와 합하게 되었다는 것이다.

여기에서 다시 한 번 우리는 세례가 이 권속의 표지이자 정체성이 되고 있음을 본다. 세례는 여기에서 메시야 "안에" 있고 "메시야로 옷 입은" 메시야의 권속이 있다고 선언하는 실천이다. 이것이 세례가 메시야적 유일신론을 토대로 한 서로 연합된 단일한 권속의 세계관을 정의하는 실천에서 하나의 핵심적인 요소로서의 기능을 하는 방식이다.

이 모든 것은 우리를 곧바로 골로새서 2:12로 데려다 준다. 여기서도 다시 한 번 바울은 회심한 지 얼마 안 된 신자들에게, 그들이 메시야에게 속해 있다면 그들에게 다른 것은 전혀 필요하지 않다는 것을 확신시킨다. 바울이 이 구절에서 할례와 율법은 더 이상 그들과 아무 상관이 없다는 것을 강조하는 것을 보고서, 내가 25년 전에 확신하였고 지금도 여전히 확신하는 것은, 우리가 파악하기 어려운 2장의 미묘한 변증의 목적, 적어도 일차적인 목적은 이 어린 교회의 신자들이 갈라디아 교회의 "선동자들"과 같거나 그리 다르지 않은 자들의 꾀는 말에 속아 넘어가서 회당으로 가버릴 위험성이 있다는 것을 겨냥해서 그 위험성을 제기하기 위한 것이었다는 것이다.[251] 이것이 사실이든 아니든, 여기서 바울의 요지는 분명한데, 그것은 너희는 이미 할례를 받았기 때문에, 또다시 할례를 받을 필요가 없다는 것이다.

이것은 어떤 종류의 "할례"인가? 거기에 대한 바울의 자연스러운 대답 중의 하나는 "신명기 30장과 예레미야서에서 말한 '마음의 할례'"라는 대답일 것이다.[252] 아마도 바울은 그러한 대답을 염두에 두고 있었을 수도 있지만, 그가 여기에서 실

250) 출 4:22.

251) Wright, 1986 [*Colossians and Philemon*], 23-30; Wright, 2005b [*Fresh Perspectives*], 117f. 비슷한 노선을 취하는 사람들로는 Dunn, 1996, 23-35; Bird, 2009b, 15-26(유대교의 한 신비주의적인 형태).

252) cf. 신 10:16; 30:6; 렘 4:4; 9:26; 롬 2:25-9.

제로 대답한 것은 이런 것이었다:

> 너희는 메시야 안에서 특별하고 새로운 유형의 할례를 받았는데, 그것은 사람의 손으로 할 수 없는 메시야의 할례인데, 그러한 할례는 너희가 "육의 몸"을 벗을 때, 너희가 세례를 통해 그와 함께 장사되고, 죽은 자 가운데서 그를 일으키신 하나님의 능력을 믿음으로 말미암아 그와 함께 일으키심을 받을 때에 일어난다.[253)]

사용된 단어들이 완전히 동일하지는 않지만(플라톤이나 바르트의 글에서 이러한 약간의 차이를 보았을 때, 그것을 다른 저자가 쓴 것이라거나, 근본적으로 차이가 있다고 말하는 사람은 아무도 없을 것이다), 여기에는 로마서 6장에 대한 분명하고도 강력한 반영들이 존재한다.[254)] 다시 한 번 여기서의 요지는 할례가 육신을 따른 이스라엘 백성을 정의하였던 것과 똑같은 방식으로, 세례는 메시야 백성의 공동체를 정의한다는 것이다. "육신을 따른" 정체성은 지양된다: 너희와 너희의 공동체는 더 이상 너희의 부모가 누구이냐에 의해서 정의되지 않는다. (아마도 그가 여기서 세례 받은 자들과 "죄"의 관계를 다루고 있는 로마서 6:6에 나오는 "죄의 몸"이라는 표현이 아니라 "육의 몸"이라는 표현을 사용한 이유가 거기에 있는 것 같다.) "메시야 판본의 할례"는 문자 그대로 "메시야의 할례"이지만, 그것이 예수 자신이 받은 할례를 가리키는 것이 아님은 두말할 필요가 없다.[255)] "메시야의 할례"라는 것은 "이것이 메시야 자신의 새로운 유형의 할례이다"라고 말하는 것이다. 여기서도 다시 한 번 일차적인 것은 공동체에 대한 정의이고, 개개인에게 미치는 효과는 단지 부차적인 것이다. 바울은 공동체가 메시야와 합하여 죽었다가 다시 일으키심을 받아서 소유하게 된 신분을 토대로 한 합당한 행실에 대해서는 나중에 다시 말할 것이다. 물을 통과한 사람들은 한 분 유일하신 하나님의 임재를 모신 성막에 합당한 장소가 되어야 하고, 거기에 걸맞은 방식의 삶을 살아야 한다.

이제 우리는 마침내 고린도전서로 되돌아오게 된다. 고린도전서 1장에서 집중적으로 세례에 대하여 언급하는 구절들은 우리가 다른 곳들에서 살펴 보았던 것과 대체로 동일한 취지를 보여준다. 바울의 주된 관심은 고린도 교회에 존재하는 파

253) 골 2:11-12.

254) "육의 몸을 벗는 것"은 로마서 6:6b에서 말하는 "죄의 몸을 폐하는 것"과 같다; "그와 함께 장사지낸 바 되었다가 그와 함께 다시 살리심을 받는 것"은 로마서 6:4을 반영한 것이다. 이 쌍들 사이에 쐐기를 박아서 다양한 신학들이 출현하게 하고자 하는 시도들은 전도서 기자가 자신있게 "허망한 일이자 바람을 좇는 일"이라고 한 그런 종류의 시도들이다.

255) cf. 눅 2:21.

벌주의를 책망하기 위한 정지작업을 하는 것인데, 그는 그렇게 하기 위하여 세례 자체를 단지 정지작업의 목적으로만 활용해서, 너희가 속한 공동체는 세례에 의해서 정의되고, 세례는 메시야의 백성으로 들어온 것을 의미한다고 말한다. "어떤 사람의 이름으로" 세례를 받았다는 것 – 바울은 그들이 그의 이름으로 세례 받은 것이 아님을 두 번이나 말함으로써, 암묵적으로 메시야의 이름으로 세례를 받은 것임을 강조한다 – 은 그 "이름"을 지닌 이의 임재 안에서 살아가는 백성으로 정의되는 공동체에 들어간 것이다.[256] 17절에서 바울이 마지막으로 강조해서 선언하고 있는 말("메시야께서 나를 보내신 것은 세례를 베풀게 하려 하신 것이 아니라 복음을 전하게 하려 하신 것이다")의 요지는, 개신교 진영에 속한 많은 학자들이 당연하다는 듯이 이 본문을 반성례전적인 의미로 읽는 것과는 달리, "복음"에 비해서 세례를 폄하하려는 것이 아니라, 바울 자신의 소명이 무엇인지를 분명하게 밝혀서, "바울파"가 존재할 근거를 아예 싹부터 잘라 버리려는 것이다.[257]

고린도전서 1장에 대한 이러한 읽기와 우리가 앞서 행한 10장에 대한 설명은 그 정점인 12장의 서두에 나오는 "메시야의 몸"에 관한 서술로 자연스럽게 이어진다. 바울은 거기에서 아주 주도면밀하게도, 핵심적인 구절인 12절과 13절을 한편으로는 이 장의 서두에 나오는 서술(12:1-3)과 그것을 처음으로 발전시킨 본문(4-11절), 다른 한편으로는 "몸"과 그 기능에 대한 아주 자세한 묘사(14-26절)와 그 결론(27-31절) 중간에 위치시킨다. 따라서 이 장은 12:12-13에 나오는 내용을 중심으로 해서 다른 내용들이 양쪽으로 포진된 ABCB′A′ 구조를 지니게 된다:[258]

A 1 2:1-3   12:27-31 A′

B 12:4-11   12:14-26 B′

1 2:12-13 C

"우리"가 모두 "메시야의 이름으로 세례를 받은" 것이라면, 고린도전서 1장이

256) 1:13, 15: 헬라어로는 '에이스 토 오노마'(eis to onoma), 즉 일부 번역본들의 경우와는 달리 이름 "안에서"(in)가 아니라 이름 "속으로"(into)이다.

257) Thiselton, 2000, 142: "바울이 성례전 사역과 말씀 사역을 대비시키고 있다고 생각한다면, 그것은 시대착오적인 착각이 될 것이다."

258) Mitchell, 1991/2, 267-70도 이것과 비슷한 분석을 하지만, 초점이 12f.에 있다는 것은 언급하지 않는다. 이런 형태의 논증에서는 반드시 그 짤막한 중심 부분을 주된 초점으로 삼을 필요는 없다: "중심적인" 본문인 15:29-34이 별로 중요하지 않은 날카로운 여담처럼 보이는 고전 15장과 비교해 보라(*RSG*, 312f.를 보라).

암묵적으로 말해 주듯이, 우리는 그렇게 세례를 받아서 그의 "몸"이 된 것이다. 신학적으로나 수사학적으로, 이 모든 논의의 중심적인 서술은 이것이다:

> [12]몸이 하나이지만 많은 지체가 있고, 몸의 지체는 많지만 한 몸인 것과 마찬가지로, 메시야도 그러하다. [13]왜냐하면, 우리는 유대인이든 헬라인이든, 노예든 자유민이든, 모두 한 성령으로 세례를 받아 한 몸이 되었고, 우리는 모두 한 성령을 마시게 되었기 때문이다.[259)]

따라서 세례의 일차적인 의미는 "그것이 개개인에 대하여 어떤 것을 행하는 것" – 물론, 이런 의미도 지니고 있기는 하지만 – 이 아니라, 세례 받은 자들의 공동체를 메시야의 백성으로 정의하는 것이다. 세례를 받은 사람들은 자신이 속한 공동체가 십자가에 못 박혔다가 다시 살아난 메시야의 권속이라는 바로 그 이유 때문에 이 권속의 법도와 규례, 생활방식을 배우라는 명령을 받게 된다. 바울은 여기서 우리가 이미 갈라디아서 3:28에서 본 것, 즉 그에게 이미 "이것을 표현하는" 통상적인 "방식"이 되어 있었던 것을 그대로 반영하고 있다(여기 고린도전서 12장에 나오는 유대인과 헬라인, 노예와 자유민에 대한 언급은 현재의 본문에 나오는 그 어떤 것과도 상관이 없고, 단지 고린도 교인들에게 메시야와 합한 세례에 의해서 정의된 권속은 본질상 "하나"라는 사실을 일깨워 주는 역할만을 할 뿐이다).[260)] 이러한 강조점은 우리를 다시 본서의 이 부분에서 우리가 일차적으로 다루는 문제로 데려다 준다: 메시야적 유일신론에 뿌리를 두고서 예수를 중심으로 형성되고 성령에 의해서 힘을 얻고 활성화되는 – 특히 현재의 구절이 이것을 잘 보여준다 – 유일한 공동체이자 단일한 권속이 그 중심에 자리 잡고 있었던 바울의 상징적 실천의 세계.[261)]

우리는 여기서 "죽은 자들을 위하여 세례를 받는" 것에 대하여 말하는 고린도전서 15:29의 이상한 구절을 가지고서 오래 시간을 끌 필요가 없다. 이 구절은 오랜 세월 동안 주석자들을 괴롭혀 왔고, 앞으로도 분명히 계속해서 그럴 것이지만, 거기에는 우리의 주된 요지를 강화해 주는 역할을 하면 했지, 훼손하는 내용은 전혀

259) 12:12f.

260) 이것은 결코 이 어구들이 "전승에 의한" 것들이라는 것을 의미하지 않고, 바울 자신에 의해서 일상적으로 사용되었음을 보여주고, 많은 화자들이나 저술가들이 흔히 말하고 흔하게 사용한 어구들임을 보여준다.

261) 12:4-11에서 유일신론을 삼위일체적으로 발전시키고 있는 것에 대해서는 아래 제9장을 보라.

들어 있지 않다. 죽은 자들을 위한 세례가 정확히 어떤 것이었고, 어떤 이유에서 시작되었는지는 우리가 지금으로서는 알 길이 없지만, 세례를 받지 않은 채로 죽은 사람들을 어떻게든 메시야의 백성 속으로 들여와서 연합되도록 할 어떤 필요성이 존재하였을 것임에 틀림없다.[262]

결론적으로 말할 수 있는 것은, 우리가 지금까지 세례가 좀 더 넓은 연합된 공동체와 결부되어 있었다는 것, 이 공동체가 한 하나님과 한 주에 뿌리를 두고 있다는 것, 바울이 이 연합을 공동체의 지체들의 현실의 개인적인 삶 속에서 하나의 실체가 되게 하기 위하여 자세하게 설명할 필요가 있었다는 것에 대하여 말해 온 것을 요약하고자 한다면, 에베소서에 나오는 다음과 같은 구절을 인용하는 것이 최선이라는 것이다:

> [2]사랑 안에서 서로를 감당하라. 서로에 대하여 모든 면에서 겸손하고 온유하며 오래 참으라. [3]성령이 너희를 하나 되게 하셔서 너희의 삶이 평화 속에서 한데 묶여지게 하신 것을 지키기 위하여 온갖 노력을 다하라.
> [4]몸도 하나이고 성령도 한 분이다. 모름지기 너희는 부르심에 수반된 한 소망으로 부르심을 받았다. [5]주도 한 분이고, 믿음도 하나이고, 세례도 하나이고, [6]만유 위에 계시고 만유를 통일하시고 만유 가운데 계시는 만유의 아버지 하나님도 한 분이시다.[263]

요약해 보자: 바울의 공동체들의 세계관과 바울 자신의 사고체계 내에서 세례는 이교의 신비 제의들로부터가 아니라, 유대적인 계약 이야기와 계약의 상징 체계의 깊은 뿌리들로부터 출현하였지만, 이스라엘의 메시야의 십자가에 못 박히심과 부활, 그리고 그 일로 말미암아 전 세계적인 권속으로서의 메시야 백성이 생성된 것으로 인해서 후자와 차별화된다. 골로새서에 나오는 구절은 갈라디아서와 로마서 중간의 어느 시점에 생겨난 형태를 보여주는 것 같다. 갈라디아서에서 그 강조점은 다민족으로 이루어진 갱신된 권속에 두어져 있고, 로마서에서는 (고린도전서 10장에서처럼) 이 권속이 죄의 지배에서 벗어나 있다는 사실에 두어져 있으며, 골로새서에는 이 두 가지가 조금씩 나오고, 고린도전서 1장과 12장에서는 서로 다른 종류의 위협에 직면한 상황 속에서 연합이 다시 한 번 강조된다. 그러나 우리의 현재의 목적을 위해 중요한 것은 세례는 분명히 우리가 이미 설명한 메시야적 유일신론에 토대를 둔 이 백성을 이 단일하고 연합된 권속의 일부로 이런 방식으로 정의

262) 이 본문에 대해서는 *RSG*, 338-40을 보라.
263) 엡 4:2-6.

하는 역할을 하는 핵심적인 예식(위에서 말한 의미에서)이라는 것이다.

바울의 성찬관에 대해서도 우리는 위에서 세례에 대하여 말한 것들을 (좀 더 짤막하기는 하겠지만) 그대로 말할 수 있고, 또한 말하여야 한다.[264] 애석하게도, 세례의 경우와는 달리, 성찬에 대해서는 두세 가지 서로 다른 시각에서 바라본 서술들이 우리에게 남아 있지 않고, 바울이 고린도 교인들에게 성찬에 대하여 쓴 내용과 그 관점이 전부이다. 하지만 그것만으로도 우리는 충분히 논의를 진행해 나갈 수 있다. 세례의 경우와 마찬가지로, 성찬의 경우에도 이교에서 행해진 것들과의 부분적인 병행들, 그리고 애매하기는 하지만 어느 정도 유사한 것들이 발견된다는 점은 흥미롭기는 하지만, 바울이 성찬을 그런 부류의 것들로 보았다고 주장하기에는 그 증거가 불충분하다. 우리가 고린도전서 5:7("우리의 유월절 어린 양 – 메시야 – 이 이미 희생제물로 드려졌다")을 굳이 상기하지 않더라도, 고린도전서 10장의 서두로부터 이미 분명한 것, 즉 바울이 출애굽 서사를 염두에 두고 있다는 것은 아무리 부인하려고 해보아도 소용없는 일이다. 따라서 우리가 바울에게 있어서 성찬은 "그리스도께서 자신을 죽음에 내어준 것과 (암묵적으로는) 그의 부활에 관한 이야기를 재현하고, 그 의미가 거기에서 도출되는" 예식이고, "기독교적 신화의 중심적인 이야기는 이 예식 속에 집약되어 있다"는 것에 동의한다면,[265] 성찬 속에서 나는 유월절과 출애굽을 원형(prototype)으로 한 고대의 유대적인 이야기에 대한 역설적인 의미에서의 완성이자 정점으로서의 기독교의 이 중심적인 이야기를 본다는 것을 아주 강력하게 역설하고자 한다. 물론, 고린도전서 10:15-17과 11:23-26에서 발견되는 전승과 다중적이고 복합적인 공관복음 전승 속에서 발견되는 것 간의 정확한 상호연관성을 증명하기는 어렵다.[266] 그러나 신약학의 아주 미세한 세계를 살필 때에 흔히 수반되는 위험성에도 불구하고, 우리는 숲 전체를 보면서도, 이런저런 나무의 표피에 붙어 사는 개별적인 곤충들도 추적하고자 하는 모험을 감행할 것이다. 복음서들은 모두 한결같이 나사렛 예수가 유월절에 예루살렘으로 가서, 사람들과 함께 유월절 식사 또는 그런 것에 해당하는 것을 행하고서 곧장 죽으러 갔다고 보도한다. 바울은 그 사건이 있은 지 30년이 조금 덜 된 시점에서, 고린도 교인들에게 (다소 이례적으로) 자기가 그들에게 이미 가르쳤던 "전승," 즉 예수께서 떡을 떼고 포도주를 나눠 마셨다는 것에 대하여 들려주고, 예수께서 "그들을 위하여" 죽으셨다

264) 최근의 것으로는 Koenig, 2000; D. E. Smith, 2003; Bradshaw, 2004를 보라.
265) Horrell, 2005, 106f.
266) Marshall, 2008의 유익한 연구를 보라.

는 것에 대하여 들려주며, "내 피로 세운 새 계약"에 대하여 들려주는 "전승"을 일깨워 준다. 신학적으로 지나치게 민감한 감수성을 지닌 사람들은 이 전승의 일점 일획까지 다 샅샅이 살펴보고자 할 것이고, 우리는 그들의 그런 태도를 충분히 이해할 수 있기는 하지만, 어쨌든 그런 사람들을 제외한다면, 이 증거에 대한 다음과 같은 분명한 읽기에 의문을 제기할 사람은 아무도 없을 것이다. 즉, 성찬에 대한 바울의 해석은 유월절에 대한 강력한 함의들을 지니고 있었다는 것, 그리고 마찬가지로 예수가 자신이 곧 겪게 될 죽음이 유월절과 관련된 그 동일한 함의들을 지니고 있음을 보여주고자 하였다는 것(그가 이 점을 말로 표현하였든 표현하지 않았든)은 노예생활로부터의 진정한 구원을 이루어내는 것이 그의 소명이라고 믿었다는 것을 보여준다는 것이다.[267)]

바울은 "육신을 따른(kata sarka – '카타 사르카') 이스라엘을 생각해 보라"(고전 10:18)고 말한다. 왜 그는 이런 식으로 표현하고 있는 것일까? 그 가장 분명한 이유(충분히 이해할 수 있는 일이기는 하지만, 이것도 종종 본질적으로 비역사적인 근거들로 인해서 거부되어 왔다)는 그가 "육신을 따른 이스라엘"과 이제 출애굽 세대를 "우리 조상들"(10:1)로 여기게 된 새로운 공동체를 암묵적으로 대비시키고 있기 때문이라는 것이다. 그는 "육신을 따른 이스라엘"은 성전에서 제물을 먹는 것은 이스라엘 하나님의 생명 자체에 참여하는 것을 의미한다고 여겼다(나는 이것이 "제단에 참여하는 자들"[koinōnoi tou thysiastēriou – '코이노노이 투 튀시아스테리우']이라는 완곡한 표현이 의미하는 것이라고 본다[268)]). 마찬가지로, 이교도들은 어떤 신전에서 제물을 먹는 것을 그 신전에 모신 신의 생명에 참여하는 것이라고 여겼다. 마찬가지로 – 이것과 관련해서 많은 편차들이 당연히 존재하였지만, 바울은 여기에서 그런 세세한 것들에 관심을 두지 않는다 – 성찬에서 떡과 포도주에 참여하는 자들은 메시야의 몸과 피에 참여하고 있는 것이다. 여기서도 또다시 메시야 백성의 연합이 그 핵심의 일부이다: "우리는 많지만, 모두 한 떡에 참여하기 때문에 한 몸이다"(10:17). 이 본문이 제기한 문제는 다음 장에서 바울이 고린도 교회에서 성찬 때에 계층 간에 서로 파당을 짓고 불화하는 불미스럽고 꼴

267) *JVG*, ch. 12을 보라.

268) 10:18. 이러한 의미는 좀 더 많은 개신교 주석자들에게는 당연히 거부감이 들겠지만, 적어도 내게는 이교의 식사들과의 병행에 의해서 강력하게 암시되고 있는 것으로 보인다. Thiselton, 2000, 772를 보라: "참여자와 그가 속한 집단이나 공동체는 '희생제사의 제단'이 상징하고 전달하는 실체나 영향력을 자신의 것으로 삼게 된다." 이것도 약간 우회적으로 말한 것이고, 실제로는 그 제단이 "상징하고 전달하는" "실체"는 분명히 신이라는 실체이다.

사나운 모습을 보이고 있는 것과 관련해서 더 자세하게 다루게 될 것이다. 그러나 여기에서의 요지는 성찬은 거기에 참여하는 자들을 메시야 백성(따라서 십자가에 못 박혔다가 다시 살아난 백성), (참된) 출애굽 백성, 유대인들이나 헬라인들과 대비되는 "하나님의 '에클레시아'"(10:32)로 정의하는 예식이라는 것이다. 성찬의 배후에서 출애굽 이야기가 더 큰 울림으로 들려올수록, 우리는 이교에서 행해진 식사들과의 암묵적인 병행과 더불어서, 바울이 선포하고 있는 위대한 진리, 즉 성찬에 참여하는 것은 이제 "한 하나님, 한 주"로서 새롭게 이해된(고전 8:6) 이스라엘의 하나님, 곧 한 분 유일하신 하나님의 생명 자체에 참여하는 것을 의미한다는 것을 더욱더 분명하게 보게 된다. 후대의 성례전 신학을 주후 1세기로 거꾸로 투사한 것으로의 세례가 아니라, 사회학적이고 역사적인 탐구 대상으로서의 세례와 더불어서, 성찬은 바울의 상징적 실천의 또 다른 중요한 요소이고, 이 둘은 이 공동체를 유월절 백성, 즉 메시야를 중심으로 한 유일신론에 뿌리를 둔 단일한 권속이라고 말해 주는 상징적 행위들을 구성한다.

예수에 관한 복음 전승과 마찬가지로, 성찬은 바울에게 있어서 기독교의 가장 중심적인 실천인 "사랑"(agapē – '아가페')을 집약하고 있는 계기들 중의 하나였다. 이것은 잘 알려져 있고 논란의 여지가 없는 것이라고 나는 생각한다.[269] 바울이 말한 사랑의 주목할 만한 특질을 우리는 네 가지로 간략하게 요약할 수 있다.

첫째, 사랑은 실제적인(practical) 것이다. 바울이 데살로니가 교인들에게 그들이 이미 행하고 있는 것보다 더욱 서로를 사랑하여야 한다고 말하였을 때, 그것은 서로에 대한 사랑의 감정을 더 많이 가지라고 자극하고자 한 것이 결코 아니었고, "구제"와 관련된 것이었다. 즉, 그들에게 재물이 있다면, 특히 그리스도인들의 권속 내에서 현재 자기보다 더 재물이 필요한 사람들에게 나누어 주라는 것이다. 따라서 여기에서 "사랑"은 바울이 고린도후서 8-9장에서 예루살렘의 가난한 교인들에게 보낼 기금을 모으는 것과 관련하여 집약적으로 말하면서 이 기금을 위해 헌금하는 것을 "은혜"라고 표현한 것과 거의 동일한 의미이다. 사도행전에 의하면, "사랑"은 초기 예루살렘 교회가 행하였던 것, 즉 한 권속 내에서 서로가 재물이나 물건을 함께 사용하는 것을 의미하였다. 그들은 지금 아주 새로운 방식으로 "권속"이 되었기 때문에, 그렇게 하는 것은 지극히 당연한 일이었다. 또한, 그렇기 때문에, 그들은 취약한 자들, 특히 과부들을 돌볼 의무가 있었다. 이렇게 '아가페'

269) 최근의 것으로는 Kloppenborg, 2008을 보라. 내가 최근에 쓴 글로는 cf. Wright, 2010 [*Virtue Reborn*; 미국판 제목은 *After You Believe*], 특히 156-9 [US edn. 181-5].

(agapē)가 "은혜"와 근접한 의미를 지닌다면, 이번에는 바울의 또 다른 중요한 단어인 '코이노니아' (koinōnia, "교제")가 의미하는 것과도 근접하게 되고 부분적으로 겹치게 된다. 바울에게 있어서 사랑은 그들이 실제로 행하는 그 무엇이었다. 물론, 그는 서로를 사랑하는 감정이 거기에 수반되기를 바랐고, 실제로 그런 감정이 자주 수반되었으리라는 것은 두말할 필요가 없지만, 행위가 먼저였다. 만일 그렇지 않았다면, 그는 로마 교인들에게 그들의 사랑이 과연 참되고 진실한지를 확인해 볼 것을 일깨워 줄 필요도 없었을 것이다.[270)]

둘째, 바울에게 있어서 "사랑"은 연합(unity)을 수반한다. 사랑은 그러한 연합의 동기임과 동시에, 연합을 가능하게 하는 것이다. 사랑은 어떤 공동체에 생명이 존재함을 보여주는 증표이다. 에바브라가 바울에게 돌아와서 골로새에 새롭게 생긴 믿는 자들의 공동체에 대하여 소식을 전했을 때, 그가 감옥에 갇혀 있던 사도에게 말해 준 핵심적인 것은 "성령 안에서의 그들의 사랑"이었다.[271)] 우리는 빌립보서 2:1-4에 나오는 바울의 놀라운 권면에서 그가 그 작은 공동체에게 "한 마음과 한 뜻이 되라"고 강력히 권면하고 있는 것을 이미 살펴본 바 있다. 한 마음과 한 뜻이 되는 것은 많은 희생과 대가를 치러야 하는 어려운 일이고, 이것은 그가 메시야의 자기부인과 고난과 죽음을 통하여 결국에는 높아지신 것에 관한 놀라운 서사를 들려주면서 그러한 명령을 하는 한 이유이기도 하다. 그는 에베소서 4:1-16에서도 이것과 동일한 것을 이번에는 좀 더 길게 다루면서, "사랑"을 2절에서는 메시야의 백성이 지녀야 할 마음의 특질 중의 일부로 거론하고, 16절에서는 하나로 연합된 교회의 중심적인 특징으로 언급한 후에, 이 단락의 마지막 단어로 사용한다(이것은 분명히 우연이 아니다). 또한, 우리는 유례를 찾아볼 수 없을 정도로 아름다운 한 편의 시인 고린도전서 13장의 내용은 물론이고, 이 시가 12장과 14장 사이에 놓여지게 된 수사학적인 의미도 살펴보아야 한다. 12장의 주된 주제는 다양한 은사들이 주어진 교회가 어떻게 단일한 "몸"으로서 살아가야 하는가 하는 문제이고, 14장에서 다루어지는 주제는 무질서와 혼돈으로 엉망진창이 될 위험이 언제나 상존하는 예배 생활인데, 이 두 장은 "사랑"에 의해서 서로 한데 결합된다. 이것은 마치 하나의 작고 명료하며 무엇인가를 환기시키는 그림이 여러 가지 것들이 서로 복잡하게

270) 롬 12:9a(cf. 고후 6:6). 사람들은 이 작은 구절을 종종 직후에 이어지는 내용과 연결시키지만, 이 구절을 관용함과 실천적으로 불쌍히 여김에 관하여 말하는 앞 절로부터 자연스럽게 따라 나오는 앞의 권면들의 목록의 절정으로 보는 것이 더 나을 것 같다("즐거운" 마음으로 긍휼을 베풀라고 명하는 12:8c가 좀 더 대놓고 헌금할 것을 호소하는 고후 9:7에 반영되어 있는 것을 보라).

271) 골 1:8; cf. 살전 3:6.

얽키고 설킨 채로 큰 공간을 채우고 있는 두 개의 화폭 사이에 걸려 있어서, 그렇지 않았다면 혼란스럽게 보였을 이 두 화폭에 깊이와 균형을 더해주고 있는 것과 같다. '아가페'가 없다면, 공동체는 산산조각이 나고 만다.[272)]

셋째, "사랑"은 바울에게 있어서 하나의 미덕(virtue이다. 갈라디아서 5장에 나오는 "성령의 열매"의 다른 측면들과 마찬가지로, 사랑도 열매이기 때문에 "저절로 생겨날" 것이라고 생각하기 쉽다. 그러나 정원사라면 누구나 알고 있듯이, 어떤 나무가 살아 있고 꽃이 피어 있다고 해서, 정원사가 해야 할 일이 전혀 없는 것이 결코 아니다. "성령의 열매"에 관한 목록이 "절제"로 끝난다는 사실은 그 의도를 잘 보여준다. 즉, 이 미덕들이 "저절로" 이루어질 것이라는 낭만적인 꿈은 접으라는 것이다. 거기에 나오는 사랑, 희락, 화평을 비롯한 모든 미덕들은 내주하는 성령의 역사로부터 생겨나는 것들이기는 하지만, 주의깊고 세심하게 보살피고 보호하며 잡초를 뽑아주고 자양분을 공급해 주어야만 잘 자랄 수 있다.[273)] 우리는 "하나님의 가르치심을 받아" 이웃을 사랑할 수 있지만, 그것이 권면과 도덕적인 노력의 필요성을 배제하는 것은 아니다.[274)]

'아가페'에 관한 바울의 관점에서 네 번째이자 어떤 점들에서는 아주 분명한 특징이라고 할 수 있는 것은 이 사랑은 예수 안에 뿌리를 내리고 있고 예수에 의해서 지탱된다는 것이다. "하나님의 아들이 나를 사랑하셨고 나를 위해 자신을 주셨다." 이것은 우리의 삶과는 별 상관이 없는 그저 경건한 말씀에 지나지 않는 것이 결코 아니고, 훨씬 후대의 신학 용어에서 구원의 '엑스트라 노스'(extra nos, 하나님이 우리의 외부에서 우리와 상관없이 행하시는 것)와 '인트라 노스'(intra nos, 하나님이 믿는 자들의 내면에서 행하시는 것)라고 불리게 된 것의 핵심을 표현하고 있는 말씀이다. 이것들에 대해서는 나중에 적절한 때에 다시 좀 더 자세하게 살펴볼 것이다. 바울은 사도로서의 소명과 관련된 시련들과 시험들에 대하여 쓰고, 메시야가 자신을 죽음에 내어준 것과 "화해의 사역"이라는 사도적 실천이라는 관점에서 "사랑"을 설명하면서, "메시야의 사랑이 우리로 하여금 앞으로 힘차게 나아가게 만든다"고 선언한다.[275)] 메시야는 사랑의 모범임과 동시에 통로이다.[276)] 이 본문에서 우리는 바울이 '아가페'를 "율법의 완성"이라고 말하였을 때에 어떤 의미로 그런 말을 한

272) 롬 14:15.
273) 여기서도 Wright, 2010, ch. 6을 보라.
274) 살전 4:9; cf. 빌 1:9.
275) 고후 5:14.
276) 예컨대, 엡 5:2, 25.

것인지를 엿볼 수 있고,[277] 하나님의 백성의 지체임을 보여주는 표지는 할례나 무할례가 아니라, '피스티스 디아가페스 에네르구메네' (pistis di' agapēs energoumenē), 즉 "사랑으로써 역사하는 믿음"이라고 말한 그의 경구가 어떤 의미인지도 엿볼 수 있다.[278]

하지만 이것과 관련해서도 또다시 에베소서는 이 모든 것을 요약하고 있다. 바울은 신자들의 믿음으로 말미암아 메시야가 그들의 마음속에 거하게 되기를 기도한 후에, "사랑이 너희의 뿌리, 너희의 견고한 터가 되어서, 너희가 충분히 강하게 되어, (하나님의 모든 성도들과 더불어) 그 너비와 길이와 높이와 깊이를 깨달아, 메시야의 사랑 – 실제로는 이 사랑은 너무나 깊어서, 아무도 이 사랑을 제대로 알 수 없지만 – 을 알게 되어, 하나님이 그의 모든 충만으로 너희를 충만하게 하시기를" 기도한다.[279] 따라서 '아가페'의 실천을 바울의 세계관의 중심적인 특징들 중의 하나로 보는 것은 전혀 이상한 일이 아니다.

자기 자신을 주신 메시야의 사랑이 이 '아가페'라는 실천의 토대라고 한다면, 우리는 실천의 최종적인 주된 범주가 "고난"이라는 것도 이상하게 생각해서는 안 된다. 고난은 여러분이 행하여야 하는 것임과 동시에, 여러분에게 주어지는 것이라는 말은 역설적인 것으로 들릴 수도 있다. 그러나 바울에게 있어서 고난이라는 현실은 사도로서의 자신의 사역을 시작한 때로부터 단지 귀찮고 성가신 것이거나, 참고 견뎌내야 할 것이 아니었고, 실제로 하나의 표지이자 상징이었다. 고난은 단지 어떤 사람이 메시야 공동체에 속해 있음을 보여주는 표지였을 뿐만 아니라, 그 공동체가 메시야 공동체라는 것을 확인해 주고 증언해 주는 표지이기도 하였다.

설령 사도행전에 바울이 겪은 수많은 고난들에 관한 얘기가 없었다고 하더라도, 고린도후서에서 바울이 그런 얘기를 듣고 싶어 하지 않았던 사람들에게 자신이 겪은 고난들을 줄줄이 열거한 것만 가지고도, 우리는 그가 겪은 고난들을 소재로 해서 한 권의 소설을 쓰기에 충분할 것이다. 그러나 좀 더 밝고 덜 풍자적인 분위기를 지닌 고린도전서에서조차도, 우리는 그가 그 동일한 주제를 정면으로 응시하고 있는 것을 발견한다:

> [9]그러니까 내가 보건대, 하나님께서 사도들인 우리를 사형선고를 받은 자들처럼 행렬의 끝에 구경거리로 두셨고, 우리는 세계와 천사들과 사람들에게 구경거리가 되었다. [10]우

277) 롬 13:10.
278) 갈 5:6.
279) 엡 3:17-19.

리는 메시야 때문에 어리석지만, 너희는 메시야 안에서 지혜롭다! 우리는 약하지만, 너희는 강하다. 너희는 유명하지만, 우리는 아무것도 아니다! [11]바로 이 순간까지 우리는 주리고 목마르다. 우리는 제대로 입지도 못하고 거칠게 대우 받으며 우리를 불러주는 본향도 없다. [12]게다가, 우리는 손으로 수고하며 고되게 일한다. 우리는 모욕을 당할 때에는 축복으로 돌려주고, 박해를 받을 때에는 참고 견딘다. [13]우리는 비방을 받는 때에는 온유한 말로 대답한다. 이 날까지 우리는 오직 접시에서 긁어내어 다른 모든 것들과 함께 버려지는 것이 합당한 이 세계의 쓰레기 같이 되었다.[280]

바울이 겪은 고난은 그가 여기에서 말한 그대로였다는 것은 두말할 필요가 없지만, 이것과 동시에 우리는 고린도전서에서 그가 "그런데 이런 고난이 내게 있는 것은 지극히 합당하다"고 말할 수 있었을 것임을 느낀다. 그가 고린도후서에서 이 주제를 다시 다룰 때에는, 분위기가 바뀌어 있다. 그는 서신에서 밝히지 않은 사건들을 겪고서 만신창이가 되고 초토화되어서, "살 소망까지 끊어졌다."[281] 이러한 것들은 극심한 눌림이나 완전한 절망을 보여주는 고전적인 징후였다. 지금 여기에서 그는 깊은 구덩이를 들여다보았는데, 자기가 거기에 빠지지 않은 것을 이상하게 생각하는 사람처럼 글을 쓰고 있다:

[7]그러나 우리가 이 보화를 질그릇들에 가지고 있는 것은 지극히 큰 능력이 우리가 아니라 하나님께 있게 하기 위한 것이다. [8]우리는 온갖 종류의 눌림 아래 있지만, 완전히 부서지지 않는다. 우리는 궁지에 몰려 있지만, 낙심하지 않는다. [9]우리는 박해를 당하지만, 버림을 받지 않는다. 우리는 내동댕이쳐지지만, 망하지는 않는다. [10]우리가 항상 예수의 죽음(deadness)을 몸에 지니고 다니는 것은 예수의 생명이 우리 몸에 나타나게 하기 위한 것이다. [11]우리는 여전히 살아 있지만 항상 예수 때문에 죽음에 넘겨지는 것은 예수의 생명이 우리의 죽을 인간 속에 나타나게 하기 위한 것이다. [12]그런즉, 죽음은 우리 안에서 역사하고, 생명은 너희 안에서 역사한다.[282]

우리는 아무도 우리의 사역을 욕하지 못하게 하기 위하여, 누구의 길에도 걸림돌을 놓지 않고, [4]도리어, 우리 자신을 하나님의 종들로 천거하기 위하여, 많은 참음으로 하고, 고난들과 어려움들과 역경들과 [5]매 맞는 일들과 감옥에 갇히는 일들과 난동들을 겪는 것과 고된 일과 잠 못 자는 밤들과 먹지 못함으로 하며, [6]순전함과 지식과 넓은 마음과

280) 고전 4:9-13.

281) 고후 1:8.

282) 고후 4:7-12. 10절의 '네크로시스'(nekrōsis)는 번역하기가 어렵다; LSJ에서는 드문 의미로서 "죽음"을 제시하면서 그 용례로 현재의 구절을 인용하지만, 나는 바울이 일회적인 사건이 아니라 지속적인 상태를 가리키고 있는 것이라고 생각한다.

> 인자함과 성령과 참된 사랑으로 하고, [7]진리를 말함과 하나님의 능력을 하나님의 신실하신 역사를 위한 병기들로 삼아 왼손과 오른손에 들고서, [8]영광과 치욕을 겪고, 비방과 칭찬을 겪으니, 속이는 자들 같으나 참되고, [9]무명한 것 같으나 지극히 유명하며, 죽어가는 것 같으나, 보라, 살아 있고, 벌을 받는 것 같으나 죽임을 당하지 않으며, [10]근심하는 것 같으나 항상 송축하고, 가난한 것 같으나 많은 사람들을 부요하게 하며, 아무것도 가지지 않은 것 같으나 모든 것을 가지고 있다.[283)]

하지만 11장에 이르면, 그의 어조는 다시 변한다(그 이유가 이 부분이 앞부분과 다른 별개의 서신이기 때문인 것인지, 아니면 그가 7:6-16에서 말했듯이, 그의 심령이 다시 되살아났기 때문인지는, 우리가 굳이 여기에서 따질 필요가 없다). 이제 우리는 고린도 교인들이 그에게 "추천서"(3:12), 오늘날의 용어를 사용하자면, 그가 지금까지 해낸 모든 업적들을 다 기록해서 새롭게 "이력서'(curriculum vitae)를 작성하여 제출하라고 요구한 것이 계기가 되어서, 그가 "약함"과 고난과 치욕, 그리고 궁극적으로 죽음 자체가 메시야적인 유일신론으로 새롭게 정의된 "권속"의 표지들이라는 지극히 중요한 것을 말해주면서, 그들을 가차없이 꾸짖고 있는 것임을 알게 된다. 그는 로마 세계에서 "자랑"으로 여겼던 업적들, 특히 아우구스투스의 공적비(Res Gestae)에 나오는 것과 같은 업적들의 목록을 거꾸로 뒤집어서, 형식은 동일하면서도 내용은 정반대인 "명예로운 경력"(cursus honorum)을 제시한다:

> [23]그들이 메시야의 종들이냐? 내가 정신 나간 사람처럼 말하자면, 나는 더 나은 종이다. 나는 더 고되게 일해 왔고, 더 자주 감옥에 갇혔으며, 헤아릴 수 없을 만큼 매를 맞았고, 자주 죽을 뻔하였다. [24]나는 사십 대에서 한 대를 감한 유대식의 태장을 다섯 번 맞았다.
> [25]나는 매질을 세 번 당했고, 한 번은 돌로 맞았다. 나는 세 번 난파를 당했고, 하루 밤낮을 바다에서 표류하였다. [26]나는 끊임없이 여행을 다니면서, 강으로부터의 위험들과 강도로부터의 위험들과 동족으로부터의 위험들과 이방인들로부터의 위험들과 성읍에서의 위험들과 시골에서의 위험들과 바다에서의 위험들과 거짓 신자들로부터의 위험들을 겪었다. [27]나는 고생하고 애쓰며 내 자신을 혹사해 왔고, 굶주림과 목마름을 경험하였으며, 하루 종일 아무것도 먹지 못한 적도 자주 있었고, 추위와 헐벗음을 겪어 왔다.
> [28]이 모든 것을 고사하고라도, 모든 교회를 염려하느라고 내게는 날마다 눌림이 있다. [29]
> 누가 약하면, 내가 약하지 않던가? 누가 실족하면, 내가 애타지 않던가?
> [30]내가 자랑해야 한다면, 나의 약함을 자랑할 것이다. [31]주 예수의 아버지, 영원히 찬송 받으실 하나님이 내가 거짓말을 하고 있는 것이 아님을 아신다. [32]다메섹에서 그 지방의 통

283) 고후 6:3-10.

> 치자인 아레다 왕이 나를 잡으려고 다메섹 성을 지켰으나, [33]나는 광주리를 타고 창문을 통해 성벽을 내려와서 그의 손아귀에서 벗어났다.[284)]

그런 후에, 바울은 다시 한 번 마지막으로 이렇게 말한다:

> [7]내가 너무 높아지지 않게 하기 위하여, 내 육체에 가시, 곧 사탄이 보낸 사자를 주어서, 계속해서 나를 찌르게 하셨다. 나는 이것이 내게서 제거되게 해주시라고 이것을 놓고서 세 번 주께 기도하였는데, [9]주께서 내게 말씀하신 것은 이것이다: "내 은혜가 네게 충분하다. 내 능력은 약함 속에서 온전하게 된다." 그러므로 나는 메시야의 능력이 내게 임하게 하기 위하여, 나의 약한 것들을 자랑하기를 더욱더 기뻐할 것이다. [10]따라서 나는 내가 약하여 메시야를 위하여 어려움들을 겪으며 모욕을 받으며 박해를 받고 재난들에 직면하는 때를 기뻐한다. 내가 약할 때, 나는 강하다.[285)]

이 모든 것은 고린도 교인들은 자신들이 언변과 수사의 달인이라고 기고만장하였지만, 사실 진짜 달인은 바울이었다는 것과 바울은 훌륭한 철학자처럼, "수사? 그런 것이 무슨 필요가 있나? 나는 브루투스(Brutus) 같은 웅변가가 아니다"라고 말하면서, 반대자들이 써먹고 있는 수사를 슬쩍 가져와서는 활용하고 있다는 것을 보여준다. 이렇게 그가 이중적인 효과를 지닌 수사를 사용해서 보여 주고자 한 것은 고린도 교인들은 자기가 훌륭하고 품위 있고 고상하며 영웅적인 인물이기를 바라고 있지만, 이 세계관의 상징적 실천이라는 관점에서 볼 때, 그러한 기대는 완전히 잘못된 것이라는 것이다. 마가복음 10:25-45에 나오는 권세와 권위에 대한 재정의와 정확히 맥을 같이 해서, 바울은 사도의 삶은 사람들에게 단지 메시야가 죽었다가 다시 살아난 것을 전하는 데 있는 것이 아니라, 실제로 자신의 삶 속에서 죽었다가 다시 살아나기를 반복하는 삶을 스스로 살아가는 데 있다고 믿는다.

우리는 바울이 그런 삶을 경험하지도 않고 처음부터 그러한 결론에 도달해 있었을까 하는 의심을 가질 수 있다. 그러나 그는 자기가 그리스도인들을 박해하였던 악명 높은 박해자였었기 때문에, 이 십자가에 못 박힌 메시야를 추종하는 사람들은 고난을 받게 될 것임을 알았을 것이고, 다메섹 도상에서 자신의 눈에 덮여 있던

284) 고후 11:23-33. 성벽을 넘어 피신하는 것이 지니는 특별한 의미에 대해서는 Furnish, 1984, 542를 보라. 다른 곳에서와 마찬가지로 여기에서도 Edwin Judge의 통찰들이 아주 큰 도움이 되었다(Judge, 1968); "자랑하는 것"과 영광의 추구가 로마의 문화였다는 것에 대해서는 특히 Harrison, 2011, 205-32를 보라.

285) 고후 12:7b-10.

비늘들이 벗겨진 순간부터는, 자기가 지금까지 가했던 바로 그 고난을 자기가 겪게 되리라는 것을 알았을 것임에 틀림없다. 그리고 그는 실제로 그런 고난을 겪었다.

바울의 이 강력한 주제를 역사적이고 문화적이거나 신학적인 배경들 속에 위치시키고자 할 때, 우리는 바울이 방금 고린도 교인들에게 행하였던 것은 그를 스토아학파에 속한 철학자나, 고대의 그 어떤 철학자 같은 유형의 인물로 만들고자 하는 모든 시도에 대한 사형선고임을 발견한다. (자신에게 주어진 독주를 기꺼이 마셨던 소크라테스조차도 바울이 했던 것과 같은 식으로 그 독주에 대하여 말하거나 해석하지 않았다. 바울은 우정과 상실이라는 강력한 감정들을 잘 알고 있었지만, 소크라테스가 했던 그런 방식으로 자신의 친구들에게 슬퍼하지 말라고 말하지 않았을 것이다.[286]) 여러 저술가들이 지적해 왔듯이, 대중 철학자들은 온갖 괴로운 것들을 제거하거나, 그 괴로움 자체가 실제가 아니기 때문에 자신의 진정한 자아에 영향을 미칠 수 없다고 설명함으로써, 일종의 자기만족을 얻는 것을 목표로 삼았지만, 바울에게는 그런 것이 전혀 없었다. 고난은 실제로 고난이었고, 그 자체로 중요한 것이었다.[287]

고난에 대한 바울의 이러한 태도를 설명해 줄 수 있는 곳을 우리가 찾는다면, 이번에도 그 곳은 바벨론 시대 이래로 수 세기에 걸친 이해할 수 없는 박해로 말미암아 첨예하게 부각된 유대 전승이다. 싸움이 지속되고 있는 상황 속에서, 하나님과 토라에 대한 충성은 적어도 어떤 사람들에게는, 그리고 적어도 어느 정도의 시간 동안은 "고난"을 의미하는 것이었다. 악한 세력이 이스라엘의 외부에서는 이교도들을 통해서, 그리고 내부에서는 변절자들을 통해서 역사하고 있었기 때문에, 하나님과 토라에 대한 충성은 그런 자들 틈바구니 속에 끼어 있는 것을 의미할 수밖에 없었다. 따라서 마카베오 가문의 순교자들을 비롯한 수많은 사람들이 겪은 끔찍한 고난들은 악한 세계 가운데서 하나님의 백성으로 부르심을 받은 사람들이 사는 삶의 상징들로 보아졌는데, 그것은 그들이 하나의 긴 이야기 내에 담겨 있는 일련의 이야기들, 즉 하나님의 백성이 노예생활과 고문, 굴종과 비천함을 비롯한 수많은 고난들을 겪지만 결국에는 신원을 받게 될 것임을 말해 주는 이야기들 속에서 살아가는 사람들이었기 때문이다. 우리가 다른 곳에서 이미 보았듯이, 몇몇 유대 저술가들은 아주 일찍부터, 그리고 주후 1세기로 다가갈수록 더욱더, 악이 점점

286) 빌 2:19-30; 소크라테스에 대해서는 위의 제3장을 참조하라.

287) Käsemann, 1980, 250; Malherbe, 1989b, 73을 보라.

더 기승을 부리고, 하나님의 백성에 대한 적대감이 더 커져서, 하나님의 백성이 마치 아기가 태어날 때의 산고를 겪는 것처럼, 그들이 겪는 고난이 절정에 달하게 될 것이라는 관점에서, 이 이야기를 들려주었고, 어떤 이들은 하나님의 백성이 겪는 고난이 점점 더 심해져서 결국에는 절정에 달하게 될 이러한 일련의 사건들에 "메시야와 관련된 재앙들"(the messianic woes)이라는 명칭을 붙이기도 하였다. 이 총서의 이전 책에서 나는 앨버트 슈바이처(Albert Schweitzer)의 견해를 따라서, 예수 자신도 이 전승을 자신의 소명 이해의 일부로 삼아서, 자기가 하나님의 나라를 선포하는 가운데 기이하게도 암울한 역할을 감당하여야 한다는 것을 알고 있었다는 것을 논증하였었다.[288] 우리가 지금 여기에서 알아두어야 할 것은 바울도 한편으로는 자신이 겪는 고난, 다른 한편으로는 예수를 따르는 모든 사람들이 겪는 고난(이 둘은 물론 서로 연결되어 있지만, 동일한 것은 아니다)이 둘 다 동일한 모체에서 생겨나는 것임을 이해하고 있었던 것으로 보인다는 것이다. 우리가 고난을 "실천"이라 부르든, 아니면 "파토스"(pathos, "공통의 정서" 정도로 번역될 수 있다 — 역주) 등과 같이 다른 어떤 용어로 부르든, 고난은 세계관을 보여주는 주된 상징이었다.

바울은 심지어 자신의 고난에 대하여, 자기가 짐의 무거운 쪽을 지고 있기 때문에 어린 교회들이 가벼운 쪽만을 질 수 있게 되었다는 식으로 말할 수 있었다. 위에서 인용한 고린도후서 4:12도 이것에 대한 암시 그 이상을 보여주고 있기는 하지만, 이것을 특히 강력하게 부각시켜서 보여주고 있는 것은 골로새서에 나오는 고도로 압축되어 있지만 놀라운 문장이다:

> 이제 나는 내가 겪는 고난들을 기뻐하고 즐거워하고 있으니, 나의 고난들은 너희의 유익을 위한 것이기 때문이다. 나는 메시야의 남은 환난들을 그의 몸인 교회를 위하여 내 육체에 착실히 채워 가고 있다.[289]

여기서 "메시야의 환난들"은 아마도 방금 전에 본 "메시야와 관련된 재앙들"이라는 개념과 동일한 것으로서, 두려운 일이 지나기 위해 겪어야 할 일정한 분량의 고난을 의미하는 것으로 보인다. 일부 염려가 많은 해석자들이 종종 염려하는 것과는 달리, 바울은 여기서 자기가 메시야의 죽음이 가져다준 속죄의 효과에 일정

288) *JVG*, ch. 12.
289) 골 1:24.

정도 기여하고 있다는 생각을 전혀 하지 않고 있다는 것은 분명하다. 그는 그런 것은 아예 염두에 두지도 않았고, 단지 마치 부모가 드넓은 세계 속으로 첫 발을 내딛는 자녀를 걱정스러운 눈으로 바라보듯이, 자신의 어린 '에클레시아'가 큰 위험 가운데 있는 것을 걱정스럽게 바라보면서, 원수가 불화살을 그들에게가 아니라 자기에게 쏜다면 자신의 마음이 얼마나 기쁠까 하고 생각하고 있고, 실제로 그 불화살을 자기가 맞고 있는 것일 뿐이다.

이것은 문자 그대로의 사실을 말하고 있는 것일 수 있다. 왜냐하면, 관원들은 바울을 감옥에 계속해서 가두어두고서, 그의 목숨을 담보로 잡고 있는 데 몰두하고 있는 동안은, 그를 따르는 작은 무리에 대해서는 별 신경을 쓰지 않았을 것이기 때문이다.[290] 바울이 감옥에서 고초를 겪고 있는 한, 어린 '에클레시아'는 고초를 겪을 필요가 없었다. 그리고 바울의 이러한 고난은 메시야의 고난의 일부이다. 물론, 그렇다고 해서, 예수가 친히 계속해서 고난을 겪고 있다는 의미는 결코 아니다. 메시야는 이미 죽은 자 가운데서 다시 살아났기 때문에 다시는 결코 죽지 않을 것이고, 죽음이 그를 지배할 수 없기 때문이다.[291] 그러나 다른 경우에서도 너무나 자주 그러하듯이, 여기에서도 우리는 "자기 백성을 자신 안에 다 집약해 계시는 분," 자기 백성에게 정체성을 부여해 주는 분으로서의 "메시야"를 발견하게 된다. 또한, 고린도후서 4장에서처럼, 여기에서도 우리는 고난에 의해서 구별되는 공동체야말로 십자가에 못 박힌 메시야에게 속한 공동체라는 점에서, 바울에게 있어서 고난은 주요한 세계관 표지였다는 것을 발견하게 된다. 그들의 고난은 곧 메시야의 고난이다. 이 공동체는 자신들이 겪는 고난을 통해서 자신들이 메시야에게 속한 공동체라는 것을 알게 된다. 그 과정에서 사도가 자신의 몫보다 더 큰 고난을 겪도록 부르심을 받는다면, 사도는 그 고난을 자신의 특별하고 존귀한 소명의 일부로 해석하는 것은 당연하다. 따라서 그는 자신들의 신분과 지체로서의 지위를 보여주는 유형적인 표지들을 열망하던 갈라디아 교인들에게 지독한 반어법을 사용해서, "내가 내 몸에 주 예수의 흔적들(stigmata – '스티그마타')을 지니고 있다"고 말하는데, 그가 여기에서 할례에 대하여 말하고 있지 않다는 것은 두말할 필요가 없다.[292]

우리가 고난을 이렇게 이해했을 때, 고난을 세계관의 핵심적인 실천의 일부로 전제하는 나머지 구절들을 제대로 이해할 수 있게 된다. 우리가 메시야와 함께 고

290) 또는, 적어도 간접적으로 그를 통해서 회심한 사람들: 골로새 지역을 복음화하였던 에바브라는 바울이 회심시킨 사람들 중의 한 사람이었다.

291) 롬 6:9.

292) 갈 6:17.

난을 받고 있어서 장차 그와 함께 영광을 받을 수 있게 되리라는 것을 알고 있을 때, 즉 우리가 몸의 구속을 기다리며 신음하면서, 한편으로는 우리가 모든 피조물들의 신음을 반영하고 있는 것이라는 것, 다른 한편으로는 하나님의 성령이 이 세계의 고통의 심장부에서 신음하고 있는 바로 그 곳에서 우리도 신음하고 있다는 것을 알고 있을 때, 우리는 메시야의 유업에 참여하고 있는 것이다.[293] 바울이 빌립보 교인들에게 서신을 쓸 때에 그때까지 그에게 일어났던 일들은 복음을 위한 것이었다: 그는 고난을 겪고 있지만, 복음은 진보하고 있다.[294] 이것은 고난에 직면해 있던 빌립보 교인들에게 힘이 되는 것이었다.[295] 또한, 이미 고난을 겪고 있던 데살로니가 교인들에게 그가 짧은 시간에 가르친 것은 그 고난은 이상한 일이 아니라, 메시야를 따를 때에 필연적으로 겪을 수밖에 없는 일이라는 것이었다.[296]

정말 묘한 것은 바울은 그 어느 때보다도 이런 종류의 말을 하고 있을 때, 예레미야와 다니엘과 그의 친구들을 비롯해서 그 이후의 여러 세대들에 걸친 수많은 순교자들이 서 있었던 그 오랜 전통 속에 확고하게 서 있는 가장 철두철미하게 유대적인 인물이었다는 것이다. 심지어 지혜 전통조차도 이 동일한 주제에 대하여 말하고 있다.[297] 하지만 박해는 주로 "열심"을 지닌 유대인들로부터 왔고, 당연히 이교도들로부터도 왔다. 나는 사도행전에 나오는 묘사가 실제로 벌어진 일과 많은 차이가 있다고 생각할 이유가 전혀 없다고 보는데, 지금 이 장에서 그 이유를 설명하고 있다: 어떤 사람이 이곳저곳을 두루 다니면서, 당시 사람들이 기대하던 상징들은 그 어느 하나 아무런 역할을 하지 못하고 일련의 새로운 상징들이 그 자리를 대신 차지하고 있는 공동체들을 세우는 일을 하고 있다면, 그 사람은 국가가 울려 퍼지는데도 일어서서 경의를 표하기를 거부하고, 그 대신에 다른 시간에 다른 곡조를 부르며 그 노래 앞에서 일어나 경의를 표하라고 끈질기게 설득하는 자와 같다. 그 사람이 그렇게 하는 데에는 그렇게 해야만 하는 절실한 이유가 있을 것이다. 따라서 바울은 이것이 여러분에게 신학이 필요한 이유이지만, 신학은 친구들을 얻고 사람들에게 영향력을 행사하는 최선의 길은 아니라고 말하였을 것이다.

여러분의 삶의 방식에 사람들을 끄는 그 무엇이 존재하지 않는다면, 신학이 사

293) 롬 8:17-27.
294) 빌 1:12-14, 17-18.
295) 1:27-30; 예컨대, Oakes, 2001, ch. 3을 보라.
296) 살전 2:14; 3:1-5.
297) Wis. 1-5.

람들 사이에서 영향력을 얻는 최선의 방법이 될 수 없다는 것은 두말할 필요가 없다. 어떤 사람들은 세계관 실천의 문제로서 교회의 선교를 고찰하는 것으로 이 절을 끝맺고자 할 것이다. 이것에 대해서는 논쟁이 계속되고 있다. 어떤 사람들, 특히 주류 개신교 전통들 내에 있는 사람들은 바울만이 아니라 그의 교회들도 예수에 대하여, 그가 세계의 주라는 것에 대하여, 한 분 참되신 하나님이 이 세계와 개개인을 그 곤경으로부터 구하는 수단으로 사용한 예수의 죽음과 부활에 대하여 나가서 전하는 것을 자신들의 세계관의 중심적인 부분으로 보았다고 역설해 왔다. 바울의 회심자들 중 다수가 그랬을 것임은 의심의 여지가 없다. 그는 자신의 회심자들의 믿음에 관한 소문이 한 지방 전체, 또는 어떤 경우에는 전 세계에 두루 퍼졌다는 말을 종종 한다.[298] 그러나 흥미로운 것은 그가 '에클레시아'의 지체들이 나가서 복음을 전하였다고 명시적으로 말하고 있는 경우는 오직 한 번뿐이라는 것이다: "주의 말씀이 너희에게서 퍼져 나갔다."[299] 다른 곳들에서는 그는 '에클레시아'의 기존의 지체들을 세우는 일, 즉 그들의 믿음과 충성과 사랑과 소망 등을 더 온전하게 하는 일에 최선을 다하는 것으로 보인다. 빌립보서 2:16의 의미에 대해서는 논란이 있다: 여기에서 바울은 '에클레시아'가 생명의 말씀을 좀 더 넓은 세계에 선포하여야 한다고 말하고 있는 것인가, 아니면 생명의 말씀을 "굳게" 붙잡고 놓지 않아야 한다고 말하고 있는 것인가? 그가 사용한 '에페코'(epechō)라는 단어는 "누구에게 제시하다"를 의미할 수도 있고, "붙잡아 두다"를 의미할 수도 있기 때문에, 이 문제를 해결하는 데 별 도움이 되지 않는다.[300] 믿지 않는 자들에게 메시야 예수에 관한 복음을 전한다는 의미에서의 적극적인 "선교" 사역의 증거를 바울의 서신들 속에서 찾아 보면, 우리는 그런 선교 사역을 하는 사람은 거의 언제나 바울 자신(그리고 그의 핵심적인 동역자들 - 이것이 동역자가 의미하는 것의 일부인 것 같다)인 것을 발견한다. 선교 사역이 바울의 특별한 소명이었다는 것은 틀

298) 데살로니가 교인들의 믿음은 북부 헬라 지역 전체에 알려졌다면(살전 1:8-10), 로마 교인들의 믿음은 "온 세계에" 알려졌다(롬 1:8).

299) cp. 살후 3:1.

300) Ware, 2011 [2005], ch. 6은 바울은 실제로 그의 교회들이 "선교"에 동참하기를 기대하였다는 자신의 논증의 일부로서, "제시하다"라는 의미를 강력하게 지지하지만, 바울의 서신들의 다른 곳에서 그러한 용례를 보여주는 다른 분명한 전거들이 전혀 없다는 것은 이상하기 때문에, 몇몇 주석자들은 그러한 해석을 꺼린다(예컨대, Bockmuehl, 1998, 159; Reumann, 2008, 413). Barram, 2011은 그가 "구원의 의도성"(salvific intentionality, 236f.)이라 부르는 것에 대한 암시들을 탐지해낼 수 있다고 주장한다 — 예를 들면, 믿는 배우자가 믿지 않는 배우자를 "구원하게" 될 것인지의 여부에 관한 문제(고전 7:16); 그러나 그렇다고 할지라도, 이것은 그의 서신들에서 두드러진 주제라고 보기는 힘들다.

림없지만, 다른 신자들도 선교 사역에 참여를 하였던 것인지는 분명한 결론을 이끌어내기가 이상스러울 만치 어렵다. 어쨌든 아마도 바울은 자신의 회중들이 자기가 가르친 대로 살기를 원했던 것 같고, 그렇게만 된다면, 그들의 삶이 그들 주변의 더 큰 세계들에 영향을 미쳐서 – 그의 두 개의 서신들에서 언급한 것과 같이 – "선교"가 실질적으로 이루어질 것임을 확신하였던 것으로 보인다.

이 문제는 증거가 별로 없어서 확실한 결론을 내리기가 불가능하기 때문에, 이 문제를 제대로 접근할 수 있는 좀 더 분명한 시각들을 얻게 될 때까지는 실질적인 논의를 당분간 보류해 두어야 한다. 그러나 결론을 대신해서 한 마디 해 두자면, 우리가 세계관의 중심적인 상징을 다룰 때에 살펴보았듯이, 바울이 '에클레시아'를 설명하는 방식들 중의 하나가 성전으로서의 '에클레시아' 인데, 이것은 판이하게 다른 유형의 "선교"를 보여주는 것일 수 있다는 것이다. 그는 개별 교회들, 즉 북동부 지중해 세계의 여기저기에 점처럼 위치해서 함께 예배와 사랑의 공동체를 형성하고 있던 세례 받은 신자들의 작은 무리들이 각각 창조주 하나님, 곧 예루살렘 성전에 거하였던 하나님이 지금 거하고 있는 살아 있는 성전이라고 믿었던 것으로 보인다. 달리 말하면, 개별 교회들은 온 세계가 하나님의 영광으로 충만하게 될 그 때를 미리 보여주는 증표들이었다는 것이다. 골로새나 빌립보 등지에 켜져 있던 각각의 등불은 하나님의 임재의 빛이 퍼져나가는 원점이었고, 온 세계가 그 빛으로 충만하게 될 때가 동터 왔음을 보여주는 증표였다. 이것이 그가 골로새서 1:27에서 말한 "너희 안에 계신 메시야 곧 영광의 소망"의 의미의 일부라고 나는 생각한다.[301] 골로새에 있는 자신의 성전에 살고 있는 내주하시는 메시야는 "영광의 소망," 즉 야웨가 영광 중에 자신의 성전으로 돌아와서, 그를 아는 지식과 그의 영광, 그의 정의와 평화의 기쁨으로 온 땅을 충만하게 할 것이라는 소망이 실현되기 시작하였음을 보여주는 증표였다. 바울은 각각의 '에클레시아' 를 그러한 장래의 현실을 가리키는 증표로 보았다. 그런 의미에서 우리는 "선교"가 바울이 자신의 공동체들을 정의하는 속성이라고 여겼던 상징적 실체의 일부(또 다른 일부는 연합과 성결이었다)였다고 말할 수 있다.[302] "선교"라는 단어는 오늘날 서로 다른 여러 가지 의미로 사용되기 때문에, 우리는 반드시 바울이 선교를 어떤 식으로 이해했는지를 제대로 알지 않으면 안 되는데, 이것은 우리가 제16장에서 해야 할 일

301) *Perspectives*, ch. 23을 보라.

302) 마찬가지로, Gorman, 2001, ch. 13을 보라. 하지만 Gorman은 곧 출간될 *Becoming the Gospel*(Gorman 2014)에서는 이것보다 더 나아간다.

중의 하나가 될 것이다.

5) 갱신된 인류의 실천

이 시기의 많은 유대 사상가들과 마찬가지로, 바울은 자기가 아주 잘 알고 있던 성경의 장대한 서사와 그 수많은 세부적인 내용들 속에서, 한 분 유일하신 하나님의 백성으로서의 이스라엘의 소명이 지닌 한 가지 특별한 초점을 분별해 내었는데, 그것은 그들이 이런저런 의미에서 갱신된 인류, 참된 인간들, 즉 창조주 하나님이 이 기이한 피조물을 자신의 형상을 따라 처음으로 지었을 때부터 내내 염두에 두고 있었던 것을 구현할 백성이 되도록 부르심을 받았다는 것이었다.[303] 바울은 이러한 목적이 메시야와 그의 백성을 통해서 이루어졌다고 믿었기 때문에, 갱신된 인간의 삶을 보여주는 증표들을 자신의 세계관 내에서의 상징적 실천의 핵심적인 요소들에 속하는 것으로 여겼다. 이러한 증표들은 단지 서구 사상에서 흔히 "신학"에 비하여 열등하고 우선순위에서 밀린다고 여겨진 "윤리"도 아니었고, 오직 믿음으로만 의롭다 함을 받을 수 있다는 "이신칭의" 교리를 토대로 의심의 눈초리를 받아 온 "선행들"도 아니었으며, 도리어 바울이 메시야의 백성을 정의한다고 믿은 세계관의 일부였다.[304]

바울의 다른 몇몇 핵심적인 전문용어들(예컨대, "하나님의 아들")과는 달리, "형상"이라는 단어는 그의 서신들에서 실제로 자주 등장하지는 않지만, 상당한 무게감을 지닌다. 그 중에서 특히 이 단어가 나오는 한 구절이 우리의 눈길을 끄는데, 우리는 오직 그 구절만으로도, 바울이 실제로 메시야의 백성이 지금이든 결국에든 창조주가 내내 계획하였던 참된 인류가 되도록 부르심을 받았다고 생각하였다는 결론을 도출해낼 수 있다:

> [42]죽은 자의 부활도 마찬가지이다. 그것은 썩을 것으로 심고 썩지 않을 것으로 다시 살아나는 것이며, [43]욕된 것으로 심고 영광스러운 것으로 다시 살아나는 것이며, 약한 것으로 심고 강한 것으로 다시 살아나는 것이며, [44]통상적인 본성의 화신으로 심고 영의 화신으로 다시 살아나는 것이다. 통상적인 본성이 몸을 입듯이, 영도 몸을 입는다. [45]이것이 성경에서 "첫 사람 아담이 살아 있는 본성적인 존재가 되었다" 고 말한 것이 의미하는 것이다. 마지막 아담은 생명을 주는 영이 되었다.

303) *NTPG*, 262-8에 나오는 이 점에 대한 이전의 설명을 보라; 또한, 특히 아래 제10장을 보라.
304) 바울의 종말론적 윤리에 대해서는 아래 제11장을 보라.

> [46]그러나 너희는 처음에 영으로 움직이는 몸을 입는 것이 아니라, 본성으로 움직이는 몸을 입고, 나중에 영으로 움직이는 몸을 입는다. [47]첫 사람은 땅으로부터 나고 흙으로 지음을 받지만, 둘째 사람은 하늘로부터 난다. [48]흙에 속한 사람들은 저 흙의 사람과 같고, 하늘에 속한 사람들은 하늘로부터 난 사람과 같다. [49]우리는 흙으로 지음 받은 사람의 형상을 입었으니, 또한 하늘로부터 난 사람의 형상을 입게 될 것이다.[305)]

내가 이 본문 전체를 인용한 것은 우리의 현재의 목적을 위한 핵심 구절인 49절은 이렇게 차근차근 쌓아 온 논증 전체의 정점이자 최종 목적지이기 때문이다. 바울은 자신의 두 번째로 위대한 서신(그리고 그의 두 번째로 긴 서신)에 나오는 이 가장 위대한 장의 주된 취지를 이 구절로 끝낸다. 이것은 마치 그가 "형상"이라는 단어를 마지막에 이르기까지 내내 보류해 둔 것 같은 인상을 준다. 실제로, 이 장 전체를 면밀하게 살펴보면, 창세기 1장부터 3장까지가 그의 생각 속에 내내 있었고, 그가 말하고자 한 전체적인 요지의 일부는 창세기 1:26-28에 묘사된 것, 즉 하나님의 형상을 지니고 태어난 인간에게 원래 주어져 있던 소명의 회복이었다는 것이 드러나고, 결국 마지막 부분에 와서는, 그는 마치 지금까지의 논증으로 이미 확인이 다 된 결론처럼, 처음 부분인 21-22절에 나오는 아담과 메시야의 대비("사망이 한 사람으로 말미암아 도래한 것 같이, 죽은 자 가운데서의 부활도 한 사람으로 말미암아 도래하였으니, 아담 안에서 모든 사람이 죽은 것 같이, 메시야 안에서 모든 사람이 살리심을 받게 되리라")로 되돌아가서, 그 처음 부분과 더불어서 세심하게 계획된 "순환구조"를 만들어낸다.[306)]

우리의 목적을 위해 중요한 것은 온 인류는 아담의 "형상"을 지니고 있다는 것이다. 따라서 창세기 5:3에서는 1:28을 의도적으로 반영해서, 아담이 "자기의 형상을 따라 자기의 모양을 한" 셋의 아버지가 되었다고 말하지만, 이것은 독자들에게 아담이 자신의 "모양과 형상"을 대물림 해주고 있다는 사실을 각인시킨다.[307)] 우리

305) 고전 15:42-9; *RSG*, 347-56. 이하의 논의는 *RSG*, 312- 61 전체에 의거한 것이다.

306) 고린도전서 15장은 ABCB1A1이라는 의도적인 교차대구법적 구조라는 관점에서 분석할 것을 요구한다. 나는 *RSG*에서 A=1-11절; B=12-28절(이것은 다시 12-19절과 20-28절로 세분된다); C=29-34절; B1=35-49절(이것은 다시 35- 41절과 42-49로 세분된다); A1=50-58절이라는 분석을 제시한 바 있다. 이런 식으로 분석하는 경우에는 "아담/메시야"라는 대비는 B(15:20-22)의 두 번째 하위단락의 처음과 B1(15:47-49)의 두 번째 하위단락의 끝에 놓이게 된다. 또한, 우리는 1-19절을 길게 이어진 A로 보고, B가 20절에서 시작하는 것으로 볼 수도 있는데, 이렇게 하는 경우에는 아담/메시야라는 대비는 첫 번째 B단락의 처음과 두 번째 B단락의 끝에 놓이게 된다. 우리가 바울이 논증하고자 하는 주된 핵심은 아주 의도적으로 이 두 언급 사이에 끼워져 있어서, 이 두 언급이 15장 전체를 떠받치고 있는 틀이라는 것을 강조하고 부각시키고 있다는 것만을 유의한다면, 둘 중의 어느 분석을 택하든 큰 차이는 없게 된다.

는 지금까지 아담의 형상을 지닌 사람들이었지만, 이제 고린도후서 4:4에서 말하고 있는 것처럼, 눈에 보이지 않는 하나님을 자기 자신 속에 그대로 반영하고 있는 메시야의 형상을 지닌 사람들이 되어야 한다.[308] 이것은 여기서 부활의 몸의 최종적인 상태를 가리키는 것이 분명하지만, 고린도전서 전체의 요지 중의 일부는 메시야를 따르는 자들은 장차 자신들의 모습으로 밝혀질 바로 그런 모습으로 이 현세에서도 살아야 한다고 역설하는 것이다. 예컨대, 그것은 13장에 나오는 개시된 종말론이 작동하는 방식이다: 믿음과 소망, 특히 사랑은 하나님의 미래까지 지속될 것이기 때문에, 우리는 지금 여기에서 그런 것들 위에서 행하여야 한다. 또한, 그것은 6장에 나오는 명료하고 날카로운 윤리가 작동하는 방식이기도 하다: 하나님은 주를 다시 살리셨고, 그의 능력으로 우리를 다시 살리실 것이기 때문에, 우리는 현세에서 우리의 몸으로 하나님에게 영광을 돌려야 한다.[309] 바울이 제시한 이러한 원리는 단지 신학적으로 부차적인 일상생활의 지침을 신자들에게 제시하기 위하여 몇 가지 규범들을 도출해 낸다는 의미에서의 "윤리"를 말하고 있는 것이 아니라, 세계관 전체의 표현으로서의 실천에 대하여 말하고 있는 것이다.

우리는 한층 더 세심하게 구성되어 있는 로마서 5-8장의 긴 논증 속에서도 동일한 것을 볼 수 있다. 여기서도 또다시 바울은 5장에서 고도로 압축된 서두의 진술들을 통해서 주제를 제시한 후에, 8장 끝부분에서 최종적인 승리를 선언하는 진술들을 제시하는 방식으로, 처음과 끝이 서로 만나는 긴 원을 천천히 그려간다. 우리의 현재의 목적을 위해서 필요한 모든 것은 이러한 진술들이 만드는 연결고리들과 신학적인 울림들을 주목하는 것이다. 바울은 자신의 논증이 지금 어느 지점까지 도달하였는지를 확인해 주는 5:2의 진술을 "우리는 하나님의 영광의 소망을 즐거워한다"는 말로 끝맺음으로써, 인류가 죄로 말미암아 이 "영광"을 상실하였다고 말한 3:23을 독자들에게 상기시킨다. 바울이 3:23에서 아담을 언급하고 있다는 것은 오늘날 주석자들이 일반적으로 동의하고, 1:18-25 속에는 창세기 3장에 대한 반

307) 창 1:26의 히브리어 본문은 '베찰메누' (betsalmēnu)와 '키데무테누' (cidemuthēnu), LXX 본문은 '카트에이코나 카이 카트 호모이오신' (kat' eikona kai kath' homoiōsin); 5:3의 히브리어 본문은 '비데무토' (bidemuthō)와 '케찰모' (cetsalmō), LXX 본문은(아마도 놀랍게도) '카타 텐 이디안 아우투 카이 카타 텐 에이코나 아우투' (kata tēn idian autou kai kata tēn eikona autou). '첼렘' (tselem, "형상")과 '데무트' (demuth, "모양")의 순서가 이 두 구절에서 서로 바뀐 것에 대해서는 여러 가지 해석이 제시되어 왔지만,(아마도 운 좋게도) 이 문제는 우리의 목적과는 관련이 없다.

308) 아래를 보라; 그리고 cp. 롬 8:29.

309) *RSG*, 278-97에 나오는 이것들을 비롯한 그 밖의 다른 구절들에 대한 좀 더 자세한 설명을 보라.

향들이 있다는 것도 많은 주석자들이 동의한다.[310] 인류가 상실하였던 "영광"이 이제 회복되고 있음을 암묵적으로 말하고 있는 이 모든 구절들은 우리로 하여금 이 서사의 기본적인 설계도(아무리 빨리 개략적으로 그려진 것이라고 할지라도)인 5:12-21에 나오는 주제, 즉 아담과 메시야를 대비시키고 있는 암호처럼 압축되어 있지만 중심적이고 결정적으로 중요한 진술 및 바울이 6:1-8:30에서 그 기본적인 설계도를 토대로 해서 다양하게 전개하고 있는 주제들을 제대로 다룰 수 있도록 준비시켜 준다. 학자들은 바울은 8장 끝부분에서 자신이 5장의 처음 부분에서 말하였던 주제들로 되돌아오고 있다는 지적을 자주 하는데, 그 주제들 중에서 우리가 특히 주목해야 할 것은 "형상"이라는 주제이다:

> 하나님은 자기가 미리 아신 자들을 자기 아들의 형상의 본을 따르도록 미리 예정하셨는데, 이것은 그 아들이 큰 권속의 장자가 되시게 하기 위한 것이었다. 또한, 하나님은 자기가 미리 예정하신 자들을 부르셨고, 부르신 자들을 의롭다고 하셨으며, 의롭다고 하신 자들을 영화롭게 하셨다.[311]

"형상의 본을 따르도록"은 바울이 사용한 '쉼모르푸스 테스 에이코노스'(symmorphous tēs eikonos)라는 어구를 번역한 것이다. 신자들은 메시야의 '에이콘'(eikōn)의 '모르페'(morphē), 즉 그의 "형상"의 "본" 또는 "모양"을 공유하게 되리라는 것인데, 이것은 고린도전서 15:49("하늘에 속한 사람의 형상을 입으리라")을 좀 더 자세하게 풀어 설명한 것이다. 바울에게 있어서 메시야 예수는 하나님의 참된 '에이콘'이다. 바울은 우리가 직접적으로 그러한 '에이콘'이 될 것이라고 말하는 것이 아니라, 그의 '에이콘'을 지닌 자들로 변화될 것이라고 말한다. 그러나 우리가 '에이콘'이 되는 것이 아니라 '에이콘'을 지닌 자가 된다고 해서, 5:2("우리는 하나님의 영광의 소망을 즐거워한다")을 재확인하고자 한 8:29(원문에는 8:30로 되어 있음 — 역주)의 취지가 약화되는 것은 아니다. 바울에게 있어서 이것은 마침내 인간의 참된 실존이 이루어지는 것을 의미하고, 인간의 참된 실존은 아담으로 인해서 상실하게 되었지만(3:23) 이제 메시야의 순종으로 말미암아 회복된 피조세계에 대한 저 지혜로운 청지기직의 재개를 의미한다.[312] 이것은 바울이 로마

310) 이것에 대해서는 Byrne, 1996, 130f.를 보라. 그는 *Apoc. Mos.* 20.1; 21.6; *3 Apoc. Bar.* 4.16을 인용한다; 마찬가지로, Witherington, 2004, 102.

311) 롬 8:29f.

312) 특히 5:17과 8:19-21. 시편 8:3-8이 이 주제 전체의 배후에 있다.

서 6장에서 다시 살리심을 받은 백성으로서 살라고 호소하고, 로마서 8:12-16에서 성령의 인도하심 아래에서 살라고 호소하는 이유이다. 장차 신자들에게 약속된 참된 인류가 이제 현재적으로 존재할 수 있게 된 것이다.

이렇게 해서, 하나님의 "형상"으로서의 메시야 백성이라는 관념은 미래의 소망이지만, 성령에 의해서 현재적으로 실현될 수 있는 관념이 된다. 로마서 8:29에서 말하는 "아들의 형상을 닮게 되는 것"은 한편으로는 8:17에 나오는 것과 같은 고난을 속성으로 하는 현재의 소명, 다른 한편으로는 8:17을 8:18, 8:21, 8:30과 한데 묶어주는 주제인 "영광"에 관한 약속, 이 두 가지를 요약한다. 우리가 고린도전서와 로마서에서 이미 보았듯이, 바울의 메시지의 전체적인 요지 중의 일부(그리고 바울의 메시지가 복잡한 이유 중의 일부)는 우리에게 장래에 약속된 것에 성령의 임재와 능력과 인격을 통해서 현재적으로 참여하라는 절박한 명령법이다. 또한, 고린도후서에서 이것은 새로워져서 하나님의 형상을 다시 회복하라는 부르심을 포함한다:

> 우리가 다 우리의 얼굴에 그 어떤 수건도 쓰지 않고서 거울을 보는 것 같이 주의 영광을 보기 때문에, 너희가 주의 영으로부터 기대할 수 있듯이, 영광에서 영광으로 그 동일한 형상으로 변화되어 가고 있다.
>
> 우리는 우리 자신을 전하는 것이 아니라, 메시야 예수가 주시라는 것과 우리 자신은 예수로 인하여 너희의 종들이 된 것을 전하는 것이니, 이것은 "어둠으로부터 빛이 비치라"고 말씀하신 하나님이 우리 마음에 비추셔서, 메시야 예수의 얼굴에 있는 하나님의 영광을 아는 빛을 만들어 내셨기 때문이다.[313)]

여기서도 또다시, 메시야 예수는 참된 "형상"이고, 하나님의 영광은 그를 통해서 "우리의 마음에" 반영된다. 그러나 이렇게 마음에서 이루어지는 것은 신자들의 수건을 벗은 얼굴에서 성령이 이루는 것인데, 이것은 바울이 3장 끝에서 특별히 강조하고 있는 것이다. 따라서 육안에는 그렇게 보이지 않을 수 있다. 이것이 바울이 즉시 4:7에서 계속해서 "이 보화를 질그릇들 속에 가지고 있다"고 말하는 이유이다. 그러나 메시야의 백성이 서로에게서 주의 영광을 보는 법을 배우는 것은 복음의 도전의 일부이다.[314)] 그런 후에, 이것은 고린도후서 4-6장에 나오는 자신의 사도직(이것은 고린도 교회에 속한 일부 사람들로부터 심각한 공격을 받고 있었다)에

313) 고후 3:18; 4:5f.

314) 고후 3장, 특히 3:18에 대해서는 cf. *Climax*, ch. 9.

관한 바울의 긴 논증의 토대가 된다: '에클레시아'는 현세에서 "영광"이 어떤 모습으로 나타나는지를 분별하는 법을 배워야 하고, 세계의 지혜나 사탄의 술수를 따라 겉보기에 화려하고 그럴 듯하게 자신을 포장하여 과시하는 것이 아니라, 사도인 자신처럼 메시야를 본받아 고난 중에 오래 참는 것이 바로 "영광"의 모습임을 알아야 한다.

참된 형상으로서의 메시야와 부차적으로 형상을 지닌 자들로서의 메시야 백성을 이런 식으로 교대로 묘사하고 있는 세 번째 예는 골로새에 나온다. 골로새서에 나오는 본문은 비교적 직설적이고, 우리가 방금 살펴본 패턴과 정확히 맞아떨어진다. 3:9-11은 "그는 보이지 아니하는 이이신 하나님의 형상이시다"(1:15)를 이어받아서 이렇게 말한다:

> [9]너희는 서로에게 거짓말을 하지 말라. 너희는 인간의 옛 본성과 그 행동방식들을 벗어 버렸고, [10]창조주의 형상 속에서 새로워지고 있고 너희에게 새로운 지식을 소유하게 해 주고 있는 새 본성을 입었다. [11]이 새로운 인류 속에는 "헬라인과 유대인," 또는 "할례자와 무할례자," "야만인, 스구디아인," "노예와 자유민"의 문제는 존재하지 않는다. 메시야는 모든 것이고, 모든 것 속에 계신다.

이 구절에서 중요한 것은 "행동방식들"이다. 바울은 여기서 또다시 우리가 이 장에서 이미 살펴보아 온 관심사들을 반영해서, 새로운 공동체의 연합을 강조한다. 바울은 여기서 또다시 정확히 1장에 나오는 시에서처럼 그 모든 것의 토대이자 총합으로서의 메시야를 강조한다. 그러나 바울은 여기서 좀 더 구체적으로, 갈라디아서 3:27을 비롯한 여러 구절들에 나오는 세례 본문에서처럼, 새로운 인류, 달리 말하면 메시야 자신을 "옷 입은" 것에 대하여 말한다.[315] 이러한 옷 입음, 즉 "창조주의 형상 속에서 새로워지는" 것은 부활의 때까지 기다려야 하는 그 무엇이 아니다. 신자는 메시야 안에서 이미 "다시 살리심을 받았기"(3:1, 이것은 로마서 6:4과 정확히 일치한다) 때문에, 이제 하나님의 형상을 입은 자로서의 자신의 소명에 따라 행하여야 한다.

메시야로 말미암아 하나님의 형상을 입은 것은 이렇게 우리가 "새로운 인류"라고 부를 수 있는 것에 대한 바울의 비전의 토대가 되는 주제들 중의 하나로 등장한다. 그리고 이것은 바울이 자신의 공동체들의 실천의 중심에 두고자 애쓰는 바로

315) 예를 들면, 3:12; 롬 13:14; 엡 4:24.

그것이다. 이것은 단지 바울이 다른 이유들로 인하여 자신의 공동체들에 부과하고자 하는 몇몇 "규범들"을 교묘하게 치장하여 에둘러 그럴 듯하게 말하는 것이 아니다. 우리는 세계관의 상징체계의 일부이기도 한 이것이 지닌 강력한 신학적 의미를 간과해서는 안 된다. 즉, 이교의 형상들이 더 이상 그 어떤 의미도 지닐 수 없게 된 세계관 속에서, 바울은 이 세계를 한 분 참되신 하나님의 임재를 보여줄 아무런 형상도 없는 상태로 내버려 둔 것이 아니라, 그 정반대였다. 이 세계에는 이미 유일한 참된 형상, 즉 메시야가 주어져 있다. 따라서 메시야 백성의 상징적 실천은 성령으로 말미암아 그 형상을 입은 자들로서 합당하게 행하여야 할 소명, 즉 하나님의 참된 생명에 참여해서, 철저하게 왜곡된 비전, 또는 완전히 거짓인 비전만을 제시해 온 형상들로 가득한 세계 속으로 그 참된 생명을 반영하는 통로가 되어야 할 소명에 근거하고 있다.[316] 요약해서 말하자면, 신이 아닌 것들을 반영하는 형상들로 가득하였던 세계에서, 메시야 백성의 유형적이고 상징적인 세계에 내용을 부여하고 지탱해 주는 갱신된 형상 체계는 갱신된 인간의 행실에서 시작된다는 것이다.[317] 그리고 이것은 우리가 이미 살펴 보았던 "새로운 성전"에 관한 비전과 정확히 맞아떨어진다. 성령의 내주는 메시야의 백성으로 하여금 한 분 유일하신 하나님의 살아 계신 임재를 모시고 여기저기 흩어져서 하나님의 참된 생명을 온 세계에 전하는 일을 담당하는 "성전" 백성이 될 수 있게 해준다.

이것은 바울이 메시야 백성의 상징적 실천을 그들의 실제적인 행실이라는 관점에서 본 – 즉, 의무론이나 목적론이라는 안경을 통해서 본 "윤리"라는 관점이 아니라, 세계관적 실천이라는 관점에서 본 – 주요한 구절들의 배경이 된다. 이러한 행동방식들은 한 분 유일하신 하나님의 한 권속에 속한 공동체들의 "실천 의식," 즉 "사회적 자동항법장치"가 되어야 한다.[318] 클리포드 기어츠(Clifford Geertz)가 한 세대 전에 다소 신랄하게 지적하였듯이, 그가 "세계관"과 "윤리"라고 부른 것들 – 한편으로는 존재론과 우주론, 다른 한편으로는 미학과 윤리, 또는 "사실과 가

316) 이것이 "서로에게 거짓말을 하지 말라"는 명령이 여기에서 "형상으로 새로워진다"는 이 개념에 의해서 떠받쳐지고 있는 이유이다. 메시야 백성은 참 하나님의 참된 형상을 반영하여야 한다; 세계는 말로나 다른 방식들로 거짓말을 유도하는 거짓 형상들을 제공한다. 여기서도 롬 1:25을 참조하라.

317) 여기서도 Rowe, 2005a를 보라.

318) Chester, 2003, 39 등을 보라; 또한, Meeks, 1993, 4는 "오직 부분적으로만 의식적인 일련의" 가치들과 습관들에 대하여 말한다. Horrell, 2005, 40, 96이 Hays는 의무론을 역설한 것이라고 말함으로써 Hays를 옹호하고 Esler, 2003b, 57의 비판을 반박한 것은 옳다. 우리는 일단 어떤 윤리가 "공동을 위한" 것이거나 "덕목"으로 자리 잡게 되었을 때에는, 어떤 행위들이 옳고 어떤 행위들이 틀리다는 것을 필요한 경우에는 언제든지 짤막한 기호로 말할 수 있다는 것을 부정하는 잘못을 저질러서는 안 된다.

치" – 은 사고 속에서는 분리될 수 있을지 몰라도, 현실에서는 결코 분리될 수 없다. 그리고 그는 자기가 "신성한 상징들"이라고 부른 것을 통해서 이 둘을 연결시키고 나서, 계속해서 이렇게 말한다:

> 종합하는 역할을 하는 이러한 상징들의 수는 어느 문화에서나 제한되어 있고, 우리는 이론적으로는 어떤 집단이 그 어떤 형이상학적인 준거로부터도 독립된 전적으로 자율적인 가치 체계, 즉 존재론 없는 윤리를 구축할 수 있다고 생각할 수 있겠지만, 현실에서는 그러한 집단이 발견되지 않는 것으로 보인다. 어떤 수준에서 세계관과 '에토스'(ethos, "윤리")를 종합하는 경향은 논리적으로는 필연적인 것이 아닐지라도, 적어도 경험적으로는 피할 수 없는 일이다. 그러한 종합은 철학적으로 정당화되고, 그렇지 않을 경우에는 적어도 경험적인 차원에서 보편성을 지닌다.[319]

우리는 바울이 자신의 서신의 수신자가 될 사람들에 대하여 말하는 아주 분명하지만 여전히 놀라운 방식들 중의 하나에서 시작할 수 있다. 그는 자신의 공동체들, 심지어 잘못된 길로 가고 있어서 엉망진창이 되어 버린 고린도 교인들조차도 '하기오이'(hagioi), 즉 "성도"라고 부를 수 있고 불러야 한다고 생각한다.[320] 호렐(Horrell)이 올바르게 강조하였듯이, 이것은 메시야 백성과 좀 더 넓은 세계를 구별하는 기본적으로 유대적인 정체성이다.[321] 마찬가지로, 이것은 다른 것들에 대해서도 그대로 적용된다. 이전의 메시야 백성을 위한 규범으로 전제되는 "성결"도 한편으로는 재정의되고 다른 한편으로는 더욱 강화되었지만, 기본적으로는 유대적인 "성결"이다. (예수 자신의 가르침에 대해서도 동일한 말을 할 수 있지만, 이 주제는 우리가 여기서 다루고 있는 범위를 훨씬 벗어나 있다.) "재정의"와 "강화"라는 이 두 가지는 정확히 우리가 살펴보고 있는 재정의된 세계관을 반영하는 것이기 때문에 좀 더 자세하게 살펴볼 필요가 있지만, 그렇게 하지 않더라도, 우리가 말할 수 있는 것은 자신의 공동체들을 유대식의 '하기오이'("성도")로 보는 바울의 관념은 바울의 공동체관을 좀 더 넓은 종교사(아니, 실제로는 철학사)적 패러다임 내에서 어느 지점에 위치시킬 수 있느냐 하는 문제를 불러일으킨다는 것이다. 호렐(Horrell)이 지적하듯이, 오늘날 모든 학자들이 이 시기의 모든 "유대교"는 어느

319) Geertz, 2000 [1973], 127. 바울은 종합은 철학적으로 온전히 정당화되고, 신학적으로는 한층 더 정당화된다고 말하고자 할 것이라고 나는 생각한다.

320) 고전 1:2; cf. 롬 1:7; 8:27; 12:13; 15:25, 26, 31; 16:2, 15; 고전 6:1, 2; 14:33; 16:1, 15; 고후 1:1; 8:4; 9:1, 12; 13:12; 그리고 예컨대, 엡 1:1; 빌 1:1; 골 1:2; 몬 1:5.

321) 예를 들면, 고전 6:2; Horrell, 2005, 111.

경우이든 "헬레니즘적 유대교"의 한 형태였다는 것을 적어도 말로는 믿는다고 하는데도 불구하고, 행실과 관련한 바울의 세계관에 대한 지금까지의 연구는 유대교 또는 헬레니즘과의 병행들 및 관련된 자료들에 그 초점을 맞추는 경향을 보여 주고 있다.[322] (사람들은 당시에 두 가지 서로 다른 "것들," 즉 유대적인 생활방식과 헬라적인 생활방식이 여전히 존재하였고, 주후 1세기의 대부분의 유대인들은 이러한 사실을 알고 있었을 뿐만 아니라, 그 틈바구니 사이에서 이리 치이고 저리 치이며 살았으며, 학계의 문제점은 종교사학파가 종교, 철학, 문화, 세계관, 특히 신학을 구별하고, 서로 다른 종류의 종교들을 구분하는 데 실패하였다는 것이었다고 평할지도 모른다. 물론, 우리는 그러한 것들이 동일한 세계의 일부였고, 몇몇 중요한 점들에서 근본적으로 다른 것들이었다고 말하여야 한다. 그런데 그렇게 하였다고 해서, 우리는 구별할 것들을 구별해서 해석학적으로 제대로 된 대화를 할 수 있게 되었다고 말할 수 있는가?) 나중에 보게 되겠지만, 바울 자신의 견해는 메시야의 추종자들의 공동체는 기본적으로 새로운 기이한 유형의 갱신된 유대교이기 때문에, 바로 그런 이유로 갱신된 인류(유대인도 아니고 헬라인도 아닌 "하나님의 '에클레시아'")라는 것이다. 정확히 바로 그러한 이유로 인해서, 그들은 그들 자신이 좀 더 넓은 인간 가족의 최고의 열망들과 부합하는 존재들임을 발견하게 된다. 이것은 진정한 인간됨(humanness)에 관한 기독교적 비전과 인간됨에 관한 여러 문화들의 열망들이 서로 "중첩되는" 아주 중요한 지점인데, 이것에 대해서는 나중에 다시 살펴보기로 하고, 지금은 바울이 유대적인 "성결"을 어떤 식으로 수정하였는지를 좀 더 자세하게 살펴보기로 하자.

첫째, 바울은 자신의 공동체들이 자기가 해 왔던 대로 행하여서, 유대적인 "성결"에 대한 실질적이고 철저한 재정의를 받아들이기를 기대한다. 우리는 앞에서 "열심"을 지니고 토라를 지켰던 유대인들에게 있어서는 한 분 유일하신 하나님의 특별한 백성임을 보여주는 통상적인 유대적 세계관 상징들이 바울의 재구성된 세계 속에는 두드러지게 부재한 것을 다루면서, 그러한 재정의를 본 바 있다. 앞에서 그랬던 것처럼, 우리가 이 점을 분명하게 확인하고자 한다면, 단지 마카베오 서신들만을 생각해 보면 된다. 만일 안티오코스(Antiochus)가 보낸 관리들 앞에서 엘르아살이 돼지고기를 단 한 점만 먹거나 먹는 시늉만이라도 하였다면, 모든 문제는

322) Horrell, 2005, 예컨대 45f. Horrell은 불트만의 분석이 올바른 방향을 향하고 있다고 전제하는 것으로 보일 때에 함정 속으로 빠져든 것으로 보인다; Bultmann은 기독교를 가능한 한 비유대적인 빛 하에서 보고자 하는 방향으로 몰고가는 데 주도적인 역할을 한 주후 20세기 초의 중심적인 인물이었다.

해결되었을 것이고, 그는 처참하고 끔찍한 죽음을 당하지 않았을 것이다.[323] 그런데 어떤 사람들에게는 충격적이고, 어떤 사람들에게는 도저히 믿을 수 없는 일처럼 보이겠지만, 바울은 암소와 양과 닭과 마찬가지로 돼지와 조개류도 하나님이 지으신 것들이기 때문에, 하나님께 감사 기도를 하고 먹기만 한다면, 돼지고기와 조개도 아주 정결한 음식이 된다고 선언하였다.[324] 또한, 앞에서 이미 보았듯이, 할례와 안식일에 대해서도 마찬가지였고, 흥미롭게도 이스라엘 백성끼리의 족내혼에 대해서도 마찬가지였다. 어떤 사람이 결혼하고자 한다면 "주 안에서" 결혼하면 된다. 물론, 일정한 제한들이 존재하기는 하지만, 거기에 민족과 관련된 제한은 없다.[325] "권속 내에서의 결혼"에 대해서는 분명한 제한이 존재하였지만, 그 "권속"에는 가문이나 부족이나 민족과 관련된 제한은 거기에 포함되어 있지 않았는데, 그 이유는 멀리서 찾을 필요가 없다. 음식, 할례, 안식일, 권속 같은 이러한 상징들은 유대 민족을 한 분 유일하신 하나님의 선민으로 규정하는 것이었던 반면에, 바울의 메시야적 세계관 전체는 선민으로서의 유대 민족의 지위는 하나님이 정한 일을 수행하기 위한 것이었고, 이미 그 일은 완수되었기 때문에, 메시야에 의해서 개시된 새로운 세계, 즉 유대인이든 이방인이든 믿는 자들이 세례와 믿음으로 말미암아 동일하고 단일한 아브라함의 권속이 되는 세계에서는 그런 구별은 이제 사라졌다는 신념(물론, 로마서 9:1-5의 문제는 여전히 남지만)에 토대를 둔 것이었다.

따라서 학자들이 너무나 자주 전제해 온 것과는 달리, 바울이 성경의 계명들에 대하여 이런 식의 재정의를 수행한 것은 그가 시대를 잘못 타고나기는 했지만 사실은 오늘날의 자유주의적인 인물이었기 때문이 결코 아니었다.[326] 그의 이러한 재정의는 그의 성경이 하나님의 영감을 온전히 받지 않은 성경이었기 때문도 아니었고, 시간이 흐름에 따라서 시대에 뒤떨어지고 진부해진 성경의 세계관을 좀 더 현대적으로 상황에 맞게 수정하거나 보완한 세계관을 담아낸 성경을 만들고자 했기

323) 2 Macc. 6.18-31/4 Macc. 5.1-6.30; 먹는 시늉만 하여도 되었을 것이라는 것에 대해서는 2 Macc. 6.21/4 Macc. 6.15를 보라.

324) 롬 14:14과 고전 10:25f.

325) 고전 7:39; 고후 6:14.

326) 나는 여기서 Dunn, 2009 [1987], ch. 3을 염두에 두고 있다. Dunn이 바울이 (성경적으로 보증된) 유대적 정체성의 상징들을 지양하였다고 본 것은 옳지만, 그는 이것을 단지 바울이 자기 시대에 "변방에" 사는 "이단자"여서(Dunn이 "자유주의자"로 묘사하는 예수와 마찬가지로), 초기 기독교 성경을 포함한 성경 전체에 도전하는 모델을 우리 시대에 제공해 준 것이라는 관점에서만 "설명한다." 이것은 내게 바울의 핵심을 완전히 놓치고 있는 것으로 보인다. Horrell, 2005, 151 n. 52는 여기에 제시된 온전한 해석에 그리 가깝지는 않지만, 어쨌든 그것을 어느 정도 바로잡아 놓는다.

때문도 아니었다. 지금까지 이것은 바울의 율법관을 이해하는 데 주된 문제점들 중의 하나였다. 앞으로 보게 되겠지만, 바울은 어떤 변화, 어떤 새로운 계기, 즉 약속의 성취가 있어서, 이전의 준비단계들은 다 불필요하게 되었다는 것을 아주 상세하게 논증하고 있기 때문에, "윤리"에 대한 칸트적인 관점을 전제하는 세계관을 지니고 있던 세대들은 자신들이 성경 전체에 대하여 말하고자 한 것을 바울이 구약에 대하여 말하고 있는 것이라고 아주 쉽게 추측해 왔다. 즉, 그들은, 바울이 구약은 어떤 중요한 내용들을 담고 있다는 것은 의심의 여지가 없지만, 계몽주의를 통해서 이 세계에 동튼 새로운 '사이쿨룸'(saeculum, "시대")의 빛 아래에서 걸러져야 할 필요가 있다고 말한 것으로 받아들였다.[327] 이러한 착각은 제2성전 시대의 디아스포라 유대인이나 오늘날의 해석자로 하여금 바울을 "도덕폐기론자"로 보게 만들었다.[328]

일단 우리가 이 문제점을 해결하고 나면, 새로운 명료성이 떠오른다. 바울은 메시야를 토대로 한 자신의 개시된 종말론과 메시야를 중심으로 통일된 자신의 교회론에서 이제는 아무 상관이 없게 된 요소들을 제거함으로써 단지 유대적인 실천을 재정의한 데서 그치지 않고, 더 나아가 유대적인 실천을 강화하였다. 바울의 핵심적인 본문들에 나오는 흔히 "도덕적 표준들" 또는 "윤리적 명령법들"이라 불려온 것들은 그가 요구 수준을 낮춘 것이 아니라, 사실은 그 정반대로 사람들이 경악할 정도로 "완전"이라는 표준을 도입한 것임을 보여주는 증거이다. 그러한 목록에는 한편으로는 폭력적이고 분노에 찬 행동, 다른 한편으로는 성적인 비행이 주기적으로 등장한다. 몇몇 좀 더 온건한 대중 철학(그리고 흥미롭게도, 마카베오4서도)이 말하는 것과는 달리, 바울은 그러한 충동들을 단지 길들이는 데서 그쳐서는 안 되고, 완전히 죽여 없애야 한다고 말한다: "메시야에게 속한 사람들은 육체 및 그 정들과 욕심들을 십자가에 못 박았다."[329] 여기서 바울은 단지 "너희의 실천이 결국에는 그런 수준에 꽤 근접하는 모습이 되어야 한다"고 말하는 것이 아니라, 그러한 충동들이 끼어들 여지가 전혀 없는 완전한 실천이 자연스럽게 도출될 수 있는 세계관을 전폭적으로 받아들여야 한다고 말하고 있는 것이다. 바울이 이렇게 말하는 목적은 신자 개개인이 공동체의 세계관 내에 둥지를 틀고서, 주후 1세기나 20세기의

327) 명시적으로 진술된 '사이쿨룸'(saeculum)과 관련된 견해에 대해서는 Jenkins, 2002, 170-5를 보라. 바울 연구에 있어서는 바울을 평가할 때에 사용되는 "새로운 도덕주의들"(new moralisms)은 Seesengood 2010, ch. 7을 보라.

328) Barclay, 1996; 본서 제6장 제2절을 보라.

329) 갈 5:24; 예컨대, cf. 골 3:5; cp. 4 Macc. 1.6.

견유학파 사람들이 늘 상정하는 것과는 달리, 신자들이 앞에서는 자신들이 그런 더러운 행위들을 한다는 것을 부인하며 위선적으로 살면서, 뒤로는 남이 안 보는 곳에서는 그런 행위들을 행하는 것이 아니라, 공동체와 권속과 신자 개개인이 십자가에 못 박혔다가 다시 살아난 메시야에 속하였다는 것이 무엇을 의미하는지를 알았기 때문에, 그런 더러운 행위들은 입에조차 올리지 않게 되는 사고체계를 지니도록 하기 위한 것이었다.[330)]

바울의 이른바 "윤리"는 실제의 공동체에 관한 질문들에 뿌리를 두고 있었다. 이것은 그가 유대적인 표준들을 강화하였다는 사실에서만이 아니라, 다른 식으로 설명할 때에는 혼란스럽고 헷갈리게 보이는 복잡한 논의들에서도 분명하게 드러난다. 예를 들면, 메시야의 백성 간의 이혼은 허용되지 않는데, 그런데도 이혼이 이루어졌다면, 이혼을 주도한 아내는 혼자 살든지, 아니면 원래의 남편과 재결합하여야 한다. 여기서 바울은 아내가 주도해서 남편과 이혼할 수 있는 현실적인 가능성을 구체적으로 다루고 있는데, 그가 여기에서 말한 것은 오직 아내가 주도한 이혼에만 적용되는 것인지, 아니면 남편이 주도한 이혼에도 적용되는데 단지 한 예만 든 것인지는 분명하지 않다. 달리 말하면, 단일한 권속(즉, '에클레시아') 내에서의 이혼과 재혼은 간음으로 간주된다.[331)] 하지만 부부 중 한 사람이 "불신자"인 경우에는, 불신자 쪽에서 이혼하기를 원하면, 신자는 이혼과 관련해서 "구애받을" 필요가 없다. 나는 이것이 이혼을 해준 신자가 과부가 된 사람과 마찬가지로 "오직 주 안에서" 자유롭게 재혼할 수 있다는 것을 의미하는 것이라고 본다.[332)] 우리는 여기에서 바울이 이혼의 경우들을 꽤 세심하게 구별하고 있는 것을 보는데,

330) Horrell, 2005, 119는 바울의 엄격한 비관용 정책을 지적하면서, 그것은 "자유주의적인 윤리," 즉 모든 사람과 문화와 시대에 보편적으로 타당한 것으로 인정될 일련의 가치들을 제시하고자 한 계몽주의 이후의 시도와 흥미로운 병행을 보여준다고 말한다. Horrell이 알고 있듯이, 이것은 바울에 대하여 즉물적인 범주들을 사용해서, 그를 우리의 모더니즘적이거나 포스트모더니즘적인 논쟁들에 꿰어맞추고자 하는 시도이다. 그가 말하는 것 속에 일말의 분명한 진리가 있다면, 그것은 이런 의미에서의 "자유주의," 즉 새롭고 인본주의적이며 보편적인 진리에 관한 계몽주의적 비전이 실제로 이전의 유럽 기독교의 신앙에 기생해서 만들어낸 패러디이기 때문일 것이다 — 그런데 이전의 유럽 기독교의 신앙이라는 것은 단지 바울의 순수한 실체의 그림자일 뿐이었다. 그러므로 세속화되고 폭압의 잠재력을 지닌 "자유주의적" 입장의 강제에 반대하여 이른바 "기독교적인" 관점으로부터의 반격이라고 하는 공리주의적인 윤리가 바울의 세계관의 핵심적인 요소를 결여하고 있다는 것(아마도 이것은 "기독교 세계"라고 불리는 것에 대한 병적인 두려움으로부터 기인하는 것 같다)은 아이러니이다. 바울의 윤리에 대해서 자세한 것은 본서 제11장 제5절을 보라.

331) 고전 7:10f.; cf. 롬 7:1-3. Thiselton, 2000, 519-43에 나오는 확장된 논의를 보라.

332) 7:12-16과 7:39.

바울의 세계관의 중심적인 상징인 새로운 공동체, 단일한 권속이 일차적으로 중요하다는 원칙이 그 근저에 깔려 있다고 볼 때에만, 이 모든 것을 이해할 수 있게 된다. 즉, "개개인들"의 행위(이것이 칸트적인 "윤리," 그리고 실제로는 고대 스토아 학파의 윤리의 모든 것의 중심이고, 어떤 사람들은 바로 그러한 윤리를 프로크루스테스[Procrustes]의 침대로 사용해서, 거기에 바울을 억지로 꿰맞추고자 한다)는 그 공동체의 소명과 부합하여야 한다는 것이다. 바울이 고린도전서 전체, 그리고 다른 곳들에서 말하고자 하는 요지는 이 공동체는 새롭고 참된 인류가 되어야 한다는 것이다. 이 인류 안에서 창세기 1장과 2장의 강령이 마침내 실현될 것이다: 한 남자와 한 여자가 연합한 삶. 이 주제 및 관련 주제들에 대한 바울의 사고 전체를 움직이는 것은 바로 참된 인류에 대한 그러한 비전이다.[333]

좀 더 범위를 넓혀서 얘기하자면, 바울의 성윤리(나는 당분간 이렇게 부르고자 한다)는 단지 "정결" 법전과 반대되는 "재산" 법전을 그런 문제들에 적용하는 것이 아닌 이유도 거기에 있다.[334] "바울의 명시적인 관심사는 … 우리가 '개인 윤리'라고 부르는 것에 있는 것이 아니라, 그러한 잘못된 개인이 집단의 정체성과 정결에 미치는 영향에 있다."[335] 무엇보다도 가장 중요한 것은 공동체인데, 그 공동체는 재정의되고 강화된 성결을 따라 사는 삶에 헌신하고 있는 사람들의 존재로 인해서 크게 힘을 얻는 것과 마찬가지로, 성결과는 다른 방향으로 가는 전체적인 인격과 세계관을 지니고서 그리스도인의 "자유"를 내세우며 자신의 그런 행위들을 정당화하는 사람들의 존재에 의해서 위태로워진다. 호렐(Horrell)이 지적하듯이, 고린도전서 5:11에 나오는 용납될 수 없는 행위들의 목록 속에서, 바울이 실제로 열거하고 있는 것은 "악덕들"이 아니라 사람들이다.[336] 이렇게 바울은 계몽주의 이후의 오늘날의 서구 문화에서 당연한 것으로 받아들여 온 것과는 정반대의 방향으로 움직이면서, 단지 공동체 전체라는 관점에서 사람들을 보아야 한다고 역설할 뿐만 아니라, 한 사람 전체라는 관점에서 그의 행위들을 보아야 한다고 역설한다. 달리

333) 실제로 예수 자신의 경우와 마찬가지로: 예컨대, 막 10:2-12, 이것에 대해서는 *JVG*, 282-7을 보라.

334) Horrell, 2005, 143, 151이 Countryman, 1988을 반박하고 있는 것은 옳다. Horrell은 May, 2001 [= 지금은 May, 2004]을 인용한다.

335) 고전 5장을 해설하고 있는 Horrell, 2005, 142. 애굽에 있던 유대인 공동체에 존재하였던 이것에 대한 병행을 주목하라. 그들은 자신들의 충성심과 관련해서 타협을 행하는 자들을 배제시켰고, "교제와 상호적인 도움"(synanastrophē kai euchrēsteia — '쉬나나스트로페 카이 유크레스테이아' : 3 Macc. 2.33)을 박탈하였다.

336) Horrell, 2005, 142.

말하면, 행위는 그것을 행하고 있고 그것에 의해서 규정되고 있는 그 사람 전체로부터 분리될 수 없고, 그 사람은 그가 소속되어 있고 그의 존재를 규정하고 있는 공동체로부터 분리될 수 없다는 것이다. 역으로, 그 공동체의 속성은 그 공동체를 구성하고 있는 사람들 속에 구현되어야 하고, 사람들의 속성은 그들이 행하는 행위들 속에 구현되어야 한다. 이것이 갱신된 인류에 대한 바울의 비전이다.

이 모든 것은 "직설법과 명령법," 또는 신약의 언어를 사용하자면, "'케리그마'(kerygma)와 '디다케'(didache)"라는 전통적인 구분법이 완전히 초점을 벗어난 것임을 보여준다. 주후 16세기 또는 19세기의 관점에서 보면, 바울의 세계관이 초점을 벗어난 것으로 보이는 것과 마찬가지로(우리가 최근에 얻은 21세기의 관점이나, "옛 관점"과 "새 관점"은 일단 차치하고라도), 주후 1세기의 관점에서 보면, 그러한 전통적인 구분법은 초점을 벗어난 것이다. 또한, 인류 전체에게 부과되어야 할(또는, 적어도 인류 전체와 관련하여 상정될 수 있는) "자유주의적인" 윤리가 있고, 인류의 한 부분인 교회를 위한 "공산주의적인" 윤리가 있다는 데이빗 호렐(David Horrell)의 주장 – 그는 이 주제로 책 한 권을 썼다 – 도 근본적으로 잘못되었다는 것도 드러나기 시작한다.[337] 바울의 목표는 이스라엘 민족의 궁극적인 성취로서의 참된 인류가 되는 것을 자신의 존재이유로 삼는 한 분 유일하신 하나님의 단일한 공동체를 중심적인 상징으로 하는 세계관을 유지하는 것이었다. 이론적으로는 인류 전체가 살아야 할 그런 삶을 이 공동체는 현실에서 실제적으로 살아내야 하는 것으로 전제된다. 아마도 우리 시대에 이 두 관점이 철저히 분리된 것("연대와 차이"[solidarity and difference]라는 호렐의 주제는 무엇보다도 오늘날의 관점이고, 그래서 아주 흥미롭다)은 최근의 서구 문화가 자체 속에 내재된 수많은 치부로 인해서, 이러한 본질적이고 충격적으로 유대적인 관점을 제대로 파악하는 데 실패하였음을 보여주는 징후이다. (물론, 바울이 오늘날의 서구 교회보다도 훨씬 더 신속하게 반응할 것임에 틀림없는 또 하나의 명백한 치부가 있는데, 그것은 '에클레시아'가 자신의 부르심에 합당하게 살아가는 데 철저하게 실패하고 있다는 것이다. 지금은 이른바 "'파루시아'[parousia, "재림"]의 지연"이라는 모더니즘의 신봉자들이 만들어낸 "반론"이 시들해졌다는 점을 감안하면, 나는 바로 이것이야말로 바울에 대한 진정으로 주된 반론이라고 생각한다.)

또한, 이렇게 바울의 "윤리"가 유대적인 생활방식을 재정의하고 강화한 것이라

337) 나는 이러한 사고들을 생각하면서, Smith, 2009, chs. 20-21에 나오는 "공리주의적인" 입장에 대한 급진적인 서술에 의해서 충격을 받았다.

면, 우리는 그의 세계관과 관련된 다른 모든 것과 마찬가지로, 그의 윤리도 구체적으로 메시야의 십자가와 부활에 뿌리를 두고 있다고 역설하여야 한다. 따라서 바울의 "윤리"는 순전히 그가 자신의 도덕 법전 중의 일부를 유대교로부터 가져왔고 일부를 비유대적인 것들로부터 가져왔다고 말하면 되는 그런 문제도 아니고,[338] 새롭게 형성된 하나님의 백성에게 단지 길거리에 나다니는 모든 이들이 착하고 선한 일이라고 생각하는 그런 일들을 행하게 하는 그런 세계관적 실천도 아니다. 바울의 "윤리"는 그런 사람들과 다르다고 분명히 선을 긋는 것이다: 너희는 어두운 세계에 빛을 비추는 빛들이다! 너희는 싸움 가운데 있기 때문에, 무장을 해야 한다! 너희 사방에서 사람들은 온통 "육체의 일들"을 행하고 있지만, 너희는 달라야 한다.[339]

바울은 이렇게 메시야 백성에게 제2의 본성, 즉 몸에 배어 있어서 무의식적으로 행동하는 세계관 수준의 것이 되기를 원하는 하나의 세계관적 실천, 곧 도덕에 관한 사람들의 담론과 폭넓게 겹침과 동시에, 이 특별한 "권속"이 어떤 점들에서는 이상해 보일지라도 그들이 생각하는 것처럼 그렇게 엉뚱하게 행동하고 있는 것이 아니라는 신호를 다른 공동체들에게 보내는 하나의 세계관적 실천 – 이것이 우리

338) 반대견해로는 Horrell, 2005, 275-80. Horrell이 바울의 도덕적 관심사들이 당시에 유대인들과 비유대인들이 지니고 있던 도덕적 관심사들과 상당 부분 서로 겹친다는 것을 강조한 것은 옳다. 그러나 어떤 이유에서인지 그는 바울에게 절대적으로 중요하고 핵심적이었던 세 가지를 배제해 버린다: 유일신론, (메시야의 십자가와 부활에 의해서 재정의된) 선민론, 새로운 피조세계. (본서 제3부에서 자세하게 살펴보게 될) 이것들은 당연히 Horrell이 "기독교 신화"(the Christian myth)라 부르는 것의 결정적으로 중요한 부분들이고, 이것들을 논의에 포함시키는 경우에는, 바울의 신학과 기독론으로는 설명할 수 없다고 Horrell이 말하는 것들(279)이 설명된다. 따라서 나는 "공동체, 십자가, 새로운 피조세계"(Hays의 책의 부제)를 신약 윤리의 중심적인 주제들로 보는 Richard Hays의 제안(Hays, 1996b)에 동의하면서도, 그것을 뛰어넘는다.

339) 빌 2:15; 살전 5:8과 엡 6:10-20; 갈 5:16-26; cp. 살전 4:1-8. 다시 한 번, 이것은 에베소서에서, 여기에서는 4:17-5:20에서 아주 분명하게 드러난다. Horrell, 2005, 161-3의 논의를 보라. 거기에 주어진 이유는 바울과 오늘날의 유대적이거나 비유대적인 도덕주의자들 간의 "공통의 기반"인데, 그것은 바울의 비전은 갱신된 인류에 관한 것이라는 것이다. 이것은 바울이 메시야 백성의 행실과 다른 대부분의 사람들의 행실 간의 상당한 긴장관계를 상정하고 있다는 사실을 약화시키지 않는데, 그러한 긴장관계가 생기는 것은 메시야 백성은 자신들의 규범을 따라 살아갔고, 다른 사람들은 그렇지 않았기 때문이 아니라(바울이 잘 알고 있었듯이, 이미 거기에는 상당한 예외들이 존재하였다), 몇몇 핵심적인 측면들에서 메시야 백성은 다른 사람들과는 다른 규범을 따라 살아가고 있었기 때문이었다. Simon Blackburn은 초기 기독교의 덕목의 중심이었던 겸손과 자비와 인내와 정절은 "고전 헬라인들에게는 윤리적인 덕목들로 여겨질 수 없었을 것"이라고 말한다(Blackburn, 2008 [1994], 381). 이것은 과장된 면이 있을 수 있지만, 그리 많이 과장된 것은 아니다(Wright, 2010 [*Virtue*], 210-20 [US edn. [*After You Believe*], 243-55]에 나오는 나의 논의를 보라).

자신의 범주들에서 볼 때에는 아무리 역설적으로 보일지라도 – 을 반복해서 선언한다. 사실, 우리는 여기서 주후 2세기의 변증론자들 속에서 화려하게 등장하는 저 역설적인 사상 노선의 단초를 본다: 그들은 한편으로는 자신들이 선하고 법을 잘 지키며 모범적인 시민들이라고 말하고, 다른 한편으로는 시민으로서의 충성에 대한 궁극적인 시금석이었던 황제 숭배에 참여하는 것 같은 이교의 지배적인 세계관에 속한 일부 규범들을 지키지 않을 것이라고 말한다.[340] 이러한 양날을 지닌 태도는 파격도 아니고, 양쪽을 다 만족시킬 수는 없으니 타협을 하자는 것도 아니며, 또다시 그 근저에 있는 세계관과 신학으로부터 직접적으로 도출되어 나온 것일 뿐이다: 한 분 유일하신 하나님에 뿌리를 둔 단일한 공동체는 참된 인류가 되어야 한다. 인간의 악과 관련해서 바울이, 자신의 교도가 아닌 자들에게는 그 어떤 옳은 것도 있을 수 없다고 주장한 마니교의 신학을 지니고 있지 않았다면, 그는 도덕 개념에 있어서 상당한 정도의 중복이 존재한다는 입장을 취할 수밖에 없었을 것이고, 실제로도 그런 입장을 취하였다. 그는 로마서 1장에서 모든 사람은 자신이 어떻게 행해야 마땅한지를 태어날 때부터 알고 있기 때문에, 그들이 이런저런 방식으로 다른 길들로 간다면, 그것은 스스로 선택한 것이라고 말한다. 그러나 여전히 중복되는 부분들이 존재하기 때문에, 그는 메시야 백성은 "무엇이든지 참된 것, 무엇이든지 거룩한 것, 무엇이든지 옳은 것, 무엇이든지 정결한 것, 무엇이든지 매력적인 것, 무엇이든지 좋은 평판을 받는 것, 모든 덕스러운 것, 모든 칭찬 받을 만한 것"이 발견될 때마다, 그러한 것들을 묵상하고 곰곰이 생각하여야 한다고 말한다.[341] 여기서 바울은 그런 특질들이 도처에서 발견될 것인데, 그럴 때마다 그것들을 칭찬하라고 분명히 말하고 있다. 마찬가지로(그리고 거의 동일한 정도로), 그는 메시야 백성이 따라야 하는 생활방식은 좀 더 넓은 세계에서 칭찬을 받는 것이 되어야 한다는 것이라고 말한다: "모든 사람으로 하여금 너희의 '에피에이케스'(epieikes)를 알게 하라." 여기서 '에피에이케스'는 다른 사람들의 관점(심지어 거기에 동의하지 않는 경우에도)을 기꺼이 헤아리고자 하는 온유함, 인자함이라는 의미에서의 "공평함, 사려깊음, 관용함"이다.[342] 그러나 그는 바로 그 동일한 구절

340) 주후 2세기의 변증론자들에 관한 표준적인 저작인 Grant, 1988을 보라. 특히 Tertullian에 대해서는 Rankin, 1995를 참조하라.

341) 빌 4:8.

342) '에피에이케스'(epieikes)에 대해서는 Reumann, 2008, 611-13, 634f.에 나오는 자세한 설명을 보라. 그는 거기에서 "인내의 착실함," "관대함," "온유함," "상냥함," "오래 참음"을 비롯하여 당혹스러울 정도로 많은 의미들을 나열한다. 흥미롭게도, Reumann은 "비그리스도인들과 그리스도인들은 이 규

에서, 참된 인간성에 관한 기독교적인 비전과 이교 세계에서 희미하게 나타나는 것 간의 분명한 중복이 아무리 많이 존재한다고 할지라도, 특정한 생활방식, 즉 바울 자신이 보여 주고 있는 그런 생활방식을 따라야 한다고 분명하게 말한다: "너희가 행해야 할 것들은 너희가 내게서, 그리고 나를 통해서 배우고 받고 듣고 본 것들이다."[343] 이것은 공동체의 토대인 유일신론으로부터 직접적으로 생겨나는 기이한 이중적 결과로서, (a) 아주 엄격하게 한 하나님을 섬겼던 유대적인 유일신론과 (b) 서로 다른 많은 신들과 제의 체계들을 모두 섞어 반죽해서 하나의 그럴 듯한 종합적인 체계를 갖춘 이교의 다양한 유일신론들 간의 우리가 잘 알고 있는 차이와 상응한다.[344] 예수와 성령을 통해서 알려지게 된(적어도 바울에게 있어서) 한 분 유일하신 유대적인 하나님에게 속한 백성은 인간성의 선한 모범들을 볼 때마다 축하하여야 하였고, 자신들의 이웃인 이교도들에게 칭찬을 받는 삶을 살아야 하였다. 그러나 또한 그들은 이교도들과는 확연히 구별되는 엄격한 생활방식을 따라 살아야 하였다. 오늘날 "엄격함"이라는 범주는 분파주의를 낳는 경향을 보여 주고, 그러한 덫을 피하기 위하여 "세계에 대하여 개방적이게" 되면, 타협이라는 정반대의 덫에 걸려든다. 이러한 이것이냐 저것이냐의 양자택일식의 논법은 바울의 세계관을 제대로 이해하지 못하였다는 것, 바울의 사고를 그대로 따라가며 사고하고 있지 못하다는 것만을 보여줄 뿐이다.

이러한 미묘한 입장은 메시야 백성이라는 제한된 테두리 밖에 있는 사람들에게도 "선을 행하라"는 가끔씩 등장하는 바울의 의미심장한 명령들의 근저에도 자리잡고 있다.[345] 바울이 세운 공동체들은 그가 이 서신을 쓰고 있던 때에 아주 작았을 것이 틀림없기 때문에 – 심지어 당시에 꽤 컸다고 할 수 있는 고린도 교회조차도 교인수가 기껏해야 수십 명이었을 것으로 추정된다 – '에클레시아'가 좀 더 넓은 세계의 복지나 정치 개혁 등에 기여할 수 있는 "사회사업들"을 꿈꿀 수 있는 형편이 전혀 되지 못하였다.[346] 여기서 우리는 초기 메시야 백성과 그들의 이웃들을 끊

형 잡히고 사랑스러운 헬라의 덕목으로 부름을 받지만, 그 동기는 서로 다르다"(613)고 설명한다. Bockmuehl, 1998, 244f.는 이 단어는 하나님에 대해서도 사용되는데, 그리스도인들에게 "주의 성품으로부터 나오는 경건의 속성"을 의미한다고 지적하면서, 고후 10:1과 비교한다. BDAG는 "율법의 문자를 고집하지 않는"이라는 의미를 제안하지만, 그런 의미는 빌립보서 2장과 3장에 더 잘 어울린다: 이 속성을 나타내는 자는 "자신의 권리들을 고집하지" 않을 것이다.

343) 빌 4:9.

344) 위의 제3장과 제4장을 보라.

345) 갈 6:10 등. 본서 제6장 제2절 2)를 보라.

346) 초기 공동체들의 규모에 대해서는 Stark, 1996, 특히 ch. 1을 보라. 이러한 긴장관계 속에서 살

임없이 괴롭혔을 것임에 틀림없는 문제의 단초를 본다: 그들은 어떤 부류의 집단인가? 그들은 제의 집단인가, 동호회인가, 사적인 친목단체인가, 아니면 무엇인가?[347] 우리가 이 총서의 이전 책에서 말했듯이, 바울의 초기 공동체들은 적어도 그러한 범주들 중 그 어디에도 속하지 않았고, 그렇기 때문에 사람들에게 끊임없이 의구심들을 불러일으켰다: 그들은 도대체 문을 닫아걸고서 자기들끼리 무슨 짓을 하고 있는 것인가? 그들이 말하는 "사랑"이라는 것은 난교 파티를 의미하는 것이 아닐까? 그들이 말하는 "몸을 먹고 피를 마신다"는 것은 인육을 먹는 의식을 의미하는 것인가? 우리는 이러한 의문들과 그 비슷한 의문들이 주후 2세기에 등장하는 것을 보지만, 그러한 의문들은 십중팔구 아주 일찍부터 제기되었을 것이다.[348] 이러한 맥락 속에서 다음과 같은 질문도 자연스럽게 생겨났다: 이 사람들이 어떤 새로운 신, 어떤 새로운 "하나님의 아들"을 '퀴리오스'(kyrios, "주") 또는 '소테르'(sōtēr, "구원자")로 받들어 섬기고 있는 것이라면, 그것은 좀 더 넓은 세계와 연관된 그들의 정치적 충성심과 시민으로서의 신뢰성에 어떤 의미를 지니는가?

이 모든 것들은 우리가 적절한 때에 좀 더 자세하게 살펴보아야 할 문제들이지만, 우리의 현재의 목적과 관련해서는 그 핵심만을 지적하는 것으로 충분할 것인데, 그것은 하나로 연합된 단일한 권속의 실천은 단지 바울의 세계관이나 사고체계에서 종속적인 위치에 있는 개인의 "윤리"라는 관점을 통해서는 분석될 수 없다는 것이다. 기어츠(Geertz)가 강조하듯이("세계관"과 "에토스"라는 용어들을 사용해서), 세계관의 실천, 상징, 질문들, 이야기들은 모두 단단히 결합되어 있다. 이 경우에 바울은 단지 '에클레시아'가 종종 행해야 할 부수적이고 선택적인 생활양식이 아니라, '에클레시아'의 사고 속에 내재되어 있어야 할 것으로서의 "실천," 즉 "메시야 예수의 얼굴"에 영원토록 온전히 반영되어 있는 한 분 유일하신 하나님의 형상을 자신의 연합과 성결을 통해서 세계에 반영하는 "새로운 인류"가 되는 실천을 역설한 것이었다.

4. 결론: 사도 바울의 실천

아가는 것(삶 전체를 포괄하지 못하는, 사회적 · 문화적 · 정치적 공간으로서의 '에클레시아'[ekklēsia])에 대해서는 Horrell, 2005, 128f.를 보라.

347) Mendels, 1996, 444, 446-8을 보라.

이것은 "바울이 실제로 무의식적으로 행하였던 것"이라고 표현할 수도 있다. 바울 개인의 사고체계 – 그가 세계관을 자신의 것으로 만들고 자신 속에 내재시켜서 자신의 서신들에서 아주 열정적으로 설명하고 있는 것 – 는 짤막하게 요약될 수 있다. 그의 사고체계에 대해서는 이 책의 끝부분에서 다시 좀 더 자세하게 다룰 것이지만, 우리는 여기서 그 핵심을 어느 정도 파악해 둘 필요가 있다. 바울의 사고체계 속에서는 다음과 같은 요소들이 일종의 계층구조를 이루며 존재하는 것으로 보인다: 단지 메시야의 권속에 속한 한 지체로서 가장 깊은 차원에서의 그의 사고체계를 형성하고 있는 것, 그의 소명으로 말미암아 그에게 좀 더 특유한 것이 된 사고체계, 그가 그 소명의 몇몇 특별한 측면들에 대하여 이해하면서 생겨나게 된 사고체계.

바울의 자화상은 자기는 "메시야 안에" 있다는 것이다. 자주 등장하는 이러한 자화상은 갈라디아서 2:19-20에 나오는 개인적인 색채가 짙지만 전형적인 설명으로 소급된다. 즉, 그는 자기는 메시야와 함께 십자가에 못 박혔다가 자신의 생명이 아니라 메시야의 생명으로 다시 살아났기 때문에, 율법에 대하여는 죽은 자이고, 하나님에 대하여 산 자라는 것이다. 그는 이것을 아주 직접적으로 분명하게 말하는 경우는 별로 없지만, 여느 세계관의 요소처럼, 우리는 그의 글들 전체의 이면에서 이것을 알게 된다. 그는 메시야에게 속한 사람으로서, 자기가 아주 긴 드라마, 즉 한 분 유일하신 하나님과 그의 백성과 세계에 관한 이야기 가운데서 갑자기 개시된 새로운 막 속에서 살아가고 있다는 것을 별 의식 없이 자연스럽게 이해하고 있다. 그는 이 성경적인 서사가 메시야인 예수와 그의 죽음과 부활에서 정점에 도달하였고, 예수가 이룬 일들을 시행하는 것이 자신의 역할이라는 것을 전제하고 있다. 바울에게 세계관과 관련된 어떤 것이 있다면, 이것이 바로 그것이다. 그것은 그가 숨쉬는 공기이고, 우리가 앞에서 살펴본 요소들, 즉 기도와 성경과 성례전들로 표현된다.

바로 그 수준에서, 그는 자신이 다른 모든 메시야 백성과 정확히 일치하는 것으로 본다(물론, 그는 그들 중 더 많은 수가 그것을 자기와 똑같이 이해하게 되기를 원하였지만). 하지만 좀 더 구체적이고 직접적으로는 바울은 자신을 예수께서 자기에게 맡긴 복음에 의해서 정의되는 것으로 이해한다. 그는 부활한 주를 자신의 눈으로 직접 보았고 그 주에게서 사명을 받았다는 의미에서는 사도이지만, 그의

348) cf. *NTPG*, 346-57, 449-52. Cp. Justin, *1 Apol.* 26: 종교의식을 통한 살인, 어둠 속에서 은밀하게 이루어지는 방탕에 대한 비난들은 흔한 것이었다.

사도직은 하나님의 백성 전체에게 주어진 "종"으로서의 소명의 일부이다.[349] 이 두 가지는 서로를 규정하고, 그의 사고체계에서 기본적인 것들이다. "만일 복음을 전하지 않으면, 내게 화가 있을 것이다." 만일 복음이 없었다면, 그는 자기가 누구인지를 몰랐을 것이고, 제정신으로 살아갈 수 없었을 것이다.[350]

우리가 "(십자가에 못 박혔다가 다시 살아난) 메시야에 속하였다"는 관념을 복음을 전하여야 하는(그리고 복음을 따라 살아야 하는) 사도로서의 부르심과 나란히 놓을 때, 다른 세 가지가 드러난다. 첫째, 바울은 우주적인 싸움에 참여하고 있다. 그는 자기가 중간 계급의 군관으로서 안개가 자욱한 날에 은밀하게 진행되고 있는 싸움에 참여하고 있는 것이라는 관점에서 모든 크고 작은 사건들을 바라보고 있다는 것을 누구나 알 수 있을 정도로 충분히 자주 사탄에 대하여 언급한다. 그는 자기가 받은 명령들을 기억하고 있기 때문에 무슨 일이 진행되고 있는지를 어느 정도는 보고 들을 수 있지만, 흔히 자신의 책임 아래 있는 사람들과 더불어서 자신이 그 전체적인 것은 부분적으로 감지하면서도, 그 전체 또는 실제로는 그 어떤 것도 확실히 알지는 못하는 좀 더 큰 싸움들에 연루되어 있는 것을 자주 발견한다. 그는 메시야가 이미 이 싸움에서 승리하였다는 것을 알고 있지만, 자기가 현실에서 그 싸움을 싸우고 있는 곳에서는 통상적으로 그러한 승리가 느껴지지 않는다. (우리는 정사들과 권세들이 싸움에 승리하여 개선하는 예수의 뒤로 쇠사슬에 묶여 질질 끌려가는 모습을 묘사한 구절 같이, 이미 이룬 승리에 관한 바울의 가장 눈부신 표상들 중의 몇몇이 그가 감옥에서 쓴 서신들 속에서 발견된다는 것을 주목한다.) 이것이 우리가 "묵시론"이라고 부르는 것이라면, 그런 의미에서는 바울은 영락없이 "묵시론적인" 인물이라고 할 수 있다. 하지만 적어도 초기부터 중세에 이르는 전 범위의 유대 사상은 이러한 영적 전쟁에 대한 인식이 결코 이른바 "묵시론자들"과 그들의 글들에 국한되어 있지 않았음을 보여준다.

어쨌든, 바울은 어떤 때에는 현실의 정치적 사건들 속에서, 어떤 때에는 그리 분명하지 않은 방식들로 자신들의 모습을 드러내는 눈에 보이지 않는 영적 세력들의 실재를 믿는다. 그는 이러한 세력들이 메시야의 죽음으로 말미암아 패배당하였고, 그후에 계속되는 싸움은 그러한 승리를 완성하는 사역이라고 믿는다. 그리고 그는 이전에 메시야에게서 일어났고, 지금은 예수를 주(lord)로 선포할 때에 일어나고 있는 "계시"가, 훌륭한 "묵시론"이 늘 그러하듯이, 옛적의 선견자들이 조사해 보고

349) 바울에 있어서 이사야서 49장에 대해서는 본서 제6장 각주 226번을 보라.
350) 고전 9:16.

자 했을 두 가지 핵심적인 영역들, 즉 (a) 창조와 우주론과 새 창조, (b) 과거와 현재와 미래를 의미 있게 해주는 궁극적인 '아포칼립시스'(apokalypsis "계시")를 보여주는 실마리를 제공해 준다고 믿는다. 게다가, 바울이 언급한 이 "계시"는 단지 그러한 것들을 의미 있게 만들어 주었을 뿐만 아니라 한데 묶어 주었고, 갈라디아서 1장에 나오는 자기 자신에 대한 설명에서 볼 수 있듯이, 이 두 영역 속에서 모든 것을 규정하는 메시야의 중심적인 역할에 종속되어 있는 자신의 역할을 분명히 해주었다.

둘째, 그 결과로 바울은 온갖 다양한 방식으로 고난을 당하였다. 우리는 이미 그러한 고난을 그의 특징적인 "실천"이라는 관점에서 살펴본 바 있다. 바울에게 있어서 그러한 고난은 기본적인 것이었고 자기가 어쩔 수 있는 것이 아니었다. 그것은 "메시야 안에 있는 것"의 일부였다. 바울에게는 안디옥의 이그나티우스(Ignatius of Antioch)에게 있었던 것과 같은 순교하고자 하는 열망 같은 것이 전혀 없었고, 스토아학파 같이 개인적인 감정들을 초극하여 고고해져서 육체의 고통을 행복과는 아무런 상관이 없는 것으로 여기는 것도 전혀 없었다. 그는 '아우타르케스'(autarchēs, "자족하기")를 배웠지만, 스토아학파의 이 덕목의 바울의 판본은 세네카(Seneca)나 에픽테토스(Epictetus)의 덕목과는 판이하게 달랐다.[351] 그는 공동체들을 놓고 고민하고, 신자 개개인들을 놓고 고민하며, 치리가 필요한 신자들을 놓고 고민한다. 그는 자기에게 이 세계의 훌륭하고 고상한 철학자나 종교인 같은 모습을 보여줄 것을 원하였던 고린도 교인들에게 서신을 쓸 때면 가슴을 치며 통탄하기도 한다. 물론, 바울의 이러한 모습은 철저히 성경, 특히 시편들이 몸에 배어 있는 모습이다. 스토아 철학자처럼 '코스모스'(kosmos, "만유")의 '로고스'(logos)를 따라 자신의 마음을 고요히 하여 평정심을 유지하고 살아가는 모습보다는, 시편 19편을 노래하며 큰 기쁨으로 하나님을 찬송하고 시편 88편을 읊조리며 하나님 앞에서 탄식하는 모습이 바울에게 훨씬 더 잘 어울린다.[352]

셋째, 바울은 목회자였다. 그는 데살로니가 교인들에게는 자기가 그들에게 유모

351) 빌 4:11: 본서 제14장 제2절 4)를 보라.

352) 나중에 다시 살펴보겠지만, 여기에서 우리가 주목할 것은 로마서 12:2에서 '로기케 라트레이아'(logikē latreia)는 현재 상태의 '코스모스'(kosmos), 즉 현재의 '아이온'(aiōn)이 아니라, 이제 개시된 새로운 시대에 부합한다는 것이다(cp. 갈 1:4; 고후 5:17 등). 여기에 바울과 스토아학파 간의 결정적인 차이가 있고, 이 차이는 세계를 긍정하는 스토아학파와 세계를 부정하는(유대적 또는 기독교적?) 경건이라는 통상적인 이분법으로는 결코 포착할 수 없다(자세한 것은 아래 제14장을 보라). 새로운 피조세계는 철저한 연속성과 철저한 비연속성을 둘 다 가리키는데, 이것은 종교사학파적 분석으로는 특히 포착하기 어려운 것이었다.

와 같았다고 말하고, 갈라디아 교인들에게는 자기는 그들을 낳기 위하여 또다시 산통을 겪는 어머니와 같다고 말한다. 우리가 이러한 것들로부터 도출해낼 수 있는 것은 실제로 바울은 자기가 고린도전서 13장에서 말한 그런 부류의 인물이었다는 것이다. 그가 빌립보서에서 디모데와 에바브로디도에 관하여 쓰면서, 그리고 특히 빌레몬서에서 직접 친필로 글자를 크게 써서 자신의 관심과 염려가 얼마나 큰 지를 보여준 것은 이것을 뒷받침해 주는 증거이다. 그는 목회자였고, 목회자를 돌보는 목회자였다. 그의 이러한 모습은 밝게 빛난다. 만일 그가 책상머리에 앉아 있는 신학자였다면, 그는 고린도 교인들에게 믿음에 약한 자가 되지 말고 강한 자가 되는 것이 낫고, 약한 자들은 자신의 약함을 극복하거나 자신의 약하다는 사실을 인정하고 거기에 순응하라고 썼을 것이고, 약한 자들은 그러한 명령에 따라야 했을 것이다. 하지만 "강한" 자였던 바울은 모든 카드를 다 쥐고 있었고, 신학적으로 높은 고지를 다 선점하고 있었는데도, 십자가의 메시지에 의해서 형성된 목회자의 통찰력으로, 사람들 속에 깊이 내재된 세계관적 실천(특정한 음식들을 먹지 않는 것 같은)은 하루아침에 바뀌는 것이 아니라고 역설한다. 그는 양심이 중요하다고 말하면서, 양심을 위협하여 끽 소리도 내지 못하게 하지 않는다. 그는 그러한 "원리"를 책(어떤 책?)에서 배웠을 수도 있지만, 길 위에서와 저잣거리에서, 장막 짓는 자의 가게 뒤편의 작은 골방에서 많은 세월을 보내면서, 메시야 예수를 따른다는 것, 새로운 유일신론적인 공동체의 일부라는 것, 자기에게 어떻게 살아야 하는지를 말해 주었던 이전의 상징들의 대부분이 사라진 후에 새롭게 재정의된 세계관 내에서 살아간다는 것이 실제적으로 무엇을 의미하는지를 고민한 끝에 온 몸으로 알게 된 것일 가능성이 훨씬 더 높다.

바울의 개인적인 실천과 관련해서, 그가 최초의 부르심에서 예감하였던 것이 아니라, 처음에는 자신의 의식적인 결단들이었다가 점진적으로 나중에 세계관적 특징들이 된 두 가지가 있다. 첫째, 그는 저술가였다. 우리는 그가 최초로 쓴 서신이 갈라디아서나 데살로니가전서였는지, 아니면 그의 현존하는 여러 서신들 중 하나였는지를 알 길이 없다. 그러나 글쓰기는 습관을 형성한다. 일단 여러분이 자기가 글을 쓸 수 있고, 그렇게 쓴 글이 효과가 있다는 것을 확인하였다면, 십중팔구 여러분은 또다시 글을 쓰게 되어 있다. 그리고 일단 여러분이 또다시 글을 쓴다면, 여러분은 자기가 방금 쓴 글에 대해서 어느 정도는 다시 성찰해 볼 수 있게 된다. 바울은 당시의 공식적인 고전 교육에서 수사학 등을 배웠을 것이다. 그리고 아마도 명석한 젊은이였던 그는 서신들을 쓰면서 그러한 것들을 활용하였을 것이다. 그러나 실제로 그는 공식적인 헬레니즘적인 교육에서 가르친 것과 딱 들어맞지도 않고, 그렇다고 해서 그런 것들에서 많이 벗어나 있지도 않은 힘이 넘치는 헬라어를 구사하였다.[353] 그는 고대 히브리어의 시와 예언이라는 장르들을 헬레니즘 세계에서 길거리 수준에서 행해졌던 논쟁법과 개인 서신의 화법을 결합시켰다. 여기서 다시 한 번 플리니우스(Pliny)가 사비니아누스(Sabinianus)에게 쓴 서신과 비교해보라. 바울은 시적인 필치는 물론이고, 동시에 천둥과 번개가 치는 광경과 달빛이 은은히 비치는 풍경을 자유자재로 옮겨가는 거의 베토벤 같은 능력을 보여주는 강력하고 서정적인 글을 쓸 수 있었다. 그의 문체는 그가 어떤 인물인지를 보여주었고, 그의 혀는 자신의 이름을 널리 울려퍼지게 만드는 종과 같았다. 이전에는 세 마리의 새가 하나의 나무에 앉아 있었지만, 이제는 오직 한 마리뿐인데, 그 새는 불 붙은 새이다.

여러분이 바울이 한 것으로 보이는 것 같이 글을 쓸 때, 한편으로는 자신이 행하고 있는 글쓰기가 너무 어렵다고 생각하겠지만, 다른 한편으로는 어쨌든 글쓰기는 분명히 진행되고 있다. 여러분의 머릿속에서, 또는 한 뭉치의 메모지 속에서 여러분이 쓸 글에 대한 큰 그림이 그려지고 있고, 그 시점에서 옛 것과 새 것, 또는 의식적인 것과 잠재의식에 있는 것 간의 활발한 교류가 이루어진다. 결국, 여러분은 자신의 글에 대하여 무엇인가를 얼핏 보고 느끼며, 그것은 어느 지점으로부터 출현한다. 여러분은 그것을 쓰거나 받아적고, 글은 써진다. 바울이 로마서를 쓸 당시에, 글쓰기는 그의 사고체계의 실천의 일부였고, 그의 사고체계의 꼭대기에서 모든 것을 지휘하는 것이었다. 그의 서신들은 부분적으로는 목회적인 것이었고, 부분적으로는 자신이 현장에 있는 것을 대신하는 것이었다. 당시의 이론가들이 이미 지적하였듯이, 서신이라는 것은 그런 것이었다.[354] 그러나 바울의 서신들은 글쓰기, 즉 그에게 맡겨져 있던 새로운 일, 기독교 신학이라 불리는 특별하면서도 유별나고 난관이 많지만 아름다운 선율을 자랑하는 그런 일, 수사와 시가, 설명과 설득, 성경에 대한 강해, 경고와 기도가 새로운 권속의 지체들로서 서로 몸을 부비며 등장하는 새로운 장르를 필요로 하는 그런 일에 걸맞는 품격 있는 글쓰기였다. 우리가 그에게 동의하든 동의하지 않든, (여기에서 한 번 시대착오적인 표현을 해보자면) 그의 서신들은 「Church Times」나 「Christian Century」 같은 교계 신문들만이

353) 예를 들면, Murphy-O'Connor, 1995를 보라. 헬라-로마적 배경 속에서 바울의 글들의 특정한 측면들에 관한 연구로는 매우 유익한 책인 Sampley, 2003a에 수록된 몇몇 논문들이 있다. 예컨대, Agosto, 2003; Forbes, 2003; Hock, 2003; Sampley, 2003b.

354) Funk, 1967; Stowers, 1986. 고대의 서신 작성의 실제적인 과정에 대해서는 Richards, 2004를 보라.

아니라, 「Times」의 문학 분야 부록이나 「New York Review of Books」에도 실릴 만한 글이다. 바울의 서신들은 그의 신학 자체와 마찬가지로, 당시에 존재하였던 몇 가지 서로 다른 거푸집들을 모두 다 부수고서 그 폐허 속에서 등장한다. 모든 어구와 모든 문장은 이전의 것들을 종결짓는 것임과 동시에 새로운 것들을 개시하는 것이다. 세네카(Seneca)는 로마서를 읽지 않았을 것이 거의 확실한데, 그것은 정말 애석한 일이다. 만일 그가 로마서를 읽었다면, 그는 그 내용의 많은 부분에 대하여 헷갈려하며 당혹스러워하기는 했겠지만, 그 문체를 보고서는, 바울이 무엇인가 할 말이 있었고, 그것을 어떻게 전달해야 하는지를 잘 알고 있었다는 것은 인정하지 않을 수 없었을 것이다.

끝으로, 예루살렘의 신자들을 위한 기금을 모으는 사업이 있었다. 바울이 처음으로 선교 여행을 떠났을 때, 그는 무슨 일이 일어나게 될 것이고, 일들이 어떻게 전개될 것이며, 일들이 잘 풀린다면, 예루살렘에 있는 신자들이 많은 이교도들이 아브라함의 권속이 되었다는 소식을 듣고 어떤 반응을 보이게 될 것인지에 대해서 거의 알지 못했을 것이다. 그러나 어느 시점에서 어떤 생각이 그의 사고와 그의 기도하는 마음속에 형성되어 깊이 자리를 잡아서, 결국 그의 계획들과 소망들을 지배하게 되었다. 우리는 그가 초기에 예루살렘을 방문하였을 때에 "가난한 자들을 기억하도록" 부탁 받은 한 줄기 작은 일을 토대로 해서,[355] 큰 규모의 사업을 구상한 후에, 중도에서 에베소에서의 재난(그것이 무엇이었든지 간에)으로 인해 방해를 받고, 고린도에서의 반란(누가 그것을 일으켰든지 간에)으로 인해 그 전체가 위태로워지는 일이 있었음에도 불구하고, 그 사업을 끝까지 밀어부치는 것을 발견하게 된다. 우리가 고린도후서 8장과 9장에서 그가 행하고 있는 것에서 볼 수 있듯이, 그가 이 사업에 집착한 것은 자신의 교회들만이 아니라 예루살렘 교회 자체에도 그의 세계관 전체가 말하고 있었던 것을 말해 줄 하나의 상징, 즉 아브라함의 권속은 둘이 아니라 하나이고, 그 권속은 메시야를 믿는 믿음을 공유하고서 '아가페' (agapē, "사랑")라는 규범을 따라 함께 살아가는 모든 사람들로 구성된다는 것을 말해 줄 하나의 상징을 심고자 하는 그의 의지가 그의 정신에 깊이 뿌리를 내리고 있었기 때문이었다. 이렇게 예루살렘 신자들을 위한 헌금은 그의 세계관에서 가장 중심적인 요소들과 마치 탯줄처럼 서로 연결되어 있었고(그리고 이 기금을 모으는 사업이 진행되는 동안에, 무엇보다도 기독론적으로 전개되고, 다음으로는 신학적으로 전개된 "후히 베풀라"는 권면 같은 요소들이 그 근거로 밑받침되었다

355) 갈 2:9f.: 본서 제16장 제3절을 보라.

[356]), 사도로서의 그의 중심적인 목표들의 근본적인 표현으로서, 그가 전하고 몸소 살아냈던 복음에서 직접적으로 생겨난 것이었다. 이 기금을 모으는 사업은 처음에는 메시야의 추종자 또는 사도로서의 그의 사고체계의 일부가 아니었지만, 저 운명적인 마지막 여행을 통해 예루살렘에 도착했을 즈음에는, 그는 "내가 행하고 있는 것이 나이고, 이 일을 위해 내가 왔다"고 생각했을 것임에 틀림없다. 이 사업은 연합된 공동체에 관한 바울의 비전을 강력하게 말해 주는 것이었다. 그가 이 헌금을 예루살렘으로 가져가는 과정에서 직면하였던 문제들은 공동체의 거룩에 대한 그의 재정의된 비전과 상관이 있었다.

상징들과 실천들은 곧바로 이야기 및 질문들과 연결된다. 이 기이하고 새로운 메시야적 유일신론에 뿌리를 둔 단일한 공동체는 하나의 서사를 소유하고, 하나의 서사를 들려주며, 하나의 서사에 의해서 살아간다. 그러나 그 서사는 여러 가지 것들이 통합된 복잡한 서사이기 때문에, 우리는 다음 장에서 이 서사를 차근차근 살펴보지 않으면 안 된다. 그렇게 할 때, 키플링(Kipling)의 "여섯 명의 정직한 하인들," 즉 세계관과 사고체계의 근저까지 탐사할 수 있게 해주는 "무엇을," "왜," "언제," "어떻게," "어디에서," "누가"라는 질문들을 동원해서 묻고 심문하는 것이 우리에게 도움이 될 것이다. 우리는 이 질문들의 순서를 이렇게 바꿀 것이다. 우리는 "누구"인가? 우리는 이미 이 질문에 대한 대답을 찾는 것을 이미 시작하였지만, 앞으로 좀 더 탐색해 나가야 한다. 우리는 "어디에" 있는가? 이 질문은 지리학적인 대답(로마 제국 내의 헬라와 소아시아 지역이라는 대답)을 내놓으라는 것이 아니기 때문에, 이 질문에 대해서도 앞으로 우리는 좀 더 깊이 천착해 들어갈 필요가 있다. "무엇"이 잘못되었고, "어떻게" 바로잡을 수 있는가("그 해법은 무엇인가") 하는 질문도 둘 다 아주 중요하다. 그리고 "언제," 즉 지금은 어느 때인가 하는 질문은 한층 더 중요하다.

우리는 이 다섯 가지 질문에 대한 바울의 대답들(이것은 제8장에서 다루어질 것이다)을 알았을 때에야, "왜"라고 질문해서, 바울이 주는 대답, 즉 그의 성숙되고 일관되며 통일된 신학으로 이루어진 대답을 온전히 제대로 들을 수 있다. 하나로 연합되어 있고 거룩하며 증언을 행하는 '에클레시아'라는 중심적인 상징을 지닌 이 세계관이 왜 필요한가? 그것은 다음과 같은 신학, 즉 한 분 유일하신 하나님, 이 한 하나님의 백성, 이 하나님이 자신의 세계와 백성을 위해 예비해 두신 미래를 모두 메시야와 성령의 빛 아래에서 재편하고 수정한 신학 때문이다. 이것은 온갖 단편

356) 고후 8:9; 9:8-10.

들, 날카로운 논증들과 성경에 대한 간접인용들, 공상의 나래들과 희화화들, 터져 나오는 찬송들과 좌절의 뜨거운 눈물들이 마침내 한데 집결되고 결합되어 의미를 갖게 되는 지점이다. 손 안의 새.

제 7 장

줄거리, 구상, 서사화된 세계관

1. 서론: 서사화, 또는 비서사화

고유한 상징적 실천을 갖춘 인식 가능한 세계관은 이야기를 필요로 할 수밖에 없다는 것은 제대로 인정되고 있지는 않지만 사실이다.

이것은 단지 모종의 오늘날의 유행이나 취향에 맞춰서 내용과는 상관없이 모든 것을 "이야기"로 변환하고자 하는 "서사 신학자"의 엉뚱한 발상에 기초한 주장이 아니라,[1] 넓게는 일반적인 세계관들, 좁게는 초기 기독교 세계관에 대한 끈질긴 고찰과 연구에 기초한 단언이다. 실제로, 어떤 세계관과 관련해서 서사 요소를 인지할 때까지는, 우리는 그 "세계관"(나를 비롯한 여러 학자들이 이 용어를 사용하는 의미에서의)을 온전히 이해하였다고 말하기 힘들다.[2] 상징들과 행위들의 의미는 그것들이 속한 세계관 내에서만 드러나기 때문에, 그 세계관이 그 근저에 있는 이야기라는 관점에서 표현될 때까지는, 그것들의 의미가 무엇인지는 분명할 수 없다. 물론, 세계관들을 어떻게든 이야기들로 엮는 것을 생업으로 삼고, 공상소설과 행위소 분석(actantial analysis)을 낙으로 삼는 일부 "서사"광들이 있지만, 일부 사람들이 극단적인 행동을 한다고 해서, 우리가 제대로 된 탐구를 겁낸다면, 그것은 옳지 않을 것이다. 한 딸이 어떤 놈팽이와 눈이 맞아 달아났다고 해서, 자신의 다른 딸들을 모두 수녀원으로 보내는 아버지는 없다. "이야기"가 문화들과 세계관들을 분석하는 데 좋은 수단이라는 것은 이미 검증된 것이고, 지금은 성서학자들도 이것을 좀 더 진지하게 받아들이고 있다.[3]

1) Longenecker, 2002b, 3-16의 논의를 보라. "엉뚱한 발상"이라고 비난할 가능성에 대해서는 Stroup, 1981, 6. 바울을 논의에서 제외시키고 있기는 하지만, 이 분야에 대한 유익한 입문서로는 Powell, 1993 [1990]이 있다.

2) 위의 제1장과 제6장에 나오는 논의들을 보라.

3) 이것은 O'Donovan, 2002, 195의 질문을 염두에 둔 것이다: "나는 Tom Wright가 모든 주제를 하나의 이야기처럼 보이게 만들고자 하는 시도를 포기한다고 한다고 해도, 달라질 것이 무엇이 있을까 하

우리가 사회학자들에게 친숙한 "신화"라는 용어를 사용해 보면, 이 점은 더욱 분명하게 드러난다. 나는 여기서 "신화"라는 단어를 "공적인 세계 속에서 통용되는 의미"로 사용하고 있는 것이 아니라, 순전히 발견학습적으로 사용한다. 즉, 내가 어떤 사건들을 "신화"라고 말했을 때, 거기에는 그 사건들이 실제로 일어났을 필요가 없다거나 일어났을 수 없다는 의미가 전혀 들어 있지 않다는 것이다. 이런 맥락에서 사용되는 "신화"라는 용어는 단지 "세계관에 속한 한 요소로서의 이야기"를 의미할 뿐이다. 클리포드 기어츠(Clifford Geertz)는 수렵과 채취를 중심으로 살아갔던 초기의 사회들이 방향 인식과 의사소통, 자기통제를 위하여 "유의미한 상징들의 체계들"을 의존하였다고 말하면서, 그 상징체계들로 "언어, 예술(art), 신화, 예식(ritual)"을 드는데,[4] 우리의 사고를 결정하기 위해서는, "사물들에 대하여 우리가 어떻게 느끼는지를 알아야 하고, 사물들에 대하여 우리가 어떻게 느끼는지를 알기 위해서는, 정서를 나타내는 공적인 표상들이 필요한데, 이 표상들은 오직 예식과 신화와 예술만이 제공해 줄 수 있다"고 말한다.[5] 나는 앞 장에서 데이빗 호렐(David Horrell)을 여러 가지 점에서 간접적으로 비판했는데, 그가 최근의 바울 연구라는 맥락에서 기어츠(Geertz)와 동일한 주제를 다루고 있는 것은 기쁜 일이다. 그는 단지 "상징 세계"에 대해서만 말하는 것으로는 충분하지 않다고 하면서, 이렇게 말한다:

> 서사, 즉 예수 그리스도 안에서의 하나님의 구원 역사에 관한 이야기가 바울의 "신학 작업"을 떠받치고 있다는 것은 증명될 수 있다 … 바울의 서신들은 "신화"에 의해서 형성되고 규정된다.[6]

호렐은 "신화"라는 단어가 예민한 신학 독자들에게 미칠 수 있는 부정적인 영향을 잘 알고 있기 때문에, 재빨리 그들을 안심시키는 방향으로 움직인다. 특히, 루돌프 불트만(Rudolf Bultmann)이 "신화"라는 용어를 여러 가지 서로 다른 의미들을 엉망진창으로 뒤섞어서 사용한 후로(거기에는 "공동체들이 자신의 세계관을 표현하는 수단으로서의 이야기들"이라는 의미와 "오늘날 같이 의학이 발달하고

는 의구심이 든다." 보통 그러하듯이, O'Donovan의 친절한 질문은 내게 좀 더 분명한 해명(이 경우에는 "이야기"라는 것이 무엇을 의미하고 무엇을 의미하지 않는지에 대한 해명)을 요구하는 것인데, 나는 이 장이 그러한 해명에 기여했으면 한다.

4) Geertz, 2000 [1973], 48.

5) Geertz, 2000 [1973], 82.

6) Horrell, 2005, 85.

전기 같은 것들을 사용하는 시대에서는 도저히 믿을 수 없는 일들"이라는 의미는 물론이고, 그 밖에도 여러 다른 의미들이 한데 엉켜 있다), 이 용어는 아주 유명해지기는 했지만, 사람들에게 나쁜 인상을 심어 주었는데,[7] 지금은 "신화"라는 용어의 명예를 회복시켜 주어야 할 때가 되었다. 불트만이 '비신화화"를 역설한 것은 단지 "오늘날의 세계에서 우리가 믿을 수 있는 것과 믿을 수 없는 것"을 나누어야 한다는 잘못된 주장을 제시한 것에서 그치지 않고, 그 어떤 세계관에서든 존재하는 근본적인 의미층들 중의 하나를 차단해 버리는 결과를 가져왔다. 우리는 불트만 같이 자신이 속한 나라의 이야기(주후 20세기 전반 내내 독일에서 살아 움직였던 망상)가 극단적으로 잘못되어 있었을 때, 그 사람이 모든 이야기들을 아예 다 배척해 버리고 싶은 심정을 갖게 된 것을 충분히 이해할 수 있지만, 그것은 자신의 한 딸이 가문에 수치를 안겨 주는 일을 했다고 해서, 모든 딸들을 다 창고에 가두고 나오지 못하게 하는 것과 같다.

여러 가지 서로 다른 의미들을 뒤섞어서 "신화"라는 용어를 사용한 것 외에도, 불트만의 주장의 주된 문제점은 초기 기독교 세계에서 그 "신화론"을 벗겨내야 한다고 하였을 때, 그가 의도했던 것이 단지 계몽주의 이전의 전제들을 제거하고서 복음의 원래의 모습인 실존적인 도전들을 드러내서 표현하여야 한다는 것만이 아니라, 복음을 비서사적인 형태로 재개념화하고 순간순간의 순전히 실존적인 도전으로 환원하여, 쓸데없고 서글픈 전후 역사의 관점이 아니라, 지금 이 순간에 하나님이 말씀하는 것을 들어야 한다는 것이기도 하였다는 데 있었다.[8] 하지만 실제로 모종의 서사가 없는 순간 같은 것은 아예 존재하지도 않는다는 것은 두말할 필요가 없다. 불트만은 자신의 『신약성서신학』(*New Testament Theology*)에서 "믿음의 계

7) Bultmann과 "신화"에 대해서는 무엇보다도 Caird, 1980, ch. 13; Thiselton, 1980, chs. 35, 36; 그리고 *NTPG*, 135, 424-7을 보라.

8) 나는 여기서 Hays, 2002 [1983], 47-52에 나오는 Bultmann의 비서사화된 세계에 대한 비판을 따른다; 또한, Hooker, 2002, 85f.를 보라. "시간을 앞뒤로 늘리는 것"을 배척하는 것에 대해서는 Cullmann이 Barth, *KD* 2.1.686(= *CD* 2.1.608)에 대하여 논하는 것(Cullmann, 1962 [1951], 63)을 보라. 여기서의 나의 논의는 내 친구 B. J. H. de la Mare의 신부가 죽기 직전에 쓴 논문—나는 이 논문이 어디에선가 간행되기를 여전히 바라고 있다—에서 T. S. Eliot의 *Four Quartets*에 나오는 몇 가지 주제들이 로마서에 대한 Barth의 주석서와 다투고 있는 것으로 보인다는 주장에 힘입은 바가 크다. 예컨대, 두 번째 시인 "이스트 코커"(East Coker, 이 시인의 고향—역주)에서 "전후가 없는 고립된 / 한 순간"이라는 말 속에 내포되어 있는 관념은 로마서 4:28에 대한 Barth의 주해(Barth, 1968 [1933], 145-8)에 대하여 의문을 제기한 것으로 보이고, "드라이 샐비지스"(Dry Salvages, 이 시인이 어린 시절을 보냈던 곳에 있던 해안의 바위군—역주)에서 "무시간과 시간의 교차점"에 대한 묵상은 로마서 1:20f.에 대한 Barth의 주해(Barth, 47)와 공명한다.

시 이전의 인간"을 "믿음 아래에서의 인간"으로 대체한 자신의 기본적인 서사를 부호화하여 심어 놓고서는, 그것을 바울을 비롯한 초기 그리스도인들이 "진정으로 표현하고자 하였던 것"이라고 단정하였다. 은혜, 믿음, 화해라는 각각의 계기를 전제하였을 때, 이것은 개별 그리스도인의 삶에 관한 표준적인 "개신교적인" 분석과 확연히 일치하는 세 단계로 이루어진 서사를 낳았다: (1) 복음의 도래와 영향 이전의 죄인; (2) 은혜와 믿음의 사건(불트만의 경우에는, 이 사건은 하나님의 말씀의 활동으로 말미암아 일어난다); (3) 마치 새로운 세계에서 살아가는 것 같은 거듭난 그리스도인의 믿음으로 말미암은 삶. 성경의 서사를 "비신화화" 하고자 하였던 불트만의 이러한 시도는, 아무리 그가 바울의 의도를 구체화하기 위하여 사용한 삼중의 서사는 성경 본문들 자체에 암묵적이거나 명시적으로 존재하는 것이라고 목청을 높인다고 하여도, 이미 "재신화화"의 운명을 지니고 있었다(바울이 자주 사용하였던 저 유명한 "그러나 이제는"이라는 어구를 참조하라).[9)]

게다가, 불트만의 분석은 여러 유형의 영지주의가 전제하였던 암묵적인 서사와 일치하는데, 이것은 그가 1930년대 초에 종교사학파의 흐름을 계승하였다는 사실에 비추어 보면 그리 이상한 일이 아니다: (1) 신의 생명의 불꽃이 이 진흙 덩어리 안에 숨겨져 있다는 것을 알지 못하는 인간; (2) 계시자의 말을 통해 계시가 도래하고, 내면의 이 불꽃이 끄집어내짐; (3) 이제 진흙 덩어리의 관심사들을 버리고, 이 내면의 불꽃을 따라 살아가게 된 인간. 이렇게 불트만이 신약성서가 말하는 것이라고 하면서 제시한 서사의 형태는 영지주의의 서사와 동일한 것이었다.[10)]

하지만 우리는 비서사화를 지향한 불트만의 시도조차도 비록 간단한 것이기는 하지만 결국은 하나의 서사로 끝이 날 수밖에 없었다는 것을 인식하는 것만으로, 불트만과 관련된 문제를 다 해결하였다고 생각해서는 안 된다. 불트만의 분석이 지향한 좀 더 깊은 목표는 복음서들(그의 "비신화화"는 주로 여기에 집중된다)만이 아니라 바울까지도 철저하게 "비유대화" 하는 것이었다고 할 수 있다. 그는 자신의 일생에 걸쳐서 일관되게 바울의 사상을 헬레니즘 세계의 사상 형태들로 바꾸는 작업을 해나갔는데, 이 작업과 관련해서 청년기에는 철학자들의 '디아트리베'

9) Bultmann, 1958; "그러나 이제는"(but now)에 대해서는 롬 3:21과 143, 374f., 528, 554, 546을 보라. "재신화화"에 대해서는 Vanhoozer, 2010을 보라.

10) Bultmann의 영지주의적 경향성과 그의 좀 더 폭넓은 프로젝트 내에서 그러한 경향성의 위치에 대해서는 *Interpreters*를 보라. 이 프로젝트는 Bultmann의 제자인 Helmut Koester에 의해 계승되고 추진되었다: 예컨대, Koester, 1982a와 b; Koester, 1990을 보라. 영지주의의 유형들에 대해서는 지금은 Williams, 1996; King, 2003; Logan, 2006; 그리고 Wright, 2006b에 나오는 나의 짤막한 평가를 보라.

(diatribe, 독설적 논쟁)라는 양식을 즐겨 사용하였고, 바울이 예수를 "주"로 선포한 것을 이해하기 위한 틀로는 부셋(Bousset)이 제시하였던 신비종교라는 범주들을 사용하였으며, 하이데거를 만나 자신의 신칸트주의를 새롭게 수정해서 위에서 방금 설명한 그의 견해를 내놓았던 무렵에는 분명하게 영지주의적인 범주들을 사용하였다.[11]

오늘날에는 그러한 "영지주의적"이거나 "초기 영지주의적인" 배경 또는 서사를 바울을 이해하는 데 가장 적절한 배경이라고 주장하는 사람은 거의 없다. 그러나 이것은 불트만의 영향력이 완전히 사라졌다는 것을 의미하지 않는다. 그가 한 것은 두 차례의 세계대전 사이에 상당수의 학자들이 관여하였던 작업, 즉 원래의 "바울" 신학을 복원한다는 미명 하에 실질적으로는 비유대화를 해나간 작업의 단지 한 측면이었을 뿐이다. 사람들은 그러한 작업이 이런저런 의미에서 "율법의 행위와는 무관한 이신칭의"를 강조하는 본래의 개신교 신학을 추구하는 것이라고 무의식적으로 전제해 버린다. 불트만의 추종자들은 이러한 패러다임을 당연한 것으로 전제한 후에, 하찮은 문제들의 세부적인 해법을 놓고 갑론을박을 계속하고 있다. 그들의 그런 식의 연구에는 다음과 같은 암묵적인 명령법이 전제되어 있다: 아무튼 우리는 바울이 "유대교"와 그 중심에 있는 "율법의 행위들"을 배척하였다는 것을 알고 있고, 그는 "이방인들의 사도"였기 때문에, 너무나 당연한 일이지만, 자기의로 규정되는 유대교 신학의 세부적인 것들만이 아니라, 유대교 전체의 사상 형태들까지 다 버리고, 자신의 메시지를 비유대적인 형태들로 다시 만들어 내었을 것임에 틀림없는 까닭에, 우리는 그러한 형태들이 무엇이었는지를 알아내려고 애써야 한다.[12] 이렇게 전제한 사람들은 "율법과는 무관한 이신칭의"는 유대 신학과 종교에 대한 강력한 비판(그리고 거기로부터 벗어나서 다른 쪽으로 나아간 결정적인 움직임)을 함축하고 있는 것으로 보였기 때문에, 그러한 분석을 진행하는 데 최선의 수단은 바울의 관념들이나 신념들의 원천을 유대교에서 찾고자 하는 시도를 밀어내고서, 그 빈 자리를 다른 어떤 것 — 스토아 철학, 헬레니즘적 수사학, 신비종교들, 영지주의 등과 같이 유대적인 아닌 것이라면 그 무엇이든지 — 으로 채우고자 하였던 종교사적 설명이라고 생각하였다. 사람들은 실제로 그러한 틀 내에서 개인의 믿음, 개인의 자기발견, 개인의 윤리적 진보에 관한 세 단계로 이루어진 짤막한

11) 위에서와 같이, Thiselton에 나오는 자세한 설명.

12) 물론, Schweitzer는 동일한 시기에 바울에 대한 유대적이고 실제로 묵시론적인 읽기를 대변하였다: *Interpreters*를 보라.

서사들을 발견할 수 있을지는 모르지만, 더 큰 서사들을 발견하지는 못할 것이다.[13] 이것은 아주 중요하다. 학자들은 좀 더 큰 서사들을 피해 버리고 있다. 만일 좀 더 큰 서사들을 듣게 된다면, 사람들은 유대인들이 들려주는 저 거대하고 강력한 이야기를 떠올리지 않을 수 없게 된다. 그렇게만 되면, 유대인들이 들려주는 이야기와 마찬가지로, 좀 더 큰 서사들은 서구의 모더니즘(modernism) 내에 묻혀 있지만 강력한 – 아니, 사실은 묻혀 있기 때문에 한층 더 강력한 – 거대한 암묵적인 이야기들과 경쟁하기 시작할 것이다.

주후 20세기 중반의 신약학의 상당 부분은 그러한 배경 속에 위치해 있었고, 비서사적인 것을 추구하는 손아귀에서 벗어나기 위하여 몸부림쳐 왔다 – 물론, 일부 학자들은 자신이 '빅 브라더'(Big Brother)를 진심으로 사랑하고 있다는 것을 깨닫고서 이 고된 싸움을 포기한 것으로 보이기는 하지만. 우리는 서사적 분석이 옳으냐 비서사적 분석이 옳으냐 하는 것을 놓고 계속해서 벌어지고 있는 논쟁들 속에서도 여전히 비유대화하고자 하는 작업의 울림들을 듣는다. 서사적 분석을 옹호하는 주장들이 모두 다 그 목적과 방법론과 결과에 있어서 분명히 반불트만적인 것은 아니듯이, 비서사적 분석을 옹호하는 주장이라고 해서 다 불트만적인 것이 아님은 물론이다. 그러나 지나친 단순화의 위험성을 무릅쓰고 말한다면, 우리는 기독교의 처음 두 세기 동안의 역사에 관한 오늘날의 논쟁들 중 대다수는 결국 다음과 같은 문제로 귀결된다고 말할 수 있다: 초기 그리스도인들은 자신들이 그들 자신의 죄와 구원과 영성이라는 서사보다 좀 더 큰 서사 내에서 살아가고 있다는 것을 알고 있었던 것인가, 아니면 그런 인식 자체가 없었던 것인가?

나는 이 문제의 근저를 깊이 파헤치면, 이른바 "바울에 대한 새 관점"이 실제로 무엇인지를 가늠해 볼 수 있다고 생각한다. 이 문제는 "유대인들이 은혜도 믿었는지"의 여부, 바울이 "~ 속에 들어가는 것"보다 "~에 머무는 것"에 관심을 가졌는지의 여부, "해법"과 "곤경" 중에서 어느 쪽이 먼저인지의 여부 – 이러한 문제들이 다 중요하긴 하지만 – 에 관한 것이 아니라, 바울이 당시에 (모두는 아닐지라도) 대다수의 유대인들에게 아주 강력한 것이었던 근저에 있는 서사를 계승한 것인지, 또는 수정한 것인지, 아니면 완전히 폐기한 것인지를 확인하는 문제이다.[14] "옛 관

13) 예를 들면, Engberg-Pedersen 2000, 34에 나오는 도표는 분명히 하나의 이야기를 구체화하고 있다 — 내가 보기에는 많은 부분들이 잘려나가 있고 일반화되어 있는 것이기는 하지만; 아래 제14장을 보라.

14) Sanders는 "새로운 관점"(이후에는 NP로 약칭함)의 주요한 창시자였는데도, 유대적인 사상이나 바울에 있어서 서사적 차원에는 거의 주목하지 않았고, 단지 그가 다른 점들에서는 배척하였던 서구 개

점" 은 바울이 자신의 이전의 세계관과 신학과 문화와 관련된 모든 것 – 이전의 상징들, 오래된 이야기들, 실천, 하나님관 – 을 구덩이에 던져 버려야 하였다고 보았다면, "새 관점" 은 복잡다단하고 흔히 서로 상반되는 주장들을 통해서 "율법의 행위들" 등과 같은 표현들에 의해 바울이 정확히 말하고자 한 것이 무엇이었는지에 관한 사소한 언쟁들을 하느라, 다음과 같은 훨씬 더 깊은 질문을 은폐해 왔다: 바울은 유대교의 근저에 있던 서사와 관련된 기본적인 것들을 실제로 재긍정하였던 것인가, 아니면 배척하였던 것인가? 또는, 바울은 유대교의 "근저에 있던 서사" 를 활용하였던 것인가, 아니면 비서사적인(따라서 비유대적인) 유형의 사고로 옮겨 간 것인가? 우리가 이 질문에 답할 때까지는, 많은 논의들은 밤중에 군대가 아군인지 적군인지도 모른 채 서로 충돌하여 마구잡이로 칼을 휘둘러대는 상황으로 되돌아가게 될 것이다.

심지어 "묵시론" 이라는 혼란스러운 단어를 앞세워서 최근에 부활한 열렬한 흐름조차도 과거에 그것을 주창하였던 사람들의 사상을 거의 그대로 답습하고 있다 (이 흐름 속에는 한편으로는 불트만[Bultmann]을 시작으로 해서 케제만[Käsemann]으로 이어지는 계보가 있고, 슈바이처[Schweitzer]를 시작으로 해서 샌더스[Sanders]로 이어지는 계보가 있는 것으로 보인다).[15] 이전에 진행되어 온 모든 것과 아무런 연결도 없이 외부로부터 수직적으로 세계에 "침입하는" 하나님의 구원의 능력을 강조하는 "묵시론" 은 "서사" 의 단절자로서의 역할을 하기 때문에, 서사 또는 적어도 유대적인 서사에 반대하는 세계관의 방향으로 움직여 갈 수 있다. 묵시론에도 나름대로의 서사가 있는 것은 물론이지만, 그 서사는 단지 세계적인 차원이라는 것만 다를 뿐, 불트만의 서사와 일치한다: 첫 번째 단계에서는 (유대적인 세계와 그 "종교" 를 포함한) 혼돈과 어둠 속에 있는 세계가 등장하고, 두 번째 단계에서는 묵시적 사건, 이 경우에는 예수 그리스도와 세계를 뒤집어 엎은 그의 죽음을 통한 계시가 등장하며, 세 번째 단계에서는 새롭게 만들어진 인식론과 존재론을 구비한 새로운 세계가 열린다.[16] 이것은 기본적으로 이전의 서구 개신교의 서사에 대한 집단적이고 "전 세계적인" 판본이고, 주후 1세기의 실제의 유

신교의 도식들의 한 변종이라고까지 평가될 수 있는 서사 "속으로 들어가 머무는 쪽" 을 고수하였다는 것은 아이러니가 아닐 수 없다. 또한, Dunn에게 있어서도, 서사에 관한 문제는 주된 논점이 되지 못하였다. 그런 의미에서 여기에서 NP의 "진정한 본질" 에 관한 나의 제안은 논쟁적인 것일 뿐만 아니라 변증적인 것이기도 하다.

15) *Interpreters*에 나오는 논의를 보라.

16) 무엇보다도 *Interpreters*에서 논의된 Martyn, 1997과 그의 여러 다른 저작들을 보라.

대적인 "묵시론" 저자들이 다양한 방식으로 들려준 실제의 이야기들과는 별 상관이 없다.

나는 근본적으로 새로운 일이 일어나서 존재하게 될 것이라고 말한다는 의미에서의 "묵시론"은 바울의 세계관의 일부로서 유지되어야 한다고 믿지만, 그러한 묵시론은 우리가 지금 살펴보고 있는 좀 더 큰 역사적인 틀 내에서 유지되어야 한다. 바울의 그러한 "묵시론"이 어떤 식으로 "작동하는지"에 대해서는 나중에 살펴볼 것이지만, 우리가 여기서 말해 두고자 하는 것은 바울은 "묵시론"을 모든 것을 포괄하는 최고의 원리로 승격시켜서, 메시야 예수에 관한 이야기, 바울 자신에 관한 이야기, 그가 세운 공동체들에 관한 이야기를 의미 있게 해주는 좀 더 큰 서사와의 연속성은 모두 다 배제된다고 선험적으로 주장하지는 않는다는 것이다.[17] 그것은 시작하기도 전에 미리 비유대화하는 것일 뿐만 아니라, 처음으로 "묵시론"이 등장한 역사적 배경이 암묵적으로 말해 주는 것을 생각해 보면 아이러니가 아닐 수 없다.

이러한 복잡하고 흔히 혼란스러운 일련의 논쟁들의 와중에서, 나는 바울의 세계관 속에는 암묵적인 색채가 짙지만 종종 명시적으로 드러나기도 한 서사가 있었다는 것을 주장하고자 하고, 이제부터 그것을 논증해 나갈 것이다. 아니, 내가 주장하고자 하는 것은 대부분의 성숙한 서사들과 마찬가지로, 바울의 세계관의 근저에는, 일련의 이야기들이 서로 얽혀 있다는 것, 그리고 이 이야기들은 훌륭한 소설이나 희곡처럼, 주된 줄거리 내의 핵심적인 계기들과 이행들을 나타내 보여줌과 동시에 실질적으로 구현해내기 위한 부차적인 줄거리들과 서사들을 말하기 위한 것이지, 결코 약점이 아니라는 것이다. 이것은 『오만과 편견』(*Pride and Prejudice*) 내에서 엘리자베스(Elizabeth)와 다시(Darcy)에 관한 이야기가 한편으로는 제인(Jane)과 빙리(Bingley)에 관한 행복한 부차적인 줄거리, 다른 한편으로는 리디아(Lydia)와 위컴(Wickham)에 관한 아주 불행한 부차적인 줄거리와 균형을 이루고 있는 것과 같다. 이 두 가지 부차적인 줄거리는 내내 주된 이야기의 진행을 돕는다. 다시는 빙리의 친구이고, 이것은 무엇보다도 그가 베넷 가문의 환영을 받는 유일한 이유이다. 그러나 주된 이야기에 열쇠를 제공해 주는 것은 좀 더 암울한 부차적인 줄거리이다. 엘리자베스는 다시가 그녀의 별 볼일 없는 이복 형제에게 두드러질 정도로 관대한 것을 알게 되면서, 그의 성품 중에서 완전히 새로운 측면을 얼핏 보게 되고, 이것은 사랑을 위한 길을 열어준다. 부차적인 줄거리들은 주된 줄거리

17) *Interpreters*에 수록된 "묵시론"에 관한 논의를 보라.

를 강화시켜 주고 제자리를 지키게 해줄 뿐만 아니라, 근본적으로 변화시키기도 한다. 그것들은 처음에는 분명한 해피엔딩을 위협하는 것들처럼 보였지만, 결국에는 주된 줄거리가 지닌 깊은 의미의 일부이고, 그 의미가 표출된 것의 일부라는 것이 밝혀진다.

마찬가지로, 『햄릿』(Hamlet)에서도 "극 중의 극"은 좀 더 분명하지만 더 암울한 효과를 보여준다. 햄릿 왕자는 자신의 아버지인 선왕이 죽은 후에 왕이 된 숙부가 이전에 저지른 숨겨진 죄악, 즉 선왕을 독살했음을 암시하는 연극을 보여주고서, 숙부가 양심에 찔려 심기가 불편해지는 것을 확인한 후에야, 비로소 자신의 아버지의 유령이 자기에게 진실을 얘기해 주었다는 사실을 알게 된다. 그의 숙부가 실제로 죄를 저지른 것이 확인되었기 때문에, 그는 복수를 해야 한다(여전히 그렇게 하기를 망설이고 있지만). 셰익스피어의 좀 더 밝은 내용의 희극인 『한여름 밤의 꿈』(*A Midsummer Night's Dream*)에서는, "극 중의 극"은 『햄릿』에서와는 달리 전환점이 아니라 좀 더 큰 극의 끝부분에 등장해서, 지금까지 극이 전개되어 오면서 다른 여러 차원에서 생겨난 혼란한 것들과 명확한 것들을 한데 묶어서 좀 더 높은 차원으로 승화시키는 역할을 한다. 이것에 대해서는 우리가 나중에 다시 살펴볼 것이다.

앞으로 더 나아가기 전에, 이 시점에서 잠시 멈춰 서서, "이야기"와 "서사"에 관한 이 모든 논의 속에서 정확히 무엇이 거론되고 있는 것인지를 상기해 보는 것이 좋을 것 같다. (나는 다른 많은 학자들과 마찬가지로 이 두 용어를 똑같은 의미로 사용한다.) 우리가 우리의 길에 놓여 있는 장애들을 극복하기 위해서는, 그렇게 하는 것은 중요하다. 베커(J. C. Beker)는 30년 전에 바울은 "비유나 이야기의 사람이 아니라, 명제와 논증과 대화의 사람"이었다고 선언하였다.[18] 마찬가지로, 좀 더 최근에는 프랜시스 왓슨(Francis Watson)이 바울의 복음은 "본질적으로 서사화 될 수 없는" 것이라고 단호하게 못을 박았다. 왓슨은 "바울의 신학에는 실제로 '서사적 하부구조'가 존재한다"는 것을 인정하지만, "그것은 하나님을 중심으로 한 이스라엘의 역사와 관련된 성경적인 서사들이고," 바울은 그 서사들을 "수정해서 다시 들려주는" 것이 아니라 해석하고 있다고 말한다. 바울의 복음은 " '하나님과 창조에 관한 이야기" 및 "이스라엘에 관한 이야기"와 연관되어 있음에 틀림없지만," "바울은 자신의 복음을 창조와 이스라엘에 관한 하나의 길게 이어져 온 이야기 속

18) Beker, 1980, 353. 그는 계속해서 이렇게 말한다: "이야기는 전개되고, 개념은 정의된다. 이야기는 다차원적이고, 개념은 단일차원적이다." 나는 현재의 장에서 바울의 세계관의 중심에서 다차원적인 서사가 전개되고 있었다는 것을 논증하고 있다.

에 그 이야기의 끝이자 종착지로서 통합해 넣지는 않았다"는 것이다. 그래서 이 복음은 "성경의 메타서사(metanarrative) 속에 끼워 넣어져서 실제로 하나의 긴 이야기의 일부, 아니 실제로는 정점을 이루고 있는 것이 아니라"고 말한다.[19] 바울에게 있어서 "복음"은 "수평적인 지평이 아니라 수직적인 차원에서 일어난" "하나님의 유일무이한 구원 역사"였다는 그의 이러한 주장은 철저하게 선험적인 사변을 통해서 도달한 결론인 것으로 보인다.[20] 이것은 내가 이제 반박하고자 하는 입장과 약간의 차이가 있기는 하지만 그런 입장을 아주 생생하게 보여주는 주장이다 – 왓슨은 나의 저작을 직접 인용하고 있지는 않지만, "실제로는 정점"이라는 표현을 사용한 것을 보면, 특히 내가 이전에 했던 말들을 배제하고자 하는 의도가 있었던 것으로 보인다.[21]

왓슨은, (베커가 말하고 있듯이) 이야기들은 통상적으로 어떤 글의 표면에는 드러나 있지 않다는 의미에서, 바울은 이야기를 들려주는 "스토리텔러"(storyteller)가 아니었다고 지적하는 방식으로 자신의 주장을 제시한다. (왓슨은 바울이 구체적으로 자신의 이야기를 하고 있다는 이유로 갈라디아서 1장과 2장은 예외라고 말한다. 그렇다면, 빌립보서 2:6-11과 3:2-11도 예외라고 해야 할 것이다.) 하지만 내게는 그의 그러한 주장이 이상하게 느껴지고, 핵심을 잘못 짚고 있는 것이 아닌가

19) Watson, 2002, 239, 232, 234(강조는 원저자의 것), 239.

20) Watson, 2002, 232(강조는 원저자의 것), 239. Watson은 여기에서(분명히 의식적으로) "구원사"라는 우매한 것에 반대한 Barth의 반발이라는 긴 서사 내에 서 있다: Cullmann이 자신의 저작에 대한 Barth의 반발에 대하여 한 말을 보라: "이 비판자들은 신약에 있어서 결정적으로 중요한 것은 그리스도 안에서의 하나님의 수직적인 구원 행위라고 말한다"(Cullmann 1967 [1965], 16: 강조는 원래의 것). 판이하게 다른 논의(여러 대안들에 반대하여 나와 Hays 등이 제시한 견해들)를 제2차 세계대전 이후의 독일 세계 속으로 끌어들이고자 하는 것은 부끄러운 일인 것으로 보인다. 왜냐하면, 당시의 독일에서의 논의는 나와는 다른 본문들을 근거로 하였고, 제2성전 시대의 유대교에 대해서 거의 주목하지 않았기(이스라엘의 성경에 대해서도 거의 마찬가지였다) 때문에, 결국 그 논의는 오늘날의 논의들의 주체인 사람들과 다루는 주제와 방향 전체와 비교해서 상당히 다른 사람들이 상당히 다른 것들에 대하여 말한 것이었기 때문이다.

21) John Barclay도 주목할 만한 대목에서 내가 여기서 취하고 있는 입장을 간략하게 설명한 후에, "Wright는 '이야기'라는 용어를 너무나 포괄적으로 사용하고 있기 때문에, 이 범주에 속하지 않으려면 도대체 어떤 조건을 갖추어야 하는 것인지를 알기가 어렵다"(강조는 원래의 것)고 말함으로써, 나의 실제적인 논증들과 본문상의 근거들에 대하여 아예 반론을 전개할 필요가 없다는 태도를 취한다(Barclay, 2002, 134f.). 내가 모든 것을 "이야기"라는 용어로 얼버무리고자 한다는 그의 비난에 대해서, 나는 Umberto Eco의 영리한 말로 대답하고자 한다: "비서사적인 텍스트를 서사적인 텍스트로 변환하는 것은 통상적으로 가능하다"(Eco 1979, 13). 나는 *NTPG*, 47-80, 215-23에서 세계관과 결부된 서사들의 역할과 성격에 대하여 충분히 명확하게 설명하였고, 바울과 관련해서는 403-9에서 설명한 바 있다. 이 논의를 아예 회피해 버리는 것이 아니라 참여하고자 하는 비판자들은 그 지점에서 시작하는 것이 좋을 것이다. 바울에 있어서의 "서사"에 관한 다른 긍정적인 서술 중의 하나는 Witherington, 1994이다.

하는 의구심을 갖게 만든다.[22] 바울의 글이든 다른 어떤 사람의 글이든, 암묵적인 이야기에 대한 탐구는 전적으로 세계관의 증표들을 찾는 작업이고(기어츠[Geertz], 베르거[Berger], 럭맨[Luckman]이 말하고 있듯이), 세계관이라는 것은 여러분의 눈에 통상적으로 보이는 어떤 대상이 아니라, 안경 같이 그러한 대상들을 보게 해 주는 어떤 것이다. 세계관은 전제되기 때문에, 도전을 받을 때에만 비로소 드러나고 주목을 받게 된다. 바울에게 실제적인 이야기들이 결여되어 있다는 주장(왓슨이 말한 예외들로는 위에서 말한 것 외에도 로마서 7:1–8:11과 9:6–10:21 같이 더 많이 있지만, 이 문제는 현재로서는 그냥 지나가기로 한다)은 적어도 일종의 범주 오류인 것으로 보인다. 즉, 그런 주장은 어떤 가수가 "노래"라는 단어를 노래할 수 없다는 이유로 노래를 부를 수 없다고 선언하는 것과 같다는 것이다. 세계관적 서사들이 본문의 표면상에 드러나 있지 않다고 해서, 그 본문에 그런 서사들이 존재하지 않는다고 주장하는 것은 어떤 사람이 "나는 책상에 앉아서 책을 쓰고 있다"는 문장을 이 시점까지 쓰지 않았기 때문에, 그 사람은 책상에 앉아서 책을 쓰고 있는 것이 아니라고 말하는 것과 같다. 사실, 통상적으로 만일 내가 그러한 문장을 썼다면, 그것은 내가 책을 쓰고 있는 것이 아니라, 다른 어떤 것 – 아마도 한 통의 서신 – 을 쓰고 있는 것을 의미할 것이다. 따라서 바울이 "옛날 옛적에"라는 말을 전혀 쓰고 있지 않고, 자신의 글의 내용을 기승전결을 갖춘 분명한 서사로 배열하지 않았다고 해서, 그것이 그에게 서사가 없었다는 증거가 되지는 않는다. 그런 사실이 확인되었다고 해서, 바울의 복음은 서사화된 것이 아니라는 결론을 거기로부터 도출하는 것은 잘못이다.

베커와 왓슨처럼, 그런 결론을 내리는 것은 핵심을 놓치는 것이다. 어떤 작가가 장편소설이든 단편소설이든, 또는 희곡이든 어떤 이야기를 쓰고 있다면, 그의 암묵적인 세계관과 그 세계관을 표현하는 서사는 십중팔구 표면적인 서사와 일치하지 않는다. 제인 오스틴(Jane Austen)의 세계관이 무엇이었든, 그리고 그가 자신의 (눈에 보이지 않는 암묵적인) 세계관을 표현하기 위해서 어떤 서사들을 사용하든, 그 세계관과 서사들은 『오만과 편견』(*Pride and Prejudice*)에 나오는 실제적인 사건들의 순서와 일치할 가능성은 거의 없다. 이것이 노먼 페터슨(Norman Petersen)으로 인해서 잘 알려지게 된 표면적 진행(poetic sequence, 본문 속에서 내용들이 등장하는 순서)과 이면적 진행(referential sequence, 본문이 전제하고 말하는 세

22) 또한, Marshall, 2002, 213을 보라. 그는 바울이 다시 말하고 있는 이야기가 아니라 바울이 행하고 있는 일들의 근저에 이야기가 있다고 생각하는 자들에게 동의한다고 말하지만, 그것은 대부분의 서사 이론가들이 통상적으로 말하고 있는 것이다. 예외들이 있다면, 그 예외들은 아주 중요하다; 아래를 보라.

계를 재구성하고자 할 때에 그 내용들이 등장하는 순서) 간의 차이의 핵심이다.[23] 또한, 저 이면적 진행 뒤에는 좀 더 깊고 강력한 암묵적인 서사, 즉 작가가 자신이 다루는 문제 전체, 그리고 실제로는 삶 전체를 접근할 때에 토대가 되는 세계관을 표현하고 있는 서사가 있다. 페터슨의 구별을 빌레몬서에 적용해서 말해 본다면, 바울이 실제의 서신에서 나열하고 있는 "표면적 진행"은 독자가 이 서신이 무엇에 대하여 말하는지(이것의 세부적인 내용은 물론 논란이 될 수 있지만, 오네시모가 어떤 이유로 빌레몬을 떠나거나 도망쳐서 바울을 만나 복음을 듣고 삶이 변화되어서 유익한 동료가 되었으나, 이제는 돌려보낸다는 내용의 암묵적인 서사)를 이해하기 위하여 재구성해야 하는 "이면적 진행"과 결코 동일하지 않다. 내가 제1장에서 이미 보여 주었듯이, 이 두 가지 "연속"을 좀 더 온전하게 이해하기 위해서는 암묵적인 색채가 짙은 세계관과 거기에 수반된 신학을 알아야 하는데, 구체적으로 이 세계관은 "표면적 진행"을 통해 "이면적 진행"을 보여주는 방식으로 표현된다. 이렇게 해서 드러나는 세계관은 기이한 섭리와 이스라엘의 이야기 속에서, 특히 메시야의 복음 및 사도의 삶과 사역 속에서 활동하며, 메시야와 구속이라는 형태로 된 출애굽에 관한 암묵적인 서사로 다른 세계관들에 도전하는 선한 하나님에 관한 세계관이다.

나는 표면적 진행, 이면적 진행, 세계관 서사라는 이 세 가지 수준은 우리가 어떤 본문에서나 찾게 되는 통상적인 것들이라고 본다. 그러한 것들을 찾는 것은 결코 기발하거나 유별난 것이 아니다. 그러한 것들을 찾아서 드러내는 것은 본문을 해체해 버리거나 이질적인 도식을 강제하는 것이 아니다. 소설들과 희곡들만이 아니라 다른 수많은 본문들에도 이런저런 종류의 줄거리들과 부차적인 줄거리들, 서사적인 굴곡들이 존재하고, 그러한 것들은 지극히 정상적인 것이고, 철저하게 고려되고 사고되어야 하는 것들이다.

두 가지 예를 더 들어보자. 어떤 시들은 처음에는 한 가지 이야기를 들려주는 것처럼 보이는데, 점점 또 다른 이야기를 하고 있다는 것이 드러나고, 마침내는 그 근저에 있는 세계관이 드러난다. 로버트 브라우닝(Robert Browning)의 "나의 마지막 공작부인"(My Last Duchess)이라는 시를 보면, 그 "표면적 진행"은 어떤 익명의 공작이 자신의 신붓감의 아버지를 대신해서 찾아온 사람에게 자신의 마지막 아내의 초상화를 보여주며 그녀에 대하여 하는 이야기이다. 하지만 "이면적 진행"은 그것과는 판이하게 다르고 훨씬 더 암울하다:

23) Petersen, 1985.

이것이 벽에다 그린 내 마지막 공작부인이죠.
마치 살아 있는 것처럼 보이죠.
나는 이 그림을 경이로움 그 자체라고 말하죠 …
그녀는 — 뭐랄까요? — 금세 기뻐하고,
아주 쉽게 감동을 받는 심장을 지녔어요.
그녀는 자기가 보고 있는 모든 것을 좋아했어요.
그녀의 눈길이 가지 않은 곳이 없었어요.
선생님, 그럴 때마다 그녀의 반응은 한결같았어요.
그녀의 마음에 드는 나의 선물,
서쪽으로 해가 지면서 생기는 낙조,
어떤 바보가 그녀를 위해 과수원에서 꺾어 온 벚나무 가지,
그녀가 테라스 주변을 타고 달리며 놀던 하얀 노새,
이 모든 것들에 대해 그녀는 탄성을 지르거나,
최소한 그녀의 뺨이 상기되어 불그스름해졌지요.
그녀는 모든 사람들에게 감사했어요,
사실 어떤 식으로 감사했는지는 내가 잘 모르지만.
그녀는 내가 준 구백 년 된 이름을 다른 사람들이 준 선물과 똑같이 취급했지요 …
선생님, 내가 그녀 곁을 지날 때마다, 그녀는 미소를 지었어요.
하지만 어떤 사람이 지나가도, 그녀는 똑같은 미소를 지었죠.
이런 일이 많아지자, 나는 미소를 짓지 말라고 명령했어요.
그러자 그때부터는 그녀는 전혀 미소짓지 않았어요.
저기에 그녀는 마치 살아 있는 듯 서 있네요.
일어나실까요? 아래층에서 사람들을 만납시다.
다시 한 번 말해 두지만, 당신의 주인은 너그럽기로 소문이 나 있으니,
신부지참금에 대해서는 내가 거리낌 없이 말해도 되겠군요.
물론, 처음에 내가 맹세한 대로, 나의 목적은 그분의 아름다운 따님입니다.
선생님, 함께 내려가시죠.
인스브루크의 클라우스가 나를 위해 청동으로 주조해 준 진귀한 작품,
넵투누스(Neptune)가 해마를 길들이는 것을 묘사한 청동상을 보세요![24]

우리는 이 섬뜩한 공작이라는 인물의 적나라한 탐욕스러운 이기심으로 또 다른 무고한 사람이 희생되기 전에, 이 시가 보여주는 이면적 진행이 백작과 위험에 빠진 그의 딸에게 드러나게 되기를 바랄 뿐이다. 그리고 이러한 암묵적인 서사의 배후에서도, 또다시 우리는 귀족들의 오만방자한 심장에 화살을 꽂는 브라우닝(Browning) 자신의 세계관을 너무나 분명하게 탐지하게 된다. 그의 세계관적 서

24) Robert Browning, "My Last Duchess"; Ricks, 1999, 435f.에서 재인용.

사는 돈과 "탐욕"이 그런 오만방자함을 낳을 수 있다는 것을 보여준다. 이 모든 것을 보지 못한 사람은 브라우닝이 쓴 이 시를 읽은 것이라고 할 수 없다.

이번에는 앞의 것과는 전혀 다른 종류의 시이지만, 비슷한 관점을 보여 주는 예를 살펴보자. 최근에 나는 어떤 사람이 한 친숙한 오래된 민요를 새롭게 편곡해서 부르는 것을 들으면서, 가사 중에서 단지 한 단어가 바뀌었을 뿐인데도, 그 노래 전체의 의미가 달라진 것을 보고 놀란 적이 있다. 그 민요는 "스튜볼"(Stewball)이라는 말이 경마에서 이기자, 다른 말들이 아니라 바로 그 말에 돈을 걸었어야 했다는 것을 새삼스럽게 깨달은 사람의 심정을 노래한 곡으로서, 여러 판본들로 존재했는데, 그 중에는 경주마를 주인의 명령에 따라 채찍을 맞으며 일하는 노예에 비유한 것도 있었다. 내가 처음으로 접한 판본은 노래하는 자가 옛 미국 남부에 살던 한 노예가 되어서, 경주에서 한 번 크게 이겨서 큰 상금을 얻기를 소망하는 심정을 노래한 것이었다:

나는 회색 암말에 걸었어.
완전히 잘못 건 것이었어.
늙은 스튜볼에 걸었더라면,
나는… 했을 텐데.

그런데 내가 최근에 들은 새롭게 개사한 곡은 "내가 오늘 부자가 되었을 텐데"로 끝이 나는 것이었다. 이 곡을 이런 식으로 개사했더라도, 표면적으로는 그 의미가 통한다. 이러한 개사가 들려주는 이야기는 간단하다. 즉, 한 가난한 사람이 경마에서 자신이 돈을 건 말이 이겨서 부자가 되는 기대에 부풀어 있다가, 그 말이 경주에 져서 그 기대가 무너져서 지금도 여전히 가난하다는 것이다. 그러나 내가 알고 있던 이전의 판본(민요들의 원본을 복원하는 일은 신약성서의 초기 주제들을 복원하는 것만큼이나 어렵기 때문에, 나는 이것도 원래의 판본이라고 자신할 수는 없다)은 세계관을 변화시키는 아주 중요한 가사로 되어 있었다:

늙은 스튜볼에 돈을 걸었더라면,
나는 오늘 자유민이 되어 있을 텐데.[25)]

이제 우리는 비로소 이 민요가 진정으로 무엇을 말하려고 하는지, 즉 이 노래가

25)(이 판본의) 작사가는 Bob Yellen, Ralph Rinzler, John Herald이다: copyright© Lyrics@Universal Music Publishing Group.

불려지고 있는 동안 내내 그 아래에 잠복하고 있던 암묵적인 서사를 알게 되고, 이 노래의 가사와 곡조가 처음부터 그렇게 구슬펐던 이유도 알게 된다. "표면적 진행"은 어느 한 날의 경마에 관한 이야기이다. 하지만 적어도 내가 처음으로 접하였던 판본에서, "이면적 진행"은 한 노예가 자유를 얻기 위해 필요한 돈을 벌려다가 실패한 것에 관한 것이다. 이 모든 것의 근저에 있는 세계관적 서사는 노예생활의 곤경과 자유를 얻을 기회 – 그리고 그러한 기회는 쉽게 잡을 수 없다는 것 – 에 관한 것이다. 여기서 우리는 이 노예는 사도가 아니라 경마에 한 줄기 소망을 걸었다가 그 소망이 물거품이 된 그런 사람이긴 하지만, 어쨌든 이 노예를 통해서 오네시모와 빌레몬을 연상하게 된다. 하지만 내가 최근에 들은 새로운 판본은 단지 단어 하나만 다른 것이었는데도, 이 노래의 이면적 진행과 세계관을 옛 남부의 서글픈 이야기에서 이런저런 수단을 통해서 부자가 되고자 하는 사람들에 관한 오늘날의 평범한 서사로 바꾸어 버렸다.

사람들은 이 점을 또다시 지적할 필요가 없다고 생각할지 모르지만, 나는 꼭 필요하다고 생각하기 때문에 다시 한 번 강조하고자 하는데, 그것은 세계관 속에서 "이야기"라는 요소는 "이 작가(또는, 이 공동체)가 어떤 내용들을" 제의나 상징을 통해서도 얼마든지 표현할 수 있는데, 한 번 "서사적인 형태로 표현해 본" 그런 문제가 아니라는 것이다. 만약 그렇게 생각하는 사람이 있다면, 그 사람은 핵심을 잘못 짚은 것이다. 기어츠(Geertz), 베르거(Berger), 럭먼(Luckman), 페터슨(Petersen)을 비롯해서, 이 점을 지적해 온(그리고 이 점에 대하여 동의하지 않는 자들과 기꺼이 싸움을 벌일 준비가 되어 있는) 수많은 저자들과 마찬가지로, 나는 우리가 이제 상당히 잘 접근할 수 있게 된 좀 더 큰 세계관과 사고체계 내에서, 바울이 이런저런 서신 속에서 한 구체적인 말들의 뒤와 위와 아래와 안에서(여러분은 여기에서 자신이 좋아하는 그 어떤 공간적 은유를 사용해도 좋을 것이다) 그가 어떠한 암묵적인 이야기를 들려 주고 있는지를 발견해 내는 것이 원칙적으로 가능해졌고, 실제로도 어렵지 않다는 것을 역설하고자 한다. 이것을 발견해 내는 것은 신비롭고 애매한 것도 아니고, 몽상가적인 프랑스 철학에 의존하는 것도 아니며, 특별히 어려운 것도 아니다.[26]

본문이 어떠한 것이든, 하나의 본문을 주해하고자 하는 주석자들은 자기 앞에 놓여 있는 본문의 "의미를 알아내기" 위해서는 종종 여러 가지 것들을 전제하지 않으면 안 된다. 한 노련한 음악 평론가는 최근에 발견된 옛날 악보를 살펴보고서,

26) 예컨대, 우리는 이야기를 탐지해내는 다른 사람들이 주장하는 모든 것에 다 동의할 의무는 없다: 예를 들면, Cupitt and Crossan(Longenecker, 2002b, 4).

그 악보가 지금은 더 이상 존재하지 않는 악기를 위해 씌어졌다는 결론을 내리게 될 수도 있고, 내가 이 총서의 이전 책에서 말했듯이, 고고학자들과 고생물학자들은 어떤 돌이 천정이나 기둥의 일부였는지, 아니면 다른 것이었는지를 결정하거나, 어떤 뼈가 뇌룡의 발이었는지, 아니면 익수룡의 발톱이었는지를 결정하여야 한다. 비평학자가 신학적인 메시지를 건드리고 싶지 않다면, 일종의 소극적인 실증주의의 입장("나는 이 본문 속에서 아무런 이야기도 찾아낼 수 없다")으로 후퇴하면 된다.[27] 루이스(C. S. Lewis)가 단어들과 관련해서 지적하였듯이, 우리는 고서들을 읽을 때에 모르는 어려운 단어들이 나오면 사전을 찾아 보게 되지만, 우리가 매일 같이 사용하는 것들이어서 쉬워 보이는 단어들이 나오면, 500년 전에 그 단어들이 지금과는 판이하게 다른 의미로 사용되었을 것이라는 생각은 전혀 하지 못한 채 그냥 지나쳐 버린다.[28] 이것은 본문들과 관련해서도 마찬가지이다. 우리가 어떤 본문의 근저에 있는 세계관을 의식적으로 검토하고자 하는 노력을 하지 않는다면, 우리는 그 본문의 저자가 이런저런 점에서 우리 자신이 잘 알고 있는 세계관(암묵적인 서사를 포함한)을 공유하고 있을 것이라고 너무나 쉽게 전제해 버린다. 즉, 우리는 그 저자는 그가 말하고 있다고 우리가 전제한 바로 그것에 "대하여" 실제로 말하고 있을 것임에 틀림없다고 전제하고서, 그 본문 내에 존재하는 다른 세계관과 그 근저에 있는 다른 서사를 보여주는 암시들을 무시해 버린다. 따라서 우리는 바울이 "내가 어떻게 해야 은혜로우신 하나님을 발견할 수 있을지"에 대하여 실제로 말하고 있음에 "틀림없기" 때문에, 그의 이런저런 복잡한 논증들은 이스라엘 하나님의 좀 더 큰 계획과 목적에 관한 서사가 아니라, 바울 이전의 전승들이나 헬레니즘적인 주제들이나 그의 반대자들이 논증에 사용하였던 주제들을 가져온 것으로 설명되어야 한다고 결론을 내린다.

사람들은 너무나 자주 본문 내에서 우리가 생각하지도 못했던 "어떤 다른 것이 진행되고" 있을 지도 모르니 경계해야 한다고 말하지만, 그런 말은 그들이 생각하기에 정말 중요하다고 생각하는 다른 말들을 다한 후에 마지막에 그저 한 번 던져 보는 말일 뿐이고, 우리가 결코 가지 않았던 길로 가게 해주고, 우리가 한 번도 열지 않았던 문을 열게 해줄 이정표라고 생각하지는 않는다. 바울과 관련해서도, 사정은 마찬가지이다. 예컨대, 바울이 하나님이 아브라함에게 "세계"를 유업으로 받게 될 것이라고 약속하였다고 말하거나, 하나님의 '디카이오쉬네'(dikaiosynē,

27) Watson은 다행히 바울의 다양한 본문들 아래로 흐르는 온갖 종류의 흐름들을 식별해내고, 나는 종종 그의 말에 동의한다.

28) Lewis, 1964, vii.

"의")의 선물을 받은 사람들은 "왕노릇 하게" 될 것이라고 말하거나, 메시야가 저주를 짊어지고 죽음으로써 "아브라함의 복이 이방인들에게 임하게 되었다"고 말할 때, 그는 서구의 주요한 신학 전통들 중의 어느 하나가 그에게서 기대한 것들을 말하고 있는 것이 아니다.[29] 따라서 우리는 이른바 "내용 비평"(Sachkritik)이라는 방법론을 사용해서, 바울이 "실제로" 말하고자 했던 것을 바울 자신보다 우리가 더 잘 안다고 전제하고서는, 그가 부정확하게 표현한 것이라고 결론을 내리거나, 우리가 가고 있는 길을 멈추고서, 그가 실제로 어떤 사고를 하고 어떤 말을 했는지에 관한 우리의 가설들을 다시 검토하게 된다. 후자는 물론 그의 신학을 검토하는 것이다. 그러나 우리는 곧 우리가 그의 세계관도 검토하고 있음을 발견한다. 내가 이미 앞에서 논증하였듯이, 이 둘은 서로 밀접하게 연관되어 있다. 세계관은 원칙적으로나 실제적으로나 상징과 실천만이 아니라 이야기로도 표현될 수 있다. 이야기가 없이는, 우리는 우리가 과연 상징적 실천의 의미를 제대로 알아낸 것인지를 확인할 수 없다.

바울의 본문에서 하나의 이야기를 발견해 내는 것을 반대하는 것 속에서 일어나고 있는 것은 단지 본문 분석과만 관련되어 있는 것이 아니라, 선험적인 신학적 입장과 관련되어 있다. 반대 진영의 사람들은 만일 바울이 전한 복음이 하나의 완벽한 이야기의 형태를 갖추고 있고 실제로 서사화될 수 있다는 주장을 받아들이게 되면, 바울은 더 이상 훌륭한 바르트주의자이기를 멈추게 되고(그를 바르트주의자로 보는 것은 착각이다), 어떤 하나님이 새로운 사건과 새로운 계시를 통해서 위로부터 수직적으로 외부에서 침입해 들어오는 주권적인 역사("묵시론")를 믿는 인물이 아니게 되기 때문에, 그런 주장은 절대로 받아들일 수 없다고 생각하는 것으로 보인다. 만일 바울에게 서사가 있다고 한다면, 은혜는 더 이상 은혜일 수 없게 되기 때문에, 절대로 그럴 수 없다! 하지만 바울은 이 모든 것에 대하여 과연 무엇이라고 말하였을까?

최근의 몇몇 저술가들은 이것이 문제가 된다는 것 자체에 대하여 놀라움을 표현하였고, 나도 거기에 공감한다. 리처드 헤이스(Richard Hays)는 바울의 서사 세계를 주창한 주요한 인물들 중의 한 사람이기 때문에, 우리는 그가 자신의 이전의 주장들을 새로운 방향으로 발전시킨 몇몇 대목들을 인용할 수도 있을 것이다.[30] 하지만 헤이스는 이 문제의 중심에 서 있는 당사자들 중의 한 사람으로 생각될 수 있고, 바울에 대한 서사적 읽기에 대한 좀 더 최근의 저항의 많은 부분은 헤이스와

29) 롬 4:13; 5:17; 갈 3:14.

나를 겨냥한 것임이 분명하기 때문에, 나는 독자적인 노선을 걸으며 탁월한 주해 능력을 보여주고 있는 것으로 유명한 주석자인 모나 후커(Morna Hooker)의 글을 인용하고자 한다:

> 우리의 성경 기자들의 대다수에게 있어서 서사의 중요성은 내게는 자명해 보인다 … 바울에 대한 서사적 접근은 어떤 의미에서 본질적으로 새로운 것을 하고 있는 것인가? 그것은 단지 바울의 신학에 근저에 있는 특징을 제대로 부각시켜서, 바울의 사상을 조직신학자들이 정해 놓은 틀 속에 강제로 집어넣고자 하는 시도들은 실패할 수밖에 없다는 것을 우리에게 일깨워 주고 있는 것인가? … "서사적 접근"이 단지 바울의 신학적 논증들의 배후에 세계를 향한 하나님의 계획에 대한 근본적인 믿음이 존재하고, 그 믿음은 필연적으로 서사의 형태로 표현되어 있다는 인식을 의미한다면, 그러한 인식은 실제로 "석의에 있어서 필수적인 통제장치"로서의 역할을 할 수 있다 … 바울의 신학은 역사 속에서의 하나님의 활동에 관한 것이기 때문에, 바울을 해석하는 자들이 "서사"의 역할을 무시해서는 안 된다는 것은 분명하다.[31]

나는 반대자들이 이 인용문의 마지막에 나오는 전제("바울의 신학은 역사 속에서의 하나님의 활동에 관한 것이기 때문에")를 문제삼을 것이라고 생각한다. 그들은 이렇게 말할 것이다: 이것은 모종의 "내재적인 과정," 즉 오직 자연력들의 지속적인 진화적 발전으로부터 생겨나는 "구원"을 가리키는 것이 아닌가? 이것은 20세기의 몇몇 가장 위대한 신학자들과 주석자들이 맞서 싸웠던 바로 그것이 아니던가?[32]

아마도 그들은 그런 식으로 반박할 것이다 – 물론, 그들은 그렇게 반박하기 위

30) 예를 들어, Hays, 2002 [1983], 41, 45(그는 Schweitzer가 사람들이 일종의 비역사적인 주술을 통해서가 아니라, 거룩한 이야기에 참여하는 것을 통해서 메시야의 삶에 "참여한다"고 계속해서 말해야 하는 지점에서 "이야기"를 끊어버리고 있다고 말한다); Hays, 2005, xi(그는 바울이 이스라엘의 이야기와의 서사적 연속성과 철저한 묵시론적 변환을 제시하고 있다고 지적한다).

31) Hooker, 2002, 85f., 96(그의 논문의 처음과 끝). 여기서 강조는 원저자인 Longenecker, 2002c, 83의 것이다.

32) 예를 들어, Stendahl에 반대한 Käsemann의 저 유명한 항의(Stendahl이 지적하였듯이, 사실 이것은 Cullmann을 더 겨냥한 것이었는데, 아마도 Cullmann은 기회가 주어졌다면, 자기가 힘써 부인한 것들을 가지고서 자기를 비난하고 있다고 지적하였을 것이다); Käsemann, 1971 [1969], ch. 3, 예컨대 62f.: "대충 애기하자면 이렇다: 구원사는 늘 안전한 쪽이다. 그것은 우리에게 교회의 이해가 점점 성장해서 결국 그 목표지점에 도달하게 된다는 … 발전이라는 관점에서 생각할 수 있게 해준다 … 우리가 하나님의 구원 계획이라고 부르는 것은 그 어떤 경우에도 우리가 이 땅에서 이해하고 통제하며 계산할 수 있는 내재적인(immanent) [Horrell, 2002, 159 n. 5이 말하는 것 같이 '임박한'(immanent)이 아니라] 진화의 과정으로 흡수되어서는 안 된다." Stendahl과 Käsemann의 논쟁에 대해서는 Wright, 1978(지금은 *Perspectives*, ch. 1)을 보라.

해서, 본문들을 자기 마음대로 요리할 수밖에 없겠지만. 하지만 그러한 "내재적 과정"에 대하여 가장 맹렬하게 공격한 사람들조차도 속이 들여다보이는 빤한 이유들로 인해서 바울에게는 "구원사" 같은 것이 존재하고, 실제로 그런 "구원사"를 전제함이 없이는 바울을 이해할 수 없다는 것을 기꺼이 인정한다.[33] 따라서 우리는 본문 자체로 돌아가서, 바울에게는 그의 사고체계의 결코 분리할 수 없는 일부를 형성하고 있는 포괄적인 서사와 그 서사 안에서 서로 통일적으로 연결되어 있는 일련의 서사들이 존재한다는 것을 입증하는 일관되고 세심한 논증을 전개해 나가고자 한다. 이것은 브라우닝(Browning)의 시에 나오는 불행한 결혼과는 달리, 세계관이라는 하늘에서 이루어지는 결혼이고, 엘리자베스와 다시의 결혼을 방해하고자 하는 저 또 다른 귀족 숙녀의 반대는 이 결혼을 방해하지 못할 것이다.

2. 그 사이 숲의 또 다른 지역에서는: 줄거리들, 부차적인 줄거리들, 서사 주제들

어느 희곡의 첫 장면에서, 성격이 서로 판이하게 다른 결혼 직전의 한 쌍의 남녀 간에 오고가는 대화를 눈여겨보라:

> 테세우스
> 아름다운 히폴리타여, 이제 우리가 결혼할 시간이
> 아주 빨리 다가오고 있소. 행복한 나흘이 지나면,
> 또 다른 달이 뜨겠지. 하지만, 이 옛 달은
> 내게는 어찌 이리도 느리게 지는 것처럼 느껴지는지!
> 젊은이의 재산을 오랫동안 축내며 끈질기게 살아 있는 계모나 미망인처럼,
> 그 달은 빨리 떠나고 싶어하는 나를 놓아주지 않는구려.
>
> 히폴리타
> 네 번의 낮은 신속하게 밤으로 빠져들고,
> 네 번의 밤은 신속히 꿈처럼 사라질 거예요.
> 그런 후에는, 저 달이 은으로 된 활이
> 하늘에서 새롭게 당겨진 채로
> 우리의 엄숙한 그 밤을 비추게 되겠죠.[34]

33) Käsemann, 1971 [1969], 63.

34) W. Shakespeare, *A Midsummer Night's Dream*, 1.1.1-11. 이하의 전거들은 이 희곡을 가리킨

이것은 결혼을 앞둔 두 남녀가 자신의 심정을 토로하는 장면이다. 신랑은 지금이라도 당장 결혼식을 올리고 싶지만, 아직도 나흘이 지나야 새로운 달이 뜰 수 있다. 하지만 신부는 좀 더 느긋하게 사물들을 다른 눈으로 바라본다. 둘 다 달을 언급하지만, 이 아테네의 왕(테세우스)은 옛 달이 저무는 데 시간이 걸리는 것을 마치 늙은 친척이 다음 세대의 유업을 허비하는 것에 비유하며 탄식하는 반면에, 그의 약혼녀인 아마존족(the Amazons, 흑해 연안에 살았다고 하는 용맹스러운 여인족 — 역주)의 여왕은 저 달의 모양이 곧 바뀌어서 하늘에서 새롭게 당겨진 활 모양을 하게 될 것이라고 대답하며, 큐피드가 사랑의 화살을 그들에게 쏘게 될 것임을 암시한다.

달은 중세 말기의 세계 – 셰익스피어의 상상력에 있어서 우리 시대에서 활용할 수 있는 것보다 훨씬 더 풍부한 원천이 되어 주었던 세계 – 에서 다양한 것들을 상징하였지만,[35] 사람들은 달이 이 희곡에 등장해서 결국에는 이 희곡의 결말을 장식하는 방식을 전혀 예상할 수 없었을 것이다. 왕의 결혼식을 준비하는 과정에서 이 드라마의 중심적인 인물들이 갑자기 등장한다. (달빛 아래에서의 청혼 다음 장면에서) 리산더와 헤르미아는 서로 결혼하기를 간절히 원하지만,[36] 그녀의 아버지인 에게우스를 등에 업고서 헤르미아와 결혼하고자 하는 데메트리우스의 방해로 좌절된다. 테세우스 왕은 헤르미아가 그녀의 아버지가 원하는 대로 데메트리우스와 결혼하거나, 아니면 죽음을 선택해야 할 것이라고 선언한다. 그녀의 유일한 대안은 수녀가 되는 것이었고, 이 결정은 다음번의 초승달이 뜰 때까지는 내려져야 했다. 그러나 수녀원으로 간다면, 그녀는 결혼을 축복해 주는 달이나 은빛 사랑의 활을 든 달이 아니라, 그런 것과는 완전히 다른 얼굴을 한 달을 만나게 될 것이다:

> 그늘진 수녀원에 영원히 갇혀서,
> 평생토록 아이를 갖지 못하는 자매로 살며,
> 열매 맺지 못하는 차가운 달에게 힘없는 찬가를 부르게 되었구나.[37]

헤르미아와 리산더는 함께 멀리 도망가서 결혼하여, "큰 재산은 있지만 아이는 없는 미망인"으로 살고 있는 리산더의 숙모 집에서 살기로 결정한다 – 이것은 테세우스가 서두에 한 말과 헤르미아에 대한 그의 경고를 여기에서는 아주 긍정적인

다.

35) Ward, 2008, ch. 6("달"의 불안정성과 모호성에 대해서는 121-6 등을 보라).

36) 1.1.30. 나는 Holland, 1994의 판본을 따른다.

37) 1.1.71-3, 83.

측면에서 암시한다.[38] 마찬가지로, 리산더의 제안에 대한 헤르미아의 대답에서도 서두에 나오는 주제들이 다시 사용된다. 즉, 그녀는 "큐피드의 가장 강력한 활과 그 머리가 황금으로 된 큐피드의 가장 좋은 화살을 걸고서" 그렇게 하겠다고 맹세한다.[39]

그런 후에, 데메트리우스를 사랑하는 마음을 주체하지 못하고 그에게 빠져 있는, 헤르미아의 오랜 친구 헬레나가 등장한다. 리산더는 헬레나에게 자기와 헤르미아가 내일 밤 포이베(Phoebe, 아폴로의 누이인 달의 여신 아르테미스)가 굽어보며 그들을 축복할 때에 야반도주할 것이라는 계획을 설명해 준다:

> 헬레나여, 당신에게 우리 계획을 말해 주겠소.
> 내일 밤, 포이베가 유리 같은 호수에 자신의 은빛 얼굴을 비추고,
> 풀잎들을 은은한 진주로 덮을 때,
> 바로 그때가 연인들이 도주할 때라오.
> 우리는 아테네의 성문을 몰래 빠져나갈 계획을 세웠다오.[40]

헬레나는 그 계획에 대해서 듣고, 데메트리우스의 환심을 다시 얻기 위하여, 그가 그들을 추격할 줄을 뻔히 알면서도, 그 계획을 그에게 알려주기로 결심한다. 이 희곡의 줄거리는 서로 다른 얼굴을 한 달 아래에서 전개되는 왕의 결혼과 연인들의 야반도주에 관한 것이다.

그런 후에, 한 무리의 판이하게 다른 사람들이 등장하는데, 그들은 왕의 결혼식 피로연에서 연극(짤막하지만 비극적인 사랑 이야기)을 연습하기 위해 함께 모인 여러 비천한 직업들(목수, 방직공, 풀무수선공, 땜장이, 재단사)을 지닌 "노동으로 잔뼈가 굵은" 지역 일꾼들이다. 그들은 "성에서 1마일 밖에 있는 달빛 고요한 궁전 숲에서" 연습하게 되어 있었다.[41] 연극의 예행연습을 하는 연기자들은 이미 진행되고 있는 두 개의 줄거리에 대한 별개의 부차적인 줄거리를 구성하기 때문에, 이제 세 개의 줄거리들이 서로 뒤엉키게 된다: 왕과 그의 신부가 될 여자, 사랑을 두고 고민하는 두 쌍의 연인들, 연극을 연습하는 일꾼들.

네 번째 부차적인 줄거리가 곧 뒤를 잇는다. 요정들의 왕인 오베론은 자신의 왕

38) 1.1.157f.
39) 1.1.169f.
40) 1.1.208-13
41) 1.2.97. 그들을 "노동으로 잔뼈가 굵은 사람들"로 묘사하는 대목은 5.1.72에 나온다.

비인 티타니아와 말다툼을 한다. "내가 교만한 티타니아를 달빛 아래에서 만날 것이다."[42] 오베론은 자기와 왕비의 관계를 이전의 모든 요소들과 동일한 수단을 통해서 표현한다. 이렇게 해서, 이 줄거리들은 서로 얽히기 시작한다. 어떤 연출자들은 이 요정 부부는 어떤 의미에서 왕과 그의 신부의 꿈속에서의 모습이라는 비평 이론을 반영해서, 테세우스와 히폴리타로 분장한 동일한 한 쌍의 남녀로 하여금 오베론과 티타니아를 연기하게 하기도 한다. 연기자들은 왕의 결혼식 피로연을 위한 연극을 연습하고 있고, 오베론이 할 일은 바로 그 결혼을 축복하는 것이 될 것이며, 그와 티타니아는 서로 히폴리타와 테세우스를 사랑하는 것이 아니냐며 다시 한 번 말다툼을 한다. 실제로, 티타니아는 오베론이 아주 악하게 행해 왔기 때문에, 계절의 질서가 엉망진창이 되었고, 달님도 화가 나서, 사람들 가운데 "류머티즘성의 질병들"을 일으키고 있다고 말한다.[43] 티타니아는 왕의 결혼식이 끝날 때까지 숲에 머물고자 하고, 만일 오베론이 함께 머물러서, "우리의 달빛이 너무나 기뻐하는 모습"을 보고자 한다면, 기꺼이 환영할 심산이다.

하지만 오베론은 다른 생각을 한다. 옛적에 큐피드(이것도 서두에 이미 등장한 바 있다)가 쏜 화살이 원래 겨냥했던 과녁을 맞추지 못하고 작은 꽃을 맞추었는데, 이제 그 꽃의 즙은 강력한 사랑의 묘약이 되었다. 그 즙을 잠자는 사람의 눈에 발라 놓으면, 그 사람은 눈을 뜨고서 처음 보는 사람과 치명적인 사랑에 빠지게 된다. 오베론은 티타니아를 골려 주기 위해서 이 묘약을 사용하고자 하지만, (데메트리우스와 그를 일방적으로 죽도록 사랑하는 헬레나 간의 대화를 엿들은 후여서) 자신의 왕비에게 문제를 일으켜서 그 문제를 해결할 수 있게 되기를 희망한다. 그러나 도리어 그는 문제를 더욱 악화시킨다. 오베론의 종인 푸크라는 요정은 주인의 명을 잘못 오해해서 리산더에게 묘약을 바르고, 숲에서 깨어난 리산더는 헬레나를 본 순간, 그 즉시 그녀에 대한 자신의 열렬한 사랑의 감정을 고백한다.

그런 후에, 숲의 한 쪽에서 연기자들이 연극을 연습하고 있는 동안에, 작가는 우리에게 이 모든 것이 결국 어떤 결과로 끝날지를 곰곰이 생각할 기회를 준다. 피라무스와 티스베에 관한 비극적인 이야기는 뜻하지 않은 장벽에 부딪힌다: 이 비극적인 연인들은 달빛 아래에서 만나기로 되어 있다. 따라서 그들은 여러 상징들을 구비한 "달빛"이라는 별개의 등장인물에 그들 자신을 맡긴 것이다. 그러나 세 번째와 네 번째의 부차적인 줄거리들이 서로 충돌하면서, 재앙이 발생한다. 즉, 요정

42) 2.1.60.
43) 2.1.103-5.

푸크가 오베론의 지시에 따라 방직공인 닉 보텀에게 나귀의 머리를 주었는데, 다른 연기자들은 낙담해서 모두 도망가 버리는 바람에, 깨어난 티타니아는 나귀 머리를 한 보텀과 사랑에 빠지게 된다. 오베론은 유유히 자신의 길을 가고, 티타니아는 이제 완전히 우스꽝스럽게 되어 버린다.

그러나 달빛 아래에서의 연인들과 관련된 오베론의 계획은 완전히 잘못되어서, 이 희곡은 이탈리아 풍의 오페라처럼 뒤죽박죽이 되어 버린다. 리산더는 헬레나를 연모하지만, 그녀는 그를 믿지 않는다. 데메트리우스는 헤르미아를 사랑하지만, 그녀는 계속해서 그를 거부한다. 헤르미아는 자신이 연모하는 리산더가 변심했음을 깨닫고서, 헬레나의 눈을 뽑아 버리겠다고 위협한다. 헬레나는 이 두 사람이 자기를 가지고 놀고 있다고 믿고서 절망한다. 오베론은 티타니아의 얼빠진 상태를 이용해서 충분히 그녀에게 복수해 주었다고 생각하게 되자, 리산더의 눈에서 마법을 풀고, 이전에 헬레나를 연모하였던 데메트리우스의 마음을 다시 회복시킴으로써, 엉망진창이 된 것들을 다시 복구해 나가기 시작한다. 이렇게 해서, 모든 문제들이 제자리를 찾게 되고, 한숨을 돌리게 된다. 두 쌍의 연인들은 테세우스와 히폴리타의 쌍과 더불어서 합동결혼식을 올리기 위해 아테네로 돌아오고, 오베론과 티타니아는 이제 왕과 왕비를 축복할 준비를 하며, 나귀 머리를 한 보텀을 비롯한 연기자들은 분장을 하고 공연을 기다린다.

이렇게 해서, 이 드라마는 제4막을 끝으로 조금 일찍 끝나는 것처럼 보일 수 있고, 이 이야기의 초반의 설정에서 아주 중요한 역할을 하였던 달도 줄거리가 본격적으로 진행되어 가면서 조용히 잊혀진 것처럼 보일 수 있다. 그러나 사실은 그렇지 않다. 이제 "극 중의 극"이 펼쳐지고, 마침내 연인들이 말로 표현하지는 않지만 실제로 그들 속에 존재하는 고전적인 두려움들이 『로미오와 줄리엣』(*Romeo and Juliet*, 세익스피어는 이 작품을 『한여름밤의 꿈』과 거의 동일한 시기에 썼다)의 축소판으로 그들의 눈 앞에서 연기된다.[44] 피라무스는 티스베의 피 묻은 외투를 발견하고서, 자기가 사랑하는 사람이 죽었다고 착각하여 자결하고, 그가 죽은 것을 본

44) 『로미오와 줄리엣』과 『한여름밤의 꿈』의 상대적인 저작연대에 대해서는 Holland, 1994, 110f.를 보라. 이 음유시인은 거의 동일한 시기, 즉 1594년 말과 1596년 초에 이 두 작품을 동시에 작업하였던 것으로 보인다. 되돌아보면, "피라무스와 티스베"(Pyramus and Thisbe, 이 작품은 Ovid, *Met.* 4.55-166을 개작한 것이다)는 『로미오와 줄리엣』을 고도로 압축한 것으로 보이고, 비극에 관한 통상적인 견해 — 청중들에게 그들의 어두운 감정들을 '카타르시스'(katharsis) 시킬 수 있는 수단을 제공해 주는 것(Aristotle, *Poetics*, 1449b.22-8) — 는 이 시점에서 Shakespeare의 의도, 즉 주된 "청중들," 즉 이 경우에는 물론 『한여름밤의 꿈』의 주된 "줄거리들"에 등장하는 인물들에게 '카타르시스'의 수단을 제공해 주고자 하는 의도와 잘 맞아떨어진다. 극 중의 극의 역할에 대해서는 Holland, 1994, 93을 보라.

티스베도 따라서 자결한다. 셰익스피어가 "극 중의 극"을 펼치는 연기자들로 하여금 관객들에게 이것은 단지 나쁜 꿈일 뿐임을 강조하도록 아주 세심하게 신경을 쓰고 있는 것과 마찬가지로, 극 중의 극에서 "사자"로 분장한 사람은 자기는 단지 사자 역할을 하는 연기자일 뿐임을 숙녀분들에게 강조하는 세심한 배려를 보여준다. 그러나 연기자들이 잠재적인 재앙을 실제로 연기했을 때, 그 연기는 사람들에게서 밤의 공포들을 몰아내 주는 정화작용을 한다. "극 중의 극"은 로미와 줄리엣식의 사건을 생생하게 연기함으로써, 이 드라마의 나머지 부분에 잠재적인 비극을 드리우고, 다른 모든 것들에 미묘하고 암울한 의미를 부여하는 열쇠로서의 마지막 부차적인 줄거리 역할을 한다.

이 기묘한 작은 작품의 중심적인 등장인물은 결국 "달빛"이라는 것이 드러난다. 작품 속에서 이 등장인물은 자신을 가리키는 여러 상징들을 통해서 찾아온다: 달 자체를 가리키는 등불, 다른 상징들을 가지고 달빛 아래 있는 사람, 고대인들이 보름달 속에서 보았던 가시덤불과 개. 왕의 결혼식이 열리기 전에도 달빛은 필요하였지만, 이제 그 달은 희미한 초승달이 아니라, 그렇지 않았다면 여전히 감추어져 있었을 인간 드라마의 여러 측면들을 드러내 주는 환한 보름달이다. 셰익스피어는 테세우스의 처음의 탄식과 히폴리타의 침착한 대답을 역으로 반영하는 세심함을 보여준다:

히폴리타
나는 이 달이 이제 피곤하니, 바뀌었으면 좋겠어요.

테세우스
달빛이 약한 것을 보니, 달이 기울고 있는 것이 분명하지만,
우리는 어떻게든 이대로 머물러 있어야 해요.[45)]

달은 묵묵히 빛을 비추고 있는 가운데, 피라무스는 자기로 하여금 티스베를 볼 수 있게 해준다는 이유로, "달이 지금 이렇게 밝게 비치는" 것에 대하여 달에게 감사하지만,[46)] 도망치는 사자 뒤로 남겨진 그녀의 찢어진 피 묻은 외투를 보고는, 최악을 생각하고 자결하고, 그렇게 자결하기 전에 먼저, 달에게 사라져 버리라고 명령한다:

45) 5.1.241-5.
46) 5.1.261-5.

이렇게 내가, 이렇게, 이렇게, 이렇게 죽는구나.
이제 나는 죽었다.
이제 나는 빠져 나왔다.
내 영혼은 창공에 있고,
혀야, 네 가벼움을 버려라.
달아, 멀리 가버리려무나.
[달빛 퇴장]
나는 죽는다, 죽는다, 죽는다, 죽는다, 죽는다. [그가 죽는다.][47)]

히폴리타는 이 극 중의 극을 지켜보면서, 티스베가 돌아오기 전에 달빛이 사라졌다고 평하고, 테세우스는 티스베가 별빛에 의지해서 그녀의 죽은 연인을 발견하게 될 것이고, "그녀의 오열로 극이 끝날" 것이라고 설명한다.[48)] 실제로 그렇다. 셰익스피어가 의도적으로 신경을 써서 무대에 올린 "노동으로 잔뼈가 굵은" 연기자들은 즉시 몇 가지 점에서 우스꽝스러운 것으로 보일 것이었지만, 그 드라마의 나머지 부분 및 모든 좌절들과 분노와 위협들 배후에 감춰져 있는 어두운 진실, 즉 연인들은 종종 아주 잘못된 방식으로 죽음을 택하지만, 어쨌든 죽음은 우리 모두를 기다리고 있다는 진실을 담고 있다. 이 희곡 전체에 걸쳐서 신화적이거나 현실적인 다양한 배역들을 소화해 낸 "달빛"은 이제 "죽은 자들을 매장하는" 마지막 장면에 등장해서 "사자"와 더불어 끝까지 자리를 지킨다.[49)] 아울러, 왕은 이 연인들을 자신의 결혼식과 두 주간에 걸친 피로연에 부르고, 오베론은 그들의 장래를 축복해 준다. 좀 더 큰 틀의 드라마(테세우스와 히폴리타)는 모든 것을 한데 묶는 역할을 하는 반면에, 서로 얽히고설킨 부차적인 줄거리들은 극 중의 극을 통해 드라마의 근저에 있는 긴장들과 위협들을 드러내며 드라마를 절정으로 끌어 올린다. 또한, 이 드라마 전체는 셰익스피어가 살아가는 무대 속에서 관중들과 그들의 사회가 지닌 통상적인 삶과 사랑, 두려움과 환상을 보여주는 "극 중의" 극으로서의 역할을 한다는 것은 두말할 필요가 없다. 거울들로 가득한 방, 줄거리들로 가득한 줄거리, 비극으로 가득한 희극, 이야기들로 가득한 세계. 이 드라마는 사실 핵심적인 계기들과 주제들과 계시들의 전부는 아닐지라도 대부분의 상징이자 전령으로서의 "달"이 가득한 현실의 삶과 많이 비슷하다.

계시들! 바로 이것이 문제이다. "계시"가 지닌 의미는 계시가 좀 더 큰 서사 내에

47) 5.1.289-95.
48) 5.1.3-5.
49) 5.1.337.

서 하는 일, 즉 그 서사를 바꾸고, 새로운 소식들을 가지고 그 서사 속으로 침투해 들어가고, 그 서사를 변화시키는 것이라고 할 수 있다. 그러나 어떤 사람들은 바울이 말하는 "계시" 또는 그에게서 발견되는 "묵시론"은 어떤 등장인물의 새로운 요소들이 드러날 때에 일어나는 것과 같은 "계시'가 아니라, 극장 관리인이 공연 도중에 무대에 올라와서, 극장에 불이 났으니, 모든 줄거리들과 부차적인 줄거리들을 다 중단하고, 관중들을 집으로 보내는 것과 같은 "계시"라고 말할 것이다. 오늘날 일부 진영에서는 이것이 "묵시론"이 의미하는 것이라고 주장하면서, 바울은 적어도 "묵시론"이라고 부를 수 있는 어떤 것의 몇몇 요소들을 표현하고 있음이 드러났기 때문에, 그는 그 줄거리의 복잡성 여부를 떠나서 연속적인 서사 안에서 살 수도 없었고, 다른 사람들에게 그러한 서사 안에서 살라고 권면할 수도 없었다고 결론을 내린다. 이것은 정말 사실인가?

누가 굳이 힘 주어 강조하지 않아도, 바울이 비극이든 희극이든 드라마를 쓴 것이 아님은 물론이다. 만일 바울과 셰익스피어를 동일한 범주에 둔다면, 그것은 범주 오류가 될 것이다. 그러나 내가 그런 주장을 하고 있는 것이 아님은 물론이다. 나의 주장은 우리가 서사들이 어떤 식으로 서로 연결되어 있는지를 떠올린다면, 모든 것을 포괄하는 아주 단순한 서사가 있고, 그 서사가 좀 더 복잡하게 서로 엉켜 있는 부차적인 줄거리들을 만들어 내며, 그 중심 가까이에서 일어나고 있는 어떤 일이 다른 모든 것들을 여는 열쇠가 될 수 있다는 것을 알기 때문에, 거기에 비추어서, 바울의 여러 글들 안이나 아래나 주변에서 발견되는 혼란스러워 보이는 여러 "이야기들"을 분석한다면, 거기에서 어떤 질서를 발견해 낼 수도 있다는 것이다. 우리가 바울의 글들 속에서 어떤 한 주제에 초점을 맞추고 있는 것과 마찬가지로, 또 다른 사람은 그 숲의 다른 지역을 둘러보고서 어떤 말을 할 수 있기 때문에, 우리는 그 사람의 말에도 주의를 기울여야 한다. 그리고 이렇게 제시된 "주제들"은 실제로 서로 긴밀하게 연결된 이야기들이라는 것이 드러난다.

어떤 구조주의자들은 이 시점에서 갑자기 끼어들어서 내가 던지는 이러한 질문이 성공을 거둘 가능성이 있는 이유는 우리가 "드라마"라고 부르는 것은 실제로 저 깊은 심리나 원형의 차원에서 – 그것이 개인적인 것이든 집단적인 것이든 – 인간의 모든 삶에 뗄 수 없을 정도로 섞여 짜여 있는 패턴들 및 구조들과 연관되어 있기 때문이라고 말할지 모른다. 나는 그러한 말에 대하여 논평하지는 않을 것이지만, 내가 말할 수 있는 것은 근저에 있는 이야기들이나 드라마들이라는 관념은 상당한 결실을 거둘 수 있는 것임이 입증될 수 있고 입증되고 있다는 것이다.

이렇게 해서, 사도 바울의 암묵적인 세계관 내에서는 일반적으로 몇 가지의 "이야기들"이 탐지된다. 나는 그러한 이야기들을 여러 곳에서 그때마다 다르게 개략적으로 설명해 왔는데, 어떤 때에는 그 서사들의 전체적인 통일성과 일관성을 보여 주기 위하여 한데 결합해서 제시하기도 하였고, 어떤 때에는 그 서사들 각각의 강조점들이 드러나도록 하기 위하여 따로따로 다루기도 하였다.[50] 바울의 세계관을 떠받치고 있는 이야기들의 수는 세 가지에서 다섯 가지까지 학자들마다 다르지만, 크게 이스라엘에 관한 이야기, 그리스도에 관한 이야기, 바울 자신에 관한 이야기(그의 추종자들에 관한 이야기를 포함해서)로 나눈다면 세 가지가 될 것이고, 거기에 세계에 관한 좀 더 큰 이야기를 더한다면 네 가지가 될 것이며, 바울 자신에 관한 이야기를 그의 시대 이전과 이후의 다른 신자들에 관한 여러 이야기들로부터 분리한다면, 다섯 가지가 될 것이다.[51]

나는 이제 이 여러 가지 이야기들이 희곡에 나오는 부차적인 줄거리들과 비슷하게(나는 정확히 동일한 방식이 아니라 "비슷하게"라고 말하였다) 실제로 서로 얽히고설켜서 하나의 통일적이고 일관된 형태를 지니고 있다고 주장하고자 한다. 또한, 나는 이러한 서사 분석의 도움을 받아 바울의 세계관을 조명하게 되면, 지금까지 석의가 어려웠던 애매모호한 구절들이나, 바울 서신들의 신학적 통일성과 관련해서 제기된 문제들에 대한 해법이 희미한 달빛이 아니라 무수히 쏟아지는 직사광선을 받아 아주 선명하게 드러나게 될 것임을 보여주고자 한다(앞의 것보다 더 중요한 것일 수 있는 이 작업은 이 책의 나머지 부분에서 계속해 나가게 될 것이다). 이 두 번째의 작업은 "이야기"에 관한 이 모든 말들이 "석의와 관련된 성과들"이나 "유익"을 가져다줄 수 있을지를 의심해 온 사람들에게, 그러한 회의론을 반박하는 것보다 더 좋은 대답이 될 것이다. 그것은 내 자신의 방법론의 암묵적인 해석학적 순환고리가 어떤 식으로 작동할 것인지를 보여준다. 나는 아주 오래 전에는 석의

50) "단일한" 기사에 대해서는 *NTPG*, 79, 403-9(나는 거기에서 특히 예수의 죽음에 관한 바울의 압축된 기사들이 다른 좀 더 큰 이야기들을 하나의 단일하고 압축된 전체로 결합시키는 방식을 집중적으로 다루었다); 다섯 가지 서로 다른(하지만 서로 연결되어 있는) 서사들에 대해서는 Wright, 1995 ["Romans and the Theology of Paul," 지금은 *Perspectives*, ch. 7], 67. Matera, 2012에서(나를) 가장 당혹시키는 특징들 중의 하나는 그가 바울에게서 창조주와 세계, 특히 계약의 하나님과 그의 백성에 관한 좀 더 큰 서사들을 완전히 생략하고서, 오직 세 개의 이야기들(바울 자신의 삶 속에서의 구원의 은혜에 관한 이야기; 그리스도 안에서의 그 동일한 은혜에 관한 이야기; 그리스도 안에 있는 사람들의 삶 속에서의 그 동일한 은혜에 관한 이야기)만을 제시하고 있다(10f.)는 것이다.

51) 예를 들면, Matera, 1999, 86; Witherington, 1994, 5; Dunn, 1998, 17f. Longenecker, 2002b, 11f.는 이것들을 부각시키는 가운데, Meeks, 1993, 196, 205가 서로 다른 세 가지, 즉 예수, 이스라엘, 세계를 보여주고, Cupitt, 1991, 114f.는 Dunn이 제시한 오중의 모델에 동의하고 있다고 지적한다.

로 시작했다가, 초기 기독교가 도대체 어떤 것이었는지를 이해하기 위하여, 세계관 모델들로 내달려 왔지만, 그때나 지금이나 나의 목표는 언제나 "지금까지는 흥미로운 일탈이었으니, 이제는 본업으로 돌아가자"고 말하는 것이 아니라, "이전에 이해할 수 없었던 것들을 이제는 마침내 이해할 수 있게 되었다"고 말하는 가운데, 석의로 돌아올 수 있게 되는 것이었다.[52)]

그렇다면, 어디에서 시작해야 하는가? 거기에 대한 분명한 대답은 모든 것의 틀이 되는 가장 거대한 이야기로 보임과 동시에, 오늘날 "묵시론"의 주창자들조차도 인정하는 서사의 요소인 것, 즉 하나님과 세계에 관한 이야기에서 시작해야 한다는 것이다.

3. 바깥쪽 이야기: 하나님과 피조세계

바울의 세계관 내에서, 우리가 앞에서 살펴본 드라마의 전체적인 틀 역할을 하는 테세우스와 히폴리타에 관한 이야기에 해당하는 것이 존재한다면, 그것은 창조주 하나님과 세계에 관한 전체적이고 포괄적인 이야기이다. 이 이야기보다 더 큰 틀은 거의 생각하기 힘들다. 이 "세계" 이야기는, 『한여름밤의 꿈』이라는 드라마에서 장차 있을 왕과 그 정혼녀의 결혼식처럼, 바울의 글들 속에서 흔히 분명하게 발견되지는 않는다. 하지만 이 이야기가 등장할 때, 우리는 그것이 다른 모든 것들의 토대가 되는 가장 중요한 이야기라는 것을 깨달아야 한다. 우리는 이 드라마에서

52) 위의 제7장 각주 3번에서 인용한 O'Donovan을 보라. Marshall, 2002, 214는 "이야기"라는 것이 과연 올바른 범주인지에 대하여 계속해서 의심을 표현하고, "하나님과 그의 백성 간의 실제적인 관계"가 그 이야기의 근저에 있고 그 이야기를 탄생시키는" 것이라고 주장하지만, 그는 "하나님과 그의 백성," 그리고 제2성전 시대의 한 유대인 간의 "관계"가 하나님과 이스라엘에 관한 문제 많은 기나긴 이야기를 의미한다는 것은 보지 못하는 것 같다. 심지어 Bruce Longenecker조차도 서사 분석의 진정한 성과가 윤리학과 실천신학 또는 조직신학 쪽에서 생겨날 수 있다고 말하면서도, 자기는 "서사 역학에 대한 고조된 관심이 본문에 대한 새로운 석의상의 통찰들이나 어떤 특징들을 전례 없는 방식으로 이끌어내는 성과를 상당한 정도로 거두었다고 보지 않는다"고 말한다(2002c, 83). Dunn, 1998, 17-19도 이런 식으로 진행해 나가고 있다는 인상을 준다. 이것은 Dunn, 2002, 220f.와 맥을 같이 한다. 거기에서 그는 행위소 분석을 볼 때에 탄식이 나온다고 분명히 말한다. Dunn이 그의 온갖 엄청난 노력에도 불구하고 여전히 바울의 사고를 구성하는 요소들을 통합하고자 할 때에 직면하는 중심적인 문제점들을 만족할 만한 수준에서 해결하지 못하였다는 사실(예컨대, Dunn, 2002, 222; Dunn, 2008 [2005], 96f., 430f.)은 그 문제에 대하여 새로운 접근방법을 시도하는 것이 현명한 일일 수 있다는 것을 시사해 주는 것으로 보인다. 바울에 있어서의 이야기들에 관한 최근의 유익한 연구로는 Bird, 2008b, ch. 3을 보라.

이 이야기가 표면에 언급되지 않을 때에도 다른 모든 것들을 규정하는 영향력으로서 원칙적으로 관중들의 마음과 상상력에 제시되어 있다고 보는 것이 옳을 것이다.

창조주와 세계에 관한 이야기는 사실 어디에서나 전제된다. 바울은 자기가 말하는 하나님이 천지를 지은 창조주라는 사실을 당연한 것으로 전제한다. 이 하나님은 세계를 창조하였고, 이 세계 속에서 사람들은 하나님의 능력과 영광, 심지어 그의 신성을 보여주는 증표들을 알아차려야 한다.[53] 하나님은 만물을 만들었고, 사람들은 그 모든 것에 대하여 하나님께 감사할 수 있고 감사하여야 한다. "땅과 거기에 충만한 것이 주의 것이다." 바울은 세계관을 형성한 전제에 대하여 분명하게 말하고 있는 성경의 진술들을 인용한다.[54] 우리가 충성을 다하고 우리의 목숨까지 드리는 것이 합당한 만물을 지은 한 분 하나님이 존재한다. "만물이 그에게서 나오고 그로 말미암고 그에게로 돌아간다."[55]

이것 자체는 서사가 아니라 진술이다. 창조주 하나님이 세계를 만들었고, 세계는 그의 것이다. 이것은 "고양이가 매트 위에 앉아 있었다"는 말과 마찬가지로 이야기가 아니다. 이야기와 서사가 되려면, 원래의 진술의 균형을 깨는 무슨 일, 즉 "매트에 불이 붙었다"거나 "쥐가 등장해서 고양이의 꼬리를 물었다"는 등의 일이 일어나야 한다. 이 하나님과 그의 세계에 관한 이야기가 존재한다고 말할 수 있는 이유는 두 가지이다. 첫째, 창조주 하나님은 어떤 목적을 가지고 세계를 만들었고, 그 목적을 이루는 일을 인간에게 맡겼다. 이렇게 해서, 이제 우리가 탐구해야 할 과제인 이야기가 시작된다. 둘째, 인간은 자신에게 맡겨진 일을 제대로 하지 않고, 하나님의 기대를 저버리고 권세를 남용하며 반역을 행하였다. 이제 완성해야 할 과제와 아울러서, 풀어야 할 문제가 생겨났다. 단지 창조주와 그의 세계 간의 관계에만 문제가 생겨난 것이 아니었다. 그 관계의 목적이 와해되어 버린 것처럼 보인다. 누구나 무엇인가 일이 단단히 잘못되었다는 것을 알고, 누구나 그런 일이 어떻게 일어날 수 있었는지에 대하여 의아해하면서, 과연 모든 것이 하나님이 원래 계획했던 대로 원상복구될 수 있을지를 의아해하는 바로 그 시점에서, 우리는 줄거리 속으로 던져진다.

이 이야기의 유대적인 판본에서는 무엇이 잘못된 것인지에 대해서는 거의 말하

53) 롬 1:18-24.
54) 시 24:1을 인용하는 고전 10:26; cf. 롬 14:14.
55) 고전 8:6; 롬 11:36; 또한, cf. 골 1:15-17.

지 않고, 단지 일이 잘못되었고, 창조주가 그 일을 바로잡을 필요가 있다는 사실만을 제시한다. 암시와 실마리들은 널려 있고, 바울보다 이삼백 년 전에 어떤 저자들은 이 땅에 썩어짐을 가져다준 타락한 천사들에 관하여 언급한 창세기의 구절을 파헤치기도 하였다.[56] 예루살렘이 멸망하고, 유대인들이 이전에 생각했던 것보다 일이 한층 더 악화된 후에야, 두 명의 저자는 창세기 6장이 아니라 창세기 3장이 인류 전체의 악만이 아니라 이스라엘의 악에 대한 궁극적인 설명임을 알게 된다.[57] 마찬가지로, 바울도 이스라엘이 겪은 실패와 비슷한 위기에 직면하여서, 처음에는 이 땅에 온 메시야를 받아들이고, 다음으로는 부활한 메시야를 믿었을 때, 역시 창세기 3장으로 눈을 돌린다. 거기에는 아담의 범죄에 대한 언급은 있지만, 설명은 없다. 피조세계를 돌보아야 할 사명을 받은 인간이 그 일에 실패하였기 때문에, 피조세계는 엉망이 되어 버렸다. 그 배후에는 창조주의 계획을 무너뜨리고자 하는 "세력"이 활동하고 있고 – 이번에도 이것에 대한 설명은 주어지지 않는다 – 극복되어야 할 것은 바로 그 세력이다.[58] 모든 것이 바로잡히게 될 것이라는 하나님의 약속들은 이 점을 더욱 분명하게 보여줌과 동시에, 지금 세계를 파괴해서 창조주의 사역을 무효화하고자 하는 세력은 장차 패배를 당하게 될 것임도 분명하게 보여준다. 그리고 이 세력은 메시야가 이룬 것들로 인해서 이미 어느 정도는 패배를 당한 상태이다. 이 모든 것을 통해서, 우리는 우리에게 주어진 단편들을 한데 꿰어서 만들어낼 수 있는 그 어떤 것들보다 훨씬 더 큰 이야기, 바울의 글들이 다루는 좀 더 분명하고 직접적인 소재들을 둘러싼 모든 부차적인 줄거리들을 하나로 포괄하는 줄거리인 이야기를 감지한다. 바울에게 이 이야기는 『한여름밤의 꿈』이라는 드라마에서 모든 부차적인 줄거리들을 포괄하는 테세우스와 히폴리타의 이야기에 해당한다.

창조주와 세계의 문제에 대하여 유대적으로 말하는 표준적인 방식들 중의 하나는 세계의 역사를 두 시대, 즉 현세(the present age)와 내세(the age to come)로 나누어서 말하는 것이었다.[59] (원칙적으로는 세 시대라고 말할 수 있지만, 첫 번째

56) 창 6:2-4; cf. *1 En.* 1-36(통상적으로 편집된 본문으로 여겨진다).

57) *4 Ez.* 3.7; 4.30; 7.11; *2 Bar.* 17.3; 23.4; 48.42; 54.15, 19(여기서 각각의 사람은 그 자신의 아담이지만); 56.5f.

58) 롬 5장; 8장; 고전 15장; "능력들"에 대해서는 롬 8:34-9; 고전 2:1-10; 15:20-8; 골 2:14f.; 엡 6:10-20.

59) "두 시대"는 "묵시론적" 저작들과 랍비들의 사고 둘 모두에서 발견된다; 본서 제2장 각주 397번을 보라.

의 암묵적인 시대, 즉 창세기 1장과 2장에 묘사된 황금 시대는 유대적인 시대 구분에서는 통상적으로 등장하지 않는다.) 이것은 본질적으로 사물들의 현재 상태와 장래에 의도된 상태 간의 근본적인 불연속성과 아울러서 연속성도 긍정하고 있다는 점에서 흥미로운 해법이다. 만일 연속성이 없다고 한다면, 사람들은 이것이 "창조주와 피조세계"에 관한 이야기가 맞는지에 대하여 의심을 갖게 될 수 있었을 것이고, 그 이야기가 와해되어, 어떤 다른 것, 즉 현재의 세계를 어떤 열등한 신의 작품이거나, 심지어 (에피쿠로스학파의 주장처럼) 순전히 우연의 산물로 보는 일종의 영지주의적 도식으로 바뀐 것으로 보였을 것이다. 하지만 만일 불연속성이 없다고 한다면, 사람들은 문제가 그리 심각하지 않은 것으로 보고서, 우리가 지금 철저히 잘못되어서 위태롭고 위험한 세계 속에서 살고 있다고 생각하는 것이 아니라, 원래의 피조세계에 조금 주름이 간 정도의 세계 속에서 살아가고 있다고 생각했을 것이다. 이렇게 우리에게는 악과 사망이 광분하며 날뛰는 현세(ha- 'olam ha-zeh, '하올람 하제')와 정의와 평화가 승리를 거두고 악과 사망이 폐기되지만, 이 모든 일들이 어떤 의미에서는 여전히 피조 질서 내에서 일어나는 내세(ha- 'olam ha-ba, '하올람 하바')가 제시된다.[60] 이것은 창조주가 자신의 피조세계를 임박한 파멸로부터 건지기 위해서는 무엇인가 심각하고 중대한 일을 하지 않을 수 없다는 것을 인식하는 가운데서, 창조주와 세계에 관한 "거대 서사"의 존재도 아울러 재천명하는 방식이다.

바울이 모든 것을 포괄하는 이 서사에 특별히 기여한 것은 그 "내세"가 (아직 완성된 것은 아니지만) 이미 예수를 통해서 개시되었다는 것을 선포한 것이었다. 이것은 그가 예수가 이룬 일들의 결과를 "새로운 피조세계"라는 관점에서 말함으로써, 이 일이 어떤 다른 것의 꼭대기 위에서 만개한 것이 아니라, 그 주된 줄거리가 어디에 있는지를 보여주는 것이라고 말하는 이유이다.[61] 특히, 이것은 그가 인간과 그 구원에 관한 이야기를 하나님이 세계 전체를 회복한다는 좀 더 큰 그림과 아주 직접적으로 연결시키는 이유이다. 예수의 사역이 어떻게 그리고 왜 그러한 효과를 지니는가 하는 것에 관한 이야기는 이어지는 부차적인 줄거리들 중의 하나의 일부이다. 그러나 이것을 틀로 해서, 그의 사고가 움직이고 있다는 것은 의심의 여지가 없다. 그가 자신의 가장 날카로운 서신인 갈라디아서의 서두에서 하는 말을 들어보자:

60) 피조세계가 새 시대로 쭉 이어지는 것에 관한 논의에 대해서는 본서 제2장 제4절 4)를 보라.
61) 고후 5:17; 갈 6:15; 아래를 보라.

> 우리 아버지 하나님과 세세토록 영광을 받기에 합당하신 우리 아버지 하나님의 뜻을 따라 현재의 악한 시대로부터 우리를 건지시려고 우리의 죄를 위하여 자기 자신을 주신 메시야 예수로부터 은혜와 평화가 있기를 원하노라.[62]

메시야 예수께서 "현재의 악한 시대에서 우리를 건지시려고 … 자기 자신을 주셨다." 바울은 이렇게 말하고서, 즉시 이 말에 대한 부연설명을 덧붙이는 세심함을 보여준다. 즉, 그것은 창조주 하나님과 그가 지은 세계로부터 우리를 건진 어떤 일(세계로부터 건짐을 받는다는 관념은 영지주의에 속한다)이 아니라, 바로 그 동일한 창조주의 뜻을 따라 그의 영광을 위하여 일어난 어떤 일이라는 것이다. 그러나 그의 이 말은 "두 시대"에 대한 그의 믿음을 분명하게 보여줌과 동시에, 이 두 시대가 지금 서로 중첩되어 있다는 그의 특유한 주장을 분명하게 보여준다. 하나님의 미래인 "내세"가 메시야 예수 안에서 현세로 침입해 들어왔고, 예수로 말미암아 건짐을 받은 자들(이들이 누구인지는 또 다른 문제이고, 거기에 대해서는 적절한 때에 살펴보게 될 것이다)은 "현재의 악한 시대"로부터 건짐을 받아서, 이제 저 "내세"에 속하게 된다. 이것은 메시야 백성이 현재 속으로 이미 침입해 들어온 미래의 때에 속하여 있는 것으로 말하는 바울 서신들의 많은 구절들과 자연스럽게 부합한다.[63] 그리고 그것은 중간에 나오는 많은 내용이 명시적으로 창조주와 피조세계의 서사에 관한 것이 아니라고 할지라도, 바울이 서두에서 밝힌 이것이야말로 바울에게 있어서 실제로 (테세우스와 히폴리타의 다가올 결혼과 마찬가지로) 다른 부차적인 줄거리들을 한데 묶어줌과 동시에 그 부차적인 줄거리들로 인해서 도움을 받는 주된 줄거리라는 것을 보여줌으로써, 갈라디아서 내에서 엄청나게 중요한 끝부분의 진술을 미리 보여주는 역할을 한다:

> 내게 있어서는 하나님께서 내가 우리 주 메시야 예수의 십자가 외에는 자랑하는 것을 금하였으니, 메시야로 말미암아 세계는 내게 대하여 못 박혔고, 나는 세계에 대하여 못 박혔다. 할례도 아무것도 아니고, 무할례도 아무것도 아니다. 중요한 것은 새로운 피조세계이다. 이 기준을 따르는 모든 자, 곧 하나님의 이스라엘에게 평화와 긍휼이 있을지어다.[64]

62) 갈 1:3-5. Michael Bird는 사석에서 로마서와 갈라디아서는 계시, 신비, 진노, 심판, 건져냄, 악한 시대, 새로운 피조세계에 관한 "묵시론적인" 또는 "우주론적인" 진술들이 그 틀을 형성하고 있다는 것을 내게 지적해 주었다: cf. 갈 1:3f.와 6:15; 롬 1:3f., 16-18와 6:25f.

63) 예를 들면, 롬 13:12f.; 살전 5:5 등.

64) 갈 6:14-16. 바울이 이런 식으로 강조하는 것을 활용할 수 있었더라면, 여기에서 틀림없이 그런 방법을 채택하였을 것이라고 말하는 사람들이 있겠지만, 어쨌든 강조들은 물론 첨가된 것이다.

이 말이 의미하는 것은 바울이 말한 그대로이다. "'코스모스'(kosmos, "세계")에 대한 바울의 인식은 단지 '코스모스'가 못 박혔다는 것만이 아니었다 … 피조세계 전체의 운명을 결정하는 새로운 현실이 존재하게 되었다."[65] 바울이 즉시 계속해서 "새로운 피조세계" – 이것은 마치 희귀한 다이아몬드처럼 그의 글들에서 아주 가끔씩 등장하지만 대단히 무게 있는 의미를 지니고서 밝게 빛나는 어구들 중의 하나이다 – 에 대하여 말할 수 있었던 이유가 거기에 있다. 중요한 것은 새로운 피조세계인데, 이 피조세계는 "세계"가 메시야의 십자가로 말미암아 못 박히고 "내"가 세계에 "대하여"(이것이 무엇을 의미하는지와는 상관없이) 못박힘으로써 생겨났다.[66] 따라서 "현재의 악한 시대"에서 "내세"로의 이행은 메시야의 죽음, 그리고 암묵적으로는 그의 부활이라는 사건을 통해서 일어난 것이다. 이러한 관점, 그리고 주된 "줄거리"에 대한 언급을 아끼는 것이 바울의 모든 서신들의 특징이다.

이 주제와 관련해서 또 하나의 핵심적인 진술인 고린도후서 5:17도 이러한 구도와 정확히 맞아떨어진다: "누구든지 메시야 안에 있다면, 새로운 피조세계가 존재한다. 옛 것들은 지나갔다. 보라, 모든 것이 새롭게 되었다!" 로마서 12장의 처음 부분에 나오는 위대한 호출 같은 명령들도 마찬가지이다:

> 너희 자신을 현세에 의해서 강요되는 틀에 억지로 짜맞추어 넣지 말라. 그 대신에 너희의 사고를 새롭게 함으로써 변화를 받아서, 하나님의 뜻이 무엇인지, 무엇이 선하고 열납될 만하며 온전한 것인지를 분별하라.[67]

"현세"는 계속되고 있지만, 메시야를 따르는 자들은 더 이상 현세에 영합하여 살아가서는 안 된다. 바울이 시간과 관련하여 말한 것은 내용물에 대해서도 그대로 적용된다. 즉, 창조주는 옛 세계라는 모태로부터 새로운 세계(kosmos, '코스모스')를 창조하였다는 것이다:

> 우리가 현재 겪고 있는 고난들은 장차 우리에게 나타날(apokalyphth enai, '아포칼리프테나이') 영광과 나란히 놓고서 저울질해 볼 가치조차 없다. 피조세계 자체가 하나님의 자녀들이 나타날(직역하면, 하나님의 자녀들의 나타남[apokalypsis, '아포칼립시스']을 위한) 순간을 고대하며 간절하게 기다리고 있다. 피조세계는 자신의 의지가 아니라 자

65) Hays, 2000, 344.
66) 본서 제11장 제6절 (iii)을 보라.
67) 롬 12:2.

기를 그러한 굴복에 두신 이로 말미암아 무의미하고 헛된 것에 굴복하고 있는 가운데, 썩어짐의 노예 상태로부터 해방되어서, 하나님의 자녀들이 영화롭게 될 때에 찾아올 자유를 누리게 되기를 소망하고 있다.

내가 설명하건대, 우리는 피조세계 전체가 현재까지 함께 신음하고 있고 함께 수고하며 고통을 겪고 있는 것을 안다. 그뿐만이 아니다. 우리, 곧 우리 안에 성령의 생명의 첫 열매들을 가지고 있는 우리도 우리 자신의 내면에서 신음하며, 우리가 양자될 것, 즉 우리의 몸의 구속을 고대하고 있다. 우리는 소망 안에서 구원을 얻었다. 그러나 너희가 소망을 볼 수 있다면, 그 소망은 소망이 아니지 않겠는가! 누가 볼 수 있는 것을 소망하겠는가? 우리가 보지 못하는 것을 소망한다면, 우리는 그것을 간절히, 그러나 인내로써 기다린다.[68]

바울의 글들 속에서 유일무이하지만, 바울이 세심하게 공들여서 쓴 자신의 가장 위대한 서신의 두 번째 큰 단락의 수사학적 정점에 둔 이 장엄한 구절도 또다시 이 서사적인 틀과 꼭 들어맞는다. 복음이라는 "묵시론" – 이것에 대해서는 나중에 살펴볼 것이다 – 은 장차 메시야의 백성이 변화되어 죽은 자 가운데서 다시 일으키심을 받고, 뒤이어 피조세계 자체가 변화될 추가적인 "계시" 또는 "드러남"을 발생시킬 것이다.

그 근저에 있는 이야기, 즉 창조주와 세계에 관한 거대 서사라는 관점에서 이것이 무엇을 의미하는지는 곧 드러나게 될 것이지만, 그렇게 되기 위해서는 먼저 우리에게는 퍼즐의 한 조각이 더 필요하다. 세심한 구성과 강력한 신학이라는 관점에서 로마서 8장과 어깨를 겨룰 수 있는 한 장에서, 바울은 자기가 이 우주적인 드라마가 어떤 식으로 펼쳐질 것으로 보고 있는지를 간략하게 설명한다:

그러나 사실 메시야는 잠자는 자들의 첫 열매로서 죽은 자 가운데서 다시 살아나신 것이다. 왜냐하면, 한 사람으로 말미암아 사망이 도래하였듯이, 한 사람으로 말미암아 죽은 자 가운데서의 부활이 도래하였기 때문이다. 모든 사람이 아담 안에서 죽고, 모든 사람이 메시야 안에서 살게 될 것이다.

하지만 각 사람은 적절한 순서를 따라 그렇게 될 것이다. 메시야께서 첫 열매로서 다시 살아나시고, 그후에 메시야에게 속한 사람들이 그가 왕으로 다시 오실 때에 다시 살아날 것이다. 그런 후에 종말이 오고, 그가 모든 통치와 모든 권세와 능력을 폐하고서, 그 왕적인 통치를 아버지 하나님께 바칠 것이다. 그는 "자신의 모든 원수들을 자기 발 아래 둘" 때까지 계속해서 통치를 해야 한다. "그가 만물을 자기 발 아래 두었기" 때문에, 멸망 받을 최후의 원수는 사망이다. 그러나 만물이 그의 아래에 두어진다고 말할 때,

68) 롬 8:18-25.

만물을 그의 아래에 두시는 이가 거기에 포함되지 않는다는 것은 분명하다. 만물이 그 아래에 두어졌을 때, 아들 자신은 만물을 그의 아래에 두신 이 아래에서 원래의 자리에 있게 되실 것이고, 하나님은 모든 것 가운데서 모든 것이 되실 것이다.[69]

이 주목할 만한 논증의 세부적인 것에 대해서는 나중에 다시 살펴볼 것이기 때문에, 우리는 여기서 기본적인 요지만을 제시하고자 하는데, 그것은 피조세계 자체가 하나님이 준 선한 것임을 부정하고자 하는 것인 "사망"이 마지막에 패배를 당하게 될 "원수"로 규정하는 바울의 이러한 논증은 창조론에 깊이 뿌리박은 미래관이라는 것이다. 사망의 패배는 죽은 자 가운데서 다시 살리심을 받은 메시야 예수로 말미암아 이미 일어났고, 이 승리는 피조세계 전체로 확대되어서, 마침내 창조주 하나님이 "모든 것 가운데서 모든 것"이 될 것이다. 그런 후에, 이 본문은 기본 설계도이자 기본적인 선언으로서의 역할을 해서, 그 위에서 몸의 부활에 관한 상세한 논증이 이 장의 나머지 부분에서 제시된다.

그렇다면, 피조세계에 대한 창조주의 원래의 계획에 있어서 무엇이 잘못된 것인가? 이 질문에 대해서는, 단지 인간의 실패만이 아니라, 인간이 아닌 악한 세력의 존재도 그 대답의 일부인 것으로 보인다. 바울이 "사탄"이라든가, '다이모니아' (daimonia, "귀신들")라든가, 또는 '스토이케이아' (stoicheia, "세계의 원소들") 같은 다른 수상한 세력에 대하여 언급한 내용들로부터 우리가 추론할 수 있는 것은 그러한 세력들이 존재한다는 것, 그들의 전반적인 목표는 피조세계와 관련된 창조주의 계획을 무너뜨리는 것이라는 것, 특히 "사탄"이라는 유사인격적인 세력은 창조주의 계획 및 그 계획 내의 모든 차원에서의 부차적인 계획들에 대하여 악의적인 의도를 지니고 있다는 것, 예수와 관련된 사건들을 통해서 이 일련의 파괴적인 세력들은 패배를 당하였고, 그들의 악한 계획들은 단번에 무너졌다는 것이다.[70] 이러한 악한 세력들의 패배와 무너짐, 그리고 그 결과로 피조세계가 새로워지는 길이 열리게 된 것은 모든 것을 포괄하는 바울의 가장 주된 서사 내에서 자주 언급되지는 않지만 본질적인 요소인 것으로 보인다.

최근에 이 서사 내에서, 바울은 창조주가 피조세계에 대하여 자신이 신실하다는 것을 보여 주어 왔다고 이해하였다는 것이 올바르게 강조되어 왔다. 즉,창조주는 처음에 계획을 세워(이것은 바울에게서 단지 암시만 되고 무대에 거의 등장하지

69) 고전 15:20-8.

70) 본서 제10장 제3절 3) (3)을 비롯한 여러 곳을 보라(색인에서 "demons"와 "stoicheia"의 항목들을 보라).

않아서 우리를 감질나게 만드는 것이지만, 아주 중요하다) 피조세계를 만들고 나서, 그 피조세계가 대단히 잘못되어 가고 있는데도, 결코 버리고자 하지 않았고, 도리어 시편 기자가 "그의 손으로 지으신 것"이라고 부른 것에 대하여 계속해서 참되게 행해 왔다는 것이다.[71] 이러한 주된 줄거리는 창조주의 "신실하심"이라고 규정될 수 있고,어떤 학자들은 이것은 창조주의 "의"를 포함한다고 할 수도 있고, 창조주의 "의"라고 표현될 수 있다고 주장해 왔다. 또한, 어떤 학자들은 '디카이오쉬네 테우' (dikaiosynē theou, "하나님의 의")라는 논란이 많은 어구와 관련하여, 그것은 피조세계를 구원하는 창조주의 능력을 가리키는 "전문용어"라고 주장해 왔는데,[72] 나는 이것이 하나님의 "의"의 나타남의 궁극적인 결과라는 데 동의하기는 하지만, 이 어구는 부차적인 줄거리들 중의 하나에 귀속시키는 것이 더 낫다고 본다. 하지만 모든 부차적인 줄거리들이 결국에는 하나로 수렴된다는 점에서, 이것을 "하나님의 의"와 연결시켜서 말하는 것도 전적으로 잘못된 것은 아니다. 피조세계와 관련된 창조주의 뜻이 궁극적으로 성취된다는 것이 모든 것을 포괄하는 서사의 핵심 중의 일부라는 것은 분명하다. 하나님은 놀림감이 되지도 않고, 무너지고 와해되지도 않는다. 하나님은 단지 십자가에 못박힐 뿐이다 … .

그러나 그것은 지금으로서는 너무 멀리 나가는 것이다. 모든 것을 포괄하는 큰 줄거리 내에 확고하게 속해 있는 또 하나의 주제는 피조세계 전체에 대한 하나님의 통치라는 주제이다. 우리가 정경의 복음서들에서 '바실레이아 투 테우' (basileia tou theou), 즉 "하나님의 나라"라는 용어로 만나게 되는 이 주제는 바울의 본문의 표면에는 거의 등장하지 않지만, 실제로는 바울의 본문에서 대단히 중요한 주제이다. "하나님의 나라"는 단지 여러 잡다한 "신학용어들" 중의 하나도 아니고, "메시야를 따르는 자들인 우리가 입으로만 떠들어대는" 슬로건이나 "우리 모두가 누리는 새로운 종교적 체험"이라고 내건 슬로건이 아니다. 관련된 구절들 중 몇몇이 보여주듯이, 바울은 하나님이 다스리게 되리라는 것, 메시야가 지금 다스리고 있다는 것, 메시야의 백성이 장래에 다스리게 될 것인데 지금 여기에서 그 일이 시작될 수 있다는 것이 무엇을 의미하는지에 대해서 세심하게 고찰한다. 바울에게 있어서 "하나님의 나라"는 그가 어떤 때에는 현재적인 실체로 말할 수 있었고("하나님의 나라는 먹고 마시는 것을 의미하는 것이 아니라, 성령 안에서의 의와 평화와 기쁨

71) 시 138:8; cf. 8:3; 시 95:5; 100:3.

72) 이것에 대한 고전적인 서술은 Käsemann, 1969 [1965], 168-82에 나온다; 그는 그것을 특히 자신의 로마서 주석서에서 발전시켰고, 지금은 Käsemann, 2010, 15-26에 수록된 한 대중 강연에서 이 주제를 다시 다루었다.

을 의미한다"), 어떤 때에는 장래에 이루어질 일로 말할 수 있었던("그러한 일들을 행하는 자들은 하나님의 나라를 유업으로 받지 못할 것이다") 어떤 상태를 가리키는 것으로 보인다.[73] 우리가 앞에서 고린도전서 15장에 나오는 구절에서 보았듯이, 종종 이것은 현재에는 메시야가 세계를 다스리다가, 그후에 모든 적대적인 세력들이 패배를 당하게 되었을 때에는 그 "나라"를 창조주에게 바침으로써, "하나님이 모든 것 안에서 모든 것이 될" 것이라는 두 단계에 걸친 왕적 통치라는 관점에서 표현된다.[74] 여기서 중요한 것은 바울의 암묵적인 주된 줄거리가 표현되는 지점인데, 그것은 창조주를 피조세계를 다스리고 있는 것으로 보는 바로 그 지점이다. 달리 말하면, 바울의 서사의 주된 줄거리는 하나님이 세계에 대한 자신의 주권적인 통치를 회복해 가는 과정이라는 것이다.[75]

이 모든 것은 바깥쪽의 거대 서사는 심판에 관한 이야기라는 것을 이런저런 식으로 말하고 있는 것이다. 심판이라는 주제는 이스라엘의 하나님 창조주가 자신의 통치를 세워가고 있다는 성경의 관념과 늘 결합되어 있다. 물론, 오늘날의 서구 세계에서는 "심판"이라는 단어는 부정적인 의미를 지니게 되었고, "심판주의"(judgmentalism)는 포스트모더니즘 시대의 악당들 중의 하나가 되었다. 그러나 포스트모더니즘의 지지자조차도 자신의 차가 술에 취해 운전한 다른 사람의 차에 의해서 부서진 경우에는, 법원이 그 범죄자에게 "심판"을 내려 줄 것을 원한다. "심판"은 사회를 건강하게 회복시키고, 세계에 다시 균형을 가져다주는 것이기 때문에, 사실 긍정적인 것이다. 심판은 혼돈을 질서로 바꾸어 준다. 심판이 악용될 수 있다는 사실 – 사람들은 권세가 있든 없든 서로에 대하여 부정적이고 파괴적인 방식으로 "심판을 내릴" 수 있다 – 은 심판이 그 자체로 나쁜 것임을 보여주는 것이 아니라, 다른 모든 선하고 중요한 것들과 마찬가지로 불쾌한 희화화들을 만들어낼 수 있다는 것을 보여줄 뿐이다.

73) 롬 14:17; 갈 5:21(또한, 고전 6:9; 엡 5:5을 보라).

74) 고전 15:20-8; cf. 엡 5:5, 거기에서 "메시야의 나라"는 "하나님의 나라"와 구별되는 것으로 보인다.

75) Käsemann, 1969 [1965], 182를 보라. 고린도전서 15:23-8에서 "하나님의 나라"는 슬로건이나 암호가 아니라, 메시야가 그 "나라"를 아버지 하나님께 바칠 때까지 "다스릴" 것이라는(15:24) 암호화된 서사이다. 바울에 있어서 "나라"라는 명시적인 용어의 다른 용례들에 대해서는 롬 14:17; 고전 4:20; 6:9f.; 15:50; 갈 5:21; 엡 5:5; 골 1:13; 4:11; 살전 2:12; 살후 1:5을 보라. "다스림"이라는 용어의 용례들도 마찬가지로 중요한 것으로 보인다: 이미 언급한 롬 5:17; 5:21; 6:12-23; 고전 4:8. 목회서신들에도 비슷한 용어가 나온다: 딤전 1:17; 6:15; 딤후 4:1, 18. 또한, Allison, 2010, 164-204를 보라. 하지만 나는 Allison이 특히 바울의 글들에서 사용된 이 어구의 정확한 뉘앙스를 충분히 세심하게 구별하고 있지 않다고 느낀다.

하지만 바울의 세계에서 바깥쪽의 이야기를 내부로부터 바라본다면, 현실은 철저하게 긍정적이다:

> 너희는 열방 가운데서,
> "야웨가 다스리시니 세계가 견고히 서고 결코 요동하지 않으리니
> 그가 만민을 공평으로 심판하시리라"고 말하라.
> 하늘은 기뻐하고, 땅은 즐거워하라.
> 바다와 그 곳을 채우고 있는 모든 것은 포효하라.
> 밭과 거기에 있는 모든 것은 뛸 듯이 기뻐하라.
> 그때에 숲의 모든 나무들은 야웨 앞에서 기뻐 노래할 것이다.
> 왜냐하면, 그가 오실 것이고,
> 땅을 심판하러 오실 것이기 때문이다.
> 그는 의로 세계를,
> 자신의 진실하심으로 만민을 심판하실 것이다.[76)]

이 거대 서사는 언제나 이스라엘의 하나님이 자신의 선한 피조세계를 왜곡시키고 부패시켜 온 모든 것들을 단호하고 철저하게 다루실 때, 피조세계 자체가 모든 해악들로부터 건짐을 받아서, 하나님이 염두에 두셨던 새로운 세계로 변화될 것이라는 내용으로 끝난다. 이렇게 "심판"은 "선한 창조"로부터 시작된 기나긴 바깥쪽 서사의 또 다른 끝이다. 오늘날의 세계에서 우리가 이 단어 또는 개념과 관련하여 겪는 어려움 중의 일부는 사실 우리가 "심판"의 목적은 현재의 세계를 멸하고 오직 택함 받은 소수만을 구원하는 것이라고 보는 사고체계를 반대하고, 선한 창조주가 자신의 선한 세계를 만들었고 장차 회복시킬 것이라는 맥락 속에서 "심판"을 보는 데서 생겨난다. 하지만 심판을 성경의 좀 더 큰 틀 속에 다시 두면, 이야기는 판이하게 달라져서, 심판은 하나님의 선한 피조세계를 계속해서 왜곡시키고 부패시키고 멸망시키고자 하는 자들에게는 나쁜 소식이지만, 피조세계가 회복되기를 고대하는 모든 사람에게는 좋은 소식이 된다. 또한, 최후의 "심판"이 지닌 이러한 긍정적인 기조는 인간 권세들이 행하는 온갖 부차적인 "심판들"을 위한 궁극적인 배경이 된다는 것도 얼마든지 입증될 수 있다.[77)]

이것이 한층 더 중요해지는 것은 창세기에 나오는 원래의 계획을 따르면, 세계에 대한 창조주의 목적에 관한 성경의 그림 속에는 한 사람 이상의 인간을 도구로

76) 시 96:10-13; 아주 비슷한 98:7-9, 그리고 예컨대 사 11:1-10; 55:12 등과 비교해 보라.
77) 예를 들어, O'Donovan, 2005를 보라.

사용하는 것이 포함되어 있기 때문이다. 이렇게 긍정적인 의미에서의 최후의 심판, 즉 하나님의 선한 세계에서 그 세계를 더럽히는 모든 것들을 폐하기 위한 심판에 관한 고대의 가장 위대한 표상들 중 몇몇 속에는 그러한 "심판"을 집행할 "오실 왕"에 관한 기이하고 이상주의적인 비전이 포함되어 있다:

> 내가 야웨의 영을 전하겠다.
> 그가 내게 말씀하시기를,
> "너는 내 아들이다. 오늘 내가 너를 낳았다.
> 내게 구하라. 내가 열방을 네 유업이 되게 하고,
> 땅 끝이 네 소유가 되게 할 것이다.
> 네가 열방을 쇠막대기로 깨뜨리며
> 토기장이의 그릇처럼 산산조각 낼 것이다.[78]
>
> 이새의 줄기에서 한 싹이 날 것이고,
> 그의 뿌리에서 한 가지가 자라날 것이다.
> 야웨의 영,
> 곧 지혜와 명철의 영,
> 모략과 능력의 영,
> 지식과 야웨를 경외함의 영이 그의 위에 머무를 것이다.
> 그의 즐거움은 야웨를 경외함에 있을 것이다.
> 그는 자신의 눈이 보는 것을 따라 심판하거나,
> 자신의 귀가 듣는 것을 따라 판결하는 것이 아니라,
> 의로 가난한 자들을 심판하고,
> 공평으로 땅의 온유한 자들을 판결할 것이다.
> 그는 자신의 입의 막대기로 이 땅을 칠 것이고,
> 자신의 입술의 기운으로 악인들을 죽일 것이다.
> 의가 그의 허리띠가 될 것이고,
> 신실함이 그의 복부를 두르는 띠가 될 것이다.
> 이리가 어린 양과 함께 살고,
> 표범이 어린 염소와 함께 누우며,
> 송아지와 사자와 살진 짐승이 함께 있고,
> 꼬마 아이가 그것들을 이끌 것이다.
> 암소와 곰이 풀을 뜯고,
> 그것들의 새끼들이 함께 누우며,
> 사자가 소처럼 풀을 먹을 것이다.

78) 시 2:7-9.

젖먹는 아이가 독사굴 위에서 장난하고,
젖 뗀 아이는 독사굴에 손을 넣을 것이지만,
그들은 나의 거룩한 산 모든 곳에서 상함이나 멸망이 없을 것이다.
왜냐하면, 물이 바다를 덮음 같이,
이 땅이 야웨를 아는 지식으로 충만할 것이기 때문이다.
그 날에 이새의 뿌리가 만민의 기치로 설 것이고,
열방은 그에게 물을 것이며, 그의 거처는 영화로울 것이다.[79]

이 구절들을 비롯해서 이런 내용의 다른 구절들이 바울 당시에 자신들의 삶에 대하여 말해 주는 암묵적인 서사들 중에서 가장 큰 거대 서사를 성찰하던 유대인들이 통상적으로 전거로 삼았던 구절들이었다는 것을 보여주는 증거는 너무나 많다. 선한 창조주가 언젠가는 악의 모든 원인들을 뿌리뽑아 자신의 세계를 바로잡고 변화시켜서, "야웨를 아는 것으로 충만하게" 하여, 자기가 생명을 준 목적을 제대로 이해하게 할 것이라고 믿는 것은 창조의 유일신론의 일부이다. 창조주가 인간, 이 경우에는 장차 올 다윗 가문의 왕을 내세워서 이 일을 할 것이라고 믿은 것은 그러한 좀 더 큰 신념을 고전적으로 표현한 한 방식이다. 후대의 신학적 약어인 "심판"은 창조주가 세계와 거기에 충만한 모든 것을 긍정하기 위하여, 세계를 향한 자신의 선하고 긍정적인 목적들에 대적하는 모든 것들을 부정할 때에 일어나는 일이다. 이러한 "최후의 심판"은 다소의 사울이 지니고 있던 유대 세계 내에서의 암묵적인 세계관 서사의 일부였고, 사도 바울의 수정된 세계관 내에서도 여전히 서사의 일부였음이 분명하다.

우리가 지금까지 개괄적으로 살펴본 거대 서사는 제2성전 시대의 유대적 서사이다. 그 세계에서 유대인들은 이 거대 서사 속에서 나름대로 여러 다양한 방식으로 나머지를 채울 수 있었다. "지혜"가 주도적인 역할을 하는 우주기원론(피조세계가 어떻게 생겨났는지에 관한 이론)을 얘기하는 잠언 8장 및 거기에서 파생된 솔로몬의 지혜서 7-9장 같은 구절들도 나올 수 있었고, 예루살렘 성전을 피조 질서를 반영하는 것으로 보고서, 그 질서의 운명과 관련해서 성전이 중요한 역할을 한다고 본 우주론(세계의 현재의 상태에 관한 이론)을 제시한 벤시락서 24장을 비롯해서 우리가 앞서 언급한 그 밖의 다른 구절들도 나올 수 있었다.[80] 또한, 바로 그 동일한 그림과 동일한 구절들 속에서, 토라는 세계를 창조할 때의 청사진이자 하

79) 사 11:1-10.
80) 소우주로서의 성전에 대해서는 본서 제2장 제3절을 보라.

나님의 창조 목적을 그대로 반영해서 보여주는 것으로 이해되기도 하였다.[81] 바울은 유대교의 기본적인 창조의 유일신론의 이러한 표현들에 새롭고 극적인 변화들을 도입하게 될 것이지만, 나중에 보면 알 수 있듯이, 이 서사 자체는 그대로 유지된다.

이 모든 것(역사를 "두 시대"로 구분하여 본 것, 악한 세력의 패배, "하나님의 나라," 우주기원론과 우주론에 관한 유대적인 서술)은 우리가 여기서 일반적으로 잘못 이해되고 있는 "묵시론"의 영역 속으로 진입하고 있다는 것을 보여준다. 일반적으로 "묵시론"으로 지칭되어 온 제2성전 시대의 많은 글들은 이러한 특징들을 지니고 있다. 바울은 하나님이 곤경에 빠져 있는 세계에 대한 해법을 "계시하거나" "드러내는" 것에 대하여 자주 말하는데, 그럴 때, 이러한 "묵시론적" 요소가 강조된다. 예수의 "계시" 또는 "묵시론," 특히 그의 죽음과 부활은 "내세"를 드러냈을 뿐만 아니라, 장차 내세가 최종적으로 온전히 나타나기에 앞서, 다른 것들이 이 땅에 들어올 통로를 열어 주었다. 그러나 드라마가 궁극적으로 테세우스와 히폴리타에 관한 것이라는 사실은 그것이 오베론과 티타니아, 피라무스와 티스베 같은 이루어질 수 없는 불운한 연인들이나 "달빛"에 관한 드라마가 아니라는 것을 의미하지는 않는다. 우리는 그저 이러한 부차적인 줄거리들 중 하나를 선택해서, 그것을 모든 것을 포괄하는 줄거리와 재빨리 결합시킨 후에, 우리가 이 드라마의 수수께끼를 풀었다고 선언해서는 안 된다.[82]

그렇다면, 이 "바깥쪽" 이야기, 즉 모든 것의 틀이 되는 창조주와 피조세계에 관한 이 줄거리는 바울이 자신의 서신들에서 말하고 있는 다른 모든 것과 관련해서 어떤 기능을 하는가? 그것은 단지 아주 크고 느슨하며 넓은 틀이어서 그의 교회들의 세부적인 관심들과는 전혀 연결되어 있지 않기 때문에, 그가 실제로 말하고 있는 것이나, 그가 취하고 있는 노선이나, 그가 자신의 회중들에게 성찰하고 실천에 옮기기를 간절히 원하는 것들에 대해서 대체로 거의 또는 전혀 영향을 미치지 않고 있는 것인가?

81) 예를 들면, *Gen. Rabb.* 1.2. 거기에서 토라는 잠언 8:30에 나오는 말("나는 거룩하신 이의 작업 계획서였다")을 한다: "이렇게 찬송 받으시기에 합당하신 거룩한 이는 세계를 창조하실 때에 토라를 참조하셨다." 이것은 1.4에서도 반복되는데, 거기에서는 잠언 8:22과 시편 93:2을 인용해서, 세계를 창조하기 전에, 토라와 영광의 보좌가 창조되었다고 말한다. 또한, 거기에는 토라와 보좌 중에서 어느 쪽이 먼저 창조되었는지에 관한 논쟁도 기록된다. 거룩하신 이는 보좌가 아니라 토라를 먼저 선택하였다는 말이 나오는데, 이것은 전혀 놀랄 일이 아니다.

82) 독자들이 스스로 이해해 보라; 그러나 이해하지 못하겠는 사람들은 *Interpreters*에 나오는 "묵시론적" 접근방법들에 관한 논의를 보라.

예컨대, 주기적인 대화재(Conflagration)를 믿는 스토아학파의 신념에 대해서 말해 보자. 어떤 사람이 진지한 스토아 철학자라면, 그는 "자연을 따라 살아가는 삶"이 대화재에 관한 신념과 이론적으로 부합한다는 것을 깨닫고서, 그 신념에 비추어서 그러한 삶을 살아갈 수 있다. 하지만 앞에서 보았듯이, 스토아학파의 윤리는 대체로 특정한 개인, 그리고 아마도 특정한 '폴리스'(polis)의 지평을 뛰어넘지 않기 때문에, 스토아 철학자들은 언젠가는 잿더미가 되었다가 불사조처럼 다시 등장해서 이야기 전체를 처음부터 다시 시작하는 우주 속에서 살아가는 것에 대하여 별 관심을 두지 않고, 심지어 의식하지 않고도, 고전적인 미덕들을 발전시킬 수 있다. 따라서 그들은 자신들의 큰 틀이 되는 이야기를 믿는다고 해도, 그 틀은 그들의 일상적인 삶에 직접적인 영향을 미치지는 않는다.

그러나 바울의 경우에는 사정이 다르다. 셰익스피어의 『한여름밤의 꿈』의 줄거리에서 바깥쪽 이야기가 그 안에 둥지를 틀고서 온갖 종류의 미묘한 실로 연결되어 있는 좀 더 작은 이야기들에 영향을 미치는 것과 마찬가지로, 바울에게 있어서도 이 큰 틀의 이야기는 아주 드물게 등장하기는 하지만 역동적으로 작용해서 다른 이야기들에 영향을 미친다. 이 다음 단계를 설명하기 위해서는, 우리는 천천히 주의 깊게 움직일 필요가 있다. 우리는 이렇게 물어야 한다: 바울의 부차적인 줄거리들은 무엇이고, 그것들은 모든 것을 포괄하는 주된 줄거리와 어떤 식으로 연결되어 있는가?

일이 더 복잡하게 되어 되어가는 것을 쉽게 풀기 위해서, 나는 훌륭한 스토리텔러들이 결코 하지 않는 일, 즉 앞으로 어떤 일이 전개될 것인지를 미리 밝히는 일을 이제 하고자 한다. 첫 번째 부차적인 줄거리는 창조주가 자신이 창조한 세계를 제대로 다스리게 할 목적으로 지은 인간이라는 피조물에 관한 이야기이다. 인간의 실패, 그리고 그러한 실패를 바로잡아서 자신의 원래의 계획을 다시 궤도에 올려놓고자 하는 창조주의 결심은 두 번째 부차적인 줄거리를 만들어 내는데, 그것은 세계의 빛이 되도록 부르심을 받은 민족인 이스라엘에 관한 이야기이다. 이 이야기 속에서는 모세의 율법이 『한여름밤의 꿈』에서의 "달"처럼 다양한 역할들을 소화해 내며 모든 것들을 서로 연결시키고 통합시키는 역할을 한다. 다음으로, 우리는 이스라엘의 실패로 인해서 세 번째이자 마지막인 부차적인 줄거리가 등장하는 것을 발견하는데, 그것은 십자가에 못 박혔다가 다시 살아난 이스라엘의 메시야 예수에 관한 이야기이다. 바울의 서사 세계의 중심에 있는 메시야 예수의 사역은 그 밖의 다른 부차적인 줄거리들을 해결하고, 앞에서 잠깐 보았듯이, 우주 전체에 대한 창조주의 목적과 관련된 주된 줄거리를 해결하기 위한 단초를 제공한다. 문제들이 발생하는 것은 우리가 이러한 다양한 차원의 줄거리들을 무시하거나 혼동하거나 서로 뒤죽박죽으로 뒤섞어 버릴 때이다. 각각의 줄거리들로 하여금 원래 자신이 해야 할 일을 하게 하라. 그러면, 바울의 전체적인 이야기는 아주 잘 작동하게 될 것이다.

4. 그 사이에 숲의 또 다른 지역에서는: 첫 번째 부차적인 줄거리 (인간들, 그들의 소명, 실패, 구원, 복권)

셰익스피어의 『한여름밤의 꿈』에서나 바울에게서나, 우리는 첫 번째 부차적인 줄거리를 접하게 될 때, 서사가 진짜 시작되고 있다는 것을 느끼게 된다. 대체로 셰익스피어의 이 연극을 본 사람들이 리산더와 헤르미아, 데메트리우스와 헬레나, 그리고 아마도 나귀가 된 보텀이라는 사람에 관한 기이한 이야기를 중심으로 문제들이 생겨나서 점점 커지다가 결국에는 해결된 것만을 기억하는 것과 마찬가지로, 바울의 글들을 읽은 독자들은 인간이 처한 곤경과 그 곤경을 해결하는 기이한 수단만이 바울의 유일한 관심사였다는 인상을 받고 책을 덮는 것이 보통이다. 하지만 바울에게 있어서 인간의 곤경은 모든 것을 포괄하는 주된 줄거리와 직접적으로 연결되어 있다는 것을 보는 것이 중요하다.

모든 것을 포괄하는 줄거리가 무엇인지는 분명하다. 세계에 대한 창조주의 계획은 인간에게 청지기직을 주어서 세계를 보살피고 번성할 수 있게 하는 것이었다. 따라서 인간이 창조주의 의도에 불순종해서 그 일을 행하는 데 실패한 것은 단지 인간의 문제가 아니라 피조세계 전체의 문제가 된다. 앞에서 보았듯이, 피조세계는 하나님의 자녀들이 나타나기를 고대하고 있다. 인간이 자신의 온전한 존귀함을 회복해서 권세를 가지고 피조세계를 다스리게 될 때에만, 피조세계는 하나님이 원래 의도하였던 것이 될 수 있다. 만일 이것이 사실이 아니라면, 바울이 로마서 8:18-21에서 구속 받은 인간이 "왕 노릇 할" 것이라고 말한 5:17을 가져와서 그 정점에 해당하는 결정적으로 중요한 말을 한 것은 우리에게 이상하게 들릴 수밖에 없게 될 것이다(아래를 보라). 이것은 적어도 인간이 메시야의 "영광"과 유업에 참여하게 될 것에 대하여 바울이 말한 것의 의미 중 일부이다.[83] 바이올린을 만드는

83) 롬 8:17, 29f.

사람이 아름다운 악기들을 만든 후에, 연주자들을 불러서 그 악기들로 놀라운 음악을 연주해 줄 것을 부탁하였는데, 연주자들이 그 악기들을 사용하기를 거부하고, 그 곳에 널려 있는 나무와 풀 조각들로 연주하고자 애쓰고 있다고 해보자. 그럴 때, 바이올린을 만든 사람이 주먹을 불끈 쥐고서, 연주자들 없이 자기가 해보겠다고 결심해 보아야 아무 소용이 없다. 바이올린들로 하여금 제대로 된 선율을 내게 하고자 한다면, 연주자들이 필요하기 때문에, 그는 연주자들을 그들의 어리석은 짓으로부터 건져내야 하는데, 그것은 단지 그들만을 위한 것이 아니라(그들이 생명 없는 사물들로부터 음악을 얻어내고자 하는 것은 그들에게 좌절감을 주고 그들을 욕되게 하는 것이기 때문에), 그가 내내 계획하였던 놀라운 음악을 만들어내기 위해서는 그들이 필요하기 때문이다.

모든 알레고리와 마찬가지로, 이 알레고리는 좀 더 큰 실체를 보여주는 이정표에 불과하지만, 첫 번째 부차적인 줄거리인 인간에 관한 이야기가 좀 더 큰 줄거리에서 결정적으로 중요한 부분이라는 기본적인 핵심을 잘 보여준다. 우리는 우주적인 드라마를 알고 있다는 이유로, 인간이 자신들의 곤경에서 건짐을 받는 것에 관한 이야기를 폄하해서는 안 된다. 바울의 글들 속에서는, 창세기 1장과 2장에 나오는 창조 이야기들과 창세기 3장에 나오는 인간의 실패에 관한 비극적인 이야기가 늘 배경으로 존재한다. 그는 인간의 곤경을 인간이 적대적인 우주 속에서 표류하고 있기 때문에 구원을 받을 필요가 있다는 영지주의적인 관점에서 이해하는 것이 아니라, 인간이 피조세계에 대한 창조주의 좀 더 큰 목적에서 결정적으로 중요한 역할을 하도록 부르심을 받았다는 관점에서 이해한다. 인간이 반역해서 다른 신들을 섬길 때, 그들은 단지 자신의 정체성과 존재 의미, 그리고 잠재적으로는 자신의 생명과 실존을 상실하는 데서 그치는 것도 아니고, "하나님과의 관계" – 이것은 오늘날의 대중적인 기독교가 인간의 실제적인 소명을 무시함으로써 생겨난 공백을 메우기 위하여 흔히 제시하는 범주이다 – 가 어긋나는 것에서 그치는 것도 아니다. 그것은 그들이 하나님의 좀 더 큰 목적 속에서 자신의 역할을 담당하는 데 실패하는 것을 의미한다. 즉, 그들은 독립적인 존재들이 아니라, 창조주의 영광스러운 계획을 섬기는 자들로서, 창조주가 그 목적을 이루는 데 참여하여 존귀하게 될 기회를 상실하게 된다는 것이다. 이것은 바울이 인간이 범죄하여 "하나님의 영광을 잃었다"고 말할 때의 의미 중 일부이다.[84)]

84) 롬 3:23. 로마서 8:18-30에서 분명히 드러나듯이, 시편 8:5-8은 그 배경의 중요한 일부를 형성한다.

또한, 우리가 영지주의적 이원론에서 스토아학파의 범신론으로 눈을 돌려서 다른 시각으로 바라보면, 인간은 독립적이고 교만한 단독자로서 만유의 "자연" 또는 "본성"을 따르는 삶을 살아감으로써 최고의 경지에 도달해서 자신의 정체성을 이룰 수 있는 것이 아니다. 바울이 거듭거듭 간접적으로 인용하는 원래의 창조 이야기(특히 고린도전서 15장 같은 본문들)가 인간에 대하여 말하는 요지는 인간은 하나님의 대리인, 즉 하나님으로부터 피조세계를 다스리는 일을 위임 받은 청지기라는 것이다. 인간이 "하나님의 형상"이라는 것이 의미하는 것은 인간은 하나님의 대리인으로서 하나님의 지혜롭고 열매 맺는 통치를 피조세계에 반영하고, 다시 피조세계를 거느리고서 맨 앞에 서서 함께 창조주에게 찬송을 돌려 드리는 존재라는 것이다. 인간은 하나님이 자신의 세계를 돌보게 하고, 동산을 열매들로 가득하게 하며, 동물들에게 이름을 붙여 주게 하고, 자신의 영광을 피조세계에 반영하게 하기 위하여 지은 피조물이다. 이 차원에서의 하나님의 목적은 자신의 진정한 관심의 대상인 인간이 피조세계를 단지 하나의 배경이나 무대로 삼아 거기의 어딘가에 살면서 어떤 일들을 행하여 점점 하나님을 알게 하는 것이 아니었다. 하나님이 인간을 지은 목적은 그들을 통해서 피조세계 자체를 번성하게 하기 위한 것이었다. 그러나 우리는 균형을 유지하여야 하는데, 그것은 하나님은 그러한 목적을 위해서 자신의 "형상"을 반영한 피조물인 인간을 지었고, 인간에 대한 특별한 사랑을 계속해서 지니고 있다는 것이다. 인간은 단지 하나님이 자신의 계획을 이루기 위해 사용하는 도구에 지나지 않는 것이 아니라, 그의 사랑을 알 뿐만이 아니라, 특히 그의 목적들을 자원하여 기쁘게 수행함으로써 그 사랑을 되돌려 드릴 능력을 지닌 유일무이한 피조물이다. 하나님의 사랑과 하나님의 목적들은 서로 정확히 맞아떨어진다. 음악에 재능이 있는 자녀들을 둔 사람은 그들에게 음악을 가르쳐 주는 것으로 자신의 사랑을 표현할 것이고, 자녀들은 그가 특별히 그들을 위하여 쓴 음악을 연주해서 다른 사람들에게 기쁨을 줄 수 있을 것이다. 하나님의 형상을 지니고 있다는 것은 하나님을 세계 속에 반영하여야 한다는 것(목적)을 의미함과 동시에, 하나님의 사랑을 받고 되돌려주어야 한다는 것(관계)을 의미한다. 이 둘은 서로 결합되어 있다. 요한계시록은 이것을 오래된 유대적인 관념을 사용해서 "왕의 제사장직"이라는 관점에서 표현한다.[85]

에드워드 애덤스(Edward Adams)가 나름대로 세심하게 탐색해서, 인간에게 자신의 형상과 영광을 수여하는 것을 하나님의 목적으로 보는 기본적인 이야기에 관

85) 계 1:6; 5:10; 20:6; cf. 출 19:6; 사 61:6; 벧전 2:5, 9.

한 모형을 제시하고 있는 것에 대하여 내가 이의를 제기하는 이유가 거기에 있다.[86] 애덤스는 이 드라마를 위한 최초의 일련의 흐름을 다음과 같이 제시한다(나는 또 하나의 행위소 분석[actantial analysis]을 보고서 한숨을 쉴 우리의 공통의 친구 지미 던[Jimmy Dunn]에게 동정의 눈길을 보낸다):

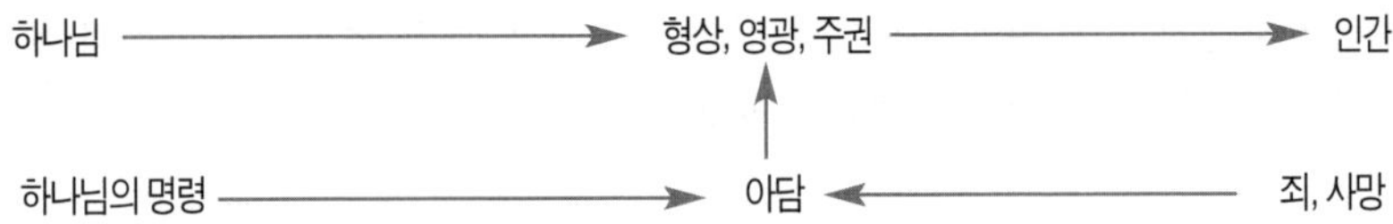

이 모형에서 하나님의 궁극적인 관심은 "인간"에 있고, "아담"은 그러한 관심에 기여하고 있는 것으로 상정된다. 여기에서 우리는 괴상한 자기준거적인 소명을 볼 수 있는데, 이것은 창세기나 바울을 반영한 것이라고 하기 힘들다. 우리가 살펴 본 본문들에서 하나님의 목적은 인간(아담과 하와)을 통해서 하나님의 형상과 영광을 세계 속에 반영하는 것이었다:

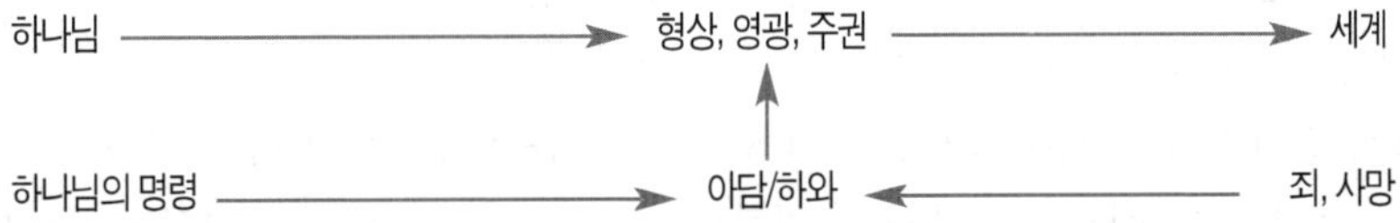

애덤스가 제시한 모형과는 달리, 이 모형은 무엇이 잘못되었는지를 설명해 준다. 교활한 뱀은 하나님의 계획을 위태롭게 하였고, 바울이 말하고 있듯이, 그 결과 "피조세계가 아무 짝에도 쓸모없는 허망함에 굴복하게 되었는데," 이것은 "피조세계 자신의 뜻을 따라" 그렇게 된 것이 아니라, "피조세계를 그렇게 굴복하게 하신 이," 즉 창조주 하나님으로 말미암은 것이다.[87] 인간이 바르게 될 때까지는, 피조세계는 바르게 될 수 없다. 이것이 피조세계가 "하나님의 자녀들의 나타남"을 간절히 고대하는 이유이다. 또는, 이것을 망원경의 또 다른 쪽에서 본다면, 이것은 바울이 백성의 "유업"을 "땅"이라는 유대적인 제한된 관점이 아니라, 세계 전체라

86) Adams, 2002, 31. Adams도 헷갈리게 "조력자"와 "대적자"의 위치를 바꾼다. Hays와 내가 따르고 있는 Greimas의 모델에서 "조력자"는 왼쪽 밑에 오고, "대적자"는 오른쪽 밑에 온다. 나는 Adams의 아래쪽 선을 뒤집어서, 그의 모델을 내가 이 총서의 다른 곳들과 본서에서 사용해 오고 있는 모델과 좀 더 쉽게 비교해 볼 수 있게 하였다.

87) 롬 8:20.

는 좀 더 넓은(그리고 여전히 유대적인) 관점에서 말하는 이유이다. 하나님은 메시야에게 세계의 열방을 그의 유업으로 주겠다고 약속하였다. 바울은 아브라함에게 주어진 하나님의 약속이 세계 전체를 범위로 하고 있다는 데서 단서를 얻어서, 메시야의 유업에 참여하는 자들은 세계 전체를 다스리게 될 것이라고 역설한다.[88)]

이것은 바울이 자신이 지극히 압축시킨 단락(이것은 원자의 핵처럼 고도로 농축되어 있지만 엄청난 폭발력을 지닌다)의 중심에서, 많은 독자들이 자신의 예상과 맞지 않아서 간과해 버리는 내용을 말하는 이유이다:

> 한 사람의 범죄로 말미암아 사망이 그 한 사람을 통해서 왕 노릇 하였다면, 넘치는 은혜와 계약의 지체가 되는 선물을 받아 "올바르게 된" 자들은 한 사람 메시야 예수를 통해서 생명 안에서 왕 노릇 할 것은 너무나 뻔한 일이 아니겠는가.[89)]

우리의 기대나 예상에 의하면, 여기서 바울은 "한 사람의 범죄로 말미암아 사망이 그 한 사람을 통해서 왕 노릇 하였다면, 생명이 메시야를 통해서 많은 사람을 위해 왕 노릇 할 것은 너무나 뻔한 일이 아니겠는가"라고 말해야 한다. 만일 바울이 그런 식으로 말을 하였다면, 그것은 에드워드 애덤스가 제시한 도식과 어느 정도 맞아 떨어졌을 것이다. 하지만 바울은 그렇게 말하지 않고, 대신에 인간을 창세기에서 말하는 위치이자 그가 로마서 8장에 나오는 우주적이고 묵시론적인 시나리오 속에서 인간에게 부여하게 될 위치로 회복시킨다: "하나님의 넘치는 은혜를 받는 자들이 메시야를 통해서 생명 안에서 왕 노릇 할 것은 너무나 뻔한 일이 아니겠는가." 인간이 다스린다는 것은 새로운 세계에서 중요한 일이다. 거기에서 인간은 하나님의 자비와 은혜를 수동적으로 받는 자들이 아니라, 창조주가 늘 계획했던 대로, 세계에 대한 청지기직을 수여받게 될 것이라는 의미에서 "영광"을 얻게 될 것이다.[90)] 심지어 인간은 놀랍게도 하나님과 더불어서 함께 최후의 심판을 행하는 일도 맡게 될 것이다.[91)] 좀 더 큰 서사에 나오는 "심판"과 마찬가지로, 이 심판도 악을 뿌리 뽑고 하나님이 원래 의도하였던 세계를 견고히 세운다는 적극적인 의미를 지닌다. 인간이 "영화롭게" 될 때, 피조세계는 해방을 맞게 될 것이다.

88) 시 2편; 롬 4:13; 8:17f. *Perspectives*, ch. 33을 보라.

89) 롬 5:17.

90) 1:23; 3:23; 5:2; 8:30에 나오는 "영광"을 보라. "능력"의 의미에 대해서는 예를 들면 6:4(메시야는 "아버지의 영광으로 말미암아" 죽은 자 가운데서 다시 살리심을 받았다)을 보라. 좀 더 넓은 맥락에 대해서는 Harrison, 2011, ch. 6을 보라.

91) 예를 들면, 6.2f.

로마서 8장의 이 본문("피조세계 자체가 썩어짐의 노예 상태로부터 해방되어, 하나님의 자녀들이 영화롭게 될 때에 임할 자유를 누리게 될 것이다," 21절)과 관련해서, 우리는 번역본들에 자주 반영되고 있는 석의상의 통상적인 잘못들을 경계하여야 한다. 첫째, "하나님의 자녀들의 영광"은 5:17에서처럼 하나님의 자녀들의 영광스러운 통치 또는 "왕 노릇"을 가리키는 것이기 때문에, 마치 "영광의 자유"가 이사일의(二詞一意, hendiadys)라도 된다는 듯이, 형용사로 취급해서 "영광스러운 자유"로 번역되어서는 안 된다. 바울이 여기서 말하는 것은 정확히 하나님의 자녀들이 "영화롭게" 될 때, 즉 "왕 노릇 하게" 될 때에 만유 전체에 임할 자유이다. 둘째, 피조세계가 하나님의 자녀들의 "영광"에 참여할 것이라고 바울이 말하고 있다고 보는 것은 잘못이다. 이사야 6장에 나오는 스랍들의 찬송과 하박국 2장에 나오는 선지자의 약속이 보여 주듯이, 피조세계는 그 자체가 하나님의 영광을 위한 그릇이지만, 그것은 바울이 여기서 말하고 있는 것이 아니다.[92] 인간이 "영화롭게" 될 때, 즉 마침내 온전한 청지기직을 수여받아서, 하나님의 권능과 영광을 세계 속에 반영하게 되었을 때, 피조세계는 오랫동안 기다리며 고대하였던 자유, 즉 마침내 자신의 본연의 모습을 회복할 기회를 얻게 된다. 하나님의 자녀들이 "나타날" 때, 즉 그들이 그리스도 안에서 성령으로 말미암아 이미 지니고 있는 모습이 부활로 말미암아 드러나게 될 때, 피조세계는 썩어짐의 노예 상태로부터 해방된다.[93] 시간이 흐름에 따라 쇠퇴하고 썩어져 가는 엔트로피의 법칙과 "사망" 자체는 더 이상 모든 것을 결정하는 최종적인 판결이 되지 못할 것이다. 분명히 오늘날의 서구인들은 그런 일이 일어나려면, 교육은 말할 것도 없고 노력이 필요할 것이라고 생각하겠지만, 창조의 유일신론이 요구하는 것은 정확히 일종의 상상력의 회심(conversion of imagination)이다. 창조주가 선한 세계를 지었고, 사망 및 사망으

92) 사 6:3; 합 2:14. 시편 19:1에서처럼, 피조세계도 하나님의 영광을 선포한다.

93) 예를 들어, 골 3:1-4을 보라. 다음과 같은 오도하는 번역들을 참조하라: NIV(1984): "피조세계 자체가… 하나님의 자녀들의 영광스러운 자유 속으로 들어오게 될 것이다"("the creation itself will be… brought into the glorious freedom of the children of God"); RSV: "피조세계 자체가… 하나님의 자녀들의 영광스러운 자유를 얻게 될 것이다"("the creation itself… will obtain the glorious liberty of the children of God"; 이것은 NRSV에서는 "obtain the freedom of the glory"로 수정되었다; cf. ESV, "freedom of the glory"; "영광스러운 자유"는 AV를 거쳐서 Tyndale로 거슬러 올라간다); NEB: "만유 자체가… 하나님의 자녀들의 자유와 광휘로 들어갈 것이다"("the universe itself is to… enter upon the liberty and splendour of the children of God"); NJB: "피조세계 전체가… 하나님의 자녀들과 동일한 영광스러운 자유 속으로 들어가게 될 것이다"("the whole creation might be… brought into the same glorious freedom as the children of God"). 이 모든 번역은 바울이 세심하게 말하고자 한 핵심을 놓치고 있다.

로 귀결되는 썩어짐이 창조주의 계획을 무너뜨리려고 위협하고 있다면, 썩어짐과 사망에 대한 승리만 있다면, 모든 것이 본연의 모습으로 회복될 것이다. 달리 말하면, 그 승리가 있기만 한다면, 모든 이야기들 중에서 가장 큰 "이야기"의 서사 문법은 올바르게 될 것이라는 말이다.

이렇게 인간에 관한 이야기는 하나의 연극에서 가장 분명한 부차적인 줄거리처럼, 좀 더 큰 줄거리 내에 존재하기 때문에, 바로 그 좀 더 큰 서사로부터 분리되는 경우에는 제대로 이해될 수 없다(적어도 바울의 관점에 서서 이해할 수는 없다). 따라서 주된 줄거리와 첫 번째 부차적인 줄거리는 다음과 같이 정확히 맞아떨어지고, 이것들이 바울에게 있어서 너무나 분명하게 중심인 것이라는 것은 로마서 5-8장과 고린도전서 15장이 명시적으로 보여주고, 다른 본문들도 암묵적으로 보여준다:

1. 창조주의 의도는 자신의 형상을 지닌 피조물인 인간을 통해서 세계를 제대로 다스리는 것이었다.
2. 인간은 하나님의 형상을 세계에 반영하는 데 실패하였고, 그 결과 세계는 자신의 원래의 질서를 따라 번성하게 되는 데 실패하고, 도리어 썩어짐과 죽어짐을 맞게 된다.
3. 하나님은 인간을 제자리로 회복시켜서, 피조세계를 건지고 회복하고자 한다.[94)]

지금까지는 아주 좋다 — 물론, 우리는 아직 창조주가 어떻게 제3단계를 이룰 것인지에 관한 질문을 살펴보지는 않았지만. 이 세 단계의 개요는 서사로서의 형태를 갖추고 있기는 하지만, 사실 아직 온전한 서사는 아니다. 여전히 채워 넣어야 할 공백들이 많다. 그 실마리들은 우리가 이미 살펴본 구절들 속에 들어 있고, 거기에 대해서 우리는 곧이어 살펴볼 것이다.

이러한 틀 안에서 우리는 마침내 아주 많은 사람들이 주된 줄거리라고 생각해 온 이 주요한 부차적인 줄거리의 실제적인 역학을 제시할 수 있다. 우리는 통상적으로 이 부차적인 줄거리가 다음과 같은 암묵적인 이야기를 들려주거나 써내려 가는 것을 본다:

1. 인간은 하나님과의 교제를 위해서 지음 받는다.
2. 인간은 범죄하여 하나님의 사랑을 거부한다.
3. 하나님은 인간을 자신과의 "올바른 관계"로 회복시키기 위하여 역사한다.

94) 바울에게 있어서 어떤 의미에서 이 목적은 이미 성취되었다: "그가 의롭다고 하신 자들, 그들을 그는 또한 영화롭게 하셨다"(롬 8:30). 본서 제10장 제4절 3) (1), 제11장 제4절과 제5절 3)을 보라.

바울의 서사 세계를 이런 식으로 거두절미해서 제시한 견해 – 사람들은 종종 이것이 바울의 복음 전체를 요약한 것이라고 생각한다 – 는 서구 신학이 해결하려 애썼지만 결국 실패하였던 수많은 수수께끼 같은 문제들과 어떤 때에는 법정적인 "관계" 개념(피고인으로서 법정에 서는 관계)을 들고 나오고, 어떤 때에는 가족적인 "관계" 개념(부모와 자녀의 관계)을 들고 나오는 등 도무지 종잡을 수 없는 수많은 논증들을 초래하였다. 주의할 것은 나는 바울이 "법정적인" 상황이나 "가족적인" 상황을 염두에 두고 말한 적이 없다고 말하는 것이 아니라는 것이다. 그는 실제로 그런 상황들을 염두에 두고 말하였고, 이 두 가지는 중요하다. 그러나 그런 것들이 적절한 곳에서 적절한 때에 등장할 때에만 그러하다. 우리가 주요한 부차적인 줄거리인 하나님과 인간에 관한 이야기를 좀 더 큰 줄거리, 즉 피조세계에 관한 이야기와 관련해서 제대로 볼 때에만, 그러한 문제들은 풀릴 수 있다.

이 모든 것을 감안한다고 했을 때, 하나님과 인간에 관한 서사는 바울에게서 어떤 역할을 하는가? 이제 우리는 훨씬 더 잘 아는 영역에 와 있다. 인간은 하나님의 형상을 따라 지음을 받고, 피조세계를 다스리는 소명을 위임 받는다. 그러나 인간은 피조세계 속에 존재하는 하나님의 능력과 신성의 실마리들을 활용해서 하나님을 창조주로 섬기는 대신에, 우상들을 만들고 섬겼다. 즉, 어떤 사람이 이정표가 보여주는 곳을 따라 여행을 계속해 가는 것이 아니라, 자신의 목적지를 가리키고 있는 이정표 앞에 눌러 앉아서 밤을 지새우는 것과 마찬가지로, 인간은 하나님의 영광과 위엄을 섬겨야 한다는 것을 보여주는 이정표로서의 역할을 하는 피조세계 내의 여러 사물들을 하나님 대신에 섬겼다는 것이다. 유대교의 고전적인 신학에서 인간의 곤경을 우상 숭배라는 관점에서 분석할 때의 핵심은 피조 질서가 선한 것임을 굳건하게 견지하고서, 문제는 가련한 인간을 잘못된 길로 이끄는 피조세계의 악성에 있는 것이 아니라, 선한 피조세계를 인간이 악용한 데 있다고 보는 것이었다. 바울은 그러한 유대적인 신학을 계승해서, 악한 세력들이 피조세계의 여러 부분들을 통해서 역사할 수 있지만, 피조세계 자체는 여전히 선하고, 인간의 문제는 피조세계 자체 속에 있는 어떤 악이 아니라, 선한 피조세계를 악용한 데서 생겨났다고 믿는다.[95]

마찬가지로, 인간이 어떤 존재이냐에 관한 바울의 세부적인 이해도 그가 지니고

95) 이것에 관한 고전적인 서술은 로마서 1:18-25이다; 그러나 바울은 우상 숭배에 관한 이 기본적으로 유대적인 비판을 다른 여러 곳에서 전제한다(예컨대, 고전 12:2; 갈 4:8; 살전 1:9f.). 바울의 비판에 있어서 새로운 인식, 복음 자체의 반영에 대해서는 아래 제9장의 끝부분을 보라.

있던 유대적 전통들과의 연속성 속에서 형성됨과 동시에, 소크라테스 이전부터 제시되어 온 인간의 내면에 대한 아주 복잡한 분석들을 이미 가지고 있었던 주변 문화와의 암묵적인 대화 속에서 형성된 것으로 볼 수 있다. 고귀한 이성과 무한한 재능들을 지닌 인간은 여러 시각에서, 또는 서로 얽혀 있는 여러 특징들에 비추어서 이해될 수 있다: "몸," "육체," "사고," "마음," "영," "혼," "의지." 이러한 단어들은 종종 인간 존재의 서로 다른 "부분들"을 지칭하는 것으로 보이지만, 많은 학자들이 지적해 왔듯이, 인간 존재 전체를 어느 특정한 시각에서 바라보는 방식을 나타내는 것으로 보는 것이 더 좋다. 이것은 마치 우리가 한 편의 음악을 설명할 때, 기본적인 주제, 화음의 구조, 속도, 편곡, 작곡된 시기, 작곡가의 이력 속에서의 위치, 좀 더 큰 문화적 서사 내에서의 역할 등등의 각각의 관점에서 설명할 수 있는 것과 마찬가지이다. 어떤 관점에서 설명하더라도, 그 노래 또는 교향곡은 정확히 하나의 동일한 전체이다. 각각의 관점은 다른 모든 관점들로 인하여 그 측면이 의미하는 것을 보여준다. 그러나 우리가 그 동일한 전체의 각각의 서로 다른 측면들을 부각시키기 위하여 서로 다른 언어를 사용한다고 해서, 그것이 어떤 측면이 다른 모든 측면들로부터 분리될 수 있다는 것을 의미하는 것은 아니다.

우리가 흔히 바울의 "인간학적인 용어들"이라고 부르는 것도 마찬가지이다. 각각의 용어는 광범위하게 연구되어 왔기 때문에, 우리는 인간에 관한 부차적인 줄거리를 설명하기 위해서, 이 용어들을 상세하게 설명할 필요는 없다. 중요한 것은 이 용어들이 서사의 서로 다른 측면들을 다양하게 나타내는 방식에 주목하고, 아울러 인간이 이 이야기의 그러한 서로 다른 지점들에서 다른 부차적인 줄거리들과 연결되는 방식 – 위로는 피조세계 자체에 관한 큰 줄거리, 아래로는 그 뒤로 이어지는 이스라엘과 토라, 무엇보다도 예수에 관한 줄거리들 – 을 주목하는 것이다.[96]

무엇보다도 먼저, 인간 존재에 관한 바울의 모든 용어들이 원칙적으로 긍정적인 함의를 지니고 있다는 것을 주목하는 것이 중요하다. 심지어 인간의 핵심적인 문제들 중 몇몇을 신속하게 보여주기 위해 사용되는 '사륵스'(sarx, "육, 육체, 육신")라는 용어조차도 적어도 잠재적으로는 중립적이다: 서로 다른 종류의 '사륵스'들이 존재하고, 그것들 모두는 하나님의 선한 피조세계의 일부이다.[97] 여기서의 핵심은 영지주의적인 도식 같은 것들에서와는 달리, 바울의 용어들은 인간 존

96) 인간 존재와 관련된 바울의 여러 다양한 용어들에 대해서는 아래를 보라.
97) 고전 15:39.

재의 어느 "부분"은 "선한" 것이고, 어느 부분은 "악하다"고 말하는 것이 아니라는 것이다. 인간의 몸(body), 즉 '소마'(sōma, 이 단어는 인간 존재 전체를 가리키고, 세계 안에서 및 세계와 관련해서 공적이고 가시적이며 유형적이고 물리적으로 존재하는 것이라는 의미를 지닌다)는 하나님이 지은 것이고, 그것이 죽게 되는 것은 거기에 내재되어 있는 어떤 본성이나 속성 때문이 아니라, "죄로 인한" 것이다. 그러나 적어도 "그리스도 안에" 있고 성령에 의해서 활성화된 '소마'는 새로운 생명으로 다시 살아나게 될 것이다. 그리고 현재에 있어서 "몸"은 순종의 지점이자 수단이기 때문에, 창조주 하나님을 섬기는 일에 "드려져야" 한다.[98] 하지만 "육체"(flesh)는 그 자체로는 선하거나 악하지 않지만, 본질적으로 썩어질 수밖에 없고 사멸될 수밖에 없는 존재로서의 인간 존재 전체, 영속성이나 영구성이 없는 티끌의 정수로서의 인간 존재를 의미한다. 따라서 "육체의 일들"과 "육체의 생각"에 대한 바울의 비판은 우상 숭배에 대한 그의 비판과 연결된다: "육체"라는 용어는 그 생명이 창조주 하나님에게 의존되어 있기 때문에 하나님을 떠나서는 그 자체 속에 그 어떤 생명도 없는 피조물로서의 인간의 실존에 주목하는 것이기 때문에, 인간의 성향과 행위로서의 "죄"(이것은 거의 "사탄"을 가리키는 완곡한 표현이라고 할 수 있는 하나의 세력으로서의 "죄"와 대비된다)에 대한 바울의 분석의 중심 가까이에 있다.[99]

"육체"가 이렇게 티끌로 만들어진 인간의 물리적 본성을 가리키고, 특히 부패성과 무상함을 의미한다면, 인간의 내면을 가리키는 다섯 가지 용어들인 "사고," "마음," "영," "혼," "의지"도 마찬가지로 다양한 시각에서 본 인간 존재 전체를 가리킨다. "사고"(nous, '누스')는 생각하고 추론하는 피조물로서의 인간을 지칭하고,[100] "마음"(kardia, '카르디아')은 동기들과 열망들과 사랑이 출현하는 저 깊이 감추어진 신비한 곳을 지닌 피조물로서의 인간을 지칭하며,[101] "영"(pneuma, '프뉴마')은 창조주의 임재와 권능(특히, 그의 영을 통해서)에 열려 있는 내면이라는

98) 롬 8:12-16(다시 살리심을 받게 될 몸); 12:1f.(순종의 지점); 6:12-23(창조주에게 드려져야 하는 몸). *RSG*, 248-59, 263f.를 보라.

99) 바울의 인간학적인 용어들과 관련해서, 오늘날의 논의를 위한 유익한 출발지점은 Jewett, 1971이다. 많은 주석자들이 바로 그 출발지점에 있는 돌더미에 그들 자신의 돌들을 추가해 왔다: 예를 들면, Schreiner, 2001, ch. 6; Schnelle, 2005 [2003], ch. 19.

100) '누스'(nous)에 대해서는 cf. 롬 1:28; 7:23, 25; 12:2; 14:5; 고후 1:10; 2:16; 14:14, 15(두 번), 19; 엡 4:17, 23; 빌 4:7; 골 2:18; 살후 2:2.

101) 이것은 바울이 즐겨 사용하는 용어인데, 대표적인 표본으로는 롬 1:21, 24; 2:5, 15, 29; 5:5; 6:17; 8:27; 고후 1:22; 2:4; 3:2, 3, 15 등이다.

관점에서 본 인간을 지칭하고,[102] "혼"(psychē, '프쉬케')은 의식과 자의식, 기억과 상상력을 중심으로 한 인간의 통상적인 삶이라는 관점에서 본 인간을 지칭하며,[103] "의지"(thelēma, '텔레마')는 마음의 동기들이 특정한 행위를 하고자 하는 의도를 낳는다는 관점에서 본 인간을 지칭한다.[104] 각각의 것은 우상 숭배와 죄에 의해서 부패될 수 있고, 세계의 압력에 의해서 힘을 잃거나 의기소침해질 수 있다. 사고는 어두워지고 왜곡되며, 마음은 악한 의도들의 근원이 되고, 영은 안절부절 하지 못하고 불안해하며, 혼은 혼란스러워 하고 낙담하며, 의지는 악을 행하는 쪽으로 굽어진다. 각각의 것은 건짐을 받고 속함을 받아 재정립될 수 있다. 사고는 새로워지고 변화되어서 선한 것이 무엇인지를 곰곰이 생각해서 시인하게 되고, 마음은 하나님의 사랑으로 넘쳐나서 그 깊은 곳에서 새로운 동기부여가 샘솟듯이 생겨나며, 영은 하나님의 성령에 의해서 새로운 현실을 확신하게 되고, 혼은 하나님을 반영하는 인간의 건강하고 열매 맺는 내면이 되며, 의지는 세계 속에서 하나님의 일을 적극적으로 해나가고자 하게 된다.[105] 인간의 이 모든 측면들은, 반역하고 부패한 인간을 지칭하게 된 "육체" 또는 "육과 혈"만을 제외하고는, 부활을 통해 다시 새로워지게 될 것이다.[106] 따라서 이 모든 것들은 인간은 온갖 다양한 측면을 지닌 풍부한 정체성 안에서 하나님과 세계에 관한 좀 더 큰 이야기 내에서 하나의 소명, 하나의 비극, 하나의 구원, 하나의 최종 목적지를 중심으로 한 온전한 서사를 지니

102) 바울이 '프뉴마'(pneuma)라고 말하는 것들의 다수는 물론 하나님의 영을 가리키는 것이지만, 몇몇 구절들에서는 그가 무엇을 가리키고자 하는 것인지를 분명하게 확인하는 것이 지독하게 어렵다. 사람의 영을 가리키는 것임이 분명한 구절들로는 롬 1:9; 2:29; 8:16; 9:1; 갈 6:18; 빌 1:27; 4:13; 몬 1:25 등이 있다. 또한, 스토아 사상에서 '프뉴마'가 중용한 역할을 했다는 사실도 참조하라(위의 제3장과 아래 제14장).

103) 이 용어는 바울에게서 비교적 드물게 사용된다: cf. 롬 2:9; 11:3; 13:1; 16:4; 고전 15:45; 고후 1:23; 12:15; 엡 6:6; 빌 1:27; 2:30; 골 3:23; 살전 2:8; 5:23.

104) 이 용어는 한층 더 드물게 사용된다: 고전 7:37; 16:12; 엡 2:3.

105) '누스'(nous)가 어두워지는 것에 대해서는 롬 1:28; 엡 4:17; 골 2:18; '누스'가 속함을 받는 것에 대해서는 롬 12:2; 고전 2:16; 엡 4:23. '카르디아'(kardia)가 어두워지는 것에 대해서는 롬 1:21, 24; 2:5; 16:18; 고후 3:15; 엡 4:18; '카르디아'가 속함을 받는 것에 대해서는 롬 2:29; 5:5; 6:17; 10:8-10; 고후 1:22; 3:2; 4:6; 갈 4:6; 엡 1:18; 3:17; 5:19; 골 3:15. 인간에게 영향을 미치거나 인간을 사로잡을 수 있는 다른 "영들"의 존재로 인해서 더욱 복잡해진 '프뉴마'(pneuma)는 로마서 11:8에서처럼 부정적인 것으로 보아질 수도 있었고, 로마서 2:29; 7:6; 8:16에서처럼 긍정적으로 보아질 수도 있었다. 서로 다른 내면의 양식을 반영하고 있는 '프쉬케'(psychē)와 '텔레마'(thelēma)도 "중립적인" 것으로 보아질 수도 있었고, 부정적이거나 긍정적인 것으로 보아질 수도 있었다.

106) cf. 고전 15:50. 이 용법은 신약 전체에 걸쳐서 획일적이지 않았다는 것을 주목하는 것이 중요하다: 예컨대, 부활한 예수가 자기에게는 "살과 뼈"가 있다고 말하는 내용이 나오는 누가복음 24:39을 참조하라. *RSG*, 389f.를 보라.

고 있다고 말하는 방식들이다. 우리는 바울이 아주 자주 언급하는 인간에 대한 하나님의 계획이라는 최초의 그림으로 시작한다:

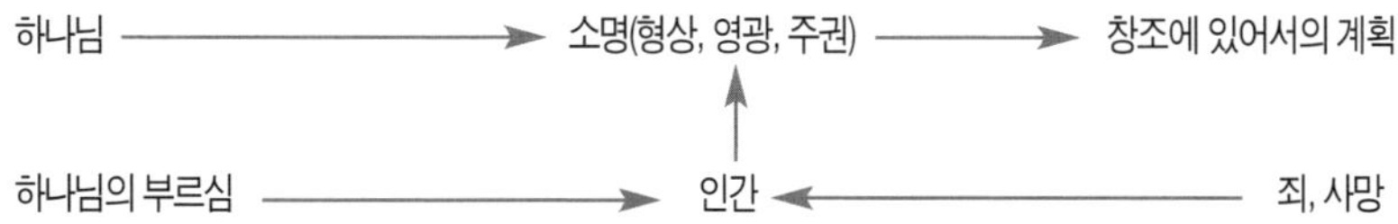

죄와 사망의 유혹에 의해서 인간이 재앙을 겪게 됨으로써, 인간에 대한 하나님의 이러한 계획은 좌절되고, 인간에게 부여된 소명도 실패로 돌아간다. 인간은 뱀의 목소리를 청종해서, 우상 숭배를 저지르고, 그 결과 세계를 다스리게 되기는커녕, 그들 자신도 통제할 수 없게 된다.[107] 바울에 대한 이러한 분석은 "죄"에 대한 통상적인 설명들이 보여주는 것보다 더 깊이 들어간다. 즉, 죄는 참된 인간성을 부패시키고 왜곡시키며 치명적으로 비틀어서 끔찍한 도착을 일으킨 것이고, 인간의 행위에 의해서 영향을 받는 것들과 인간 자신에게 파괴적인 권세의 악용임을 보여준다. 따라서 이러한 썩어짐을 해결하고, 인간을 원래의 자리로 회복시키기 위하여 구원 역사가 필요하게 된다:

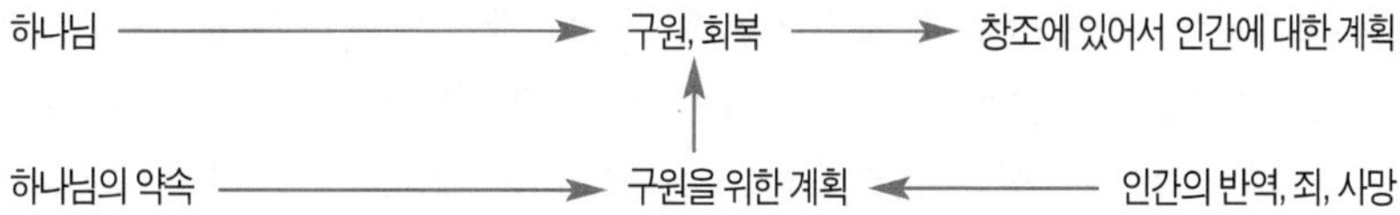

이미 우리는 종종 "바울의 인간론"과 "바울의 구원론"이라 불리는 것에 대한 설명들 중 다수가 좋게 말해서 부적절하고, 나쁘게 말해서 심각하게 오도하는 것임을 알 수 있다. 그것은 단지 인간이 "하나님과의 교제"를 위하여 지음 받았고, 이 교제가 "죄"로 인해서 망쳐져서 "깨어진 교제를 회복하기" 위한 "구원 역사"가 필요하였다는 식의 문제가 아니다(이것은 "화해"와 "의"에 관한 바울의 언어를 거머쥐고서, 한편으로는 이 둘 자체의 범주, 다른 한편으로는 더 큰 범주와의 관계에서 혼동을 일으켜, 이 둘이 그러한 "관계"에 대하여 말하는 것이라고 전제함으로써

107) 바울은 뱀을 자주 언급하지는 않는다(하지만 cf. 고후 11:3). 그러나 로마서 7:7-25, 특히 7:11에서 "죄"를 의인화시키고 있는 것은 실질적으로 뱀을 언급하고 있는 것이나 마찬가지의 역할을 하는 것으로 보인다.

생겨난 도식이다). 도리어, 이것의 요지는 이 주요한 부차적인 줄거리의 "최종적인 단계"에서 하나님이 자신의 약속에 의해서 밑받침된 구원 계획을 통해서 인간으로 하여금 자원해서 기쁜 마음으로 그에게 순종하여 지혜로운 청지기로서 세계를 다스리게 함으로써, 인간에게 존귀함과 "영광"과 원래의 지위를 회복시켜 주리라는 것이다:

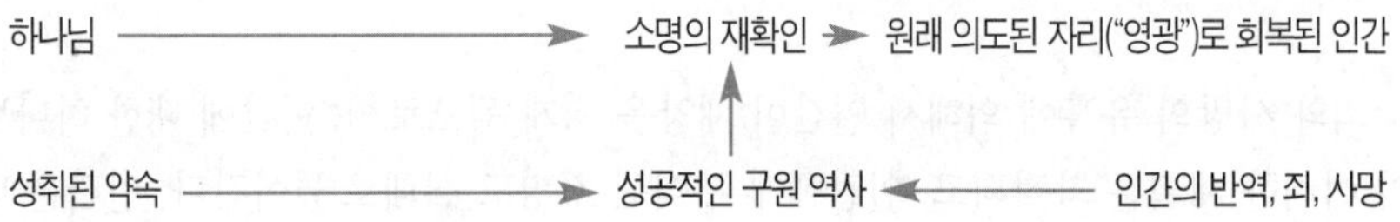

바울이 자신의 글들에서 수많은 서로 다른 암시들과 좀 더 자세히 설명하는 구절들을 통해서 들려주는 이 서사는 서구의 대부분의 독자들이 지난 500여 년 넘게 유일한 주된 이야기로 전제해 온 것이다: 인간은 범죄하고, 하나님은 인간을 구원하며, 인간은 구원 받는다. 나는 이것이 원래의 부차적인 줄거리를 보여주는 한 방식(어느 정도 거두절미한 방식)이기는 하지만 실제로는 부적절하다는 것이 저절로 분명해져서, 지금부터는 우리가 이 부차적인 줄거리를 살펴볼 때에 죄/구원의 역학을 좀 더 큰 틀 안에서 보게 되기를 소망한다.

이러한 통상적인 "죄/구원" 도식은 세계 전체와 관련된 좀 더 큰 줄거리와의 연결을 부각시키는 데 실패하고 있는 것과 마찬가지로, "하나님의 구원 역사는 무엇이고, 어떻게 그것이 '성공적인가'"라는 질문에 대한 제대로 된 대답을 내놓는 데에도 실패한다. 물론, 통상적인 대답은 "성공적인 구원 역사"는 "예수 그리스도," 또는 "예수 그리스도와 그가 십자가에 못 박힌 것"이 될 것이고, 이것은 그 자체로는 옳을 수 있다. 그러나 "예수 그리스도"를 이 시점에 끼워 넣어 등식을 만들어서, 그의 죽음과 부활의 사건으로 하여금, 인간을 죄와 사망으로부터 구원하는 것만이 아니라 세계를 다스리게 되어 있던 인간의 소명을 다시 회복시키는 것에 대하여 말하는 서사 전체의 무게를 짊어지게 만드는 것은 "예수 그리스도"가 왜 그리고 어떻게 "구원 역사"에 관한 질문에 대한 대답이 되는가 하는 문제와 관련된 바울의 대답 전체를 놓치는 것이다. 그리고 그런 식의 대답이 주어졌을 때, 예수 그리스도에 대한 바울의 설명 속에 있는 요소들이 해체되어서, 원래 그 요소들이 짊어지게 되어 있지 않았던 짐을 짊어지게 되는 일이 벌어지는 것은 이상한 일이 아니다. 이러한 딜레마는 개신교 신학, 아니 가톨릭이든 개신교이든 서구 신학 내에서만이 아니라, 걱정스럽게도 주후 3세기 내지 4세기 이래로 기독교 신학의 상당 부분 내에서도 아주 깊이 저류하고 있다. 이러한 딜레마에 대한 해법은 바울에게 절대적으로 중요하였던 그 다음의 부차적인 줄거리에 주목하는 것이다 – 비록 이 부차적인 줄거리가 적어도 위대한 신조들의 시대로부터 교회의 공식적인 전통들로부터 차단되어 왔다고 할지라도. "그렇다면, 창조주의 약속은 무엇이고, 그가 의도한 구원 역사는 무엇인가"라는 질문에 대한 바울의 대답은 단지 약간의 원형들, 암시들, 희미한 약속들을 보여주고 나서 갑자기 마른하늘에 날벼락처럼 "예수 그리스도"라고 외치는 것이 아니었다. 도리어, 그가 제시한 대답은 창조주의 구원 계획의 성취로서의 예수 그리스도였다 – 우리는 나중에 여러 가지 이유로 예수 그리스도가 아니라 "메시야 예수"로 지칭하는 것이 더 합당하다는 것을 보게 될 것이다. 그리고 창조주의 구원 계획은 아브라함과 그의 권속을 부르는 것이었다. (내가 보기에) 거의 모든 주석자들이 놓치고 있는 결정적으로 중요한 서사 요소이자 그들이 너무나 자주 숲의 잘못된 지역에서 끝나 버리는 이유를 설명해 주는 이 길의 결정적인 전환점이 여기 있는데, 그것은 이스라엘에 관한 이야기이다. 이 이야기가 없으면, 좀 더 큰 이야기의 전개에는 틈과 공백과 단절이 생겨나게 된다. 일부 신학자들은 바로 그러한 단절이 자신들이 원하던 것이었기 때문에, 이스라엘의 이야기를 생략하는 것을 약점이 아니라 강점으로 인식해 왔다. 그러나 바울이 사고한 방식을 이해하고자 한다면, 우리는 그가 우리가 정해 주는 방식이 아니라 자신의 방식으로 우리에게 이야기를 들려줄 수 있게 하여야 한다.

5. 하지만 (신학의) 숲의 다른 지역: 이스라엘에 관한 이야기

바울에 있어서의 "이야기"라는 질문에 대하여 글을 쓰는 거의 모든 사람들은 하나님과 이스라엘에 관한 이야기가 바울의 세계 내에서 결정적으로 중요한 서사로 여겨져야 한다는 것에 동의해 왔다. 하지만 어떤 사람들에게는 하나님과 그의 백성에 관한 이야기는 단지 일종의 부수적인 과거에 대한 회상일 뿐이다. 그들은 그때에 그랬다는 것은 맞지만, 그때는 그때이고, 지금은 지금이라고 말한다. 이스라엘에 관한 이야기는 주후 1세기에는 하나의 문제였고, 바울에게는 더더욱 그러하였지만, 우리에게는 문제가 아니거나, 문제라고 해도 중심적인 문제이거나 당시와 동일한 방식으로 문제인 것은 아니라는 것이다.[108] 그러한 방향으로 계속해서 가

108) 예를 들면, Dodd, 1959 [1932]에 나오는 로마서 9-11장에 관한 서술을 참조하라.

면, 결국 "하나님과 그의 백성"은 오로지 바울처럼 "예수를 죽은 자 가운데서 다시 살리신 하나님을 믿는" 자들을 하나님이 불러 모은 무리를 의미하게 될 뿐이다. 달리 말하면, "하나님과 그의 백성"에 관한 이야기는 오로지 교회에 관한 이야기, "그리스도 안에" 있는 자들에 관한 이야기를 의미하게 된다는 것이다 - "그리스도"라는 단어가 무엇을 의미하였는지를 까맣게 망각한 채로. 하지만 바울에게 있어서 이스라엘에 관한 이야기는 큰 줄거리를 결정적으로 앞으로 나아갈 수 있게 만들어 주는 결코 생략할 수 없는 아주 중요한 부차적인 줄거리였다.[109] 창조주는 메시야 예수 안에서 및 메시야 예수로 말미암아 피조세계와 인간에 대한 자신의 목적만이 아니라, 이스라엘 자체에 대한 자신의 목적에도 신실할 수 있었고, 바울에게 메시야 예수는 바로 그런 존재였다. 이러한 주된 줄거리와 주요한 부차적인 줄거리 배후에는 또 하나의 부차적인 줄거리가 존재하는데, 이 부차적인 줄거리는 오베론과 티타니아에 관한 이야기처럼, 전체 줄거리에 아주 중요한 영향을 미친다.

우리가 이 서사를 무시해 버리고서, 이 서사가 바울의 가장 큰 이야기, 즉 창조주와 세계에 관한 이야기 내에서 어떤 위치를 점하고 있는지를 묻지 않는다면, 어떤 일이 일어나게 되는가? 바울을 읽은 수많은 사람들이 지금까지 바로 그런 식으로 해 왔기 때문에, 이 질문에 대한 대답은 명약관화하다. 첫째, 그들은 바울이 피조세계의 곤경이 아니라, 단지 인간의 곤경에 대하여 말하고 있다고 생각하게 된다. 둘째, 그들은 바울이 이 "곤경"에 대한 "해법"을 얘기하는 것처럼 보일 때, 그 해법이라는 것은 기본적으로 다른 모든 것들로부터 따로 떼어서 본 "예수 및 그의 죽음과 부활"과 관련되어 있다고 생각하게 된다. 바울이 종종 아브라함에 대하여 언급하더라도, 아브라함은 단지 성경에 나오는 믿음(또는, 올바른 믿음)의 선조들 중의 한 사람으로서 "선구자"일 뿐인 것으로 치부되어 버린다.[110] 그런 것 대신에, 나는 우리가 바울이 비록 근본적으로 철저히 수정하기는 했지만, 그래도 여전히 우리가 제2장에서 살펴본 제2성전 시대의 유대적 서사, 즉 창조주가 자신의 피조세계를 구원하기 위한 도구로 사용한 하나님의 백성, 곧 아브라함의 민족에 관한 이야기를

109) 이스라엘에 관한 이야기를 "부차적인 줄거리"라고 부른다고 해도, 이 연극의 주도적인 표상을 이미 알고 있는 사람들은 그렇게 부르는 것이 이 이야기의 중요성을 약화시키는 것이 아니라는 것을 안다. 왜냐하면, 결국, 최후의 부차적인 줄거리 — 다른 모든 것이 올바르게 작동될 수 있게 해주는 중심적인 행위 — 는 예수 자신에 관한 이야기이기 때문이다.

110) Lincoln, 2002를 보라; 공정하게 말하자면, 그가 다루는 주제는 원래 범주들에 관한 Dunn의 제안에 의해서 형성된 것이다.

긍정하고 천명하였다고 본다면, 바울의 신학 전체는 놀라울 정도로 엄청난 통일성과 추진력을 얻게 된다고 주장하고, 이제 그 주장을 논증해 나가고자 한다. 그렇게 하였을 때, 바울의 서신들 속에 나오는 수많은 구절들의 의미가 잘 통하게 되기 때문에, 바울이 이 서사를 염두에 두고 있었고, 이 서사에 원래의 유대교 내에서 그것이 지니고 있었던 것과 실질적으로 동일한 의미를 부여하였다는 것을 의심해서는 안 된다 — 물론, 그는 이 이야기가 전혀 예기치 못했던 충격적인 방식으로 그 대단원의 막을 내렸다는 것을 알았기 때문에 철저하게 다시 써야 했지만. 예기치 않은 결말로 인해서 새로운 눈으로 그 이야기를 읽을 수밖에 없게 되었다고 하더라도, 그 이야기는 여전히 동일한 이야기이다.

이 대담한 주장은 오늘날 바울을 읽는 수많은 사람들의 직관에 역행하는 것이기 때문에(그들은 바울이 아브라함, 모세, 율법, "이스라엘" 등등에 대하여 자세하게 다루는 것을 보고 자주 당혹스러워하기는 하지만, 그들이 그렇게 당혹감을 느끼는 문제에 대한 해법을 제대로 찾아내고자 하지는 않는다), 우리는 차근차근 석의 작업을 해나가면서 서서히 이것을 논증해 나가지 않으면 안 된다.[111]

무엇보다도 먼저, 바울은 이스라엘(또는, 그의 표현을 빌리면, "유대인")이 실제로 "맹인에게는 인도자이고, 어둠 속에 있는 사람들에게는 빛이며, 어리석은 자들의 선생이고, 어린 아이들을 가르치는 교사"로 부르심을 받았는데, 이 모든 것은 "너희가 율법 속에서 지식과 진리의 개요를 소유하고 있기" 때문이라는 바리새파의 고전적인 입장을 긍정하였다.[112] 우리가 주목해야 할 것은 이것은 "유대인"의 도덕적 우월성에 대하여 말하고 있는 것이 아니라는 것이다. 바울은 로마서 2:1-16에서 이미 그 문제를 언급하며, 거기에 의문을 제기하고서(아울러, 그는 거기에서 이교의 도덕 철학자들의 도덕적 우월성도 부정하였다), 유대인과 이방인을 똑같이 죄인으로 규정하고 하나님의 법정으로 소환한 바 있다. 우리가 여기서 인용한 구절은 그런 것과는 다른 것, 즉 창조주 하나님이 세계와 관련된 문제를 해결하기 위한 수단으로 이스라엘을 부른 것에 관한 것이다. 이 구절은 "유대인들은 모든 사람이 범죄하였다는 판결에 대한 예외인가"라는 질문을 다루는 것이 아니라, 그 질문에 대한 암묵적인 부정의 대답을 전제한 후에(선지자들의 한결같은 증언과 동일선 상에서), 실제적으로 다음과 같은 질문을 제기하고 있다: "그렇다면, '유대인'은 정말

111) 또한, 바울의 사고의 신학적 순서와 관련해서 이 분야 전체를 다루고 있는 아래 제10장의 논의를 보라.

112) 롬 2:19f. *Perspectives*, ch. 30을 보라; 나는 여기에서 하위 논증들과 이차적인 전거들을 되풀이해서 제시하지 않을 것이다.

하나님이 인간의 죄와 우상 숭배의 문제를 풀기 위한 수단인 것인가?" 여기서 우리가 부딪치는 난관 중의 일부는 로마서를 루터의 질문에 대한 바울의 대답으로 읽어온 오랜 서구 전통으로 인해서, 다음과 같은 암묵적인 해석학적 원칙이 굳건히 자리를 잡게 되었다는 것이다: 우리는 1:18–3:20 전체가 단지 "모든 사람이 범죄하였다"는 것을 아주 길게 늘여서 말하고 있는 것에 불과하다는 것을 선험적으로 안다. 하지만 그러한 원칙은 사실이 아니다. 1:18-3:20 전체는 실제로 "모든 사람이 범죄하였다"는 더 큰 명제 안에 놓여 있기는 하지만, 그 안에서 좀 더 구체적으로 이렇게 말하고 있다: "하나님이 문제를 해결하기 위하여 부르신 이스라엘 자체가 그 동일한 문제의 일부가 되어 버렸다."

우리는 "유대인"이 과연 하나님이 인간의 문제를 풀기 위한 수단일 수 있느냐 하는 질문에 대한 바울의 대답은 "결코 그렇지 않다"였을 것이라고 생각하기 쉽다. 바울은 이스라엘 사람 개개인이 아니라 이스라엘 전체를 통렬하게 고소한다. 그는 자기가 개인적으로는 성전 물건을 훔치는 자이거나 간음하는 자이거나 도둑이 아니었다는 것을 너무나 잘 알고 있었다. 모든 유대인들이 그런 범죄들을 저질렀다는 뜻으로 그가 그런 말을 한 것으로 오해하여, 그를 꾸짖는 것은 어리석은 짓이다. 그가 말하고자 하는 핵심은 그런 범죄들이 이스라엘 내에서 발견될 수 있다는 사실은 현재의 이스라엘이 세계의 빛이 되라는 성경의 소명을 수행할 수 없다는 것을 보여준다는 것이다. 하지만 바울은 이스라엘이 율법 속에서 진정으로 "지식과 진리의 개요"를 소유하고 있다는 것을 부인하지 않는 것과 마찬가지로, 이스라엘에게 그러한 소명이 주어졌다는 사실 자체를 부인하지는 않는다. 대부분의 독자들은 바울이 여기서 구원이 아니라 소명에 대하여 말하고 있다는 것조차 눈치 채지 못할 것이라고 나는 생각한다. (이스라엘이 "하나님이 세계를 구원하기 위한 수단"이 되라는 소명을 받았다는 관념 자체가 오늘날의 많은 신학에서는 밀봉된 책이다.) 그 결과, 대부분의 독자들은 바울이 이스라엘의 이러한 소명을 재천명하고 있다는 사실도 마찬가지로 알지 못한다 – 비록 바울이 이방 나라들이 이스라엘의 행실을 보고서 이스라엘의 하나님을 욕하는 일이 벌어짐으로써(2:24), 이스라엘의 그러한 소명은 완전히 무너져 버리고 말았을 뿐만 아니라, 하나님이 "할례를 받지는 않았지만 율법을 지키는 자들"을 불러서 "유대인"이 되게 하실 수 있고, 실제로 그렇게 부르셔서, 장차 할례자로서 율법을 범한 자들을 심판하게 하실 것이라고 (2:25-29) 얼핏 보면 모순되는 것 같은 선언을 한다고 할지라도. 이 모든 것은 너무나 충격적이기는 하지만, 아주 중요하다. 이 모든 것들을 통해서, 바울은 이스라엘이 그러한 소명을 받은 것은 사실이고 결코 폐기된 것이 아니라는 것을 긍정함과 동시에, 그 소명이 민족으로서의 현재의 이스라엘을 통해서 수행될 수 있다는 것을 부정한다.

이 이상해 보이지만 아주 중요한 구절의 의미에 대해서는 우리가 나중에 다시 살펴볼 것이기 때문에,[113] 지금 우리가 주목할 것은 로마서 3:1에서 이어지는 극히 중요한 일련의 사고의 흐름이다: "그렇다면, 유대인은 어떤 이점을 소유하고 있는 것인가." 다시 한 번 말해 두지만, 이것은 "누가 인류의 대실패로부터 구원 받을 수 있는가"라는 질문을 던지는 것이 아니라(물론, 멀리 보아서, 그가 이것도 희미하게 염두에 두고 있다고 말할 수는 있겠지만), "'유대인'은 그러한 구원을 가져오는 하나님의 대리인인가"라는 질문이다. 이것은 최초의 질문("유대인이라는 것이 무슨 의미가 있고, 할례를 받은 것이 무슨 유익이 있는가")과 대답("모든 점에서 많다")이 제시된 후에 이어지는 바울의 설명이 하나님이 이스라엘에게(to) 주신 은사가 아니라, 하나님이 이스라엘을 통해서(through) 주고자 한 은사를 부각시키는 이유이다. 그는 "무엇보다도 먼저 유대인들에게는 하나님의 말씀이 맡겨졌다"(3:2)고 말한다. "맡겨졌다"는 것이 무엇을 의미하는지는 분명하다(여러분은 대부분의 주석서들을 통해서는 그것을 알 수 없겠지만): 존이 자기가 프랭크에게 전하고자 하는 메시지를 빌에게 맡겼다면, 그 메시지는 존이 빌에게 주는 것이 아니라, 존이 프랭크에게 주는 것이 된다. 바울이 "맡겨졌다"는 용어를 사용한 방식은 분명히 이런 것이다: 바울에게 복음이 "맡겨졌다"는 것은 그가 복음을 받아서 회심하고 구원을 받았다는 것을 의미하는 것이 아니라, 하나님이 그로 하여금 다른 사람들에게 전하라고 복음을 그에게 맡겼다는 것을 의미한다.[114] 하지만 여기서 말하고 있는 것은 하나님이 메시야 예수의 복음을 바울이나 다른 사도들에게 "맡겼다"는 것이 아니라, 하나님이 열방을 위한 말씀을 이스라엘 민족에게 "맡겼다"는 것이다.[115] 그리고 3:3 이후의 일련의 사고의 흐름 전체의 주된 취지는 창조주 하나님이 이스라엘을 통하여 세계를 구원하겠다는 자신의 계획을 폐기하지 않았다는 것을 간단하지만 강력하게 선언하는 것이다. 여기에서 요구하고 있는 것도 사도직을 맡게 된 자들의 경우와 마찬가지로 말씀을 맡은 자들은 "신실하여야" 한다는 것이다. 그것은 바울이 고린도전서 4:2에서 자신의 소명에 관련해서 말하고 있는 것이다: "관리인에게 일차적으로 요구되는 것은 신실한(pistos, '피스토스') 것이다." 하나님은 이스라엘이 "신실할" 것을 바랐다. 달리 말하면, 이스라엘은 "하나님을 믿을" 뿐만 아니라, 그들에게 맡겨

113) 본서 제7장 제6절, 제10장 제2절 1)과 2), 특히 제4절 2)를 보라.

114) 갈 1:11; 살전 2:4; cf. 딤전 1:11; 딛 1:3.

115) 그가 "신탁들"이라는 단어를 사용하는 이유는 아마도 어떤 신으로부터 온 새로운 말을 "신탁"으로 표현하는 비유대인들의 입장에서 이미 생각하고 있기 때문인 것 같다.

진 하나님의 말씀을 열방들에게 전하는 일에 신실하고 믿음직스러워야 하였고, "소경들에게 인도자가 되고 어둠 속에 있는 사람들에게 빛이 되는" 등 2:19-20에 묘사된 그런 존재가 되어야 하였다.[116] 그러나 이스라엘 민족은 자신들에게 맡겨진 그러한 소명을 제대로 수행해내지 못하였다. 그렇다면, 이스라엘의 하나님은 자신의 원래의 목적에 신실하기 위하여 어떻게 하여야 했는가?

앞에서 말했듯이, 이것은 오늘날 바울을 읽는 많은 사람들이 하나의 문제점으로 보아 온 그런 것이 아니다. 왜냐하면, 그들이 추구해 온 주제는 "하나님이 이스라엘을 통해서 세계를 어떻게 구원할 것인가"라는 질문이 아니라, "개개인이 어떻게 구원을 받게 되는가"라는 질문이기 때문이다. 그러나 바울은 2:18-20에 나오는 적극적인 단언들, 3:2의 '에피스튜테산' (episteuthēsan, "맡겨졌다"), 그 이후에 이어지는 절들에서 그 점을 강조하는 것을 통해서, 자기가 전자의 질문에 대하여 말하고 있음을 분명히 한다: "모든 인간은 거짓되지만, 하나님은 참되시다고 하라." 하나님은 어떻게든 참되고 신실하며 의로울 것이다. 하나님은 자기가 말한 것들을 반드시 이룰 것이다. 하나님은 순종하는 인간을 통해서 세계를 다스릴 것이다. 그것이 그가 세계를 창조한 목적이기 때문에, 하나님은 그 목적에 신실할 것이다. 하나님은 이스라엘을 통해서 인간을 구원할 것이다. 그것이 아브라함을 부른 그의 목적이었고, 하나님은 그 목적에 신실할 것이다.

그러나 하나님은 이 모든 것을 어떻게 해낼 것인가? 앞으로 보게 되겠지만, 로마서 3:21-26에 그 답이 있다: "신실한 이스라엘 사람인 메시야를 통해서." 이것에 대해서는 나중에 살펴보겠지만, 지금 우리가 주목할 것은 이 주제가 로마서 4장에 나오는 최초의 승리의 결말을 향하여 질주하고 있다는 것이다: 하나님은 자기가 아브라함에게 한 약속들, 여기서는 특히 창세기 15:12-21의 기이한 계약 의식에서 절정에 도달한 약속들, 아브람이 "깊은 잠" 가운데 있을 때에 그에게 계시한 것 – 이것은 하나님이 아담의 갈비뼈 하나로 하와를 만들 때에 아담이 "깊은 잠"에 빠진 것을 연상시킨다 – 에 대하여 신실하다.[117] 아브람이 "세계를 유업으로 받게" 될 것이라는 이 약속은 계약 본문에서 얘기된 출애굽, 하나님이 자기가 "유대인"에게 말한 것들에 대하여 신실하다는 것을 보여줄 출애굽을 통해서 성취될 것이다. 아브라함을 부른 목적, "유대인"을 세운 목적은 메시야 예수를 통해서 성취된다. 하나님은 원

116) 로마서의 다른 곳에서 "'신실한'이 이러한 의미로 사용되는 것에 대해서는 Poirier, 2008을 참조하라.

117) 창 2:21과 15:12; cf. Walton, 2001, 177.

래의 약속에 대한 자신의 신실하심을 통해서, 인류를 구원하고 있고, 그렇게 해서 피조세계 전체를 구원하고 있다.[118] 하나님은 아브라함의 씨를 통해서 세계를 구원하고 있다. 이렇게 오늘날의 독자들 중 대부분에게 이 이야기는 하나님이 처음에는 이스라엘을 통해서 세계를 구원하려고 하다가 잘 되지 않자, 이번에는 마음을 바꾸어서 자기 아들을 보내는 다른 노선을 취하였다고 말하는 것처럼 보이는 것과는 반대로, 바울에게 있어서 후자는 전자의 성취였다. 그리고 그는 로마서 9–11장에서 이러한 성취가 사실은 하나님이 늘 마음에 두고 있었던 것이었음을 강력하게 논증한다.[119]

로마서 2:17–24 및 그것을 이어받은 3:1-4과 4장의 구절들은 바울이 이스라엘에 대한 하나님의 약속만이 아니라 이스라엘을 통한 하나님의 약속을 부각시키고 있는 유일한 본문들이 결코 아니다. 흔히 간과되고 있는 것 중의 하나는 갈라디아서 2-4장의 논증 전체의 배후에는 이스라엘을 통한 하나님의 약속이 있다는 것이다. 거기에서 만일 바울이 "이스라엘이 아브라함의 권속이라는 것은 이제 예수로 말미암아 다 무효가 되었는데, 어찌하여 너희는 이스라엘이 아브라함의 권속이라도 되는 것처럼 이스라엘에 대하여 신경을 쓰는 것이냐"라고 말할 수 있었다면(그의 해석자들 중 다수는 그런 식으로 해석하는 것을 선호해 왔다), 그는 자신의 논증을 훨씬 더 짧고 단순하게 끝낼 수 있었을 것이다(물론, 그랬을 때에 그의 논증은 상당히 마르키온주의자들처럼 되었을 것이지만). 그런데 그가 그런 식으로 말하지 않은 이유는 면면히 이어져온 조상들에 대한 어떤 자부심 때문이 아니라, 자기 민족의 전통 속에는 적어도 중요한 그 무엇이 존재하고 있음에 틀림없다는 느낌을 결코 지울 수 없었기 때문이었다.[120] 즉, 그는 복음이라는 것은 이스라엘의 하나님이 이스라엘을 사용해서 세계에 대하여 이루고자 한 자신의 목적에 신실하였음을 보여

118) 이 점은 여전히 자주 완전히 간과되고 있다: 예컨대, Dunn, 2002, 221은 바울이 아브라함을 "이스라엘의 이야기로부터 꺼내서" 바울 자신의 이야기 속으로 "다시 집어넣었기" 때문에, "갈라디아서 3장, 특히 로마서 4장의 논증들이 아주 복잡하게 뒤엉키게 되었다"고 말한다. 여기에서 그가 말하는 복잡하게 뒤엉킨 것들은 바울의 사고나 논증들 속에는 없었다. 자세한 것은 *Perspectives*, ch. 33을 보라.

119) 본서 제11장 제6절 4)를 보라.

120) 반대견해로는 바울 속에 "깊이 새겨진 애국심"에 대하여 말하는 Dodd, 1959 [1932], 68. 그리고 로마서 11:1의 NEB 본문(Dodd는 이 번역본 중에서 로마서에 대한 초고를 쓴 인물이다)을 참조하라: "하나님이 자기 백성을 버리셨느냐? 나는 그것을 믿을 수 없다!" '메 게노이토'(mē genoito, "절대 그렇지 않다")에 대한 Dodd의 이러한 의역은 바울의 논증이 바울로 하여금 "그렇다"라고 말하도록 몰아갔고, 바울 속에 깊이 뿌리박혀 있었던 편견이 그로 하여금 거기에 반발해서 다른 길을 찾게 만든 것으로 이 어구를 해석하도록 하였다는 것을 잘 보여준다.

준 것이었고, 사람들이 이 점을 제대로 인식하지 못하면, 이후의 논의들은 시작할 수조차 할 수 없다고 믿었다.

바울은 바로 이 점을 토대로 해서, 아브라함에 대한 약속들과 모세에 대한 토라 계약을 날카롭게 구별한다. 이것에 대해서는 나중에 살펴보게 될 것이지만, 여기서 우리는 특히 갈라디아서 3장의 끝부분에 나오는 절들을 통해서, 그 요지만은 분명하게 알아두어야 한다: 하나님은 자기가 아브라함에 대하여 및 아브라함을 통해서 하겠다고 말씀하신 것들을 메시야 안에서 행하셨고, 그 결과는 이방인들이 마침내 "아브라함의 복"에 참여할 수 있게 된 것이었다.[121]

이것은 로마서 9–11장의 위대한 서사 속에서 지극히 역설적으로 표현된다. 바울이 이스라엘에 관한 거대 서사 속에서 활동하고 있다는 것에 대하여 조금이라도 의심이 있다면, 로마서 9:6–10:21에 대한 꼼꼼한 읽기는 그러한 의심을 다 몰아내어 줄 것임에 틀림없다: 이것은 아브라함의 권속에 관한 이야기에 대한 고전적인 재진술로서, 우리가 신명기의 마지막 장들에 대한 우리의 이전의 연구로부터 기대할 수 있었던 바로 그러한 결론 및 제2성전 시대의 유대인들이 그 마지막 장들을 읽은 방식과 정확히 일치한다. 즉, 하나님은 자기가 내내 행한 약속들에 대하여 늘 "의로우셨고" "신실하셨다"는 것이다. 이것은 동일한 사고의 흐름에 대한 이전의 단편적인 진술인 3:1-8과 맥을 같이 하는 것으로서, 이 서사 전체의 핵심이다. 모든 사람이 다 거짓되게 행해 왔을지라도, "하나님은 불의하신 적이 없으셨다"(9:14). 하나님은 자기가 말한 것들을 메시야를 통해서 다 행하였고, 그렇게 함으로써, 신명기 30장에서 약속한 갱신된 계약, 즉 이제 만민에게 열려 있게 된 계약을 만들어 내었다. 계약에 관한 서사를 통해서 계약의 해법이 생겨났다. 즉, 이스라엘에 관한 이야기는 유대인이나 이방인이든 세계 전체의 구원을 이루고자 한 하나님의 목적을 앞으로 추진시키는 동력이었다. 이것이 로마서 9장과 10장의 핵심이다.

따라서 로마서 9장과 10장은 하나님에게는 단 하나의 계획이 존재하였고, 하나님은 그 계획을 이루어 나가는 과정에서 내내 신실하셨고, 앞으로도 신실하실 것이라는 강력하고 중심적인 단언이 발견되는 지점이다. 이것은 결정적으로 중요한 부차적인 줄거리가 좀 더 큰 서사 내에서 작동하는 방식이다. 이 지점에서 개혁파 신학과 루터파 신학은 전통적으로 서로 결별해 왔다(물론, 그 밖에도 둘 사이에는 작은 차이들은 많이 있지만). 왜냐하면, 개혁파는 단일한 계획이라는 것을 강조하였던 반면에, 루터파는 하나님이 이스라엘과 관련된 계획을 폐기하고 완전히 다른

121) 갈 3:14; cf. 본서 제10장 제3절 3) (3).

일을 행하였다고 말하는 경향 – 이것은 오늘날 "묵시론적" 관점이라는 이름으로 새롭게 표현되고 있는 견해이다 – 을 보여 주었기 때문이다. 그럼에도 불구하고, 우리가 이제 곧 알게 되겠지만, 바울이 논증하고 있는 것은 하나님에게는 단일한 계획이 있었고, 그 계획과 관련해서 하나님은 늘 신실하게 행해 왔다는 것이다. 이것이 그가 이 복잡한 이야기가 실현되어 가는 과정을 바라보는 방식이다. 우리는 이 모든 것을 인식하는 유대인들의 전통적인 방식에 대한 바울의 "재정의"라는 말을 할 수 있겠지만, 사실 그 "재정의"라는 것은 바울이 하나님이 자기가 원래 의도하였던 단일한 목적을 마침내 드러낸 것이었을 뿐이고, 그렇게 드러난 하나님의 목적이 기존의 유대적인 사상들과 현저하게 달랐던 것은 무슨 일이 진행되고 있는 것인지를 이스라엘이 이해하는 데 실패하였기(바울이 이전에 그렇게 실패하였듯이) 때문이지, 바울이 변덕스러운 호기심의 발동에 의해서 어떤 기발하고 이상한 관념들을 기존의 전통에 끼워 넣어 왜곡시켰기 때문이 아니었다는 것을 깨닫는 것이 중요하다. 하지만 메시야가 십자가에 못 박힌 사건과 부활, 그리고 이 위대한 두 개의 사건이 가져다준 두 시대의 중첩에 관한 사상 전체는 전혀 예기치 못한 것이었을 뿐만 아니라, 그 이야기가 어떻게 진행될 것인가 하는 문제와 관련한 함의에 있어서도 충격적인 것이었다. 그러나 바울은 하나님이 실제로 행한 일은 하나님이 늘 행하고자 하였던 바로 그 일이었음을 역설한다. 그가 이제 이스라엘의 이야기가 지닌 의미라고 깨닫게 된 것은 예기치 않은 추한 결말까지 다 고려해서 이 이야기가 지니고 있었던 바로 그 의미였다. 그러나 그는 여전히 이 이야기가 좀 더 큰 서사세계 내에서 행하게 되어 있었던 바로 그 일을 행한 것으로 보았다.

로마서 9–11장이 분명하게 보여 주듯이, 하나님이 원래부터 지니고 있었던 이 단일한 계획은 지독하게 역설적인 것이었다. 왜냐하면, 이스라엘의 이야기가 세계의 구원을 위한 하나님의 도구가 된 방식은 정확히 이스라엘을 "버리는 것"이었기 때문이다. 9:14-29에서 부정적인 예정에 대해서 말하는 (우리가 보기에) 이상한 본문의 핵심은, 우리가 9:4-5에 나오는 서두의 요약적인 진술로부터 추론할 수 있듯이, 이스라엘은 "메시야의 백성"임과 동시에 "육신을 따른 메시야의 백성"이라는 것이다. 즉, 이스라엘의 이야기는 늘 메시야의 도래와 성취 속에서 그 절정에 도달하게 되어 있었다는 것이다(이것은 제2성전 시대의 많은 유대인들이 역설하였을 법한 말이다). 그러나 바울이 알게 되었듯이, 이러한 성취는 메시야 자신이 "세계를 위하여 버림받는" 방식으로 일어났다. 이렇게 메시야의 백성으로서의 이스라엘은 정확히 "메시야"가 자신의 소명을 수행하였을 때에 새롭게 밝혀진 엄청나게 충격적인 방식으로, 세계에 대한 하나님의 구원 사역을 이루는 도구로서의 자신의 소명을 행해 온 것으로 여겨진다. 즉, 이스라엘은 실제로 하나님이 세계를 구원을 가져다주는 수단으로서의 자신의 소명을 수행한 것이지만, 메시야가 자신의 소명을 수행한 방식, 즉 세계를 위하여 자기는 "버림받는" 방식으로 그 소명을 수행하였다는 것이다. 바울은 마침내 11:12, 15에서 이것을 큰 소리로 말하는데, 이 지점은 대부분의 해석자들이 오래 전부터 연결의 실마리를 잃어버리고 앞뒤의 연결 관계를 파악하지 못해 왔던 바로 그 지점이고, 바울이 2:19-20의 "자랑"을 부정하지 않고 계속해서 역설적으로 그 자랑을 긍정하는 이유를 보여주는 지점이다. 그리고 바울의 이러한 태도는 3:1-8의 질문들을 불러일으키고, 그는 나중에 그 질문들로 돌아가서 결국에는 대답을 제시한다.[122] 구원이 이방인들에게 임하였지만, 그것은 이스라엘의 '파라프토마' (paraptōma, "넘어짐"), 즉 5:20이 말하고 있는 것처럼, 이스라엘이 아담의 죄를 재현하는 "넘어짐"을 통해서였다. "세계의 화해"가 이루어졌지만, 그것은 이스라엘의 '아포볼레' (apobolē, "버림받음"), 즉 5:10-11이 말하고 있는 것처럼, 이스라엘이 메시야의 죽음을 재현하는 "버림받음"을 통해서였다. 바울의 가장 기이하면서도 가장 도전적인 장들 중의 하나의 중심부에서, 우리는 정확히 다음과 같은 주제, 즉 창조주 하나님이 아브라함의 권속과 계약을 맺어서, 그 권속을 통해서 세계를 복 주겠다고 약속하였고, 자신의 그러한 약속에 늘 신실하게 행해 왔다 – 그가 그 약속을 메시야 안에서 이제 유대인들이 생각했던 것과는 정반대의 방식으로 이루기는 하였지만 – 는 주제를 발견한다.

바울의 글들에서 흔히 그러하듯이, 어떤 장에 나오는 한두 문장으로 된 요약들은 그가 이전의 장들에서 논증해 왔던 것이 무엇이었는지를 보여준다. 우리는 11:11, 13도 분명히 그런 식으로 보아서, 바울이 9:6–10:21에서 전개한 자신의 사고의 흐름 전체를 요약한 것으로 보아야 한다.[123] 그것은 "선민론"에 관한 저 유명한(악명 높은?) 구절들에 대한 요약이다. 그리고 그것은 동일한 장에서 바울이 갑자기 자신의 로마 청중에 속해 있던 이방 그리스도인들을 향하여 유대인에 대한 신학적으로 잘못된 결론들은 말할 것도 없고 조금이라도 반유대적인 정서를 품어서는 안 된다고 엄하게 경고하는 이유이기도 하다: 육신을 따른 아브라함의 권속이 "이방인들을 위하여 버림받는" 일이 일어난 것이, 비록 아브라함의 권속이 자신의 소명에서 실패하였다고 할지라도, 그 권속을 통해서 세계에 복을 주고자 한

122) 이 모든 것에 대해서는 Wright, 1991 [*Climax*] ch. 13과 본서 제11장 제6절 4)를 보라.

123) 동일한 것을 보여주는 다른 예들: 5:12-21에서 메시야의 "순종"에 대한 요약적인 언급들은 3:24-6; 4:24f.; 5:6-10에 나오는 그의 죽음과 그 의미에 관한 좀 더 자세한 서술들을 염두에 둔 요약이다.

하나님의 원래의 목적을 이루기 위한 오랜 세월에 걸친 예기치 않은 과정의 일부였다면, 하나님이 이제 유대 민족을 완전히 버렸고, 유대인들은 이제 메시야의 갱신된 권속에 결코 들어올 수 없다고 생각할 이유는 전혀 없다. 육신을 따른 아브라함의 권속은 자신의 불신앙으로 인해서 잘려나간 가지들이 되었지만, 여전히 원래의 "감람나무"이고, 거기에 메시야의 갱신된 권속이 접붙여져 있는 것이다(11:20). 따라서 그들이 다시 접붙임을 받는 것은 지극히 합당한 일이 될 것이다.

이것은 이스라엘의 이야기에 대한 바울의 이해에 있어서 첫 번째이자 어떤 점들에서는 가장 중요한 지점이고, 이스라엘의 이야기가 창조주와 세계에 관한 좀 더 큰 줄거리 내에서 자리 잡고 있는 지점이다. 바울은 하나님이 이스라엘에게 준 소명을 메시야를 중심으로 철저하게 재정의하지만, 인간을 구원하고 피조세계를 구원하는 수단으로서의 소명 자체를 긍정하고 재천명한다. 하지만 이러한 그림의 전모는 오직 로마서에서만(그리고 서구의 오랜 전통으로 인해서 통상적으로 그런 식으로 읽혀져 오지 않은 본문들에서만) 등장한다. 그러나 일단 이 점을 파악하게 되면, 우리는 갈라디아서의 아주 중요한 핵심적인 장들 속에서도 그 그림을 볼 수 있다. 사실, 보통 때에는 숨겨져 있다가, 꼭 필요할 때에만 겉으로 드러나는 것이 세계관들의 요소들이 작동하는 방식이다. 하지만 일단 이 요소를 로마서와 갈라디아서에서 명확하게 알게 되었다면, 이제 우리는 다른 곳에서도 이 요소를 볼 수 있다.

바울에게 있어서 이스라엘에 관한 이야기의 두 번째 핵심은 우리가 제2장에서 살펴본 제2성전 시대의 본문들에서처럼, 바울은 이스라엘에 관한 단일한 이야기가 "포로생활"(exile) – 이것을 표현하는 더 좋은 방법이 없어서 이 명칭을 그대로 사용한다 – 이라는 긴 터널을 통과해 왔다는 것을 믿었다는 것이다.[124] 다시 한 번, 로마서 9:6–10:13의 이야기가 이 점을 분명하게 보여준다. 바울은 9:6부터 아브라함에서 이삭과 야곱(그리고 그들 각각의 형제들)을 거쳐 모세와 애굽 왕 바로와 출애굽의 때까지, 그리고 거기에서 더 나아가 선지자들과 포로기라는 재앙의 때까지에 이르는 이야기를 일련의 세심한 서사의 형태로 들려준다. 그러나 이 시점에서 우리는 바울이 저 앞쪽인 2:26에서 이미 암시하였던 약속, 즉 신명기 30장에 나오는 것과 같이, 하나님이 사람들의 마음에 할례를 행하여 "토라의 계명들을 지킬" 수 있게 할 것이라는 약속이 이 연속적인 서사의 배후에 어른거리고 있는 것을 보기

124) 본서 제2장 제4절 3)을 보라.

시작한다.

바울은 여러 본문들에서 특히 신명기 32장을 간접적으로 인용하고,[125] 신명기의 절정을 이루는 30장을 사용해서(4QMMT의 경우처럼) 메시야를 통해 이루어지게 된 새로운 현실에 대한 자신의 진술을 만들어 내는 등, 여기서의 사고의 흐름 전체 속에서 신명기의 마지막 장들을 상당 부분 사용한다. 우리가 제2장에서 보았듯이, 신명기 27–30장은 제2성전 시대의 수많은 유대인들(다소의 사울 같은 바리새인들을 포함해서)에게 있어서 단지 하나의 모형이나 역사 속에서의 하나님의 활동을 보여주는 추상적인 패턴의 모델이 아니라, 오랜 기간에 걸친 서사적 예언으로서의 기능을 하였다. 그것은 하나의 이야기를 들려주었다: 이스라엘은 실패할 것이고, 야웨에게 불충성하여, "저주" 아래 떨어질 것이다. 그 "저주"가 궁극적으로 집행된 것이 바로 포로기였는데, 포로기는 자의적으로 결정된 형벌이 아니라, 계약이 땅과 관련해서 늘 말해 왔던 형벌이었다. 하지만 하나님이 자기 백성의 마음에 할례를 행함으로써, 그들이 마침내 토라를 온전히 지킬 수 있게 될 때가 올 것이었고, 그 때가 바로 위대한 갱신이 도래할 때였다. 이것은 신명기에 뿌리를 둔 제2성전 시대의 이야기이고, 바울이 물려받은 이야기이다.

바울은 이 서사를 자신의 두 번째 부차적인 줄거리를 위한 기본적인 대본으로 삼아서, 이제 우리가 곧 살펴보게 될 이야기이고, 다른 모든 줄거리들을 의미 있게 해줄 세 번째이자 중심적인 부차적인 줄거리, 즉 십자가에 못 박혔다가 다시 살아난 메시야에 관한 이야기와 결합시켰다. 로마서 10:4에서 말한 것처럼 "율법의 마침이자 목표"인 메시야를 통해서, 신명기 30장은 마침내 성취된다 – 아브라함의 육신적인 권속에 의해서만이 아니라, 로마서 2:25-29이 말하는 것처럼 이방인들에 의해서도. 하나님의 신실하심은 이 갱신된 백성, 즉 이제 모든 나라로부터 부르심을 받은 아브라함의 "씨"로 구성된 백성의 신실함과 짝을 이루게 된다.[126] 이렇게 해서, 이스라엘의 계약 이야기는 하나님이 늘 약속해 왔던 열매를 맺었다. 즉, 아브라함은 자신이 "세계를 유업으로 받아서," '피스티스'(pistis, "믿음"/"신실함")로 규정되는 전 세계적인 권속, 신명기 30장의 백성, 포로기로부터 돌아온 백성,

125) 32:4: 롬 9:14; 32:21: 롬 10:19; 32:43: 롬 15:10. Hays, 1989a, 163f.를 보라.

126) 9:30f.; 10:12f. 실제로 바울이 창세기부터 신명기에 이르기까지의 이스라엘에 관한 이야기를 설명해 왔고, 다른 것들과 마찬가지로 그러한 의미에서 "토라의 마침"에서 메시야의 성취를 발견하고 있다는 사실과 관련시켜서 '텔로스 노무'(telos nomou)를 읽는 것이 가능하다. 하나님의 신실하심이 인간의 신실함에 의해서 충족되고 상응된다는 관념은 로마서 1:17에 나오는 "믿음에서 믿음으로"라는 어구에 대한 하나의 석의적인 선택지를 새롭게 열어준다.

새로운 계약의 백성을 자기가 갖게 되었다는 것을 발견한다.[127] 이것은 인간의 이야기가 다시 제 궤도로 돌아오게 되는 방식이고, 이스라엘의 이야기가 원래 의도한 것이었다. 그리고 이것은 세계 전체에 대한 창조주의 목적이 성취될 방식이다. "창조 신학"과 "계약 신학" 간에는 상반되는 것이 전혀 없다. 세계에 대한 창조주의 목적이 궁극적인 줄거리이고, 이스라엘에 대한 계약과 관련된 계획은 그 궁극적인 줄거리를 해결해 가는 일련의 부차적인 줄거리들을 서로 연결시켜 주는 결정적으로 중요한 연결고리이다.

"새 계약" – 이것은 이러한 용어들에 대한 지속적인 편견에도 불구하고, 우리로 하여금 신명기 30장에서 진행되고 있는 일이 무엇인지를 발견하게 해줄 가능성이 있는 훌륭한 약어 역할을 한다 – 에 대한 언급은 우리의 옆구리를 쿡쿡 찔러서 고린도후서 3장으로 눈을 돌리게 만드는데, 고린도후서 3장은 이 시점에서 다루기에는 긴 이야기를 들려주지만, 여기서는 한 가지만 살펴보면 충분할 것이다. 거기에서는 두 개의 "직분," 즉 모세 아래에서의 "옛 계약"의 직분과 바울이 지금 그 일꾼으로 일하는 "새 계약"의 직분을 상당한 정도로 대비시킨다. 그러나 바울이 모세와 "계약"이라는 주제를 여기서 다룬 것은 어떤 익명의 대적들이 모세에 대하여 말하여야 한다고(또는, 유대적인 범주들을 도입해야 한다고) 주장해서, 통상적으로는 이러한 범주들을 다루지 않던 그가 거기에 대하여 적절한 대답을 해야 했기 때문이 아니었다.[128] 바울은 고린도전서 10:1-4에서 고린도 회중을 이런저런 의미에서 모세를 따라 애굽에서 나온 자들의 참된 후손들로 본다는 것을 분명히 한 것과 마찬가지로, 여기에서도 고린도 교회를 예레미야서 31장과 에스겔서 36장에 약속된 계약 공동체로 본다. 우리가 특히 주목해야 할 것은 고린도후서 3장에 나오는 "새 계약"에 관한 주제 전체가 고린도후서 5장에 명시적으로 나오는 "새로운 피조세계"를 향하여 논증을 끌고 나가는 방식이다. 이것은 정확히 우리가 예상할 수 있는 논리적인 귀결이다. 줄거리들과 부차적인 줄거리들이 서로 맞아떨어지는 것과 같은 방식으로, 이 이야기들은 서로 정확히 맞아떨어진다.

이스라엘의 이야기가 바울의 글들에서 주요한 주제로 등장하는 방식은 그 밖에도 많이 있다. 그런 것들에 대해서는 우리가 논증을 진행해 나감에 따라 계속해서 추적해 나갈 것이다. 그러나 우리가 지금까지 말한 것만으로도, 우리는 성경의 해당 본문들이 말하고자 하는 핵심이 정확히 무엇인지를 충분히 알 수 있는데, 그것

127) cf. 신명기 8:17, 특히 9:4에 대한 언급들: Hays, 1989a, 78f.
128) Furnish, 1984, 242-5(반대견해로는 Schulz와 Georgi 등).

은 이 이야기, 즉 메시야에게서 절정에 도달한 아브라함의 권속에 관한 서사는 하나님이 늘 세계와 인간을 곤경에서 구원하기 위한 수단으로 의도해 왔다는 것이다. 이 이야기는 이제 그 목적이 성취되는 시점에 도달하였다 - 그것이 아무리 십자가에 못 박힌 메시야라는 너무나 역설적인 방식으로 성취되었다고 할지라도. 이것은 세 번째 수준의 줄거리, 즉 좀 더 큰 서사 내에서의 두 번째 부차적인 줄거리이고, 우리는 이것을 다음과 같이 나타낼 수 있다.

첫째, 이스라엘의 원래의 소명은 우상 숭배와 교만과 폭력에 의해서 중독된 세계에 복을 가져다주는 것이었다:

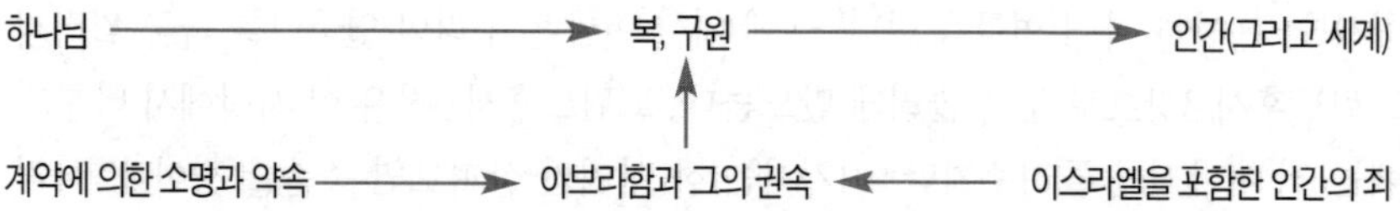

하지만 이스라엘도 "아담 안에" 있다는 사실(이것은 로마서 5:20과 7:7-25의 취지이다)은 이 모든 것을 무너뜨리는 것처럼 보인다.[129] 아브라함과 그의 권속은 계약을 지키지 못함으로써 곤경에 빠진다. 신명기 27–30장과 32장에 의하면, 그 결과는 어떤 초자연적인 "형벌"이 아니라, 그러한 실패가 직접적으로 초래한 것, 즉 포로생활이다. 약속이 땅에 초점이 맞추어져 있었기 때문에, 이스라엘의 신실하지 못함은 포로생활로 귀결된 것이다.

바울이 알고 있었듯이, 포로생활은 창조주 하나님이 인간을 통해서 세계 속에서 이루고자 하는 자신의 목적을 포기하지 않는 쪽을 선택한 직접적인 결과이다. 인간이 반역했다고 할지라도, 하나님은 여전히 한 인간을 통해서 역사할 것이었다: 모든 사람이 아담 안에서 죽고, 모든 사람이 메시야 안에서 살아나게 될 것이다.[130] 이런 일이 어떻게 일어날 수 있는가? 하나님은 아담의 후손들인 이스라엘 민족이 잠재적이자 실제적인 반역자들이라는 것을 뻔히 알면서도, 그 민족을 택하였다. 사실, 아브라함 자신도 이삭이나 야곱과 마찬가지로 "성도"라고 할 수는 없었다 … 하지만 하나님은 이 사람들을 통해서 인간을 구원하고 세계를 구원하고자 하였다. 여기까지가 주된 줄거리(인간을 통해서 자신의 세계에 질서를 가져오고자 하는 하나님)와 첫 번째 부차적인 줄거리(주된 줄거리를 이루기 위하여 인간을 구

129) *4 Ez.*와 *2 Bar*에서처럼.
130) 고전 15:22.

원하기로 결심하는 하나님)이다. 두 번째 부차적인 줄거리인 이스라엘에 관한 이야기는 자신 속에 내재된 문제점에 봉착한다. 즉, 이 선민은 잠재적으로나 실제적으로 "믿음이 없는" 또는 "신실하지 못한" 백성이었다. 다시 한 번 말하지만, 이것은 하나님이 이 계획을 포기할 것임을 의미하지 않는다. 신명기는 27–29장과 32장에서 바로 그런 종류의 재앙을 이미 상당히 분명하게 내다봄과 동시에, 세 층으로 된 계획 전체를 본 궤도에 올려놓기 위해서 어떠한 구원과 회복이 필요한지를 이미 내다보았다. 그리고 바울은 정확히 신명기 30장과 32장에 나오는 바로 그 구절들을 토대로 해서, 이 위대한 서사가 지금 도달해 있는 지점을 성찰한다.

이 계획을 이루어 내기 위해서 필요하였던 것은 그러한 구원 역사를 이루어 내기 위한 또 하나의 구원 역사였다. 이것은 마치 소방차가 화재가 난 건물에서 사람들을 구해내기 위하여 오는 도중에 구덩이에 빠져 움직일 수 없게 되었다면, 원래대로 사람들을 구해내는 일을 하기 위해서는 먼저 소방차를 구덩이에서 건져낼 필요가 있는 것과 같다. 이스라엘을 위해 필요한 일이자 신명기를 비롯해서 바울이 사용하였던 예언 자료들이 장차 나타나게 될 것이라고 역설한 일은 세계를 구원하는 도구로 사용되는 소명을 받은 민족에 대한 구원 역사였다:

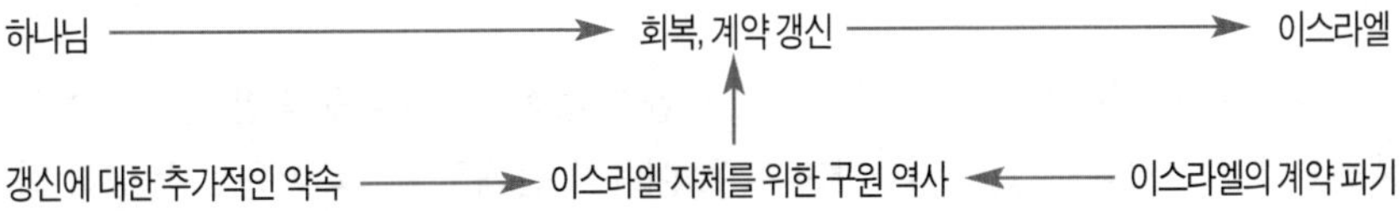

이것은 구원을 필요로 하는 인간의 이야기에서와 마찬가지로, 다시 한 번 "그러나 이 구원 역사는 무엇인가"라는 질문을 불러일으키고, 이것은 우리를 마지막 부차적인 줄거리, 즉 바울의 모든 사고와 스토리텔링 가운데서 가장 심오하고 가장 중심적인 주제로 이끈다. 그리고 이 마지막 부차적인 줄거리는 이스라엘과 관련된 부차적인 줄거리의 "최후의 단계"를 만들어 내어서, 이스라엘에 대한 하나님의 원래의 목적이 성취되고, 이 "이스라엘"을 통해서 하나님은 세계 전체에 복을 주게 될 것이다:

우리가 주목할 것은 이것은 정확히 바울이 갈라디아서 3:14에서 이제 마침내 "아브라함의 복이 이방인들에게 임하게 되었다"고 말한 바로 그것이라는 것이다. 아울러, 우리는 메시야가 할례자의 종이 되어, 하나님이 족장들에게 하신 약속들을 성취하고, 열방들로 하여금 그 긍휼하심을 인하여 하나님을 찬송하게 함으로써, 하나님의 신실하심을 나타내 보여 주었다고 말하는 로마서 15:8-9도 주목하여야 한다(이렇게 바울의 결론을 얼핏 봄으로써 우리의 결론도 미리 가늠해 볼 수 있다).[131] 그러나 이러한 "이스라엘을 위한 구원 역사"가 어떤 식으로 행하여졌는지 – 결국 다른 모든 것들의 중심인 "극 중의 극" – 를 살펴보기 전에, 우리는 지금까지 우리가 살펴보아 온 이야기이자, 이제까지 바울 해석자들을 너무나 많이 헷갈리게 만들어 왔지만 이 시각에서 접근한다면 새롭고 찬란한 빛 아래에서 볼 수 있는 이야기와 관련된 또 하나의 이야기를 살펴보지 않으면 안 되는데, 그것은 바로 토라에 관한 이야기이다.

6. 달빛의 다중적인 의미: 이스라엘의 이야기 속에서 토라의 역할

토라에 관한 이야기는 바울의 사상에 관한 학문적이거나 대중적인 설명 속에서 불필요하게 복잡해져 왔다. 한 가지 주된 이유가 존재하고, 그 이유를 분명히 하면, 내가 지금 제시하고 있는 것과 같은 서사 분석이 옳다는 것이 드러나게 될 것이다(여전히 이러한 분석에 대하여 의심을 품고 있는 사람이 있다면). 바울이 토라를 다루는 방식이 아주 이상하게 보여 왔던 이유는 간단한데, 그것은 이 문제를 바울의 복잡한 서사 세계 내에서 잘못된 부차적인 줄거리 속에 두었기 때문이었다. 여기서 나의 제안 – 그 세부적인 내용은 앞으로 채워나가게 될 것이다 – 은 우리가 토라에 관한 바울의 진술들을 원래의 맥락, 즉 일차적으로 우리가 지금까지 살펴보아 온 부차적인 줄거리인 이스라엘에 관한 이야기라는 맥락 속에서 바라본다면, 이제까지 이 문제와 관련해서 생겨난 혼란의 전부는 아닐지라도 상당 부분이 제거될 수 있다는 것이다.

뿐만 아니라, 우리는 비로소 앞으로 더 나아갈 수 있게 된다. 상당수의 해석자들은 이 부차적인 줄거리를 완전히 무시하였기 때문에, 토라를 이런저런 다른 암묵

131) II권 마지막 참고문헌을 보라.

적인 서사 내에 위치시킬 수밖에 없었고, 그 결과 혼란과 모순이 생겨나게 된 것은 전혀 이상한 일이 아니었다. 하지만 우리가 바울의 글들에 나타난 이스라엘에 관한 이야기를 치밀하게 분석할 때, 토라는 좀 더 큰 서사 전체 내에서 이해될 수 있는 다양한 역할들을 맡고 있다는 것이 드러난다. 그런 의미에서, 토라는 『한여름밤의 꿈』에서 달 또는 달빛이 맡은 역할을 하고 있다고 말할 수 있다. 즉, 토라는 늘 어딘가에 있어서, 서사의 여러 수준들에서 각각 다른 역할을 수행하고, 아주 중요한 때에 결정적인 역할을 수행한다.[132]

바울의 많은 독자들이 이 점을 충분히 깨닫고 있든 깨닫지 못하고 있든, 점점 더 분명해지고 있는 것은 바울이 '노모스'(nomos)라고 할 때, 그것은 유대 율법, 즉 토라를 의미한다는 것이다. 다른 두 가지 선택지는 유지되기 어려운 것임이 입증되어 왔다. 바울이 말한 '노모스'를 좀 더 폭넓게 이해해서 일종의 보편적인 도덕법을 가리키는 것으로 보고자 한 견해가 한때 유행하였지만, 그러한 견해는 실제의 본문들이나 논증들과 일치시키기가 너무나 어렵다.[133] 마찬가지로, 몇몇 중요한 본문들에서 바울이 "원칙" 또는 심지어 "체계"라는 의미에서의 "법"을 가리키기 위하여 '노모스'라는 용어를 사용하고 있는 것이라는 한때 인기 있던 견해도 오래 가지 못하였다. 앞으로 보게 되겠지만, 이 견해는 바울의 섬세하고 미묘하면서도

132) 토라에 대해서는 Hays, 2005, ch. 5을 보고, xiii에 나오는 요약을 보라: "바울의 사상 속에서 체계적인 통일성을 구하는 해석자들에게 그토록 많은 어려움을 초래하여 온 율법에 관한 그의 다양한 진술들은 드라마의 줄거리를 전개해 나가는 과정에서 곳곳에 서사적으로 배치된 것이기 때문에, 율법의 역할은 그 이야기의 단계들마다 바뀌는 것으로 볼 때에 가장 잘 이해된다. 판이하게 다른 견해로는 Westerholm, 2004, chs. 16과 19을 보라. Shakespeare의 『한여름밤의 꿈』에 등장하는 "달"과의 유비는 물론 하나씩 다 대응이 되는 알레고리가 아니라, 단지 느슨하지만 여전히 강력하게 시사해 주는 바가 있는 예시로서 의도된 것이다. 하지만 "달빛"이 등장해서, 그의 등불이 "초승달(horned moon)의 존재를 드러내 준다"고 말할 때, 데메트리우스가 "달은 자신의 머리에 뿔들을 달고 있음에 틀림없다"(5.1.233f.)고 말하는 것은 흥미롭다. Shakespeare는 도상들에서 통상적으로 모세가 여러 개의 뿔들이 있는 모습으로 묘사된 것을 잘 알고 있었을 것인데, 이것은 출애굽기 34:30에서 모세에게서 "빛이 났다"고 한 히브리어 본문을 "뿔이 있었다"고 잘못 번역한 것에서 기인한 것이었다. 이러한 잘못된 번역 때문에, Perugia의 Cambio에 있는 Perugino의 프레스코화(주후 16세기 초의 것), 로마의 Vincoli에 있는 San Pietro 성당 내의 율리우스 2세 무덤 위에 세워진 Michelangelo의 모세상(1513-1516년) 등을 비롯한 이후의 여러 도상에서 뿔 달린 모세가 자주 등장하게 되었다.

133) Schnelle, 2005 [2003], 506-21은 '(호) 노모스'([ho] nomos)를 어떻게 해석할 것인가와 관련해서 세 가지 선택지가 있다고 본다: 첫 번째는 시내 산 계시 및 그것과 결부된 여러 전승들을 가리키는 것으로 보는 것이고, 두 번째는 그것을 포함해서, 그 원래의 율법을 뛰어넘어서 비유대적인 세계 속에서의 "법"까지도 좀 더 폭넓게 가리키는 것으로 보는 것이며, 세 번째는 토라와는 상관없이 법/법칙/원칙/규범을 가리키는 것으로 보는 것이다(특히, 506 n. 43을 보라).

날카롭게 날 선 해설들을 그가 제시하고 있는 실제의 논증들과는 아무런 상관이 없는 무미건조하고 무딘 진술들로 만들어 버린다.[134]

우리는 앞으로 많은 관련 구절들을 보게 될 것이지만, 여기에서는 단지 토라가 어떠한 암묵적인 서사 내에서 자신의 역할을 수행하는지를 개략적으로 살펴보고, 어떤 식으로 그러한 틀이 몇몇 핵심적인 진술들의 의미를 선명하게 드러내 주는지를 보여 주고자 한다.[135]

먼저, 우리는 바울이 암묵적으로 이스라엘의 이야기를 수정해서 다시 들려주는 것 속에 토라를 확고하게 위치시켜야 하는데, 거기에서 토라는 처음부터 하나님의 선한 선물로 등장한다. 바울은 이스라엘의 소명이 하나님의 "왕 같은 제사장과 거룩한 나라"[136]가 되는 것임을 구체적으로 언급하고 있지는 않지만, 이스라엘의 소명에 관한 그의 말들은 그가 이 주제를 분명히 알고 있었다는 것을 보여준다. 하지만 바울이 강조하고 부각시키는 것은 이스라엘의 소명이 아니라, 토라와 관련된 생명의 약속이다.[137] 이것은 다시 한 번 신명기 30장으로 소급되는데, 거기에서는 바울이 레위기 18장에서 가져와서 두 번 인용한 약속, 즉 "이것들을 행하는 자는 이것들로 말미암아 살 것이다"[138]라는 약속을 반영해서, 이스라엘에게 "생명을 선택하도록" 초대한다.

토라가 주어진 목적에 대한 이러한 인식은 시내 산 계시의 또 다른 측면들에 의해서 보완된다. 거기에서 토라는 혼인 계약을 통해 이스라엘을 하나님과 결합시켜서 이교 세계로부터 분리시킴으로써, 세계가 혼자 열심히 노력해서 하나님의 빛을 알아내는 것이 아니라, 이스라엘로 하여금 하나님의 빛을 받아서 세계에 비추도록 하게 할 목적으로 주어진다.[139] 토라는 마지막 날에 이스라엘을 심판할 때에 기준이 될 것이다. 일부 본문들에서는 하나님이 이스라엘로 하여금 세계에 대하여 자신의 최후의 심판을 수행하게 할 것이라고 말하지만,[140] 여기서는 바로 그 이스라

134) Jewett, 2007, 297에 나오는 짤막하지만 유익한 논의를 보라. Cranfield, 1975, 1979, 361f.는 '노모스'(nomos)의 모든 용례들이 모세의 토라를 가리킨다는 것을 "믿을 수 없는 일"이라고 본다.

135) cf. Wright, 1991 [*Climax*], Part II; 또한, 모순들, 긴장들, 비일관성들, 이율배반 등에 대해서는 *Climax*, 4-7을 보라.

136) 출 19:6.

137) 롬 7:10; 갈 3:21.

138) 레 18:5; cf. 롬 10:5; 갈 3:12.

139) 예를 들면, 롬 2:17-24; 그리고 아브라함의 소명 전체 및 하나님과 맺은 계약.

140) 롬 2:12. ("성도들"이 세계를 심판하는 것에 대해서는 cf. 단 7:14, 18, 22, 27.) 바울은 "율법 밖에" 있는 자들은 "율법 없이" 심판을 받게 되리라는 것, 즉 달리 말하면, 토라는 이교도들의 나라들에게

엘 자체가 심판을 받게 될 것이라고 말한다.

이렇게 토라는 바울이 수정해서 다시 들려주는 이스라엘에 관한 이야기 내에서 이스라엘의 원래의 소명 안에서 "조력자"로서의 역할을 수행하기 위하여 등장한다. 즉, 토라는 이스라엘이 하나님의 백성, 곧 어둠 속에 있는 자들에게 빛이 되라고 부르심을 받은 민족(로마서 2장은 이스라엘의 소명에 대해서 이사야가 말한 것을 가져와서 사용한다)이 되는 것을 도울 것이다:

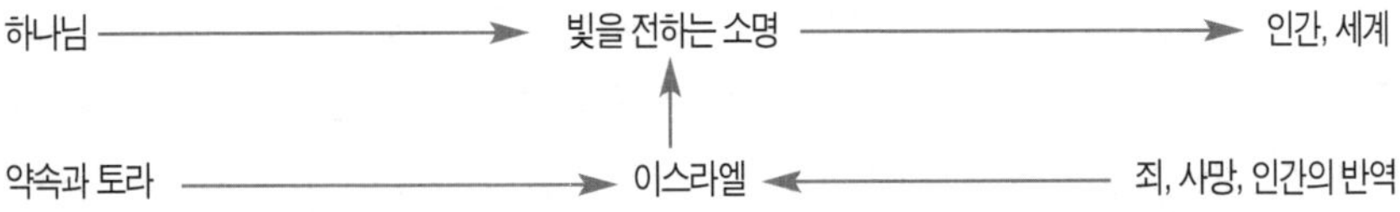

달리 말하면, 토라는 이스라엘이 자신의 소명을 따라 살아가는 것을 돕기 위하여 주어졌다는 것이다.

그러나 토라가 그런 것과는 판이하게 다른 일을 한다는 것은 처음부터 분명하게 드러난다. 모세가 산을 내려옴으로써 처음으로 사람들 앞에 등장하게 된 토라가 가장 먼저 한 일은 금송아지를 숭배하고 있던 이스라엘을 단죄하는 것이었는데, 이것은 후대의 랍비들의 사고 속에서 중요한 사건으로 여겨졌고, 바울도 간접적으로 인용하고 있는 사건이다. 세계의 곤경에 대한 하나님의 해법을 짊어진 선민 자체가 그러한 곤경 속에 빠져 버렸기 때문에, 토라는 그 선민에게 이것도 저것도 아닌 그들의 입장을 일깨워 주어야 했다. 이렇게 토라는 겉보기에는 이스라엘을 통한 하나님의 목적이 앞으로 더 나아가지 못하도록 방해하는 것처럼 보인다. 왜냐하면, 이스라엘에 떨어진 토라의 저주는 하나님이 의도한 것과는 달리 아브라함의 복이 세계로 뻗어나가는 것을 방해하고, 그들의 "범죄"를 크게 부각시켜서, 그들이 인류의 나머지와 공유하고 있는 아담의 본성을 대서특필하여, 하나님의 백성 자체에 진노를 가져다 주고 있기 때문이다. 이것은 바울이 갈라디아서 3:10-14과 로마서 4:15과 5:20을 결합해서 던지는 메시지이다. 이렇게 토라는 이스라엘에 대한 하나님의 목적이라는 관점에서 볼 때에 겉보기에 단지 "조력자"가 아니라 "대적자"로 등장한다. 하지만 이것은 조금도 모순되는 것이 아니다. 왜냐하면, 토라의 이중적인 역할은 이것도 저것도 아닌 애매모호한 이스라엘의 역할, 즉 해법을 짊어진 백성이 문제의 일부가 되어 버린 것으로 인하여 생겨난 직접적인 결과이기 때문이다:

말하고자 하는 것이 아니라는 것을 분명히 한다. 종종 이것에 대한 예외로 생각되곤 하는 로마서 3:19f.에 대해서는 아래를 보라.

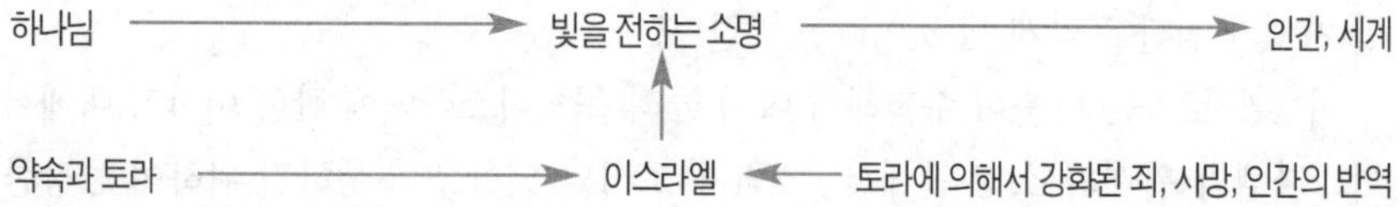

『한여름밤의 꿈』에 나오는 달처럼, 토라가 등식의 양쪽 항에 모두 등장하는 이유는 토라 – 또는, 바울의 논증! – 에 무엇인가 잘못된 것이 있기 때문이 아니라, 이스라엘의 소명과 정체성에 관한 이야기가 지닌 양면성 때문이다. 이것은 고린도후서 3장의 근저에 있는 핵심이다. 즉, 거기에서는 겉보기에 바울의 직분과 모세의 직분을 서로 비교하고 있는 것처럼 보이지만, 사실은 바울의 청중과 모세의 청중을 서로 비교하고 있다. 토라에 어떤 문제가 있었던 것이 아니라, 오직 토라를 수여받은 백성에게 문제가 있었다. 로마서 8:3도 정확히 동일한 것을 말한다. 즉, 토라는 "육신으로 말미암아 연약하였기" 때문에, 달리 말하면, 토라가 주고자 한 생명을 이스라엘이 받을 수 없게 되어 버렸기 때문에, 원래 약속하였던 생명을 줄 수 없었다는 것이다. 이것은 바울이 로마서 3:20에서 "율법으로 말미암아 죄를 아는 지식이 온다"고 말할 수 있었던 이유이다.

그럼에도 불구하고, 토라는 장차 하나님이 해법을 제시하는 그 날까지 하나님의 백성을 돌보고 그들로 하여금 올바른 방향으로 계속해서 나아가게 하는 데 꼭 필요한 후견인이었기 때문에, 이스라엘은 "토라 아래에서" 살아가야 하였다. 그렇기 때문에, 갈라디아서 3장과 4장에서는 토라의 연대기적인 순서에 대하여 이렇게 말한다: 아브라함에 관한 서사가 이미 거의 오백 년 가까이 진행되고 있던 시점에서 토라가 주어진 것은 '파이다고고스'(paidagōgos), 즉 "어린 아이를 돌보고 훈육시키는 자"의 역할을 맡아서 하나님의 백성을 계속해서 돌보기 위한 것이었다.[141] 이 서사가 전체이고, 토라는 이 서사 내에서 하나의 역할을 맡고 있다. 토라가 이스라엘에게 열방들과 분리되어 살아가라고 말하고, 어떻게 하면 그런 식으로 살아갈 수 있는지를 보여주기 위하여 기본적인 상징 표지들(할례, 음식법, 안식일)을 제시하고 있다는 측면에서는, 토라는 한편으로는 하나님에 의해서 주어진 꼭 필요한 것이었지만, 다른 한편으로는 잠정적이고 일시적인 것일 뿐이었다. 건물을 지을 때에 사용되는 가설물인 비계처럼, 토라는 건물이 지어져 가는 동안에는 해야 할 역할이 있는 꼭 필요한 것이지만, 일단 건물이 완성되었을 때에는 – 갈라디아서

141) Longenecker, 2002c, 66은 담대하게(그러나 내가 보기에는 올바르게) "로마서와 마찬가지로 갈라디아서도 계약을 강력하게 부각시키고 있다"고 주장한다.

4:4에서 말한 "때가 찼을 때" - 다른 표지로 대체되는 것이 적절한데, 이것은 토라가 마귀적이거나, 악한 천사들에 의해서 주어진 것이거나, 악한 의도로 만들어진 것이거나, 참된 신앙의 본질을 왜곡시키는 크게 잘못된 골치 아픈 것이기 때문이 아니라, 자신에게 주어진 일종의 발판으로서의 필수적인 역할을 다하였기 때문이다. 아브라함을 부른 때로부터 하나님의 마음속에 있었던 더 큰 서사가 이제 드러났고, 지금까지 비서사적인 구원론 내에서는 너무나 이상하고 역설적인 것으로 보였던 토라의 이중적 역할이 거기에서는 자연스럽고 적절한 것이 된다. 이 서사를 올바르게 세워 보라. 그러면, 세계관의 다른 요소들이 명료해지고 전체적인 아귀가 착착 맞아 떨어지게 된다.

겉보기에 너무나 역설적인 진술 같아 보이는 것은 로마서 7장에서 발견되는데, 위의 도표는 바울이 이 고도로 압축되어 있기는 하지만 매력적이기도 한 본문에서 염두에 두고 있는 것이 무엇인지를 처음부터 아주 선명하게 보여준다. (현재의 목적을 위해서, 나는 갈라디아서 2:18-21에서 바울이 "육신을 따른 이스라엘"에게 일어난 일을 설명하면서도, 자기 자신이 제3자로서 그 이야기를 무심하게 얘기하는 것으로 보이지 않도록 하기 위해서, 3인칭이 아닌 1인칭 화법을 사용한 것과 거의 비슷하게, 이 본문에 나오는 "나"라는 1인칭 화법도 수사학적 장치라고 해 두고자 한다.[142] 첫째, 그는 이스라엘에게 토라가 주어진 시내 산 사건을 에덴 동산에서 최초의 명령이 주어진 것을 의도적으로 연상시키는 방식으로 묘사한다. 여기에서 이미 우리는 위에서와 마찬가지로, 생명을 약속하지만 고발하고 단죄하기도 하는 토라의 이중적 효과를 본다:

> 만일 율법이 "탐하지 말라"고 말하지 않았다면, 나는 탐심을 알지 못하였을 것이다. 그러나 죄가 이 계명으로 말미암아 기회를 잡아서, 내 안에 온갖 종류의 탐심을 만들어 내었다.
>
> 율법을 떠나서는 죄는 죽은 것이다. 내가 전에 율법을 떠나 있을 때에는 살아 있었지만, 계명이 오자, 죄는 살아났고, 나는 죽었다. 생명을 보여준 계명이 나의 경우에는 사망을 가져다주는 것으로 드러났다. 죄가 계명으로 말미암아 기회를 잡아서 나를 속였고, 계명으로 말미암아 나를 죽였다.[143]

여기까지는 아주 좋다(바울은 여기서 좋은 것을 묘사하고 있는 것은 아니지만,

142) Wright, 2002 [*Romans*], 551-4를 보라.
143) 롬 7:8-11.

적어도 그가 무슨 말을 하고 있는 것인지는 우리가 파악할 수 있기 때문에, 이해가 된다는 점에서는 좋다는 것이다). 그러나 바울이 5:20a에서 "율법이 들어온 것은 범죄가 꽉 차게 하기 위한 것이었다"고 고도로 압축되어 있으면서도 처음에는 이상하게 들릴 수밖에 없는 말을 했을 때부터 이미 예고되었듯이, 여기에서 바울은 자신의 논증에 새로운 국면을 도입한다. 하지만 일단 우리가 무슨 일이 진행되고 있는지를 곰곰이 생각하면, 바울의 논증은 분명해진다. 즉, 5:12-21은 아담과 메시야, 범죄와 은혜, 아담의 "범죄"를 꽉 채우고 만연하게 하고자 하는 의도적인 효과를 위해 이 좀 더 큰 이야기 속에 "들어온" 율법에 관한 엄청나게 거대한 이야기를 아주 짤막하게 개략적으로 들려준다. 이것은 우리가 지금까지 개략적으로 살펴보아 온 시나리오, 즉 하나님이 인류를 구원하기 위한 통로로 사용하는 백성이 되어야 한다는 이스라엘의 소명, 그리고 바울이 그 이야기 속에서 알아낸 새로운 국면, 즉 이 구원 역사는 이스라엘이 아담의 범죄를 그대로 구현해서 "세계의 화해를 위하여 버림받는" 방식으로 이루어진다는 것을 알았을 때에만 이해될 수 있다. 정확히 이것이 핵심이다. 바울은 이러한 핵심을 9—11장에서 자세하게 설명하기 전에, 이미 5:20과 7:7-25에서 그 정지작업을 해놓는다.

우리가 이제 분명히 알 수 있는 것은 이스라엘이 "버림받는" 일이 일어난 방식이 바로 토라로 말미암은 방식이라는 것이다. 이러한 깊은 신비는 바울의 수수께끼 같은 구절들 속에 등장한다: "내가 율법으로 말미암아 율법에 대하여 죽었다."[144] 그렇다. 이스라엘에 대한 토라의 단죄는 하나님의 목적을 성취하는 기이한 수단이다. 갈라디아서 2:18-21의 "나"는 메시야와 함께 죽었다가 다시 살아나야 한다. 그리고 토라는 "모든 것을 죄 아래에 가두는"(3:22) 자신의 기이한 소임을 수행하는 방식으로 그런 일이 일어나게 만드는 하나님이 정한 수단이다.[145] 주석자들이 바울이 토라에 대하여 "긍정적인" 견해를 가지고 있느냐 "부정적인" 견해를 가지고 있느냐를 놓고서 논쟁을 벌이면서, 그가 이 둘 사이를 왔다갔다 하고 있다고 보고, 그의 비일관성을 비난하는 길을 가게 되면, 바울에 대한 분석에서 가장 심오한 것들 중의 하나를 완전히 놓치게 된다. 토라와 관련된 부차적인 줄거리, 그 줄거리의 다른 층들과의 관계 속에서의 토라의 역할을 찾아내라. 그러면, 토라가 어떤 역할들을 하고 있는지가 분명해질 것이다. 바울은 토라에 대한 자신의 생각이 어떤 때에는 이런 식으로, 어떤 때에는 저런 식으로 종잡을 수 없이 바뀌어서, 그때그때마다

144) 갈 2:19a.

145) 또한, cf. 3:19: 여기에는 "범죄들로 인하여"라는 말이 덧붙여져 있는데, 이것에 대해서는 Wright, 1991 [*Climax*], 171f.를 보라.

그런 변덕스러운 생각들을 마구잡이로 내뱉고 있는 것이 결코 아니고, 각각의 시점에서 정확히 자기가 하고 싶은 말을 그대로 말한 것이다.[146)]

이것은 바울이 로마서 7:13에서 5:20을 이어받아 말하면서 반복하여 '히나'(hina, "~하기 위하여")라는 표현을 사용하는 이유를 설명해 준다:

> 5:20 "율법이 들어온 것은 범죄가 꽉 차게 하기 위한[hina — '히나'] 것이었다."
> 7:13a "그런즉 내게 사망을 가져다 준 것이 저 선한 것[즉, 율법]이었는가? 분명히 그렇지 않다. 정반대로, 죄가 죄로 드러나게 하기 위하여[hina — '히나'], 선한 것으로 말미암아 역사하여, 내 속에서 사망을 만들어낸 것은 죄였다."
> 7:13b "이것은 죄가 계명으로 말미암아 심히 죄 되게 하기 위한[hina — '히나'] 것이었다."

핵심은 이스라엘을 통해서 인류를 구원하고자 하는(그렇게 해서 피조세계 전체를 구원하고 회복시키고자 하는) 하나님의 계획은 이스라엘이 하나님의 계획과 목적을 방해하는 인격화된 세력인 "죄"가 "늘어나서" "죄로 드러나고" "심히 죄 되게" 되어야 한다는 것을 의미하였다는 것이다. 그리고 토라는 하나님의 목적을 이루기 위한 이 기이한 역사 속에서 하나님이 부여한 역할을 수행하고 있었다.

이것은 바울이 그 다음에 이어지는 잘 알려진 구절, 즉 토라 아래에서의 이스라엘의 상태를 묘사하는 구절에서 설명하고 있는 것의 핵심이다. 우리가 위의 도표들 중의 하나에서 이미 보았듯이, 토라는 "조력자"이자 "대적자"로 등장하는데, 우리가 이 서사들이 어떻게 작동하고, 그 부차적인 줄거리들이 어떤 식으로 서로 맞아떨어지는지를 이해하지 못했을 때에만, 그것은 우리에게 이상하거나 모순된 것으로 보이게 된다. 토라는 이스라엘을 하나님의 목적들 속에서 이스라엘이 지녀야 할 합당한 모습으로 만드는 수단이다. 그러나 하나님의 목적은 토라가 하나님의 거룩하고 선한 법이라는 한에서는 이스라엘이 토라를 따라 살아가야 하지만, 결국 그들이 하나님의 백성일 뿐만 아니라, 여전히 "아담 안에" 있는 백성이라는 것도 드러나

146) 이것은 우리로 하여금 Sanders, Räisänen 등의 피상적이고 얕은 분석들(*Interpreters*를 보라)을 거부함과 동시에, 갈라디아서에 나오는 바울의 진술들을 율법은 "부정적인" 것일 뿐만 아니라 실제로 "마귀적인" 것이라고 해석하는 것을 거부할 수 있게 해준다. 우리는 갈라디아서에 나오는 토라에 관한 겉보기에 "부정적인" 묘사와 로마서에 나오는 좀 더 "긍정적인" 묘사를 서로 분리해서는 안 된다. 각각의 서신의 통일성과 고유한 논증을 존중한다고 해서, 율법에 대한 바울의 견해가 이 두 서신에서 상당한 변화를 보여준다고 반드시 전제해야 하는 것은 결코 아니다. 겉보기에 부정적인 모습은 두 서신 모두에서 나타나지만, 로마서에서 우리는 이 겉보기에 부정적인 모습과 관련된 하나님의 목적을 좀 더 분명하게 본다. 즉, 그것은 바울이 메시야의 죽음으로 인해서 성취된 것을 보는 데 필수적인 배경 이야기의 일부라는 것이다. 예컨대, Meyer, 1990, 82 n. 31을 보라.

게 하는 것이었다. 토라의 효과는 바로 그런 것이었다:

> 우리가 율법은 신령하다는 것을 안다. 하지만 나는 육신으로 지음 받아서, 죄의 권세 아래에서 노예로 팔렸다. 나는 내가 무엇을 행하는지를 이해하지 못한다. 나는 내가 원하는 것은 행하지 않고, 도리어 내가 미워하는 것을 행한다. 따라서 내가 원하지 않는 것을 행하면, 나는 율법이 선하다는 것에 동의하고 있는 것이다.
>
> 그러나 지금 그것을 행하는 자는 내가 아니라 내 속에 사는 죄이다. 나는 내 속, 곧 내 육신에 선한 것이 살지 않는다는 것을 안다. 나는 선을 원할 수는 있지만, 선을 행할 수는 없다. 나는 내가 원하는 선을 행하지 않고, 결국 원하지 않는 악을 행하고 만다. 따라서 내가 원하지 않는 것을 행하면, 그것을 행하는 자는 내가 아니라, 내 속에 사는 죄이다.
>
> 그러므로 내가 율법에 대하여 발견한 것은 이것이니, 내가 옳은 것을 행하고자 할 때, 악이 바로 옆에 있다는 것이다. 나는 나의 속사람으로는 하나님의 법을 즐거워하지만, 나의 지체들 속에 있는 한 다른 "율법"이 내 마음의 율법과 싸워, 내 지체들 속에 있는 죄의 율법으로 나를 포로로 사로잡는 것을 본다.[147)]

만일 우리가 이 본문의 마지막 몇 줄에 나오는 "율법"을 "원칙"이나 "체계"라는 뜻으로 이해하면, 석의적으로나 신학적으로 얻는 것이 하나도 없게 된다. 이 본문 전체는 율법, 모세 율법, 토라에 관한 것이다. 이 본문이 표현하는 좌절감은 (a) 이 젊은 유대인이 자기 속에 율법과 정욕이 동시에 있는 것을 발견하고서 심리적으로 괴로워하는 것도 아니고, (b) 실존주의자가 정언 명령을 행하여서 생명을 얻고자 했다가 그 명령을 진정으로 행할 수 없다는 것을 발견하고서 곤혹스러워하는 것도 아니며, (c) 그리스도인이 하나님을 전심으로 섬기기를 원하지만 죄가 계속해서 발목을 잡는 것을 발견하고서 느끼는 좌절감도 아니다.[148)] 이러한 해석들은 모두 각자가 설명하고자 하는 것에 대한 참된 설명을 나타내는 것임은 의심의 여지가 없지만, 그 어떤 것도 바울 자신이 2:17-24에서와 마찬가지로, "유대인"이 하나님이 준 율법을 진정으로 올바르게 기뻐하지만, 율법은 계속해서 그에게 그도 "아담 안에" 있다는 것을 일깨워 주는 것을 발견한다고 말한 것의 진정한 의미를 파악하고 있는 것은 아니다. 로마서 5:20이 말하고 있듯이, 율법이 들어온 것은 (아담의) 범죄를 꽉 차게 하기 위한 것이었다.

이것은 우리가 바울이 이전에 자전적인 형태로 쓴 단편인 갈라디아서 2:17-18에서 발견하는 것과 정확히 동일한 딜레마이다:

147) 롬 7:14-23.

148) 이러한 세 가지 해석에 대해서는 각각 (a) Dodd, 1959 [1932] ad loc.와 Gundry, 1980;(b) Bultmann, 1960, 173-85와 Kümmel, 1974 [1929](그리고 Jewett, 2007, 440-73을 보라);(c) Cranfield, 1975와 Dunn, 1988a ad loc.을 참조하라.

> 그러니까 우리가 메시야 안에서 "의롭다" 칭함을 받고자 하다가 "죄인들"로 드러나게 된다면, 메시야가 "죄"를 짓게 하는 자가 되는 것이냐? 분명히 그렇지 않다. 내가 허물어 버렸던 것들을 또다시 세운다면, 나는 내가 범법자라는 것을 드러내는 것이다.

여기서의 선택은 분명하다: (a) 하나는 메시야와 함께 죽어서, 율법의 영역 밖으로 옮겨가서(로마서 7:1-6이 말하는 것처럼) "율법 밖에" 있음으로써, 지금은 유효하지 않게 되었지만 전문적인 의미에서의 "죄인"이 되는 것이고, (b) 다른 하나는 토라를 기쁘게 받아들여서 자신의 주위에 토라의 울타리를 세움으로써, 토라가 "너는 '파라바테스' (parabatēs, 범법자)다"라고 말하는 것을 듣는 것이다. 따라서 로마서 7장에서 "율법 아래" 있는 이 이스라엘 사람에 관한 바울의 긴 묘사의 핵심은 (a) "율법 아래" 있는 것은 꼭 일어나야 할 필수적인 일이고, 하나님이 애초에 토라를 준 목적이라는 것(5:20과 7:13에서 반복적으로 사용된 '히나,' 갈라디아서 3:22에 나오는 "성경이 모든 것을 죄 아래 가두었다"는 단언이 이것을 보여준다), (b) 그럼에도 불구하고, 이것으로 인해서, "육신을 따른 이스라엘"은 하나님의 율법을 즐거워하는 올바른 길을 갔는데도, 이 동일한 율법에 의해서 자신들이 단죄당하는 것을 발견해야 하는 서글픈 처지에 놓일 수밖에 없게 된다는 것을 동시에 말해 주는 것이다. 따라서 로마서 7장에서 "나"의 고뇌에 찬 부르짖음은 십자가 위에서 메시야의 부르짖음의 공동체적인 판본이다. 이것은 이스라엘을 통해서 세계를 구원하고자 한 하나님의 계획이 실현되기 위해서 반드시 거쳐야 하였던 과정이다:

> 나는 얼마나 비참한 사람인가! 누가 나를 이 사망의 몸에서 건져줄 것인가? 우리의 메시야이자 주이신 예수로 말미암아 하나님께 감사하라. 그러므로 내 자신이 홀로 두어지면, 나는 나의 생각 속에서는 하나님의 율법의 노예가 되지만, 나의 인간적인 육신으로는 죄의 율법의 노예가 된다.[149]

이 시점에서 나는 나의 이전의 논증을 약간 수정해서 제시하고자 한다. 20년 전에 나는 다음과 같은 논증을 제시한 바 있다: 로마서 8:3-4의 압축된 진술은 토라 자체가 "주인공"인 서사, 즉 토라가 어떤 소임을 받고서 그 소임을 해 내는 것이 불가능하다는 것을 발견하지만, 새로운 도움을 통해서 그 소임을 해 내는 데 결국 성공한다는 서사라는 관점에서 해석되어야 한다.[150] 이렇게 하였을 때, 이 진술은

149) 롬 7.24f.

7:12, 14에 나오는 긍정적인 진술들과 맥을 같이하여, 토라를 강력하게 긍정하는 진술이 된다. 토라는 나쁜 것이 아니지만, 어떤 다른 것을 위하여 바울의 복음 메시지에 의해 기쁜 마음으로 지양된다. 토라는 이스라엘의 하나님에 의해서 주어진 선한 것이지만, 토라가 역사하는 대상이었던 이스라엘의 "죄악된 육신"으로 인해서 자신의 목적이 좌절되었다. 하지만 이제 "죄악된 육신"이 메시야의 죽음으로 인해서 처리되었기 때문에, 토라는 마침내 자신의 원래의 목적을 이룰 수 있게 되었다 – 메시야의 죽음과 성령의 능력을 통해서.

나의 그러한 논증은 여전히 토라에 대한 긍정적인 설명을 보여주는 것이기는 하지만, 지금 나는 그러한 설명이 바울이 말하고 있는 것을 정확히 포착하고 있다고 별로 확신하지 않는다. 사람들은 흔히 8:3을 번역할 때에 '노모스'(nomos)를 주어로 해서 번역하지만("율법이 할 수 없었던 것"), 헬라어 본문은 '토 가르 아뒤나톤 투 노무'(to gar adynaton tou nomou, "율법의 불가능한 것")로 되어 있어서, 여러 가지로 번역될 수 있는 가능성을 열어 놓는다. 아마도 어떤 사람은 "율법을 통해서 불가능하였던 것을 하나님이 행하셨다"는 뜻이라고 말할지 모른다. 그러나 그 다음에 나오는 문장이 분명히 하고 있듯이, 토라의 소임은 언제나 '토 디카이오마 투 노무'(to dikaiōma tou nomou), 즉 "토라의 의로운 명령"을 이룰 수 있는 백성을 만들어 내는 것이었다. 한편, 율법은 강력한 긍정의 단언으로 되어 있는 8:2("메시야 예수 안에 있는 생명의 성령의 율법이 죄와 사망의 율법으로부터 너를 놓아주었다")의 주어이고, 이 단언을 곧이어서 설명하는 것이 8:3이다. 따라서 8:3을 좀 더 세밀한 뉘앙스를 지닌 본문으로 읽을 필요가 있기는 하지만, 어떻게 읽든, 전체적인 결과는 대동소이하다.[151]

결국, 바울이 이 시점에서 말하고 있는 것은 그가 이전에 2:25-29에서 암시하였던 것과 정확히 맥을 같이한다. 일반적으로, 2:25-29은 단지 보편적인 죄성에 대한 전체적인 논증 안에서 하나의 곁다리에 불과한 것으로 치부되어 무시되거나 경시되지만, 사실은 그렇지 않다. 거기에서 바울은 "토라의 의로운 명령(dikaiōmata tou nomou, '디카이오마타 투 노무')을 지키는" 무할례자들에 대하여 말하고 나서, 다음 번에는 이것을 "율법을 성취하는(ton nomon telousa, '톤 노무 텔루사') 무할례"라고 좀 더 간략하게 말하고 있지만, 이 둘은 동일한 의미이다. 우리는 8:4과 2:26에서 '디카이오마'(dikaiōma)가 단수형과 복수형으로 서로 다르게 사용된

150) *Climax*, ch. 10.

151) 또한, Wright, 2002 [*Romans*], 577f.를 보라.

것에 대해서는 별로 신경을 쓰지 않아도 되고, 대신에 바울이 논증의 서로 다른 수준에서이긴 하지만 동일한 사고의 흐름 속에서 말하고 있다는 것을 보여주는 좀 더 폭넓은 단서들이 주변 구절들에 있다는 것에 주목하여야 한다.

그렇다면, 그는 누구에 대하여 말하고 있는 것인가? 그는 2:29에서 "이면적 유대인"이라는 암호 같은 표현을 사용한다. 그가 7:6에서 메시야의 죽음으로 말미암아 노예생활에서 해방되어 "문자의 옛것이 아니라 영의 새로운 것으로"(en kainotēti pneumatos kai ou palaiotēti grammatos, '엔 카이노테티 프뉴마토스 카이 우 팔라이오테티 그람마토스') 섬기게 되었다고 말하는 자들과 마찬가지로, "이면적 유대인"은 "문자가 아니라 영으로"(en pneumati ou grammati, '엔 프뉴마티 우 그람마티,' 2:29) "할례 받은" 자이다. 전자의 표현은 후자의 표현을 좀 더 상세하게 풀어 설명한 것이지만, 이 둘의 의미는 동일하다. 암묵적인 서사에 대한 분석이라는 관점에서 보면, 이것이 보여주는 것은 토라가 이 이야기의 주인공으로서 자신의 소임을 성공적으로 이루어 내었다는 것이 아니라, 토라가 "조력자"이자 "대적자"로서 동시에 두 가지 필수적인 역할을 해 왔던 "이스라엘" 이야기가 이스라엘을 대표하는 인물인 메시야의 죽음을 통해서 해결되었다는 것이다:

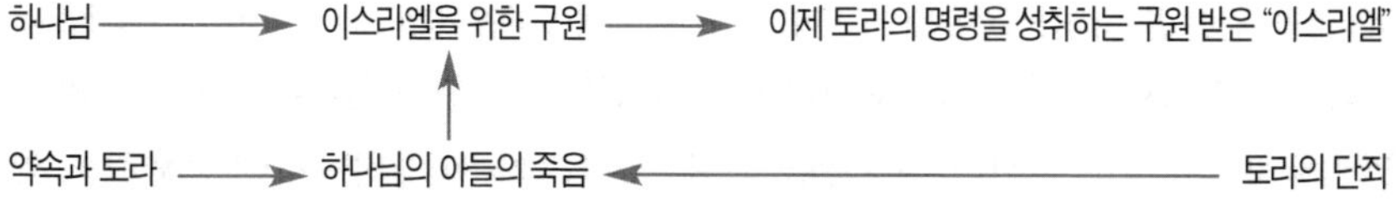

여기에서 토라는 『한여름밤의 꿈』에 나오는 달처럼, 이 이야기 내에서 적어도 세 가지 역할을 수행한다. 여느 때와 마찬가지로, 바울은 자신의 마음속에 있는 모든 것을 한꺼번에 다 말하지 않고 있지만, 그가 이렇게 압축해서 암호 같이 간략하게 말하고 있는 것들을 제대로 이해하기 위해서는, 우리는 그러한 이야기들을 다 찾아내어서, 그 이야기들을 구성하고 있는 서로 다른 요소들이 실제로 어떤 식으로 작동하는지를 살펴보지 않으면 안 된다. (따라서 행위소 분석의 장점은 그런 분석이 없었다면 여전히 드러나지 않았을 서사들을 세밀하게 살필 수 있게 해 준다는 데 있다는 것이 나의 확고한 신념이다.) 우리는 2:26-29과 7:1-6에 나오는 단서들(고린도후서 3:1-6에 나오는 그 병행들)의 도움을 받고, 8:4-8에 나오는 율법 준수와 율법의 성취에 관한 내용에 의해서 한층 더 큰 확신을 갖고서, 여기에서 바울이 주장하고 있는 것이 무엇인지를 알 수 있다. 엄청나게 중요한 어떤 사건이 일어났고, 이 사건은 육신을 따른 이스라엘을 좌절하게 만든 옛 계약을 이제 "마음의 할례"를 포함한 "새로운 계약"으로 이행시키는 쪽으로 상황을 변화시켰다.

달리 말하면, 두 가지 서로 연결된 사건이 일어났다는 것이다. 첫 번째는 메시야의 결정적인 행위이다(아래를 보라). 이것은 정확히 이스라엘에 대한 하나님의 계획을 성취하는 것을 목표로 한 것이었기 때문에, 서사 속에서 토라의 서로 다른 필수적인 역할들이 서로 만나는 지점 또는 계기에서 이루어졌다. 두 번째는 갱신된 하나님의 백성, 즉 "메시야 안에" 있는 백성의 탄생이다. 이 백성은 성령의 새롭게 함과 내주를 통해서 "토라를 성취하고" "토라의 계명들을 지켜 나가지만,"[152] 하나님의 거룩하고 의로운 율법으로서의 토라를 즐거워하면서도, "아담 안에" 있기 때문에 토라의 단죄를 받을 수밖에 없는 자들과는 달리, 토라의 단죄라는 덫에 걸리지 않는다.

이 두 가지 사건(메시야의 역사와 성령의 역사)은 분명히 바울이 로마서 5장 이래로 전개해 온 서사이자, 1:18–4:25의 이야기에 뿌리를 둠과 동시에 그 이야기 속에서 요약적으로 제시된 서사, 특히 로마서 6장과 7:1-6의 서사의 열매이다. 이 서사 속에서는, 메시야의 죽음과 부활을 통해서, 그리고 암묵적으로는(7:6) 성령의 역사(이것은 8장에서 좀 더 자세하게 설명된다)를 통해서, "메시야 안에" 있는 한 백성, 즉 그들 자신이 "메시야 안에서" 죽음으로써, 육신을 따른 이스라엘로 하여금 계속해서 신음하며 살아가게 만들었던 아담과의 연합(6:14), 곧 아담 아래에서 토라와의 연합에서 벗어나게 된 백성이 세워진다. 이제 (a) "토라 아래 있지 않으면서도"(6:14), (b) "토라의 명령들을 성취하는"(2:26) 이 엄청나지만 충분히 이해할 수 있는 역설 속에서 살아가는 것은 바로 이 백성, "메시야 안에" 있는 백성, 성령의 인도함을 받는 백성, 죄에 대하여 죽고 하나님에 대하여 사는 백성(6:11)이다. 이 새로운 계약 백성은 "육신을 따른 이스라엘"과는 달리, 사람들을 단죄하는 토라의 필수적이고 고유한 역할이 계속해서 수행되지 않는 곳에서 살아간다는 의미에서 "토라 아래 있지 않지만," 이스라엘이 육신을 따라 아담과 하나가 되어 있었던 까닭에 토라 아래에서 행할 수 없었던 것을 이제 성령을 힘입어 행할 수 있게 된 신명기 30장의 백성으로서, "토라의 명령을 성취하고," 실제로 "하나님의 계명들을 지킨다."[153]

따라서 일단 우리가 이 서사, 즉 토라의 서사적 역할을 규정하고 있는 이스라엘

152) 갈 4:6-7과 5:16-26, 그리고 2:29과 7:6에서 어느 정도 보여주고 있는 로마서 8장 전체를 보라.

153) 이 역설은 그의 해석자들에게는 지독한 어려움을 초래해서, 그들로 하여금 흔히 "율법"에 대한 "긍정적" 읽기와 "부정적" 읽기라는 탈유대화된 대안들 사이를 왔다 갔다 하게 만들어 왔지만, 바울은 이 역설에 만족하는 것으로 보인다(cf. 고전 7:19, 이것에 대해서는 본서 제15장 제3절 2)를 보라).

에 관한 서사가 어떻게 작동하는지를 깨닫게 되면, 그러한 역설을 해결하는 것은 쉽다. (다시 한 번 『한여름밤의 꿈』에 나오는 달을 생각해 보라: 거기에서 달은 긍정적인 상징인가, 아니면 부정적인 상징인가? 거기에 대한 대답은 물론 둘 다라는 것이다. 달은 그 이야기의 어느 지점에서 나오느냐에 따라 긍정적인 것이 되기도 하고 부정적인 것이 되기도 한다.) 바울의 이야기들에서 바람을 빼서, 종교개혁적 사고(율법은 선한 것인가[칼빈], 아니면 나쁜 것인가[루터])나 칸트의 정언명령에 대한 계몽주의 이후의 논쟁들(우리는 의무론, 결과주의, 실존주의 중에서 어느 것을 믿는가 – 달리 말하면, 우리는 도덕적인 규범들의 존재를 믿는가, 아니면 그런 규범들은 인위적이거나 심지어 사람들을 비인간적으로 만드는 것들이라고 보는가)의 작은 상자들에 억지로 밀어넣고자 하는 것은 소용없는 짓이다.

도리어, 우리는 바울이 들려주는 이야기를 그대로 따라가야 한다. 그리고 바울은 자기가 이스라엘이 오랜 세월 동안 황폐화 되었다가 결국에는 계약이 갱신되고 포로생활이 끝나며 하나님의 백성이 성령의 역사로 말미암아 마음의 할례를 받아 마침내 토라를 성취하게 될 순간이 올 것이라는 아주 오래된 유대적인 이야기를 따르고 있다는 암시들과 단서들을 끊임없이 주고 있기 때문에, 우리는 그가 로마서의 표면적 서사(poetic narrative) 내에서 자신의 논증을 끝낸 다음에, 이면적 서사(referential narrative)를 통해서 동일한 취지를 다시 말하고 있는 것을 이상하게 여겨서는 안 된다. 우리는 일단 신명기 27–30장, 특히 30장이 제2성전 시대의 유대교의 몇몇 흐름들 내에서 수행한 역할을 깨닫게 되면, 로마서 9–11장의 중심을 이루는 본문의 한복판에서 무슨 일이 진행되고 있는지를 알 수 있게 되는데, 그것은 결국 "토라를 행하고," 그 결과 토라가 약속한 생명을 얻는 것이 무엇을 의미하는가 하는 것이다:

> 모세는 계약에 참여하는 자가 되는 것에 관한 율법의 규정에 대하여, "율법의 계명들을 행하는 자는 그 계명들로 인하여 살리라" 고 쓰고 있다. 그러나 믿음을 토대로 계약에 참여하는 자가 되는 것은 이렇게 말한다: "네 마음에 누가 하늘로 올라가겠는가(이것은 메시야를 끌어내리려는 것이다), 또는 누가 깊은 곳으로 내려가겠는가(이것은 메시야를 죽은 자 가운데서 끌어올리려는 것이다) 하고 말하지 말라." 그렇다면, 그것은 무엇을 말하는가? "말씀이 네 가까이에, 곧 네 입과 네 마음에 있다(즉, 우리가 선포하는 믿음의 말씀). 왜냐하면, 네가 네 입으로 예수가 주이심을 고백하고, 네 마음에 하나님이 그를 죽은 자 가운데서 다시 살리신 것을 믿으면, 네가 구원을 받게 될 것이기 때문이다.[154]

154) 롬 10:5-9.

나는 신명기에서 아주 분명하게 말하고 있는 것을 부각시키기 위해서, 여기서 '디카이오쉬네' (dikaiosynē, 일반적으로 "의"로 번역된다 — 역주)를 "계약에 참여하는 자가 되는 것"(covenant membership)으로 옮겼다. 하나님은 자기 백성과 맺은 계약을 성취해 가고 있지만, 그 계약에는 다음과 같은 것들이 포함된다: (a) 이스라엘의 신실하지 못함에 대한 하나님의 심판과 (b) 하나님이 장차 "마음의 할례"를 행하게 될 때의 갱신. 여기서 계약에 참여하는 자가 된다는 것에는 내적으로 새로워짐과 지속적으로 열매를 맺는 것이 포함될 것인데, 이것들은 토라가 만들어 내고자 하였지만 "육신"(즉, 이스라엘이 지니고 있던 아담적인 본성)으로 인해서 만들어낼 수 없었던 것들이었다. 4QMMT나 바룩서에서 발견되는 것 같이 이 위대한 서사를 복원하고자 한 제2성전 시대의 시도들과 비슷하게, 바울이 행하였던 것은 이제 신명기 30장이 말하였던 의미에서 "토라를 성취한다"는 것이 무엇을 의미하는지를 우리가 마침내 알게 되었다고 말하는 것이었다. 예수를 주라고 고백하고, 하나님이 그를 죽은 자 가운데서 다시 살리셨다는 것을 믿는 것이 바로 신명기 30장이 말하였던 그 실체이다. 그것은 진정으로 "포로생활로부터의 귀환"을 이루는 일이고, 계약의 저주를 벗겨내는 일이며, 토라가 약속하였지만 실제로 줄 수는 없었던 저 "생명"을 주는 일이다. 이렇게 해서, 바울이 여기 로마서 10:5과 갈라디아서 3:12에서 레위기 18:5을 사용한 의도의 불분명성이 제거된다. 이 레위기 구절은 "토라를 행하는 것"이 "생명"을 얻는 길이라고 진정으로 선언하였지만, 토라를 즐거워하다가 결국에는 "토라로 말미암아 죄를 깨닫게" 될 수밖에 없게 만드는 길을 이스라엘에게 가라고 할 수밖에 없었다. 이것이 갈라디아서 3:12에서 바울이 "토라는 믿음에서 난 것이 아니다"라고 아주 단호하게 말하는 이유이다. 그럼에도 불구하고, 우리는 신명기 30장이 하나님이 성령으로 말미암아 계약을 갱신할 것이라고 말하고 나서는, 마치 탕자 이야기에서 큰 아들이 마침내 탕자를 환영하는 잔치에 참여하는 것처럼, 이제 레위기를 가져와서 말하고 있는 것을 발견하게 된다. 따라서 우리는 바울이 여기서 사용하는 구절 직후에 나오는 신명기 30:15-20에서 "이 일들을 행하면 생명을 얻으리라"는 변함없는 약속을 발견할 때, 바울이 오경의 세 번째 책과 다섯 번째 책을 분명하게 차별하고 있다고 생각해서는 안 된다:

> 보라, 내가 오늘 생명과 형통, 사망과 역경을 네 앞에 두었다. 내가 오늘 네게 명하고 있는 네 하나님 야웨의 계명들을 너희가 순종하여, 네 하나님 야웨를 사랑하고, 그의 길들로 행하며, 그의 계명들과 명령들과 규례들을 지킨다면, 너희는 살며 번성할 것이고, 네 하나님 야웨는 네가 들어가서 차지할 땅에서 네게 복을 주실 것이다 … 내가 생명과 사망, 복들과 저주들을 네 앞에 두었다는 것을 나는 오늘 하늘과 땅을 불러 네게 증인이 되

> 게 한다. 생명을 택하여서, 너와 네 자손들이 살고, 네 하나님 야웨를 사랑하며, 그에게 순종하고, 그를 굳게 붙잡으라. 그렇게 하는 것은 네게 생명과 장수를 의미하는 것이기 때문에, 너는 야웨께서 네 조상들인 아브라함과 이삭과 야곱에게 주기로 맹세하신 땅에서 살게 될 것이다.[155]

여기에서 나오는 많은 구절들이 바울의 글들에 나오는 구절들을 연상시킨다는 것, 아브라함에 대한 하나님의 약속들에 관한 서사가 아주 중요한 역할을 하는 로마서의 논증(4장과 9장)과의 분명한 연결고리들의 존재는 바울이 여기에 나오는 절들을 원래의 문맥에서 떼어내서 사용한 것이 아님을 보여준다. 바울은 메시야 예수의 복음이 역사해서, 유대인이든 이방인이든 사람들이 하나님이 메시야 예수를 죽은 자 가운데서 다시 살리셨다는 것을 믿고 '퀴리오스'(kyrios, "주")로 고백하는 것은 "토라를 행하는 것"(신명기는 이것을 새 계약 백성, 포로생활에서 돌아온 백성, 토라가 약속한 "생명"을 이제 발견하게 된 백성의 표지로 보았다)이 개시되었음을 보여주는 아주 중요한 증표라고 선언하고 있는 것이다. 이것은 아담으로부터 모세에 이르기까지의 서사, 창세기의 처음으로부터 신명기의 끝에 이르는 서사 안에서 토라가 내내 달려와서 자신의 '텔로스'(telos, "목적지, 종착지")에 도달하게 된 지점이다. 토라에 관한 이야기는 창조주가 인간과 더불어 함께 걸었던 약속의 동산에서 시작되었고, 계약의 하나님이 자기 백성을 내내 인도하여 마침내 약속의 땅의 코앞에 데려다 놓고서 그 앞에 있는 여러 가지 불확실한 것들에 대하여 경고하는 것으로 끝이 난다. 바울에게 있어서 이 서사는 여러 세기에 걸쳐서 계속되다가, 마침내 메시야와 그의 백성이 이제 세계를 유업으로 받는 좀 더 큰 목적지에 도달하게 된 이야기이다. 이 시점부터는 바울이 토라를 하나님의 백성을 둘러싼 경계표지가 아니라, 새 계약의 권속의 특징이 되어야 하는 행실(앞에서 보았듯이, 이것은 재정의되고 강화되었다)을 보여주는 아주 중요한 이정표로 언급하는 것은 전혀 이상한 일이 아니다.

따라서 우리는 "토라에 관한 이야기"를 독립된 서사이거나, 우주적인 것이든 비극적인 것이든 독자적인 서사 속에서의 "영웅"이나 "악당"에 관한 이야기가 아니라, 오직 하나님의 백성에 관한 이야기의 일부로 볼 때에만 제대로 이해할 수 있다. 왜냐하면, 토라는 하나님이 육신을 따른 이스라엘, 아담적인 상태에 있는 아브라함의 권속에게 약속과 경고를 동시에 조명해 주기 위하여 사용한 수단이기 때문이다. 토라의 역설은 이스라엘의 역설의 부분집합이고, 이스라엘의 역설은 창조주

155) 신 30:15-16, 19-20.

가 인간을 통해서 자신의 세계 내에서 행하기로 결심하고서(자기가 창조한 피조 질서에 대한 주권적인 신실하심으로 인해서), 세계를 구원할 소명을 받았지만 스스로도 그 동일한 구원을 필요로 하였던 사람들을 구원함으로써 인류를 구원하고, 그 결과로 피조세계도 구원하고자 한 것의 직접적인 결과이다. 토라에 관한 바울의 많은 진술들이 혼란스러워 보이는 것은 기독교 역사의 어떤 시기에 이 다층적인 이야기가 알려지지도 않고 들려지지도 않게 되고 심지어 눈길조차 받지 못하였기 때문이다. 참된 이야기가 무시되고, 그 대신에 다른 이야기들이 들려지게 되면, 본문들은 납작하게 찌부러뜨려져서 그 거짓된 이야기들에 짜맞추어지게 되어서, 결국 잘 작동을 하지 않게 된다. 하지만 바울에게 그의 원래의 온전한 서사 틀을 돌려 주어 보라. 그러면, 본문들을 찌부러뜨릴 이유가 없게 된다.

일단 이 이야기의 주된 줄거리들과 부차적인 줄거리들이 어떤 식으로 작동하는지를 파악하면, 우리는 바울에게 있어서 토라는 하나님의 백성을 정의하고 그 모습을 조형해내는 하나님의 선물이라는 것을 아주 분명하게 알 수 있다. 하나님의 백성은 자신의 기이한 소명을 따라서, 오랜 준비 기간과 (특히) 실패와 저주와 포로생활의 기간을 거쳐서, 바울이 이전의 모든 약속들의 성취이자 하나님의 새로운 선물로서 도래한 새로운 피조세계라고 본 예기치 않은(그리고 진정으로 "묵시적인") 사건들에 최종적으로 다다른다. 토라는 이스라엘의 이러한 여정 동안 새로운 일들이 생길 때마다 거기에서 꼭 필요한 일을 해내는 신실한 하인처럼 내내 그들과 함께 하면서, 각각의 단계에서 요구되는 서로 다른 여러 역할을 맡아 행하고, 결국에는 신명기에 의해서 약속되고 성령에 의해서 행해지는 마음의 할례에서 새로운 종류의 "성취"에 도달한다. 이 서사에서 "달"은 어떤 때에는 기울어서 초승달이 되기도 하고, 어떤 때에는 만월이 되기도 하며, 어떤 때에는 죽은 자를 매장하는 데 기여하기도 한다. 이 서사 틀 속에서 토라는 언제나 바울에 대한 루터파의 읽기가 요구하는 "악당" 역할만을 하거나, 개혁파가 요구하는 "영웅" 역할만을 할 필요가 없다. 도리어, 바울의 서사 틀은 토라에게 자신의 원래의 모습, 즉 언제나 거룩하고 의로우며 선한 법이지만, 메시야의 소임과 마찬가지로, 최종적으로 놀라운 해결이 이루어질 때까지는 지독하게 역설적인 소임을 행하게 되어 있는 하나님의 법으로서의 자신의 면모를 그대로 드러낼 수 있는 기회를 준다. 토라는 다른 것으로부터 받은 빛을 반사하여 빛을 내는 존재이기 때문에, 토라를 둘러싸고 주석자들을 괴롭혀온 딜레마들은 토라가 찼다가 기우는 주기가 완전히 끝날 때에야 비로소 해결된다.

이제 우리는 메시야 자신의 소임으로 눈을 돌려야 한다. 지금까지 우리는 주된 줄거리(피조세계와 새로운 피조세계), 첫 번째 부차적인 줄거리(인간의 소명, 곤경, 해법), 두 번째이지만 아주 중요한 부차적인 줄거리(토라를 중심으로 한 이스라엘의 이야기)를 살펴보았고, 이제는 처음에는 비극이었다가 나중에는 희극이 된 "극 중의 극"을 살펴볼 차례인데, 이 극 중의 극을 통해서 드라마의 다른 모든 층들이 마침내 해법을 발견하게 된다.

7. 왕의 새로운 연극: 예수와 그의 서사화된 역할들

우리는 바울의 글들이나 그의 세계관 내에서 "예수에 관한 이야기"에 대하여 말할 수 있는가? 어떤 의미에서는 분명히 그렇다. 왜냐하면, 예수는 바울의 사고의 아주 많은 부분에서 중심적인 인물이고, 바울은 "그가 예수에 관하여 알고 있는 모든 것"에 대한 온전한 기사라고 할 수 있는 것(하지만 이런 것은 그의 글들 중 그 어디에도 나오지 않는다) 속에서 몇 가지 서로 다른 "계기들"을 자유자재로 가져와서 사용하기 때문이다. 바울은 종종 예수의 족보와 출생에 대하여 말하기도 하고, 종종 예수의 공생애에 대하여 말하기도 하며, 예수가 십자가에 못 박혔다가 부활한 사건에 대해서는 아주 자주 말하고, 예수가 장차 "왕으로 다시 와서" 사람들을 심판하거나 구원할 것에 대해서는 정말 많이 말한다. 그것은 이야기처럼 들린다. 최근에 어떤 사람들은 빌립보서 2:6-11 같은 구절이야말로 "예수에 관한 이야기"의 중심이고, 바울이 말하고자 했던 다른 모든 것들은 그것을 중심으로 군집을 이루고 있다고 주장해 왔다.[156]

아울러, "바울에 있어서 예수의 이야기"는 언제나 어떤 다른 이야기나 일련의 이야기들의 대단원으로 등장한다는 것을 강조하는 것도 중요하다. 바울은 예수를 어떤 소임이나 문제에 직면해서, 그것이 어렵거나 불가능하다는 것을 발견하고, 새로운 도움을 구하거나 난관들을 경계하는 가운데, 결국에는 소임을 달성하거나 문제를 극복하는 그런 인물로 소개하거나 생각하지 않는 것으로 보인다. 토라와는 판이하게 다른 방식이긴 하지만, 어쨌든 토라의 경우와 마찬가지로, 바울이 예수에 관하여 말하는 모든 것은 다른 이야기들, 즉 창조주와 세계에 관한 이야기, 하나님과 인간에 관한 이야기, 하나님과 이스라엘에 관한 이야기 중의 어느 하나 또는

156) 이제는 Gorman, 2009, ch. 1에 나오는 이것에 대한 강력한 서술을 보라. 그가 예수의 부활을 부각시키지 않음으로써, 빌립보서 2:6-11이 바울의 견해에 대한 완전한, 또는 심지어 온전히 균형 잡힌 진술이라고 할 수 없게 되었다는 사실을 제외하면, 나는 그의 서술에 대체로 만족한다.

그 이상에 속해 있다. 큰 줄거리를 이루는 이 세 가지 층은 내가 앞에서 설명한 방식으로 서로 얽혀 있기 때문에, 우리는 바울이 예수에 관하여 말하는 것들, 그리고 그가 우리를 위해서 자신의 세계관 서사를 처음부터 끝까지 다 들려주었더라면 말하였을 것들을 그러한 다른 서사들 내에서의 결정적으로 중요한 요소로 보아야만, 그 의미를 제대로 알 수 있다. 이렇게 어떤 의미에서는 바울이 들려주는 "예수에 관한 이야기"가 실제로 존재하지만, 그것은 언제나 어떻게 예수가 다른 이야기들을 자신들에게 정해진 종착지로 나아갈 수 있게 해주느냐에 관한 이야기이다.

"복음"이라는 용어를 잠시만 생각해 보면, 우리는 그것을 금방 알 수 있다. 우리가 "복된 소식"이라는 단어의 유래를 이사야가 하나님의 영으로 선포한 것에서 찾든, 아니면 바울 당시에 널리 알려져 있던 카이사르의 '유앙겔리온' (euangelion)에서 찾든, "복된 소식"은 하나의 서사를 함축한다. "복된 소식"이라고 말하는 것은 (a) 상황이 나쁜 쪽으로 악화되어 가고 있었다는 것, (b) 상황이 중대한 변화를 필요로 한다는 것, (c) 이야기 속의 등장인물들이 직면하였던 문제들을 해결해 주고, 그들이 고대하였던 새로운 가능성들을 열어 주는 등 모든 것을 새로운 지평으로 움직여 가는 어떤 일이 일어났다는 의미를 함축하는 것으로 보인다. 그러나 "복된 소식"은 이야기를 함축하고 있기는 하지만, 그 자체가 "이야기"인 것은 아니고, 그것이 의미를 지니기 위해서는 이야기를 필요로 한다.

나는 이것이 그동안 해석자들을 혼란스럽게 해온 것 중의 일부라고 생각한다. "복음"은 단지 이전의 이야기 속에서 어떤 변화가 일어난 것이 아니라, 완전히 새로운 어떤 일이 일어난 것이라는 의미를 함축한다. 하지만 "복음"이 제대로 이해되려면, 성전에 있던 시므온처럼, 새 아기가 태어나서 새로운 서사가 전개되기를 학수고대하고 있던 이전의 이야기가 있어야 한다. "복음"은 불연속성을 함축하는 동시에, 연속성을 필요로 한다. 이것이 "복된 소식"이 작동하는 방식이다.

바울은 고린도 교인들에게 자기가 전해 받았다고 말하면서 부정하거나 저항하거나 수정하지 않고 그대로 다시 전해 준 정형문구를 사용해서, 예수에 관한 "복된 소식"을 요약해서 제시한다:

> 내가 처음에 너희에게 전해 준 것은 내가 받은 것, 즉 이것이었다: "메시야는 성경대로 우리의 죄를 위하여 죽으시고 장사 되셨다가, 성경대로 제삼일에 다시 살아나셔서, 게바에게 보이셨고, 그 후에 열두 제자에게 보이셨으며, 그 후에 오백여 형제에게 일시에 보이셨는데, 그들 중의 대부분은 여전히 우리와 함께 있고, 일부는 잠들었다. 그 후에 그는 야고보에게 보이셨고, 그 후에 모든 사도들에게 보이셨다. 맨 나중에는 만삭되지 못하여 난 자 같은 나에게도 나타나셨다."[157]

여기에 나오는 "복된 소식"이 좋은 소식일 수 있는 이유는 특히 세 가지 방식으로 등장하는 "배후 이야기," 즉 암묵적인 서사 때문이다. 첫째, 이것은 메시야가 이룬 일에 관한 기사이다. 물론, 바울의 글들에 나오는 '크리스토스'(Christos, "그리스도")는 그저 고유명사일 뿐이고, 단지 한두 번의 용례만이 "메시야"라는 칭호의 의미를 지니고 있다고 보는 것이 적어도 지난 세기의 대부분 동안 유행이었다. 그러나 이제는 그러한 잘못된 주장을 바로잡기 위하여, 바울의 글들의 배후에서 이 '크리스토스'라는 인물이 결정적인 역할을 하는 바울의 본질적으로 유대적인 기나긴 서사들이 '크리스토스'를 "메시야" – 물론, 이 단어는 여러 사건들에 의해서 재정의되기는 하지만 – 로 보라고 소리치고 있다는 것을 역설할 때이다.[158] 이러한 "복음"의 정형문구로 시작되는 고린도전서 15장은 창조주 하나님의 전반적인 주권 아래에서 이 '크리스토스'라는 인물이 행하는 왕적인 통치에 관하여 신약성서 전체에서 가장 분명하게 말하는 진술을 제시하고, 싸움에서의 승리와 주로서의 지위(lordship)에 대하여 노래한 두 편의 "메시야" 시편을 명시적으로 연상시키는 가운데, '크리스토스'가 하나님의 최후의 원수들과 맞선 싸움을 싸우게 될 것임을 말하는 것을 자신의 주된 주제로 삼는다.[159] 이것이 어떻게 메시야가 아닐 수 있는가?

그리고 여기에서 그렇게 말하고 있다면, 바울의 글들의 다른 곳에서 그렇게 말하고 있지 않을 이유가 없지 않는가? 그런데도 그동안 바울의 글들에 나오는 '크리스토스'를 "메시야"로 보지 않은 유일하게 진정한 이유는 신학자들이 지난 수백 년 동안 바울을 "이방인들의 사도"로 보고서, "메시야" 같은 유대 민족 중심적인 범주는 그러한 사도직에 어울리지 않는다고 전제해 왔기 때문이라는 것이다. 이것은 전통이 얼마나 크게 잘못될 수 있는지를 보여준다. 이스라엘의 메시야가 이스라엘의 역사를 기이하고 예기치 않은 결말로 이끌었고, 오직 그렇게 해서만, 하나

157) 고전 15:3-8(1-2절은 이것이 "복음"에 관한 진술이라는 것을 분명히 한다). 바울은 이 본문의 얼마 정도를 "자기가 받은 전승"이라고 생각하였을까 하는 것은 풀 수 없는 문제이다. 그 전승은 "모든 사도들"이라는 어구, 아니면 "어떤 이들은 잠들었고"라는 어구에서 끝나는 것인가, 아니면 그 이후까지 이어지는 것인가? 바울이 일인칭으로 자신의 목소리를 여기에 추가하였으리라는 것은 분명하지만, 혹시라도 "공식적인" 전승 속에 부활한 예수가 그에게 나타난 사건이 이미 포함되어 있었는데도, 그가 그것을 일인칭의 진술로 바꾸었을 가능성("이 모든 것의 마지막에 그가 바울에게 나타나셨다"를 "이 모든 것의 마지막에 그가 내게 나타나셨다"로)도 있지 않을까? 여기에 인용된 초기 전승의 범위에 관한 논쟁들로는 Fitzmyer, 2008, 540-43을 보라.

158) *Perspectives*, ch. 31에 나오는 논증을 보라.

159) 시 110편과 8편을 인용하고 있는 15:25, 27.

님의 정의를 열방들에게 가져다줄 수 있었다는 것이 바로 이스라엘의 성경에 뿌리를 둔 바울의 세계관의 핵심이다. 세계는 자신의 합법적인 주로서의 유대적인 메시야를 필요로 하고, 하나님은 바로 그러한 메시야를 계속해서 약속해 왔다. 바울은 그 약속이 이제 성취되었다고 역설한다.[160]

암묵적인 성격이 짙은 "배후 이야기"를 보여주는 두 번째 요소는 "우리 죄를 위하여"(hyper tōn hamartian hēmon, '휘페르 톤 하마르티안 헤몬')라는 어구이다. 적어도 여기에서 우리는 복음이라는 "새로운 사건"에 의미를 부여하는 서사적인 틀을 볼 수 있다. 주로 이방인 메시야 백성들을 대상으로 한 서신에서 바울이 "우리 죄를 위하여"라고 했을 때, "우리"는 유대인과 이방인을 모두 가리킨다. 유대인과 이방인은 둘 다 단지 잘못된 행위들로 인한 죄책을 짊어지고 있는 상태만이 아니라, "죄"의 권세에 사로잡혀서 죄에 갇힌 상태에 있었다. 싸움에 대하여 말하며 최후의 승리를 약속하고 있는 15:20-28과 "만일 메시야가 다시 살아나지 않았다면, 너희의 믿음은 아무 소용이 없고, 너희는 여전히 너희의 죄 가운데 있는 것이다"라는 15:17의 단언이 그것을 보여준다. 메시야의 죽음을 통해서 이루어졌다(3절)고 말하기가 무섭게, 곧바로 메시야의 부활을 통해서 효력을 발휘하게 되거나 적어도 유효하게 된 것(17절)이라고 말할 수 있었던 어떤 일이 일어났다.

따라서 그 일은 어떤 의미에서는 이 둘 모두를 통해서, 즉 다시 살아난 이의 죽음을 통해서, 또는 십자가에 못 박힌 이의 부활을 통해서 일어난 것이라고 말할 수 있다. 그리고 그런 식으로 일어난 일은 다른 식으로는 결코 깨뜨릴 수 없었던 상태, 즉 "죄 가운데 있는" 상태가 깨져나가서, 이제 "너희" 또는 "우리"는 더 이상 "죄 가운데" 있지 않게 된 것이었다. 그러므로 3절에 나오는 "우리 죄를 위하여"라는 간결한 어구를 단지 조금만 더 깊이 파고 들어가면, 메시야의 죽음과 부활이 결정적으로 중요한 역할을 한 서사의 작고 단단한 알갱이가 드러난다. 바울은 자기가 전해 받은 이 "전승"과 조금도 거리를 두지 않는다. 도리어, 그는 이 전승을 온몸으로 받아들여서, 이 전승 안에서 움직이며, 이 전승을 자신의 논증의 일부로 발전시킨다.

이 전승 속에서 바울의 복음의 "배후 이야기"를 보여주는 세 번째 어구는 "성경대로"(3절과 4절)라는 반복되는 어구이다. 여기서 바울은 우리가 이미 세밀하게 천착하기 시작한 것을 명시적으로 분명하게 보여준다. 즉, 그는 메시야의 죽음과 부활이라는 사건들이 오래된 이스라엘 성경에 나오는 수많은 갈래로 이어지는 방

160) 예수의 메시야직에 대해서는 본서 제9장 제3절 3) (1)와 제10장 제3절 1) (1)를 보라.

대한 서사 속에서 이전에 진행되어 온 모든 것들을 해결해 주는 핵심적인 요소이자 근본적으로 새로운 계기를 제공해 주는 것으로 본다. "~대로"라는 어구는 이론적으로는 단순한 모형론, 또는 증거 본문으로서의 일련의 예언 본문들을 나타낸다고 볼 수도 있다. 그러나 현재의 장(고린도전서 15장)만을 보아도, 바울이 성경을 단지 탈역사적(그리고 탈서사적)이고 단편적으로 읽는 데서 그치지 않고 있다는 것이 분명하게 드러난다.

성경은 하나님과 세계, 하나님과 인간, 하나님과 이스라엘이라는 삼중적인 이야기로 이루어진 하나의 거대한 이야기를 들려주고, 각각의 이야기는 커다란 문제에 봉착해 있는데, 이 문제는 순서상으로 다음 단계에서 등장하는 이야기에 의해서 해결된다. 이제 우리는 다른 이야기들을 해결해 주는 "극 중의 극"이자 작고 집약적인 이야기에 도달한다. 『한여름밤의 꿈』에서, 우리가 "달빛"이 고요히 지켜보는 가운데, 저 높이 있는 왕과 그 정혼자(테세우스와 히폴리타)로부터 오해와 죽음으로 인한 비극적인 이야기를 예행연습하고 실제로 공연하는 한 무리의 미천한 연기자들로 내려오듯이, 바울은 광대한 우주적인 서사로부터, 거대한 인간의 역사와 고상하지만 당혹스러운 이스라엘의 이야기를 거쳐서, 최근의 역사에서 한 사람을 둘러싼 사건들로 내려와서, 바로 이 사람이 마침내 자신의 유업을 받으러 온 왕으로서, 지금까지 얽히고설킨 모든 실타래를 푸는 열쇠이자 모든 열망들에 대한 대답이라고 선포한다.

바로 이 사람이 바울의 세계관을 떠받치고 있는 중심이다. 우리가 바울을 후대의 범주들(그 중의 하나가 "종교"라는 범주이다)에 꿰어 맞추는 대신에, 원래 그대로의 바울을 제대로 이해하고자 한다면, 지금까지 여러 층으로 진행되어 오다가 최근에 일어난 한 사건으로 인해서 대단원의 막이 내려진 하나의 이야기 속에서 바울을 이해하여야 한다.

이것이 내가 메시야에 관한 바울의 이야기는 독립적인 것이 아니라고 말한 것의 의미이다. 바울이 들려주는 이야기는 토라와 마찬가지로 저 삼중의 서로 얽혀 있는 서사 내에서만 그 본래의 의미가 드러난다. 첫 번째는 하나님과 세계에 관한 이야기이다:

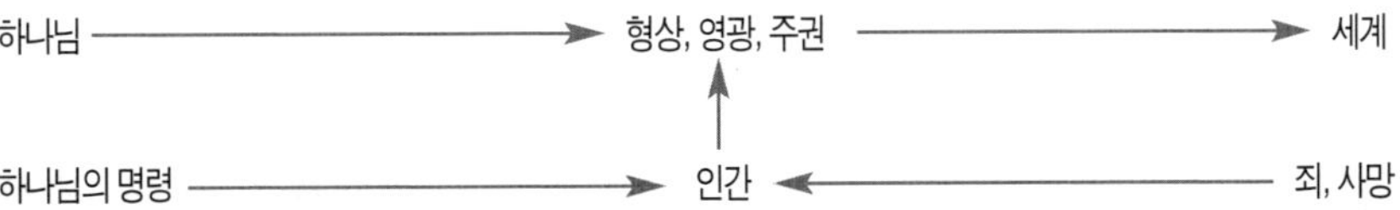

그러나 이 이야기는 인간의 죄로 인해서 잘못되어 버렸다. 그래서 원래의 계획을 이루기 위하여 인간을 구원할 필요가 생겨났기 때문에, 우리는 두 번째 부차적인 줄거리인 이스라엘을 부른 이야기가 도입되는 것을 목격한다:

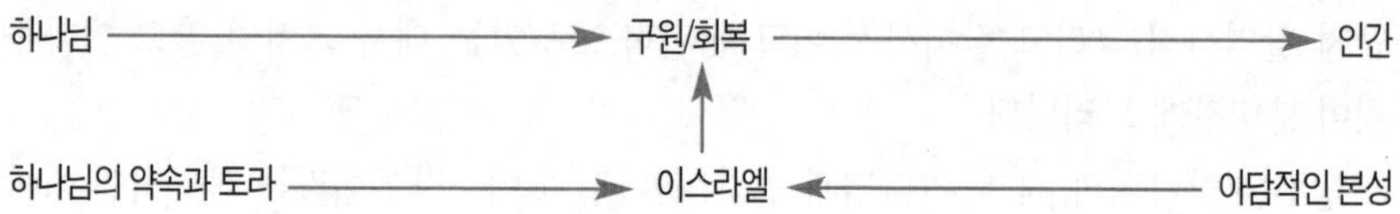

하지만 로마서 7장을 비롯한 여러 본문들이 분명하게 보여주는 바와 같이, 이 이야기도 "이스라엘 내에 있던 아담적인 본성"으로 인해서 실패하고 만다. 이제 이스라엘 자체가 구원을 필요로 하게 된다:

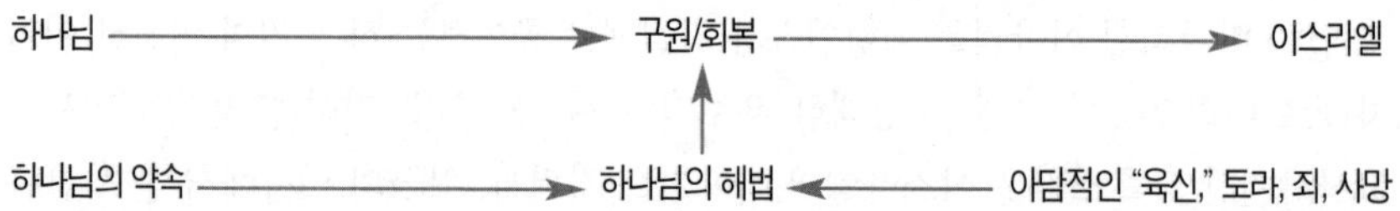

이제 마침내 우리는 진정으로 "하나님의 해법"이 무엇인지를 보게 된다. 물론, 제2성전 시대의 유대인들은 대체로 그 해법이 "성경대로"라면 하나님의 메시야일 것이라고 생각하였을 것이고, 또 다른 일부는 이스라엘이 모종의 혹독한 고난을 겪어야 한다는 것이 그 해법 중에 포함되어 있다고 생각하였을 것이다.[161] 하지만 하나님이 세계를 바로잡아서, 이 세계를 지속적인 썩어짐의 위협으로부터 벗어나서 새로운 피조세계로 나아가게 하기 위해서, 먼저 모든 잘못된 것들에 대한 심판을 행하리라는 것은 모든 유대인들이 다 알고 있었을 것이다.

바울은 이러한 요소들을 포함하는 해법이 예수 안에 있다는 것을 알았다. 부활은 그가 메시야라는 것을 드러내 주었고, 그의 죽음이 "메시야"의 죽음이라는 것을 증명해 주었다. 이것은 성경의 이야기와 약속이 지닌 참된 의미를 드러내 주었다. 그래서 바울은 예수 안에서 이 삼중의 서사가 마침내 해결점을 발견하였다고 믿었다:

161) 메시야직에 대해서는 *NTPG*, 307-20, *JVG*, ch. 11, 그리고 본서 제2장 제4절 2)를 보라; "메시야가 받을 재앙들"에 대해서는 *JVG*, 465f., 577-9; 그리고 본서 제 6자 제3절 4)를 보라.

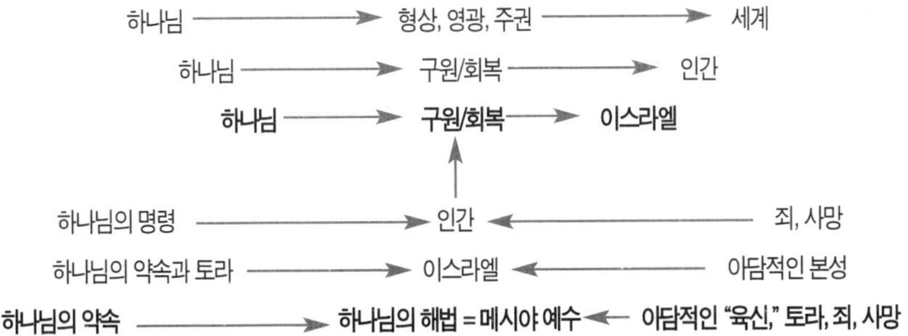

여기서 이 모든 작은 도식들이 수렴되는 지점이 바로 예수이다. 나는 이러한 설명이 지금까지 이 도식들에 대하여 회의적인 태도를 보여 왔던 사람들이 마음을 바꾸는 계기가 될 수 있기를 소망한다. 바울의 세계관의 토대를 형성하고 있는 이 삼중의 서사를 이해할 때, 우리는 바울에게 있어서 메시야 예수가 이 세 개의 이야기들의 각각에서 동시적으로 서로 다르게 하고 있는 역할을 알 수 있게 된다 – 비록 이것이 흔히 우리에게 당혹스러운 것으로 보일지라도. 먼저, 예수는 이스라엘의 메시야로서 자기 백성에게까지 침투하였던 악을 심판하고, 이스라엘을 그 곤경에서 구원하는 일을 성취하였다. 다음으로, 예수는 자신이 이스라엘 자체가 되어 – 이것은 메시야가 의미하는 것들 중의 하나였다(아래를 보라) – 참된 인간성을 세우기 위하여 인간의 악을 심판하고 인류를 구원하고 회복시킴으로써, 이스라엘의 소명을 완수하였다. 마지막으로, 예수는 참된 인간으로서(이것은 고린도전서 15장이 시편 8편과 110편을 결합해서 말하고 있는 것에서 드러난다) 창조주의 일을 멸하고자 해왔던 원수들을 무너뜨리고 새로운 피조세계를 가져옴으로써, 세계에 대한 하나님의 통치를 다시 견고히 세웠다. 이렇게 예수는 전적으로 자기 자신만의 독립적인 "이야기"를 갖고 있지 않고, 다른 모든 이야기들 속에서 주도적인 역할을 한다. 그는 아담이고, 이스라엘이고, 메시야이다. 우리가 이 모든 것을 이해할 때에만, 바울의 세계관, 특히 그 암묵적인 복잡한 서사가 제대로 드러난다.

특히, 우리는 바울의 세계관의 중심에서, 이 복잡한 서사가 그로 하여금 이 이야기의 끝에서 집행될 악에 대한 하나님의 심판, 곧 바울에게 있어서는 장차 예수에 의해서 집행될 심판[162]이 예수의 죽음 속에서 이미 일어났다고 말하지 않을 수 없게 한다는 것을 알게 된다. 십자가가 그의 신학만이 아니라 그의 세계관에서도 중심에 자리 잡고 있다고 말하는 것은 거의 논란의 여지가 없다. 우리가 다층적인 서사

162) 롬 2:16등; 본서 제11장 제4절을 보라.

분석의 도움으로 이제 알 수 있게 된 것은 십자가에 의해서 이루어진 일들에 대한 그의 수많은 다양한 진술들이 이 이야기의 서로 다른 층들과 관련하여 어떤 의미를 지니고 있는가 하는 것이다. 이것에 대해서는 우리가 나중에 그의 신학을 중점적으로 다룰 때에 좀 더 자세하게 살펴보아야 한다.[163]

고린도전서를 떠나기 전에 우리가 주목해야 할 것은 바울은 그 동일한 "복음"에 대한 좀 더 길게 이어지는 진술로 이 서신을 시작한다는 것이다. 먼저, 그는 1장에서 십자가에 못 박힌 메시야가 (온건하게 표현하자면) 이교도들이나 유대인들이 생각하거나 예상하였던 것은 아니긴 하였지만, 어쨌든 실제로 그들 모두가 필요로 했던 바로 그것이었다는 것을 강조한다. 이 유대적인 메시야는 헬라인들이 그 동안 찾고 있었던 참된 지혜가 나타난 것이었고, 십자가에 못 박힌 이스라엘의 메시야는 이스라엘이 봉착해 왔던 문제에 대한 해법이었다:

> 십자가의 말씀은 멸망의 도상에 있는 자들에게는 미친 짓이지만, 구원의 도상에 있는 자들인 우리에게는 하나님의 능력이다. 성경이 말하는 것은 결국 이것이다:
>
> 내가 지혜 있는 자들의 지혜를 멸하고,
> 영리한 자들의 영악함을 폐할 것이다.
>
> 지혜로운 자가 어디 있고, 유식한 자가 어디 있으며, 이 현세의 변론가가 어디 있느냐? 너희는 하나님이 세계의 지혜를 미련한 것으로 바꾸어 버리신 것을 보지 않느냐? 그것이 어떻게 된 것인가 하면, 하나님의 지혜에 있어서는 세계가 지혜를 통해서 하나님을 알지 못하였기 때문에, 하나님은 우리가 선포하는 미련한 것을 통해서 믿는 자들을 구원하시기를 기뻐하신 것이다. 유대인들은 표적들을 구하고, 헬라인들은 지혜를 찾지만, 우리는 십자가에 못 박히신 메시야를 전하니, 메시야는 유대인에게는 거리끼는 것이고 이방인들에게는 미련한 것이지만, 유대인이든 이방인이든 부르심을 받은 자들에게는 하나님의 능력이요 하나님의 지혜이다. 하나님의 미련한 것이 인간보다 더 지혜롭고, 하나님의 약한 것이 인간보다 더 강하다.[164]

"하나님의 미련한 것!" 그러나 하나님의 미련한 것인 십자가에 못 박힌 메시야가 바로 이스라엘과 세계가 봉착해 있는 문제에 대한 하나님의 대답이었다는 것을 우리는 주목한다. 다시 한 번 말하지만, 이것은 예수에 관한 독립적인 서사인 것이 아니라, 예수를 좀 더 긴 이스라엘의 서사들 속에 집어넣어서, 그 서사들로 하여금 원래 그것들이 행하게 되어 있었던 것을 행할 수 있게 해준 것이다:

> 지금 너희의 모습은 우리를 위해 하나님의 지혜와 의와 거룩함과 구속이 되신 메시야

163) 아래 제10장, 특히 제3절 4) 5) 6)을 보라.
164) 고전 1:18-25.

예수 안에서 하나님으로부터 온 선물이다. 따라서 성경이 말하고 있는 것처럼, "자랑하는 자는 누구든지 주 안에서 자랑하여야 한다."[165]

그리고 이것은 최후의 부차적인 줄거리인 다음과 같은 "극 중의 극"을 통해서 완전히 새로운 세계, 말로 표현할 수 없는 지혜와 통찰과 신령한 지식의 세계를 열어 주었다:

이 현세의 통치자들 중 그 누구도 이 지혜에 대하여 알지 못하였다. 만일 알았더라면, 그들은 영광의 주를 십자가에 못 박지 않았을 것이다. 그러나 성경은 이렇게 말한다:

하나님이 이제 진정으로 그를 사랑하는 자들을 위해 준비하신 모든 것은
인간의 눈으로는 한 번도 보지 못하고
인간의 귀로는 한 번도 듣지 못하고
인간의 마음에 한 번도 들어가지 않은 것이다.[166]

이 본문이 감질나게 살짝 보여주는 것으로부터 분명한 것은 예수의 죽음이라는 사건의 "배후 이야기"의 추가적인 일부는 세계의 권세들, 그들이 예수를 십자가에 못 박았다는 것, 그들이 그렇게 한 것은 그들 자신의 운명을 최종적으로 결정지은 미련한 짓이었다는 것에 대하여 들려주는 이야기 – 이것은 바울이 모든 반역 세력에 대한 메시야의 최종적인 승리를 묘사한 15장을 비롯해서 여러 본문에서 간접적으로 들려주는 이야기이다 – 라는 것이다.[167]

메시야가 승리해서 주가 될 것이라는 이러한 얘기는 우리를 메시야적 서사가 논증 전체를 위한 일종의 틀 역할을 하는 로마서의 세 개의 주요한 본문들로 다시 데려다준다. 먼저, 예수의 정체성을 다윗 가문의 메시야로 규정하는 지독하게 압축된 저 유명한 서두의 진술이 있다. 다시 한 번 말하지만, 우리가 이 진술을 이스라엘에 관한 좀 더 큰 서사, 그리고 세계 전체에 관한 훨씬 더 큰 이야기를 함축하고 있고, 그런 이야기들에 속해 있는 것으로 볼 때에만, 이 진술의 의미는 제대로 드러나게 된다:

메시야 예수의 종 바울은 사도로 부르심을 받아, 하나님이 자신의 선지자들을 통해서 성경에 미리 약속하신 복음, 곧 육신으로는 다윗의 자손으로 나셨고, 거룩함의 영으로는 죽은 자들의 부활을 통해서 하나님의 아들임을 강력하게 드러내신 자기 아들 우리

165) 고전 1:30f.
166) 고전 2:8f.
167) 또한, 골 2:14f.를 보라.

주 메시야 예수에 관한 복음을 위하여 따로 세우심을 받았다.

그로 말미암아 우리는 그의 이름을 위하여 모든 열방 가운데서 믿어 순종함을 이루어 내는 은혜와 사도직을 받았고, 메시야 예수에 의해서 부르심을 받은 너희도 거기에 포함되어 있다.[168)]

바울은 고린도전서 15장에 나오는 "전해 받은" 말씀에서와 마찬가지로, 여기에서도 메시야와 관련된 사건들이 성경의 약속들에 뿌리를 둔 것이라고 말한다. 그가 여기에서도 메시야로서의 예수에 대하여 말하고 있다는 것은 의심의 여지가 없다. 예수를 다윗의 자손으로 언급하는 것은 주지하다시피 바울의 글들에서는 극히 이례적인 것이기는 하지만, 그럼에도 불구하고 지극히 적절하고 합당하다.[169)] 바울은 이 거대한 신학적인 강해의 끝부분에 나오는 장엄한 마무리에서 두드러지게 다시 이 주제로 돌아온다:

그러므로 메시야께서 너희를 받아 하나님께 영광을 돌리셨듯이, 너희도 서로 받으라. 내가 그 이유를 너희에게 말하리라: 메시야께서는 하나님의 진실하심을 나타내기 위하여, 즉 족장들에게 하신 약속들을 확증하고 열방들로 하여금 그의 긍휼하심을 인하여 그를 찬송하게 하기 위하여, 할례자들의 종이 되셨다. 성경은 이렇게 말한다:
이것이 내가 열방 중에서 당신을 찬송하고
당신의 이름을 찬송하고자 하는 이유이다.
또한, 성경은 말한다:
열방들아, 그의 백성과 더불어 즐거워하라.
또한,
모든 열방들아, 주를 찬송하고,
모든 민족들아, 그를 찬송하라.
또한, 이사야는 다시 한 번 이렇게 말한다:
이새의 뿌리,
곧 열방을 다스리기 위하여 일어날 이가 있을 것이고,
열방이 그에게 소망을 두리라.

168) 롬 1:1-6.

169) 물론, 이것이 일부 학자들이 1:3f.가 실제로는 바울 자신이 말하고자 한 것을 나타내지 않는다고 주장하고자 한 이유들 중의 하나라는 것은 충분히 예측할 수 있는 일이다. 예컨대, Jewett, 2007, 103-8을 보라. 그는 적어도 잠재적으로는 "광신적인 애국주의"나 "선민주의"를 내포하고 있던 이전의 정형문구들을 바울이 수정하게 된 복잡한 발전과정에 관한 가설을 세워 설명해 나가는데(104), 그 이전의 정형문구들은 바울 이전의 유대 기독교라는 배경에서 "열심"과 "자랑"을 반영한 것이었기 때문에(108), 바울은 로마 교회와 협조적인 관계를 맺고 싶어 하였음에도 불구하고, 그 정형문구들을 수정하고자 하였다는 것이다. 이 모든 것은 내게는 한편으로는 바울 이전의 유대 기독교에 관한 대체로 낡고 진부한 이론들, 다른 한편으로는 바울의 소위 비다윗적인 기독론에 토대를 두고 있는 것으로 보인다.

> 소망의 하나님이 믿음 안에서 모든 기쁨과 평강으로 너희를 충만하게 하셔서, 너희가 성령의 능력으로 소망이 넘치게 되기를 기원한다.[170]

이것은 철두철미 메시야에 관한 서사이다. "할례자들의 종"이 되어서, 하나님이 옛적의 이스라엘에게 한 말이 진실한 것이었음을 보여주고, 그런 후에 땅의 열방들을 받아들이는 인물 – 그런 후에, "이새의 뿌리"로 불리는 인물 – 은 메시야 외의 다른 인물일 수 없고, 그의 사역은 이제 그가 성취한 옛적의 성경적인 서사들을 통해서가 아니면 다른 식으로는 이해될 수 없다. 우리는 다음과 같은 이야기가 이 시점까지 내내 진행되어 온 것이라고 보아야 한다. 즉, 인간과 세계에 관한 이야기가 먼저 시작되고 난 후에, 이스라엘과 그 소명에 관한 이야기가 중간에 도입되었고, 이제 메시야로서의 예수가 이스라엘과 세계가 스스로 할 수 없었던 일을 이스라엘과 세계 전체를 위하여 행한 이야기가 이 시점에서 개시되었다.

로마서의 이러한 메시야적인 서두와 결미는 중간에 나오는 장들에서 자세하게 설명되고, 바울이 이스라엘에 대한 하나님의 신실하심을 논증하기 시작하는 부분에서 다시 한 번 추가적으로 짧은 진술로 제시된다: "육신을 따라서는 메시야께서 그들로부터 나셨으니, 메시야는 만유 위에 계셔서 영원히 찬송 받으실 하나님이시다."[171] 이러한 메시야적인 표지들을 한데 종합해서, 예수에 관한 이야기가 다른 서사들 내에서 어떤 기능을 하는지를 고찰해 보면, 바울이 예수에 관한 사건들을 종말론적인 전환점, 즉 하나님의 새로운 세계가 개시되는 시점으로 보았다는 것이 분명하게 드러난다. 예수는 "죽은 자들의 부활"(anastasis nekrōn, '아나스타시스 네크론')을 통해서, 자기가 "하나님의 아들"(이것 자체가 왕과 메시야의 호칭이다)이라는 것을 강력하게 선언하였다. "죽은 자들"이라는 복수형은, 이 서두의 정형문구에 나오는 예수의 부활은 그가 메시야라는 것을 공개적으로 선언한 것일 뿐만 아니라, 사실 훨씬 더 큰 사건, 즉 그가 시작한 모든 "죽은 자들의 부활"의 서막이었다는 것을 보여준다. (물론, 이 자세한 내용은 고린도전서 15장에 나오는 논증에서 자세하게 채워진다.) 우리는 여기서 또다시 예수에 관한 사건들의 의미가 이 사건들을 앞뒤로 둘러싼 좀 더 큰 이야기에 의해서 주어지는 것을 본다. 적어도 몇몇 전승들은 다윗 가문의 메시야가 장차 하게 될 일들로 성전을 재건하거나 정화시키는 일, 이스라엘의 원수들을 무찌르는 일, 세계에 정의와 평화를 가져다주는 일 등과 같은 여러 가지 일들을 언급하였다. 바울은 메시야의 소임으로 여겨진 이

170) 롬 15:7-13. Longenecker, 2002c, 63f.; Söding, 2001을 보라.

171) 롬 9:5, 이것에 대해서는 본서 제9장 제3절 3) (3)를 보라.

모든 일들이 메시야 예수에 의해서 이미 성취되었거나 성취되어 가고 있다는 것을 여러 가지 나름대로의 방식으로 보여준다.

여기에서 우리가 특히 주목할 것은 지금 세계 전체를 "믿어 순종함," 또는 좀 더 전통적인 표현을 사용하자면, "믿음의 순종"으로 호출하고 있는 이는 다름 아닌 이스라엘의 메시야라는 것이다. "복음"은 단순히 정보를 주는 것이 아니라, 호출이다. 행동할 것을 요구하는 어떤 일이 일어났다는 것이다. 아니, 어떤 이가 지금 세계의 참된 '퀴리오스'(kyrios, "주")로 연호되고 환호를 받으며 높임을 받고 있는데, 세계 도처에 있는 모든 사람들을 그의 통치에 복종하도록 호출하는 것이 없다면, 그의 이름을 부르며 환호하는 일은 있을 수 없다. 그러한 복종, 그러한 "순종"은 일차적으로 그를 "주"로 고백하고, 그가 죽은 자 가운데서 다시 살아났다는 것을 믿는 "믿음"을 의미한다(10:9). 그러나 바울에게 있어서 이 '피스티스'(pistis), 즉 "믿음"/"신실함"은 실제로 단지 "종교적인 지식"이나 교리에 대한 동의가 아니라, 그러한 호출에 순종하는 믿음이라는 것을 강조하는 것도 마찬가지로 중요하다(우리는 얼마나 많은 잘못된 이분법들이 오랜 세월 동안 제대로 된 이해를 가로막는 걸림돌들이 되어 왔는지를 알아야 한다). 그러므로 다시 한 번 짚고 넘어가야 할 것은 예수를 십자가에 못 박혔다가 다시 살아난 메시야로 선포하는 복음은 이스라엘에 관한 좀 더 큰 이야기, 그리고 그것보다 한층 더 큰 인류 전체에 관한 이야기, 그리고 궁극적인 서사 지평인 세계 전체에 관한 이야기 내에서만 그 의미가 제대로 드러난다는 것이다. 그리고 메시야 자신의 "신실하심"과 "순종" — 로마서 3장에서는 "신실하심," 로마서 5장에서는 "순종"으로 표현되지만, 이 둘은 동일한 실체를 서로 다른 각도에서 바라본 것일 뿐이다 — 은 이제 메시야 공동체에서 지어져 가고 있는 "믿음의 순종"의 토대가 된다.[172)]

예수의 부활이 새로운 세계를 개시시킨다는 사실은 우리를 갈라디아서로 다시 데려다준다. 우리가 앞서 또 다른 주제와 관련하여 잠깐 살펴보았던 갈라디아서의 서두에는 여기에서와 어느 정도 비슷한 요약이 나오는데, 거기에서는 아주 분명하게 이렇게 말한다: 고린도전서 15장이 말하고 있는 것과 마찬가지로, 메시야를 통해서 일어난 일은 우주적인 구원 역사로서 조금도 손색이 없는 일이었다. 하지만 그것은 영지주의에서와는 달리, 공간과 시간과 물질의 세계로부터(from) 벗어나는 구원이 아니라, 하나님의 피조세계를 아주 철저하게 물들여 온 현재의 악한 시대로부터 구원을 받아서 이제 동터온 "새 시대" 또는 "내세"로 들어가는 것이다:

172) 이것에 대해서는 본서 제10장 제3절 2)를 보라.

우리 아버지 하나님과 우리 주 메시야 예수로부터 은혜와 평강이 너희에게 있기를 기원한다. 그는 우리 아버지 하나님의 뜻을 따라 현재의 악한 시대로부터 우리를 건지시려고 우리 죄를 위하여 자기 자신을 주셨으니, 영광이 그에게 세세토록 있을지어다. 아멘.[173)]

이 본문의 초점은 예수에 관한 두 가지 진술에 맞춰져 있는데, 첫 번째는 그가 실제로 한 일에 관한 것이고, 두 번째는 그 일이 가져온 좀 더 큰 효과에 관한 것이다. 우리가 여기에서 다시 한 번 유의할 것은 "그가 우리 죄를 위하여 자기 자신을 주셨다"는 선명한 진술은 "현재의 악한 시대"에서의 구원이라는 좀 더 큰 암묵적인 서사 내에 둥지를 틀고 있다는 것이다. 메시야가 "우리 죄를 위하여 자기 자신을 주셨다"고 말하는 것이 바울이 고린도전서 15:3에서 인용한 전승에 의한 정형 문구에 나오는 "우리 죄를 위하여 죽으셨다"는 어구에 해당한다는 것은 분명하지만, 거기에는 메시야가 그러한 목적을 위해서 그러한 운명에 "자기 자신을 주셨다"는 추가적인 뉘앙스가 덧붙여져 있다. 이 어구도 역시 바울 이전의 전승 문구였거나, 그런 전승을 반영한 것이라고 하더라도, 그는 이 어구를 철저하게 자신의 것으로 만들었다. 왜냐하면, 그는 두 장 정도 지난 후에 자신의 가장 격렬한 본문들 중의 하나의 절정에서 이 어구를 1인칭 단수와 더불어 사용하기 때문이다: "하나님의 아들이 나를 사랑하셔서 나를 위하여 자기 자신을 주셨다."[174)] 여기에도 또다시 인간(그리고 마찬가지로 이스라엘도)이 죄악에 물들어 있어서 그 죄로부터 구원 받을 필요가 있다고 말하는 암묵적인 드라마가 전제된다. 그러나 이 이야기(바울의 세계관 서사에 속한 두 개의 주된 부차적인 줄거리들이 결합된 것)는 하나님이 "현재의 악한 시대"의 모태로부터 "내세"를 탄생시켜 나가고 있다는 것을 말해 주는 훨씬 더 큰 줄거리, 모든 것을 포괄하는 우주적인 줄거리 내에 있다. 우리는 이 둘을 각각 별개의 것으로 보아서는 안 된다. 이 둘은 서로 정확하게 결합되어 있다.

사실, 이 둘을 서로 분리해서 보는 것이 아니라, 이 둘이 서로 결합되어 있는 것으로 볼 때에만, 비로소 우리는 갈라디아서에서 전개되는 논증에서 결정적으로 중요한 역할을 하는 예수에 관한 압축된 서사적 진술들을 이해할 수 있는데, 이런 식의 연구는 지금까지 아주 집중적으로 이루어져 왔다.[175)] 거기에서 메시야 예수가 수행한 역할은 하나님과 세계, 하나님과 인간(하나님이 세계를 다스리기 위한 수

173) 갈 1:3-5. 따라서 이것은 일부 "묵시론적" 이론들이 암시하는 것과는 달리, 하나님이 본질적으로 이질적인 영토를 침입해 들어올 것에 관한 서술이 거의 아니다.

174) 갈 2:20.

175) Hays, 2002 [1983].

단으로 지은 존재), 특히 하나님과 이스라엘(하나님이 인류를 구원하기 위한 수단으로 선택한 민족)이라는 저 암묵적인 삼중의 서사 내에서만 그 원래의 의미가 제대로 드러난다. 먼저, 갈라디아서 3:10-14에 나오는 유명한 본문을 보자:

> [10]왜냐하면, "율법의 행위" 진영에 속한 자들은 저주 아래 있기 때문이다! 그렇다, 그것dl 성경이 말하고 있는 것이다: "율법 책에 기록되어 있는 모든 것을 그대로 충실히 행하지 않는 자는 누구든지 저주를 받는다." [11]그러나 아무도 율법 안에서 하나님 앞에 의롭다 하심을 받지 못하기 때문에, "의인들이 믿음으로 말미암아 살게 되리라"는 것은 분명하다. [12]하지만 율법은 믿음으로 말미암지 않고, 도리어 "그것들을 행하는 자는 그것들 안에서 살리라"고 말한다. [13]메시야께서 성경이 "나무에 달리는 자는 누구든지 저주를 받는다"고 말하는 것처럼, 우리를 위하여 저주거리가 되심으로써, 우리를 율법의 저주에서 속량하셨으니, [14]이것은 아브라함의 복이 메시야 예수 안에서 열방들에게로 흘러갈 수 있게 하고, 우리로 하여금 믿음으로 말미암아 성령의 약속을 받게 하기 위한 것이었다.[176]

적어도 바울이 이 논증이 어디를 지향하고 있다고 생각하였는지를 주목하는 것은 대단히 중요하다. 대부분의 해석자들은 13절에 나오는 메시야의 사역에 관한 핵심적인 진술을 "인간이 범죄한다/하나님이 인간을 구원한다"에 관한 서사 내에 두고자 해 왔다. 그러나 바울은 이 진술을 다른 곳에 위치시키는데, 14절이 그것을 분명하게 보여준다. 여기 이 본문에 등장해서 13절의 진술을 지배하는 이야기는 하나님이 이스라엘을 통해서 세계를 구원하고자 하는 계획에 관한 이야기이다. 많은 전통적인 개신교 사상의 환원주의적인 설명과는 달리, 메시야가 "저주"를 짊어졌다고 말하는 것은 (a) 인간 전체가 죄와 율법으로 인하여 "저주를 받았다"는 것, (b) 메시야가 인간을 대신하여 그 저주를 짊어졌다는 것, (c) 그래서 인간은 저주로부터 놓여나게 되었다는 것(그리고 아마도 (d) 율법 자체가 잘못되었거나 악하거나 불필요하다는 것이 입증되었다는 것)을 말하고자 하는 것이 아니다. 여기에 나오는 "저주"는 앞서의 모든 저주들을 하나로 집약한 신명기 27:26의 저주이다. 그리고 이 "저주"는, 우리가 제2장에서 살펴본 바와 같이, 불행이 점점 더 커져가다가 결국에는 "포로생활"로 끝이 나는 그런 저주이다.[177] 따라서 갈라디아서 3:10-14에서 다루는 문제는 "어떻게 죄인들이 은혜로우신 하나님을 발견할 수 있는가"라는 질문이 아니라, 다음과 같은 이중적인 도전인데, 그 중 첫 번째는 육신을 따른 이

176) 11절, 특히 '델론 호티' (dēlon hoti)의 번역에 대해서는 Wright, 1991 [*Climax*], 149 n. 42를 보라. 나는 현재의 맥락이 거기에 제시된 논증을 강화시켜 주기를 바란다.

177) 27:15-68; 본서 제2장 제4절 3)을 보라.

스라엘은 어떻게 신명기 27장의 "저주"로부터 구원 받을 수 있는가 하는 것이고, 두 번째는 이스라엘이 아브라함에게 주어진 약속들(즉, 3:8에서 말하고 있듯이, 아브라함의 복이 세계 전체로 퍼져 나가게 하겠다는 것)을 지니고 있다고 하더라도, 어떻게 그 약속들이 성취될 수 있는가 하는 것이다.

일단 예수 이야기의 이 요소를 앞서 우리가 살펴본 이스라엘 이야기 내에 위치시키면, 모든 것이 분명해진다. 첫째로, 10-12절에서 개략적으로 다루고 있는 문제는 "토라의 행위"를 고집하는 자들(갈라디아 교회를 "어지럽힌 자들"과 안디옥에서 "야고보에게서 온 사람들"을 따라 외식하였던 베드로와 바나바)은 자신들이 고도로 압축된 진술인 2:18에서 이미 요약한 문제에 직면하고 있는 것을 발견하게 되리라는 것이다. 즉, 그런 자들은 유대인과 이방인을 구별하고 분리하는 "행위"라는 담을 다시 세우고 있고, 그렇게 함으로써 그들이 의지하는 율법은 단지 그들이 율법을 범하고 있다는 것만을 그들에게 상기시켜 주는 것을 발견하고 있을 뿐이라는 것이다. 그들은 그런 식으로는 "아브라함의 복"을 열방들에게 가져다주어야 하는 이스라엘의 소명을 성취할 수도 없고, 토라가 그들이 "저주" 아래 있다고 선언하기 때문에, 그들 자신마저도 하나님의 백성의 지체로서의 신분을 제대로 누릴 수 없다. (이것은 로마서 7장이 아주 탁월하고 정교하게 표현한 문제와 유사하다.) 이 이중의 문제는 메시야가 "저주"를 짊어짐으로써 풀리게 된 바로 그 문제라고 바울은 선언한다. 첫째, 아브라함의 복은 이제 메시야 안에서 열방들에게로 흘러갈 수 있게 되었다(메시야는 이스라엘이 부름 받은 바로 그 일을 행한 것이다). 둘째, "우리" – 여기서 "우리"는 2:16b의 "우리 믿는 유대인"과 2:19-20의 "나"를 의미한다 – 는 "믿음으로 말미암아 성령의 약속"을 받게 되었다. 달리 말하면, 우리는, 로마서 2:25-29과 고린도후서 3장이 말하는 것처럼, 새로운 계약 백성으로 발견된다는 것이다. 이 짧고 선명한 "예수 이야기"는 일단 우리가 이스라엘의 이야기(이 이야기 자체도 인간과 세계에 관한 이야기 내에 있다) 내에 위치시키기만 하면 그 정확한 의미가 드러난다.

이것은 갈라디아서 4장에 나오는 "하나님의 아들에 관한 이야기"에도 그대로 적용된다:

> [3]우리가 어린 아이들이었을 때에는 "세계의 원소들" 아래에서 "노예생활"을 하였다. [4]그러나 때가 차자, 하나님이 자기 아들을 보내어, 여자에게서 나게 하시고, 율법 아래 나게 하셔서, 율법 아래 있는 자들을 속량하게 하시고, 우리로 하여금 아들의 명분을 얻게 하셨다.
>
> [6]너희는 아들들이기 때문에, 하나님이 자기 아들의 영을 우리 마음 가운데 보내셔서,

"아빠, 아버지" 라고 부르게 하셨다. 7그러므로 너는 더 이상 노예가 아니고 아들이다. 그리고 네가 아들이면, 너는 하나님으로 말미암아 유업을 이을 후사이다.[178]

여기서의 맥락은 포로생활의 저주가 아니라, 애굽에서의 노예생활이다. 바울은 앞 장 전체에 걸쳐서 창세기 12장과 15장을 근거로 해서 아브라함에게 주어진 약속을 설명하면서, 아브라함의 권속을 이방 땅으로부터 해방시킬 것이라는 하나님의 약속을 간접적으로 인용하고, 메시야와 '피스티스' (pistis)가 오기 이전의 사람들의 상태가 어떤 것이었는지를 점진적으로 자세하게 설명해 나가는데, 그들은 죄 아래 갇혀 있었고, '파이다고고스' (paidagōgos, "후견인") 아래 있었다는 것이다.[179] 그런 후에, 이제 그는 그러한 후견인 아래에서의 삶에 대한 설명을 여기에서는 노예생활에 관한 자세한 설명으로 바꾸어 표현한다: 한 집의 "후사" (바울은 이것을 통해서 "아브라함의 후사들" 이 된다는 것이 무엇인지를 예시하고 있다)는 실제로 유업을 잇게 되기 전에는 노예와 같다. 즉, 우리는 약속이 성취될 때까지는 – 하나님이 모세를 보내어 이스라엘을 애굽에서 이끌어낼 때가 아니라, 자기 아들을 보낼 때 – 노예 상태에 있었다는 것이다. 여기서도 다시 한 번, 예수에 관한 이야기는 이러한 좀 더 큰 서사 내에 있을 때에 그 본래의 의미가 드러난다. 이전에 있었던 그 어떤 일들도 다 무시한 채로 예수 이야기를 바울의 세계 속에 끼워 넣고자 하는 모든 시도들은 4:4의 "때가 차자" (plērōma tou chronou, '플레로마 투 크로누')에 의해서 와르르 무너지게 된다. 바울은 창세기와 출애굽기를 간접적으로 인용함으로써, "때" 에 대하여, 즉 하나님의 약속이 성취되려면 상당 기간의 세월이 흘러야 한다는 것에 대하여 알고 있었던 것과 마찬가지로, 하나님이 자기 아들을 "보낸다" 는 것이 무엇을 의미하는지를 정확히 보여주는 좀 더 큰 서사도 알고 있었다.[180]

여기서의 취지는 또다시 유대인과 이방인의 서로 판이하게 다른 상황에 대응해서 이중적이다 – 우리는 갈라디아서의 주된 목적이 갈라디아 지역에 있던 이방 그리스도인들에게 그들이 이미 온전히 하나님의 백성(즉, 전 세계적인 아브라함의 권속)의 지체들이 되었기 때문에 할례를 받을 필요가 없다는 것을 재확인해 주는 것이었음을 기억하여야 한다. 따라서 4:5-7은 3:13-14과 대응된다. 바울의 논증은 다음과 같은 방향으로 전개된다: 첫째, 하나님의 아들(메시야적인 호칭[181])은 "율법 아래" 있는 자들, 즉 유대인들을 속량하기 위해서, "율법 아래" 태어났다. 둘째,

178) 갈 4:3-7.

179) 출애굽기 12:40을 간접적으로 인용하고 있고, 그 배후에 창세기 15:13(cf. 행 7:6)이 있는 3:17; 3:22(죄 아래에 갇힘), 3:23(율법 아래 놓여 보호받음), 3:24('파이다고고스' [paidagōgos] 아래에서).

180) 하나님이 정한 때가 다 찼을 때에 메시야가 온다는 것에 대해서는 *2 Bar.* 72.2 등을 보라.

"우리" – 여기서는 유대인과 이방인을 모두 포함한 아브라함의 권속 전체로서의 "우리" – 는 "아들의 명분"을 얻어 하나님의 단일한 권속이 된다. 바울은 3:14에서 아주 간단하게 한 말을 여기에서는 좀 더 확장시켜서 자세하게 풀어 말한다. 즉, 하나님은 아들을 "보냄"(4:4)과 아울러, 성령을 "보냄"(4:6)으로써, 유대인과 이방인이 똑같이 그를 "아빠, 아버지"로 부를 수 있게 하였다는 것이다.[182] 그런 후에, 바울은 2인칭 단수형을 사용해서, 이것을 구체적으로 개개인에게 적용한다: "너는 더 이상 노예가 아니라 아들이고, 아들이라면, 또한 하나님으로 말미암아 유업을 잇게 될 후사이다." 3장의 긴 논증의 끝에 나오는 결론이 "네가 메시야에게 속해 있다면 아브라함의 씨이다"였던 것과 마찬가지로, 이제 여기서의 결론은 "네가 하나님의 아들이면 하나님으로 말미암아 유업을 잇게 될 [아브라함의] 후사"라는 것이다.[183] 다시 한 번 말하지만, 여기에서 우리의 현재의 목적과 관련해서 중요한 것은 하나님이 자기 아들을 보낸 이야기는 이스라엘에 관한 이야기 내에서 그 본래의 의미가 드러난다는 것, 즉 하나님은 오랜 세월에 걸쳐서 진행되어 온 연대기적인 이야기(4:4의 '크로노스'[chronos, "때"]를 참조하라!) 내에서 새롭게 자기 "아들"을 보냈다는 것이다.

지금까지 우리는 바울이 예수에 관하여 말하는 것들은 하나님이 인류를 구원하고 피조세계를 회복하는 수단으로 정한 이스라엘에 관한 서사 내에서만 제대로 이해될 수 있다는 것을 살펴보았다. 이것은 로마서에 나오는 훨씬 더 세세한 기사 속에서 엄청나게 강조된다. 무엇보다도 특히, 로마서 3:21-26에 나오는 "그러나 이제는"(but now)이라는 어구는 우리가 앞서 살펴보았던 문제, 즉 하나님이 부여한 소명에 이스라엘이 신실하지 못했다는 문제와 정확히 연결된다:

> [21]그러나 이제는 율법과는 상관없이(율법과 선지자들이 그것을 증언하긴 하였지만), 하나님의 계약 정의가 나타났다. [22]하나님의 계약 정의는 메시야 예수의 신실하심으로 말미암아 믿음을 지닌 모든 자의 유익을 위해 효력을 발휘한다. 왜냐하면, 차별이 없기 때문이다. [23]모든 사람이 범죄하여 하나님의 영광에 미치지 못하였으나, [24]하나님의 은혜로 그들은 메시야 예수 안에서 발견되는 속량함으로 말미암아 거저 의롭다 하심을 얻고 계약의 지체가 되었다.
> [25]하나님은 신실하심으로 말미암아 예수를 그의 피로 인하여 시은좌로 세우셨으니, 이것

181) 본서 제10장 제3절 1) (2); 그리고 Wright, 1991 [*Climax*], 43f.를 보라.

182) 롬 8:15과의 분명한 병행을 보라.

183) Martyn, 1997, 392에도 불구하고, 우리가 4:7을 갈라디아 교인들이 철저하게 재정의 된 방식으로이긴 하지만 아브라함의 후사들임을 강조하는 3:29을 재확인하고 있는 것으로 보아야 한다는 것은 분명하다.

> 은 이전에 저질러진 죄들을 (그의 관용하심으로) 간과하심으로써 자신의 계약 정의를 나타내기 위한 것이었다. [26]이것은 현재에 있어서 그의 계약 정의를 나타내신 것, 즉 자기가 의롭다는 것과 예수의 신실하심을 믿는 모든 자를 의롭다고 하신다는 것을 나타내신 것이었다.

여기에서 무엇보다도 주목해야 할 것은 이것은 2:17–3:18에 대한 정확한 대답들이라는 것이다. 이것은 이스라엘 전체가 "신실하지 않아" 왔을지라도, 어떻게 하나님이 이스라엘을 통해서 세계를 구원하겠다는 자신의 약속에 늘 신실하였는지를 보여주는 것이다.[184] 하나님의 신실하심, 그의 "계약 정의"(covenant justice)[185]는 토라와 상관없이, 그리고 토라에 의해서 보호 받음과 동시에 토라에 의해서 단죄되었던 민족으로서의 이스라엘의 세계 밖에서 새롭게 나타났다. "메시야 예수의 신실하심"은 하나님이 세계 전체와 관련해서 늘 약속한 것이 유효하기 위한 조건으로 이스라엘에게 요구하였던 "신실함"을 메시야 예수가 이스라엘의 대표로 나서서 성취한 것이었다. 메시야 예수의 "신실하심"은 한편으로는 "하나님의 구원 계획에 대한 이스라엘의 신실함," 다른 한편으로는 "자신의 계약상의 약속과 목적에 대한 이스라엘의 하나님의 신실하심"을 보여주는 예수의 죽음에 대한 제유법적인 표현이다.[186] 이 본문이 매우 압축되어 있다는 것은 전혀 이상한 것이 아니다. 왜냐하면, 바울은 여기서 자신의 이야기들, 즉 인간이 피조세계에서 하나님의 영광스러운 대리자로 행하는 것에 실패한 것을 중심으로 한 인간에 관한 이야기, 세계를 구원하는 수단으로 부르심을 받았으면서도 지금은 그 자신이 구원을 필요로 하게 된 이스라엘에 관한 이야기, 그리고 이 모든 것의 배후에서 및 이 모든 것을 통해서 이스라엘과 인간과 세계를 구원하는 일을 진행해 나가고 있는 하나님에 관한 이야기를 한데 압축해서 보여주고 있기 때문이다. 우리는 이 여러 가지 이야기들이 따로따로 분리되어 있는 것으로 보아서는 안 되고, 이 이야기들이 서로 얽히고설켜서 하나의 전체를 이루고 있는 것으로 이해하여야 한다.

이 본문은 셰마의 유일신론(3:30)을 토대로 한 전 세계적인 믿음의 권속에 관한 3:27-31의 진술로 이어지고, 이 진술은 아브라함은 "유대인들과, 유대교로 개종한

184) *Perspectives*, ch. 30을 보라.

185) '디카이오쉬네'(dikaiosynē)와 '피스티스'(pistis)의 관계에 대해서는 아래 제10장, 특히 제4절 (iii) (a)를 보라.

186) 나는 이것이 나중에 교부들이 예수의 "신성"과 "인성"이라는 정형문구를 통해 표현한 것(예컨대, 주후 451년에 Chalcedon에서)의 배후에 있는 성경적 실체라고 믿는다: 본서 제9장 제3절 (iii) (a)를 보라.

이방인들을 더한 무리의 조상"이라는 의미에서의 "우리의 조상"이 아니라, "우리의 범죄함으로 인해서 내어줌이 되고 우리를 의롭다 하시기 위하여 다시 살리심을 받은 우리 주 예수를 죽은 자 가운데서 다시 살리신 이[하나님]를 믿는" 모든 이들의 조상이라는 것[187]을 보여줄 수 있는 길을 열어 준다. 여기서 다시 한 번 "예수에 관한 이야기"는 하나의 밀집된 문구로 압축된다. 왜냐하면, 이 이야기를 하는 목적은 예수에 관한 일들을 독립적으로 얘기하는 데 있는 것이 아니라, 아브라함과의 계약(창세기 15장)이 이제 어떤 식으로 성취되었는지를 설명하는 데 있기 때문이다. 따라서 로마서 4:24-25은 3:21-26에서 이미 집약적으로 말한 것에 대한 요약이다. 즉, 메시야의 죽음과 부활은 하나님이 자기가 이스라엘을 통해서, 그리고 아브라함의 권속을 통해서 행하겠다고 약속한 것을 이제 때가 되어 이룬 방식이라는 것이다.

이것은 로마서 5장의 전반부와 후반부에서 훨씬 더 길게 발전된다. 전반부에서 우리는 특히 5:6-11에서 하나님의 사랑에 관한 이야기 내에서 메시야를 발견한다. "사랑"은 이 서신에서 여기에 처음으로 나오는 것이기는 하지만, 어떤 새로운 개념이 아니라, 이 시점까지 설명되어 왔던 "신실하심"과 "계약 정의"를 전체적으로 요약하는 개념으로 등장한다. 이 시점에서는 유대인과 이방인을 포괄하는 단일한 권속이 이미 정립되어 있는 상태이기 때문에, 여기에서 "우리"는 유대인이든 이방인이든 모든 약한 자들과 경건하지 않은 자들과 죄인들 전체를 가리킨다. 이것은 예수에 관한 이야기를 먼저 이스라엘과 관련된 문제에 적용해서 해결한 후에 인간의 문제 전반에 적용하고 있는 것이다. 이 서사 분석이 온전한 형태를 띠어감에 따라, 본서 전체의 핵심적인 요지도 드러나기 시작하는데, 그것은 바울에 있어서의 두 가지 "구원 모형," 즉 "법정적"(forensic) 또는 "사법적" 모형과 "합체적"(incorporative) 모형 간의 이른바 충돌 또는 갈등은 그 자체가 바울의 서로 다른 이야기들이 실제로 어떻게 작동하는지를 보지 못함으로써 생겨난 범주 오류라는 것이다. 이것에 대해서는 우리가 제3부에서 좀 더 자세하게 살펴볼 것이다. 우리가 일단 바울의 서로 다른 이야기들을 구분해 내면, 겉보기에 양립할 수 없을 것 같아 보이는 두 가지 사고 도식은 아무런 어려움 없이 서로 잘 들어맞게 된다. 이 둘은 서로 합쳐져서 이루어진 좀 더 큰 전체의 부분이고, 전통적으로 각각에 대하여 붙여진 명칭들은, "묵시론"과 "구원사," 그리고 "수평적" 차원과 "수직적" 차원 같은 다른 명칭들과 마찬가지로, 서로 다른 각도에서 본 이정표들일 뿐이다. 이것에 대해서는 차차 살펴보기로 하자.

187) 롬 4:24f.

아울러, 이번에는 바울은 예수의 죽음과 부활이 의미와 효과들이라는 면에서 서로 상당한 차이가 있다는 것을 좀 더 자세하게 설명한다:

> [9]이렇게 우리가 그의 피로 말미암아 의롭다 하심을 받았으니, 하물며 그로 말미암아 하나님의 다가올 진노로부터 구원을 받게 되리라는 것은 두말할 필요가 없지 않겠는가! [10]우리는 원수들이었을 때에 그의 아들의 죽으심으로 말미암아 하나님과 화해를 이루게 되었다. 그렇다면, 이미 화해를 이룬 우리가 그의 살아나심으로 인하여 구원을 받게 되리라는 것은 두말할 필요가 없지 않겠는가.[188]

여기에서는 메시야의 죽음과 부활이라는 순서는 "화해"와 "구원"이라는 순서 속에 반영된다. 이것들은 우리가 다른 곳에서 좀 더 자세하게 살펴보아야 할 요소들이지만, 지금으로서 우리가 말할 수 있는 것은 이것은 로마서 6–8장의 아주 중요한 특징을 이루는 "이제"(now)와 "아직"(not yet)의 구별을 위한 길을 닦아 놓는다는 것이다. 우리는 "현재의 악한 시대"로부터 이미 건짐을 받았다. 그러나 "내세"는 메시야 안에서 그의 백성에게 진정으로 현존하기는 하지만, 아직 완성되지는 않았다. 로마서에서 이 장들의 논증의 많은 부분은 이렇게 중간에 끼인 삶, 즉 순종과 고난과 소망의 삶을 어떻게 이해해야 할 것이냐에 관한 것이다. 바울은 우리가 나중에 다시 살펴보게 될 또 하나의 추가적인 서사, 즉 메시야 안에서의 하나님의 백성에 관한 서사를 위한 정지작업을 하고 있는 것이다.

바울이 5:1-11에서 미리 얘기한 이러한 사고의 흐름은 그가 8:31-39에서 5–8장으로 이루어진 대단락 전체를 송영으로 요약할 때에 다시 등장한다. 메시야는 하나님이 "우리를 위하여 내어 주신"(8:32, 여기에는 4:25이 반영되어 있다) 선물이다. 메시야의 죽음은 하나님의 사랑의 궁극적인 표출이고, 메시야가 지금 하고 있는 중보기도는 자기 백성의 궁극적인 안전장치이다. 하지만 갈라디아서 2:20에서와 마찬가지로, 이 사랑은 단지 하나님의 사랑인 것이 아니라, 메시야 자신의 사랑이기도 하다(8:35). 아니, 논증이 점점 확대되어 결말에 이르렀을 때, 좀 더 정확히 말해서, 이 사랑은 "우리 주 메시야 예수 안에 있는 하나님의 사랑"(8:39)임이 드러난다. 여기서 메시야, 특히 그의 죽음은 둘 다 하나님과 인간에 관한 이야기와 하나님과 세계 전체에 관한 이야기에서 결정적으로 중요한 요소들이다. 여전히 아주 강력해 보이는 세계의 능력들(사망, 생명, 천사들, 정사들 등등) 중에서 어떤 것도

188) 롬 5:9f.

메시야 안에서 실현된 저 하나님의 사랑으로부터 "우리를 떼어놓을 수 없다."

앞에서 논증하였듯이, 세 가지 주된 서사들(하나님과 피조세계, 하나님과 인간, 하나님과 이스라엘)이 논리적으로 서로 통합되어 있다는 사실을 알게 될 때, 우리는 로마서의 실제적인 논증 속에서 바울이 메시야 예수가 "신실한 이스라엘 사람"이 되어서 인류를 구원하는 통로로서의 이스라엘의 역할을 성취하는 것에 대한 설명(3장과 4장)으로부터 시작해서, "하나님의 사랑의 화신"으로서 인간을 죄와 사망의 곤경에서 건지는 것에 대한 설명(5:6-11)을 거쳐서, 암호처럼 압축되어 있지만 모든 것의 중심에서 결정적으로 중요하였던 것, 즉 하나님과 피조세계에 관한 서사의 토대가 되는 아담 서사에 대한 장엄한 진술(5:12-21, 이 본문은 8:18-27을 미리 보여준다)로 나아가는 과정을 볼 수 있다. 여기에서 우리는 메시야가 이 각각의 이야기와 관련하여 어떤 역할을 하는지에 대한 설명들을 중심으로, 이 세 가지 이야기가 서로 하나로 결합되어 있는 것을 본다:

1. 피조세계는 아담이 돌보기로 되어 있었지만, 아담은 범죄하였고, 그 결과 "하나님의 영광"을 상실하였다(3:23). 아담은 메시야로 대체될 뿐만 아니라, "넘치는 은혜와 '의롭다 하심을 얻어' 계약에 참여하는 자로서의 지위를 선물로 받는 자들"로 대체되고, 그들은 "한 사람 메시야 예수를 통해서 생명 안에서 다스리게" 될 것이다(5:17). 그 결과, 피조세계 자체가 썩어짐의 노예로 살던 것에서 해방될 것이다(8:18-26). 이것은 거대한 이야기이고, 모든 것을 포괄하는 줄거리이다. 이것은 피조세계 자체가 어떻게 새롭게 될 것인지를 다루는 "우주적인" 이야기이다.
2. 죄 가운데 있어서 자신의 참된 소명을 다하지 못하고 있던 인간은 "한 사람의 순종"을 통해서 건짐을 받는다. 여기에 나오는 "순종"은 3:22에 나오는 "신실하심"을 대신한 것으로서, 메시야가 이스라엘에게 주어졌던 일을 완수해 낸 것을 집약적으로 표현한 것이다.[189] 이것은 "인간론적인"(아마도 명칭이 잘못 붙여진 것 같다) 이야기인데, 이 이야기는 "우주적인" 이야기에 속하여 거기에 기여하게 되어 있는 것이기 때문에, 우리는 이 둘이 서로 분리되어 있는 것처럼 다루어서는 안 된다. 왜냐하면, 하나님이 인간을 그들의 죄에서 구원하는 것은 하나님의 전세계적인 목적들에서 그들에게 맡겨

189) 또한, cp. 빌 2:6-8.

진 역할을 다시 한 번 해낼 수 있게 하기 위한 것이기 때문이다.

3. 토라의 도래를 통해서 더욱 부각되고 악화된 이스라엘 특유의 문제(5:20)는 메시야 안에서 풍성하게 주어진 은혜로 말미암아 해결되었을 뿐만 아니라, 이스라엘은 그 이상의 것을 받게 되었다. 즉, 메시야는 이스라엘이 행할 수 없었던 일을 이스라엘을 대신해서 행하였을 뿐만 아니라, 이스라엘에게 필요했던 일을 이스라엘을 위하여 행하였다. 그가 이스라엘을 대표하여 행한 일은 아담의 백성들을 구원하였고, 그가 아담을 대표해서 행한 일은 피조세계 자체를 구원하였다. 이것은 "계약과 관련된" 이야기인데, 여기에서도 우리는 이 이야기를 "인간학적인" 이야기나 "우주적인" 이야기와 따로 떼어서 보아서는 안 된다. 왜냐하면, 인간이 우상 숭배와 죄와 사망으로부터 건짐을 받은 것은 메시야가 이스라엘에게 주어진 소명을 성취한 까닭이기 때문이다.

바울은 이렇게 핵심적인 서사들을 아담으로부터 메시야, 즉 "내세의 삶" 으로 가는 도상에 이르기까지를 요약한 단일한 이야기의 형태로 한데 묶어서 제시한다.[190] 그런 후에, 그는 이 메시야적인 서사를 메시야 백성의 정체성을 보여주는 틀이자 배경으로 활용할 수 있었다. 메시야 백성은 메시야와 함께 죽었다가 다시 살아나서, "하나님에 대하여" 사는 새로운 삶을 살게 되고,[191] 그러한 삶 속에서 이전의 노예 주인의 유혹을 거부하여야 하고, 또한 거부할 수 있다. 그런 후에, 이것은 토라가 아담에서 메시야로 이어지는 흐름의 중간에 끼어든 것에 대하여 말하는 5:20의 관점에서 요약될 수 있었다.

토라는 이스라엘을 아담에게 묶어 두었지만, 6:6에 언급된 "옛 사람" 의 죽음은 토라가 "메시야의 몸으로 말미암아 죽은" (7:4, 이것은 6:2-11과 6:14과 연결된다) 자들을 더 이상 지배할 수 없다는 것을 의미한다. 그들은 이제, 2:25-29 또는 고린도후서 3장에서 말하는 것처럼, "문자의 옛것이 아니라 영의 새로운 것으로" 섬길 수 있게 되었다.[192] 이 본문에 나오는 "예수에 관한 이야기" 는 사람들이 "메시야 안에서" 죽었다가 다시 살아나서, 토라가 여전히 이스라엘을 단죄하고 있는 "현재의 악한 시대" 를 떠나, 부활 생명이 이미 효력을 발휘하고 있는 "내세" 로 들어가는 것

190) Wright, 2002 [*Romans*], 508-14와 Wright, 1991 [*Climax*], ch. 2에 나오는 자세한 설명을 보라. "생명" 과 "내세", 이 둘과 "나라" 의 관계에 대해서는 Allison, 2010, 164-203을 보라.

191) 롬 6:11; cp. 갈 2:19.

192) 6:22을 되돌아보고 있는 7:6.

에 관한 이야기이다.

이것은 바울의 글들 중에서 가장 압축되고 요약되어 있으면서도 가장 풍부한 의미를 지닌 예수 이야기들 중의 하나인 로마서 8:3-4로 나아가기 위한 논증으로 이어진다. 지면의 사정상 이 구절에 대해서는 짤막하게 설명할 수밖에 없기는 하지만, 나는 이 구절을 다른 곳에서 이미 다루었기 때문에, 사실은 많은 설명을 할 필요가 없다. 어쨌든, 이것에 대해서는 우리가 다른 주제와 관련해서 다시 한 번 살펴볼 것이다.[193]

이 구절과 관련해서 우리의 현재의 목적을 위해 중요한 것은 바울이 여기에서 하고 있는 예수 이야기를 담고 있는 암묵적인 서사는 하나님과 그의 백성에 관한 이야기라는 것이다: 토라를 즐거워함에도 불구하고 토라의 단죄를 받고 있는 것을 발견한 육신을 따른 이스라엘과 자신들의 삶 속에서 성령 안에서 "토라의 의로운 명령"을 실제적으로 성취하는 것을 발견하는 전세계적인 하나님의 백성. 갈라디아서 4:4에서와 마찬가지로, 여기서도 핵심적인 계기는 하나님이 자기 아들을 "보내어," 그의 죽음을 통해서 7장에서 원흉으로 등장하였던 "죄"를 온전히 해결한 것이다. 우리가 앞에서 토라를 다룰 때에 보았듯이, 여기에서도 "죄"는 자신을 극대화시키는 수단으로 토라를 사용해 온 것으로 보인다(5:20; 7:13).

그리고 이것도 사실은 토라의 목적의 일부였던 것으로 보인다. 왜냐하면, 하나님의 목적은 "죄를 단죄하는" 것이었고, 죄가 단죄되어야 할 장소는 지금까지 죄가 역사해 왔던 "육신"이었으며, 이제 그것은 하나님의 아들의 육신이었기 때문이다. 여기에는 갈라디아서 3:10-14에 나오는 이야기와의 병행들이 존재한다: 하나님의 백성은 죄 안에 절망적으로 갇혀 있고, 율법은 단지 그러한 사실만을 확증해 주는 가운데,[194] 메시야는 바로 그 지점으로 와서 그 문제를 해결함으로써, 이제 그들에게 다시 새롭게 토라의 "성취"를 이룰 새로운 가능성을 열어 주고, 성령을 힘입어서 부활을 소망하게 만든다.[195] 이것은 8:3에서 말한 "토라에게 불가능했던 일"이 드러나는 지점이다. 즉, 토라는 생명을 약속하였지만,[196] 생명을 줄 수는 없었다. 이제 죄를 단죄한 메시야의 죽음으로 인해서, 성령이 "생명," 즉 토라가 신기루처럼 막연히 주겠다고 약속하였지만 실제로는 줄 수 없었던 하나님의 새 시대의

193) Wright, 1991 [*Climax*], ch. 10; Wright, 2002 [*Romans*], 577-81을 보라.

194) 7:21-5.

195) 8:10-11.

196) 7:10은 우리의 오랜 친구인 레위기 18:5, 그리고 신명기 30장에 나오는 구절들을 반영하고 있다.

종말론적인 생명을 줄 수 있는 길이 열리게 된다.

우리는 8장의 논증, 그리고 이 시점까지 이 서신 전체의 논증의 꼭대기에 있는 메시야의 역할을 놓치기가 쉽지만, 일단 우리가 5장에 나오는 아담의 회복에 관한 서사를 하나님과 세계에 관한 이야기 내에서 파악하였다면, 그 서사가 하나님이 새롭게 순종하는 인류를 내세워서 세계 전체를 새롭게 하고자 하는 이야기를 향하여 나아가게 되리라는 것이 분명해질 것임에 틀림없다. 그러나 그런 일이 일어날 때, 그것은 유업을 이어받는 문제가 될 것인데, 그 유업은 아브라함에게 약속된 유업(4:13)일 뿐만 아니라, 시편 2편에서 메시야에게 약속된 유업이기도 하다:

> 내가 야웨의 영을 전하겠다.
> 그가 내게 말씀하셨다: "너는 내 아들이다. 오늘 내가 너를 낳았다.
> 내게 구하라. 내가 열방을 네 유업으로 줄 것이고(dōsō soi ethnē tēn klēronomian sou, '도소 소이 에트네 텐 클레로노미안 수') 땅 끝들을 네 소유로 줄 것이다."[197]

이것은 1:3-4의 "다윗의 자손"에게 주어진 과제들 및 15:12의 "다윗의 자손"에 대한 요약과 정확히 부합한다. 즉, 메시야가 나타나서 큰 승리를 거두고서 높임을 받게 될 때, 그는 "세계를 유업으로 받게" 될 것이고, 모든 열방을 호출하여 그를 믿고 충성을 맹세하게 하리라는 것이다. 따라서 여기 로마서 8장 중에서 수사학상 결정적으로 중요한 본문에 등장해서 모든 이야기들 중에서 가장 거대한 이야기인 하나님과 세계에 관한 이야기를 완성하는 것은 바로 메시야이다. 이 본문은 우리가 곧 살펴보게 될 빌립보서 2:9-11과 일직선으로 연결된다.

하지만 우리는 로마서에 잠시 더 머물러서, 우리가 8:3-4에서 보았던 것과 아주 비슷한 사고의 흐름이 이번에는 건물의 한 층 더 높은 곳에서 바라보는 방식으로 9:30–10:13에 나타나는 것을 주목해 보아야 한다. 여기 9:30-33과 10:1-4에서 우리는 이스라엘에 관한 위대한 역사와 관련한 제2성전 시대의 전형적인 서사의 중심, 아니 거의 정점이라고 말할 수 있는 지점에 서 있게 된다. 바울은 육신을 따른 "이스라엘"이 "걸림돌에 걸려 넘어졌다"는 사실에 직면하는데, "걸림돌"은 어떤 관점에서는 토라인 것으로도 보이고, 어떤 관점에서는 메시야인 것으로도 보인다. 이스라엘이 토라를 민족적인 특권을 보장해 주는 헌장으로 악용한 것과 메시야를 배척한 것은 동전의 양면으로서, 바울에게 있어서 이스라엘이 메시야를 십자가에 못 박은 것은 정확히 하나님이 이스라엘 민족에게 주신 모든 지위와 신분의 죽음을

197) 시 2:7f.

의미하는 것이었다.[198] 그러나 하나님은 이스라엘에게 자기가 행하겠다고 내내 경고해 온 대로, 이방인을 '디카이오쉬네'(dikaiosynē)의 지위와 신분으로 이끌었다.[199] 이 일은 어떻게 일어났는가? 여기에서도 다시 한 번 메시야는 이 이야기의 중심에 있다. 이스라엘은 하나님이 계약과 관련해서 세워 놓았던 장엄한 계획을 알지 못하였고, 얼핏 보면 이스라엘의 불신앙으로 보이는 것들에도 불구하고, 하나님은 그 계획을 신실하게 이루어 가고 있었다.[200] 열방들을 단일한 권속으로 편입시키고자 한 계약에 따른 계획은 이제 메시야 안에서 성취되었다. 메시야는 토라의 종착지였기 때문에, 모든 믿는 자들에게는 지체로서 계약에 참여할 수 있는 지위가 주어질 수 있었다(telos gar nomou Christos eis dikaiosynēn panti tō pisteuonti, '텔로스 가르 노무 크리스토스 에이스 디카이오쉬넨 판티 토 피스튜온티,' "메시야는 모든 믿는 자에게 의를 이루기 위하여 율법의 마침이 되신다"). 이 본문은 저 멀리 거슬러 올라가서 1:3-4에서 이미 어렴풋이 제시된 후에, 3장에서 8장에 이르기까지 단계적으로 발전되어 온 메시야에 관한 이야기가 정점에 도달하는 지점이다. 메시야를 둘러싼 사건들과 그 결과로서 생겨난 유대인과 이방인의 믿음은 오랜 세월 동안 약속되어 오다가 이제 성취된 바로 그 계약 갱신을 구성한다.

이렇게 메시야에 관한 이야기가 하나님의 목적에 있어서 이스라엘에 관한 이야기를 위해 없어서는 안 되는 핵심적인 것이고, 로마서에서는 인간에 관한 이야기, 그리고 궁극적으로는 세계 전체에 관한 이야기를 위해서도 없어서는 안 되는 핵심적인 것으로 확장되었기 때문에, 우리는 바울이 이 모든 것들을 통합해서 메시야에 관한 온전하면서도 짤막한 서사를 구축할 수 있었다는 것을 발견한다:

그는 하나님의 본체이셨고
자기를 하나님과 동등한 것으로 여기셔도 되었을 것이지만
그렇게 하지 않으셨다.

대신에, 그는 자기 자신을 비우시고
종의 형체를 받으셔서
사람의 모양으로 태어나셨다.

198) 다시 한 번 cp. 갈 2:19f.
199) 신명기 32:21을(효과적으로!) 인용하고 있는 10:19.
200) 9:6-29.

그런 후에, 그는 사람의 모양을 지니신 채로
자기를 낮추시고
죽기까지 순종하셨으니
곧 십자가의 죽으심이었다.

그래서 하나님은 그를 지극히 높이셔서
자신의 은총 가운데서 그에게
모든 이름 위에 뛰어난 이름을 주어

하늘에 있는 것들이나
땅에 있는 것들이나 땅 아래에 있는 것들로
모든 무릎을 예수의 이름 앞에 꿇게 하시고

모든 입으로 메시야 예수가
주이시라고 고백하여
아버지 하나님께 영광을 돌리게 하셨다.[201]

이 잘 알려져 있는 본문은 바울이 빌립보 교회에 대하여 연합을 호소하는 데 도움이 되는 온갖 풍성한 신학을 담고 있다는 것은 두말할 필요가 없지만, 여기에서 우리의 현재의 관심사는 특히 이 시 – 나는 이 본문이 시로 되어 있다고 본다 – 가 세 개의 세계관 서사들을 모두 다 담고 있는 가운데, 그 서사들 내에서의 메시야의 위치를 명시하고 있는 방식이다.

첫째로, 아주 선명한 초점을 지닌 시작 부분에는 이스라엘에 관한 서사가 등장한다. 우리는 여기에서 이사야 40–55장을 반영하고 있는 것들을 어렵지 않게 찾아볼 수 있다. 즉, 메시야는 그 누구도 할 수 없었고 하고자 하지 않았던 일을 행한 "종"이다. 둘째로, 아담에 관한 서사가 등장한다. 아담은 "하나님과의 동등됨"을 취함으로써 자신의 존엄, 즉 자신의 "영광"을 잃어버린 자이다. 셋째로, 하나님과 세계에 관한 이야기가 등장한다. 하나님이 언제나 의도하였던 대로, 이제 마침내 인간이 세계의 조종간을 잡고 지휘하게 되었다.[202] 이것은 이 시에 정치적인 강조점과 색채를 부여한다. 개략적으로 말해서, 이것은 카이사르들(Caesars)이 그들

201) 빌 2:6-11.

202) 다시 한 번 말해두지만, 우리는 이 세 가지 서사들을 서로 대립시켜서는 안 된다: 따라서 이 이야기 속에서 "아담"을 찾아내는 것은 성육신 기독론을 찾아내는 것을 반대하는 논증이 되는 것(Dunn은 그렇게 본다)이 아니고, 그 정반대도 마찬가지이다(반대견해로는 Bauckham). 아래 제9장을 보라.

자신에 관하여 말하거나, 다른 사람들로 하여금 그들을 대신하여 말하게 한 바로 그런 이야기, 즉 군인이나 정치가로서 "나라의 종"이 되어 섬긴 후에, '퀴리오스'(kyrios), 황제, "구세주" 등등으로 환호를 받는다는 이야기와 상응한다.[203] 우리는 여기에서도 로마서 1:3-4, 8:17-18, 15:12과 동일한 맥락 속에서, 메시야로서의 예수가 이스라엘의 역할과 아담의 역할을 짊어지고 성취함으로써(바울은 여기에서도 로마서 5:12-21에서와 마찬가지로 예수의 "순종"을 부각시킴으로써 이것을 보여준다) 참된 세계 통치자로 높임을 받는 것을 본다. 흥미로운 것은 이 시 속에는 명시적인 "구원론" 같은 것은 존재하지 않는다는 것이다. 이 서신에서 "구원론"은 이 시의 전후에서 쟁점이 되고 있지 않다.[204] 도리어, 고린도전서 15:20-28에서와 마찬가지로, 이 시는 이스라엘과 아담으로서의 메시야에서 곧바로 창조주에 의해서 세계 전체를 다스리는 주로 세움을 받은 메시야로 직행한다.

창조주에 의해서 주로 세움 받은 자로서의 메시야 예수라는 이러한 의미는 다른 본문들에서도 울림을 발견한다. 바울은 이 주제를 가져와 이런 식으로 신속하고 능숙하게 다루어서, 다른 어떤 것에 관한 논증의 토대로 삼는다. 예를 들면, 여기에서 그는 자기가 "지혜"라는 존재와의 유비를 토대로 세계들이 예수로 말미암아 창조된 것이라고 본다는 사실을 한순간에 보여준다:

> 한 하나님 곧 아버지께서 계시니
> 만물이 그에게서 났고 우리도 그에게 속하여 있다.
> 또한 한 주 메시야 예수께서 계시니
> 만물이 그로 말미암고 우리도 그로 말미암아 산다.[205]

여기 한 구절 속에 이야기 전체가 들어 있다. 즉, 예수는 '퀴리오스'(kyrios, "주") — 이 단어는 칠십인역에서 "야웨"에 해당한다 — 이고, 아버지 하나님은 그를 통해서 세계를 창조하였으며, 지금 인간에게 그의 생명에 참여하라고 부르고 있

203) Oakes, 2001, 특히 ch. 5; Hellerman, 2005, 특히 ch. 6.

204) 하지만 2:12의 "너희 자신의 구원을 이루라"를 참조하라. 나는 이것을 "너희에게 늘 제시되고 있는 카이사르가 주는 구원이 아니라 메시야에 의해 제시된 바로 그 '구원'을 이루라"는 의미로 해석한다. 아래 제12장을 보라.

205) 고전 8:6. 엄밀하게 말한다면, "-에게 속하여 있다" 또는 "-로 말미암아 산다"를 나타내는 단어는 헬라어 본문에는 없고, 단지 "그로부터 만물이, 우리가 그에게… 그로 말미암아 만물이, 우리가 그에게"로 되어 있다. 헬라어에서는 그 의미가 분명하게 표현되고 있는 경우에는 동사들을 생략할 수 있는 반면에, 영어는 그렇게 하기가 무척 어렵다, 이 절이 보여주는 기독론에 대해서는 아래 제9장을 보라.

다는 것이다. 이 구절과 골로새서 1장에 나오는 훨씬 더 자세한 진술에 대해서는 아래 제9장에서 살펴볼 것이기 때문에, 본격적으로 다루는 것은 그 때까지 미루고, 현재의 맥락 속에서 우리가 주목할 것은 메시야에 관한 이야기가 하나님과 세계에 관한 가장 포괄적인 서사와 서로 결합되어 잘 어우러져 있다는 것이다. 세계는 그로 말미암아 창조되었고, 새로운 세계는 그로 말미암아 탄생 중에 있다.

바울에게서 발견되는 메시야 서사의 요소들은 대부분 세 개의 주된 서사들 중의 하나 속에서 그 공백들을 메우기 위하여 도입된다는 것이 지금까지의 나의 논증이다. 빌립보서 2장과 골로새서 1장에서처럼, 종종 "메시야에 관한 이야기"는 특정한 관점에서 대단히 시적인 형태로 좀 더 자세하게 말해지는 경우도 있지만(그러나 원칙적으로 거기에 포함되어야 할 모든 요소들이 다 나오는 경우는 결코 없다), 메시야 예수는 다른 서사들의 핵심적인 계기들이 "그로 말미암아" 또는 "그 안에서" 일어나는 토대로 언급되는 경우가 더 많다. 그 어떤 세계관 서사에서나 마찬가지이지만, 우리는 어느 한 시점에서 세계관 전체가 다 드러나 있는 것을 기대해서는 안 되고, 도리어 필연적으로 암묵적일 수밖에 없는 전체 세계관에 관한 합당한 가설이 그 시점에서 서술되는 다른 것들을 설명하는 역할을 하고 있을 것이라고 예상하여야 한다.

나는 내가 재구성한 이러한 세계관 서사 및 그 주된 줄거리들과 부차적인 줄거리들, (피라무스와 티스베의 경우처럼) 주인공의 죽음을 가져온 "극 중의 극"도 바로 그런 식으로 다른 것들을 설명하는 역할을 하고 있다는 것을 말해 두고자 한다. 우리는 글자에서 글자로, 구절에서 구절로 넘어가면서, 바울이 메시야가 창조주 하나님의 창조의 능력과 구원의 사랑을 구체적으로 보여 주었다는 것, 메시야가 하나님의 형상과 영광을 세계에 비추는 참 아담이라는 것, 메시야가 아담과 세계를 그 곤경에서 구원하는 참 이스라엘이라는 것, 그가 메시야로서 이스라엘이 스스로 할 수 없었던 일을 이스라엘을 위하고 아담과 세계를 위하여 이루기 위해서 심지어 이스라엘에 대해서조차 맞설 수밖에 없었다는 것을 사람들이 통상적으로 생각하는 것보다 훨씬 더 크고 풍부한 세계관 서사 내에서 파악하고 이해하였다는 것을 알 수 있다. 일단 우리가 사도의 세계관 수준에서 이러한 일련의 서사들을 인식하면, 한 구절 한 구절이 새로운 의미로 다가오게 된다.

이렇게 "극 중의 극"은 마침내 다른 모든 드라마들의 의미를 드러내 주고 그것들을 서로 연결하여 하나로 통합시키는 중심이라는 것이 밝혀지는 계시의 계기이다. 아마도 바로 이것이 셰익스피어가 나귀가 되었던 보텀으로 하여금 바울이 환상 가운데 삼층천에 가서 본 것들에 관한 설명(그는 그것들이 말로 표현할 수 없는 것들이라고 하였다)과 "하나님이 그를 사랑하는 자들을 위하여 준비해 놓으신 것은 사람이 눈으로 보지 못하였고 귀로 듣지 못하였다"고 한 바울의 선언을 패러디한 말을 하게 한 의도였던 것 같다:

> 나는 너무나 드문 환상을 보았어. 나는 꿈을 꾸었는데, 그것은 사람의 말로 표현할 수 없는 그런 꿈이었어. 사람이 이 꿈을 설명하고자 한다면, 그는 단지 멍청이가 될 뿐이야. 내 생각에 내가 그랬어. 이 꿈이 무엇인지를 말할 수 있는 사람은 아무도 없어. 내 생각에 내가 그랬어. 내 생각에 내가 꿈을 꾸었지만, 내가 꾼 꿈이 무엇인지를 말하고자 하는 사람은 바보 천치가 될 뿐이야. 내가 꾼 꿈이 무엇이었는지는 사람의 눈으로 듣지 못한 것이었고, 사람의 귀로 보지 못한 것이었으며, 사람의 손이 맛볼 수 없고, 사람의 혀가 생각할 수 없으며, 사람의 마음이 말할 수 없어 … [206)]

그러나 바울이라면, 하나님이 성령으로 그것을 보이셨다고 말하였을 것이다. 명시적으로 언급되는 경우는 드물지만 모든 곳에서 전제되고 있는 메시야에 관한 이야기는 다른 세계관 이야기들을 절정으로 이끌고, 서로 완벽하게 맞아떨어져서 하나의 온전한 전체를 이루게 한다. "달"은 어떤 때에는 이런 식으로, 어떤 때에는 저런 식으로 자신의 빛을 비춘다.

8. 결론: 세계관 이야기/이야기들을 추적하기

우리가 바울에게서 서로 다른 여러 "이야기들"을 발견해 낼 수 있다는 것은 의심의 여지가 없다. 나는 지금까지 특히 바울의 글들 전체를 관통하는 강력한 암묵적인 이야기로 보이는 것, 즉 메시야 안에서 성령이 내주하는 하나님의 백성에 관한 이야기를 자세하게 제시하는 것을 자제해 왔다. 내가 그렇게 본의 아니게 그 이야기를 간략하게 다룰 수밖에 없었던 것을 변명하자면, "교회에 관한 이야기"는 바울에게 있어서 세계관 요소로서 그의 서신들의 이면에 스며들어 있기보다는 실제적인 문제에 대한 논증으로서 그 서신들의 표면에 등장하기 때문이라고 말할 수 있다. 바울은 하나님과 세계, 하나님과 이스라엘, 하나님과 예수에 관한 서사들은 전제하는 반면에, 교회에 관한 서사에 대해서는 설명한다. 세계관이라는 것은 여러분으로 하여금 다른 것들을 볼 수 있게 해주는 수단인데, 교회는 통상적으로 바울이

206) *Dream*, 4.1.205-16.

보는 대상으로 등장한다. (이것은 우리가 제6장에서 말한 것, 즉 '에클레시아' 및 그 연합과 성결과 증언이 바울의 세계관의 중심적인 상징을 구성한다는 논지를 훼손시키는 것은 아니다. 이것에 대해서는 우리가 나중에 다시 살펴볼 것이다.)

바울의 세계관의 서사적 하부구조에 대하여 이러한 논증을 제시함에 있어서 우리가 강조하여야 할 가장 중요한 것은 아마도 바울이 이 서사적 하부구조로 반복해서 돌아간다는 것이다(이것을 부정하는 합창이 계속해서 울려 퍼지고 있음에도 불구하고). 즉, 피조세계에 관한 단일한 서사가 존재하고, 인간에 관한 단일한 서사가 존재하며, 특히 가장 논란이 되고 있는 것이기는 하지만, 이스라엘에 관한 고도로 역설적인 단일한 서사가 존재한다는 것이다. 리처드 헤이스(Richard Hays)가 테리 도널드슨(Terry Donaldson)을 이어 강조하였듯이, 이러한 서사적 하부구조는 일직선으로 원만하게 점점 더 발전해 가서, 결국에는 이방 그리스도인들이 거기로 흡수된다. 그는 이렇게 말한다:

> 바울의 고린도 회심자들을 포용해서 받아들인 "이스라엘"은 그 이야기가 십자가와 부활을 중심으로 해석학적으로 재구성된 이스라엘이었다. 그 결과는 유대인과 이방인은 똑같이 복음 이야기를 따라 그들 자신의 정체성을 전면적으로 재평가하게 되었고, 그것은 사고의 패러다임에 있어서 너무나 포괄적인 변화였기 때문에, "상상력의 회심"이라는 표현을 사용해서만 설명될 수 있는 그런 것이었다.[207]

그의 이러한 결론은 본서에 나오는 다른 모든 내용과 마찬가지로 일부 진영들에서는 환영을 받지 못할 것임은 의심의 여지가 없지만, 우리는 본문들 자체를 놓고서 판단하지 않으면 안 된다. 특히, 로마서의 본문들은 하나님의 신실하심이라는 개념이 바울의 사고와 마음속에서 가장 깊은 곳까지 뿌리내리고 있었다는 것을 보여준다. 성경에 나오는 "하나님은 신실하시다"라는 저 장엄한 진술은 바울 속에 있던 너무나 많은 것들을 집약적으로 보여주기 때문에, 내가 본서의 제목을 정하는 데 큰 영향을 미쳤다. 앞 장에서 우리는 상징적 실천을 통해 표현된 세계관이 그 하나하나가 다 그러한 신실하심을 큰 소리로 말하고 있다는 것을 살펴본 바 있는데, 이제 이 장에서는 그 세계관에 속한 서사들 및 주된 줄거리와 일련의 부차적인 줄거리들 속에서도 그 동일한 신실하심이 약동하고 있다는 것을 확인하였다. 세계관은 자신의 서사를 발견하였다. 이러한 결합은 이제 그 어떤 세계관이라도 직면

207) Donaldson, 1997, 236을 인용하고 있는 Hays, 2005, 5f. 또한, Hays, 1989a, 183, 185f., 191을 보라.

해야 하는 핵심적인 질문들에 대하여 대답들을 제시함으로써 열매를 맺을 수 있다.

제 8 장

사도의 사고체계를 보여주는 다섯 개의 이정표

1. 서론

이제 우리는 세계관들을 분석할 때에 자신들의 역할을 제대로 해내는 키플링(Kipling)의 이른바 "정직한 하인들"로 다시 되돌아왔다. 제6장의 끝부분에서 말한 것을 다시 한 번 요약해 보자면, 우리는 키플링이 제시한 "무엇을, 왜, 언제, 어떻게, 어디에서, 누가"를 우리의 이전의 세계관 분석에 맞춰서 순서를 달리 하여 다음과 같이 사용하고자 한다: (1) "우리는 누구인가." (2) "우리는 어디에 있는가"(단지 지리적인 의미에서가 아니라, 좀 더 폭넓은 관점에서). (3) "무엇이 잘못되었는가"(메시야 예수의 승리 이후에도, 세계의 모든 것이 바르게 된 것은 아니기 때문에, 우리는 바울이 현재의 상태를 어떤 식으로 설명하는지를 알아야 한다). 키플링의 "어떻게"는 여기에서 (4) "무엇이 해법인가" – 또는, "어떻게 하면 그러한 상황이 바로잡히는가" – 라는 질문의 형태로 등장하고, 거기에 대한 바울의 대답은 우리를 한층 더 앞으로 데려다 줄 것이다. 그러나 아마도 2천 년이 지난 지금까지 여전히 논란이 되고 있는 가장 중요한 질문은 (5) "지금은 어느 때인가"라는 질문의 형태로 제시되는 "언제"에 관한 것이다.[1)]

마지막 질문인 (6) "왜"는 제3부로 미루고자 한다. 왜냐하면, 바울은 거기에 대한 대답을 갖고 있지만, 우리가 그 대답을 "하나님으로 인해서"라고 요약한다고 해도, 그것은 별 도움이 되지 않을 것이고, 아마도 그런 질문은 바울과 우리를 세계관으로부터 신학으로 옮겨가게 만드는 질문이라고 말하는 것이 더 유익한 대답이 될 것이기 때문이다. 내가 이미 앞에서 암시하였듯이, 바울의 활동과 특정한 사고체계를 규정하고 있던 저 기이한 세계관을 보여주는 상징들은 그 어떤 것도 그

1) 세계관의 핵심을 열어주는 "질문들"에 대해서는 cf. *NTPG*, 122-6. *JVG*에서 나는 처음 네 가지 질문에 "지금은 어느 때인가?"라는 질문을 추가하였다(*JVG*, 138과 467-74).

가 조상 대대로 물려받은 문화나 그가 복음을 가지고 뛰어들었던 문화들이 제공해 준 것이 아니었기 때문에, 그의 경우에 있어서 세계관으로부터 신학으로의 이동은 지극히 중요한 것이었다. "왜"라는 질문을 제외한 나머지 다섯 가지 질문들을 살펴보면, 우리는 바울의 세계관과 사고체계를 또 하나의 시각에서 이해하게 될 것이고, 단지 "왜"라는 궁극적인 질문에 대답하기 위해서만이 아니라, 바울이 그 세계관을 제2의 본성으로 만들어서 공통의 삶을 살게 하고자 하였던 공동체들을 안정시키고 강화시키며 활력을 불어넣기 위해서 "신학"이 꼭 필요하였다는 것을 알 수 있게 될 것이다.

2. 우리는 누구인가?

첫 번째 질문에 대답하는 것은 그리 어렵지 않다. 앞 장의 마지막 부분에서 보았듯이, 우리는 바울이 자기 자신 및 자기와 같이 "메시야 안에" 있는 자들을 "아브라함의 자손," "유대인," "할례파," "이스라엘"로 보았다는 결론을 거부해서는 안 된다(어떤 사람들은 이것을 거부하려고 애써 왔지만). 하물며, 바울이 그들을 "아브라함의 참된 자손," "참 유대인," "참된 할례파," "참 이스라엘"이라고 보았다는 사실을 우리가 거부해서는 안 된다는 것은 두말할 필요도 없다. 바울의 핵심적인 본문들에는 그 어디에도 "참된"이라는 단어가 나오지 않는다. 이 본문들 중 대부분은 우리가 다른 것들과 관련해서 이미 살펴본 것들이지만, 우리는 이 시점에서 다시 한 번 간단하게 상기해 보면 좋을 것이다:

> 28더 이상 유대인이나 헬라인도 없고, 노예나 자유민도 없으며, "남자와 여자"도 없다. 너희는 모두 메시야 예수 안에서 하나이다. 29너희가 메시야에게 속해 있다면 아브라함의 씨이고 약속을 유업으로 받게 될 자들이다.[2)]

> 28표면적인 유대인이 "유대인"이 아니고, 표면적인 할례 곧 육신에 행한 할례는 "할례"가 아니다. 29이면적인 유대인이 "유대인"이고, "할례"는 마음에 하는 것이고, 문자가 아니라 영에 있다. 그러한 사람은 사람들로부터가 아니라 하나님으로부터 "칭찬"을 받는다.[3)]

2) 갈 3:28f. 좀 더 폭넓게는 cf. 고전 10:1f. 거기에서 바울은 자기가 출애굽 세대를 "우리 조상들"이라고 언급할 수 있다는 것을 전제한다: Hays, 2005, 9와 본서 제6장 제3절 4)를 보라. 고전 10:1f.는 마찬가지로 주목할 만한 12:2의 "너희가 아직 이교도들이었을 때"와 대칭을 이룬다. 이것에 대해서는 아래를 보라.

3) 롬 2:28f.

[3]성령으로 말미암아 하나님을 예배하고 메시야 예수로 자랑하며 육체를 신뢰하기를 거부하는 우리가 "할례파" 이다.[4]

[15]할례도 아무것도 아니고 무할례도 아무것도 아니다. 중요한 것은 새로 지으심을 받는 것이다. [16]이 기준에 부합하는 모든 자 곧 하나님의 이스라엘에게 평강과 긍휼이 있을지어다.[5]

이 본문들 중에서 오직 마지막 본문만이 그 의미를 두고 논란이 있다. 왜냐하면, 지금까지 많은 사람들은 여기서 "하나님의 이스라엘" 이 메시야를 믿는 유대인과 이방인의 무리 전체를 가리키는 것이 아니라 유대인과 관련된 범주 – 그것이 메시야를 믿는 현재의 유대인들, 메시야를 믿는 현재와 미래의 유대인들, 메시야를 믿는 것과는 상관 없이 과거와 현재와 미래의 유대인들 중 어느 것을 가리키느냐와는 별개의 문제로 – 일 뿐이라고 주장해 왔기 때문이다. 또한, 번역상의 난점들도 있는데, 나는 마지막 어구 앞에 사용된 '카이' (kai)를 "곧" 으로 번역해서, 앞에서 말한 것과 등치를 이루는 것으로 보았지만, 지금까지 많은 사람들은 이 단어를 "그리고" 로 번역해서, "하나님의 이스라엘" 은 앞에서 말한 "이 기준에 부합하는 모든 자" 와는 별개의 다른 범주를 가리키는 것으로 보아 왔다.[6] 하지만 이 구절을 방금 앞에 인용된 다른 세 구절들과 동일한 취지를 말하고 있는 것으로 보아야 한다는 논거들은 아주 강력하다. 갈라디아서의 논증 전체의 취지는 아브라함에게는 둘이 아니라 오직 하나의 권속만이 있다는 것, 그리고 이 단일한 권속은 메시야 예수를 믿는 모든 자들로 이루어진다는 것이다. 그런데 바울이 마지막 순간에 그러한 논증에서 발을 빼고 뒤로 물러가고자 하였을 것인가? 그럴 가능성은 거의 없어 보인다.

로마서 9–11장에서 사용된 "이스라엘" 의 용법에 대해서는 더 많은 논란이 있다. 거기에서 바울은 다른 곳에서는 "육신을 따른 이스라엘" 이라고 지칭한 사람들을 가리키기 위하여 "이스라엘" 이라는 단어를 사용하고 있음이 분명하다.[7] 그는

4) 빌 3:3.

5) 갈 6:15f.

6) 본서 제11장 제6절 3)을 보라.

7) cf. 9:4: 그들(믿지 않는 유대인들)은 "이스라엘 사람들" (바울과 마찬가지로, 11:1)이다; 9:6(하지만 거기에서 그는 두 개의 서로 다른 "이스라엘" 을 구별한다); 9:27, 31; 10:19, 21; 11:2, 7. (11:25은 논란이 있다: 본서 제11장 제6절 4) 5)를 보라.) "육신을 따른 이스라엘" 에 대해서는 고전 10:18을 참조하라; cp. 롬 11:14, "내 육신" (이것은 9:3에서와 마찬가지로 "육신을 따른 나의 친척" 을 의미한다).

처음에는(9:6-13) 마치 단지 민족으로서의 이스라엘을 좀 더 세부적으로 구별해서 두 부류의 "이스라엘"에 대하여 말하고 있는 것처럼 보인다("이스라엘 출신인 모든 사람이 실제로 이스라엘인 것은 아니다," 9:6). 하지만 11:26에 나오는 "모든 이스라엘"이라는 어구가 9:6의 "이스라엘"을 가리키는 것인지, 아니면 "참 이스라엘"이라는 부분집합이 확장된 것을 가리키는 것인지, 아니면 다른 그 무엇을 가리키는 것인지는 그만두고라도, 그러한 구별이 함축하고 있는 "참 이스라엘"이 9:24에서 "유대인 중에서 뿐만 아니라 열방 중에서도 부르신" 자들을 포함하는 훨씬 더 큰 권속과 동일한 것을 가리키는지에 관한 문제조차도 여전히 논쟁 중이다. 하지만 우리는 11:17-24이 말하고자 하는 요지가 이방 그리스도인들은 단일한 감람나무에 "접붙임을 받았다"는 것임을 주목한다. 즉, 바울의 논증은 나란히 서 있는 두 개의 감람나무에 관한 것이 아니라, 저 단일한 감람나무, 그 감람나무에 일어난 기이한 일들, 그리고 앞으로 그 감람나무에 일어나게 될 한층 더 기이한 일들에 관한 것이라는 말이다. 우리가 이 그림을 메시야를 믿는 자들을 가리키는 호칭들인 "유대인," "할례파," "하나님의 택하신 자들," "성도들," "주의 이름을 부르는 자들" 같은 단어들의 분명하고 결코 모호함이 없는 용법에 더하면, 무슨 일이 벌어지고 있는 것인지에 대한 의심의 여지는 제거된다.

우리가 약간 다른 길을 택해서, '에클레시아'(ekklēsia)에 관한 구절들, 특히 "유대인과 헬라인"과 나란히 세 번째 범주를 가리키는 것으로 보이는 저 주목할 만한 어구인 '에클레시아 투 테우'(ekklēsia tou theou, "하나님의 교회")가 나오는 고린도전 10:32로 돌아가서 살펴보아도, 우리는 비슷한 결론에 도달한다.[8] 이 어구는 한 지역의 특정한 공동체를 가리키는 데에도 사용될 수 있었기 때문에, 바울은 고린도 교회에게 자신의 서신을 쓸 때, '테 에클레시아 투 테우 테 우세 엔 코린토'(tē ekklēsia tou theou tē ousē en Korinthō, "고린도에 있는 하나님의 교회에게")라는 표현을 사용할 수 있었다.[9] 웨인 믹스(Wayne Meeks)는 이러한 용법이 "고대 이스라엘의 모든 지파들 또는 그들의 대표자들의 공식적인 회합"을 가리켰던 "주의 총회"에서 유래한 것으로 보고서, 쿰란 문헌들에도 그 부분적인 병행이 나오는 것을 확인하고, 다음과 같은 결론을 내린다:

8) 나는 해당 유대인들과 헬라인들이 그리스도인인 유대인들과 그리스도인인 헬라인들로 보고서, 마지막에 나오는 '카이'(kai)를 보충해설을 위한 것으로 읽을 수 있다고 상정해서, "그리스도인인 유대인들과 그리스도인인 헬라인들," 달리 말하면, "하나님의 교회" 앞에서 책망 받을 것이 없게 하라"고 읽을 수도 있다고 생각하지만, 이것은 본문에서 내가 제안한 것보다 훨씬 더 가능성이 희박해 보인다.

9) 고전 1:2.

그러한 용법과 바울의 용법 간의 정확한 연결관계는 파악하기가 힘들기는 하지만, 바울의 그리스도인들을 다른 결사들이나 제의들로부터 너무나 분명하게 구별해 주었던 세계적이고 단일한 하나님의 백성이라는 개념이 직접적으로 유대교로부터 왔다는 것은 거의 의심의 여지가 없다.[10]

또한, 리처드 헤이스는 바울이 고린도전서 5장에서 신명기에 나오는 내용을 사용한 것에 대하여 다음과 같은 성찰을 제시한다:

바울은 자신의 서신을 읽는 고린도 교회의 이방 그리스도인들이 이스라엘 속으로 받아들여져서 이제 계약과 관련된 이스라엘의 특권들과 의무들에 참여하고 있는 것이라고 생각한다 … [그는] 성경의 언어를 사용해서 [그들을] 계약 공동체에 참여하게 된 자들로 [여기고서], 그들로 하여금 자신들의 공동체의 거룩성에 대하여 집단적인 책임감을 갖도록 하기 위하여, 그들의 의식을 다시 형성시키고자 애쓰는데, 그들을 이스라엘로 지칭하는 성경 구절들을 사용해서 그렇게 하고 있다.[11]

이러한 것들이 바울이 자기를 비롯한 메시야를 믿는 자들이 "아브라함의 자손," "유대인" 등등이라는 것을 전제하고 있음을 보여주는 적극적인 증표들이라면, 정반대의 주장을 하는 것이 잘못된 것임을 분명하게 보여주는 소극적인 증표들도 마찬가지로 존재한다. 어린 교회들과 그 지체들이 자신들에게 일어난 일, 즉 그들이 "메시야 안에" 있게 되었다는 것을 깨닫지 못하고서, 여전히 지난날에 이교도로서 행하였던 방식을 따라 살아가고 있음을 확인해 주는 온갖 증표들을 보여주고 있을 때조차도, 바울은 (일부 학자들이 그래 왔던 것과는 달리) 그들을 "이방 그리스도인들"(gentile Christians)이라고 생각하거나, 그런 식으로 지칭하기를 거부한다:

2너희도 알거니와 너희가 아직 이교도들이었을 때에는(hote ethnē ēte - '호테 에트네 에테') 말 못하는 우상들을 따라 거듭거듭 끌려갔었다.[12]

바울이 여기서 그들이 과거에는 '에트네'(ethnē, "열방"), 즉 (유대인들의 관점에서 보면) "이교도들"이었지만, 이제는 더 이상 그렇지 않다고 말하고 있는 것은 아주 주목할 만하다. 헤이스는 이 본문을 주석하면서 정곡을 찌른다:

10) Meeks, 1983, 108.
11) Hays, 2005, 23.
12) 고전 12:2.

바울의 상징 세계 내에서 그들은 이제 더 이상 '고임'(goyim, "열방")이 아니다. 왜냐하면, 그들은 이스라엘에 관한 이야기 속으로 편입되었기 때문이다. 우리가 주목해야 할 것은 바울은 자신의 이방인 독자들에게 이러한 정체성 묘사를 새로운 주장으로 받아들이도록 설득하려고 애쓰고 있는 것이 아니라, 그들이 이스라엘과 하나가 된 것을 기정사실로 전제하고서, 그러한 하나됨에 비추어서 그들의 행실을 다시 형성하려고 하고 있다는 것이다.[13]

바울이 그들이 저지른 도덕적인 큰 잘못으로 인하여 그 공동체를 책망할 때에도, 우리는 거기에서 위에서 말한 것과 동일한 것을 본다. 그는 그러한 행위는 "이교도들조차 행하지 않는 그런 부도덕"이라고 역설한다.[14] 그의 이러한 책망의 배후에는 다음과 같은 전제가 깔려 있다: 이교도들조차도 그런 행위를 하지 않는데, 너희는 이제 더 이상 "이교도들"이 아니기 때문에, 너희가 그런 행위를 하지 않아야 하는 것은 두말할 필요조차도 없다! 헤이스가 강조하였듯이, 이 모든 구절들에서 우리가 주목해야 할 것은 그러한 이중적인 정체성 규정 – 그들이 더 이상 "이교도들"이 아니라는 것과 이제 그들은 계약 공동체의 일부라는 것 – 은 바울이 논증해야 할 필요성이 있는 그런 것이 아니었다는 것이다. 그것은 하나의 기정사실이었다. 나의 언어를 사용해서 표현하자면, 그것은 세계관의 문제였다. 즉, 그것은 여러분이 바라보는 대상이 아니라, 여러분으로 하여금 다른 모든 것들을 바라보게 해주는 토대가 되는 것이었다. 그것은 "우리는 누구인가"라는 질문에 대한 바울의 일차적인 대답의 일부였다.

하지만 바울이 자신의 안경을 벗지 않을 수 없거나, 자신의 청중들에게 그들의 안경을 수선하기 위해서가 아니라 깨끗하게 하기 위해서 벗는 것이 좋다고 말하지 않을 수 없었던 때들이 있었다. 그 때, 오직 그 때에만, 우리는 안경을 통해서 사물들을 보는 것이 아니라, 안경 자체를 볼 수 있다. 바로 그러한 순간 중의 하나가 "우리는 누구인가"라는 정체성 질문을 던질 때이다. 바울과 그의 공동체가 "할례파"이고 "유대인"이며 "아브라함의 자손"이었다면, 그들은 메시야를 믿지 않는 유대인들의 공동체에 대해서는 무엇이라고 말하였고, 그 공동체에 대한 자신들의 관계에 대해서는 무엇이라고 말하였는가? 어떤 관점에서 보면, 바울은 울타리의 저 너머에 있었기 때문에, 이 질문에 대한 대답을 이미 알고 있었다고 할 수 있다. 십자가에 못 박힌 메시야를 전하는 것은 믿지 않는 유대인들에게는 치욕적인 것이었

13) Hays, 2005, 9.
14) 고전 5:1; cf. Hays, 2005, 21.

기 때문에 깊은 증오심을 보이리라는 것은 충분히 예상될 수 있는 일이었다. 일부 학자들이 지금까지 그래 왔듯이, 십자가에 못 박힌 메시야를 믿는 것은 사실 유대인들에게 그렇게 치욕적인 것은 아니었다고 주장해 보아야, 그것은 소용없는 일이다. 왜냐하면, 바울이 직접 그렇게 말하였을 뿐만 아니라, 그 말을 증명해 주는 상처 자국들이 그에게 있었기 때문이다.[15] 또한, 바울은 "유대인(Ioudaismos, '유다이스모스')이었을 때의 자신의 이전의 삶"과 지금의 삶을 철저히 구별하고, 전자의 삶을 철저히 멀리한다고 말할 수 있었다.[16] 이러한 말 자체가 바울이 믿지 않는 유대인들을 어떻게 바라보았는지를 분명하게 보여주는 것이다. 마찬가지로, 그는 자기가 율법에 대하여 가장 엄격하였던 분파에 속한 유대인이었을 때에 지니고 있었던 특권들을 아주 상세하게 얘기하면서, 지금은 그런 모든 것들을 쓰레기로 여긴다고 말할 수 있었다.[17] 그러나 아울러 그는 자기도 고린도 교회의 "거짓 사도들"과 마찬가지로 유대인이고, 자기는 "율법 아래에 있지" 않지만 "유대인들을 얻고" "율법 아래에 있는 자들을 얻기 위하여" "유대인에게는 유대인이 되었고," "율법 아래 있는 자들에게는 율법 아래 있는 자가 되었다"(이것이 무엇을 의미하든지 간에)고 말할 수 있었다.[18] 또한, 그가 "나의 형제들, 육신을 따른 나의 혈육들"을 생각하면 가슴이 저미는 듯한 슬픔이 끊임없이 밀려온다고 말하는 본문에서는 감동적이고 인상적이기까지 하다. 그는 그들의 구원을 위하여 기도하였고, 자기가 이스라엘 사람으로서 구원 받은 자가 된 것은 하나님이 여전히 이스라엘 백성을 구원하는 일을 하고 있고, "그가 미리 아신 자기 백성을 버리지" 않았다는 사실을 보여주는 사례라고 말하였다.[19]

지금까지 학계는 "우리는 누구인가"라는 질문에 대한 대답의 두 축으로 보이는 이것들을 중심으로 이합집산을 거듭해 왔다. 어떤 학자들의 글을 읽어 보면, 그들은 거의 마치 바울이 유대적인 모든 것들을 다 치워 버리고, 완전히 새롭게 구성한 것들로 대체하였다는 듯이 말하는 것으로 보인다.[20] 또 어떤 학자들의 글은 마치

15) 치욕적인 것이라는 사고에 대해서는 고전 1:18-25를, 바울의 몸에 있는 흔적들에 대해서는 고후 11:24; 갈 6:17을 참조하라. 이 걸림돌을 피하기 위한 오늘날의 다양한 시도들에 대해서는 *Interpreters*에서 짤막하게 다루고 있는 Nanos(예컨대, 2011)와 Eisenbaum, 2009를 보라.

16) 오늘날의 "유대교"와는 혼란스러울 정도로 상당히 다른 것을 의미하였던 '유다이스모스'(Ioudaismos)라는 용어에 대해서는 본서 서문과 제2장 제2절을 보라.

17) 갈 1:13f.; 빌 3:4-8.

18) 고후 11:22; 고전 9:20(본서 제15장 제3절 2)를 보라).

19) 롬 9:3; 10:1; 11:1f.

20) Martyn, 1997에 나오는 논의와 *Interpreters*에 수록된 그가 제안한 "묵시론적" 읽기를 보라.

바울이 여전히 기본적으로 이방인들을 기존의 양의 우리 속으로 데려오라는 특별한 사명을 우연히 받은 한 유대인이었다는 듯이 말하는 것으로 보인다.[21] 이러한 두 가지 극단은 그 어느 쪽도 문제의 핵심에 접근하지 못한다. 앞에서 이미 보았듯이, 바울이 메시야 예수를 믿는 자들이 "아브라함의 자손"이자 "할례파"라는 아주 중요하지만 (메시야를 믿지 않는 유대인에게는) 격분을 불러일으키는 주장을 하였다는 것은 엄연한 사실이다. 나는 이것이 사회학적 관점에서 보았을 때에 "개혁 운동"이나 "분파"로서의 바울의 공동체들을 형성하였던 것인지의 여부에 대해서는 알지 못한다. 어떤 사람들은 이것이 그들을 "분파"로 만들었을 것이라고 말할지 모르지만, 그런 취지의 말은 본문들에 나오는 바울의 진정한 의도에 맞지 않는다.[22] 바울의 관점에서 볼 때, 메시야 백성은 결코 "분파"가 아니었고, 아브라함 자신과 직접적으로 연결되어 있었다. 바울에게 있어서 굳이 "분파"라는 것이 존재하였다고 한다면, 예수를 믿기를 거부하는 자들, 즉 스스로의 결단에 의해서 모체로부터 잘려져 나가고 감람나무로부터 꺾여 나간 가지들인 무리가 바로 "분파"였다.[23] 물론, 그러한 범주에 속한 유대인들은 바울에게 그러한 분파를 만든 장본인이라고 말하였을 것이 거의 분명하지만, 그런 논쟁에서 어느 한 쪽을 편드는 것은 사회사가가 해야 할 일이 아니다. 우리가 행하고자 하는 것은 사회학적으로 고상한 판단들을 내리는 것이 아니라, 바울 자신의 세계관을 추적하는 것이다.

우리는 이것을 이렇게 표현해 볼 수 있을 것이다. 만약 어떤 사람이 "그러나 바울이여, 당신은 유대적인 모든 것에 등을 돌리고 있고, 당신의 동족을 배척하고 있으며, 유대인은 잘못된 민족이고 '유대교'(여기서는 잠시 이렇게 표현하기로 한다)는 잘못된 종교라고 생각하도록 사람들을 부추기는 자이다"라고 말한다면, 바울은 이렇게 대답할 것이 틀림없다: "'메 게노이토'(mē genoito)! 결코 그렇지 않다! 나는 아브라함과 이삭과 야곱의 하나님을 섬기고 있고, 내가 말하고 행하고 생각하는 모든 것은 전적으로 이스라엘의 성경에 뿌리를 두고 있다. 나는 우리 민족의 소망이었던 죽은 자의 부활을 송축하고 있다. 나는 (우리의 성경이 우리에게 가르쳐 왔듯이) 온 세계의 주이신 유대적인 메시야를 따르는 자이다." 이것은 철저히 유대적인 입장이다. 이것 중의 아주 작은 것이라도 부정한다면, 그것은 비유대적이거나 반유대적인 입장으로 한 걸음 나아가는 것이 될 것이었지만, 바울은 그러

21) 특히, Nanos, 1996; 2002a; 2011을 보라.

22) Watson, 2007 [1986]의 논의를 보라. Watson은 이전 판에서 설명했던 견해를 상당한 정도로 수정하였다.

23) 롬 11:17-24.

한 방향으로는 결코 한 발자국도 나아가지 않는다.

마찬가지로, 만약 어떤 사람이 "그러나 바울이여, 당신은 유대인들의 위대한 이야기는 자신들의 메시야가 나타날 길을 열어 주었기 때문에, 이제 사람들은 하나님이 역사 속에서 지속적으로 추진해 가고 계시는 계획에 그저 자신의 몸을 맡기기만 하면, 그들의 궁극적인 구원을 향하여 순조롭게 발전해 갈 수 있게 된다고 말하고 있는 것이 아닌가"라고 말한다면,[24] 바울은 또다시 "절대로 그렇지 않다"(mē genoito, '메 게노이토')고 대답할 것이다. 메시야의 십자가는 이스라엘의 이야기가 그런 식으로 끝까지 계속해서 일직선상으로 순조롭게 발전해 나갈 것이라는 도식을 차단한다. 십자가가 치욕인 이유가 여기에 있고, 유대인들이 메시야에게 돌을 던진 이유가 여기에 있으며, "십자가의 말씀"으로 인해서 새로운 공동체, 이스라엘이기도 하고 아니기도 한 공동체, 죽었다가 다시 살아나서 하나님의 새 시대 속에서 살아가는(그러면서도 또 다른 의미에서는 여전히 현세 속에서 살아가면서 현세와 내세 양쪽에서 살아감으로써 생겨나는 모든 문제들을 안고 있는) 공동체가 생겨난 이유가 여기에 있다. 바울이 이 새로운 공동체를 설명하는 데 사용하는 용어들이 아마도 처음부터, 그리고 오늘날에도 여전히 논란을 불러일으키고 있는 이유도 여기에 있다. 바울이 "반유대적"이었다거나 "친유대적"이었다고 주장하면서(이것은 그가 모세 율법에 대하여 "우호적"이었는지, 아니면 "적대적"이었는지를 결정하려고 하는 것만큼이나 어리석은 짓이다), 바울의 교회론이라는 바람을 모더니즘적인 대안들의 병 속으로 집어넣으려고 해보아야 아무 소용이 없다. 우리는 바울이 자신의 이야기를 하고 자신의 정체성을 구축할 수 있도록 내버려 두어야 한다(아마도, 그는 자기가 하나님이 메시야를 통해서 구축한 새로운 정체성 안에서 살아간다고 말할 것이다). 시대착오적인 대안들로는 바울이 진정으로 의도했던 의미를 결코 포착할 수 없다.

이 새로운 정체성에 속한 한 요소는 이미 강력하게 떠오르고 있는데, 우리는 여기에서 그것에 대하여 분명하게 언급해 둘 필요가 있다. 바울이 자기가 속해 있다고 여긴 사람들은 성경의 이야기, 즉 하나님과 이스라엘에 관한 위대한 이야기가 메시야에 의해서 성취되고 변형된 것을 그들 자신의 이야기로 말하는 사람들로 정의된다고 해도 그리 틀린 것은 아니다. 이것은 갈라디아서 3–4장과 고린도전서 10:1-10 같은 구절들이 분명히 보여 주기는 하지만, 이것을 보여주는 구절들은 그 밖에도 많이 있다. 사실, 이 위대한 이야기는 세계의 창조로부터 시작해서 장차 있을 위대한 속

24) 이것은 Nanos가 주창한 입장과 많이 다르지 않다; *Interpreters*를 보라.

량에 이르기까지의 성경의 서사를 이제 메시야와 성령 안에서 새롭게 표현한 출애굽 이야기, 곧 이스라엘의 구원 서사라는 관점에서 서술하는 로마서 5-8장 전체의 근저에 있다.[25] 물론, 이것은 우리를 이 백성의 중심적인 주장이자 중심적인 정체성 표지로 데려다 준다. 우리는 누구인가? 우리는 메시야 백성이다. 우리는 하나님의 영이자 메시야의 영이 내주하는 자들이다.

우리는 바울이 유대의 선민론을 어떻게 재정의하였는지를 다룰 때에 이것을 좀 더 자세하게 살펴볼 것이지만, 바울이 무엇을 보고 있느냐의 차원이 아니라 무엇을 통해서 보고 있느냐의 차원에서 지금 우리가 말할 수 있는 것은 바울은 자신의 공동체가 "메시야 안에서" 발견하는 정체성을 몇 가지 서로 중복되고 얽혀 있는 방식으로 언급할 수 있었다는 것이다. 그는 단도직입적으로 속격을 사용해서, 그들을 '호이 투 크리스투' (hoi tou Christou, "메시야의 사람들")로 지칭할 수도 있었고, 저 유명한 '엔 크리스토' (en Christō)라는 표현을 사용해서, "메시야 안에" 있는 자들로 지칭할 수도 있었으며, 그 밖의 다른 전치사구들을 사용해서 그들을 지칭할 수도 있었다. 나는 다른 곳에서 그러한 것들을 자세하게 설명하면서, 다음과 같은 사실을 논증한 바 있다.[26]

메시야의 백성을 가리키는 이러한 특징적인 용법과 그것이 지닌 의미는 (주지하다시피 아주 다양하였던) 유대적 맥락 속에서 말해진 제왕 서사와 메시야 기대에서 유래하였을 가능성이 단연 높다. 바울은 이 모판으로부터 다음과 같은 것들을 이끌어 낸다: (1) '크리스토스' (Christos)는 바울에게 있어서 "메시야"를 의미하였다(그 때가 바울에게는 아직 도래하지 않았지만, 이 단어가 하나의 고유명사가 될 때를 "은연중에" 염두에 두고 사용되는 경우가 종종 있기는 하지만).[27] (2) 바울에게 있어서 "메시야"가 지닌 주된 의미들 중의 하나는 메시야가 이스라엘의 기나긴 역사를 그 정점으로 이끌고(그러나 아래 (4)를 보라), 자신이 이룬 일을 통해서 "내세"가 시작되게 한다는 것이었다. (3) 메시야는 이스라엘의 소명과 운명을 자신이 짊어지고서 그렇게 한 것이기 때문에, 그가 한 일은 곧 그의 백성이 한 일이 된다. (4) 예수의 경우에 메시야직이라는 개념은 그의 죽음과 부활을 중심으로 철저하게 재편되었기 때문에, 이제 "그의 백성"은 "그의 죽음과 부활에 참여하는 자들"을 의미하고, 방금 언급한 이스라엘의 "기나긴 이야기"가 일직선상으로 발전

25) *Perspectives*, ch. 11을 보라.

26) 특히, Wright, 1991 [*Climax*], ch. 2; 그리고 본서 제10장 제3절 1)을 보라.

27) 여기서도 본서 제10장 제3절 1)을 보라.

해 간다는 관념은 배제된다. (5) 이스라엘을 위한 하나님의 계획에 대한 메시야의 신실한 순종은 메시야 백성의 정체성 표지가 그들 자신의 '피스티스'(pistis), 즉 그들의 '휘파코에 피스테오스'(hypakoē pisteōs, "믿음의 순종," 바울은 이것은 복음으로 말미암은 성령의 역사의 결과였다고 말한다)라는 것을 의미하는 것이었다.[28] (6) 바울은 메시야가 행하기로 되어 있던 일들, 즉 새 성전을 세우고, 이스라엘의 원수들과 맞서 참된 싸움을 싸우며, 이 땅에 하나님의 정의와 평화를 세우는 것을 재해석하였고, 이 모든 일이 사람들이 생각했던 것과는 다른 방식으로 메시야 예수에 의해서 성취되었다고 주장한다. (7) 시편 2편과 이사야 11장과 42장을 비롯한 비슷한 구절들이 보여 주듯이, 메시야는 세계 전체의 주이자 종말론적인 심판주로 세움을 받았는데, 그의 백성들도 그의 "통치"에 참여할 뿐만 아니라, 이러한 것들에도 참여하게 된다.[29] 바울이 예수를 이스라엘의 메시야로 이해하였다는 것은 이 모든 것을 의미하는 것이었고, 광고문구들에서 흔히 사용하듯이, 이 모든 것보다 훨씬 더 많은 것들을 의미하는 것이었다. "우리는 누구인가"라는 질문에 대한 바울의 중심적인 대답은 이것이었다: "우리는 메시야 백성이다. 우리는 그 '안에서' 지체가 됨으로써 그의 백성이 되었고, 그의 백성임을 보여주는 표지는 우리가 그의 '피스티스'(pistis)에 참여하고 있으며,[30] 그와 '함께' 죽었다가 다시 살아나서, 그로 인하여 시작된 '내세'에서 살아가고 있는 것이 우리의 신분이다."[31] 신학적인 색채와 개인적인 색채가 동시에 짙은 한 본문에서, 바울은 통상적으로 그가 사물들을 바라볼 때에 사용하였던 세계관이라는 안경을 벗어 버리고서, 자신의 청중들에게 세계관이라는 안경을 보는 것이 무엇과 같은지를 말해 준다. 그는 "우리는 누구인가"라는 질문에 대한 대답을 아주 분명하게 하기 위하여, 일인칭을 사용해서 "나는 누구인가"라고 질문한 후에, 거기에 대한 대답에서 이야기 전체를 쏟아낸다:

28) 아래 제10장을 보라. 믿음과 성령에 대해서는 cf. 고전 12:3; 갈 3:2; 함축적으로는 엡 2:8. 물론, 이 둘은 갈라디아서 전체에 걸쳐서 밀접하게 서로 연관되어 있다(예컨대, 3:23-9과 4:1-7의 병행관계).

29) 심판에 대해서는 롬 2:16 그리고 14:10-12와 2:17; 고전 6:3. 롬 5:17; 고전 4:8.

30) 실제로 '(호이) 피스토이'([hoi] pistoi), 또는 좀 더 자주 사용되는 '호이 피스튜온테스'(hoi pisteuontes, "믿는 자들")은 메시야 백성을 나타내기 위하여 바울이 당연시해서 통상적으로 사용하던 표현들 중의 하나이다. Cf. 고후 6:15; 롬 1:16; 3:22; 4:11; 10:4; 고전 1:21; 14:22; 갈 3:22; 살전 1:7; 2:10, 13; 살후 1:10.

31) 롬 5:21; 6:23 등. 유대적인 맥락을 감안한다면, 바울이 '크리스토스'(Christos)라고 말했을 때, 그것이 "메시야"를 의미한다는 것을 나타내기 위해서는, 이것 — "내세"의 개시 — 만으로도 거의 충분하였을 것이다.

[4]누군가가 자기는 육체를 신뢰할 만한 이유가 있다고 생각한다면, 나는 더욱더 그러하다. [5]할례라면 제팔일에 받았고, 족속을 따지자면 이스라엘 족속이며, 지파라면 베냐민 지파이고, 혈통으로 말하자면 철두철미 히브리인이며, 율법을 지키는 것으로는 바리새인이고, [6]열심으로는 내가 교회를 박해하였으며, 율법 아래에서의 공식적인 상태로 말하자면 흠이 없는 자였다.
[7]내가 이렇게 말하니 신뢰할 만한 것으로 들리는가? 아마 그렇겠지만, 나는 무엇이든지 내게 유익하던 것을 메시야를 인하여 손해로 여겼다. [8]나는 이 말이 괴상하게 들릴 것임을 알지만, 그뿐이 아니라, 나는 모든 것을 손해로 여기는데, 그것은 내 주 메시야 예수를 아는 것이 다른 모든 것을 다 합한 것보다 훨씬 더 가치가 있기 때문이다. 사실, 메시야로 인해서 내가 모든 것을 잃어버리고 쓰레기로 여기는 것은 메시야를 얻고 [9]그 안에서 발견되어서, 계약상의 나의 신분이 토라에 의해서 규정되는 것이 아니라, 메시야의 신실하심으로 말미암고, 믿음에 주어지는 하나님으로부터 온 계약상의 신분이 되게 하기 위한 것이다. [10]이것은 그를 알고, 그의 부활의 능력을 알며, 그와 함께 고난 받는 것을 아는 것을 의미하고, 그의 죽으심을 본받는 것을 의미하는 것이니, [11]나는 어떻게 해서든지 죽은 자 가운데서의 최후의 부활에 이르려 하는 것이다.[32)]

이 본문에서 두드러지는 것은 바울이 자신의 바리새적인 유산과 거리를 두고 있는 바로 그 순간에도 그는 철저히 유대적이라는 것이다. 부활과 직결되는 고난은 마카베오 서신의 두드러진 특징이고, 다른 모든 것들을 다 거부하고 오로지 메시야에게만 완전한 헌신을 바치는 것은 시므온 벤 코시바(Simeon ben-Kosiba)의 추종자에게 큰 영예가 되었을 법한 덕목이다. 하나님, 곧 이스라엘의 하나님, 계약의 하나님으로부터 오는 것들만을 구하고자 하는 결단 – 비록 그것이 이상하고 어두운 길들로 그들을 이끌지라도 – 은 이스라엘 사람과 유대인의 경건의 철저한 특성이었다. 시편들을 생각해 보라. 바울이 자기 자신과 자신의 공동체들을 십자가에 못 박혔다가 다시 살아난 메시야라는 관점에서 정의한 것은 여전히 철저하게 유대적인 것이었다. 그는 자기가 메시야 안에서 새로운 길을 발견하였다고 말하였을 것이지만, 우리는 그 새로운 길이라는 것이 유대적인 것이었다고 말하여야 한다. 그는 이미 현존해 있는 "내세" 속에서 "유대적"이라는 것이 바로 그것을 의미한다고 말하였을 것임에 틀림없다.

그 결과, 메시야 백성은 실제로 형제자매에 걸맞은 삶을 살아야 하는 권속을 구성한다. 바울이 자신의 청중들을 부를 때에 아주 흔히 사용하는 단어들 중의 하나는 '아델포이'(adelphoi, "형제들")이다. 물론, 우리가 이미 보았듯이, 바울은 "육신을 따른" 자신의 "골육들"을 가리킬 때에도 이 단어를 사용할 수 있었지만, 여기

32) 빌 3:4-11.

서 주목할 만한 것은 이전에 바리새인이었던 그가 아주 다양한 민족적이고 문화적이며 도덕적인 출신배경을 지닌 사람들을 모두 다 포괄해서 지칭하는 데 이 단어를 사용할 수 있었다는 것이다. 이것은 "우리는 누구인가"라는 질문에 대한 그의 깊은 수준에서의 이해가 "우리"는 이제 도래한 내세에서 한 분 유일하신 하나님의 백성으로서 "새로운 인류"라는 것이었기 때문이었다.[33] 우리는 이미 다시 살아난 메시야에게 속해 있기 때문에, 새로운 종류의 소망을 지니고서 죽은 자의 부활을 기다리고 있는 자들이다. 따라서 우리는 메시야 안에서 회복된 참된 인간의 "영광"이자 메시야 백성 내에서 믿음을 통해서 "이미" 얼핏 볼 수 있게 된 바로 그 "영광"에 미리 참여한 자들이다.[34]

앞에서 "이미"라는 말은 "우리는 누구인가"와 관련된 최후의 범주를 암시해 준다. 즉, 우리는 예수의 영이자 이스라엘의 하나님의 영인 성령이 내주하는 자들이다. 이 본질적으로 종말론적인 주장은 우리가 "갱신된 성전"이고, 살아 계신 하나님이 와서 거하는 곳이자 백성이라고 주장하는 한 가지 방식이고, 이것은 이 공동체를 '테오시스'(theōsis), 즉 인간이 신이 되는 것이라는 관점에서 볼 수 있는 가능성을 열어 준다. 많은 개신교 신학은 교회의 승리주의(triumphalism)를 경계해서 이러한 개념을 거부해 왔지만, 성령의 내주를 얘기하면서 동시에 '테오시스'를 얘기하는 것을 거부하는 것은 이해하기 어렵다. 이것에 대해서는 우리가 나중에 다시 살펴볼 것이다.[35] 그러나 우리는 "우리는 누구인가"라는 질문에 대한 바울의 대답은 풍부하고 압축되어 있으며, 무엇보다도 예수가 메시야라는 사실, 그리고 이 공동체가 메시야 및 그의 죽음과 부활에 대하여 맺고 있는 관계에 뿌리를 두고 있다는 것을 알 수 있을 정도로는 충분히 살펴보았다. 우리가 두 장 앞에서 말한 것처럼, '에클레시아' 자체가 바울의 세계관의 중심적인 상징이라면, 그 이유는 그것이 메시야의 공동체로서 연합되고 거룩하도록 부르심을 받았기 때문이다. 그러나 그것은 우리가 나중에 살펴보아야 할 범주이다.

3. 우리는 어디에 있는가?

33) 앞 장을 비롯한 여러 고세서 아담과 이스라엘을 서로 연결시키고 있는 것을 보라.

34) 롬 5:2, 4f., 10; 8:18, 21, 28-30; 고후 3:7-4.6.

35) 본서 제10장 제4절 3) (1)을 보라. "인간이 신이 되는 것"(divinization)에 대한 현재의 관심에 대해서는 특히 Gorman, 2009; Blackwell, 2011을 보라.

어떤 차원에서는 이 질문에 대답하는 데 별 문제가 없다. 바울이 세운 후에 두루 다니며 돌본 공동체들인 "우리"는 지중해의 북동쪽 끝(오늘날의 그리스와 터키)에 위치한 로마 제국의 여러 속주들에 있다. 그러나 물론 이것은 (이미 몇몇 추가적으로 제기될 질문들을 암시해 주고 있기는 하지만) 단지 대답의 시작에 불과하다.

훨씬 더 넓은 차원에서 볼 때, 바울에게 중요하였던 것은 "우리," 즉 그와 그의 공동체들이, 선한 창조주의 섭리가 인간과 인간 이외의 것들에 질서를 부여하고 – 이 모든 것이 구체적으로 어떻게 작동하는지는 흔히 수수께끼 같을지라도 – 인간에게 그들이 누릴 수 있는 자연 세계를 준 저 선한 피조세계 내에서 살아가고 있다는 것이었다.[36] 육체, 특히 사도의 육체가 기원한 저 자연 세계에서 벌어지는 무수한 충격적인 일들에도 불구하고, 세계는 여전히 하나님의 세계이고, 온갖 썩어짐과 더럽혀짐으로부터 건짐을 받아가고 있는 중이라는 바울의 확신은 결코 흔들리지 않았다.

게다가, 바울은 메시야 예수가 이미 주로서 다스리고 있는 세계 속에서 자기가 살아가고 있다고 믿었다. 메시야가 현재적으로 통치하고 있다는 것은 앞에서 인용한 고린도전서 15:20-28 같은 본문들에 분명히 나타나 있고, 이것은 현재의 질문에 대한 대답을 더욱 분명하고 확실하게 해주는 역할을 한다. 이 곳은 하나님의 세계이고, 메시야의 영지이다. 이 곳은 새로운 피조세계이고, 메시야는 하늘과 땅을 자기 자신 속에서 통일시켰다.

이것은 세계의 지속적인 썩어짐과 더럽혀짐을 부각시켜 줄 뿐임은 두말할 필요가 없다. 이것도 대답의 일부이지만, 일부 해석자들로 하여금 예수가 실제로 엄청난 일을 이루었다는 것을 한층 더 완강하게 부정하도록 이끄는 것이기도 하다.[37] 세계는 여전히 고통 속에서 신음하고 있다. 바울은 이 사실을 잘 알고, 그것은 그의 몸에 새겨져 있다. 사실, 아마도 그는 이러한 신음함, 새 시대를 낳기 위한 이러한 산통은 "내세"가 "현세"의 한복판에서 시작됨으로써 실제로는 더욱 증가하였다고 생각하였을 것이다(아래의 다섯 번째 질문을 보라). 이러한 "신음함"이 있는 세계 속에 존재하는 슬픔과 고난은 어쩌다 보니 우연히 생겨나게 된 그런 것이 아니다. 바울은 이 세계는 악한 세력들, 즉 사탄과 그의 사자들이 활동하는 영역이라고 믿었다. 그들은 빛의 천사로 가장하고, 거짓 교사들을 통해 교회에 침투할 수 있다. 사람들은 그 자체로는 선한 자들이라고 할지라도, (예수로부터 책망을 받은

36) 유일신론과 창조에 대해서는 본서 제9장 제2절 2)를 참조하라.

37) 부분적으로라도 개시된 종말론(inaugurated eschatology)의 특성을 지닌 견해에 대하여 반대하는 일관된 변증을 펴고 있는 Allison, 2010을 보라.

베드로처럼) 적어도 일시적으로 대적자들과 고소하는 자들이 되어서, 사탄을 체화하고 대변하여 고소하고 공격하는 말들을 할 수 있다.[38]

하지만 상황이 그러함에도 불구하고, 바울은 악의 세력들은 이미 원칙적으로 패배를 당하였다고 믿었다. ("원칙적으로"라는 표현은 "우리는 '이제'와 '아직 아니다'가 서로와 관련해서 어떤 관계에 있는지를 쉽게 말로 표현할 수 없다"고 말하는 하나의 방식이라는 점에서 도움이 되기 때문에, 적어도 학생들과 목회자들과 정치가들이 흔히 별 설득력 없는 말을 일일이 나열하면서, "나는 이것이 진실이라는 것을 보여주고 싶은 마음이 간절하지만, 어떻게 보여주어야 할 지를 모르겠다"는 의미로 가슴을 두드리며 "정말 진심으로"라고 말하는 것보다는 낫다.) 따라서 바울은 그와 그의 교회들이 몸담고 있는 세계가 그들이 어둠 속에서 빛을 발하는 세계, 산 성전인 그들이 언젠가는 하나님의 영광이 세계 전체에 거하게 될 그 소망을 구현하여야 하는 세계였기 때문에, 담대할 수 있었다.[39] 바울에게 있어서 "우리는 어디에 있는가"라는 질문에 대한 궁극적인 대답은 피조 질서 전체, 세계 전체와 연관되어 있었고, 하나님이 '에클레시아'가 속해 있는 바로 그 동일한 메시야 예수를 통해서 세계를 창조하였다는 믿음과 연결되어 있었다.[40] 예수의 추종자들은 자신들이 너무나 많은 길거리 수준의 이교 사상과 오만한 권력의 더러운 진창에 의해서 둘러싸여 있는 것을 보고서, 피조 세계 속에서 나그네와 객으로 살아가고 있다고 느낄지라도, 사실은 결코 나그네와 객으로 살아가고 있는 것이 아니라, 다가올 나라의 합법적인 시민들이자, 이미 왕으로 즉위하였고 언젠가는 정의를 회복시킬 자신의 사역을 완성할 왕의 신민들로서 피조 세계 속에서 살아가고 있는 것이다.

그러나 이것은 이미 다음의 두 질문, 즉 "무엇"과 "어떻게"라는 질문으로 우리를 데려다 준다. 무엇이 잘못되었고, 그것을 어떻게 바로잡아야 하는가? 또는, 내가 이전에 사용하였던 표현을 다시 사용하자면, 이것은 "무엇이 잘못되었는가"와 "해법은 무엇인가"라는 질문이다.

4. 무엇이 잘못되었고, 해법은 무엇인가?

38) 고후 11:12-15; cp. 막 8:33 par. 히브리어로 '하사탄'(Hasatan)은 물론 "고소하는 자"이다; 다른 곳에서와 마찬가지로 여기에서도 우리는 "고소"에 직면한 바울이 자연스럽게 최고의 "고소자"인 "사탄"을 떠올렸을 것임을 알 수 있다.

39) 빌 2:15; 골 1:27.

이 두 질문을 한데 묶어서 다루는 데에는 분명한 이유들이 있다. 썩어짐과 사멸로부터 해방된 미래의 세계에 관한 바울의 비전은 그가 나머지 문제들을 분석하는 데 영향을 주기 때문에, 이 두 질문은 서로 잘 부합한다. 가장 먼저 말해야 할 것은 바울에게 있어서 이 갱신된 세계관 전체를 생성해 낸 복음의 경이로움 중의 일부는 이전에 잘못된 것들이 메시야의 죽음과 부활로 인해서 "원칙적으로" 바로잡혀졌다는 것이었다. 이것은 바울이 시작하는 지점이다. 메시야에 의해서 이미 얻어졌다고 그가 믿은 승리는 장차 도래할 승리의 원천이자 궁극적인 대답이었다.[41]

우리가 곧 살펴보게 될 이 두 승리의 순간 사이의 시차는 바울의 세계관이 지닌 가장 분명하고도 중요한 특징들 중의 하나이다. "공격 개시일"(D-Day)과 "승전일"(V-Day)을 구별하였던 쿨만(Cullmann)과는 달리, 우리는 바울이 현재를 차근차근 진격을 계속해 나가는 때라고 여겼다고 생각해서는 안 된다. 즉, 바울은 하나님(또는, 교회)이 자기가 메시야 안에서 세워 놓았고 지금도 세워가고 있는 정의로운 질서에 저항하는 산발적인 세력들을 조금씩 제거해 가는 일종의 "소탕 작전"을 벌이고 있고, 거기에 따라 세계는 조금씩 점점 더 좋아져 가고 있다고 본 것이 결코 아니었다는 것이다. 교회사를 그런 식으로 읽고자 하는 시도는 반드시 실패로 끝나게 되어 있다는 것은 두말할 필요도 없지만, 더 중요한 것은 바울의 글들 속에는 그러한 "점진적으로 세워져 나가는 나라"를 보여주는 증표가 전혀 없다는 것이다. 대신에, 우리는 바울이 메시야의 통치가 강력하게 현존하기는 하지만 완성되지는 않았다는 사실에 초점을 맞춘 가운데, "무엇이 잘못되었는가"를 분석하고 있는 것을 본다. "마지막 원수"인 사망은 부활로 말미암아 원칙적으로 패배하긴 하였지만, 아직도 여전히 강력하게 역사하고 있다. 사망에 대한 점진적인 승리 같은 것은 존재하지 않는다. 복음의 역사로 인해서 사람들이 약간 덜 죽게 되었다거나, 사망이 조금 덜 불쾌한 것이 되었다는 것은 사실이 아니다. 건물이 차근차근 세워져가서, 결국에는 최후의 궁극적인 부활이 그 건물을 완성할 마지막 돌이 되리라는 것은 사실이 아니다. 최후의 부활은 메시야가 부활하였던 바로 그 날처럼 갑작스럽고 새로우며 충격적인 사건이 될 것이다.

따라서 원수들은 교회 안팎에서 여전히 활동하고 있고,[42] 위험들은 발을 내딛는

40) 고전 8:6; 골 1:15-17.

41) 세계관 질문들 중에서 이 특정한 쌍에 대한 대답을 이런 식으로 제시하는 것은 바울에 있어서 "곤경과 해법"이라는 이제는 잘 알려진 질문에 대한 제8장 끝부분에서의 우리의 논의를 위한 준비작업이다.

42) 바울의 거의 모든 서신에서 그의 대적자들의 정체에 관한 언급하고 있는 본문들(예컨대, 롬 2:17—3:8; 16:17-20; 고후 10:10-11:15; 갈 *passim*; 빌 1:15-18; 3:2, 17-19; 골 2:8-23)은 그 어느 본문과 관련해

곳마다 도처에 도사리고 있으며, 오해와 질시와 고소는 꼬리를 물고 일어난다.[43] 최후의 부활이 있을 때까지는, 세계의 권세들은 여전히 실제로 존재해서 영향을 미친다 — 그것이 보좌에 있는 카이사르와 궁극적으로 그에게 책임이 있는 지역 관리들을 의미하든, 아니면 바울이 모든 통치자들 배후에서 종종 그들을 통해서 악을 행한다고 믿은 눈에 보이지 않는 세력들을 의미하든. 메시야의 백성이 싸워야 할 싸움이 존재하는데, 그것은 사탄이 최초의 인간에 대하여 거둔 승리가 다시 반복되는 것을 막기 위한 기도와 모략의 싸움이다.[44] 바울의 서신들로부터 갑작스러운 경고들이 터져나온다: 파벌을 조장하는 자들을 조심하라! 그런 자들은 자신의 배를 섬기고 있는 자들이다. 개들을 조심하라. 그 누구도 너희를 미혹하여 덫에 걸리게 하도록 내버려 두지 말라. 평화의 하나님이 곧 사탄을 너희의 발 아래에서 짓뭉개지게 하실 것이다![45]

"무엇이 잘못되었는가"라는 질문에 대한 대답을 위한 증거가 될 것들 중 상당수가 고린도후서, 즉 바울이 교회(이 경우에는 고린도 교회) 내에서와 좀 더 넓은 세계(이 경우에는 바울 자신이 사형선고를 받았다고 느낀 에베소의 세계) 내에서 무엇이 잘못될 수 있고, 무엇이 잘못되었는지를 끔찍할 정도로 잘 알고 있는 상태에서 쓴 서신에 나온다는 것은 아마도 우연이 아닐 것이다.[46] 따라서 우리가 "해법은 무엇인가"라는 질문에 대한 대답을 구할 때에도 가장 먼저 도움을 구해야 할 곳도 바로 이 서신이다. 거기에서 우리는 통상적인 것들이기는 하지만 지극히 중요한 세 가지, 즉 기도와 성령과 부활을 발견한다.[47] 또한, 데살로니가전서 5장과 에베소서 6장에 나오는 "갑주"(armour) 본문들에도 메시야의 추종자들이 싸워야 할 싸움에 관한 설명이 나온다. 그러나 그것은 믿음과 사랑과 소망으로 싸워야 하는 싸움이고, 좀 더 자세하게 말하자면, 진실함과 의로움과 평강과 믿음과 구원과 하나님의 말씀과 기도로 싸워야 하는 싸움이다.[48] 바울이 "해법"을 메시야의 추종자들이 싸워서 이겨야 하는 싸움과 메시야 자신의 왕적인 통치라는 두 가지 관점에서 설명하고 있다는 사실은 메시야와 그의 백성 간의 연대, 그리고 실제로는 메시야의 백성이 이미 지니고 있는 존엄을 다시 한 번 보여준다. 그들은 이 지속적인 싸움

서도 지금으로서는 통일된 견해가 존재하지 않기 때문에 어떤 전제를 가지고 읽을 수밖에 없는 현실이다. Barnett, 1993에 나오는 개관을 보라.

43) 고린도후서 전체, 특히 11:21-32.

44) 고후 11:3; cf. 2:11.

45) 롬 16:17-20; 빌 3:2; 골 2:8. "배의 신"에 대해서는 cf. 빌 3:19.

46) 고후 1:8-11.

47) 예를 들면, 고후 1:11; 4:15f.; 9:11f.

에서 단지 수동적인 구경꾼들이거나 수혜자들이 아니다. 그들에게는 해야 할 몫이 있다.[49]

특히, "해법"은 당연히 심판을 포함하게 될 것이다. 앞 장에서 말한 것과 맥을 같이 해서, 우리는 바울이 한 분 유일하신 하나님이 모든 것을 해결할 방식에 대하여 미리 내다볼 때, 하나님이나 예수, 또는 둘이 함께 시편들과 이사야가 장차 행해질 필요가 있다고 말한 일을 행하게 될 것이라고 말하는 것을 주목한다. 악은 맞서 싸워야 할 대상이고, 악이 하나님의 선한 세계를 더럽히고 왜곡시키는 일이 또다시 일어나지 못하게 하여야 한다. 인간 사회에서 그런 일이 일어날 때, 우리는 그것을 법정에서 "심판"이 내려져서, 악을 행하여 훼손하고 다치게 하고 멸망시키는 일을 한 자들이 "단죄"되었고, 세계는 모종의 균형으로 되돌아갔다고 말할 수 있다. 바울은 성경에 나와 있는 그런 예를 창조주 또는 메시야가 장차 행할 일에 대한 적절한 유비로 보고서 활용함으로써, 성경의 오래된 인식을 재확인한다. 그는 이 심판을 창조주의 '디카이오쉬네' (dikaiosynē)가 나타났다는 자신의 믿음과 연결시켜서 말한다 — 물론, 이 복잡한 단어를 중심으로 모여 있는 다른 좀 더 폭넓은 개념들에 대해서도 말하고 있기는 하지만.[50] 심지어 그는 비록 감질나게 말하고 있기는 하지만, 어쨌든 메시야의 백성이 이 궁극적인 심판 사역에 동참하게 될 것이라고까지 말한다.[51]

"해법은 무엇인가"라는 질문과 관련된 특히 한 가지 특징에 대해서는 특별한 설명이 필요하다. 바울은 자기가 카이사르의 영토 내에서 헬라와 터키의 세계를 두루 다니며 '에클레시아'를 심고 유지시키는 사도로서의 직무를 행하는 가운데 수도인 로마로 점점 더 가까이 가는 것 자체가 "해법"의 일부, 즉 창조주 하나님이 세계에 대한 자신의 기이한 왕적 통치를 세워 나가는 방식의 일부라고 분명하게 믿었다. 어떤 사람들은 심지어 바울이 데살로니가후서에서 자신의 사역을 현세에서 악이 온전한 분량으로 자라가는 것을 억제하는 방식 중의 일부라고 암호 같은 말을 하고 있다고 주장하기도 한다 — 이러한 주장은 여전히 논란이 있고, 내 판단에는 이 아주 난해한 구절에 대한 다른 주장들에 비해 설득력이 떨어지는 것으로 보이기는 하지만.[52] 중요한 것은 바울이 하나님의 명령에 순종하여 사도로서의 사명을

48) 살전 5:8; 엡 6:10-20.

49) 흥미롭게도 인간의 뜻과 행위가 하나님의 뜻과 행위와 서로 중복된다는 것에 대해서는 Barclay and Gathercole, 2006의 최근의 연구를 보라.

50) 롬 1:17과 3:21-6; Wright, 2002 [*Romans*], ad loc.과 아래 제10장을 보라.

51) Cf. 롬 1:31; 2:16; 14:10-12; 고전 4:5; 고후 5:10; "성도들"이 이것에 동참하게 되리라는 것(이것은

수행한 것은 그 자체가 세계에 합법적인 주가 누구인지를 드러내는 하나님의 영의 사역이라는 것이다. 그것은 현재 성령의 역사를 통해서 진행되고 있기는 하지만 장차 새로운 선물로서 주어질 온전한 해법을 기다리고 있는 훨씬 더 큰 해법의 일부이다.

따라서 다른 어떤 것보다도 궁극적인 "해법"은 메시야가 "아버지 하나님께 왕적인 통치를 넘겨 드려서 … 하나님이 만유 안에서 만유가 되실" 때에 종착지에 도달해서 완성될 것, 즉 세계 전체에 대하여 메시야의 통치를 온전히 세우는 것이다.[53] 우리는 '파루시아'(parousia), 즉 메시야 예수가 "왕으로 나타나는 것"을 바울 자신의 방식으로 이해하는 것이 아주 중요한데, 거기에는 모더니즘적인 방식으로 세계의 말살 또는 폐기가 아니라, 세계 전체에 대하여 메시야의 통치가 세워지는 것도 포함된다. 하나님은 무엇인가 다른 세계가 아니라 바로 이 세계에서 통치를 행하여 정의를 회복시키고 상처들을 치유하여 평화를 가져다줄 것이다. 이것은 바울의 메시야 신학의 토대가 된 약속들에 내재된 고유한 것이다. 이것에 대해서는 우리가 나중에 바울이 유대인들의 고전적인 종말론을 어떤 식으로 수정하였는지를 고찰할 때에 훨씬 더 자세하게 살펴볼 것인데, 그는 창조의 유일신론과 하나님이 자신의 구원 계획을 이루기 위하여 자기 백성을 선택한 것을 최종적으로 함께 결합한 종말론을 제시한다.[54]

5. 지금은 어느 때인가?

"언제"와 관련된 다섯 번째 질문은 아마도 가장 많은 것들을 깊이 있게 드러내 주는 질문이다. 물론, 이 질문은 다른 모든 질문들과 서로 아구가 잘 들어맞지만, 바울의 명시적인 사고의 많은 부분의 형태를 결정한다.[55] 세계관의 단서들이 통상적

오직 다니엘서 7장에 대한 간접인용일 수 있다; 위의 제7장을 보라)에 대해서는 고전 6:2f.

52) 데살로니가후서 2:5-8의 "억제하는 자"(한글개역개정에는 "막는 자")에 대해서는 Röcker, 2009(그는 하나님 자신과 복음을 전하는 자를 이 억제하는 힘으로 본다)와 Harrison, 2011, 92의 논의(그는 억제하는 임무를 수행하는 천사장을 염두에 두었을 가능성을 선호한다)를 보라. 주석자들로는 Malherbe, 2000, 431-3; Fee, 2009, 284-8 등의 분명한 서술을 보라. 이 두 사람은 세심하고 신중하게 접근한다.

53) 고전 15:24, 28.

54) 아래 제11장을 보라.

55) Martyn, 1997, 104가 "때에 관한 근본적으로 새로운 인식"과 "그리스도를 믿는 믿음에 관한 묵시 이후의" 때라고 말하는 것은 옳다. 하지만 Martyn은 이 새로운 때에 관한 바울의 인식이 이전에 주어진

으로 그러하듯이, 이 질문은 어떤 논증의 끄트머리에서 출현해서, 바울이 무엇을 논증하고자 하는가가 아니라 무엇을 당연한 것으로 전제하고 있는지를 드러내준다. 바울이 두 가지를 거듭거듭 강조하고 역설하는 것은 전혀 이상한 일이 아닌데, 첫 번째는 "현재의 악한 시대"가 사람들을 포로로 사로잡는 힘을 상실하게 되고, "내세"가 사람들을 구원하기 위하여 침입해 들어오게 된 어떤 일이 일어났다는 것이고, 두 번째는 이 일은 아직 완성되지 않았기 때문에, 우주적으로나 개인적으로나 여전히 추가적인 단계가 남아 있어서, 장차 또 다른 차원의 성취와 승리가 있게 될 것인데, 메시야 백성은 바로 이 둘 사이에 놓여 있다는 것이다. 오늘날 진부해진 표현을 사용하자면, 바울은 메시야적인 서사의 "지금"(now)과 "아직"(not yet)을 둘 다 강조하고 있다는 것이다.

이것은 우리가 몇 페이지 앞에서 인용하였던 본문의 이어지는 내용이 지닌 의미를 이해하는 데 엄청난 영향을 미친다:

> [10]이것은 그를 알고, 그의 부활의 능력을 알며, 그의 고난에 참여함을 아는 것을 의미하고, 그의 죽으심에 참여하고 본받는 것을 의미하는 것인데, [11]그것은 어떻게 해서든지 내가 죽은 자 가운데서 최종적인 부활에 이르려 하는 것이다.
>
> [12]이것은 내가 "부활"을 이미 얻었다고 하는 것도 아니고, 내가 이미 온전히 다 이루었다는 것도 아니다. 메시야 예수께서 나를 붙잡으셨기 때문에, 나는 그것을 붙잡기 위하여 열심으로 달려가고 있는 것이다. [13]나의 사랑하는 권속이여, 나는 내가 그것을 붙잡았다고 여기지 않는다. 그러나 이것이 나의 유일한 목표이니, 그것은 뒤에 있는 모든 것을 잊어버리고, 앞에 있는 것을 좇아가는 데 온 신경을 쓰는 것이다. [14]나는 메시야 예수 안에서 하나님의 위에서의 부르심이 나를 기다리는 상인 종착점을 향하여 달려가고자 한다.
>
> [15]우리 중에서 성숙한 자들은 이와 같이 생각하여야 한다! 너희가 그것에 대하여 다르게 생각한다면, 하나님이 이것을 너희에게도 나타내 주실 것이다. [16]오직 우리가 어느 지점에 이르렀든지 거기에 맞추어 행하라.[56)]

이 본문은 반어법으로 가득하다: 너희가 아직 성숙함에 이르지 않았다는 것을 아는 것이 바로 성숙한 것이다. 실제적인 몸의 부활은 아직 일어나지 않았다. 하지만 메시야의 백성은 "메시야 안에" 있기 때문에, 바울은 어떤 의미에서 그들이 이미 다시 살리심을 받아서, 현세에 있어서조차도 부활의 능력을 알고 있다고 믿는다(우리가 이것을 말로 설명하기는 어렵다). "어떤 의미에서"라고 표현할 수밖에

약속의 때와 어떻게 연결되는지에 대해서는 제대로 파악하고 있지 못한 것으로 보인다.

56) 빌 3:10-16.

없는 현실과 약속된 궁극적인 실체 간의 긴장관계는 하나님의 기이한 새로운 시대 구분과 그것이 의미하는 것에 대한 바울의 이해에 있어서 핵심에 속한다.

우리는 이 모든 것을 고린도전서 15장에 나오는 두 단계의 부활에 관한 비전 속에 위치시켜야 한다. 유대인들은 당시까지 "부활"을 현재의 세계 질서의 끝에 도래할 단일한 큰 사건으로 생각하였던 반면에, 바울의 위대한 통찰 중의 일부는 "부활"이 두 단계로 이루어진다는 사실을 깨닫고서, 메시야가 자기 백성보다 앞서서 이 새로운 부활 상태로 들어가게 되어 있었기 때문에, 메시야의 부활 사건은 독립적인 기이한 사건이 아니라, 장차 있을 메시야 백성 전체의 부활의 시작이라는 것을 알았다는 데 있었다. 앞에서 보았듯이, 바울에게 있어서 예수가 공개적으로 "하나님의 아들"로 선언된 것은 단지 그의 부활(이것이 마치 사적인 일인 것처럼) 때문만이 아니라, 그의 부활 사건이 "죽은 자들의 부활"(anastasis nekrōn, '아나스타시스 네크론')의 시작이었기 때문이었다. 이것이 초기 기독교의 메시지였고, 바울의 메시지였다.[57] 따라서 부활의 순서는 메시야가 먼저였고, 그런 후에 그의 '파루시아'(parousia) 때에 다른 모든 성도가 그 다음이었다:

> [23]하지만 각자가 합당한 순서를 따라 그렇게 될 것이니, 메시야는 첫 열매로서 다시 살아나시고, 그 후에 메시야에게 속한 자들이 그가 왕으로 오실 때('파루시아')에 다시 살아나게 될 것이다. [24]그런 후에, 그가 모든 통치와 모든 권세와 능력을 멸하시고 왕적인 통치를 아버지 하나님께 바치실 때, 끝이 올 것이다. [25]그는 "그가 자신의 모든 원수들을 자기 발 아래에 둘" 때까지 계속해서 다스려야 할 것인데, [26]멸망 받을 마지막 원수는 사망이다. [27]왜냐하면, "그가 만물을 자기 발 아래 두셨다"고 하였기 때문이다. 그러나 성경이 그가 만물을 자기 아래에 둘 것이라고 하였기 때문에, 만물을 자기 아래 둔 이가 거기에 포함되지 않는다는 것은 분명하다. [28]만물이 자기 아래 두어졌을 때, 아들 자신도 원래의 자리인 만물을 자기 아래 두신 이 아래에 있게 될 것이고, 하나님은 만유 안에서 만유가 되실 것이다.[58]

나는 이 매력적인 본문을 다른 곳에서 다루었기 때문에, 현재의 목적을 위해서 우리에게 필요한 것은 단지 메시야가 부활한 때와 장차 "왕으로 올" 때 사이의 기간이 우리의 질문에 대한 바울의 대답이 될 "때"를 구성하고 그 특징을 이룬다는 것이다.[59] 그는 이러한 두 가지 관점에 서서, 서로 다르지만 결국에는 수렴되는 언

57) 행 4:2; cf. *RSG*, 452, 727.

58) 고전 15:23-8. *RSG*, 335-8의 논의를 보라.

59) Wright, 1991 [*Climax*], 26-9; *RSG*, 335-8을 보라. Käsemann은 이 본문을 "기독교 신학의 어머니

어로 이 "때"에 대하여 말할 수 있었는데, 그가 여전히 제2성전 시대의 한 유대인다운 사고를 나타내 보이는 가운데, 메시야가 온 시점까지의 역사 전체 – 세계의 역사, 인간의 역사, 이스라엘의 역사 – 를 한데 결합해서, 새로운 종류의 시간적인 공간을 생성해 내고 있다는 것은 의심의 여지가 없다. 그가 갈라디아서에서 "때가 차자"라고 말하거나, 에베소서에서 "때가 찼을 때의 계획"라고 말한 의미가 바로 이것이다.[60] 그는 갈라디아서에서는 아브라함의 때로부터, 그리고 에베소서에서는 창조의 때로부터 이어진 하나님의 계획에 관한 기나긴 이야기를 염두에 두고 있다 – 물론, 갈라디아서에도 세계적인 비전이 존재하고(1:4; 6:15), 에베소서에도 계약에 관한 비전이 존재하기는 하지만(2:11-22). 이 때는 옛적의 예언들이 성취되고 있는 때이다.[61] 이 때는 바울이 그와 그의 공동체들에게 "시대들의 종말들이 이제 도래하였다"고 말할 수 있는 그런 순간이다. 우리가 여기에서 바울의 언어를 어느 정도나 실제적인 것으로 받아들여야 하는지는 분명하지 않지만, 그가 "종말"이 아니라 "종말들"이라고 말하고 있고, 직역하면 "만났다"를 의미하는 동사 '카텐테켄' (katēntēken)을 완결된 행위를 뜻하는 완료형으로 사용하고 있다는 사실은 그가 "현세"의 끝부분이 "내세"의 앞 부분과 만나서 서로 중첩되는 것으로 보았고, 이렇게 이 두 시대가 메시야 예수를 둘러싼 단일한 사건 속에서 서로 만나게 된 것은 "우리와 관련되어" 있는 것이거나, 심지어 "우리를 위한" 것으로 이해하였음을 보여준다. 또는, 이 구절은 어차피 바울에 대한 석의에서 난해한 부분들 중의 하나이기 때문에, 여기에서 그는 단지 세계사의 큰 시대들이 그 의도된 종착지로 수렴되었고, 우리가 바로 그 시점에서 그 시대들을 만났다는 것을 다소 장엄하게 표현한 것일 수도 있다.[62]

인 묵시론"에 관한 자신의 주요한 설명을 위한 주제로 삼지만, 바울로 하여금 "헬레니즘적인 열성주의자들"(그들은 Käsemann의 열심이 지나친 대적들의 어머니들인 것으로 보인다)과 싸우게 하는 데 몰두하느라고, 끊임없이 메시야의 현재적 통치라는 현실을 평가절하하고 미래에 있을 통치를 지나치게 강조한다: "따라서 그리스도의 부활은 비록 일반적인 부활의 시작이라고 할지라도, 여전히 당분간은 우리가 오직 소망을 통해서만 참여할 수 있는 위대한 예외이다"(Käsemann, 1969 [1965], 134; *NTPG*, 462-4에 나오는 논평을 보라). Käsemann에게 있어서는 "묵시론"이 미래의 사건을 가리키는 반면에, Martyn 등에게 "묵시론"은 이미 십자가 위에서 얻어진 승리를 가리킨다는 것이 이 둘의 주된 차이이다.

60) 갈 4:4: '토 플레로마 투 크로누' (to plērōma tou chronou). 엡 1:10: '에이스 오이코노미안 투 플레로마토스 톤 카이론' (eis oikonomian tou plērōmatos tōn kairōn). 제1장에서 설명하였듯이, 나는 바울 신학을 말할 때에 에베소서를 고려의 대상에서 배제하는 지금도 계속되고 있는 유행은 꼭 필요하거나 도움이 되는 것으로 보지 않는다.

61) 롬 1:2; 3:21b; 4:13, 17, 23-5; 15:4, 8-13; 고전 2:7; 특히, 고후 1:20.

62) 고전 10:11: Hays, 1989a, 168f.; 2005, 8-12; Thiselton 2000, 743f.를 따르고 있는 Héring, 1966

바울은 날이 동터 왔다는 단순한 표상을 사용해서, 세계는 여전히 어둠 속에 있을지라도, 메시야 백성은 이미 "낮"의 백성이고, 거기에 합당하게 행하여야 한다는 것을 보여준다.[63] 하지만 그가 이러한 관념을 좀 더 발전시킬 때에 마찬가지로 분명하게 드러나는 것은 그는 메시야 백성을 "지금"과 "아직"의 중간에 위치해 있는 것으로 보고 있다는 것이다:

> [11]너희는 지금이 어느 때인지를 알기 때문에, 이것은 더욱더 중요하다. 너희가 잠에서 깨어날 때가 왔다. 지금 우리의 구원은 우리가 처음으로 믿음으로 오게 된 때보다 더 가깝다. [12]밤은 거의 지나갔고, 낮은 거의 왔다. 그러므로 어둠의 일들을 벗어 버리고, 빛의 갑옷을 입자. [13]낮에와 같이 단정하게 행하자. 연회를 열어 방탕하게 행하거나 술 취하지 말며, 주지육림 속에서 부끄러운 줄도 모르고 음란하거나 호색하지 말고, 고약하게 성질을 부리거나 시기하지 말라. [14]대신에, 주 메시야 예수로 옷 입고, 육체와 그 정욕에게 여지를 주지 말라.[64]

메시야의 백성이 이미 하나님의 미래에 속하여 있기 때문에, 이 기이한 현세에 있어서조차도 거기에 합당한 "마음과 삶의 습관들"을 배워야 한다는 이러한 인식은 '아가페'(agapē, "사랑")에 관한 시로 이어지고, 거기에서는 이 "사랑"은 "믿음"과 "소망"과 더불어서 지금 개시된 종말론적 현재로부터 궁극적인 미래에 이르기까지 계속 이어질 것들이라고 말한다:

> [8]사랑은 결코 실패하지 않지만, 예언은 폐기되고, 방언은 그치며, 지식도 폐기될 것이다. [9]우리는 부분적으로 알고 부분적으로 예언하지만, 완전한 것이 올 때에는 부분적인 것은 폐기된다. [11]내가 어린 아이였을 때에는 어린 아이처럼 말하고 생각하고 추론하였지만, 어른이 되어서는 어린 아이 같은 짓들을 버렸다. [12]지금으로서는 우리가 볼 수 있는

[1962], 89; Agamben, 2006, 73: 두 시대들은 "서로 대면하게 되었다"; Fitzmyer, 2008, 388을 보라. 하지만 BDAG 32f.는 Conzelmann, 1975 [1969], 168과 맥을 같이 하여, '텔로스'(telos)는 새로운 시대의 시작을 가리킬 수 없고("ends"라는 영어 표현은 우리를 오도해서, 두 "시대들"이 마치 두 개의 실 같아서 각각 두 개의 "끝"이 있다고 생각하기 쉽지만, 우리가 말하는 "시대들"은 각각 하나의 시작과 하나의 끝, 즉 '아르케'[archē]와 '텔로스'[telos]를 갖고 있다), 복수형 '타 텔레'(ta telē, "끝들")는 종종 단수형의 강조형으로 사용되며, 마찬가지고 복수형 '아이오네스'(aiōnes)도 "순전히 형식인" 의미로 사용될 수 있다고 지적한다(*T. Lev.* 14.1을 인용해서). 그렇게 보는 경우에는 바울의 진술은 단지 "세계의 시대들이 그들의 목표지점에 도달하여 거기에서 우리를 만났다"는 말, 또는 그런 취지의 말을 극적으로 강조해서 말하는 방식인 것이 된다.

63) 살전 5:4-10.

64) 롬 13:11-14. Agamben, 2006, 75f.의 의미심장한 설명을 보라; 그리고 Matlock 1996, 138에서 논의되고 있는 Cullmann, 1962 [1951], 137을 보라.

모든 것은 거울에 비친 희미한 것들이지만, 그 때에는 얼굴을 맞대고 볼 것이다. 내가 지금은 부분적으로 알지만, 그 때에는 주께서 나를 온전히 아시는 것 같이 철두철미 온전히 알게 될 것이다. 그러므로 믿음, 소망, 사랑, 이 세 가지는 항상 있을 것이지만, 그것들 중에서 가장 큰 것은 사랑이다.[65]

여기에는 바울의 개시된 종말론이 자전적이면서 목회적인 시로 표현되어 있다: 미래는 여전히 미래이지만, 그 능력은 이미 현재 속으로 침투해 들어 와 있기 때문에, 메시야의 백성은 미래에 속한 삶의 방식을 배워야 하고, 비록 그 삶의 방식이 계속해서 희미하고 헷갈린다고 할지라도 그런 삶을 살아가야 한다.

하지만 이 구절들이 말하고 있듯이, 지금은 이상하고 희미해 보이는 모든 것들을 갑자기 확연하고 온전하게 알게 될 미래의 위대한 순간이 남아 있고, 이 미래의 순간은 종말과 심판의 때가 될 것이다. 실제로, 이 둘은 분리되는 것 같지 않다. "주 예수의 날"은 모든 것을 드러낼 것이고, 마음의 은밀한 것들과 의도들을 드러낼 것이다. 그 날은 "하나님의 나라"가 온전히 나타나는 순간이고, 창조주가 "만유 가운데서 만유"가 되는 날이며, 현세에 있어서 메시야 백성의 행실이 긍정되고 신원될 저 최후의 날이다.[66] 이 모든 것에 대해서는 우리가 바울에 의해 수정된 종말론을 다룰 때에 다시 살펴볼 것이다.[67]

하지만 여기서 바울의 미래의 소망에 대해서 간략하게 살펴보지 않는다면, 우리는 "우리는 누구인가"라는 제목 아래에서 추적해 온 바울의 일련의 사고의 흐름을 마무리할 수 없다. 바울은 자기가 이제 메시야의 죽음과 부활을 토대이자 특성으로 해서 형성된 권속의 지체가 되었다는 점에서 메시야에게 속한 사람이라고 선언하고, 자신은 이미 부활의 능력을 알지만, 온전한 것은 아직 나타나지 않았다고 말한 후에, 이제 자신의 세계관의 본질적인 부분을 형성하고 있던 궁극적인 미래의 소망에 관한 분명하고 생생한 진술로 끝을 맺는다:

[18]메시야의 십자가의 원수들로 행하는 몇몇 사람들이 있다. 나는 그런 자들에 대하여 너희에게 여러 번 말하였고, 이제도 눈물을 흘리며 다시 말하고 있다. [19]그들은 멸망으로 가는 길 위에 있고, 그들의 신은 그들의 배이며, 그들의 영광은 그들의 수치에 있다. 그들이 생각하는 모든 것은 땅에 속한 것들이다. [20]우리는 하늘의 시민들이고, 거기로부터

65) 고전 13:8-13.

66) cf. 롬 2:16, 27-9; 고전 4:5; 6:9; 11:29-32; 15:28; cf. 15:50; 고후 5:10; 갈 5:21; 엡 5:5. "주 예수의 날" 등에 대해서는 cf. 고전 1:8; 고후 1:14; 빌 1:6, 10; 2:16; 4:5; 살전 5:2, 4; 살후 1:5-10; 2:2-12.

67) 예를 들면, 롬 2:5-16, 27; 14:11f.; 고전 3:13; 4:4f.; 고후 5:10을 보라; 그리고 아래 제11장을 보라.

> 오실 구주이자 주이신 메시야 예수를 간절히 기다리고 있다. [21]우리의 현재의 몸은 비루한 옛 것이지만, 그가 그 몸을 변화시키면, 그 몸은 그의 영화로우신 몸과 같이 될 것이다. 그리고 그는 그로 하여금 모든 것을 자신의 권세에 복종하게 만드는 능력으로 이 일을 행하실 것이다.[68]

미래의 변화는 거대한 것이 될 것이고, 새로운 은혜의 선물일 것이다. 그러나 그 능력은 이미 현재를 변화시키고 있다. 왜냐하면, 사람들이 이러한 미래의 사건을 간절히 기다릴 때, 그들의 현재의 삶은 이미 질적으로 새로운 삶이 되기 때문이다. 앤터니 티슬턴(Anthony Thiselton)은 비트겐슈타인(Wittgenstein)이 한 말에 의거해서, "기대"는 단지 "정신 상태"도 아니고, 미래에 대하여 계산하거나 상상의 나래를 펼치는 것이 아니라고 지적하면서, 기대는 기대에 의해서 "기정사실이 된 상황 속에서 행해야 할 적절한 행위들 또는 행실들"을 수반하게 된다고 말한다. 어떤 손님이 차를 마시러 오기를 "기대한다"는 것은 "그 손님이 오는 것을 상상해 보는 것"을 의미하는 것이 아니라, "잔들과 잔 받침들과 접시들을 내오고, 케이크를 사오며, 방을 단장하고, 주전자에 물을 끓이기 시작하는 것"을 의미한다. 마찬가지로, 데살로니가 교인들에게 있어서 주의 오심을 "기대한다"는 것은 "그들이 성결을 추구하고 열심히 일하여야 한다"는 것을 의미하였다.[69] 따라서 여기에서는 드러나 있지만 다른 곳에서는 전제되고 있는 바울의 세계관의 저 깊은 곳에서, 지금 하늘에 있는 주가 이 땅에 다시 돌아와서 하늘과 땅을 통일하고 현재의 세계와 자기 백성의 몸을 변화시킬 것이라는 "기대"는 이미 그런 기대를 지닌 사람들이 "땅에 속한 것들"에 묶여서 그런 시각으로 살아가는 자들과는 완전히 다른 삶을 현재적으로 살아갈 수밖에 없다는 것을 의미하는 것이었다.

미래의 차원이 바울의 세계관에서 결정적으로 중요한 한 축이었고, "지금은 어느 때인가"라는 질문에 대한 그의 암묵적인 대답의 일부였다고 한다면, 현재의 차원은 한층 더 중요하였거나, 적어도 마찬가지로 중요한 것이었다. 바울은 "그러나 이제" 어떤 일이 일어났는데, 그 일은 세계가 존재하는 방식, 이스라엘이 존재하는 방식, 하나님의 백성이 존재하는 방식을 영원히 바꾸어 놓아 버렸다고 말한다. 그가 말하는 이 소리는 그가 쓴 구절구절마다 울려 퍼지고 있지만,[70] 특히 로마서에

68) 빌 3:18-21.

69) Thiselton, 2009, 138("적절한 … 상황"은 원문에서는 모두 이탤릭체로 강조되어 있다); Wittgenstein, 1958, IIx, 191-2; I, 572-86; Wittgenstein, 1967, paras 67과 71-7을 보라.

70) Ridderbos, 1975 [1966], 44-9는 "때가 참"이라는 이 주제를 바울 신학에 대한 해설 전체의 출발점이자 기독론 자체의 토대로 삼는다(49-53 등).

서 두드러진다. 지금은 계시의 때, "묵시"의 때이다. 하나님이 자신의 구원 계획을 드러냈고, 계약에 대한 자신의 신실하심을 드러냈으며, 인간의 우상 숭배와 악에 대하여 장차 부어지게 될 자신의 진노를 드러내었다.[71] 하나님은 "믿음으로 말미암아 의롭다 함을 얻는다는 이신칭의의 메시지"가 아니라, "십자가에 못 박혔다가 다시 살아난 메시야 예수에 관한 메시지"인 "복음"을 통해서 그런 것들을 드러내었다.[72] 달리 말하면, 일차적인 "계시" – 십자가에 못 박혔다가 다시 살아난 메시야라는 사건들과 사실 자체 – 가 있고, 다음으로 사도가 전한 메시지인 복음이 선포될 때마다 일어나는 이차적이고 부차적인 "계시"가 있는 것으로 보인다는 말이다. 새로운 때가 열리고 있고, 새로운 날이 동터 오고 있다. 이 사건들로 말미암아, 사람들을 옴짝달짝하지 못하도록 냉혹하게 장악하고 있던 "현재의 악한 시대"가 무너져 내렸고, 전 세계의 사람들은 "내세," 곧 메시야와 그의 영과 그의 백성 속에 이미 현존하는 종말론적인 봄날 속으로 들어오라는 호출을 받게 되었다.

나는 바울의 상징 세계를 깊이 천착해 들어간 것도 아니고 많이 아는 것도 아닌데도, 새로운 때, 새로운 종류의 때에 관한 바울의 이러한 목소리는 기이한 울림이 되어 그의 상징 세계 전체에 울려 퍼지고 있는 것을 느낀다. 결국, 바울은 창조와 새 창조의 신학자임이 분명하다. 그는 아브라함과의 계약에 초점이 맞춰져 있는 창조주의 목적이 메시야 예수 안에서 실현되었고, 이러한 실현을 통해서 아담적인 인류에 대한 구원이 성취되었으며, 하늘과 땅을 통일시킨 창조주의 새로운 세계가 시작되었다고 믿었다. 우리는 내가 알기로는 이전에는 시도는커녕 얼핏 보지조차도 못했던 여기 이 가설의 언저리에서 두려워 떨고 있다.[73]

생각해 보라. 바울(그리고 제2성전 시대의 몇몇 유대인들)은 "땅"이라는 유대적인 상징을 세계 전체라는 실체로 대체하고서, 그 세계 전체는 창조주가 메시야에게 준 유업이라고 선언하였다. 또한, 그는 이번에도 제2성전 시대의 몇몇 선구자들과 마찬가지로, 유대인들에게는 궁극적으로 공간적인 상징이었던 "성전"을 살아 계신 하나님이 영광 중에 거하는 새로운 공동체라는 실체로 대체하고서, 하나님은 장차 세계 전체를 그 동일한 영광으로 채울 것이라고 말하였다. 이렇게 해서, 성전과 거룩한 땅 간의 밀접한 관계는 '에클레시아'와 세계 전체 간의 밀접한 관계로 대체되었고, 앞에서 보았듯이, 이것은 바울의 상징 세계의 중심 가까이에 있다. 또

71) 롬 1:16-18; 반복되는 '아포칼륍테타이'(apokalyptetai)와 그 의미에 대해서는 본서 제9장 제7절 3)을 보라.

72) 롬 1:3f.; 고전 15:3-9.

73) 이 방향을 보여 주는 또 하나의 지표에 대해서는 Wright, 2011b [2005], ch. 9을 보라.

한, 우리는 아마도(세계관 분석에 있어서는, 바울 자신도 알고 있었겠지만, 언제나 "아마도"가 붙을 수밖에 없지만, 그렇다고 해서, 이것이 이 분석에 속한 모든 것이 단순한 사변이라는 것을 의미하는 것은 아니다[74]) 제2성전 시대는 물론이고 오늘날까지 유대교 속에 확고하게 자리 잡고 있지만 놀랍게도 바울에게는 없었던 또 하나의 중요한 유대적인 상징이 메시야 안에서 동튼 "시대"라는 완전히 새로운 실체로 대체되었다고 말할 수 있지 않을까? 즉, 우리는 바울이 안식일을 "메시야 시대"를 의미하는 것으로 완전히 변화시켰다고 말할 수 있다는 것이다.

이런 일이 어떻게 일어날 수 있었는가? 그것은 공간과 물질에 대한 하나님의 계획이 그 모든 것, 즉 하늘과 땅에 있는 모든 것을 메시야 안에서 통일시키는 것이었던 것과 마찬가지로(에베소서 1:10), 시간 자체에 대한 하나님의 계획도 (아마도) 시간과 관련된 모든 것을 메시야 안에서 통일시키는 것이었기 때문이다. 달리 말하면, 이전의 안식일이라는 이정표가 가리켜 왔던 장차 새롭게 드러나게 될 실체는 바로 복음에서 말하는 저 위대한 "이제"(now)라는 것이다.

이러한 주장은 조르조 아감벤(Giorgio Agamben)이 애매모호한 시각에서 제시한 것이다. 그는 사실 우리와 같은 세계관 모형으로 연구하지도 않았고, 유대인들의 다른 세계관 표지들이 바울에 의해서 메시야가 가져온 현실을 보여주는 새로운 증표들로 대체된 것에 대하여 연구한 것도 아니었다.[75] 그런 이유로, 그의 주장은 더욱더 주목할 만하다. 왜냐하면, 이것은 그가 전혀 의도하지 않은 가운데 찾아낸 것이 우리의 연구와 일치한다는 것을 보여주는 것이기 때문이다.

이것은 바울의 다른 서신들에 나오는 본문들에도 강력하게 반영되어 있지만, 우리는 먼저 로마서에서 발견되는 자료들을 살펴보기로 하자. 바울은 땅과 성전에 관한 언어는 종종 사용하지만, 안식일에 관한 언어는 사용하지 않는다. 따라서 땅과 성전을 암시하는 말들은 쉽고 분명하게 찾아낼 수 있지만, 안식일을 암시하는 말들은 거의 무에서 찾아내지 않으면 안 된다. 우리가 "때" 및 그 성취와 관련하여 갖고 있는 것들은 그런 것들을 연상시키는 일련의 어구들이다. "그러나 이제" 또는 "현재의 때에는"(en tō nyn kairō, '엔 토 뉜 카이로,' 직역하면, "지금의 때에는")이라는 어구들은 로마서 전체를 관통하며 거듭거듭 울려퍼지고 있고, 그 중에서도 핵심적인 몇몇 구절들에서는 "지금"이라는 단어를 통해서, "이것은 단지 미래에 속한 것이 아니라, 현재에 속한 것이기 때문에, 결코 미루어서는 안 된다"고 절

74) 빌레몬서 1;15에 나오는 "아마"를 보라(본서 제1장 제1절 2)).

75) 메시야의 때의 본질에 대한 Agamben, 2006, 59-87의 주목할 만한, 아니 아주 강력한 주장들을 보라.

박하게 소리친다.[76] 신학적인 논증을 마무리하면서 바울이 15:7-13에서 제시하고 있는 저 장엄한 요약 속에서는 유대인과 이방인이 연합하여 메시야가 자신의 일을 이루고 열방의 주로 즉위한 것을 송축하면서 찬송과 예배를 드리는 장면이 현재적인 실체로 묘사된다. 어떤 일이 일어났고, 어떤 일이 성취되어서, 우리는 지금 "예배의 때"를 살아가고 있다.[77] 이것이 핵심이다. 12장의 서두에 나오는 권면은 사도가 갈라디아서 1:4에서 말하였던 "현재의 악한 시대"로부터의 구원이 사람들에게 내세에 합당한 생각과 마음을 가져다주는 전면적인 효과를 지니고 있다는 것을 특히 분명하게 보여준다:

> 너희는 현세가 강요하는 본을 억지로 따르지 말고, 대신에 너희의 생각이 새로워져서 변화를 받아, 무엇이 하나님의 뜻이고, 무엇이 선하고 받으실 만하고 온전한 것인지를 알아내라.[78]

이 명령은 "내세"가 이미 강력하게 현존하고 있고, 복음의 "그러나 이제"가 말 그대로의 현실일 때에만 의미를 지닐 수 있다. 새로운 때가 동텄다.

오랜 세월 동안 은밀하게 감추어져 있던 하나님의 계획이 이제 마침내 성취되어 드러나게 되었다는 것에 대한 동일한 강조는 에베소서에서도 발견된다. 바울은 1:9의 서두의 진술("때가 찼을 때[plērōma tōn kairōn, '플레로마 톤 카이론']를 위한 계획")을 시작으로, "이제"(now)로 시작되는 진술들을 통해서, 그 성취의 결과를 점점 더 크게 확장시켜 나간다: "이제" 메시야 예수 안에서 이방인들이 이스라엘의 하나님에게로 가까이 오게 되었고, "이제" 이방인들의 충만한 수가 들어오게 되는 신비가 드러났으며, "이제" 하늘에 있는 정사들과 권세들도 이 오랜 신비를 알 수 있게 되었다.[79] 만일 이러한 진술들을 에베소 교인들이 이 세계에서 자리를 잡고 안착하고 있음을 보여주는 증표로 본다면(이것은 증거가 너무나 분명한데도, 소위 "제2바울" 서신이라는 주장을 고수하고자 하는 냉소적인 태도를 보여주는 것이다!), 그것은 우매함의 극치가 될 것이다. 그런 것과는 정반대로, 정사들과 능력들의 적대감을 불러일으킨 것은 개시된 종말론이었다(6:10-20).

하지만 가장 강력한 것은 아마도 사도로서의 자신의 수고들에 대한 바울의 설명

76) 롬 3:21, 26; 5;9; 7:6; 8:1; 11:5, 31(이것에 대해서는 본서 제11장 제6절 4) 5)를 보라); 16:26.
77) 15:7-13.
78) 롬 12:2.
79) 엡 2:13; 3.6, 10.

의 정점에서 등장하는 고린도후서 6장에 나오는 진술일 것이다. 바울은 여러 구절들에 걸쳐서, 자신이 겪은 고난과 오해와 가난을 비롯해서 온갖 종류의 환난과 고초를 길게 설명함으로써, 기고만장한 "실현된 종말론"이 들어설 여지를 조금도 주지 않고, 훌륭한 개신교 신학자들을 기절초풍하게 만든 후에, 현재의 때는 선지자들이 말해 왔었던 바로 그 때라고 선언한다:

> 1그러므로 우리는 하나님과 함께 일하는 자들로서 특히 너희에게 권하노니, 너희가 하나님의 은혜를 받았다면 헛되이 흘려보내지 말라! 2하나님이 말씀하시는 것은 이것이다:
> 나는 때가 왔을 때에 네게 귀기울였고,
> 구원의 날에 너를 도우러 왔다.
> 보라! 지금이 바로 그 때이다! 보라! 구원의 날이 지금 여기에 와 있다![80]

이사야의 약속은 실현되었다. 바울이 이 서신의 앞 부분에서 말하였듯이, 하나님의 모든 약속은 메시야 안에서 "예"가 된다. 우리는 바울이 앞에서 한 이 진술도 "현재 시제"의 "이제"가 적용되는 것들 중의 하나로 포함시켜야 한다.[81] 그리고 바울이 이사야서로부터 가져와서 인용한 이 구절을 좀 더 넓은 맥락 속에 두면, 우리는 여기에서 바울은 여러 주제들을 서로 결합시켜 하나의 네트워크를 이루어서, 자기는 단지 순회 전도자로서 이곳저곳을 다니다 보니 어쩌다가 온갖 고초와 환난을 겪게 된 것이 아니라, 오래 전에 약속되었다가 마침내 도래한 한 "날," 그 특정한 순간을 전하는 전령이고, 그런 전령 역할을 하다 보니, 수많은 환난을 당할 수밖에 없게 된 것이라고 고린도 교인들에게 선언하고 있는 것임을 발견하게 된다. 바울은 겉보기에 별 소득도 없이 온갖 고초와 환난만 겪은 것처럼 보였지만, 하나님의 성취된 계약을 현실화하고, 하나님이 약속한 구원을 드러내며, 마침내 저 큰 "날"이 구체적으로 동터 오게 한 인물이었다. 이 본문의 절정은 다음 구절에 있다:

> 야웨께서 내게 말씀하시기를, "너는 나의 종 이스라엘이니,
> 내가 네 안에서 영광을 받으리라" 고 하셨다.
> 그러나 나는 말하기를, "내가 헛되이 수고하였고,
> 아무 소득도 없이 공연히 내 힘만 소모하였지만,
> 분명히 나의 대의가 야웨께 있으니, 나의 상도 내 하나님께 있다" 고 하였다.
> 이제 야웨께서 말씀하시니,

80) 이사야 49:8을 인용하고 있는 고후 6:1-2.

81) 고후 1:20.

그는 야곱을 자기에게로 돌아오게 하고,
이스라엘로 자기에게 모이게 하기 위하여,
모태에서 나를 그의 종으로 지으셔서,
내가 야웨 보시기에 존귀하고,
내 하나님은 나의 힘이 되셨다.
그가 말씀하시기를, "너를 나의 종으로 삼아
야곱의 지파들을 일으켜 세우고
이스라엘의 생존자들을 회복시키는 것은 매우 쉬운 일이다.
내가 너를 열방들의 빛으로 삼으리니,
내 구원이 땅 끝까지 이르리라" 고 하신다.
이스라엘의 구속자이자 거룩하신 이이신 야웨께서
심하게 멸시를 당하는 자, 열방이 혐오하는 자,
통치자들의 종이 된 자에게 이같이 말씀하신다:
"왕들이 보고 일어서며,
고관들이 부복하리니,
이는 이스라엘의 거룩하신 이이신
신실하신(ne' eman- '네에만,' pistos-피스토스') 야웨,
그가 너를 택하였기 때문이다."
야웨께서 이같이 말씀하신다:
"은혜의 때에 내가 네게 응답하였고,
구원의 날에 내가 너를 도왔다.
내가 이 땅을 견고히 세워서 황폐해진 기업들을 다시 일으켜 나눠 주기 위하여,
너를 지켜 주었고,
만민에게(librith ' am- '리브리트 암,' eis diathēkēn ethnōn- '에이스 디아테켄 에트논')
계약으로 삼았다.[82]
내가 포로 된 자들에게 '나오라' 고 할 것이고,
어둠 속에 있는 자들에게 '나타나라' 고 말할 것이다 …
하늘들이여 기뻐 노래하고,
땅이여 뛸듯이 기뻐하라.
산들이여 노래를 터뜨려라.
왜냐하면, 야웨께서 자기 백성을 위로하셨고,
자신의 고난 당하는 자들을 불쌍히 여기실 것이기 때문이다.[83]

야웨의 종의 사역으로 말미암아 계약이 성취됨으로써, 세계가 새로워지고 기뻐

82) NRSV는 "히브리어의 의미가 불확실함" 이라고 말한다(42:6에 나오는 동일한 어구에 대해서도 마찬가지이다). 왜? Cf. Motyer, 1993, 391: 거기에 나오는 종(the Servant)은 "그 자신이 주의 계약이다."

83) 사 49:3-9, 13.

하며, 하늘과 땅이 하나가 될 것이라는 이사야의 비전은 자신의 사도로서의 수고에 대한 바울의 이해와 정확히 일치한다. 고난과 기쁨은 밀접하게 서로 엮여 짜여 있다. 바울은 계약에 대한 하나님의 신실하심이 "되었고,"[84] 현재의 때는 "은혜의 때"이자 "구원의 날"이 되었다. 바울은 칠십인역이 "받으실 만한 때"(kairos dektos – '카이로스 덱토스')라고 표현한 어구를 좀 더 확장해서 "지극히 받으실 만한 때"(kairos euprosdektos – '카이로스 유프로스덱토스')라고 말한다.[85] 그리고 이 본문은 바울이 사도로서 겪은 역경들과 위로가 열거된 후에, 하나님이 자기 백성을 성전으로 삼아 새로운 성전을 짓고 그 가운데 거할 것이라는 약속으로 신속하게 이어진다.[86]

이 모든 것의 핵심은 바울은 현재의 때, 즉 하나님이 메시야와 저 기이한 사도직을 통해서 계약에 대한 자신의 신실하심을 온 세계 앞에 드러내고 계시는 때는 피조세계 전체가 기다려 왔던 새롭고 특별한 때라고 온 힘을 다해 강조해서 선포하고 있다는 것이다. "누구든지 메시야 안에 있으면 새롭게 지음 받은 자이다!"[87] 따라서 지금은 메시야의 때, 새로운 종류의 때이다. 지금은 단지 지금까지 살아 온 "시간"(chronos – '크로노스')의 한 부분이 아니라(물론, 지금은 그런 시간 내에 존재하지만, 갈라디아서 4:4이 분명히 말해 주듯이, 그 '크로노스'의 일부에 새로운 차원이 부여된 때이다), 모든 '카이로이'(kairoi, "시간들")를 하나로 묶는 '카이로스,' 아니 순간이다. 따라서 지금은 하나님이 "때가 찼을 때를 위하여 세워 둔 계획"(plērōma tōn kairōn – '플레로마 톤 카이론')을 실행하여서, 메시야 안에서 하늘과 땅에 있는 모든 것을 통일한(anakephalaiōsasthai ta panta – '아나케팔라이오사스타이 타 판타') 때이다. 우리는 에베소서 1:10이 바울의 글들 중에서 다른 곳들, 특히 로마서와 고린도후서에 나오는 "현재의 때"와 그 의의에 대한 강조를 그리스도를 중심으로 통일시켜서 요약해 보여 주고 있다는 것을 더 이상 인정하지 않을 수 없다. 지금은 새로운 피조세계의 때이고, 새로운 성전의 때이며, 그 전체가 새로운 안식일인 때이다. 창조주는 세계 전체와 관련해서 늘 행하고자 해 왔던 일을 메시야를 통해서 결정적으로 개시하였다.

84) 고후 5:21: 본서 제10장 제3절 4)를 보라.

85) 로마서 15:16, 31에서 "이방인들의 헌금"이 먼저는 하나님이 기쁘게 받으실 만한 것이 되고, 다음으로는 예루살렘 교회가 기쁘게 받을 수 있도록 기도해 달라고 부탁할 때에 이 형용사를 사용하고 있는 것을 참조하라.

86) 레위기 26,11f.를 인용하고 있는 6:16-7:1; 겔 37:27; 사 52:11; 삼하 7:8, 14 — 이 모든 구절들은 계약적 종말론(covenantal eschatology)으로 가득하다.

87) 5:17.

이렇게 해서, "현세"와 "내세"라는 두 시대는 서로를 마주 보게 되었다. 이것을 조르조 아감벤(Giorgio Agamben)의 의미심장한 말로 표현해 보자:

> 사도는 두 시대가 병존하게 된 때를 '호 뉜 카이로스'(ho nyn kairos, "현재의 때")라고 불렀다 … 메시야의 때는 과거를 다 포괄하여 집약한 때이다 … 현재의 때는 이렇게 과거의 모든 '카이로이'(kairoi, "시간들")를 다 포괄하여 성취한 때이기 때문에 '플레로마'(plērōma, "충만, 다 찬 것")로 표현되고(메시야의 '카이로이'는 문자 그대로 '크로노스'로 가득 차 있는 압축되고 집약된 '크로노스'이다), 이것은 하나님이 "만유 안에서 만유가 되실" 종말론적인 '플레로마'에 미리 참여하는 것이다. 따라서 메시야와 관련된 '플레로마'는 종말론적인 성취를 집약해서 보여주는 것임과 동시에 그 성취에 미리 참여하고 있음을 나타내는 것이다.[88]

아감벤이 바울의 이 모티프를 창세기 2:2에 나오는 "일곱째 날"에 대한 랍비들의 설명과 연결시키고 있는 것은 시사해 주는 바가 크다: 교부들에게와 마찬가지로 랍비들에게도 안식일은 "메시야의 때를 보여주는 일종의 소규모의 모형이었다 … 토요일(안식일) - 메시야의 때 - 은 다른 날들과 같은 또 다른 한 날이 아니라, 시간 내에 있는 아주 깊은 틈새이고, 사람들은 그 미세한 틈새를 통해서 메시야의 때를 감지하고 참여할 수 있다.[89]

물론, 이런 것들은 주석자들이 바울이 강조하는 "이제"(now)를 설명할 때에 통상적으로 제시하는 그런 종류의 성찰은 아니다. 하지만 바울의 새롭게 형성된 세계관 내에서 유대인들에게 결정적으로 중요한 세계관 표지였던 안식일에 대한 개념에 무슨 일이 일어났는가 하는 질문이 오늘날의 서구적인 사고 속에서 거의 제기되어 오지 않았고, 그런 질문 자체가 아주 생소하게 느껴지게 된 이유는 "안식일"이 또 하나의 "공휴일"로 되어 버렸기 때문일 수 있다. 여기에서 나의 주장은 "지금의 때"에 대한 바울의 강조, 즉 지금은 메시야가 하늘에서 하늘과 땅의 모든 것들을 다스리고 있는 때라고 바울이 강조해서 말하고 있는 것은 적어도 유대인들의 사고체계 속에서는 새로운 피조세계가 완성되어서, "안식일"은 이제 일을 하지 않고 안식하는 때를 의미하는 것이 아니라, 하나님이 새로운 세계를 창조하여 그 가운데 거하며 다스리는 것이 개시되었다는 것을 의미하는 것으로 인식되었다는 것이다. 땅과 관련된 약속이 피조세계 전체와 관련된 약속(이것은 교회의 전세계

88) Agamben, 2006, 75f.
89) Agamben, 2006, 71f.

적인 선교를 통해서 성취된다)으로 대체된 것과 마찬가지로, 지금까지와는 완전히 다른 때, 즉 하나님이 이제 하늘과 땅을 통일시키고서 거기에 "거처를 정하였다"는 의미에서 "안식"의 때가 도래하였다는 인식은 예수가 자신의 사역을 다 이루고서 이제 새로운 피조세계의 초석이 되었다고 본 바울의 세계관과 전적으로 부합한다. 메시야가 하늘과 땅에 있는 모든 것들을 창조주 하나님과 화해시켰을 때, 하나님의 모든 충만은 메시야 안에 "거하였다." 공간이 거룩해진 것과 마찬가지로, 시간도 거룩해졌다. 메시야는 자기 자신이 새로운 성전이었다. 이제 그는 자신의 우주적인 승리를 통해서 새로운 시간, 최고의 희년, 메시야적인 안식일을 출범시켰다.

나의 이러한 다소 극적인 주장 – 이것은 현명한 친구들이라면 단행본이 아니라 사람들에게 잘 알려져 있지 않은 학술지에 발표하라고 조언해 줄 그런 성질의 주장일 것이다 – 은 묘하게도 근동 전문가인 존 월튼(John Walton)이 창조 이야기를 다루면서 보여준 안식일에 대한 이해로부터 간접적으로 지지를 받고 있는 것으로 보인다. 그는 자신의 창세기 주석서와 또 하나의 연관된 짤막한 책에서, 이 시기의 근동 문화에 친숙한 사람은 누구나 신이 6일 동안 창조하고 일곱째 날에 "안식하였다"는 이야기를 신이 "자신의 거처로 삼을" 신전을 지은 이야기로 주저함이나 의구심 없이 받아들일 것이라고 설명한다.[90] "안식"은 6일 동안 일한 후에 "비번"이 되어서 휴식을 취하는 것이 아니라, "그 전을 접수해서 거기에서 살며 일하기 위하여 거주하게 된 것"을 의미한다는 것이다. 월튼은 "안식"을 성전을 짓고 그 새로운 거처에 거하며 거기에서 일을 하여 메시야의 나라를 세우는 관점에서 보는 시편 132편을 인용한다:

> 야웨께서 시온을 택하시고
> 　자기 거처로 삼고자 하셨다:
> "이것은 나의 영원한 안식처
> (menuchathi - '메누하티,' katapausis - '카타파우시스')이다.
> 　여기에 내가 거하리니, 이는 내가 원하였기 때문이다.
> 나는 이 곳의 양식을 복주어 차고 넘치게 할 것이고,
> 　그 가난한 자들을 떡으로 배부르게 할 것이다.
> 나는 그 제사장들에게 구원의 옷을 입힐 것이고,

90) Walton, 2001, 146-55; 2009, 72-7. 다윗이 시 132:8, 13-18(아래를 보라); 대상 28:2에서 나타내 보이고 있는 "하나님이 쉴 곳을 발견한다"는 관념과 비교해 보라. Hayward, 1999, 35f.는 이것이 탈굼이 "안식"을 성전을 의미하는 것으로 해석하게 된 근거가 되었다고 지적하고, 이것은 Sir. 24.7, 11와 또한 36.13에서 이미 볼 수 있는 전승을 반영하고 있는 것일 수도 있다고 말한다.

그 신실한 자들은 기뻐 외칠 것이다.
거기에서 나는 다윗을 위하여 한 뿔이 나게 할 것이니,
나의 기름 부음 받은 자를 위하여 등을 준비해 두었다.
나는 그의 원수들에게는 수치의 옷을 입힐 것이지만,
그에게는 왕관이 빛나게 할 것이다.[91]

이것으로부터 분명한 것은 "영원한 안식"은 "수고를 쉬는 것"이 아니라, "새로운 활동을 위한 기반으로 사용하는 것"을 의미한다. 하나님이 시온에 복을 주어 양식이 풍족하게 하고, 그 제사장들에게 복을 주어 구원을 얻게 하며, 그 왕에게 복을 주어 힘과 승리를 얻게 할 것이라는 말은 창조주가 자신의 발로 우뚝 서서 모차르트를 연주하는 천사들의 음악에 귀를 기울이는 것 같이 들린다. 월튼은 자기가 앞에서 이미 언급한 폭넓고 다양한 근동 자료들과 더불어서 이 시편 132편을 토대로 해서, 이런 맥락 속에서 신이 신전을 다 지은 후에 거기에 들어가 거하는 것을 의미하는 "안식"은 대략 "자신의 통치를 세우는 것"과 동일한 것임을 논증한다. 집이 다 지어진 후에는, 그 새로운 "정착지," 그리고 그런 의미에서 "안식처"에서 "통치"가 시작될 수 있다.

시편 132편과 성경 이외의 폭넓은 자료들이 보여 주듯이, 이것이 과연 그러하다면, 이탈리아 철학자인 조르조 아감벤의 글과 미국의 근동 전문가인 존 월튼의 글이라는 서로 별개인 두 자료로부터, 바울이 강조하는 메시야의 현재적 통치를 새롭게 제정된 "안식일," 즉 예수가 자신의 죽음과 부활을 통해서 세계 전체를 재편해서 지금 그 세계를 통치하고 있는 "메시야의 때"로 이해할 수 있는 가능성이 열린다. 우리는 여기에서 고린도전서 15:20-28을 다시 한 번 살펴볼 필요가 있다. 왜냐하면, 거기에서 바울은 창세기 1-3장을 토대로 형성해낸 서사 내에서 예수의 부활과 그의 모든 백성의 부활 사이의 "메시야의 때," 즉 "지금의 때"에 예수가 왕적인 통치를 하고 있다는 것을 아주 강조해서 말하고 있기 때문이다. 또한, 우리는 주후 1세기의 한 유대인은 다니엘서 9장에 나오는 먼 훗날에 관한 예언, 즉 자유와 죄 사함이 이스라엘 민족만이 아니라 아마도 전 세계에 흘러 넘치게 될 안식일들 중의 안식일인 희년이라는 개념과 연결되는 "칠십 이레"에 관한 예언을 적어도 속으로는 당연히 생각하고 있었을 것임을 잊어서는 안 된다(우리가 제2장에서 이미 보았듯이). 하나님의 "안식"에 관한 초기 기독교의 주된 논의와 하나님의 백성에게 그

91) 시 132(LXX 131):13-18. 14절의 '카타파우시스'(katapausis)는 창세기 2:2의 '카테파우센'(katepausen, "그가 안식하셨다")을 상기시킨다.

92) 시편 95:11을 가져와 사용하고 있는 히 3:7—4:11.

안식에 동참하도록 초대하는 내용을 발전시키고 있는 것은 물론 히브리서이다.[92] 그러나 세계 전체가 마침내 하나님의 영광으로 흘러 넘치게 될 새로운 피조세계에 관한 바울의 비전은 하늘과 땅이 통일되어 피조세계 전체가 하나님의 "안식처"가 될 미래를 바라보며 성전 자체를 상대화시킨 이사야의 비전과 상응한다.[93] 바울은 이것을 골로새서 1장에서는 기독론적으로 전개하고, 에베소서 1:3-14에서는 창조주와 메시야와 성령 모두를 총동원해서 신학적으로 전개한다. 바울이 메시야의 현재적 통치를 설명하기 위하여 통상적으로 사용하는 시편 구절들 중의 하나는 인간이 하나님 아래에서 피조세계 전체를 통치하는 것에 대하여 말하는 창세기 1장의 절정을 연상시키는 바로 그러한 시편인 시편 8편이다.[94] "지금은 어느 때인가"라는 질문은 바로 여기로 수렴된다.

이러한 수렴점은 하나님이 메시야 안에 내주하고, 그런 후에 그의 성령으로 말미암아 자기 백성 안에 내주함으로써, 새로운 피조세계가 완성된다는 것을 보여준다. 다음으로, 우리는 에베소서 1:10에 잠복되어 있는 "의미의 폭발"(아감벤이 사용한 표현)을 온전히 드러내어야 한다. 이 구절은 "지금"(now)은 저 위대한 안식일, 즉 하나님이 자신의 모든 충만으로 메시야 안에 거하게 하여, 하늘에 있는 것들과 땅에 있는 것들을 통일시켜서 새로운 피조세계를 견고히 세우고, 이제 자신의 성령으로 말미암아 그 새로운 피조세계 안에 거하여, 메시야의 통치가 새로운 피조세계에 미칠 수 있게 한 때라고 말하고 있는 것이다.[95] 이 마지막 세계관 질문은 세계관에 대한 마지막 재정의를 드러내 준다. 현재의 때는 "지금"(Now), 곧 하나님의 "지금"이다.

우리가 손쉬운 승리주의(triumphalism)로 빠져들지 않기 위해서는, 이 "지금의 때"는 찬란하고 축하할 때이기는 하지만 괴로움과 싸움이 계속되는 때라는 사실을 기억하기만 하면 된다. 이것은 바울이 고린도후서의 많은 부분에서 두 시대라는 주제를 사도직의 성격을 이해하기 위한 틀로 반복해서 사용하는 취지이다.[96] 바울은 특히 3장에서는 믿지 않는 유대인들이 "오늘날까지" 계속해서 토라를 읽을 때에 좌절감을 느낀다는 말을 한다. 또한, 바울은 골로새서와 에베소서에서는 "때(kairos - '카이로스')를 속량하라"는 말을 하고, 에베소서에서는 거기에 "날들이

93) 사 66:1f.: "내가 안식할 곳"은 히브리어 본문으로는 '마콤 메누하티'(maqōm menuchathi)이고, LXX에는 '토포스 테스 카타파우세오스 무'(topos tēs katapauseōs mou)로 되어 있다.

94) cf. 고전 15:27; 엡 1:22; 빌 3:21.

95) 특히, 고후 5:17-6,2을 보라.

96) Martyn, 1997, 92.

악하기 때문"이라는 말을 덧붙인다.[97] 그리고 그가 고린도 교회가 처한 특정한 상황에 대하여 얘기하면서, "정해진 때(kairos – '카이로스')가 단축되었다(synestalmenos – '쉬네스탈메노스')고 말하고는, "이 세계의 외형(to schēma tou kosmou toutou – '토 스케마 투 코스무 투투')은 지나가고 있다(paragei – '파라게이')"고 말한다.[98] 바울의 이 말은 "이제"(now)를 훨씬 능가하는 것으로 보이는 근본적으로 새로운 "아직"(not yet)을 보여주면서, 별 상관이 없는 현재로부터 눈을 돌려서 저 확실하고 임박한 미래를 바라보라는 말로 받아들여질 수 있고, 또한 실제로 어떤 사람들은 그런 의미로 받아들여 왔다. 하지만 나는 그러한 해석은 옳지 않다고 생각한다. 물론, 바울은 현재의 삶 속에서의 온갖 평범한 일들을 "현세"라는 범주에 속하는 것으로 보고서, 메시야 백성은 "내세"에 참여하여 살아가는 자들로서 거기에 합당하게 생각하고 행하는 법을 배워야 한다고 끊임없이 호소할 수 있었고, 나는 그것이 바로 그가 "이 세계의 외형은 지나가고 있다"고 말한 의미라고 생각한다. 그러나 나는 바울이 "때가 단축되었다"고 하였을 때, 그것은 통상적으로 종말의 때가 가까웠다는 의미로 번역되는 것이 보여 주듯이 궁극적인 종말론에 관한 것이 아니라,[99] 바울이 고린도를 떠난 바로 그 해에 에게 해 세계 전역에 갑자기 들이닥친 기근에 관한 것이라고 주장하는 사람들의 견해가 더 옳은 것으로 보인다.[100] 영광스러운 "메시야의 때"가 선포되고, 예수가 이미 갱신된 세계를 통치하고 있음이 선포되는 것을 들을 때, 우리가 마지막으로 기억해야 할 것은 바울에게 있어서 이러한 진리는 늘 "나는 아직 거기에 도달한 것도 아니고 이미 온전히 이룬 것도 아니다"라는 것을 매일 그리고 시간 시간마다 그에게 일깨워 주는 것들과의 날카로운 긴장관계 속에 있었다는 것이다. 성숙이라는 것은 현세의 진흙탕과 비참함 속에서 메시야의 때를 송축하는 데 있다. 그러한 태도를 지닌 자는 자신의 주위에는 온통 썩어짐과 죽어 없어짐만이 판을 치고 있는 것을 보는 암울한 염세주의자나, 부활은 이미 지나갔다고 생각하고서 웃는 낙관주의자가 될 수 없다. 두 시대가 중복되는 시간 속에서 성숙한 모습을 보이는 것은 바울의 세계관 전체의 토대를 이룬다.

97) 골 4:5; 엡 5:16.

98) 고전 7:29-31.

99) NRSV는 로마서 13:11을 병행본문으로 인용한다.

100) Winter, 2001, 215-68. Horrell, 2005, 147 n. 41은 이것을 논의하면서, Yarborough, 1985, 103 n. 38이 3 Macc. 1.16-19에서 갑작스러운 위기로 인해서 자신들의 결혼 계획을 포기한 사람들과의 병행을 말한 것을 지적한다. 하지만 그들은 세계가 종말을 맞고 있다고 생각한 것이 아니라, 그것은 사회적이고 정치적인 큰 위협이 갑자기 등장한 것이었다.

6. 결론: 바울의 세계관과 남아 있는 질문들

우리는 지금까지 세 가지를 살펴보았다: (1) 바울의 암묵적 세계관의 심장부로 우리를 데려다 주는 상징적 실천, (2) 바울이 그러한 상징들과 그 실천에 의미를 부여하기 위하여 사용한 서로 복잡하게 뒤엉켜 있는 암묵적인 서사들, (3) 우리로 하여금 바울이 당연한 것으로 받아들였을 뿐만 아니라 자신의 신자들도 당연한 것으로 받아들이기를 원하였던 것들을 선명하게 보여주는 지표들을 현미경으로 볼 수 있게 해주는 세계관 질문들. 이런 것들을 통해서 우리는 바울의 세계관이 우리가 『신약성서와 하나님의 백성』 제4부에서 살펴보았던 좀 더 일반화된 초기 기독교의 세계관의 한 변종이고, 초기 기독교의 세계관은 제2성전 시대의 유대교(당시의 유대교는 종종 서로 모순되기까지 한 아주 다양한 변종들을 다 포괄하는 개념이다) 내에서 발견되는 전체적인 세계관을 철저하게 재편한 것이었다는 것을 알게 되었다. 바울에게서 제2성전 시대의 유대적인 세계관은 긍정됨과 동시에 변형되었기 때문에, "허물고 다시 지었다"는 표현을 써도 무리가 없을 것이다: "나는 메시야와 함께 십자가에 못 박혔다. 그럼에도 불구하고, 나는 살아 있다." 메시야의 수치스러운 죽음과 기절초풍할 부활은 바울로 하여금 하나님과 세계와 하나님의 백성에 관한 오랜 이야기 속에서 이 본질적으로 새로운 계기를 맞아서, 충성스러운 유대인, 참 이스라엘 사람, "할례파"의 한 지체가 된다는 것이 무엇을 의미하는지에 관한 질문 전체를 다시 생각해서 다시 살아내고 다시 수행해 나가게 하였다. 그리고 이것이 의미하는 것의 일부는 세계 전체를 메시야 아래에 복속시키기로 늘 약속하였던[101] 그 하나님이 바로 그 일을 시작한 것으로 보였고, 게다가 그러한 통치를 수행하는 데 한때 강경파 바리새인이었던 자를 자신의 대리인으로 사용하고 있는 것으로 보였다는 것이기 때문에, 바울이 이 메시야의 메시지가 고대 이교 세계의 여러 세계관들과 과제들과 소망들과 신념들과 두려움들과 어떤 식으로 접전한다고 생각하였는지를 (제12-14장에서 좀 더 자세하게 다루기에 앞서) 살펴보는 것이 좋을 것 같다.

우리는 바울이 한 분 유일하신 하나님의 메시지를 "이교화" 하고자 하는 그 어떤 시도에 대해서도 단호하게 맞섰고, 자기가 세우고 섬겼던 '에클레시아'(ekklēsiai)는 제2성전 시대의 주류 유대교의 상징 세계에 의해서 규정되지 않는다

101) 시 2편; 사 11장 등.

고 확고하게 역설하였다는 것을 안다. 실제로, 우리는 바울의 세계관의 중심적인 상징이 그가 메시야 및 성령과 관련하여 사실이라고 믿었던 것과 창조주 한 분 유일하신 하나님이 역사하여서 옛적의 약속들이 성취되기를 고대하고 있었던 자들이 전혀 예상하지 못했던 방식으로 그 약속들을 놀랍고도 결정적으로 성취한 것이라고 믿었던 것에 토대를 둔 '에클레시아' 자체의 연합과 성결이었다는 주목할 만한 결론에 도달하였다.

바울은 자신의 '에클레시아'가 자신의 이러한 세계관을 공유하기를 소망하였던 것으로 보인다. 우리는 그의 교회들이 그러한 세계관을 실제로 공유하였던 것인지, 아니면 그가 단지 그들을 강하게 흔들어서 새로운 사고로 이끌기 위해서 그런 식으로 말한 것인지는 알 수 없지만, 그는 흔히 자신의 서신들에서 그러한 세계관을 전제하는 것으로 보인다. 그러나 그의 교회들이 어떻게 하였든, 우리에게 중요한 것은 우리는 그가 메시야를 믿는 모든 자들에게 원칙적으로 공통적인 것이라고 이해하였던 세계관으로부터 그 세계관을 자신의 것으로 만든 그 자신만의 개인적인 변종으로의 이행을 확인할 수 있다는 것이다.

무엇보다도, 바울은 이스라엘의 하나님이 그를 불러서 "이방인의 사도"로 삼았다고 믿었다. 이것은 흔히 지적되는 것은 아니지만, 오직 그에게만 해당되는 유일무이한 것이었다. 왜냐하면, 바울은 이런저런 부류의 대적자들, 즉 "사도"로 자처하는 사람들을 알고 있었지만, 우리가 아는 한, "이방인의 사도"라고 주장하며 돌아다닌 사람은 아무도 없었기 때문이다. 이것은 기이하고도 강력한 소명이었고, 그는 자신의 그러한 소명을 특히 이사야서에 나오는 야웨의 종이라는 인물에 뿌리를 둔 이스라엘의 소명, 즉 세계의 빛이 되어야 한다는 소명을 자기가 실현해야 한다는 관점에서 해석하였다. 하나님이 이스라엘에게 맡겼던 야웨의 종으로서의 소명을 담당한 이가 바로 메시야 자신이었다고 역설한 사람이 바울이었다는 점을 감안하면, 바울이 자신의 소명을 그런 식으로 해석한 것은, 오직 그가 자기는 "메시야 안에서" 살아가고 있고 메시야는 "자기 안에" 살아 계신다고 말한 것을 우리가 진지하게 받아들일 때에만 제대로 설명될 수 있다.[102] 바울은 자신이 당연한 것으로 전제하였던 사고체계의 수준에서, 열심이 특심한 바리새인이라는 자신의 특별한 출신배경이 메시야 예수에 관한 복음 메시지에서 새롭게 계시된 하나님의 목적

102) 위에서 이사야서 49:8을 언급하고 있는 고후 5:11—6:2을 보라; 또한, cp. 롬 10:15(사 52:7); 갈 1:15(사 49:1, 5); 1:24(사 49:3); 그리고 이것을 반복적으로 시사해 주고 있는 갈 2:2; 4:11; 빌 2:16; 살전 3:5(이 본문들은 모두 이사야 49:4을 반영하고 있다; cp. 사 65:23; 고전 15:58). 또한, 아마도 의외이겠지만, Eisenbaum, 2009, 253f.를 보라.

과 하나님의 의, 그리고 하나님의 신실하심에 비추어 보았을 때에 옳은 것이기도 하고 그릇된 것이기도 하다고 이해하였다. 그러한 옳고 그름에 대한 얘기는 그가 갈라디아서 2:17-21 같이 "나"를 내세워 일인칭으로 마치 자전적인 것처럼 쓴 본문들이나 빌립보서 3:4-14 같은 실제로 자전적인 본문들을 써내려 갈 때에 거듭거듭 등장한다. 그는 명민하고 날카로운 지성을 가지고서, 성경의 폭넓은 자료들을 복음에 비추어 깊이 사고해서 분명할 결론들을 이끌어 낼 수 있었기 때문에, 어떤 음식을 먹어야 하는지, 어떤 날들을 성일로 지켜야 하는지에 관한 논쟁들에서 "강한 자"의 입장을 취하였고, 그런 입장을 취하는 것을 당연한 것으로 여겼던 것이라고 나는 본다.[103] 그가 자신의 교회들 가운데서 끈기있게 가르치려고 한 세계관은 그러한 토대 위에 세워진 것이었지만, 그는 믿음이 약한 자들의 양심을 생각해서, 그러한 쟁점에 대하여 기꺼이 양보하고 관용하는 입장(우리는 이것을 타협으로 오해해서는 안 된다)을 취하였다. 그러나 바울 자신의 사고체계 속에서는 그러한 문제들에 대한 그의 입장은 확고하였다: "내가 주 예수 안에서 알고 확신하는 것은 아무것도 그 자체로 부정한 것은 없다는 것이다"; "땅과 거기에 충만한 것이 주의 것이다."[104] 이러한 것들은 토대가 되는 것들이었기 때문에, 보통 때에는 바울은 자기가 어떤 안경을 통해서 보고 있는지를 다른 사람에게 보여 주기 위하여 그 안경을 벗을 필요가 없었을 것이다.

이제 내가 앞에서 제시하였던 세계관 모형으로 돌아가 보자. 상징과 실천, 이야기와 질문들은 마음의 습관들(바울이 당연한 것으로 전제하였던 예배와 기도)과 삶의 습관들(여행과 숙박, 낯선 도시에 도착했을 때에 어떻게 해야 하는지 등등에 관한 문화적 전제들)에 의해 둘러싸여 있다. 후자와 관련해서, 우리는 바울이 어떤 종류의 여관에 묵었고, 모금한 돈을 어떻게 운반하였으며, 그가 실제로 짐 싣는 짐승들을 이용해서 여행하였던 것인지, 아침에는 무엇을 먹었는지 등등에 대해서 알고 싶지만, 그가 몸담고 있던 "문화"의 대부분은 우리에게 감추어져 있어서, 단지 추측만 할 수 있을 뿐이다. 그러나 중요한 것은 그 어떤 세계관으로부터도 출현하는 것이 두 가지가 있다는 것인데, 그 중 하나는 "기본적인 신념들"과 "부수적인 신념들"로 표현되는 "신학"이고, 다른 하나는 행위에 동력과 방향을 부여하는 동기들인 "목표들"과 "의도들"이다. 우리는 본서의 제3부에서는 바울의 "신학"을 살펴볼 것이고, 제4부, 특히 마지막 장에서는 바울의 목표들과 의도들, 그리고 그것

103) 롬 14장; 고전 8-10장.

104) 롬 14:14; 시편 24:1을 인용하고 있는 고전 10:26.

들이 어떻게 그가 실제로 행하였던 일들로 이어지고 그 일들을 행하는 데 동력을 부여하였는지를 살펴볼 것이다. 나는 이 모든 것들이 어떻게 서로 아구가 잘 맞아서 작동하는지에 대하여 한두 마디를 한 후에, 현재의 제2부를 끝마치고자 한다.

나는 그 어떤 세계관이라도 적어도 암묵적으로는 "신학"을 향하여 움직여 가는 동력을 생성해 낸다고 본다. 심지어 무신론적인 세계관이라고 해도 예외일 수는 없다. 사람들은 누구나 원칙적으로 하나님/신/신들과 세계에 관한 질문들에 대답하지 않으면 안 되기 때문이다. 유일한 차이는 무신론자는 당연히 다른 대답들을 할 것이라는 것이지만, 질문들은 동일하다(우리는 이른바 "악의 문제"를 다루는 반면에, 무신론자는 "선의 문제"에 직면할 것이기는 하지만). 스토아학파, 에피쿠로스학파, 또는 고대 이스라엘과 제2성전 시대 유대인들을 비롯한 고대의 인간 집단들의 "신학"이라고 말하는 것은 고대이든 현대이든 철학에 대하여 글을 쓰는 저술가들에게는 유의미하다. "신학" 그 자체는 기독교의 사유물이 아니다. 사람이 신과 사람, 신과 세계, 신과 과거와 미래에 대하여 무엇을 믿느냐 하는 문제는 늘 열려 있다. 우리가 그러한 것들을 여기에서처럼 "신학"이라고 부르든, 아니면 고대 스토아학파처럼 "물리학"(즉, "사물들이 존재하는 방식"이라는 의미에서의 "자연"에 관한 탐구)이라고 부르든, 아니면 또 다른 어떤 명칭으로 부르든, 이 문제를 탐구하다 보면, 우리는 곧 동일한 일련의 기본적인 주제들에 도달하게 된다. 그러나 바울에게 있어서 세계관으로부터 신학으로의 전환은 그런 것들과는 다른 종류의 중요성을 지닌다. 이것은 우리를 본서의 중심적인 주장들 중의 하나와 대면하게 만든다.

바울에게서 우리는 이제 기독교 특유의 신학이 무엇이고, 그것이 왜 중요한지를 좀 더 분명하게 보게 된다. 바울이 지니고 있던 세계관이자 그가 자신의 '에클레시아'의 제2의 본성이 되게 하고자 최선을 다하였던 세계관은 제2성전 시대 유대교가 통상적으로 가지고 있었던 세계관의 닻들 중 그 어떤 것도 가지고 있지 않았고, 그 닻들을 버린 대신에, 고대 이교의 세계관의 주요한 닻들을 장착하고 있었던 것도 아니었다. 앞에서 보았듯이, 사실 '에클레시아' 및 그 연합과 성결은 그 자체가 예배와 기도, 성경 봉독과 성례전들(나중에 이렇게 불리게 된 것들)이라는 필수적이며 유기적이고 적절한 실천을 생성해 내는 중심적인 세계관 표지이자 다른 많은 것들을 떠받치고 있는 상징이었다. 그러나 '에클레시아'는 그 자체로는 이 세계관의 무게를 감당할 수 없었다. 단지 바울을 비롯한 사도들이 그러한 세계관을 가지고 살아가야 한다고 말했다고 해서, '에클레시아'가 그렇게 할 수 있었던 것이 아니었다. 웨인 믹스(Wayne Meeks)가 1983년에 쓴 자신의 획기적인 저작에서 보여 주었듯이, 메시야를 믿는 자들의 공동체가 안정되고 강화되며 제대로 밑받침되기 위해서는 "신학"이 필요하였다.[105)]

믹스는 그러한 신학 작업에서 유일신론의 역할을 강조한다. 바울의 세계관에서 유일신론은 유대교에서보다도 훨씬 더 중요한 일을 하였다. 샌더스(Sanders)는 제2성전 시대의 유대교에서 "유일신론의 의미는 유동적이었다"고 지적한다.[106)] 거기에는 유일신론이 있었지만, 유대교에는 그 밖에도 음식법들, 할례, 안식일 등과 같은 다른 상징들이 있었다. 마찬가지로, 이방 종교도 다소 혼란스러운 것이기는 해도 풍부한 상징 세계를 제공하였는데, 거기에서 신들에 관한 사변(유일신론적인 사변들을 포함한)인 "신학"은 많은 활동들 중에서 소수의 흥미를 끄는 하나의 활동으로 존재하였을 뿐이고, 대다수는 얼마든지 그 지역에서 관행적으로 행해지거나 개인적으로 선호한 그러한 종교 활동들을 수행하며 살아갈 수 있었다. 하지만 바울에게 있어서는 하나님이 진정으로 어떤 분인가를 철저하게 사고하는 것은 엄청나게 중요하였는데, 그것은 새로운 차원의 충족되지 않는 지적 호기심 때문이었던 것이 아니라, 그 문제가 해결됨이 없이는 그의 세계관이 제대로 유지될 수 없었기 때문이었다. 하나님에 관한 질문들, 그리고 그러한 질문들과 씨름해서 개인적으로나 공동체적으로나 사고를 새롭게 하는 것은 세계관을 유지하는 데 필수적인 일이었다.

유대적인 유일신론은 그 자체가 키케로나 세네카의 신학적인 사변들과 맥을 같이하는 추상적인 지적 활동이 아니었다. 유대인들은 한 분 유일하신 하나님과 피조세계 전체를 날카롭게 구별하였기 때문에(아리스토텔레스가 말한 신인 "제1동인"[prime mover]은 단지 세계 내에 존재하는 궁극적인 최고의 존재였던 것과는 달리), 그들의 유일신론은 직접적으로 이교의 우상 숭배 및 거기에 관련된 모든 것들을 배척하는 것으로 표현되었다.[107)] 그러므로 이 교리는 사회적으로나 문화적으

105) 특히, Meeks, 1983, 90-3을 보라. 그는 헬레니즘 문화 속에 이미 존재해 있던 "지적 유일신론"(intellectual monotheism)과 아주 비슷하면서도 판이하게 다른 "배타적 유일신론"(exclusive monotheism), 신자들에게 특별한 계시가 주어진다는 믿음, "비밀의 중심"인 "하나님의 메시야로서의 예수의 죽음과 부활의 의미"를 인용한다(92). Meeks는 초기 기독교의 유일신론은 "그들이 다른 사람들과 다르다는 것을 보여주는 구심점 역할을 하였고, 또한 신자들 간의 연합을 위한 토대를 의미하기도 하였다"(92); 예수의 죽으심과 다시 살아나심에 초점을 둔 믿음을 공유한 사람들은 "놀라운 동력을 지닌 종교적 상징을 공유하였다"(93). 이렇게 기독교 신학은 초기 바울 공동체들의 상징 세계 및 세계관과 밀접한 관계 속에 있다. 신학자들 자신들에 의해서 흔히 간과되는 이 중심적인 신학적 통찰이 사회사적 연구 속에서 아주 명료하고 정교하게 설명되어 왔다는 것은 최근의 신학계의 아이러니들 중의 하나이다.

106) Sanders, 1992, 247.

로 직접적인 영향을 지니고 있었다. 바울에게는 유대적인 세계관과 관련된 다른 상징적 실천이 없었기 때문에, 유일신론이 미친 사회문화적 영향은 훨씬 더 클 수 밖에 없었다. 새롭게 수정되고 천착된 그의 유일신론(그리고 거기에 수반된 다른 교리들)은 그의 조상들의 유일신론이 이미 짊어져 왔던 짐들을 고스란히 져야 했을 뿐만 아니라, 훨씬 더 큰 상징 체계 전반에 걸쳐 산재해 있던 다른 것들의 무게도 감당하여야 했다. 바울에게 있어서 신학은 그의 세계관, 특히 그 중심적인 상징이었던 연합되고 거룩한 '에클레시아'가 견고히 서서 제대로 유지되기 위해서는 없어서는 안 될 꼭 필요한 것이었다. 바울에게서 재편된 유일신론은 제9장의 주제이다.

메시야 예수와 성령을 중심으로 재편된 이 유일신론은 성경에 토대를 둔 일련의 성찰을 촉발시켜서, 곧바로 바울의 수정된 선민론으로 이어질 수밖에 없었다: "메시야 안에" 있는 사람들은 진정으로 한 분 참되신 하나님의 백성이다. 바울은 사람들이 이 점을 이해하지 못하면, 단일한 연합된 '에클레시아'라는 중심적인 세계관 상징은 그 즉시 무너진다는 것을 아주 일찍부터 깨달았다. 이것이 그의 수정된 선민론이 다양한 부류의 유대인 대화 상대자들과의 암묵적인 대화 속에서는 언제나, 그리고 명시적인 대화 속에서는 종종, 그리고 공동체와 관련해서 이교 세계관들과의 암묵적인 대화 속에서도 그의 신학의 중심에 아주 크게 부각되는 이유이다. 이 문제는 어쩔 수 없이 길게 쓸 수밖에 없었던 제10장의 주제가 될 것인데, 거기에서 나는 칭의 및 율법과 관련된 전통적인 질문들도 다룰 것이다.

선민론의 수정은 소망의 수정으로 이어지게 되는데, 이것이 제11장의 주제이다. 유대적인 종말론은 이제 전혀 예기치 않은 방식으로 개시되었지만, 그 미래적인 차원은 철저하고 강력하게 수정된 채로 유지되었고, 유일신론을 다시 가리키고 있었다. 바울에게 있어서 세계와 인류와 하나님의 백성을 위한 소망이라는 문제는 "하나님은 누구인가?"라는 질문과 관련해서만 유의미한 것이었고, 실제로 그러한 질문은 이 문제를 해명하는 데 도움이 되었다. 바리새인 사울은 이스라엘의 하나님이 마침내 임하여서 그의 왕권과 의와 신실하심을 만천하에 드러내기를 소망하고 기도하였다고 한다면, 사도 바울은 한 분 유일하신 하나님이 메시야 예수와 성령 안에서 이미 그 모든 일을 행하였다고 믿었다. 따라서 바울이 지닌 미래의 소망은 하나님이 시온으로 돌아오는 것 – 이 일은 놀랍게도 이미 일어났다 – 이 아니

107) Rowe, 2005a, 293f.에 나오는 설명을 보라.

라, 예수가 다시 돌아와서 세계 전체를 자신의 합법적인 유업으로 주장하는 것에 그 초점이 맞춰져 있었다. 이렇게 메시야를 통해서 유대적인 종말론이 개시되었다는 인식은 곧바로 유대적인 소망이 메시야를 중심으로 수정되어 여전히 유대적이기는 하지만 이제는 기독교적인 소망이 되는 결과를 낳았다.

"기독교의 기원"에서 "하나님의 문제"로. 우리는 본서에서 바로 이 지점에 도달하였고, 본서의 두 권의 책들 속에서 우리는 바울을 비롯한 초기 그리스도인들에게 "신학"이 왜 필요하였고, 그 신학이 왜 그런 형태를 지닐 수밖에 없었는지를 좀 더 정확하게 볼 수 있다. 이 특정한 세계관은 그 자신을 명확히 하고 안정되게 유지하기 위해서 신학을 필요로 하였다. 유대교의 전통적인 문화적 상징들을 떨쳐 버림과 동시에, 그 대신에 이방 종교의 상징적 실천을 받아들이는 것도 거부한 세계관이 스스로 우뚝 서기 위해서는, 자신의 뿌리들을 좀 더 세심하고 분명하고 깊게 내릴 필요가 있었고, 그 뿌리들은 창조주 이스라엘의 하나님의 존재와 성품이라는 땅에 깊이 뿌리를 내린 진지한 사고여야 하였다. 바울이 자신의 청중들에게 끊임없이 역설하였던 것은 그 세계관에 속한 모든 것들을 이스라엘의 성경에 비추어 철저하게 성찰하라는 것이었다. 메시야 예수 안에서 연합되고 거룩한 하나님의 '에클레시아'가 바울의 세계관이 되고 그 중심적인 상징이 되려면, '에클레시아'는 생각을 할 필요가 있다. 즉, 현세의 백성이 아니라 내세의 백성으로서 사고해서 "생각을 새롭게 함으로 변화를 받아," 하나님이 누구인지, 메시야 예수가 누구인지, 이 기이하고 강력한 성령이 누구인지, 갱신된 하나님의 백성이자 갱신된 인류로서 살아간다는 것이 무엇을 의미하는지를 이해할 필요가 있다는 것이다. 달리 말하면, 이것은 변화된 생각을 지닌 사람들, 즉 변화된 사고를 사용해서 모든 질문들 중에서 가장 큰 질문들인 하나님과 세계에 관한 질문과 끊임없이 씨름하는 사람들 속에서만 제대로 작동하는 세계관이라는 것이다.

이 세계관의 체계 전체는 마치 인간들로 하여금 그들의 지각과 명철을 성장시키도록 도전하기 위하여 의도된 것인 것처럼 보일 정도이다. 바울은 고린도 교인들에게 그렇게 하라고 말하지만, 이 명령은 단지 그들만이 아니라 모든 메시야 백성에게 주어진다.[108] 생각과 사고가 성숙해져야만 이 세계관은 유지될 수 있다. 이후의 교회 역사, 특히 서구 교회의 역사는 사람들이 신학 하는 것을 멈추고서 무엇인가 다른 수단들을 통해서 교회라는 실체를 유지하고자 할 때에 어떤 일이 벌어지

108) 고전 14:20.
109) Horrell, 2005, 62(Habermas에 관한 그의 논의의 일부)를 보라.

는지를 너무나 극명하게 보여준다.[109)]

"신학"(우리는 지금 이렇게 부르지만, 바울은 그렇게 부르지 않았다)은 이렇게 바울의 세계 속에서, 그리고 그 이후에도 원칙적으로 교회사 전체에 걸쳐서 새로운 역할을 수행한다. 이 역할은 유대교와 관련해서도, 이방 종교와 관련해서도 새로운 것이었다.

첫째, 이 역할은 유대교와 비교해서도 새로운 것이었다. 유대교는 하나님이 누구이고, 그가 과거에 무엇을 행하였으며, 미래에 무엇을 할 것이라고 약속하였는지에 대하여 꽤 분명한 생각을 지니고 있었다. 유일한 질문은 언제 어떻게 하나님이 그 일을 할 것인가, 즉 달리 말하면, 하나님이 전에 행하겠다고 한 약속에 대하여 어떤 식으로 신실하게 행할 것인지에 관한 것이었다. 바울에게 있어서 이 질문은 거꾸로 역전된다. 메시야 예수와 관련된 사건들은 "하나님의 신실하심"을 나타낸 것이라고 한다면, 그것은 이제 아브라함과 이삭과 야곱의 하나님, 세계의 창조주에 관하여 무엇이라고 말하고 있는 것인가? 우리가 이 질문에 대답할 수 없다면, 저 중심적인 세계관 상징은 자신의 일을 제대로 해내지 못하게 될 것이다. 그렇게 되면, '에클레시아'는 자신의 참된 모습을 유지하지 못하게 될 것이고, 따라서 유대교이든 이교이든, 또는 그 둘을 이상하게 결합해서 만들어 낸 것이든, 다른 세계관들로부터 빌려온 상징들에 의지하여 연명할 수밖에 없게 될 것이다.

둘째, "신학"의 이러한 역할은 이교와 관련해서도 새로운 것이었다. 당시에 길거리에서 흔히 마주치는 이교도들은 자신들이 매일같이 접하였던 신들에 대하여 충분히 잘 알고 있었고, 스토아학파, 에피쿠로스학파, 아카데미학파 간의 좀 더 수준 높은 논쟁들이나, 시대를 따라 등장했다가 사라진 그 밖의 다른 철학적인 관념들도 다양한 방식으로 사람들에게 영향을 미치고 그들의 관심을 끌었다. 그러나 "신"이라는 것이 무엇을 의미하는지, 그리고 신이라는 존재가 세계에 대하여 어떤 관계에 있는지를 철저하게 생각하는 일은 고대의 이교도들과는 별 상관이 없었고, 바울이 자신의 글들을 통해서 그의 교회들에게 신학 – 창조주이자 계약의 하나님 및 세계에 대한 그 하나님의 계획과 목적에 대하여 성경을 토대로 기도하며 간절하게 성찰하는 일 – 을 심어 주고자 했을 때에 신학이 행하였던 역할 같은 것은 고대인들과는 거리가 먼 일이었다.

따라서 사람들이 "바울은 중세 시대에 나온 『신학대전』(*Summa Theologica*)이나 칼빈의 『기독교 강요』 같은 책을 쓰지 않았다"는 의미에서, 그는 "조직신학자가 아니었다" – 사람들은 흔히 이렇게 말한다 – 고 말한다면, 우리는 "지당하신 말씀이다"라고 기꺼이 말할 것이다. 우리가 알고 있는 한, 바울은 그런 글을 쓰지 않았기 때문이다. 그러나 사람들은 흔히 바울이 조직신학자가 아니었다는 말을 그는 자기가 여기저기서 배우고 주워들은 여러 사상들과 관념들을 얼기설기 엮어서, 자신의 사랑하는 '에클레시아'가 어떤 문제들에 직면해서 좌절할 때에 거기에서 알맞다고 생각하는 것들을 취합해서 대충 권면한 잡동사니 사상가였다는 의미로 받아들이는데, 그것은 정말 말도 안 되는 어처구니없는 일이다. 우리가 좀 더 시간을 들여서 바울을 주의 깊게 읽고, 그의 세계관과 신학, 그의 목표들과 의도들을 연구할수록, 그는 전체적으로 통일된 사상과 신학을 지닌 심오한 사상가였다는 것이 더 선명하게 드러난다.[110] 그가 다룬 주된 주제들은 후대의 그 어떤 유형의 기독교 교의 체계가 구축해 놓은 틀에도 들어맞지 않는다. 그는 후대의 기독교 교의학에서 애석하게도 흔히 무시되는 고대의 유대적인 범주들을 변화시켜서 자신의 범주들을 생성해 낸 후에 거기에 자신의 주된 주제들을 담아내는데, 그러한 주제들은 오늘날 그를 비판하거나 따른다고 주장하는 자들 못지않은 엄격한 사고를 통해서 생성된 것으로서 전체적으로 통일적이고 온전한 하나를 이루고 있다.

또한, 바울이 "신학을 한" 이유는 거대하고 복잡한 추상적인 개념들을 다루고 조직화하는 것을 좋아하는 두뇌를 우연히 선천적으로 타고 났기 때문이 아니었다. 그가 신학을 한 것은 하나님의 백성의 삶이 "신학"에 달려 있었고, 자기가 먼저 그들을 위하여 신학을 해야만, 그런 후에 그들이 스스로 신학을 해나갈 수 있었기 때문이었다. 이렇게 바울의 신학은 "고객"의 당장의 필요들을 충족시켜 주는 데 초점을 맞춘 비조직적이고 치유적인 것이라는 의미에서가 아니라, 목자가 깨끗한 음식과 물로 양 무리를 먹이고, 이리들로부터 양들을 보호하기 위한 필요성에서 나온 것이라는 의미에서 "목회 신학"이다. 그렇기 때문에, 목회 신학은 수정처럼 선명하고 철저할 필요가 있고, 다른 사람들이 충분히 가르침 받을 수 있는 방식으로 제시될 필요가 있다. 바울에게 있어서 기독교 신학은 단지 여러분이 무엇을 아느냐에 관한 것이 아니었고, 여러분이 어떻게 아느냐에 관한 것이었다는 것도 중요한 핵심 중 하나이다. 기독교 세계관이 사람들에게 새로운 방식으로 생각하도록 강권하는 것이 그런 식으로 새롭게 사고하지 않으면 그 세계관 자체가 유지될 수 없기 때문인 것과 마찬가지로, 기독교 신학도 한두 사람의 탁월한 교사들이 공동체의 지

110) 이것은 Beker, 1980의 제안("정합성과 우연성")과 부합한다. 물론, 문제는 무엇을 어떤 기준에서 "정합성"이라고 하느냐 하는 것이다. 이전에 석의자들이 양립될 수 없다고 분명하게 말한 주제들 중에서 D. A. Campbell, 2008, 380의 경우처럼 이제는 다룰 때가 무르익은 것들이 많다. Campbell은 메시야직, 부활, 높아짐은 "바울에 있어서 고립적인 강조점들이 아니고," 논증과 신학에 있어서 중요한 역할들을 수행하는 단단하게 통합된 관심사들"이라고 선언한다.

체들에게 수저로 떠먹여 주어서 될 일이 아니라, 공동체적으로 수행되어야 하는 작업이고, 공동체가 직면한 모든 문제들에 대하여 바울이나 아타나시우스, 아퀴나스나 루터, 바르트 등이 이미 제시해 놓은 대답들을 그저 읽기만 하면 되는 일이 아니라, 각각의 세대가 스스로 신학을 하는 일에 참여하여 그 사고를 성숙시켜야 한다는 점에서 미완의 작업이다. 바울의 "권위"는 그가 수수께끼 같이 헷갈리는 질문들에 대하여 올바른 대답들을 많이 제시하였다는 데 있지 않았다. 만일 그가 그렇게 하였더라면, 그의 전도를 받고 회심한 자들과 그 이후의 세대들은 그가 대답해 놓은 질문들에 대하여 더 이상 할 일이 없었을 것이고, 그가 대답해 놓지 않은 질문들에 대해서는 그 대답을 구하기 위하여 어디에서 출발해야 할지를 모르게 되었을 것이기 때문에, 그들의 생각과 사고는 철저하게 미성숙한 상태에 머물러 있을 수밖에 없었을 것이다. 당신이 어떤 사람에게 하나의 사상을 가르치면, 그는 하루를 살아갈 힘을 얻을 수 있다. 하지만 당신이 그에게 생각하는 법을 가르치면, 그는 평생 스스로 성숙해져갈 수 있다. 바울의 권위는 특정한 틀을 정립해 놓고서 구체적인 도전을 제시한 데 있었다. 메시야 백성으로서 살아간다는 것은 그 틀 속에서 그 도전과 씨름하는 것이라고 그는 말하였을 것이다.

이렇게 우리가 지금까지 살펴본 세계관으로 인해서 새로운 역할을 반드시 수행하여야만 하였던 "신학"은 바울에게 특히 유일신론의 의미를 천착할 것을 요구하였다. 유일신론은 늘 이스라엘을 자신의 이웃인 다른 열방들로부터 구별시킨 유대교의 중심적인 교리였다. 바울이 한층 발전시킨 한 분 유일하신 하나님에 관한 유대적인 교리는 그의 신학의 중심에 있고, 유대교 자체에서보다도 훨씬 더 큰 비중을 차지하고 있다. 주 메시야 예수를 통해서 알려지고, 성령의 신비한 임재와 능력을 통해서도 알려진 창조주 한 분 유일하신 하나님에 대한 믿음은 '에클레시아'를 그 가장 근본적인 수준에서 정의하고서 '에클레시아'가 모든 곳의 중심임을 선언하는 것이었을 뿐만 아니라, 그 밖의 다른 비슷한 주장들을 정면으로 반박하면서 '에클레시아'가 세계의 중심인 하나님의 나라라고 말하는 표지이기도 하였다. '에클레시아'가 기준점이고, 세계는 이 기준점을 중심으로 동쪽이나 서쪽에 있다.

中

가운데

사각형을 아래로 똑바로
신속하게 양분하는 막대,
밖에서 시작된 것 같은 획,
관통하는 화살,
그 과녁은 "중간," "가운뎃 점," "한복판."
가장자리에 끌리는 우리의 사고들의 초점을 다시 잡아주는
중간의 분명한 선.
황금의 중용. 중도의 길.

발사와 완수.
진정한 굴대와 노래하는 아치.
적중. 황소의 눈.

또한, 가운데 왕국의 표지.
중심 잡힌 자기 확신.
중국의 동쪽이나 서쪽에 있는 다른 모든 것.
자신만만한 교구민들.
시인 카바나(Kavanagh)는 알았을까,
어떤 왕조가 어떻게
모든 것의 축을 알아
그들의 세계를 관통하는 선을 그었는지를.

그 선이 있는 곳.
모든 곳의 중심.
화살인 너는 여기에 있다.

미홀 오 쉴(Micheal O'Siadhail)

참고문헌

BIBLIOGRAPHY FOR PARTS I AND II

Ackroyd, P. R. 1968. *Exile and Restoration: A Study of Hebrew Thought of the Sixth Century BC*. London: SCM Press.

Adams, E. 1997b. 'Historical Crisis and Cosmic Crisis in Mark 13 and Lucan's *Civil War*.' *Tyndale Bulletin* 48.2:329–44.

——. 2000. *Constructing the World: A Study in Paul's Cosmological Language*. Edinburgh: T&T Clark.

——. 2002. 'Paul's Story of God and Creation: The Story of How God Fulfils His Purposes in Creation.' Pp. 19–43 in *Narrative Dynamics in Paul: A Critical Assessment*, ed. B. W. Longenecker. Louisville: Westminster John Knox.

——. 2006. 'The "coming of God": Tradition and Its Influence on New Testament Parousia Texts'. Pp. 1–19 in *Biblical Traditions in Transmission: Essays in Honour of Michael A. Knibb*, eds C. Hempel and J. M. Lieu. Leiden: Brill.

——. 2007. *The Stars Will Fall from Heaven: Cosmic Catastrophe in the New Testament and Its World*. London: T&T Clark.

Agamben, G. 2006. *The Time That Remains: A Commentary on the Letter to the Romans*. Stanford, CA: Stanford University Press.

Agosto, E. 2003. 'Paul and Commendation.' Pp. 101–33 in *Paul in the Greco-Roman World: A Handbook*, ed. J. P. Sampley. Harrisburg, PA: Trinity Press International.

Alcock, S. E. 1989. 'Roman Imperialism in the Greek Landscape.' *Journal of Roman Antiquities* 2:5–34.

——. 2001. 'The Reconfiguration of Memory in the Eastern Roman Empire.' Pp. 323–50 in *Empires: Perspectives from Archaeology and History*, eds S. E. Alcock et al. Cambridge: Cambridge University Press.

Algra, K. 2003. 'Stoic Theology.' Pp. 153–78 in *The Cambridge Companion to the Stoics*, edited by B. Inwood. Cambridge: Cambridge University Press.

Allison, D. C. 1985. *The End of the Ages Has Come: An Early Interpretation of the Passion and Resurrection of Jesus*. Philadelphia: Fortress.

——. 1994. 'A Plea for Thoroughgoing Eschatology.' *Journal of Biblical Literature* 113:651–68.

——. 1998. *Jesus of Nazareth: Millenarian Prophet*. Minneapolis: Fortress.

——. 1999. 'Jesus and the Victory of Apocalyptic.' Pp. 126–41 in *Jesus and the Restoration of Israel: A Critical Assessment of N. T. Wright's* Jesus and the Victory of God. Downers Grove, IL: InterVarsity Press.

——. 2005. *Resurrecting Jesus: The Earliest Christian Tradition and Its Interpreters*. London; New York: T&T Clark.

——. 2009. *The Historical Christ and the Theological Jesus*. Grand Rapids: Eerdmans.

——. 2010. *Constructing Jesus: Memory, Imagination, and History*. Grand Rapids: Baker Academic.

Ando, C. 2000. *Imperial Ideology and Provincial Loyalty in the Roman Empire.* Berkeley; Los Angeles; London: University of California Press.

——. 2008. *The Matter of the Gods: Religion and the Roman Empire.* London: University of California.

Arzt-Grabner, P. 2001. 'The Case of Onesimus: An Interpretation of Paul's Letter to Philemon Based on Documentary Papyri and Ostraca.' *Annali di Storia Dell'esegesi* 18:589–614.

——. 2003. *Philemon.* Göttingen: Vandenhoek & Ruprecht.

——. 2004. 'Onesimus *Erro*: Zur Vorgeschichte Des Philemonbriefes.' *Zeitschrift für die Neutestamentliche Wissenschaft* 95(1):131–43.

——. 2010. 'How to Deal with Onesimus? Paul's Solution within the Frame of Ancient Legal and Documentary Sources.' Pp. 113–42 in *Philemon in Perspective: Interpreting a Pauline Letter*, ed. D. F. Tolmie. Berlin/New York: De Gruyter.

Asurmendi, J. M. 2006. 'Baruch: Causes, Effects and Remedies for a Disaster.' Pp. 187–200 in *History and Identity: How Israel's Later Authors Viewed Its Earlier History*, eds N. Calduch-Benages and J. Liesen. Berlin/New York: De Gruyter.

Athanassiadi, P., and M. Frede, eds. 1999. *Pagan Monotheism in Late Antiquity.* Oxford: Oxford University Press, Clarendon Press.

Atkins, R. 2010. 'Contextual Interpretation of the Letter to Philemon in the United States.' Pp. 205–21 in *Philemon in Perspective: Interpreting a Pauline Letter*, ed. D. F. Tolmie. Berlin/New York: De Gruyter.

Audi, R., ed. 1999 [1995]. *The Cambridge Dictionary of Philosophy.* Cambridge: Cambridge University Press.

Barclay, J. M. G. 1991. 'Paul, Philemon and the Dilemma of Christian Slave-Ownership.' *New Testament Studies* 37:161–86.

——. 1996. *Jews in the Mediterranean Diaspora from Alexander to Trajan (323 BCE — 117 CE).* Edinburgh: T&T Clark.

——. 2002. 'Paul's Story: Theology as Testimony.' Pp. 133–56 in *Narrative Dynamics in Paul: A Critical Assessment*, ed. B. W. Longenecker. Louisville: Westminster John Knox.

——. 2004 [1997]. *Colossians and Philemon (New Testament Guides, Vol. 12).* London: Continuum.

——. 2006. '"By the Grace of God I Am What I Am": Grace and Agency in Philo and Paul.' Pp. 140–57 in *Divine and Human Agency in Paul and His Cultural Environment*, eds J. M. G. Barclay and S. J. Gathercole. London: T&T Clark.

——. 2011. *Pauline Churches and Diaspora Jews.* Tübingen: Mohr.

Barclay, J. M. G., and S. J. Gathercole, eds. 2006. *Divine and Human Agency in Paul and His Cultural Environment.* London: T&T Clark.

Barker, M. 2004. *Temple Theology: An Introduction.* London: SPCK.

Barnett, P. W. 1993. 'Opponents of Paul.' Pp. 644–53 in *Dictionary of Paul and His Letters*, eds G. F. Hawthorne, R. P. Martin, and D. G. Reid. Downers Grove, IL: InterVarsity Press.

Barram, M. 2011. 'Pauline Mission as Salvific Intentionality: Fostering a Missional Consciousness in 1 Corinthians 9:19–23 and 10:31—11:1.' Pp. 234–46 in *Paul as Missionary: Identity, Activity, Theology, and Practice*, eds T. J. Burke and B. S. Rosner. London: T&T Clark.

Barrett, A. A. 1989. *Caligula: The Corruption of Power.* London: B. T. Batsford Ltd.

Barrett, C. K., ed. and introd. 1987 [1956]. *The New Testament Background: Selected Documents.* Rev. edn. London: SPCK; New York: Harper & Row.

——. 1998. *Acts 15—28.* London: T&T Clark.

Barth, Karl. 1968 [1933]. *The Epistle to the Romans.* Tr. E. C. Hoskyns. Oxford: Oxford University Press.

Bassler, J. M., ed. 1991. *Pauline Theology, Vol. 1: Thessalonians, Philippians, Galatians, Philemon.* Minneapolis: Augsburg Fortress.

Bauckham, R. J. 1995. 'James and the Jerusalem Church.' Pp. 415–80 in *The Book of Acts in Its First Century Setting,* eds R. J. Bauckham and B. W. Winter. Carlisle; Grand Rapids: Paternoster; Eerdmans.

——. 2001. 'Apocalypses.' Pp. 135–87 in *Justification and Variegated Nomism, Vol. 1: The Complexities of Second Temple Judaism,* eds D. A. Carson, P. T. O'Brien, and M. A. Seifrid. Tübingen: Mohr.

Beacham, R. 2005. 'The Emperor as Impresario: Producing the Pageant of Power.' Pp. 151–74 in *The Cambridge Companion to the Age of Augustus,* ed. K. Galinsky. Cambridge: Cambridge University Press.

Beale, G. K. 2004. *The Temple and the Church's Mission: A Biblical Theology of the Dwelling Place of God.* Downers Grove, IL: InterVarsity Press.

——. 2008. *We Become What We Worship: A Biblical Theology of Idolatry.* Downers Grove, IL: IVP Academic.

Beard, M. 2007. *The Roman Triumph.* Cambridge, MA: The Belknap Press of Harvard University Press.

Beard, M., and J. A. North, eds. 1990. *Pagan Priests: Religion and Power in the Ancient World.* Ithaca, NY: Cornell University Press.

Beard, M., J. North, and S. Price. 1998. *Religions of Rome, Vol. 1: A History.* Cambridge: Cambridge University Press.

Beckwith, R. T. 1980. 'The Significance of the Calendar for Interpreting Essene Chronology and Eschatology.' *Révue de Qumran* 38:167–202.

——. 1981. 'Daniel 9 and the Date of Messiah's Coming in Essene, Hellenistic, Pharisaic, Zealot and Early Christian Computation.' *Révue de Qumran* 40:521–42.

——. 1996. *Calendar and Chronology, Jewish and Christian: Biblical, Intertestamental and Patristic Studies.* AGJU, vol. 33. Leiden: Brill.

Beker, J. C. 1980. *Paul the Apostle: The Triumph of God in Life and Thought.* Philadelphia: Fortress.

Belayche, N. 2011. '*Hypsistos*: A Way of Exalting the Gods in Graeco-Roman Polytheism.' Pp. 139–74 in *The Religious History of the Roman Empire: Pagans, Jews and Christians,* eds J. A. North and S. R. F. Price. Oxford: Oxford University Press.

Benko, S. 1984. *Pagan Rome and the Early Christians.* Bloomington and Indianapolis: Indiana University Press.

Berger, P. L., and Thomas Luckman. 1966. *The Social Construction of Reality: A Treatise in the Sociology of Knowledge.* Garden City, NY: Doubleday.

Betjeman, J. 1982. *Uncollected Poems.* London: John Murray.

Bett, R. 2010. *The Cambridge Companion to Ancient Scepticism.* Cambridge: Cambridge University Press.

Betz, H. D. 1973. '2 Cor 6:14—7:1: An Anti-Pauline Fragment?' *Journal of Biblical Literature* 92(1):88–108.

——. 1994. 'Transferring a Ritual: Paul's Interpretation of Baptism in Romans 6.' Pp. 84–118 in *Paul in His Hellenistic Context*, ed. T. Engberg-Pedersen. Edinburgh: T&T Clark.

Bird, M. F. 2006. *Jesus and the Origins of the Gentile Mission*. London: T&T Clark.

——. 2008a. 'Tearing the Heavens and Shaking the Heavenlies: Mark's Cosmology in Its Apocalyptic Context.' Pp. 45–59 in *Cosmology and New Testament Theology*. London: T&T Clark International.

——. 2008b. *Introducing Paul: The Man, His Mission and His Message*. Downers Grove, IL: IVP Academic.

——. 2009. *Are You the One Who Is to Come? The Historical Jesus and the Messianic Question*. Grand Rapids: Baker Academic.

——. 2009b. *Colossians and Philemon*. Eugene, OR: Cascade Books.

——. 2010. *Crossing Over Sea and Land: Jewish Missionary Activity in the Second Temple Period*. Peabody, MA: Hendrickson.

Blackburn, S. 2008 [1994]. *The Oxford Dictionary of Philosophy*. 2nd edn. revd. Oxford: Oxford University Press.

Blackwell, B. C. 2011. *Christosis: Pauline Soteriology in Light of Deification in Irenaeus and Cyril of Alexandria*. Tübingen: Mohr.

Blaschke, A. 1998. *Beschneidung: Zeugnisse der Bible und verwandter Texte*. Tübingen: Francke Verlag.

Bock, D. L. 1999. 'The Trial and Death of Jesus in N. T. Wright's *Jesus and the Victory of God*.' Pp. 101–25, 308–10 in *Jesus and the Restoration of Israel: A Critical Assessment of N. T. Wright's* Jesus and the Victory of God, ed. C. C. Newman. Downers Grove, IL: InterVarsity Press.

Bockmuehl, M. N. A. 1997 [1990]. *Revelation and Mystery in Ancient Judaism and Pauline Christianity*. Grand Rapids: Eerdmans.

——. 1998. *The Epistle to the Philippians*. London: A&C Black.

——. 2000. *Jewish Law in Gentile Churches: Halakhah and the Beginning of Christian Public Ethics*. London: T&T Clark.

——. 2001. '1QS and Salvation at Qumran.' Pp. 381–414 in *Justification and Variegated Nomism, Vol. 1: The Complexities of Second Temple Judaism*, eds D. A. Carson, P. T. O'Brien, and M. A. Seifrid. Tübingen: Mohr.

Boer, R. 2010. *Secularism and Biblical Studies*. Sheffield: Equinox.

Borg, M. J., and John Dominic Crossan. 2009. *The First Paul: Reclaiming the Radical Visionary behind the Church's Conservative Icon*. San Francisco HarperCollins; London: SPCK.

Botha, P. J. J. 2010. 'Hierarchy and Obedience: The Legacy of the Letter to Philemon.' Pp. 251–71 in *Philemon in Perspective: Interpreting a Pauline Letter*, ed. D. F. Tolmie. Berlin/New York: De Gruyter.

Bourdieu, P. 1977 [1972]. *Outline of the Theory of Practice*. Cambridge: Cambridge University Press.

Bowersock, G. 1973. 'Syria Under Vespasian.' *Journal of Roman Studies* 63:133–40.

Bradshaw, P. F. 2004. *Eucharistic Origins*. Oxford: Oxford University Press.

Brent, A. 1999. 'The Imperial Cult and the Development of Church Order: Concepts and Images of Authority in Paganism and Early Christianity before the Age of Cyprian.' In *Supplements to Vigiliae Christianae*. Leiden; Boston; Cologne: Brill.

Briggs, A. 2011. *Secret Days: Code-Breaking in Bletchley Park*. London: Frontline Books.

Broadie, S. 2003. 'The Sophists and Socrates.' Pp. 73–97 in *The Cambridge Companion to Greek and Roman Philosophy*. Cambridge: Cambridge University Press.

Brooke, G. J. 2000. 'Reading the Plain Meaning of Scripture in the Dead Sea Scrolls.' Pp. 67–90 in *Jewish Ways of Reading the Bible*. Oxford: Oxford University Press.

Brown, W. P. 1999. *The Ethos of the Cosmos: The Genesis of Moral Imagination in the Bible*. Grand Rapids: Eerdmans.

Bruce, F. F. 1977. *Paul: Apostle of the Free Spirit*. Exeter: Paternoster.

Brunschwig, J., and D. Sedley. 2003. 'Hellenistic Philosophy.' Pp. 151–83 in *The Cambridge Companion to Greek and Roman Philosophy*. Cambridge: Cambridge University Press.

Bryan, S. M. 2002. *Jesus and Israel's Traditions of Judgment and Restoration*. Cambridge: Cambridge University Press.

Bultmann, R. 1910. *Der Stil der paulinischen Predigt und die kynisch-stoische Diatribe*. Göttingen: Vandenhoek & Ruprecht.

——. 1951–5. *Theology of the New Testament*. Tr. K. Grobel. London: SCM Press; New York: Scribner's.

——. 1954. '"The Bible today" und die Eschatologie.' Pp. 402–8 in *The Background of the New Testament and Its Eschatology: In Honour of Charles Harold Dodd*. Cambridge: Cambridge University Press.

——. 1957. *History and Eschatology: The Presence of Eternity*. New York: Harper and Brothers, Harper Torchbooks/Cloister Library.

——. 1958. *Jesus Christ and Mythology*. New York: Scribner's.

——. 1960. *Existence and Faith*. Ed. S. M. Ogden. New York: World Publishing, Meridian.

Burkert, W. 1985 [1977]. *Greek Religion*. Cambridge, MA: Harvard University Press.

——. 1987. *Ancient Mystery Cults*. Cambridge, MA: Harvard University Press.

Burnett, A. 1983. 'Review of R. Albert, "Das Bild des Augustus auf den Frühen Reichsprägungen. Studien zur Vergöttlichung des ersten Princeps".' *Gnomon* 55:563–5.

Byrne, B. 1996. *Romans*. Collegeville, MN: Liturgical Press.

Byron, J. 2003. *Slavery Metaphors in Early Judaism and Pauline Christianity: A Traditio-Historical and Exegetical Examination*. Tübingen: Mohr.

——. 2004. 'Paul and the Background of Slavery: The Status Quaestionis in New Testament Scholarship.' *Currents in Biblical Research* 3:116–39.

Cadwallader, A. H., and M. Trainor, eds. 2011. *Colossae in Space and Time: Linking to an Ancient City*. Göttingen: Vandenhoek & Ruprecht.

Caird, G. B. 1980. *The Language and Imagery of the Bible*. London: Duckworth.

Calduch-Benages, N., and J. Liesen, eds. 2006. *History and Identity: How Israel's Later Authors Viewed Its Earlier History*. Berlin/New York: De Gruyter.

Callahan, A. D. 1993. 'Paul's Epistle to Philemon: Toward an Alternative *Argumentum*.' *Harvard Theological Review* 86:357–76.

Campbell, D. A. 2008. 'An Echo of Scripture in Paul, and Its Implications.' Pp. 367–91 in *The Word Leaps the Gap: Essays on Scripture and Theology in Honor of Richard B Hays*, eds J. R. Wagner, C. K. Rowe, and A. K. Grieb. Grand Rapids: Eerdmans.

——. 2009. *The Deliverance of God: An Apocalyptic Rereading of Justification in Paul*. Grand Rapids: Eerdmans.

Cancik, H. 1999. 'The Reception of Greek Cults in Rome: A Precondition of the Emergence of an "Imperial Religion".' *Archiv Für Religionsgeschichte* 1(2):161–73.

Carleton Paget, J. 1996. 'Jewish Proselytism at the Time of Christian Origins: Chimera or Reality?' *Journal for the Study of the New Testament* 62:65–103.
Carroll, R. P. 1992. 'Israel, History of (Post-Monarchic Period).' Pp. 567–76 in *Anchor Bible Dictionary*, vol. 3, ed. D. N. Freedman. New York: Doubleday.
Carson, D. A. 2001a. 'Introduction.' Pp. 1–5 in *Justification and Variegated Nomism, Vol. 1: The Complexities of Second Temple Judaism*, eds D. A. Carson, Peter T. O'Brien, and Mark A. Seifrid. Tübingen: Mohr.
——. 2001b. 'Summaries and Conclusions.' Pp. 505–48 in *Justification and Variegated Nomism, Vol. 1: The Complexities of Second Temple Judaism*, eds D. A. Carson, P. T. O'Brien, and M. A. Seifrid. Tübingen: Mohr.
Casey, M. P. 1998. 'Review of *Jesus and the Victory of God.*' *Journal for the Study of the New Testament* 69:95–103.
Champlin, E. 2003. *Nero*. Cambridge, MA: The Belknap Press of Harvard University Press.
Chapman, D. W. 2008. *Ancient Jewish and Christian Perceptions of Crucifixion*. Grand Rapids: Baker Academic.
Charlesworth, J. H., ed. 1983. *The Old Testament Pseudepigrapha, Vol. 1: Apocalyptic Literature and Testaments*. Garden City, NY: Doubleday.
——. ed. 1985. *The Old Testament Pseudepigrapha, Vol. 2: Expansions of the 'Old Testament' and Legends, Wisdom and Philosophical Literature, Prayers, Psalms and Odes, Fragments of Lost Judaeo-Hellenistic Works*. Garden City, NY: Doubleday.
——. 1992a. 'From Messianology to Christology: Problems and Prospects.' Pp. 3–35 in *The Messiah: Developments in Earliest Judaism and Christianity*, ed. J. H. Charlesworth. Minneapolis: Fortress.
Chesnutt, R. D. 2003. 'Covenant and Cosmos in Wisdom of Solomon 10–19.' Pp. 223–49 in *The Concept of the Covenant in the Second Temple Period*. Leiden: Brill.
Chester, A. 2012. *Future Hope and Present Reality, Vol. 1: Eschatology and Transformation in the Hebrew Bible*. Tübingen: Mohr.
Chester, S. J. 2003. *Conversion at Corinth: Perspectives on Conversion in Paul's Theology and the Corinthian Church*. London: T&T Clark.
Ciampa, R. E. 1998. *The Presence and Function of Scripture in Galatians 1 and 2*. Tübingen: Mohr.
Clark, A. J. 2007. *Divine Qualities: Cult and Community in Republican Rome*. Oxford: Oxford University Press.
Clements, R. E. 1965. *God and Temple*. Oxford: Blackwell.
Cohen, S. J. D. 1979. *Josephus in Galilee and Rome: His Vita and Development as a Historian*. Leiden: Brill.
——. 2011. 'The Letter of Paul to the Galatians.' Pp. 332–44 in *The Jewish Annotated New Testament: New Revised Standard Version*, eds A.-J. Levine and M. Z. Brettler. New York: Oxford University Press.
Coleiro, E. 1979. *An Introduction to Virgil's Bucolics with an Edition of the Text*. Amsterdam: Humanities Press.
Collins, A. Y. 1999. 'The Worship of Jesus and the Imperial Cult.' Pp. 234–57 in *The Jewish Roots of Christological Monotheism: Papers from the St. Andrews Conference on the Historical Origins of the Worship of Jesus*, eds C. C. Newman, J. R. Davila, and G. S. Lewis. Leiden: Brill.

Collins, J. J. 1987. 'Messianism in the Maccabean Period.' Pp. 97–109 in *Judaisms and Their Messiahs at the Turn of the Christian Era*, eds J. Neusner, W. S. Green, and E. S. Frerichs. Cambridge: Cambridge University Press.

——. 1993. *Daniel*. Minneapolis: Fortress.

——. 2000a. *Between Athens and Jerusalem: Jewish Identity in the Hellenistic Diaspora*. Grand Rapids: Eerdmans.

——. 2010 [1995]. *The Scepter and the Star: The Messiahs of the Dead Sea Scrolls and Other Ancient Literature*. New York: Doubleday.

Conzelmann, H. 1960 [1953]. *The Theology of Luke*. Tr. G. Buswell. London, New York: Faber, Harper & Row.

——. 1975 [1969]. *1 Corinthians: A Commentary on the First Epistle to the Corinthians*. Tr. J. W. Leitch. Philadelphia: Fortress.

Corley, J. 2006. 'The Review of History in Eleazar's Prayer in 3 Macc 6:1–15.' Pp. 201–29 in *History and Identity: How Israel's Later Authors Viewed Its Earlier History*, eds N. Calduch-Benages and J. Liesen. Berlin/New York: De Gruyter.

——. 2009. 'Sirach.' Pp. 285–94 in *The New Interpreter's Dictionary of the Bible*, vol. 5, eds K. D. Sakenfeld et al. Abingdon: Nashville.

Countryman, L. W. 1988. *Dirt, Greed and Sex: Sexual Ethics in the New Testament and Their Implications for Today*. Philadelphia: Fortress.

Cousar, C. B. 2009. *Philippians and Philemon*. Louisville: Westminster John Knox.

Cranfield, C. E. B. 1975, 1979. *A Critical and Exegetical Commentary on the Epistle to the Romans*. 2 vols. The International Critical Commentary. Edinburgh: T&T Clark.

Crook, J. A. 1996. 'Political History, 30 B. C. to A. D. 14.' Pp. 70–112 in *Cambridge Ancient History*, vol. 10, eds A. K. Bowman, E. Champlin, and A. Lintott. Cambridge: Cambridge University Press.

Crossan, J. D. 1991. *The Historical Jesus: The Life of a Mediterranean Jewish Peasant*. San Francisco: Harper.

Cullmann, O. 1962 [1951]. *Christ and Time: The Primitive Christian Conception of Time and History*. Trans. Floyd V. Filson. London: SCM Press.

——. 1967 [1965]. *Salvation in History*. London: SCM Press; New York: Harper & Row.

Cummins, S. A. 2007. 'Divine Life and Corporate Christology: God, Messiah Jesus, and the Covenant Community in Paul.' Pp. 190–209 in *The Messiah in the Old and New Testaments*, ed. S. E. Porter. Grand Rapids: Eerdmans.

Cupitt, D. 1991. *What Is a Story?* London: SCM Press.

Dahl, N. A. 1977. *Studies in Paul: Theology for the Early Christian Mission*. Minneapolis: Augsburg.

Danby, H. 1933. *The Mishnah, Translated from the Hebrew with Introduction and Brief Explanatory Notes*. Oxford: Oxford University Press.

Danker, F. W. 1982. *Benefactor: Epigraphic Study of a Graeco-Roman and New Testament Semantic Field*. St Louis: Clayton.

Davies, G. I. 1991. 'The Presence of God in the Second Temple and Rabbinic Doctrine.' Pp. 32–6 in *Templum Amicitiae: Essays on the Second Temple Presented to Ernst Bammel*, ed. William Horbury. Sheffield: Sheffield Academic Press.

Davies, P. R. 1977. 'Hasidim in the Maccabean Period.' *Journal of Jewish Studies* 28:127–40.

Davies, W. D. 1980 [1948]. *Paul and Rabbinic Judaism*. 4th edn. Philadelphia: Fortress.

de Boer, M. C. 2011. *Galatians: A Commentary*. Louisville: Westminster John Knox.
de Vos, C. S. 2001. 'Once a Slave, Always a Slave? Slavery, Manumission and Relational Patterns in Paul's Letter to Philemon.' *Journal for the Study of the New Testament* 82:89–105.
Deines, R. 2001. 'The Pharisees Between "Judaisms" and "Common Judaism".' Pp. 443–504 in *Justification and Variegated Nomism, Vol. I: The Complexities of Second Temple Judaism*, eds D. A. Carson, P. T. O'Brien, and M. A Seifrid. Tübingen: Mohr.
——. 2010. 'Pharisees.' Pp. 1061–3 in *The Eerdmans Dictionary of Early Judaism*, eds J. J. Collins and D. C. Harlow. Grand Rapids: Eerdmans.
Deissmann, A. 1978 [1908]. *Light from the Ancient East: The New Testament Illustrated by Recently Discovered Texts of the Graeco-Roman World*. Grand Rapids: Baker.
Derrett, J. D. M. 1988. 'The Functions of the Epistle to Philemon.' *Zeitschrift für die Neutestamentliche Wissenschaft und die Kunde der Ältesten Kirche* 79:63–91.
di Lella, A. A. 2006. 'Ben Sira's Praise of the Ancestors of Old (Sir 44–49): The History of Israel as Paraenetic Apologetics.' Pp. 151–70 in *History and Identity: How Israel's Later Authors Viewed Its Earlier History*, eds N. Calduch-Benages and J. Liesen. Berlin/ New York: De Gruyter.
Dillon, J. T. 2004. *Musonius Rufus and Education in the Good Life*. Lanham, MD: University Press of America.
Dodd, C. H. 1946. *The Bible Today*. Cambridge: Cambridge University Press.
——. 1959 [1932]. *The Epistle of Paul to the Romans*. London: Collins Fontana.
Donaldson, T. L. 1997. *Paul and the Gentiles: Remapping the Apostle's Convictional World*. Minneapolis: Fortress.
Douthat, R. 2012. *Bad Religion: How We Became a Nation of Heretics*. New York: Free Press.
Downing, F. G. 1998. *Cynics, Paul and the Pauline Churches*. London, New York: Routledge.
——. 2000. *Making Sense in (and of) the First Christian Century*. Sheffield: JSOT Press.
Downs, D. J. 2006. 'Paul's Collection and the Book of Acts Revisited.' *New Testament Studies* 52:50–70.
Duff, T. 1999. *Plutarch's Lives: Exploring Virtue and Vice*. Oxford: Clarendon Press.
Dunn, J. D. G. 1975a. *Jesus and the Spirit: A Study of the Religious and Charismatic Experience of Jesus and the First Christians as Reflected in the New Testament*. London: SCM Press.
——. 1978. 'The Birth of a Metaphor – Baptized in Spirit.' *Expository Times* 89:77–8; 134–8; 173–5.
——. 1980. *Christology in the Making: A New Testament Inquiry into the Origins of the Doctrine of the Incarnation*. London: SCM Press.
——. 1982. 'Was Christianity a Monotheistic Faith from the Beginning?' *Scottish Journal of Theology* 35:303–36.
——. 1988a. *Romans 1—8*. Waco: Word Books.
——. 1993. *A Commentary on the Epistle to the Galatians*. London: A&C Black.
——. 1996. *The Epistles to the Colossians and to Philemon: A Commentary on the Greek Text*. Grand Rapids: Eerdmans.
——. 1998. *The Theology of Paul the Apostle*. Grand Rapids: Eerdmans.
——. 2002. 'The Narrative Approach to Paul: Whose Story?' Pp. 217–30 in *Narrative Dynamics in Paul: A Critical Analysis*, ed. B. W. Longenecker. Louisville: Westminster John Knox.
——. 2008 [2005]. *The New Perspective on Paul*. Grand Rapids: Eerdmans.

——. 2009 [1987]. *The Living Word.* 2nd edn. Minneapolis: Fortress.

——. 2010. *Did the First Christians Worship Jesus? The New Testament Evidence.* London: SPCK.

Eco, U. 1979. *The Role of the Reader: Explorations of the Semiotics of Texts.* Bloomington, IN: Indiana University Press.

Egger-Wenzel, R. 2006. 'The Testament of Mattathias to His Sons in Macc 2:49–70. A Keyword Composition with the Aim of Justification.' Pp. 141–49 in *History and Identity: How Israel's Later Authors Viewed Its Earlier History*, eds N. Calduch-Benages and J. Liesen. Berlin/New York: De Gruyter.

Ehrenberg, V., and A. H. M. Jones. 1976 [1955]. *Documents Illustrating the Reigns of Augustus and Tiberius.* Oxford: Oxford University Press.

Eisenbaum, P. 2009. *Paul Was Not a Christian: The Original Message of a Misunderstood Apostle.* San Francisco: HarperOne.

Elliott, J. K. 1993. *The Apocryphal New Testament: A Collection of Apocryphal Christian Literature in an English Translation.* Oxford: Clarendon Press.

Elsner, J. 1991. 'Cult and Sculpture: Sacrifice in the Ara Pacis Augustae.' *Journal of Roman Studies* 81:50–61.

Engberg-Pedersen, T., 2000. *Paul and the Stoics.* Edinburgh: T&T Clark.

——. ed. 2001. *Paul beyond the Judaism/Hellenism Divide.* Louisville: Westminster John Knox.

——. 2010. *Cosmology and Self in the Apostle Paul: The Material Spirit.* Oxford: Oxford University Press.

Esler, P. F. 2003b. 'Social Identity, the Virtues, and the Good Life: A New Approach to Romans 12:1—15:13.' *Biblical Theology Bulletin* 33:51–63.

Evans, C. A. 1997. 'Aspects of Exile and Restoration in the Proclamation of Jesus and the Gospels.' In *Exile: Old Testament, Jewish, and Christian Conceptions*, ed. J. M. Scott. Leiden: Brill.

——. 2008. 'John the Baptist.' Pp. 345–51 in *The New Interpreter's Dictionary of the Bible*, vol. 3, eds K. D. Sakenfeld et al. Nashville: Abingdon.

Evans, C. A., and P. W. Flint, eds. 1997. *Eschatology, Messianism and the Dead Sea Scrolls.* Grand Rapids: Eerdmans.

Evans, C. A., and S. E. Porter, eds. 2000. *Dictionary of New Testament Background: A Compendium of Contemporary Biblical Scholarship.* Downers Grove, IL: InterVarsity Press.

Fee, G. D. 1994. *God's Empowering Presence: The Holy Spirit in the Letters of Paul.* Peabody, MA: Hendrickson.

——. 2009. *The First and Second Letters to the Thessalonians.* Grand Rapids: Eerdmans.

Feeney, D. 2007. *Caesar's Calendar: Ancient Time and the Beginnings of History.* Berkeley and Los Angeles: University of California Press.

Fine, S., and J. D. Brolley. 2009. 'Synagogue.' Pp. 416–27 in *The New Interpreter's Dictionary of the Bible*, vol. 5, eds K. D. Sakenfeld et al. Nashville: Abingdon.

Fishbane, M. 1988 [1985]. *Biblical Interpretation in Ancient Israel.* Oxford: Oxford University Press.

Fishwick, D. 1987. *The Imperial Cult in the Latin West: Studies in the Ruler Cult of the Western Provinces of the Roman Empire.* In *Études Préliminaires Aux Religions Orientales dans l'Empire Romain 108.* Leiden: Brill.

Fisk, B. N. 2001. *Do You Not Remember? Scripture, Story and Exegesis in the Rewritten Bible of Pseudo-Philo.* Sheffield: Sheffield Academic Press.

Fitzmyer, J. A. 2000. *The Letter to Philemon.* New York: Doubleday.

——. 2007. *The One Who Is to Come.* Grand Rapids: Eerdmans.

——. 2008. *First Corinthians: A New Translation with Introduction and Commentary.* New Haven: Yale University Press.

Flusser, D. 1988. *Judaism and the Origins of Christianity.* Jerusalem: Magnes Press.

——. 1996. 'Die Gesetzeswerke in Qumran und bei Paulus.' Pp. 395–403 in *Geschichte – Tradition – Reflexion: Festschrift für Martin Hengel zum 70. Geburtstag. Bd 1: Judentum,* eds H. Cancick, H. Lichtenberger and P. Schäfer. Tübingen: Mohr.

Forbes, C. 2003. 'Paul and Rhetorical Comparison.' Pp. 135–71 in *Paul in the Greco-Roman World: A Handbook,* ed. J. P. Sampley. Harrisburg, PA: Trinity Press International.

France, R. T. 1971. *Jesus and the Old Testament.* London: Tyndale.

——. 2002. *The Gospel of Mark: A Commentary on the Greek Text.* Grand Rapids: Eerdmans.

Fredriksen, P. 2007. 'Mandatory Retirement: Ideas in the Study of Christian Origins Whose Time Has Come to Go.' Pp. 25–38 in *Israel's God and Rebecca's Children: Christology and Community in Early Judaism and Christianity. Essays in Honour of Larry W. Hurtado and Alan F. Segal,* eds D. B. Capes, A. D. DeConick, H. K. Bond, and T. A. Miller. Waco: Baylor University Press.

Friedenreich, D. M. 2011. 'Food and Table Fellowship.' Pp. 521–4 in *The Jewish Annotated New Testament,* eds A.-J. Levine and M. Z. Brettler. Oxford: Oxford University Press.

Friesen, S. J. 1993. *Twice Neokoros: Ephesus, Asia and the Cult of the Flavian Imperial Family.* Leiden: Brill.

——. 2001. *Imperial Cults and the Apocalypse of John: Reading Revelation in the Ruins.* Oxford; New York: Oxford University Press.

——. 2005. 'Satan's Throne, Imperial Cults and the Social Settings of Revelation.' *Journal for the Study of the New Testament* 27(3):351–73.

——. 2009. 'Paul and Economics: The Jerusalem Collection as an Alternative to Patronage.' Pp. 27–54 in *Paul Unbound: Other Perspectives on the Apostle,* ed. M. D. Given. Peabody, MA: Hendrickson.

Fuller, M. E. 2006. *The Restoration of Israel.* Berlin: De Gruyter.

Funk, R. W. 1967. 'The Apostolic *Parousia*: Form and Significance.' Pp. 249–68 in *Christian History and Interpretation: Studies Presented to John Knox,* eds W. R. Farmer, C. F. D. Moule, and R. R. Niebuhr. Cambridge: Cambridge University Press.

Furnish, V. P. 1984. *II Corinthians.* Anchor Bible. New York: Doubleday.

——. 1990. 'Paul the Theologian.' Pp. 19–34 in *The Conversation Continues: Studies in Paul and John in Honor of J. Louis Martyn,* eds R. T. Fortna and B. R. Gaventa. Nashville: Abingdon.

Galinsky, K. 1996. *Augustan Culture: An Interpretive Introduction.* Princeton: Princeton University Press.

——. ed. 2005. *The Cambridge Companion to the Age of Augustus* Cambridge: Cambridge University Press.

García Martínez, F. and E. J. C. Tigchelaar. 1997. *The Dead Sea Scrolls Study Edition, Vol. 1: 1Q1—4Q273*. Leiden: Brill.

——. 1998. *The Dead Sea Scrolls Study Edition, Vol. 2: 4Q274—11Q31*. Leiden: Brill.

Garnet, P. 1977. *Salvation and Atonement in the Qumran Scrolls*. Tübingen: Mohr.

Gärtner, B. 1965. *The Temple and the Community in Qumran and the New Testament*. Cambridge: Cambridge University Press.

Gasparro, G. S. 2011. 'Mysteries and Oriental Cults: A Problem in the History of Religions.' Pp. 276–324 in *The Religious History of the Roman Empire: Pagans, Jews and Christians*, eds J. A. North and S. R. F. Price. Oxford: Oxford University Press.

Gathercole, Simon. 2000. 'The Critical and Dogmatic Agenda of Albert Schweitzer's *The Quest of the Historical Jesus*.' *Tyndale Bulletin* 51:261–83.

——. 2002a. *Where Is Boasting? Early Jewish Soteriology and Paul's Response in Romans 1—5*. Grand Rapids: Eerdmans.

Gaventa, B. R. 2003. *The Acts of the Apostles*. Nashville: Abingdon.

——. 2007. *Our Mother Saint Paul*. Louisville: Westminster John Knox.

——. 2008. 'From Toxic Speech to the Redemption of Doxology in Paul's Letter to the Romans.' Pp. 392–408 in *The Word Leaps the Gap: Essays on Scripture and Theology in Honor of Richard B. Hays*, eds J. R. Wagner, C. K. Rowe, and A. K. Grieb. Grand Rapids: Eerdmans.

Gazda, E. K., and D. Y. Ng. 2011. *Building a New Rome: The Imperial Colony of Pisidian Antioch (25 BC–AD 700)*. Ann Arbor, MI: Kelsey Museum of Archaeology.

Geertz, C. 2000 [1973]. *The Interpretation of Cultures*. 2nd edn. New York: Basic Books.

Gilbert, M. 1997. *The Last Pages of the Wisdom of Solomon*. Dublin: Irish Biblical Association.

——. 2006. 'The Origins According to the Wisdom of Solomon.' Pp. 171–85 in *History and Identity: How Israel's Later Writers Viewed Its Earlier History*, eds N. Calduch-Benages and J. Liesen. Berlin/New York: De Gruyter.

Ginzberg, L. 1937 [1909]. *The Legends of the Jews*. 14th edn. Tr. H. Szold. Philadelphia: Jewish Publication Society of America.

Golding, W. 1995. *The Double Tongue*. London: Faber & Faber.

Goldstein, J. A. 1987. 'How the Authors of 1 and 2 Maccabees Treated the "Messianic" Promises.' Pp. 69–96 in *Judaisms and Their Messiahs at the Turn of the Christian Era*, eds J. Neusner, W. S. Green, and E. S. Frerichs. Cambridge: Cambridge University Press.

——. 1995. 'The Judaism of the Synagogues (Focusing on the Synagogue of Dura-Europos).' Pp. 109–57 in *Judaism in Late Antiquity*, ed. J. Neusner. Leiden: Brill.

Gooch, P. W. 1997. *Reflections on Jesus and Socrates: Word and Silence*. New Haven: Yale University Press.

Goodenough, E. R. 1953–68. *Jewish Symbols in the Graeco-Roman Period*. New York: Pantheon.

Gooder, P. R. 2006. *Only the Third Heaven? 2 Corinthians 12.1–10 and Heavenly Ascent*. London: T&T Clark.

Goodman, M. 1994. *Mission and Conversion: Proselytizing in the Religious History of the Roman Empire*. Oxford: Oxford University Press, Clarendon Press.

Gordon, R. 1990. 'Religion in the Roman Empire: The Civic Compromise and Its Limits.' Pp. 233–55 in *Pagan Priests: Religion and Power in the Ancient World*, eds M. Beard and J. A. North. Ithaca, NY: Cornell University Press.

——. 2011. 'Ritual and Hierarchy in the Mysteries of Mithras.' Pp. 325–65 in *The Religious History of the Roman Empire*, eds J. A. North and S. R. F. Price. Oxford: Oxford University Press.

Gorman, M. J. 2001. *Cruciformity: Paul's Narrative Spirituality of the Cross*. Grand Rapids: Eerdmans.

——. 2004. *Apostle of the Crucified Lord: A Theological Introduction to Paul and His Letters*. Grand Rapids: Eerdmans.

——. 2009. *Inhabiting the Cruciform God: Kenosis, Justification, and Theosis in Paul's Narrative Soteriology*. Grand Rapids: Eerdmans.

——. 2014. *Becoming the Gospel: Paul, Participation and Mission*. Grand Rapids: Eerdmans.

Gowan, D. E. 1977. 'The Exile in Jewish Apocalyptic.' Pp. 205–23 in *Scripture in History and Theology: Essays in Honor of J. Coert Rylaarsdam*, eds A. E. Merrill and T. W. Overholt. Pittsburgh: Pickwick.

Grabbe, L. L. 1979. 'Chronography In Hellenistic Jewish Historiography.' *Society of Biblical Literature Seminar Papers* 17.2:43–68.

——. 1992. *Judaism from Cyrus to Hadrian*. Minneapolis: Fortress.

——. 2003. 'Did All Jews Think Alike? "Covenant" in Philo and Josephus in the Context of Second Temple Judaic Religion.' Pp. 251–66 in *The Concept of the Covenant in the Second Temple Period*, eds S. E. Porter and J. C. R. de Roo. Leiden: Brill.

Gradel, I. 2002. *Emperor Worship and Roman Religion*. Oxford: Oxford University Press.

Grant, R. M. 1988. *Greek Apologists of the Second Century*. Philadelphia: Westminster Press.

Greenblatt, S. 2011. *The Swerve: How the Renaissance Began*. London: The Bodley Head.

Griffiths, P. J. 2005. 'Religion.' Pp. 672–75 in *Dictionary for Theological Interpretation of the Bible*, ed. K. J. Vanhoozer. Grand Rapids: Baker Academic; London: SPCK.

Grosby, S. E. 2002. *Biblical Ideas of Nationality: Ancient and Modern*. Winona Lake, IN: Eisenbrauns.

Gundry, R. H. 1980. 'The Moral Frustration of Paul before His Conversion: Sexual Lust in Romans 7.7–25.' Pp. 228–45 in *Pauline Studies: Essays Presented to Professor F.F. Bruce on His 70th Birthday*, eds D. A. Hagner and M. J. Harris. Exeter: Paternoster; Grand Rapids: Eerdmans.

Günther, R., and R. Müller. 1988. *Das goldene Zeitalter: Utopien der hellenistisch-römischen Antike*. Leipzig: Kohlhammer.

Gurtner, D. M. 2009. *Second Baruch: A Critical Edition of the Syriac Text*. New York; London: T&T Clark.

Haacker, K. 1971–2. 'War Paulus Hillelit?' In *Das Institutum Judaicum der Universität Tübingen in den Jahren 1971–72*. Tübingen: Mohr.

——. 1975. 'Die Berufung des Verfolgers und die Rechtfertigung des Gottlosen. Erwägungen zum Zusammenhang zwischen Biographie und Theologie des Apostels Paulus.' *Theologische Beiträge* 6:1-19.

Hafemann, S. J. 2000b. 'Roman Triumph.' Pp. 1004–8 in *Dictionary of New Testament Background*, eds. C. A. Evans and S. E. Porter. Downers Grove, IL: InterVarsity Press.

Halpern-Amaru, Betsy. 1997. 'Exile and Return in Jubilees.' Pp. 127–44 in *Exile: Old Testament, Jewish, and Christian Conceptions*, ed. J. M. Scott. Leiden: Brill.

Haran, M. 1995 [1978]. *Temples and Temple Service in Ancient Israel.* Winona Lake, IN: Eisenbrauns.

Hardin, J. K. 2008. *Galatians and the Imperial Cult.* Tübingen: Mohr.

Harink, D. K. 2003. *Paul among the Postliberals.* Grand Rapids: Brazos.

Harrill, J. A. 1999. 'Using the Roman Jurists to Interpret Philemon: A Response to Peter Lampe.' *Zeitschrift für die Neutestamentliche Wissenschaft* 90(1):135–8.

——. 2009a. 'Philemon.' Pp. 497–9 in *The New Interpreter's Dictionary of the Bible*, vol. 4, eds K. D. Sakenfeld et al. Nashville: Abingdon.

——. 2009b. 'Slavery.' Pp. 299–308 in *The New Interpreter's Dictionary of the Bible*, vol. 5, eds K. D. Sakenfeld et al. Nashville: Abingdon.

Harrington, D. J. 1973. 'Interpreting Israel's History: The *Testament of Moses* as a Rewriting of Deut 31—34.' Pp. 59–70 in *Studies on the Testament of Moses.* Cambridge: Society of Biblical Literature.

Harris, M. J. 1991. *Colossians and Philemon.* Grand Rapids: Eerdmans.

Harrison, J. R. 1999. 'Paul, Eschatology and the Augustan Age of Grace.' *Tyndale Bulletin* 50 (1):79–91.

——. 2002. 'Paul and the Imperial Gospel at Thessaloniki.' *Journal for the Study of the New Testament* 25(1), 71–96.

——. 2011. *Paul and the Imperial Authorities at Thessalonica and Rome. A Study in the Conflict of Ideology.* Tübingen: Mohr.

Hatina, T. R. 1996. 'The Focus of Mark 13:24–27: The Parousia, or the Destruction of the Temple.' *Bulletin of Biblical Research* 6:43-66.

——. 2002. *In Search of a Context: The Function of Scripture in Mark's Narrative.* Sheffield: Sheffield Academic Press.

Hay, D. M., ed. 1993. *Pauline Theology, Vol. 2: 1 and 2 Corinthians.* Minneapolis: Fortress.

Hay, D. M., and E. E. Johnson, eds. 1995. *Pauline Theology, Vol. 3: Romans.* Minneapolis: Fortress.

Hays, R. B. 1983. *The Faith of Jesus Christ: An Investigation of the Narrative Substructure of Galatians 3:1—4:11.* Chico, CA: Scholars Press.

——. 1985. '"Have We Found Abraham to Be Our Forefather According to the Flesh?" A Reconsideration of Rom. 4:1.' *Novum Testamentum* 27:76–98.

——. 1989a. *Echoes of Scripture in the Letters of Paul.* New Haven: Yale University Press.

——. 1996a. 'The Role of Scripture in Paul's Ethics.' Pp. 30–47 in *Theology and Ethics in Paul and His Interpreters: Essays in Honor of Victor Paul Furnish*, eds E. G. Lovering and J. J. Sumney. Nashville: Abingdon.

——. 1996b. *The Moral Vision of the New Testament: A Contemporary Introduction to New Testament Ethics.* San Francisco: HarperSanFrancisco.

——. 1997. *First Corinthians.* Interpretation Commentaries. Louisville: John Knox Press.

——. 2000. 'The Letter to the Galatians: Introduction, Commentary, and Reflections.' Pp. 181–348 in *The New Interpreter's Bible*, ed. L. E. Keck. Nashville: Abingdon.

——. 2002 [1983]. *The Faith of Jesus Christ: The Narrative Substructure of Galatians 3:1—4:11.* 2nd edn. Grand Rapids: Eerdmans.

——. 2005. *The Conversion of the Imagination: Paul as Interpreter of Israel's Scriptures.* Grand Rapids: Eerdmans.

Hayward, C. T. R. 1999. 'Sirach and Wisdom's Resting Place.' Pp. 31–46 in *Where Shall Wisdom Be Found? Wisdom in the Bible, the Church and the Contemporary World*, ed. S. C. Barton. Edinburgh: T&T Clark.

Hegel, G. W. F. 1837/1928. 'Vorlesungen über die Philosophie der Geschichte.' In *Sämtliche Werke*, vol. 11. Stuttgart: Frommans Verlag.

——. 1991 [1821]. *Elements of the Philosophy of Right*. Cambridge: Cambridge University Press.

Hellerman, J. H. 2005. *Reconstructing Honor in Roman Philippi: Carmen Christi as Cursus Pudorum*. Cambridge: Cambridge University Press.

Hengel, M. 1974. *Judaism and Hellenism: Studies in Their Encounter in Palestine during the Early Hellenistic Period*. Tr. J. Bowden. London: SCM Press.

——. 1979. *Acts and the History of Earliest Christianity*. Tr. J. Bowden. Philadelphia: Fortress.

——. 1989 [1961]. *The Zealots: Investigations into the Jewish Freedom Movement in the Period from Herod 1 until 70 A.D.* Tr. D. Smith. Edinburgh: T&T Clark.

——. 1991. *The Pre-Christian Paul*. Tr. J. Bowden, in collaboration with Roland Dienes. London: SCM Press; Philadelphia: TPI.

Henze, M. 2010. 'Baruch, Second Book Of.' Pp. 426–8 in *The Eerdmans Dictionary of Early Judaism*, eds J. J. Collins and D. C. Harlow. Grand Rapids: Eerdmans.

Héring, J. 1966 [1962]. *The First Epistle of Saint Paul to the Corinthians*. Tr. A. W. Heathcote and P. J. Allcock. London: Epworth Press.

Herman, G. 1987. *Ritualised Friendship and the Greek City*. Cambridge: Cambridge University Press.

Hezser, C. 2005. 'Review of David Instone-Brewer, "Traditions of the Rabbis from the Era of the New Testament: Prayer and Agriculture".' *Journal of Jewish Studies* 56.2:347–9.

Hickling, C. J. 1975. 'St Paul the Writer.' Pp. 85–96 in *St Paul: Teacher and Traveller*, ed. I. Bulmer-Thomas. London: Faith Press.

Hiebert, P. G. 2008. *Transforming Worldviews: An Anthropological Understanding of How People Change*. Grand Rapids: Baker Academic.

Hock, R. F. 1980. *The Social Context of Paul's Ministry: Tentmaking and Apostleship*. Philadelphia: Fortress.

——. 2003. 'Paul and Greco-Roman Education.' Pp. 198–227 in *Paul in the Greco-Roman World: A Handbook*, ed. J. P. Sampley. Harrisburg, PA: Trinity Press International.

Hoehner, H. 2002. *Ephesians: An Exegetical Commentary*. Grand Rapids: Baker Academic.

Hoff, M. C. 1996. 'The Politics and Architecture of the Athenean Imperial Cult.' Pp. 185–200 in *Subject and Ruler: The Cult of the Ruling Power in Classical Antiquity (Festschrift D. Fishwick)*, ed. A. Small. Dexter, MI: Thompson-Shore.

Holland, P. 1994. *The Oxford Shakespeare: A Midsummer Night's Dream*. Oxford: Oxford University Press.

Holowchak, M. A. 2008. *The Stoics: A Guide for the Perplexed*. London/New York: Continuum.

Honderich, Ted. 1995. *The Oxford Companion to Philosophy*. Oxford: Oxford University Press.

Hooker, M. D. 1975. 'In His Own Image?' Pp. 28–44 in *What about the New Testament? Essays in Honour of Christopher Evans*, eds M. D. Hooker and C. Hickling. London: SCM Press.

——. 1990. *From Adam to Christ: Essays on Paul.* Cambridge: Cambridge University Press.

——. 2002. '"Heirs of Abraham": The Gentiles' Role in Israel's Story. A Response to Bruce W. Longenecker.' Pp. 85–96 in *Narrative Dynamics in Paul: A Critical Assessment,* ed. B. W. Longenecker. Louisville: Westminster John Knox.

Horbury, W. 2003. *Messianism among Jews and Christians.* London: T&T Clark.

——. 2012. 'Jewish Imperial Thought and Pauline Gospel.' Unpublished paper delivered at Annual Meeting of SNTS in Leuven.

Horrell, D. G., ed. 1999. *Social-Scientific Approaches to New Testament Interpretation.* Edinburgh: T&T Clark.

——. 2002. 'Paul's Narratives or Narrative Substructure? The Significance of "Paul's Story".' Pp. 157–71 in *Narrative Dynamics in Paul: A Critical Assessment,* ed. B. W. Longenecker. Louisville: Westminster John Knox.

——. 2005. *Solidarity and Difference: A Contemporary Reading of Paul's Ethics.* London: T&T Clark.

Horsley, R. A. 2009. *Revolt of the Scribes: Resistance and Apocalyptic Origins.* Minneapolis: Augsburg Fortress.

Hübner, H. 1984 [German 1978]. *Law in Paul's Thought.* Tr. J. C. G. Greig. Edinburgh: T&T Clark.

Humphrey, E. M. 2007. 'Esdras, Second Book Of.' Pp. 309–13 in *The New Interpreter's Dictionary of the Bible,* vol. 2, eds K. D. Sakenfeld et al. Nashville: Abingdon.

Hurtado, L. W. 2006. *The Earliest Christian Artifacts: Manuscripts and Christian Origins.* Grand Rapids: Eerdmans.

Instone-Brewer, D. 1992. *Techniques and Assumptions in Jewish Exegesis before 70 CE.* Tübingen: Mohr.

——. 2004. *Traditions of the Rabbis from the Era of the New Testament, Vol. 1: Prayer and Agriculture.* Grand Rapids: Eerdmans.

Jacobson, J. 1996. *A Commentary on Pseudo-Philo's* Liber Antiquitatum Biblicarum *with Latin Text and English Translation.* Leiden: Brill.

Jenkins, D. E. 2002. *The Calling of a Cuckoo: Not Quite an Autobiography.* London: Continuum.

Jeremias, J. 1969. 'Paulus als Hillelit.' Pp. 88–94 in *Neotestamentica et Semitica: Studies in Honour of M. Black,* eds E. E. Ellis and M. Wilcox. Edinburgh: T&T Clark.

Jewett, R. 1971. *Paul's Anthropological Terms: A Study of Their Use in Conflict Settings.* Leiden: Brill.

——. 2007. *Romans.* Minneapolis: Fortress.

Johnson, E. E., and D. M. Hay. 1997. *Pauline Theology, Vol. 4: Looking Back, Pressing On.* Atlanta: Scholars Press.

Johnson, L. T. 1986. *The Writings of the New Testament: An Interpretation.* London: SCM Press.

——. 2001. *The First and Second Letters to Timothy: A New Translation with Introduction and Commentary.* New York: Doubleday.

Johnson, M. V., J. A. Noel, and D. K. Williams, eds. 2012. *Onesimus Our Brother: Reading Religion, Race and Culture in Philemon.* Minneapolis: Fortress.

Johnson Hodge, C. E. 2007. *If Sons, Then Heirs: A Study of Kinship and Ethnicity in the Letters of Paul.* New York: Oxford University Press.

Jones, A. 2003. 'The Stoics and the Astronomical Sciences.' Pp. 328–44 in *The Cambridge Companion to the Stoics*, ed. B. Inwood. Cambridge: Cambridge University Press.

Jones, C. P. 1971. *Plutarch and Rome*. Oxford: Clarendon Press.

Judge, E. A. 1960. *The Social Pattern of Christian Groups in the First Century*. London: Tyndale.

——. 1960. 'The Early Christians as a Scholastic Community.' *Journal of Religious History* 1, 2:5–15; 125–37.

——. 1968. 'Paul's Boasting in Relation to Contemporary Professional Practice.' *Australian Biblical Review* 16:37–50.

——. 2008a. *The First Christians in the Roman World: Augustan and New Testament Essays*, ed. J. R. Harrison. Tübingen: Mohr.

——. 2008b. *Social Distinctives of the Christians in the First Century*. Ed. D. M. Scholer. Peabody, MA: Hendrickson.

——. 2012. 'What Makes a Philosophical School?' Pp. 1–5 in *New Documents Illustrating Early Christianity*, vol. 10, eds S. R. Llewelyn and J. R. Harrison. Grand Rapids: Eerdmans.

Kahl, B. 2010. *Galatians Re-Imagined: Reading with the Eyes of the Vanquished*. Minneapolis: Fortress.

Kaiser, O. 2006. '"Our Fathers Never Triumphed by Arms …" The Interpretation of Biblical History in the Addresses of Flavius Josephus to the Besieged Jerusalemites in Bell. Jud. V.356–426.' Pp. 239–64 in *History and Identity: How Israel's Later Writers Viewed Its Earlier History*, eds N. Calduch-Benages and J. Liesen. Berlin/New York: De Gruyter.

Kaminsky, J. S. 2007. *Yet I Loved Jacob: Reclaiming the Biblical Concept of Election*. Nashville: Abingdon.

Kampen, J. L. 1988. *The Hasideans and the Origin of Pharisaism: A Study in 1 and 2 Maccabees*. Atlanta: Scholars Press.

——. 2007. 'Hasidim.' Pp. 739–40 in *The New Interpreter's Dictionary of the Bible*, vol. 2, eds K. D. Sakenfeld et al. Nashville: Abingdon.

Käsemann, E. 1969 [1965]. *New Testament Questions of Today*. Tr. W. J. Montague. London: SCM Press.

——. 1971 [1969]. *Perspectives on Paul*. Tr. M. Kohl. London: SCM Press.

——. 1980 [1973]. *Commentary on Romans*. Tr. and ed. G. W. Bromiley. Grand Rapids: Eerdmans.

——. 2010. *On Being a Disciple of the Crucified Nazarene*. Eds R. Landau and W. Kraus. Grand Rapids: Eerdmans.

Kee, H. C. 1980 [1973]. *The Origins of Christianity: Sources and Documents*. London: SPCK.

Keener, C. S. 1993. *The IVP Bible Background Commentary: New Testament*. Downers Grove, IL: InterVarsity Press.

——. 2012. *Acts: An Exegetical Commentary*. Grand Rapids: Baker Academic.

Kenny, A. 1986. *A Stylometric Study of the New Testament*. Oxford: Clarendon Press.

——. 2010. *A New History of Western Philosophy*. Oxford: Oxford University Press.

Kiley, M. 1986. *Colossians as Pseudepigraphy*. Sheffield: JSOT Press.

Kim, S. 1981. *The Origin of Paul's Gospel*. Tübingen: Mohr; Grand Rapids: Eerdmans.

Kimelman, R. 1988–9. 'The Daily 'Amidah and the Rhetoric of Redemption.' *Jewish Quarterly Review* 79:165–97.

King, K. L. 2003. *What Is Gnosticism?* Cambridge, MA: The Belknap Press of Harvard University Press.

Kipling, R. 1927. *Rudyard Kipling's Verse: Inclusive Edition, 1885–1926*. London: Hodder and Stoughton.

Kirk, G. S., J. E. Raven, and M. Schofield. 1983 [1957]. *The Presocratic Philosophers: A Critical History with a Selection of Texts*. 2nd edn. Cambridge: Cambridge University Press.

Kirk, J. R. D. 2008. *Unlocking Romans: Resurrection and the Justification of God*. Grand Rapids: Eerdmans.

Klauck, H.-J. 2000 [1995/6]. *The Religious Context of Early Christianity*. Edinburgh: T&T Clark.

Kleiner, D. E. E. 2005. 'Semblance and Storytelling in Augustan Rome.' Pp. 197–233 in *The Cambridge Companion to the Age of Augustus*, ed. K. Galinsky. Cambridge: Cambridge University Press.

Kloppenborg, J. S. 2008. 'Love in the NT.' Pp. 703–13 in *New Interpreter's Dictionary of the Bible*, vol. 3, eds K. D. Sakenfeld et al. Nashville: Abingdon.

Knibb, M. A. 1976. 'The Exile in the Literature of the Intertestamental Period.' *Heythrop Journal* 17.3:253–79.

——. 1987. *The Qumran Community*. Cambridge: Cambridge University Press.

Knox, J. 1935. *Philemon among the Letters of Paul*. Chicago: University of Chicago Press.

Koch, D. A. 1986. *Die Schrift als Zeuge des Evangeliums: Untersuchungen zur Verwendung und zum Verständnis der Schrift bei Paulus*. Tübingen: Mohr.

Koch, K. 1972 [1970]. *The Rediscovery of Apocalyptic: A Polemical Work on a Neglected Area of Biblical Studies and Its Damaging Effects on Theology and Philosophy*. Tr. M. Kohl. London: SCM Press.

Koenig, J. 2000. *The Feast of the World's Redemption: Eucharistic Origins and Christian Mission*. Harrisburg, PA: Trinity Press International.

Koester, H. 1982a [1980]. *Introduction to the New Testament, Vol. 1: History, Culture and Religion of the Hellenistic Age*. Philadelphia: Fortress; Berlin/New York: De Gruyter.

——. 1982b. *Introduction to the New Testament, Vol. 2: History and Literature of Early Christianity*. Philadelphia: Fortress; Berlin/New York: De Gruyter.

——. 1990. *Ancient Christian Gospels: Their History and Development*. London: SCM Press; Philadelphia: TPI.

Kreitzer, L. J. 1996. *Striking New Images: Roman Imperial Coinage and the New Testament World*. Sheffield: Sheffield Academic Press.

Kugler, R. A. 2001. 'Testaments.' Pp. 189–213 in *Justification and Variegated Nomism, Vol. 1: The Complexities of Second Temple Judaism*, eds D. A. Carson, P. T. O'Brien, and M. A. Seifrid. Tübingen: Mohr.

Kumitz, C. 2004. *Der Brief als Medium der* agapē: *Eine Untersuchung zur rhetorischen und epistolographischen Gestalt des Philemonbriefes*. Frankfurt am Main: Peter Lang.

Kümmel, W. G. 1974 [1929]. *Römer 7 und die Bekehrung des Paulus*. Munich: Kaiser.

Lacocque, A. 1979 [1976]. *The Book of Daniel*. London: SPCK.

Lampe, P. 1985. 'Keine "Sklavenflucht" des Onesimus.' *Zeitschrift für die Neutestamentliche Wissenschaft und die Kunde der Älteren Kirche* 76:135–7.

——. 2003 [1987]. *From Paul to Valentinus: Christians at Rome in the First Two Centuries*. Tr. M. Steinhauser. London: T&T Clark.

Lang, B. 2004. 'On the "The" in "the Jews".' Pp. 63–70 in *Those Who Forget the Past: The Question of Anti-Semitism*, ed. R. Rosenbaum. New York: Random House.

Lawrence, J. D. 2006. *Washing in Water: Trajectories of Ritual Bathing in the Hebrew Bible and Second Temple Literature*. Atlanta: Society of Biblical Literature.

——. 2010. 'Washing, Ritual.' Pp. 1331–2 in *The Eerdmans Dictionary of Early Judaism*, eds J. J. Collins and D. C. Harlow. Grand Rapids: Eerdmans.

Leary, T. 1992. 'Paul's Improper Name.' *New Testament Studies* 32(3):467–9.

Lenowitz, H. 2001 [1998]. *The Jewish Messiahs: From the Galilee to Crown Heights*. New York: Oxford University Press.

Leon, H. J. 1995 [1960]. *The Jews of Ancient Rome*. New introd. Carolyn A. Osiek. Peabody, MA: Hendrickson.

Levine, A.-J. 2011. 'Bearing False Witness: Common Errors Made about Early Judaism.' Pp. 501–4 in *The Jewish Annotated New Testament*, eds A.-J. Levine and M. Z. Brettler. Oxford: Oxford University Press.

Lewis, C. S. 1952. *The Voyage of the Dawn Treader*. London: Macmillan.

——. 1954. *English Literature in the Sixteenth Century Excluding Drama*. Oxford: Clarendon Press.

——. 1955 [1942]. *The Screwtape Letters*. London: Fontana.

——. 1961. *An Experiment in Criticism*. Cambridge: Cambridge University Press.

——. 1964. *The Discarded Image: An Introduction to Medieval and Renaissance Literature*. Cambridge: Cambridge University Press.

Lichtenberger, H. 2006. 'Historiography in the Damascus Document.' Pp. 231–8 in *History and Identity: How Israel's Later Authors Viewed Its Earlier History*, eds N. Calduch-Benages and J. Liesen. Berlin/New York: De Gruyter.

Lightfoot, J. B. 1868. *St Paul's Epistle to the Philippians: A Revised Text with Introduction, Notes and Dissertations*. London: Macmillan and Co.

——. 1876. *St Paul's Epistles to the Colossians and to Philemon*. 2nd edn. London: Macmillan.

Lightstone, J. 2006 [1984]. *Commerce of the Sacred: Mediation of the Divine among Jews in the Graeco-Roman Diaspora*. New edn. New York: Columbia University Press.

Lim, T. H. 2007. 'Deuteronomy in the Judaism of the Second Temple Period.' Pp. 6–26 in *Deuteronomy in the New Testament: The New Testament and the Scriptures of Israel*, eds S. Moyise and M. J. J. Menken. London: T&T Clark.

Lincicum, D. 2010. *Paul and the Early Jewish Encounter with Deuteronomy*. Tübingen: Mohr.

Lincoln, A. T. 1990. *Ephesians*. Word Biblical Commentary, vol. 42. Waco: Word Books.

——. 2002. 'The Stories of Predecessors and Inheritors in Galatians and Romans.' Pp. 172–203 in *Narrative Dynamics in Paul: A Critical Assessment*, ed. B. W. Longenecker. Louisville: Westminster John Knox.

Llewelyn, S. R., ed. 1998. *New Documents Illustrating Early Christianity*. Grand Rapids: Eerdmans.

Logan, A. H. B. 2006. *The Gnostics: Identifying an Early Christian Cult*. London: T&T Clark.

Lohse, E. 1971 [1968]. *Colossians and Philemon*. Tr. W. R. Poehlmann and R. J. Karris. Philadelphia: Fortress.

Long, A. A. 2003. 'Roman Philosophy.' Pp. 184–210 in *The Cambridge Companion to Greek and Roman Philosophy*, ed. D. Sedley. Cambridge: Cambridge University Press.

——. 2006. *From Epicurus to Epictetus: Studies in Hellenistic and Roman Philosophy*. Oxford: Oxford University Press, Clarendon Press.

Long, A. A., and D. N. Sedley. 1987. *The Hellenistic Philosophers, Vol. 1: Translations of the Principal Sources with Philosophical Commentary.* Cambridge: Cambridge University Press.

Longenecker, B. W. 2002a. *Narrative Dynamics in Paul: A Critical Assessment.* Louisville: Westminster John Knox.

——. 2002b. 'Narrative Interest in the Study of Paul: Retrospective and Prospective.' Pp. 3–18 in *Narrative Dynamics in Paul: A Critical Assessment*, ed. B. W. Longenecker. Louisville: Westminster John Knox.

——. 2002c. 'Sharing in Their Spiritual Blessings? The Stories of Israel in Galatians and Romans.' Pp. 58–84 in *Narrative Dynamics in Paul: A Critical Assessment*, ed. B. W. Longenecker. Louisville: Westminster John Knox.

——. 2009. 'Socio-Economic Profiling of the First Urban Christians.' Pp. 36–59 in *After the First Urban Christians: The Social-Scientific Study of Pauline Christianity Twenty-Five Years Later*, eds T. D. Still and D. G. Horrell. London: T&T Clark.

——. 2010. *Remember the Poor: Paul, Poverty, and the Greco-Roman World.* Grand Rapids: Eerdmans.

Lucas, J. R. 1976. *Freedom and Grace.* London: SPCK.

Lundquist, J. M. 2008. *The Temple of Jerusalem: Past, Present and Future.* Westport, CT: Praeger.

Luther, M. 1970 [1520]. *Three Treatises.* Philadelphia: Fortress.

Lutz, C. E. 1947. 'Musonius Rufus, "The Roman Socrates".' *Yale Classical Studies* 10:3–147.

Lyons, S. 1996. *The Fleeting Years: Odes of Horace from the Augustan Age of Rome.* Stoke-on-Trent: Staffordshire University Press.

——. 2007. *Horace's Odes and the Mystery of Do-Re-Mi.* Oxford: Oxbow Books.

Maccoby, H. 1986. *The Mythmaker: Paul and the Invention of Christianity.* London: Wiedenfeld and Nicolson.

McConville, J. G. 1986. 'Ezra-Nehemiah and the Fulfillment of Prophecy.' *Vetus Testamentum* 36:205–24.

McKnight, S. 1991. *A Light among the Gentiles: Jewish Missionary Activity in the Second Temple Period.* Minneapolis: Augsburg Fortress.

McLaren, J. S. 2005. 'Jews and the Imperial Cult: From Augustus to Domitian.' *Journal for the Study of the New Testament* 27(3):257–78.

Madeline, L., ed. 2008. *Correspondence: Pablo Picasso and Gertrude Stein.* London: Seagull.

Maier, H. O. 2005. 'A Sly Civility: Colossians and Empire.' *Journal for the Study of the New Testament* 27(3):323–49.

Malherbe, A. J. 1989a. 'Greco-Roman Religion and Philosophy and the New Testament.' Pp. 3–26 in *The New Testament and Its Modern Interpreters*, eds E. J. Epp and G. W. MacRae. Atlanta: Scholars Press.

——. 1989b. *Paul and the Popular Philosophers.* Minneapolis: Fortress.

——. 2000. *The Letters to the Thessalonians: A New Translation with Introduction and Commentary.* New York: Doubleday.

Malina, B. J. 1993. *The New Testament World: Insights from Cultural Anthropology.* Rev. edn. Louisville: Westminster John Knox.

Malina, B. J., and J. H. Neyrey. 1996. *Portraits of Paul: An Archaeology of Ancient Personality.* Louisville: Westminster John Knox.

Marchal, J. A., ed. 2012. *Studying Paul's Letters: Contemporary Perspectives and Methods.* Minneapolis: Fortress.

Marshall, I. H. 1993. 'The Theology of Philemon' Pp. 175–91 in *The Theology of the Shorter Pauline Letters*, eds. K. P. Donfriend and I. H. Marshall. Cambridge: Cambridge University Press.

——. 2002. 'Response to A. T. Lincoln: The Stories of Predecessors and Inheritors in Galatians and Romans.' Pp. 204–14 in *Narrative Dynamics in Paul: A Critical Assessment*, ed. B. W. Longenecker. Louisville: Westminster John Knox.

——. 2008. 'Lord's Supper.' Pp. 695–700 in *New Interpreter's Dictionary of the Bible*, vol. 3, eds K. D. Sakenfeld et al. Nashville: Abingdon.

Martin, D. B. 2001. 'Paul and the Judaism/Hellenism Dichotomy: Toward a Social History of the Question.' Pp. 29–61 in *Paul beyond the Judaism/Hellenism Divide*, ed. T. Engberg-Pedersen. Louisville: Westminster John Knox.

Martyn, J. L. 1997a. *Galatians: A New Translation with Introduction and Commentary*. Anchor Bible, vol. 33a. New York: Doubleday.

Mason, S. 1994. 'Josephus, Daniel and the Flavian House.' Pp. 161–91 in *Josephus and the History of the Greco-Roman Period: Essays in Memory of Morton Smith*, eds F. Parente and J. Sievers. Leiden: Brill.

——. 2001. *Flavius Josephus: Translation and Commentary, Vol. 9: Life of Josephus*. Leiden: Brill.

——. 2007. 'Jews, Judaeans, Judaizing, Judaism: Problems of Categorization in Ancient History.' *Journal for the Study of Judaism* 38:457–512.

Mason, S., and L. H. Feldman, eds. 1999. *Flavius Josephus: Translation and Commentary, Vol. 3: Judean Antiquities 1–4*. Leiden: Brill.

Matera, F. J. 1999. *New Testament Christology*. Louisville: Westminster John Knox.

——. 2012. *God's Saving Grace: A Pauline Theology*. Grand Rapids: Eerdmans.

Matlock, R. B. 1996. *Unveiling the Apocalyptic Paul: Paul's Interpreters and the Rhetoric of Criticism*. Sheffield: Sheffield Academic Press.

May, A. S. 2004. *'The Body for the Lord': Sex and Identity in 1 Corinthians 5—7*. London: T&T Clark.

Meadors, E. P. 2006. *Idolatry and the Hardening of the Heart*. New York: T&T Clark.

Meeks, W. A. 1983. *The First Urban Christians: The Social World of the Apostle Paul*. New Haven: Yale University Press.

——. 1986. 'A Hermeneutics of Social Embodiment.' *Harvard Theological Review* 79:176–86.

—— 1986. *The Moral World of the First Christians*. Philadelphia: Westminster; London: SCM Press.

——. 1993. *The Origins of Christian Morality*. New Haven: Yale University Press.

——. 1996. 'The "Haustafeln" and American Slavery: A Hermeneutical Challenge.' Pp. 232–53 in *Theology and Ethics in Paul and His Interpreters: Essays in Honor of Victor Paul Furnish*, eds E. H. Lovering and J. L. Sumney.

——. 2001. 'Judaism, Hellenism and the Birth of Christianity.' Pp. 17–27 in *Paul beyond the Judaism/Hellenism Divide*, ed. T. Engberg-Pedersen. Louisville: Westminster John Knox.

Meggitt, J. J. 1998. *Paul, Poverty and Survival*. Edinburgh: T&T Clark.

——. 2002. 'Taking the Emperor's Clothes Seriously: The New Testament and the Roman Emperor.' Pp. 143–69 in *The Quest for Wisdom: Essays in Honour of Philip Budd*, ed. C. E. Joynes. Cambridge: Orchard Academic.

Mellor, R. 1975. *ΘΕΑ ΡΩΜΑ: The Worship of the Goddess Roma in the Greek World*. Göttingen: Vandenhoeck & Ruprecht.

Mendels, D. 1992. *The Rise and Fall of Jewish Nationalism*. Grand Rapids: Eerdmans.

——. 1996. 'Pagan or Jewish? The Presentation of Paul's Mission in the Book of Acts.' Pp. 431–52 in *Geschichte – Tradition – Reflexion: Festschrift für Martin Hengel zum 70. Geburtstag. Bd 1: Judentum*, eds H. Cancick, H. Lichtenberger, and P. Schäfer. Tübingen: Mohr.

Metzger, B. M. 1994 [1971]. *A Textual Commentary on the Greek New Testament*. 2nd edn. London/New York: United Bible Societies; Stuttgart: Deutsche Bibelgesellschaft.

Meyer, B. F. 1989. *Critical Realism and the New Testament*. Princeton Theological Monograph Series, vol. 17. Allison Park, PA.: Pickwick.

Meyer, M. W., ed. 1987. *The Ancient Mysteries: A Sourcebook*. New York: Harper & Row.

Meyer, P. W. 1990. 'The Worm at the Core of the Apple: Exegetical Reflections on Romans 7.' Pp. 62–84 in *The Conversation Continues: Studies in Paul and John in Honor of J. Louis Martyn*, eds R. T. Fortna and B. R. Gaventa. Nashville: Abingdon.

Mikalson, J. D. 2010 [2005]. *Ancient Greek Religion*. Chichester: Wiley-Blackwell.

Mildenberg, L. 1984. *The Coinage of the Bar-Kokhba War*. Aarau: Sauerländer Verlag.

Millar, F. 2002. 'The Emperor, the Senate and the Provinces.' In *Rome, the Greek World, and the East, Vol. 1: The Roman Republic and the Augustan Revolution*, eds H. M. Cotton and G. M. Rogers. Chapel Hill: University of North Carolina Press.

Minear, P. S. 1971. *The Obedience of Faith*. London: SCM Press.

Mitchell, M. M. 1991/2. *Paul and the Rhetoric of Reconciliation: An Exegetical Investigation of the Language and Composition of 1 Corinthians*. Louisville: Westminster John Knox.

Mitchell, S. 1993. *Anatolia: Land, Men and Gods in Asia Minor, Vol. 1: The Celts in Anatolia and the Impact of Roman Rule*. Oxford: Clarendon Press.

Mitchell, S., and P. van Nuffelen, eds. 2010. *One God: Pagan Monotheism in the Roman Empire*. Cambridge: Cambridge University Press.

Mitchell, S., and M. Waelkins, eds. 1998. *Pisidian Antioch: The Site and Its Monuments*. London: Duckworth with the Classical Press of Wales.

Mitchell, S. 1993. *Anatolia: Land, Men and Gods in Asia Minor, Vol. 1: The Celts in Anatolia and the Impact of Roman Rule*. Oxford: Clarendon Press.

——. 1999. 'The Cult of Theos Hypsistos between Pagans, Jews and Christians.' Pp. 81–148 in *Pagan Monotheism in Late Antiquity*, eds P. Athanassiadi and M. Frede. Oxford: Clarendon Press.

Moessner, D. 1989. *Lord of the Banquet: The Literary and Theological Significance of the Lukan Travel Narrative*. Harrisburg, PA: Trinity Press International.

Moo, D. J. 2008. *The Letters to the Colossians and to Philemon*. Grand Rapids: Eerdmans.

Morgan, G. 2006. *69 A.D.: The Year of Four Emperors*. Oxford: Oxford University Press.

Morgan, R. 1973. *The Nature of New Testament Theology: The Contribution of William Wrede and Adolf Schlatter*. London: SCM Press.

Most, G. W. 2003. 'Philosophy and Religion.' Pp. 300–22 in *The Cambridge Companion to Greek and Roman Philosophy*, ed. D. Sedley. Cambridge: Cambridge University Press.

Motyer, J. A. 1993. *The Prophecy of Isaiah*. Leicester: InterVarsity Press.

Moule, C. F. D. 1957. *The Epistles of Paul the Apostle to the Colossians and to Philemon*. Cambridge: Cambridge University Press.

Müller, P. 2012. *Der Brief an Philemon*. Göttingen: Vandenhoeck & Ruprecht.

Munck, J. 1959 [1954]. *Paul and the Salvation of Mankind.* Tr. F. Clarke. London: SCM Press.

Murphy, F. J. 2005. *The Structure and Meaning of Second Baruch.* Atlanta: Scholars Press.

——. 2010. 'Biblical Antiquities (Pseudo-Philo).' Pp. 440–2 in *The Eerdmans Dictionary of Early Judaism*, eds J. J. Collins and D. C. Harlow. Grand Rapids: Eerdmans.

Murphy-O'Connor, J. 1986. 'I Cor. 8.6: Cosmology or Soteriology?' *Révue Biblique* 85:253–67.

——. 1991. '2 Timothy Contrasted with 1 Timothy and Titus.' *Révue Biblique* 98:403–18.

——. 1995. *Paul the Letter-Writer: His World, His Options, His Skills.* Collegeville, MN: The Liturgical Press.

——. 1998 [1980]. *The Holy Land: An Oxford Archaeological Guide from Earliest Times to 1700.* 4th edn. Oxford: Oxford University Press.

Murray, O. 2001 [1986, 1988]. 'Life and Society in Classical Greece.' Pp. 198–227 in *The Oxford Illustrated History of Greece and the Hellenistic World*, eds J. Boardman, J. Griffin, and O. Murray. Oxford: Oxford University Press.

Nanos, M. D. 1996. *The Mystery of Romans.* Minneapolis: Fortress.

——. 2002a. *The Irony of Galatians: Paul's Letter in First-Century Context.* Minneapolis: Fortress.

——. 2010a. '"Broken Branches": A Pauline Metaphor Gone Awry? (Romans 11:11–24).' Pp. 339–76 in *Between Gospel and Election: Explorations in the Interpretation of Romans 9—11*, eds F. Wilk and J. R. Wagner. Tübingen: Mohr.

——. 2011. 'The Letter of Paul to the Romans.' Pp. 253–86 in *The Jewish Annotated New Testament: New Revised Standard Version*, eds A.-J. Levine and M. Z. Brettler. New York: Oxford University Press.

Naugle, D. K. 2002. *Worldview: The History of a Concept.* Grand Rapids: Eerdmans.

Naylor, J. 2010. 'The Roman Imperial Cult and Revelation.' *Currents in Biblical Research* 8 (2):207–39.

Neumann, K. J. 1990. *The Authenticity of the Pauline Epistles in the Light of Stylostatistical Analysis.* Atlanta: Scholars Press.

Neusner, J. 1973. *From Politics to Piety.* Englewood Cliffs: Prentice-Hall.

——. 1985. *Genesis Rabbah: The Judaic Commentary to the Book of Genesis: A New American Translation.* Atlanta: Scholars Press.

——. 2004. *The Idea of History in Rabbinic Judaism.* Leiden: Brill.

Neusner, J., W. S. Green, and E. S. Frerichs, eds. 1987. *Judaisms and Their Messiahs at the Turn of the Christian Era.* Cambridge: Cambridge University Press.

Newman, C. C. 1992. *Paul's Glory-Christology: Tradition and Rhetoric.* Leiden: Brill.

Neyrey, J. H. 1990. *Paul, in Other Words: A Cultural Reading of His Letters.* Louisville: Westminster John Knox.

Neyrey, J. H., and Eric C. Stewart. 2008. *The Social World of the New Testament: Insights and Models.* Peabody, MA: Hendrickson.

Nickelsburg, G. W. E. 1972. *Resurrection, Immortality and Eternal Life in Intertestamental Judaism.* Cambridge, MA: Harvard University Press.

——. 1981. *Jewish Literature between the Bible and the Mishnah.* London: SCM Press; Philadelphia: Fortress.

Nicklas, T. 2008. 'The Letter to Philemon: A Discussion with J. Albert Harrill.' Pp. 201–20 in *Paul's World*, ed. S. E. Porter. Leiden: Brill.

Niebuhr, K. W. 1992. *Heidenapostel aus Israel: Die jüdische Identität des Paulus nach ihrer Darstellung in seinen Briefen.* Tübingen: Mohr.

Nock, A. D. 1961 [1933]. *Conversion: The Old and the New in Religion from Alexander the Great to Augustine of Hippo.* London: Oxford University Press.

Nordling, J. G. 1991. 'Onesimus Fugitivus: A Defense of the Runaway Slave Hypothesis in Philemon.' *Journal for the Study of the New Testament* 41:97–119.

——. 2004. *Philemon.* St Louis: Concordia.

North, J. A. 2011. 'Pagans, Polytheists and the Pendulum.' Pp. 479–502 in *The Religious History of the Roman Empire: Pagans, Jews and Christians,* eds J. A. North and S. R. F. Price. Oxford: Oxford University Press.

Norton, J. D. H. 2011. *Contours in the Text: Textual Variations in the Writings of Paul, Josephus and the Yahad.* London: T&T Clark.

Novenson, M. 2012. *Christ among the Messiahs: Christ Language in Paul and Messiah Language in Ancient Judaism.* New York: Oxford University Press.

——. 2013. 'Paul's Former Occupation in *Ioudaismos*'. In *Galations and Christian Theology: Justification, the Gospel and Ethics in Paul's Letter,* eds M. W. Elliott, S. J. Hafemann and N. T. Wright. Grand Rapids: Baker Academic.

Nowell, I. 2009. 'Tobit, Book Of.' Pp. 612–17 in *The New Interpreter's Dictionary of the Bible,* vol. 5, eds K. D. Sakenfield et al. Nashville: Abingdon.

Oakes, P. 2001. *Philippians: From People to Letter.* Cambridge: Cambridge University Press.

——. 2005. 'Re-Mapping the Universe: Paul and the Emperor in 1 Thessalonians and Philippians.' *Journal for the Study of the New Testament* 27(3):301–22.

——. 2009. *Reading Romans in Pompeii: Paul's Letter at Ground Level.* London: SPCK.

O'Brien, P. T. 1993. 'Fellowship, Communion, Sharing.' Pp. 293–5 in *Dictionary of Paul and His Letters,* eds G. F. Hawthorne and R. P. Martin. Downers Grove, IL: Inter-Varsity Press.

O'Donovan, O. M. T. 2002. 'Response to N. T. Wright.' Pp. 194–5 in *A Royal Priesthood: The Use of the Bible Ethically and Politically. A Dialogue with Oliver O'Donovan,* eds C. Bartholomew et al. Carlisle: Paternoster.

——. 2005. *The Ways of Judgment.* Grand Rapids: Eerdmans.

Ogilvie, R. M. 1986. *The Romans and Their Gods.* London: The Hogarth Press.

O'Siadhail, M. 2010. *Tongues.* Tarset, Northumberland: Bloodaxe Books.

Osiek, C. 2000. *Philippians, Philemon.* Nashville: Abingdon.

Padwick, C. E. 1930 [1929]. *Temple Gairdner of Cairo.* London: SPCK.

Passaro, A. 2006. 'Theological Hermeneutics and Historical Motifs in Pss 105–106.' Pp. 43–55 in *History and Identity: How Israel's Later Authors Viewed Its Earlier History,* eds N. Calduch-Benages and J. Liesen. Berlin/New York: De Gruyter.

Peirce, C. S. 1958. *Collected Papers, Vol. 7.* Cambridge, MA: Harvard University Press.

Pennington, J. T., and S. M. McDonough, eds. 2008. *Cosmology and New Testament Theology.* London: T&T Clark.

Perrin, N. 2010. *Jesus the Temple.* London: SPCK.

Pervo, R. I. 2009. *Acts: A Commentary.* Minneapolis: Fortress.

Petersen, N. R. 1985. *Rediscovering Paul: Philemon and the Sociology of Paul's Narrative World.* Philadelphia: Fortress.

Phua, R. L.-S. 2005. *Idolatry and Authority: A Study of 1 Corinthians 8.1—11.1 in the Light of the Jewish Diaspora.* London: T&T Clark.

Pickett, R. 1997. *The Cross in Corinth: The Social Significance of the Death of Jesus*. Sheffield: Sheffield Academic Press.

Pitre, B. 2005. *Jesus, the Tribulation, and the End of the Exile: Restoration Eschatology and the Origin of the Atonement*. Tübingen: Mohr; Grand Rapids: Baker Academic.

Platt, V. 2011. *Facing the Gods: Epiphany and Representation in Graeco-Roman Art, Literature and Religion*. Cambridge: Cambridge University Press.

Pleket, H. W. 1965. 'An Aspect of the Imperial Cult: Imperial Mysteries.' *Harvard Theological Review* 58:331–47.

Poirier, J. C. 2008. 'The Measure of Stewardship: *Pistis* in Romans 12:3.' *Tyndale Bulletin* 59 (1):145–52.

Polaski, S. H. 1999. *Paul and the Discourse of Power*. Sheffield: Sheffield Academic Press.

Porter, A. L. 2009. 'Temples, Leontopolis and Elephantine.' Pp. 509–10 in *The New Interpreter's Dictionary of the Bible*, vol. 5, eds K. D. Sakenfeld et al. Nashville: Abingdon.

Portier-Young, A. E. 2011. *Apocalypse Against Empire: Theologies of Resistance in Early Judaism*. Grand Rapids: Eerdmans.

Powell, M. A. 1993 [1990]. *What Is Narrative Criticism?* London: SPCK.

Price, S. R. F. 1984. *Rituals and Power: The Roman Imperial Cult in Asia Minor*. Cambridge: Cambridge University Press.

——. 1996. 'The Place of Religion: Rome in the Early Empire.' Pp. 812–47 in *Cambridge Ancient History*, vol. 10, eds A. K. Bowman, E. Champlin, and A. Lintott. Cambridge: Cambridge University Press.

——. 1999. *Religions of the Ancient Greeks*. Cambridge: Cambridge University Press.

——. 2001 [1986, 1988]. 'The History of the Hellenistic Period.' Pp. 309–31 in *The Oxford Illustrated History of Greece and the Hellenistic World*, eds J. Boardman, J. Griffin, and O. Murray. Oxford: Oxford University Press.

——. 2011. 'Homogeneity and Diversity in the Religions of Rome.' Pp. 253–75 in *The Religious History of the Roman Empire: Pagans, Jews, and Christians*. Oxford: Oxford University Press.

Prior, M. 1989. *Paul the Letter-Writer: And the Second Letter to Timothy*. Sheffield: Sheffield Academic Press.

Puerto, M. N. 2006. 'Reinterpreting the Past: Judith 5.' Pp. 115–40 in *History and Identity: How Israel's Later Authors Viewed Its Earlier History*, eds N. Calduch-Benages and J. Liesen. Berlin/New York: De Gruyter.

Punt, J. 2010. 'Paul, Power and Philemon. "Knowing Your Place": A Postcolonial Reading.' Pp. 223–50 in *Philemon in Perspective: Interpreting a Pauline Letter*, ed. D. F. Tolmie. Berlin/New York: De Gruyter.

Rankin, D. 1995. *Tertullian and the Church*. Cambridge: Cambridge University Press.

Rapske, B. M. 1991. 'The Prisoner Paul in the Eyes of Onesimus.' *New Testament Studies* 37:187–203.

Reasoner, M. 1999. *The Strong and the Weak: Romans 14.1—15.13 in Context*. Cambridge: Cambridge University Press.

Reif, S. C. 2006. 'The Function of History in Early Rabbinic Liturgy.' Pp. 321–39 in *History and Identity: How Israel's Later Authors Viewed Its Earlier History*, eds N. Calduch-Benages and J. Liesen. Berlin/New York: De Gruyter.

Reinmuth, E. 2006. *Der Brief des Paulus an Philemon*. Leipzig: Evangelische Verlagsanstalt.

Reiser, M. 1997. *Jesus and Judgment: The Eschatological Proclamation in Its Jewish Context*. Tr. L. M. Maloney. Minneapolis: Fortress.

Renwick, D. A. 1991. *Paul, the Temple, and the Presence of God*. Atlanta: Scholars Press.

Reumann, J. 2008. *Philippians: A New Translation with Introduction and Commentary*. New Haven: Yale University Press.

Revell, L. 2009. *Roman Imperialism and Local Identities*. Cambridge: Cambridge University Press.

Richards, E. R. 2004. *Paul and First-Century Letter-Writing: Secretaries, Composition and Collection*. Downers Grove, IL: InterVarsity Press.

Richardson, J. S. 2008. *The Language of Empire: Rome and the Idea of Empire from the Third Century BC to the Second Century AD*. Cambridge: Cambridge University Press.

——. 2012. *Augustan Rome 44 BC to AD 14: The Restoration of the Republic and the Establishment of the Empire*. Edinburgh: Edinburgh University Press.

Richardson, P. 1996. *Herod: King of the Jews and Friend of the Romans*. Columbia, SC: University of South Carolina Press.

Ricks, C., ed. 1999. *The Oxford Book of English Verse*. Oxford: Oxford University Press.

Ridderbos, Herman N. 1975 [1966]. *Paul: An Outline of His Theology*. Tr. J. R. de Witt. Grand Rapids: Eerdmans.

Riesenfeld, H. 1982. 'Faith and Love Promoting Hope: An Interpretation of Philemon v. 6.' Pp. 251–7 in *Paul and Paulinism: Essays in Honour of C. K. Barrett*, eds M. D. Hooker and S. G. Wilson. London: SPCK.

Riesner, R. 2000. 'A Pre-Christian Jewish Mission?' Pp. 211–50 in *The Mission of the Early Church to Jews and Gentiles*. Tübingen: Mohr.

Rives, J. B. 2007. *Religion in the Roman Empire*. Oxford: Blackwell.

Roberts, J. J. M. 1987. 'Yahweh's Foundation in Zion (Isa 28:16).' *Journal of Biblical Literature* 106:27–45.

——. 2009. 'Temple, Jerusalem.' Pp. 494–509 in *The New Interpreter's Dictionary of the Bible*, vol. 5, eds K. D. Sakenfeld et al. Nashville: Abingdon.

Robinson, J. A. 1904 [1903]. *St Paul's Epistle to the Ephesians: A Revised Text and Translation with Exposition and Notes*. London: Macmillan.

Robinson, J. A. T. 1976. *Redating the New Testament*. London: SCM Press.

Röcker, F. W. 2009. *Belial und Katechon: Eine Untersuchung zu 2 Thess 2,1–12 und 1 Thess 4,13—5,11*. Tübingen: Mohr.

Rowe, C. K. 2005a. 'New Testament Iconography? Situating Paul in the Absence of Material Evidence.' Pp. 289–312 in *Picturing the New Testament*, eds A. Weissenrieder, F. Wendt, and P. von Gemünden. Tübingen: Mohr.

——. 2005b. 'Luke-Acts and the Imperial Cult: A Way through the Conundrum?' *Journal for the Study of the New Testament* 27:279–300.

——. 2009. *World Upside Down: Reading Acts in the Graeco-Roman Age*. Oxford: Oxford University Press.

Rowland, C. C. 1996. 'Apocalyptic Mysticism and the New Testament.' Pp. 405–30 in *Geschichte – Tradition – Reflexion. Festschrift für Martin Hengel zum 70. Geburtstag. Bd 1: Judentum*, eds H. Cancik, H. Lichtenberger, and P. Schäfer. Tübingen: Mohr.

Rowland, C. C., and C. R. A. Morray-Jones. 2009. *The Mystery of God: Early Jewish Mysticism and the New Testament*. Leiden: Brill.

Rüpke, J. 2007 [2001]. *Religion of the Romans*. Cambridge: Polity Press.

——. 2011. 'Roman Religion and the Religion of Empire: Some Reflections on Method.' Pp. 9–36 in *The Religious History of the Roman Empire: Pagans, Jews and Christians*, eds J. A. North and S. R. F. Price. Oxford: Oxford University Press.

Russell, D. A. 1973. *Plutarch*. London: Duckworth.

Ryan, J. M. 2005. *Philippians and Philemon*. Collegeville, MN: Liturgical Press.

Sailhamer, John H. 1992. *The Pentateuch as Narrative: A Biblical-Theological Commentary*. Grand Rapids: Zondervan.

Salles, R. 2009. 'Chrysippus on Conflagration and the Indestructibility of the Cosmos.' Pp. 118–34 in *God and Cosmos in Stoicism*, ed. R. Salles. Oxford: Oxford University Press.

Sampley, J. P., ed. 2003a. *Paul in the Greco-Roman World: A Handbook*. Harrisburg, PA: Trinity Press International.

——. 2003b. 'Paul and Frank Speech.' Pp. 293–318 in *Paul in the Greco-Roman World: A Handbook*, ed. J. P. Sampley. Harrisburg, PA: Trinity Press International.

Sanders, E. P. 1977. *Paul and Palestinian Judaism: A Comparison of Patterns of Religion*. Philadelphia: Fortress; London: SCM Press.

——. 1990. 'Jewish Association with Gentiles and Galatians 2:11–14.' Pp. 170–88 in *The Conversation Continues: Studies in Paul and John in Honor of J. Louis Martyn*, eds R. T. Fortna and B. R. Gaventa. Nashville: Abingdon.

——. 1992. *Judaism: Practice and Belief, 63 BCE — 66 CE*. London: SCM.

——. 2008a. 'Comparing Judaism and Christianity: An Academic Autobiography.' Pp. 11–41 in *Redefining First-Century Jewish and Christian Identities: Essays in Honor of Ed Parish Sanders*, ed. F. E. Udoh. Notre Dame, IN: University of Notre Dame Press.

——. 2008b. 'Did Paul's Theology Develop?' Pp. 325–50 in *The Word Leaps the Gap: Essays on Scripture and Theology in Honor of Richard B. Hays*, eds J. R. Wagner, C. K. Rowe, and A. K. Grieb. Grand Rapids: Eerdmans.

——. 2009. 'Paul between Judaism and Hellenism.' Pp. 74–90 in *St Paul among the Philosophers*, eds J. D. Caputo and L. M. Alcoff. Bloomington, IN: Indiana University Press.

Sandmel, S. 1962. 'Parallelomania.' *Journal of Biblical Literature* 81:1–13.

Schäfer, P. 1972. *Die Vorstellung vom Heiligen Geist in der rabbinischen Literatur*. Munich: Kösel-Verlag.

——. ed. 2003. *The Bar Kokhba War Reconsidered*. Tübingen: Mohr.

Schechter, S. 1961 [1909]. *Aspects of Rabbinic Theology: Major Concepts of the Talmud*. New edn. Introd. L. Finkelstein. New York: Schocken.

Scheid, J. 1990. *Romulus et Ses Frères: Le Collège Des Frères Arvales, Modèle Du Culte Public dans la Rome Des Empereurs*. Rome: Ecole François de Rome.

——. 2005. 'Augustus and Roman Religion: Continuity, Conservatism, and Innovation.' Pp. 175–93 in *The Cambridge Companion to the Age of Augustus*, ed. K. Galinsky. Cambridge: Cambridge University Press.

——. 2009 [2001]. 'To Honour the *Princeps* and Venerate the Gods: Public Cult, Neighbourhood Cults, and Imperial Cult in Augustan Rome.' Pp. 275–99 in *Augustus*, ed. J. Edmondson. Edinburgh: Edinburgh University Press.

Schmidt, R. 1982. 'Exil I. Altes und Neues Testament.' Pp. 707–10 in *Theologisches Realenzyklopädie*, vol. 10, eds G. Muller, H. Balz, G. Krause. Berlin: De Gruyter.

Schnabel, E. J. 2004. *Early Christian Mission*. Downers Grove, IL: InterVarsity Press.

——. 2009. 'Pharisees.' Pp. 485–96 in *The New Interpreter's Dictionary of the Bible*, vol. 4, eds K. D. Sakenfeld et al. Nashville: Abingdon.

Schnelle, U. 1983. *Gerechtigkeit und Christusgegenwart: vorpaulinische und paulinische Tauftheologie*. Göttingen: Vandenhoek & Ruprecht.

——. 2005 [2003]. *Apostle Paul: His Life and Theology*. Tr. E. Boring. Grand Rapids: Baker Academic.

Schoeps, H.-J. 1961 [1959]. *Paul: The Theology of the Apostle in the Light of Jewish Religious History*. Tr. H. Knight. London: Lutterworth.

Schofield, M. 2003a. 'The Pre-Socratics.' Pp. 42–72 in *The Cambridge Companion to Greek and Roman Philosophy*. Cambridge: Cambridge University Press.

——. 2003b. 'Stoic Ethics.' Pp. 233–56 in *The Cambridge Companion to the Stoics*, ed. B. Inwood. Cambridge: Cambridge University Press.

Scholem, G. 1971. *The Messianic Idea in Judaism, and Other Essays on Jewish Spirituality*. New York: Schocken.

Schreiner, T. R. 2001. *Paul: Apostle of God's Glory in Christ*. Downers Grove, IL: IVP Academic.

Schürer, E. 1973–87. *The History of the Jewish People in the Age of Jesus Christ (175 B.C.—A. D. 135)*. Rev. and ed. G. Vermes, F. Millar, and M. Black. Edinburgh: T&T Clark.

Schwartz, D. B. 2012. *The First Modern Jew: Spinoza and the History of an Image*. Princeton: Princeton University Press.

Schwartz, D. R. 1992. *Studies in the Jewish Background of Christianity*. Wissenschaftliche Untersuchungen zum Neuen Testament, vol. 60. Tübingen: Mohr.

Schweitzer, A. 1912. *Paul and His Interpreters: A Critical History*. Tr. W. Montgomery. London: A&C Black.

——. 1925 [1901]. *The Mystery of the Kingdom of God*. Tr. W. Lowrie. London: A&C Black.

——. 1931. *The Mysticism of Paul the Apostle*. London: A&C Black.

——. 1954 [1906]. *The Quest of the Historical Jesus: A Critical Study of Its Progress from Reimarus to Wrede*. Tr. W. Montgomery. London: A&C Black.

Scott, J. M. 1993a. '"For as Many as Are of Works of the Law Are under a Curse" (Gal 3:10).' Pp. 187–221 in *Paul and the Scriptures of Israel*, eds C. A. Evans and J. A. Sanders. Sheffield: JSOT Press.

——. 1993b. 'Paul's Use of Deuteronomistic Tradition.' *Journal of Biblical Literature* 112:645–65.

——. 1993c. 'Restoration of Israel.' Pp. 796–805 in *Dictionary of Paul and His Letters*, eds G. F. Hawthorne, R. P. Martin, and D. G. Reid. Downers Grove, IL: InterVarsity Press.

——. ed. 1997a. *Exile: Old Testament, Jewish and Christian Conceptions*. Supplements to the Journal for the Study of Judaism, vol. 56. Leiden: Brill.

——. 1997b. 'Exile and the Self-Understanding of Diaspora Jews in the Greco-Roman Period.' Pp. 173–218 in *Exile: Old Testament, Jewish, and Christian Conceptions*, ed. J. M. Scott. Leiden: Brill.

——. 2005. *On Earth as in Heaven: The Restoration of Sacred Time and Sacred Space in the Book of Jubilees*. Leiden: Brill.

Scott, K. 1929. 'Plutarch and the Ruler Cult.' *Transactions and Proceedings of the American Philological Association* 60:117–35.

——. 1932a. 'The Elder and Younger Pliny on Emperor Worship.' *Transactions and Proceedings of the American Philological Association* 63:156–66.

——. 1932b. 'Humor at the Expense of the Ruler Cult.' *Classical Philology* 27:311–28.

Scroggs, R. 1989. 'Eschatological Existence in Matthew and Paul: *Coincidentia Oppositorum*.' Pp. 125–46 in *Apocalyptic and the New Testament: Essays in Honor of J. Louis Martyn*, eds J. Marcus and M. L. Soards. Sheffield: JSOT Press.

Sedley, D. 2003. 'The School, from Zeno to Arius Didymus.' Pp. 7–32 in *The Cambridge Companion to the Stoics*, ed. B. Inwood. Cambridge: Cambridge University Press.

Seesengood, R. P. 2010. *Paul: A Brief History*. Chichester: Wiley-Blackwell.

Segal, A. 2003. 'Paul's Jewish Presuppositions.' Pp. 159–72 in *The Cambridge Companion to St Paul*, ed. J. D. G. Dunn. Cambridge: Cambridge University Press.

Seifrid, M. A. 1994. 'Blind Alleys in the Controversy over the Paul of History.' *Tyndale Bulletin* 45:73–95.

——. 2007. 'Romans.' Pp. 607–94 in *Commentary on the New Testament Use of the Old Testament*, eds G. K. Beale and D. A. Carson. Nottingham: Apollos.

Sevenster, J. N. 1961. *Paul and Seneca*. Leiden: Brill.

——. 1975. *The Roots of Pagan Anti-Semitism in the Ancient World*. Leiden: Brill.

Shaffer, P. 1985 [1980]. *Amadeus*. London: Penguin.

Shaw, G. 1983. *The Cost of Authority*. London: SCM Press.

Sherk, R. K. 1969. *Roman Documents from the Greek East: Senatus Consulta and Epistula to the Age of Augustus*. Baltimore: Johns Hopkins University Press.

——. 1984. *Translated Documents of Greece and Rome, Vol. 4: Rome and the Greek East to the Death of Augustus*. Cambridge: Cambridge University Press.

Sherwin-White, A. N. 1969 [1963]. *Roman Society and Roman Law in the New Testament*. 3rd edn. Oxford: Oxford University Press.

Sire, J. W. 2004. *Naming the Elephant: Worldview as a Concept*. Downers Grove, IL: Inter-Varsity Press.

Skarsaune, O. 2002. *In the Shadow of the Temple: Jewish Influences on Early Christianity*. Downers Grove, IL: InterVarsity Press.

Slater, W. J., ed. 1991. *Dining in a Classical Context*. Ann Arbor, MI: University of Michigan Press.

Smallwood, E. M. 1967. *Documents Illustrating the Principates of Gaius, Claudius and Nero*. Cambridge: Cambridge University Press.

——. 2001. *The Jews under Roman Rule: From Pompey to Diocletian: A Study in Political Relations*. Leiden: Brill.

Smith, C. 2003. *Moral, Believing Animals: Human Personhood and Culture*. New York: Oxford University Press.

——. 2010. *What Is a Person? Rethinking Humanity, Social Life, and the Moral Good from the Person Up*. Chicago: University of Chicago Press.

Smith, D. E. 2003. *From Symposium to Eucharist: The Banquet in the Early Christian World*. Minneapolis: Fortress.

Smith, J. K. A. 2009. *The Devil Reads Derrida: And Other Essays on the University, the Church, Politics, and the Arts*. Grand Rapids: Eerdmans.

Smith, R. R. R. 1987. 'The Imperial Reliefs from the Sebasteion at Aphrodisias.' *Journal of Roman Studies* 77:88–138.

——. 1990. 'Myth and Allegory in the Sebasteion.' *Journal of Roman Studies Supplement* 1:89–100.

Söding, T. 2001. 'Verheissung und Erfüllung im Lichte paulinischer Theologie.' *New Testament Studies* 47:146–70.

Soskice, J. M. 1985. *Metaphor and Religious Language*. Oxford: Clarendon Press.

Stanley, C. D. 1992. *Paul and the Language of Scripture: Citation Technique in the Pauline Epistles and Contemporary Literature*. Cambridge: Cambridge University Press.

——. 2004. *Arguing with Scripture: The Rhetoric of Quotations in the Letters of Paul*. New York: T&T Clark International.

Stanton, G. N. 2004. *Jesus and Gospel*. Cambridge: Cambridge University Press.

Stark, R. 1996. *The Rise of Christianity: A Sociologist Reconsiders History*. Princeton, NJ: Princeton University Press.

Steck, O. H. 1967. *Israel und das gewaltsame Geschick der Propheten. Untersuchungen zur Überlieferung des deuteronomistischen Geschichtsbildes im Alten Testament, Spätjudentum und Urchristentum*. Neukirchen-Vluyn: Neukirchener Verlag.

——. 1968. 'Das Problem theologischer Strömungen in nachexilischer Zeit.' *Evangelische Theologie* 28:445–58.

——. 1993. *Das apokryphe Baruchbuch: Studien zu Rezeption und Konzentration 'kanonischer' Überlieferung*. Göttingen: Vandenhoek & Ruprecht.

Stein, R. 2001. 'Review of *Jesus and the Victory of God*.' In *Journal of the Evangelical Theological Society* 44:207–18.

Steiner, G. 1996. *No Passion Spent: Essays 1978–1996*. London/Boston: Faber.

Stern, M. 1974–84. *Greek and Latin Authors on Jews and Judaism*. Jerusalem: Israel Academy of Sciences and Humanities.

Still, T. D. 2011. *Philippians and Philemon*. Macon, GA: Smith & Helwys.

Stowers, S. K. 1981. *The Diatribe and Paul's Letter to the Romans*. Chico, CA: Scholars Press.

——. 1986. *Letter Writing in Greco-Roman Antiquity*. Philadelphia: Westminster Press.

——. 2001. 'Does Pauline Christianity Resemble a Hellenistic Philosophy?' Pp. 81–102 in *Paul beyond the Judaism/Hellenism Divide*, ed. T. Engberg-Pedersen. Louisville: Westminster John Knox.

Stroup, G. W. 1981. *The Promise of Narrative Theology*. London: SCM Press.

Syme, R. 1939. *The Roman Revolution*. Oxford: Oxford University Press.

Talmon, S. 1987. 'Waiting for the Messiah: The Spiritual Universe of the Qumran Covenanters.' Pp. 111–37 in *Judaisms and Their Messiahs at the Turn of the Christian Era*, eds J. Neusner, W. S. Green, and E. S. Frerichs. Cambridge: Cambridge University Press.

Taylor, C. 2007. *A Secular Age*. Cambridge, MA: The Belknap Press of Harvard University Press.

Taylor, J. E. 2010. 'Therapeutae.' Pp. 1305–07 in *The Eerdmans Dictionary of Early Judaism*, eds J. J. Collins and D. C. Harlow. Grand Rapids: Eerdmans.

Terrien, S. 2000. *The Elusive Presence: Toward a New Biblical Theology*. Eugene, OR: Wipf and Stock.

Theissen, G. 1982. *The Social Setting of Pauline Christianity: Essays on Corinth*. Ed. and trans. J. H. Schütz. Philadelphia: Fortress.

Thielman, F. 1989. *From Plight to Solution: A Jewish Framework for Understanding Paul's View of the Law in Galatians and Romans*. Leiden: Brill.

——. 1994. *Paul and the Law: A Contextual Approach*. Downer's Grove, IL: InterVarsity Press.

——. 1995. 'The Story of Israel and the Theology of Romans 5—8.' Pp. 169–95 in *Pauline Theology, Vol. 3: Romans*, eds D. M. Hay and E. E. Johnson. Minneapolis: Fortress.

—. 2005. *Theology of the New Testament: A Canonical and Synthetic Approach*. Grand Rapids: Zondervan.

Thiessen, M. 2011. *Contesting Conversion: Genealogy, Circumcision, and Identity in Ancient Judaism and Christianity*. Oxford: Oxford University Press.

Thiselton, A. C. 1980. *The Two Horizons*. Exeter: Paternoster.

—. 1992. *New Horizons in Hermeneutics: The Theory and Practice of Transforming Biblical Reading*. London/New York: HarperCollins.

—. 2000. *The First Epistle to the Corinthians: A Commentary on the Greek Text*. Grand Rapids: Eerdmans; Carlisle: Paternoster.

—. 2007. *The Hermeneutics of Doctrine*. Grand Rapids/Cambridge: Eerdmans.

—. 2009. *The Living Paul: An Introduction to the Apostle and His Thought*. London: SPCK.

Thorsteinsson, R. M. 2006. 'Paul and Roman Stoicism: Romans 12 and Contemporary Stoic Ethics.' *Journal for the Study of the New Testament* 29:139–61.

Thrall, M. E. 1994, 2000. *A Critical and Exegetical Commentary on the Second Epistle to the Corinthians*. Edinburgh: T&T Clark.

Tilling, C. 2012. *Paul's Divine Christology*. Tübingen: Mohr.

Tobin, T. H. 2004. *Paul's Rhetoric in Its Contexts: The Argument of Romans*. Peabody, MA: Hendrikson.

Tomson, P. J. 1990. *Paul and the Jewish Law: Halakha in the Letters of the Apostle to the Gentiles*. Assen: Van Gorcum; Minneapolis: Fortress.

Towner, P. H. 2006. *The Letters to Timothy and Titus*. Grand Rapids: Eerdmans.

Trebilco, P. R. 1991. *Jewish Communities in Asia Minor*. Cambridge: Cambridge University Press.

—. 2004. *The Early Christians in Ephesus from Paul to Ignatius*. Tübingen: Mohr.

Turcan, R. 1996. *The Cults of the Roman Empire*. Tr. A. Nevill. Oxford: Blackwell.

van Unnik, W. C. 1993. *Das Selbstverständnis der jüdischen Diaspora in der hellenistisch-römischen Zeit*. Leiden: Brill.

VanderKam, J. C. 1997. 'Exile in Apocalyptic Jewish Literature.' Pp. 89–109 in *Exile: Old Testament, Jewish, and Christian Conceptions*, ed. J. M. Scott. Leiden: Brill.

Vanhoozer, K. 2010. *Remythologizing Theology: Divine Action, Passion and Authorship*. Cambridge: Cambridge University Press.

—. 2011. 'Wrighting the Wrongs of the Reformation? The State of the Union with Christ in St. Paul and Protestant Soteriology.' Pp. 235–59 in *Jesus, Paul and the People of God: A Theological Dialogue with N. T. Wright*, eds N. Perrin and R. B. Hays. Downers Grove, IL: InterVarsity Press; London: SPCK.

VanLandingham, C. 2006. *Judgment and Justification in Early Judaism and the Apostle Paul*. Peabody, MA: Hendrikson.

Vermes, G. 1997. *The Complete Dead Sea Scrolls in English*. Harmondsworth: Penguin.

Vermeylen, J. 2006. 'The Gracious God, Sinners and Foreigners: How Nehemiah 9 Interprets the History of Israel.' Pp. 77–114 in *History and Identity: How Israel's Later Authors Viewed Its Earlier History*, eds N. Calduch-Benages and J. Liesen. Berlin/New York: De Gruyter.

Vernezze, P. T. 2005. *Don't Worry, Be Stoic: Ancient Wisdom for Troubled Times*. Lanham, MD: University Press of America.

Vielhauer, P. 1966. 'On the "Paulinisms" of Acts.' Pp. 33–51 in *Studies in Luke-Acts: Essays Presented in Honor of Paul Schubert*, eds L. Keck and J. L. Martyn. Nashville: Abingdon.

von Rad, G. 1962 [1957]. *Old Testament Theology: The Theology of Israel's Historical Traditions*. Tr. D. M. G. Stalker. Edinburgh and London: Oliver & Boyd.

Wacholder, B. Z. 1975. *Essays on Jewish Chronology and Chronography*. New York: Ktav.

Wagner, G. 1967 [1962]. *Pauline Baptism and the Pagan Mysteries: The Problem of the Pauline Doctrine of Baptism in Romans 6:1-11 in the Light of Its Religious-Historical Parallels*. Edinburgh: Oliver & Boyd.

Wagner, J. R. 2002. *Heralds of the Good News: Isaiah and Paul 'in Concert' in the Letter to the Romans*. Leiden: Brill.

Wagner, J. R., C. K. Rowe, and A. K. Grieb, eds. 2008. *The Word Leaps the Gap: Essays on Scripture and Theology in Honor of Richard B. Hays*. Grand Rapids: Eerdmans.

Wall, R. W. 1993. *Colossians and Philemon*. Downers Grove, IL: InterVarsity Press.

Wallace-Hadrill, A. 1986. 'Image and Authority in the Coinage of Augustus.' *Journal of Roman Studies* 76:66–87.

——. 2008. *Rome's Cultural Revolution*. Cambridge: Cambridge University Press.

Walsh, B. J., and J. R. Middleton. 1984. *The Transforming Vision: Shaping a Christian World View*. Downers Grove, IL: InterVarsity Press.

Walton, J. H. 2001. *The NIV Application Commentary: Genesis*. Grand Rapids: Zondervan.

——. 2003. 'The Imagery of the Substitute King Ritual in Isaiah's Fourth Servant Song.' *Journal of Biblical Literature* 122:734–43.

——. 2009. *The Lost World of Genesis One*. Downers Grove, IL: InterVarsity Press.

Ward, M. 2008. *Planet Narnia: The Seven Heavens in the Imagination of C. S. Lewis*. Oxford: Oxford University Press.

Ware, J. P. 2011 [2005]. *Paul and the Mission of the Church: Philippians in Ancient Jewish Context*. Grand Rapids: Baker Academic.

Waterfield, R. 2009. *Why Socrates Died: Dispelling the Myths*. London: Faber and Faber.

Watson, D. F. 1993. 'Diatribe.' Pp. 213–14 in *Dictionary of Paul and His Letters*, eds G. F. Hawthorne, R. P. Martin, and D. G. Reid. Downers Grove, IL: InterVarsity Press.

Watson, F. B. 2002. 'Is There a Story in These Texts?' Pp. 231–9 in *Narrative Dynamics in Paul: A Critical Assessment*, ed. B. W. Longenecker. Louisville: Westminster John Knox.

——. 2004. *Paul and the Hermeneutics of Faith*. London: T&T Clark.

——. 2007 [1986]. *Paul, Judaism and the Gentiles: Beyond the New Perspective*. 2nd edn. Grand Rapids: Eerdmans.

Wedderburn, A. J. M. 1987a. *Baptism and Resurrection: Studies in Pauline Theology against Its Graeco-Roman Background*. Tübingen: Mohr.

Weima, J. A. D. 2010. 'Paul's Persuasive Prose: An Epistolary Analysis of the Letter to Philemon.' Pp. 29–60 in *Philemon in Perspective: Interpreting a Pauline Letter*, ed. D. F. Tolmie. Berlin/New York: De Gruyter.

Weinstock, S. 1971. *Divus Iulius*. Oxford: Clarendon Press.

Wells, K. B. 2010. 'Grace, Obedience and the Hermeneutics of Agency.' Unpublished doctoral dissertation. Durham University.

Wendland, E. 2010. '"You Will Do Even More Than I Say": On the Rhetorical Function of Stylistic Form in the Letter to Philemon.' Pp. 79–111 in *Philemon in Perspective: Interpreting a Pauline Letter*, ed. D. F. Tolmie. Berlin/New York: De Gruyter.

Wengst, K. 1987 [1986]. *Pax Romana and the Peace of Jesus Christ*. London: SCM Press.

West, M. 1999. 'Towards Monotheism.' Pp. 21–40 in *Pagan Monotheism in Late Antiquity*, eds P. Athanassiadi and M. Frede. Oxford: Clarendon Press.

Westerholm, S. 2004. *Perspectives Old and New on Paul: The 'Lutheran' Paul and His Critics*. Grand Rapids: Eerdmans.

White, M. J. 2003. 'Stoic Natural Philosophy (Physics and Cosmology).' Pp. 124–52 in *The Cambridge Companion to the Stoics*, ed. B. Inwood. Cambridge: Cambridge University Press.

Wilcken, R. L. 2003. *The Christians as the Romans Saw Them*. Rev. edn. New Haven, CT: Yale University Press.

Williams, M. 2004. 'Being a Jew in Rome: Sabbath Fasting as an Expression of Romano-Jewish Identity.' Pp. 8–18 in *Negotiating Diaspora: Jewish Strategies in the Roman Empire*, ed. J. M. G. Barclay. Edinburgh: T&T Clark.

Williams, M. A. 1996. *Rethinking 'Gnosticism': An Argument for Dismantling a Dubious Category*. Princeton, NJ: Princeton University Press.

Williams, S. K. 1997. *Galatians*. Nashville: Abingdon.

Williamson, H. G. M. 1985. *Ezra, Nehemiah*. Dallas: Word.

Wilson, C. 2008. *Epicureanism at the Origins of Modernity*. Oxford: Clarendon Press.

Wilson, R. McL. 2005. *Colossians and Philemon*. London: T&T Clark.

Winter, B. W. 1994. *Seek the Welfare of the City: Christians as Benefactors and Citizens*. Grand Rapids: Eerdmans.

——. 2001. *After Paul Left Corinth: The Influence of Secular Ethics and Social Change*. Grand Rapids: Eerdmans.

——. 2002 [1997]. *Philo and Paul among the Sophists: Alexandrian and Corinthian Responses to a Julio-Claudian Movement*. Grand Rapids: Eerdmans.

Winter, S. B. C. 1987. 'Paul's Letter to Philemon.' *New Testament Studies* 33:1–15.

Wischmeyer, O. 2006. 'Stephen's Speech before the Sanhedrin against the Background of the Summaries of the History of Israel (Acts 7).' Pp. 341–58 in *History and Identity: How Israel's Later Authors Viewed Its Earlier History*, eds N. Calduch-Benages and J. Liesen. Berlin/New York: De Gruyter.

Wise, M. O. 2003. 'The Concept of a New Covenant in the Teacher Hymns from Qumran (1QHa x-Xvii).' Pp. 99–128 in *The Concept of the Covenant in the Second Temple Period*, eds S. E. Porter and J. C. R. de Roo. Leiden: Brill.

——. 2010. 'Crucifixion.' Pp. 500–1 in *The Eerdmans Dictionary of Early Judaism*, eds J. J. Collins and D. C. Harlow. Grand Rapids: Eerdmans.

Witherington, B. III. 1994. *Paul's Narrative Thought World: The Tapestry of Tragedy and Triumph*. Louisville: Westminster John Knox.

——. 1995. *Conflict and Community in Corinth: A Socio-Rhetorical Commentary on 1 and 2 Corinthians*. Grand Rapids: Eerdmans.

——. 1998. *Grace in Galatia: A Commentary on St Paul's Letter to the Galatians*. Edinburgh: T&T Clark.

——. 2004. *Paul's Letter to the Romans: A Socio-Rhetorical Commentary*. Assisted by D. Hyatt. Grand Rapids: Eerdmans.

——. 2007. *The Letters to Philemon, the Colossians and the Ephesians. A Socio-Rhetorical Commentary on the Captivity Epistles*. Grand Rapids: Eerdmans.

Witte, M. 2006. 'From Exodus to David – History and Historiography in Psalm 78.' Pp. 21–42 in *History and Identity: How Israel's Later Authors Viewed Its Earlier History*, eds N. Calduch-Benages and J. Liesen. Berlin/New York: De Gruyter.

Wittgenstein, L. 1958. *Philosophical Investigations*. Tr. G. E. M. Anscombe. New York: Macmillan.

——. 1967. *Zettel*. Ed. and trans. G. E. M. Anscombe, ed. G. H. von Wright. Oxford: Blackwell.

Wolter, M. 2010. 'The Letter to Philemon as Ethical Counterpart of Paul's Doctrine of Justification.' Pp. 169–79 in *Philemon in Perspective: Interpreting a Pauline Letter*, ed. D. F. Tolmie. Berlin/New York: De Gruyter.

——. 2011. *Paulus: ein Grundriss seiner Theologie*. Neukirchen-Vluyn: Neukirchener Verlagsgesellschaft.

Woolf, G. 2001. 'Inventing Empire in Ancient Rome.' Pp. 311–22 in *Empires: Perspectives from Archaeology and History*, eds S. E. Alcock, T. N. D'Altroy, K. D. Morrison, and C. M. Sinopoli. Cambridge: Cambridge University Press.

Wright, N. T. 1978. 'The Paul of History and the Apostle of Faith.' *Tyndale Bulletin* 29:61–88.

——. 1986b. *The Epistles of Paul to the Colossians and to Philemon*. Leicester: InterVarsity Press; Grand Rapids: Eerdmans.

——. 1991. *The Climax of the Covenant: Christ and the Law in Pauline Theology*. Edinburgh: T&T Clark; Minneapolis: Fortress.

——. 1992. *The New Testament and the People of God*. Christian Origins and the Question of God, vol. I. London: SPCK; Minneapolis: Fortress.

——. 1995. 'Romans and the Theology of Paul.' Pp. 30–67 in *Pauline Theology, Vol. 3: Romans*, eds D. M. Hay and E. E. Johnson. Minneapolis: Fortress.

——. 1996. *Jesus and the Victory of God*. Christian Origins and the Question of God, vol. II. London: SPCK; Minneapolis: Fortress.

——. 1997. *What Paul Really Said*. Oxford: Lion; Grand Rapids: Eerdmans.

——. 2002. 'Romans.' Pp. 393–770 in *New Interpreter's Bible*, vol. 10. Nashville: Abingdon.

——. 2003. *The Resurrection of the Son of God*. Christian Origins and the Question of God, vol. III. London: SPCK; Minneapolis: Fortress.

——. 2004. 'An Incompleat (but Grateful) Response to the Review by Markus Bockmuehl of *The Resurrection of the Son of God*.' *Journal for the Study of the New Testament* 26 (4):505–10.

——. 2005a. *Paul: Fresh Perspectives* (US title *Paul in Fresh Perspective*). London: SPCK; Minneapolis: Fortress.

——. 2005b. 'Resurrecting Old Arguments: Responding to Four Essays.' *Journal for the Study of the Historical Jesus* 3(2):187–209.

——. 2006a. *Evil and the Justice of God*. London: SPCK; Downers Grove, IL: InterVarsity Press.

——. 2006b. *Judas and the Gospel of Jesus: Have We Missed the Truth about Christianity?* London: SPCK; Grand Rapids: Baker Books.

——. 2008. *Surprised by Hope*. London: SPCK; San Francisco: HarperSanFrancisco.

——. 2009. *Justification: God's Plan and Paul's Vision*. London: SPCK; Downers Grove, IL: InterVarity Press.

——. 2010. *Virtue Reborn* (US title *After You Believe*). London: SPCK; San Francisco: HarperOne.

——. 2011b [2005]. *Scripture and the Authority of God: How to Read the Bible Today*. 2nd edn. San Francisco: HarperOne.

Wright, R. B. 1985. 'Psalms of Solomon: A New Translation and Introduction.' Pp. 639–70 in *The Old Testament Pseudepigrapha, Vol. 2*, ed. J. H. Charlesworth. Garden City, NY: Doubleday.

Yarborough, O. L. 1985. *Not Like the Gentiles: Marriage Rules in the Letters of Paul.* Atlanta: Scholars Press.

Yinger, K. L. 1999. *Paul, Judaism and Justification According to Deeds.* Cambridge: Cambridge University Press.

Zanker, P. 1988. *The Power of Images in the Age of Augustus.* Ann Arbor, MI: University of Michigan Press.

——. 2010. *Roman Art.* Los Angeles, CA: J. Paul Getty Museum.

Since 1984
크리스챤다이제스트 출판그룹의 브랜드

크리스챤 다이제스트 기독교 도서  교양&실용서

바울과 하나님의 신실하심 상

초판 인쇄 2015년 1월 10일
초판 발행 2015년 1월 15일

발행처 크리스챤다이제스트
발행인 박명곤
주소 경기도 파주시 회동길 152(출판도시) 4층 3호
전화 031-911-9864, 070-7538-9864
팩스 031-944-9820
등록 제406-1999-000038호

홈페이지 www.cdp1984.com
문의 cdp1984@naver.com
총판 (주) 기독교출판유통
전화 031-906-9191~4
팩스 0505-365-9191

크리스챤다이제스트 출판그룹은 우리 세대와 후세를 위한 가치 있는 콘텐츠 발굴을 위해 항상 노력하고 있습니다. 아이디어 또는 기획안이 있으면 저희 이메일 cdp1984@naver.com 으로 간단한 내용 소개와 연락처 등을 보내주세요.